高等院校文科教材·史学系列

ZHONGGUO GUDAISHI JIAOCHENG

中国古代史教程

（上）

主　编　朱绍侯
执行主编　龚留柱

河南大学出版社
·郑州·

《中国古代史教程》编辑委员会

主　　　编　朱绍侯
执 行 主 编　龚留柱
编　　　委　(以姓氏笔画为序)

马小泉	勾利军	王彦辉	刘小敏
刘永连	许兆昌	朱绍侯	邱树森
李振宏	陈广恩	陈长琦	吴　琦
张云鹏	张鹤泉	范立舟	赵国华
龚留柱	鲁　力	程民生	谢贵安
蔡明伦			

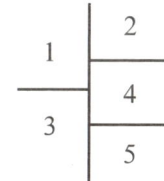
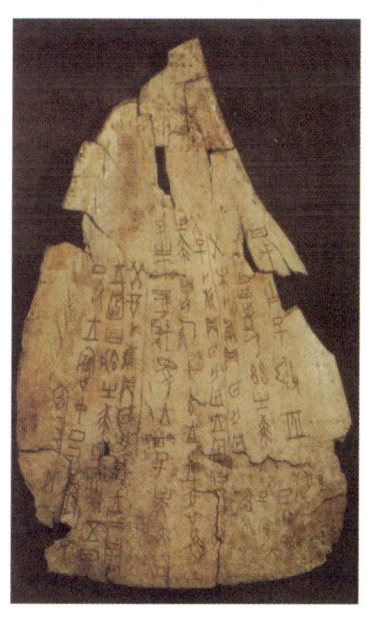

1. 红山文化卷体玉龙（内蒙古翁牛特旗出土）
2. 河南濮阳西水坡蚌塑"中华第一龙"
3. 河南临汝出土鹳衔鱼彩陶缸
4. 河南偃师二里头出土铜爵
5. 河南安阳殷墟出土的卜骨

1. 陕西凤翔出土西周铜器散氏盘
2. 湖北随州曾侯乙墓出土尊盘
3. 河南三门峡虢国墓出土玉柄铜芯铁剑
4. 河北平山中山王墓出土金银镶嵌龙凤形方案

1. 安徽寿县出土鄂君启节
2. 陕西临潼秦始皇陵园出土铜车马
3. 甘肃居延出土木简"西汉成帝永始三年诏书"
4. 江苏南京六朝景安陵神兽石刻

1. 陕西西安唐墓出土骆驼载乐俑
2. 山西永济元代永乐宫三清殿壁画
3. 山西应县辽代木塔
4. 甘肃敦煌莫高窟第85号窟西魏绘壁画

目 录

前　言 ………………………………………………………………（ 1 ）

第一章　远古时代（170万年前～公元前21世纪）………… 许兆昌（ 1 ）

导　读 ………………………………………………………………（ 1 ）
　一、远古时代的历史特点 …………………………………………（ 1 ）
　二、考古资料与传统文献 …………………………………………（ 2 ）
　三、对远古历史的研究 ……………………………………………（ 3 ）

第一节　人类的起源与进化 …………………………………………（ 4 ）
　一、我国境内人类起源的遗迹 ……………………………………（ 4 ）
　二、体质形态与物质文化的进步 …………………………………（ 5 ）
　三、现代人类的起源 ………………………………………………（ 11 ）
　四、早期人类的组织形态 …………………………………………（ 11 ）

第二节　远古文化的发展 ……………………………………………（ 12 ）
　一、新石器时代总论 ………………………………………………（ 12 ）
　二、黄河流域的远古文化 …………………………………………（ 13 ）
　三、长江流域的远古文化 …………………………………………（ 16 ）
　四、其他地区的远古文化 …………………………………………（ 19 ）
　五、氏族公社制度 …………………………………………………（ 20 ）

第三节　远古的传说与史实 …………………………………………（ 22 ）
　一、天地初判与"三皇"传说 ……………………………………（ 22 ）
　二、黄帝传说与部族之间的战争 …………………………………（ 23 ）
　三、颛顼与宗教改革 ………………………………………………（ 23 ）
　四、尧舜禹的"禅让" ……………………………………………（ 24 ）

第四节　中国古代文明的起源 …………………………………（ 25 ）
　　一、文明起源的模式 ……………………………………………（ 25 ）
　　二、中国早期国家的出现及其特点 ……………………………（ 28 ）

第二章　夏、商、周（公元前 21 世纪～公元前 771 年）………许兆昌（ 32 ）

导　读 ……………………………………………………………（ 32 ）
　　一、夏、商、周时期的历史特点 ………………………………（ 32 ）
　　二、传统文献与考古资料 ………………………………………（ 34 ）
　　三、对夏、商、周历史的研究 …………………………………（ 35 ）

第一节　夏、商王朝的更迭 ……………………………………（ 41 ）
　　一、夏王朝的兴衰 ………………………………………………（ 41 ）
　　二、商王朝的建立与巩固 ………………………………………（ 44 ）
　　三、盘庚迁殷与武丁中兴 ………………………………………（ 47 ）
　　四、商王朝的衰落与覆灭 ………………………………………（ 51 ）

第二节　西周王朝的兴衰 ………………………………………（ 52 ）
　　一、西周王朝的建立 ……………………………………………（ 52 ）
　　二、西周王朝的巩固与发展 ……………………………………（ 55 ）
　　三、社会矛盾的激化与"国人暴动" ……………………………（ 59 ）
　　四、西周王朝的覆灭 ……………………………………………（ 61 ）

第三节　青铜文明的进步与繁荣 ………………………………（ 63 ）
　　一、夏文化的探索与研究 ………………………………………（ 63 ）
　　二、甲骨文与殷商青铜文明 ……………………………………（ 68 ）
　　三、西周青铜文明的持续发展与繁荣 …………………………（ 77 ）

第四节　周代的制度建设 ………………………………………（ 83 ）
　　一、井田制 ………………………………………………………（ 83 ）
　　二、宗法制 ………………………………………………………（ 85 ）
　　三、分封制 ………………………………………………………（ 87 ）
　　四、国野体制 ……………………………………………………（ 89 ）
　　五、官制、刑法与兵制 …………………………………………（ 90 ）

第五节　精神世界与社会生活 …………………………………（ 93 ）
　　一、《周易》中的阴阳观念 ………………………………………（ 93 ）
　　二、五行体系与"和而不同" ……………………………………（ 96 ）

三、神灵信仰与宗教实践 …………………………………………（97）
　　四、周代的礼乐体制与社会生活 …………………………………（101）

第三章　春秋战国(公元前770年～公元前221年) ………… 王彦辉（106）

导　读 ……………………………………………………………………（106）
　　一、春秋战国时期的历史特点 ……………………………………（106）
　　二、传世文献和考古资料 …………………………………………（107）
　　三、对春秋战国史的研究 …………………………………………（109）

第一节　春秋时期的霸政 ……………………………………………（114）
　　一、诸侯争霸 ………………………………………………………（114）
　　二、公室与私家的斗争 ……………………………………………（122）
　　三、赋税制度改革与社会等级关系的调整 ………………………（125）

第二节　战国时代的社会巨变 ………………………………………（128）
　　一、各国的变法运动 ………………………………………………（128）
　　二、新型国家体制的形成 …………………………………………（135）
　　三、兼并战争与秦的统一 …………………………………………（140）

第三节　春秋战国时期的社会与经济 ………………………………（147）
　　一、国家授田与土地私有化 ………………………………………（147）
　　二、宗法大家族的瓦解与小农经济形态的确立 …………………（151）
　　三、工商业发展与都市生活 ………………………………………（154）
　　四、"华夷之辨"与各族的初步融合 ………………………………（158）

第四节　春秋战国时期的百家争鸣 …………………………………（163）
　　一、王官学制的破坏与士阶层的崛起 ……………………………（163）
　　二、"五经"与"三传" ………………………………………………（165）
　　三、孔子与儒家学派的创立 ………………………………………（170）
　　四、儒学在战国的传承 ……………………………………………（174）
　　五、老子与庄子的道家智慧 ………………………………………（180）
　　六、韩非与法家学派 ………………………………………………（185）
　　七、墨家学派的兴亡 ………………………………………………（187）
　　八、阴阳五行家与兵家 ……………………………………………（190）

第四章　秦汉王朝(公元前221年～公元220年)
　　　　　　　　　　　……………… 赵国华　张鹤泉　龚留柱(195)

导　读 ……………………………………………………………(195)
　一、秦汉时期的历史特点 ………………………………………(195)
　二、传世文献和考古资料 ………………………………………(196)
　三、对秦汉历史的研究 …………………………………………(198)

第一节　秦朝的统一天下和短命灭亡 …………………………(204)
　一、秦始皇开疆拓土 ……………………………………………(204)
　二、巩固统一的政策和措施 ……………………………………(205)
　三、秦末农民战争和旧贵族复国 ………………………………(208)

第二节　西汉的强盛和"新朝"代汉 ……………………………(211)
　一、楚汉战争和汉初的政局 ……………………………………(211)
　二、文景之治与七国之乱 ………………………………………(214)
　三、汉武帝的文治武功 …………………………………………(216)
　四、"昭宣中兴"与西汉的衰落 …………………………………(221)
　五、王莽新朝和绿林赤眉起义 …………………………………(224)

第三节　东汉的"柔"化与持续动荡 ……………………………(228)
　一、从中原逐鹿到东汉统一 ……………………………………(228)
　二、政治制度与政策调整 ………………………………………(230)
　三、外戚宦官擅权与党锢之祸 …………………………………(233)
　四、黄巾大起义与汉朝的名存实亡 ……………………………(236)

第四节　秦汉专制主义中央集权的政治制度 …………………(238)
　一、至高无上的皇帝 ……………………………………………(238)
　二、中央行政体制及其演变 ……………………………………(245)
　三、地方行政体制及其演变 ……………………………………(248)
　四、监察考课与官员选举 ………………………………………(252)
　五、军事制度的演变 ……………………………………………(258)
　六、法律体系的渐趋完备 ………………………………………(261)

第五节　秦汉的社会危机和农民战争 …………………………(267)
　一、秦王朝:其兴也勃,其亡也忽 ………………………………(267)
　二、西汉:从稳定、鼎盛到衰亡 …………………………………(270)

三、东汉:从复兴到一蹶不振 ………………………………………(277)
第六节　秦汉的社会和经济 …………………………………………(282)
　　一、农业的迅速发展 …………………………………………………(282)
　　二、手工业水平的提高 ………………………………………………(285)
　　三、交通体系的完备 …………………………………………………(288)
　　四、繁荣的商业与城市 ………………………………………………(290)
　　五、物质生活和消费风气 ……………………………………………(296)
第七节　秦汉的民族关系 ……………………………………………(299)
　　一、秦汉王朝与匈奴 …………………………………………………(299)
　　二、秦汉王朝与百越 …………………………………………………(301)
　　三、汉朝与西域 ………………………………………………………(303)
　　四、汉朝与羌族 ………………………………………………………(306)
第八节　秦汉的学术思想与文化 ……………………………………(307)
　　一、从战国子学到汉代经学 …………………………………………(307)
　　二、谶纬迷信的泛滥与理性思潮的批判 ……………………………(312)
　　三、辉映古今的文化成就 ……………………………………………(318)

第五章　三国两晋南北朝(公元189年～公元589年)
………………………………………陈长琦　鲁　力(328)

导　读 …………………………………………………………………(328)
　　一、三国两晋南北朝的历史特点 ……………………………………(328)
　　二、传统文献和考古资料 ……………………………………………(330)
　　三、对魏晋南北朝史的研究 …………………………………………(331)
第一节　三国鼎立 ……………………………………………………(336)
　　一、董卓之乱与汉末社会的分裂 ……………………………………(336)
　　二、官渡之战与曹操统一北方 ………………………………………(337)
　　三、赤壁之战与三国鼎立局面的形成 ………………………………(340)
　　四、三国政局的发展 …………………………………………………(344)
第二节　西晋的统一 …………………………………………………(348)
　　一、西晋的建立与统一 ………………………………………………(348)
　　二、西晋前期的政治格局与"八王之乱" ……………………………(350)
　　三、西晋的灭亡 ………………………………………………………(352)

第三节　东晋与十六国的对峙 ………………………………………（356）
　　一、东晋的建立与门阀专政 ………………………………………（356）
　　二、十六国前期的各政权与前秦统一北方 ………………………（359）
　　三、淝水之战与北方再分裂 ………………………………………（363）
　　四、东晋的灭亡 ……………………………………………………（368）

第四节　南北朝的分立 …………………………………………………（370）
　　一、南朝政权的更替 ………………………………………………（370）
　　二、门阀士族的衰落 ………………………………………………（373）
　　三、北魏统一北方与孝文帝改革 …………………………………（375）
　　四、北魏分裂及东魏、北齐与西魏、北周的对峙 ………………（380）

第五节　魏晋南北朝国家政权组织的演变 ……………………………（384）
　　一、三省制的形成与三公九卿制的退化 …………………………（384）
　　二、州郡县三级制的建立与都督制的演变 ………………………（387）
　　三、从名士月旦到九品官人法 ……………………………………（391）

第六节　魏晋南北朝时期的社会经济 …………………………………（394）
　　一、魏晋南朝时期的土地制度与农业生产 ………………………（394）
　　二、十六国北朝时期的土地制度与农业生产 ……………………（399）
　　三、魏晋南北朝的工商业 …………………………………………（402）

第七节　魏晋南北朝的文化 ……………………………………………（406）
　　一、经学与玄学 ……………………………………………………（406）
　　二、佛教与道教 ……………………………………………………（410）
　　三、史学与文学、艺术 ……………………………………………（413）
　　四、科学与技术 ……………………………………………………（417）

前　言

一、教材编写的总体思路

本教材的使用对象是高等院校的在校生,包括历史专业以及需要开设"中国古代史"课程的其他专业的本专科学生。

我们认为,大学教材的编写应该有四个方面的基本考虑:

1. 要使大学教材更能促进学生问题意识的培养,更具有深层次思维的启发性,而不仅仅是平面知识的描绘甚至堆砌。所谓通史之"通",除了基本知识和发展线索之完整连贯,更应该用长时段的眼光去观察历史,从而体现出观念上的通达和通识。

2. 教材应有自己的框架结构和主导思想,但也不能故步自封,与学术研究脱节,要尽量吸收史学研究和文物考古的最新成果。但如果有的"新说"尚未经过时间的沉淀和检验,还不是学术界主流普遍认可的"成说",作为教材就不能一味猎奇,盲目将其纳入。在这方面应该掌握一个合理的分寸。

3. 要考虑教材受众的变化。"九零后"逐渐成为大学生的主体,他们较早与电视、网络等媒体密切接触,知识面广,思维活跃。如果教材和课堂还以单调的知识灌输为主,将很难使之满足。而且随着教育事业的发展,相当比例的大学生要准备考研究生。因此新教材不仅语言上简洁明快,内容上突出重点,而且要有启发性,避免晦涩沉闷。

4. 教材的篇幅要考虑今日高校"中国古代史"授课时间普遍有所压缩的情况,字数定为70~90万比较合适。一部成功的教材,是让学生使用后主动去找更多的参考书来读,而不是一本在手,别无所求,所以篇幅不是越大越好。但中国古代史头绪繁多,篇幅太小就会变成"压缩饼干",也影响实质内容的明晰表达。

二、教材的基本结构和内容

本教材约90万字,采用章节体,基本以朝代为断限,一个或几个朝代编为一章,共设10章。每章自为单元,章下再分设节和目。每章的内容,相应包括三部分:首先是三五千字的"导读",放在每章的最前边。其次是基本历史演变过程的叙述,约占全章总字数的40%,最后是"专题分析"。另外每章前面至少要有一幅王朝"疆域图",后面附有"王朝世系表",以方便学习。

"导读"是全章的点睛之笔,又分三个部分。一是"××时期的历史特点",通过揭示一个时代的特点及其历史地位,展现历史发展的线索或路径,使学生能用宏观的整体的眼光来关照本章内容。二是"传统文献与参考资料",是给学生介绍必要的史料,使他们在学习中重视原始材料,知道历史研究的基本方法是实证基础上的史论结合。三是"对××史的研究",是对某一断代史的学术史、历史特点、研究趋向和前景的一般揭示、评述,这不仅对准备报考研究生的学生,也为准备到中学任教者将来进行研究性教学,提供必要的基础和准备。

"历史演变过程"的叙述,是每章重要的有机组成部分,要以简洁准确的语言,给学生提供本历史时期完整、系统、连贯的事实过程。它的篇幅不是很大,既不能对历史细节进行非常具体的描述,也不能面面俱到。它主要是以不间断的历史事件来做粗线条连接,以平实的讲述为主,基本上不做深度分析。但它也不是枯燥乏味的历史骨架,还要丰富多彩,有一定的可读性。

"专题分析"部分是各章的重心所在,主要是对某一历史时期政治、经济、思想文化等方面内容以专题的形式进行较有深度的分析。其意义除使学生对一个时代的社会风貌有较深刻的认识和把握外,还要引导学生进行研究性学习,并带有示范作用。

首先,对各章专题的设计不是随意的,一般是选择在一个时期比较突出、对后来有长远影响甚至至今仍是学术热点被大家经常讨论的问题,如上古的"文明起源"、春秋战国的"百家争鸣"、隋唐的"科举制"、宋代的"理学"、明清的"西学东渐"等。

其次,它在对问题的分析中可以适当征引一些原始文献,以引导学生学会发现和正确使用史料。但是,其重点是在行文中恰到好处地分析议论史实,它既具有启发性,又要言不烦,不拖泥带水。

再次,尽管每章专题内容的设计不必面面俱到,但仍然要考虑某种平衡,即一个时代政治、经济、文化等重大事项尽量不要遗漏。如中国古代史是以政治史为发展主脉的,假如不能对一代政治体制进行精到分析,也很难对该社会的其他领域有比较深入精到的认识。

三、教材的撰写

本教材的撰写工作,由武汉大学、吉林大学、东北师范大学、华中师范大学、华南师范大学、暨南大学、杭州师范大学、河南大学、湖北师范学院等9所高等院校的17位作者共同参与,于2006年初正式启动。经全体作者反复讨论和修改,历时4年,终于在2009年10月杀青,并交付出版社出版。本教材的编写者分工如下:

主　　编		朱绍侯(河南大学出版社)
执行主编		龚留柱(河南大学历史文化学院)
第一章	远古时代	许兆昌(吉林大学文学院历史系)
第二章	夏、商、周	许兆昌(吉林大学文学院历史系)
第三章	春秋战国	王彦辉(东北师范大学历史文化学院)
第四章	秦汉王朝	赵国华(华中师范大学历史文化学院)
		张鹤泉(吉林大学古籍研究所)
		龚留柱(河南大学历史文化学院)
第五章	三国两晋南北朝	陈长琦(华南师范大学历史文化学院)
		鲁　力(华南师范大学历史文化学院)
第六章	隋唐五代	勾利军(暨南大学历史文化学院)
		刘永连(暨南大学历史文化学院)
第七章	宋、辽、西夏、金	范立舟(杭州师范大学人文学院)
		陈广恩(暨南大学历史文化学院)
第八章	元王朝	邱树森(暨南大学文化史籍研究所)
第九章	明王朝	吴　琦(华中师范大学历史文化学院)
		蔡明伦(湖北师范学院历史系)
第十章	清王朝	谢贵安(武汉大学历史系)

由于我们水平和经验方面的欠缺,本教材定有一些不当之处,敬请方家教正。也希望在使用的过程中能广泛听取各方面的意见和建议,使之不断臻于完善。

编　者
2010年3月28日

第一章 远古时代

（170万年前～公元前21世纪）

导　　读

一、远古时代的历史特点

中国的远古时代，是指从人类起源开始，到中国第一个王朝——夏王朝建立为止的这一漫长的历史时期。人类是由古猿进化而来的。人类的起源与进化大致经历了腊玛古猿、南方古猿、直立人（猿人）、早期智人（古人）与晚期智人（新人）等不同阶段。新人阶段晚期的人类，体质上已与现代人没有什么差别。根据人类社会组织形态的变迁，也可以将远古时代划分为原始群、母系氏族及父系氏族等不同的历史阶段。

从人类出现到进入文明时代，整个原始社会时期，人类都使用石器从事生产劳动，因此这一时代也被称作石器时代。根据石器制作的工艺，石器时代又可以被划分为旧石器与新石器两个阶段。旧石器的制作工艺是打制，新石器的制作工艺是打制后再加以磨制。还有学者提出了中石器时代的概念，作为旧石器与新石器时代之间的过渡。旧石器时代的绝对年代约为距今300万年至1.2万年之间，因此它一般还被区分为早、中、晚三个时期，分别与直立人、早期智人与晚期智人三个人类进化的阶段相当。

从地质年代讲，旧石器时代属于更新世。更新世又可以区分为早更新世、中更新世与晚更新世三个阶段。从早更新世至中更新世（距今180万年至15万年），都属于旧石器时代早期。晚更新世早期（距今15万年至5万年）为旧石器时代的中期。晚更新世晚期（距今5万年至1.2万年）则进入旧石器时代的晚期。

由于此时人类的主要物质遗存是各种石器,所以旧石器与新石器时代的划分,是学术界对于远古时代历史阶段最一般的划分方式。

中国是人类起源地之一。在我国境内,人类自身体质的进化及人类物质文化的进步均呈现出较为密切的连续性,为研究人类起源及人类早期发展提供了重要的资料。简要归纳,我国远古时期的历史主要有以下三个方面的特点。

1. 时间跨度久远

我国发现的最早人类化石,距今约 170 万年;至于人类早期活动留下来的石器文化遗存,最古老的距今更是长达 200 多万年。我国境内古人类的演化历程,常被作为支持"人类多地区起源进化说"的重要证据,具有重要的理论价值。

2. 地域分布辽阔

中国是世界上发现猿人化石、早期人类化石及人类文化遗址最多的国家之一,仅旧石器时代早期遗址与石器出土地点就有大约 100 处,分布在从北到南的 17 个省、市、自治区中,至于旧石器时代中、晚期与新石器时代的人类活动遗迹,更是遍布全国各地。

3. 具有较强的连续性

旧石器时代的早期直立人、早期智人及晚期智人的化石,在我国境内均有发现,使我们可以根据这些化石描述出人类体质逐步进化的历程。新石器时代中国远古文化的进步历程,在考古学的证据上也表现得十分连贯,它的一些文化特征还一直延续到文明社会。

学习我国远古时期的历史发展进程,应抓住两个主要线索:一是旧石器时代人类体质的进化历程;二是新石器时代人类物质文化与精神文化的发展进程。

二、考古资料与传统文献

由于远古时期人类尚未发明文字,因此有关此时期人类历史活动的材料都是后人追记的。在这种情况下,研究远古时期的人类历史,就必须以考古发掘的实物资料为主要证据。我国的现代考古学自 20 世纪早期从西方传入之后,很快就获得了较大的发展。北京周口店北京猿人遗址的发掘,前国民政府中央研究院组织的对河南安阳殷墟的大规模挖掘,都是我国现代考古学在其初创时期所取得的重要成就。1949 年以后,尤其是 1978 年改革开放以来,中国的考古学更是取得了巨大发展,这为研究我国远古时期的历史发展提供了大量的资料。有关远古时期历史的各类考古材料,除单独出版的发掘报告外,大多发表于《考古学报》、《考古》、《文物》及《人类学报》等考古学与人类学的专业刊物上。

除考古发掘的实物材料之外,传世文献也保存了十分珍贵的关于远古时期人类历史发展的资料。儒家的经典《尚书》,是我国最古老的传世文献之一,其"虞书"部分的首篇《尧典》,即记载了夏代以前有关尧、舜、禹"禅让"的传说。其他儒家经典如《礼记》,虽然成书较晚,但其中的《礼运》篇,将上古人类社会形态的发展历程区分出"大同"与"小康"两个前后相继的历史阶段,也是比较符合人类早期社会形态发展的一般规律的。在"诸子"著作中也保留了很多有关远古时期人类社会历史发展的传说。老子向往的"小国寡民"社会,其实就是早期人类社会的一种生活写照。《韩非子》中记载的"燧人氏"、"有巢氏"等传说,也是远古时期人类物质生活的一种反映。

但是,传说在流传过程中不可避免地会添加很多后人的附会与想象,不一定是远古社会的客观描述。另外,传世文献的最终写作者为了阐述自己的思想,他们也会对远古时期留下来的传说做出适应自己理论的调整乃至改造。这些都是影响我们科学利用传世文献、复原远古人类历史真实面貌的不利因素。因此,我们利用传世文献研究远古历史,要重视结合考古资料,不能单凭传说来构建人类早期的发展状况。此外,在利用传说文献时,要重在从其记载中透视出历史发展的一般性内容,而不应该纠缠于传说中的具体人物与事迹。

由于远古时期的资料十分缺乏,考古资料又以实物为主,对这些实物的功用及意义,需要研究者做出解释。因此,在研究远古时期历史时,研究者对于当代民族学的调查资料也非常重视。不同地区人类社会的发展阶段有先有后,当代或不久以前一些仍然生活在较为原始社会阶段的民族或部族,他们的生活状态往往保留了较多早期人类社会的面貌,因此对于描述远古时期的人类历史具有重要的参考价值。

三、对远古历史的研究

对远古人类历史的研究,形成一个多学科相互结合组成的学术领域。其中既有历史学、考古学、人类学等人文学科,同时也涉及古人类学、古地质学甚至分子生物学等自然科学。总体而言,学术界对于远古历史的研究,主要集中在两个方面。一是从自然科学的角度研究人类自身进化的历程，如人类的起源、人类体质的进步、古地理环境的变迁等等。一是从人文学科的角度，探讨人类所创造文化的进步历程，如农业、手工业的起源与发展，人类社会组织形态的演变，聚落形态的变迁，人类意识与精神文化的成长及文明社会的起源等等。这些研究多是围绕考古发掘的人类遗址和文化遗存进行的。

关于中国远古历史研究的专门著作，主要有宋兆麟、黎家芳、杜耀西合著的《中国原始社会史》（文物出版社1983年版）、林耀华主编的《原始社会史》（中华书局1984年版）等。对我国远古时期历史传说进行全面整理与研究的专门著作，有徐旭生的《中国古史的传说时代》（文物出版社1985年版）。文明起源问题研究是近年来学术界的热点，重要的著作有苏秉琦著的《中国文明起源新探》（三联出版社1999年版）、谢维扬著的《中国早期国家》（浙江人民出版社1995年版）、王震中著的《中国文明起源的比较研究》（陕西人民出版社1994年版）及李学勤主编的《中国古代文明与国家形成研究》（云南人民出版社1997年版）等。

第一节 人类的起源与进化

一、我国境内人类起源的遗迹

1. 元谋人

中国是人类重要的起源地之一。人类起源各个阶段的化石，在中国境内都有发现。目前在中国境内所发现的最早的古人类化石，是元谋直立人。元谋人化石是1965年5月在云南元谋上那蚌村西北发现的。已发现的元谋人化石包括两枚上内侧门齿，属于同一个成年人个体。根据门齿形状测定，元谋人应属早期直立人，还具有从类人猿向直立人过渡的特征。根据地层判断，元谋人生活的年代应属早更新世，利用古地磁法来测定，距今约有170万年[①]。在同一地层中还出土了数件石器，均由石英岩一次性打制而成，样式也都比较简单原始，表明元谋人尚处在旧石器时代早期。在出土元

---

① 关于元谋人的年代，国内外学术界还有一些不同的看法。目前有50～60万年、100万年、110～160万年以及163～164万年等数种说法。

谋人化石的地层中发现了大量的炭屑,此外还发现了两块小烧骨,这说明元谋人已经初步掌握了用火的技能。在出土元谋人化石的地层中,发现了大量古生物化石,有剑齿虎、剑齿象、中国犀等,反映出元谋人所生活地区温暖湿润的气候特征。

2. 蓝田人

蓝田人化石是1963年在陕西蓝田公王岭发现的。公王岭出土的蓝田人化石包括一件头盖骨与三枚牙齿。蓝田人属晚期直立人,但其头骨高度极小,是目前世界上发现的晚期直立人化石中头骨高度最小的一个。蓝田人头骨骨壁很厚,脑量仅为780毫升。这说明蓝田人尚处在晚期直立人发展的较为原始的阶段上。根据地层及古地磁法的测定,蓝田人生活的年代距今约为110~115万年,属早更新世晚期至中更新世早期。公王岭出土的动物化石,有剑齿象、剑齿虎、猕猴、野猪等,很多都是南方森林性动物,这说明当时的秦岭地区,应有大片森林覆盖,气候温暖湿润。蓝田人化石的地层中,还出土了200多件石器制品,大部分是由石英岩和脉石英打制而成。从石器的形态看,制作都还比较粗糙,基本上是一次性打制品,二次加工的痕迹很少,说明当时的石器制作工艺还十分原始。在蓝田人头骨化石出土的土层中,发现了数处炭屑与炭粒,表明蓝田人也掌握了使用火的技能。

元谋人是得到确认的中国境内最早的直立人化石,但他的体质形态并不属于最早的人类,相关考古发现有可能将我国境内的人类起源时间提得更早。例如,1985年在重庆巫山大庙区龙坪村的一处洞穴中发现了一段左侧下牙床和一颗右上外侧门齿及少量人工打制的石器,经古地磁法测定距今约200万年以上。有些学者因此将这一发现命名为巫山龙骨坡人。1998年在安徽繁昌孙村镇西北2公里的癞痢山东南坡的人字洞中,发现了经过早期人类打制的石器,还发现有少量的骨制品。根据同时出土的动物化石测定,其年代约在距今200至240万年之间,与巫山龙骨坡的人类早期遗存同时甚或更早。不过,目前学术界对上述两地的早期人类遗存的确认尚存在争论,因此还难以用作说明我国境内人类起源的最新证据。但这为研究我国境内人类的起源提供了非常有价值的新线索。

二、体质形态与物质文化的进步

进入中、晚更新世以后,我国境内的古人类活动区域迅速扩大,古人类活动的遗迹分布更加广泛。

1. 北京人的发现

直立人存在的年代包括了早更新世与中更新世两个地质年代,时间漫长。从劳动工具的发展历史看,这一阶段尚处于旧石器文化发展的早期。我国境内发现的直立人化石,除元谋人属于早期直立人、蓝田人尚处在晚期直立人的原始阶段以外,绝大多数在体质形态上处在晚期直立人的成熟阶段。其中较为著名的有北京周口店的北京人、湖北的郧县人、江苏的南京人、安徽的和县人、陕西的陈家窝人与洛南人等。此外,贵州黔西县的观音洞、湖南的沅江两岸、安徽南部水阳江两岸、江苏句容的放牛山、山西芮城的西侯度、河北阳原的小长梁、辽宁营口的金牛山等地,也都发现了旧石器时代早期的文化遗存。

我国境内直立人的代表,是北京人,这是我国旧石器时代早期留存下来的最重要的古人类化石。北京人遗址位于北京西南房山周口店镇的龙骨山,是一处洞穴遗址。1921年,瑞典考古学家安特生等人在周口店采集脊椎动物化石,首先发现了两枚人牙化石。大规模的发掘工作开始于1927年。1929年,年轻的中国学者裴文中发现了第一个完整的人类头盖骨化石,立刻震动了当时的学术界。1937年,抗战爆发,发掘工作被迫停止。1949年以后,中国古人类学家又对周口店北京人遗址进行了长期的发掘与研究工作。到1978年为止,北京人遗址共发现头盖骨6具、下颌骨15件、牙齿157枚。此外,还发现了股骨、胫骨、肱骨、锁骨、月骨以及头骨碎片等多种人类骨骼化石。这些骨骼化石分属于40多个男、女个体,其中既有成年人,也有老人与幼儿。根据人骨化石的测定,北京人属晚期直立人。

北京人遗址的文化堆积厚达40米以上,自上而下可以分为13层,年代从距今70万年一直持续到距今30万年,前后延续了40万年之久。在数十米的文化堆积中,不仅出土了10余万件石制品、骨制品和94种哺乳动物的化石,还发现大量的用火遗迹。北京人遗址是世界上出土人类化石及发现各类早期人类文化遗存最丰富的遗址,为研究我国境内古人类的进化及古生物、古环境的变迁提供了大量珍贵的资料。

2. 直立人的体质特征

北京人属于生活在中更新世的晚期直立人,其体质状况呈现出十分明显的过渡性特征。

一方面,其头部还保留了较多的原始痕迹。从外部形态看,北京人的头骨高度比现代人低矮,前额较平,眉骨粗壮,向前突出,并且左右相连,与现代人有很大的不同。从脑部容量看,北京人头骨的骨壁较厚,平均厚度为9.7毫米,约为现代人的两倍,脑量则较小。北京人与公王岭蓝田人的脑量相比,有了较大的增加,但与现代人相比,还有较大的差距。其成年人脑量只有1088毫升,仅为现代人脑量的80%。而且根据北京人脑壳内部形状分析,其脑髓更近似于黑猩猩,与现代人相比也有很大差距。

北京人的下颌骨十分发达,下颌枝很宽。北京人的牙齿也比现代人要大,门齿呈铲形。这些特征都说明他们拥有很强大的撕咬与咀嚼能力,是其原始性的一面。另一方面,北京人的肢骨则已经具有现代人的基本形状。北京人的肱骨、锁骨及月骨等上肢骨已经与现代人没有太大差距,其下肢骨在大小、形状及肌肉附着点上也都与现代人极其相似,并且出现了由直立行走而形成的股骨嵴。根据肢骨计算身高,北京人的平均身高,男性约为1.62米,女性约为1.52米,比现代中国人略矮。

在人类进化的这个阶段,肢骨进化快而头骨较为原始的现象是普遍存在的。它表明在人类体质的进化过程中,上下肢骨由于劳动的需要而较早得到发展。随着肢骨的进化,上下肢骨的分工形成。上肢骨劳动能力的不断增长,会直接刺激脑部的发展。而人类采取直立行走之后,眼界也更加扩大。这些变化最终促成了脑部逐渐向更高阶段的进化。这种体质状况发展不平衡的现象也被称为人类进化的"镶嵌"现象。

由于跨度长达40万年之久,不同层位北京人的体质并不完全一致。1966年出土于遗址文化堆积层顶部(第3层)的5号头骨,与发现于靠近底部的头骨相比,骨壁较薄,眉骨略显纤细,脑量也有所增加,表现出北京人体质形态逐步进化的趋势。除了发达的铲形门齿外,北京人鼻梁较矮,因此整个面孔略显低平,已经呈现出现代蒙古人种(黄种人)的基本特征。

郧县人于1989年发现于湖北郧县青曲镇弥陀寺村曲远河口,为两具人类颅骨化石。根据与郧县人颅骨化石同地层的古生物化石测定,郧县人距今约60万年,属中更新世早期的晚期直立人。郧县人的颅骨形态比较复杂,既有直立人的基本特征,同时又出现了早期智人的某些因素。目前关于郧县人所处的进化阶段,学术界还有争论。

南京人化石是1993年在南京东郊汤山的葫芦洞发现的,经过发掘,目前已经发现2具颅骨和1枚牙齿化石。南京人生活的年代距今约35万年左右,其颅骨的形态特征与北京人十分相似,也显示出蒙古人种的某些明显特征。

和县人化石于1973年首次发现于安徽和县陶店镇汪家山北坡的龙潭洞。经过多次挖掘，共发现1具相当完整的头盖骨、1块左下颌骨、9枚牙齿及一些人骨碎块的化石。此外，还发现40余种哺乳动物化石。和县人的绝对年代距今约20万年，属于中更新世晚期的晚期直立人。与蓝田人相比，和县人的脑量有了较大的增加。与北京人相比，和县人的头骨形态更接近于较晚的北京直立人，表现出更为进步的特征。

3. 直立人的经济生活

根据北京人遗址出土的古生物化石，可以知道在北京人生存的数十万年中，气候曾经历过三个寒暖交替的周期，而且这一地区既曾出现过大面积的水域与森林地貌，也曾出现过大范围的草原与荒漠地貌。北京人主要靠采集植物的果实、根茎以及捕杀野生动物为生。鹿应是北京人的主要狩猎对象，北京人遗址中发现的古生物化石，70%是鹿。在生产力水平还十分低下的远古时期，北京人的生活状况非常艰难，因而寿命很短。根据北京人的骨骼化石测定，大多数人死于14岁以下，只有极个别的人能活过50岁。

在直立人阶段，人类所使用的工具主要是石器，也包括少量的骨器与木器。北京人遗址中发现经打制而成的石制品有10万余件，制作石器的原料主要为脉英石，也有水晶与砂岩。根据用途可以将这些石器分为两类，一类是用来制作工具的石器，主要有石砧、砸击石锤和锤击石锤；一类是日常生活中使用的工具，有刮削器、尖状器、石锥、砍砸器、雕刻器等等。北京人制作的刮削器一般重量不超过20克，分有直刃、凸刃和凹刃等多种形式，少数刮削器还有经修理过的把手。尖状器的形状则有正尖、角尖与复尖等三种，砍砸器的刃缘也可分为单刃、双刃、多刃、端刃和尖刃等多种形式。与元谋人和蓝田人制作的石器相比，北京人的石器制作工艺已有了明显提高。在北京人遗址的文化堆积中，由下层至上层，不同地层出土石器的制作工艺及材料选择等方面，都呈现出不断进步的趋势。

直立人阶段，人类已经学会使用火。不但元谋人与蓝田人遗址中都曾发现用火的痕迹。而且在北京人遗址的洞穴堆积中，还发现有很厚的灰烬层，此外还有烧过的土块、石块、骨头以及朴树籽等。这些灰烬与烧过的东西不是随处散布在洞中，而是限定在一定的区域。这说明北京人不仅大量使用火，而且掌握了控制火与管理火的能力。这对于远古人类而言，是应对自然能力的一大提高。

4. 早期智人的考古遗迹

距今约 15 万年的晚更新世早期,是旧石器文化发展的中期阶段,人类的体质也普遍从直立人(猿人)进化至早期智人(古人)阶段。我国境内的早期智人,主要有山西丁村人和许家窑人、陕西大荔人、北京周口店新洞人、广东的马坝人、贵州桐梓人与水城人、湖北长阳人、安徽巢县人等。此外,在湖南新晃的大桥溪和澧县的鸡公垱、湖北荆州的鸡公山、甘肃镇原的姜家湾与寺沟口、陕西长武的窑头沟与鸭儿沟、辽宁喀左的鸽子洞、黑龙江阿城的石灰场等地,也都发现了旧石器中期的文化遗存。

丁村人化石于 1953 年发现于山西襄汾城南 5 公里,其生活年代一般认为应该在中更新世的末期至晚更新世的初期。丁村人的门齿呈铲形,与北京人十分相似,但其齿根与齿冠都较北京人更为细小,接近于现代蒙古人种,只是较为原始。丁村人代表着由北京直立人向现代人中的黄种人进化的一种过渡类型。丁村文化遗址在不到 10 平方公里的范围内就发现了近 20 处石器地点,说明随着物质条件的改善,这一地区的人口已经比较稠密。

许家窑人化石于 1973 年发现于山西阳高许家窑村,包括 3 件较完整的顶骨、2 件枕骨、2 枚牙齿及其他人骨。许家窑人的头骨形态也保持着由直立人向早期智人过渡的特征,其头骨骨壁很厚,达到了北京人的平均值,但头骨的其他特征则与现代人相近。因此学术界一般认为许家窑人也生活在中更新世末期至晚更新世之初。

大荔人化石是 1978 年在陕西大荔解放村附近发现的。根据同地层出土的生物化石测定,大荔人生活在距今约 25 万年的中更新世晚期。大荔人的颧骨高度比北京人要小得多,与现代人相近。颅骨骨壁厚度也略小于北京人的平均数,脑量为 1120 毫升,高于北京人,但比大多数早期智人的脑量要少。其眉骨仍十分突出,甚至超过北京人。大荔人也具有直立人向早期智人过渡的某些特征,是早期智人的古老类型。

从考古遗迹看,此时人类制作石器的技术获得了较大发展,石器类型增多,功能进一步分化。如许家窑人遗址共发现石制品 14000 多件,包括有刮削器、尖状器、雕刻器、石砧和石球等多种类型,其中石球有千余枚。这些石球用皮条缠绑成"飞石索",可以远距离击中猎物,是一种重要的狩猎工具。大荔人遗址出土石制品 800 多件,300 多件经过修整。

5. 晚期智人的体质进化

大约从距今 5 万年开始,人类的旧石器文化进入晚期阶段,人类的体质进化也由早期智人(古人)发展至晚期智人(新人)。我国境内晚期智人的分布十分广泛,其中比较典型的有北京周口店的山顶洞人、广西柳江人、四川资阳人、台湾台南左镇人等。此外,在广西柳州的白莲洞,福建三明的万寿岩船帆洞,贵州的北部、西南与西北部,西藏与青海,四川汉源的富林,江西万年的仙人洞、吊桶环,河南安阳的小南海,山西沁水的下川、蒲县的薛关,内蒙古乌审旗的萨拉乌苏,辽宁的凌源、建平,吉林的乾安、安图,黑龙江哈尔滨的顾乡屯、阎家岗等地,也都发现了旧石器时代晚期的文化遗存。

山顶洞人是中国境内晚期智人的代表。山顶洞人遗址位于北京周口店龙骨山北京直立人遗址顶部的山顶洞,因而被称作山顶洞人。山顶洞遗址共发现人头骨化石三具,另有下颌骨、牙齿、头骨碎片及身体躯干骨骼化石若干。全部材料包括8个男女个体,其中成年男性2人,成年女性3人,未成年人3人。山顶洞人的头部形态已经非常接近现代人,与北京直立人相比,其脑壳变薄,脑量增大,达到1300~1500毫升。山顶洞人鼻骨较窄,颧骨突出,带有原始蒙古人种的特征。山顶洞人生活的地质年代,应在晚更新世的末期。根据洞中出土的古生物化石测定,其绝对年代大约在距今1~2万年之间。

6. 晚期智人的经济与文化

晚期智人阶段,除石器制作技术外,骨器、角器、牙器的制作技术也获得了较大发展。山顶洞的文化堆积中出土了一件保存较好的骨针,残长82毫米,最大直径仅3.3毫米,针身略弯,表面十分光滑,针体上还有用尖状器挖成的针眼。山顶洞出土的装饰品种类丰富,有钻孔小砾石、穿孔石珠、穿孔兽牙、穿孔鱼骨及有刻道的骨管等。这都说明他们掌握了较复杂的钻孔、磨光及刮挖技术。这时,投矛器、弓箭和鱼镖等复合劳动工具已经出现,而且品种和质量都有所改善。

晚期智人阶段,人类仍主要依靠采集植物的果实、茎块以及捕获野生动物来维持生存。随着工具的改进,人们的猎物数量有了很大增加。晚期智人还学会了捕捞水生动物,在山顶洞遗址中就发现有鲩鱼和鲤科鱼类的胸椎与尾椎化石,说明人类的食物来源不断扩大。这时不同地区人群之间的相互往来开始密切。如山顶洞遗址中就出土了海蚶壳和厚壳蚌化石,这均非本地所产,说明当地人可能已经与外地人有了贸易。晚期智人生活的较大幅度改善,其寿命也开始增长。比较北京直立人与山顶洞人的寿命,后者明显要比前者增长许多。

晚期智人阶段，人类的思维能力也在逐步提高，原始宗教意识及审美观念开始出现。如在山顶洞遗址的下室就发现了人们的公共墓地，墓地出土的人骨化石周围撒有赤铁矿粉。人死后有了墓葬及一些尸体埋葬习俗的出现，说明山顶洞人已经萌发了原始的宗教观念。此外，山顶洞遗址中各类装饰品的出现，也标志着人类审美观念的发生与发展。

三、现代人类的起源

关于现代人类的起源，当今有两种观点。一种是"非洲起源说"，另一种是"多地区进化说"。前者认为今天的现代人都是来自非洲智人的后代，而世界其他地区的早期人类，在距今约20万年前全部消失。后者认为现代人类的起源是多地区的，而中国古人类的连续进化系列便是其重要证据之一。不过，中国古人类进化的链条在距今约5万至10万年间尚存在一个明显的缺环，而这正是"非洲起源说"推断非洲智人走向除南极洲外地球各洲以填补空白的关键时段。因此，中国是否是现代人类的起源地之一及"多地区进化说"能否成立，国际学术界一直存在较大争议。

2006年12月，考古工作者在河南许昌县的灵井旧石器遗址内，发现了距今约8万至10万年的古人类头盖骨化石。根据惯例，这一古人类头盖骨化石被命名为"许昌人"。许昌人的头盖骨化石包括头顶骨、枕骨等断片，共计16块，可以复原成一个较为完整的人类头盖骨。关于许昌人的身份，目前尚无定论，专家们的意见主要有三种。一种认为许昌人是从北京猿人延续下来的中国土生土长的人种中的一个，可以填补中国古人类进化系列中存在的缺环，为现代人类多地区进化说提供确实的证据。另一种看法则仍然坚持"非洲起源说"，认为许昌人是从非洲迁徙过来的外来人种。第三种看法认为，许昌人可能是上述两个人种杂交后形成的新人种。许昌人的研究，目前才刚刚起步，不管最终的结论如何，这一古人类化石的发现，对研究远古人类的进化及现代人类的起源都具有重大的学术价值。

四、早期人类的组织形态

人类社会最早的组织形式是原始群。原始群是一种以血缘为纽带的人群组织，同一血缘的人结成一个共同劳动、共同生活的集体。在这一集体当中，男女不分辈分、不固定对象地互为配偶。这样一种状态下的血缘群体，就是原始群。人类的原始群可以划分成前后两个发展阶段，分别与人类体质进化的猿人(直立人)及古人(早期智人)阶段对应。

人类在古人阶段的晚期,已经逐步摆脱了原始的杂交状态,进入了初期的群婚阶段。这时,婚姻只能在同辈中进行,父母与子女的婚姻已被排除,这种婚姻形态叫做血缘婚(班辈婚),还属于族内婚的性质。由这种婚姻形态结合而成的社会组织,叫做血缘家庭。

第二节 远古文化的发展

一、新石器时代总论

大约在距今1.2万到1.1万年期间,人类普遍进入了新石器时代。从地质年代讲,新石器时代已经进入全新世。所谓新石器,就是通过磨制技术制作的石器。石器磨制技术在旧石器时代晚期就已萌芽,目前发现的最早的磨制石器标本距今约有2.9万年。这是石器制造技术的重大发展,从此石制工具的功能更加全面复杂,使生产力水平大大提高。新石器时代在中国大约结束于距今四五千年以前,不过在世界各地这个时间并不一致。

新石器时代的重大进步,是人类学会了栽培农作物和饲养家畜,可以根据自身的需要从事多种生产活动。最新考古学材料证明,湖南道县玉蟾岩遗址出土的稻谷遗存,是迄今为止所发现的世界上最早的人工栽培稻谷标本,距今约1万年。在河北徐水南庄头遗址中,发现了驯养的狗和猪,经碳14测定距今也在1万年左右。从旧石器时代的采集、渔猎到新石器时代的农牧业,是人类应对自然能力的一次质的提高和突破。从此人类与环境的关系由原先的被动适应转变为主动利用与改造,因此农牧业的出现又被称作"新石器革命"或"农业革命"。随着农业、畜养业的出现,人类开始了新型的定居生活,随之生活空间日益扩大。人类走出比较适合采集、狩猎的山地,迁居到河湖平原或者山陵与平原、沼泽的边缘地带。

制陶业的出现是新石器时代的另一标志性现象。陶器的制作在旧石器晚期也已萌芽,但获得巨大发展则是在新石器时代。随着新石器时代农业的进步,人们炊、食及储存谷物,都需要大量的陶器,由此刺激了制陶业的迅速发展。

新石器时代也是远古文化发展的重要时期。在旧石器时代,人类的思维能力还十分低下,因此文化发展非常缓慢。到新石器时代,不但人类的体质已经达到现代人的水准,其思维能力也显著提高,长期生产与生活经验的积累还为人们的文化创造提供了条件,从而刺激了远古文化的快速发展。中国境内所发现的新石器文化遗址数量很多,不同地区遗址的文化面貌也都呈现出较大差异。其中,文化特征较具代表性的是:(1)黄河流域的仰韶文化、大汶口文化与龙山文化。(2)长江流域的大溪文化、屈家岭文化、河姆渡文化与良渚文化。(3)辽河流域的红山文化。

二、黄河流域的远古文化

黄河流域是中华民族的重要发祥地。新石器时代,黄河流域的不同地区都先后出现发达的地域文化。这些地域文化既有鲜明的个性特点,同时又相互影响,形成了重要的共性特征。黄河流域的新石器文化主要有黄河上游以洮河流域为中心的马家窑文化,以渭河流域(包括晋西南与豫西北)为中心的仰韶文化,汾河中下游的陶寺文化,河南中部的裴李岗文化,山东地区的大汶口—龙山文化等。

1. 裴李岗—磁山文化

裴李岗文化是已知华北地区年代最早的新石器文化,距今已有8000~7000年。裴李岗文化于1977年首先发现于河南新郑的裴李岗村。裴李岗遗址中,保存有房基、窖穴、公共墓地等村落遗迹,并形成一定布局。出土的石器中,磨制石器多于打制石器,其中有带足磨盘、带齿石镰及双弧刃石铲等,反映当时农业已占据经济生活的主导地位。但狩猎仍是重要的生产活动,同时还出现了饲养业,饲养的家畜包括猪、狗、鸡、牛等。

磁山文化因最早发现于河北武安的磁山村而得名,也是华北地区新石器早期的重要文化遗存。它与裴李岗文化关系密切,因而被有的学者连称为"裴李岗—磁山文化"。磁山遗址出土了大量的陶器遗物与植物标本,反映出在7000多年前,这一地区已经出现颇具规模的农业经济。由于农业经济的发展,才使得相当一部分人能够从事专门的手工劳动。

裴李岗—磁山文化与仰韶文化的关系十分密切。一般认为,仰韶文化中的后岗类型,就是对裴李岗文化及磁山文化的继承与发展。裴李岗—磁山文化的发现,为认识仰韶文化以前中原地区新石器文化的早期发展,提供了宝贵的实物资料。

2. 仰韶文化

仰韶文化于1921年首先发现于河南渑池的仰韶村,因此被命名为仰韶文化。仰韶文化主要分布在渭河流域及豫西北、晋西南等地。其影响所及，曾西至甘肃的洮河流域和青海的东部，东至黄河下游，南到汉水上游，北至内蒙古的南部。根据碳14测定，仰韶文化持续的时间约在距今6100～4400年之间。

  仰韶文化的制陶业非常发达，陶器的制作技术相当成熟。仰韶文化出土的陶器，无论质地、造型还是外部的装饰，都堪称陶器中的精品，其中尤以彩陶最具特色。仰韶文化的彩陶，彩纹繁缛，有太阳纹、宽带纹、鸟纹、人面纹、鱼纹、涡纹、圆点、直线与弧线三角等。这些纹饰多施于陶器的腹部与口沿，经过打磨的表面平整光亮，极具观赏性。仰韶文化陶器的种类有碗、盆、瓮、罐、钵、瓶、盂、杯、鼎、灶等，可见在日常生活中它的使用十分广泛。仰韶文化半坡类型中有一种尖底瓶汲水器，当瓶子中空时，能平卧于水中汲水，注满水后即自动竖立起来，非常符合现代力学原理。

  仰韶文化半坡类型的陶器上经常有一些刻画符号，它们的功能与意义，学术界还有不同看法。不过，从一些符号的重复使用情况看，它们应与文字的起源有较为密切的关系。

  仰韶文化时期，粟是最主要的农作物，在很多遗址中都发现了大量遗存。当时人们已种植蔬菜，考古曾发现过芥菜与白菜的种子。生产工具主要是石器，也有部分陶器与骨器。石器以磨制为主，但仍有少量为打制，种类有斧、铲、锛、刀、凿等，还有用于加工谷物的磨盘与磨棒。仰韶文化时期，人们已经驯养了家畜，主要有狗和猪。仰韶遗址中出土了大量骨镞、石镞、角镞与网坠等渔猎工具，这说明农业、家畜饲养和渔猎都是当时重要的经济活动。

  仰韶文化时期人们已经稳定定居。其聚落的内部已在功能上做了区分，一般包括居住区、墓葬区与制陶区三部分。陕西临潼的姜寨遗址，包括五个建筑群和三片公共墓地。墓地在建筑群的东部，两者之间有一条用于隔断的围沟。整个聚落的房屋布局非常有特色：聚落中央是一个四周高中心低的广场，五个建筑群呈圆形围绕在广场周围。每个建筑群中都有一座大型房屋，围绕着这座大型房屋，是一座或数座中型房屋。中型房屋的周围，又围绕着数座小型房屋。所有房屋的门都朝着中心广场的方向。这反映出氏族生活的内向性特点。仰韶文化的房屋，以半地穴式为主，也有部分地面建筑。最小的建筑面积不到10平方米，大型的面积则可达100多平方米，可能是大型聚会或举行宗教仪式与庆祝活动时所用。房屋的周围一般还建有储藏物品的窖穴。

3. 大汶口文化

大汶口文化于1959年首先发现于山东泰安的大汶口，因而得名。该文化主要分布在今山东的中部及南部、河南的东部与江苏的淮北地区。其年代距今约为6300年～4200年。

大汶口文化的制陶业相当发达。早期的陶器以手制为主，但已普遍使用轮修技术。晚期则使用轮制技术生产大件的陶器，烧制的薄胎磨光黑陶，胎厚仅一至二毫米。此外还出现了色泽艳丽的白陶、黄陶与粉色陶器。常见的陶器有碗、豆、盆、鼎、杯、罐、尊、钵、壶等，均为日常生活中的实用器具，但也出现了用于原始宗教活动的三足觚形杯等陶器。此外，大汶口文化的石器、骨器、角器的制作工艺也有较大发展。大汶口文化的主要农作物也是粟，饲养的家畜有猪、狗、牛、羊等。同时，渔猎与采集仍然是人们获取生活资料的重要方式。

大汶口文化早期，盛行成年男女拔牙的习俗。这种现象在当代一些原始民族的调查中仍能发现。大汶口文化晚期的陶器上，出现了复杂的刻画符号，这些刻画符号是否为文字，学术界尚有争论。大汶口文化中期，随着生产力的发展，私有财产增加，氏族内部的贫富分化也急剧发展。在考古发掘的各类墓葬中，有的大型墓的随葬品多达六十余件，而有的墓葬则没有一件随葬品。大汶口文化晚期，随葬品多寡不一的现象更为严重。随着贫富分化的加剧，社会矛盾也日益尖锐，与此相伴的是防御性城堡开始出现。大汶口文化晚期的城堡，有山东滕州官桥镇的西康留城址与阳谷阿城镇的王家庄城址等。

4. 龙山文化

龙山文化于1928年发现于山东历城（现属章丘）的龙山镇，因而得名。以往龙山文化一词，泛指黄河流域、汉水流域、江淮地区以及苏南、浙北等地与山东龙山文化时代相当的各种新石器文化。但随着各地考古发掘资料的增加，学者们已经认识到上述这些地区的文化各具特点，不应都冠以龙山文化。因此今天的"龙山文化"一词主要是指山东地区的龙山文化，也有的学者称之为"典型龙山文化"。

龙山文化主要分布在黄河下游，包括山东及苏、皖的淮北，其文化影响则远至河南与辽东半岛。龙山文化与大汶口文化在文化内容及特征上有前后承继的关系，龙山文化的年代约为距今4200年～3900年。

龙山文化的陶器制作技术在大汶口文化基础上进一步发展。由于轮制技术的普遍使用与进步，龙山文化的陶器表现为胎壁厚薄均匀，器形规整匀称。其中，磨光黑陶是龙山文化陶器的典型代表。这种陶器，通体透黑，色泽纯正，具有很高的审美价值。一件高达 26 厘米的蛋壳高柄杯，重量竟不足一两，堪称艺术精品，代表了我国史前制陶技术的最高水平。除制陶业外，龙山文化时期的攻玉技术也获得较大发展，早期的冶铜技术也开始出现。

龙山文化时期，人们的精神生活日益丰富。在山东胶县三里河龙山文化墓地中，发现了布置规整的祭祀遗迹。这处祭祀遗址系用河卵石铺成的一个长方形建筑，长 0.9 米，宽 0.6 米。在其西南 1 米处还发现有一具完整的狗骨架，狗骨架下则是整齐的黑陶片。在同一墓地，还发现了用河卵石铺成的圆形建筑，也应为祭祀所用。这些都说明龙山文化时期，原始宗教已经获得了较大的发展。同时中国早期文字也在这一时期开始出现。山东邹平丁公遗址中出土了一件陶盆的底部残片，其上即刻有 6 行共 12 个早期文字①。

龙山文化是中国原始社会逐步瓦解并迈向文明时代的历史时期。随着生产力水平的提高和社会财富急剧增加，引发了氏族、部落之间为掠夺财富而频繁进行的战争，由此导致防御性城堡的大量出现。已经发现的龙山文化时代的古城址，主要有章丘龙山的城子崖、寿光的边线王、邹平的丁公等。此外，还在鲁西发现两组古城遗址，一组为阳谷的景阳冈、皇姑冢、王庄 3 座古城。一组为茌平的教场铺、大尉、乐平铺、尚庄与东阿的王集 5 座古城。与此同时，一些象征权力的礼器也开始出现。如山东日照两城镇出土的刻有兽面纹的玉斧，就是这一时期玉制礼器的代表。

三、长江流域的远古文化

长江流域也是我国新石器文化发展的重要地区，已经发现的主要有长江上游成都平原的宝墩文化、长江中游三峡与鄂西地区的大溪文化、江汉平原的屈家岭文化、长江下游太湖地区的马家浜—良渚文化以及杭州湾以南宁绍平原上的河姆渡文化等。此外，还有受南北文化共同影响的过渡型地域文化，如鄂西北、豫西南的青龙泉文化、皖北的薛家岗文化以及苏北的青

---

① 关于丁公陶片上的符号是否为龙山文化时期的文字，学术界还有不同的意见。

墩文化等。

1. 大溪文化

大溪文化因重庆巫山大溪遗址而得名。该文化主要分布在长江三峡及鄂西地区,年代约为距今6400年~4700年。

农业是大溪文化的主要经济形式。与黄河流域普遍种植粟不同,大溪文化的农业以种植水稻为主。在大溪文化城头山古城址的发掘中,曾发现面积超过100万平方米的水稻田,田中有大量碳化稻谷、稻叶、稻茎的遗存。这片水稻田距今约6500年,是世界上最早的水稻田之一。同时在水稻田的一侧还发现了原始的灌溉设施,分别由三个人工挖成的水坑与数条水沟连接组成。大溪文化饲养的家畜则有猪、牛、羊等。在大溪文化的墓葬中,还发现有用整条鱼或龟随葬的现象,这说明捕捞渔业在当地经济生活中占有重要地位。

大溪文化中的重要现象是城池出现早。湖南澧县的城头山古城址,距今6000多年,是目前中国发现的年代最早的城池之一。城内还发现了可能与原始宗教活动有关的夯土台。

2. 屈家岭文化

屈家岭文化因湖北京山屈家岭遗址而得名。该文化主要分布在江汉平原,影响所及,西达三峡,东至鄂东,北至河南南阳,南达洞庭湖。该文化的年代距今5300年~4500年。

稻作农业是屈家岭文化的主要经济形式。根据对屈家岭稻谷标本的测定,当时种植的水稻应为粳稻,与现在长江流域种植的水稻种类极其相近。饲养的家畜除了猪、狗之外,还包括鸡和羊。长江流域多雨潮湿,为了防潮,屈家岭的房屋没有北方的半地穴式,都是地面建筑。房屋也大多是由红烧土筑成,有的居住面还高出地面,形成土台子。

屈家岭文化中也发现了不少城池遗存。目前已发现的属于屈家岭文化的城池共5座,有湖南澧县城头山古城[1]、湖北石首走马岭古城、江陵阴湘古城、荆门马家垸古城、天门石家河古城。其中石家河古城总面积达120万平方米,是一座规模十分巨大的史前城池。长江中游史前古城的出现与发

---

[1] 城头山古城曾经四次修筑,第一、二次修筑于大溪文化时期,第三、四次修筑于屈家岭文化时期。参见张之恒主编《中国新石器时代考古》,南京大学出版社2004年版,第147页。

展,不但时间上略早于黄河流域,其规模之大也为黄河流域所不及。

3. 河姆渡文化

河姆渡文化于1973年在浙江余姚河姆渡首先发现,因而得名。河姆渡文化主要分布在杭州湾以南的宁绍平原及舟山群岛一带,距今7000年～5000年。

河姆渡文化的农业以种植水稻为主。在河姆渡文化遗址中,普遍发现有稻谷、稻壳及稻叶、稻茎的堆积,最厚处达到七八十厘米。除水稻外,河姆渡文化还栽培豆科植物。河姆渡文化中农业生产的主要工具是骨耜,用来翻土,这说明长江下游地区早在六七千年以前就已经出现锄耕农业。河姆渡文化饲养的家畜有猪、狗等,水牛可能也已经被驯养。河姆渡文化的堆积中发现有大量野生植物的果实及野生动物的骨骼,说明采集与渔猎仍是当时重要的经济形式。河姆渡文化的遗址中,发现了象、犀等热带动物的遗骸,于此可见当时长江下游一带的气候比现在要温暖湿润得多。

河姆渡文化的房屋主要为一种栽桩架板的干栏式木构建筑。这种房屋都是先在地面上打上木桩,然后在木桩上建成高于地面的房屋。这是一种为了适应长江下游低洼潮湿地理环境而出现的房屋建筑。河姆渡房屋的木构件,普遍采用榫卯结构,反映出这一时期木制工艺的发展。河姆渡文化的遗址中还出土了木桨,说明当时已发明了用做水上交通工具的船。

4. 良渚文化

良渚文化因发现于浙江余杭的良渚而得名,主要分布在长江下游的太湖流域,但其影响范围很大,向北到达山东南部,向西到达湖北西部,最南到达广东北部。良渚文化的年代距今5000年～3700年。

良渚文化的农业经济已相当发达,当时栽培的农作物种类很丰富,有水稻、蚕豆和花生等。良渚文化的遗址中还发现了丝织品,说明当时已经发明了养蚕缫丝技术。中国是世界上最早养蚕缫丝的国家,其丝绸文化的源头,可上溯至四五千年前的良渚文化时期。

玉器种类丰富和制作精美,是良渚文化遗存中最为突出的现象。用玉器随葬,是良渚文化的一种重要习俗。良渚文化随葬的玉器有玉斧、玉璧、玉琮、玉瑗、玉环、玉觯及其他精美的各类玉饰件。江苏武进寺墩良渚文化中期的一座大型墓葬中,曾出土随葬玉璧24件、玉琮32件。浙江余杭反山墓地出土的一件玉琮,直径约有17厘米,高8.8厘米,重6.5公斤,是迄今为止已发现的最大玉琮,号称"琮王"。良渚文化的玉器,一般出现在大型墓葬中,中型及小型墓葬中则很少见到,这说明良渚文化时期社会成员的身份和地位已经发生了较大的分化。玉璧与玉琮在中国古代是重要的"礼器",《周礼·春官·大宗伯》就有所谓"苍璧礼天"、"黄琮礼地"的记载。如此庞大而又数量众多的"礼器"出现在良渚文化的遗存中,说明当时的礼制应已有了较大的发展。

环太湖流域发现了大量良渚文化时期的聚落群。这些聚落群大多建在人工夯筑的土台之上,只有较少的遗址建在平地。人工夯筑的土台距地面一般都在六七米以上。浙江余杭莫角山遗址,东西长 670 米,南北宽 450 米,夯筑层高达 7 米。在此夯筑层之上,还筑有三个更高的土台。良渚文化的土台之上,有的建造了大型的房屋建筑,有的则是祭坛与墓地。

四、其他地区的远古文化

据近年的考古资料,除黄河、长江流域新石器文化外,其他地区也都发展出各具特色的新石器文化,其中比较重要的有辽河上游的红山文化和富河文化、嫩江流域的昂昂溪文化、珠江流域的石峡文化、闽江下游的昙石山文化、台湾的大坌坑文化等。

1. 红山文化

辽河流域的红山文化是近年来最引人注目的新石器文化之一。红山文化主要分布于内蒙古的赤峰、辽宁西部的朝阳与锦州、河北北部的燕山地带及内蒙古通辽的南部。该文化的时代距今约在 6000 年~5000 年之间。

红山文化遗址出土的生产工具中,用于翻土的叶形石耜数量最多。此外,还出土了用于加工谷物的磨盘与磨棒,说明这里曾经出现较为发达的锄耕农业。除农业经济之外,渔猎仍是红山文化重要的经济形式。

红山文化比较重要的文化遗存是积石冢、泥塑人像与形状特殊的玉器。

积石冢是红山文化的一种特殊墓葬形式。这种墓葬,一般都建在山冈的顶部,墓上封土后再积石,形成地上的冢顶。积石冢的周边,砌石为界,一般要砌三层,由外向内层层叠起,形成如"金字塔"式的土墩。一冢之中有多个墓葬,其中的墓葬区分为中心大墓与附属墓葬两类。积石冢的直径或边长一般在 20 米左右,最大的长约 30 米。

泥塑及陶塑人像在辽宁喀左的东山嘴与朝阳的牛河梁等遗址都有发现。其中东山嘴出土了两件小型孕妇塑像与一件大型人物坐像的残件,牛河梁女神庙内发现了更多泥塑人像的残件。根据残件规模,可知这些泥塑人像最小的与真人相似,最大的则相当于真人的 3 倍。其中一尊保存较完好的女性头像,写实性很强,双眼内还嵌入淡青色玉片为睛,十分生动。

　　红山文化出土的玉器数量虽不如良渚文化多,但反映出来的制作工艺却毫不逊色,而且很有特点。红山文化玉器的代表器型主要有动物型玉、筒形玉、勾云形玉及方圆形玉璧等,这与良渚文化以玉琮、玉斧为代表器型有很大不同。其中动物型玉有龙形玉、鸟形玉、龟形玉和蚕形玉等,尤以龙形玉最具特色。内蒙古翁牛特旗出土的脊饰卷体龙,整个器形呈"C"状,龙形身躯细长弯曲,头部尤其是吻部很长,自头部以下的背部有很长的片状附饰,长达整个龙形的三分之一,形成飘逸的动态效果。红山文化还出土了多璧相连的二联璧及三联璧,也都是其他地区新石器文化中所见不到的。

　　红山文化还发现了巨大的祭坛与神庙,有学者据此认为辽河流域早在 5000 年以前就已经进入文明社会。但学术界对此尚有不同意见。

　　2. 石峡文化

　　华南地区新石器时代具有代表性的是广东曲江的石峡文化。石峡文化主要分布在广东的北部,距今约在 4000 年以上,属新石器晚期的文化遗存。石峡文化堆积中发现有碳化的米粒、稻谷、稻壳及稻茎等,经鉴定属籼稻与粳稻。出土的石铲、石锛等都说明当时的华南地区也形成了较发达的锄耕农业。石峡文化晚期的墓葬中出现了较多数量的玉制礼器,有玉琮、玉璧等,反映出不同的社会阶层正在形成,社会形态正在由原始社会迈向文明时代。

五、氏族公社制度

　　1. 氏族制度的形成

　　氏族公社是史前社会继原始群、血缘家庭之后出现的又一个以血缘为纽带进行连接的社会组织形式。与前者不同的是,氏族公社排除了族内通婚现象,实行族外婚。它往往由几个不同的氏族组成一个较为稳定的婚姻集团,相互通婚。氏族公社是史前时期重要的社会组织形态,是人类社会发展的必经阶段。

　　氏族公社内部实行生产资料的公有制,氏族成员的经济地位是平等的,因而社会也没有划分出不同的阶级或利益集团。氏族内部一般会有以族长为中心而组成的管理机构,族长由氏族成员选举或撤换,并没有什么特权。

　　根据其组织关系的前后变化,它又可以划分为母系氏族公社和父系家庭公社两个阶段。

2. 氏族制度的演变

母系氏族公社阶段,实行对偶婚,子女们往往只知其母而不知其父,世系也按照母方来计算。这一阶段,氏族的生活资料主要来源于女性所承担的采集和原始农业,因而妇女在氏族公社中居于支配地位。随着畜牧业与原始手工业的出现与进步,男性在社会生产领域发挥了越来越大的作用,因而逐渐在氏族内部获得了支配性的社会地位。生产力的发展同时也导致了剩余产品的出现与增加,私有制开始萌芽。这时,为满足成年男性希望将个人的私有财产留给自己亲生子女的要求,由不稳定的对偶婚过渡为男子娶妻,一夫一妻制的家庭形式开始出现,世系也按照男方来计算,氏族公社由此进入父系阶段。此时,男子是家庭和社会的核心,他有权支配家庭的财产以及家庭的成员,原来的母系氏族公社这时分化为若干个以男子为中心的大家族,也称为父系家庭公社。

父系家庭公社阶段,尽管已经出现了私有制,但在公社的内部仍实行生产资料的公有制。父系家庭公社晚期,随着生产力的进步,个体家庭日益成为社会生产与生活的基本单位,原来的生产资料公有制难以维持,逐步让位于小家庭所有制,氏族公社制度则走向瓦解。

3. 氏族制度的考古学证明

考古资料表明,母系氏族与父系氏族公社在我国远古时代都曾经普遍存在过。例如,仰韶文化的早期墓葬中,女性的墓葬墓坑较大,随葬品也比一般人要多。半坡遗址中还曾出土过一件老年女性的塑像。这些现象都反映出当时女子的社会地位要高于男性。学术界一般认为,仰韶文化早期,是我国母系氏族社会的繁荣时期。仰韶文化中晚期以后,开始出现男性的陶塑头像与象征男性生殖器的陶祖,反映出男性社会地位的逐渐提高,氏族组织形态正在由母系向父系过渡。

仰韶文化的早期,流行多人二次合葬和同性合葬,随葬品为同葬者集体所有。晚期虽出现较多的单人埋葬现象,但绝大多数都没有随葬品。这些现象都说明在整个仰韶文化时代,一直实行着财产归氏族公有的制度。黄河下游的大汶口文化,则翔实地记录了人类由母系氏族公社向父系氏族公社过渡的历程。大汶口文化的早期,尚处在母系氏族社会的晚期阶段。这一时期的墓葬,与仰韶文化早期类似,以多人二次合葬和同性合葬为主,随葬品也主要是劳动工具,表明氏族内部仍以母系制为主导,生活资料没有什么剩余,私有制还没有出现。而在大汶口文化由早期向中期的过渡阶段,开始出现一对成人男女合葬的现象。这表明母系制已开始走向解体,父系制逐渐建立。到大汶口文化的中期,这时的墓葬,以一对年龄相当的成年男女的合葬墓数量最多。而且其葬式一般都是男性仰身直肢,女性侧身屈肢面向男性,随葬品也大都放在男性的一侧。这反映出父权制已经确立,社会进入到父系家庭公社阶段。

第三节 远古的传说与史实

从先秦以来,关于我国远古时期的历史就有着多种多样的神话与传说。这些神话、传说中的具体人物和事件,多有后人附会的内容,不可据以为信史。但是,在这些神话传说的背后,又往往隐藏着真实的人类历史。因此,揭去这些神话、传说的神秘面纱,探索其中所蕴藏的真实意义,同样也是认识我国远古时期历史发展的一条重要途径。

一、天地初判与"三皇"传说

关于世界的创造与人类的诞生,有盘古与女娲的神话。据三国时期徐整的《三五历记》记载,天地之初,是一种混沌未分的状态,盘古便生于其中。在1.8万年之后,天与地才开始分开,其中阳清之气上升为天,阴浊之气下沉为地。盘古一天天地长大,天地也随着盘古的长大而越分越远。《五运历年记》又说,盘古死后,他的呼吸化为风云,声音化为雷霆,左眼变成太阳,右眼变成月亮,身躯则化为四极与五岳,身上流淌着的血液则变为江河。这种创世神话当然不会是信史,但它也如实地反映了远古时期人们对于天、地性质的非常直观的认识。女娲造人的神话先秦时期已经流传,汉代的文献《风俗通》说女娲一开始是抟黄土做人,因为太辛苦,便改变造人的方法,用绳子沾满泥土,然后抖落出去。这些从绳子上抖落的泥也转瞬便成了人。前面用黄土抟成的人就成了富贵之人,而后来由绳子上抖落下来的泥变成的人(缏人),就是贫贱之人。这种神造人的说法,当然是荒诞无稽的,但它也反映出人们对于远古时期已经出现社会分层的朴素理解。

如果说盘古开天地与女娲造人的神话,反映的是后人思考世界起源及人类起源时的种种认识,而"三皇"及"五帝"的传说,则是人类早期历史发展的曲折影像。

三皇究竟指哪三位？文献中有不同的说法，其中的两位伏羲与神农比较确定，而另一位则有女娲、燧人、祝融等多种说法。有关伏羲神话的原本是猎取动物以供人们食用，神农神话的原本则是农耕与制陶的发明。新石器时代，农业与畜牧业是社会经济中两个最重要的部门，二者被后人奉为"皇"，正是对这一历史事实的如实反映。至于燧人或祝融的传说，则都是对火在远古人类生活中重要地位的强调。还有的传说认为伏羲与女娲为兄妹，二人婚媾，从此才繁衍了人类。这种在今人看来纯然无稽的说法，反映的正是远古时期曾实行过的兄妹通婚的婚姻形态。这样一种原始的族内血缘婚姻形式，在人类进入氏族社会后就消失了，而三皇的神话中却依稀保留了下来。

二、黄帝传说与部族之间的战争

五帝的传说和组合非常复杂，其一是以黄帝、太昊、炎帝、少昊、颛顼为五帝，其二是以黄帝、颛顼、帝喾、尧、舜为五帝，还有的文献把禹也加入到上古"帝"的行列。第一种说法将五帝与五方的观念结合起来，黄帝居中，太昊居东，炎帝居南，少昊居西，颛顼居北，五帝没有时间的差别。第二种说法则是按时间先后来排列五帝的顺序。

不管哪种说法，都以黄帝为五帝之首，这说明黄帝在五帝体系中占有重要的位置。据《史记·五帝本纪》的记载，黄帝号轩辕，生于神农氏之末。这时，诸侯互相侵凌，百姓不能安居。黄帝于是"习用干戈，以征不享"，各地诸侯纷纷归附。但是，另两位地方诸侯炎帝与蚩尤也想通过武力征服诸侯，黄帝于是先与炎帝在阪泉之野发生激战。经过多次较量，最终击败炎帝，炎帝的部族从此并入黄帝的部族。之后，黄帝又与蚩尤大战于涿鹿，最终擒杀了蚩尤，继神农氏而成为天下的共主。

黄帝的传说，反映的正是原始社会末期部族之间为争夺财富而频繁战争的情况。黄帝通过武力征伐，建立起新的秩序，也正暗示着原始社会末期"英雄时代"的来临。大汶口文化晚期、龙山文化时期，黄河下游地区出现了大量的防御性城堡；屈家岭文化时期，长江中游也出现了大量同类性质的城堡。这些考古发现与文献中有关黄帝的传说都可相互印证。

三、颛顼与宗教改革

五帝之一的颛顼也是原始社会末期一位重要的部族英雄。据《帝王世纪》的记载，颛顼20岁登上帝位，曾平定了蚩尤的后裔九黎族发动的叛乱。之后，颛顼又击败了与自己争夺帝位的共工，建立了自己的统治。

有关颛顼的传说，最著名的应是命重、黎"绝地天通"的故事。这个传说也是从远古流传下来的，《尚书·吕刑》和《国语·楚语下》都记载了这个故事。据说在少昊的末年，由于九黎乱德，祭祀体制发生混乱，出现了家家都可祭祀、人人都可通神的滥祀局面，神灵的威严受到巨大破坏，各种灾祸也随之频繁降临人间。颛顼即帝位后，对这种混乱的局面进行大刀阔斧的改革。他命南正重"司天以属神"，令火正黎"司地以属民"，即由重专职联系天上的神灵，由黎专职管理地下的百姓。从此，人与神之间的沟通，都必须经过这两个人，而其他大大小小的氏族之"巫"不许再装神弄鬼和假托天命，使原来的滥祀局面得到遏止。

原始社会末期，部落贵族的政治权威，往往要依托于原始宗教的神权，垄断了宗教祭祀权力，也就等于垄断了日益增长的社会政治权力。颛顼命重、黎"绝地天通"的传说，正是这一时期部落贵族确立并壮大自己政治权威的一种曲折反映。它标志着氏族成员均享公共权力的平等原则正在被破坏，社会政治权力由少数贵族垄断的局面正在形成并加强，社会形态正在向文明时代急速迈进。颛顼宗教改革的传说，正是以此深刻的历史内容作为依据的。

据《淮南子·齐俗训》记载，颛顼还曾确立了男尊女卑的社会原则："帝颛顼之法，妇人不辟（避）男子于路者，拂于四达之衢。"这与新石器时代晚期大量墓葬中披露出来的男女不平等现象也非常符合。

四、尧舜禹的"禅让"

尧、舜、禹统治的时代，在传统观念中一直被奉为最完美的政治典范和理想社会。

当时，中原的华夏族一直与南方的苗蛮族处于战争状态，舜与禹都曾亲自指挥过对三苗的战争。这些故事，反映出在由原始社会向文明社会过渡的时期，南方族群与北方族群曾发生过激烈冲突。正是在这种冲突中，军事首长扩大并巩固了自己的权威，并由此加速了氏族制度的瓦解，建立起早期国家的政治体制。战争与早期文明的确立有密切的关系。

有关尧、舜、禹的传说，流传最广、影响最大的当然是他们通过"禅让"方式移交政治权力的故事。《尚书·尧典》以及《史记·五帝本纪》对这一传说都有很详细的描述。据说尧与议事会的成员——四岳一起讨论自己的继任人选,尧要求议事会"悉举贵戚及疏远隐匿者",这说明继任者的人选范围是十分广泛的。当议事会推举了舜之后,尧先将自己的两个女儿嫁给他,借以观察舜的治家之道;之后再命他为司徒,观察他的治国之道;最后,又对舜的个人生存能力进行考察,"使舜入山林川泽,暴风雷雨,舜行不迷"。完成了这一系列的考察之后,尧将舜立为自己的继任者。舜在尧年老的情况下,先摄行天子之事,等到尧去世以后,舜才最终登上帝位。

舜统治时期,黄河发生重大水患,舜命禹治理洪水。禹采取疏导的办法,先导小水入川,然后再引川水入海,终于彻底根治了水患。禹为了治水,居外长达13年,数过家门而不入。帝舜因禹治水有功,便将禹立为自己的继承人。舜死之后,禹即帝位。

"禅让"的传说,反映出在由原始社会向文明社会过渡的历史进程中,古老的民主原则还在一定程度上影响着新型政治体制的发展。这种原始民主制的残余,一直到很久以后的周代,仍有一定的影响。另外,禹因治水有功而被立为帝位的继承人,也说明在早期国家权力的形成过程中,大型公共工程或公益事业的管理与控制也起过重要的催化作用。

第四节 中国古代文明的起源

原始社会末期,随着物质生产的巨大进步,私有制获得充分发展,拥有不同经济、政治和社会地位的社会分层出现并确立。随着贫富分化的加剧,社会矛盾日益尖锐。一种凌驾于社会之上并致力于协调社会各集团之间关系的公共权力逐步形成,国家由此出现,人类从此迈入文明社会。种种证据表明,在夏代以前,我国境内就已经出现了早期的国家形态,进入到了文明社会的发展阶段。

一、文明起源的模式

1. 文明的定义

文明起源的问题,一直是学术界关注的重要课题。

研究文明的起源,首先要对文明的定义有清楚的认识。从广义上看,人类由史前社会向文明社会的演进,既包括人所创造的物质文化的进步,也包括人所创造的精神文化、社会组织及管理机构的演进,甚至还涉及人自身体质的进化等。而在这一演进过程中,社会形态的演进与推移更主要地表现为社会组织结构的变化与进步。一般认为,当人类的社会组织形式发展成为国家这种形态时,便是进入到文明社会,"国家是文明的政治表现,是文明社会的概括"①。因此,狭义地讲,文明就是指国家。文明起源的问题,实际探讨的主要就是国家起源的问题。

同样,判断国家这种人类社会组织形态的出现,首先也要弄清楚什么是国家。恩格斯在《家庭、私有制与国家的起源》一书中认为,国家是调和不同阶级之间日益激化的社会矛盾的产物:

> 国家是社会在一定发展阶段上的产物。国家是表示,这个社会陷入了不可解决的自我矛盾,分裂为不可调和的对立面而又无力摆脱这些对立面。为了使这些对立面、这些经济利益互相冲突的阶级,不致在无谓的斗争中把自己和社会消灭,就需要有一种表面上凌驾于社会之上的力量,这种力量应当缓和冲突,把冲突保持在"秩序"的范围以内。这种从社会中产生但又自居于社会之上并且日益同社会脱离的力量,就是国家。②

2. 文明产生的标志

恩格斯还进一步提出了国家出现的两个标志,也就是文明时代的社会组织与史前氏族时期的社会组织不同的地方。第一,是它按地区而不是血缘来划分它的国民。第二,是公共权力的设立,如军队、监狱和官僚机构等。并且,这种公共权力已不再同自己组织为武装力量的居民的利益直接符合了。

由于人类在进入早期文明社会时,留下来的记载史实的文字资料极少,而考古资料也都是静态的实物,因此依据恩格斯有关国家的动态定义及标志来判断人类是否迈入早期文明社会,往往会遇到较多的困难。近百年来,随着考古学的发展,越来越多早期文明社会阶段的文化遗存被公之于众。学者们日益倾向于从考古发掘的实物中寻找典型的物证作为人类迈入文明

---

① 李学勤主编:《中国古代文明与国家形成研究》,云南人民出版社1997年版,第2页。

② 《马克思恩格斯选集》,人民出版社1972年版,第4卷,上册,第166页。

社会的标志。目前为学术界所普遍认可的国家出现的标志性物证,主要有文字、青铜器与城市遗址等。

文字、青铜器与城址作为国家出现的伴生物,在很多地区的考古发掘中都得到了证明。将它们作为判断国家是否出现的标准,也具有很强的操作性。不过,由于世界各地自然环境具有较大的差异,各地区迈入文明社会的方式、途径也是多种多样,因此不能机械地对待这几项判断国家出现的标志性实物遗存。例如,西欧是在铁器时代进入文明社会的,而中美洲的玛雅文明虽然十分发达,但却一直没有发展出自己的青铜文化。文字更是如此。欧亚大陆古代历史上的很多民族,在建立国家以后很久都没有发明出自己的文字。城市的出现是一个社会的生产力及生活水平发展到一定高度的综合反映,但古埃及的前王朝与早王朝时期,就没有发现城市的遗迹。因此,以文字、青铜器及城市遗址作为判断国家出现的物化标准,要在深刻理解恩格斯国家定义的基础上进行,要具体研究一个社会的生产力发展水平以及社会阶层(或阶级)的分化状况,还要对这一关键时期重大历史事件中所反映的社会形态的变革内容进行深入剖析。只有在综合研究各种因素的前提下,才能将文明起源问题的探讨引向深入。

3. 文明起源的模式

人类怎样从原始社会迈入文明社会?长期以来,学者们一直根据摩尔根与恩格斯的观点,认为部落联盟是原始社会发展出来的最高组织形态。部落联盟时期,部落之间、部落联盟之间经常爆发战争,一些军事首长在战争中逐渐垄断了手中的权力,破坏了军事民主制的原则,并建立起自己的独裁统治,最终使人类进入文明社会。20世纪60年代,西方人类学家提出了"酋邦"(chiefdom)社会的理论,认为在从原始社会向文明社会过渡的进程中,存在着一种高于部落及部落联盟,但尚未达到国家水平的社会组织形态,这种社会组织形态就是"酋邦"。酋邦高于部落联盟,是因为它有明显的社会分层,并建立了酋长的统治,不再实行原始社会的军事民主制。但酋邦还不是成形的国家,是因为酋长的权力与地位都还不稳定,酋邦也很容易遭到瓦解。因此,酋邦是一种正在向国家演变的前国家组织形态。20世纪80年代,酋邦理论传入中国,对我国文明起源问题的探讨产生了巨大的影响。

在西方理论传入中国的同时,我国的考古工作者根据大量考古发掘的遗迹,提出了国家形成的"古文化、古城、古国"的模式。即人类最早的文明社会的发生,总是在某一地区特定的原始文化基础上产生的。随着社会分工的发生与发展、社会关系的变化、社会组织构成的演变等超出原始社会的各项因素的出现,古城正是这些因素的集中体现。古国则是指形成了超出于部落等原始社会组织形态的新型社会形态的出现。"古文化指原始文化;古城指城乡最初分化意义上的城和镇,而不必专指特定含义的城市;古国指高于部落以上的、稳定的、独立的政治实体。"①还有的学者提出了中国文明起源的"三阶段说"。即从农耕聚落发展至中心聚落,再由中心聚落发展到都邑国家。其中,农耕聚落是一种平等的、内聚的聚落形态。在中心聚落阶段,社会初步分层、分化。到都邑国家阶段,出现了大型的都邑,说明早期国家已然形成②。这些模式的引入或提出,推动了我国文明起源问题讨论的深入。

二、中国早期国家的出现及其特点

1. 中国早期国家的出现

根据恩格斯的国家定义与形成标志,国家建立以后,史前氏族社会以血缘划分人群的组织原则就被打破,国家统治下是以地区来划分其民众的。不过,在中国进入文明社会以后很长的一段历史时期中,血缘关系仍一直是划分国民的重要组织原则。中国国家在其形成及早期发展阶段的这一现象,是文明社会的组织原则尚不成熟的表现之一。因此,夏、商、周时期建立起来的王朝,往往被称作早期国家。不过,据各种考古发掘的资料看,中国早期国家的出现,实际上要早于夏代。

早在距今五六千年前的仰韶文化、大汶口文化、大溪文化、良渚文化时代,随着社会生产的进步,我国黄河流域、长江流域的社会分层就已经出现。在这几处新石器时代文化的晚期墓葬中,随葬品的多寡差别表现得十分突出。例如,在大汶口文化晚期的墓葬中,有的大墓发现了 70 多件精美的随葬品,还有的墓中则随葬了象征财富的猪下颌骨 30 余件,而有的墓葬中则一无所有。随葬品的多寡生动地反映了墓主人生前经济地位的巨大差异,说明了不同的社会阶层正在逐渐形成。

随着技术的不断进步以及不同社会阶层之间矛盾的日益尖锐,各种象征着文明因素的物化标志开始出现。

---

① 苏秉琦:《中国文明起源新探》,三联出版社 1999 年版,第 131 页。
② 王震中:《中国文明起源的比较研究》,陕西人民出版社 1994 年版。

黄河流域的裴李岗—磁山文化、仰韶文化、大汶口文化、龙山文化、马家窑半山文化、马厂文化和长江流域的大溪文化、屈家岭文化、崧泽文化、良渚文化的遗址中，都曾在陶器遗存中发现了大量的刻画符号，其中一些刻画符号已经具有了早期文字的基本特征。因此，我国文字的起源至少可以上推到距今6000年以前甚至更早。

在距今近5000年的大汶口文化晚期，黄河流域就已经出现了城堡。现在已经发掘的城堡遗址有山东滕州官桥镇的西康留城址、阳谷阿城镇的王家庄遗址以及河南郑州的西山城址等。长江流域大溪文化的城头山城址，距今则有6000年，是我国迄今所发现的最古老的城址。到距今5000年的屈家岭文化时期，长江流域的早期城市迎来了一个重要的发展时期，目前已发现属于这一文化的古城址5处。其中的石家河古城，东西城垣长约1200米，南北长约1100米，整个城址的面积达120万平方米。城垣外还有长达4800米的护城壕。护城壕最宽处达100米，最窄处也有60米，壕底与垣顶相差约有6米。这是一座规模巨大的史前古城。龙山文化时期的黄河流域，城市大量出现，现已发掘的龙山文化时代的古城址就有十几座，如河南登封的王城岗、淮阳的平凉台等，都曾引起学术界的高度关注。值得注意的是，山东西部地区还发现了龙山文化时代的古城市群，其中阳谷的景阳冈、皇姑冢、王庄3座古城为一组，茌平的教场铺、大尉、乐平铺、尚庄与东阿的王集5座古城为一组。每组城市群又都分为中心城市与附属城市两类。

铜器冶铸技术早在仰韶文化时代就已经出现。陕西临潼姜寨遗址中出土过一件人工铸造的黄铜片和黄铜管，经测定距今约6500年。甘肃东乡林家的马家窑遗址中曾出土一把完整的青铜刀，距今约有5000年。辽宁红山文化牛河梁遗址中也曾出土一件红铜制成的铜环，距今也有5000余年。

将上述标志文明形成的物化证据综合起来看，可以断言，中国早在夏代以前，就已经迈入了文明社会。至于中国在何时进入文明时代，学术界尚有不同的看法。

2. 中国早期国家的特征

除具备了世界各地文明发生的一般性特征外，中国的早期文明，还具有自己的特色。就文明形成的物化标志看，文字与城市出现在中国早期文明的发生历程中表现得相对突出，而青铜器的意义则显得较为薄弱。尽管我国境内的冶铜技术出现得并不晚，但其发展相对缓慢，尤其是没有形成较大的生产能力。因此，在进入文明时代以后的很长一段时间里，生产工具仍是以石器为主,这种情况甚至一直持续到商周时期。

与青铜文明的相对落后相比,以玉器为代表的"礼制"文明的发达是中国早期文明起源及发展过程中的一个重要特征。中国的玉器文化,最早可上溯至六七千年前的辽西地区与长江下游地区。红山文化与良渚文化的遗址中,都发现了大量的玉器遗存。黄河流域的仰韶文化、大汶口文化、龙山文化的遗址中,也都有玉器的出土。这些地区出土的玉器,很多具有礼仪器具的性质,如玉斧、玉钺、玉琮等等。包括政治文明在内的中国上古文明,其重要特征之一,便是"礼制"文化的发达。如此众多的玉制礼器出现在新石器时代中晚期的遗存中,正说明中国早期文明的发生,其来久远。

除物质形态方面的特色之外,中国的早期文明,还具有以下两个重要的文化特征。其一,在中国早期国家的形成过程中,以血缘划分人群的族群组织关系不仅没有被打破,反而得到进一步的加强。活跃在中国早期文明舞台上的,是一个个以血缘为纽带的族群组织。其二,中国早期国家的政治权力,往往要披上原始宗教神权的外衣以取得合法性。红山文化中的大型祭坛,良渚文化中用于沟通天人的大型玉琮,为描述中国早期国家政治权力的成长提供了非常直观的证据。这两点对于理解夏、商、周三代社会政治的发展,也具有重要的意义。

中国史前时代简表(170万年前～公元前21世纪)

地质学分期	考古学分期	阶段划分	时间起讫	代表性文化
更新世	旧石器时代	早期	距今180万年至15万年	元谋人、蓝田人、北京人
		中期	距今15万年至5万年	丁村人、大荔人、马坝人、长阳人
		晚期	距今5万年至1.2万年	山顶洞人、柳江人、资阳人、台南左镇人
全新世	新石器时代	早期	距今1.2万年至0.7万年	河北徐水南庄头、江西万年仙人洞
		中期	距今0.7万年至0.48万年	裴李岗文化、仰韶文化、河姆渡文化、红山文化、大汶口文化、大溪文化、屈家岭文化、马家窑文化
		晚期	距今0.48万年至0.39万年	龙山文化、齐家文化、良渚文化、半山马厂文化

第二章　夏、商、周

（公元前21世纪～公元前771年）

导　　读

一、夏、商、周时期的历史特点

夏、商、周是中国古代历史发展最重要的时期之一。在我国的传统文献当中，尤其是在居于主流地位的儒家思想中，合称为"三代"的夏、商、周是古代政治发展的楷模和典范。儒家之外的其他学派，也愿意从"三代"的历史中为自己的思想主张寻找根据。从现代历史学的角度看，夏、商、周时期在我国古代历史的发展过程中也确实占有十分重要的独特位置。一是夏、商、周时期的历史持续时间长。从公元前21世纪夏王朝建立至公元前771年西周王朝灭亡，夏、商、周的历史持续有1200多年。二是夏、商、周时期的历史是探寻中国文化源头的重要阶段。中国文化肇自远古，但其文化精神的确定，切实地说是奠基于"三代"。三是从王朝兴亡的角度看，夏、商、周时期的历史，都能以王朝为单位分别叙述。不过，从有无当时文字记载的角度看，夏、商、周时期的历史，还应该以盘庚迁殷为界划分为前后两个时期。前期历史的叙述主要依靠考古资料及后世的追记与传说，后期因为有甲骨文及铜器铭文的大量发现，从而已经进入有确切文字记载可考的历史时期。

夏、商、周时期的历史，有着以下三方面比较突出的特点。

1. 松散的统一

夏、商、周王朝中央没有能够对疆域实行集中统一管理。夏、商、周王朝的行政区，一般都由两个基本的区域组成。一为天子直接管理的区域，称作王畿。王畿规模不大，西周也不过"邦畿千里"。一为天子通过分封或承认地方诸侯而实行间接统治的区域。这一区域的规模要庞大得多,但往往受王朝中央与地方诸侯力量对比的影响而有所伸缩。当王朝强盛时,前来朝贡的诸侯就比较多,这时就能维持一个比较大的统治区域。而当王朝衰弱时,诸侯就会摆脱王朝统辖,不来朝贡,甚至一些势力较大的诸侯还会胁迫弱小诸侯,使之成为自己的附属国。《史记·殷本纪》记载帝雍己时,"殷道衰,诸侯或不至";雍己去世后,帝太戊立,"殷复兴,诸侯归之"。这就非常直接地反映了三代政治发展的一般规律。西周曾分封数十个同姓、亲戚和功臣建立诸侯国,由此加强了中央对地方诸侯的控制。但由于对畿外仍然实行间接统治的方式,所以到最后这些诸侯也对王朝形成离心倾向。夏、商、周这种畿内、畿外分区治理体制的实行,在交通和通讯条件有很大局限的条件下,为建立较大规模的王朝提供了行之有效的管理模式,对后来中国统一多民族国家的发展进程也产生了深远影响。

2. "神权"十分强大

《史记·夏本纪》记载夏后启讨伐有扈氏,临战前发布动员令,称"用命,赏于祖;不用命,僇于社"。好像赏罚并非出自现实中的王权,而是来自于祖先与社稷神。殷墟卜辞反映,商王凡事都要进行占卜,大到征伐、出猎,小到上学或看病,都要卜问神的意旨。周武王克商后,举行祭天大典,申明商纣王的种种罪状,以确认周王朝统治的合法性。但是又必须看到,夏、商、周三代的"神权"并没有发展成为独立于政权之外的另一种权力,"神权"再强大,它也只是统治者"设教"的工具。政治权力及统治者的现实利益始终处于人神关系的中心位置。商人重神,于三代最重,但从卜辞看,很多神灵因为不能展现威力以满足人的现实需求,就被置于淘汰之列。《国语·周语下》明确记载:"古者,先王既有天下,又崇立上帝、明神而敬事之,于是乎有朝日、夕月以教民事君。"事神的目的是教民事君,这种以人的现实利益为中心的事神态度,也是夏、商、周宗教信仰的重要特征,它对于后来中国社会宗教信仰的发展影响巨大。

3. 没有打破血缘纽带

虽然夏、商、周已经进入文明时代,但人们的社会组织关系并没有打破氏族社会延续下来的血缘纽带。相反,由于血缘关系在组织政治力量、军事力量等方面具有重大的价值,因此它在夏、商、周时期仍然获得巨大发展。夏代的政治集团往往以"氏"为称,如夏后氏、有扈氏、有仍氏等,反映出这些集团内部的血缘组织关系。西周初年,一些殷商遗民被称作"殷民六族"、

"怀姓九宗",说明在商代,聚族而居仍是当时最主要的社会组织方式。周代的宗法制就是周人对这种血缘组织关系的创造性发展。宗法制确立了嫡长子在宗族内部的绝对权威,由嫡长子传留下来的大宗"百世不迁"。也就是说,大宗永远保持着对全宗族的统治权力。大宗的宗子,对于由同一祖先发展而来的各支系子孙,不论其血缘关系多么疏远,都拥有现实的合族祭祖权力,而祭祖权就是政治继承权。宗法制最大限度利用了血缘关系所具有的组织与发动社会力量的能量,这是中国早期政治文明中社会组织特征的集中体现。

除此,反映了土地国有、村社共耕及早期劳役地租形式的井田制,在政治、经济、军事及教育权利诸多方面实行地域区别的国野制度等,也都是夏、商、周时期的独特内容。

二、传统文献与考古资料

夏、商、周时期的历史,在传统文献中已经有不少记载。《尚书》中即有《夏书》、《商书》及《周书》。《尚书》中的作品,有的出自当时史官的记录,有的则出自春秋战国时人的追记,史料价值应有所区别,但都保留了十分珍贵的"三代"历史资料。《尚书》现有"古文"与"今文"的区别,古文《尚书》出自晋人的伪造,使用起来要谨慎。《逸周书》据说是孔子编定《尚书》时删削的材料,其中一些篇章如《克殷》、《世俘》等,已被学者证明是西周初年的作品,也弥足珍贵。《诗经》是上古时期的诗歌汇编,其中有许多反映当时社会生活的资料。《周易》是占卜书,但其中记载了一些历史故事,也有一定的史料价值。

《左传》、《公羊传》、《谷梁传》,号称"《春秋》三传"。虽然其中所记载的主要为春秋史事,但也有不少当时人追述夏、商、周时期历史的内容。《仪礼》、《礼记》、《周礼》号称"三礼"。《仪礼》、《礼记》与《大戴礼记》中有大量反映周代礼制及风俗的材料。《周礼》又名《周官》,主体讲周代官制,虽然其中"六官"体制的划分并不可信,但所记很多官名已被金文材料证实,因此是研究周代政治制度的重要史料。此外,《周礼》中也保留了丰富的有关上古宗教信仰、礼制与社会风俗的材料。

战国时期的诸子著作,也有不少关于夏、商、周史事的记载。《国语》记载了从周穆王至战国早期的一些政治家及学者的言论。《山海经》记载了很多神话传说,是研究上古思想意识、宗教信仰的重要材料。其他如《世本》、

《竹书纪年》等,也都具有一定的史料价值。

先秦时期的作品,大多古奥难读,汉代及唐代学者已经作了大量注疏,很方便使用。清代学者整理先秦文献的成绩很大,他们的研究成果也应借鉴。

汉代以后的作品中,《史记》中有《五帝本纪》、《夏本纪》、《殷本纪》及《周本纪》。这些本纪对夏、商、周时期的历史作了系统的梳理。《汉书》中也有不少"三代"制度的记载。不过,这些材料出自汉代学者之手,使用起来要注意与先秦古籍相印证。

与夏、商、周一千余年的历史相比,传统文献的记载还是显得单薄。研究夏、商、周三代历史还必须依靠考古实物材料。夏代的考古成就,主要有河南偃师二里头遗址、山西夏县东下冯遗址等。晋南汾水、浍水之间的陶寺遗址,也是探讨夏文化的重要对象。有关商代的考古学成就十分丰富,中原地区有河南安阳小屯殷墟、郑州二里岗遗址、小双桥遗址与郑州商城、偃师商城等。其他地区主要有湖北黄陂盘龙城遗址、江西新干大洋洲晚商大墓和四川广汉三星堆遗址等。周代考古目前已经发掘的重要遗址有西安的丰镐遗址、岐山与扶风的周原遗址、山西翼城与曲沃交界的天马—曲村晋都故绛遗址、北京琉璃河燕都遗址等。目前考古发掘揭露出来的西周墓葬已达3000余座,出土了大量西周文化遗存。比较重要的有河南鹿邑太清宫墓地、郑州洼刘墓地、三门峡虢国墓地、长安张家坡墓地等。

与夏代的考古发现相比,商、周考古因为出土了大量的甲骨文与铜器铭文材料,因此在考证史实方面具有更大的空间,也更为研究者所重视。关于殷墟甲骨文的资料,有胡厚宣主持编纂的《甲骨文合集》十三册(中华书局1980~1982年出版),为甲骨文字资料的集大成之作。有关铜器铭文的资料,则有中国社会科学院考古所编辑的《殷周金文集成》十八册(中华书局1984~1995年出版),是收录铜器铭文最全的资料汇编。

三、对夏、商、周历史的研究

在整个中国古代史的研究中,对夏、商、周三代历史的研究最为古老。由于"三代"在儒家经典中的特殊位置,数千年的"经学"探究实际上都已经涉及到夏、商、周的历史问题。儒家思想在经学中对上古历史的理想化倾向,当然会影响到对夏、商、周历史研究的客观性、科学性,但在历代汗牛充栋的经学著述中,仍不乏可启发今人的真知灼见。因此,要研究夏、商、周,需要具备经学的基本知识。

研究夏、商、周历史，要结合利用考古发掘与传世文献两方面的数据。由于传统文献大多成书或定型在战国，为后人追记历史，再加上此时儒家思想对于"三代"历史的理想化倾向，都在一定程度上影响了这些材料的可信性。1920年代以来，以顾颉刚为代表的"古史辨"派，提出了"层累地造成的古史"说，对传统文献进行了大规模的辨伪工作。其中许多成绩应该肯定，但也造成了人们对传统文献普遍的不信任，这一点也应该引起注意。传统文献与考古资料，都是研究夏、商、周的宝贵史料，在这一点上，国学大师王国维提出的用地下考古资料与传世文献相互印证的"二重证据法"，是我们研究三代历史最为科学的方法。

研究夏、商、周历史涉及理论问题较多。在以往的研究中，古史分期、社会形态及国家起源等问题，都曾吸引大批学者进行讨论。这些问题不仅对夏、商、周时期的历史，即对整个中国古代历史的研究也有重要的学术意义。此外，关于夏、商、周时期的国家形态和政体，政治、经济、军事和法律制度，城市、民族、人口问题，家族形态和家族制度，礼制、社会阶层与社会生活等，也都是学者关注的研究课题。关于夏、商、周史的研究状况，朱凤瀚、徐勇主编的《先秦史研究概要》（天津教育出版社1996年版）做了十分详尽的整理。

有关夏、商、周史的研究著作数量众多。1980年代以前的作品主要有王国维的《观堂集林》（中华书局1984年版），顾颉刚主编的《古史辨》（上海古籍出版社1982年重印），郭沫若的《中国古代社会研究》（人民出版社1964年版）、《青铜时代》（人民出版社1982年版），吕思勉的《先秦史》（上海古籍出版社1980年版），侯外庐的《中国古代社会史论》（人民出版社1955年版），吕振羽的《殷周时代的中国社会》（三联书店1962年版），李亚农的《殷代社会生活》（上海人民出版社1955年版），王玉哲的《中国上古史纲》（上海人民出版社1959年版），孙作云的《诗经与周代社会研究》（中华书局1966年版），杨宽的《古史新探》（中华书局1965年版）等，至今仍然具有重要的学术价值。

1980年代以来，一方面大陆学者出版了众多而有分量的学术论著，如赵光贤的《周代社会辨析》（人民出版社1980年版）、金景芳的《中国奴隶社会史》（上海人民出版社1983年版）、孙淼的《夏商史稿》（文物出版社1987年版）、朱凤瀚的《商周家族形态研究》（天津古籍出版社1990年版）、杨向奎的《宗周社会与礼乐文明》（人民出版社1992年版）、晁福林的《夏商西周的社会变迁》(北京师范大学出版社 1996 年版)、杨宽的《西周史》(上海人民出版社 1999 年版)、宋镇豪的《夏商社会生活史》(中国社会科学出版社 2005 年版)等;另一方面,海外学者也在大陆出版了他们的学术论著,重要的有张光直的《中国青铜时代》(三联书店 1999 年版),许倬云的《西周史》(三联书店 2001 年版)以及日本学者白川静的《西周史略》(袁林译,三秦出版社 1992 年版)等。

考古出土的甲骨文字与铜器铭文是研究三代历史不可或缺的宝贵材料,这方面进行综合研究并用以考证古史的重要论著有郭沫若的《两周金文辞大系图录考释》(科学出版社 1958 年增订本)、杨树达的《积微居金文说》(中华书局 1997 年增订本)、于省吾的《甲骨文字释林》(中华书局 1979 年版)、陈梦家的《殷墟卜辞综述》(中华书局 1988 年版)和《西周铜器断代》(中华书局 2004 年版)、胡厚宣的《甲骨文与殷商史》(上海古籍出版社 1983 年版)、唐兰的《西周青铜器铭文分代史征》(中华书局 1986 年版)及日本学者白川静的《金文通释》(日本白鹤美术馆,1962~1983 年出版)等。利用这些古文字数据对夏、商、周时期的历史进行专题研究的有张亚初、刘雨的《西周金文官制研究》(中华书局 1986 年版)等。

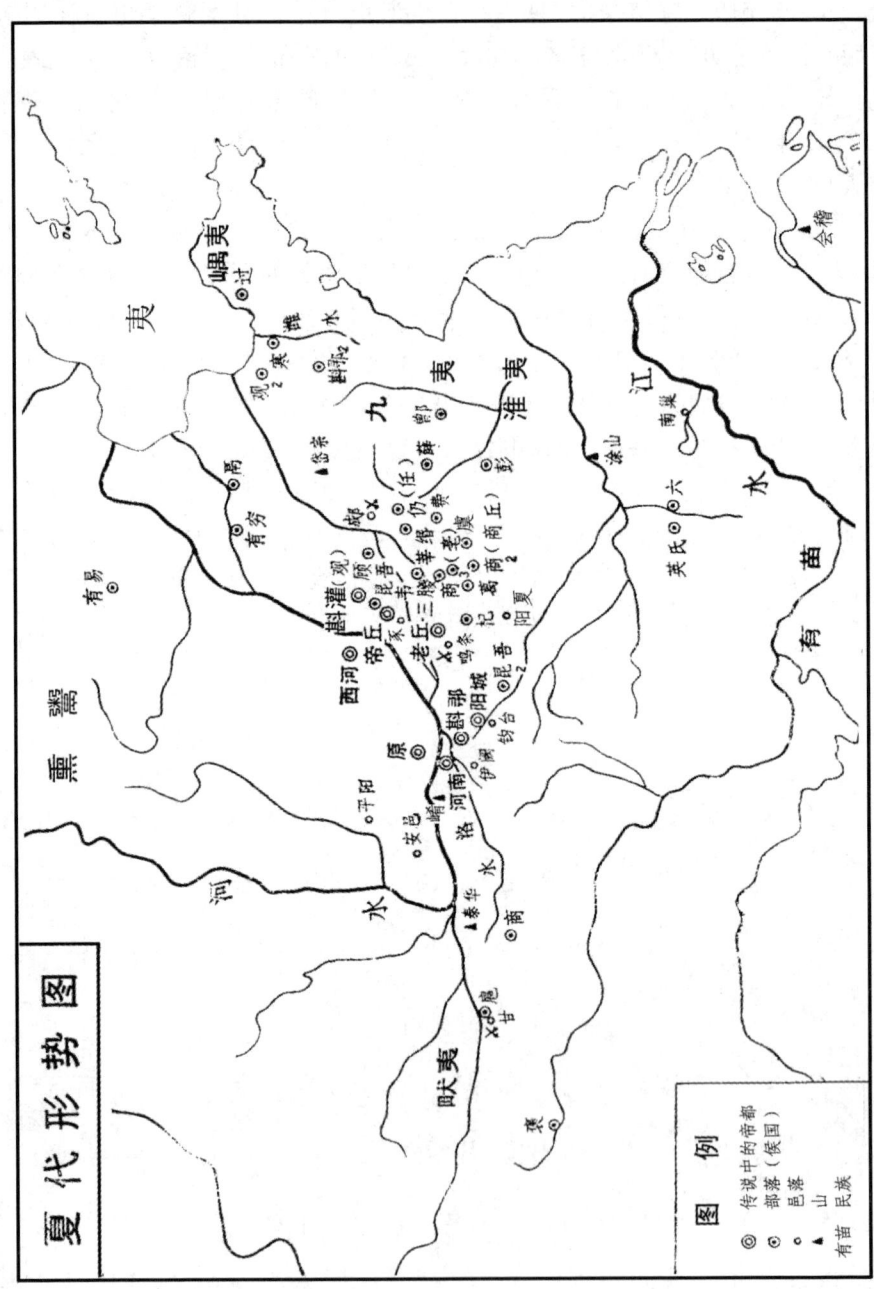

第二章 夏、商、周

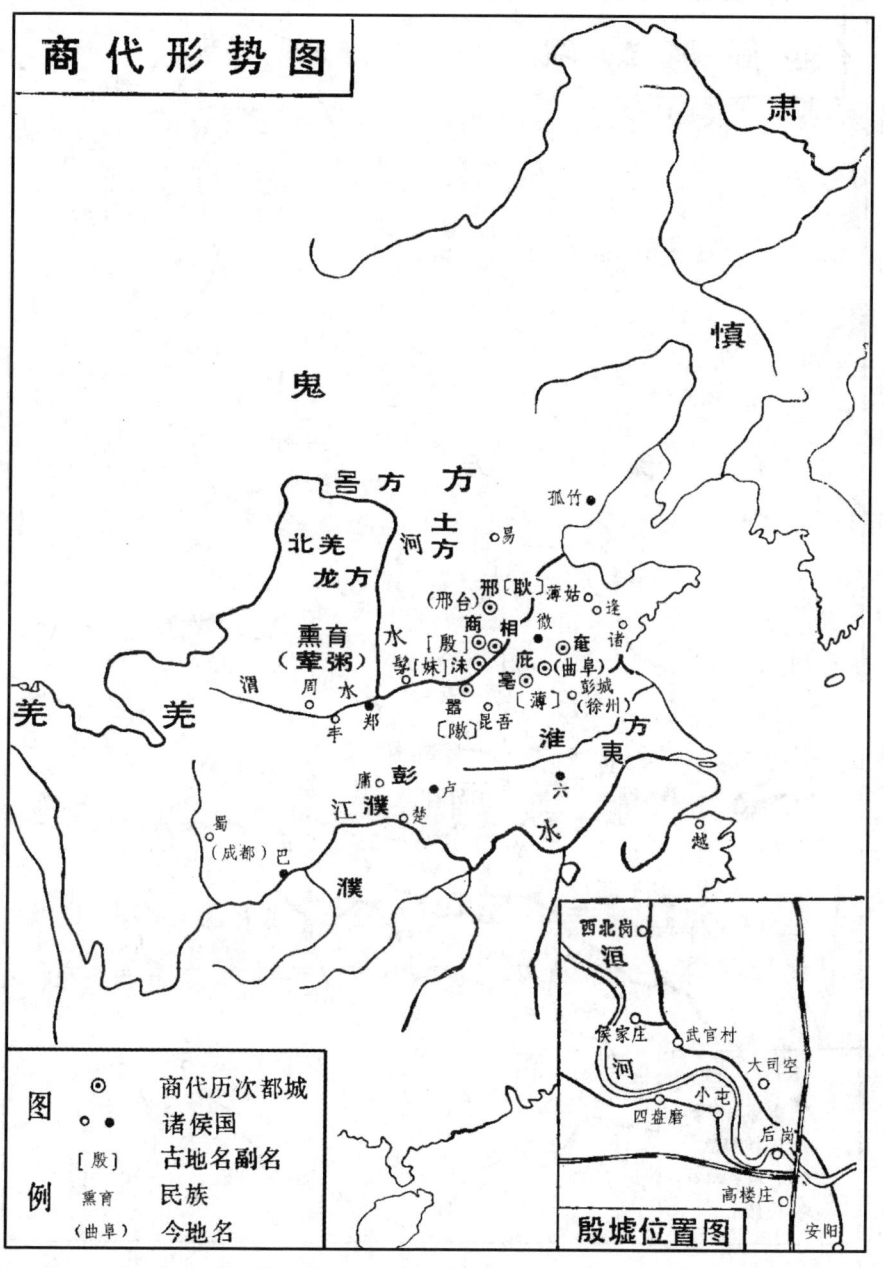

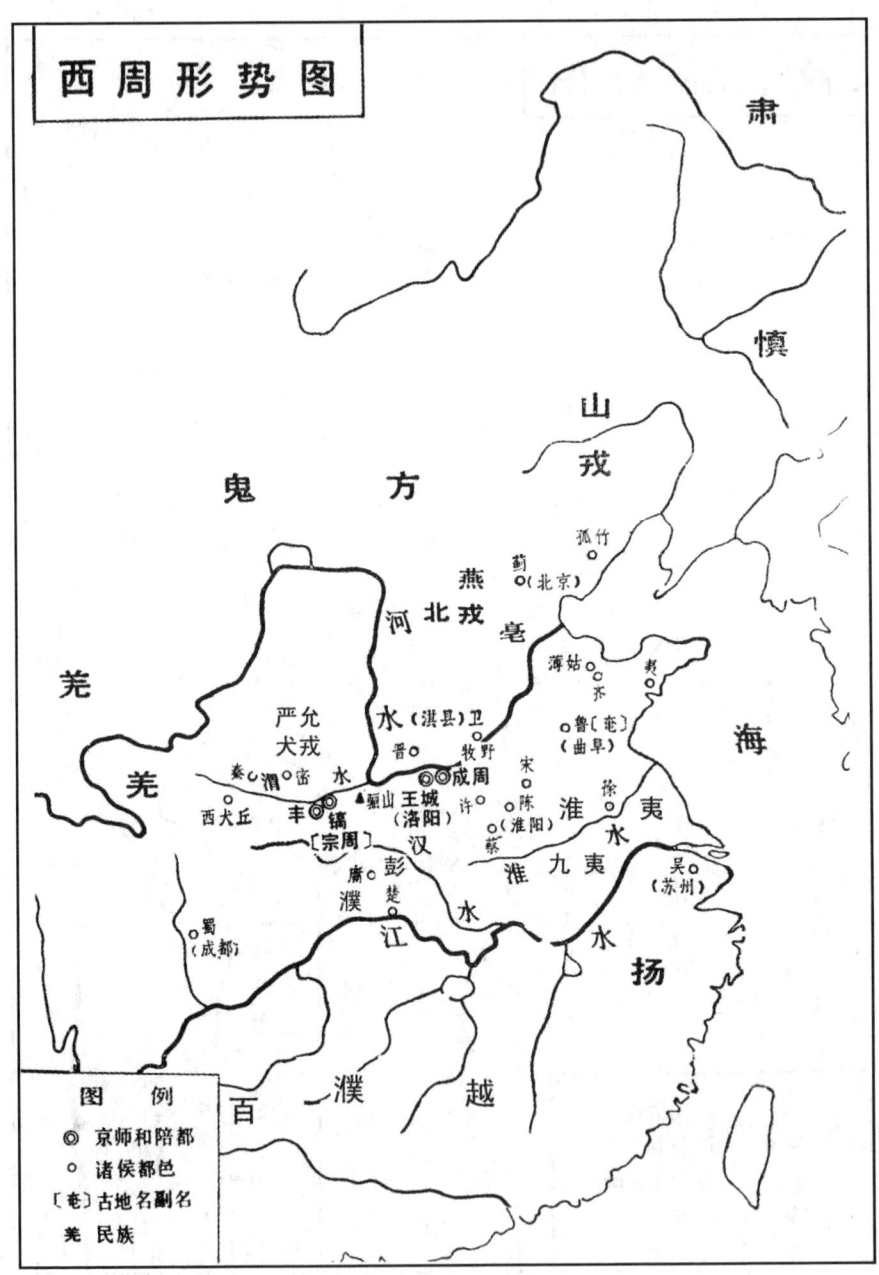

（本章地图转引自北京大学出版社《中国古代史纲》）

第一节 夏、商王朝的更迭

一、夏王朝的兴衰

1. 夏朝的建立

夏族为姒姓,是居住在黄河中游的一个历史悠久的部族。尧、舜时期,黄河发生重大水患,夏族首领鲧(gǔn)奉帝舜的命令治理洪水。由于他采用堵的方法,结果不仅没有消除水灾,反而加剧了水患,因而被舜流放。鲧死后,舜命其子禹继续治理。禹接受教训,采取疏导的办法治理洪水。禹居外治水13年,数过家门而不入,终于消除了水患。帝舜因为禹治水有功,便以禹为自己的继承人。舜死后,禹即位,定都于阳城(河南登封)。

禹在生前,也按照传统"禅让"制度立东夷族首领益为自己的继承人。但禹死后,由于益并没有建立过显赫的功业,诸侯们都反对益,而拥戴禹的儿子启。启与益发生权位冲突,启杀死了益,即帝位。启即位后,将"禅让"制度废除,建立了帝位传子的世袭制,这标志着一个旧时代的结束和一个新时代的开始。原来是"天下为公,选贤与能",行"禅让"制度;启之后"大人世及以为礼",是传子制度。由于禹是通过禅让得到的帝位,因此他虽然是夏朝的创造者,但夏朝的最终建立,必须到启废除"禅让"确立传子制度后才真正完成。

夏朝存在的时间约在公元前2070年~公元前1600年①。夏王朝的统治区域,主要在今河南的嵩山至伊水、洛水流域一带。另外,晋南也是夏人活动的重要地区。夏王朝最东部的边界,已经达到河南的东部与河北、山东交界的地方。夏王朝从创建者禹至亡国者桀共历14代、17王,分别是:禹、启、太康、仲康、相、少康、予(杼)、槐(芬)、芒(荒)、泄、不降、扃、胤甲(廑)、孔甲、皋(昊)、发(敬)和履癸(桀)。其中太康与仲康、不降与扃为兄弟;孔甲则为不降之子,与胤甲为从兄弟。只有他们之间的即位是兄终弟及,其余夏王皆为父死子继。

夏后启是夏朝的第二代君主,也是中国延续了数千年之久的王位(皇

---

① 此年代资料引自夏商周断代工程专家组编著《夏商周断代工程1996-2000年阶段成果报告·简本》,世界图书出版公司北京公司,2000年版。

位)传子制度的创始人,对历史发展产生了重大影响。启在创立传子制度时,由于古老的原始民主制还影响巨大,因此启即位后便遭到了一些部族尤其是有扈氏的强烈反对。为此,启亲率六卿前往讨伐,并在甘与有扈氏激烈战斗,这就是历史上有名的"甘之战"。《尚书·甘誓》记述的内容就是战斗前夕启发布的战争动员令。最后,启取得了胜利,灭掉了有扈氏,既巩固了夏朝统治,也确立了顺应历史潮流的传子制度。

2. 太康失国与少康中兴

太康失国是夏王朝初期发生的重大事件。据文献记载,夏启喜好乐舞,沉湎酒色,生活淫逸放纵。到启子太康时,骄奢更甚,很快激起民众不满。东夷有穷氏首领后羿是一位能征善战的部族领袖,尤其擅长射箭,多次为民除害,声誉很高。他乘乱赶走夏王太康,这就是"太康失国"。后羿之所以能取得政权,靠的是夏朝百姓的支持,所以《左传·襄公四年》就有后羿"因夏民以代夏政"的说法。这说明原始的民主传统仍有着强大的影响力。

夏后氏王族在太康失位之后,只好避难东方。太康死后,其弟仲康与仲康之子相先后继立。帝相与同姓诸侯斟寻氏联合,积极在东方发展夏后氏的势力。他先后发兵进攻淮夷、风夷、黄夷,取得了一系列胜利。而此时,统治夏地的有穷氏上层却发生激烈的权力斗争。后羿恃射,终日沉湎于畋猎取乐,不理民事,其得力大臣武罗、伯困、熊髡(kǔn)、尨(páng)圉等纷纷离去。后羿又用被伯明氏放逐的谗慝子弟寒浞(zhuó)为相。寒浞趁机培植自己的党羽,终于趁后羿外出田猎时,将后羿杀死,篡夺了政权。寒浞还霸占了后羿的妻室,生下了两个儿子浇(ào)及豷(yì)。

夏后相的实力增长很快。为防止夏后氏东山再起,寒浞遂命其子浇率师灭掉了相以及与之结盟的斟灌氏与斟寻氏。寒浞虽然取得一些胜利,但其统治过于残暴,引起百姓的广泛反对,其统治集团内部的矛盾也日益尖锐。王朝老臣靡目睹寒浞的残暴行径,遂投奔有鬲氏,并招集了被寒浞灭族的斟灌氏与斟寻氏的余众,积极为恢复夏王朝做准备。

夏后相死的时候,其妻缗正怀有身孕。缗逃回娘家有仍氏,生下了相的遗腹子少康。少康长大后,担任了有仍氏的牧正。浇听说了这件事,便派椒去捉拿他。少康只好逃到有虞氏。有虞氏首领思将两个女儿"二姚"嫁给少康,还将纶地分给少康作采邑。少康在有虞氏积极谋划复夏,收抚大量从寒浞的残暴统治下逃亡出来的旧夏朝官员及百姓,势力很快壮大起来。最后,少康在靡及有鬲氏的帮助下消灭了寒浞,重新夺回政权。少康历经磨难,即王位后吸取太康失国的教训，对内施行德政，对外积极改善与四周夷族的关系，原敌对的夷族也向他表示臣服。夏王朝由此迅速得到巩固并日益强大，这就是"少康中兴"。

少康死后，帝杼、帝槐先后继立，国力进一步发展。从少康中兴再历帝杼、帝槐两代，为夏王朝的鼎盛期。

3. 夏朝的衰落与灭亡

帝槐以后，帝芒、帝泄、帝不降、帝扃（jiǒng）的统治基本稳定。帝扃之子帝厪（jǐn）即位时，天上出现了"十日并出"的异象。帝厪死后，帝不降（帝扃之兄）的儿子孔甲即位。从亲属关系上看，孔甲是帝厪的从兄弟，从兄弟王位继承，这是非常特殊的现象。从帝不降到帝孔甲，王位继承秩序混乱。帝厪即位时的所谓十日并出，应是人们影射夏王朝中期出现激烈的王位争夺的说法。以此为标志，夏王朝开始走下坡路。

帝孔甲是夏朝第14位王，他不仅生活淫乱，而且迷信鬼怪之事，朝政由此荒怠，各地诸侯纷纷背叛。据说孔甲在位时，上天曾降下两条龙，河（黄河）汉（汉水）各一，孔甲相信可以乘龙上天。他命陶唐氏的后裔刘累为豢龙之官，赐名御龙氏。远古人们相信可以借助某些神奇之物直接登天与神交流，这是中国早期宗教的一个重要特征。孔甲好龙其实说的是他信奉巫术。据《国语·鲁语》："孔甲乱夏，四世而陨。"孔甲是夏朝走向灭亡的转折点。

孔甲以后，帝皋、帝发和帝履癸先后继位。帝履癸就是著名的暴君夏桀。

据说夏桀非常聪明而有勇力，但是他自恃武力，不修德政。他用搜刮来的民脂民膏大兴土木，建造许多宫殿楼阁，还用许多美玉装饰。宫殿里盛妆的嫔妃，从早到晚歌舞奏乐。据说桀造了巨大的酒池，可以在上面行船，酿酒残剩的酒糟堆放有十里。夏朝的百姓们不堪忍受，便诅咒夏桀，"时日曷丧，予及汝偕亡"①，希望他早日灭亡。诸侯们纷纷反叛，夏桀不断发动战争，攻打有缗氏尤其艰难。虽然最后取得了胜利，但是夏朝的国力也消耗殆尽。这时，统治中心的伊洛一带河水干涸，大旱灾对夏朝又是沉重打击。

夏朝内忧外患，一个新兴的东方国家却迅速发展壮大，这就是来自东夷的商。最后，夏王朝的军队在与商人的作战中被击败，夏桀率领残余势力向

---

① 《尚书·汤誓》，阮元校刻《十三经注疏》，中华书局1980年版。

南溃逃①，夏王朝灭亡。

二、商王朝的建立与巩固

1. 先商的历史

商族为子姓，是一个具有悠久历史的古代族群。商族有记载的男始祖名契（xiè），生存时代大致与舜、禹相当。据说契的母亲名简狄，是有娀氏的一个女子。一次与同伴在水边洗浴，偶然见到一个燕子的蛋，便取来吃掉，谁知竟由此而怀孕，最后生下契来。这说明在契之前，商族还处于母系氏族社会阶段，人们知母而不知父，故假托女祖先与氏族图腾之间有神奇的感生关系，商族的图腾正是玄鸟（燕子）。契以后，商人有了明确的父系，契是商族由母系过渡到父系的关键人物。

以燕子为氏族图腾，在中国东部、东北部地区的很多古代民族中都存在过。商人为东夷，学术界一般认为商族的发祥地应在东部，具体可能在今山东及环渤海地区②。

契曾佐助大禹治水，立下功劳，被帝舜任命为司徒，并将商地作为采邑分封给契。因此契的后人遂以商作为自己的族名。从契开始一直到商王朝建立，一共经历了14代。先商时期，商族一共有过8次大迁徙，但迁徙的范围，大致不出今河南、河北和山东一带。畜牧业在商族早期的经济生活中占有重要地位。据说商族的第三代先公相土曾发明了驾马技术，到其第七代先公王亥时，又发明了驾牛的技术。驯服大型动物使它们为人类提供运输力，这是商人在华夏文明史上的巨大贡献。

相土时期，正值后羿、寒浞乱夏，他乘机扩大势力。文献记载说："相土烈烈，海外有截。"③商族的声威，已经远播海外。王亥曾与有易氏进行贸易，结果被有易氏杀掉，牛马等大量牲畜也被抢去，商族因此遭到沉重打击。上甲微继立后，率领商族攻灭了有易氏，不仅报了父仇，还夺回大量财物，商族势力又获得进一步的发展。

2. 商朝的建立

商先公从上甲微开始，都使用天干作为名号，有报乙、报丙、报丁、主壬、

---

① 据《太平御览》卷八二"皇王部"引《竹书纪年》，夏桀败后，逃亡至南巢（安徽寿县），不久即死在南方。
② 商族的起源，学术界还有不同意见，除东方说外，还有北方说、西方说等等。
③ 《诗经·商颂·长发》，阮元校刻《十三经注疏》，中华书局1980年版。

主癸、天乙等,这说明商族的历法水平有了较大提高。历法的进步,使商人的农业、畜牧业都获得较快发展。到天乙(也作太乙、成汤,即商的建国者汤)继立时,商族的实力已经非常强大,而夏王朝的统治则极度动荡。于是,成汤积极开展了他灭夏建商的大业。

伊尹是成汤最重要的辅佐大臣。关于伊尹的出身,《史记》中有两种不同的说法,一是伊尹原为有莘氏陪嫁而来的媵臣,后来借着烹调向成汤阐述治国的道理,深得成汤赞许,被用为辅佐。一是伊尹本为隐士,因为贤明被成汤礼聘五次,后来下决心辅佐成汤。除伊尹外,仲虺(huī)、女鸠、女房等人,也都是成汤的得力助手。

成汤对夏朝的附属国采取了分化瓦解的策略。一方面,他利用诸侯对夏王朝统治的不满,团结他们,建立起反对夏桀的联盟。另一方面,对拒不合作的诸侯国坚决实行武力打击。葛(河南宁陵)是夏朝在东方的盟国,成汤曾想施惠拉拢,但不成功,于是便利用葛伯的骄纵放肆,一举把他消灭。之后商人消灭了夏朝最有实力的三个盟国——韦(河南滑县)、顾(山东鄄城)和昆吾(河南濮阳),扫清了灭夏道路上的障碍。成汤在伊尹等人的随从下,乘胜征讨夏桀,两军在鸣条之野(河南封丘东)决战。战前成汤的动员令,即今天的《尚书·汤誓》。在这篇著名的讨桀檄文中,成汤历数夏桀的种种暴行,声称要代表上天拯救夏民,号召大家齐心协力帮助自己完成上天之命。结果夏朝的军队被击溃,夏桀向东南江淮一带逃窜,不久便死在那里。

成汤击败夏桀,在诸侯的拥戴下建立了商王朝,定都于亳①。商是继夏之后在中原建立的第二个重要王朝,其存续时间约在公元前1600年～公元前1046年②。商王朝的统治区域,主要在今河南、河北、山东、山西等地,但其影响所及,则东至黄海,北至渤海湾以北,西达青海湖,南到长江流域的洞庭湖一带。

3. 商王的世系与传承

商朝从成汤建国到纣王灭亡,共传17世31王。《史记》记载商王的世系非常详细,绝大多数得到了甲骨卜辞的证实。他们是:1. 太乙(汤);2. 太

---

① 有关汤都亳的地望,目前学术界还没有取得一致意见。学术界一般认为,汤都亳即今在河南郑州所发现的商城,此被称作"郑亳说";但也有一部分学者认为汤都亳为河南偃师所发现的商城,此被称作"西亳说"。此外,还有南亳、北亳说。南亳在今河南商丘南,北亳一说在今河南商丘北,一说在今山东曹县。

② 据《夏商周断代工程1996—2000年阶段成果报告·简本》。

丁;3.外丙;4.仲壬;5.太甲;6.沃丁;7.太庚;8.小甲;9.雍己;10.太戊;11.仲丁;12.外壬;13.河亶甲;14.祖乙;15.祖辛;16.沃甲;17.祖丁;18.南庚;19.阳甲;20.盘庚;21.小辛;22.小乙;23.武丁;24.祖庚;25.祖甲;26.廪辛;27.康丁;28.武乙;29.文丁;30.帝乙;31.帝辛。31个商王中,汤之子太丁并未真正即位,但看卜辞,他享有与先王一样的祭祀地位。如果不考虑他,则商王朝实际上只传承了30王。

商王朝三十余位王,却只传了17代,这是因为商代的王位传承除了父死子继外,还存在着大量的兄终弟及,即王位在数个兄弟或从兄弟之间按长幼顺序依次继承。这些兄终弟及的商王共有9代22王,他们分别是:(1)外丙—仲壬;(2)沃丁—太庚;(3)小甲—雍己—太戊;(4)仲丁—外壬—河亶甲;(5)祖辛—沃甲;(6)祖丁—南庚(从兄弟);(7)阳甲—盘庚—小辛—小乙;(8)祖庚—祖甲;(9)廪辛—康丁。

4. 伊尹放太甲

成汤作为开国之君,十分勤政贤明。《史记·殷本纪》记载他的治国名言:"人视水见形,视民知治否。"即老百姓的生活才是衡量一个国家治理好坏的根本标志。在他的统治下,商朝各项制度逐步建立,国力也十分强盛。《诗经·商颂·殷武》称赞汤的功绩说:"昔有成汤,自彼氐羌,莫敢不来享,莫敢不来王,曰商是常。"

成汤去世时,长子太丁已经早逝,王位由太丁的弟弟外丙和仲壬先后继承。两任商王在位前后只有七年,就又传给了太丁的长子太甲,即汤的嫡长孙。太甲即位后,伊尹作为元老重臣辅佐。太甲在即位的头三年中,表现得十分暴虐和昏乱,破坏了成汤制定的许多法度,使新王朝岌岌可危。伊尹为了商朝王统能够存续和统治集团的整体利益,便将太甲流放到成汤坟墓所在地的桐宫,让他在那里反省悔过。在此期间,伊尹则自己代行王政。

伊尹的举措受到朝中大臣以及各地诸侯的拥护,商朝的统治并没有起伏动荡。太甲在桐宫一住三年,伊尹不断派人暗中观察太甲的言行。当他看到太甲真正认识并改正了错误后,就将太甲迎回国都,恢复其王位,伊尹仍然任相。这就是商朝历史上有名的伊尹放太甲事件。①

---

① 关于伊尹放太甲的故事,《竹书纪年》中有另外一种说法。说伊尹放太甲后,自立为王。但七年之后太甲从桐宫潜回,杀掉伊尹,夺回了王位。但根据卜辞,伊尹在商代一直受到后王的隆重祭祀,因此《竹书纪年》的说法并不可信。

太甲从桐宫回来,追悔以往的过错,发愤图强,使商朝的统治不断巩固,国力壮大,百姓生活安定。太甲因为其对商王朝发展的重大的贡献而被后人尊为"太宗"。

太甲之后,商朝的国力继续发展。到第10位商王太戊时,他重用伊陟与巫咸等大臣,商朝的统治进一步巩固,疆域也不断扩大,太戊因此被后王尊为"中宗"。

从成汤到太戊,共5世10王,是商王朝从建立到巩固并逐渐强大的时期。

三、盘庚迁殷与武丁中兴

1. 九世之乱

太戊之后,商王朝进入到一个中衰时期,突出表现为王位继承上的连续动荡。

太戊以后继位的商王,分别是仲丁、外壬、河亶甲、祖乙、祖辛、沃甲、祖丁、南庚和阳甲。这9个商王中,仲丁、外壬、河亶甲是兄弟三人先后继位。河亶甲死后,其子祖乙即位。祖乙死,其子祖辛与沃甲先后即位。沃甲死后,王位又传给了祖辛之子祖丁。祖丁死后,王位传给了沃甲之子南庚。祖丁与南庚,已是从兄弟之间的王位继承。南庚死后,王位传承出现了更大的变故。此时,祖丁之子阳甲继南庚之后立为商王。南庚与阳甲,则是从叔与从侄之间的王位继承。这种王位继承人之间血缘关系越来越疏远的现象,显然十分不正常。王位继承的混乱,导致政治的动荡与衰败。《史记·殷本纪》记载这段历史,称为"比九世乱"。到阳甲继立,王朝国力十分衰弱,"诸侯不朝",各地诸侯都不再朝觐商王。

这也是商朝频繁迁都的时期。仲丁从亳迁都至隞(河南荥阳东北),河亶甲从隞迁至相(河南内黄),到祖乙时先迁都至邢(河南温县),又迁至庇(山东微山湖西北的侧鱼台),南庚又将都城迁到了奄(山东曲阜)。频繁的迁都应与统治者上层激烈的王位争夺有直接关系。

2. 盘庚迁殷

阳甲之后,其弟盘庚继立,是为第20位商王。为了巩固统治,改变商朝的困难局面,盘庚决定将都城迁到殷(河南安阳)。但他遭到了不少贵族大臣的反对,一些平民在贵族的蛊惑下,也不愿离开奄。盘庚坚持自己的主张,反复向百姓申明迁都理由,并警告拒绝迁都的顽固分子,声称要将他们斩尽杀绝。最后，商王朝的国都终于由奄迁到了殷。现存《尚书·盘庚》三篇对迁都过程以及盘庚当时对贵族、平民的训话都做了记载，但对于盘庚迁都的具体原因却没有说明，这引起了今人的多种推测①。但无论如何，盘庚通过迁都，加强了王权，巩固了统治。盘庚迁殷以后，商朝结束了过去"前八后五"的频繁迁都做法，一直到商朝灭亡的273年间，国都固定而不再迁徙。

盘庚迁殷为商朝政治带来了一些新气象，是商王朝由衰落走向中兴的一个转折。不过，继盘庚之后登上王位的小辛和小乙都非雄才大略之人，因此在相当长的一段时间里，商的国势并没有明显发展。而这种情况一直到武丁时期才得以扭转。

3. 武丁中兴

武丁是商王小乙的儿子，也就是盘庚的侄子。武丁做世子时，曾经久居民间从事稼穑(sè)，与下层人民有过广泛接触，对他们的喜怒哀乐非常了解。武丁即位后，面对商朝国势不振的局面，首先提拔出身卑微的傅说做相。傅说本是一名刑徒，武丁发现他是在筑城的工地上。祖己也是辅佐武丁的朝中重臣。在傅说与祖己的协助下，武丁修政行德，使商朝的国力迅速强大，从而走上向外扩张的道路。

在武丁时期的对外战争中，商朝涌现了很多优秀将领，其中还包括女性将军，武丁的妃偶妇好就是她们当中的杰出代表。妇好，在甲骨卜辞中也称作"妣辛"。1976年，考古工作者在安阳殷墟遗址中心的小屯村西北，发现了妇好的坟墓，出土了大量带有"妇好"铭文的青铜器，证明这座坟墓的主人就是妇好。在商代的考古发掘中，这是第一次出现墓主的名字与文字记载的人物相吻合的现象，从而使得这次考古发现的史料价值尤为珍贵。这座墓中共埋葬有各类武器120多件，说明妇好生前确实是位骁勇善战的巾帼英雄。

4. 武丁经略四土

在商王朝的四周，分布着众多的方国和部族，其中的一些势力相当强

---

① 关于盘庚迁殷的原因，前人主要有以下四种说法。一是去奢行俭说，最早在《墨子》一书中曾有记载。一是水患说，最早为西汉学者孔安国所主张。一是游牧说与游耕农业说，此最早为当代学者柳诒征和傅筑夫提出。前者认为商人的社会经济在盘庚迁殷以前是以游牧业为主，后者认为是以游耕农业为主，但都需要经常迁徙。盘庚迁殷以后，商人的社会经济进入精耕农业阶段，是以不再迁都。一是政治斗争说，为当今较多学者所主张。

大,经常入侵或骚扰商朝的边疆。他们活动的范围往往与商王统治区域犬牙交错,商朝长期边疆不宁。当然,武丁发动对外战争,也不仅仅是为了消除这些威胁,开疆拓土,炫耀武力,掠夺更多的人口和财富应该是他更主要动力。根据甲骨卜辞及文献,武丁经常征伐的方国与部族主要有舌方、土方、鬼方、羌方、亘方、御方、马方、卬(áng)方、黎方、夷方、井方、祭方、大方、豸方、召方等,尤其与舌方、土方、鬼方和羌方的战争进行得最为激烈。这些方国主要位于商朝的北部、西部和西北部。其中舌方位于今内蒙古的西部和陕西的北部一带,土方位于今山西北部一带,鬼方在舌方与土方的北部,羌方则是商王朝西部最大的方国。

(1) 对舌方的战争

在武丁卜辞中,伐舌方的记载最多,共有 300 多次,其频率之高在古代社会是十分罕见的。商朝经常出动的兵员人数一般在 3000～5000 人左右,这种战争规模在古代早期社会也是很大的。在频繁的打击下,舌方终于被商王朝征服,所以在武丁以后的卜辞中,便不再出现舌方为灾的记录。

(2) 对土方的战争

土方位于舌方的东面。卜辞记载有一次土方曾与舌方一起入侵商朝北部的一个附属小国沚,沚君只好派人向武丁求救,5 日之内连续报告了好几次,可见当时情况危急。与土方的战争最终也以商朝的胜利而结束,在武丁以后的卜辞中,已不见土方的名字。有学者认为,卜辞中的土方,可能就是传世文献中记载的古杜国,而他恰恰就是被武丁所灭掉的一个北方国家①。

(3) 对鬼方的战争

鬼方是比舌方与土方更偏北的一个游牧部族,是后来强大的匈奴民族的祖先。武丁时期对鬼方的战争进行得特别激烈,持续的时间也长,前后共有 3 年之久,最后以商朝的胜利而告终。不过,从以后匈奴族的发展来看,武丁只是暂时将鬼方驱赶而解除了他对商朝北部的威胁,并没有彻底将他击溃。

(4) 对羌方的战争

羌方是商朝西部的一个部族,主要活动在今陕西西部及甘肃一带,地广人众,十分强大。其中最重要的两个部落是北羌和马羌,他们与商的关系和战不定。殷墟卜辞中,既有不少北羌或马羌前来向商王报告或是武丁征调

---

① 参见陈梦家《殷虚卜辞综述》,中华书局 1988 年版,第 272～273 页。

他们服役的记载,同时也有很多商朝征伐羌人的记录。就次数而言,武丁对羌方战争的频繁程度,仅次于对舌方的战争;就规模来看,商朝对羌方的战争要居于首位。卜辞记载,武丁对羌方的战争,一次就曾调动13000人;商朝俘获的羌人,只有很少一部分成为生产者,上至方伯、下至一般羌民的绝大多数,都在商王频繁的祭祀中充作了敬献给神灵的牺牲。商人祭祀所使用的人牲,主要来源就是羌人。武丁时期的一条卜辞记载,仅一次祭祀就使用了300名羌人人牲。

在上古时期,如此大规模地杀害外族俘虏,除了说明当时战争的野蛮性,也反映这些人口对于胜利者而言实际使用价值不大,杀掉毫不可惜。这主要是经济不够发达、生产领域狭窄,因而不能容纳更多的人来创造剩余价值,于是才会有大量的"人祭"、"人殉"现象出现。周代以后,主要不是统治者的仁慈,而是更加"经济"地利用人力资源的原因,逼退了整个社会的杀殉之风。

（5）对东方进行了大规模的渗透与推进

卜辞中也有不少东土人方作乱以及商朝派军队征伐的记录,其中有几次武丁还曾亲率军队前往讨伐。

比较而言,武丁时商朝与东南部和南部的方国之间,关系则相对缓和。武丁卜辞中,几乎没有来自南方的祸患记录。考古工作者曾在今湖北黄陂的盘龙城发现过一个商代中期的古城,其中包括一座大型宫殿基址。这座城的城垣和宫殿的建造技术,与商朝统治中心区域所发现的古城与宫殿遗迹,具有十分一致的风格。这种文化上的统一性,反映了商朝与这一地区在政治、经济上所具有的十分密切的关系。另外卜辞反映,处在商朝东南方向即今淮河流域的夷方,在武丁时期也曾经臣服于商王朝。

经过武丁时期的开疆拓土,商王朝的版图获得空前扩大,国力也达到鼎盛。因为武丁作出的巨大贡献,被商族后人尊奉为"高宗"。武丁不仅基本确定了商朝后期的疆域,也为中原与周边各地区之间的文化交流创造了条件。根据考古发掘资料,商文化的影响所及,东至海滨,西至秦陇,南达湘赣,北至内蒙古,东北延伸到辽宁西部,东南则远至苏皖南部。这种文化上的广泛传播,对促进我们多民族统一国家的形成与发展都是非常重要的。

商王朝的鼎盛局面延续到武丁之子祖庚时期。祖庚继位以前,也曾同武丁一样深入民间参加生产劳动,对下层民众的疾苦有切身体会。商代后期诸王中,祖庚是很有作为的一位。西周初年,周公还向成王称赞祖庚能

"知小人之所依,能保惠于庶民,不敢侮鳏寡"①。

四、商王朝的衰落与覆灭

祖庚以后,继立的商王祖甲、廪辛、康丁等,皆是从小养尊处优,不知稼穑之艰难,使商朝政治从此走向衰落。康丁死后,子武乙即位。武乙荒淫无道,特别喜好游乐,时常到远离国都的方国去田猎,加深了商朝与地方诸侯之间的矛盾。对商朝自身的政治安全而言,这种行为也极其危险。结果武乙因雷击而死于前往河渭地区打猎的途中。

商朝晚期,最高统治集团十分腐朽,王朝内部酗酒成风。周初人们在总结商朝灭亡原因时,一再提到商人酗酒,可见这已经成为败坏商朝政治的重大问题。到帝辛即位时,这种趋势更加不可遏止。

帝辛就是商纣王。纣是后人给他的一个谥号,意思是"残义损善"②。他本是帝乙的幼子,帝乙长子微子启既有才能又有德行,但因为是庶出,所以未能够继承王位。纣王为了自己的享乐,把商的首都扩大,建了大量的离宫别院、台榭苑囿。他将方国进贡来的各种珍禽异兽放养其中,每日田猎游乐。为了方便淫乐,他还在宫中建造肉林、酒池,又命令乐师师涓新创"北里之舞"和"靡靡之音",整日在宫中歌舞升平。纣王还特别好色,他最宠爱的妃子名叫妲己。为了满足一己私欲,纣王拼命盘剥百姓,收刮来的钱物充斥了府库,收掠来的粮食连巨大仓库也无法装下。

商纣的骄奢淫逸激起了全国上下的普遍反对,但他不仅不悔过,还对百姓进行无情镇压。他设计的"炮烙之法"是一种惨无人道的酷刑,即将铜柱放置在熊熊炭火之上,等到烧得通红,再令犯人赤足上去行走。犯人最终都会落入炭火中烧死。商纣的暴行,也引起朝中开明大臣的不满。纣王的长兄微子屡次进谏,但纣王置若罔闻。忠臣比干冒死进谏,纣王不仅将他杀死,还对他剖腹掏心,以威吓朝中的正直大臣。贤臣箕子为了保全自己性命,只好佯作疯癫,但纣王仍不放心,还是派人将他囚禁起来。无奈微子与朝臣大师和少师商量,先行出走流亡。接着大师和少师也带着王朝祭祀所用的乐器投奔了日益壮大的西方周国。

纣王的残暴统治,使王朝与方国之间的关系越来越紧张,一些强大的方

---

① 《尚书·无逸》。
② 《史记集解》引《谥法》,中华书局1982年版。

国纷纷叛乱。武丁时期曾经一度服从于商的东夷族,这时变成商的劲敌。纣王与东夷的战争持续了3年之久,最后虽然将之征服,但也把商朝的国力消耗殆尽。

正当商朝统治陷入重重危机时,西方的周国却迅速强大。周武王率领自己军队以及各地诸侯的联军,渡过黄河,直逼商都朝歌,在甲子这一天与纣王的70万大军相遇于商郊牧野。商朝军队的人数虽然比对手要多得多,但都是临时凑集起来的乌合之众。其中很多人对纣王的倒行逆施十分痛恨,便在阵前倒戈,带领着周武王的军队冲向商都朝歌。牧野之战仅经过一个早晨就以商朝军队的迅速溃败而结束。纣王见大势已去,便逃上鹿台自焚而死。殷商王朝,也在熊熊燃烧的大火中走向了它的尽头。

第二节 西周王朝的兴衰

一、西周王朝的建立

1. 先周的历史

周人为姬姓,很早就生活在中国西部的黄土高原上。据《史记·周本纪》记载,周人的第一个男始祖名弃,其母姜嫄在野外偶然踩踏了巨人的足迹而怀孕生下他,因为觉得不吉祥,曾想将他丢弃,于是取名为弃。这说明当时的周人还处在母系氏族阶段,知母而不知父。但从弃以后,周人有了明确的父系传承,开始跨入父系社会。

弃从小就有农耕的天分,幼年的游戏就是种植麻、豆。弃长大之后,就能根据土地的性质确定是否可以种植粮食,这在当时是一个很了不起的本领。帝尧听说后,就让弃做了他的农师,向天下推广生产技术,使百姓减少饥馑。帝舜即位,为了表彰弃的贡献,就将邰地封给了他,百姓们都称之为"后稷"。"稷"是一种谷物,"后"则是古代早期对君主的一种称呼。后稷就是谷物之君。

从弃开始,到周武王建立西周王朝,是周人历史上的"先公时代"。先公时代,周人有过几次较大的迁徙,成为周人历史发展中的几个重要转折点。

(1) 不窋之迁

周人先公不窋末年,正好碰上夏后氏政局混乱,王朝对农业不重视,"去稷不务"。不窋只好率领族人迁移,去与戎狄杂居。由于当地环境不适合农耕,周人改从事其并不擅长的畜牧业。这是周人早期历史发展的低落期。

(2) 公刘迁豳

到不窋的孙子公刘时,他率领族人又一次迁徙,寻找适合农耕的地区。经过选择,周人迁到泾水中游的豳地(陕西邠县和栒邑之间)。公刘在豳地登上山冈,勘查水源,营建都邑,划定田界,其他部族的百姓也纷纷来到这里与周人一起生活。公刘在豳地组建了周人的武装,建立了周人的早期国家。公刘以后,周人势力迅速壮大,到商王武丁时,周已经发展成为商王朝西部的重要方国。周对商王时叛时服,双方的关系并不稳定。卜辞中的"周"字,写得很像一大块非常整齐的农田,其中还有生长茂盛的庄稼。商人称周人为"周",大约正是取其善于农业种植的意思。

(3) 古公亶父迁至岐山

由于周人所生活的豳地处在戎狄部落的包围之中,经常受到侵犯和掠夺。一次,强大的熏育族前来进攻周,古公亶父向他们进献了财物,但熏育仍不满足,他们想要尽占周族赖以生存的土地,并将周人变成他们的附属民。古公亶父只好带领周人进行了一次规模更大的迁徙,向西南渡过漆水和沮水,又翻过梁山,最后在岐山脚下定居。岐山位于渭水北岸,处在关中平原西部。岐山的四周土地肥沃,非常适合发展农业,岐山山脉又是一个阻挡北方游牧民族入侵掳掠的天然屏障。

周人定居此,这里就被称作"周原"。周人后来赞美说:"周原膴膴,堇荼如饴。"意思是在这片沃野上,即使生长出来的是野菜,吃到嘴里也会像饴糖那样甜。古公亶父到达岐山后,除了率领周人发展农业生产外,还在制度建设和民风民俗改造等方面做了大量工作。他仿效商朝的政治体制设置了"五官",负责管理国家事务。他把周原划分为大大小小的邑落,筑起城郭房屋。经过努力经营,周人的力量迅速壮大,而此时商王朝的统治却日益腐朽。《诗·鲁颂·閟宫》说:"后稷之孙,实维太王,居岐之阳,实始翦商。"说周人在古公亶父(太王)时期,实际上就已经开始了灭商夺天下的进程。

(4) 季历征伐戎狄

古公亶父死后,其小儿子季历统率周人。周一方面与商朝保持较好的关系,一方面致力于向西北发展势力。他们先后击败了燕京之戎、余无之戎、始呼之戎和翳徒之戎等,解除了西北游牧部族对自身的威胁。由于这些戎狄也是商人在边疆的主要对手,因此周人的征伐得到了商王朝的大力支持。季历朝见商王武乙,得到了30里地和大量玉器及马匹的赏赐。商王文丁为了表彰季历,还封授季历为王朝"牧师"。

2. 克商建国

季历之后,其长子姬昌继续领导周族,他就是历史上著名的周文王。文王在与殷商保持良好关系的同时,积极招揽人才,正式实施灭商事业。吕尚(姜尚)、太颠、闳夭、散宜生、鬻子和辛甲大夫等人,都成为文王手下的得力大臣。此外,文王在军事战略上采取先剿除商人外围势力、最终孤立商王朝的方针。文王首先征讨周西部的犬戎和密须,待解除后患,便向东部进军,先后灭掉了耆、邘和崇,扫清了伐纣的道路。到文王统治晚期,周人已经"三分天下而有其二",在与商的实力对比上取得了较大的优势。

文王去世后,武王姬发继位。他任命吕尚为师,负责军事。任命自己的弟弟周公旦为辅,佐助日常政务。此外,他还任命了召公、毕公等人作为助手,一起规划伐商灭纣的方略。经过两年的精心准备,周人的势力进一步发展壮大。而此时的商王朝在纣王的残暴统治下,政治更加昏乱,伐商的时机已经成熟。于是,武王在黄河边的孟津向各路诸侯宣布伐纣檄文《太誓》,指出商纣王的五大罪行,即"用妇人之言"、"自绝于天"、"毁坏其三正"、"离逷其王父母弟"以及"断弃其先祖之乐"等等。随后周人及同盟军长驱直入,杀向商朝的统治中心朝歌(河南淇县),在朝歌郊外的牧野与商朝军队进行决战。武王发布了战前动员令,除再次宣布纣王的罪行外,还申明了作战的纪律要求,对如何处置前来投奔的商朝士兵做了细致安排。这篇战前动员令就是保存在《尚书》中的《牧誓》。决战仅经历一个早晨,就使商王朝土崩瓦解。第二天,武王在朝歌城中的社坛举行了代商膺受天命的祭天大典,正式宣告周王朝建立。

西周王朝建立于公元前1046年[①],到公元前771年灭亡,共延续了近三百年的时间。西周王朝的统治区域,东至海,东北至今河北北部及辽宁南部,北至山西北部,西北至陕西中部,西至甘肃东南,西南至汉水流域上游,南至汉水流域下游的湖北及长江中下游的江西与安徽南部,东南至长江下游的江、浙一带。与夏、商王朝相比,西周王朝的统治区域有了很大扩展。西周王朝的王畿,以宗周镐京(陕西西安)及成周(河南洛阳)为中心,主要在今陕西、山西、河南一带。这是周王直接治理的地区,也是周王维持其对整个王朝疆域统治的实力基础。

---

① 据《夏商周断代工程1996~2000年阶段成果报告·简本》。

二、西周王朝的巩固与发展

西周王朝共传 11 世、12 王。他们是武王、成王、康王、昭王、穆王、共王、懿王、孝王、夷王、厉王、宣王、幽王。其中孝王是共王的弟弟,但却在自己侄子懿王之后继位。此外,在武王死后,成王执政之前,周公曾经践阼称王。厉王以后,宣王继位以前,还有 14 年的共和执政时期。

1. 周武王巩固新政权的措施

牧野之战后,周武王采取了一系列巩固新政权的措施。

周人的根据地在西方,为了有效管理原商王朝统治的广大地区,武王封商纣的长子武庚禄父为诸侯,由他继续统治原商朝核心地区的遗民。然后将商王畿的其余部分一分为三,封自己的三个弟弟管叔、蔡叔和霍叔为"监",震慑和监视商遗民的活动。其中管叔镇守东部的卫,蔡叔镇守西部的墉,霍叔镇守北部的邶。

回到镐京之后,武王对伐纣有功人员进行封赏,将缴获的宝物、彝器分别赐给他们,还做了一篇《分殷之器物》来记载这件事情①。为了团结各地大大小小的方国势力,武王对他们进行了大规模的"襃封",实际上就是新王朝对这些地方集团的既定地位予以承认。其中神农的后裔分封在焦(河南陕县),黄帝的后裔分封在祝(山东济南),帝尧的后裔分封在蓟(北京),帝舜的后裔分封在陈(河南淮阳),夏朝的后裔分封在杞(河南杞县)。

由于周人长期僻处西部,需要认真考虑如何稳定对东部地区的统治。因此,武王计划在洛邑(河南洛阳)营建一个新的都城。但是,武王回到镐京之后,仅过两年就去世了。这样,巩固新政权、建立王朝新秩序的重担就落在了他的继任者身上。

2. 周公东征

武王死后,年幼的成王即位。这时西周王朝的统治基础十分薄弱,殷商余孽及方国势力都存有东山再起之心,成王却不具备行政能力。危急关头,武王的弟弟周公旦毅然承担起重任。为了堵塞王族内部一些贵族对王位的觊觎之心,他以周王的身份号令天下。这当然又引起许多周朝贵族的猜忌,甚至开国元勋召公奭也对周公表示怀疑。虽然周公很快将召公说服,但是负责监视武庚的管叔对周公践阼称王十分不满。他联合蔡叔与霍叔,四处

---

① 《史记·周本纪》,《书序》作《分器》。

散布流言,诬陷周公将要对成王取而代之。这时,以武庚为首的殷商残余势力,串通"三监",又联络了一直是殷商盟友的东方淮夷、徐、奄及蒲姑等国,发动声势浩大的叛乱。

周公对叛乱进行坚决回击。他首先讨灭了参与叛乱的"三监",杀死了管叔,流放了蔡叔,对霍叔也予以贬黜,随后率领大军进攻武庚。武庚的叛军很快就被击破,武庚也在北逃的路上被杀。平定了武庚及"三监"的叛乱后,周公乘胜挥师东征。经过三年的苦战,周王朝的军队最终击败了参与叛乱的数十个东方小国,王朝的势力深入到东方的广大地区。经过周公东征,西周对商朝的疆域进一步扩展,而且统治权也得到了巩固。

3. 周初大分封

面对迅速扩大的疆土,周公采取了分封子弟功臣为诸侯的方式来加强控制力。周公的分封与武王时期的"褒封"不同。武王的"褒封"是对原各地大小方国、部族势力的承认,是一种针对灭商之后复杂政治局面所做的妥协。而周公的分封,则是在已经取得军事胜利的基础上分派周人的势力去镇守各地。周公分封的诸侯国,主要有鲁、燕、齐、卫、宋等。

周公的儿子伯禽被封到曲阜建立鲁国,这里原是商朝奄国的故地,为东部地区的重镇。召公奭被封到邶,建立燕国,这里是原商朝王畿北部的重要地区。武王的弟弟康叔被封在殷商故都,建立卫国,这里既是原商朝的政治中心,也是殷商遗民集中聚居之地。开国元勋姜尚被封在营丘,建立齐国,这里是东夷强国蒲姑故地。蒲姑曾是东夷族中参与武庚叛乱的重要力量。通过以上各国的分封,周朝将原殷商王朝的王畿及东部、北部地区都牢牢地控制住。

对于没有参加叛乱的殷商贵族和遗民,周公则采取了怀柔的政策。他将商纣王的哥哥微子启分封到商丘,建立了宋国,由他继续统治殷商旧族,以安抚人心。

周公虽然通过分封子弟为诸侯的方式巩固了对广大东方的控制,但在当时的交通和通讯条件下,作为行政中心的镐京毕竟位置偏西,还是不利于周朝对全国的统治。周公按照武王时的规划,在洛邑营建一个新的都城,称成周。原来的镐京,则称作宗周。之后,周公将殷商顽民集中迁移到成周,并在那里驻扎大批军队以严密监视。成周建成后,西边的宗周(镐京)仍是王朝的首都,成周(洛邑)则成为西周王朝设置在东部地区的政治、军事中心。

周公摄政称王,前后长达七年。这时,成王已经长大,巩固新王朝的任务已基本完成,于是周公遂还政成王,自己仍然北面称臣。周公是西周初年杰出的政治家,他不仅为西周王朝的巩固作出了巨大的贡献,而且通过还政成王,为王朝确立了王位传承上的嫡长子继承制度,这对于王朝久远的政治稳定产生了积极的影响。

4. 成康之治

周成王与周康王统治时期,西周王朝的政治稳步发展。西周初年的统治者亲眼目睹了殷商王朝的覆灭,他们经常以此作为教训来自我警戒。商人因酗酒而丧失天下,这是周人反思之后得出的重要教训。因此,从周公开始,就禁止周人沉湎于酒,保留在《尚书》中《酒诰》一篇,就是当时颁布的戒酒令。直到康王时,还念念不忘商人酗酒的惨痛后果,他在册封大臣盂的铭文中,强调指出:"我闻殷述(坠)命,佳(唯)殷边侯、田(甸)雩(与)殷正百辟,率肆于酒,古(故)丧师。"①

成王、康王还继续在重要地区推行分封制度。成王的弟弟叔虞被分封在唐,以加强成周北部的藩卫。康王将虞侯分封在宜(今江苏丹徒附近),改称宜侯,加强了周王朝对东南地区的镇守。随着成康之际分封制度的进一步推行,西周王朝的疆域也越来越大。

成王、康王时期国力强盛。成王曾进军淮水流域,康王先后平定东夷叛乱、北征于方和西伐鬼方,都取得了巨大胜利。据《小盂鼎铭》记载,康王征伐鬼方,仅一次战斗就斩杀敌人4800多名,俘获13000多人,而且还缴获了30辆战车、350多头牛和羊。康王为这次胜利赏赐了立有战功的盂。成康之际的西周王朝,真正能够对诸侯做到令行禁止,拥有很高的政治权威。成王曾在岐阳大会诸侯,康王也曾在酆宫接受诸侯们的朝觐。《诗·周颂·执竞》说:"自彼成康,奄有四方,斤斤其明。"它描述的就是这一时期王朝国力强盛的景象。

在成王、康王时期,西周王朝政治清明,国家富强,社会风气良好,社会秩序稳定。据《史记·周本纪》记载,"成康之际,天下安宁,刑措四十余年不用"。在我国古代社会,"成康之世"与西汉的"文景"、唐代的"贞观"一起,同为人们所津津乐道的升平治世。

---

① 罗振玉编:《三代吉金文存》,中华书局1983年版,第四卷,"盂鼎一"。

5. 昭王与穆王的南北经略

经过成王与康王数十年的繁荣发展，西周国力迅速增长，到周昭王与周穆王时，曾进行了大规模的开疆拓土活动。

昭王时期的重大事件，是南征荆楚。楚曾是周的附属，楚的先祖鬻熊"子事文王"①并参加了灭商战争，成王举行"岐阳之搜"时，楚君熊绎也前来参加。在西周早期，周、楚关系还是比较融洽的。不过，这时的楚国实力不足，还没有资格参加诸侯的正式会议，只能与鲜卑等蛮夷一起看守"燎祭"的火堆。在周初建立的政治体系中，楚国只相当于一个子男之国，地位很低。但此后，楚国在南方迅速发展，很快就成为一个很有影响力的方国。这时，他对王朝号令开始不认真遵守，昭王为了维护周作为天下共主的权威和王朝既定的政治秩序，先后两次发动对楚国的征讨。

第一次南征发生在昭王十六年。昭王亲率大军渡过了汉水，缴获了大批战利品，但是并没有彻底压服荆楚。三年之后，昭王又发动了第二次南征行动，却使周人遭到重大损失。特别是昭王在北还的途中，淹死在汉水中。但后来的种种迹象表明，这一次南征，周王朝还是达到了压服楚国、稳定王朝南部局势的目的。因为在穆王即位以后，没有对荆楚进行报复性的征伐。周穆王一生对东方、东南方、西方、西北方都发动了大规模的战争，唯独没有向荆楚进攻，显然不是由于荆楚力量过于强大使穆王不敢南征，而应是西周王朝对南方的拓展，已经由昭王完成了。《史墙盘》铭文历述周代诸王的事迹，在提到昭王时特别指出："弘鲁昭王，广能楚荆，惟狩南行。"这说明昭王对于荆楚地区的经营在后来周人的眼中，是一件十分了不起的功业。另外根据文献记载，昭王并不是淹死在进军的时候，而是在返回的路上恰巧遇到了恶劣天气，致使浮桥崩坏，因而落水淹死。显然，这应是一次非常偶然的事故。

穆王在位共55年，在他统治期间，先后发动了对犬戎、徐方及淮夷的战争。

犬戎位于周王朝的北部及西北部，在周初的政治体系中属于"荒服"，与周王的关系最为疏远。按照周制，他们对于王朝所应尽的义务，只限于在新王即位时来朝见一次，以确认对周王的臣属关系，即"荒服"者"终王"。穆王发动对犬戎的战争，是想加强对北部及西北部游牧族的控制。结果战争取

---

① 《史记·楚世家》，中华书局1982年版。

得了巨大胜利,一共俘虏了5个犬戎王,除缴获"四白狼、四白鹿"等战利品外,还迫使犬戎西退至今甘肃平凉以东的"太原",周王朝的边界遂大大拓展。

淮夷和徐方地处西周王朝的东南方。穆王统治时,他们先后北上掳掠,一度深入到周的腹地黄河流域一带,给周王朝在中原的统治造成威胁。穆王对淮夷及徐方的入侵予以坚决回击,均取得了重大的胜利。

周穆王最著名的事迹当属周行天下。《左传·昭公十二年》记载:"昔穆王欲肆其心,周行天下,将皆必有车辙马迹焉。"古本《竹书纪年》描述:"穆王东征天下二亿二千五百里,西征亿有九万里,南征亿有七百三里,北征二亿七里。"现传汲冢出土的《穆天子传》,就是记录周穆王周行天下事迹的专门文献,但其中的绝大部分内容都是后人敷衍而成,不可据信。不过,穆王周行天下之事也不可能完全是凭空虚造,它曲折地表明,在穆王统治时期,周王朝不仅国势极盛,疆域也空前辽阔。

此外,西周王朝的重要制度,包括册命臣下的廷礼制度、丰京辟雍的祭祀礼仪等,都是在昭、穆时期逐渐定型的。西周的法律制度也在这时取得重大进展,穆王命甫侯制定了《吕刑》(也称《甫刑》)。昭、穆时期,西周王朝各方面的制度建设都取得了很大的成就,随着政治和社会秩序的规范化、制度化,西周王朝也达到了它的鼎盛阶段。

不过,在西周王朝繁荣表象的后面,也潜伏着深层次的危机。例如昭王时期的王朝政治就显露出衰退迹象,是以《史记·周本纪》称其时"王道微缺"。穆王开疆辟土的成就很大,但也正是在他统治时期,由于征伐犬戎激化了西周王朝与北方游牧民族的矛盾,使"荒服者不至"①。周王朝在达到其发展轨迹的最高点之后,不可避免地走上了由盛转衰的道路。

三、社会矛盾的激化与"国人暴动"

1. 西周王朝的中衰

穆王以后,共、懿、孝、夷诸王先后继立,西周王朝一方面还保持着基本平稳的政治局面,另一方面,政治斗争及社会矛盾也在逐步加剧,王朝危机日益深重。

统治阶级对于下层人民的经济盘剥日益加剧,社会矛盾日益尖锐。西

---

① 《史记·周本纪》。

周中期以后，王室开始设置虞、麓、场、林、牧及司王囿等官员，将原属部族成员共有资源的山林川泽变成王有，强行管理。这是一种经济利益的剥夺。《史记·周本纪》说懿王时期，讽刺王朝政治的诗歌及民谣开始出现，这反映出民众反对压迫和盘剥的呼声。

统治集团内部对政治权力及经济利益的争夺也日趋激烈。周懿王死后，他的叔叔，也就是共王的弟弟辟即王位，是为孝王。孝王死后，懿王的太子燮在诸侯们的帮助下，又重新夺回了王位，是为夷王。这两次不正常的王位继承，反映统治阶层对最高政治权力争夺的公开化。周王与诸侯之间的礼制规范也遭到破坏，周王对臣下滥用权力的事件不断发生。密康公因为没有将3个年轻美貌的女子献给共王，一年后即遭灭国之灾。由于夷王依靠诸侯的力量才夺回王位，他的权威受到伤害，地位动摇。《礼记·郊特牲》记载："下堂而见诸侯，天子之失礼，由夷王以下。"贵族之间的经济冲突也屡见不鲜。孝王时期的《曶鼎》记载，在一次荒年中，一个名叫匡季的贵族指使臣属抢夺了曶的禾谷，后来在东宫的判罚下，匡季除了赔偿两倍的禾谷之外，还将一部分田地与人口赔付给了曶。另一件铜器《散氏盘》，则记载了散氏与矢氏交换土地一事，铭文对于双方地界的划分，有非常清楚细致的描述。这从一个侧面反映出统治集团内部的经济矛盾已经相当尖锐。

2．"国人暴动"与共和执政

周厉王继位，在他的残暴统治下，蓄积已久的社会矛盾终于爆发，酿成"国人暴动"这一重大政治事件。

所谓"国人"，主要是指西周王朝的平民，也包括一部分中小贵族。这些国人，享有一定的政治权力，同时有参加军队、守卫国家的责任和义务。他们是西周王朝维持统治的社会基础。"国人暴动"的导火索，是厉王在全国推行的"专利"政策引起的。所谓"专利"，是指将天下山林川泽的渔猎之利统统收归王有。按照古老的氏族民主传统，山林川泽的出产物品归全体氏族成员所有。进入文明社会之后，这些地域还是广大国人获取生活资料的共有资源。因此，厉王的"专利"政策激起了国人的广泛反对。不仅如此，厉王还擅改周公制定的籍田之法，加重对国人的经济剥削，由此造成了"下民胥怨，财力单竭"的沸扬局面①。

面对国人的强烈不满，厉王并没有采取缓和社会矛盾的政策，以暂时放

---

① 《逸周书·芮良夫》，上海古籍出版社2007年版。

松经济剥削，反而派人去监视对他不满的国人，弄得人们敢怒而不敢言，以至于在道路上见了面，也只能互相使个眼色来表达心中的愤慨。面对如此紧张的社会关系，王朝内部的有识之士都感到忧心忡忡。召穆公当面警告厉王说："防民之口，甚于防川。"①洪水一旦冲破大堤，它的威力是不可估量的。但是，厉王刚愎自用，根本听不进忠谏之言。

公元前841年，积蓄已久的怨恨终于演变成规模巨大的武装暴动。面对愤怒的国人，厉王仓皇逃出王宫。然而西周王畿之内，再也没有厉王的藏身之所，他只好渡过黄河，逃到晋国附近的彘（山西霍县）。国人没有抓住厉王，便想将厉王的太子静处死，太子静只好躲到召公家中。召公把自己儿子冒充太子交给愤怒的国人作了牺牲品，保全了太子静的性命。

"国人暴动"对于西周王朝的统治产生了巨大的冲击。周是一个由原始部族步入文明社会不久的早期国家，由氏族成员转化而成的国人，是维持王朝统治稳定的主要力量。国人暴动导致了周人中上层贵族与平民阶层之间的分裂，因而极大地削弱了西周王朝的统治基础。这个事件对于神化周王的传统天命观念也是一个很大的冲击，笼罩天子的光环不再。

暴动平息后，厉王仍无法返回镐京，太子静也不能马上继位称王。在这种局势下，召公与周公开始代行王政，并改称年号为"共和"，史称"周召共和"。关于"共和执政"，《竹书纪年》中有另外一种说法，认为厉王逃走之后，一个名叫"和"的共国诸侯摄行天子事，故称"共和执政"。两种说法孰是孰非，现在已无从判断。

四、西周王朝的覆灭

1. 宣王的短暂"中兴"

共和执政14年后，厉王死于彘。召公与周公共同立厉王的太子静为王，这就是周宣王。

宣王亲历过国人暴动的政治动荡，即位后在召公与周公的共同辅助下，采取了一系列缓和社会矛盾的政策，使王朝衰落的局面暂时得到扭转，国力也有较大恢复。

西周中晚期，王朝的北方、西北方和东南方不断出现较大边患，西戎、猃狁、淮夷、徐方等方国或部族，经常进入中原掳掠财物人口。在夷王、厉王时

---

① 《国语·周语上》，上海古籍出版社1988年版。

期,周王朝就曾与他们发生过激烈战争。宣王初期,北方及西北方的猃狁势力尤其猖獗,常常深入到西周王朝的腹地关中,对王朝的政治安全构成巨大威胁。公元前823年,宣王亲率大军征讨猃狁,取得了很大胜利,将猃狁击退到甘肃平凉一带,确保西周京畿地区的安全。不久,宣王又派军队对南方的荆蛮、淮夷及徐方进行征讨,并不断取得胜利。一系列对外战争的胜利,宣示了王朝威仪,遂有"宣王中兴"的美誉。

但是,经过国人暴动冲击的周王朝,其统治基础已经遭到严重破坏。以周王为代表的统治集团与广大民众之间的矛盾,已无法从根本上得以消除。按照西周礼制,周王应于每年春天举行"籍田"之礼,周王要象征性地与国人共同耕作。"籍礼"对于擅长农业的周族而言,政治意义十分重大。但是,在尖锐的社会矛盾下,这种礼制已经完全丧失了实际意义,从宣王开始就将它废止。所谓"宣王中兴",只能暂时减缓而不能终止西周王朝衰亡的进程。

宣王统治的晚期,随着国力的削弱,西周王朝先是在千亩之战中败给了姜氏之戎,又在征讨南国时被打得全军覆没。在尽丧南国之师后,宣王为了紧急补充兵员,还曾在太原大规模地检括人口("料民")。但是,宣王的这些举措不仅不能解决王朝所面临的政治危机,反而激化了统治阶级与被统治阶级之间的矛盾。

周宣王在统治了46年之后,也心劳日拙地退出了历史舞台。

2. 幽王的黑暗统治与西周王朝的覆灭

末代之君周幽王的统治更加腐朽黑暗。

幽王重用的权臣虢石父,最擅长欺上瞒下,由此加深了最高统治集团内部的矛盾。一些正直的大臣,因不愿与其为伍,便遭到政治打击。一些明智的大臣只好另寻出路,如郑桓公封地在郑(陕西华县),这时就将妻帑财物寄放到济、洛、河、颖之间的虢叔与郐仲(河南荥阳与密县)那里。虢石父迎合幽王贪婪的欲望,不断加重对人民的经济盘剥,更引起国人的不满,使本来就已经十分紧张的社会矛盾更趋激化。

西周末年,自然灾害频繁发生。幽王二年,宗周镐京一带发生强烈地震,致使泾、洛、渭三水枯竭,使这一地区的农业经济遭受沉重打击。当时就有人以"伊、洛竭而夏亡,河竭而商亡"的历史故事,预言周在10年之内就会灭亡[1]。

---

[1] 《国语·周语上》。

西周王朝政治危机爆发的导火索,是由于幽王宠爱褒姒,引发了王位继承危机。褒姒本是幽王从褒国掳掠来的一个女子,受到特别的宠爱。褒姒为巩固自己的地位,便与虢石父勾结,要求幽王立自己所生的儿子伯服为太子。幽王的王后出自申国,申国在当时力量十分强大。因此,当幽王废掉申后及太子宜臼,还要将他们赶尽杀绝时,终于引发了最高统治集团内部的剧烈冲突。公元前771年,申侯联合缯侯,又请来了屡为王朝边患的犬戎,一起杀向宗周镐京。最后,幽王及太子伯服都被杀死在骊山脚下,褒姒也被犬戎当做战利品掳走。于是,诸侯们共立原太子宜臼为王,这就是周平王。

平王继立,宗周镐京一片混乱。当时,犬戎的势力并没有立刻退出,他们在当地肆意劫掠,使周王和朝臣都不安全,而支持平王即位的申、缯等国远在东方。因此,公元前770年,平王决定将都城迁到东都成周。平王的东迁,标志着西周王朝的结束。

第三节 青铜文明的进步与繁荣

一、夏文化的探索与研究

1. 二里头文化的发现及其文化性质

由于夏代的文字至今尚未发现,因此夏文化的寻找与研究一直是举世瞩目的重大课题。

20世纪50年代,考古工作者在豫西一带不断发现与商文化有明显差异的古代文化遗存。由于一开始以郑州洛达庙遗址出土的遗物最为丰富,所以将这种文化遗存命名为"洛达庙类型文化"。不久,又发现在这类文化遗存之上迭压着属于早商文化的郑州二里岗文化。同时又有证据显示,这种文化遗存的灰坑打破了河南龙山文化的地层。显然,这是一种在年代上比商王朝要早,同时又比龙山文化晚的古代文化,因而引起学术界的注意。1959年,在河南偃师的二里头,再次发现同类文化遗存。二里头遗址规模很大,内有大型宫殿遗址与各类墓葬遗存,出土了大量陶器、石器、骨器与蚌器,还发现了一些青铜器、玉器与漆器。由于二里头遗址规模最大,也最具代表性,因此后来便将这类古代文化命名为"二里头文化"。除豫西以外,二里头文化在晋南也有发现,比较有代表性的是山西夏县东下冯遗址。晋南的二里头文化与豫西略有不同,因此它被命名为二里头文化东下冯类型,以区别于二里头类型。

二里头文化遗存,经过碳 14 的测定,基本在公元前 2010 年至前 1625 年之间,这与夏王朝存在的时间基本一致。另据文献记载,豫西、晋南正是所谓"有夏之居"及"夏墟"之所在。因此,目前学术界已经基本断定,二里头文化应该就是夏的文化遗存。现在,学者对于夏文化、早商文化与二里头文化及河南龙山文化之间关系的认识还存在一些不同意见:大多数学者认为二里头文化的一至四期就是夏文化;也有一些学者认为河南龙山文化的晚期也应属于夏文化;而另一些学者则认为,二里头文化的晚期已经是商文化,或者是延续到商代早期的夏文化。尽管如此,在大方向上,学术界探讨、研究夏文化,要以二里头文化为最重要的目标或对象,这一点已是学者们的共识。

二里头文化目前已经揭露出来的遗址除偃师二里头、郑州洛达庙与山西夏县东下冯以外,还有河南洛阳的东干沟、巩县的稍柴及密县的新寨等处。二里头文化按地层关系共分为四期:第一期文化遗存比较简朴,二至三期是二里头文化获得巨大发展的时期,尤以三期的文化最为繁盛,第四期文化遗存则明显表现出衰落的迹象。二里头一至四期的文化遗存,既表现出比较稳定的延续性,同时也有一定的变化,其中二、三期之间文化遗存的变化尤大。

二里头文化遗址中的重要发现,主要有大型的宫殿基址及大量的墓葬遗址。各遗址中出土的丰富文化遗存,为我们了解夏代文化的发展规模与水平提供了宝贵而直接的材料。

2. 夏代的农业

农业是夏代的主要经济部门。当时的劳动工具,仍以木、石、骨、蚌为主。二里头文化遗址中就出土有各类生产工具如石斧、石镰、石刀、石铲、蚌镰、蚌刀、蚌铲以及骨铲等等。木制生产工具在考古发掘中尚未发现,这可能是由于木器易于腐朽所致。根据文献的记载,木制工具的使用在夏代应是相当普遍的。《韩非子·五蠹》所描述的大禹的形象就是"身执耒臿,以为民先",其中的耒和臿都是用以启土的木制工具。

夏代的水利灌溉事业已经有了较大的发展。《论语·泰伯》说禹"尽力乎沟洫",除了治理洪水以外,应该也包括致力于发展农田灌溉系统。与大禹一起治水的伯益还发明了凿井。《世本·作篇》:"伯益作井。"河南龙山文化晚期的井就曾在洛阳的矬李遗址被发现,深达 6 米多。凿井技术为北方地区灌溉农业的发展提供了便利的条件,也为人类提供了更广阔的生存空间。从此,人类可以在远离江河湖泊的内陆地区及山区发展聚落村社。

夏代历法相当进步。春秋时的天文学家梓慎称赞,说"夏数得天",①即夏代历法与天象的变化比较符合。夏历不仅记录天象变化,还包含生产活动的安排。《国语·周语》:"夏令曰:'九月除道,十月成梁。'"即在合适的季节修整道路和建造桥梁。现仍保存的《夏小正》一书,虽然成书较晚,但其中保存了一些夏代的天文历法、物候知识以及生产活动安排,对于我们今天了解夏代的农业生产状况有很重要的参考价值。

畜牧业在夏代的经济生活中仍占有重要地位。夏代早期,少康曾担任过有仍氏的"牧正",是个专司放牧的官职,说明其时的畜牧业是有专门的官员负责管理。此外,狩猎在夏代经济生活中仍占有一定的补充地位。

3. 夏代的手工业

夏代的手工业除制陶业、纺织业外,还有青铜器、玉器、骨器及蚌器的制造业。

陶器是夏人的主要生活用品,二里头文化遗址出土的器物以陶器数量最多,种类也相当繁富,有四足方鼎、深腹罐、高领罐、袋足鬶(guǐ)、瓦足皿、锥足鬲(lì)、平底盘、圜底陶壶、豆、盉、觚(gū)、爵等,有炊煮、饮食、装盛等用途。陶器常见有云雷纹、曲折纹、叶脉纹以及各种动物形纹,后来的铜器花纹,就是从这些陶器花纹发展而来的。二里头文化的陶器中,以瓦足皿最具特色,它似一平底盘,可盛食物,下面则有三个瓦足,用以支撑。瓦足皿在山东及河北均有出土,而在陕西、甘肃则未被发现,这说明二里头文化和东方、北方有密切的文化交流。

青铜器制造业在夏代也有一定发展。二里头文化遗址中出土的青铜器有刀、钻、锛、凿、鱼钩、锥等生产工具,也有戈、钺、镞等兵器,还有爵、铃等礼器。其中铜爵的制作是由多合范法完成的,显示出较高的技术水准。此外,在冶铜作坊遗址中还出土了大量的铜渣、陶范和坩埚片,这应说明夏代的青铜铸造业已形成了较大的生产规模。不过,从总体上看它还谈不上十分发达,因为二里头文化遗址中的青铜器遗存并不丰富,青铜业在社会经济生活中的地位尚不突出。根据遗存青铜器的测定,其中铅、锡含量偏低,表明当时的青铜冶炼工艺还比较原始。从造型来看,青铜器具多是仿照石、骨、蚌

---

① 《左传·昭公十七年》,上海古籍出版社1988年版。

及陶器,形式固定,制作粗糙,而且也多为素面,只有极少数有简单的纹饰,显得十分简陋。

二里头文化遗址中出土的玉钺、玉铲、玉戈、玉圭、七孔玉刀、玉琮(cóng)、玉板、玉柄等玉器,有的是礼器,有的是装饰用品。遗址中出土的骨器有骨镞、骨铲、骨锥、骨匕、骨笄,蚌器有蚌镞、蚌锥、蚌铲、蚌镰、蚌刀等。当时的玉器、骨器及蚌器制造业是比较发达的。

漆器也是夏代重要的手工业部门。二里头遗址中出土有漆盒、漆豆、漆钵、漆觚、漆鼓以及漆棺等漆器,从种类上看,漆器在人们日常生活中的使用较为普遍。

目前在二里头文化遗址中尚未发现有夏代纺织品的实物,但在已出土的铜器及玉器的表面上,能看到附有纺织品的痕迹。这说明夏代也应发展出了一定规模的纺织业。

4. 大型宫殿基址与夏代建筑业

最能反映夏代生产力与物质文化发展水平的,是建筑业,二里头遗址中迄今已发现的两座宫殿式建筑就是证明。

一号宫殿的建筑年代为二里头文化第三期,位于二里头遗址的中部,方向为北偏西8度,基本上是坐北朝南。其夯土台基面积超过10000平方米,其中东西长约108米,南北宽约100米。台基地面则高出当时地面约0.8米左右,四周边缘为缓坡,斜面上有质地坚硬的料姜面和路土层。夯土台基上建有成体系的建筑群,包括堂、庑、门、庭等建筑单体。

在夯土台基的中部偏北,发现了一座殿堂建筑基址。基址北距台基边缘约20米,东西距台基边缘约30米,南距台基边缘有70米。殿堂的基址垫有三层鹅卵石,用以加固基址。殿堂的基址略高于夯土台基。殿堂东西长30.4米,南北宽11.4米。南北两面均发现9个大柱洞,柱洞直径约为0.4米,洞中残留有当时建筑用的柱础石。东西两面则各发现4个同样的柱洞。柱洞排列整齐,两洞之间的距离约为3.8米。这些大柱洞应是殿堂檐柱的所立之处。在大柱洞的外侧约0.6~0.7米处,还有一圈小型柱洞,每两个小型柱洞相距约1.5米,并围绕着一个大柱洞。研究者分析,这些小型柱洞当时所立的应是支撑殿堂出檐的挑檐柱。因此,这座殿堂应是一座四坡出檐式建筑。当时还没有瓦,因此屋顶应是用茅草加以覆盖。从大型檐柱的分布分析,整个殿堂应是面阔8间,纵深3间的大型建筑。

夯土台基的四周,发现了回廊的墙基基址。墙基均为夯筑,宽约0.45

~0.6米,中间是一排小柱洞,因此墙体应为木骨泥筑。西面廊庑是外面起墙,里面立柱,为一面坡的形式;南北两面的廊庑是中间起墙,两面立柱,是两面坡的形式。

大门位于夯土台基的南端。大门处发现了9个大型柱洞,柱洞东西向排列,每个柱洞直径约有0.4米,间距为3.8米,因此整个门体应是一座面阔8间的牌坊式建筑。大门以南的夯土呈缓坡状。从南大门到殿堂之间是一片平整宽阔的空地,应是庭院。宫殿台基的北侧发现了陶水管,说明宫殿建有排水系统。

二号宫殿基址始建于二里头文化的三期,废弃于四期,也位于二里头遗址的中部,西距一号宫殿遗址约有150米。其夯土台基南北长约72米,东西宽约58米,方向也是北偏西8度左右。二号宫殿台基之上的建筑主要由中心殿堂、庭院、大门及廊庑组成,与一号宫殿基址不同的是,二号基址在殿堂与北墙之间,还建有一座大墓。

殿堂基址位于夯土台基中部的北端,基址要高于夯土台基0.2米。整个殿堂的基址长32.6米,宽12.75米。南北两面的边缘均发现柱洞10个,东西两面的边缘均发现柱洞4个,柱洞直径约为0.2米。在殿堂基址上发现了殿堂的墙基。墙基的基址东西长为26.5米,南北宽为7.1米。根据墙基内的柱洞,可知这是一座面阔3间的殿堂。根据殿堂基址外缘的柱洞判断,殿堂墙外的基址之上应建有宽阔的回廊。

宫殿基址的四周建有围墙。其中东、西、南三面围墙内应是回廊建筑,其中南墙为内外两组回廊,东、西墙则为内回廊,墙体在外,北墙则未发现建有回廊的遗迹。东墙遗址保存较好,其中有4个缺口,应是开的门道。在东墙北端的第一门道下,发现了11节陶质水管。在南端的第四门道下,则发现了石板砌成的方形排水管道。

南大门位于南墙中部偏东,是一座廊庑式建筑,由一座东西一排三间房屋及前后皆突出于左右复廊的廊子组成。东西二室略呈正方形,中间一屋东西稍宽,南北有缺口,大门的通道应该就建在这里。南大门东西二间小室,可能就是文献记载中的"东塾"与"西塾"。

二号宫殿基址中的大墓位于殿堂的北面偏东,距北墙仅0.9米。因此,二号宫殿基址应是宗庙或陵寝一类建筑的遗存。

从所处的位置及两者之间的联系看,二里头遗址的两座大型宫殿并非互不相干的建筑,而是一组建筑群的不同组成部分。有如此庞大的宫殿建筑群的存在,说明二里头应是夏代的一座都邑遗址。

二、甲骨文与殷商青铜文明

甲骨文的发现以及殷墟的发掘,是20世纪中国学术史上的重大事件。由于甲骨文的发现,人们看到了比铜器铭文还要古老的文字形态,并以此为出发点进一步探索汉字的起源与早期发展。由于殷墟的发掘,本来因为缺少文字记载而甚为简陋的商代文化研究,一下子繁荣起来。殷墟的发掘还有力地推动了中国现代考古学的发展,从而为中国远古时期历史及文化的研究打开了一个全新的局面。

1. 甲骨文的发现与研究

甲骨文是一种刻在龟甲及兽骨上的占卜文字。清朝末年,在河南彰德府的府治安阳一带,农民们经常在耕地时发现甲骨片。最初的时候,当地人将这些甲骨片都当成了可以治疗破伤的中药"龙骨",卖给中药店。后来,一些带有文字的甲骨片又被人们认出是古代的遗存,古董商们开始收购。不过此时,甲骨文的价值还没有被人们发现,影响也不大,主要还只是作为一般的古董在市面流通。王懿荣是当时的一个金石学家,能够鉴别古物真伪,并能辨认古器物上的文字。1899年,王懿荣见到"龙骨"上的刻画,便认出是已经失传的古代文字,于是他按字论价,以每字二两银子的高价开始收购甲骨片。由此很快扩大了甲骨文在社会上的影响,学者们一般也将这一年作为甲骨文的发现年代。1903年,王懿荣的好友、学者刘鹗(字铁云)出版了第一部著录甲骨文的著作《铁云藏龟》,一共拓印了一千多片甲骨,并第一个提出这些刻在甲骨片上的文字是"殷人的刀笔文字",是占卦的"卦辞"。1904年,大学者孙诒让根据《铁云藏龟》中所著录的甲骨文字,写成《契文举例》,这是第一部甲骨文字的研究著作。

从1928年以后,考古工作者对安阳殷墟先后进行了数十次科学发掘。到目前为止,商代甲骨出土总计约在15万片以上,共有单字5000字左右,其中已经被学者考释出来的单字在1000字以上,为我们今天研究商代历史和文字的发展演变提供了宝贵的数据。

从文字结构上看,甲骨文的造字方法主要还是象形。不过它已经摆脱了简单摹画的低级阶段,而是经过概括,象形字已经简化并趋于定型,而且能够突出事物自身的某些特征,来进行醒目的表现。例如,对于牛、羊等四足二角一尾的家畜,甲骨文的象形字就通过展示它们在犄角上的特征来予以区别,以卷角表示羊,以直角表示牛。

对于比较抽象的概念,甲骨文则通过会意或指事的方式来表达。例如,甲骨文用一个"日"和一个"月"合写在一起来表示"明",这就是会意方法的使用;用上短下长的二横来表示"上",用下短上长的二横表示"下",就是使用了指事的造字方法。

甲骨文中还出现了大量的形声字。一个形声字要包括两个符号,一个是表示字义的形符,一个是表示字音的声符。例如,"盂"字的上半部"于",表示这个字所发的音,下半部的"皿",表示这个字所代表的器物义。又如"祀",左半的"示"表示祭祀义,右半的"巳"表示音。形声字是汉字发展到高级阶段之后的产物,在现代汉字中,形声字占了绝大多数。甲骨文中形声字的大量出现,说明汉字在商代以前已经经过了一个很长时期的发展过程。

除甲骨文字以外,商代还有铜器铭文、陶文等其他文字的书写形态。铜器铭文刻在铜器之上,古代以铜为金,所以这些文字也称作金文。商代前期的铜器上,至今还没有发现铭文;商代晚期的铜器上出现了铭文,但是字数很少,一般只有一两个字,稍多者几个字,最多者也只有三四十个字,但极为罕见。陶文是在陶器烧制以前先行刻画上去的,位置多在陶器的口沿、肩部及底部,在今河南、河北及江西等商代考古遗址中都有发现。很多商代陶文的字形与甲骨文相近,但其字义及字音是否与甲骨文一致,现在还很难断定。商代的玉器上也刻有一些文字,但数量很少。

除了在器物上刻画文字外,在殷墟的遗址中还曾发现过墨书和朱书的文字,有的写在甲骨上,有的写在陶器及玉器上。从文字所展现的锋芒看,这些文字的书写工具应是毛笔。另外,甲骨文中的"聿"字也正像以手握笔之形。因此,中国使用毛笔书写文字的历史至少可以上溯到三千年以前的商代。

商代的文字还属于汉字的早期发展形态,因此也保留了一些较为落后的特征。甲骨文的主要构字方法是象形和会意,而作为汉字高级阶段代表的形声字所占比例不到其总数的20%。此外,在甲骨文字中,同字异体现象比较普遍,形体构造也相当粗疏。所有这些,都反映出商代文字的形态还很不规范,同成熟的汉字相比还有较大差距。

甲骨文字等商代文字的发现,为研究汉字的起源与早期发展提供了丰富而直观的材料,更重要的是为研究殷商时期的历史与文化提供了大量的原始珍贵史料。

2. 殷墟的发掘与研究

甲骨文被发现后,它的具体出土地点一直不为学术界所知晓。直到1910年,学者罗振玉通过一名古董商人,才最后确认甲骨文的出土地是在河南安阳洹水之滨被称作"殷墟"的小屯村一带。从1928年10月到1937年6月,前中央研究院历史语言研究所在殷墟一共进行了15次发掘。此外,河南省博物馆也在小屯进行过两次发掘。除数万片甲骨,人们还发现了商王朝的宫殿、王陵、窖穴及作坊遗址,证明这里就是盘庚迁殷后的商朝都城。1949年后,中国科学院考古研究所又对殷墟进行了多年的有计划发掘,更多商代文化遗存被展现。

目前已确认殷墟的总面积可达30平方公里,可分成内围与外围两大区域。内围的面积达24平方公里,有密集的聚落遗址与墓葬分布,文化遗存十分丰富;外围文化遗存的分布则相对稀疏。殷墟遗址可以划分出宫殿宗庙区、王陵区、手工业作坊区与商人宗族墓地等几部分。宫殿宗庙区位于洹河南岸、小屯村的东北,总面积有270000平方米。它的西侧挖掘了一条1000多米长的人工壕沟,与洹河相连,形成护卫宫殿宗庙的屏障。这里发现有大量商代建筑基址。宫殿宗庙附近分布着不少作坊遗址,其中南部有一处面积很大的铸铜遗址,东部有一处制骨作坊遗址。宫殿宗庙区的西北,今侯家庄与武官村之间,是王陵区,发现有商代的大型墓葬与祭祀坑。商人宗族的墓地集中在殷墟的西区、后岗、大司空村及苗圃北地,发现了大量商代的墓葬,其中既有大中型墓葬,也有小型的土坑墓或无墓圹的墓葬。

殷墟遗址内至今尚未发现商代城址遗存。1999年,殷墟以北发现一座商代中期大型城址(洹北商城),与殷墟相接,有少部分重叠。这两处商代文化遗存的关系,现在还不清楚。

殷墟出土了大量商代文化遗存。除十余万片甲骨外,还有四五千件青铜器与二千余件玉器,制作都十分精美。这些珍贵遗物,充分展示了殷商时期中国青铜文明的高度繁荣。殷墟遗址中出土的各种礼器、乐器、兵器、生活用具、生产工具、车马器以及各类装饰器具等,为我们研究殷商时代的文化发展提供了最为直观的实物证据。

3. 商代的农业

农业是商代最主要的经济部门。与夏代相比,商代的农业有了进一步的发展。

商代农具的质料仍以木、石、骨、蚌为主,有斧、斨、铲、镬、锸、耒、耜、镰、铚、刀、臼、杵等多种形式。其中石铲、骨铲、蚌铲和石斧等用于垦地，石镰、蚌镰等用于收割。木质农具易于腐烂，虽在考古发掘中尚未发现，但在殷墟许多窖穴的周壁上，都能发现清晰的双齿木耒痕迹，可见木制农具也一定是大量使用的。甲骨文中的"耤"字，就是一人双手扶柄，以足踏耒耕作的象形。青铜工具在考古发掘中出土很少，原因在于铜是一种珍贵的金属，不可能被用于制作工具。只有到铁制农具普遍使用后，木石工具才会从生产领域中消失。

　　商代的农业生产采取集体耕作方式。在殷墟第3次发掘时，一个坑内就集中出土了一千多把石刀。第7次发掘时，一个坑内又集中出土了440多件石镰和78件蚌器。农具的集中出现，反映当时农业生产应是集体组合的方式。卜辞中常有商王"大令众人劦田"的记载，劦田的"劦"字，正像三人协力、共同耕作。这与考古发掘所展示的现象可以相互印证。

　　商代农业的发展，主要表现为农业生产技术的显著提高。

　　商代农业已经发展到精耕细作的锄耕阶段。甲骨文中的"田"字，有很多种写法，但都是方方正正的形态，其中的界画就是疆理田地的沟洫。这种经过人工修整的土地，比以往产量有很大提高。在商代，人们已经懂得了土地翻耕的重要性。播种以前将土地进行翻耕，这一环节在卜辞中称作"畴"和"耤"。"劦田"可能也是指对土地进行翻耕。武丁时期的卜辞中记录了不少卜问派遣某人主持翻耕土地的命辞，可见翻耕田地已经成为商代农业活动的重要组成部分。田地经过翻耕再行播种，较之直接在土地上播种，显然是一种巨大的进步。田间管理也是精耕农业最重要的组成部分，它在很大程度上决定年成的好坏。在商代，人们对农作物生长期间的田间管理十分重视。从卜辞所反映的情况看，当时人们已经知道了耨除杂草、浇水施肥和除害保收，并且已经采用了人工灌溉及排涝，使用粪肥、烟火驱虫及棍棒逐鸟等多种田间管理技术。商人收获庄稼，除可食部分外，对于作物的茎秆也不丢弃。这些茎秆既可用作建筑材料，同时也能提供能源。

　　农业技术的进步使粮食产量获得很大的提高。在商代遗址中，经常发现用于储藏粮食的窖穴，它们挖在地面以下，最深者可达八九米。一些窖穴的底部及壁部还用草拌泥涂抹以防潮。甲骨文中还有"廪"字，正是在地面上储藏粮食的谷堆的象形。

　　农业在商代的社会经济中占有重要的地位。商王对农业极其重视，他们会经常占卜问一年收成的好坏，甚至对某一地区的年成好坏，也表示关心。对垦田、翻地、播种、田间管理、收获以及粮食的储藏等等事情,商王都经常过问,并派人前往查看。

4. 商代的畜牧业

随着农业生产水平的提高,商代的畜牧业也有了很大的发展,当时饲养的牲畜,有牛、羊、马、犬、猪和鸡等。商王对于畜牧业的发展非常重视,武丁时期的卜辞中就有商王亲自去检查牛的饲养情况的记载,商王还曾亲自对收割喂养牲畜的饲料之事进行占卜。商代畜牧业的产出很大。据卜辞中记载,商代祭祀"用牲"的数量,少则数头、数十头,多则四五百头,其中最多的一次是"千牛",在殷墟的考古发掘中也出土了大量的牛、羊、猪的骸骨。没有畜牧业的发展作保障,如此规模的用牲是商人无法承受的。畜牧业的发展,为人们的生产与生活提供了畜力和食物。马和大象是商人使用最多的两种大型家畜,殷墟就曾发现很多车马坑,卜辞中也有让大象跟随军队征伐的记载。

渔猎在商代的经济生活中仍占有一席之地。在商代遗址中,发现了用骨、蚌及青铜制成的箭镞以及用陶、石制成的弹丸等狩猎工具,还发现了网坠、鱼钩等捕鱼工具。商人捕获野兽的方法很多,有箭射、犬逐、车攻、挖陷阱、布网以及焚山等,捕鱼的方法有钩钓、叉鱼、设网等。商王经常外出田猎,规模很大,一次就能捕获数百只鹿,有一次猎获的禽鸟最高竟达348只。此外,还有获象、获虎、获豕以及大获鱼等记载。商王从事田猎,从每一次捕获动物的数量看,虽具有补充王室收入的意义,但更重要的还是一种军事训练方式。

5. 辉煌的青铜文明

最能代表商朝手工业生产水平的,是雄浑的青铜器和繁盛的青铜冶铸。

中国的青铜冶炼技术早在氏族时代就已出现,但一直到夏代,它整体上的发展都还是比较落后的。在商代,青铜铸造技术突飞猛进,并创造了灿烂的青铜文化。

商代青铜器的种类可分为礼器、兵器、生产工具及其他生活用具等,其中礼器所占比例最大,种类也最多。礼器又称彝器,是古代贵族在举行祭祀、燕享、朝会及盟誓等各种礼仪活动中使用的器物。礼仪在商代社会生活中占有重要地位,所以青铜被大量用于制作礼器。总计商代的青铜礼器,有用于烹煮的鼎、鬲、甗,有用于盛储的簋、豆、盘、盂,有用于行乐的铜铙,但最多的是酒器,有爵、觚、觯、斝、角、尊、卣、盉、觥、瓿、罍、壶等,反映饮酒与礼制生活的紧密关系。其他兵器有戈、矛、剑、戟、斧、钺、箭镞,工具有锛、凿、斤、刀、钻、锥、削、锄、铲、镢等,工具中以手工业所用居多,农具较少。生活所用有铜镜及各类车马器、装饰品等等。总之,青铜制品已经涉及社会生活的各个方面。

商代青铜的铸造工艺相当完备。每一件铜器的制作,都要经过选矿、配料、熔炼、制模、翻范、合范、浇铸、修整等一系列工序,需要复杂的劳动分工和协作。小的器件一次就可以浇铸成功,大的器件则要先行铸造各个部件,然后再合铸成一个整体。青铜合金的比例也在摸索中逐渐合理。如著名的司母戊大方鼎,其合金成分是,铜占84.77%,锡占11.64%,铅占2.79%,与古代文献《周礼·考工记》所载的钟鼎之剂"六分其金(铜)而锡居其一"的比例正相符合。用这种合金比例铸造的青铜礼器或乐器,具有较高的强度和韧性。

商代的青铜器具尤其是礼器,造型十分丰富。有的庄重古朴,有的瑰丽奇特,有的能显现出厚重雄浑的王者气度,有的还能反映出作器者所具有的机智敏锐的艺术才华。在商代青铜器的精品中,最引人注目的是出土于殷墟的司母戊大方鼎和出土于湖南宁乡的四羊铜尊。前者通高133厘米,器口长110厘米,宽78厘米,重875千克,是迄今为止世界上所发现的体量最大的古代青铜器。后者在铜尊方肩的四角,附着四只向外半伸的羊身,羊角卷曲,生动逼真。其器身四壁又用蟠龙为饰,双角龙头正好点缀在每两只羊头之间,布局新颖奇特。整个器身的雕镂精美绝伦,充分展示了商代青铜器制作的高超技艺。

商代青铜器的表面,一般还都铸刻着瑰丽多彩的花纹。前期的青铜器主要是粗疏的动物纹、几何纹和无底纹;后期的青铜器,纹饰日渐繁缛,主要有饕餮纹、夔龙纹、蝉纹、云雷纹、蟠龙纹,其中云雷纹是最常见的底纹,底纹之上往往再铸刻其他各种主题纹饰。还有一些青铜器,在主题纹之上再加一些修饰的花纹,一件青铜器堆饰三层花纹,表现十分精美。

商代青铜铸造的产业规模是空前的。郑州商城一处早商时期的铸铜遗址,面积超过了1000平方米。晚商时期殷墟的一处铸铜作坊遗址(苗圃北地),总面积更是达到10000平方米以上,遗址中出土了三四千块铸铜用陶范以及大量的铜炉残块、木炭及矿渣等。如果再加上同在殷墟的小屯村、薛家庄等铸铜遗址,则商代晚期王都一带青铜铸造作坊规模之大是十分惊人的。历年所出土的商代青铜礼器,即有数千件之多。如果加上兵器、车马器及工具的话,总数则以万计。1976年仅在安阳小屯村西北发掘的妇好墓中,就出土了青铜礼器200多件、青铜兵器120多件、青铜工具40多件,总计各类青铜器近500件。铸造大型青铜器,需要很大的生产规模。据估计像司母戊鼎,要完成从制模、翻范、浇铸到后期修饰全过程,再加上运输、管理,总计得300人以上。其中仅灌注熔铜这一道工序,就需要250多人同时配合。没有青铜铸造业的巨大发展,是不可能创造出以巨型青铜器为标志的灿烂青铜文明的。

从地域上看,商代的青铜铸造技术已经十分普及。在王朝广袤的疆域内,北起辽宁东部,南至长江流域,西起陕甘,东到江浙,考古工作者都曾发现过商代的青铜器。而且这些青铜器除极个别者以外,绝大多数都是在本地制造的。

6. 商代的手工业与商业

制陶业在商代获得了较快的发展。商代制陶业的规模很大,郑州早商遗址的一处制陶作坊,在总面积约1400平方米的范围内,一共发现了14座陶窑。商代的陶器以灰陶、黑陶和红陶为主,晚期生产的一种白陶,以高岭土为陶胚,经过1000℃以上的高温烧制而成。这种白陶,陶质洁白细腻,叩之有声,是商代陶器中的精品。河南的郑州、湖北的黄陂盘龙城以及河北的藁城等商代遗址中,还发现了原始瓷器或瓷器残片。这些瓷器都是用高岭土制作,表层涂有青釉,经过高温烧制,吸水性很低,成分已与后代的瓷器相当接近。

商人日常生活中所使用的物品,很大一部分质料是玉、骨、角及象牙,说明玉器、骨器、角器及牙器加工业有较快发展。殷墟妇好墓中,随葬有玉器近600件,另外还有多达200余件的骨器、角器与牙器。商代的玉器制作非常精美,有用于佩饰的璜、璧、玦、圭、璋等,有用于仪仗的玉石兵器如斧、钺、刀、戈、矛等,有的则制作成礼乐器如簋、豆、盘、尊、磬,在考古发掘中还发现了玉人、玉象、玉虎、玉兔、玉龟、玉鱼、玉蝉、玉铲等手工艺品。牙器如象牙觚、象牙杯等,在商代的遗址中都有发现。骨器及角器则以实用的生活用具为主,如骨笄、笄帽、骨簪、骨梳、骨锥、骨匕、骨镞等。郑州商城及安阳殷墟都曾发现过骨角器及玉器作坊遗址,出土了数以千计的制成品及半成品,还有大量的角料、废料。

商代的纺织业、酿酒业、制车业、漆器业、皮革业也都有很大的规模。商代用于酿酒的酵母曾在考古发掘中被发现。大量饮酒器具的出土,正说明当时酿酒业的突出发展。

农业、手工业的发展,带动了商业的进步。考古发掘的商代遗址中有产于东海、南海乃至印度洋的海贝、鲸鱼骨、海蚌、海龟,还有产自新疆的玉石,数量都极其可观。这些物品,大多应是通过贸易交换得来的。此外,考古数据证明,贝在商代已经发展成为一种用于商品交换的货币。货币的出现,说明殷商的商业的发展已经达到了相当高的水平。

7. 商城与建筑

城市既是文明发生最重要的标志之一,同时也是一个社会文明发展水平的综合体现。中国城市的出现,最早可上溯到新石器时代长江流域的大溪文化与黄河流域的大汶口文化时期。夏代的城址虽然目前还未得到确认①,不过二里头遗址中大型宫殿基址的出现,证明夏代的建筑技术已经达到相当高的水平。

目前已经发现的商代城址,主要有郑州商城与偃师商城两座。无论是就城市规模还是城市规划来看,商代城市建设的水平都发展到了一个相当的新高度。

(1) 郑州商城位于今郑州火车站以东、陇海路以北、紫荆山路两侧,是一座商代早期的城址。整个城址的平面略呈长方形,东城墙约为 1700 米,西城墙约为 1870 米,南城墙约为 1700 米,北城墙约为 1690 米,城墙周长约为 6960 米。在南城墙与西城墙的外面,另外还发现 3 段夯土城墙,距离商城城墙约在 600 米至 1100 米之间,应是商城的外城墙。郑州商城地面以上的城墙大部分已遭到破坏,仅存的最高处仍有 9 米,墙底宽 20 米,顶宽 5 米。可见当时这是一座非常宏伟的城堡。

郑州商城城墙的横剖面呈梯形,墙体由主城墙与护城墙两部分组成。主城墙系水平夯筑而成,护城墙则向内外两侧倾斜夯筑。在主城墙与护城墙的接缝处发现有清晰的木板印痕,说明当时城墙是用"版筑法"建成的。

郑州商城东北部发现有大型的建筑基址,已被认定为商城内的宫殿区。宫殿区发现寝殿、殿堂等建筑基址,其中寝殿基址的东西长度超过 65 米,南北宽达 13.6 米,可能是一座九屋重檐顶并带有回廊的大型寝殿。另一座殿堂基址,略呈方形,东西约 31.2 米,南北约 38.4 米,总面积接近 1200 平方

---

① 发现于河南登封告成镇的王城岗遗址,始建于王城岗龙山文化的二期,其绝对年代已经进入夏代纪年,一些学者认为这里可能就是禹都阳城的所在地。

米。与二里头建筑基址相比,它们的规模要庞大得多。在宫殿区的东北部,还发现一座长约100米,宽约20米的蓄水池,池底与池壁都用料礓石铺垫,池底还铺有比较规整的石板。这座蓄水池可能属于宫殿的用水设施。

郑州商城内还分布有铸铜、制骨与制陶作坊遗址。铸铜遗址中有大量制铜残片、陶范、铜渣、炭屑、矿石及一些青铜工具。制骨遗址中有大量用于骨器制作的骨料,其中以人骨最多,此外还有鹿骨与牛骨等。在陶窑址周围的灰坑中,埋藏有大量烧坏的陶器。这些作坊遗址的发现,说明郑州商城已具有比较发达的经济功能,具备相当强的手工业生产能力。

根据郑州商城的规模,学者们普遍认为它应是商代一座重要的都城。一些学者认为它应是商王朝建立者成汤的首都亳,也有学者认为它应是商王仲丁的首都隞。

(2)偃师商城位于河南偃师城西的尸乡沟,与二里头遗址距离6000米。它平面略呈长方形,南北长1700米,东西宽740米至1215米不等。城墙最宽处达28米,最窄处也有12米。城墙外有壕沟环绕,沟口宽约20米,深达6米。共有城门5座,东、西城墙各2座,北城墙1座。偃师商城的重要遗存,是发现了城区内的道路。其中两条主干道,东西方向与南北方向各一条,呈纵横交错布局。道宽约8~9米,厚约0.3米。在城区东北角的一条道路上还发现了车辙的印痕。主干道路的发现,证明商代城市内部的规划与布局已经达到相当高的水平。

偃师商城内发现了5座大型宫殿基址,集中在一个近方形的"宫城"内。宫城位于商城南部的中心,四周筑有夯土围墙。长度东墙约180米,西墙约185米,南墙约190米,北墙约200米。5座宫殿基址中,居中的宫殿基址最大,其余4座分布在宫城四角,有非常清楚的规划与布局。目前已经发掘的四号宫殿夯土基址,东西长51米,南北宽32米,基址上建有殿堂、廊庑、庭院及大门,还发现了一口水井和数条排水沟,布局十分规整。其中一条地下排水沟全长近百米,全部由石块、石板垒筑而成。宫城内还发现人工挖掘的水池与水渠。水池系用石块砌成,东西长约130米,宽约20米,深约1.5米。水池的东西两侧分别连着两条石砌的水渠,一条通往东护城河,一条通往西护城河,分别用于汲水与排水。这座水池应是当时的游乐场所。

除郑州商城和偃师商城外,1999年在河南安阳还发现了属于商代中期的洹北商城,南与殷墟相连接。从目前发掘的情况看,它的规模是偃师商城的两倍以上,并且其中也已探明存在大型宫殿。

三、西周青铜文明的持续发展与繁荣

西周的青铜文明在殷商辉煌成就的基础上进一步发展,除考古出土的大量文化遗存外,传世文献也有更多的记载。这对于我们了解西周青铜文明的发展提供了丰富的依据。

1. 周代的农业与牧业

周人在其早期发展历史上,就以擅长农业而著称。灭商以前,周人利用泾、渭流域有利的自然条件发展农业,已经达到很高的水平。西周建国后,农业生产工具及生产技术都获得了较快发展,从而推动农业经济进一步繁荣。

西周农业的生产工具,主要有耒、耜、耨、钱、镈、铚、艾等,其中以耒和耜最为常用。耒是一种歧头的木叉,耜是一种圆头半叶形的铲,都用来翻耕土地。钱就是今天所说的锹,镈就是锄,主要用来除草。铚、艾则用于收割。西周的农具仍以木、石为主,再有一些骨制及蚌制品,这些都与夏、商没有太大差别。不过,从钱、镈、铚等字的部首从"金"来看,当时的工具似应有用金属制成的。从考古材料看,出土的周代青铜农具,在种类及数量上都比商代有所增加。不过从总体上看,夏、商、周时期推动农业进步的主要因素,不是农具材质的变化,而主要是农业耕作技术与劳作管理方式的发展。这在西周表现得尤为突出。

西周的土地翻耕与修整技术获得了较快发展。当时,人们称头一年开垦出来的土地为菑田。菑田开垦后,并不马上耕种,而是继续修整。经过修整的菑田到第二年便称为新田。新田可以耕种,但还不算熟田,上面往往长有很多野菜。历时三年之后,土地被称为畬田,这才是成熟的良田。对于良田,周人还要用疆界和沟洫给予区隔。在一块田地之内,还要修整出畎和亩。其中隆起的土垄称作亩,土垄旁边的水沟称作畎。旱地用畎,涝地则用亩。对土地性能及对相关知识了解的深入,必然使农业生产效率获得提高。

西周的农作物田间管理方法有了很大的进步,田间除草、培土、施肥、杀虫技术在当时都已经相当普及。周代文献中有很多田间除草的描述。《诗·小雅·甫田》:"今适南亩,或耘或耔,黍稷薿薿。""耘"即是除草。周人在长期农业实践中,充分认识到田间除草的重要性。《国语·周语上》云:"日服其镈,不解(懈)于时,财用不乏,民用和同。"意思是说,坚持不懈每天锄草,就能获得丰收,国家财政与人民的收入都不会贫乏。"耔"即是培土,农作物

生长早期把土培壅在其根部，可以明显增强它们抵御大风与对抗旱灾的能力。

周人用于农作物的肥料，已经包括了绿肥，就是将田间的杂草沤烂。《诗·周颂·良耜》云："其镈斯赵，以薅荼蓼，荼蓼朽止，黍稷茂止。"使"荼蓼"腐朽，使"黍稷"茂盛，描述的正是使用绿肥之后农作物生长茂盛的景象。

周人的杀虫技术进步尤大。当时人们已经掌握了不少有关农作物害虫的知识。他们根据害虫危害作物部位的不同，将害虫分为螟、螣(tè)、蟊(máo)、贼等。食心的叫螟，食叶的叫螣，食根的叫蟊，食茎的叫贼。在此基础上，杀虫方法更有针对性。例如夜晚用明火来诱杀蛾、蝗一类害虫，在当时就被普遍使用。

西周的水利灌溉技术获得进一步发展，在农业生产中被广泛运用。周代普遍实行井田制，井田中的沟洫，除用于划定田界外，当然也能用于灌溉农田。西周由于灌溉技术的发展，原产于南方的水稻也在北方获得大面积种植。《诗·小雅·白华》说："滮池北流，浸彼稻田。"这描述的是使用人工灌溉的水田来种植水稻。

西周比较普遍使用的耕作方法是耦耕。这是两人相互协作、共同耕作的一种劳动方式，农民被两两组织起来，并且组织的规模很大。《诗·周颂·载芟》记载当时"千耦其耘"的场面，即组织成千个"耦耕"协作单位，共同耕作。

西周的农作物品种主要有黍、稷、禾、麦、粟、麻、菽、稻等。农业经验的积累与技术的进步，推动了西周农业经济的大发展，粮食产量有很大幅度的提高。《诗·周颂·载芟》描写西周时期收获的景象是："载获济济，有实其积，万亿及秭。"《良耜》中描述收获后的粮仓是"其崇如墉，其比如栉"，谷堆像山丘一样高，许多谷堆排列得像梳齿一样密集。

西周的统治者非常重视农业生产。春季，周王及朝中的各级官员一定要举行隆重的籍田礼，以至于后来周宣王没有在千亩行籍礼，就受到朝中大臣的非议。一年之中，统治者还要经常举行祭祀土地神和四方神的活动，以祈求年终能有一个好收成。现存西周文献中，有很多关于农业生产的记载，说明农业在当时的社会经济中占有极其重要的地位。

西周对牛、马、羊、猪等家畜的牧养，在社会经济生活中也占有重要的地位。《周官》中有"牧人"、"牧师"等官职，铭文中司土的属吏中也有"牧"的官称，这些都是王朝中负责畜牧业的官员。《诗·小雅·无羊》："谁谓尔无羊，三百维群。"看来当时畜牧业的产出量也是相当大的。狩猎在西周的经济生活中仍占有一定的比重。当时一些食物及服装的原料，就是由狩猎活动提供的。西周的狩猎在一年四季的农作空隙举行，春天叫蒐，夏天叫苗，秋天叫狝，冬天叫狩。这些大规模的狩猎活动往往同时具有军事训练的意义。

2. 周代的青铜铸造

青铜制造是西周手工业的重要部门。西周前期，青铜器具的种类及特征主要是继承自商代，两者在制作风格上也十分相似。西周中期以后的青铜器开始出现周代自身的特点。西周的青铜器中，酒类器具如方彝、卣、罍、觚、爵等逐渐减少甚至消失，反映这时的饮酒之风已不再像商代那么兴盛，而一些新的青铜器具如乐器中的钟、镈，食器中的盨、簠，水器中的匜，武器中的戟、剑等则开始出现并大量制造。此外，还出现了贵族出生时用的行器和嫁女儿用的媵器。从种类上看，青铜制品在周代日常生活中的用途越来越广泛。

西周的青铜铸造技术有了较大提高。洛阳出土的青铜冶铸熔炉，里面的最高温度可以达到1200℃。对于不同种类和性能要求的器物，当时已经能够根据需要配置不同的铜、铅及锡的原料比例。西周中期以后，铸工们还发明了一只模型翻制数范的技术。在商代，一个模型只能使用一次，即只能翻一次范。新技术发明之后，一个模型就可以翻好几次范，使周代青铜器的生产效率成倍提高。因此，商代青铜器可能没有两个是重样的，而周代则会出现数件一模一样的器物。此外，在虢国墓地发现了一个壶耳套环，是在壶身铸成之后再焊接上去的，这说明当时的青铜铸造已经使用了先进的金属焊接技术。

西周的青铜器作坊规模非常巨大。如洛阳北郊发现的西周铸铜遗址，全部面积达到120000平方米，堆积了丰富的陶范、炉壁、炼渣及青铜工具。河南三门峡的虢国墓地，仅青铜器物出土就达181件，其他大宗的工具、武器、车马器等更是不下5000件。这说明西周青铜铸造业的生产能力和生产规模都有了很大提高。

西周青铜铸造业的分布区域，较之商代更加广阔。据考古发掘，当时除宗周镐京、成周洛邑存在着大规模的王室作坊外，在各地的诸侯国及一些边远的少数民族地区，也都发现了当地的青铜作坊，并且制造的青铜器物已经形成了各自不同的文化风格。

西周青铜器具的最大特点，是上面熔铸了大量的铭文。商代晚期的青铜器上虽然已经出现了铭文,但是字数都比较少,而且上面刻录的一般都是氏族的称号徽号,没有太多的事实记录。西周的青铜铭文大多比较长,其中宣王时的《毛公鼎》字数多达497个,是目前所知最长的铭文,几乎与《尚书》中的一篇文献长短相仿。青铜器铭文所涉内容极其广泛,从册命文书到诉讼记录都有记载。1976年在陕西扶风庄白发现微氏家族的青铜器群,其中的《史墙盘》共有铭文284字,历述穆王以前包括文王在内的西周各王的主要业绩,可以当做西周时人所撰的一部当代史看。这些青铜铭文,为我们今天研究西周历史提供了宝贵的材料。

西周青铜器的造型及纹饰艺术,前期与后期呈现出不同的特征与风格。早期的青铜制品,无论是从器物的形状还是纹饰来看,都显示出对商代青铜制作工艺的继承,风格凝重而庄严。中期以后,青铜器制品呈现出西周自身的艺术特征,器物的造型呈现出轻巧的总体特征,不如商代青铜器厚重。此外,器物造型更加贴近现实生活,商代青铜器中的神秘造型和文化因素逐渐减少,器表的纹饰也日趋简化。如商代青铜器上常见的饕餮纹、夔纹等神秘纹饰及动物纹饰逐渐消失,取而代之的是简洁明快的环带纹、重环纹与窃曲纹等。到西周晚期,青铜器的制作工艺出现一定程度的衰退,不仅造型与纹饰单调重复,而且制作也十分粗糙。如周厉王自做的一件簋,居然在器身上发现有相当多的气孔。这说明,中国古代的青铜文化已经渡过了它的繁荣阶段,开始呈现出逐步下降的总体趋势①。

需要说明的是,西周晚期,周人已经掌握了人工冶铁技术。1990年在河南三门峡上村岭虢国墓地出土了一件玉柄铁剑和一件铜内铁援戈,经鉴定,铜内铁援戈属于块炼铁制品,而玉柄铁剑则属于块炼铁渗碳钢制品。这一重大发现,把中原地区人工冶铁的开始时间提前到西周时代。

3. 西周的手工业

西周时期的手工业种类很多,分工非常细致,因而有所谓"百工"之说。除了青铜业以外,当时主要的手工业部门还有纺织、制陶、制车以及玉石、木器和皮革加工等等。

(1) 陶器仍是西周人们生活中的常用器具,当时的制陶技术也比以往有较大发展。西周晚期出现了陶瓦,这是中国古代建筑材料方面的一个重

---

① 春秋中期以后,青铜器制作工艺曾出现再度复兴的趋势,但此时铁器冶炼技术已开始出现,中国的青铜时代不得不进入尾声。

要进步。在制陶技术上,西周前期以轮模合制为主,中晚期以后随着快轮法的普及,陶器制作开始以轮制为主,产品趋向规格化,生产效率有了很大提高。当时的陶器表面,往往涂上青色或黄绿色的釉,称作"原始青瓷"。与商代相比,西周的施釉技术有了显著进步,表现为釉层增厚,涂抹均匀。陶器的烧成温度高达1200℃,制品胎质细腻紧密,吸水性弱,矿物组成已经接近瓷器标准,器形也显得精巧和类型丰富。西周原始瓷器的分布范围更加广阔,在今陕西、河南、甘肃、江苏、安徽、山东、北京等地都有考古发现。

(2) 西周的纺织业也取得了较大进步。在西周遗址中,曾发现大量的陶纺轮和少量的石、骨纺轮,还发现有纺织用的其他工具如骨、角及铜制的锥、针等。当时纺织品种类有葛布、麻布、丝织物等。葛布是用葛藤制成。《诗·周南·葛覃》:"葛之覃兮,施于中谷。维叶莫莫,是刈是濩。为絺为绤,服之无斁。"这里描述的就是用葛纤维织成粗细不同的葛布的过程。麻布是用大麻或苎麻制成的纺织品。《诗·齐风·南山》:"艺麻如之何?衡从其亩。"说是在种麻之前先把田地修治得纵横平整,才能使麻的产量增加。《陈风·东门之池》曰"东门之池,可以沤麻","东门之池,可以沤纻"。这描述的是先通过池水沤麻,然后再把纤维织成麻布。西周的丝织业也有较快发展。《诗·豳风·七月》描绘女子采摘桑叶说:"春日载阳,有鸣仓庚。女执懿筐,遵彼微行,爰求柔桑。"在陕西宝鸡茹家庄及河南浚县辛村的西周墓葬中,发现了玉制的蚕。据考古发掘,西周的纺织品主要分平纹织品及斜纹提花织品几类。当时还发明了刺绣技术,染色技术也有很大提高并得到普遍运用。《周礼》记载当时设有专门管理丝帛染色的"染人"一职,当时染料主要取自矿物和植物,染绛用茜,染青用蓝。《诗·唐风·葛生》:"角枕粲兮,锦衾烂兮。"无论是枕头还是被子,都有非常鲜艳的颜色。

4. 西周的商业

农业与手工业的发展,带动了商业的进步。西周已经出现固定的交易市场,称作"市",一般都设在通都大邑之中。国家设置专门的官员"质人"在市场管理商品的交易。西周还存在个人之间简单地以货易货的商业活动,如《诗·卫风·氓》描述的"氓之蚩蚩,抱布贸丝"。

西周的货币是贝。据铜器铭文,贝作为交换媒介,在当时可以用来交换铜、玉、皮革、衣服及土地等。由于天然贝数量少,不足以承担社会需求的交换业务,就出现了石贝、骨贝、陶贝和玉贝。朋是贝的计算单位,10贝为1朋。文献及铭文中记载了许多赏贝的事例,数量从1朋到100朋不等。西周墓葬中殉贝的现象非常普遍,数量也十分巨大。例如,河南浚县辛村的一座卫墓,殉贝多达2915枚,这说明贝作为财富的象征已经得到了广泛认可。除贝以外,铜也是一种用于交换的媒介物,在当时称作"金",其计算单位是锊。

西周的手工业与商业都以官营为主,称作"工商食官"。这些手工业者与商人,人身隶属于官府,不得自由迁徙或转变行业。一些具有重要政治意义的物资如圭、璧、金璋、命服、命车、宗庙用器及祭祀用品等,王朝规定"不鬻于市",不准在市场上随便出售和购买。

5. 周代的都邑与建筑

西周的宗周包括丰邑与镐京,在今陕西西安的西南。目前已探测出遗址的总面积约为10平方公里,其中丰邑为6平方公里,镐京为4平方公里。成周位于洛邑,考古发现在今洛阳市区东部的瀍水两岸,遗址总面积达6平方公里。目前在丰镐遗址与成周遗址中均未发现西周时期的城垣遗存,因此对于当时王都的形制与城市的内部布局,我们还所知甚少。不过在丰镐遗址及周原遗址发现的大型的建筑基址,也展示了西周建筑技术的发展。

沣水以东的镐京遗址发现一座面积达3393平方米的夯土基址,其上的宫殿建筑坐北朝南,长59米,宽23米,面积1357平方米,由主体建筑与左右两翼的附属建筑构成,整体呈"工"字形。这应是西周时期天子宫寝一类的建筑。

陕西岐山京当乡凤雏村周原遗址上发现一组西周时期的大型建筑基址,保留相当完整,为了解当时的建筑工艺与风格提供了生动的实物材料。它坐北朝南,南北长46米,东西宽32.6米,总面积接近1500平方米。基址南部正中是门道,南北长6米,东西宽2.8米。门道的东西两边各有面阔4间的两组房屋,房顶为二面坡式。在大门以南的4米处,还设置了一道长4米、宽0.4米的影壁。大门的北面是一处宽阔的庭院,南北宽12米、东西长19米。庭院以北是一处殿堂,它是这一组建筑的主体部分。殿堂面阔6间,每间宽3米、进深6米,房顶的跨度则有9米。殿堂的北面有一条宽1.5米的横廊。横廊的北面,是两个8平方米的小型庭院,两院之间有一个宽约3米的南北向过廊。这个过廊南接大殿,北接整个基址最北端的一排三间房屋。整个基址的东、西两侧各有一排8间的厢房。这些厢房与最北端的3间房屋及南端大门两侧的房屋相接,围绕成一个封闭的建筑格局。除大门外,在北端房屋的两侧还各开有一个后门。东、西、北三面的房屋与中间的庭院及大殿之间环绕着 2 米宽的回廊。建筑的整体布局，已经基本上具备了"前朝后寝"的特征，也非常接近后来北方民居中常见的"四合院"式格局。在这里还发现了置于屋檐与屋脊的板瓦与筒瓦。整个建筑的墙表及室内的地面均用细沙、白灰及粘土混合而成的"三合土"做成，使之平整、坚硬，展现出良好的工艺水平。

在这座建筑的南数第 2 号厢房内还发现了 1.7 万片甲骨，其中带字的甲骨 293 片，共 600 多字，其内容非常丰富。根据这些甲骨推测，这里应是周王的行宫或是宗庙所在。

另外，在凤雏村东南的召陈村，还发现了一组西周时期的建筑群基址。在 6375 平方米的夯土基址上，共发现 15 处建筑遗存，它的整体规模比凤雏村建筑基址要庞大得多。

第四节　周代的制度建设

西周王朝在继承夏、商文明成果的基础上，达到了我国上古社会形态发展的鼎盛阶段。孔子曾说过："殷因于夏礼，所损益可知也；周因于殷礼，所损益可知也。"①他又说："周监于二代，郁郁乎文哉，吾从周。"②在制度建设方面，西周王朝具有集三代之大成的特点。

一、井田制

井田制是我国上古社会基层土地占有与耕作制度的主要形式。它是由原始社会末期的村社土地制度演化而来，早在夏、商时代就已产生，西周时期是其最完备的形态。

井田制仍保留了村社土地公有制的基本原则，土地被分成"私田"和"公田"两部分。

"私田"源于村社成员分别占有并耕种的土地，土地上的产出也归村社成员个人家庭所有。西周时期的"私田"仍具有这种性质，它由劳动者个人耕种，产出也归劳动者个人所有。为了维护氏族内部的公平原则，这种土地在原始社会末期是需要定期进行重新分配的。西周时期这种定期分配土地

---

① 《论语·为政》，阮元校刻《十三经注疏》，中华书局 1980 年版。
② 《论语·八佾》。

的制度仍然保存,而且由于土地质量有好坏的差别,因此在实际分配时还要在数量上做一定的调整。《周礼·地官·遂人》说:"辨其野之土:上地、中地、下地,以颁田里。"上地是指肥力充沛、年年都可以耕种的土地,也称不易之地,按一夫多少亩的实数分配。中地是指来年休耕的土地,也称一易之地,按实数的两倍分配。下地是指需要耕一年、休两年的土地,也称再易之地,要按实数的三倍分配。《周礼》所说不一定是西周实有的制度,但定期分配土地并根据土地质量的好坏在数量上予以均平调整的原则应是没有问题的。由于需要定期分配,因此土地在形状上都划定得比较整齐,连成片的土地看上去都呈"井"字形,所以称作"井田"。

"公田"源于原始村社的公有土地,其产出归全体成员所共有,并用于公共事务的支出。西周时"公田"仍保持着集体耕作的方式,由平民负责耕种,但其产出已经不再归全体族人共有,而演变成归占有这一地区的各级贵族所有。西周时这种耕作方式被称为"籍田"。所谓"籍"就是借的意思,指贵族们借用百姓的民力去耕作土地。从本质上讲,这是一种劳役地租,之所以还要冠以"借"的名义,是因为古老的氏族原则还有较大影响。西周时在每年春季开始耕作的时候,周王和诸侯都要举行隆重的籍田之礼,简称作籍礼。

西周时期井田的规模与具体耕作方式,按《孟子·滕文公上》的记载:"方里而井,井九百亩,其中为公田。八家皆私百亩;公事毕,然后敢治私事。"这种先公后私的耕作顺序,又见《诗·小雅·大田》:"雨我公田,遂及我私。"不过,每户所分土地是否以百亩为基数,就很难认定了。另外,西周时期的"公田",也不应如孟子所说的那样是位于"私田"之中。根据铜器铭文及传世文献记载,周王行籍礼的"王田",如千亩、量田及諆田等,需要派专门的官员进行管理。另外,《诗经》中也记载过"千耦其耘"的劳作场面。因此,西周时期各级贵族占有的"公田",是相对集中并且规模很大的。《国语·鲁语下》记载孔子说:"先王制土,籍田以力,而砥其远迩。"这里既然谈到了劳作者距离籍田有远有近,需要平均的问题,就说明西周时期的"公田"不会位于"私田"之中。

定期分配的"私田",属于耕作者占有,并不属于耕作者私人所有。"公田"的产出归各级贵族所有,但土地也不是贵族私有。西周实行的是一种多层次的贵族土地占有制。

周王是西周王朝最高的土地占有者。《诗·小雅·北山》:"溥天之下,莫非王土；率土之滨，莫非王臣。"《尚书·梓材》："皇天既付中国民越厥疆土于先王。"这种天子对于天下土地的拥有，不能完全以后世的财产私有观念去看待它。因为在整个中国历史上，都不曾出现过由王或皇帝一人独占天下所有土地的现象。东周时期的周襄王自己就说："昔我先王之有天下也，规方千里以为甸服，以供上帝山川百神之祀，以备百姓兆民之用，以待不庭不虞之患。其余以均分公、侯、伯、子、男，使各有宁宇，以顺及天地，无逢其灾害，先王岂有赖焉。"①但是，最高统治者确实有权力支配他所占有的这些土地，如周王在分封过程中就经常会说出向受封者"授民授疆土"之类的话语。这是早期文明社会土地所有制度的特殊性所在，要理解西周乃至三代的土地制度，必须充分考虑这一特点。

周王分封的各地诸侯及在王朝任职的卿大夫等，拥有自己的封国及采邑，成为西周时期第二层次的土地占有者。诸侯在其封国内又分封的卿大夫，是西周时期第三层次的土地占有者。士是周代最末一级土地占有者，他们的土地来自于卿大夫的封赏。《礼记·礼运》就贵族按等级占有土地时说："天子有田以处其子孙，诸侯有国以处其子孙，大夫有采以处其子孙，是谓制度。"由于周代各级贵族所占有的土地，其基层实行的仍是古老的村社占有与耕作方式，土地的私有观念并没有充分发展起来。因此，尽管西周中晚期以后贵族之间出现了个别的土地交换现象，但"田里不鬻"的原则在当时一直占据着主导地位。

二、宗法制

宗法制度是西周时期一项重要的宗族组织制度。宗法的"宗"，从"宀"从"示"，分别表示房顶和神主，它的本义是指宗庙。所谓宗法，就是宗庙之法，实际上反映的是现实的宗族组织关系。因此，西周时期的宗法制度，本质上就是规定宗族组织关系的一项制度。

人类跨入文明社会的一项重要标志，就是社会的组织关系从以血缘为主而转向以地域为主。但是在中国早期，血缘关系却始终没有退出历史舞台，相反它在维系人群方面所具有的巨大潜力，一直被社会上层自觉地利用着。夏代的政治舞台上，活跃着众多以"氏"为名的政治集团，像夏后氏、有扈氏、有穷氏、有虞氏、有娀氏、有仍氏、斟寻氏等。商代社会，也是以氏族或

---

① 《国语·周语中》。

宗族为单位的。西周初年封给鲁、卫、晋等诸侯国的人口，就有所谓殷民六族、殷民七族和怀姓九宗等。这些以族、宗为单位组织的人群，显然也都是从商代遗留下来的各类血亲团体。西周时期的宗法制度，正是夏、商以来血亲团体组织关系及其原则进一步演变、发展的最终产物。

宗法制度的核心原则是实行嫡长子继承制，西周时期的宗族组织关系就是围绕着这一核心原则建设并维系着的。商代还没有确立嫡长子继承制，商代王位的继承就有传子与传弟两种。传子者中，还有传长子与传幼子等不同情况。由于三代时期族权与政权的密切关联，没有嫡长子继承制就会导致宗族组织关系的不稳定，而宗族组织关系的不稳定，又会导致王朝政治的不稳定。商代中期的九世之乱，其根源即在于此。西周王朝建立前，太公将君位传给季历，文王将君位传给武王，以及西周初年周公摄政称王，都说明在成王以前，周人也还没有建立明确的嫡长子继承制。周公执政七年后"致政成王"，是西周嫡长子继承制度得以确立的重要标志。嫡长子继承制确立，周人的宗法制度遂得以建立。

宗法制度规定，由嫡长子传位继统，并且世代都由嫡长子承继，其所传下来的这个族系就是大宗。拥有传宗、继祖权力的嫡长子，就是宗子，也可以称为宗主，是族人共同尊奉的对象。小宗相对于大宗而言，指非嫡长子的其他儿子所建立的族系。

大宗又称"百世不迁之宗"①，即不管过了多少代，同族人相互的血缘关系已经有多么疏远，只要大家还确认属于共同的始祖，那么这个由始祖的嫡长子一代一代继承下来的大宗就是所有族系成员的共奉之宗。由此，大宗的宗子获得了统率一个由共同始祖发展出来的庞大宗族的权力。小宗又称"五世则迁之宗"，即血缘关系一旦超过"五服"，就不再奉之为宗。因此，小宗宗子的权力只对五服以内的族人有效。也就是说，只有他的同父的兄弟、同祖的兄弟、同曾祖的兄弟以及同高祖的兄弟，才尊奉他为宗子。而高祖以上其他远祖传下来的兄弟，则不再奉他为宗子。五服之内，只能产生四个小宗。所以，按照周代宗法制度的规定，一个庶子，除尊奉一个大宗外，最多只能拥有四个小宗。大宗是世代不变的，小宗则随着血缘关系的逐渐疏远而不断更新。

关于西周宗法制度的适用范围，一种看法认为，宗法制度适用于自周王

---

① 《礼记·大传》，阮元校刻《十三经注疏》，中华书局1980年版。

至庶人的所有阶层。即，周王世代由嫡长子继承，其余庶子分封到各地建立诸侯国，两者相对而言，周王是大宗，诸侯是小宗。在诸侯国内，由嫡长子继承的国君是大宗，其余庶子被分封为卿大夫，相对于诸侯而言，则是小宗。卿大夫的家内，嫡长子是大宗，其余庶子则是小宗。对于非周王实封的旧方国以及庶人阶层，其内部也按照嫡长子继承的原则分别建立起大宗与小宗。另一种看法则认为，宗法制度仅仅适用于卿大夫及士这两个阶层。这是因为，周王、诸侯与其宗族成员的关系，已经不再是简单的宗族内部的血缘关系，而是政治等级严格的君臣关系。诸侯不敢以周王为宗子，卿大夫也不敢以诸侯为宗子，因此他们之间，不能再行宗法。至于庶人宗族内部，并无严格区分嫡长子与庶子之间等级的必要，所以他们也不行宗法①。

宗法制度是按照等级原则建立起来的一种宗族组织制度，是文明社会对于原始的氏族血缘组织关系的利用与改造。维护嫡长子的崇高地位，是西周王朝宗法制度得以创建的基础。通过在宗族内部区分出大宗与小宗以及对大宗宗子地位的维护，调和统治集团内部的矛盾，西周王朝有效地建立了强调等级秩序的政治体制。作为周人的一种创造，西周王朝的宗法制度，为古老的血缘组织关系在文明社会的进一步改造、利用和发展注入了新的活力。

三、分封制

分封也是西周王朝的一项重要政治制度。分封的基本内容，就是授民授疆土，就是周王将土地和人民分给诸侯，由后者在各地建立隶属于王朝的诸侯国，协助周王统治"天下"。

周代的分封，就其对象而言，可以区分出两种类型。

（1）对周以前各地原有方国进行的册封，在文献中称作"褒封"。《史记·周本纪》说武王克商之后，"追思先圣王，乃褒封神农之后于焦，黄帝之后于祝，帝尧之后于陈，大禹之后于杞"。又命商纣子武庚继续统治殷商遗民于部分商王畿地区。这种分封并不包含实际的授土授民，而只是对旧有政治势力在新兴王朝中的地位做重新认定。周王通过这种方式建立起庞大的王朝，当初夏、商王朝的建立也是如此。例如，禹曾在涂山大会诸侯，参加盟会的有"万国"；商汤克桀之后，也曾在亳大会诸侯，参加盟会的诸侯仍多

---

① 金景芳：《中国奴隶社会史》，上海人民出版社1983年版，第145～147页。

达三千。显然,在夏、商王朝的政治体系中,不可能没有这些曾参与会盟的"万国"或三千诸侯。

(2) 对周王子弟、同族、亲戚和功臣的分封,这是实封。《左传·昭公二十八年》说:"昔武王克商,光有天下。其兄弟之国者十有五人,姬姓之国者四十人。"《荀子·儒效》说:"周公……兼制天下,立七十一国,姬姓独居五十三人焉。"成王在位时,也曾分封自己的弟弟叔虞于唐。这种分封,要实际授予土地及人民,这些诸侯是一些新建的地方势力,他们与旧有的方国存在着较大差别。这种分封,是周王为加强对王朝疆域的控制而采取的政治措施,因而又被称作"封建亲戚,以蕃屏周"①。

在西周,不管是实封还是褒封,诸侯都是相对独立的地方政治实体。周王对各地封国的统治,要通过实际履行管理职责的诸侯来实现。因此西周只能是比较松散的统一王朝。

分封诸侯作为西周建立地方政权的一种政治制度,在其二百多年的统治期间一直不断推行着。直到西周晚期,周厉王的幼子友还被分封在郑(陕西华县),建立了郑国。但是,几次大规模的分封主要发生在周朝初期的武王及周公行政时期。

武王在位时期很短,摆在他面前的行政要务,是迅速确立周与各地方国之间的关系,建立新王朝的政治秩序。因此他的分封,首先是针对各地方势力进行册封,所谓神农、黄帝、帝尧、帝舜等先圣后裔及商纣之子武庚都属此列。

周公分封发生在东征之后。西周王朝的军事力量已经击败了东方反对势力的反抗,为了巩固成果,周公按照"非我族类,其心必异"的古老血亲政治原则,开始将王室子弟、克商功臣及姻亲旧友分封到各地去镇守。这一时期大规模的分封,主要有鲁、齐、燕、卫等等。他们被布局在中原的东部、北部及中部等具有战略意义的地区,为新王朝有效控制全局作出贡献。此期分封,也仍有对旧势力予以承认的内容,如周公诛灭武庚之后,将商纣王的哥哥微子启分封在宋(治河南商丘),由他继续以大家长的身份统领殷商旧族。

周人新封的诸侯,大部分都是文王、武王及周公的后裔。据《左传·僖公二十四年》记载,文王之后被封了16国,为管、蔡、郕、霍、鲁、卫、毛、聃、

---

① 《左传·僖公二十四年》。

郜、雍、曹、滕、毕、原、酆、郇等。武王之后被封了4国,为邗、晋、应、韩。周公之后有6国,分别是凡、蒋、邢、茅、胙、祭。

对于新封诸侯,除了授予土地及人民外,周还赏赐了大量的宝器和典籍图册等。伯禽封鲁①时所得到的赏赐就包括土地——少皞之墟,人民——商奄之民、殷民六族、土田陪敦,宗教人员——祝、宗、卜、史,典籍——备物典册,宝物——大路、大旗、夏后氏之璜、封父之繁弱、官司彝器等等。西周初年新分封的诸侯国,范围都是比较小的,《孟子·万章下》说:"公侯皆方百里,伯七十里,子男五十里。"

分封制度对诸侯与周王的臣属关系作了明确的规定:诸侯必须定期朝觐周王,向周王交纳贡赋;诸侯的军队要捍卫周王,如周王出征,诸侯要率军协助;诸侯征讨夷狄,归来要向周王举行"献俘"仪式;周王对于诸侯,则有很大的予夺权力。但是,终西周200余年,虽然出现过周王干预诸侯君位继承的事情,却始终没有发生过周王对畿外诸侯撤封之事。

西周分封的诸侯,内部存在着等级划分。《国语·周语上》将各地方国划分成甸服、侯服、宾服、要服和荒服5个等级,《楚语上》则说西周诸侯爵位为公、侯、伯、子、男五等。

由分封而奠定的周王与诸侯之间的关系,实际上构成了西周时期国家结构的基本内容。分封制度下的国家结构,就是将整个王朝分成由周王直接管理的王畿和由诸侯管理的畿外两大部分,周王借助于诸侯对畿外实现王朝的统治。这也是夏、商时期国家治理方式所具有的一种共性特征,如商朝的国家结构就包括"内服"和"外服"两大组成部分。周人的创造是在王畿以外分封了大量子弟、亲戚及功臣,由此加强了对畿外地区的实际控制。

四、国野体制

国野制度是西周时期区分征服族与被征服族、统治族与被统治族的一项制度。

原始社会末期,由于人口的增加和自然环境的变迁,部族的远地迁徙及相互征服开始出现,在商和周族的先公时期都曾发生过不止一次的大规模迁徙。这些远地迁徙来的客族,会与当地的原住民发生融合,但也会保持自己的文化传统和固有习俗。一旦这些远地迁徙来的部族进入文明社会,建

---

① 鲁是周公旦的封国,但周公一直在王朝任职,故实际就封的是其子伯禽。

立了都城，设置了官员，并对那些原住民构成发展上的优势，那么在他们看来，其与原住民的差别就演变成为"国"与"野"的区别。汉字的"国"，最早并非指国家，而是指国都、都城。所谓国、野区别，就是指都城与乡村的区别。由于统治族与被统治族分别住在都城与乡村，因此国、野区别，又包含了统治族与被统治族的区别，两者之间存在不同的政治、经济、军事及文化权利，这就是国野制度。

西周是上古国野制度取得重要发展的历史时期，这与它在全国范围推行分封制度密不可分。当众多周人的子弟、功臣、亲戚在其新征服地区建立诸侯国之后，就形成了普遍的征服族与被征服族、迁徙民与原住民之间的对立与差异。对于这些文化传统、生活习俗与自己差异很大的部族，西周推行不同的统治政策，并使国野制度在社会上恒定化、永久化。《周礼·冢宰》云："惟王建国，辨方正位，体国经野，以为民极。"这就是对国与野分而言之。

西周的国野制度也可以称作乡遂制度。"国"指都城及其近郊，都城主要居住着各级贵族及为他们服务的工商业者。近郊也称作乡，住着统治阶级的下层和本族的自由民。"国"及郊中的居民是迁徙来的征服族，统称为"国人"，享有一定的政治和经济权利，国之大事还往往要征询他们的意见。有时，甚至对国君的废立及高层政治斗争的胜负，国人的倾向还能左右形势。国人享有受教育的权利，同时也负有保卫国家的责任，需要服兵役和缴纳军赋，是周朝稳定统治的社会基础。国人的很多权利应是原始氏族民主制传统的遗存。

"野"是指近郊以外的广大农村乡野，也称作"遂"或"鄙"。这里居住着众多从事农业生产的平民，他们一般都是土著居民，被称作野人、庶人等等。野人是诸侯国内的被统治者，他们的主要责任就是向周王及诸侯提供劳动产品。所以《孟子·滕文公上》说："无君子莫治野人，无野人莫养君子。"与普通国人相比，野人则是二等国民，他们没有国人所具有的参政、当兵及受教育等各项权利，而受剥削和压迫的程度更甚。

五、官制、刑法与兵制

1. 西周的官制

在西周王朝的政权体制中，周王是最高统治者。周王之下，有执政卿士辅助周王处理军政大事，执政卿士一般为太宰，如周公就曾经在成王时期任职太宰。太宰与太师、太保合称为三公①。除三公外,西周中央机构还设置有六卿。

在执政卿士以下的办事机构中,以卿事寮与太史寮两大官署最为重要。在周王册封执政卿士的任命书中,往往就有将这两个"寮"一同册授的内容。有学者认为,卿士寮与太史寮分别代表了西周中央机构中的行政与文化两大职官系统②。实际上,除卿士与太史的办公地称"寮"之外,铭文中还记载有公族寮、作册寮等等。百官的官署,当时称作"百寮"。

"三有司"是西周中央机构中重要的行政官员,分别有司土(司徒)、司马和司工(司空),也称作三事大夫。司土负责管理土地、人口和农业耕籍等等,其下属官员有虞、场、林、牧、司王囿、奠人、邑人、官犬、里君等。司马负责军事事务,包括征收军赋、训练士兵、执行军法等,其下属官员中有走马、师、师氏、亚旅、司旗、司弓矢、虎臣等。司工负责王朝的工程建造。

祝、宗、卜、史等是负责宗教及文化类事务的官员。史官负责记录事件、制定历法、管理档案、祭祀占卜等,属于史职的官员有太史、内史、作册、作册尹、作命内史、作册内史、御史、中史、书史等等。祝官负责为王祝祷、祈禳等事务,一般称太祝和祝,或者按照所负责的区域而有专称,例如五邑祝等。卜官负责占卜、预测等事务,有太卜、卜、司卜等各种官称。宗官负责宗庙事务,有太宗、宗、宗人等不同称谓。

王室事务专设宰职来管理,宰下有小臣、小子、御正、守宫、保、内师、善夫、百工、司辅、妇氏、小射等,负责周王的起居、饮食、出行、保卫、教育、娱乐、田猎及日常所用器物的制造等事务。

其他还有一些官职,如公族管理周王宗族事务,司士负责监察百官,诸监负责监视各地诸侯,百生(姓)负责周王畿内的地方事务,司寇负责治安。

西周王朝中央的一些职官名称,往往被照搬到诸侯国或更低层级的行政区域中使用。例如,王朝的司土、司马、司工等三有司,不但诸侯国中设置,在一些卿大夫的采邑中也同样设置。他们虽然都称作三有司,但政治地位却有很大差别。西周的地方诸侯可以出任王朝的职务,如周初的召公虽然封国在燕,但他长期担任中央太保;滕侯也曾做过王朝的卜正。

周王任命官员,要举行册命仪式,金文中相当部分的内容是对官员的册

---

① 也有学者认为西周王朝的三公是指太师、太保、太傅。
② 杨宽:《西周中央政权机构剖析》,载《历史研究》1984年第1期。

命。西周的中央机构推行"世卿世禄"制，即某一官职世代都由同一家族的人担任，像祝、宗、卜、史等更是明文规定必须世代承袭。这是西周中央政权体制的一个重要特征。

2. 西周的刑法

中国古代的刑法起源很早，据说夏有《禹刑》，商有《汤刑》。西周王朝的刑法，在夏、商的基础上进一步发展。建国之初，周公就制定了具有法律意义的《誓命》；到周穆王时，又命甫侯制定了更加详尽的法典《吕刑》。西周的刑罚共分五大类，所以又称"五刑"，分别是墨刑、劓刑、剕刑、宫刑和大辟。墨刑是在脸上刺字，相关的条款有1000条。劓刑是割去犯人的鼻子，相关的条款有1000条。剕刑是砍断犯人的腿，相关的条款有500条。宫刑对男子是割去生殖器，对女子是幽闭，相关的条款有300条。大辟就是砍头，相关的条款有200条。《吕刑》还规定，犯了上述"五刑"的人，可分别通过交纳100锾、200锾、300锾、600锾及1000锾等不同数量的罚金而得到赦免。由此可见西周的刑法规定已经非常详细。

西周王朝负责刑法的官员为司寇。从铭文材料看，西周的司寇地位并不高，三有司中就没有它。司寇往往由其他官员兼任，如《扬簋》中的扬，就是在被任命为司工后，又兼任了司寇一职。从铭文看，西周的司法审理权不在司寇，而是由公卿负责。公卿们审理结案以后，则由三有司及一些史职人员来执行，这在西周时期的《五祀卫鼎》中就记载得非常清楚①。它反映出在西周时期，司法权还没有完全从行政权中分离出来。

3. 西周的兵制

西周王朝的中央军队有两支：一支称西六师，驻守镐京，负责首都的安全；一支称殷八师，驻守成周，有时又称为成周八师，负责镇抚广阔的中原地区，主要针对的是住在宋、卫一带的殷商遗民。这是西周王朝的主要军事力量。另外周王自己还掌握有一支随时听从调遣的禁卫部队，称作虎臣或虎贲氏。虎贲由王朝最精锐的士兵组成，武王克商时，三千虎贲就是周人在战场上的主力。据《师酉簋》及《询簋》等铭文记载，周代虎臣中包括有西门夷、秦夷、京夷等多种夷人，甚至还包括一些罪隶。这是由周王豢养的一支常备

---

① 《五祀卫鼎》记载的是卫和邦君厉之间的诉讼。负责审判与裁决的是邢伯、伯邑父、定伯等公卿大夫。在公卿们判决之后，具体的执行过程则由司土、司马、司工及内史友一同完成。

部队。

西周时期的诸侯都有自己的军队,他们也可以说是王朝的地方部队。需要时诸侯的军队要随周王出征。《国语·鲁语下》说:"天子作师,公帅之,以征不德。元侯作师,卿帅之,以承天子。诸侯有卿无军,帅教卫以赞元侯。自伯子男有大夫无卿,帅赋以从诸侯。"在这种体制下,周王能够调动并且指挥全国所有的军事力量。《禹鼎》记载噩侯驭方率东夷及南淮夷反叛,声势浩大。王朝在调遣西六师及殷八师征伐未果的情况下,又调动卫武公等诸侯的军队参战,才转败为胜。诸侯在本地区的征伐,要得到周王的授权。《礼记·王制》说:"诸侯赐弓矢,然后征;赐斧钺,然后杀。"西周初期,齐国就曾得到周王的册命,可以征讨"五侯九伯"。其得专权征伐的地区"东至于海,西至于河,南至于穆陵,北至于无棣"①。当然,在王朝自身实力下降的情况下,诸侯的军队也会转变为对抗周王的离心力量。

西周王朝实行的是战时为兵、平时为农的"兵农合一"体制。所有的国人,都有义务出征作战。为了提高战斗力,西周采取"三时务农而一时讲武"的军事训练方式,即在冬季农闲的时候集中对军队进行训练。另外,平时的田猎活动也是一种军事训练,《左传·隐公五年》说:"春蒐、夏苗、秋狝、冬狩,皆于农隙以讲事也。"

第五节 精神世界与社会生活

夏、商、周是中国古代传统文化的奠基期。这一时期出现的解释世界的阴阳五行模式、沟通神人的巫术宗教信仰以及大力提倡"礼乐"以严格政治等级和规范社会生活,对中华民族文化传统及其内在精神的形成与发展,都产生了广泛而深远的影响。

一、《周易》中的阴阳观念

1. 阴阳与《周易》

阴阳是中国上古哲学发展出来的一组概念,它风行精神领域数千年,已深深积淀并扎根在中国文化传统的最深层。中国古代思想家在阐述其宇宙论、世界观及方法论时,无一不把阴阳模式作为建构自己理论体系的基础。

---

① 《左传·僖公四年》。

中国古代科学技术的发展以及民众社会生活的展开，也都建立在阴阳观念所代表的对立统一关系的基础之上。

阴阳说的基本观点，是认为整个世界以及世界上的万事万物都是由阴与阳这两个对立的因素构成。事物内部阴、阳两种因素的关系，决定了事物自身的性质；而这两种因素的互动与消长，则又造成了事物性质的变化。显然，这是一种包含着朴素辩证法的思维方式。

阴阳说在《周易》一书中有充分的体现①。《周易》是中国上古的一部卜筮书，它解释卜筮所出现的各种卦象，都是按照阴阳观念所代表的对立统一关系来进行的。全书按照阴阳观念建构的解释体系，集中反映了西周时期辩证思想的精髓。

2. 经卦与别卦

《周易》中的所有卦象，都由两个最基本的卦划组成，它们就是"—"和"— —"分别被称作阳爻和阴爻。其中"—"代表着事物"阳"的属性，"— —"代表事物"阴"的属性。原始的八卦中，每一卦都包含有3道卦划，一共组成乾（☰）、坤（☷）、震（☳）、巽（☴）、坎（☵）、离（☲）、艮（☶）、兑（☱）八个卦象。八卦中，只有乾为纯阳，坤为纯阴，其余六卦都包含着阴与阳两种属性。八卦根据各自阴与阳的数量及组合结构的不同，分别具备了不同的性质。卜筮的人便根据这些不同属性的卦象，来指称世界上的万事万物。如天是纯阳之物，乾可代表天；地是纯阴之物，坤可代表地。春天来临，阳气初生，雷声出现，万物复苏。一阳在最底下表示阳气初生，二阴压在其上表示阴气还很强大，这样的卦象组成的震卦就可代表雷。秋天来临，阴气初生，寒风南下，万物消解。一阴在最底下表示阴气初生，二阳压其上表示阳气还很盛，这样的卦象组成的巽卦便可代表风②。八卦并不是代表8种事物，而是代表8种事物的属性，因此它们可以分别指称很多种事物。如震卦一阳在底，又可代表长男。巽卦一阴在底，又可代表长女。坎卦一阳居中，可代表中男，离卦一阴居中，可代表中女。艮卦一阳在上，可代表少男，兑卦一阴在上，可代表少女。这种对应关系，不一而足，它都是根据这些事物所具有的

---

① 现存《周易》一书实际包括两个组成部分，一为经，一为传。《经》的部分，应在西周早期即已成书。《传》的作者，古文献以为是孔子，但当代学者普遍认为应是战国时期的作品。

② 《周易·说卦》："动万物者，莫疾乎雷。桡万物者，莫疾乎风。"孔颖达疏："鼓动万物者莫疾乎震，震像雷也。桡散万物者莫疾乎巽，巽像风也。"

阴阳属性来决定的。这种对应并不能很科学地反映事物的本来属性,但它却十分形象地展示出,当时人们如何试图利用阴阳的对立统一关系,来建立有关整个宇宙的解释模式的基本方法。

由于八卦所能蕴含的阴阳关系过于简单,因此人们又将八卦依次相重叠,由此组成了六十四卦。这样,最初的八卦被称作经卦,而由上下两个经卦组成的卦则被称作别卦。别卦每个卦象都有 6 道卦划,也就是六爻。例如,屯卦(☳)就是由坎卦(☵)与震卦(☳)两个经卦相迭而成的。六十四卦可根据所由叠成的八个经卦之间的关系衍生出更多的象征意义。卜筮的人按照一定的程序先后计算出由六个爻符组成一卦,就可以根据所对应的卦象、卦辞与爻辞来判断吉凶了。

3. 《周易》的哲学思想

《周易》中包括了"物极必反"即事物的发展到了极点要向其相反的方向转化的思想。例如,乾卦的 6 个阳爻,从"初九"到"上九",是一个阳性不断增加的过程。它发展到"九五",是最佳的状态,所以称作"飞龙在天"。但是,进一步发展下去,到"上九"的时候,阳气太过,所以就被称作"亢龙有悔",事物开始向相反的方向转化。因此,《周易》主张采取"中行"的处世态度及行动方式,凡事都不要走到极端。

《周易》的六十四卦并不是无序的排列,而是一个有组织的序列结构。六十四卦中,《乾》、《坤》二卦居首,《既济》、《未济》二卦居末。乾坤代表天地,以这二卦居首,是对天地在整个世界中地位的肯定。因为天与地之间的相互运动,造就了世界上的万事万物,所以将它们列在首位。既济一卦表明从乾坤以来的变化与发展,到这一步已经完成,所以称作"既济"。但是,世界的变化不可能有最后的尽头,《周易》认为转化是一个不断地由新生事物代替旧事物的过程。所以《系辞上》说,"日新之谓盛德,生生之谓易";《系辞下》说,"天地之大德曰生"。所以《周易》再将未济放在既济的后面,表明新的一轮变化又从此开始。显然,这种将世界置于一个无穷无尽的变化过程当中的认识,具有很强的辩证法意义。

西周晚期,王朝的太史伯阳父曾用阴阳说解释地震的成因,认为由于阴气压迫阳气、阴阳二气失调才导致了地震的爆发。尽管他的说法在今天看来并不科学,但是阴阳说确实是当时人们认识世界、解释世界的一种基本思维模式。

二、五行体系与"和而不同"

1. 五行说的提出

五行说也是中国上古时期发展出来的重要的哲学观念。五行说与阴阳说一样,在构建中华民族宇宙解释体系时发挥着极其重要的作用。五行指金、木、水、火、土。五行的行,指的是类别,五行就是五类,因此也可以称作五材、五部等等。五行代表世界万物所具有的最基本的五种属性。从哲学史的角度来看,这是一种朴素的唯物论思想。

《尚书·洪范》是对五行思想进行较为系统地阐述的最早的文献。武王克商之后,箕子向武王陈述"洪范九畴",首先谈到的就是"五行"。五行的顺序是水、火、木、金、土,箕子对五行的基本属性做了系统说明:水的属性是"润下",火的属性是"炎上",木的属性是"曲直"(木可揉以为曲直),金的属性是"从革"(革是更换,指金可冶炼后改变形状),土的属性是"稼穑"。显然,这是非常直观与朴素的一种认识。《洪范》所描述的五行,除上述五种属性外,还与"五味"发生对应的关系:"润下作咸,炎上作苦,曲直作酸,从革作辛,稼穑作甘"。水为盐所由生,所以五味中对应咸。火烧则焦,焦为苦,因此火对应苦。草木之味多酸,因此木对应酸。金属之气近辛辣,因此金对应辛。土生五谷,五谷味甘甜,因此土对应甘。五行与五味的这种对应关系,反映的也是先民们对世界的一种直观认识和把握,并没有神秘的内容。在《洪范》体现的古代早期,人们还没有涉及五行之间的关系;到了战国时代,有关"五行相克"或"五行相生"的思想观念越来越系统化。

2. "和而不同"的思想

西周末年,太史伯阳父对幽王的残暴政治提出批评,同时对"同"(专)与"和"的关系进行论述,由此提出"和而不同"的主张。太史伯阳父将"和而不同"作为哲学命题,是建立在五行论基础之上的:"夫和实生物,同则不继。以他平他谓之和,故能丰长而物归之;若以同裨同,尽乃弃矣。故先王以土与金、木、水、火杂,以成百物。"① 太史伯阳父所说的"和",是指对于异者的吸纳与包容;它的反命题便是"同",指对异者的排斥。太史伯阳父认为,"和"是世界存在的根本依据,这就是他所说的"和实生物"。而"同"则将使世界走向灭亡,即所谓"以同裨同,尽乃弃矣"。最后,太史伯阳父指出,只有

---

① 《国语·郑语》。

五行相互结合,而不是一材独专,才能繁衍天地万物。"和而不同"后来发展成为中华民族最重要的哲学观念之一。

三、神灵信仰与宗教实践

1. 三代的神灵信仰

夏、商、周是中国早期宗教发展的重要时期。当时人们相信天地万物的背后,都有神灵在左右。这些神灵可以分成三大类。第一类是天神,包括天、昊天、上帝、帝、五帝、日、月、星辰、司命、司中、风师、雨师等。第二类是地祇,有地、社稷、四望、五祀、五岳、山林、川泽、四方百物等。第三类是人鬼,主要指死去的祖先,也包括一些传说中曾为人类作过重大贡献的人物。当时人们还认为,神灵与神灵之间,也像自然物与自然物之间(如风和雨、山和水)一样有着相互影响的关系,并结成为一个有机的整体。在人们所崇拜的各种神灵中,天或上帝居于首位,对世界发挥着决定性的作用。因为土地是人类生存最重要的物质基础,地神在人们的宗教信仰体系中也占有非常重要的地位。

当时人们相信,神灵拥有巨大的威力。如殷墟卜辞中的上帝,拥有最大的权威,是自然与人间的主宰,能够令雨、令风、令隮(jī)、降旱、降祸、降潦、降食、降若、授佑、授年、降咎、授予土地等等。上帝与人间的王一样,也有朝廷和臣正等众多官员为他办事。

祖先神灵在夏、商、周时期的宗教信仰中占有非常重要的位置。祖先崇拜是在灵魂不灭的思想基础上发展起来的,是人们普遍存在的一种宗教意识。从卜辞看,商人的先公先王死后升入天国,宾于帝所,已经完全天神化。他们接受人王的献祭,然后影响上帝,使人王得到好的收成及各种福佑,还能使人王免去各种灾难。不过,卜辞也反映,先公、先王、先妣及旧臣的神灵并不一定总站在子孙一边,有时也会为祟人间,因此商人经常占问祈请祖先免去祸祟。

2. 献牲和祭祀

祭祀是三代时期最重要的宗教活动。人们企望通过祭祀献享向神灵求得更多的福佑。

卜辞反映出商代的祭祀种类繁多,有报、登、肜、御、岁、品、燎、侑、灌、祈、禳、正、告、雩等数十种。在一年360多天中,商王几乎无日不举行祭祀。祭祀的对象包括天帝、祖先及各种自然神灵。祭祀的内容包括献黍、献酒、献米、献禽、献土特产、献牛羊猪以及献人牲等。祭祀的方式有登尝、燔燎、沉水、瘗埋、酹灌、祈祷、伐鼓、歌舞等。祭祀的目标包括报德、祈福、祈年、祈寿、禳灾、去病、驱傩、祈雨等。

商人举行祭祀,首先要通过占卜确定祭祀的对象、时间和具体方式,有时还要卜问是否由王亲自参加祭祀。卜辞的各种内容中卜祭占了很大比例。举行祭祀时,开始要将写有牺牲祭品的种类、数目和祭祀用意的典册贡献在神灵之前,然后举行杀伐献牲。商人贡献给神灵的牺牲品,主要是牛、羊、豕、犬等,还有大量的人牲。商人一次祭祀所用的牺牲,数量巨大,最多可以达到用牛千头。人牲则来源于不同的族属,其中羌族的人牲最多,一次所用最多可达到 1000 人。在祭祀过程中,主祭者要向神灵祷告,祈福禳灾。如果所求的事情应验,他还要再次举行献祭,向神灵表示感谢。在祭祀中,以乐致神很重要。商人认为神性同于人性,在鼓声、管声、磬声、钟声及众人的宏大舞蹈当中,愉悦的神灵才会降临人间。

在商人的各种祭祀中,用于祖先神的礼仪特别隆重和复杂,其中最典型就是周祭。周祭包括 5 种祭祀,祭完一周,约需 36 旬或 37 旬,正好是一年的长度。在周祭中,祭祀要在与先王、先妣的名号相一致的天干之日举行,如上甲的祭祀安排在甲日,报乙的祭祀安排在乙日,父丁的祭祀安排在丁日等等。

西周多神崇拜,对于天神、地祇及人鬼分别制定了不同的祭祀礼仪。在对天神的祭祀中,郊天之祭最为隆重,祭品要通过焚烧的方式(燔燎)使昊天上帝得以享受。由于祭天在郊外举行,所以称为郊祭。在地祇的各种祭仪中,对于土地之神——社神的祭祀最为隆重,往往采取坎掩祭品(瘗埋)的方式。对于人鬼的祭祀,以宗庙的祭仪最为隆重。祭祀祖先除在年终举行大规模合祭祖先的"祫祭"外,还要在春、夏、秋、冬四时祭享,分别叫祠、禴、尝、烝。

3. 三代的占卜

占卜也是三代时期宗教活动的重要内容。二里头文化遗址中出土有不少用猪、牛、羊的肩胛骨制成的卜骨,骨上还保留有烧灼过的痕迹,说明夏代就已经盛行占卜。但这时的卜骨多数未经钻凿修治,因此占卜活动还处在比较简单原始的阶段。

商代是占卜最为盛行的时期。据甲骨文的记载,商王上至国家大事,下至私人生活,包括祭祀、收成、征伐、天气、福祸、田猎、疾病以至于生育等等,几乎是无事不卜,都要向鬼神探问。占卜是商代社会生活的一个最重要组成部分。

商代甲骨占卜活动可以分成整治甲骨、占卜、刻辞及存储四个阶段。

(1)整治甲骨即是将龟甲及兽骨修整成比较规整的形状以备用。清洗之后,甲骨要在背面挖刻出窠槽,将来灼烤之后才能裂出比较规则的兆纹。背面的窠槽包括"凿"和"钻"两部分,一般是先用刀挖刻出椭圆形的长槽,称作凿;然后再在长槽侧边钻出圆形的槽,称作钻。但是,凿和钻都不能被挖透,这样甲骨就可以使用了。殷墟考古发掘中曾发现有放置龟甲、兽骨的龟室和窖穴,说明甲骨都是大批修治好后先存放起来,而不是使用时才去整治。

(2)占卜时,先由贞人(巫)将所问之事向神灵祷告,然后用契柱灼烤整治好的甲骨背面的窠槽。甲骨遇热不均而爆裂,其正面就会显出纵横交错的裂纹,这就是卜兆。占卜的人根据卜兆的粗细、长短、曲直、横斜、隐显等特征,以了解神灵的意志,判断吉凶。商代占卜,大多数由专职的贞人负责,商王自己也常常亲自向鬼神卜问。

(3)刻辞就是商王或贞人视察卜兆、确定吉凶祸福以后,要将占卜的时间、占卜者的名字、所占问事项、占卜的结果以及事后是否应验等情况刻在甲骨上,这就形成卜辞。甲骨卜辞都刻在兆纹的旁边,行文有一定的格式。一条完整的卜辞可以分成前辞、命辞、占辞和验辞四个部分。前辞记录占卜的时间及贞人的名字,也叫叙辞。命辞记载占卜者要向神卜问的事情。占辞记录兆纹所展示的占卜结果吉或凶。验辞则记录占卜所示兆象后来的应验情况。

(4)存储就是把占卜使用过的甲骨,用窖穴埋藏起来。近年来在小屯南地出土的甲骨,很多都是成坑发现的,数量很大,并且坑内其他遗物很少,这显然是一种有意识的储存。商人对甲骨的储存,与后世保存政府工作档案在性质上十分相近。

西周时期,占卜仍是一种十分重要的宗教活动。古公亶父迁居岐山下时,就曾用甲骨占卜的方法来决定城邑选址。周公营建成周,也在洛邑周围的几大河流之间进行很多占卜问神的活动。1977年,考古工作者在周原地区发现了甲骨片17000多枚,上面记载的内容从先周一直延续到早周时期,反映甲骨占卜在当时的兴盛局面。但西周对商宗教文化的损益使占卜方法改变,由龟卜过渡为筮占。现存最古老的筮占经典《周易》,据传就是周文王在被商纣王拘禁在羑里时,将伏羲八卦重迭为六十四卦而成的。西周的《史懋壶》铭文中,记载了周王命令史懋进行"露筮"的活动。所谓"露筮",就是将筮占所用的蓍草于头一天的夜间置于户外,接受所谓的"天气"之后,第二天再用它来进行筮占。

4. 巫术与禳灾

除了祭祀及占筮之外,巫禳活动在三代时期也非常流行。据《夏书》记载,夏代发生日食的时候,要举行击鼓等救日巫术。商代末年武乙无道,他缝制革囊,里面盛血,然后挂在高处用箭去射,称作射天,这也是一种巫术行为。

商代从事早期宗教事务的人,被称作巫。商代最著名的巫叫巫咸,曾做过太戊的宰相,拥有十分崇高的社会地位。不过在早期社会,除了宗教迷信之外,巫也掌握其他知识,因此可称作最早的学者。例如,巫咸精通天文历法,《史记·天官书》说:"昔之传天数者……殷商巫咸。"还精通医药知识,《山海经·大荒西经》记载他曾经在深山中采制药物,古人认为是他发明了医术,有"巫咸作医"①的说法。在文化尚未有不同领域的区隔,科技还没有取得独立地位的古代早期,从事文化创造的学者还只能寓于宗教活动中。西周时宗教职业有了更详细的分工,分别有祝、宗、卜、史、筮等不同称谓,他们在王朝中的地位也很高。

5. 商周尊神态度的变化

商人十分迷信,《礼记·表记》说:"殷人尊神,率民以事神,先鬼而后礼。"这一点在殷墟卜辞中就有充分的反映。周人的宗教态度没有商人那么狂热,有向理性化发展的趋向。

周人对神灵的态度具有两面性。例如周人克商之后,一方面向上天祈祷以取得新王朝的政治合法地位,另一方面又不断反省天命,发出"天命靡常"、"惟命不于常"的感慨,对天命表现出强烈的怀疑态度。所以《礼记·表记》说他们是"事鬼敬神而远之"。周人的宗教情感比较内敛而不像商人那么狂热,对待宗教表现出很强的功利性,利用神道来设教的思想非常突出。所以周人即使在宗教活动中也十分强调君臣上下的等级关系。

按照西周祭祀制度的规定,只有周王及获得特殊"恩准"的诸侯才能举行郊天的祭礼,而一般的诸侯则只能祭祀其封地内的社神、山川、四望,以及

---

① 《世本·作篇》,商务印书馆1957年版。

封地所对应的分野中的星辰。至于卿、大夫及士,他们所能祭祀的神灵就更少了。再如宗庙之祭,天子可以立七庙,诸侯可以立五庙,大夫可以立三庙,而士则只能立一庙。

四、周代的礼乐体制与社会生活

礼乐的发达是中国上古文明的一个重要特征,它贯穿于人们社会生活的各个方面。在三代,就单个贵族而言,从他的出生到死亡,其生命中的每一个重要环节,都有相应的礼仪与之相伴。对于国家政治及大众生活而言,礼更是渗透进每个领域的方方面面。例如,从军队出征到凯旋,从新王继位到册命官员,从诸侯朝觐天子到诸侯之间互相交往,从选拔人才到乡人聚会等等,都制定有相关的礼仪。又因为在举行礼仪的过程中,往往要演奏相关的音乐,并伴以一定的舞蹈,所以往往礼乐并称。

夏、商的礼乐制度,文献记载十分缺少,西周则有比较详细的陈述。按性质划分,西周的礼共有吉、凶、军、宾、嘉五类,其中比较重要的有冠、婚、丧、祭、射等礼仪。

1. 冠礼

冠礼是男子的成年礼,一般在 20 岁时举行,特殊情况下也有提前举行的。

冠礼是从筮占吉日开始的。确定了日期之后,冠者的父兄要邀请来宾作为这名青年成年的见证。冠礼中,一共要加冠三次,依次是爵弁、皮弁和玄端。这三种冠,分别是一名男子参加祭祀[1]、视朔[2]及朝会[3]所需佩戴的首服。经过三次加冠之后,这个男子就可以参与以上这些活动,因此也就表明他已经跨入了成年人的社会生活领域。三种冠都由请来的贵宾为青年加戴。加冠时,贵宾还要给予青年一番勉励和告诫。已经成年的男子,就不能再用幼时的名字,因此在冠礼中还有为他命"字"的礼仪。周代成年人的名字中,一般都要包括伯、仲、叔、季等字样来表示他在兄弟之中的长幼次序。排定了长幼顺序之后,这名男子在周人宗法社会中的地位也就确定了。

---

[1] 郑玄《仪礼·冠礼》"爵弁"注:"此与君祭之服。"

[2] 郑玄《仪礼·冠礼》"皮弁"注:"此与君视朔之服也。"视朔就是古代天子和诸侯在每月初一祭告于明堂和祖庙后的听政。也有学者认为,加皮弁表示该男子具备了参加军事活动的权利。

[3] 郑玄《仪礼·冠礼》"玄端"注:"此莫夕于朝之服。"

加冠之后,这名青年首先要与众兄弟相见,然后入内与母亲、姐妹等女性亲属相见。最后,他要带上挚见礼分别拜见国君、乡大夫及乡中的前辈。以此为界,他正式步入社会。

2. 婚礼

婚礼是一名男子和女子在其生命过程中的重要礼仪之一。西周时期的婚礼,有6个主要步骤,称作"六礼"。(1) 订婚,由男方用雁"纳采",表示一个家族正式向另外一个家族要求建立婚姻关系。(2) "问名",即纳采成功后,询问女子的私名。(3) "纳吉",即问名之后,男家占卜得吉兆,备礼(用雁)通知女家,决定双方缔结婚姻。(4) "纳徵",即男女双方缔婚之后,男家以聘礼送给女家。又称"纳币",币即俪皮和束帛等物。(5) 请期,即男方家族向女方家族请求确定婚礼举行的日期。(6) 亲迎,即举行婚礼。那一天的黄昏时刻,由新郎到女方家中去迎接新妇。新妇临出家门,母亲要对她进行告诫与勉励。新妇初入夫家,也有一系列的仪式,都是在当晚举行。次日,新妇要先与公婆行见面礼,然后再举行庙见仪式,拜见列祖列宗,表示正式加入这个新的家族。

3. 丧礼

丧礼在周代的各项礼制当中,仪式最为繁杂,这可能与当时人"慎终追远"的观念有关。《论语·学而》说:"慎终追远,民德归厚矣。"居丧一定要尽礼,可以使社会风气纯净。

在正式丧礼之前,死者家属要先举行招魂仪式,即拿着死者生前穿过的衣服,登上屋面呼唤死者的名字三次。招魂无效之后,才开始办丧事。参加丧礼的人,除死者的至亲、同宗族的兄弟及同乡之人以外,对于士阶层以上贵族的丧礼,周王或诸侯也要派人前来参加。死者的灵柩上摆放着写有死者姓名的"铭",这样死者的魂魄才能有所依托。

丧礼的主要仪式有小殓及大殓。小殓是为死者备衣物,大殓则是死者入棺。举行小殓与大殓,都有亲人的哭踊相伴,还要向死者进献食物,一如死者生时。对士大夫以上贵族阶层,周王或诸侯还要派史官赐给死者一个谥号(给予死者生前行迹的一个最终论定)和一段诔词(历述死者的主要生平事迹)。参加丧礼的人也都有财物奉赠。

4. 祭礼

祭礼属吉礼。祭祀是周代最重要的宗教行为之一,因此周人为祭祀制定了十分复杂的礼仪。周代祭礼根据所祭祀对象的不同而有不同的程序安排。

在所有的祭礼中,以郊天、社神之祭的政治意义最大,因而规格最高,仪式也最为隆重。在宗法色彩极其浓厚的周代社会,祖先之祭也占有极重要的地位。后代子孙聚在一起,通过对祖先的祭祀,能够对参祭者的亲缘关系不断予以确认,从而联络情感,巩固宗子集政治首长和宗法大家长于一身的统治地位。

在西周举行的祭祖礼仪中,有一个特殊的角色,就是祖先的替身"尸"。"尸"由活着的人担任,代表祖先参加整个祭享过程。男性祖先之"尸"在孙辈中挑选,女性祖先之"尸"则在孙辈之妻中挑选。祖先之祭的仪式是合族聚会的一种庆典活动,在祭祀过程中,尸代表"祖先"与参加祭享的宾客一同宴饮,并接受后代子孙的祷告和祈福。"祖先"醉饱之后,会对子孙主办祭祀的得体表示嘉奖,并宣布赐给子孙各种福佑。然后,在子孙们的一片颂祷声中,"祖先"又重新返回到神灵世界中去。

5. 射礼

射礼是一种军礼,是周代为选拔人才而制定的一种礼仪。《礼记·射义》说:"古者天子以射选诸侯、卿、大夫、士。射者,男子之事也,因而饰之以礼乐也。"

西周选拔人才的射礼,按规格的高低不同分别有乡射礼与大射礼两种。乡射由各乡的大夫和士在乡中举行,大射则由天子与诸侯会集臣下在太学里举行。射礼具有很强的军事训练性质,主要程序是三番射。在三番射的过程中,有专门的武职人员对参与射礼的人进行培训。参射者之间也进行比赛,赛后要对获胜者给予一定的奖励。射礼与上古经常借田猎来进行军事训练有关,是由这种军事训练发展而来的一种礼仪。西周时期,除乡射与大射之外,还有"燕射"、"宾射"等种种射礼,但它们主要是为了宴乐而举行的,实际意义不大。这反映出射礼在成为一种固定的礼仪之后,性质逐渐由尚武向尚文而发生的蜕变。

6. 周代礼制的意义

周代礼制的内容非常复杂,当时就已经号称是"经礼三百,曲礼三千"①。周代礼制有两个基本原则,一是"亲亲",一是"尊尊"。

"亲亲",就是亲其所亲,即礼仪活动要能达到团结宗族的目的。"亲亲"反映的是社会成员之间的血缘关系,表现出浓厚的宗族色彩。例如,在周人的生命历程中举行的各种礼仪,无论是出生礼,还是冠礼、婚礼、丧礼及对祖

---

① 《礼记·礼器》。

先的祭礼等等,都是由族群成员共同参加的宗族活动。在这些活动中,亲族关系得到了充分的尊重与体现。

"尊尊",就是尊其所尊,即礼仪活动要能达到巩固社会等级制度的目的。"尊尊"反映的是社会成员之间的政治关系,表现出强烈的等级意识。《左传·庄公十八年》说:"名位不同,礼亦异数。"就是说要根据政治地位的高低分别制定规格不同的礼仪。例如在丧礼中,对于王朝三公及诸侯一级贵族的赐谥读诔工作,由太史负责;而对卿大夫一级贵族的赐谥读诔工作,则由级别低于太史的小史负责。即使是亲族内部的礼仪活动,也按照亲疏关系的不同而划分出不同的等级。如在丧制中,关系最近的丧服最重,关系最远的丧服最轻。

周代的礼制生活只在特定的社会阶层中实行。《礼记·曲礼上》说:"礼不下庶人,刑不上大夫。"这说明礼在庶人以上的社会阶层中适用,而刑则在大夫以下的社会阶层中适用。礼和刑虽然内容不同,但都在维持社会秩序方面发挥着重要作用。

西周举行礼仪活动,对于其中的每一个细节往往都有明确的规定,这种具体的形式规定也被称作"仪"。同时,每一个细节又都有其固有的象征内容及实际意义,这就是"义"。"义"和"仪"是内容与形式的关系。西周晚期,一些贵族在行礼的过程中,只注意到"仪"是否中乎规矩,却把里面所包含的意义忘记,由此导致周代的礼乐制度走向衰落。

夏王朝世系表(公元前2070年~公元前1600年)

(1)禹——(2)启——(3)太康——(4)仲康——(5)相——(6)少康——(7)帝杼——(8)帝槐(芬)——(9)帝芒(荒)——(10)帝泄——(11)帝不降——(12)帝扃——(13)帝廑甲(厪)——(14)帝孔甲——(15)帝皋(昊)——(16)帝发(敬)——(17)帝履癸(桀)

商王朝世系表(公元前1600年~公元前1046年)

(1)太乙(汤)——(2)外丙——(3)仲壬——(4)太甲——(5)沃丁——(6)太庚——(7)小甲——(8)雍己——(9)太戊——(10)仲丁——(11)外壬——(12)河亶甲——(13)祖乙——(14)祖辛——(15)沃甲——(16)祖丁——(17)南庚——(18)阳甲——(19)盘庚——(20)小辛——(21)小

乙——(22)武丁——(23)祖庚——(24)祖甲——(25)廪辛——(26)康丁——(27)武乙——(28)文丁——(29)帝乙——(30)帝辛(纣)

据《夏商周断代工程1996～2000年阶段成果》,商代世系相关时间具列为：

(一)商代前期：公元前1600～前1300年。

(二)商代后期：盘庚(迁殷后)、小辛、小乙——前1300年～前1251年。

武丁——前1250年～前1192年。

祖庚、祖甲、廪辛、康丁——前1191年～前1148年。

武乙——前1147年～前1113年。

文丁——前1112年～前1102年。

帝乙——前1101年～前1076年。

帝辛——前1075年～前1046年。

西周世系表(公元前1046年～公元前771年)

(1)武王姬发(前1046～前1043)——(2)成王姬诵(前1043～前1021)——(3)康王姬钊(前1021～前996)——(4)昭王姬瑕(前996～前977)——(5)穆王姬满(前977～前922)——(6)恭王姬繄扈(前922～前900)——(7)懿王姬囏(前900——前892)——(8)孝王姬辟方(前892～前886)——(9)夷王姬燮(前886～前878)——(10)厉王姬胡(前878～前841)——共和行政(前841～前828)——(11)宣王姬静(前828～前782)——(12)幽王姬宫涅(前782～前771)

第三章 春秋战国

（公元前770年～公元前221年）

导　读

一、春秋战国时期的历史特点

春秋战国是中国古代社会结构急剧变革的转型期，在生产方式、社会组织形式、国家政治体制和军事制度、法律制度等各方面都发生了剧烈的变化。同时汹涌的人文社会思潮突破上古宗教神学的藩篱，形成了中国历史上最具勃勃生机的一场思想解放运动，文化上的学术争鸣，诸子并兴，中国历史在动荡、焦虑和期待中迎来了一个全球东、西方遥相呼应的"轴心时代"。

公元前770年周平王东迁以后，历史进入东周时期。依据东周历史演进的面貌，一般把东周时代划分为春秋和战国两个阶段：从公元前770年到公元前476年为春秋时期；从公元前475年到公元前221年为战国时期。

春秋战国时期的历史特点主要表现为以下几个方面。

（1）铁器牛耕在农业领域的广泛应用，引起了生产方式从集体耕种逐渐向个体经营的转变，乘风借势的私家（卿大夫）与公室（诸侯国君）之间的利益之争也加速了作为传统社会黏合剂的宗法体系的解体。社会分工的扩大和商品经济的活跃促进了人口的流动，造成原社会阶层之间相对凝固的等级关系的剧烈变动并日益复杂化。西周以来的国野分治制度以及宗法组织与政权组织合二为一的社会管理模式渐趋瓦解，代之以书社、州、乡、里等地域与行政统一的国家管理体制。

（2）大国争霸和兼并统一是最基本的显形特征。春秋是在"尊王攘夷"

旗号下的大国争霸,战国则表现为诸侯独立称王和兼并统一战争。这属于华夏文明圈的内部竞争,在此过程中伴随着华夏文明地域外缘的扩大和周边民族的内向运动。是文化而不是种族成为判断华、夷的标准,结果不但使华夏文化因相互杂融而激发了整体的内在创造力,而且也没有导致主体文明发展的中断和方向的偏失。

(3)面临着外部和内部的经常挑战,生死存亡的压力使得各国政权上层竞相变法图强,在战国成为历史的潮流。改革的基本精神是国家主义和功利主义的。改革的核心是鼓励耕战,富国强兵,增强国家实力,以削弱内部的分权势力,加强国家对社会和政治、经济、军事力量的控制。改革的路径是普遍通过成文法典的公布来确认改革成果,直接体现国家权力的统一。改革在政治制度层面的最大成果是新型国家体制的初步形成,为秦汉时期专制主义中央集权制度的确立创造了条件。新型体制,使划分社会阶层等级高下的标准从依据血缘裙带和家族地位转变为对集权国家的贡献,即"功劳",从而增强了社会结构的流动性和活力。

(4)西周的官学体系逐渐瓦解,以周礼为核心价值的意识形态"礼坏乐崩",文士阶层空前活跃,从而在思想文化领域掀起了一场自由争鸣运动。诸子以原有精神文化资源为基础,以整合、创新和变通为价值取向,以人文关怀、国家前途和政治谋略为思辨对象,著书立说,畅所欲言,开创了一个流派纷呈的"百家争鸣"局面。诸子中影响最大的是儒、道、法三家。以孔子为代表的早期儒家学说以挖掘和弘扬古代人文主义和礼制文化为核心,强调社会精英的道德价值,对现实社会和人的命运赋予深切关怀。道家学说是对自然充满睿智的体悟,认为人的本质从属于自然本质,人的行为和国家政治也应当取法于自然的规律。法家学说是一种实践性极强的国家政治哲学和谋略体系,是应对外部竞争和内部集权的需要而创立的一种实用主义哲学。它主要关注君主权力的运作和国家政令的畅达,通过严明的法律和赏罚手段加以保证,也强调非伦理化的权谋艺术的实用价值。

二、传世文献和考古资料

春秋战国距今久远,传世文献较少,而且真伪难辨,初学者掌握起来有一定难度。然而自19世纪末叶以来考古资料的增多,在很大程度上弥补了文献记载的不足。

主要的传世文献,史部有《左传》、《国语》、《战国策》、《竹书记年》、《世本》等，经部有《诗经》、《周礼》、《仪礼》、《礼记》等，子部有《论语》、《孟子》、《荀子》、《墨子》、《老子》、《庄子》、《管子》、《商君书》、《韩非子》、《吕氏春秋》等。其中，《诗经》、《左传》和"三礼"以及诸子，本章有专门介绍，此从略。

《国语》是一部国别体史书，相传为左丘明所作。经西汉刘向考订，全书共21篇，7万余字。记事上起周穆王征伐犬戎，下至晋国韩、赵、魏三家灭智伯，主要记载了春秋时期东周与鲁、齐、晋、郑、楚、吴、越等国的历史。其特点是详于记言，略于记事，诸国并述，独详晋史。本书内容比较丰富，是研究春秋历史的重要典籍。注本有三国韦昭的《国语解》，清代洪亮吉的《国语韦解注疏》，近人徐元诰的《国语集解》等，今通行本为上海古籍出版社的《国语》点校本。

《战国策》是战国游士的说辞书信等的汇编，或称《国策》、《国事》、《短长》、《事语》等。西汉末年刘向整理图书时，把不同传本的著述合编为一书，定名为《战国策》。该书以国分类，各自成策，分为西周、东周、秦、齐、楚、赵、魏、韩、燕、宋、卫、中山等12策，每策若干篇，每篇若干章，记录了战国时期各国的政治、军事和外交情况，是研究战国历史的基本史料。但由于它原来为游说之士学习和模仿之用，所以有些篇章不免夸张失实，甚至假托。刘向编定《战国策》后，东汉高诱曾为之作注。上海古籍出版社的汇注本是目前较好的点校本。

1973年长沙马王堆汉墓帛书中，有与《战国策》内容相似的战国纵横家作品，计有27章17000字，帛书整理小组将之定名为《战国纵横家书》，可以订正和补充《战国策》的讹误与不足。

《竹书纪年》是西晋初年出土的一部战国时期魏国编纂的史书。记事起自夏禹（或说黄帝），下至战国魏襄王二十年（前299）。《竹书纪年》在战国年代的记载上胜过《史记》，清代以后很多学者利用它来重新排比战国年表，纠正了《史记·六国年表》的许多错误。《竹书纪年》虽然有很高的史料价值，但由于一些记载与传统说法不合，因而遭到世人的排斥和诋毁，以至散佚于宋代之前。宋元以来流传的2卷本《竹书纪年》（《今本竹书纪年》）是后人杂缀佚文而成。晚清开始，有些学者直接从南北朝至北宋的一些古书的注释和类书中辑录佚文，成《古本竹书纪年》，著名的有清代朱右曾的《汲冢纪年存真》，近代王国维的《古本竹书纪年辑校》，现代方诗铭、王修龄的《古本竹书纪年辑证》等。

《世本》是一部记载帝王世系的史书，一般认为成书于战国末年。在体裁和内容上包括帝系、本纪、世家、传，还有谱和氏姓等，西汉末年刘向将之校定为15篇，著录于《汉书·艺文志》，东汉时宋衷为之作注。宋代以后原书和注本先后亡佚，清代学者作《世本》的辑佚本，现存7家。商务印书馆把7家《世本》和王梓材的《世本集览》合印到一起，称《世本八种》，很便于阅读。

《商君书》是战国法家学派的代表性著作，原有29篇，现存24篇，旧题商鞅撰，实际是其秦国后学所编集。书中既记有商鞅言行，也是秦国自商鞅变法后长期法制实践的经验总结。今人注本有高亨的《商君书译注》和蒋礼鸿的《商君书锥指》等。

《吕氏春秋》是战国末年秦相吕不韦集合门客共同编写的一部大著述。该书汇集先秦各家学说，并引征许多古史旧闻以及天文、历法等方面的材料，被《汉书·艺文志》列入杂家。它在思想内容上虽以道家为主，但又兼采儒、墨、名、法，而且还保存了古代农家的言论，是研究古代历史和学术思想的重要文献。东汉高诱为之作注，今人陈奇猷著有《吕氏春秋校释》。

涉及春秋战国历史的出土资料，主要有侯马盟书、银雀山简牍和郭店楚简等。

1965年在山西发掘出土的侯马盟书，共有5000多件，有文字可辨识的约650件。据学者研究，盟书是参盟者彼此取信的文献，亦称"载书"，写于玉石片上。盟辞多者百余字，少者几十字，内容涉及以赵氏为中心的晋国四卿灭范氏、中行氏的战争，主盟者是晋国的执政卿赵鞅。这批盟书的出土，对研究晋国晚期的历史提供了极其珍贵的实物资料。

1972年在山东临沂银雀山西汉初期墓葬中出土的汉简，内容包括《孙子兵法》、《孙膑兵法》、《尉缭子》、《晏子》、《六韬》、《守法守令等十三篇》等，对研究春秋战国时期的政治、军事、思想、经济等方面都提供了珍贵的资料。

1993年在湖北荆门郭店战国中晚期1号楚墓出土大批简牍，一般认为墓主人是楚国太子的老师。简牍内容既有道家文献，也有儒家著述；既有与传世文献重合的篇目，可供今人比勘，也有过去从不见记载的东西。如《老子》甲、乙、丙三种，专篇《缁衣》、《五行》、《忠信之道》、《性自命出》等，它不仅对研究楚国的历史文化有价值，而且对研究先秦时期的学术思想和文献传承也意义重大。

三、对春秋战国史的研究

对春秋战国史的研究从西汉就已经开始。司马迁《史记》所记载的春秋战国史，就是利用国家收藏的文献档案和民间的口述历史结合编写而成。西晋皇甫谧《帝王世纪》所述秦以前的史事，博采经传杂书，可补《史记》之缺。宋吕祖谦的《大事记》，据《史记》年表加以扩充，改写成编年大事记，上起周敬王，下迄汉武帝，每条下都注明出处，也偶有宋以后失传的史料。明董说编《七国考》，搜集战国时七国制度，按会要体例编纂，分职官、食货、都邑、器服、兵制、刑法、音乐等14门，间有不少春秋时事。清马骕的《绎史》有70卷写春秋史、50卷写战国史，内容涉及政治、经济、学术三个方面。姚际恒的《古今伪书考》，对先秦以来的史料作了专门考辨，对后世影响较大。顾栋高的《春秋大事表》，很便于查找春秋时期的各项史料，对学习和研究春秋史颇有帮助。

"五四"以后，受西方思潮影响，史学界兴起疑古思潮，出现了以《古史辨》为中心的古史大讨论。《古史辨》是以疑古思想为核心而编著的考辨古史真伪的论文总集，自1920年至1941年先后出版7册，每册围绕几个议题展开讨论。《古史辨》的编著由顾颉刚发起，经常参加讨论的学者主要有钱玄同、童书业、罗根泽、杨向奎、杨宽等。他们把先秦至两汉古书上记载的有关古史作了系统分析，认为多是由神话传说发展而来，即顾颉刚提出的"层累地造成的古史"的观点。在这场讨论中，涉及春秋战国史的议题有先秦诸子、《周易》、《诗经》的原貌，战国秦汉人的造伪与辨伪，阴阳五行的起源及其与古帝王系统的关系等。与此同时，罗振玉、王国维、徐中舒、陈梦家等学者则利用甲骨文、金文以及简牍资料同传世古籍相印证，开始了古史的重建工作。王国维在《古史新证》中提出了著名的"二重证据法"，即认为要系统整理中国古史资料，必须取纸上材料与地下材料互证，这就为上古史的研究开辟了一条新途径。

马克思主义史学思想传入中国后，唯物史观推动中国古史研究进入到一个崭新阶段。郭沫若、吕振羽、范文澜、翦伯赞、侯外庐等学者纷纷投入中国古代社会性质和中国社会史的论战中来，写出了一大批代表性著作，如郭沫若《十批判书》、范文澜《中国通史简编》、翦伯赞《中国史纲》、侯外庐《中国古代社会史》等，都对春秋战国的历史提出了许多新的研究视角和看法。断代史著作则有童书业的《春秋史》、杨宽的《战国史》、马非百的《秦集史》、李学勤的《东周与秦代文明》等。春秋战国史的专题研究，主要围绕诸侯国的都城调查、战国授田制度、铁制农具的使用、晋作爰田问题、楚国官制问题、东周货币、古玺研究、侯马盟书研究等问题展开。

近年来，随着考古资料的大量发现，特别是郭店楚简和上海博物馆藏战国楚简的公布，形成地域文化研究的热潮，简帛本先秦诸子思想的研究也方兴未艾。

许多长期困扰史学界的疑难问题，既与指导研究的理论有关，也和史料的缺失有关，这在研究春秋战国史方面表现得尤其明显。随着思想解放的持续深入和考古成果的不断涌现，许多问题都有望通过学术界的讨论得到解决。

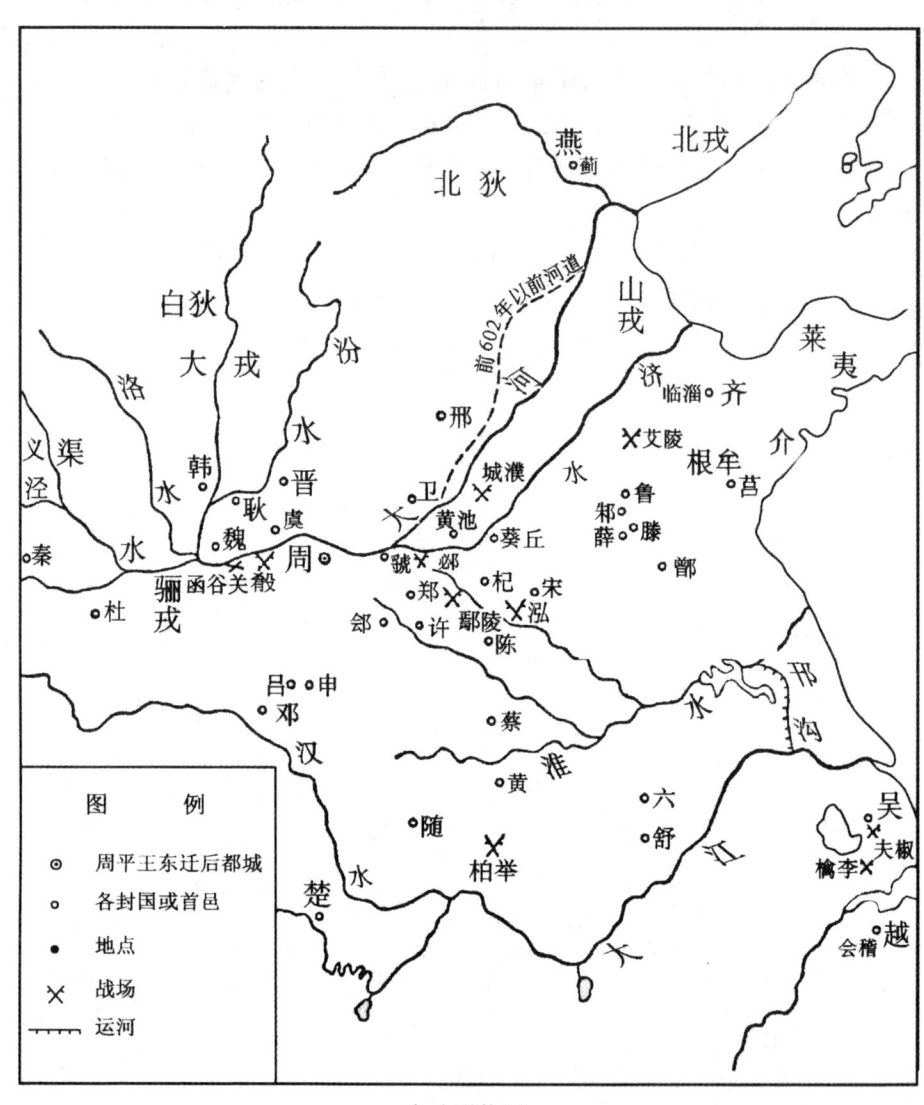

春秋形势图

(本章地图转引自复旦大学出版社《中国通史教程》)

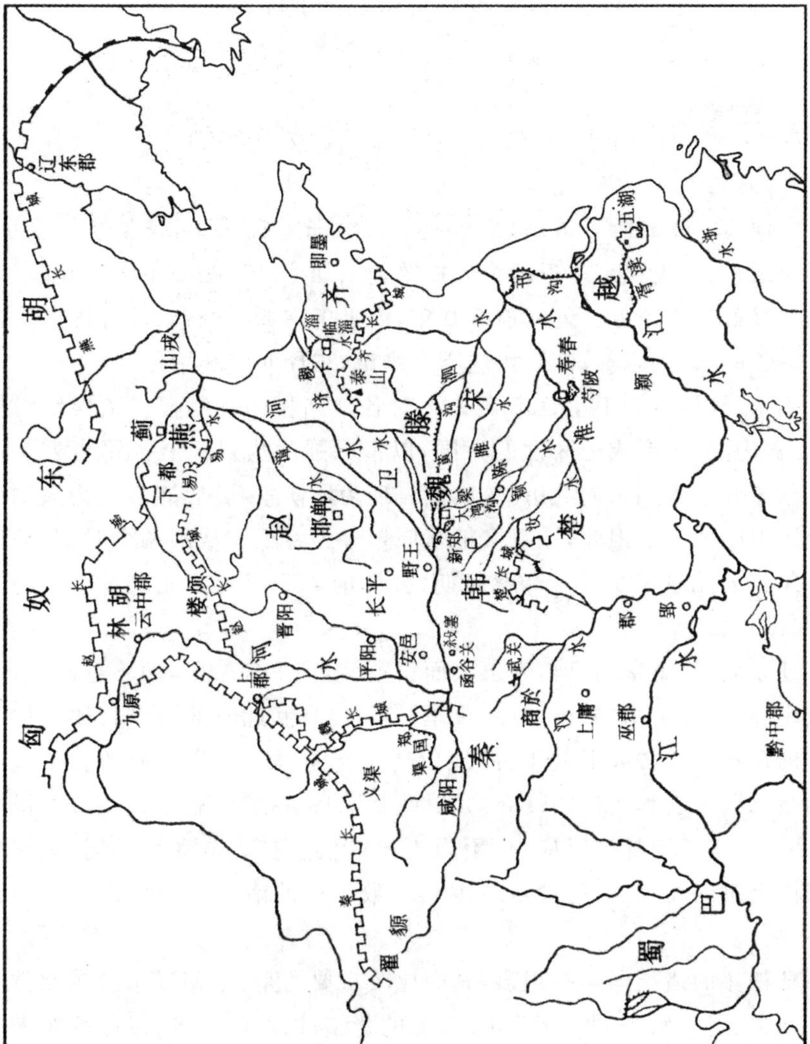
匈奴
东胡
林胡
楼烦
山戎
燕
赵
齐
魏
韩
秦
楚
越
宋
卫
滕
巴
蜀
辽东郡
蓟
下都
云中郡
九原
上郡
晋阳
邯郸
长平
野王
安邑
平阳
函谷关
武关
新郑
大梁
陈
临淄
即墨
泰山
寿春
郢
商於
上庸
巫郡
黔中郡
义渠
咸阳
五湖
河水
江水
淮
颍
泗
汉
汝
济

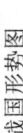

战国形势图

第一节　春秋时期的霸政

一、诸侯争霸

1. 平王东迁和王室衰微

公元前771年周幽王被杀,诸侯共立废太子宜臼为王,这就是周平王。平王即位之初,宗周镐京附近因为犬戎的烧杀劫掠已经残破不堪,而辅翼王室的诸侯又都位于东方。公元前770年,周平王在晋、郑、秦、申等国诸侯的支持下,把都城迁到东都洛阳,西周历史结束,东周时代开始。

平王东迁以后,周王室逐渐丧失了对各地诸侯的控制权。诸侯纷纷僭越礼制,自为法令,形成地区性的大国,以富国强兵为目标展开军事外交活动和争霸兼并战争。东周的历史,前期表现为诸侯争霸,后期表现为大国兼并和全国走向统一。因此,一般又把东周划分为春秋和战国两个时期:公元前770年到公元前476年为春秋时期,公元前475年到公元前221年为战国时期。①

东迁以后,周王室的直辖领土大面积萎缩,东不到荥阳,西不过潼关,南不越汝水,北不过沁水,号称"方六百里"②。但它和此时的诸侯相比仍然具有一定的优势,所以"天下共主"的地位还不至于马上丧失。但随着王室疆土不断被赏赐出去和诸侯的侵夺,其财政状况日益拮据,就连祭祀、庆赏、丧葬、嫁娶等正常费用都难以应付,不得不向诸侯告贷。至春秋后期,王室只拥有洛阳周围的几个县,与疆域范围动辄数千里的诸侯大国相比就更显得虚弱不堪。

春秋初年的诸侯国还有很多,其中比较重要的是:王朝以东及东北方向的郑、宋、曹、卫、鲁、齐、邢、燕等国;以北的晋国;以西的秦国;以南及东南的许、蔡、陈、楚等国。此外,在今江浙一带有吴、越二国;今四川东部还存在一个古蜀国。而在华夏诸国的内部和周围则分布着众多的互不统属的蛮夷戎

---

① 需要注意的是,战国时期的历史已经超出了周王朝存在的时间范围。公元前314年,东周王朝分裂,形成东周国和西周国。公元前256年周赧王卒,西周国灭亡。公元前249年秦灭东周国,东周王朝的全部土地被并入秦国。

② 古代计量面积之"方",指长和宽各多少里,不是今天的平方里。

狄民族。由于这些少数民族的社会文明程度远远低于中原诸侯,因此为齐、晋、秦、楚等大国的发展提供了相对广阔的空间,使之能先后壮大并且称霸中原。

东迁后,周王室无力约束诸侯。各国不仅不向周天子纳贡、朝觐、述职,相反周王却要在政治、经济各方面依赖强国,包括让诸侯解决王室的内部纷争,西周以来"礼乐征伐自天子出"的社会政治秩序遭到破坏。由此,一些强大的诸侯国为了能够获取更多的物资和人力资源,以在政治生活中占据主导地位,开始了十分激烈的争霸战争,从而使"争霸"成为这一时期最引人注目的社会现象。

2. 周郑交质和周郑交恶

春秋初年,晋国由于内乱而无暇外顾,郑武公因护送平王东迁有功而与王室关系密切,他和儿子郑庄公相继在王室做执政的卿士。郑武公死后,周平王不满于郑国长期把持王室大权,想起用虢公为卿士牵制郑庄公,但因庄公的反对只得作罢。平王为取信于郑国还与郑庄公交换太子为人质,史称"周郑交质"。

平王死后,继位的周桓王任命虢公为王室的右卿士,使其实际执掌王室大权。开始还以郑庄公为左卿士,不久又罢免了他的职务。郑庄公无视周代礼制,竟派人把周属地温和成周的庄稼收割走,而且不去朝见周桓王,史称"周郑交恶"。

周桓王十三年(前707),周桓王率领王室及陈、蔡、卫等国的军队讨伐郑国,郑庄公派兵迎战,双方在郑国的繻葛(河南长葛)发生激烈冲突。郑军"射王中肩",桓王被迫率军撤退。尽管此战规模不大,但影响深远,从此周王室的军队不再有独立对诸侯进行征讨的能力,周天子威风扫地。西周时诸侯定期向王室述职纳贡的制度也由此荒废,诸侯国不再遵守礼法,甚至连原来的模范国家鲁也不再按制行事。顾栋高在《春秋大事表·春秋宾礼表叙》中概括说:"春秋之世,鲁之朝王者二,如京师者一,而如齐至十有一,如晋至二十";"鲁大夫聘周者仅四,其聘齐至十有六,聘晋至二十四"。

3. 管仲改革和齐桓公首霸

春秋时期,率先建立诸侯霸业的是齐桓公。齐国早在西周时期就是东方大国,它的势力范围"东至于海,西至于河,南至于穆陵,北至于无棣"。其地域东临大海,有渔盐之利,而且工商业发达,财力十分雄厚。齐襄公在位期间(前697～前686),对外连年用兵,对内滥杀无辜,齐国诸公子为躲避虐政纷纷出逃,如公子纠奔鲁,公子小白奔莒。不久,襄公被杀,齐国内乱,齐公族国、高二氏召小白回国继承君统,鲁国也送公子纠回国抢位。小白在谋臣鲍叔牙的帮助下率先入齐即位,是为齐桓公(前685~前643年在位)。齐桓公即位后,听从鲍叔牙的举荐,任命管仲为相,对齐国内政进行一系列改革。

据《国语·齐语》载,管仲辅佐桓公实行的内政改革主要有三项内容。

(1)实行"相地而衰征"的税制改革。即根据耕地土质的好坏和产量的多少,将田地分成若干等级,然后按照等级的高低征收数量不等的田税。同时设官管理山林川泽资源,铸造统一货币,免除关市之税,促进经济发展。

(2)整顿行政管理系统,"叁其国而伍其鄙"。所谓"叁其国"就是将国人居住的地方划分成三个部分进行管理,使国中的士、农、工、商等"四民"各有定居,不得杂处,不得随意迁徙和转变职业。所谓"伍其鄙"就是将国家控制的"野"划分为五个"属",分设五属大夫进行统领,属下设县、乡、卒、邑四级行政单位,分别设立县帅、乡帅、卒帅、司官进行管理。"伍其鄙"的推行,使齐国的行政体制深入到原来管理相对松散的"野"、"遂"、"鄙"地区,对稳定社会秩序,增强国家的经济和军事实力起到了巨大作用。

(3)加强军事力量,"作内政而寄军令"。当时齐国的国中共有21乡,其中工商之乡有6个,"工商食官",不用当兵。士农之乡有15个,这一措施就是把士农之乡的百姓组织起来,五家为轨,十轨为里,四里为连,十连为乡;分设轨长、有司、连长、良人。每家出一人当兵,一里50人为小戎,里有司为帅;一连200人为卒,连长为帅;一乡2000人为旅,乡良人为帅;五乡10000人为军,15乡共组成三军,由齐国君和上卿国、高二氏各率一军。这项措施就是把士农之乡的行政组织和军事编制结合起来,把日常管理和军事训练结合起来,利用农闲训练农民,故称"作内政而寄军令"。

改革使齐国的国力更加强大,齐桓公借此展开谋取霸业的军事和外交活动。

公元前681年,齐国邀集宋、陈、蔡、邾等国在齐地北杏(山东东阿)会盟,为宋国平定内乱。"北杏之会"是春秋时期霸主会盟诸侯的开始。公元前679年,齐桓公又和宋、陈、卫、郑等会于甄(山东鄄城北),齐桓公始霸中原。中原诸侯的互相攻伐招致戎狄的侵扰。公元前664年,山戎侵燕,齐桓公率军北伐山戎,保卫燕国。狄人进攻邢国(河北邢台),齐桓公率军救邢,并在夷仪(山东聊城)另筑新城安置邢人。公元前660年,狄人攻占卫国,杀卫懿公,卫人弃城而逃。齐桓公率军击退狄人,在楚丘(河南滑县)筑城,使卫国得以幸存。齐桓公这些"攘夷"救危的行为,使他赢得中小诸侯的拥戴,确立了他的中原领袖地位。

同时南方楚国的实力也在不断壮大,并在兼并了许多西周分封在汉水一带的诸侯之后,不断向北方拓展,威胁到中原诸侯的安全。公元前656年,齐桓公率领齐、宋、郑、卫、陈、许、曹诸国军队伐楚,经过军事威慑和外交交涉,迫使楚国参加召陵(河南郾城)会盟,承认周王室的天下共主地位,暂时遏制了楚国北进的势头。齐桓公在召陵的"尊王"之举,进一步巩固了他的霸主地位。

公元前651年,齐桓公在葵丘(河南兰考东)大会诸侯,与会的有齐、鲁、宋、卫、郑、许、曹等国,周襄王派周公宰我参加。会上各诸侯订立盟约,宣布"凡我同盟之人,既盟之后,言归于好"①。盟约的基本精神是维护各封国的内部秩序和外部的政治关系、经济联系②,以保卫中原文化。"葵丘之会"标志着齐桓公的霸业达到了顶峰。公元前643年,齐桓公死。由于桓公生前"多内宠",他死后导致五公子争立的局面,内政混乱,国力削弱,齐国的霸业很快瓦解。

4. 宋襄公谋霸的失败

齐桓公死后,宋襄公想乘机成为新的霸主。宋是殷商遗民建立的国家,春秋时期其疆域主要在今河南、山东、安徽三省交界的地方,战略地位十分重要,但也是无险可守的"四战之地"。齐国内乱,宋襄公率诸侯帮助齐桓公的太子昭击败其他公子,继承了君位。宋襄公俨然以新霸主自居。但中原诸侯并不把他放在眼里。公元前641年,鲁、陈、蔡、楚、郑、齐等国在齐国会盟,"修桓公之好",却把宋国排除在外。公元前638年,宋襄公联合卫、许、滕等国讨伐亲楚的郑国,楚国应郑国请求出兵援助。宋楚两军在泓水相遇,宋襄公坚持"古之为军也,不以阻隘"和"不鼓不成列"的作战方针,待楚军渡过泓水摆好阵势后才发动攻击,结果被打得大败。宋襄公大腿在作战中受了箭伤,不久去世。宋襄公志大才疏,不辨形势,谋霸失败,使中原诸侯纷

---

① 《左传·僖公九年》,杨伯峻注本,中华书局1981年版。
② 《孟子·告子下》记载葵丘盟约的内容共五条:"初命曰,诛不孝,无易树子,无以妾为妻。再命曰,尊贤育才,以彰有德。三命曰,敬老慈幼,无忘宾旅。四命曰,士无世官,官事无摄,取士必得,无专杀大夫。五命曰,无曲防,无遏籴,无有封而不告。"

倒向楚国,楚国势力进一步坐大。

5. 城濮之战与晋文公称霸

继齐桓公之后建立霸业的是晋文公。晋是周成王弟叔虞的封国,位于今山西南部汾水、浍水一带,方圆不过百里,国力有限。公元前679年,晋公族曲沃君武公用军事手段夺取晋国的政权,通过贿赂周室得到册封,以小宗取代大宗成为晋君。晋献公时期,晋国兼并了数十个小国和戎狄部落,疆域扩展到整个汾水流域,并跨过黄河伸展到今河南西部。但晋献公晚年昏聩,宠幸骊戎女子骊姬。骊姬勾结献公宠臣梁五等人,逼死太子申生,逼走公子重耳和夷吾,立自己亲生的儿子奚齐为太子,从而引发了晋统治集团内部长期的权力争斗。晋献公死后,惠公、怀公相继代立,内乱不断。直到公元前636年,在外流亡19年的公子重耳在秦穆公护送下,回国夺取君位,晋国才稳定下来。

晋文公在外备尝"险阻艰难",积累了丰富的政治经验,长期追随他的赵衰、狐偃等人也都是治国的良才。晋文公即位的次年,周王室发生王子叔带之乱,周襄王出逃避难。晋文公出兵杀王子叔带,护送襄王回国,他因此得到周王的信任,也在诸侯中树立了威信。晋文公励精图治,在经济上减轻赋税,发展农业,繁荣商业;在政治上缓和统治集团内部矛盾,稳定统治;在军事上"作三军",举行"被庐大蒐",扩充兵员,使晋国跻身于军事大国的行列。

此时,南方的楚国也正在全力北进。宋楚泓水之战后,中原诸侯纷纷倒向楚国,宋、鲁、曹、卫等先后与之订立盟约。但楚国毕竟长期被鄙视排斥为"蛮夷",随着晋国力量的强大,一些诸侯又纷纷背楚向晋,如宋国。公元前633年冬,楚国联合陈、蔡、郑、许等国围攻宋国,宋向晋求援,于是晋文公联合齐、秦等盟国共同迎击楚军。他们采取诱敌深入的战法,主动退避三舍(90里),引诱楚军北进。公元前632年4月,晋、楚两军在城濮(河南范县临濮集)决战。楚军将骄兵疲,左、右两翼先后溃败,楚军统帅子玉急忙收兵,使楚国中军仅得保全。

城濮之战后,晋文公在践土(河南原阳西南)大会诸侯,与会的有鲁、宋、齐、蔡、郑、卫等国,周襄王也应召参加,并册封晋文公为侯伯,正式确立了晋国的霸主地位。公元前628年,晋文公去世,继任的晋襄公勤于国政,继续晋国的霸业,此后80多年间,晋国一直是诸侯中最为强大的国家。

6. 崤之战与秦穆公独霸西戎

西部的秦国为嬴姓,立国较晚。平王东迁时,秦襄公护送有功,由西垂大夫被晋升为诸侯,赐予被戎狄占领的西周故地,令秦人自取之。这虽然不是实封,但给予秦国在西部发展的合法性和空间。从此,秦国得以跻身于诸侯,与中原行通使聘享之礼。秦人征服戎狄,占有了关中的西周故地,到秦穆公时期(前659～前621),秦国已经成为一个大国,农业生产获得很大发展,曾经借粮给遭遇饥荒的晋国,"以船漕车转,自雍相望至绛"①,史称"泛舟之役"。秦的青铜制造业同样发展迅速,与东方的齐国和南方的楚国形成鼎足之势。秦穆公知人善举,十分重视引进他国人才,比较著名的有百里奚、蹇叔、由余等人。

正当秦国积极谋求向东方发展的时候,却遇到了晋国的阻挡。公元前627年,秦穆公远征郑国,秦军在进军途中得知郑国已有防范,只好班师。但当秦军归途路过崤山谷地(河南渑池西)时,遭到晋军和姜戎的伏击,全军覆没,三员主将被俘,是为崤之战。此后,秦穆公为报崤山之仇,曾几次出兵攻晋,双方互有胜负,但始终无法打通秦军东进的道路。秦穆公只好转而向西部发展,在短短五六年的时间里,就"益国十二,开地千里",在西部地区成就了自己的霸业。

7. 问鼎中原与楚庄霸业

秦国东进被阻,齐国内乱不断,长期争霸中原的是晋、楚两家。

立国江汉流域的楚国,在城濮之战后转而向东发展,占领淮南,灭国大小四五十个,在诸侯中疆域最大。楚庄王在位(前613～前591)时,正值晋国中衰,对楚国北上争霸很有利。但面对国内连年灾害、群蛮和庸族不断侵扰、贵族内争激烈的形势,他无法放手对外经营。楚庄王以"不鸣则已,一鸣惊人"的深谋远虑,提拔平民出身的孙叔敖为令尹,兴修水利,发展经济,使国势日渐强盛。

公元前606年,楚庄王以征伐陆浑之戎(河南嵩县)为名,直达洛水,观兵(检阅军队以壮威)于周郊。周定王派大夫王孙满慰劳,楚庄王询问象征王权的九鼎之大小轻重,其灭周的意图昭然。但被王孙满一句"周虽衰,天命未改,鼎之轻重,未可问也"顶了回去,楚庄王无奈退兵,主要是楚国实力尚不足以压倒中原诸侯的缘故。

公元前597年,楚庄王出兵围攻郑国长达三个月之久。晋国出兵增援,与楚军在邲(河南郑州西北)发生激战,结果被楚打得大败。楚国名声大振,

---

① 《史记·秦本纪》,中华书局1959年版。

晋军轻易不敢与楚争锋。公元前594年,楚围宋,宋向晋国求援,晋竟不敢出兵,宋国只好向楚投降。从此,各国纷纷背晋向楚,楚庄王成为新的中原霸主。楚庄王死后,公元前589年楚共王在蜀(山东泰安西)会盟,包括秦、齐在内的14个诸侯国参加,这显然是楚庄王霸业的继续。

公元前575年,晋、楚为争夺郑国在鄢陵(河南鄢陵)会战,楚军大败。此后楚国不敢轻易与晋交锋。同时,晋国内部国君与诸卿以及诸卿之间的矛盾日益激烈,晋国对楚也持谨慎态度。晋、楚势均力敌,故时人评价天下形势说:"晋楚齐秦,匹也。晋之不能于齐,犹楚之不能于秦也。"①正是在这种情势下,争取和平的"弭兵"运动应运而生。

8. 两次弭兵之会

所谓"弭兵",就是通过会盟在多个国家之间协议停止战争。春秋时期的两次"弭兵",都是由宋国倡导。宋国介于晋、楚两个大国之间,长期饱受兵祸。春秋时期共发生大的战争384次,直接涉及宋国的就有39次。这是宋国发起"弭兵"运动的主要原因。宋国在春秋中前期,或争霸、或争盟、或干涉别国内政,国力损耗极大,于是宋国的一些有识之士逐渐形成了"和平邦交"的思想,这是宋国发起"弭兵"运动的思想基础。类似宋国处境的还有郑国等诸侯,长期以来"牺牲玉帛,待于二境",对晋、楚谁也不敢得罪,痛苦不堪,小国普遍厌战。

另一方面晋、楚两大国势均力敌,外交上楚联合秦,晋联合齐,双方旗鼓相当。特别是战争加剧了国内新旧势力的矛盾,内部问题更突出。它们也想暂时休战,以腾出手来解决国内纷争。这是弭兵得以实现的重要条件。

公元前579年,宋国大夫华元约晋、楚两国在宋国都城的西门外订立和平盟约,约定双方不再交兵,"凡晋楚无相加戎,好恶同之";还强调如果一方受到侵犯,另一方有义务予以支持:"若有害楚,则晋伐之;在晋,楚亦如之。"

这次"弭兵"仅仅维持三年多,就因楚国发动"鄢陵之战"而破产。楚国子囊问:"新与晋盟而背之,无乃不可乎?"楚帅子反蛮横地说:"敌利则进,何盟之有?"但此战楚国大败。接着它又败于湛阪(河南平顶山),晋国地位回升,再加上楚国背后新崛起一个虎视眈眈的吴国,使它不得不乖乖参加第二次弭兵。

公元前546年,宋国大夫向戌倡议休战,得到大小诸侯的积极响应。

---

① 《左传·襄公二十七年》。

晋、楚、齐、秦、鲁、卫、郑、宋、陈、蔡、许、曹、邾、滕等 14 国会于宋都之蒙门，会议确定晋、楚两国同为霸主，"晋楚之从，交相见也"。即除齐、秦以外，所有的小国都要向晋、楚两国同时纳贡，承担双重义务。

这次弭兵虽然以牺牲小国的利益实现了和平，但使晋、楚两国在 40 年中未发生战争，其他国家的战争也大为减少，这对恢复经济和安定人民生活有正面意义。从此大国各忙于内部事务，只有东南吴、越还在争霸，春秋的历史进入尾声。

9. 吴、越争雄

吴、越都是长江下游的国家，吴与周同姓，建都于吴（江苏苏州），地跨今江苏中部、南部和安徽东部；越是土著，都会稽（浙江绍兴），占据今浙江北部。

当初晋国积极扶植楚国后方的吴国，派申公巫臣到吴教以战阵射御，使之很快强大，图谋对楚前后夹击。公元前 514 年，吴公子阖闾在楚国亡臣伍员的谋划下夺取王位。为报杀父灭族之仇，伍员积极鼓动阖闾攻楚，使楚"无岁不有吴师"。公元前 506 年，阖闾亲率吴军大举入楚，从小别山一直打到大别山，楚师连遭败绩。吴军一举攻克楚国都城郢（湖北江陵），楚昭王仓皇出逃。楚国大臣申包胥到秦国请来救兵，秦、楚联军打败吴军，越国也乘虚骚扰吴国的后方，阖闾退兵。

为躲避吴国兵锋，楚把都城从郢北迁到鄀（湖北宜城），同时为了制吴，它又极力扶持吴国后方的越国，使吴、越两国长期对立，攻伐不断。公元前 496 年，越王允长死，子勾践继位。吴王阖闾趁机进攻越国，两军在樵里（浙江嘉兴）发生激战，阖闾败死，其子夫差继位。公元前 494 年，夫差率军进攻越国，把勾践围困于会稽山上。勾践身边只剩下五千甲士，只好"卑辞厚礼"向夫差请和。

夫差败越后，不断北上进攻陈、蔡、鲁、齐等国，企图称霸中原。此时，越王勾践在谋臣范蠡、文种等人的帮助下卧薪尝胆，"十年生聚，十年教训"，越国国力逐渐恢复和壮大。公元前 482 年，夫差北上，大败齐国于艾陵（山东泰安），会诸侯于黄池（河南封丘）。正当他与晋国争做霸主时，越王勾践乘虚攻吴，夺取吴都，斩杀吴太子友。夫差匆忙结束会盟，撤军退回，与越讲和。公元前 473 年，越国最终灭吴，吴王夫差自杀。

勾践灭吴后，也率军北渡淮水，与齐、晋等国会盟于徐州（山东滕州）。周元王派使者与会，册命勾践为侯伯。从时间来看，越王勾践称霸已进入战国时代；但从性质上看，这仍是春秋诸侯争霸的延续。

二、公室与私家的斗争

1. 政权次第下移

西周初年的分封，方式是在王畿之内分封给王室的卿大夫作采邑，王畿之外分封亲戚、功臣为诸侯。由于当时诸侯数量众多，每一个封国的面积有限，各诸侯很少在封国内进一步给自己的卿大夫分封采邑。但从西周中晚期，特别是春秋以后，一些诸侯不断兼并其他弱小国家，土地面积越来越大，于是开始给卿大夫分封采邑，以使之藩屏公室。卿大夫在采邑内有完整的行政管理机构，有独立的私人武装，有自己的宗庙和社稷，成为比诸侯次一级的相对独立的政治实体和政权组织。

春秋中期以后，诸侯国内部的政治格局又发生急剧变化，领兵执政的卿大夫之间展开激烈的斗争。一些卿大夫在兼并过程中日益强大，卿大夫的私家与国君的公室的斗争愈演愈烈。结果，私家实力超过公室，使公室衰落，卿大夫掌握实权，历史进入"礼乐征伐自大夫出"的时代。由"礼乐征伐自天子出"到"礼乐征伐自诸侯出"，再到大夫专权，由此可以看出政权逐渐下移的历史轨迹。

在私家与公室的政治斗争中，鲁、齐、晋三国各有特点，分别代表了当时社会演进的几种不同类型。

2. 鲁国的"三桓"专权

春秋时期鲁国发生公室与私家的斗争，特点是斗争在公族与公室之间展开。鲁桓公有三个儿子庆父、叔牙和季友，他们的后代世为卿大夫，即形成孟孙氏、叔孙氏、季孙氏三支公族，史称"三桓"。

三桓专权始于鲁宣公时期。公元前609年，鲁文公死，随后发生杀嫡立庶的君位之争，文公庶子鲁宣公即位。三桓乘公室内乱在各自采邑内发展势力，并强力操纵国政，出现"公室卑、三桓强"的局面。其后，鲁君成公、襄公年幼继位，三桓利用执政卿的身份在政治上控制公室，在经济上削弱公室。公元前562年，三桓把鲁国的土地、人口、军队分为三份，各取其一，三家各统率一军，即所谓"三分公室而各有其一"。公元前537年，三桓又"四分公室"，季孙氏独得二份，叔孙氏、孟孙氏各取其一。鲁君的土地、人口都被三家瓜分，公室只能靠三家的少量贡纳来维持生活。

三桓之中，季孙氏世掌国政，权势最为显赫。鲁昭公不甘心失去权柄，于公元前517年联合一些公族攻打季氏,结果季、叔、孟"三家共伐公",把昭公驱逐出国,由季氏代行君权。昭公在外流亡8年,最后客死他乡。

昭公之后,鲁国公室每况愈下,仅有虚位而已。到鲁悼公时,"鲁如小侯,卑于三桓之家",以三桓为代表的卿大夫阶层完全控制了鲁国政权。

3. 田氏代齐

齐国的政治格局不同于鲁国。春秋中期以前,齐国的私家势力多为公族,执政的卿大夫主要出自国氏、高氏等姜姓家族。春秋中期以后,异姓贵族田氏崛起,逐渐取代公族而主持国政,并最终夺取了齐国政权。

田氏即陈氏。公元前672年,陈国发生内乱,陈公子完逃奔齐国,齐桓公任用他为"工正",还把女儿嫁给他,这是陈氏立足齐国之始。陈氏在齐国站稳脚跟以后,改陈氏为田氏,在很长时期内避免卷入齐国公族之间的内斗,注重发展自己的宗族势力。到齐景公时,田氏开始在政治上显露锋芒,直接参与卿大夫之间的斗争。公元前545年,田氏联合鲍氏、栾氏、高氏共同击败执掌国政的庆氏,齐国改由栾氏、高氏执政。公元前532年,田氏又利用栾氏、高氏之间的矛盾,联合鲍氏分别击败栾氏、高氏,并把流亡在外的公子公孙招回国内,归还其原有的封地财产,以取得公族的支持。

田氏击败栾、高二氏后,田桓子成为齐景公的宠臣,得到公室奖赏的封地,"陈氏始大"。田氏在发展时,正值齐国公族国、高二氏专权,景公暴虐无道,厚赋敛而重刑罚,"国之诸市,屦贱踊贵"。断脚的刑徒多,他们穿的鞋子在市上昂贵。相反,田桓子则采取较为缓和的剥削方式,遇到灾年向民众贷粮,"以家量贷,而以公量收之"。田氏的"家量"大于公室的"公量",贷多收少,施惠于民,结果民"爱之如父母,归之如流水"。田氏深得民心,宗族逐渐强盛。

公元前489年,齐景公死,国、高氏立孺子荼为齐君,群公子皆出奔流亡。田乞发动政变,率众大夫及族党攻入公宫,驱逐国、高氏,另立公子阳生,是为悼公。田乞自立为相,成为执政卿,专齐政。不久,田乞又杀齐悼公立简公。简公为削弱田氏之权,重用监止为右相,"使为政",而让田成子(田乞之子)为左相。公元前481年,田成子再次政变,追杀监止和简公,"尽诛鲍、晏、监止及公族之强者",另立齐平公为傀儡。公元前379年,田成子之孙田和废齐康公,自立为齐君,"列于诸侯,纪元年",田齐终于取代了姜齐政权。

4. 三家分晋

春秋时期晋国政治局势的演变又与齐、鲁不同。晋国的公族势力在春秋前期的内乱中已经枝叶凋零，只剩下国君和栾氏等为姬姓，执政的新兴卿大夫多是异姓贵族。异姓贵族逐渐控制了军政大权，并最终瓜分了晋国。

春秋早期，晋国旧贵族互相攻伐，四分五裂。公元前679年曲沃武公统一晋国，以旁支代替宗主，并得到周王室的认可。内乱中，旧公族受到削弱。晋武公子献公即位后，又把曲沃一系的庶出群公子相继诛灭，晋国的公族势力再受沉重一击。献公娶骊戎女子骊姬为夫人，逼杀太子申生，迫使重耳、夷吾群公子出亡国外。"自是晋无公族"，内乱使晋国的公族消亡殆尽。

晋文公重耳即位，消弭内乱，改革内政。鉴于公室内部"亲以宠逼"，导致数世之乱，他不再封公族子弟以官爵采邑，下令除世子以外的群公子皆出居他国，同时起用异姓贵族为诸军将佐卿大夫。这些异姓既统率军队，又参断国政，是晋国统治集团中的核心力量。以后，文公关于公族成员不得担任卿职的规定被历代尊奉，这直接影响到春秋中后期晋国的政治走向。

异姓贵族执掌晋政，对避免公室内乱起到了积极作用。但随着异姓贵族势力的发展，其与公室之间的矛盾必然尖锐。异姓卿大夫的崛起源于晋国不断扩充军事编制。它原来只有一军，晋文公实行军政合一，扩大军队规模，诸军统帅都由异姓贵族担任。晋景公又作六军，赵、韩、荀（中行）等异姓大夫皆任将军，其羽翼逐渐丰满。

晋襄公即位，赵盾专断，威风赫赫。灵公时，晋国军政完全由赵盾操纵。灵公不甘心做傀儡，两次夺权未果，反被赵氏袭杀，开晋国卿族弑君的先例。赵盾进一步削弱公室，以卿族子弟充任公族，从制度上排斥旧公族，断绝后者参与军政事务之路。晋厉公为改变卿族专权的局面，企图"尽去群大夫而立其左右"，虽除掉郤氏，最后还是被栾氏、中行氏所杀。不久，其他的卿族联合灭掉栾氏，形成范、中行、智、韩、赵、魏"六卿"。而且"六卿强，公室卑"。

六卿垄断晋国政权，相互之间也存在权力斗争。公元前497年，赵鞅执政，引起范、中行氏不满。他们联合进攻赵鞅，使之逃亡晋阳，范、中行氏当权。公元前490年，智、赵、韩、魏共同诛灭范、中行氏，并瓜分了两家的土地。公元前453年，由于智氏专权，韩、赵、魏又合力消灭智氏，分别建立了独立的国家政权。公元前403年，周威烈王正式承认三家为诸侯，史称"三家分晋"。

三、赋税制度改革与社会等级关系的调整

春秋是中国上古社会剧烈变革时代的开始,揭开了战国以后社会经济结构转型的帷幕。随着土地所有制关系的变化,国家的赋税制度也进行了相应调整,新型的社会等级关系初步形成。

1. 铁犁牛耕的使用

春秋时期生产技术的进步主要体现在铁犁牛耕的出现上。考古资料证实,早在商周时期人们就已经掌握了加工陨铁的技术。公元前14世纪左右,商代的先民就开始以陨铁为原料制成兵器。西周晚期,周人掌握了人工冶铁技术。1990年在河南三门峡上村岭虢国墓地出土了一件玉柄铁剑和一件铜内铁援戈,经鉴定,铜内铁援戈属于块炼铁制品,而玉柄铁剑则属于块炼铁渗碳钢制品。这一重大发现,把中原地区人工冶铁的开始时间提前到西周时代。

春秋时期开始进入人工冶炼生铁时代,即在较高温度(1146℃)下,用木炭还原铁矿石得到含碳量较高的液态铁(生铁)。它可以铸造各种器物,并能批量生产,使生产效率大大提高。比如湖南长沙杨家山出土的春秋晚期钢剑,是含碳0.5%左右的退火中碳钢;江苏六合程桥出土的铁条也是由块炼铁锻制而成;长沙窑岭发现的春秋晚期铁鼎,重量已超过3公斤。迄今为止,出土春秋铁器的地点多达10余处,分别发现于甘肃、宁夏、山西、山东、河南、江苏、湖北、湖南等省。在铁制品中,农具有锸、锄、铲、耙、钁等,手工业工具有锛、削、凿、斧等,还有刀、剑等兵器。值得注意的是,西亚和欧洲块炼铁技术出现的时间尽管早于中国,但它们直到13~14世纪才掌握了需要较高炉温的冶炼生铁技术。

春秋开始使用铁器在传世文献中也有记载。《诗·秦风·驷鐵》云:"驷鐵孔阜,六辔在手。"鐵即"铁"字,这是在古书中第一次出现,用来形容马的黑色如铁一样。这是一首描写秦襄公狩猎盛况的诗篇,秦襄公在位时间是西周、春秋之交,这说明这时已经有了铁。《国语·齐语》记载管仲的话说:"美金以铸剑戟,试诸狗马;恶金以铸鉏、夷、斤、劚,试诸壤土。""美金"指铜,"恶金"指铁,此指兵器用青铜制造,农具用铁制造。公元前513年,晋国用一鼓(鼓,量器)铁铸了刑鼎,上面是范宣子的刑书。这些都能和考古发现相印证。

铁器应用于农业,就出现了铁犁牛耕。犁是从耒演变来的,最早的铁犁

是以铁箍包在木制的犁铧上,后来才出现了全铁制的犁。孔子的弟子冉耕字伯牛,把牛和耕联系在一起,应是现实生活中存在牛耕的反映。《国语·晋语九》有"宗庙之牲,为畎亩之勤"的说法,是说晋国的卿大夫范氏、中行氏没落后,宗庙祭祀废绝,把牲牛用来耕地。由于有了铁犁牛耕,一些荒地得到有效开发,变荒原为熟田,效率也得到提高。比如晋国的"南鄙之田",原本是"狐狸所居,豺狼所嗥"之地,现在得到开垦。楚国江汉平原本是草莽地带,也用新农具进行开发。

铁器的应用,在提高农业生产效率的同时,也引发了社会领域的一系列变化,导致了井田制度的瓦解和新的土地占有关系的产生。

2. 旧田制的瓦解

西周的土地是在王有或国有的名义下各级贵族和村社的分级占有制度。按照西周礼制,"天子在上,诸侯不得以地相与也"①,当然更不允许土地买卖。西周中晚期以后,随着地方势力的不断强大,诸侯逐渐扩大了对自己封域内土地的控制权,有关土地的赠送、赔偿和交换等事件在贵族之间发生了。最初,土地转让需要报告并得到王室的认证。但春秋以后,这种行为越来越频繁,诸侯也不再向衰弱的王室报告,这在实质上宣告"普天之下,莫非王土"局面的不复存在。于是,诸侯、贵族之间掠夺土地的现象层出不穷,甚至发生了晋国大夫郤至同周简王争夺土地归属的事件,僵持之下,双方竟然需要晋厉公来评理。这都说明土地所有观念的改变,诸侯以及贵族占有的土地逐渐由王有向私有转化。

随着生产工具的进步,大量荒地被诸侯、贵族乃至一般平民所开垦。这些新开垦的属于井田以外的土地,从一开始就带有私有的性质。为利益驱动,农民对"私田"的劳动很有兴趣,而不愿意"尽力于公田",使"公田"出现了"无田甫田,维莠骄骄"、"无田甫田,维莠桀桀"②的荒芜景象。鲁国"公田不治",陈国"田在草间,功成而不收"③,在这种情况下,诸侯国被迫放弃井田制下"助耕公田"的那种劳役地租的剥削方式,转而实行"履亩而税",即征收实物地租。

最早对赋税征收办法进行改革的是齐国。公元前 685 年,管仲在齐国

---

① 《谷梁传·桓公元年》,《十三经注疏》本,北京大学出版社 1999 年版。
② 《诗经·齐风·甫田》,《十三经注疏》本,北京大学出版社 1999 年版。
③ 《国语·周语》,上海古籍出版社 1978 年版。

实行"相地而衰征",即根据土地数量的多寡、产量的高低来分级征收定额田税,这实质是打破了原井田中"公田"和"私田"的界限,变劳役地租为实物地租。

公元前645年,晋国"作爰田",不久又"作州兵"。"爰,易也。"即废除西周以来对农民份地的定期重新分配制度,把土地一次性分配给农民,"赏田以悦众"。各户农民分得的土地可以长期占有,"自在其田,不复易居",只根据需要自己调整所分得的土地哪些休耕,而不需要再和别人调换,这叫"自爰其处"。"作州兵"的"州"指的是远郊,属于"野"的范围。过去"野人"不服兵役,现在规定野人也要服兵役,从而打破了"国"、"野"的区别。

公元前594年,鲁国实行"初税亩",即无论公田、私田一律按田亩数收税,这等于承认大量新开垦土地即"私田"的合法性,也表明放弃了传统的井田制。

其他诸侯国也先后程度不同地推行了赋税改革,到春秋晚期中原各国都已按亩征税,税率一般是"什一"。这些改革的主观动机是为了增加国家的财政收入,富国强兵,但客观上却一定程度地承认了土地私有的合法性。

3. 新农业组合方式的产生

随着土地私有化程度的加深,新的生产关系开始产生。在私家与公室的斗争中,一些属于公族的卿大夫衰落了,一些壮大起来的异族强宗夺取了政权,转化为新型集权国家的君主。他们为适应生产力进步和富国强兵的需要,开始采用征收实物地租的办法剥削农民。这些人就转化为最早的贵族地主。士阶层在春秋时期也开始分化,一些下层的士从西周贵族中的武士阶层分离出来,转而以农为生。他们虽然在政治上还保持着士的等级身份,并可能仍然有公室给予的田禄,即所谓"士食田",但其实际政治、经济地位已接近于国中的庶民。

与此同时,原来的公社组织逐渐瓦解,出现了村社组织。村社当时称为"书社",即"以社之户口,书于版图"①,也就是把村社成员的户口、土地书写在木版上,以便征收田税。它在文献中记载很多,如"书社四十"、"书社三百"等,可见这种"书社"组织已经很普遍。村社农民在春秋时期开始转化为直接归国家控制的新型的编户农民。随着农业生产力水平的提高,农业生产可以不再用大规模集体耕作的形式,因此村社农民的家庭规模也由大变

---

① 《荀子·仲尼》,上海书店1986年"诸子集成"本。

小,只包含两三代人的小型家庭成为独立的生产组织和土地占有单位。他们除确立了自己对"私田"的长期占有权以外,还通过开垦荒地进一步扩大自己的私有土地面积,进而转化为个体农民。他们向国家缴纳赋税,负担兵役和徭役。而一些贫困的村社成员由于种种原因丧失了土地,被迫租种地主的土地,就成为各类地主的依附民。据《国语·晋语一》,当时有一种以租种他人土地为生的"隶农",其"虽获沃田而勤易之,将不克飨,为人而已"。

家庭规模的缩小,使农民在政治动乱或受到过重赋役压迫的情况下,更容易从故土迁徙而呈现出流动状态。而税亩制的实行与农业生产形式的变革(缩小规模),也使过去为保证籍耕公田时有数量较多的劳动力("千耦其耘"),统治者实行那种限制农业人口自由迁徙的制度,现在逐渐松弛。比如《诗经·小雅·黄鸟》以黄鸟比喻一个流亡于他邦者在异邦的遭遇,来表达其思念故土之情。《王风·葛藟》歌曰:"绵绵葛藟,在河之浒。终远兄弟,谓他人父。谓他人父?亦莫我顾?"朱熹《集传》云:"世衰民散,有去其乡里家族而流离失所者,作此诗以自叹。"庶民阶层的迁徙流动,造成人民非宗族血缘杂居的局面,从而进一步加速了传统社会血缘组织的瓦解,新的地缘组织正逐步形成。

第二节 战国时代的社会巨变

一、各国的变法运动

战国在中国历史上是一个风云激荡的时代,也是一个社会转型的时代。随着社会生产力的显著提高,这一时期的社会生产方式、经济基础、社会组织形式、国家政治体制、社会意识形态以及人们的日常生活,都处在一个急剧变动的过程中。与此同时,贫富差距的扩大导致社会阶级关系错综复杂,诸侯国之间兼并战争的日趋激烈,使各国上层感到危机重重。于是各国进步的政治家,开始对其政治、经济、军事等制度进行改革,从而形成一场轰轰烈烈的变法运动。

战国的变法运动是为了适应生产力和社会阶层关系变化而启动的,是一场自上而下的社会改革,贯穿于整个时代。其中最著者有魏国的李悝变法、楚国的吴起变法和秦国的商鞅变法。此外,赵国的公仲连改革和赵武灵王的胡服骑射、韩国的申不害变法、齐国的邹忌改革、燕国乐毅的变法图强,也都在不同程度上促进了各自国家的政治、经济和军事制度转型。

1. 魏国的李悝变法

公元前445年,魏文侯即位,任命李悝为相,从而揭开了战国变法运动的序幕。李悝是战国初期法家的代表人物,他率先把法家理论运用于政治领域,成为以后各国变法的示范。继李悝之后,在楚、秦分别主持变法的吴起和商鞅也都来自于魏国,可见李悝变法影响之深远。李悝变法的内容主要有以下几点:

(1) 推行"尽地力之教"

就是要充分利用土地资源,发展农业,实现"富国",并为"强兵"提供坚实的经济基础。适应魏国地处中原地少人多的特点,李悝制定的农业政策首先是努力提高耕地的单位产量。李悝认为"治田勤谨"①非常重要,他要求农民要及时耕耘、除草、收获,要不违农时,加强管理。国家通过对农业生产的指导,来提高农业产量。其次为防范气候因素对农业的影响,李悝要求农民必须杂种五谷,以防止单一作物遇灾而无法补救。同时播种耐寒和耐涝的多样作物,就可减少气候对农业造成的损失。再次要提高土地利用率,在房前屋后、田间地头,广种桑麻、瓜果、蔬菜,以增加农民收入。由政府制定细致可行的农业生产指导政策予以推广,这在中国古代还是第一次。

(2) 推行"平籴"法,国家实施宏观调控

"尽地力之教"有利于调动农民的生产积极性,但在靠天吃饭的条件下,各个年份的农业收成会丰歉不均,使粮价波动,从而出现"籴甚贵伤民,甚贱伤农;民伤则离散,农伤则国贫。故甚贵或甚贱,其伤一也"②的情况。为此,李悝推行了"平籴"法,即根据收成情况将年成分为丰、歉两类,在这两类中又分别按程度不同分成上、中、下三等:遇到丰年,国家按"上熟"、"中熟"、"小熟"三个标准,以平价购入相应比例的粮食,储备起来,以免谷贱伤农;遇到歉年,国家再按"小饥"、"中饥"、"大饥"三种程度,将"小熟"、"中熟"、"上熟"年景时储备起来的粮食,以平价卖出,避免粮贵伤民。这是国家利用"取有余以补不足"③的方法对粮食价格进行宏观调控,既保护了个体小农的利益,也维护一般消费者城市居民的利益。"平籴"法的推行,稳定了经济秩序和社会秩序,既防止农民破产,也防止居民离散流入他国。

(3) 颁布《法经》,以法治国

---

① ② ③ 《汉书·食货志》,中华书局1962年版。

变法是社会政治和经济利益的再分配，必定会遭到既得利益阶层的反对，而法律的制定就是要以国家的强制力来打压反对势力。李悝在总结各国法律的基础上，为魏国编订了《法经》六篇，即《盗法》、《贼法》、《囚法》、《捕法》、《杂法》和《具法》。李悝认为"王者之政，莫急于盗、贼，故其律始于盗、贼"①，所以将《盗法》、《贼法》列于《法经》之首。接着在《囚法》、《捕法》中，分别对如何断狱和如何追捕罪犯作出规定。其他的"轻狡、越城、博戏、假借不廉、淫侈、逾制以为《杂律》一篇"②。最后一篇《具律》，是根据犯罪者的具体情况（如老和小、特殊身份等），规定出加重或减轻刑罚的条例。

《法经》是中国古代第一部系统的成文法典，在当时产生了非常大的影响，商鞅变法，就是在《法经》的基础上编订了《秦律》。而后的《汉律》，又是对《秦律》的进一步修订。因为《法经》的编纂，李悝成为战国法家学派的开山祖。

（4）推行"食有劳而禄有功"的任官制度

战国初期，旧贵族在国家政治生活中仍然占有举足轻重的地位。李悝认为，要实现富国强兵，就必须做到"使有能而赏必行，罚必当"③，这样才能招徕四方人才。他极力废除传统的官爵世袭制度，剥夺旧贵族的政治经济特权，推行"食有劳而禄有功"，即根据功劳和能力来选官。同时，打破平民和贵族在司法上的不平等，一律使罪行和惩罚相对应。这一政策的推行，为官员的选拔和管理创造了良好环境，当时魏的政坛上就有翟璜、吴起、西门豹、乐羊、北门可等杰出人物。它还有效地加强了中央集权，此后魏国虽然也存在一些封君，但他们的实力已经受到极大削弱，根本无力与国君抗衡。

李悝变法是在经济、政治、法律等领域进行的较为全面的改革，它使魏国南胜荆楚，东败强齐，从秦国夺取河西之地，在战国初期首先强大起来，是最早称王的中原国家，直接否定了周王的共主地位，"自是之后，天下争于战国"④。此外，李悝变法还为其他国家的变法运动提供了经验借鉴，使法家理论在新型国家体制的建立中得到丰富和贯彻。

2. 楚国的吴起变法

楚国是春秋时期的南方大国，一直被中原各国视为"蛮夷"。战国初期，

---

①② 《晋书·刑法志》，中华书局1974年版。
③ 《说苑校证·政理》，中华书局1987年版。
④ 《史记·平准书》。

楚国虽然领土最大,但对外战争屡次失利,国内旧贵族又势力强大难治,社会矛盾纠葛重重。这时的楚悼王有变法图强之意,恰巧有一个名叫吴起的人来到身边。

吴起是卫国左氏(山东定陶)人,初事曾参学习儒学,因母死不归被曾参"薄之,遂与之绝";又事鲁国,大破齐军;转事魏国,为西河守,"秦不敢犯"。公元前391年,吴起在魏文侯去世后,遭新主猜忌和政敌排挤,不得已从魏国逃到楚国。楚悼王先任命吴起为宛守,抵御魏、韩;一年后又任命其为令尹(楚相),主持楚国的变法。吴起变法的具体措施主要有以下几个方面:

(1) 取消贵族特权

吴起认为楚国积弱的原因是"大臣太重,封君太众"①。他们对上威逼君主,对下欺虐百姓,导致国贫兵弱。吴起实行"使封君之子孙,三世而收爵禄,减百吏之禄秩"②的政策,废除旧贵族世官特权。吴起还根据楚国地广人稀的特点,把旧贵族及所属迁到人迹罕至的荒凉地区。这一方面打击了贵族势力,同时也对楚国边远地区的开发起到了积极作用。

(2) 精简政府机构,重用贤能之士

为了整治官场腐败,禁止官员之间私下请托,要求官吏做到"使私不害公,谗不蔽忠,言不取苟合,行不取苟容,行义不顾毁誉"③。同时裁汰"无能"、"无用"之官,节约经费"抚养战斗之士"。

(3) 加强军事力量

吴起不仅是政治家,还是一名军事家。他早年在鲁、魏都以军功见长,吴起认为强国"要在强兵"④。而"强兵"的开支,吴起则用"捐不急之官,废公族疏远者"⑤的方法来解决,用财政提高士兵待遇,增强战斗力。

(4) 整顿楚国社会风气,"一楚国之俗"

楚国幅员辽阔,各地族属不同,风俗各异。于是吴起针对楚国国情,提出了改良社会风俗的主张。

经过变法,楚国很快强盛起来。对外"南平百越,北并陈、蔡,却三晋,西伐秦"⑥,在当时出现了"诸侯患楚之强"⑦的局面。由于变法触动了旧贵族的既得利益,公元前381年楚悼王去世后,他们就发动政变,乱箭射死吴起,

---

①② 《韩非子·和氏》,上海书店1986年"诸子集成"本。
③ 《战国策·秦策三》,上海古籍出版社1978年版。
④⑤⑥⑦ 《史记·吴起列传》。

吴起所制定和推行的变法措施也被废止。吴起变法失败,对楚国的发展影响很大。终战国之世,楚国虽然还是一个大国,但在当时诸国之间的军事外交活动中却不能起主导作用,屡遭败绩,正如《韩非子·和氏》所论:"楚不用吴起而削乱"。

3. 秦国的商鞅变法

秦国虽是春秋时期的西部大国,在文化发展上却落后于关东诸国,因此被斥为"夷狄"。秦穆公死后,殉葬177人,即反映其落后的一面。进入战国,魏、楚等国先后实行变法,程度不同地富国强兵,而秦国却处处被动挨打。公元前408年,魏国占领了秦国的河西之地,秦国失去了东面的天险屏障黄河。不久楚国又向西控制黔中、汉中和巴等地,对秦国的南部构成安全威胁。强邻在侧的压力,迫使秦国也必然要变革图强。公元前408年秦简公实行"初租禾",开始按田亩收税。秦献公颁布"止从死"的法令,废除用人殉葬的陋俗。公元前378年"初行为市",反映秦国的商品经济有了一定程度的发展。但总体上秦国还远远落后于东方诸国,《史记·秦本纪》说:"秦僻在雍州,不与中国诸侯之会盟。"

公元前361年秦孝公即位,发布变法求贤令,求贤若渴,说:"宾客群臣有能出奇计强秦者,吾且尊官,与之分土。"①于是,商鞅从魏国来到秦国。

商鞅本是卫国的疏远公族,姓公孙,"少好刑名之学"。他在魏相公叔痤门下任"中庶子"(家臣),因能力强而被赏识。后来公叔痤把他举荐给魏王,但魏王既没有重用他,也没听从公叔痤"弗用鞅,当杀之"的建议②。最终他带着李悝《法经》入秦,在秦孝公的支持下进行变法。

变法分两次进行。第一次变法于公元前359年开始,主要内容有四点:

(1)颁布法律,制定连坐法

商鞅在以前秦献公户籍改革的基础上,"令民为什伍,而相牧司连坐"③。即将百姓按五家为伍、十家为什进行编制,实行连坐制度。规定告发"奸人"者"与斩敌首同赏",隐匿犯罪者"与降敌同罚"④;一家有罪,其余九家若不告发,十家同样治罪。连坐法让人民之间相互监督,使得法律的贯彻比较彻底和有效。在刑罚的掌握上,商鞅认为"王者刑用于将过,则大邪

---

① 《史记·秦本纪》。
②③④ 《史记·商鞅列传》。

不生;赏施于告奸,则细过不失"①,因此要轻罪重罚。如对偷盗牛马者处以死刑,对"弃灰于道"者处以肉刑。以使人惧怕而不敢犯罪,从而达到"以刑去刑"的效果。商鞅修改《法经》为《秦律》,建立比较严密的法律体系,层层贯彻直到社会最底层,对人民实行严密的统治,保证国家机器的高效运转。

(2) 强制推行个体小家庭制度

商、周以来,盛行宗法大家族制,这不仅使国家不能最大限度地征收赋税,也成为私家势力膨胀的社会土壤。商鞅规定:"民有二男以上不分异者,倍其赋。"②凡儿子成年都要娶妻分居别户,父母只能同一个儿子共籍。这项法令的实施增加了个体小家庭的比例,扩大了国家的赋税和兵徭役来源,为秦国经济实力和军事实力的壮大奠定了坚实的基础。

(3) 奖励军功,禁止私斗

新法规定:"有军功者,各以率受上爵;为私斗者,各以轻重被刑"。③商鞅在秦国原有爵位制的基础上,实行新的军功爵制。新爵制将爵位分成二十等,规定在战场上"能得甲首一者,赏爵一级,益田一顷,益宅九亩,赐庶子一人"④。如果做官,可为"五十石之官"⑤。爵位可以随着斩敌人首级数目的增加而提高,所赏的田宅和役使的农奴数量、为官的级别也可以累加。同时对大小贵族争夺土地财产的"私斗"则严厉惩处。爵位成为社会等级的标志,不同的等级拥有不同的特权和待遇,"明尊卑爵秩等级各以差次,名田宅臣妾衣服以家次"⑥。同时规定"宗室非有军功,论,不得为属籍"。即宗室贵族如果没有军功,也不能享受公族的特权,"有功者显荣,无功者虽富无所芬华"⑦。这对秦国旧的世卿世禄制度和宗族势力是一个沉重打击,以后秦国没有出现过宗法贵族长期执政的现象,为秦国大量引进和重用"客卿"创造了条件。特别是造成"民勇于公战而怯于私斗"的社会氛围,使秦国军队的战斗力始终强于各国。

(4) 重农抑商,奖励耕织

商鞅引导和鼓励秦民努力耕、织,规定:"僇力本业,耕织致粟帛多者复其身;事末利及怠而贫者,举以为收孥"⑧。对积极从事耕织,对国家贡献粮

---

① 《商君书·开塞》,上海书店 1986 年"诸子集成"本。
②③⑥⑧ 《史记·商君列传》。
④ 《商君书·境内》。
⑤ 《韩非子·定法》。

食和布帛多的人,免除其本人的徭役;而对从事工商业和因为懒惰而贫困的人,就要把他和全家一同罚没为官奴婢。他运用奖赏和惩罚两种手段,迫使"工商之民"及"游食之民"从事农耕,直接促成了秦的富国强兵。

商鞅"变法修刑,内务耕稼,外劝战死之赏罚"①的措施,在秦国"行之十年,秦民大说。道不拾遗,山无盗贼,家给人足……乡邑大治。"②

公元前350年,秦由雍(陕西凤翔)迁都咸阳,为经营东方进行战略布局。商鞅欲将变法引向深入,又陆续颁发第二批法令,主要内容也有四点:

(1)废井田,"为田开阡陌封疆"

商鞅适应农具进步带来生产能力提高的新情况,把晋国赵氏的田亩制度引进秦国,变原来的百步为亩为二百四十步为亩,扩大田亩的面积,使民任力而耕。田亩制度的改变使得原来小田亩的井田,在格局上发生了变化,这便是《汉书·地理志》中所说的"制辕田,开阡陌"。国家将新田制下的土地,按户授予百姓,或是用来奖励耕战。这些土地的使用者可以长期占有,而不用再与别人定期更换,从而使土地占有形式开始向私有化的方向转变。

(2)推行县制

秦献公时"初县蒲、蓝田、善明氏"③。在此基础上,商鞅"并诸小乡聚,集为大县"④,在全国普遍推行县制。县是中央的派出机构,由国家派官僚进行管理,性质上与以往分封给卿大夫的采邑不同。县的行政职务有县令、县丞和县尉等,他们各司其职,君主可随时任免调动,不能世袭。推行县制,把全境的行政、财政和军政权都集中于国君,秦国中央集权的国家体制得以确立。

(3)统一度量衡,"平斗桶权衡丈尺"⑤

丈尺、斗桶、权衡即是长度、容量和重量单位。计量单位的统一,方便了国家的赋税征收和颁发俸禄,有利于社会经济和商业流通的发展,对直接生产者的权益也起到了保护作用。

(4)改良社会习俗,抑制大家族势力的发展

秦国人长期与戎狄杂处,"父子无别,同室而居"。商鞅"为其男女之

---

①④ 《史记·秦本纪》。
②⑤ 《史记·商君列传》。
③ 《史记·六国年表》。

别"①,"令民父子兄弟同室内息者为禁"②。这既是对第一次变法中"异子之科"法令的补充,也是对社会风俗的规范。大家族被认为是中央集权的离心因素,因此要以小家庭替代它。

商鞅变法取得很大成功,使秦走上富国强兵之路,国势迅速强盛。秦在对外用兵中接连胜利,公元前358年败韩军于西山;又攻取魏国的少梁、安邑、固阳,公元前340年再大败魏军,生擒魏将公子卬,迫使魏国交回以前秦的部分河西之地。商鞅因功受封商(陕西商县东南商洛镇)十五个邑为采地,故号称"商君"。

但是,商鞅变法极大损害了秦国宗室和旧贵族的利益。公元前338年秦孝公死,秦惠王即位。公子虔等遂利用秦惠王对商鞅权势过重的猜疑,诬告商鞅"欲反",结果商鞅及其家属皆被诛杀。但因为商鞅新法推行的时间长,收效大,已经在秦国深入人心,所以商鞅虽死,新法未败。秦惠王及以后的秦君继续推行新法,使秦国不断强大,并最终统一六国。这就正是"商鞅相孝公,为秦开帝业"的史实。

二、新型国家体制的形成

战国时期各国进行的变法运动,破除了以与君主血缘关系远近划分财富、权力份额的宗法政治。"授民授疆土"的分封制,逐渐被由中央直接控制的郡县制取代;世卿世禄制,被实行俸禄制的新官僚制度取代。君主专制的中央集权政治体制逐渐形成,这种新型的国家体制的主要内容表现为以下几个方面。

1. 官僚制和郡县制的建立

通过政治改革,各国先后都建立了以王为首的中央集权的官僚体制。在中央机构中,国君最初称公称侯,战国中期后相继称王,王是最高的权力拥有者。

王以下是以相和将为首的各级官僚。相为文官之首,协助君主主管行政。各国对相的称呼不同,或称相国(相邦)、丞相、宰相等,只有楚国的相称令尹。将是武官之首,或称将军,楚国则称为柱国或上柱国。将、相的分设是战国时期中央官制的一个重要特征,它适应了以王为首的中央集权体制的需要,也是频繁的战争对职业化军事首长的需要。相、将之下的主要职官

---

①② 《史记·商君列传》。

有御史和尉。御史是王身边的近臣,主要从事机要秘书工作,负责为王起草文书,转交他国使臣进献的国书。国君举行宴会,御史要在一旁维持等级秩序,负有监察之责,并逐渐具有监察百官的职权。尉是将之下的一级武官,或称中尉、国尉、都尉等。"官分文武,王之二术也。"①以相、将为首的文武官员的设置,改变了以往文武不分、执政卿权力过大的情况。分职后权力分散,将、相互相牵制,有利于君主集权。

地方上,郡、县两级的行政管理体制在各国普遍推行。

战国前期,郡一般设在各国边境地区,主要功能是强化边防,辖区虽大但级别低于县。郡的长官称守,由武官担任。齐国没有郡的设置,但它设有都,所设五都除首都临淄以外,其余四都的作用相当于别国的郡。由于郡的功能是军事攻防,所以秦国在新兼并的土地上都要设置一个新郡。随着统一战争的进行,秦郡的设置也普及全国。

县的设置比郡早,也比郡的设置更普遍。一般来说,有城的地方往往都设有县,因此在文献中经常"城"、"县"并称。县的长官称县令,其下设有丞、尉,丞主掌民事,尉主掌军事。当时,一些国家还在县一级政府机构中设有司寇、司空、司马、啬夫等,分管刑罚、工程建造等事务。县之下还有乡、里等基层组织。

在郡县体制下,地方的长吏都由中央任免,概不世袭。再加上其他一些措施,地方的政治、经济及军事权力都直接控制在国君手中,由中央进行集中管理。

2. 官吏的选拔和管理

战国时期,官吏的选拔制度也发生重大变化,任贤使能、因功受赏成为各国选官的基本原则,当时主要有以下几种入仕途径。

一是以军功入仕。军功在当时很被看重,秦国的军功爵制就规定:"官爵之迁与斩首之功相称也。"②只有立功得爵者,才能当官,而且"功"涨"官"高。

二是举荐入仕。在士阶层崛起、社会普遍重视人才的条件下,声名远播的贤能之士,常被官场中人举荐为官。如齐国的邹忌和淳于髡都向齐宣王推荐贤士,赵国的公仲连举荐牛畜、荀欣、徐越以辅佐赵烈侯。这样的例子

---

① 《尉缭子注释·原官》,上海古籍出版社1978年版。

② 《韩非子·定法》。

不胜枚举，表现出当时各国为了富国强兵而渴求人才，能不拘一格吸纳人才。

三是自荐入仕。在人才竞争的氛围中，士人如孟子、商鞅、张仪等都怀有忧国忧民之心。为了实现自己的政治理想，他们游历各国，自荐为官。选官途径的扩大，为国家提供了更多政治、经济、军事、外交等专门人才，也使社会的流动性大大加速，使士人有了进入政治舞台的机会。

战国时期，随着官僚体制的形成，新的官员管理制度也逐步完善。

一是俸禄制度的普遍推行。《韩非子·外储说右下》把当时的君臣关系概括为"主卖官爵，臣卖智力"①，官吏为国效力从而领取报酬，这就是俸禄制。原来的分封制是以封邑作为俸禄，并且世代相传，故春秋时多卿大夫擅权局面。现在改为实物，便于国君对官员随时任免。当时俸禄主要以粮食为主，所以各国往往用石、钟、斗、担来计量官秩。领取俸禄的多少要根据官职的高低而定。

二是建立了加强权力控制的"玺符"制。玺是官印，用于公文往来，其材质或金或银或铜，由官吏的级别确定。君主对玺的授、收，代表着对官员的任、免。如果官吏主动辞职，也要将玺上缴朝廷，就表明君臣关系的废除与授权的收回。同时，公文的上传下达，要用"玺"加诸封泥作为凭信，否则公文便不能生效。

符是伏虎型的兵符，铜制，用来调动军队。符上刻有铭文，底有合榫，可一分为二。平时右半由君主掌管，左半授予将领。调动军队时，需要拿代表君令的右半虎符和统兵将领的左半虎符相会合。如秦"新郪虎符"："甲兵之符，右才（在）王，左才（在）新郪。凡兴士被甲，用兵五十人以上，必会王符，乃敢行之；燔燧事，虽母（毋）会符，行殹（也）。"可见君主对军队的控制力。

三是建立了考核官吏政绩的年终"上计"制度。所谓上计，就是各级官吏在年终时，把下一年度的各项工作指标写在木券上，交给国君。国君把木券一剖为二，留下右券，官员执左券。第二年年终，各级官员执其左券向国君汇报核算。君主以指标的完成情况来考核官员，政绩好的升迁、受赏，政绩差的受罚甚至被免官。地方上计的内容包括本辖区垦田、赋税、人口、存粮、司法案件等量化数字。作为一种官吏考核制度，上计加强了君主对各级政权的控制。

---

① 《韩非子·外储说右下》。

四是初步建立了御史监察制度。御史最初只是君主的身边小臣,到战国时,逐渐成为国君耳目,被派往地方,监察郡县官吏和宗法强族。他们直接向国君汇报,也只对国君负责。秦汉时期派遣御史监郡的制度就起源于此。

战国时期新型官吏管理体制的逐步建立,标志着国家政体由原来分区治理的贵族等级制向君主专制的中央集权制度演变。

3. 普遍征兵制的推行

各国都建立了以普遍兵役的征发为基础的新型军事制度。春秋以前的一个特点是国人当兵,野人不当兵。战国随着战争次数的增多和战争规模的扩大,旧军制已经难于满足时代的需要,于是适龄男子都在征发之列,当兵成为每一个成年男子应尽的义务。各国建立的普遍征兵制以郡县为单位,以国家掌握的编户齐民为对象,这样就改变了以往军队的宗族性质,成为由君主直接控制的国家军队。

普遍征兵制的实行,使各国的兵员数量大为增加。当时,秦、楚两国的军队人数都在百万以上,齐、赵、魏三国的兵力也都在50万以上,燕、韩兵力略少,但也不低于30万人。据文献记载,战国时期征兵的年龄大概为17岁左右,但是战事紧急时,征发壮丁的年限也会降低。如秦赵长平之战,秦国曾把年龄达到15岁的国内男子都派往前线。各国在兵员不足时,女子和老弱也会被征发,主要负责构筑工事或后勤供应。

在普遍征兵制的基础上,各国都建立了常备军。秦国的常备军称虎贲之士,楚、齐、燕、赵等国称带甲之士。为了应付日益激烈的兼并战争,各国都加强了军事训练。魏国选拔的武卒,必须具备特定的能力,要做到"衣三属之甲,操十二石之弩,负服矢五十个,置戈其上,冠胄带剑,赢三日之粮,日中而趋百里"①。尽管如此,按《荀子·议兵》的说法:"齐之技击,不可以遇魏氏之武卒。魏氏之武卒,不可以遇秦之锐士。"可见秦国的军事训练更加严格。随着常备军的建立,各国也出现了新型的具有专业素养的职业军官,一般统称为将军,最高级的称大将军、上将军等,只有楚国称柱国。大将军之下设左右将,是左右各军的长官。具体一线战斗单位则有伯长、卒长、什长、伍长等军吏的设置。

各国的兵种构成也发生了巨大变化。春秋以前,战争形式以车战为主。

---

① 《荀子·议兵》。

随着疆域的扩大、新武器"弩"的出现、士兵成分的更新和守城技术的提高，车战在常规作战中的地位日益降低。战场由平原地带发展到了山野荒漠，步兵、骑兵取代车兵成为更有战斗力的独立兵种。尤其是骑兵，它的突击机动性更强，目标比战车小防护性也不差，是战争舞台上的新明星。最早建立骑兵部队的是赵国。赵国地处"四战之地"，既要应付秦、齐等国的军事进攻，又要对抗北边游牧民族的侵扰，于是赵武灵王通过"胡服骑射"，首先组建了一支强大的骑兵，连破林胡、楼烦，疆域向西扩展到云中和九原（内蒙包头），并一度有效抑制了秦国东扩的势头。其后各国先后都组建了骑兵，使中国古代的战争方式发生了转折。

4. 新爵位制度的建立

各国都建立了以奖励军功为目的的爵位制度。爵位是对社会各阶层进行的一种等级划分，处于不同等级的人享有不同的政治、经济、法律权利和与之相适应的社会地位。比如秦国在商鞅变法时建立的二十等军功爵制，从第一级到第二十级分别是公士、上造、簪袅、不更、大夫、官大夫、公大夫、公乘、五大夫、左庶长、右庶长、左更、中更、右更、少上造、大上造、驷车庶长、大庶长、关内侯、彻侯。据刘劭《爵制》，从公士到不更，属于士阶层；从大夫到五大夫，是大夫阶层；从左庶长到大庶长，是卿阶层；关内侯和彻侯，是侯阶层。

各国通过变法建立爵位制度的主要目的是奖励军功。不论官、兵，只要立有军功，就可以获得爵位，而且爵位可以依次累积。有了军功，就可以享有某一级别的地位和权利。例如秦法规定："斩一首者爵一级，欲为官者为五十石之官；斩二首者爵二级，欲为官者为百石之官。"爵位与物质利益紧密挂钩，每一级都可以获得相应数量的土地、宅园和依附农，还可以用来赎免自身或家人的奴婢身份；而且在一定范围内，犯罪时还可以用爵位减免刑罚。

新爵位制的推行，将社会财富和政治权力进行了重新分配。原来处于社会上层的旧贵族受到打击，失去既得利益；而下层的人可以凭借军功任官进爵，使社会地位晋升。这种爵位制度以实现国家的整体目标为依据，以功利主义为依归，有利于激发社会的内在活力。它后来被秦、汉王朝长期沿袭。

5. 成文法典的颁布

各国都颁行了新的成文法典。早在春秋晚期，郑、晋两国就分别产生了

"刑书",把国家法律向社会公布。战国时期,各国在变法过程中都致力于制定系统的成文法典。如李悝在魏国变法,制定了《法经》;商鞅在秦国变法,制定了《秦律》。成文法的公布,是社会趋向公正进步的一个重要标志。

战国的法律以刑法为主。从湖北云梦出土的《秦律》来看,当时的刑罚十分残酷。刑罚种类包括死刑、肉刑、徒刑、迁刑、赎刑等。死刑分为枭首、弃市、腰斩、剖腹、车裂、杀戮、镬烹等,名目繁多。肉刑有黥、劓、刖、斩左趾、宫等。徒刑有司寇、鬼薪、白粲、城旦、舂等。云梦《秦律》是战国晚期秦国使用的法律,由此我们可以得见当时法律文本的具体形式。《秦律》中的《法律答问》,是以问答的形式对法律进行具体的解说。前面的问题或是对某一条文、术语的求解,或是对某个具体犯罪现象应归属哪种惩罚体系的提问,后面再做出明确的回答。另外一部分是《封诊式》,它主要是对民间民事及刑事案例的汇总。这两部分都是官吏在执法过程中的重要参考。此外,这批《秦律》中还有《田律》、《仓律》、《工律》、《金布律》、《均工》、《工人程》等内容。这些律文不属于刑法,而是对各种生产和管理部门制定的规章制度。当然,律文中也有民法方面的内容,比如关于国家授田制度、爵位继承制度等。

三、兼并战争与秦的统一

战国时期的战争主要动机是兼并,最终目标是实现统一。根据不同时期战争中心和参战对手的转换,可以把战国时期的兼并战争分为以下几个阶段。

1. 魏国的强弱转换

从公元前354年到公元前334年,兼并战争以魏国为中心,参战的有齐、赵、韩等国。魏国经过李悝变法,在战国初年率先强大。魏惠王(前369～前319在位)进一步改革,兴修水利,发展农业,并开创了"武卒"制度,使魏的实力大为增强。公元前361年,他把国都从安邑(山西夏县)迁到东方的大梁(河南开封),以便于用力经营中原。公元前354年,赵国进攻魏国同盟卫国,魏联合宋、卫以攻赵,包围赵都邯郸。次年,赵向齐国求救,齐威王命田忌为将、孙膑为军师出兵救赵。田忌采用孙膑"避实就虚"的策略,没有奔赴邯郸,而是直扑魏都大梁。魏军主帅只好从邯郸撤围回救。当魏军行至桂陵(河南长垣)时①,遭齐军截击,被打得大败。此即军事史上著名的

---

① 一说在山东菏泽。

"围魏救赵"战法的来源。

秦、楚两国利用魏在桂陵的惨败，出兵进攻魏国。但魏国并没有因为桂陵的失败而动摇其深厚根基，遂于公元前352年攻克邯郸，又联合韩国在襄陵（河南睢县）打败齐、卫、宋联军，迫使齐、赵、楚与自己结盟。随后魏军挥兵西向，反攻秦国。公元前348年，秦孝公深感"以一秦而敌大魏，恐不如"，只好与魏惠王修好。公元前344年，魏惠王在逢泽（河南开封南）大会诸侯，宋、卫、邹、鲁等国国君和秦公子少官应邀参加，魏惠王如愿称王，威名行于天下。

逢泽之会，使魏国的声望达到顶点，但它疆域小，资源有限，连年的征战使其国力消耗很大。公元前342年，魏国进攻抵制"逢泽之会"的韩国，韩也向齐国求救。齐威王在魏、韩两败俱伤之后，以田忌为将、孙膑为军师率军救韩。齐军仍然采用直取魏都大梁的策略，引诱魏军远道回救。齐军进入魏地之后，孙膑巧施"减灶诱敌"之计迷惑魏军，诱使魏将庞涓率领精锐日夜兼程，轻装追击，结果在马陵（山东范县）①遭到齐军的伏击。齐军万弩齐发，魏太子被俘，庞涓自杀，魏军主力遭受重创。齐、秦、赵趁机三面攻魏，魏王力不能敌，只好求和。

公元前334年，魏惠王接受相国惠施的建议，向齐国求和。他亲自到徐州（山东滕县）朝见，尊齐威王为王；齐威王也承认魏惠王的王号，这就是齐、魏的"徐州相王"。魏国处于天下之中，平坦无险，20年四面争战，强盛局面遂一去不返。

2. 合纵与连横

从公元前334年到公元前311年，兼并战争表现为齐、秦两国东西相峙，与南方实力雄厚的楚国形成三足鼎立之势。处于大国包围之中的魏、韩、赵则因战略位置的重要，成为大国争夺的对象。所谓"合纵"，就是"合众弱以攻一强"，即弱国联合起来共同抵抗一个强国，防止被兼并；所谓"连横"，就是"事一强而攻众弱"，即依靠一个强国进攻其他弱国，从中获得好处。这里主要是从韩、赵、魏的角度而说的。各诸侯国为了自身的利益，往往游移于合纵与连横之间，分合无定，使战国时期的政治、外交棋盘上经常变幻莫测。

最先推行"连横"的是秦国的张仪。"徐州相王"后，秦国一直把魏国视

---

① 一说在山东郯城马陵山。

为心腹之患,自公元前332年以后连续进攻魏国,不仅重新夺回河西之地,而且攻占了曲沃(河南灵宝)①和焦(河南陕县),建立了进一步东进的桥头阵地。但张仪认为秦国要想赢得军事外交上的优势,在中原建立前进基地,应对位置重要的魏国采取一边打一边拉的策略,迫使其向秦国屈膝。秦惠文王采纳了张仪的建议,任命张仪为相。公元前329年,楚国攻魏,秦出兵帮助魏国打败楚国。次年,秦国攻占了魏国的蒲阳(陕西隰县西北),旋又归还。为表诚意,秦还派公子繇到魏国做质子,并将占领的曲沃、焦地归还魏国。威逼利诱之下,魏国终于倒向秦国。公元前325年,魏惠王和韩宣惠王入秦朝见,并尊秦惠文王为王;秦惠文王也承认魏、韩的国君为王。至此,秦、魏、韩三国结成连横态势。

但是,魏国并不甘心屈从于秦国,魏相惠施和将军公孙衍等都主张摆脱秦的控制,而与其他国家结盟。在惠施和公孙衍的推动下,公元前323年魏国发起"五国相王",魏、韩、赵、燕、中山互相承认王号,由此结成五国合纵抗秦的联盟。秦国为拆散它们,加紧攻打魏国,迫使魏惠王驱逐惠施,而以张仪为魏相。张仪同时任秦、魏两国之相,再一次推行连横。公元前320年,秦国假道魏、韩远攻齐国,但被齐国打败。在这种形势下,合纵的呼声又高涨起来。公元前319年,魏国驱逐张仪,起用公孙衍为相,派使者出使赵、燕、楚等国加强联系,从而形成合纵抗秦的态势。公元前318年,魏、赵、韩、楚、燕五国共同推举楚怀王为纵长,联合伐秦,但实际出兵的只有魏、赵、韩三国。三国军队攻至函谷关,遭到秦军反击,秦重创韩、赵,合纵之局再次瓦解,韩、魏两国被迫屈从于秦。

秦虽然击退了五国联军,但它的后方却遭到了义渠的侵袭。这时秦国内部在优先东进还是西征的战略选择上出现了分歧。张仪主张先进攻韩国,"临二周之郊,据九鼎,案图籍,挟天子以令于天下"②;司马错则主张首先平定巴蜀,"得蜀则得楚,楚亡而天下并矣"③。最终秦惠文王采纳了后者的建议,于公元前316年派司马错率兵灭蜀,又乘胜灭巴、苴两国。攻占巴、蜀对秦国具有重大的战略意义,不仅使秦国得到一个丰厚的战略后方,人力和物力资源随时可以得到补充,而且又开辟了一个顺江而下的更便捷的伐

---

① 一说在山西闻喜。
② 《史记·张仪列传》。
③ 《华阳国志校注·蜀志》,巴蜀书社1984年版。

楚新通道。

公元前 315 年,秦国大举进攻义渠,占领了其 25 个城池,解除了来自西北后方的威胁。向西南、西北的扩展都使秦国消除后顾之忧,有了富足、稳定的大后方。此后,在军事压力之下,韩、魏又先后同秦结盟,三国连横的形势重新浮现。在这种局势下,齐、楚结成联盟就成为两大国抗秦图存的重要保证。

3. 秦楚之战与楚之衰落

秦国不能两面作战,必须拆除齐楚联盟。公元前 313 年,秦惠文王派张仪使楚,以商於之地(河南淅川)为诱饵,劝楚怀王"绝约于齐"①。楚贪图小利,与齐断交,却没有得到一寸土地。公元前 312 年,楚派大军攻秦,秦分兵三路迎战,在丹阳(河南西峡)大败楚军,斩首八万,并攻占了楚国的汉中地区。楚怀王不甘心,发兵攻秦至蓝田(陕西蓝田),结果又遭惨败。在楚、秦两国交战的同时,魏、韩也从北面进攻楚国,占领了上蔡(在河南)、邓(湖北襄樊)。楚国孤立无援,被迫撤军。秦成功拆散齐、楚联盟,并占领了汉中,把关中和巴蜀连成了一片,解除了楚国对秦国的威胁。

公元前 306 年,秦昭王即位,因其太后及王后均为楚国人,使秦、楚关系得到改善,并于公元前 304 年结盟,楚国再次背约于齐国。公元前 301 年,齐国执政孟尝君采取"近交而远攻"的策略,联合魏、韩大举伐楚。楚向秦告急,秦担心落入齐、楚设下的圈套,因此按兵未动,结果三国军队大败楚军,魏、韩乘机占领了楚国的宛(河南南阳)、叶(河南叶县)以北之地。

公元前 299 年,秦昭王以与楚国修好为借口,将楚怀王骗至武关加以扣留,以此要挟楚国割让巫和黔中郡给秦,以交换楚怀王。楚国群臣共立楚顷襄王即位,使秦国的阴谋落空。次年,齐、魏、韩三国再次合纵攻秦,战事持续了三年之久,最终攻入函谷关。秦国东方门户大开,被迫向三国求和,并归还了此前攻占的韩、魏两国土地。这是关东各国合纵攻秦取得的第一次胜利,从此齐国成为突出的能与秦国抗衡的东方盟主,也必然成为秦国首选的打击目标。

4. 齐国一蹶不振

从公元前 286 年到公元前 260 年,齐国在六国的攻击下一蹶不振,形成秦、赵对峙的局面。

---

① 《史记·张仪列传》。

齐国在合纵攻秦、伐楚的军事行动中，并没有得到实惠，因此开始改变远攻秦、楚的战略，转而就近谋求攻取宋地。宋国虽是中小国，但地理位置重要，经济发达，特别是其定陶为天下工商业集散枢纽，最为繁荣，是齐、赵、魏、楚共同觊觎的对象。公元前286年，齐灭亡宋国，于是打破了相对平衡的实力格局，激起众国疑惧不安。在秦、赵的鼓动策划下，秦、赵、魏、韩、燕五国合纵抗齐的局面很快形成。次年，身佩赵、燕两国相印的乐毅统率五国联军大举伐齐，在济西大破齐军，并乘胜攻入齐都临淄，齐湣王出奔于莒。随后，五国开始对齐国进行瓜分，乐毅率燕军继续进攻齐国的其他城市，五年中先后攻下七十多座城池，只有莒（山东莒县）、即墨（山东平度）坚守未破，齐国几乎亡国。

公元前279年，燕昭王去世，子惠王即位。燕惠王对乐毅心存猜忌，派骑劫取代乐毅为驻齐国的燕军统帅。骑劫一改乐毅的作战方针，对齐国的降兵滥施劓刑，掘坟焚尸，从而激发了齐人的斗志。即墨守将田单假意向燕军投降，用"火牛阵"攻破燕军大营，阵斩燕军统帅骑劫。随后，田单乘胜反击，很快收复了被燕军占领的城池。齐国虽然复国，但是国力削弱，也失去强国地位。

在这次合纵伐齐的军事行动中，燕国由于消耗过大，也未能登上大国舞台。而得到好处的，是攻破临淄后就立即撤兵的秦、魏、韩三国。秦国占领了宋国的定陶，魏、韩两国也得到了宋国的大片领土。

5. 秦赵长平之战

齐国衰落后，秦国加紧对中原诸国的进攻，矛头直指夹在秦国与定陶之间的魏国。从公元前283年开始，秦不间断地围攻魏都大梁，由于魏国的坚决抵抗和燕、赵等国的驰援，才使大梁得以保全。秦国久攻魏都不下，于是转而进攻楚国。公元前279年，秦昭王派白起伐楚，一连攻克楚都鄢（湖北宜城）、西陵（湖北宜昌）等重要城池，迫使楚国迁都于陈（河南淮阳）。由于楚国幅员辽阔，具有战略纵深的天然优势，秦军虽然取得很大胜利，但无法灭亡楚国。

这时唯一还可以与秦较量的是赵国。公元前307年赵武灵王"胡服骑射"之后，赵国军事力量猛增，它先灭中山（前296），又击败林胡、楼烦，疆域不断拓展。赵惠文王在位（前298年～前265）期间，很有作为，他任用了乐毅、蔺相如、廉颇、赵奢等名相良将，人才济济，使赵"抑强齐四十年，而秦不能得所欲"①。公元前269年,秦进攻赵国的阏与(山西和顺),赵将赵奢大败秦军。不久,秦又出兵攻赵,再次被赵奢击败。秦军连遭败绩,赵国成为秦国东进的最大障碍。

公元前266年,秦昭王之相范雎提出"远交而近攻"的战略,即先攻取疆域与秦国犬牙交错的韩国,从而"得寸则王之寸也,得尺亦王之尺也"②,使新占领土地得以巩固。从公元前265年开始,秦国把韩国作为主攻方向,先后攻占了韩国的陉城(山西曲沃)、南阳(在河南)、野王(河南沁阳)等地,使韩国的上党郡(治山西长治)与韩国的本土隔绝。随后,秦又兵临荥阳城下。韩国在秦军的强大压力下,献出上党郡以向秦国求和。但郡守冯亭不愿降秦,反而把上党郡献给赵国。赵王接受并派兵前去接收,这就直接引发了秦、赵之间的长平大战。

公元前262年,秦昭王派王龁领兵进攻上党郡的长平(山西高平)。赵孝成王派老将廉颇驻守长平,廉颇采取"坚壁以待秦"③的战略,坚守长平三年之久。秦军虽然取得一些进展,但在主战场上并没有占太大便宜。秦国则暗中派名将白起前往前线,统一指挥秦军作战。白起使赵孝成王中了秦国的反间计,派只会纸上谈兵的赵括替代廉颇。公元前260年,赵括来到长平,立刻下令全军主动出击。白起采取迂回战术,诱敌深入。赵军攻至秦军营垒前无法推进,白起趁机命令两翼的伏兵全线出击,将赵军分割包围,赵军与后方的联系被切断。秦昭王亲往前线河内(河南武陟)指挥,并征发国内15岁以上男子全部开往前线,切断赵军的粮道。赵军被围困了46天,粮尽援绝。最后,赵括亲自带兵突击,被秦军射杀,赵军40多万人被俘。白起为消灭赵国的有生力量,将俘虏全部坑杀,只释放了240个未成年人。长平之战是战国规模最大、持续时间最长、最为惨烈的一次战役,赵国遭到致命打击,国力衰弱,从此无力与秦国争锋。

6. 秦王扫六合

从公元前259年到公元前221年,东方各国苟延残喘,国力虚弱,已经难以巩固合纵之势。而秦国则不断蚕食各国,并将其分割包围,最后荡平六国完成统一。

---

① 《战国策·赵策三》。
② 《史记·范雎列传》。
③ 《史记·白起王翦列传》。

长平之战后,秦国乘胜进军,继续攻打赵国。公元前259年,秦军围攻赵都邯郸,赵公子平原君出使楚国,说服楚出兵救赵。魏国信陵君也窃取兵符,调动魏国8万大军救赵。秦军在赵、楚、魏三国军队夹击下大败而归,赵国转危为安。

邯郸之战以后,各国被迫合纵自保,但联盟并不牢固,时聚时散,这就给秦国提供了不断蚕食各国的机会。公元前256年秦昭王灭西周,公元前249年秦庄襄王灭东周。秦把领土向东延伸到与齐国接壤的地区,并在那里设立了东郡。东郡东与齐相接,东北毗邻燕国,向南可以包围韩、魏,基本完成了对东方各国分割包围的战略格局,使国际战略形势发生了重大变化。

公元前230年,秦派内史腾出兵灭韩。

公元前229年,秦大将王翦率军攻赵,次年(前228)破赵都邯郸,俘赵王迁。赵公子嘉带领宗族数百人逃往代郡,自立为代王。公元前222年秦军攻代,俘代王嘉,赵亡

秦军由赵继续进兵燕国。燕太子丹派荆轲刺杀秦王,结果失败。公元前226年,秦派王翦攻陷燕都蓟城,燕王喜迁都辽东郡,杀太子丹向秦国求和。公元前222年,秦将王贲攻燕的辽东,俘燕王喜,燕亡。

公元前225年,秦派王贲攻魏,引黄河水灌魏都大梁,魏王假出降,魏亡。

公元前224年,秦派李信领兵20万攻楚,结果被楚将项燕击败。次年(前223),秦又派老将王翦统兵60万继续攻楚,在蕲南(安徽宿县)大败楚军,项燕自杀。随后攻入楚都寿春(安徽寿县),俘楚王负刍。公元前222年,平定楚国江南地,楚亡。

公元前221年,王贲率军自燕南下,俘齐王迁,齐亡。

从公元前230年到公元前221年,秦王政用了短短十年的时间,就完成了统一六国的事业,建立了秦王朝。中国历史从此进入了一个新的统一帝国时代。

第三节 春秋战国时期的社会与经济

一、国家授田与土地私有化

1. 农业生产水平的提高

此时期农业生产水平的提高首先得益于铁器铸造工艺的进步和铁农具的推广。春秋时期人们已经熟练掌握了生铁铸造技术,战国时期冶铁技术的进步又突出体现为块炼铁渗碳钢和铸铁柔化退火工艺的推广。河北易县燕下都遗址出土了57件锻造铁器,多数是由块炼铁渗碳钢锻造而成。由于生铁性脆,在使用生铁铸造工具的过程中,人们开始探索使铸铁工具产生韧性的方法,从而导致铸铁柔化技术的发明。1974年在河南洛阳战国早期灰坑中出土铁锛2件、铁铲1件,经金相检验证明都是生铁经柔化处理获得的展性铸铁。战国中晚期属于展性铸铁的铁器更多,如湖南长沙出土的铁铲,湖北大冶铜绿山出土的六角锄等。据初步统计,战国铁器的出土地点或冶铸铁遗址已经超过350多处,分布于今黑龙江、吉林、辽宁、内蒙古、河北、河南、山西、山东、陕西、甘肃、宁夏、新疆、湖北、湖南、安徽、江西、江苏、浙江、广东、广西、四川、云南、贵州等23个省、区,包括原来的"七雄"广大地区。这一时期铁农具和手工业工具的种类和春秋时期大致相同,但数量却大大增加。铁制工具多见于墓葬的填土之中,河南辉县固围村魏国墓出土的生产工具有钁、锄、铲等数十件,长沙市郊发掘的楚国小型楚墓也都有铁铲和铁斧,这说明在战国时期铁器已不是珍稀物品。

铁制工具的进步,促进了农田水利灌溉工程的兴修。春秋时期,楚国令尹孙叔敖在今安徽寿县境内修建了芍陂,灌溉稻田一万多顷。春秋末年,吴国开凿了邗沟,这是古代最早的一条人工运河。从邗城(江苏扬州)至末口(江苏淮安),全长150公里,沟通了长江和淮河两大水系,成为后来隋唐大运河的远源。战国时期兴修的著名水利工程则有多处。

(1)魏国的"引漳溉邺"工程。魏文侯时邺令西门豹开凿12条渠道,引漳水灌溉耕地。他利用灌溉冲洗,把邺县(河北磁县)的盐碱地改良成宜于耕种的良田,成为当时既兴修水利又改良土壤的典范之作。

(2)魏国迁都大梁以后,在当地开凿运河,形成了大型水利灌溉工程——鸿沟。鸿沟沟通了黄河、淮河两大水系,把黄、淮、济、汝、泗等河流连接起来,形成巨大的水路交通和灌溉网,使中原地区的水利灌溉事业获得快速发展。

(3)秦国蜀郡守李冰主持修建的都江堰水利工程。成都平原四面环山,地势西高东低,每年夏、秋时节,随着山顶积雪的融化和雨季的到来,岷江水量都会骤然增加,湍急的江水卷带大量泥沙经常使灌县以下泛滥成灾。秦昭王时,李冰父子总结以往的治水经验,把灌县与虎头山相连的离堆凿开,在离堆上修筑分水堤"都江鱼嘴",将岷江分成内江和外江,内江用来灌溉,外江排泄洪流。又把位于渠首的玉垒山劈开建成"宝瓶口",用以调节内江水量。当水位超过设计流量,江水就会漫过介于宝瓶口和都江鱼嘴之间的"飞沙堰"流入外江。适量的内江水则穿过宝瓶口流入川西平原,分成大小河渠,形成网络灌溉千万亩农田。都江堰既消除了岷江水患,又发挥灌溉作用,使成都平原成为富庶的"天府之国"。

(4)秦国在关中地区修建郑国渠。秦王政时,韩国水工郑国利用关中地区西北高东南低的地形特点,从仲山(陕西泾阳西北)引泾水向西到瓠口,然后从瓠口向东沿北山南麓的二层台地开河渠经今三原、富平、蒲城连接洛水,全长150多公里,途中可灌溉耕地4万多顷。泾水含有大量泥沙,在引入灌溉渠道之后逐渐沉淀,可以用来改良关中地区的土壤。这个水利工程即郑国渠修成后,使关中"八百里秦川"成为沃野,由此夯实了秦国的经济和财政基础,使之更加强大。

战国时期的农业技术也有较大进步,人们学会了沤肥和除草灭虫。耕作技术的进步和水利灌溉的发展大大提高了农作物产量。按李悝的估计,当时每亩产粟可达一石半,合今135千克。当时孟子说一夫耕百亩,收获好则可养活九口人,收获差也能养活五口人。这都说明当时农业生产水平的迅速提高。

2. 基层政权与户籍制度的建立

西周时期,国家是通过贵族的层层分封,来实现对"族"、"邑"等血缘集团的掌握,进而完成对国民的社会控制和赋役剥削的。西周后期,以周宣王"料民(指调查和统计人口)太原"为标志,旧有的管理体制已经难以为继。

从春秋时期开始,各国先后建立起具有上下统属关系的地方行政组织,并在此基础上逐步建立和完善了户籍制度。随着争霸和兼并战争的进行,随着人口的增加与流动,各国普遍新设了许多乡和里。如齐国在国、野总共设立了171个乡,国中的行政编制为轨、里、连、乡,分设轨长、里有司、连长、乡良人；野中的行政编制为邑、卒、乡、县、属，分设邑有司、卒帅、乡帅、县帅、属大夫。齐国同时规定"内教既成，令勿使迁徙"。同时，原来的"族"、"邑"普遍向"书社"过渡。书社即里社、村社，是适应户籍编制的需要而出现的，其上下垂直的行政性质尤为明显。战国中期变法以后，乡里组织和乡官的设置更加简化，县以下已简化为州、乡、里三级，后期则稳定为乡、里两级。

在建立基层行政单位的同时，也开始形成了严密的户籍登记和管理制度。据记载，春秋时期吴、越、楚、齐、秦各国都出现了书社组织，其功能是登录社下的户口和田亩。《周礼·地官》规定"遂师"之职是"以时登其夫家之众寡"；《秋官》规定"司民"之职是"掌登万民之数，自生齿以上，皆书于版"。进入战国，随着国野界限的消失，原来的国人、野人都变成国家的编户齐民，五家为伍制和十家为什制有机结合起来。秦国施行户籍制度较东方各国为晚，但却具有典型意义。秦国的什伍制度始于秦献公十年（前375）的"为户籍相伍"，到商鞅变法时规定"四境之内，丈夫女子皆有名于上，生者著，死者削"[1]，已建立起严格的户籍制度。在此基础上实行什伍连坐制，所谓"令民为什伍，而相牧司连坐"。同时，根据人们职业、出身的不同分别立籍，种类大致有民籍、市籍、宗室籍、官籍、吏籍、弟子籍等。人们不得随意迁徙，如从一地迁居他地要得到批准和办理更籍手续，违者依法论处。严密的户籍管理制度说明基层政权组织已经不断制度化，职能逐渐健全，它是各国推行国家授田制的前提。

3. 国家授田制的实行

战国时期各国实行的土地制度是国家授田制，土地所有权的性质是国家所有，土地国有制在土地所有制的形式中占有支配地位。

当时，主要的诸侯国普遍实行了国家授田制。在齐国，银雀山竹简《田法》记载："州、乡以地次受（授）田于野，百人为区，千人为或（域）。"[2]同时规定要定期更换重授，来保证民户公平分摊耕田的肥沃与贫瘠。授田对象以"夫"或"户"为单位，根据所授土地的质与量确定租税征收数额。在魏国，《魏户律》规定："自今以来，叚（假）门逆吕（旅），赘婿后父，勿令为户，勿鼠（予）田宇。"[3]这是在推行授田制的过程中，对一些特殊身份人口的限制措

---

[1] 《商君书·境内》，高亨注译本，中华书局1974年版。
[2] 《银雀山竹书〈守法〉、〈守令〉等十三篇》，《文物》1985年第4期。
[3] 《睡虎地秦墓竹简·为吏之道》，文物出版社1978年版。

施,但却反证魏国曾经存在授田制的事实。授田也称"分田"、"行田",即所谓"农分田而耕","魏氏之行田也以百亩,邺独二百亩,是田恶也"①。但最为典型的是秦国。

商鞅变法以后,秦国采用的亩制是大亩制,1979年四川青川出土的秦武王时秦木牍《为田律》②,对农田规划有详细的记录。据此知秦亩的面积为240平方步,合公制461平方米,折合今市亩的2/3。240步为亩,百亩为顷,约当今75市亩。亩与亩之间的界限称"畛",顷与顷之间的界限称"封"、"埒",并分别和阡道、陌道相连。国家对田界非常重视,定期进行维护和修缮,私人不得随意改变,法律规定:"盗徙封,赎耐。"③

商鞅变法,"废井田,开阡陌封疆",是把周制的100步扩大为240步为一亩,同时在对全国土地进行重新规划的过程中,确定土地的国家所有。在此基础上授田于民。云梦秦简《田律》称:"入顷刍槀,以其受田之数。"授田数额虽无明确记载,但土地规划是以顷为单位,说明一夫授田当为百亩。秦国推行奖励军功的政策,《商君书·境内》规定"能得甲首一者,赏爵一级,益田一顷,益宅九亩",即在一夫授田百亩的基础上对立有军功者加授土地。因此一家可以拥有数百亩田地,这和"务尽地力"的精神是一致的。

国家授田的最终目的是实现租税收入,而生产状况的好坏又直接影响到财政状况。因此,秦国对农民的生产过程进行全面干预,推广以铁犁牛耕为代表的新耕作方式,贷给贫困农民种子、耕牛、农具等生产资料,主持兴修都江堰、郑国渠等大规模的农田水利灌溉工程,使四川盆地和关中平原成为秦国的大粮仓。

国家的租税征收以授田数额为准,农民无论耕种与否都要缴纳租税。这说明国家的租税征收是通过对民户的直接人身控制来实现的,所以它非常重视对户口的管理。同时民户占田的前提是"名"(户籍),即"各以差次名田宅",没有户籍就不能合法占有土地。前引《魏户律》规定商人、店主、赘婿、后父不得为户主,不授予田宅,是要通过经济上的困辱贯彻重农抑商政策,但也证明户籍和名田宅之间的紧密联系。

4. 对战国土地私有问题的辨析

战国时期的国家授田制,目前还没有见到有关农民向国家还田的明确

---

① 《吕氏春秋·乐成》,学林出版社1984年陈奇猷校释本。
② 《青川县出土秦更修田律木牍》,《文物》1982年第1期。
③ 《睡虎地秦墓竹简·法律答问》。

记载。这就使授田制下的土地国有制有逐渐向土地长期占有制演变的可能,而土地的长期占有制正是土地由国有向私有转化的过渡环节。随着农业和手工业的发展、社会分工的扩大、商业的繁荣,人们的价值观念也发生了巨大改变,所谓"天下熙熙,皆为利来;天下攘攘,皆为利往"①。各种山泽资源、农工牧业产品、生产生活用具等都成为人们交易的商品,甚至连"臣妾"也进入流通领域进行买卖。商品经济的活跃和国家对土地控制的松弛,使土地买卖活动也随之发生,这在战国后期就不断见诸史载。《韩非子·外储说左上》记载王登为中牟令,对二中大夫"予之田宅",结果"中牟之人弃其田耘,卖宅圃而随文学者邑之半"。由于耕地国家所有,不能买卖,只能放弃不种,而"宅圃"是可以卖的。如果按秦国的授田制度,一夫授田一顷,授宅九亩,则所卖"宅圃"的面积已经相当可观,这就预示着土地买卖的兴起已为时不远。战国晚期,赵国将军赵括把赵王"所赐金帛归藏于家,而日视便利田宅可买者买之"②。至此土地买卖终于演变成为一种现实存在,中国古代土地的私有化进程已经启动。

在商品经济中成长起来的一些大商人和高利贷者,也纷纷把高额利润转移到土地上来,进一步驱动土地的买卖。司马迁在《史记·货殖列传》中记载的大盐铁商人(蜀)卓氏、(宛)孔氏等都本着"以末致财,用本守之"的训条,身兼二业,置购地产,成为商贾地主。他们生活在秦统一的前夜,利用战乱年代原有统治秩序崩溃的特殊时机,向传统等级关系和土地占有制度发起挑战。土地买卖的发生进一步加快了土地私有化的进程和土地私有观念的发展,迫使统一后的秦王朝不得不放松对土地占有关系的法权控制,不再对农民实行直接的国家授田,而由黔首按制度占足土地,即所谓"使黔首自实田"。据张家山汉简《二年律令·户律》,继起的西汉政权虽然延续了秦代的授田制度,但已经有条件地允许田宅买卖。土地的私有化进程势不可挡,到西汉中期以后,土地私有制度最终得到确立。

二、宗法大家族的瓦解与小农经济形态的确立

1. 宗法大家族的瓦解

西周时期,宗法大家族既是最基本的社会单位,也是生产组织和军事组

---

① 《史记·货殖列传》。
② 《史记·廉颇蔺相如列传》。

织。《左传·桓公二年》说:"故天子建国,诸侯立家,卿置侧室,大夫有贰宗,士有隶子弟,庶人工商各有分亲。"这正是对西周封土建邦制和宗法制下形成的不同等级宗法大家族的高度概括。这种父系宗法大家族是一个包括诸父、兄弟、子女、朋友(亲族成员)等在内的庞大血亲集团,当它发展到一定规模时再衍化出若干小宗分支,但仍以聚居的形式存在并成为其基本特征。宗法家族内部等级森严,其成员以宗子为核心在王室、公室或卿大夫私家世袭供职,参与政治。他们通过宗庙祭祀活动发挥"收族"的功能,其受赐的田土、臣妾奴仆也世代拥有,具有独立的经济基础。

西周社会国、族合一,王室、公室、私家是不同层次宗族的政治体现,宗族又是各级政权的结构核心。宗族武装和国家武装也是合一的。王室军队由王室成员组成,天子出征,诸侯军队有义务参加。诸侯军队由公室成员组成,卿大夫私家军队是其重要支柱。王族经济和国家经济也是合一的。王室、公室和私家都有其独立的农、工、牧生产部门,下级封君的贡纳只是象征性的,对国家的财政收入不具有决定意义。因为宗族与国家合一,所以宗庙和社稷并提。国之大事在祀与戎,宗庙既是祭祀祖先的所在,也是施政的场所,举凡"治兵"、献俘、告朔听政、会盟、册命等活动都在宗庙举行。宗庙和社稷成为国家的代名词,灭国就意味着"殘汝社稷,灭汝宗庙"①。

从事农耕的庶民阶层受当时农业生产力水平的制约,一般也以一种较大规模的家族为经济单位,即由若干较小家族构成的父系家族采用集体耕作的方式从事农业生产。《诗·周颂·噫嘻》中的"骏发尔私,终三十里。亦服尔耕,十千维耦"和《载芟》中的"载芟载柞,其耕泽泽。千耦其耘,徂隰徂畛",就是对这种集体耕作方式的生动描绘。他们在"私田"上的收获分配给各个基层家族(公田产品缴纳给贵族),个体小农经济在这时还不具备存在的条件。

春秋战国时期,大国争霸和兼并战争,使众多宗法大家族灭国灭宗。从周初千余诸侯国到春秋初年可考者仅存二百余②,进入战国时期则形成楚、齐、赵、魏、韩、秦、燕等几个大国,另外仅有一些泗上小侯苟延残喘。私家与公室之间的斗争也导致大量宗法家族的灭亡,特别是战国时期的变法运动,对世袭贵族的打击尤为沉重。在实行"封君之子孙三世而收其爵禄"、"宗室

---

① 《国语·越语上》。
② 顾栋高:《春秋大事表·春秋列国爵姓存灭表》,中华书局1993年版。

非有军功论不得为属籍"等政策剥夺封君特权的同时,各国又推行了任贤选能的官僚制度。西周以来分封制和世卿制的被废弃,商品经济的发展对一些保持同居共财生活方式的宗法家族的冲击,都破坏了其存在的基础。由于大家族内部占有财富的不均,使亲族成员之间贫富分化,《管子·问篇》的"以贫从昆弟者几何家",正是对商品经济造成宗法家族组织瓦解现象的一种典型说明。

战国时期新兴的官僚家族,或以军功和事功受封,但这些封君不过食邑获取租税而已,其政治权力要受到中央政府的监督制约,而且多数不能世袭。如同孟尝君、信陵君、平原君那样招养食客数千人、能对时局施加影响的封君毕竟是极少数。因为他们也主要是依靠和国君的宗亲关系才得以活跃于政治舞台,而不仅仅是私家实力。这时或许还有靠高官厚禄而团聚成的较大规模的家族,但这些新型家族始终处于不断聚散的动态演变之中,它们很难拥有强大的政治、军事力量来干预和影响朝政,对社会政治和历史发展的走向也不再起重要作用。

2. 小农经济模式的确立

铁农具的广泛使用和农业技术的提高,使春秋中晚期开始发展起来的小规模生产组织形式在战国时期进一步得到普及,"八口之家"、"五口之家"的家庭模式开始见诸史籍。影响农民家庭规模缩小的另一个因素,是一些国家为了通过增加户数以提高赋税收入而采取的拆分家庭的措施。比如秦国在商鞅变法时就规定"民有二男以上不分异者倍其赋",即父母不能同时与两个或更多已婚儿子同居共籍,要强制其析产分居。同时,战国时期的国家授田制直接造就了大批小农,国家通过对户籍的掌握使之成为主要的兵源和税源。从战国时期开始,农民的个体小家庭成为社会的最基本细胞,它们不再需要传统的家族作为中介,而直接由国家掌握。

战国是中国古代小农经济确立的时期,它们在国家授田制的前提下发展起来。战国一般民户的家庭规模有多大,在文献中有不同提法。在《孟子》中前后有百亩之田可以养活"九口之家"、"八口之家"、"五口之家"的不同说法;银雀山汉墓竹简中的《田法》有上家七口、中家六口、下家五口的记载;《汉书·食货志》引李悝所言为"一夫挟五口,治田百亩"。上述数字之所以有较大差别,应当和家庭类型以及地区差异有关。西方的秦国由于严格推行商鞅的"分异令",应以核心家庭和主干家庭为主。核心家庭是指夫妻子女型家庭,子女成年后都要娶妻或出嫁,分居别户,父母只能同一个已婚儿子同居共籍;主干家庭是指父母兄弟妻子型家庭,即除父母和妻子外,还有未婚的弟妹同居。当然在这两种类型之外,也存在一些残破家庭,人口会更少。东方的齐鲁宗法观念较强,国家也不强制民户分异,因此主干家庭和联合家庭的比例会更高,家庭人口往往多至六七口甚至八九口。总之,战国时农民一般以核心家庭和主干家庭为主要形式,家庭人口在五至七口之间,组成一个生产和生活单位,也是社会的细胞组织。

小农自然经济的基本特征是男耕女织。按李悝的说法,农民一家五口,"治田百亩";《孟子·梁惠王上》也说"百亩之田,勿夺其时,数口之家可以无饥矣"。《礼记·王制》、《管子·山权数》、《荀子·大略》也有类似的说法,一户或一夫种田百亩确是当时普遍的小农经济模式。而在土质贫瘠的地方,国家往往授田农民二百甚至三百亩,以备休耕。李悝计算五口之家种田百亩的年收支情况,结论是入不敷出,这说明农民只靠纯农业收入无法维持简单再生产,更遑论扩大生产规模。农民还必须用家庭饲养和蚕织等副业来补贴所需。由于地域不同,农民副业也会宜桑者桑,宜麻者麻,宜猎者猎,宜渔者渔,男耕女织是其一般特征。

五亩宅,百亩田,男耕女织的经济结构是战国时期小农经济形态的基本特征,也是各国统治的社会基础。小农经济是否稳定直接影响到国家的兵源和税源,各政权都会采取各种措施来增加小农数量,稳定小农生产,其中突出的做法就是重农抑末。重农措施体现为李悝的"尽地力之教"和商鞅的奖励耕织等政策;抑末之举则发端于李悝。他在魏国时曾"禁技巧",即禁止"雕文刻镂"、"锦绣纂组"等类奢侈品的生产。商鞅在秦国同样实行了"抑末"措施,规定"事末利及怠而贫者举以为收孥"。尽管如此,由于农工商之间存在很大的比较利益差距,所谓"用贫求富,农不如工,工不如商,刺绣文不如倚市门",农民的崇商从商意识仍然很强,弃本从末的现象也屡禁不止。

三、工商业发展与都市生活

1. 手工业的发展

春秋战国时期的商品经济获得了空前发展,商品经济的繁荣又带动了城市规模的扩大和手工业的发展。

(1) 青铜冶铸业

在春秋战国时期青铜铸造业依然是手工业的重要部门。传统的浑铸、分铸技术进一步提高,甬钟的制造使复合范组型铸造技术得到充分发挥。

为使甬钟音质纯正、和谐,需要一次浑铸而成。如曾侯乙墓编钟中层的第三组甬钟,整个铸型分两段四个层次,使用范芯136块,一次浇铸成形,这充分显示了青铜铸造工艺的高超水平。此外还出现了分铸焊接法和分铸销接法等新技术。前者有铜焊和铅锡合金焊接等形式,这在曾侯乙墓出土的铜器上皆有应用。后者见于湖北当阳赵家湖楚墓出土的铜簠,簠耳和簠体分别铸造,然后以销钉将两者连接固定。春秋晚期出现的失蜡法(即熔模铸造法)更是铸造史上的重大突破,它的发明解决了铸造浮雕、镂孔等造型复杂器物的技术难题,使铸件无范缝,文饰更加清晰。

商、周时期的青铜器以礼器为大宗,而且主要是为王室、王臣铸造。春秋时王权衰落,诸侯、卿大夫乃至家臣纷纷铸造礼器。战国时期,青铜日用器如釜、甑、铜镜、带钩等数量迅速增加,还出现了许多青铜农具和青铜建筑饰件。青铜器的使用逐渐突破贵族礼乐的范围,扩大到社会生活的广泛领域。这时分别以晋、楚、秦为中心,形成了各具特色和风格的中原、南方和西方的青铜文化系统。

(2) 纺织业

由于铁器的推广,促进了手工机具的不断革新,使纺织技术迅速提高。当时的纺织业主要生产麻织品和丝织品。麻织品是一般平民的穿着,用量很大;丝织品为贵族官僚所享用,最能代表纺织技术的高水平。春秋时丝织物的出土地点主要在今河南、安徽和山东地区,以绢、锦、刺绣为主。齐都临淄是北方丝织业的中心,技术水平很高。战国时丝织品的出土地点多在今湖南、湖北、河南地区,种类更加丰富,有绢、纱、绮、锦、组、绨、绦、绣等,其中绨、组、绦是这一时期出现的新品种。目前战国时期的丝绸遗物多见于楚墓,从丝绸残片分析,当时已有高水平的提花织机和娴熟的织造技术。1986~1987年在湖北荆门包山楚墓出土的丝织品的种类有绢、纱、绮、锦、绦、绣等,其中的凤鸟纹绣夹衾的绢地,经纬密度达到每平方厘米104根和47根。《诗经·小雅·大东》有"小东大东,杼柚其空"的诗句,朱熹《诗集传》解释说:"杼,持纬者也;柚,受经者也。"杼是缠上纬线的梭子,柚便是缠上经线的机轴,轴端要安装棘齿(轴牙)以固定轴子。这种可旋转、调整的轴子是古代中国首先应用于织机上的。

(3) 漆器业

在商周的基础上,春秋战国时期的漆器业有了新的发展。春秋时期的漆器制作工艺一方面保留了西周漆器的某些特征,如1983年在河南光山宝相寺黄君孟夫妇墓出土的木棺,通体髹黑漆,周边皆以朱漆勾绘窃曲文,这种纹饰是西周中期以后开始流行的,但漆器彩绘图案的主题更加丰富,艺术风格更加生动活泼。山东临淄郎家庄春秋晚期墓出土的一件圆形漆器,图案生活气息浓郁,在直径仅有19厘米的圆周内共绘出4座对称的房宇、12个人物、4株花草、4只飞禽和12只鸡。这在先秦绘画艺术中难得一见。战国时期的漆器开始出现夹纻胎等新品种,其应用也深入到社会生活的各个领域。战国漆器多发现于楚地。比如湖北江陵雨台山战国墓群、湖北纪南城战国中期楚墓、湖北随县擂鼓墩曾侯乙墓等出土的漆器都多达几百件。从种类上看,生活用品有奁、盒、箱、几、床,饮食用具有杯、盘、豆、壶,乐器有琴、瑟、笙、鼓,武器有弓、盾、甲胄,还有镇墓兽以及各种髹漆动物雕刻等。楚器的彩绘内容丰富,不仅有各种繁复的几何文饰,还有表现人物、狩猎、宴享、歌舞以及禽兽的写实图案,极富生活气息。战国漆器业的成就直接开启了秦汉漆器业在更高层次上的发展。

2. 民营手工业的崛起

春秋战国时期手工业的重要部门仍以官营居于主导地位,官营手工业作坊又主要集中在各国国都,有严格的管理制度,生产者一般是征调来的技术工匠、服兵役的士兵和刑徒。实行严格的质量保障制度,生产者要把姓名刻到器物之上以供检验和落实责任。工匠的技艺世代传承,即《国语·齐语》所谓的"工之子恒为工"。

随着"工商食官"制度的逐渐解体,民营手工业获得迅速发展。它从经营规模上可以分为家内手工业、小手工业和大手工业数种。家内手工业与农业结合,以纺织业为主,包括养蚕、缫丝、治葛麻、纺织布帛等,产品基本上自产自用,剩余的商品量有限。个体经营的小手工业主要有车工、革工、陶工、冶金工、木工等行业,有"百工"之称,产品拿到市场出售,称为"百工居肆",已经属于商品性的生产。大规模的民营手工业从战国时期开始出现,主要有矿冶、煮盐等,需要役使贫民、雇工和奴隶等类人从事生产。其经营规模庞大,利润丰厚,可富比封侯,社会影响力很大。《史记·货殖列传》列举的赵国的卓氏、魏国的孔氏、鲁国的曹邴氏等都是靠经营盐铁起家的大富豪,虽"无秩禄之奉,爵邑之入",但富比王侯,被司马迁称之为"素封",被《盐铁论》称之为"豪民"。

3. 新型商人的出现

农业、手工业的发展,创造了巨大的社会财富,分工和交流的需要使商业空前繁荣。从事商业活动的人大体上可分为三大类：一是固定居住于城内的"工肆之人"，特点是自产自销。一是犯风霜、冒雨露、跋山涉水的"贩夫贩妇"，在流通物资的同时也靠赚取地区差价来谋生。一是大商人，他们往往资本雄厚，靠囤积居奇而获利丰厚，具有垄断市场的趋向。春秋后期就出现了许多大商人。如辅佐越王勾践灭吴的范蠡，后来退隐民间，在陶（山东定陶）经商，曾"三致千金"，号称陶朱公。孔子弟子子贡经商牟利，"结驷连骑，束帛之币以聘享诸侯，所至，国君无不与之分庭抗礼"①。魏文侯时的白圭把政治军事经验运用到经商上，"人弃我取，人取我与"，利润不菲。战国晚期的"阳翟大贾"吕不韦贩贱卖贵，家累千金，然后将之投机政治。大商人的出现，是商品经济飞跃发展的产物。

4. 金属铸币的普及

金属货币最早出现于春秋中晚期。洛阳春秋中期109号墓出土的一件陶豆上，刻有空首布图形。山西侯马发现了春秋晚期的空首布实物。战国时期金属货币大量流通，并形成四大货币体系：以齐国、燕国为代表的刀币系，以东周和三晋为代表的布币系统，以秦国为代表的圜钱系统和以楚国为代表的蚁鼻钱。

据考古发现，刀币按形制一是大刀（齐刀），多出土于齐国故地，铭文有"齐法化"、"齐之法化"、"安阳之法化"、"即墨法化"等。"化"即"货"的假借，法化即法定货币。二是尖首刀，是燕国的早期货币，在今河北中、北部和辽宁、天津、北京、山东等地都有发现，其典型特征是刀首宽大尖锐呈斜坡状，无固定的钱文。尖首刀是最初形制，后来发展为燕明刀，因其上面都以"明"字作为面文而名之。

三晋地区的铜布币是由铲一类青铜农具演化而来，其形制可分为空首布、平首布、圆足布等，布即"镈"，即铲形农具。

圜钱是秦国的主要货币，此外齐、燕、赵、魏等国也铸造过圜钱。秦的圜钱分为圆孔圜钱和方孔圜钱两种。圆孔圜钱造型较为原始，重量在14克左右，铭文为"一两"；方孔圜钱重量在7克左右，铭文为"半两"。

楚国的铜贝钱身椭圆，正面突起，上狭下宽，旧称"蚁鼻钱"或"鬼脸钱"。据不完全统计，目前已出土15万余枚。楚国铸金版是另一种货币，主要见于今安徽、江苏、河南、陕西等地，重量一般在260～265克，含金量为97%～98%。

---

① 《史记·货殖列传》。

5. 城市生活的活跃

春秋时的城市是西周殖民分封的延续,居民局限于贵族和国人,人口多者3000户,少者仅有几百户,主要还是政治中心和军事堡垒。战国时的城市除了以上职能外,又发展成为经济和文化中心,人口一二十万的"万家之邑"、"万家之都"开始形成,诸如齐国的临淄、即墨、薛;燕国的涿、蓟;秦国的咸阳、栎阳;楚国的郢、宛、陈;赵国的邯郸、离石;魏国的大梁、温、轵;韩国的郑、阳翟、荥阳;周室的洛阳等。各国国都和其他城市都设立"市"来进行商品交换。

战国时期的市场规模很大。在考古发掘的各国城址中铸铜、冶铁、制陶等手工业作坊广泛存在,1986年更在秦国旧都雍城的北部今翟家寺附近发现了市场遗址。该市场平面呈长方形,南北长160米,东西长180米,面积20000平方米。其四周建有夯土围墙,四面的围墙中部各有"市门"一座,围墙内是封闭式的露天市场,曾出土有秦半两钱和盖有"咸阳里"印文的陶器残片。各国都对市场制定了管理制度,把经营同类商品的店铺集中在一起,称为"列";对市中商肆的占地大小也有明确规定。政府对商人要征收营业税,对行商还要征收过关税。这时诸侯国的财政收入除地租之外,工商业税收已经成为一个相当重要的来源。

城市的繁荣,使市民生活更加丰富多彩。市场中店铺林立,有"鬻金者"、"酤酒者"、"卖骏马者"、"贩茅者"以及卖鞋帽衣物者。肉类市场中兔子是大宗商品,以致"积兔满市"。以往平民只有在社祭和腊祭时才有机会参加娱乐,现在市民可在公共场合进行吹竽、鼓瑟、击筑、弹琴、斗鸡、赛犬、赌博、踢球、投壶等娱乐活动,大街小巷熙熙攘攘,热闹异常。

四、"华夷之辨"与各族的初步融合

1. 中原和四边的族类区分

夏、商、周"三代"时期,居住在中原的各部族逐渐聚合形成了具有较高文化形态的华夏族,而周边各族的社会发展程度则相对落后。进入春秋战国时期,各少数族与华夏族之间的交往联系日益繁密,古代文献中对它们的名称、习俗和活动地域的记载也越来越明确。一般说,居住在西部的被统称为"戎",居住在东方的被统称为"夷",居住在南方的被统称为"蛮",活动于北方的被统称为"狄"。

（1）夷族

夷在商代甲骨文中作"尸",周代金文中有"东夷"、"南夷"等名称。各种文献所记夷族的名号繁多,或以居住地称之,如《禹贡》中的嵎夷、莱夷、淮夷等;或以服色称之,如《后汉书·东夷列传》的黄夷、白夷、赤夷、玄夷等。东方夷族主要分布在今山东境内和淮水流域。山东之夷擅长畜牧,还会养蚕,和中原华夏族接触较早,到春秋时代已接近华夏族的发展水平。它们建立了许多小国,如莱、任、宿、须句、颛臾、莒等,后来大多融合于齐、鲁两国,也有一些延续到战国。淮水之夷主要有淮夷、徐夷、舒夷三支,以渔猎为主,它们时而依附于吴,时而依附于越,先后被吴、楚所灭。

(2) 戎族

"戎"字在甲骨文和金文中作为族称,含义很不确定。春秋以后西戎的确定含义是指氐、羌部族。氐、羌起源于原始农业部落,夏、商时发展为游牧部落,与传说中的炎帝、黄帝之族有很深的渊源关系,所以有姬姓之戎和姜姓之戎的称谓。西戎主要分布于今陕西西北、甘肃、青海和宁夏一带,到公元前4世纪中叶为秦所灭或归附于秦,其中义渠和羌戎是最大的两支。义渠在今甘肃东北部,春秋时建立了义渠国,"筑城郭以自守",战国时势力很大。秦国经过多次征讨,直到公元前272年才最后攻灭。羌戎在青海境内,以渔猎为业。战国中期,秦献公对其发动大规模战争,迫使羌戎发生分化。其中一支向西南流徙,后裔各自为种,成为秦汉帝国时期今甘南、川北、川西的武都羌、广汉羌、越巂羌等。留在湟中一带的羌戎到秦孝公时则臣服于秦,繁衍生息,保持一定的独立性。

(3) 蛮族

蛮族是南方的较大族系,与后来的苗族有渊源关系。春秋战国时期,长江中游有许多蛮族,其中最强者为楚。相传楚的先世出于黄帝之孙颛顼,熊绎时始封于楚。春秋时楚人还以蛮族自居,熊渠就说:"我蛮夷也,不与中国之号谥。"①华夏诸国也蔑视他,晋人、郑人称其为"荆蛮"。春秋时楚人北上,在与中原诸国争夺霸权中,交流濡染,逐渐成为华夏族的一部分。还有一支蛮族分布在洞庭湖以南地区,吴起相楚悼王,"南并蛮、越,遂有洞庭、苍梧"②,即指这支蛮族。

(4) 越族

---

① 《史记·楚世家》。
② 《后汉书·南蛮西南夷列传》,中华书局1965年版。

越族也写作粤族,主要分布在今浙江、江西、福建、广东、广西、海南等环东南地区,战国时号称"百越",以指其族类繁多。根据《逸周书》、今本《竹书纪年》的记载和考古调查,越族是很早就生活在东南和岭南地区的土著居民。越族中居于今江苏南部的是吴国的土著居民,居于今浙江北部和中部的是越国的土著居民。春秋后期吴、越两国军事力量强大,同时以铸剑技术闻名天下,出土的"吴王夫差剑"、"越王勾践剑"制作精良,世所罕见。还有分布于今浙江南部的瓯越、分布于今福建的闽越、分布于广东和广西的南越,它们远离中原,在先秦时期与华夏各国接触极少。

(5) 狄族

"狄"字最早见于西周金文,后来北方各族被泛称北狄。据王国维《鬼方昆夷猃狁考》一文,它们与商代的鬼方、西周的猃狁都有渊源关系。春秋时与中原联系较多的狄族包括白狄、赤狄、长狄三支。白狄的一支曾在今河北境内建立了肥(河北藁城)、鼓(河北晋县)、鲜虞(河北正定)三国。肥、鼓先后灭于晋,鲜虞改称中山国。中山国在战国时一度相当强大,不仅参与了公孙衍发起的"五国相王",还参与了齐伐燕的战争(前314),属于千乘之国。考古证实,中山国的礼器、建筑及帐内用具还保持着游牧族的特征,而其文字和墓葬方式等都已和中原趋同。公元前296年,中山国被赵国所灭。狄族中赤狄势力最强,主要分布在今山西境内,有潞氏(山西潞县)、甲氏(山西屯留)、留吁(山西屯留)、铎辰(山西长治)等部。赤狄与晋国有婚姻关系,晋文公重耳即晋献公与狄女所生。赤狄各部先后为晋所灭,融汇入华夏之中。长狄亦称长翟,流动于今山西长治、临汾至今山东的山谷间,春秋时经常侵扰周王室和晋、郑等国,曾灭温。

(6) "三胡"

战国时与中原联系较多的是"三胡",即林胡(内蒙古河套地区)、楼烦(山西西北和内蒙古集宁)、东胡(内蒙古赤峰和辽宁西北)。战国后期匈奴势力日益强大,据有南至阴山、北达贝加尔湖的蒙古高原,与燕、赵、秦接壤。他们擅长骑射,"逐水草迁徙,毋城郭常处耕田之业","急则人习战攻以侵伐"①,成为中原的主要威胁。

2. "华夷之辨"

西周时,各诸侯国受周王室约束,对"四夷"形成强大威慑。周平王东迁

---

① 《史记·匈奴列传》。

后，王室衰微，诸侯内乱，"四夷"乘机内侵，严重威胁中原各国，故《公羊传·僖公四年》说："南夷与北狄交，中国不绝若线。"在这种条件下，中原各国以"尊王攘夷"为旗帜的争霸战争就具有双重意义：一方面是建立大国对中小诸侯的霸主地位，另一方面是联合华夏诸国维护先进的农耕文明，抵御周边游牧族的袭扰。与"尊王攘夷"相伴而生的"华夷之辨"，主张区别华夏与夷狄，采取不同原则分别处理华夏诸国的内部关系和华、夷之间的外部关系。

春秋战国时期的华夷观有一个演变过程。前期更侧重于血缘上与周王室关系的亲疏，强调华夏诸国是同胞兄弟，夷狄是外族。面对四边威胁，华夏诸国应当联合起来一致对外，所谓"兄弟阋于墙，外御其侮"①。其思想基础是，华夏族"有礼义之大"，"有服章之美"，是礼仪之邦；夷狄不知礼义、不讲文明，是野蛮民族，被贬斥为"禽兽"、"豺狼"。政治上主张在诸夏内部推行德政，对夷狄则应以武力压服，故曰"德以柔中国，刑以威四夷"②。

到春秋中后期，"华夷之辨"在内涵上更专注于文化上的进步与落后，把是否认同华夏礼乐文明作为区分夷、夏的标准。孔子虽然继续强调"裔不谋夏，夷不乱华"③，但又提出对夷狄不能单纯依靠武力压服，而应当采取怀柔政策，"远人不服，则修文德以来之；既来之，则安之"④。这样形成了以文明与野蛮而不是以种族来区分华、夷的观念。所以，韩愈在《原道》中说："孔子作《春秋》，诸侯用夷礼则夷之，夷之进于中国，则中国之。"

历史上的华夏与夷狄存在族源上的不同，各有其分合聚散的历史。春秋时的姬姓戎族与周人有共同族源，可当时的华夏族视其为戎，他们也自认为是有别于华夏的戎。姜戎酋长驹支就说："我诸戎饮食衣服不与华同，贽币不通，语言不达。"⑤据说吴国公族乃周族之后，越国公族为夏族之后，都源于华夏族，但其久处东南与越族同化，语言、习俗与华夏不同，因此中原视其为夷狄，吴、越贵族也自认为是夷狄。相反，舜为"东夷之人"，文王为"西夷之人"⑥，但都被华夏族视为"圣人"。夏、商、周的子孙，"或在中国，或在夷狄"，这是历史的事实。孔子有丰富的历史知识和智慧，他不是以族源而

---

① 《国语·周语中》。
② 《左传·僖公二十五年》。
③ 《左传·定公四年》。
④ 《论语·季氏》，杨伯峻译注本，中华书局1980年版。
⑤ 《左传·襄公十四年》。
⑥ 《孟子·离娄下》，《十三经注疏》本，北京大学出版社1999年版。

是以文化作为判别华、夷的标准,这是开放的民族观的体现。因此说,"华夷之辨"的实质是人们文化发展程度和经济生活方式的差异,而不是从种族上立论的。至于《春秋公羊传》的作者提出所谓"内诸夏而外夷狄"的说法,实际上已经偏离了孔子的华夷观。

3. 初步的民族融合

"华夷之辨"尽管是一种华尊夷卑的不平等观念,但在春秋战国时期有利于民族凝聚力的形成,并变成强大的精神力量,抵御相对落后的游猎文化对中原文化的征服。以"尊王攘夷"为口号的大国争霸战争也在客观上促进了华夷的融合,在中华民族发展史上有一定的积极作用。在长期的争霸与兼并战争中,一些大国分别灭掉了许多少数部族方国,使之和华夏族融合,从而扩大了华夏族的文化范围。而本来属于"四夷"的楚、秦、吴、越等国,接受了华夏文化,"夷之进于中国,则中国之",成为中华大家庭的一员。秦穆公宴享重耳,主客分别咏《诗》言志。重耳随从之人歌《黍苗》之诗,重耳赋《河水》之诗,穆公便知道重耳急于借助秦国的支持以归晋,于是赋《六月》之诗作答,表示对重耳寄予厚望。吴公子季札出使鲁国,听到鲁乐工演唱《周南》《召南》《邶》《鄘》《卫》等诗,都能一一作出恰如其分的评价。这些"夷狄"之国的文化程度与诸夏已经没有差异,自然也就转变为中原诸侯。

随着兼并战争规模的扩大,战国时期各族之间的融合进一步发展。春秋时期的百余诸侯国,到战国初期只剩下 20 多个,至战国中期楚灭越以后,就只有 7 个大国了。七国本身都是地区性的多民族集合体:齐国境内有原来的东夷族;秦国境内有义渠、大荔和西戎各族;楚国疆域最大,境内有原来的夷族、越族、濮族、蛮族等。总之,七国境内的各少数族与华夏族交往十分密切,并逐渐融为一体。七国周围的各少数族与七国之间既有对抗又有友好交往,并随着"大一统"理念的形成,中华民族在这一时期实现了初步融合。

第四节　春秋战国时期的百家争鸣

一、王官学制的破坏与士阶层的崛起

1. 王官体系的崩解

西周的教育对象只有贵族子弟。当时"学在官府",在宗周和各国都城设有学校,国都的统称"国学",地方的统称"乡学"。当时教育机构与行政机构不分,官师合一,贵族子弟入学要以吏为师,分别受"六艺"于不同职掌的王官。清章学诚在《文史通义·史释》中说:"三代盛时,天下之学,无不以吏为师。《周官》三百六十,天下之学备矣。"后来的诸子之学,就是通过王官之学传承下来的。所以《汉书·艺文志》说:儒家者流,盖出于司徒之官;道家者流,盖出于史官;阴阳家者流,盖出于羲和之官;法家者流,盖出于理官;名家者流,盖出于礼官;墨家者流,盖出于清庙之守;纵横家者流,盖出于行人之官;杂家者流,盖出于议官;农家者流,盖出于农稷之官;小说家者流,盖出于稗官。

乡学由乡大夫主持。《周礼》记载,乡大夫"掌其乡之政教禁令"。乡学的教师称乡先生,由致仕回乡的王官担任,在"六艺"教育和化民成俗的基础上,选贤贡士,把贤能者推荐给天子或诸侯。

春秋以后,"礼坏乐崩",世卿世禄的王官制度逐渐瓦解,负责祭祀礼仪、记言记事和档案管理的史官,纷纷携带典籍流落民间。《论语·微子》说:"大师挚适齐,亚饭干适楚,三饭缭适蔡,四饭缺适秦,鼓方叔入于河,播鼗武入于汉,少师阳、击磬襄入于海。"正如孔子所云:"天子失官,学在四夷。"[①]

2. 士阶层的崛起

春秋战国时期社会关系变动的一个重要表现,是士阶层的崛起。春秋以前,士是贵族中的最低层,他们拥有一定数量的"食田",在王官之学中接受礼、乐、射、御、书、数的"六艺"教育,文武兼修,有参与国家政治的权利,也是国家军事力量的中坚。随着西周宗法等级制度的瓦解和世卿世禄制度的衰落,随着民间聚徒讲学风气的兴起,士的身份逐渐由武士转变为文士,成为可以自由流动的"四民"之首。同时,士也成为一种关于个人才能和人格

---

① 《左传·昭公十七年》。

的称谓,而不受国家、宗族以及政治、经济地位的限制,所谓"从道不从势"。一些平民家庭的子弟,通过学习文化,掌握某种技能就可以上升为士。士的范围不断扩大,人数众多,品类庞杂,上至将相,下至鸡鸣狗盗之徒,都可以称为士。

到战国时期,士获得了提升自身政治权利、社会地位的更大空间。当时,各诸侯国为了富国强兵,都不遗余力地招揽人才,这就为智能之士提供了施展个人才干的大舞台。从当时的政治、军事和外交活动看,士也确实扮演着非常重要的角色。一些著名士人的去留,甚至能左右一个国家的兴衰,所谓"入楚楚重,出齐齐轻,为赵赵完,畔魏魏伤"①。因此,各国统治者都非常重视吸引和笼络士阶层,比如魏文侯就对士人礼遇有加。《吕氏春秋·察贤》称:"魏文侯师卜子夏,友田子方,礼段干木。"秦孝公决意变法,也首先向天下发布求贤令。战国中期后,各国养士之风盛行。齐国在首都临淄稷门下设置学宫,"设大夫之号,招至贤人而尊宠之"②,吸引了孟子、荀子、邹衍、淳于髡、慎到、田骈、环渊、接子、尹文等众多文士,他们"不治而议论",形成了一个影响极大的国际学术交流中心。

随着士阶层社会政治地位的不断提高,其独立人格意识也日益强烈,自由思想的精神开始觉醒,为此时期学术文化的发展繁荣创造了主观上的首要条件。这一时期政治氛围的宽缓和思想约束的松弛,也为学术繁荣提供了客观环境。

3. 百家争鸣

在这种情势下,天下之士纷纷开办私学,著书立说。人们自由地思索和讨论,对社会发展提出自己的主张,也反驳对手的意见。从社会来说,这个时代最混乱;从思想来说,这个时代最解放。一时大师辈出,文化繁荣,影响深远,成为中国古代思想发展难得的黄金期。《庄子·天下》说"百家往而不反",《荀子·解蔽》说"百家异说",学术界形成了众多的流派,号称"诸子百家"。

百家学者从各自的立场出发,提出自己的主张,以期能影响社会现实,这样就形成了"百家争鸣"的局面。这里的"百家"其实是虚指,凡持有独立见解的个人和群体,其说都可以称为一家,而实际上真正具有影响力的派别

---

① 《论衡·效力》,上海书店1986年"诸子集成"本。
② 徐幹:《中论·亡国》,龚祖培校本,辽宁教育出版社2001年版。

并不是很多。司马谈在《论六家要指》中把当时大的学术流派归纳为"六家",即阴阳、儒、墨、名、法、道等。西汉末年刘歆的目录学著作《七略》,把战国诸子划分为儒、道、阴阳、法、名、墨、纵横、杂、农、小说等"十家"。"十家"中除去属于文学范畴的小说家,又可以称之为"九流"。"九流"之中,纵横家讲外交上的合纵连横,农家研究农业技术,杂家按需要对别家兼采并蓄,思想含量稍薄,能在学术上自成体系的只有六家,即儒家、墨家、阴阳五行家、法家、道家和名家。

二、"五经"与"三传"

1. "五经"的由来

"五经"是指儒家的五部经典,是宋代以后"十三经"的核心和基础。经过孔子收集和整理的上古文献原本有六部,即《诗》、《书》、《礼》、《乐》、《易》、《春秋》,后来《乐》失传。春秋以降,王纲解纽,大批典籍流落民间,或散失或残缺。孔子创办私学传道授业,对传世文献进行整理以为教材,此六种读本又经其弟子辗转传授,成为儒家的基础经典。最晚到战国,人们已经将之称为"六经"。《庄子·天运》记载孔子问礼于老聃说:"丘治《诗》、《书》、《礼》、《乐》、《易》、《春秋》六经,自以为久矣,孰知其故矣?"老聃曰:"夫六经,先王之陈迹也。"孔子整理六经的原则是"述而不作,信而好古"①,由此可以相信,这些典籍都能基本上保持原来的内容和表述风格,具有历史的真实性。孔子在《论语·为政》中还说:"攻乎异端,斯害也已。"所谓"异端"应指和他的学说不相容的内容,因此不予采用。所以,孔子的"述而不作"其实是以论述代替创作,既保存了原来的内容、文辞,又反映了孔子的观点、主张。当然,我们今天看到的已经不是孔子手订的原本,其流传过程中不断会有后人增改,但其核心内容不会有大的变动。

对于先秦时期六经的排列次序,汉代经学家有不同排法。今文学派排列的顺序是《诗》、《书》、《礼》、《乐》、《易》、《春秋》,这是根据六经的深浅程度不同做的安排。古文学派的排列顺序是《易》、《书》、《诗》、《礼》、《乐》、《春秋》,是按照他们理解的六经产生年代的先后安排的。宋代《十三经注疏》中诸经的排列,基本承袭了古文家的观点,沿用至今。六经到西汉已经只有五经,汉武帝立五经博士,没有《乐》博士;司马迁作《史记·儒林列传》,也不见

---

① 《论语·述而》。

有《乐》经之名。

2.《诗》

《诗经》本来只称《诗》，或以其篇数称"诗三百"，是中国最古老的一部诗歌总集。其305篇作品最早的作于西周初期，最晚的作于春秋中期。它们原来都是乐歌，要配乐诵唱，所以按照音乐的特点又分为《风》、《雅》、《颂》三部分。

《风》又称《国风》，主要是东周时收集的15个国家或地区的民间诗歌，共160篇。宋人郑樵《通志序》说："风土之音曰'风'，朝廷之音曰'雅'，宗庙之音曰'颂'。"所以说"国风"就是风土之乐，是带有地方色彩的诗作和乐调。

《雅》分为《大雅》和《小雅》，都是西周时的作品，大体都是贵族朝聘、宴享的乐歌。《小雅》中也有一部分士大夫写的讽谏怨刺之作，反映了西周后期社会矛盾不断深化的现实。朱熹在《诗集传·小雅序》中说："雅者，正也，正乐之歌也。"所谓雅乐就是歌词"典雅纯正"，乐曲"中正和平"，又称为正乐。

《颂》包括《周颂》、《鲁颂》、《商颂》，朱熹在《诗集传·颂序》中说："颂者，宗庙之乐歌。"毕沅从训诂学的角度认为"颂"即"容"，指"舞容"，就是祭神祭祖时使用的歌舞曲。《周颂》是王室的祭祀乐歌，作于西周前期。《鲁颂》是春秋鲁国的宗庙祭祀乐歌，作于鲁僖公在位时。《商颂》是宋国的宗庙祭祀乐歌。宋国是殷商后裔的封国，现存《商颂》五篇的主要内容是追述殷商先祖的功业。

3.《书》

《尚书》又称《书经》，或单称《书》。尚，上也，尚书就是上古的政典即官府文件，是夏、商、周三代历史档案的汇编。《尚书》分为《虞书》、《夏书》、《商书》、《周书》四部分，其中的《虞书》、《夏书》应当是商周时期人们根据远古传说和夏代资料追记形成的。《商书》的一部分是商代流传下来的档案文献，一部分是后人加工的资料。《周书》是周代档案。中国自古重视记言记事和文书归档管理，有"君举必书"的传统，因此"三代"的文告材料一定很多。汉代人说孔子时代的《尚书》有三千多篇，经孔子删削只留下百篇作为教材。实际上孔子自己就曾感慨"文献不足征"，说明到那时流传下来的《尚书》篇章本来就已经不多了。

《尚书》多数篇章的文体为记言，少数为记事或者记言兼记事。唐孔颖达《尚书正义》把它分为十类，近人分为六类：（1）典。"典"字的古文写法上半部像册字,即书册;下半部像几字。其象形意义是把书册放在几案上,表示尊重的意思,所记为君王事迹或言论。(2)谟。"谟"与"谋"通,是臣下讨论政事的谈话记录。(3)训。教诲的意思,所记往往是元老大臣教训幼主的言论。(4)诰。告谕的意思,多为上级对下级或君主对臣民的号令。往往是生涩难懂、没有条理性的口语,为《尚书》中最难读的部分。(5)誓。宣誓之意,记征讨前的誓师词。既体现师出有名,又重申战场纪律。(6)命。即"令"的意思,为君王册封或奖赏臣下的命令。

4.《礼》

《仪礼》是十三经中的"三礼"之一,孔子传授弟子的《礼》和秦汉"五经"中的《礼经》,指的都是《仪礼》。"三礼"中的《周礼》原称《周官》,本是一部叙述周代职官的书,西汉末年才由王莽、刘歆改称《周礼》,唐代始被列入儒"经"。《礼记》是儒家后学阐发礼学的论文集,成书不是很早。它最初附在《仪礼》后面随同流传,东汉末独立成书,也是到唐代取得儒"经"地位。

《仪礼》原来只称《礼》,汉人称之为《士礼》,也称《礼经》,晋代改称《仪礼》。按今文经学家的意见,《仪礼》是孔子采缀周、鲁各国残存的礼节仪式整理成书的,它只记礼仪,不讲礼义。今本《仪礼》是汉代今文经学传承下来的,共有17篇。其内容大致分为四部分:(1)冠昏(婚)礼,包括《士冠礼》、《士昏礼》、《士相见礼》3篇。(2)乡射礼,包括《乡饮酒礼》、《乡射礼》、《燕礼》、《大射礼》4篇。(3)朝聘礼,包括《聘礼》、《公食大夫礼》、《觐礼》3篇。(4)丧葬礼,包括《丧服》、《士丧礼》、《既夕礼》、《士虞礼》、《特牲馈食礼》、《少牢馈食礼》、《有司彻》7篇。这些关于冠礼、婚礼、乡饮酒礼、丧礼等方面的内容,不仅是我们了解周代礼仪制度不可缺少的重要资料,也是中国几千年礼仪文明的源头。

5.《易》

《周易》简称《易》,是中国上古时期最重要的一部占筮之书。据《周礼》,夏的筮书称《连山》,商的筮书称《归藏》,周的筮书称《周易》。占筮是人们早期宗教生活的一项重要活动,一般认为《易》的成书当在西周初年。"易"的含义,东汉郑玄的解释有"变易"、"简易"、"不易"三种意义:自然界和人类社会的万事万物始终处于变化之中,故曰"变易";自然界的不息变化有一定的法则,故曰"不易";自然界变化的法则可以为人们所认识和遵循,故曰"简易"。

《周易》包括《易经》和《易传》两部分。《易经》由卦象和卦辞、爻辞组成,成书很早。《易传》是对《易经》的解说和论述，共有七种十篇，即《彖》（上、下）、《象》（上、下）、《系辞》（上、下）和《文言》、《说卦》、《杂卦》、《序卦》，合称《十翼》。"翼"即"羽翼"，即被用来辅助理解经文，汉代又称《易大传》。《易传》一般认为形成在春秋末年到战国后期，非成于一时和一人之手。书中既有孔子讲授《易》的记录，也有孔门弟子和战国后儒撰写的内容。

关于《周易》的卦象形式和内容，已经在前面的周代文化部分概述，可参阅。

6.《春秋》

《春秋》是中国现存的第一部编年体史书。古代很早就设置史官记载史事，正如《礼记·玉藻》所说，古代天子"动则左史记之，言则右史记之"。据《周礼》，周代设有大史、小史、内史、外史等史官，负责起草各式公文，参与祭祀、大丧、朝会、战争等重要活动以及掌管档案图籍。春秋时，各国也都有记载本国历史的大事记，如《孟子·离娄下》说："晋之《乘》、楚之《梼杌》、鲁之《春秋》一也。其事则齐桓、晋文，其文则史。"而且，以"春秋"称谓本国史籍的也不限于鲁国，《墨子·明鬼》就提到过："周之《春秋》、燕之《春秋》、宋之《春秋》、齐之《春秋》……吾见百国《春秋》。"现存《春秋》本来是鲁国史官记载历史的大事记，经过孔子的整理和删订后流传下来，成为儒经之一。

按儒者的说法，《春秋》为孔子所作。《孟子·滕文公》说："世衰道微，邪说暴行有作。臣弑其君者有之，子弑其父者有之。孔子惧，作《春秋》。"又说："孔子成《春秋》而乱臣贼子惧。"现在看来，这种提法并不准确。因为在孔子之前，鲁国就存在史官记载的大事记，孔子不过是依据鲁史，并参考了他所能见到的其他国家的史籍，按鲁国纪元对之进行了整理和修订。《春秋》记事起于鲁隐公元年（前722），终于鲁哀公十四年（前481），凡242年。《春秋》记事虽以鲁国为主，但又涉及晋、楚、齐等国，基本为原始记录，比较可信。比如《春秋》所记日食共36次，其中有33次用现代科学方法推算符合实际天象。另外，用《竹书纪年》和金文材料与《春秋》印证，其记载很多也是相合的。

史书本来就具有"劝善惩恶"的作用。古人认为，由于孔子的政治主张在现实社会中无法实现，于是他通过修订《春秋》，把自己的主张和对人事的褒贬置放在此书的字里行间，这就是《春秋》大义和《春秋》笔法。比如全书贯穿着孔子的"正名"思想，对臣杀君，子杀父的以下犯上行为，《春秋》一律写作"弑君"、"弑父"；而对杀掉乱臣贼子，一律写作"诛"。晋文公践土会盟，周天子应召参加,这有背君臣名分,于是《春秋》曲笔记为"天王狩于河阳"。《春秋》笔法就是通过叙述历史,寄托作者的政治理想,采善贬恶,明辨是非,为后来鉴戒。

7.《左传》

"三传"是指三部解说《春秋》的经书。由于《春秋》记事简略难明,因此后来传授者必须加以解释。注解经书者为"传",不同传授系统有不同家法、师法,传就有多种。据《汉书·艺文志》记载,汉代《春秋传》有五家,分别是《左氏传》、《公羊传》、《谷梁传》、《邹氏传》、《夹氏传》。《邹氏传》、《夹氏传》失传,现存的其余三家就被称为"春秋三传"。

《春秋左氏传》简称《左传》,本称《左氏春秋》,与《春秋》各自成书,分别流传,属古文经。西晋杜预把它们合在一起,并最早为之作注,一直流传至今。

《左传》旧题为春秋鲁国太史左丘明撰,今学术界一般认为该书并非成于一人之手,成书年代也在战国。《左传》编年记事,翔实记载了春秋时代269年(前722~前453)的历史,是先秦时期内容最丰富、规模最宏大的一部编年体史书。

《左传》保存了当时各种社会势力激烈斗争及其兴衰演变的大量史料,并通过对重大历史事件的叙述,体现出作者"国将兴,听于民"、"违民不祥"、"众怒难犯"等进步的民本思想。它还对统治集团内部的残杀和统治者的荒淫残暴行径予以无情揭露。书中最精彩的是对战争的描写。它提出了决定战争胜负的先决条件是战争性质和人心向背的观点,总结了许多经验和教训。它注意对战略战术的分析,概括提炼出"劳师远征必败"和"骄兵必败"等军事规律。《左传》叙事详密完整,故事性强,情节曲折生动,刻画人物个性鲜明。当然,书中也有许多宣扬天道、鬼神、灾祥、占梦等迷信观念的内容,这是其历史局限性。

8.《公羊传》

《春秋公羊传》简称《公羊传》,又称《公羊春秋》,是汉代的今文经学。《公羊传》旧题为齐人公羊高撰,今传本应成书于汉景帝时的公羊寿和胡毋子都之手。由于大儒董仲舒的提倡,《公羊传》被立于学官,成为西汉最有影响的显学。

《公羊传》着重解经,它对《春秋》所记的史事,逐条逐字加以解释。如果说《左传》更像是史学,《公羊传》则是典型经学,它使人们更清楚了解事情的背景。如《公羊传·隐公元年》记载了隐公和桓公的关系,指出当时的继承制度是"立嫡以长不以贤,立子以贵不以长"。对《宣公十五年》"初税亩"一句,《公羊传》说是:"始履亩而税"。《公羊传》还记载了一些其他史书如《左传》所没有的史事,比如《庄公四年》所记齐襄公灭纪国事,可起到补史作用。

由于《公羊传》的主要内容不是叙述历史而是对《春秋》中所记的史事进行褒贬评论,重在发挥《春秋》经文的书法义例,所以它往往借经文的只言片语发挥议论,主观随意性很强。两汉经师在传授公羊学时,又把它与谶纬神学结合起来,章句越讲越烦琐,往往数十万言不能通其义,内容也越来越僵化。

9.《谷梁传》

《春秋谷梁传》简称《谷梁传》,也称《谷梁春秋》。《谷梁传》旧题作者为谷梁赤,据说他是孔子门人子夏的弟子。《谷梁传》经过几代人的口耳相传,大约到汉景帝以后写成定本,并在汉宣帝时立于学官,先后注讲者十余家,达于兴盛。此后逐渐衰微。东晋范宁集众家解说为之作注,是谓《春秋谷梁传集解》。唐初杨士勋兼采诸家之长,为范宁注作疏,即为今《十三经注疏》所收版本。

《谷梁传》对春秋时某些史事的记载,要比《公羊传》更正确。比如《公羊传·庄公十年》载:"秋,九月,荆败蔡师于莘,以蔡侯献舞归。荆者何?州名也。"《谷梁传》则云:"荆者,楚也。何为谓之荆?狄之也。"考诸史文,显然以《谷梁传》的解释为是。不过,《谷梁传》对《春秋》的解释也是重在"微言大义",记事过于简略,如叙述春秋时晋、楚之间的三次大战只用一语带过,使之不能具有更高的史学价值。《谷梁》和《公羊》都是侧重阐发义理的经传之作,很难以今天史著的标准视之,这是它们与《左传》很不相同的地方。

三、孔子与儒家学派的创立

1. 孔子的生平

孔子(前551~前479)名丘,字仲尼,是儒家学派的创始人。孔子是殷人的后裔,其先祖既有人做过宋国司马,又有人因贵族内斗迁居鲁国。其父叔梁纥为鲁国陬邑大夫,但在孔子出生不久即去世,导致其家道衰落,所以孔子自称"吾少也贱"。孔子年轻的时候做过"委吏"(管理仓廪)和"乘田"(管理放牧)等小吏。30岁后,他学识渊博,有了自己的独立思想,于是招收门徒,开启了古代私学设立之风。50岁以后,他先后担任鲁国的中都宰、司空和大司寇,但不久就因权臣当政而辞职。他从此周游卫、曹、宋、陈、蔡、楚等国,宣扬自己的政治主张,但没有实现理想的机会。他晚年回到鲁国,专心从事文献整理和授学。

2. 提倡德治

孔子的政治主张是德治,德治的基本内容是复礼。他说:"道之以政,齐之以刑,民免而无耻;道之以德,齐之以礼,有耻且格。"①

鲁国是周公旦的封国,在礼坏乐崩的春秋时代,更多地继承和保存了周礼,所以时人有"鲁不弃周礼"、"周礼尽在鲁"的说法。孔子生长在鲁国,故精通三代典籍,他不仅学周礼,而且以之为最理想的制度,称赞说:"周监于二代,郁郁乎文哉,吾从周。"②他对当时子弑父、臣弑君、物欲横流的社会现状深恶痛绝,认为纠正时弊的途径首先是"正名"。齐景公问政于孔子,他指出要"君君、臣臣、父父、子子",即按照周礼的原则恢复君臣父子间的应有秩序。在此基础上,他提出了"非礼勿视,非礼勿听,非礼勿言,非礼勿动"③,重建周礼的权威。

他认为周礼最重要的原则是尊尊和亲亲。尊尊即尊贵,维护政治等级秩序。尊贵首先要尊君,"事君尽礼",但又不是绝对服从,而是要敢于面谏,做到"勿欺也,而犯之"④。如果君主暴虐无道,则可隐居不仕,"天下有道则见,无道则隐"⑤。亲亲即亲和自己的亲族,维护宗法秩序。亲亲首先要做到孝悌,"弟子入则孝,出则弟"⑥,然后才能"泛爱众"。孝悌不仅是"亲亲"的出发点,也是"爱人"的根本,"孝弟也者,其为仁之本与"⑦。同时,他要求绝对服从父母兄长,甚至不惜包庇其过错,主张"父为子隐,子为父隐,直在其中矣"⑧。

孔子一方面维护周礼,另一方面也对周礼进行改造。在礼的适用范围上,他打破了"礼不下庶人"的界限,要求对所有人都要"齐之以礼",让"野人"也学习礼乐。在礼的内涵上,他突出了礼的现实政治意义,淡化了崇敬

---

① 《论语·为政》。
② 《论语·八佾》。
③ 《论语·颜渊》。
④ 《论语·宪问》。
⑤ 《论语·泰伯》。
⑥⑦ 《论语·学而》。
⑧ 《论语·子路》。

鬼神的迷信色彩,带头"不语怪力乱神",而以忠恕为立身之本。

3. 仁学思想

孔子思想的核心内容是仁学。"仁"是古已有之的道德概念,基本含义是爱亲和守礼。孔子继承并加以发挥,构建了以仁为核心的思想体系。

孔子提倡仁,就是希望人与人之间能够做到互相友爱,所以当樊迟问仁时,孔子回答说:"爱人。"这个"爱人"不是抽象意义上的"兼爱",而是一种差等之爱,即由对父兄的孝悌推广到宗族姻亲乃至整个社会。如何做到仁?孔子提出了三种实践途径:一是"己欲立而立人,己欲达而达人"①。"立"即"立于礼";"达"即"质直而好义,察言而观色,虑以下人"②。二是"己所不欲,勿施于人"。在处理事情的时候,要设身处地为他人着想,才能做到仁。三是"惟仁者能好人、能恶人"③。即"爱人"并非不分善恶是非,而是有爱与恶的区别,所以孔子说:"好仁者无以尚之。恶不仁者,其为仁矣,不使不仁者加乎其身。"④

总之,要做到仁,就必须以仁为己任,勇于为仁而牺牲,"志士仁人,无求生以害仁,有杀身以成仁"⑤。统治者要做到仁,首先要做到爱护百姓,宽以待人,只有这样才能得到百姓的拥护。子贡问政于孔子,孔子提出了"足食、足兵、民信"三个条件,而且认为食、兵皆可去,惟"民信"不可失,进而得出了"自古皆有死,民无信不立"的至理名言。民信,就是统治者要取信于民。

4. 中庸学说

中庸是孔子思想中的哲学方法论,也是伦理道德上的一个至高准则。中庸的含义,简单地说就是用中,即凡事都要做到恰到好处,既反对不及,也反对过火。子贡问孔子:"师(子张)与商(子夏)孰贤?"孔子回答:"师也过,商也不及。"子贡继续问道:"然则师愈与?"孔子说:"过犹不及。"⑥"过犹不及"的提法在一定程度上揭示了事物"质"与"量"之间的辩证关系,即量的过与不及都会改变质,引起事物性质的转化,因此都要反对。《礼记·中庸》解释中庸,要求"执其两端,用其中于民",即只有用中,才能避免极端化的危

---

① 《论语·雍也》。
② 《论语·颜渊》。
③④ 《论语·里仁》。
⑤ 《论语·卫灵公》。
⑥ 《论语·先进》。

险。

孔子对中庸非常推崇:"中庸之为德也,其至矣乎？民鲜久矣。"①孔子常将中庸的方法贯彻进日常生活中。比如他的学生子路性情急躁,冉有则过于谦和,孔子就对冉有以激励为主,对子路则以挫抑为主。后来孟子评价孔子是"圣之时者也"②,是说孔子能够做到可以速则速,可以久则久,可以处则处,可以仕则仕,凡事都做到了恰如其分。这就是《礼记·中庸》说的"君子之中庸也,君子而时中"。这个"时"既反映了客观事物的变化,也反映人为适应客观事物的变化而在认识上的变化。

中庸不是折中主义。折中主义是一种对人对事不偏不倚、不顾是非的圆滑态度,对原则上尖锐对立的意见采取无原则的和稀泥立场。中庸则是坚持中正,反对过火和不及,既不左,也不右,在矛盾对立中选择规定事物质的稳定性的一方,以适应事物的稳健发展。

5. 对文化的贡献

孔子是一位伟大的教育家。他创办私学,提出了"有教无类"的口号,在古代率先打破"学在官府"的贵族垄断文化的格局,提倡在平民阶层中普及文化教育,而且身体力行。他自称:"自行束脩以上,吾未尝无诲焉。"③"束脩"指十条肉脯,是人们初次相见时的一种最薄的礼物。你不论贫富贵贱,只要能带上"束脩",就可以接受教育。通过这种方式,孔子培养了许多弟子。《史记·孔子世家》说其弟子"盖三千焉,身通六艺者七十二人"。现在文献可考的70余人,主要来自齐、鲁、宋、卫,其中有些出仕为官,更多的还是从事文化教育。孔门师生在社会上产生很大影响,一时成为显学,形成了中国古代的第一个学派"儒家"。

在长期的教学实践活动中,孔子积累和总结了很多教学经验。他主张因材施教,根据学生的不同特点分别指导。他提出"不愤不启,不悱不发"的启发式教学方法,就是说不到学生百思不得其解的时候,不要轻易告诉他现成的答案。他还提出了许多至今仍有价值的教学箴言:如"学而时习之,不亦说乎",强调温习的重要性;"学而不思则罔,思而不学则殆",强调学思结合;"知之为知之,不知为不知,是知也",强调端正学习态度;"三人行,必有

---

① 《论语·雍也》。
② 《孟子·万章下》。
③ 《论语·述而》。

我师焉,择其善者而从之;其不善者而改之",主张不耻下问,善于向别人学习。

孔子还搜集和整理了中国古代的文献《诗》、《书》、《礼》,删修了鲁国史书《春秋》,晚年又读《易》,对中华上古文化的保存和传承作出了重大贡献。

四、儒学在战国的传承

1. 儒分为八

《韩非子·显学》说孔子死后"儒分为八",有子张之儒,有子思之儒,有颜氏之儒,有孟氏之儒,有漆雕氏之儒,有仲良氏之儒,有孙氏之儒,有乐正氏之儒。这种说法未必准确,但说明了弟子们在传播孔子思想时,往往根据自己的理解,传授内容不尽相同,因而使儒学内部也开始形成不同的流派。至于孔子以后儒学是如何传承发展的?孔、孟之间的学术传承具体有哪些环节?过去我们并不清楚。20世纪90年代以后陆续发现的郭店楚简和上海博物馆藏楚简①,保留了大量儒家早期的作品,而且多数是传世文献所没有的篇章,这对我们探讨以上问题具有重要价值。比如郭店楚简展现了"儒分为八"之后的丰富内容,上博简则应该属于思孟学派的作品。随着研究的深入,儒学的早期传承问题开始有了一定进展。

孔子以后的儒家各派中,最有影响的是孟子和荀子两家。

2. 孟子的生平

孟子(约前372～前289)名轲,字子舆,战国中期邹(山东邹城)人。其祖先是鲁国孟孙氏,到这时已失去贵族身份,故孟子幼年家境贫困。他受业于孔子之孙子思的学生,后来的理论创建主要是从性善论的角度对孔子学说进行发挥,对后世影响深远。他先后到过齐、宋、滕、魏等国,各国国君虽以宾客相待,但都认为其主张迂阔而对他不予重用。他曾做过齐宣王的卿,当齐宣王伐燕之后,他就离开齐国返回邹地,和弟子万章、公孙丑等人创作《孟子》七篇。

---

① 郭店楚简于1993年出土于湖北荆门郭店1号墓,墓的下葬年代为战国中期偏晚,共出土竹简800余枚,有字简730枚。竹简内容见荆门市博物馆:《郭店楚墓竹简》,文物出版社1998年版。上海博物馆藏楚简系该馆于1994年从香港古玩市场收购,包括完整和残损竹简1200余枚。竹简内容见马承源主编:《上海博物馆藏战国楚竹简(一)》,上海古籍出版社2001年版;《上海博物馆藏战国楚竹简(二)》,上海古籍出版社2002年版。

孟子十分钦佩孔子,一生以宣传和发挥孔子思想为己任。他生活的年代"杨朱、墨翟之言盈天下"①,同时法家人物吴起和商鞅、纵横家苏秦和张仪、兵家孙膑等人也正活跃于政治舞台。孟子以孔子的护法者和继承人自居,周游列国,宣扬儒家的治国理论,为儒家思想在战国中期的传播和发展作出巨大贡献。

3. 孟子"性善说"

孟子学说的出发点是性善论。先秦时代最早对人性进行解说的是告子,他认为人生而具有的本能就是"性",所谓"食色性也",而且这种本能是"无善无不善"②。法家认为人性就是趋乐避苦、好逸恶劳的情欲,《商君书·算地》说:"民之性,饥而求食,劳而求佚,苦则索乐,辱则求荣。"孟子则认为,生而具有的"食、色"等生理本能是人和动物所共有的,共有的属性不能区分人和动物。他认为人和动物最本质的区别是伦理道德,这就是"人之所以异于禽兽者"③。

孟子认为,人的恻隐之心、羞恶之心、辞让之心和是非之心都是与生俱来的,它们分别是仁、义、礼、智四种道德的源头,他称之为"四端"。因为"仁义礼智,非由外铄我也,我固有之也"④,所以这是人的本性。人性善为什么世界上还会出现各种丑恶现象?这是因为人们受到了外界事物的诱惑,使人的善性得不到充分的培育和发扬。要把"四端"发展为"四德",必须善于"养心",即面对外界事物的诱惑要做到"不动心"和"寡欲",使"浩然之气"充斥于天地之间。由此可见,孟子扩充善端的思想是对早期儒家反躬自省思想的继承和发展。

4. 孟子的"修身论"

孟子继承并发展了孔子以仁为本的道德价值观,认为人的价值集中体现在道德上,只有致力于此,才能实现人生的价值。他说:"天下之本在国,国之本在家,家之本在身。"④他把"平天下"政治目标的实现前提归结为个人的道德修养,所谓"君子之守,修其身而天下平"⑤。修身的内容就是实践"亲亲之仁"和"敬长之义",所谓"人人亲其亲、长其长而天下平"。

---

① 《孟子·滕文公下》。
②④ 《孟子·告子上》。
③ 《孟子·离娄下》。
④ 《孟子·离娄上》。
⑤ 《孟子·尽心下》。

他特别强调统治者道德修养的重要,所谓"君仁莫不仁,君义莫不义,君正莫不正,一正君而国定矣"①,认为这直接关系到国家的前途。他认为人的价值在于道德修养成就,不在于社会等级的高低;真正能体现社会价值的不是身居显位的公卿大夫,而是"居仁行义"的贤德之士,因此他"说大人,则藐之"②。

面对纷繁复杂的外部世界,人们应当"乐其道而忘人之势",始终保持自己的道德情操和独立人格,做到"富贵不能淫,贫贱不能移,威武不能屈"③,这才称得上是"大丈夫"。孟子认为道德修养的途径就是"存心"、"养性"、反省内求。"存心"是指保持先天的善性,"养性"是指培养"四德",培养"浩然之气"。这种"浩然之气"就是一种大义凛然、无所畏惧的高尚道德精神,千百年来,它已经积淀为中国人的一种民族性格。

5. 孟子的"仁政说"

在性善论的哲学基础上,孟子政治上的主张就是统治者要实行"仁政"。

《孟子·公孙丑上》说:"人皆有不忍人之心。先王有不忍人之心,斯有不忍人之政矣。以不忍人之心,行不忍人之政,治天下可运之掌上。"不忍人之心就是同情心。由不忍人之心发展到不忍人之政,就是"仁政"。

他设计了施行仁政的具体方案,要求统治者"省刑罚"、"罪人不孥",反对株连无辜。在经济上,他主张"制民之产",让农民都成为小土地所有者,老百姓有"恒产"才能有"恒心"。一旦百姓"仰足以事父母,俯足以畜妻子,乐岁终身饱,凶年免于死亡",他们就会顺从统治,不会犯上作乱,这就是恒心。制民之"恒产"的具体办法,是国家分给每户农民百亩之田和五亩之宅,百姓"五亩之宅,树之以桑,五十者可以衣帛矣。鸡豚狗彘之畜,无失其时,七十者可以食肉矣。百亩之田,勿夺其时,八口之家可以无饥矣"。在解决了人民温饱问题的基础上,再进一步推行道德教化,设庠序之教,申明孝悌之义,就能实现社会的有效治理。如此,"老者衣帛食肉,黎民不饥不寒,然而不王者,未之有也"④。

孟子还提出了十分鲜明的带有民本主义倾向的政治主张,认为民心的

---

① 《孟子·离娄上》。
② 《孟子·尽心下》。
③ 《孟子·万章下》。
④ 《孟子·梁惠王上》。

向背是决定一个国家盛衰兴亡的主要因素。他说:"桀、纣之失天下也,失其民也。失其民者,失其心也。得天下有道,得其民,斯得天下矣。得其民有道,得其心,斯得民矣"①。基于这种认识,他进一步提出了"民为贵,社稷次之,君为轻"的著名论断。这个"民"是指不在官位的庶民百姓,"民为贵"即"重民",具体包括对士的"尊贤使能",对农的"制恒产",对商旅的免征关税等。

孟子认为,尧、舜时代就是一个仁政得到推行的时代,因此他主张效法尧舜,"法先王"。他从得民心者得天下的设想出发,贵王贱霸,反对用武力统一的"霸道",拥护以德服人的"王道"。他认为只有"行仁政而王",才能"得道者多助",才能最后使天下"定于一"。显然,孟子的这些主张都抛开物质条件,夸大人心作用,被认为是"见以为迂远而阔于事情"。尽管他自视甚高,却始终得不到任何国君的重用,因为新兴的强势阶层清楚,完全离开暴力是不可能实现统一的。

6. 荀子与"性恶论"

荀子名况,又称荀卿或孙卿,战国晚期赵国伊氏(山西安泽)人。他早年曾在齐国临淄的稷下游学,《史记·孟子荀卿列传》说"齐襄王时,而荀卿最为老师"。可见他是当时儒学宗师,也是最有学术成就和社会影响的人物。此后他游历了燕、秦、楚等国,晚年居于楚国兰陵(山东苍山)著书立说。荀子对孔子很尊重,而对孟子及其学派则尖锐批评。唐代韩愈倡导"道统",称孟子以后道统"不得其传",表现出尊孟贬荀的倾向,把荀子排斥出儒学正宗的体系之外。

荀子学说的理论基础是性恶论。他所说的"性"就是"生之所以然者"。他认为人生来就有感官上的要求,所谓"饥而欲食,寒而欲暖,劳而欲息",因此人的天性就是"目好色,耳好声,口好味,心好利,骨体肤理好愉佚",而不包括尊君、孝亲、循礼、守法等内容。这种天性如果不限制,就会发生争夺、残贼、淫乱等罪行,造成社会混乱。由此他认为人的本性是恶的。那么为什么还会有种种善行存在呢?这是人性中还有一种"可以知仁义法正之质",只要后天注意"化性起伪",通过教化就能够培养出种种善来。故他说"涂(路上)之人可以为禹"。

---

① 《孟子·离娄上》。

7. 隆礼与重法

荀子从性恶论出发，进一步提出"隆礼重法"的政治主张。

他认为人类之所以能够战胜自然，根本原因是人类能够"群"，即结成群体；而人类之所以能结成群体，关键在于把人们彼此之间的利益界限划分清楚。否则，欲望得不到满足，人们就必然产生争夺，进而导致贫穷。所以，"先王恶其乱也，故制礼义以分之，使有贫富贵贱之等"①。这种能使人们安于等级差异的就是"礼"，礼的作用就在于"明分"。只有"明分"，才能做到"贵贱有等，长幼有差，贫富轻重皆有称者也"②。只有贵贱有别，才能使人们安于名分，实现"维齐不齐"的社会安宁。同时，礼之分还包括职业分工，使士、农、工、商各守其业，劳心者、劳力者各尽其职，"农分田而耕，贾分货而贩，百工分事而劝，士大夫分职而听"③。"隆礼"对于治理国家意义重大，故曰"礼者，政之辔也"。

荀子不仅"隆礼"，而且重法。《荀子·君道》明确指出："法者，治之端也。"这是他不同于孔子、孟子等人的地方。他认为法律、政令的作用就在于齐百官、制百姓、强国家、霸诸侯。重法的原则需要做到以法胜私，不能以私乱法，要"怒不过夺，喜不过予"④。要使刑罚与罪行相称，不能失称，如果"罪至重而刑至轻"，结果只能"惠暴而宽贼"；但如果一人有罪三族皆夷，便是乱世的暴政。

荀子隆礼重法的学说适应了战国社会现实的需要，为建立和巩固中央集权的国家提供了系统的理论指导。但荀子所说的法治，是建立在礼治基础上的法治，与法家的"壹法"有所不同。《荀子·性恶》在论证法的起源时说："化性以起伪，伪起而生礼义，礼义生而制法度。"礼和法在这里是一种纲领和细则的关系。

在荀子的政治学说中，也体现出强烈的民本主义倾向。他在讨论君主与臣民的关系时指出："君者舟也，庶人者水也。水则载舟，水则覆舟。"⑤因此，他建议统治者要行"德政"，施仁义，争取民众的支持。

8. 荀子的哲学贡献

荀子是中国古代杰出的唯物主义思想家。他在战国社会生产力水平大

---

① ⑤ 《荀子·王制》。
② 《荀子·富国》。
③ 《荀子·王霸》。
④ 《荀子·修身》。

发展的背景下,对客观物质世界做出了"天行有常"的哲学判断。他一改儒家先贤"畏天命"、"以德配天"的思想,提出了"明于天人之分"的学说。他认为天是物质性的自然的天,其运行规律是客观的,所谓"天有常道矣,地有常数矣",天体运行的规律和大地生长万物的法则,都是不以人的意志为转移的客观存在。所以他说,"天不为人之寒也,辍冬;地不为人之恶辽远也,辍广"①。他认为,人类社会的一切变化都不是出自什么天意,而是由人自己决定的。一个人如果能做到务农而节用,天不能使其贫困;如果营养充足又能适时运动,天也不能使他有病。不仅如此,人还具有认识自然界及其变化规律的能力,对此他称之为"知天"。"知天"的目的是为了控制和利用自然,荀子进而提出了"制天命而用之"的思想,主张发挥人的主观能动性,在认识自然和开发自然的过程中为人类谋福利。但他的自然观又有一定的局限性。所谓"不务说其所以然,而致善用其材",过于实用而不能深入探索自然规律,必然限制真正科学理论的开拓建设。

"名实"关系即概念与其指称的客观实在的关系问题,是先秦诸子围绕认识论争议的一个核心问题。当时不同学派对"名实"关系即认识的发生与发展问题都提出了自己的看法,荀子也对之进行了集中的讨论。他对造成人们认识片面性的原因进行了归纳,提出了"制名以指实"的命题。他说概念是事物的反映,是用来指称客观事物的。所以客观存在是第一性的,名称是第二位的。而客观事物又是可以认识的,"凡以知,人之性也;可以知,物之理也"②。他反对"生而知之"的先验论,认为只有当人的"天官"(器官)接触客观事物时人才能有感觉,对感觉到的东西又必须用心去"征知",才能做出正确判断。"征知"要依赖感性经验,所谓"然而征知必将待天官之当簿其类然后可也"③。他也反对轻视理性思维的狭隘经验论,说"吾虑不清,则未可定然否也",并进而提出了"虚壹而静"的认识态度。关于"知"与"行"的关系,荀子认为"知"指导"行",同时肯定"行"高于"知"。《荀子·儒效》说:"不闻不若闻之,闻之不若见之,见之不若知之,知之不若行之。学至于行之而止矣。"

荀子在战国末期,承孔、孟之余绪,综合诸子学说,适应新时代政治的需

---

① 《荀子·天论》。
② 《荀子·解蔽》。
③ 《荀子·正名》。

要,成为新儒学思想体系的创立者。秦汉儒家受他的影响极大,他是从诸子儒学向官方经学转化中的阶段性人物,在中国古代学术史上具有重要的影响和地位。

五、老子与庄子的道家智慧

1. 老子与《老子》

老子姓李名耳,字聃,春秋晚期楚国苦县(河南鹿邑)厉乡曲仁里人,是先秦道家学派的创始人。由于文献记载的混乱,不仅老子的生卒年月不可考,即其与战国中期人太史儋的关系也聚讼纷纭。《史记·老子列传》说:"或曰儋即老子,或曰非也,世莫知其然否。"一般认为,老子做过东周王室的守藏史(一称"柱下史"),熟悉上古典籍,十分博学。孔子曾向老子问礼,对老子也非常敬佩。

传世本《老子》(又名《道德经》)一书81章,仅5000字,但意蕴深邃,是研究老子思想的直接材料。但其成书可能在战国后期,是老子后学编订的。1973年长沙马王堆汉墓曾出土有帛书《老子》,与今本相比字句稍有出入,主要不同是德经在前,道经在后,或可称《德道经》。1993年湖北荆门郭店楚墓发现有竹简本《老子》,抄写年代在战国中期。将它与今传本相比,一是反儒思想不明显;二是没有兵法、权术方面的内容;三是语言醇厚古朴,没有"玄"、"奥"等形而上的字句;四是缺少今本66~81章。有专家认为,竹简本出自春秋末期与孔子同时的老聃,今本出自战国中期的太史儋,它们不是同一系统。今本66~81章是后世道家补益的。

2. 老子之"道"

老子在中国古代最先把"道"作为一个最高哲学概念加以系统阐发。

"道"原是人们经常使用的概念,其本意是道路,引申而为内在于某种事物的规范和法则。《老子》一书中使用的"道",有时也指称某些事物的规范或法则,但在绝大多数情况下是一个具有本体意义的概念。《老子》第1章就开宗明义地阐明:"道可道,非常道。"那些可以具体而言说的某一种事物的"道",不是一般性的"常道";而他要言传的这个"常道",是可以作为世界总根源的"道"。商周时代人们信仰宗教性的人格神"帝"或"天",相信有天命安排着世界的一切。老子的"道"不是宗教神,它无意志、无目的,但又自然而然地拥有化育万物的力量。所以人们要放弃作为,顺应自然,"知常曰明;不知常,妄作,凶"。

在老子看来，"道"是先天地而生的，故曰："有物混成，先天地生。寂兮寥兮，独立而不改，周行而不殆，可以为天下母。吾不知其名，字之曰道。"①这个先天地而生的"道"，是大千世界的总根源，所以第 42 章说："道生一，一生二，二生三，三生万物。万物负阴而抱阳，冲气以为和"。"道"所以能够产生万物，在于"道"是一种无形质的存在，是空虚，视之不见，听之不闻，搏之不得，不可名状。在这个意义上"道"相当于"无"，因此才能作为万物的根源。对于"道"的空虚作用，老子作了形象化解释。第 11 章云："三十辐共一毂，当其无有，车之用……凿户牖以为室，当其无有，室之用。"

老子"道"的属性是自然，故曰"人法地，地法天，天法道，道法自然"②。"道"虽然生养了万物，但并不主宰安排万物，而是顺其自然。在这里"自然"和"无为"可以互相定义。他告诉人们，天地比人大，道比天地大。道的本性是"法自然"，"道常无为而无不为"。无为是手段，无不为是结果。"道"无意于产生万物，结果天地四时的自然运行却畜养了万物。君主治国也应当取法"道"的自然性，君主主观无为，客观上却使国家和百姓自然获得最理想的生存状态。

3. 无为而治

老子由天道延及人道，主张统治者无为而治。所谓"无为"并不是睡大觉什么都不做，而是不违背自然，不以主观意志破坏事物的正常状态。在老子看来，儒家提倡的"王道"和法家提倡的"霸道"，尽管存在刚柔之别，但实质上并无不同，都是让人们接受按照某种事先设计好的模式去改变和安排社会生活，都是一种"为"，因此不可取。老子告诫统治者："道常无为而无不为，侯王若能守之，万物将自化。"③统治者如果能够对权力节制，对个人私欲节制，在主观上不做天下的主宰，就会取得"无不为"的效果。正如第 57 章所说："故圣人云：我无为而民自化，我好静而民自正，我无事而民自富，我无欲而民自朴。"并且指出这才是天下最大的"德"，所谓"上德不德，是以有德"。

老子无为而治的主张对于稳定百姓生活、在一种宽松的政治环境下发展社会经济都能起到积极的作用。沿着这一思路，老子理想的社会是小国寡民。如第 65 章说："古之善为道者，非以明民，将以愚之。民之难治，以其

---

①② 《老子》第 25 章，上海书店 1986 年"诸子集成"本。
③ 《老子》第 37 章。

智多。"因此他主张绝圣弃智,绝巧弃利,摒弃人类的文化成果,退回到小国寡民的时代:"虽有舟车,无所乘之;虽有甲兵,无所陈之;使人复结绳而用之,甘其食,美其服,安其居,乐其俗,邻国相望,鸡犬之声相闻,民至老死不相往来。"这无疑带有一种反人文的思想倾向,不符合人类社会的发展规律和前进方向。

4. 深刻的辩证法思想

老子哲学的精华是他的睿智的辩证法思想。老子在对自然界和社会的深刻观察中,发现宇宙间万事万物的运动规律是相反相成、有无相生、物极必反的。《老子》第 40 章说:"反者道之动,弱者道之用。"即"道"总是向着和它相反的方向变化、运动,道的作用体现在柔弱而无形。他认为万物都包含着矛盾对立的两个方面,既互相依存,又相反相成。《老子》第 2 章说:"有无相生,难易相成,长短相形,高下相倾,音声相和,前后相随。"失去一方,另一方就不复存在。

但老子的辩证法又附属于其消极无为的理论体系。他生活在"高岸为谷,深谷为陵"的变革时代,感到任何事物都包含着内在的否定因素,都会向相反的方面转化,"祸兮福之所倚;福兮祸之所伏";"正复为奇,善复为妖"①;"兵强则灭,木强则折"②。因此他主张贵柔守雌,反对刚强进取。"物壮则老,是为不道。"有意造成事物的强大,反而促使其灭亡,所以人们最好自觉地处于柔弱的地位,效法大道的自然无为。第 28 章说:"知其雄,守其雌,为天下谿。"第 76 章说:"人之生也柔弱,其死也坚强。草木之生也柔脆,其死也枯槁。故坚强者死之徒,柔弱者生之徒。"第 22 章说:"夫唯不争,故天下莫能与之争。"老子突出"柔"字,正如《吕氏春秋》总结的"老聃贵柔"。他是对自己示弱,对他人则助其逞强,正所谓"将欲歙之,必固张之;将欲弱之,必固强之;将欲废之,必固兴之;将欲取之,必固与之"。所以有人说老子善用谋略,体现了所谓"中国智慧"。

老子总结了人类数千年的兴衰历史。《汉书·艺文志》说:"道家者流,盖出于史官。历记成败存亡祸福之道,然后知秉要执本,清虚以自守,卑弱以自持,此君人南面之术也。"老子还对人类文明的历史进程提出了独到的见解,第 18 章曰:"大道废,有仁义;智慧出,有大伪;六亲不和,有孝慈;国家

---

① 《老子》第 58 章。
② 《老子》第 76 章。

昏乱,有忠臣。"这既是他无为而治的主张,又是对儒家仁义道德的拒斥。同时,这对我们认识人类道德和社会制度的起源也提供了一个独特视角。

5. 庄子论"道"

庄子名周,宋国人,大致与孟子同时而略晚,是战国道家学派的代表人物。庄子曾做过蒙(河南商丘东北)地漆园吏,虽穷困潦倒,但拒绝过楚王的礼聘,一直过着隐居生活,朋友不多,门徒有限,被说成是逍遥派,其思想比老子更消极。《汉书·艺文志》著录《庄子》52篇,现存33篇,分为内篇7篇,外篇15篇,杂篇11篇。学术界一般认为内篇7篇是比较可靠的庄子本人的作品,是我们研究庄子思想的主要依据,而外篇和杂篇则掺杂了庄子门徒及后人的作品。

司马迁在《史记·老子韩非列传》中说庄周之学本归于老子,是说庄子在自然观上继承了老子"道"的思想。《庄子·大宗师》描述"道"说:"夫道有情有信,无为无形,可传而不可受,可得而不可见,自本自根,未有天地,自古以固存。神鬼神帝,生天生地,在太极之先而不为高,在六极之下而不为深,先天地生而不为久,长于上古而不为老。"由此可见,庄子理解的"道"与老子对"道"的描绘基本一致。

庄子把"道"作为万变不变的本质联系和法则。《庄子·知北游》记载庄子回答东郭子问"道"在什么地方时,他一连回答在蝼蚁、在稊稗、在瓦甓、在屎溺(对方认为"每况愈下"),并进而指出:"物物者与物无际,而物有际者,所谓物际者也。"就是说"道"作为理性思维的对象,本来就不是一个独立的"在",而是"无所不在"。他把"气"作为万物生成的基始,所谓"气也者,虚而待物者也"①。他把天地间的自然现象和人的生理现象都归结为"气"的存在和运动,认为人与自然之间有着某种一致和相同。正如他在《庄子·知北游》中所论:"生也死之徒,死也生之始,孰知其纪!人之生气之聚也,聚则为生,散则为死……故曰:通天下一气耳。"

6. 认识上的相对论

庄子还对事物本质的相对性进行了非常充分的论述。他认为世界上的事物尽管千差万别,但是从"道"的角度观察实际上没有任何差别。《庄子·秋水》说:"以道观之,物无贵贱。"正是从这一认识基础出发,庄子指出:人们日常看到事物之间的差别,其实是从特定的角度,相对于某种特定的标准去

---

① 《庄子·人间世》,上海书店1986年"诸子集成"本。

认识事物才发生的,是相对而不是绝对的。所以《庄子·齐物论》说:"举莛与楹,厉与西施,恢恑憰怪,道通为一。"即事物对立面的互相转化,意味着本质上的同一。他还列举了大量的事例来论证事物的性质都是相对的,比如毛嫱、骊姬,谁见了都会认为是美女,但鱼见了却会避入水底,鸟见了会吓得高飞,因此所谓的美丑并没有客观的标准。正因为事物的差别是相对的,所以他说:"天下莫大于秋毫之末,而泰山为小;莫寿于殇子,而彭祖为夭。"

7. 追求绝对的精神自由

庄子正是认识到了事物存在的相对性,因此他一生都在追求绝对的精神解脱和个性自由。他深刻地思考了人生所难以逾越的界限,认为人是"气"的一种存在形式,不可能摆脱"始卒若环"的万化之中。人的"命"不仅决定了人的生死,也制约着人的贫富穷达,所谓"天下有大戒二:其一,命也;其一,义也。子之爱亲,命也,不可解于心;臣之事君,义也,无适而非君也。无所逃于天地之间,是之谓大戒"①。人还无时不受哀乐之情和利害之欲的束缚,"人之生也,与忧俱生"②;"哀乐之来,吾不能御"③。同样,利害之欲也是人的本性所固有的,《庄子·盗跖》说:"人卒未有不兴名就利者。"既然人生注定要遇到种种限制,人又无法摆脱,但却可以顺任自然,这对追求个性自由而言并不可怕,真正妨碍人去精神逍遥的是"天刑",即自我强加给自己的精神桎梏。

为了达到逍遥无待的人生境界,庄子主张要做到"无己"、"无名"、"无功",实现彻底的精神解脱。所谓"无己"就是要忘记自己的存在,客观地看待生死问题。所谓"无名"就是要彻底抛弃功名利禄观念,不求名声。所谓"无功"就是要"乘物以游心",顺应自然规律,在观念上消除事物之间的绝对分野,站在"道"的高度认识对立面的转化,不求有功。要实现这种人生境界,需要下一番精神修养的功夫。《庄子·大宗师》说道:"堕肢体,黜聪明,离形去智,同于大通,此谓坐忘。"一旦做到这一步,就能达到"天地与我并生,而万物与我为一"的精神自由境界;就能做到"死生无变乎己",把对死生的体悟建立在超越个体的普遍存在之上,死生的界限也就不存在了;就能做到"游乎尘垢之外",理性地把个人的存在和永恒的存在结合起来时,就会

---

① 《庄子·人间世》。
② 《庄子·至乐》。
③ 《庄子·知北游》。

感悟到个人的存在也是一种无限,人世的贫富穷达又何足萦怀?

庄子的人生境界就是追求精神上的绝对自由,这就决定了他在现实中表现出一种超然物外的态度,表现出对人间事物的鄙弃和对世俗道德的否定。他认为,社会上之所以会出现种种混乱,人的本心之所以会一天天败坏,关键在于现实的政治制度和儒家提倡的仁义道德使社会及人类本身都丧失了他们原有的本性。他指出,儒家的"亲亲"有差等,"仁爱"亦然,于是爱马不若爱人,爱庶人不若爱君主,这样强以"仁爱"消解天下纷争的救世方案只能是一厢情愿。因此,庄子在政治上所向往的"至德之世",是一个不需要礼乐制度和仁义道德的社会。

六、韩非与法家学派

1. 集法家思想之大成的韩非

由于法家人物大都是变法运动的倡导者,其理论偏重于政治权力的运用,又从实践中总结出一套行之有效的政策思想,主张通过农战而富国强兵,结果运用到现实政治领域都获得了很大成功,因此他们深受各国统治者的青睐。

战国时先有李悝变法强魏,制定《法经》六篇,成为法家始祖。继有吴起辅魏相楚,战胜强敌秦、齐。后有卫人商鞅由魏入秦,"秦用商鞅,富国强兵"。而秦王嬴政用韩非、李斯之策,终灭六国。此外,郑国人申不害、赵国人慎到等也对法家理论做出了突出建树。韩非无疑是法家理论的集大成者,影响深远。

韩非是韩国的贵族公子,不善言谈,而善著书,与李斯同为荀子的学生。韩非曾多次上书韩王安,要求革新政治,都未被采纳。但他所著的《孤愤》、《五蠹》等篇传到秦国,秦王政读后却很欣赏,感叹说:"寡人得见此人与之游,死不恨矣!"①于是李斯向秦王推荐韩非。秦王政见到韩非虽然高兴,但还不太信任。李斯私心作祟,担心韩非会影响自己的地位,于是百般谗毁,致使韩非被冤杀。

韩非对前辈法家所阐发的思想进行了综合论证,他所探讨的基本问题集中在如何使国家富强和建立君主集权统治,而对于其他思想家集中讨论的宇宙生成以及心性学说等哲学问题,并没有进行过多的深刻的思考。

---

① 《史记·老子韩非列传》。

2. 兼用法、术、势的君主专制理论

韩非认为欲建立君主的专制统治,君主本人必须兼用法、术、势三种手段。法家所说的"法",是指由政府制定、向全民公布的成文法(明法),并且提出"法不阿贵……刑过不避大臣,赏善不遗匹夫",要做到"信赏必罚"①,有法必行(壹法)。这是从商鞅"重法"传承下来的。"术"是指君主驾驭臣下的手段和方法,最早是由申不害提出的,韩非作了进一步发挥。《韩非子·定法》说:"术者,因任而授官,循名而责实,操杀生之柄,课群臣之能者也,此人主之所执也"。"势"是指君主拥有的权势地位,慎到首先对"势"的重要性进行了论证,认为"尧为匹夫,不能治三人;而桀为天子,能乱天下,吾以此知势位之足恃,而贤智之不足慕也"。韩非认为,前人所依靠的法、术、势各有所长,也各有所短,必须将它们兼采并用,才能发挥出最大的功用。他举例说,秦用商鞅变法,国富兵强,但是由于君主缺少驾驭臣下的"术",结果攻城略地的成果却被大臣们利用来扩张私门。同样,如果只有"术"没有"法",也会导致前后法令不统一,奸臣同样有机可乘。而如果君主失去了作为一国之君的"势",则既不可能有效地推行治理国家的"法",也不可能行使驾驭臣下的"术",所以君主必须大权在握。

韩非顺应时代发展的历史趋势,主张建立中央集权的统一国家。《韩非子·扬权》描述这种政体的特点是:"事在四方,要在中央。圣人执要,四方来效。"《韩非子·五蠹》把学者(儒家学者)、言谈者(策士说客)、带剑者(游侠剑客)、患御者(为逃避赋役而依附于权臣)和工商之民称为"五蠹",认为必须要坚决打击这些危害君主专制统治的社会群体。尤其是韩非称之为"二心私学"的儒家,他们"大者非世,细者惑下",妨碍国家法令的推行,因此一定要禁其行,破其群,散其党,以防止其犯上作乱。基于此,韩非主张"明主之国,无书简之文,以法为教;无先王之语,以吏为师;无私剑之捍,以斩首为勇"②。秦始皇统一后推行极端的文化专制主义,其思想导师正是韩非。

3. 进化的历史观

法家人物富于革旧创新的进取精神,因此都秉持进化的历史观,坚持实事求是。韩非反对儒家崇古法古思想,认为人类历史是不断进步而不会倒退。他把社会发展划分为上古、中古和近古三个阶段:上古之世人民少而禽

---

① 《韩非子·有度》。
② 《韩非子·五蠹》。

兽多,物质生活水平十分低下。后来,有巢氏和燧人氏发明了"构木为巢"、"钻木取火",社会取得了进步。中古之世天下大水,于是有鲧、禹决渎治水。近古之世桀、纣暴乱,于是有商汤、周武讨伐无道,救民于水火。每一个阶段都有其自身特点:"上古竞于道德,中世逐于智谋,当今争于气力"①。因此,"世异则事异","是以圣人不期修古,不法常可,论事之事,因为之备"。如果幻想在当今之世恢复古代的制度,好比是"守株待兔",不仅不能治国,而且还会遭到世人嘲笑。

七、墨家学派的兴亡

1. 墨子与墨学

墨子是墨家学派的创始人,名翟,鲁国人。他生活在春秋战国之际,据钱穆《先秦诸子系年》考证,其生卒约为公元前480年和公元前390年。墨子早年曾做过造车工匠,后为宋国大夫,他在《墨子》一书中始终自称为贱人,说经常"量腹而食,度身而衣"。可见他代表小生产者利益,是一位来自平民阶层的思想家。

《汉书·艺文志》说"墨家者流,盖出于清庙之守",显见墨家思想与古代礼仪之学有很深的渊源关系。同时,从思想的传承上说,墨家又与儒家近缘。《淮南子·要略》称:"墨子学儒者之业,受孔子之术,以为其礼烦扰而不说,厚葬靡财而贫民,久服伤生而害事,故背周道而用夏政。"墨子最先从儒家学习,后来批判儒学创立墨家。信奉墨学的人为墨者,多为"农与工肆之人",组成一个严密的组织,领袖是"巨子"。墨者为实现自己的主张,以吃苦为荣,"赴汤蹈刃,死不旋踵"。他们在战国后期逐渐成为雇佣武装集团,学派色彩反而不突出了。

现存《墨子》一书,《汉书·艺文志》著录为71篇,今存53篇,不是墨子本人所著,是弟子对其言行的追记,但都基本反映了墨子的思想。

2. 兼爱与非攻

墨子针对孔子"爱有差等"的思想,提出了"兼爱"的口号,这是他全部学说的基础。"兼爱"就是"兼相爱,交相利",人们不分等级差别和贫富贵贱,都要像爱护自身一样相互友爱,即推行一种普遍的没有差别的博爱。具体就是"有力者疾以助人,有财者勉以分人,有道者劝以教人",进而实现一个

---

① 《韩非子·五蠹》。

"视人之国若视其国,视人之家若视其家,视人之身若视其身"①的理想社会。墨子针对战祸给人民生命财产造成的损失,反对一切攻伐战争,主张"非攻"。这在当时对大国是一种约束,对小国是一种保护。但由于他不能正确认识战争的根源,也不能区分战争的不同性质,因此不免流于和平主义的空想。

3. 尚贤与尚同

墨子把"兼爱"思想应用到政治上,提出了"尚贤"和"尚同"的主张。

"尚贤",就是主张选拔贤能之人来管理国家,做到"不党父兄,不偏贵富,不嬖颜色。贤者举而上之,富而贵之,以为官长;不肖者抑而废之,贫而贱之,以为徒役"②。这里划分人才的标准没有贵贱贫富之分,只有贤与不肖之别,体现了墨子反对贵族享有世袭特权的立场,"虽在农与工肆之人,有能则举之,高予之爵,重予之禄,任之以事"③,做到"官无常贵,而民无终贱"。这反映了当时平民阶层希望打破宗法等级制度,争取自身政治权利的心声。

"尚同"即"上同",就是在"尚贤"的基础上,"壹天下之制"。他认为造成天下混乱的根源是人们的思想认识不同,"一人一义,十人十义,百人百义"。人们各以自己之义为是,以他人之义为非,于是"天下之乱,如禽兽然"。解决的办法就是选择天下最贤之人为天子,然后依次选举三公、诸侯、卿、宰、乡长、里长等,由里长率领百姓上同于乡长,由乡长一同其乡人上同于国君,最后由国君上同于天子,做到"天子之所是,皆是之;天子之所非,皆非之"④。做到了这一点,使天下同于贤者,天下自然也就大治。墨子的主张反映了小生产者政治上的软弱性,很容易成为君主专制的理论依据,事实上它也确被法家所发挥运用。

4. 节用与非乐

在社会经济方面,墨家面对统治者的奢侈淫靡,提出了"节用"的主张,反对向百姓横征暴敛。他尖锐批评了儒家厚葬久丧的主张,认为会使人耗尽财富、疲惫精神、削弱身体,而且不利于男女之交,不利于人口繁殖和社会安定,因此提倡"节葬"。不管国家还是个人,"贫则语之节用、节葬",以避免

---

① 《墨子·尚贤下》,上海书店1986年"诸子集成"本。
② 《墨子·尚贤中》。
③④ 《墨子·尚贤上》。

人力物力的浪费。

他还主张"非乐"。认为"弦歌鼓舞"不能解决"饥者不得食,寒者不得衣,劳者不得息"等社会问题,反而会"废丈夫耕稼树艺之时","废妇人纺绩织纴之事",而王公大人兴礼作乐,会亏夺百姓衣食之财。这里完全取消精神生活,反映小生产者狭隘的功利主义思想,当然具有片面性,因为它不符合社会规律。

5. 天志、明鬼与非命

墨子认为天有意志,笼罩一切,能赏善罚恶,人在天下无所逃匿。"天志"就是人要顺从天的意志。天还以治与乱来表现它的意志,所以天子也要"顺天意"而行。《墨子·天志中》说:"天子为善,天能赏之;天子为暴,天能罚之。"这里表面上是继承了传统的宗教思想,但实际是借来作为包裹平民阶层意志的大旗和推销"兼爱"思想的强大靠山。所以《天志上》说:"顺天意者,兼相爱,交相利,天必赏;反天意者,别相恶,交相贼,必得罚。"

墨子引证了大量古代文献来说明鬼神是无所不在的。他说天下之所以丧乱,就是因为人们"皆以疑惑鬼神之有与无之别,不明乎鬼神之能赏贤而罚暴也"。正是因为失去了鬼神的监督和制约,使人们没有戒惧之心,才造成君臣上下不惠不忠,父子兄弟不慈不孝。要使天下安定,办法不是儒家的"敬鬼神而远之",而是"上尊天,中事鬼神,下爱人"[①]。借鬼神威吓统治者,就是"明鬼"。

墨子一方面肯定天有意志,能赏善罚恶,借助外在的人格神服务于他的"兼爱";另一方面又否定儒家提倡的天命,主张"非命"。他认为人的寿夭、贫富和天下的安危、治乱都不是由"命"决定的,只要通过人的积极努力,就可以达到富、贵、安、治的目标。为此,他提倡以"力"抗"命","非命"而尚"力"。这是一种对人的主体能动性的自觉,是要借助人的主观能动性来改变社会现实。

6. 蔽于用而不知文

墨子的学说以实用为主,缺少深厚的理论基础。他的许多主张都是针对现实中的缺点而发,正如《墨子·鲁问》所说:"凡入国,必择务而从事焉。国家昏乱则语之尚贤、尚同,国家贫则语之节用、节葬,国家憙音湛湎,则语之非乐、非命,国家淫僻无礼则语之尊天、事鬼,国家务夺侵凌则语之兼爱、

---

① 《墨子·天志上》。

非攻。"墨家的这种突出的实用理性,不但使其著作存在许多前后矛盾之处,而且理论适应性很差,一旦时过境迁就失去了存在基础。所以荀子说"墨子蔽于用而不知文"。

墨家在当时取得很大发展。《韩非子·显学》说:"世之显学,儒、墨也。儒之所至,孔丘也;墨之所至,墨翟也。"《孟子·滕文公》说:"杨朱、墨翟之言盈天下。"但由于其主张不符合统治者的口味,在阶级社会中不可能被真正推行。至秦实行专制统治,墨家那种社团组织就失去了生存条件,到秦末就很快衰落,到西汉前期便烟消云散了,后代只能在侠客和帮派道门中依稀看到它的身影。

八、阴阳五行家与兵家

1. 阴阳五行家

产生于商周的阴阳五行思想,到战国时发展成为一个思想体系,这就是阴阳五行家,从此它作为"中国文化的骨架",对传统文化的诸多领域影响深远。

阴阳观念产生于对自然的观察,最初朴素而直观,表现为对天、地等自然景象的客观描述,还不具有形而上的抽象意义。西周后期,阴阳观念开始和具有物质属性的"气"结合起来,认为天地之间存在着阴阳二气,二气的运行各有其"序",失序就要成灾。与此同时,阴阳被抽象为两种既对立又互相补充的力量,它们相反相成,始终处于动态的消长变化之中。这是一种朴素的辩证法思想,在《周易》一书中有充分的体现。春秋时,老子进一步把"阴阳"提炼为一对高度抽象的哲学范畴,并用来解释自然界天地万物的生成和变化。到战国时,从马王堆汉墓出土的帛书《黄帝四经》看,当时人已经开始用"阴阳"思想来解释社会现象,提出了"四时教令"的思想,创立了"阴阳刑德"理论。

从文献看,"五行"最早见于《尚书·洪范》,认为世界由五种最基本的要素构成,这就是金、木、水、火、土,合称为"五行"。因为不涉及"五行"之间的关系,也不指涉社会领域,它这时还单纯是一种推论世界构成的自然哲学。

2. 五行相生说

战国时期形成的阴阳五行家,它的任务是观测天象,编制历法,以作为统治者施政的根据。这种历法不仅包含自然的节气物候,还包括国君分月应做的事情,实际是行政月历。这时的阴阳五行思想一是"五行相生",二是

"天人感应",今天还保存在《礼记·月令》和《吕氏春秋·十二纪》等文献中。比如春是木德,万物萌发,统治者只能封爵和赏赐;夏是火德,万物繁茂,统治者只能教育和选官;秋是金德,万物肃杀,统治者可以施刑和征伐。对时令(在夏、秋之间又加上中时,选自立秋前18日,以配土德)和五行顺序,统治者的政令只能顺从不能违逆,如春天"不可称兵,称兵必天殃";如不在秋后问斩,则民大疫。这是"五行相生说",即木生火,火生土,土生金,金生水,水生木,循环不已。

3. 邹衍和五德终始说

阴阳五行家的代表人物是齐国人邹衍。他进一步把"五行相生"发展为"五行相克",变成一种受命理论,又叫五德终始说。原来王朝的建立要革天命,受天命,所谓"汤武革命"是也。但战国后期连挂名的天子也没有了,需要有新的受命理论。邹衍说,一个王朝必须要得到五行中的一德,上天还要显示符应,才能建立起来。等到它"德衰",有在五行中可以胜之一德的王朝就起而代之。比如黄帝得土德,天显示黄龙地螾,建最早王朝。土德衰,大禹据木德而建夏朝,后商汤再据金德而代之,同样周朝以火德而兴。现在明显火德已衰,代之而起的一定是水德。后来秦朝接受了邹衍的理论,以水德自居,据说符应是500年前的秦文公曾出猎获取一条黑龙。这样就形成一部有规律的循环不已的历史,体现的规律是木克土,金克木,火克金,水克火,土克水。

邹衍总结前人的思想成果,提出了"五行生胜"的理论,试图说明事物运动变化的普遍规律。他认为木生火、火生土、土生金、金生水、水生木是五行相生的转化形式,说明事物之间有着统一的关系。水胜火、火胜金、金胜木、木胜土、土胜水则是五行相胜的转化形式,说明事物之间有着对立的关系。这是具有朴素唯物主义和辩证法的思想因素。他把历史看成常变的,认为没有万世长存的王朝,这是合理的。但忽视历史变革的社会和经济原因,将之归结以神秘的天意,并且是循环论,这就陷入了迷信的泥潭。

邹衍的阴阳五行思想对后代哲学、医学、历法、建筑等领域影响很大,尤其在汉代被董仲舒的新儒学所吸收,成为支持"君权神授"学说的理论框架。

4. 兵家的产生

兵家是诸子百家中的一个学派,是从西周王官之学的重要组成部分"兵学"发展而来的。据文献记载,西周时就有军事条令性质的文献如《军政》《军志》等,但完整内容久已失传,仅有佚文在《左传》、《司马法》等书中。作为一个学派的兵家,是春秋战国时期特定环境的产物。由于连绵不绝的兼并和统一战争,各国竞相培养和延揽军事人才,从而为兵家的产生创造了条件。

先秦兵家辈出,著述颇多。《汉书·艺文志》专门辟有《兵书略》,著录的兵书凡 53 家 790 篇。其中,兵技巧和兵阴阳类著作已经亡佚,流传下来的只有兵权谋和兵形势类著作共 5 部。以战略见长的兵权谋类著作有《孙子兵法》、《孙膑兵法》、《吴子》、《六韬》等,以战术见长的兵形势类有《尉缭子》,另外还有一部兵书《司马法》,著录在礼类。其中,《孙子兵法》是中国也是世界上流传下来最早的、最完整的军事理论著作,是兵家的开山之祖和扛鼎之作。

这个时期,战争是最重要的社会生活内容,所以不仅有兵家专门的军事著作,诸子各派也都关注战争、研究战争,也有大量的论兵篇章。这些篇章是先秦兵学著述的重要组成部分,也是先秦兵学在其他学派中的拓展和延伸,同样有价值。

先秦的兵书并不是纯讲技术,而是政治色彩浓厚。它的内容既有军事哲学,又有社会伦理;既讲治军,又讲理国。在"务为治者也"这一点上,兵家与其他诸子的区分并不明显。从军事上来看,先秦兵家虽然不像现代军事学那样分出众多精细的学科,但大致涉及如今天的战争观、战略战术、战法、阵法、治军、军制、将帅、训练、地理、情报、装备、粮草等内容。具体而论,先秦兵家的军事思想主要表现在以下几个方面。

(1) 主张慎战,强调用正义战争反对非正义战争

《孙子·始计》:"兵者,国之大事,死生之地,存亡之道,不可不察也。"《孙膑兵法》肯定"有义"之师,反对"无义"之师。《尉缭子·武议》:"故兵者,所以诛乱禁不义也。"

(2) 注重政治、经济与军事的关系

《孙子·军争》指出:"军无辎重则亡,无粮食则亡,无委积则亡。"孙武还提出了"因粮于敌"、"务食于敌"的以战养战思想。《孙膑兵法》则强调"富国"是"强兵之急者也",认为军事实力必须以经济实力为基础。《吴子·图国》主张"必内修文德,外治武备",把政治和军事紧密结合起来。《尉缭子·兵令》也认为"兵者,以武为植,以文为种;武为表,文为里",这都体现了军事从属于政治、军事是政治的表现形式的深刻思想。

(3) 争取战略主动,不战而屈人之兵

《孙子·谋攻》:"上兵伐谋,其次伐交,其次伐兵,其下攻城。攻城之法,为不得已。""百战百胜,非善之善者也;不战而屈人之兵,善之善者也。"《六韬》也说:"全胜不斗","上战无与战"。

(4) 战术上要正确评估敌我情况,灵活用兵,因敌制胜

《孙子》最先总结出"知己知彼,百战不殆","不知彼不知己,每战必殆"的规律,认为除了知彼知己,还要"知天知地,胜乃可全"。只有对战争中可能的各种情况有充分了解,胜利才有保障。《吴子》主张"料敌用兵"、"因情击敌",即在不同的战场条件下,应灵活运用不同的作战方法。《孙膑兵法》也指出"胜不可一也",即不可用一种固定不变的方法去获得战争的胜利,强调灵活多变。

(5) 思想建军,赏罚分明

《吴子·图国》指出:"凡制国治军,必教之以礼,励之以义,使有耻也。夫人有耻,在大足以战,在小足以守矣。"只有使军队清楚为什么而战,才能攻必取,战必克,守必坚。《尉缭子·原官》主张以法治军,"明赏赉,严诛责",以调动士卒的积极性,同时强化军队的组织性、纪律性。

(6) 将帅既要体恤士卒,又要文武全才

《孙子·地形》要求将领爱惜士卒,"视卒如婴儿,故可与之赴深豁;视卒如爱子,故可与之俱死"。将领只有与士卒同甘共苦,士卒才能与将领出生入死。兵家非常重视培养将领多方面的素质。《吴子·论将》指出:"总文武者,军之将也。兼刚柔者,兵之事也。"他要求将领既懂军事,又要懂政治,既有勇,又有谋。

总之,兵家的军事思想主张在尊重客观实际的基础上,充分发挥人的主观能动性,利用各种条件使形势向有利于我的方向发展。这里面贯穿了朴素唯物论和辩证法的思想,包含了深刻的哲理。其中的一些方法和原则,至今仍有重要的指导意义。

东周世系表(公元前770年～公元前256年)

(1) 平王姬宜臼(前770～前720)——(2) 桓王姬林(前720～前697)——(3) 庄王姬佗(前697～前682)——(4) 釐王姬胡齐(前682～前677)——(5) 惠王姬阆(前677～前652)——(6) 襄王姬郑(前652～前619)——(7) 顷王姬壬臣(前619～前613)——(8) 匡王姬班(前613～前

607)——(9)定王姬瑜（前607～前586)——(10)简王姬夷（前586～前572)——(11)灵王姬泄心（前572～前545)——(12)景王姬贵（前545～前520)——(13)悼王姬猛（前520)——(14)敬王姬匄（前520～前476)——(15)元王姬仁（前476～前469)——(16)贞定王姬介（前469～前441)——(17)哀王姬去疾（前441)——(18)思王姬叔（前441)——(19)考王姬嵬（前441～前426)——(20)威烈王姬午（前426～前402)——(21)安王姬骄（前402～前376)——(22)烈王姬喜（前376～前369)——(23)显王姬扁（前369～前321)——(24)慎靓王姬定（前321～前315)——(25)赧王姬延（前315～前256)

秦国世系表（公元前844年～公元前221年）

(1)秦仲（前844～前822)——(2)庄公（前822～前778)——(3)襄公（前778～前766)——(4)文公（前766～前716)——(5)宁公（前716～前704)——(6)出公（前704～前698)——(7)武公（前698～前678)——(8)德公（前678～前676)——(9)宣公（前676～前664)——(10)成公（前664～前660)——(11)穆公嬴任好（前660～前621)——(12)康公嬴罃（前621～前609)——(13)共公（前609～前604)——(14)桓公（前604～前577)——(15)景公（前577～前537)——(16)哀公（前537～前501)——(17)惠公（前501～前491)——(18)悼公（前491～前477)——(19)厉共公（前477～前443)——(20)躁公（前443～前429)——(21)怀公（前429～前425)——(22)灵公（前425～前415)——(23)简公（前415～前400)——(24)惠公（前400～前387)——(25)出子（前387～前385)——(26)献公嬴师隰（前385～前362)——(27)孝公嬴渠梁（前362～前338)——(28)惠文王嬴驷（前338～前311)——(29)武王嬴荡（前311～前307)——(30)昭襄王嬴则（前307～前251)——(31)孝文王嬴柱（前251～前250)——(32)庄襄王嬴子楚（前250～前247)——(33)王嬴政（前247～前221)

第四章 秦汉王朝

(公元前 221 年～公元 220 年)

导　　读

一、秦汉时期的历史特点

中国历史上的秦汉时期,从公元前 221 年秦王朝统一开始,到公元 220 年东汉王朝灭亡结束,中间包括秦(公元前 221～公元前 206 年)、西汉(公元前 206 年～公元 8 年)、新莽(公元 8 年～公元 23 年)和东汉(公元 25 年～公元 220 年),共约 440 年。

秦汉时代在中国历史发展的长河中具有里程碑式的意义,突出表现在以下几个方面。

(1) 在广阔的疆域内和众多的民族间第一次真正实现了国家的大统一。秦汉帝国为巩固统一所采取的一系列措施,为两千年中国古代的历史走向奠定了坚实基础。此后以汉族为主体的多民族国家不断发展,这期间尽管也有分裂,但起主导作用的历史趋势是统一,并且不论在统一空间的扩大上还是在统一时间的持久上,都使这种局面不断巩固。

(2) 专制主义中央集权的政治体制正式形成。它的构成包括最高统治者的皇帝、自上而下任命的各级官吏、地方的郡县乡里行政体系和国家意识形态的政教合一等等,都被历代所继承。但在不同时期,它的形式不尽相同,所产生的积极或消极作用也不相同。

(3) 中国古代的地主土地所有制在全国被确立和推广。这是中国古代社会的经济基础,也是理解中国和西欧在古代为什么存在不同发展道路的一把钥匙。它的一些特点如国有和私有两种形式并存、土地可以买卖或兼并、自耕农的数量占绝对多数、土地继承上的多子析产等等,一直贯穿于此后的中国古代社会。

(4) 为适应政治大一统需要的思想统制政策被正式推出,先秦"百家争鸣"的局面不再。经过不断地选择调试,被董仲舒吸收其他学派的思想因素而加以改造形成的新儒学,成为官方的统治思想,同时又被独尊而极力排斥异端。这种做法一方面有利于全国各地的整齐教化、思想统一、风俗趋同,另一方面也确立了官方意识形态的经学模式。

(5) 秦汉时期新形成的政治斗争模式非常深刻地影响了此后的中国历史。如秦末、西汉末、东汉末的三次大规模农民战争,又如与皇帝制并生共存的外戚、宦官、官僚士大夫等不同政治集团之间的血腥斗争,也在以后的朝代反复出现。

(6) 中国古代真正意义上对域外的文化交流,正是从秦汉发其端。通过在拓疆过程中派出的使臣,中国开始以高度文明和富强的形象闻名于世,另一方面域外的物资和精神产品如佛教等不断传播进来,对中国古代社会产生了深刻而重大的影响。

总之,秦汉是中华文明发展进程中的一个高峰期,不论是物质文明、精神文明,抑或是制度文明,都成果丰硕、影响深远。所以,学习和研究这一段历史,对于我们更好地理解和把握传统文化的特质,是十分必要和有益的。

二、传世文献和考古资料

史料是进行历史研究、构建史学大厦的"砖瓦",秦汉历史的研究资料大体上可以被分为两种,即传世文献和考古资料。

传世文献就是古代人所撰写并且一直流传下来的历史典籍,其主体是二十四史中的"前四史",即《史记》、《汉书》、《后汉书》和《三国志》。对秦汉历史研究者来说,它们的最大优点是完整系统,内容丰富。其他还有一些重要典籍,如作为编年体史书的《汉纪》、《后汉纪》和《资治通鉴》等,作为诸子的《新语》、《新书》、《淮南子》、《春秋繁露》、《盐铁论》、《论衡》、《白虎通义》、《潜夫论》、《风俗通义》等,作为实用类著作的《氾胜之书》、《四民月令》、《周髀算经》、《九章算术》、《黄帝内经》、《神农本草经》、《伤寒论》等,对研究秦汉时期的政治、经济、社会、思想、科技等诸多方面的问题,也都具有重要的史料价值。

考古资料是指地下发掘或地面遗存的文物资料。近年来随着数量的增多和种类的丰富,其对于秦汉历史研究的价值也越来越大,其突出优点是真实。这里只举出有代表性的几种。

(1)《睡虎地秦墓竹简》,文物出版社1978年出版。1975年至1976年初,考古工作者从湖北云梦睡虎地的秦墓中发现了大量秦简,经整理分为《编年记》、《语书》、《秦律十八种》、《封诊式》、《为吏之道》、《日书》等10种,是研究秦史和久已失传的秦朝法律的珍贵资料。

(2)《居延汉简释文合校》,文物出版社1987年出版;《居延新简》,文物出版社1990年出版。1930年至1931年,原西北考察团在今内蒙古额济纳旗的汉代张掖郡居延都尉辖区遗址,采获汉简一万一千余支,经过多年研究整理,在《居延汉简甲乙编》的基础上又精校成《居延汉简释文合校》。1972年至1976年,居延考古队在居延遗址又出土汉简两万余枚,其中部分经整理编入《居延新简》。居延汉简的内容涉及政治、经济、军事、文化、法律等方面,可以弥补文献记载的不足。

(3)《张家山汉墓竹简(二四七号墓)》,文物出版社2001年出版。1983年至1984年,在湖北江陵张家山三座西汉早期墓(尤其是247号墓)中出土大批竹简,简文内容包括历谱、《二年律令》、《奏谳书》、《算数书》、《脉书》、《引书》、《盖庐》、遣策等八种。它们除了可以了解汉初的社会状况外,尤其珍贵的是对于研究久已失传的汉代法律提供了重要资料。

(4)《汉碑全集》,河南美术出版社2006年出版。它基本上囊括了两汉时期存世的石刻拓本,共收录阙铭墓表、坟坛题记、祠庙碑、功德碑、画像石、黄肠石等拓本285种360件,尤其是收录了近几十年新出土的汉代石刻多件。汉代碑刻除了具有珍贵的艺术价值外,更为研究汉代历史提供了文献所没有的史料,具有解史、证史、补史的巨大功用。

目前已经发现的除以上几种外,还有大量帛书(最重要的是湖南长沙马王堆汉墓帛书)、画像、封泥、印玺、货币、铜器、车马等考古资料。另外,一些重要的遗址如秦始皇陵兵马俑对秦汉史的研究也很有意义。具体可参考《中国大百科全书·考古分册》(中国大百科出版社1986年版)和《新中国考古五十年》(文物出版社1984年版)等著述所载。

参考论著主要指现当代学者所完成的秦汉史研究成果,内容广泛,形式多样,这里只介绍三本有代表性的断代史著作。

(1)《秦集史》(上、下),马非百著,中华书局1982年出版。全书仿传统纪传体例,有意补二十四史中无"秦史"之缺,分"纪"、"传"、"志"、"表"四部分,另有"编者按"表达作者的分析评述。

（2）《秦汉史》(上、下),吕思勉著,原出版于1947年,上海古籍出版社1983年再版。作者文献功底深厚,全书前半部分叙秦汉历史过程,以政治事件为线索;后半部分写经济文化等专题。

（3）《秦汉史》(上、下),林剑鸣著,上海人民出版社1989年出版。全书材料宏富,逻辑结构明晰,论证平实,吸收了当时最新的考古资料和学术成果,代表了20世纪后半期大陆秦汉史的研究水平。

除多种断代史,还有很多专史著作和学术论文,分别涉及政治、经济、思想、社会生活、宗教文化、人物传记等各个方面。对它们的查阅,可参考张传玺编《战国秦汉史论著索引》等同类工具书,也可借助各种网上的电子搜索平台来进行检索。

三、对秦汉历史的研究

对秦汉历史的研究,可以说从汉代就已经开始。这表现在两个方面：一是保存史料,编写史书,如《史记》、《汉书》、《东观汉记》、《楚汉春秋》等史书的完成。二是评论史实和人物,总结经验教训,如贾谊所写的《过秦论》和《史记》中的"太史公曰"、《汉书》中的"赞"等,都可视为秦汉史论。

秦汉以后的古代学者对秦汉史的兴趣,重心放在史籍的注释和内容的续补上,如《史记》的"三家注"(裴骃《史记集解》、司马贞《史记索隐》、张守节《史记正义》)和《汉书》的颜师古注,如宋人钱文子《补汉兵志》、王益之的《西汉年纪》等。尤其是清朝乾嘉时期的学者,无论是对秦汉古籍的校注、辨伪和辑佚,还是对秦汉史实的考证,都达到了一个相当高度,成绩很突出。另一方面,尽管一些古代学者纵论秦汉历史,显示了一定的观察力和光辉的民本思想,如曹冏的《六代论》、王夫之的《读通鉴论》、顾炎武的《日知录》等,但作者"君君臣臣"的经学立场,总妨碍他们的眼光进行深入透视,因而这种研究就有一定的局限性,很难说是很科学的。

"五四"运动以后,西方史学理论和方法(包括马克思主义)传入中国,对包括秦汉历史在内的中国古代史研究产生了重大影响。以进化史观为指导的近代实证史学,克服了传统史学泥古不化、英雄史观等缺点,扩展研究范围,发扬理性精神。这一时期在秦汉历史研究上比较突出的有翦伯赞的政治史、陶希圣的经济史、顾颉刚的历史地理、杨联陞的社会关系史和劳幹的"居延汉简"等,均为一时之选。在唯物史观的影响下,以探索历史发展规律为目的的宏观研究也十分活跃。如1930年代的社会史大论战,就涉及秦汉社会性质问题,马克思主义史学家的"封建社会说"曾与陶希圣的"商业资本主义说"和李季的"前资本主义说"展开争论。这时的人们虽然热衷于重大课题的研究,但在理论的运用上还不成熟。

1949年以后,中国大陆的主流是马克思主义史学。随着学科体系的完备、研究队伍的扩大和新考古史料的不断出现,秦汉史研究的成果无论在数量上还是在内容涵盖的广泛上,都取得很大成绩,出现了一批水平较高的论著。但由于受政治运动的干扰,也存在教条主义、公式化等倾向,如选题过于集中、拔高农民战争的地位等问题。1978年改革开放以后,在新的思想环境下,秦汉历史研究如春潮奔放,形成生动活泼的繁荣局面。

近年来的秦汉历史研究有这样一些可注意的动向:

(1)考古资料的发现,不断推动秦汉历史研究的进展。传统文献资料的相对贫乏,是秦汉历史研究最大的困难。从居延汉简出土以来,各种地下的秦汉资料不断被发现,每一次它们的价值展现,不仅是简单的资料增加,更使得人们开阔视野和启迪思路。这里比较重要的,如马王堆汉墓帛书对黄老思想、睡虎地秦简对秦律、秦始皇陵兵马俑对秦文化、银雀山汉简对周秦诸子、凤凰山汉简对赋役制度、张家山汉简对汉律、尹湾汉墓简牍对地方职官、广州南越王墓对民族关系、走马楼吴简对东汉三国社会以及湘西里耶秦简对秦朝地方政权的运行等许多问题,都有重要的史料价值。

(2)秦汉制度的研究常做常新。制度就是一定历史条件下形成的规程体系,往往对社会发展具有本质性、决定性的作用。转折期的秦汉制度对后代具有示范性的影响,但史书的记载颇多偏差和缺漏,所以人们历来重视对它的整理和研究。如官制、爵制、俸制、法制、狱制、刑制、兵制、礼制、葬制、庙制、田制、盐铁制、税赋制、力役制、货币制、分封制、监察制、选举制、郎吏制、学官制、郡县制、乡里亭制、什伍制、户籍制、关禁制、邮驿制等等,不胜枚举。因为在不同时空环境下制度变化的复杂性和新材料的不断面世,现代学者对秦汉制度史的研究很难穷尽。

(3)由于唯物史观强调经济基础对社会的决定作用,秦汉经济史一直是传统学术研究的热点。它包括社会经济形态、土地所有制形态、农具和耕作方法、畜牧业史、庄园和豪强、租佃制和依附农、奴隶买卖、聚落形态、水利史、交通史、冶铁和铸钱、纺织、造纸、漆器、陶器、煮盐、酿酒、商业和货币经济、商人和市籍、均输和平准、算缗和告缗、城市史、人口史、货币史、财政史、租赋力役、户等划分、高利贷、经济改革等内容。

（4）文化史研究方兴未艾。在一个社会共同体内，思想、礼仪、信仰、社会风俗等精神层面的东西都在起着重要的和合作用。近年来，人们以空前的热情投入到秦汉文化史的研究中去，如秦汉政治思想的演变、《春秋》"三传"的关系、"三礼"问题、阴阳五行与秦汉政治、汉初的道家思潮、图谶和纬书、画像石所反映的人生态度、《日书》与习俗、"焚书坑儒"与文化统一、方士和游侠、文吏与儒生、原始宗教的形成等。由于古人"事死如事生"，通过对墓葬明器的研究，我们可以了解秦汉时人的衣、食、住、行以及其家庭、婚姻等社会生活的各个方面。特别是通过对秦汉不同地域文化的研究，人们认识到，秦王朝政治军事统一后又很快失败，重要原因是关中和关东文化的对立。后来汉朝致力于文化整合，既巩固了自身统治，又推动了中华文化的形成。

以上仅是荦荦大者，其他如对传统文献和出土文献的整理研究，对秦汉政治进程、历史事件和人物的个案研究，对各个民族和民族之间关系的研究等，都一直被人们所关注，并且不断有新的成果出现。

第四章 秦汉王朝　201

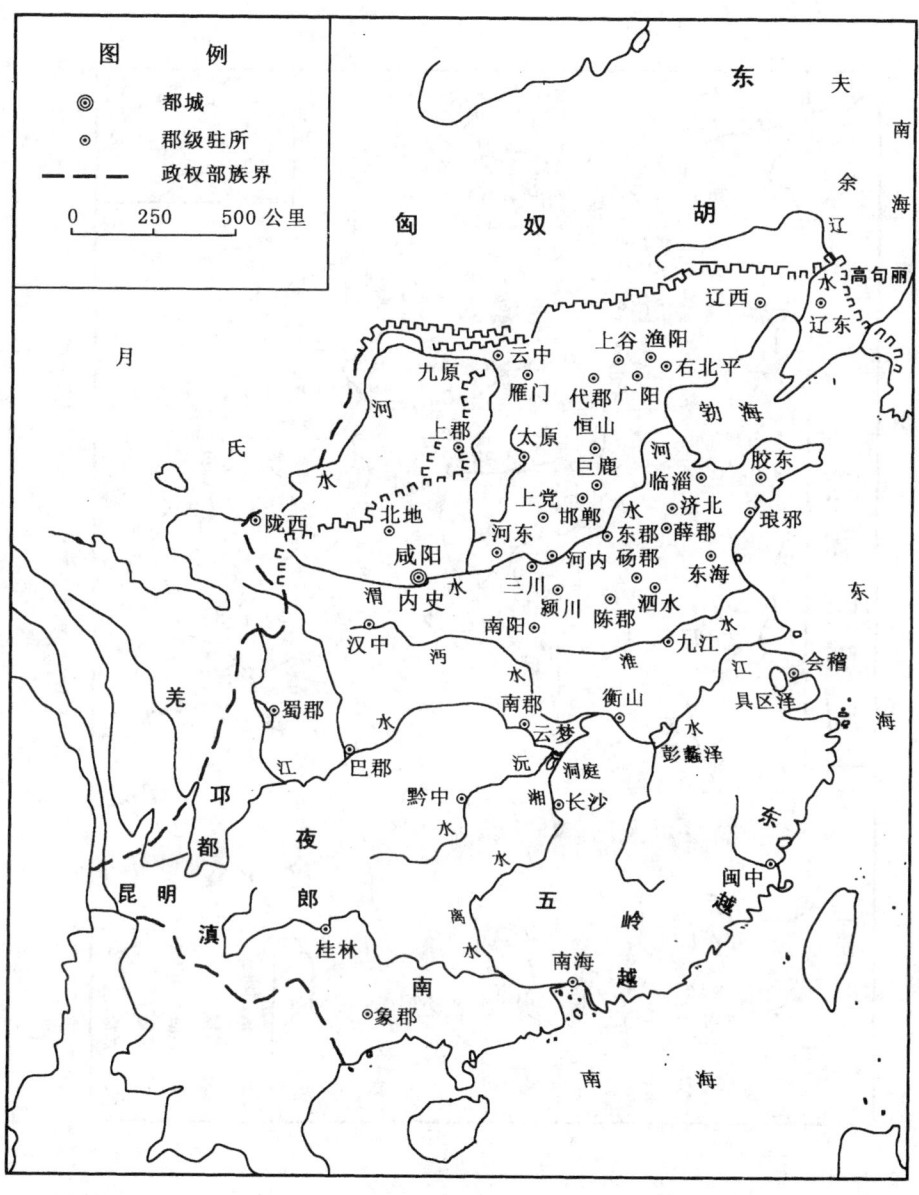

秦形势图
(本地图转引自复旦大学出版社《中国通史教程》)

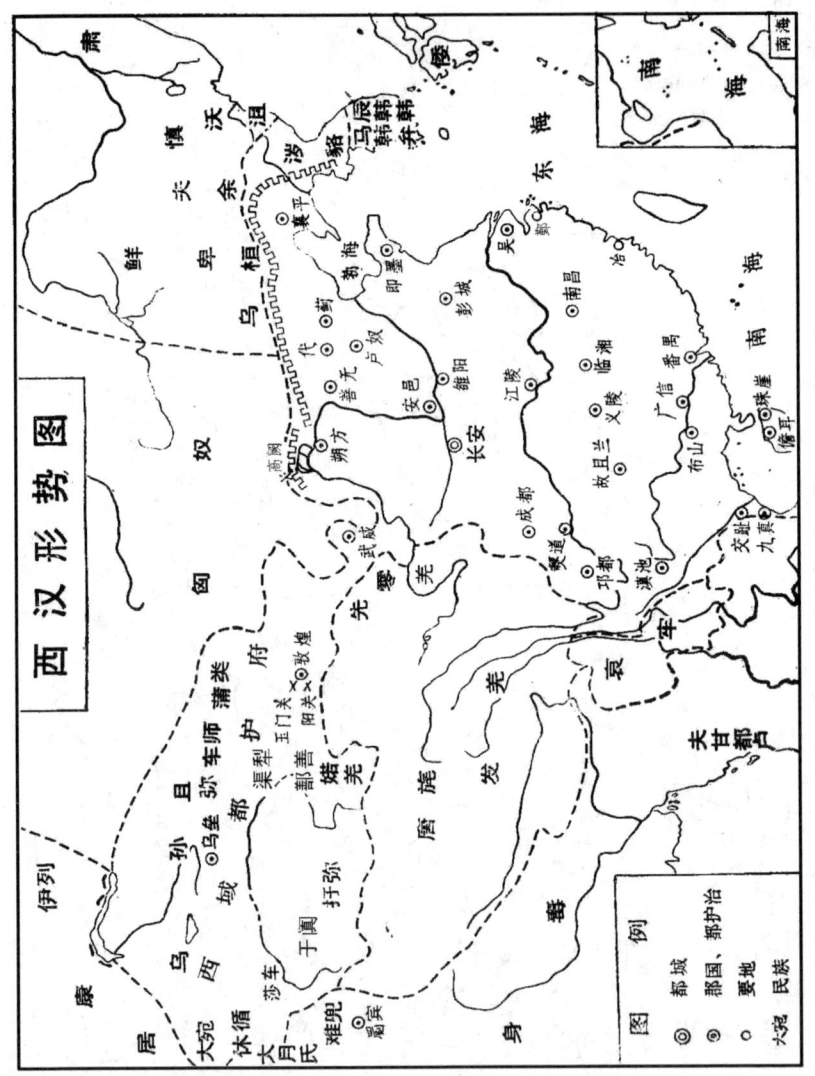

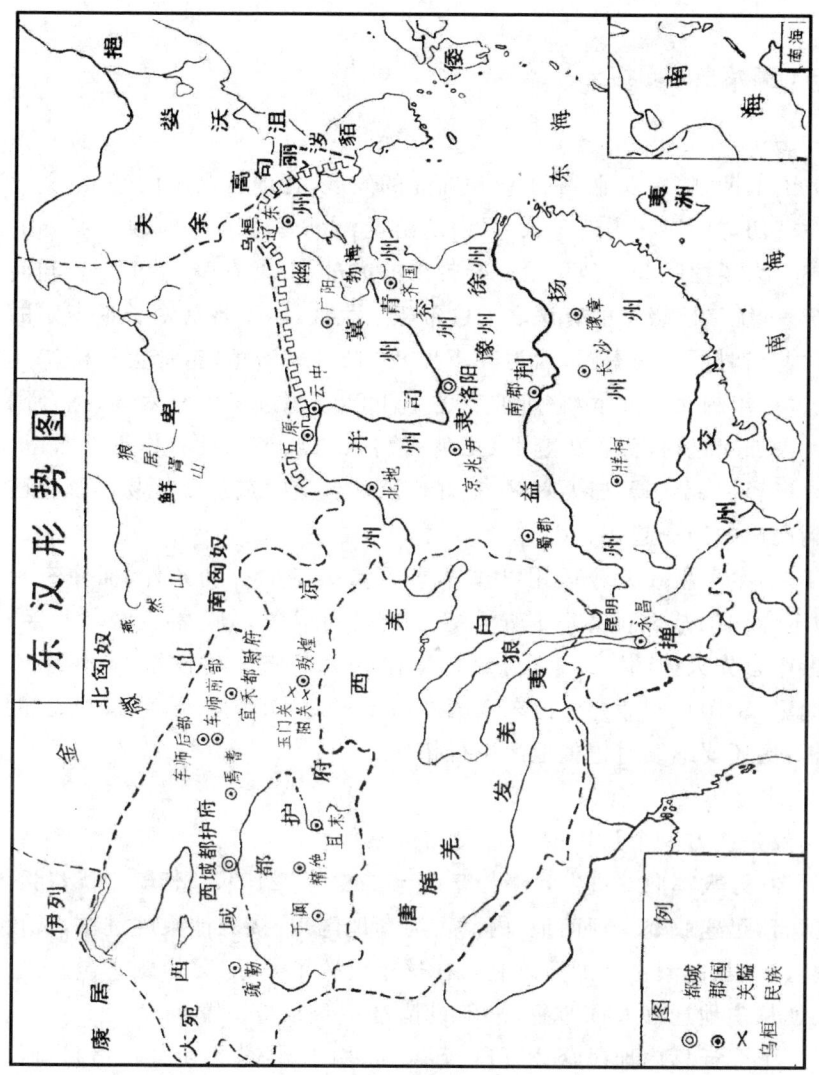

(本地图转引自北京大学出版社《中国古代史纲》)

第一节 秦朝的统一天下和短命灭亡

一、秦始皇开疆拓土

1. 统一六国

战国末期,随着农业、手工业和商业的发展,各地区之间的经济、文化交往日益密切,"四海之内若一家"局面的出现,为全国大统一提供了必要的经济基础。为了摆脱兼并战争给社会带来的灾难,广大农民、手工业者和商人渴望统一,统治阶级中的有识之士也希望结束战乱,出现一个长期安定的社会局面。当时西方的秦国,因为改革比较彻底,政治稳定,社会经济快速发展,经过多年的兼并战争,它所拥有的疆土已经超过了山东六国,综合国力最强。再加上这时有嬴政、李斯、王翦、蒙恬、尉缭等一批有作为的君臣,所以时人形容说,秦国要扫灭六国,就好比从灶台上吹灰那么轻易。统一已经是水到渠成的历史趋势。

于是,秦王嬴政充分运用秦国军事力量雄厚的有利条件,抓住有利时机,制定合理的战略战术,发动了统一全国的战争。从秦王政十七年(前230)秦军首先灭掉韩国开始,到二十六年(前221)齐王建投降,在不到10年的时间里,秦国顺利兼并了山东六国。但要实现"六合之内,莫非王土"的宏大目标,秦还要继续对边疆地区进行拓展。

2. 北逐匈奴

匈奴是北方一个强悍的游牧民族。秦始皇二十九年(前218),秦将蒙恬率领30万大军向北进发。秦始皇三十二年(前215),蒙恬集中优势兵力,穷追猛打,迅速收复了河南地(内蒙古河套地区)。接着他乘胜进军,又攻取了高阙、北假(内蒙古乌加河以北),在这里设置了九原郡(内蒙古包头)。同时,秦朝从内地迁移大批罪犯,来新设诸县屯垦戍守。秦始皇三十六年(前211),又下令迁移内地民众3万户,到北河、榆中(内蒙古伊金霍洛)定居,号此地区为"新秦"。秦朝大规模的移民实边,不仅有力遏制了匈奴的南下,也促进了北部边疆的开发。

秦始皇三十四年(前213),为了加强对匈奴的防御,秦始皇下令把以往秦、赵、燕的长城连接起来,筑成一条西起临洮(甘肃岷县)、东至碣石(河北秦皇岛)的万里长城。

3. 南平百越

先秦的东南和岭南地区，一向散居着古老的越族，其中包括东越、闽越、南越、西瓯等各个分支，互不统属，合称"百越"。秦将王翦在灭掉楚国后，很快深入到东南地区，率先平定了东越和闽越，分别设置了会稽、闽中两郡。

秦始皇三十三年（前214），派尉屠睢率领50万大军，分兵五路，征伐南越。秦军进入岭南之后，遭到越人的顽强抵抗，再加上后勤补给困难，战争长期处于胶着状态。为了解决物资运输问题，秦始皇派监御史禄开凿灵渠（广西兴安），沟通了湘江和漓江之间的水道。秦军由长江、湘江可直达珠江边的番禺（广州），给南越以沉重打击。秦始皇三十三年（前214），又征发有罪吏、逋亡人、赘婿和商人等"七科谪"，投入对越族的战争。秦军深入到西瓯（广西、海南和越南北部），终于平定全岭南。秦在这里分设南海、桂林、象三郡。后来，秦又不断迁徙内地的民众和罪犯来此屯戍，从而加强了这里与内地的联系。

通过长期开疆拓土，秦朝疆域空前辽阔，"东至海暨朝鲜，西至临洮、羌中，南至北向户，北据河为塞，并阴山至辽东"①，成为当时世界上版图最大的帝国。

二、巩固统一的政策和措施

1. 制度建设为本

秦王政二十六年（前221），山东六国刚被吞并，嬴政自恃功过五帝，地广三王，不愿沿用以往君王的名号，因而召集大臣，声称"今名号不更，无以称成功，传后世"，要求其"议帝号"。丞相王绾、御史大夫冯劫、廷尉李斯等人说"古有天皇，有地皇，有泰皇，泰皇最贵"②，建议使用"泰皇"的称号。嬴政并不满意，只采用一个"皇"字，加上一个"帝"字，自称为"始皇帝"。他还规定把皇位传给子孙，后继者沿称二世、三世皇帝，希望传至万世。从此，"皇帝"成为中国古代最高统治者的名号。

稍后，丞相王绾等人建议分封诸皇子为王，以便镇抚偏远地区。秦始皇让群臣讨论。群臣都赞同分封，唯独廷尉李斯反对，主张全面实行郡县制。秦始皇也认为："天下共苦战斗不休，以有侯王。赖宗庙，天下初定，又复立

---

①② 《史记·秦始皇本纪》，中华书局1982年版。

国,是树兵也,而求其宁息,岂不难哉!"①于是最终采纳李斯的意见,划分天下为36个郡,在全国彻底废除分封制,实行郡县制。

秦始皇不仅创立了专制主义中央集权的政治体制,而且利用"五德终始说"来论证秦朝统治的正当性和神圣性。既然周属火德,秦朝代周,水克火,秦即水德。于是以水德附会制度。如用颛顼历,以十月初一为岁首,新年朝贺与庆典也在此日;朝廷所用制服、旌旗、符节都崇尚黑色;数字以六为计,如冠六寸,舆六尺;黄河改名"德水";执政风格刚毅严厉,事统尚法,不讲仁恩情义,以符合水德主阴的特性。

2. 政治高压态势

秦始皇在位,密切关注天下形势,用大量时间到各地巡视镇服六国旧贵族等反对势力。

始皇二十七年(前220),他巡视西方,到陇西(甘肃临洮)、北地(甘肃庆阳)。

二十八年(前219),他巡视东方,到泰山举行封禅大典,向天下昭示秦朝的神圣。封禅是一种祭祷天地的宗教性活动,这在历史上实际上是第一次。秦始皇先到泰山顶上祭天,再到梁父山祭地,还郑重树碑记事。此后他来到琅邪(山东胶南城),修筑琅邪台,把3万户迁到这里,免除其12年徭役。后经彭城(江苏徐州)、衡山(湖北黄冈)、南郡(湖北荆州),从武关回到咸阳。

二十九年(前218),他再度东巡,途经阳武(河南原阳)博浪沙,遇张良行刺未果,大规模搜捕10天。继而前往琅邪,后经上党(山西长治)返回咸阳。

三十二年(前215),他巡视北方,到达碣石(河北昌黎),派燕人卢生入海求仙,后经上郡(陕西榆林)返回。

三十七年(前210),他巡视南方,到九疑山(湖南宁远)祭祀虞舜,再乘船顺江而下,到会稽山(浙江绍兴)祭祀大禹,继而沿海岸北上,再次来到琅邪。但在返回咸阳途中,秦始皇突发重病,死于沙丘平台(河北广宗)。

为了控制六国贵族,消解各种反秦势力,秦始皇于二十六年(前221)下令收缴全国兵器,运到咸阳,改铸钟镰和铜人;又迁移天下富豪12万户,来咸阳居住,以"强干弱枝"。这都在一定程度上稳定了社会秩序,抑制了地方离心因素和潜在的割据势力。

---

① 《史记·秦始皇本纪》。

3. 整齐经济法规

秦始皇三十一年(前216),下令"使黔首自实田"①,即命令土地拥有者向官府呈报其占有土地的情况,然后官府根据其呈报的数额征收租税。这意味着秦在全国范围内承认土地私有权,中国古代的土地私有制正式确立。

为了征收租税的便利,秦颁布了统一货币、度量衡的法规。首先,废除原来形制、重量不等的各国货币,统一新货币为两等:黄金为上币,以镒(20两)为单位;圆形方孔的铜钱为下币,以半两为单位。其次,废除各地不一的度、量、衡体系,以商鞅时期确定的度量衡作为标准器具,推行到全国,并统一规定6尺为一步,240步为一亩。再次,规定车轨的宽度为6尺,修建宽阔平坦的驰道,形成了一个以咸阳为中心的四通八达的交通网,把全国各地联系在一起,同时拆除了以前各国留下的城郭关塞。

这些措施,对建立新的经济秩序、促进社会经济发展以及帝国赋税职能的实现,都起到了积极的作用。

4. 文化思想专制

战国时各地文字异形,不仅造成政令推行和文化交流的障碍,还是一种易导致分裂割据的文化因素。秦始皇命令李斯等人整理文字,以原秦国使用的文字为基础,制定字形固定、笔画简省、书写方便的"小篆",统一作为官方的标准字体。还有一种民间早已使用的更为简便的隶书,也作为通用文字在全国范围内推行。这对于促进中华文明的发展具有深远影响。秦以后各地区方言不一,但书写文字相同,这在很大程度上有利于国家统一和经济流通。

在上层建筑中,意识形态是从属于政治的,政治统一必然要求思想统一。从这个意义上说,秦的"焚书坑儒"和后来汉的"罢黜百家、独尊儒术"没有实质区别。为了加强思想统治,秦始皇三十四年(前213),根据丞相李斯的建议,下令执行以下决定:

(1) 除医药、卜筮、农艺等实用性著作、秦国史书《秦纪》以及允许博士收藏的《诗》、《书》和诸子百家书以外,销毁所有的私人藏书。逾期不交者,要处以脸上刺字的肉刑和服劳役的徒刑。

(2) 凡是举办私学,特别是师生在一起讨论《诗》、《书》内容者一律处死。

---

① 《史记·秦始皇本纪》注引徐广语。

(3) 以古非今的人，要诛灭家族。

(4) 官吏包庇有罪者，与之同罪，同样受处罚。

(5) 取缔所有私学，想要从学者可以学习法令，以官吏为师。

次年，因为一些方士、儒生给秦始皇所献仙方无效验，又散布对皇帝不满的言论，秦始皇下令追捕咸阳等地犯禁者460余人，并以妖言惑众的罪名，全部坑杀于咸阳。

三、秦末农民战争和旧贵族复国

1. 秦之暴政

秦末农民战争，是秦王朝暴虐统治的结果。

秦始皇是一位有作为的君主，也是一名凶残的暴君。在他统治下，有一些应该做的事情如修驰道、修长城等，推行得过快过急，超出社会的负荷能力；有一些则是为了满足其穷奢极欲的本性，如修筑宫殿、骊山墓等，结果大兴土木，劳民伤财。据说当时的田租、口赋之重"二十倍于古"，各种徭役更为繁多。据估计，秦朝约有2000万人，而每年服役的就多达200万。秦刑罚严酷，刑名繁多，手段残忍，以致"赭衣塞路，囹圄成市"①。

秦始皇三十七年（前210），他在第五次巡游途中病死，中车府令赵高、公子胡亥胁迫丞相李斯，密谋矫诏篡权。胡亥即秦二世即位后，"暴虐以重祸"②，不仅迫害朝臣，杀戮宗室，加剧了统治集团内部的矛盾，群臣人人自危；而且增加赋役，刑罚严酷，较之秦始皇更过之。暴政使秦的社会矛盾迅速激化，广大民众走投无路，"悲号仰天，叩心怨上，欲为乱者，十室而八"③，终于爆发了陈胜、吴广领导的农民战争，将秦王朝推入深渊。

2. 大泽乡举义

陈胜，字涉，阳城（河南商水）人④；吴广，字叔，阳夏（河南太康）人，都是贫苦农民。秦二世元年（前209），朝廷征调大批农民屯戍渔阳（北京密云），陈胜、吴广也在征调之列，并被指定为屯长。七月，他们一行900人，走到大泽乡（安徽宿州），遭遇连天大雨，道路不通，难以按期到达目的地。按照秦

---

① 《汉书·刑法志》，中华书局1962年版。
② 贾谊：《新书·过秦》，《二十二子》，上海古籍出版社1986年影印浙江书局本。
③ 《汉书·蒯伍江息夫传》。
④ 一说河南登封人

律规定,兵役误期就要处斩。陈胜、吴广以为逃亡是死,举事不成也可能死,同样是死,不如为国举义而死。于是,经过一番密谋,他们杀掉了两个押队的军官。陈胜、吴广鼓励大家说:"王侯将相,宁有种乎?"①戍卒们热烈响应,随即"斩木为兵,揭竿为旗",一举攻克了大泽乡。

3. 建立政权及西征

大泽乡起义后,陈胜、吴广的队伍不断发展壮大,很快攻下陈县(河南淮阳),并在这里建立政权。陈胜自立为王,国号"张楚"。这个政权以"伐无道,诛暴秦"相号召,鼓舞了各地民众的反秦斗争,"诸郡县苦秦吏者,皆刑其长吏,杀之以应陈涉"②。原六国残存的旧贵族也拉起大旗,招兵买马,加入反秦斗争的行列。连孔子的八世孙孔鲋,也"持孔氏之礼器,往归陈王"③。反秦斗争很快形成燎原之势。

陈胜决定兵分三路:一路由假王吴广率领,进攻中原战略枢纽和粮仓荥阳(今属河南);一路由周文率领,直攻函谷关,准备直捣秦都咸阳;一路由宋留率领,迂回至南阳(今属河南),进取武关。起初,各路军将进展顺利,特别是周文的军队,迅速突破函谷关,一直打到骊山脚下的戏(陕西临潼),距咸阳只有数十里。

这时候,秦二世采纳少府章邯的建议,一方面调回戍守长城的边防军队,一方面大赦正在修建秦始皇骊山陵的刑徒,并把他们组织起来,向周文军发动反攻。周文部孤军深入,缺乏后续支援,经过激战,终因寡不敌众,被迫撤出关中。到渑池(今属河南)再与秦军交战,又失利,周文含愤自杀。

吴广军围困秦将李由固守的荥阳,久久不能取胜。当章邯领兵由西面进逼时,农民军已经军心浮动。吴广被部将田臧杀害,田臧与章邯战于敖仓(河南荥阳),最终兵败身亡。

4. 陈胜失败

秦将章邯连破周文、吴广两军,乘胜进攻陈县。陈胜率军奋力抵抗,终因势单力薄,不得不放弃陈县,向东南撤退。二世二年(前209)十二月,陈胜退至下城父(安徽涡阳),被他的车夫庄贾杀害。这时候,宋留的军队已经攻取南阳,但在陈胜死后,军心动摇,也被秦军击破。宋留被押到咸阳,遭受车裂之刑。

---

①② 《史记·陈涉世家》。
③ 《史记·儒林列传》。

陈胜、吴广领导的农民战争，虽然很快就归于失败，但由他们发起的反秦斗争，通过项羽、刘邦等政治势力的努力，最终取得了推翻秦王朝的胜利。

5."亡秦必楚"

秦统一六国后，并没有完全消除关中政权与六国旧政治集团的深刻矛盾，许多旧贵族怀着强烈的反秦意识，散居在全国各地。如张良出身贵族，祖先"五世相韩"，在韩国灭亡后，"悉以家财求客刺秦王"①。项羽祖先"世世为楚将"，在楚国灭亡后，跟随叔父项梁逃到吴地，"阴以兵法部勒宾客及子弟"②，待机而起。特别是在楚地，广泛流传着"楚虽三户，亡秦必楚"的谚语③，这预示着未来的东方必将出现激烈的反秦斗争。

项羽，名籍，下相（江苏宿迁）人，楚国名将项燕的后代。刘邦，字季，沛丰邑（江苏丰县）人，出身农民家庭，曾经当过秦的亭长。陈胜、吴广举事以后，项梁、项羽叔侄在吴县（江苏苏州）响应，刘邦在沛县（江苏沛县）配合，他们分别杀掉当地官吏，组织军队反秦。各国旧贵族利用形势，先后恢复了赵、燕、齐、魏、韩等政权，拥兵自重。

秦二世二年（前208）六月④，项梁得知陈胜遇害，召集项羽、刘邦、陈婴等人在薛城（山东滕州）举行会议，拥立前楚怀王孙熊心重新建立楚国，仍号楚怀王，建都于盱眙（今属江苏）。项梁自号武信君，掌握军政大权，成为反秦斗争的实际领袖。会后，各路军队分头攻秦，打了不少胜仗。九月，在与秦将章邯交战时，项梁不幸战死，反秦势力再遭重创。各路军队被迫收缩，项羽驻军于彭城（江苏徐州），刘邦驻军于砀（河南永城）。楚怀王也迁都彭城，准备展开下一步的反秦斗争。

6.巨鹿之战

章邯击破项梁后，以为楚地的反秦势力已被解决，就北渡河，进入赵地，把赵王歇、张耳等人围困于巨鹿（河北平乡）。赵歇、张耳坐守孤城，食尽兵少，向各地反秦势力求援。

楚怀王召开彭城会议，调整军事部署，决定分兵两路：一路以宋义为上将，项羽为次将，范增为末将，率军北上救赵；一路由刘邦率领，向西直捣关

---

① 《史记·留侯世家》。
②③ 《史记·项羽本纪》。
④ 秦以十月为岁首，故秦二世二年的头三个月（十、十一、十二）应为公元前209年；后九个月（一、二……九）应为公元前208年。这种情况一直持续到汉武帝太初元年（前104）改用夏历、以正月为岁首时。

中。会议还约定,"先入定关中者王之"①,谁先攻入关中谁就为关中王。

宋义率军进至安阳(山东曹县),按兵不动,想承秦、赵两斗之弊以保存实力。项羽极为愤慨,杀掉宋义,而后被楚怀王任命为上将军,继续率军救赵。

十二月,项羽率军渡过漳河,然后下令"皆沉船,破釜甑,烧庐舍,持三日粮"②,迅速发起攻势,九战九捷,大破秦军。秦军主将王离被俘,苏角被杀。秦二世三年(前207)四月,项羽率军进攻章邯。章邯难以阻挡,急派长史司马欣赶回咸阳,请求朝廷增援,但遭到赵高的拒绝。七月,章邯被迫投降项羽。

7. 秦朝灭亡

正当项羽在河北苦战之际,刘邦率军从砀郡出发,没有遇到大的抵抗,相继占领陈留(河南开封)、颍川(河南许昌)和南阳,并迅速攻克武关。这时,秦朝统治集团内部矛盾激化,在互相倾轧中,赵高杀死秦二世,另立公子婴,改称秦王。稍后,赵高又被公子婴诛杀。汉元年(前206)十月,刘邦率军进驻灞上(陕西西安),子婴向刘邦投降。秦朝灭亡。

秦末农民战争开启在前,旧贵族复国运动继踵于后,终于推翻了秦王朝的残暴统治,为汉代社会经济的恢复和发展,提供了有利的条件。而作为历史上第一次大规模的农民战争,也创造了一种新的政治斗争形式,在以后的历史上反复出现。尽管它付出极大的社会代价,但在别无选择的历史条件下,也推动了社会的继续前行。

第二节 西汉的强盛和"新朝"代汉

一、楚汉战争和汉初的政局

1. "约法三章"

刘邦进入咸阳,采纳部下的建议,接管秦的法律、户籍、地图和档案文书,让秦的一些地方官留任原职,准备履行与楚怀王之约,建立新的关中政权。为了争取关中人民的支持,稳定社会秩序,刘邦还"约法三章":"杀人者

---

① 《史记·高祖本纪》。
② 《史记·项羽本纪》。

死,伤人及盗抵罪。"① 此外废除所有秦法。得到关中人民的欢迎和支持。然后,刘邦封存秦的珍宝府库,退军灞上,等待项羽等诸侯的到来。

2. 项羽分封

项羽迫降章邯,率 40 万大军直奔函谷关,经过"鸿门宴"的刀光剑影,终于进入咸阳。他杀了秦王子婴,烧掉秦宫室;虚尊楚怀王为义帝,都郴(湖南郴州);自立为西楚霸王,定都彭城;又以盟主身份,分封诸将或反秦旧贵族共 18 王。其中,刘邦被封为汉王,统治巴蜀和汉中地区,以南郑(今属陕西)为都城。项羽为了钳制刘邦,有意违背楚怀王彭城之约,将关中分封给秦降将章邯等三人。刘邦极为不满,在张良、萧何和韩信等人的帮助下,明修栈道,暗度陈仓(陕西宝鸡),一举平定关中地区,从而拉开了楚汉战争的序幕。

3. 楚汉战争

楚汉战争是项羽、刘邦两大政治集团争夺最高统治权的战争,前后历时 4 年,大致经过了三个阶段。

(1)汉元年(前 206)八月,刘邦平定关中,利用项羽攻略齐地田荣的机会,率诸侯兵 56 万,迅速东进,攻入彭城。项羽得知自己都城沦陷,立即率领 3 万精兵从齐地赶回,向汉军发起反击。汉军在仓猝之间被打得落花流水,刘邦仅带着数十人,逃到荥阳、成皋(荥阳汜水)一带,再纠集力量进行抵抗。项羽引兵西进,也在荥阳、成皋一线,与刘邦形成对峙局面。

(2)汉二年(前 205)六月,刘邦集中兵力,一面坚守荥阳、成皋一线,继续与楚军对峙;一面派张耳、韩信领兵渡河北上,攻取魏、赵等地。一年多后,因为粮食缺乏,刘邦被迫逃离荥阳,回到关中。不久,刘邦又趁项羽攻打彭越的机会,南与黥布联合,再度进驻成皋。项羽击溃彭越后,再度挥师西进,攻克荥阳,围逼成皋。刘邦无力固守,只好北渡黄河,夺得张耳、韩信的军队,重新与项羽对峙。楚汉相持日久,项羽因为后援不继,无法继续作战,主动与刘邦和谈。双方约定以鸿沟(河南荥阳)为界,分割天下,鸿沟以东属于楚,以西属于汉。汉四年(前 203)九月,项羽撤兵东归。

(3)汉五年(前 202)十月,刘邦听从张良、陈平的建议,毁约追击楚军。十二月,刘邦与韩信、彭越两支军队会合,包围项羽于垓下(安徽灵璧)。在四面楚歌声中,项羽自知大势将去,遂与虞姬悲歌:"力拔山兮气盖世,时不

---

① 《史记·高祖本纪》。

利兮骓不逝,骓不逝兮可奈何,虞兮虞兮奈若何?"①接着他率领800骑突围,最后自刎于乌江(安徽和县)。二月,刘称帝于定陶(今属山东),新的帝国正式建立。后来定都于长安(陕西西安),史称西汉。

与项羽的楚汉战争,刘邦为什么屡战屡败却能最后取胜呢?

首先,他能及时革秦之弊,政策宽厚,得到关中民众的支持,有源源不断的人力、物力供应。这样,由于有深厚巩固的战略纵深,就使他的军队在困境中反而日渐壮大。

其次,他能聚拢和团结各地反对项羽的势力,并善于分化敌方阵营,吸引其优秀人才为我所用。如在他身边的萧何、张良、陈平、韩信、黥布、彭越等皆一时之杰,而其中陈平、韩信、黥布三人都是被从项羽集团"挖"过来的。

最后,他能虚心采纳部下的意见,在关键时刻把握正确的方向,避免或者少犯错误。相反,项羽自矜攻伐,残暴好杀,失掉民心,没有稳固的后方。斗争中项羽又缺乏远见,不讲策略,莽撞胡来,坐失良机。性格上项羽刚愎自用,独断专行,终于众叛亲离,身败名裂。

4. 稳定政局

经过八年战乱,西汉王朝初建,刘邦首先考虑的问题,是如何稳定局势,重建新的政治秩序。

汉五年(前202)五月,刘邦组织军队复原,并颁布诏令,规定凡留在关中的,可免除12年的徭役;返回原籍的,可免除6年徭役;没有爵位的,可赐给大夫爵位(五级);有大夫爵位的,增加一级爵位。原秦朝战乱中失掉户籍的人,可以返回原籍,重获原来的土地、宅院和爵位;因为饥饿卖身为奴婢的人,一律免为庶人。这些措施极大地缓和了社会矛盾。

刘邦依靠开国功臣打天下,组成了一个军功地主集团,并将其作为新王朝的政治基础。其核心成员,大多不是旧贵族出身。清人赵翼说:

> 汉初诸臣,惟张良出身最贵,韩相之子也。其次则张苍,秦御史;叔孙通,秦待诏博士。次则萧何,沛主吏掾;曹参,狱掾;任敖,狱吏;周苛,泗水卒史;傅宽,魏骑将;申屠嘉,材官。其余陈平、王陵、陆贾、郦商、郦食其、夏侯婴等皆白徒。樊哙则屠狗者,周勃则织薄曲吹箫给丧事者,灌婴则贩缯者,娄敬则挽车者。一时人才,皆出其中,致身将相,前此所

---

① 《史记·项羽本纪》。

未有也。①

是谓汉初"布衣将相之局"。其中萧何、张良、韩信、张苍、叔孙通等人，为建立新的政治秩序发挥了重要作用，如"萧何次律令，韩信申军法，张苍为章程，叔孙通定礼仪"②，他们分别从政治、经济、军事、法律、历法和礼仪诸方面，设计和建构了汉朝的制度体系。

5. 铲平异姓王

汉高祖刘邦的方针是"汉承秦制"，即重建中央集权的统一王朝，因此他不能容忍异姓诸侯王的存在，"狡兔死，良狗烹"的结局是必然的。从汉五年（前202）起，刘邦采用强硬的手段，平定了燕王臧荼、淮南王英布、燕王卢绾的"谋叛"，废黜了赵王张敖；又在皇后吕雉的操持下，杀掉了淮阴侯韩信、梁王彭越。只有长沙王吴芮，因为国小势弱，对中央不构成威胁，又战略上可以缓冲汉朝与南越之间关系，因此得以保存。同时，刘邦分封自家子弟九人为王，作为朝廷的藩屏，还刑白马为誓："非刘氏而王者，天下共击之。"③他想以"磐石之宗"来加固刘姓家天下。

6. 平城之围

北方的匈奴政权，趁秦末中原战乱南下，重新占领被蒙恬夺走的河套地区，直接威胁到汉朝北部的安全。高帝七年（前200），刘邦率军征讨韩王信，韩王信逃入匈奴，双方联合对抗汉朝。匈奴冒顿单于发兵围攻晋阳（山西太原），刘邦率领32万步兵迎战，但中了匈奴诱兵深入之计，因为先进抵平城（山西大同），被围困于白登山七天七夜，与后方失去联系。后用陈平的密计，才得以脱险。刘邦失败的原因，主要是汉朝步兵无法抵挡匈奴强悍的骑兵，不得已采纳娄敬的建议，与匈奴实行和亲，才算暂时稳定了北部边疆的形势。

二、文景之治与七国之乱

1. 吕后治国

西汉初期，君臣上下都对秦朝速亡的教训进行了总结，认为其好大喜

---

① 赵翼：《廿二史札记》卷二《汉初布衣将相之局》，中华书局1984年版。
② 《史记·太史公自序》。
③ 《汉书·王陵传》。

功、施政暴虐是主要原因,因此,汉朝要改弦更张,与民休息。高帝刘邦时,在陆贾等人的建议下,已经初步实行了无为而治的方略。

汉高祖十二年(前195),刘邦病逝于长安,太子刘盈即位,是为惠帝。刘盈体弱多病,在位仅7年即病死。在随后的8年时间,太后吕雉临朝称制,继续奉行"无为而治"的方略,除必要的徭役如征发民众修筑长安城之外,更多地采取与民休息、避免战争的政策。特别是面对匈奴单于的挑衅,她能够忍辱负重,继续实行和亲政策。因此,当时"天下晏然,刑罚罕用,民务稼穑,衣食滋殖",有"政不出房户,天下晏然"①之赞。

吕雉称制期间,汉朝上层逐渐形成了三种势力,即以梁王吕产、赵王吕禄为核心的外戚集团,以齐王刘襄、朱虚侯刘章为代表的宗室集团和以丞相陈平、太尉周勃为核心的大臣集团。吕氏外戚有吕后撑腰,实质上把持朝政;刘氏宗室受到压抑;朝廷大臣左右观望,表面上支持吕后,实则寻找时机要恢复刘氏政权。高后八年(前180)七月,吕雉去世,齐王刘襄率先起兵反对吕氏外戚。周勃、陈平等人巧用计谋,从吕禄手上夺得兵权,发动政变,铲除了吕氏势力。大臣们也排斥齐王势力,迎接刘邦庶子代王刘恒到长安继位,是为汉文帝。

2. 文景之治

汉文帝在位期间,一方面加强中央集权,相继平息了东牟侯刘兴居、淮南王刘长的叛乱,并按照贾谊"众建诸侯而少其力"的建议,把齐地分为六国,把淮南分为三国,开始削弱诸侯王势力;另一方面实行"与民休息"的政策,多次颁布诏令,鼓励发展农业生产。文帝十二年(前168),曾临时改田租"什五税一"为"三十税一",次年又免收全国土地税一年,尽力减轻农民负担。他还诏令减轻刑罚,废除收孥相坐律和肉刑,缓和社会矛盾。

汉景帝刘启继位,秉承其父治国方略,继续实行"无为而治"。从前元元年(前156)起,他下令确定田租三十税一为定制,还下诏不接受郡国贡献,要求地方长吏务劝农桑,减轻笞刑,规定犯人如不服判决,可以申诉核实。经过文景时代的休养生息,社会经济发展较快,史称"吏安其官,民乐其业,蓄积岁增,户口增殖"②,被史家艳称为"文景之治"。

3. 七国之乱

在宽松的社会环境之下,一些诸侯王也得以放手扩张自身实力,逐渐走

---

① 《汉书·高后纪》。
② 《汉书·刑法志》。

上对抗朝廷的道路,与刘邦大封同姓王、巩固家天下的初衷相反。景帝前元三年(前154),在吴王刘濞的策划下,吴、楚、赵、济南、淄川、胶东、胶西七国声言"清君侧",反对大臣晁错"削藩",因而发动大规模叛乱,组织20万大军直向关中。景帝仓促之间,竟然听信袁盎的谗言,枉杀晁错以谢诸侯。但是,刘濞的真正目的是要夺取皇位,不仅不退兵,反而声称"我已为东帝"。

于是,景帝任命周亚夫为太尉,统率大军赴关东迎战;窦婴为大将军,进驻荥阳督战。周亚夫坚持正兵相持、出奇制胜的战略,仅用三个月就彻底打败叛军。刘濞逃回东南,被东越人杀死,其他诸侯王或兵败自杀,或受到朝廷的严厉处置。

汉朝廷平息叛乱后,为了进一步控制诸侯国,"令诸侯王不得复治国"①,即其只能"衣食租税",享有经济利益,而失去行政权。同时改称王国丞相为相,废除王国御史大夫、廷尉、宗正、博士等官职,裁减大夫以下的官吏,王国官吏的任命权也收回朝廷。于是,王国变成与郡相同的地方行政单位,直接隶属于朝廷,从而加强了中央集权。

三、汉武帝的文治武功

1. 经国方略的转向

西汉王朝的第5位皇帝刘彻,自景帝后三年(前141)16岁时继位,到后元二年(前87)71岁时去世,在位时间54年,占整个西汉王朝215年的1/4。这54年适逢西汉王朝国力雄厚,在政治、经济、军事、文化等方面都发展很快,堪称汉朝鼎盛时期。

经过文、景两朝社会经济的快速发展和长期积累,社会呈现出一派繁荣景象:

> 汉兴七十余年之间,国家无事,非遇水旱之灾,民则人给家足,都鄙廪庾皆满,而府库余货财。京师之钱累巨万,贯朽而不可校。太仓之粟陈陈相因,充溢露积于外,至腐败不可食。众庶街巷有马,阡陌之间成群,而乘字牝者傧而不得聚会。②

---

① 《汉书·百官公卿表》。
② 《史记·平准书》。

汉武帝即位之初,任命窦婴为丞相,田蚡为太尉。他们都喜欢儒术,又推荐名儒赵绾任御史大夫、王臧为郎中令,试图影响和改变治国方略。但这时候,朝廷实权操于窦太后之手,窦太后偏好黄老,不喜欢儒术,仍沿袭既往的做法不变。建元二年(前139),赵绾上书,提议朝廷事务不要再向窦太后奏报。窦太后大为恼火,使人搜集到赵绾、王臧贪赃的证据,将之逮捕入狱;举荐者窦婴、田蚡也被免职。建元六年(前135),窦太后去世,汉武帝亲理朝政,才开始转变统治思想,重新安排中枢人事,扭转汉初七十年的治国方略。

在统治思想上,汉武帝通过"罢黜百家,独尊儒术",以儒家思想替代黄老思想作为汉朝政治上的指导思想。这种"新儒学"经过董仲舒的改造,以先秦儒学为基础,吸取融合了道、法、阴阳诸家思想中的合理因素,构成一个以"天人感应"、"五德终始"、"德主刑辅"、"三纲五常"和"大一统"等学说为主要内容的思想体系。

元朔五年(前124),武帝任命儒士公孙弘为丞相,又建立太学,为五经博士设置弟子。博士弟子学成以后,依照其学业成绩的优劣,可先充任郎中、文学掌故等职务。从此,"公卿大夫士吏彬彬多文学之士"①,整个官僚系统的人员构成逐渐由文吏向儒生倾斜。

2. 政治制度的变革

在政治制度上,汉武帝采取一系列措施,极力强化君主专制,以加强中央集权。

(1) 削弱诸侯王势力

元朔二年(前127),汉武帝采纳中大夫主父偃的建议,颁布"推恩令"。规定诸侯王死后,除嫡长子继承王位外,其余王子还能由皇帝加恩,在本国划出一块封地为侯国,"于是藩国始分,而子弟毕侯矣"②。结果"大国不过十余城,小侯不过数十里"③,诸侯王势力因多封而大减。汉武帝又颁布"左官律"、"附益法",规定在诸侯国任职的官员,地位要低于朝廷任命的官员,并不得再进入朝廷任职。同时,严禁诸侯王招纳宾客,结党营私。元鼎五年(前112),汉武帝还以列侯所献"酎金"成色不好、斤两不足为借口,削夺106

---

① 《汉书·儒林传》。
② 《汉书·武帝纪》。
③ 《史记·汉兴以来诸侯王年表》。

位列侯的爵位和封地。这就基本上解决了当时最大的离心因素诸侯王问题。

(2) 设立内朝与限制相权

汉初丞相作为百官之首,在朝廷权力很大。汉武帝亲政以后,为了限制或削弱相权,重用身边的尚书令、侍中、给事中、常侍、散骑等内廷官吏。其他亲信的大臣,如大将军、前后左右将军、太中大夫、光禄大夫等,通常被加上侍中、给事中的头衔,也可以出入禁中,参与讨论军国大事。这样围绕皇帝形成一个实际上的决策机构,被称为"内朝"。相对说来,以丞相为首由公和卿组成的中央政府是"外朝",变成一般政务的执行机构。内朝和外朝的区分,明显削弱了丞相的权力,加强了皇权。

(3) 设刺史与加强监察

元封五年(前106),汉武帝下令在全国设立13个州部,每个州部设置1名刺史。刺史在每年八月奉命由京城出发,巡视所部郡国,"省察治状,黜陟能否,断治冤狱,以六条问事"①。所谓"六条问事",除第1条用于督察地方豪强外,其余5条都用于督察郡守和王国的相。征和四年(前89),汉武帝又设司隶校尉,负责侦办巫蛊案件。后来,他把司隶校尉职责改成监察京畿地区七郡(三辅:京兆、冯翊、扶风;三河:河南、河内、河东;弘农)和朝中官员,职权与刺史相似。为了打击地方豪强势力,汉武帝除继续把他们强制迁移关中、由朝廷就近控制外,还利用一批酷吏,如张汤、杜周、王温舒等,到地方诛杀"犯禁"者。由此,稳定了中央对地方的有效控制。

3. 财经政策的调整

汉初实行"无为而治",私营工商业迅速发展,各地出现许多"富埒天子"的大商人,这被认为不利于朝廷在地方的统治。再加上汉武帝连年用兵及大兴土木,耗尽了国家几十年的积蓄,财政亏空。汉武帝不得不采取许多新的措施,以杀富肥国,大兴财利。

(1) 实行算缗告缗

元狩四年(前119),汉武帝颁布的"算缗令"规定:工商业和高利贷者,要向官府申报自己的财产,按每二千钱收一算(120钱)的比例缴纳财产税;手工业者则每四千钱交纳一算;除官吏、三老和北边骑士外,凡家有轺车者,每辆车交纳一算;商贾有轺车者,每辆车交纳二算;有船五丈以上者,每条船

---

① 《汉书·百官公卿表》注引《汉官典职仪》。

交纳一算。元鼎三年(前114),汉武帝又颁布的"告缗令"规定:凡隐瞒财产或申报不实者,处罚戍边一年,并没收其全部财产;鼓励告发者,要奖给被告发者所没收财产的一半。重申原规定,有市籍的商人及其家属不得占田,违者没收。结果,朝廷"得民财物以亿计,奴婢以千万数;田大县数百顷,小县百余顷,宅亦如之。于是商贾中家以上大氐破"①。原来蓬勃发展的民间工商业,由此遭到一次毁灭性的打击。

(2) 改革货币制度

元鼎四年(前113),汉武帝下令禁止郡国铸钱,把以往各地铸造的钱币统统销毁,将铸币权收归朝廷,由水衡都尉所属的钟官、辨铜、技巧三官铸造五铢钱(钟官负责铸造,辨铜审查铜料成色,技巧负责刻范)。这次新铸的五铢钱,又称三官钱,铸造质量高,使盗铸无利可图。五铢钱成为唯一合法流通的货币,在此后六七百年间被奉为标准货币。

(3) 实行盐铁官营

西汉时期,冶铁、煮盐和铸钱号称"三大利"。元狩年间(前122～前117),大盐商东郭咸阳、大冶铁家孔仅为大农丞,负责管理盐铁业。根据他们的建议,汉武帝决定废止私营盐铁业,而实行国家垄断经营,严禁私人染指。具体办法是在各地分设盐官37处、铁官49处,任用本地盐铁业主为盐官和铁官,管理盐铁的统一生产和销售。由此国家财政收入大增。

(4) 创设均输平准

元封元年(前110),汉武帝根据大农令桑弘羊的建议,实行均输平准政策。

均输就是"调剂运输"。由大农令在各地设立均输官,负责把本地应该输往京城的租赋贡纳物品,转运到物缺价高的地方转手出售;利用所得资金,再在这个地方收购土特物品,也转运至其他缺少这种物资的地方出售,价格必贵。这等于是不要本钱的官营商业网,由均输官为朝廷辗转牟利,最后只把京城所需要的物品运到长安。

平准就是"平衡物价",由大农令在京城设立平准官,调度各地均输官手中的物资。办法一是由价格低的地方向价格高的地方流通;二是在京城利用不同时机,低价收购,高价抛售,贱买贵卖,政府既可取代富商牟利,还可稳定物价。

---

① 《汉书·食货志》

这两项政策实行后,"民不益赋而天下用饶"①,朝廷增加了财政收入,以充军费之需。

4. 加强南北军

在军事体制上,汉武帝进一步集中兵权,增强中央的军事力量。他在原来南、北两军的基础上,陆续增设中垒、屯骑、步兵、越骑、长水、胡骑、射声、虎贲等八校尉,隶属于北军;增设期门、羽林等禁卫兵,隶属于南军。这些都是皇帝的直属亲军,士卒由招募而来,是征兵之外的职业兵,主要从精于骑射的西北六郡良家子中选拔,有的还父死子继。其任务不仅是侍卫皇帝和奉命出征,还要为皇帝培养高级将领,如李广、卫青、霍去病、赵充国等名将,早期皆曾历练于此。

5. 开疆拓土

在开拓边疆方面,汉武帝也取得了赫赫武功。在北方,他通过大规模的战争,沉重打击了匈奴势力。为了打击匈奴,他两次派张骞出使西域,加强了西域各国与中原地区的联系。在东南,他先后平定了东越和闽越,把大批越人内迁到江淮地区,与华夏族杂处。在南方,他出兵消灭了南越政权,在今广东、广西、海南和越南北部地区设立了南海、郁林、苍梧、合浦、朱厓、儋耳、交趾、九真、日南九郡,加快了岭南地区的文化交融。在东北,他出兵吞并了朝鲜,加上辽东郡的一部分,设立了真番、临屯、乐浪、玄菟四郡,把朝鲜半岛北部纳入汉朝的直接统治之下。在西南,他采用强制与招抚相结合的策略,平定西南夷,设立了犍为、武都、牂柯、越巂、沈黎、文山、益州七郡,加强了汉朝对西南地区的控制。

秦始皇创立的统一多民族国家,由此得到进一步的巩固和发展。

6. 轮台"罪己"诏

汉武帝的文治武功,使汉朝发展达到鼎盛。但是,长期的战争耗费了大量的社会资源,徭役频繁,赋税滥增,破产农民流亡各地,社会矛盾日益尖锐。从天汉到征和年间(前100～前89),许多地方发生武装暴乱,规模大的有数千人,专门攻打城邑,夺取武库,释放监狱罪犯,杀戮大小官吏;规模较小的也有上百人,掳掠乡里,扰乱百姓,社会秩序日益混乱。

汉朝统治集团内部矛盾重重。汉武帝迷信鬼神,老年又多猜疑,终于酿成"巫蛊之祸"。结果太子刘据、皇后卫子夫和多位公主自杀,丞相公孙贺、

---

① 《史记·平准书》。

刘屈氂相继被诛,贰师将军李广利被迫投降匈奴,其他遇害者有数万人。在内外交逼中,汉朝陷入危险境地。

面对如此局面,汉武帝最初派出绣衣御史到各地严厉镇压,并制定"沉命法",规定地方官吏如不能及时发觉并镇压动乱,也要被处死。这样一来,郡县官员既然不能镇压层出不穷的反叛,干脆对上级隐瞒不报,就促使形势进一步恶化。

汉武帝这才清醒,立即对严厉镇压的方式急刹车。他于征和四年(前89)颁布"哀痛之诏",下令停止在轮台(今属新疆)屯田远戍,并"深陈既往之悔",申明"当今务在禁苛暴,止擅赋,力本农,修马复令以补缺,毋乏武备而已"①。这是历史上帝王发布的第一个公开承认错误的罪己诏。同时,他封丞相田千秋为富民侯,任命推行代田法的赵过为搜粟都尉,以鼓励人民发展农业生产。此后,朝廷"与民休息",民众得尽力田亩,天下形势转危为安。

四、"昭宣中兴"与西汉的衰落

1. 盐铁会议

后元二年(前87),汉武帝去世,幼子刘弗陵继位,是为昭帝。大司马大将军霍光、车骑将军金日䃅、左将军上官桀、御史大夫桑弘羊共同辅政。昭帝时期,作为政权核心的霍光,遵循轮台诏令"轻徭薄赋,与民休息"②的既定方针,使社会进一步趋向稳定。

始元六年(前81),在长安举行盐铁会议,围绕着汉武帝时期大政方针的得失存废问题,如盐铁官营政策、汉朝与匈奴的关系、王道和霸道、重义和重利等等,代表官方的桑弘羊和来自地方的贤良文学们展开了激烈的辩论。结果,执政的霍光借助于民间舆论的支持,果断调整了盐铁官营政策,显示出与时俱进、革除旧弊的意向。桑弘羊全力固守和维护汉武帝的政策,尽管论辩犀利,却有损于他的政治声誉。会议对昭宣时期的政局走向产生了重要影响。

盐铁会议后,在汉朝统治集团内部,不同政见之争逐渐演变为权力斗争。上官桀、桑弘羊等与燕王刘旦勾结,指责霍光擅权和图谋不轨,实际想拥戴燕王夺权。汉昭帝全力支持霍光,最后上官桀、桑弘羊等被诛除,燕王

---

① 《汉书·西域传》。
② 《汉书·昭帝纪》。

自杀。霍光独揽朝政,虽专权而无野心,治理国事井然有序。他不仅挽回了汉武帝晚年的颓势,还使得汉朝国运在平稳中又有提升。

2. 宣帝善治

元平元年(前73),汉昭帝去世,没有后嗣,霍光与群臣商议,由武帝孙昌邑王刘贺继立。可是,刘贺在位仅27天,因为行为不端,又被霍光废黜。霍光再立武帝曾孙刘病已(卫太子刘据之孙,后改名询)继承昭帝,是为汉宣帝。宣帝即位初,霍光仍掌握实权,官员们"诸事皆先关白光,然后奏御"。宣帝也沉静小心,"虚己敛容,礼下之已甚"①。地节二年(前68),霍光去世后,宣帝才开始亲政。他治理天下政绩突出,被汉家尊为"中宗"。

(1)他重视吏治,认真甄别提拔各级官员。他先后任用魏相、丙吉等贤士为丞相,更重视刺史、郡守等地方官的人选,必亲自召见考察而后任命。史称"汉世良吏,于是为盛"②。

(2)他重视司法,尽力减省刑罚。地节四年(前66),他下诏修改汉武帝时的"首匿法",规定"自今子首匿父母,妻匿夫,孙匿大父母,皆勿坐"③。他设置廷尉平一职,专门辅佐廷尉裁决疑案,治理冤狱。他把是否能平理冤狱,作为考核官吏优劣的首要内容。

(3)他重视民生,注意发展农业。凡遇郡国自然灾害,他就下诏减免田租赋税。甘露二年(前52),诏减全国算赋,由每人120钱减为30钱。农业发展,粮食产量增加,在元康、甘露年间(前65~前50),谷价每石仅5钱;即使在金城(甘肃兰州)、湟中(今属青海)等边远地区,也不过8钱。这比汉初石万钱的谷价相差极大,创下了汉代谷价的最低纪录。

(4)在对外事务上,他能根据情况灵活妥善处置。神爵二年(前60),赵充国平息羌乱后,宣帝设立金城属国,用以安置归附汉朝的羌人。他还设立西域都护府,任命郑吉为首任都护,监护南北两道36国,确立了汉朝对西域的行政管辖权。甘露三年(前51),匈奴呼韩邪单于来长安觐见,宣帝给予隆重接待,使汉匈关系由战争走向和平。

昭宣时期,由于坚持"轻徭薄赋,与民休息"的政策,缓和了社会矛盾,改善了民众生活,增强了国家的综合实力,维持了汉朝持续兴盛的局面,史称"昭宣中兴"。

---

①③ 《汉书·宣帝纪》。
② 《汉书·循吏传》。

3. 西汉的衰落

西汉后期,伴随着豪族势力的增长,土地兼并势头凶猛,许多农民破产流亡,社会矛盾日益尖锐。而最高统治集团中,皇帝平庸,外戚宦官专权,政治昏暗,汉王朝日渐衰落。

黄龙元年(前49),汉元帝刘奭继位,由大司马车骑将军史高、太子太傅萧望之、少傅周堪共同辅政。元帝优柔寡断,缺乏理政才能,一方面信任儒士萧望之、周堪,并由他们举荐宗室刘向、侍中金敞等参与朝政;一方面又委政于宦官弘恭、石显,放纵外戚许氏、史氏,朝廷纷然乱像。初元二年(前47),元帝听凭宦官陷害,使萧望之自杀,让石显擅权。元帝偏好儒经,但天真不能务实,虽然先后任用韦玄成、匡衡、翟方进、孔光等大儒由卿而相,也采纳过儒生减少皇室开支、废止角抵戏等建议,但治标不治本,无法真正缓和社会矛盾。

竟宁元年(前33),汉成帝刘骜继位。他不仅缺乏主见,软弱无能,而且沉湎酒色,任由王氏外戚专权,"尚书、九卿、州牧、郡守皆出其门,管执枢机,朋党比周,称誉者登进,忤恨者诛伤。"①这时,许多贵族、官僚、豪族大肆聚敛财富,竞相追逐奢华,如红阳侯王立依仗外戚身份,侵占南阳草田数百顷;丞相张禹强买关中良田400顷。土地大量集中,大批农民流离失所,再加上黄河屡次决口,饿殍遍野,西汉危局积重难返。

4. "限田限奴"的失败

绥和二年(前7),汉哀帝刘欣继位。他起初很想重振朝纲,如临朝多次诛杀大臣,敢于抑制王氏外戚势力等。针对土地兼并和奴婢这两大社会问题,丞相孔光、大司空何武提出"限田限奴"的方案。规定:私人占有土地的数量,自诸侯王、列侯以下,直至一般官吏,都不得超过30顷;占有奴婢的数量,诸侯王为200人,列侯、公主为100人,关内侯以下30人;商贾不得占有土地,违者依律论处;超出的土地、奴婢,一律由官府没收。这一方案提出后,得到汉哀帝的赞同。但因为皇族、贵戚、权臣等既得利益受到损害,拼命加以抵制,汉哀帝也不能坚持,方案终成一纸空文。

后来,傅氏、丁氏外戚轮流辅政,哀帝渐失锐气,转向失望和颓废。建平二年(前5),哀帝受到方士蛊惑,相信图谶"汉运将终"之说,玩起"再受命"的把戏:改称年号为"太初元将元年",自号"陈圣刘太平皇帝"。但事实证明

---

① 《汉书·楚元王传》。

这种手法毫无效验,反而使政治更加败坏,社会危机不断加深,哀帝只好取消"再受命"。

元寿二年(前1),汉平帝刘衎继位。他只是一位傀儡皇帝,外戚王莽再掌朝政,一心准备夺取皇位。元始五年(5),平帝死后,孺子婴象征性地继位,王莽"居摄"称制。居摄二年(7),王莽假借天命,举行禅让典礼,由此进入新朝时期。

五、王莽新朝和绿林赤眉起义

1. 王莽建立新朝

西汉后期,随着土地兼并的恶性发展,流民、奴婢问题日益严重,社会矛盾加剧,农民不断进行武装反抗。面对这种局面,汉朝上层集团却拿不出解决问题的办法,一筹莫展。而以王莽为代表的外戚集团,正迎合舆论,扮演了救世主的角色。

王氏外戚缘起于汉元帝的皇后王政君,她是王莽的姑母。成帝即位,她以母后之尊在朝廷呼风唤雨,其兄弟王凤、王音、王商、王根四人相继担任大司马大将军,总领朝廷政务。绥和元年(前8),继诸位叔伯之后,38岁的王莽接任大司马大将军。但在哀帝时,王莽一度失势,被迫退回封国。元寿二年(前1),哀帝刚一去世,元后急召王莽进宫,拥立年仅9岁的汉平帝。王莽复任大司马大将军,掌管军政大权。

这时候,王莽着意排斥异己,扶植私人势力,"王舜、王邑为腹心,甄丰、甄邯主击断,平晏领机事,刘歆典文章,孙建为爪牙"①,很快形成一个政治集团。为了巩固地位,王莽把女儿立为平帝皇后。为了收揽人心,他主动辞退朝廷给自己的 2.5 顷封地。元始四年(4),元后任王莽为宰衡,以表彰他的功德。隔一年,王莽成为假皇帝,改年号为居摄。初始元年(8),王莽看条件成熟,就废黜孺子婴,正式即帝位,改国号为新。

2. 王莽的社会改革

新朝的统治能否巩固,取决于它对西汉长期积累的社会问题能否拿出合理的解决办法。王莽要进行"改制",主要包括以下几项措施。

(1) 实行"王田"、"私属"制

始建国元年(9),王莽下令:全国土地一律改称"王田",不允许私人买

---

① 《汉书·王莽传》。

卖。每户农家不足 8 口男丁的,如果占有土地超过 900 亩,必须把多余的土地分给宗族、邻里或乡党。没有土地的农家,按照夫妇授田百亩的标准,分配土地。奴婢称为"私属",严禁买卖。

这项改革,是脱离现实的复古行径,不仅不能落实下去,反而造成社会混乱,后被取消。

(2) 颁布"五均"、"六筦"

始建国二年(10),王莽颁布"五均"、"六筦"政策。"五均"是在长安和洛阳、邯郸、临淄、宛(河南南阳)、成都设立五均官。五均官负责市场物价,同时征收工商业税,还按规定办理赊贷事务。赊贷即借钱给有丧葬、祭祀事情的贫民,贷款给想经营工商业而没有资金的人,并对前者免收利息,对后者收取 10% 的利息。这个五均赊贷再加上官府专营盐、铁、酒,官府统一铸造货币和征收山林川泽税,总称为"六筦"。

这些政策本意在仿照汉武帝,限制大工商业者,使官府和民众都得到实惠。但在执行中,主要由富商大贾操持,反倒成了勒索民众的手段,引起社会普遍不满,后也被取消。

(3) 改革货币制度

王莽当政时,有过 4 次货币改革。一是居摄二年(7),铸造大钱(12 铢),配以契刀、错刀,与五铢钱并行于世。二是始建国元年(9),废除错刀和五铢钱,发行新的"宝货",包括金、银、龟、贝、铜五大类,共有 28 个品种。三是次年,因为流通不便,停止使用新币,另造小钱,与大钱并行于世。四是天凤元年(14),废除小钱、大钱,改用货布和货泉。

这样的货币改革毫无意义,只会带来更多的社会混乱,所以"每一易钱,民用破业"①,众怨沸腾。它成为王莽统治加快崩溃的重要原因。

此外,王莽还以《周礼》为依据,对于地名、行政区划和职官制度,进行了大幅度的仿古调整。如改称太常为秩宗、大鸿胪为典乐、大司农为羲和;改称郡太守为大尹、都尉为太尉、县令长为宰;改称长安为常安、未央宫为寿成室、前殿为王路堂;改称汉阳为新通、广汉为广新、亢父为顺父等。甚至连新朝的国号,也有"新家"、"新室"、"黄室"、"新成"等种种称谓。这种做法迎合浮夸的复古之风,不仅毫无实际意义,而且滋扰纷纭,遭人厌弃。

---

① 《汉书·食货志》。

3. 王莽改革的失败

王莽改革未能解决社会危机,又错误地对周边少数民族挑起战争,以转移人民视线。为了显示新朝的权威,他把边疆民族首领称王者一律降格为侯,改称高句丽为"下句丽",改称匈奴单于为"降奴服于",设立15个单于分治匈奴。这些带有挑衅性的做法,激起匈奴、高句丽和西域各国的强烈反抗。始建国三年(11),王莽调集北部边郡和乌桓、鲜卑的军队,分派12位将军统领,分10路进攻匈奴。天凤五年(18),他又征发全国男丁、奴隶和罪犯30万人,命令各郡筹集和运送军用物资,准备大举进攻匈奴。由于他的民族自大狂,不仅破坏了原来和睦的民族关系,而且大规模战争激化了社会矛盾,最终使之吞下致命苦果。

总之,王莽的改革既触动了贵族官僚豪族阶层的既得利益,又在实际上加深了劳动人民的苦难,多方开罪,因而丧失了继续推行下去的民意基础。再加上其目标过于理想化,缺乏切实可行的具体步骤,他本人也没有排除阻力将改革推行到底的决心,失败是不可避免的。

4. 绿林和赤眉

西汉后期,人民的生活本来就已经非常困顿,甚至到了"七亡七死"的地步。王莽改革,从人们的热切希望走到更深的失望,各种社会矛盾不但没有化解,反而更加尖锐化。在新朝的统治下,"民摇手触禁,不得耕桑,徭役烦剧,而枯旱蝗虫相因";"吏用苛暴立威,旁缘莽禁,侵刻小民。富者不得自保,贫者无以自存,起为盗贼"①。民众的反抗先是瓜田仪起事于长洲(江苏吴县),接着吕母造反于海曲(山东日照),这预示着更大风暴的到来。

(1) 绿林军分合

天凤四年(17),荆州北部发生灾荒,许多饥民来到绿林山(湖北大洪山)挖野菜求生。王匡、王凤等人常在其中调解纠纷,威信渐高,被众人推为领袖。于是他们发动起义,称作绿林军。经过数年斗争,他们多次打败官军,队伍不断壮大。地皇三年(22),绿林山发生瘟疫,他们被迫转移。一路由王匡、王凤率领,向北进入南阳,称作新市兵;一路由王常、成丹率领,向西进入南郡(湖北荆州江陵),称作下江兵。后不久,陈牧、廖湛聚众数千人,起义于平林(湖北随州),称作平林兵。西汉皇族刘縯、刘秀兄弟组织豪民武装,起义于舂陵(湖北枣阳),称作舂陵兵。这些队伍协同联进,成为反莽斗争的主

---

① 《汉书·食货志》。

力。

(2) 赤眉军成昌大捷

天凤五年(18),青徐一带发生饥荒,大批饥民自发组织起来,以抢掠为生。樊崇、徐宣等人被推为首领,领导饥民流动作战。这支队伍组织简单,没有文书、旌旗、组织系统和号令,只是共同约定:"杀人者死,伤人者偿创。"①地皇三年(22),王莽派太师王匡、更始将军廉丹前来镇压。为了与官军相区别,饥民把眉毛涂成红色,被称为赤眉军。赤眉军汇集成昌(山东东平),一举消灭了官军,继而乘势向西挺进。王莽在东方地区的统治土崩瓦解。

5. 新朝覆亡

(1) 昆阳大捷

地皇四年(23)正月,绿林军北上包围了宛(河南南阳)。二月,西汉宗室刘玄在王匡、王凤等人支持下,在淯水南岸称帝,年号"更始",建立政权。王莽急派大司徒王寻、大司空王邑等人统领军队42万人,由洛阳向宛城进发,企图消灭绿林军。六月,官军前锋十多万人包围昆阳(河南叶县),绿林军驻守城内的兵力仅八九千人。他们决定由王凤、王常拥城坚守,刘秀等13轻骑黑夜突围,赴定陵(河南舞阳)求援。求得援兵后,刘秀组织敢死队3000人,攻破官军统帅部,杀死大司徒王寻,继而与城内绿林军夹攻官军,大获全胜。

(2) 新朝灭亡

昆阳之战使王莽的军事主力尽丧,各地官僚、豪强纷纷起兵反叛,新朝的有效控制仅及长安、洛阳两座孤城,垮台已成定局。绿林军攻取了宛城,兵分两路进攻长安。一路由王匡指挥,向北攻取洛阳;一路由申屠建、李松指挥,向西直捣武关。北路军进展顺利,迅速占领洛阳,并把刘玄接进城。西路军攻克武关,在关中豪族支持下,很快攻入长安。地皇四年(23)十月,王莽被杀于皇宫。新朝仅存在15年,短命灭亡。

(3) 农民军的火并

新朝之后,因为没有了共同敌人,绿林、赤眉各树一帜,以长安为主战场,开始争夺最高权力。绿林军甫进长安,刘玄就大封功臣。赤眉军也在华阴(今属陕西)拥立宗室刘盆子为皇帝,加紧向长安进军。建武元年(25),绿

---

① 《汉书·王莽传》。

林军内讧,刘玄杀死陈牧、成丹等人,王匡、张卬逃出长安,与赤眉军联合。不久,赤眉攻入长安,刘玄投降后被杀,更始政权灭亡。赤眉政权缺乏政治经验,仍然保持"望屋而食"的作风,关中豪族坚壁自守,强力与赤眉军对抗。赤眉百万大军困守长安,无粮可食,不得不退出关中寻食。他们先西出甘凉,再折返关东,均不顺利。建武三年(27),赤眉军退至崤山(河南渑池)、宜阳(今属河南)一带,被刘秀的军队阻截,最终投降刘秀。

第三节 东汉的"柔"化与持续动荡

一、从中原逐鹿到东汉统一

1. 河北创基

刘秀是东汉王朝的创立者,也是南阳豪强集团的代表。他是刘邦的九世孙,汉景帝之子长沙王刘发的后代。在昆阳之战中,由于刘秀发挥了关键作用,才能够以少胜多。几乎同时,刘縯也力克宛城。兄弟二人都有大功,引起刘玄疑忌,刘玄称帝之后,借故杀了刘縯。这时,刘秀正在颍阳(河南许昌),知道不可与之硬拼,立刻返回宛城谢罪,绝不敢称昆阳之功,也不敢为哥哥服丧,甚至饮食言笑如平常,重新取得刘玄信任,被拜为破虏大将军。但据其贴身将领冯异说,刘秀是强忍悲痛,常在夜里为哥哥哭泣。这体现了刘秀为人处世品格上"柔韧"的一面。

刘玄移都洛阳后,派刘秀往河北开辟局面。刘秀以废除王莽苛政、恢复汉家制度为号召,吸引大量的官僚、豪族带领私兵部曲,聚集在他的周围,成为他主要依靠的力量。他的功臣"云台二十八将",主要出自南阳、颍川、河北三个地区。经过一年多的斗争,刘秀消灭了地方割据势力王郎,又收编了铜马、高湖等农民军,由弱转强,以几十万之众控制了河北地区。更始三年(25)六月,刘秀在鄗城(河北柏乡)称帝,改元建武,东汉王朝正式建立。

2. 剪除割据势力

东汉创建伊始,各地群雄逐鹿,天下形势混乱:先有"刘永擅命睢阳,公孙述称王巴蜀,李宪自立为淮南王,秦丰自号楚黎王,张步起琅邪,董宪起东海,延岑起汉中,田戎起夷陵,并置将帅,侵略郡县"①;继有"隗嚣据陇右,窦

---

① 《后汉书·光武帝纪》,中华书局1965年版。

融据河西,卢芳起安定,彭宠叛渔阳,邓奉反南阳"。经过多方权衡,刘秀决定按轻重缓急,采取先东后西、远交近攻的战略,次第剪除各方枭雄。

刘秀的统一战争前后历经了11年,可以分为4个阶段。

(1) 进取关洛

建武元年(25)七月,刘秀一面派邓禹领兵西进,伺机占领长安;一面派吴汉领兵南下,全面围攻洛阳。更始政权的大司马朱鲔被迫放弃守城,东汉遂定都洛阳,势力扩展至中原腹地。邓禹入关与赤眉军接战,赤眉无法在关中立足。刘秀召回邓禹,控扼赤眉归途,赤眉弃戈投降。建武三年(27)四月,汉将冯异领兵入关,"诛击豪杰不从令者,褒赏降附有功劳者,悉遣其渠帅诣京师,散其众归本业"①,很快平定了关中。关、洛位居天下中心,归属光武帝之后,力量较大的割据势力被分割而难于联合,刘秀统一战争的形势顿然改观。

(2) 扫平关东

建武三年(27)五月,刘秀对关东群雄展开扇形攻势,目标首先是淮海一带的刘永、董宪和张步。在尚未打垮赤眉时,刘秀就派盖延东征刘永。刘永假称汉天子,分封董宪为海西王,张步为齐王,使三股势力合一。刘永死后,所部拥立其子刘纡,刘纡兵败投奔董宪。刘秀坚持用兵,相继攻破董宪、张步。建武六年(30)二月,刘永一系被彻底消灭。同时,刘秀派岑彭、王常南征邓奉,派朱祐、祭遵北讨彭宠。岑彭击垮邓奉之后,乘胜南下荆州,江南各郡望风而从,荆、交两州被迅速平定。彭宠反叛于渔阳(北京密云),在与汉军相持中,被其家奴所杀,北方已无可忧。关东战事的胜利使刘秀据有大半个中国,战略优势极为明显。

(3) 经略西北

建武六年(30)三月,刘秀坐镇长安,调集重兵,以"从陇道伐蜀"为借口,对隗嚣进行讨伐。他一面笼络河西大族窦融,甚至暂时承认西南的公孙述政权,彻底孤立隗嚣;一面以优势兵力,与窦融一起对隗嚣两面夹击。建武八年(32)正月,汉将来歙袭取略阳(甘肃秦安),占据隗嚣腹心之地。刘秀亲率大军攻陇上,隗嚣被迫逃回西城(甘肃陇西)。建武十年(34)八月,刘秀第三次西征,终于消灭强敌隗嚣,平定了西北地区。

(4) 攻占巴蜀

---

① 《后汉书·冯异列传》。

从建武十年(34)十一月到十二年(36)十一月,刘秀派出两路大军进攻割据西南的"白帝"公孙述。南路由岑彭统领,从荆州沿长江西进。北路由来歙统领,从陇西南下。公孙述先后派刺客杀死来歙和岑彭,使汉军攻势受阻。刘秀急调吴汉会合南北两路军,在成都(今属四川)附近八战八胜,最终消灭公孙述。几乎同时,众叛亲离的卢芳也被迫从安定(宁夏固原)逃往漠北,投靠匈奴。至此,天下重归统一。

3. 正确的统一战略

(1) 战略与政略结合

光武帝对待敌对势力,先施之以怀柔,从道义上占据制高点。对待降附者,他安抚周到,赐高爵,赏田宅。对待敌方大众,政策宽待,如释放奴婢、减免赋役等,以赢得民心。

(2) 掌握战争主动权

在不同作战方向,光武帝分别利用对手的不同弱点,或羁縻拉拢,或猛烈打击,战略进攻和战略防御相辅相成。即使在四面临敌时,他也力戒两面作战。在同一作战方向,他往往抢占先机,使敌人陷入被动。由于握有主动权,终使汉军避免失败并且越战越强。

(3) 保持战略计划的连续性

统一战争由于作战目标不同,分为进取关洛、扫平关东、经略西北、攻占巴蜀四个阶段,但各个阶段又是相互衔接的。略定河北为进取关洛做好了准备,进取关洛时已启动了扫平关东的战略计划,扫平关东成为经略西北的前提条件,经略西北又奠定了攻取巴蜀的基础。

二、政治制度与政策调整

1. 制度上加强集权

刘秀鉴于西汉不时出现权臣当政、外戚篡权、藩王叛乱的历史教训,对中央和地方的政治体制进行了大幅度调整,以加强中央集权的君主专制体制。

(1) "退功臣而进文吏"

所谓"退功臣",就是给予开国功臣以尊崇的地位和优厚的待遇,但不让他们担任官职,免得因他们自恃功高而皇帝难于驾驭。当时开国功臣二三十人,能够参议朝廷政务的,只有邓禹、李通、贾复三人而已。所谓"进文吏",就是完善察举制,广泛选拔儒学俊才,充实到各级政府中。把孝廉、茂才一律固定为岁举,使官吏来源有了制度保证。这样,既防止功臣权重跋扈,又确保有能力易控制的文吏入朝,皇帝便于"总揽权纲"。

(2)"虽置三公,事归台阁"

东汉的三公,包括太尉、司徒和司空,分别掌管军事、民政和土木工程,虽仍开府治事,设有长史、掾史等属吏,但已经很少有实权。同时,刘秀极力扩大尚书台机构,提高其职权。尚书令总领尚书台,尚书仆射负责启封奏章。以下分曹治事,包括三公曹、吏曹、二千石曹、民曹、客曹等,每曹设尚书一人,分管相关事务。尚书台的职权,不但可以选举、任用、赏罚、质询和弹劾各级官吏,还可奉诏责问公卿。这样,尚书台成为实质上的中枢决策机构,而三公、大将军的职衔必须加上"录尚书事",才能参与决策。正如仲长统言,光武帝"矫枉过直,政不任下,虽置三公,事归台阁,自此以来,三公之职,备员而已"①。

(3)贬抑诸侯王

刘秀在位时,削减诸侯王封地,限制诸侯王权力。当时诸侯王封地很小,即便是受到特别优待的东海王刘彊,也仅受封29个县。明帝时分封诸侯王,"租岁不过二千万"②。从此,对诸侯王始以租税多少为制,而不以封地大小为准。诸侯王不仅不能治国,而且行动也有诸多限制,一旦被发现有"交通豪杰朝臣"等不轨行为,就会受到严厉惩处。

(4)外戚不得封侯与政

刘秀明确规定:外戚不得封侯与政。这主要是从政治上遏制外戚势力,防止其威胁刘氏皇位。在经济上,东汉给予外戚以优厚的待遇。如马援作为开国功臣,军功显赫,之所以未能列入云台图像,就是因其外戚身份。但当马援请求屯田上林苑时,明帝立即答应。这种既防范又宽容的政策,虽在某些时候有效,但享有经济特权的外戚,一旦积蓄了足够多的财富,再来谋求政治权力,也是易如反掌。东汉后期的历史可谓明证。

2. 稳定社会秩序

东汉建立之初,因为统一战争的需要,曾经对农民征收田税什一。建武六年(30),刘秀下诏恢复西汉的三十税一,以纾解民困。为了节省开支,东汉精兵简政,裁并一大批郡县,减少大小官吏数万人;还撤销地方军队,组织

---

① 《后汉书·仲长统列传》。
② 《后汉书·孝明八王列传》。

军队进行屯垦,以减少军费开支。更重要的是,自西汉末年以来,社会上存在着相当数量的奴婢和囚徒。从建武二年(26)到十四年(38),刘秀先后7次颁布诏令,释放青、徐、凉、益诸州的奴婢,一律免为庶人。建武五年(29),刘秀下诏:"令中都官、三辅、郡国出系囚,罪非犯殊死一切勿案,见徒免为庶人。"①建武十一年(35),他又接连3次颁布诏令,禁止杀死、伤害和虐待奴婢。这一系列措施的实行,缓和了社会矛盾,增加了劳动力,有利于社会经济的恢复和发展。

3. "度田"及理政倾向

(1) 以柔道理天下

刘秀实行"务用安静"的政策,自称"吾理天下,亦欲以柔道行之"②。"柔"就是安抚怀柔,柔道就是以德化民,是为了摆脱原来"霸王道杂之"的汉家制度。东汉把政策的重心转向对内,放弃西汉时的武力开边。至于对边疆的控制,中央政府也坚持少出兵,基本用"以夷制夷"的方法。因此,原来主要为战争提供财政支持的"盐铁官营"政策,也在章和二年(88)四月废除。东汉对内一方面删改法律,使之更多掺入儒家的伦理原则;一方面提倡以教化为主的循吏作风,强调道德治国。这反映了东汉在治国理念上的改变。

(2) 度田及其失败

皇权对于豪强大族,既要依托又要防范。如果任由其兼并土地,导致大量自耕农破产逃亡,就会产生西汉末期那样的社会危机。刘秀想对私有土地设限,其前提是摸清土地的占有情况。建武十五年(39),他下令"度田",即由"州郡检核垦田顷亩及户口年纪",普查天下土地占有和人口户籍状况。豪强大族已经隐匿土地和人口以逃避赋役,于是对"度田"拼死抵抗,结果"郡国大姓及兵长群盗处处并起,攻劫在所,害杀长吏……郡县追讨,到则解散,去复屯结"③。刘秀不想激化朝廷与地方大族的矛盾,"度田"也就不了了之。这反映了东汉王朝在日益强大的豪强势力面前,从一开始就处于软弱无力的境地,也是刘秀不得不大倡"柔道"的原因。

(3) 尊儒与用谶

在思想文化上,刘秀不仅爱好经术,兴办太学,设立五经博士14家,使讲经问学蔚然成风,而且对图谶也大力提倡。中元元年(56),他"宣布图谶

---

①②③ 《后汉书·光武帝纪》。

于天下"①,使图谶获得法权意义上的官学地位。汉明帝亲自讲经,听众以万计,"自期门羽林之士,悉令通《孝经》章句,匈奴亦遣子入学"②。建初四年(79),汉章帝主持白虎观会议,召集全国各地名儒,讨论"五经"异同。这次会议的记录,后经班固整理成书,即《白虎通义》。其主要倾向是以谶纬诠释经学,使经学谶纬化,把儒家思想的独尊地位以法典的形式正式确立下来。

三、外戚宦官擅权与党锢之祸

1. 外戚和宦官的交替擅权

东汉王朝建立后,一直到和帝时期,国力保持向上发展的势头:"虽颇有弛张,而俱存不扰,是以齐民岁增,辟土世广。偏师出塞,则漠北地空;都护西指,则通译四方"③。但即使此时,它也难追西汉之辉煌。东汉中期,王朝气象转向衰败,主要表现为自然灾害频仍、皇帝多无能、边疆不时发生危机等,而外戚、宦官轮流擅权造成的政治黑暗,则最为突出。

外戚,是指皇帝的母族或妻族,即太后或皇后的家族。宦官,又称太监,指在宫廷内侍奉皇帝家族的受阉官员。和帝以后,每每因皇帝年幼继位,皇太后临朝称制,重用她的父兄来处理朝廷事务,造成外戚专权。可是,小皇帝长大后要亲政,自然与骄横的外戚产生矛盾,只能选择他最信任的宦官发动宫廷政变。政变成功,宦官在皇帝的重用下,也广树党羽,网罗势力,同样独揽朝政。东汉中期以后,这样的轮替竟然出现6次。

章和二年(88),10岁的和帝刘肇继位。窦太后临朝称制,委任她的兄弟窦宪等把持朝政,突破了外戚不许与政的惯例。永元四年(92),和帝依靠宦官郑众的帮助,收捕窦氏党羽,逼迫窦宪自杀。郑众因功被封为巢乡侯,参与朝政。东汉宦官封侯也自此始。

殇帝、安帝时,邓太后长期临朝,任用她的兄弟邓骘、邓悝等辅政。建光元年(121),邓太后甫一去世,安帝就纠合宦官李闰、江京等人,驱除邓氏外戚,使邓骘绝食而死。此后,安帝外戚阎显、耿宝和宦官李闰、江京等人并掌机要,朝政日益败坏。延光四年(125),安帝猝死,阎显拥立幼童北乡侯为

---

① 《后汉书·光武帝纪》。
② 《后汉书·儒林列传》。
③ 《后汉书·和帝纪》。

帝,处死前朝宦官,独揽大权。北乡侯数月后病死,宦官孙程、王康等19人发动宫廷政变,诛除阎氏外戚,迎立被废的太子刘保,是为顺帝。孙程等人也被封侯,且开了宦官养子可以袭爵为侯的恶例。

阳嘉元年(132),顺帝立梁皇后,梁商、梁冀父子相继掌权。顺帝死后,冲帝刘炳、质帝刘缵相继,梁太后临朝称制,梁冀任大将军辅政。本初元年(146),质帝因为说梁冀是"跋扈将军",竟被毒死。梁冀裹挟太尉胡广,另立蠡吾侯刘志,是为桓帝,外戚势力气焰之嚣张达到极点。延熹二年(159),梁太后已死,桓帝纠合宦官单超、左悺、徐璜、具瑗、唐衡等发动政变,收捕梁氏外戚,梁冀被迫自杀,受牵连而被免黜者300多人,朝廷为之一空。当时没收梁冀财产,"合三十余万万,以充王府,用减天下税租之半"①。有功的五名宦官同日封侯,世称"五侯"。他们在朝廷作威作福,还四处安插亲戚,残害人民。天下人形容他们为"左回天,具独坐,徐卧虎,唐两堕"②,宦官专权为害之烈也达到极点。

2. 党锢之祸

外戚宦官专权,朝廷政治黑暗,使各种社会矛盾尖锐化,导致东汉一步步走向衰亡。为了挽救统治危机,一些有见识的官僚、士人就以京城太学为阵地,以舆论为武器,极力抨击外戚宦官。他们重点攻击宦官,有时还利用外戚与宦官的矛盾。他们称宦官为"刑余之人"、"小人",宦官也反称他们私立朋党,为"党人"。到了桓帝和灵帝时期,双方矛盾激化,终于引发了著名的"党锢之祸"。它前后延续40年,经过几个阶段。

(1) 前后两"李杜"

本初元年(146),汉质帝被害,围绕皇位继承人问题,太尉李固因反对梁冀,竟被免职。稍后,李固、杜乔又遭梁冀的诬陷,被处死狱中。诛除梁冀后,桓帝又被宦官挟制,引起不少官僚士大夫的愤慨。先是白马(河南滑县)县令李云上书,揭露宦官乱政,被逮捕入狱;弘农郡(河南灵宝)五官掾杜众闻讯,上书愿与李云同死。他们因此激怒桓帝,最终都死于狱中。前后两"李杜"面对权势的无畏精神,获得天下士人的敬仰。

(2) 第一次"党锢"

桓帝后期,又涌现出一批敢于与宦官斗争的清流人物,其领袖为河南尹

———
① 《后汉书·梁统列传》。
② 《后汉书·宦者列传》。

李膺、太尉陈蕃、尚书王畅等,被太学生标榜为"天下楷模李元礼,不畏强御陈仲举,天下俊秀王叔茂"①。面对官僚士大夫和太学生的彼此呼应、舆论汹汹,宦官集团十分嫉恨。

延熹九年(166),李膺担任司隶校尉,不顾朝廷的大赦令,处死了一名宦官党羽,宦官指使人诬告他:"养太学游士,交结诸郡生徒,更相驱驰,共为部党,诽讪朝廷,疑乱风俗。"②桓帝大怒,下诏将李膺下狱,并在全国范围内搜捕党人。诏令所到之处,各级官吏乱捕无辜,勾连所及不计其数。翌年,桓帝又下诏大赦天下,释放了200多名党人。这批党人被遣回原籍,遭到禁锢,终身不得为官。

(3) 第二次"党锢"

永康元年(167),桓帝病死,没有子嗣。窦太后临朝,任窦武为大将军辅政,拥立汉灵帝即位。窦武嫉恨宦官,与太傅陈蕃合作,起用被禁锢的党人,图谋尽除宫中宦官。窦太后不同意窦武的想法,事情泄漏,宦官曹节、王甫等率先发动政变,幽禁窦太后,杀害窦武、陈蕃。

建宁二年(169),山阳郡督邮张俭上书揭发宦官侯览的罪行,并没收其家产,却被侯反诬结党谋反。灵帝下令大捕党人,李膺、杜密、范滂等100多人死于狱中,张俭逃亡塞外,受牵连而被处死、流放、废黜、禁锢的有六七百人。

熹平元年(172),窦太后死,有人说是被宦官所害。曹节、王甫等趁机唆使司隶校尉段颎,搜捕党人和太学生1000多人。熹平五年(176),灵帝又下诏,凡是党人的门生故吏、父兄子弟,只要在官府任职,一律免官禁锢。

直到中平元年(184),黄巾农民战争爆发,朝廷害怕党人与下层民众合流,才宣布解除党禁。党人暂时把统治集团内部的矛盾放置一旁,参与镇压黄巾军。

(4) 宦官专权的终结

中平六年(189),汉灵帝病死,少帝刘辨继位,外戚何进担任大将军,执掌朝廷大权。何进图谋诛除擅权的宦官张让、赵忠等人,反被宦官诱入后宫杀害。为替何进报仇,豪族出身的官僚袁绍领兵冲入皇宫,把宦官杀戮殆尽,结束了外戚宦官长期专权的局面。

虽然"党锢之祸"本质上是统治集团内部权力斗争激化的一种形式,但

---

①② 《后汉书·党锢列传》。

是，面对宦官专权造成的官场腐朽、政治黑暗，一些有见识的士大夫敢于挺身而出，扬清激浊，不仅是对本阶级根本利益的一种自我挽救，也反映了人民群众的呼声，因而带有一定的正义性，应当给予肯定。

四、黄巾大起义与汉朝的名存实亡

1. 社会矛盾的激化

东汉桓、灵时期，不仅因为外戚宦官专权和两次"党锢之祸"，而且由于整个统治集团的昏庸无能和日趋腐朽，不断激化社会矛盾。延熹四年(161)，汉桓帝公开卖官鬻爵，搜刮钱财，凡关内侯、虎贲、羽林、缇骑、营士、五大夫等官爵，都有规定价钱。光和五年(182)，汉灵帝设立西邸，明码实价"二千石二千万，四百石四百万"，甚至"富者则先入钱，贫者到官而后倍输"①，公开鼓动官员贪污搜刮。这时水利设施年久失修，灾荒连年，出现了人吃人的现象。

各地不断发生民间暴动。永兴二年(154)，公孙举、东郭窦等人在泰山和琅邪组织暴动，多达3万人，后转战于青、兖、徐诸州，诛杀地方长吏。延熹五年(162)，长沙、零陵的农民暴动，向南转战于桂阳、苍梧、南海、交阯等地，集中了数万人。熹平元年(172)，许生在会稽组织暴动，自称"越王"，攻打当地官府，持续了两年多时间。光和五年(182)，合浦、交阯发生的蛮人暴动，又招引九真、日南的越人参加。他们攻陷当地官府，坚持斗争三年之久。所有这些民间暴动，尽管先后被官府镇压，但它预示着更大风暴的到来。

2. 太平道的传播

"太平道"创立于东汉。战国时邹衍创立"五德终始说"，经由方士们的广泛宣传，日渐深入人心。它不承认王朝帝王的万古一世，主张历史的变革和"易姓受命"，这有可能被利用来作为推翻统治的舆论工具。西汉成帝时的方士甘忠可，曾造出《天官历包元太平经》，主张易姓受命，结果被处死。东汉顺帝时琅邪人于吉，又复制成《太平清领书》，号称神书，"其言以阴阳五行为家，而多巫觋杂语"②。太平道就是据此而创立，又称"黄老道"，是早期道教的一支。它的教义宣扬社会公平和平均，反对不劳而食，认为"人无贵

---

① 《后汉书·崔骃列传》。
② 《后汉书·襄楷列传》。

贱,皆天所生"①,希望人人都能平等。它长期流传于社会下层,其中一位著名的传播教主就是张角。

3. 黄巾起义的爆发和失败

张角是巨鹿(河北平乡)人,自称太平道的"大贤良师"。他在传教和为人治病的过程中,利用太平道发动和组织群众。通过十多年的努力,教徒发展到30多万人。张角把他们分成36方,大方1万多人,小方六七千人,各设渠帅统领,总归张角领导。经过认真准备,张角决定在中平元年(184)即甲子年的三月五日举行起义,政治口号是"苍天已死,黄天当立,岁在甲子,天下大吉"②。这表明他要推翻东汉,建立一个新的政权。

按照事先部署,张角派大方渠帅马元义,集中荆、扬两州信众数万人于邺城(河北临漳),准备围攻洛阳。又派弟子唐周到洛阳,联系宫廷内部的策应者。但是,临近起事,唐周向朝廷告密,官方旋即展开大搜捕,马元义被害,大批民众遭屠杀。在危急关头,张角决定提前行动,派人驰告各方组织,于是"旬日之间,天下响应,京师震动"③。张角称"天公将军",二弟张宝称"地公将军",三弟张梁称"人公将军"。因为他们头裹黄巾作标志,遂被称为"黄巾军"。

黄巾军到处攻打官府,捕杀地方豪强,声势宏大。为了尽快镇压黄巾军,汉灵帝任命何进为大将军,负责镇守洛阳;派皇甫嵩、卢植、朱儁等率军分途进剿。各地豪族也纷纷纠集武装,与黄巾军对抗。这时候,黄巾军主要分布在颍川、冀州、南阳三地。颍川黄巾在波才的率领下,多次打败皇甫嵩和朱儁的进攻,后因为依草结营,戒备不够严密,被对方乘风纵火,遭到致命的打击。冀州是黄巾军的主战场,由张角兄弟直接指挥,先后打退了卢植和董卓的进剿,迫使朝廷再调皇甫嵩北上增援。但张角在此时不幸病死,张梁在接连获胜后,松懈麻痹,让皇甫嵩偷袭得逞,张梁临阵战死。南阳黄巾在张曼成和赵弘的率领下,一度占领宛城,但经过多次激烈战斗,终也被官军镇压下去。

这是中国历史上第三次大规模的农民战争。它利用原始宗教来宣传、发动和组织群众,显示了中国古代社会斗争形式的新发展,也为后来者提供了经验和启示。它前后延续9个月,尽管未能摆脱失败的宿命,但从根本上

---

① 王明:《太平经合校》卷一一二,中华书局1960年版。
②③ 《后汉书·皇甫嵩列传》。

瓦解了东汉王朝的统治基础,影响了历史的走向。

4. 东汉王朝的名存实亡

在黄巾起义结束时,东汉王朝已经摇摇欲坠。由于复杂的政治形势,它又延续了20多年,直到建安二十五年(220),才由曹丕埋葬。这期间的历史发展十分曲折。

在镇压黄巾军的过程中,一批代表地方豪族利益的军阀崛起,成为与中央政权抗衡并分裂割据的主要力量。中平五年(188),汉少帝刘辩即位后,外戚何进谋诛宦官失败,反被宦官所杀。西北军阀董卓趁机进京,废少帝,立陈留王刘协,是为汉献帝。董卓自任相国,完全控制了朝政。这引起了东方军阀群体的不满,他们以袁绍为盟主,组成联军西攻洛阳。董卓挟持汉献帝西迁长安,袁绍、袁术、曹操、孙坚、刘表、公孙瓒、陶谦等也无力西进,只是划地自封。于是天下分崩,军阀混战,东汉王朝名存实亡。

初平三年(192),曹操收降黄巾余部30万人,编为"青州军",实力大增。董卓被吕布刺杀,其部将内斗不已,汉献帝趁机逃回洛阳,但洛阳残破已无法存身。曹操出兵将汉献帝迎接至许(河南许昌),改元建安,从此他有了"挟天子以令诸侯"的政治优势。此后,曹操通过建安五年(200)官渡之战的胜利,逐渐削平袁绍等割据势力,基本统一了北方。

建安十三年(208),曹操率军南下,准备消灭割据江东的孙权。孙权联合刘备,在赤壁(湖北赤壁)大败曹操,使得曹操统一天下的计划受挫,又撤回北方。此后,刘备控制巴蜀,孙权占据长江中下游,曹魏在北方地广人众,形成三国鼎立的局面。

曹操死后,建安二十五年(220)曹丕以禅让的名义废黜汉献帝,以魏代汉,秦汉时代正式结束。

第四节　秦汉专制主义中央集权的政治制度

一、至高无上的皇帝

1. 政体的演变

毛泽东曾经说过:"如果说,秦以前的一个时代是诸侯割据称雄的封建国家,那么,自秦始皇统一中国以后,就建立了专制主义中央集权的封建国家。"①专制主义的中央集权制,就是秦汉所开创的政治体制。作为一种政体,它的具体官职名称和组织结构会不断变化,但其基本精神却被后代所继承,"二千年皆秦制也"。

所谓政体,就是国家政权的组织形式,如历史上的王制、寡头制、贵族制、共和制等。所谓专制主义,主要是指与民主政体相对立的个人或极少数人独裁的政权组织形式,主要体现的是君主和臣民之间的关系,专制就是独裁,其统治往往表现得极其专横和残暴。所谓中央集权,主要是指中央与地方的关系,中央要能够有效地控制地方,所谓"海内为郡县,法令由一统";所谓"事在四方,要在中央。圣人执要,四方来效"②,是国家完整性的象征。历史上有的中央集权制导致了专制主义,如古代埃及、中国等;有的假如能够受到法治的严格制约,却并不一定导向专制主义,如近代的西欧。

中国先秦的夏、商、周"三代",实行的是贵族等级分封制。天子管理王畿,诸侯治理封国,卿大夫自专采邑,他们都有世袭的统治权,所辖都是面积不等但性质相近的独立的政治实体,都有各自的行政、司法、军事、税收等权力,互相之间靠松散的宗法关系和贡纳朝聘的"礼仪"来维系,基本上互不干涉。这种分区治理的方式,不会产生专制主义的中央集权制。

战国变法以后,郡县制代替了原来的分封制,官僚制代替了原来的世袭贵族制。郡县与卿大夫的采邑不同,它是国君直接治理的地方行政单位。各级官员不是天生富贵的贵族,也当然不是所管辖地的主人,而是受命于国君的代理人,是可以随时被任免的官僚。与之配套的具体制度,如实物俸禄、上计考绩、官玺兵符、功劳选官等就伴随之应运而生。

战国"七雄"都通过不同道路完成了这种政治体制的转变,成为地区性的专制主义集权国家。秦始皇统一之后,对战国的制度加以调整完善,以原来秦国的制度为基础,将这种制度在全国范围内推行。一般来说,这种体制的有机组成,包括皇帝制、中央官僚制、地方郡县制、官员选拔和监察制以及军事制度、法律制度等内容。

2. 皇帝名号的成立

中国的皇帝制度,是世界上除了古埃及的法老以外,延续最久的一种君

---

① 《毛泽东选集》第 2 卷,人民出版社 1952 年版,第 587 页。
② 《韩非子·扬权》,上海书店 1986 年"诸子集成"本。

主制度。它从秦创始,到清朝结束,共2132年。所谓专制主义中央集权,就是以皇帝为核心的制度。其中包含的一系列内容和措施,都是为了保证皇帝高居于社会之上,拥有几乎绝对的权力,并且使之神圣化和符号化,保证皇权的顺利行使。

据于省吾先生考证,"皇帝"一词最早见于《尚书·吕刑》,但这里"帝"指天帝,"皇"为大,训为"伟大的天帝"。先秦人间统治者的最高称号为"王",所谓"三皇五帝",都是战国后期人假托,并非实有①。商代帝甲、帝乙、帝辛,是臣子假托天帝之号而尊之,也不是其生时的称号。但公元前288年齐湣王和秦昭王互称东、西帝,虽然仅仅维持两个月,但它表明"帝"已由天上降临人间,变成一个超越"王"的人间尊号。

统一六国后,秦始皇认为"名号不更,无以称成功传后世"。于是,兼采传说中三皇、五帝之尊号,以表示其无上威权。《白虎通·号篇》:"皇,君也,美也,大也;天人之总,美大之称也";"德合天地者称帝"。从此,皇帝不仅是帝国的元首,统治阶级的政治代表,也是天下的道德表率,还是养育万民的父母,是天下的总家长。

为了维护皇帝的权威,就给他罩上一层神秘色彩,"帝王之兴,必俟天命;苟有代谢,非人事也"。秦汉时期流行君权神授说,"王者,父天母地,为天之子也"②。天子就是天的儿子,"奉天承运",统治天下就有了合法性;欺君就是侮神,必受诛灭。

皇帝的威严必须体现在一系列礼仪规定中。蔡邕《独断》说:"汉天子正号曰皇帝,自称曰朕。臣民称之曰陛下。其言曰制诏,史官记事曰上。车马衣服器械百物曰乘舆。所在曰行在所,所居曰禁中,后曰省中。印曰玺,所至曰幸,所进曰御。其命令一曰策书,二曰制书,三曰诏书,四曰戒书。"不但皇帝有独一无二的尊号,其亲属也一样。如皇帝父称太上皇,母称皇太后,祖母为太皇太后,妻妾称皇后、夫人、嫔妃,子称皇太子、皇子,姑称大长公主,姐称长公主,女称公主,孙称皇孙等。并且在任何语言和文字中,不准提及皇帝及其父、祖的名字,这叫做"避讳"。如果与之相同,官名、地名、人命都要改。

---

① 于省吾:《"皇帝"称号的由来和"秦始皇"的正式称号》,《吉林大学社会科学学报》1962年第2期。

② 《白虎通》卷一《爵》,吉林大学出版社1992年影印"汉魏丛书"本。

谥号是为死人评定褒贬给予的称号,起源于周。秦始皇下令取消,以防止子孙和大臣诋毁先帝。他自称始皇帝,然后二世、三世相承,"至于万世,传之无穷"①。汉代从吕后时恢复,刘盈按《谥法》"柔质慈民"谥为"惠"。庙号指皇帝死后在太庙中被奉祀时特定的名号,秦以世系代之。汉代以古礼恢复,所谓"祖有功而宗有德",如刘邦为高祖,文帝为太宗。

陵寝号是指皇帝死后安葬之处的名号。开国皇帝一般称长陵,而以后皇陵命名,或依其生前事迹,或以所处地名。如刘邦为长陵,汉武帝陵在茂乡,称茂陵。

皇帝生前死后的一系列名号,都是为了表示皇帝与普通人不同,使人敬畏他,以加强和维护专制制度。

3. 皇权承传制度

皇帝大权独揽,"天下之事无大小皆决于上"。但偌大的帝国,仅靠"孤家寡人"是无法治理的,这样围绕皇帝又必须建立一个运用权力的承传制度。

皇帝首先要知道下面的政情,途径一是大臣上奏,二是派人到下面刺察。

大臣奏事,或者临朝时,直接向皇帝本人陈述;或者书奏,即写成一定格式的文书,呈送给皇帝。蔡邕《独断》说:"凡群臣上书于天子者四名,一曰章,二曰奏,三曰表,四曰驳议。"皇帝审阅后批示,然后交有关部门执行。为了防止上奏内容泄露,汉武帝规定群臣有密奏可以"上封事",即将奏章密封,通过公车令的专门途径交到皇帝手中。

刺察有两种:一种是制度性的,如秦的监御史、汉初丞相史和后来的刺史。他们按时巡视有关地方,年底回京城汇报下情。御史台负责刺察中央各部门,也是作为皇帝耳目,掌握情况,加强控制。一种是临时性的,因特殊需要而派出"使者"直接参议政务或处理问题。有时皇帝还亲自巡视各地,以掌握第一手的情况。

皇帝在决策以前,往往还有一个"朝议"的程序。按规定,秦汉皇帝或五日一朝,百官按例朝见。皇帝会把一个问题交给大臣当场讨论,称为"廷议"。最后皇帝倾向一种意见,就会做出决断。有时皇帝会"下其议"于百官,他并不在场,称为"集议"。集议后,由最高长官领衔将各种意见奏报给

---

① 《史记·秦始皇本纪》。

皇帝,由皇帝裁决,即宸断。

做出决策后,皇帝要通过口头或书面的形式下达命令,形式有谕、旨、策、制、诏、戒等。除谕、旨为口头外,其他皆有不同格式、不同对象的文书,如策书是册封诸侯和三公,制书是颁布制度之命,诏书对一般大臣的奏请,戒书对刺史、太守。

皇帝为了专制朝政,防止大权旁落,往往对群臣进行多线控制。如决策常常避开外朝机构,而是通过身边的心腹亲信组成一个小圈子,以便自己的意图容易贯彻。执行政务则通过以丞相为首的百官,再以监察机构审查督促,保证自己不受蒙蔽。

4. 太子与后妃

皇帝不能长生不老,于是就有皇位继承制度。先秦原有"兄终弟及"和"父死子继"的不同,秦汉大体上是嫡长子继承制,但由于具体情况复杂,舍长立幼和兄弟相及也会发生。如果皇帝没有子嗣,由侄或侄孙继承也是常见的选择。秦汉在皇位继承上有这样两种趋向:

一是预立太子。由于秦始皇没有事先把长子扶苏立为太子,以致"胡亥诈立,自使灭祀"。汉代一般是皇帝在位时就指定继承人,建立一套东宫官署,并且选定太子师傅,及早教导培养。东宫师傅先是太子智囊,一旦太子即皇帝位,马上转换成新朝辅佐。

二是及时采取措施,铲除可能危及太子地位的政治势力,然后选择可靠的大臣进行"托孤"。这种要及早去除的对象,或者是幼子之母,或者是元老功臣,还可能是皇室至亲。

与皇太子继承相联系的,是建立等级森严的后宫制度。只有嫡庶分明,才能"母以子贵,子以母贵"。汉代后宫嫔妃多至 14 级,但皇后只有一个,是皇帝的嫡妻,从理论上只有其长子才有资格成为皇位继承者。皇后地位之尊贵,不仅可以像皇帝一样取得尊号和谥号,可以有一套后宫机构来统领嫔妃执行法纪,更在于皇帝幼小或皇嗣中断时,她可以成为皇太后,然后依法监选嗣君或临朝称制。

皇太后临朝有固定仪式:"后临前殿朝群臣,太后东面,少帝西面,群臣奏事上书皆两通,一诣太后,一诣少帝。"这时她的权力几乎与皇帝无异。

5. 宦官与外戚

与皇帝制度密切关联的,是对政治深有影响的宦官和外戚制度。

宦官是在皇宫内侍奉皇帝及其家属的阉人。西汉时尚允许一般士人

(如金日䃅)进入后宫,因此"宦皇帝"一词指的是内宫官员,不一定是阉者。但东汉从"中兴之初,宦官悉用阉人,不复杂调他士"①以后,宦官就与阉人同义,又称"刑余之人"。

宦官通常有一定的员额,隶属于少府或者大长秋。有的职位由传达皇帝旨意进而参与政事如中常侍、小黄门等。有的宦官统领军队,负责禁省宿卫。禁省是皇帝与后妃所居,不论大臣或者外戚,进入都要解除武装,摒弃随从,只身入内,所以会有大臣如窦武、何进等在此遭到屠戮。宦官还掌握掖庭诏狱、暴室狱、黄门北寺狱等,可以假借诏命于法外逮捕或处死大臣。宦官也掌握上林苑、尚方、织室、考工室、中黄藏等经济部门。

由于宦官具有接近皇帝、后妃的特殊条件,有时被利用来处理文案,如秦始皇之于赵高。汉武帝以宦官处理政务,这是历史上中书制度之始。假如遇到庸主或者皇帝幼小、女后临朝时,他们会篡夺权柄、操纵政治。宦官专权是君主专制下的必然之物。因为皇权高度集中,当主人无力操持时,家奴就会由觊觎而借用。这种情况在先秦时期发生的几率极低。

外戚制度是宫廷后妃制度的派生物。在古代,"结婚是一种政治的行为,是一种借新的联姻来扩大自己势力的机会"②。所谓外戚就是皇室的外姓亲属,包括后妃母族、公主夫族等,是依附于太后、皇后、宠妃、公主的裙带政治集团。他们势力膨胀,又吸引文臣武将前来趋附。秦朝情况不详。西汉前中期,后妃大多出身微贱,少有社会影响力。元帝后,皇族有意与大族联姻,尤其是东汉,当时外戚都是来自功臣或地方豪族,崛起为一股政治势力。

当皇权转移时,如果新皇帝幼小,由太后临朝,她最可依靠的人只有娘家父兄,外戚集团往往借机入参朝政。从汉武帝分立内、外朝以后,不成文的惯例是,掌管内朝军政大权的大将军,往往由太后父兄或皇后父兄担任,使他们以领(参)尚书事的名义,取得优于丞相的实权。但是外戚势力不能一劳永逸。一旦太后去世、皇后被废或小皇帝亲政后,旧的外戚势力执政日久,受到各方挤压,就有可能被铲除,代之而起的是皇帝信任的新的政治势力。

通观秦汉历史,皇帝宁肯委政于家奴或外戚,造成诸多祸端,也不愿假

---

① 《后汉书·宦者传序》。
② 《马克思恩格斯选集》第四卷,人民出版社1972年版,第74页。

权于同姓宗室。这是因为皇帝与宗室是一个祖先,在"家天下"的时代,在理论上大家都有当皇帝的资格。如果让宗室掌管朝政,要篡取皇位的阻力较小,这让皇帝疑忌很深。而外戚是外姓人,宦官社会地位很低,想要篡权都缺乏舆论和人心的认同,因此很容易被铲除。当然这是出自皇帝个人的私心,而作为黑暗势力代表的宦官、外戚所造成的社会危害,就不在其考虑之列了。

6. 宫省和服御制度

宫省即是皇宫,有关宫廷内外界限和出入的规定即宫省制度。秦汉兴建了规模宏大的宫殿群。萧何说:"天子以四海为家,非令壮丽无以为家。"这体现了皇权的威严。

皇宫分前后两个部分。前一部分为"前廷",其中"正殿"(前殿)是百官朝拜君主和议政的地方,又称"朝廷"。后一部分叫"后宫",是皇帝及其家属生活的地方,称为"禁中"或"内廷"。蔡邕《独断》说:"上所居曰禁中……禁中者,门户有禁,非侍御者不得入,故曰禁中。孝元皇后父大司马阳平侯名禁,当时避之,故曰省中。"所以后代禁省并提。皇宫的前面是皇城,中央政权的机构设置于此,其官员称为外朝官。

秦汉宫省制度十分严格,公卿大臣非经特许不准进入禁省,只能到"省户下"为止;一般官吏民众非经特许不得进入皇宫,只能到"宫阙下"为止。宫省入门都有严格的检查制度,"汉兴以来,深考古义,惟万变之备,于是著宫室出入之仪,正轻重之冠。故司马、殿省,门阌至五六重,周卫击刁斗。近臣侍侧,尚不得着钩带入房"①。即使皇帝出行,这套制度于"行在所",还是要严格执行。

服御是指有关皇帝衣食住行、礼典仪式所使用的设施或物品,都有专门名称,其他人不得使用相同或相似之制,否则为"僭越犯上",要受到严厉制裁。皇帝的车旗服饰、警跸制度,如果诸侯王仿制冒用,即被视为谋反,轻则削夺爵土,重则杀无赦。服御的范围十分宽泛,规定又十分琐细。如驰道的中间部分,只有皇帝可以走,即使皇太子也不能涉足。汉武帝时引致皇太子刘据造反的"巫蛊之祸",其最早的导火线就是太子在驰道中间不当行走。

服御制度是皇权物化和神化的表现,也是维护君主专制统治的手段。

---

① 《太平御览》卷三五四引《汉名臣奏》,中华书局1960年影宋本。

二、中央行政体制及其演变

1. 秦朝以丞相为首的百官制

秦朝统一后,"建皇帝之号,立百官之职",开始整理各国官制。一般说秦是"三公九卿制",更准确的说法是以丞相为首的中央行政体制。

所谓"三公"是丞相、太尉和御史大夫。丞相或有左右二员,"掌承天子,助理万机",为百官之长。太尉"主五兵,掌武事",协助皇帝掌管军政事务。御史大夫"掌副丞相",为皇帝的机要秘书,掌管图籍、章奏、印玺,也监察百官。

在"三公"之下又有"九卿",但并不限于九人。按《汉书·百官公卿表》:有奉常,掌宗庙礼仪;郎中令,掌宫廷掖门户(殿内);卫尉,掌宫门卫屯兵(宫门内);太仆,掌舆马驿站;廷尉,掌司法刑讯;典客,掌番邦及外交事务;宗正,掌皇室属籍;治粟内史,掌谷货、税收、财政;少府,掌山海池泽之税和皇宫所需;中尉,掌京畿警卫。略次一级的官员还有:将做少府,掌宫室、帝陵、官府等的土木修建;詹事,掌皇后和太子所需;典属国,掌归降蛮夷;内史,掌京畿地区的行政;主爵都尉,掌列侯。

事实上秦朝并不存在并行的"三公"。一是太尉一职在史书上没有明确记载,真正开府置僚属的是丞相和御史大夫"二府",军队完全由皇帝掌控,不需要有一个太尉插手。二是御史大夫虽为副丞相,但其地位(银印,秩中二千石)与丞相(金印,秩万石)差得很多,二者难以平列。所以秦朝是皇帝下面的丞相行政总负责制。

丞相权力很大。他可以自聘僚属,可以选用朝中官吏,可以弹劾及处罚百官,可以通过"上计"考核及赏罚地方官员,可以召集"朝议"决定国家军政大事,甚至认为皇帝诏令不合典制的也可以谏诤封驳。诸卿在他的领导下分管各项具体工作。

秦设立宰相制度,本意是彻底废除贵族"世卿世禄"制(丞相不世袭,也非终身职)。但丞相的尊崇和强权,必然会和君权发生冲突。于是专制君主必然要从制度上削弱相权。

2. 汉代的中朝和外朝

秦王朝的中央行政体制基本上为西汉王朝所继承,这就是所谓的"汉承秦制"。但汉初也有一些改变。如汉惠帝时设置左、右二丞相,汉文帝二年,又恢复为一丞相制。汉初有了太尉一职,但时设时废,主要是武将的最高荣誉职务,实权并不大。后来,九卿的名字也有变化,如奉常改称太常、郎中令改称光禄勋、典客改称大鸿胪、治粟内史改称大司农、将作少府改称将作大匠、内史改称京兆尹等,但职责变化不大。

汉代的中央官制在汉武帝时发生重大变化,即中、外朝的划分:"是时征伐四夷,开置边郡,军旅数发,内改制度,朝廷多事……上令(严)助等与大臣辩论,中外相应以义理之文,大臣数屈。"颜师古注:"中,谓天子之宾客,若严助之辈也。外谓公卿大夫也。"①

尚书本来是九卿之一少府属下的小官僚机构,成员可以是士人,也可以是阉宦。它掌管宫中文书的传递和保管,是皇帝和丞相之间的传声筒,"(秦)置尚书于禁中,有令丞,掌通章奏而已。"②。现在汉武帝要削弱丞相的权力,就利用尚书这个现成的机构来组建内朝。其中,尚书居于核心地位,是皇帝的秘书机构,大臣章奏必须通过尚书才能进呈皇帝。尚书由原来的"通章奏"进而"拆阅章奏"、"裁决章奏",最后竟代表皇帝"下章"。

组成"中朝"的还有所谓"天子之宾客"。他们本来人微言轻,由于被皇帝赏识,被授以侍中、散骑、常侍、给事中等加官,成为天子的侍从,可以出入禁中,"顾问应对",参与机要谋议。如汉武帝时的严助、朱买臣、吾丘寿王、司马相如、主父偃、终军等人即是。

中朝的领袖人物为大将军或其他加上"领(录)尚书事"的权臣。《汉旧仪》:"汉兴,置大将军,位丞相上。"大将军所以超越丞相,依凭的就是他直接掌控尚书的内朝首脑身份。汉武帝由于个人强势,大将军卫青也淡漠权力,大将军作用还有限。但从霍光"为大司马大将军受遗诏辅少主"起,大将军就"内秉国政,外则仗钺专征,其权任出宰相之右"③。

这样,以尚书这样一个固定机构为主,加上侍中等皇帝的亲信之臣,直接秉承皇帝旨意,在宫中组成一个军政决策集团,这就是"中朝"或称"内朝"。而以丞相为首的公卿大臣,只负责执行和处理一般的行政事务,成为"外朝"。外朝的人员组成无大的变化,只是丞相被冷遇,其权力逐渐转归中朝尚书。由于中外朝的形成,最终使皇帝的权力得到强化。

由于尚书权力的扩大,其名额也逐渐增多。汉成帝时,置尚书五人,一

---

① 《汉书·严助传》。
② 《唐六典》卷一"尚书都省",中华书局1992年版。
③ 《文献通考》卷五九《职官考》,上海商务印书馆1937年《十通》合刊本。

人为仆射,"尚书四人为四曹:常侍尚书主丞相御史事,二千石尚书主刺史二千石事,民曹尚书主庶人上书事,客曹尚书主外国夷狄事。"①。到东汉初,尚书台的机构进一步扩大。首长为尚书令,由六百石秩提高到千石。另设尚书仆射1人为副,秩六百石。尚书左、右丞各一人,秩四百石。下设六曹:吏曹,主公卿事;二千石曹,主郡国二千石事;民曹,主吏民上书事;三公曹,主断狱事;南北主客曹,主夷狄外国事;中都官曹,主盗贼事。每曹设尚书1人,秩六百石;下辖侍郎6人,令史3人。

作为中朝官的尚书日夜分班在宫中值守,职责是随时听候皇帝召见,批阅奏章提出处理建议,给皇帝呈送或面陈奏章。尚书分曹与外廷丞相诸曹形成对口关系,常可代表皇帝给公卿下颁诏令,也可转承公卿奏章给皇帝,于是居于权力中枢。但中、外朝官吏之间没有上下级的统属关系,而是并行的双轨辅政,凌驾其上的是大权在握的皇帝。

3. 从丞相到三公

西汉前期的皇帝和丞相依然存在很大矛盾,这从萧何、周勃、申屠嘉、田蚡等人的经历就看得出来。汉武帝频繁地任免丞相,他手下先后12位丞相,仅3人善终,死于职事的就有5人,致使人人自危,丞相一职谁都不愿问津。汉武帝还用内朝削夺丞相的权力,但是丞相主持外朝,在名义上是中央政府的最高官员,仍然不能令皇帝放心。

西汉成帝时,经何武建议,御史大夫改为大司空,不再是丞相的副贰,也不管监察,而是专管水土工程。它与丞相、大司马平起平坐,秩皆万石,原来的丞相职权被一分为三,三公体制正式建立。接着王莽定三公之号为大司马、大司徒、大司空,连丞相位号也消失了。刘秀建立东汉,全面废除王莽职官,唯独三公官不变,只是改名为太尉、司徒、司空。但当时仍是内、外朝双轨体制,但三公变成无实权的虚位。因为刘秀"矫枉过直,政不任下,虽置三公,事归台阁。自此以来,三公之职备员而已"②。

东汉王朝的君主专制体制进一步加强,皇帝之下,真正参与决策和发号施令的是设在宫中的尚书台,故又称"中台"。不仅原属丞相和御史大夫的许多职权转移到尚书手里,而且九卿分职的一些具体职权也被尚书诸曹侵夺。朝会时,尚书令与御史中丞、司隶校尉专席独坐,号称"三独坐"。而皇

---

① 《汉书·成帝纪》颜师古注引《汉旧仪》。
② 仲长统:《昌言·法诫》。

帝通过直接控制尚书台，就控制了国家的最高决策。一般情况下，三公在政治上被边缘化，但皇帝在必要时，会授予自己信任的三公或其他大臣以"领尚书事"、"平尚书事"、"视尚书事"或"录尚书事"的头衔，就可以使他们参与国家中枢的决策，拥有实权。这是皇帝协调内、外朝体制矛盾的一种变通方法。

汉朝通过建立中朝以加强皇权，但制度必须靠掌权的人来执行。当皇帝本人因为幼小、低能或沉溺享乐而丧失行政能力时，这种高度集权的体制反而很容易导致近臣专权。东汉后期形成外戚和宦官交替专权的局面，原因即在于此。皇帝很希望用专制的办法加强皇权，但结果是新的不平衡又造成皇权的旁落。这正是专制集权制度自身的吊诡之处。

三、地方行政体制及其演变

秦汉的专制主义的中央集权制，不仅表现为在中央高度集权于皇帝，而且表现为地方政权集中于中央。一般来说，这种中央和地方关系的构建形式，就是郡县制。

1. 秦朝全面推行郡县制

郡县制在春秋战国已经出现。秦王朝统一后，建立了疆土广阔的大帝国。秦始皇在地方体制上，彻底废除分封制，全面推行郡县制。加上基层政权，为郡、县、乡、里四级架构。

（1）秦郡

初秦"分天下为三十六郡"，有陇西、北地、上郡、汉中、蜀郡、巴郡、邯郸、巨鹿、太原、上党、雁门、代郡、云中、河东、东郡、砀郡、三川、颍川、南阳、黔中、南郡、长沙、楚郡、九江、泗水、薛郡、东海、会稽、齐郡、琅邪、广阳、渔阳、上谷、右北平、辽西、辽东等。后来，随着疆土的扩大，秦又增设了九原、南海、桂林、象郡、闽中等五郡①。

郡的主要长官是守、尉、监，分工明确。郡守掌治民，兼掌军事，是郡的最高行政长官。郡尉负责一郡的军事和治安，"典武职甲卒"，是地方军队的首长。有些边郡会根据需要设置多个郡尉。郡的监御史负责监察地方百姓

---

① 关于秦郡的数量，学术界有不同看法。如谭其骧认为最终是46个，王国维认为是48个。而从最新出土的湖南里耶秦简中可以看到以往人们并不知道的"洞庭郡"、"衡山郡"等名字，说明要最终解决问题，还需要有更多史料的发现。

和官吏,直属于御史大夫,对中央负责。

京师地区不设郡,由中央朝官内史来管理,为秦朝的特别行政区。

(2) 县和道

每一个郡下面设置若干个县,"内郡为县,三边为道"①,边疆民族地区的县称为"道"。县按大小设置县令或县长,全面负责一县治务。人口满万户的称为"县令";万户以下的称为"县长"。县令、县长属下有县丞,掌文书司法,副县令。从秦简上看,县令和县丞又被称为县啬夫、大啬夫。还有县尉,掌军事,包括征发兵役、训练士卒、维护治安和修缮城墙等,有的县还不止一个。在秦简中还见到"县司马"、"县司空"等官员。

在中国古代行政体系中,县的地位和作用特别重要。它直接面对民众,举凡生产的组织,户籍的登记管理,赋役的征发,军队的组建都以县为单位,是王朝体系中承上启下的最重要环节,因此沿袭两千多年而未能变。秦时郡县两级长官都由中央直接任命,属于正式的职官系统。而县令、丞、尉之下的掾属,则由官员自行在当地聘请辟除,属于乡官系统。以俸禄而区分,秩二百石以上为"长吏",其下则为"少吏",界限清楚。

(3) 乡和里

县以下为基层行政组织。一县可分为若干个乡,乡下又管辖若干个里,里下是什五组织。

乡的职能也很繁杂,主要有四。一是摊派兵徭役,二是征收田租算赋,三是维护治安、处理突发案件,四是一般民政及民众教化。乡的官吏有三老、啬夫和游徼。他们各有分工,"三老掌教化。啬夫职听讼,收赋税。游徼徼循禁盗贼。"②有的啬夫秩百石,为"有秩",由郡府任命。其余乡官皆由县廷选聘。

乡下有里,是最基层的行政单位。里在农村大约指一个村庄,在城市则为一个居民区。秦代人们封闭居住,里有里门(大门为闾,二门为阎),周围有围墙,中有百户人家。里设有里典(里正、里魁),其职能大体上与乡类似,此外还有组织农业生产的任务。

里下有什长,主管十户人家;一什辖两伍,伍长主五家。秦推行什五连坐制,"以相检察,民有善事恶事,以告监官"。他们平时互相监督,有罪要检

---

① 《汉旧仪》。
② 《汉书·百官公卿表序》。

举揭发,否则同罪连坐。

(4) 关于"亭"

秦汉有"亭",《汉书·百官表》说:"大率十里一亭,亭有长。十亭一乡。"从这里看,似乎亭是夹在乡和里之间的一级行政组织。但有学者经过研究,认为亭与乡和里并无隶属关系,它属于治安系统,职能禁盗贼,是"都尉、县尉的派出机构"①,类似于今天的派出所。而且这里的"里"指的是距离,汉10里约合今6里。

亭是固定的,有屋有楼,备有各种兵器,设亭长(秦为"校长")。亭长的主要职责是"求捕盗贼",管理地方治安。乡游徼也管治安,但范围仅限一乡,且无固定治所,巡行逐捕盗贼。而亭长以亭为治所,遇有警报,亭与亭之间击鼓相闻,以协同行动。此外,亭在大道旁,还负责接待来往官吏,提供车马食宿,也兼有官府公文传递之责。

秦王朝依靠这一套严密的地方行政系统,把专制君主的意志层层贯彻到疆域内的每一角落,保证了政令的划一性,力求保证帝国的稳固统治。

2. 西汉始行郡、国并行制

汉朝承袭秦的郡县制,但又错误总结秦朝速亡的教训,实行分封制。故汉朝是以郡县制为主的郡国并行制。这是与秦制不同的地方。

楚汉战争时,出于军事和政治策略的需要,刘邦陆续分封了7个异姓诸侯王。但等到天下在握,刘邦对这些异姓诸侯王不放心,先后借故杀了4个,废了两个,仅余一个地远势弱的长沙王吴芮。汉高祖又认为,秦王朝由于不封子弟,致有"孤立之败",于是陆续分封了9个同姓诸侯王,即楚王刘交、齐王刘肥、代王刘恒、淮南王刘长、赵王刘如意、梁王刘恢、淮阳王刘友、吴王刘濞和燕王刘建,使其成为朝廷的东方屏藩。

这些诸侯王占据关东的广大地区,如齐73县、吴53城、楚40城,所谓"三庶孽天下之半"。在王国的版图内,也建立郡和县两级行政组织。诸侯王国所属的郡竟然达到39个,而中央直辖的只有15郡。当时中央和诸侯国分别管辖人口数量之比为5.29:10。

诸侯王在自己的封地内掌有各方面的实权。其官职设置同于朝廷,只

---

① 王毓铨:《汉代亭与乡里不同性质不同行政系统说》,载《莱芜集》,中华书局1983年版,第14~24页;朱绍侯:《汉代乡亭制度浅论》,《河南师范大学学报》1982年第1期。

是由中央任命二千石以上的官吏,如丞相、太傅、御史大夫等,其他二千石以下的官员可以由王自己任命;诸侯王可以自行征收赋税,征发徭役,自行颁布法令,俨然是一个个的独立王国。

最初,分封的王年龄还小,中央任命的丞相和太傅还可以控制局面。不久,幼王见长,再加上独立经营盐铁、铸造货币带来的经济实力,就促成其政治野心,准备举兵夺取皇权。同姓王血统造就的特殊地位,中央和地方力量的失衡,一开始就埋下叛乱和分裂的祸根。

对此,汉文帝接受贾谊提出的建议,一是"以亲制疏",把亲儿子刘武由淮阳王徙为梁王,让其在战略要地的睢阳(河南商丘)做关中屏障;二是"众建诸侯而少其力",分齐国为七,淮南为三。在地域不增加的情况下,使王国总数达到17,以便于分而治之。

景帝一方面继续以亲制疏,封自己亲子六人为王,使之与其他王国抗衡,这时王国总数达22个。另一方面,他接受晁错"削藩"的建议,即加诸侯王以罪名,直接削夺其所辖之郡。先是赵之常山郡、楚国东海郡和胶西国六县被夺,又要削吴国的会稽、豫章二郡,结果激化了中央和王国之间早已蕴积的利益矛盾,引发吴楚七国之乱。三个月后,叛乱平定。

汉景帝抓住有利时机,采取了一系列控制和削弱诸侯王的措施,加强中央集权。

(1) 贬抑诸侯王地位,取消其治民任官之权

景帝中元五年(前145)诏令:"令诸侯王不得复治国,天子为置吏,改丞相曰相,省御史大夫、廷尉、少府、宗正、博士官,大夫、谒者、郎、诸官长丞皆损其员。"①诸侯王失去行政权,封国还可以让他"衣食租税",只享有经济上的好处。同时,王国官制降格,取消一些官职设置,其地位与郡已无实质差别。

(2) 缩小王国地盘

景帝继续"众建诸侯",在吴、楚、赵、齐之地又封皇子13人为王。王国版图一再缩小,终不能与朝廷抗衡。

汉武帝接受主父偃的建议,用颁布《推恩令》、《左官律》、《附益法》的种种办法,削夺诸侯王的封地,限制诸侯王的活动。此后,汉武帝又规定由"内史"负责治理王国,由中尉掌管军事,仅存一郡之地的封国与中央的郡只有

---

① 《汉书·百官公卿表》。

名称上的不同了。

这样在地方制度上,西汉定格为"郡(国)县二级制",王国与郡同为一级行政区划。经过50年的特殊时期,历史重归于中央集权的郡县制,朝廷政令又可毫无阻碍地通达全境。以后,皇子称王虽然成为中国古代的常制,但大多数朝代都能接受汉初的教训,限制王国的特权和地域,并且由中央直接治理,以避免国家分裂和政局混乱。

3. 走向州、郡、县三级制的东汉

东汉时期,地方行政体制继续有所变化,它表现在三个方面。

(1) 东汉地方行政制度还是郡、国并行,但东汉王国的封地比西汉小得多,一般连一个郡的地面都比不上,所以全国约七十余郡、五十余国。西汉的列侯封县邑,东汉甚至有乡侯、亭侯。东汉的诸侯王多数久居京城,嬉戏享乐,不需就国,更严禁与臣民结交,唯一的利益是"衣食租税"。王国所有官吏都由中央任命,与郡无异。

(2) 东汉为了集军权于中央,大幅度削减甚至取消内地的地方军队。于是"罢郡国都尉官",即郡一级取消都尉的设置,将其权责归并于郡守和国相。但少数边郡保留都尉。

(3) 刺史州部逐渐由监察区域向行政机构过渡,国家行政系统逐渐由郡县二级制向州郡县三级制过渡。关于这个问题,将在下面"监察制度"部分详述。

四、监察考课与官员选举

官吏是代表皇帝对人民进行管理的一个阶层,在秦汉时期随着其队伍的不断扩大(西汉从丞相到佐史达13万余人)和各类政务的繁杂,对官吏自身也必须有一套管理制度,以维护专制主义统治的稳固和国家机器运转的效能。

1. 选官制度

(1) 军功选官

秦从商鞅变法废除世卿世禄制度后,就实行以军功(事功)选官的制度。"斩一首者,爵一级;欲为官者,为五十石之官……官爵之迁,与斩首之功相称。"①但在秦统一之后,官和爵有所分离。秦朝有《置吏律》、《除吏律》,就

---

① 《韩非子·定法》。

是任免官吏的法规。秦朝的官吏一般是层层选拔,大体要符合四项条件:一是要有一定的家庭财产;二是会书写文字,懂法律;三是年龄在壮(17岁)以上;四是立有军功。

西汉初年基本承袭秦朝制度,最初的将相大臣都是军功出身。其他辅助的选官途径,一是"任子",就是二千石以上官吏任职三年,可以保任其子弟一人为郎。二是"赀选",规定拥有家产十万钱(景帝改为四万)但又不是商人的人,可以候选为郎。"郎"是皇帝的侍从,"守门户,出充车骑"①,经过一段时间对他们的考察,再外放补授官职。

(2) 察举制

汉武帝时期,董仲舒建议,各地守相每年推举吏和民中的贤者各一人,由朝廷从中选拔。元光元年(前134),汉武帝"初令郡国举孝、廉各一人"②。从此这种推荐与选拔相结合的察举制度就确立下来。不过西汉分为"孝"和"廉"二科(推民为"孝",推吏为"廉"),东汉合为一科。西汉每个郡国同样推二人,东汉改为按人口比例,平均20万人口推举一人。东汉又对被举者的年龄作了规定,"年不满四十,不得察举"③。

被推举者可以乘坐"公车"到京城,然后进行考试。课试的方法是先抽取题目(射策),然后书面作答(对策)。东汉又有不同,是"诸生试家法,文吏课牋奏"④。考试结果"劣者免归",合格者为郎,考察以后或迁为三府掾属,或外迁县令丞。察举是汉代儒生或低级官僚升迁的重要阶梯,国家也由此获得大量高素质人才。但为了保证质量和防止弄虚作假,如果"选举不实",被推举者以后贪污受贿品行不端,推举者要承担连带责任。

孝廉是察举的常科,提供的名额最多,也最重要。其他还有特科,皇帝根据需要随时诏定科目,如贤良、文学、秀才、明经、直言极谏、治剧等,不定期举行。除地方守相外,朝廷的三公、九卿、列侯等也有推荐权。推举的对象,多为儒生、处士,也有各级官府的属吏。

(3) 征辟制

征辟是针对特定对象的选拔,也不定期。它分为征召和辟除两种。

征召又称特诏,指皇帝亲自下诏,聘请一些声望很高、有特殊才能或品

---

① 《汉书·百官公卿表》。
② 《汉书·武帝纪》。
③④ 《后汉书·左雄列传》。

学兼优的人,授以官职。这是最尊荣的仕途,被征者如不应命,也不勉强。

辟也是征召,除是任官。辟除指汉代高官把那些有才能的人网罗到身边任为僚属,也称辟召。汉代辟除有两种:一是公府辟除,二是州郡辟除。

汉代丞相(司徒)、御史大夫(司空)、太尉(司马)、大将军以至诸卿,都以能招致贤才为高。这是一种礼请,被辟除者可以应聘,也可以托词不就。西汉丞相除有权聘请属吏外,还可以大开客馆招纳贤士。东汉时,公府辟除的风气盛于西汉。公府辟除属吏后,可以补任中央职官或外长州郡。因此,公府掾属官位虽低,却易于显达。

在汉代,州的属吏可以由部刺史辟除;郡太守自行辟除掾属及各曹属吏,更是通制。州郡所辟除的属吏,试用后,或有才能被察举,也可以升任朝官或地方长吏。

(4) 公车上书

汉代天下臣民,如有好的见解和意见,可写成奏章,随时到皇宫门前,在公车司马令处上书言事。奏疏被送入皇宫,如果被赏识,也可以得到官职。这是一种自我推荐的方式,"高者请丞相御史,次者中二千石试事,满岁以状闻,下者报闻,或罢归田里"①。西汉如公孙弘、东方朔都是由此途径脱颖而出。

(5) 博士弟子

根据董仲舒的建议,在京城建立太学,设五经博士,置博士弟子50人,为官吏养成的重要途径。博士弟子由九卿之一的太常选送各地18岁以上的优秀青年充置,受业读儒家经典。一年考试一次,称为"射策",即主试者将问题书之于策,分为甲乙科,考试者随意选题解答,按其难易而分优劣。考试合格能通一经者,可补管文书档案的文学掌故;其高第可以为郎中,以后再授以实职。

汉代的选官制度,在政治清明时,可以不拘一格选拔大量优秀人才,以汉武帝时最突出。但东汉以后,政治腐败,请托之风盛行,所举名不副实,成为权豪的结党营私工具。

2. 监察体系

在君主专制政体下,要保证官吏政治上的忠诚和工作上的尽职尽责,只有依靠监督体制来制约。这种监督体制包括:一是由皇帝直接控制的自上

---

① 《汉书·萧望之传》。

而下的监察体系,二是制度性的逐级考课。

(1) 御史大夫和御史台

秦朝始设御史大夫一职,汉朝继之。他既是丞相副贰,参与政务活动;又掌管监察,是皇帝的机要秘书和耳目,有权对包括丞相在内的各级官员进行监督和弹劾。他的职责是"典正法度,以职相参,总领百官,以职相监临"①。所以由他来掌管皇帝印信,来审理皇帝交办的御案,是监察系统的最高首领,也往往是皇帝最信任的大臣。

御史大夫最重要的属官是御史中丞。"在殿中兰台,掌图籍秘书,外督部刺史,内领侍御史十五人,受公卿奏事,举劾按章。"②御史中丞直接处理皇帝交办的监察工作,所以设在宫中兰台。兰台秘书的主要部分是律令图书,与司法审判有关。他还是到地方监察刺史的直接领导者,"总领州郡奏事,课第诸刺史"③。他下属的侍御史,专在朝堂纠察违禁大臣。

从西汉末年实行三公制,御史大夫变成大司空,已经不具有监察职责,御史中丞独立执掌御史台。东汉御史台又称"宪台",与中台(尚书)、外台(谒者)并称"三台"。御史中丞为朝中显宦,与尚书令、司隶校尉一并专席独坐,号称"三独坐"。

御史台独立,其监察事务一分为三。一是监察司法,由治书侍御史"主以法律当其是非"④。凡天下疑狱上报中央,由其判断是非。二是监察殿堂朝见威仪,由侍御史"居殿内察非法"。其任务还包括皇帝外出时护驾和掌发兵出令的符节。三是纠察百官的失职滥权违法众事。由侍御史十五人"掌察举非法,受公卿群吏奏事,有违失举劾之"⑤。御史中丞三方面属官即相互独立,又密切配合,常被皇帝派出监临军事、督捕盗贼、治理大狱。

(2) 从监御史到刺史

在地方上,秦在郡一级设置监御史,上对中央负责,下监察郡中一切官员和百姓,也包括同级的郡守和郡尉。西汉初,取消了监御史的设置,只是派丞相史不定期到地方巡视。这不仅没有制度上固定的官员,而且是丞相下属,属于行政系统的内监督,影响效果。

---

① 严可均:《全上古秦汉三国六朝文》卷二一,中华书局 1958 年影印本。
② 《汉书·百官公卿表》。
③ 《汉书·陈咸传》。
④⑤ 《续汉书·百官志》。

元封五年（前106），汉武帝实行了新的监察制度。他把全国分为13个监察区，称为州（部），各设刺史一人。所谓刺史，刺，查询；史，皇帝所使。据《汉书·地理志》序文，13州（部）是：豫州、冀州、兖州、徐州、青州、荆州、扬州、益州、凉州、并州、幽州、交趾和朔方。

刺史每年八月由京城出发，巡视所部郡国，"省察治状，黜陟能否，断治冤狱，以六条问事"①，然后在年终回到京城汇报。所谓"六条问事"，是中央规定刺史监察的内容。其中第一条是"强宗豪右田宅逾制，以强凌弱，以众暴寡"；其他五条都是针对地方首长的，如是否不遵守国家制度，背公谋私，搜刮百姓；是否司法不公，残害百姓，失掉人心；是否任人唯亲，袒护坏人；是否放纵家属子弟，仗势欺人，捞取好处；是否勾结地方豪强，收取贿赂，损害朝廷风纪等。②

征和四年（前89），汉武帝又设置了司隶校尉，负责监察朝中百官和京畿三郡及河内、河东、河南、弘农四郡。最初因巫蛊事件而设，"持节，从中都官徒千二百人，捕巫蛊，督大奸猾"③。后罢兵，改监察"三辅"（京兆尹、左冯翊、右扶风）、"三河"（河东、河内、河南）和弘农，职权与刺史同。

刺史官秩仅六百石（成帝曾改为州牧，秩二千石），去监察二千石的守相，以卑临尊。但他们隶属于御史中丞，是中央的派出代表，可以毫无顾忌。刺史州部又不是一级行政机构，除了"录囚徒，考殿最"外④，并不插手地方行政。故对违法官员，只有检举和弹劾权，而没有处置权。刺史制度使大小制约、内外协调，双方没有日常的利益纠葛，是一种巧妙设计。

（3）从刺史到州牧

东汉依然实行刺史制度，但有重大变化，体现在三个方面。

一是建武十八年（42），"复为刺史，十二人各主一州，其一州属司隶校尉"⑤。所以西汉的13州部加上司隶校尉，实际上是14部制；而东汉的13州部，包括司隶，是减掉了原来的朔方。建武十一年（35），"省朔方牧，并并州"。另外改称交趾为交州。

二是西汉刺史对监察的郡国长吏只有省察举劾权，凡不称职的需要三公派人案验，然后黜退。东汉从开始就规定，"不复委任三府，而权归刺举之

---

①② 《汉书·百官公卿表》注引《汉官典职仪》。
③④ 《汉书·百官公卿表》。
⑤ 《续汉书·百官志》。

吏";"有所劾奏,便加退免"。从此刺史权任逐渐提升,成为事实上郡国守相的上级,行政权和监察权混淆。

三是西汉刺史到郡国巡察后,岁尽则"诣京师奏事",没有固定治所。它的性质是中央官而不是地方官。东汉建武十一年(35),"初断州牧自还奏事",刺史有了确定的治所,刺史奏事改由上计吏;家中有丧葬大事,也不可以离任,刺史变成了地方官。

东汉中期后,刺史被授以"六条"以外的权力,不仅监察守相,还扩及到全部地方官员;渐又获得了选举和劾奏权,可以对地方行政多方干预。中平五年(189),四方多事,汉灵帝改刺史置州牧,使朝廷重臣刘焉、刘虞等出任州牧,"州任之重,自此而始"。这标志着"州"由监察区正式变为行政区,州牧也成为一方的军民行政长官。东汉赋予州牧统兵大权,开启了军阀割据地方之渐,这同当初借助刺史来加强中央集权的初衷完全背道而驰。

3. 考课制度

秦汉还有一种对官吏的政绩和功过进行考核的"上计"制度,承袭战国而来。一年一考是"常课",三年考课为"大课"。考课有两个系统,一是公卿守相或各部门的主官,对其府内掾属进行考课,以作为对其升迁赏罚的依据。二是中央对郡、郡国对县道的逐级考课。

后一种考课,首先是"秋冬集课,上计于所属郡国。"①郡国考课诸县,一般采取大会都试的形式,并且县令(长)和丞、尉亲自参加:"八月,太守、都尉、令、长、丞、尉会都试,课殿最。"②所谓"课殿最"就是评比排序,"丞尉以下,岁诣郡,课校其功。功多尤为最者,于廷尉劳勉之,以劝其后;负多尤为殿者,于后曹别责,以纠怠慢也"③。东汉的县令长不再亲自参加都试,改由专门的上计吏。

到年底,各个郡国要汇总情况,上计于中央。个别时皇帝亲自主持考课,但一般是丞相和御史"二府"。他们有分工,丞相"课其殿最,奏行赏罚";御史则"察计簿,疑非实者,按之,使真伪毋相乱"④,防止数字造假。东汉以后考课权转归尚书,"尚书主天下之大计"。

---

① 《续汉书·百官志》。
② 《汉官仪》。
③ 《续汉书·百官志》注引胡广语。
④ 《汉书·宣帝纪》黄龙元年诏书。

到京城上计往往不需要守相亲行,而是派出上计吏,"正月……群臣受赐食毕,郡国上计吏以次前,当神轩占其郡国谷价,民所疾苦……最后亲陵,遣计吏。"①上计吏的任务,不仅是向中央汇报地方情况,还有承接皇帝和丞相对政务的指示,带回地方。

上计要"上其计簿",内容就是"户口垦田、钱谷出入、盗贼多少"等等量化的统计数字,包括地方政务的一切情况。考课结果要登记造册,存放"二府"。政绩优异为"最",特别落后为"殿",其余皆按优劣排名次。高第者可升迁、褒奖、赏赐;后几名要负行政责任,或"左转"降职,或贬秩罚俸。这是秦汉"治吏"方面的一种重要激励机制。

五、军事制度的演变

1. 秦的军事制度

秦朝实行全民普遍征兵制,男子15岁就要"傅籍"②,即名字登记户籍,成为正式公民,从而有了服兵役的义务,随时可以被征调入伍。按规定,一个成年男子,一生需要服两年兵役,一年在郡县,为材官(步兵)、楼船(水军)或骑士,叫"正卒",边训练边维护地方治安;一年到首都或者边疆,前者叫"卫士",后者叫"戍卒"。秦朝为了保证兵源,将兵役制和徭役制结合在一起,适龄男子每年还要服徭役1个月,称为更卒,或在本县,或在外地。亲行叫践更。不愿去者可以交纳300钱,使人代役,叫做过更。

秦有正规军和地方军两种。前者包括野战军、边防军和首都卫戍军,直接由中央掌握。后者平时由郡尉管理,是正规军的预备队,战时也由中央调动。秦的调兵权由皇帝掌握,"凡兴士被甲,用兵五十人以上",必须以虎符为凭;而"甲兵之符,右在皇帝"③。秦军的兵种有步兵、弩兵、车兵、骑兵和水军,其形象大部分在秦始皇陵兵马俑的军阵中可见到。

2. 西汉初的兵制

西汉初的国家军队,主要是南军和北军。因皇宫在长安城的南部,负责警卫皇宫的军队被称为南军,由卫尉所统辖的卫士组成。南军卫士多由"三

---

① 《续汉书·礼仪志》。

② 由于对睡虎地秦简相关材料的理解不同,学术界分别有秦时男子15、16、17岁三种不同的"傅籍"说。

③ 《秦国杜虎符铭文》,《西北大学学报》1983年第1期。

辅"以外地方选调,一年一轮代。汉初南军约 2 万人,汉武帝减为万人。北军由中尉所统辖,除担任长安城的警卫,还要担任三辅的军事防守。因其营垒在长安城内北部,故称北军。北军士兵通常是来自三辅的正卒,也是一年一轮代。南、北军重在守卫国家中枢,因其设置表里交错,相互牵制,比较合理,故保证了京城治安。另有郎中令统管郎官,掌管殿门内的警卫,是宫廷禁军。

汉初郡国也有地方军,因地制宜有材官、楼船、骑士等兵种的不同。其统帅是太守或国相,而由郡都尉或王国中尉将兵。每年八月,郡国对正卒的演练检阅,叫做"都试"。地方军的发兵权由国家掌控,有极为严格的规定。需要发兵时,必须朝廷派使者前往,合验虎符或竹使符后,军队才能行动。如果没有虎符或竹使符而发兵者,即为谋反,要处以极刑。

3. 汉武帝强化军力

(1) 在郎中令管辖下出现了期门和羽林军。期门、羽林都是皇帝的侍卫亲军,除警卫皇帝外,还以培养选拔高级将领为宗旨。如李广、卫青、霍去病、赵充国等皆由此进身,后有"关东出相,关西出将"的俗谚。期门的兵员不固定,多时达千人,其士兵从"西北六郡"(天水、陇西、安定、北地、上郡、西河)精选良家子壮勇骑射者充当。羽林的兵员也没有固定的数目,士兵多选自三辅良家子。这些军队是职业兵,可父死子继,如后来的羽林孤儿。他们平时多在京城,战时也会奉命出征。这是中国古代募兵制之始。

(2) 汉武帝将原来全面负责京畿防卫的中尉,改称为执金吾。还设置了京辅都尉、左辅都尉、右辅都尉分管三辅治安,城门校尉负责警备长安外城的 12 个城门,与中尉互不统属。而且他们所辖士兵,都是从内郡调来,与中尉手下士兵来自关中不同。这就使原来比较单一的京城防卫力量,变得多线化,相互制约,更容易被皇帝掌控。

(3) 汉武帝又在北军增设屯骑、步兵、越骑、长水、胡骑、射声、虎贲七校尉,秩均二千石,每校尉约统率 800~1000 人。其中屯骑、长水、胡骑、越骑是骑兵,射声是弩兵,虎贲是车兵,步兵校尉统领步兵。长水、胡骑校尉的部下为胡人,其余五校尉的部下均为汉人,都是招募而来的职业兵。七校尉所辖都总统于原来的中垒校尉,所以又合称为八校尉。

(4) 汉武帝后期,由于大量自耕农破产流亡,征兵制度对战争所需兵员已经不敷供应,必须广开兵源。一是刑徒为兵,如七科谪、恶少年、刑徒、弛刑徒、应募罪人等。二是蛮夷胡兵,如征募匈奴人、南越人、西域人、夫余人等。三是社会闲散成员招募,名义有勇敢、奔命、伉健、豪吏、应募等。这些士兵都被大量用于西汉对匈奴、大宛、西羌等的战争中。

4. 东汉的军制改革

东汉光武帝对军事制度进行了大刀阔斧的改革,使东、西汉的武装体系有明显不同。

(1) 东汉的中央军制

东汉的宫殿警戒,有光禄勋旗下虎贲约1500人、羽林左右骑1700人、羽林郎128人(兵员不固定)。这些人都为父死子继的职业军士,平时宿卫,必要时随从皇帝车驾出行。

东汉缩小了执金吾的权力,仅担任宫门以外、洛阳城内的警卫。其兵力由缇骑200人和执戟520人组成。缇骑家境富裕,自备鞍马;执戟则贫寒,为步兵,他们皆招募而来。

东汉将屯骑、越骑、步兵、长水、射声等五校尉称为北军,又称为北军五营。五校尉秩比二千石,彼此并无隶属关系。由另外设置的六百石北军中侯监护之。五校尉主要在宫城以外驻屯警卫,皇帝出行则扈从车驾。屯骑、越骑、步兵、射声四营士各为700人,只有长水校尉,记载或以为736人,或以为1367人。五校尉的士兵最初都是跟随刘秀征战者,后靠父死子继以保证兵源。虽然五校尉沿袭了西汉七校尉的名称,但二者在许多方面均有不同。

东汉的卫尉仍然驻守宫门,巡逻宫城,护卫车驾。其手下卫士约有2500人,较之西汉为少。原因一是光武帝节俭,二是东汉的虎贲、羽林、羽林左右骑、五校尉都参与京城守卫,宫门内也就不需要过多的卫士。卫士还是征兵制下的农民,来自洛阳附近的郡县。

东汉也设置了城门校尉,负责洛阳外城各城门的守卫。

(2) 东汉的地方军制

与西汉不同,东汉从一开始就撤销了郡的都尉,并其职于守相;撤销了郡国的轻车、骑士、材官、楼船士及军假士,废止了定期训练考核的都试制度;罢边郡亭侯吏卒。这样基本废止地方军队。虽然节约了开支,减轻了人民负担,但是诸大疆域,地方完全没有武备是不可想象的。作为替代措施,东汉在具有战略意义的地方,设置长期的屯兵,如黎阳营、度辽营、象林营、虎牙营、雍营、渔阳营、扶黎营等,以代替原郡县正卒。

(3) 东汉的八关都尉

东汉末年黄巾事起,为保证首都的安全,曾设置八关都尉,分别在函谷关、广城关、伊阙关、大谷关、辗辕关、旋门关、小平津关、孟津关,率军以加强洛阳周围地区的防御。

汉灵帝中平五年(118),因原有的军队缺乏战斗力,数量也不足,要对抗黄巾,又设置西园八校尉,即上军校尉、中军校尉、下军校尉、典军校尉、助军左、右校尉,左、右校尉,袁绍、曹操等人各率一支,八校尉由宦官蹇硕总领。但后来蹇硕和外戚何进先后被杀,这些军队都被董卓吞并。从此,东汉王朝没有军事力量的支撑,也就名存实亡了。

(4)东汉的兵役制度

虽然废除了更役制度,如果需要,东汉仍然可以征发农民从军。但由于郡国取消都试,缺乏训练,其战斗力比西汉的正卒和戍卒低下。为了应对战争需要,只能更多地招募刑徒和蛮夷兵,甚至要求附汉的南匈奴代守北部边塞。由于自耕农的大量流失,原来兵民合一的征兵制逐渐被破坏,军人的社会地位低落,这已经预示着魏晋时期兵民分离的世兵制的出现。

六、法律体系的渐趋完备

为了统治的稳固和社会秩序的稳定,秦汉王朝都建立了一套严密的法律体系,并在君主握有最高立法和司法权的前提下,建立一套从中央到地方的司法行政体系,使"臣下奉宪,不失绳墨"①,以更好贯彻统治者的意志。

1. 秦朝法律体系初建

(1)睡虎地法律简的出土

秦从商鞅以来,在法家"明法"思想的指导下,不但重视成文法的制定,而且要使它在社会生活中具有不可替代的权威作用。除君主外,任何人在任何情况下的违法行为,都将要受到严惩。据说商鞅在李悝《法经》的基础上,改"法"为"律",历代又不断充实完善。秦始皇进一步"明法度,定律令",颁行全国,《秦律》已逐渐形成较为完备的法律体系。

秦律年代久远,其完整的文献已经荡然无存。前人虽有辑录,但残章断片已全貌难窥。有幸的是,1975年在湖北云梦睡虎地出土了大量秦简,其中大部分内容是法律文书,但也不是秦代法律的全部。

睡虎地法律简是已发现年代最早的成系统的法律条文,从法的形式上

---

① 《后汉书·梁统列传》。

可分为三部分：

一是法律条文，包括《秦律十八种》、《效率》及《秦律杂抄》。《秦律十八种》篇名有《田律》、《厩苑律》、《仓律》、《金布律》、《关市》、《工律》、《工人程》、《均工》、《徭律》、《司空》、《军爵律》、《置吏律》、《传食律》、《效》、《行书》、《内史杂》、《尉杂》、《属邦》，共18种。《秦律杂抄》，涉及律名有《除吏律》、《游士律》、《除弟子律》、《中劳律》、《藏律》、《公车司马猎律》、《牛羊课》、《傅律》、《屯表律》、《捕盗律》、《戍律》等11种。因为文献记载的盗、贼、囚、捕、杂、具等"六律"不在其中，说明这只是秦律的部分。正式律文是秦律的主干，在成文法中法律效力最高。

二是对律文的解释，见《法律答问》，共187条。其中26条是对法律概念、术语的解释；其余161条，往往借助具体案例，对法律条文进行补充，与律文本身同样具有法律效力。它成为以后判案的司法根据，其作用相当于后代以案例来判案的"比"。

三是关于审案的准则和法律文书程式的规定，见于《封诊式》，共分25节，类似于现代的诉讼法。它规定了审判原则、案件记录"爰书"和查封报告的格式，还有各类典型案例21条，从中可以了解诉讼治狱程式，以使相关官吏学习并在审理案件时参照执行。

(2) 秦朝法律的内容

一是严厉惩罚政治犯罪。凡是反对君主"为乱"、"为逆"的行为，最少是死刑，多是"灭其宗"、"夷三族"。凡危及君主安全，"行所幸，有言其处者，罪死"①。甚至宣读君主诏令时不起立致敬，也属犯罪。《法律答问》中专讲"盗"、"贼"的有58条，尤其是对危及国家秩序的"群盗"、"大盗"严厉打击，要刑其身，坐其家室，并奖励告发者。

二是保护公、私财产的合法所有，惩治盗窃行为。如私自侵犯别人田界，"赎耐"；"盗采人桑叶"，罚30天徭役；五人以上集体偷盗抢劫，处以"斩左趾"刑。《田律》规定每顷土地要向国家缴纳的租税额，少交或不交地租，要受到法律的惩处。《仓律》规定仓库储藏粮食定额，入仓和出仓的手续以及保管不善所应负的法律责任。

三是对于一般的斗殴伤害、奸淫伤害也给以惩治。秦简中有大量的案例，甚至对家庭成员的"不孝"、再嫁"不贞"都作为犯罪惩处，以维护社会等

---

① 《史记·秦始皇本纪》。

级秩序。

(3) 秦朝法律的特点

一是法网严密,内容细碎,对人民生活的一举一动几乎都在法律条文中规定下来。如"毋敢履锦履"、"妄言者无类"、"敢有挟书者族"等。而且有些条目界限不清,内容重复,尚显得比较粗糙。这是中国古代法律体系初创阶段的特点。

二是轻罪重罚,对人民实现严刑峻法。法家迷信暴力,主张是"以刑止刑",即"重罚者盗贼也,而悼惧者良民也";"罚重,则所恶之禁也急"①。重刑不仅在于惩罚犯罪者本人,还在于威吓一般人,起到杀一儆百的作用。

三是贯彻等级观念,伦理纲常渗透法律。秦把案件分为受理的"公室告"和不受理的"非公室告"两种。凡官吏代表官府究举的犯罪,如杀人盗窃奸淫等,属于前者,要依法处理。而父母擅自杀害、伤害子女,主人侵害奴婢,这样"子告父母,臣妾告主",都属于家罪,官府不受理。如当事人坚持控告,则"告者罪"。反之,父母如果向官府控告儿女或主人控告奴婢,官府就要严厉处罚。同样犯罪,秦对有爵位与无爵位者的处理也不同。

秦律的合理之处也很多。如"毋笞掠而得人情为上",不能靠拷打犯人逼供得到案情;对故意犯罪和过失犯罪在量刑上要区分;未成年人不负完全责任;鼓励自首,诬告反罪,监守自盗加罪;被告有上诉权等。

2. 汉代的立法精神

汉代的法律制度,以秦律为基础,但是由于儒家思想的渗透,在法制思想上表现为"礼法统一"和"刑德并举"。它一方面继承了秦以赏罚为中心内容的法治思想,另一方面援礼入法,把礼改造成法律规范,为社会中贵贱、尊卑、长幼、亲疏、贫富等不同层次的人们规定不相等的行为规范。如董仲舒"春秋决狱",以儒家经典《春秋》作为判案的依据,其原则是"论(原)心定罪",强调犯罪动机。比如有人侮辱为父亲者,受辱者的儿子不忿将此人杀死。按法律杀人处死,但其动机符合"孝道",就应将其赦免。另外汉代对"居丧奸"和"发墓"的司法处理要比一般的通奸和盗窃重得多,也与此有关。

这样,到了东汉,就出现一种特殊的法律,即经学大儒的"经义",成为被普遍应用的判案依据。"诸儒章句十有余家,家数十万言,凡断罪所当由用

---

① 《韩非子·六反》。

者,合二万六千二百七十二条,七百七十万三千二百余言。"①这样数量庞大的内容,后代逐渐被吸收进正式的法律条文中,移礼入律大概在唐朝完成,礼刑趋于统一。如"子孙告父母祖父母者死"、"母杀其父,子不得告,告者死"等,法律在"不孝"这个宽泛的概念里填充进许多内容,"不孝"就是犯罪。今天世界五大法系之一的中华法系,其独特精神的基础就是儒家文化。

3. 汉律的构成

秦末刘邦占据咸阳,曾废秦"苛法",约法三章:"杀人者死,伤人及盗抵罪。"②但这是权宜之计,后感到"三章之法不足以御奸",乃命萧何以秦律为基础,"作律九章"③;即在秦律六篇"盗、贼、囚、捕、杂、具"之上又加"户、兴、厩"三章。《九章律》被认为是汉代最重要的基本法。在此基础上,后来叔孙通作《傍章律》18篇,张汤作《越宫律》27篇,赵禹作《朝律》6篇等等。到西汉中期汉律已经成为"九百六十卷,大辟四百九十条,千八百八十二事"的庞大体系。但数百万言的汉律早在唐代已经亡佚,仅有程树德的《九朝律考》和沈家本的《汉律摭遗》辑录出零星资料,但依然是文献不足征。

1983年,湖北江陵张家山出土的吕后时期竹简《二年律令》,使亡佚已久的汉律重见天日。它包括27种律,即《贼律》、《盗律》、《具律》、《告律》、《捕律》、《亡律》、《收律》、《襍(杂)律》、《钱律》、《置吏律》、《均输律》、《传食律》、《田律》、《□市》、《行书律》、《复律》、《户律》、《效律》、《傅律》、《赐律》、《置后律》、《爵律》、《兴律》、《徭律》、《金布律》、《秩律》和《史律》;1种令,即《津关令》,弥足珍贵。但它们与萧何的《九章律》是什么关系,学术界至今聚讼纷纭。

两汉的律令形式,主要有律、令、科、比四种。

(1) 律

律是一种最稳定的法律形式,所规定的判罚尺度最明确。汉代人说:"前主所是著为律,后主所是疏为令。"④它应是立国时确定的基本法典,但也不断增补,东汉已有律60余篇。

(2) 令

---

① 《晋书》卷三十《刑法志》,中华书局1974年版。
② 《汉书·高帝纪》。
③ 《汉书·刑法志》。
④ 《汉书·杜周传》。

令是为解决某一具体问题，以皇帝名义颁发的诏令，与律一样具有法律效力。东汉人解释说："天子诏所增损，不在律上者为令。"① 由于诏令可以改变、增补现行法律，故它牵涉内容广泛，数量庞大。东汉时有令300余篇，还分类为"令甲"、"令乙"等。

(3) 科

科谓事条，也称科条，是法律条文中所列应科刑罚的部分，进而成为一种独立的法律形式。汉初，"高祖受命，萧何创制，大臣有宁告之科"。② 汉武帝时大量增加，"军役数兴，豪杰犯禁，奸吏弄法，故重首匿之科"③。但也有人认为"科"是惩治官吏职务犯罪的条规。

(4) 比

也称"决事比"，就是以典型案例可以作为司法判案的根据，"比谓类例"。经过批准，在没有相关律文的情况下，也可以援引定罪。汉武帝时"死罪决事比万三千四百七十二事"④。东汉时为900余卷，其中死刑610条，耐罪1678条，赎罪以下2681条，数量最多。

4. 汉律的内容和特点

一是以加强专制主义集权统治为圭臬，维护皇权至高无上的地位。最严重的罪行如"矫制"，就是诈称皇帝命令行事；"废格"，就是不执行皇帝的命令；"犯跸"，就是在皇帝出行时不回避而冲犯；轻者弃市，重者腰斩。对皇帝不忠的行为被称为"欺谩"、"詆欺"、"诬罔"、"不道"、"大逆不道"、"大不敬"等，犯者要被处死。即使皇帝所用或宗庙陵寝的器物也不可侵犯。"敢盗乘舆服御物"⑤，为大逆不道；"盗宗庙服御物者为奏，当弃市"⑥。

二是维护统一，对诸侯王严加约束。西汉的《酎金律》惩罚诸侯王贡金不合标准；《左官律》防止诸侯王吸纳人才；《尚方律》惩治诸侯王"逾制"；"阿党"、"附益"之法防止诸侯王与傅、相和朝廷大臣勾结。一旦违法，就"国除"、"免为庶人"、"赐自杀"、"腰斩"等。

三是明确保护公私财产。严禁"专地盗土"，一旦有人侵犯国有土地，即

---

① 《汉书·宣帝纪》文颖注。
② 《后汉书·陈忠列传》。
③ 《后汉书·梁统列传》。
④ 《汉书·刑法志》。
⑤ 《汉书·景帝纪》如淳注引汉律。
⑥ 《汉书·张释之传》。

使贵为丞相的匡衡也要被惩治。"盗官布,法应弃市";对"群盗"更加严厉,即使"通行饮食群盗"的人也要被处死。① 严禁盗牛马,"盗马者死,盗牛者加"②。对无故私闯民宅、上人车船,"牵引人欲犯法者,其时格杀之,无罪"③。

与秦律比较,汉律的特点有四个方面:(1)从汉文帝开始,废除肉刑,刑罚主要是死刑(斩首和腰斩)和徒刑(从3个月到5年)。但五年刑以上即为死刑,缺乏中间环节,故屡有恢复肉刑之议。(2)关于不完全刑事责任,秦以身高为标准,不甚合理。汉代明确了年龄界限,如东汉规定:"年未满八岁,八十以上,非手杀人,它皆不坐。"其他如孕妇、盲聋、侏儒等类人犯罪,都可以减刑或从宽处理。(3)对犯罪层次的界定更加细腻准确,从而处罚轻重不同。如杀人,有"谋杀"(二人对议谓之谋)、"贼杀"(无变击斩谓之贼)、"斗杀"(两讼相害谓之斗)、"误杀"(意以为然谓之失)、"戏杀"(两和相害谓之戏)等的区别,体现了中国古代法律的进步。(4)法律的等级性更加鲜明。其中有"请"的规定,就是贵族和官僚犯罪,司法官吏无权决断,只能提出意见,上请皇帝裁决。对官吏犯罪也要减刑,甚至及于其子孙。在同一类刑罚中,对大官僚和贵族量刑也区别对待。

5. 汉代的司法体系

汉代形成了完备的司法行政体系。秦和西汉初的丞相和御史"二府"参与司法,主要作用是"造起律令"(立法)和"讨奸猾,治大狱"。后来权移尚书台,其中"三公曹"掌"盗贼、辞讼、罪法",负责全国的司法事务。御史中丞除主管监察外,也是最高的上诉机关。

在日常司法事务上,秦汉最重要的官员是廷尉。廷尉一是参与立法,"条定法令"。二是秉承皇帝意旨,对重大案件的罪犯执行逮捕、拘押、审讯和判案,"掌诏狱"。三是对地方呈送的疑难案件进行审核。东汉最后形成廷尉、尚书台、御史台共掌司法的模式,重大案件由三家"杂治"即会审处理,但结果由皇帝裁决。

地方行政长官也是司法审判长官,二者合一。郡守、县令分别负责郡县狱讼。郡府诸曹掾史,辞曹、法曹、决曹与司法事务关系最直接。县丞主管

---

① 《汉书·酷吏·尹赏传》。
② 王利器:《盐铁论校注·刑德篇》,古典文学出版社1959年版。
③ 《周礼·秋官·朝士》疏引郑注引汉律。

县的司法审判,属下有辞曹、法曹和狱吏,但最后决狱要由县令判署。县是最低一级司法的审判机关,有死刑判决权,但执行要县囚解郡。刑狱是"上计"考课官吏的重要内容,必须"狱无冤刑,邑无盗贼"。

汉代的诉讼形式明确地分为"告"和"劾"两种。告是当事人直接提起诉讼,即自诉。劾是官吏纠举犯罪,类似于公诉。汉代的审判过程叫"鞫狱"。司法机关审讯犯人,必须注重证据,但以口供作为判决的依据。最后判决,称为"断狱"。

第五节 秦汉的社会危机和农民战争

任何朝代的统治者,无不追求社会的安定和谐,避免因统治失控而导致天下动荡。中国古代的各种学说,也无不以追求社会的"治"避免社会的"乱"为目标。但现实并不依人的意志为转移,几乎每一个王朝都上演着"治—衰—乱"的三部曲。虽然其"乱"或"治"都各有具体原因,但能否从中探寻出一些共同的规律呢?汉代人有一个关于"土崩"和"瓦解"的辨析,前者指像秦末那样的民众造反,后者指像吴王刘濞那样的上层集团内部的政争变乱,结论是"天下之患在于土崩,不在于瓦解,古今一也"。因为政权的生命线系于民众,如何让他们"安土乐俗",避免出现"土崩"之势,这是君主应该知道的"安危之明要也"①。

一、秦王朝:其兴也勃,其亡也忽

1. 秦始皇的制度措施

从西周末年统治秩序崩溃,经过五百多年的分裂和战乱,终于在公元前221年实现了空前的大统一。秦始皇说:"天下共苦战斗不休,以有侯王。"② 既然已经"禽灭六王",秦朝君臣也"夷郡县城,销其兵刃,示不复用"③,目的正是要实现和平大治的新局面。

秦朝以周朝政体末流的弊端为教训,在制度设计上反其道而行之:(1)周实行分封制,"所封子弟同姓甚众,然后属疏远,相攻击如仇雠,诸侯更相

---

① 《史记·平津侯主父列传》。
② 《史记·秦始皇本纪》。
③ 《史记·李斯列传》。

诛伐,周天子弗能禁止"。秦始皇统一,使天下"皆为郡县",废除分封,"子弟为匹夫"①。这样诸侯分权政治变成了中央集权政治,使天子对地方拥有强大的控制力。(2)周王和诸侯的君臣关系主要靠宗法上的"亲亲"和礼制上的"尊尊"来维系。秦朝把政治、军事、法律等大权集中于皇帝一人,建立君主专制政体,使天子如堂,大臣如陛,民众如地,等级森严。(3)周朝对宗法贵族分封采邑,实行世卿世禄制。秦朝以功劳选拔人才,各级官员随时可被任免,概不世袭,实行依附于君主的官僚制。(4)周代在统治思想上强调"保民"和德政,秦朝完全以刑法来控制社会和人民,特别是把社会组织变为军事组织,耕战结合,对民众进行什伍编制,互相纠察检举。

通过以上努力,秦始皇把全社会的人力物力空前有力地抟集在一起,形成一架高效率的国家机器,在极短的时间内完成了许多大工程,还"南取百越之地","北筑长城而守藩篱,却匈奴七百余里",似乎无所不能。他在《会稽刻石》中确定自己的目标是"嘉保太平"。"太平"是古代普遍追求的政治理想,除百姓安居乐业外,还表现在"敌国不待服而诎,四海之民不待令而一"②。然而秦朝不仅没有迎来太平,反而二世而亡,其中意蕴颇耐琢磨。

2. 秦为暴政而亡

秦朝的迅速灭亡,引起人们的思考,以为后来者提供鉴戒。刘邦的谋士陆贾说,"汤、武逆取而以顺守之,文武并用,长久之术也"。但秦统一之后"任刑法不变",不"行仁义",结果"极武而亡"③。夺天下和守天下的方针应该有所区分,前者可以以武力"逆取",后者应转变成以文德"顺守"。秦朝守天下还用夺天下的方针,失败是必然的。

秦从商鞅以来走过的富国强兵之路,最后统一天下,足以证明其有效性。秦统一后构建的政治体制被历代王朝所继承,也证明它有相对的历史合理性。秦朝灭亡的原因,不在这些方面,而在于执行政策措施的"暴急"。

秦朝在十余年间,有些事情虽然具有一定合理性,如修道路和修长城,如对匈奴和南越的战争,但推行得过快过急,时间太集中,手段太猛烈,超出了社会的正常负荷。还有一些工程纯粹是为了满足秦始皇穷奢极欲的本性,如修宫殿和陵墓、封禅和求神仙等,也耗费了大量的人力物力。据估计,

---

① 《史记·秦始皇本纪》。
② 《荀子·君道》,上海书店 1986 年"诸子集成"本。
③ 《史记·陆贾列传》。

当时全国人口约为二千万,而每年服役的人口超过二百万,占壮年男子的1/3。大量人口脱离生产,田地荒芜,动摇了王朝的统治基础。战争和徭役频繁,还要维持庞大的官僚机构,只有不断加重人民的赋税负担。结果"男子力耕不足粮饷,女子纺绩不足衣服";"贫民常衣牛马之衣,而食犬彘之食",人民生活陷入悲惨境地。加上刑法严酷,人民摇手触禁,犯罪者多,只有"逃亡山林,转为盗贼",终于促成秦末农民战争的爆发。本来东方六国贵族对秦的统一抵触很深,借此机会掀起复国运动,"土崩"与"瓦解"纠集在一起,秦朝焉得不亡?

秦始皇的残暴不能像史书那样简单地归因于其长相的"蜂准、长目、挚鸟膺、豺声"等先天性格因素,而确能反映出他所代表的政治势力的存在状态。战国以来的地主阶级还处于"青少年"阶段,生机勃勃但政治经验不足,一味崇尚暴力和权力,总是夸大主观意志的作用。特别是它们没有遭遇过农民战争的打击,看不到人民聚合起来的威力,这是其政治上不成熟的表现。当时不仅是秦始皇一人,而是整个统治集团都对农民的力量缺乏认识。后来的汉朝君臣吸取教训,认识到"为君之道必须先存百姓",他们在变得更加狡猾的同时,思考问题也更能切合实际,这是一个阶级开始进入成年的标志。

但是,专制体制的致命伤,在于追求效率,让国家权力像金字塔一样层层集中,最后由皇帝一人来掌握。把权力绝对化于一人,没有其他力量对皇帝的意志加以制约,又把他神乎其神,反而诱使其人性的弱点无限膨胀。这犹如一丝而悬千钧之重,何其危险!在中国历史上,能克服奢侈、骄横、残暴的"好"皇帝少之又少,大多数非庸即暴。等到社会矛盾积聚到某一极限、补偏救弊已无济于事时,就会爆发动乱而改朝换代。

尤其是,秦是自觉在法家指导下建立起来的政权,法家强调暴力镇压,在社会的激烈变革期针对旧贵族,它是强有力的。但是,在天下统一之后继续任用它,矛头所指就是全体人民,必然引起社会多数人的反抗。况且法家认为人与人之间是一种冷酷的利害关系,即使君主和臣下的关系也是"主卖官爵,臣卖智力","臣之所以不弑其君者",是因为条件的暂时还不具备①。君主不仅对人民施行强制,对左右大臣也要用权术来驾驭。这样,秦皇帝不但与人民为敌,也把大臣、后宫、侍从都看作自己的对立面来时刻提防。这

---

① 《韩非子·难一》。

个社会不要文化,不要信义,不要贤良,不要商业,必然会在紧绷的人际关系中走向极端,在社会动荡中轰然坍塌。

二、西汉:从稳定、鼎盛到衰亡

1. 汉朝初年的"拨乱反正"

人们常说的"拨乱反正",源出《春秋公羊传》哀公十四年:"拨乱世,反诸正,莫近诸《春秋》。"这是说孔子修《春秋》,要给后人制定一个方法,如何才能治理混乱的社会,恢复圣贤的正道。每当新王朝建立,统治者都会打出"拨乱反正"的旗号,重新建立统治秩序,也就是修补曾经漏洞百出的"篱笆"。

西汉王朝建立,新的统治者面临严峻的形势:连续八年的战争,人口锐减,社会经济残破,老百姓生活艰难,朝廷府库空虚。在这种情况下怎样让人民休养生息,使社会尽快恢复生产,进而稳定统治秩序,就成为头等大事。于是刘邦发布一系列诏令,让军队官兵复员,根据爵位高低给予一定数量的田宅,免除其一定年限的徭役,减轻农民税赋等。刘邦君臣从秦的失败中吸取教训,认识到普通民众尤其农民是国家财源和兵源的主要提供者,只有农民稳定才能稳定社会,只有社会稳定才能稳定国家,所以必须"以民为本"。他们实行轻徭薄赋慎刑政策,"与民休息",创造条件使农民安心生产,终于缓和了社会矛盾,使国家走上正常轨道。后来这种政策被延续,形成"黄老无为"思想指导下的"文景之治"。

2. 分封制和郡县制的纠葛

在政治体制方面,西汉基本上继承秦朝,如实行皇帝制、官僚制等,但在地方制度上,却采用"郡国并行制",把秦朝废除的分封制部分地恢复过来。既然专制政体是皇帝一人专权,不允许大一统的政治局面被分割,刘邦为什么还要实行分封呢?

一般认为理由有三:(1)在楚汉战争中,出于组合军事同盟以打败项羽的策略需要,分封了韩信、彭越、英布等七个异姓诸侯王。这些人统治广大的东方地区,对西汉王朝当然不利,刘邦甚至不敢定都洛阳。于是不久就以"谋叛"为理由把他们基本剪除。(2)刘邦相信秦朝不分封子弟故有"孤立之败",加上他也没有力量对全国进行直接管理,于是分封了九个同姓诸侯王,以维护刘家天下。(3)刘邦通过在东方设立诸侯国,允许因故俗而治,"自拊循其民",可暂不用汉法,从而在文化统一上减少阻力,有利于让东方人对汉朝加速认同。

刘邦的举措为巩固汉朝统治起到了重要作用,尤其是在"诸吕之乱"时。但由于政治权力的排异性和君主专制的一元化原则,它作为一种策略在短时期实行可以,却不可能持久。汉文帝为了强化皇权,"以亲制疏",除太子外分封三个儿子为王,且都在重要的战略地点;采用贾谊"众建诸侯而少其力"之法,削弱刘邦分封的其他王国。汉景帝进一步削夺诸侯王,一方面强行"削藩",一方面拿土地尽封自己的儿子为王。这激化了中央和地方的矛盾,引发"吴楚七国之乱",但反而加速了诸侯王问题的解决。叛乱平息后,"名山陂海咸纳于汉,诸侯稍微,大国不过十余城,小侯不过数十里"①,诸侯封地太大的问题已经解决。接着收夺了诸侯王任免官吏和治理民众的行政权,事实上王国和中央直辖的郡已经没有实质性差别,汉朝又回到秦朝大一统的老路上来。

汉武帝以后的皇子封王,其出发点既不同于"周封五等"的"亲亲之义,褒有德也",也不同于刘邦"广疆庶孽"以填充自己力所不及的政治空白,还不同于文帝、景帝为削弱前帝之封以巩固自己的地位,应该别有一种意味。这就是为了维护皇帝的"至尊"地位,其子弟必须封王,"遂使尔后皇子封王,成为专制政治为了将皇帝身份加以绝对化的不可缺少的重大条件之一"②。此后历朝皇子依例封王,但绝大多数只是"衣食租税",给足经济上的待遇,并没有实际上的行政权。

分封制和郡县制孰优孰劣?从秦朝一直争论到明清。争论的核心是政治权力如何安排才能长治久安?如果权力高度集中于朝廷,一旦遇上昏乱之君或者被外戚、宦官假借权柄,很容易造成全局性的灾难;如果权力分寄于地方,无论是诸侯王还是州牧,又会造成分裂割据。在这种两难选择中,历朝统治者大多选择前者。因为在中国这样的一个有广大疆域和众多人口的国度,任何王朝不聚合起强大的政治控制力,就很难平稳维持下去。

3. 西汉中期的"霸王道杂之"

汉武帝在位54年,加上昭帝的14年、宣帝的25年,是西汉王朝的鼎盛期。特别是汉武帝进军漠北,统合岭南,镇抚西域,在朝鲜和西南夷设置郡

---

① 《史记·汉兴以来诸侯王年表》。
② 徐复观:《两汉思想史》第一卷第99~102页,华东师大出版社2001年版。

县,"所增地永为中国四址,千万年皆食其利"①,奠定了中国古代王朝的基本疆域。

汉初六七十年的物资积累,使汉朝国势走向强盛,但仍面临着三大问题:(1)长期的"和亲"政策,未能阻断北方匈奴的挑衅和入侵,边境危机日益严重。(2)长期的轻田租(土地税)重算赋(人头税)政策,使得农民贫穷不堪,一遇天灾人祸,就被迫卖田宅鬻子孙四处逃亡,造成社会动荡。(3)诸侯王和新贵族在"无为"政治下逐渐形成地方势力,"无人君礼",威胁到中央对统一局面的有效控制。以新的统治思想取代"黄老政治"已经水到渠成。

汉武帝奉行的统治思想,表面上看是"独尊"儒术,实际上是外儒内法,或者如汉宣帝所说,"汉家自有制度,本以霸王道杂之"②。所谓"王道",是儒家提出的以仁义治天下的方法;所谓"霸道",是像秦那样凭借威势和权术进行统治的方法。这时统治者需要把它们搭配在一起,让官员们"习文法吏事,而又缘饰以儒术"③。

其中原因很简单:(1)秦汉建立的是专制主义的政治体制,它的集权性质要求社会资源高度集中,要求社会成员对上层绝对服从,这样才能满足它无限扩张的胃口。而要做到这一点,离开法家"厚赏重罚"的手段是无法实现的。(2)汉有秦朝的覆辙在,仅有严刑峻法不一定能换来理想的社会秩序,也不能避免走向崩溃。因此政治秩序必须要有文化秩序来配合,才能实现长治久安。(3)儒家蕴涵了久远的文化传统,强调"礼义教化",提倡"仁""孝"伦理,把社会看成是宗法共同体,认为君民关系就是父子关系的延伸。借此来粉饰政治,不仅给统治权力提供了合法性,还可以使民众温顺驯服。

4. 汉武帝的开边与改制

汉武帝的文治武功,主要表现在开边、兴利、用法、改制等几个方面。

中国自古就有"华夷之辨",其区别不在种族,而在于农业和游牧两种不同的文化形态。先进的华夏在中原,夷狄在边陲,天子不仅是华夏人也是包括夷狄在内的天下人的天子,而且有责任将中原优越的农业文化向外推展,

---

① 赵翼:《廿二史札记》卷二。
② 《汉书·元帝纪》。
③ 《史记·平津侯主父列传》。

建立太平世的必要条件就是"远夷之君内而不外",要"王者无外"①。汉武帝把"王者无外"的理念演绎到极点,从建元三年到元封三年(前138～前108)前后31年的南征北战,巩固和扩大了秦朝拓边的成果,基本完成了儒家太平世要"治夷狄"使"天下远近小大若一"的目标。本来穷兵黩武是"霸道"的表现,汉武帝却粉饰以儒家"王者无外"的理念,形成了"霸王道杂之"的治国方略。

但是汉武帝开边的代价是沉重的。因为运用精锐骑兵深入夷狄远程奔袭,虽然军事上极为成功,但人员物资的消耗却难以承受。由于连年战争以及汉武帝本人服食求仙、巡游赏赐、大建宫室等种种奢靡行为,造成"赋税既竭,不足以奉战士"、"海内虚耗,户口减半"的严重后果②。为了支撑财政,汉武帝又创制种种政策以兴利:(1)利用统一铸币、盐铁官营、均输平准和算缗告缗等手段,打击富商大贾甚至使之破产。(2)实行入羊为郎、买爵赎罪、入粟补吏和白金皮币等措施,鼓励贵族和富人向朝廷输纳钱财。(3)压榨农民,或"赋敛不时",或"征发繁数",使之被迫贱卖谷物或转借高利贷。这些措施加上贪官污吏趁机聚敛,"吏多私,征求无已,去者便,居者扰",农民只能抛荒土地,"流民愈多"③。

兴利造成"百姓贫耗,穷民犯法,酷吏击断,奸宄不胜"④的动荡局面,社会矛盾急剧激化。汉武帝出于本能要强力镇压,于是借酷吏之手来用法。酷吏作为专制皇帝的鹰犬,主要作用是镇压反抗的农民,打击各地的豪强势力,以及制定和执行国家法律。汉武帝任用张汤、赵禹修订法律,"律令凡三百五十九章,大辟四百九条,千八百八十二事,死罪决事比万三千四百七十二事。文书盈于几阁,典者不能遍睹"⑤。汉律原有章、条、事、比四个层次,现在又盛行"春秋决狱",即以儒家经典《春秋》的经传之文作为判案依据,它同样有法律效力,"朝廷每有政议,数遣张汤亲至陋巷,问其(指董仲舒)得失。于是作《春秋决狱》二百三十二条,动以经对,言之详矣"⑥。《春秋》决

---

① 《春秋公羊传·僖公元年·僖公二十四年》何休注,《十三经注疏》本,中华书局1957年版。
② 《汉书·食货志》;《汉书·昭帝纪》。
③ 《汉书·石奋传》附《石庆传》。
④ 《汉书·刑法志》。
⑤ 《汉书·刑法志》。
⑥ 《后汉书·应劭列传》。

狱的特点是"原心定罪",着重看罪人的主观动机,"志善而违于法者免,志恶而合于法者诛"。这是司法上的"霸王道杂之"。

在董仲舒"更张"说的鼓动下,汉武帝很重视改制。但他只是从政治需要出发,发展的仍然是秦制。如削弱诸侯王权力,打击豪强势力,目的在于加强中央集权;如设立中朝,削弱丞相的权力,目的在于强化君主专制;其他军事、法律、经济、外交各领域的举措,无不与儒家理想背道而驰。只有"兴太学、修郊祀、改正朔、定历数、协音律、作诗乐、建封禅、礼百神"等文化措施,与儒学差近,但或者只有象征意义,或者显示效果要更待以时日。

到了汉武帝晚年,不仅社会矛盾激化,出现严重的政治危机;而且统治集团内部矛盾重重,又出现皇权继承危机,内外交困。作为政治家的汉武帝果断颁发"罪己诏","深陈既往之悔",要求官员们"禁苛暴,力本农",从此"息兵罢役"①,停止对外战争。这才使他"有亡秦之失而免亡秦之祸"②,使汉朝得以转危为安。又由于他"顾托得人",汉昭帝和霍光以及再后掌国的汉宣帝都能够继续执行汉武帝晚年确定的方针政策,使西汉再走上"中兴"之路。这一时期的政治路线,用宣帝的话就是"霸王道杂之"。

5. 西汉后期的社会危机

有学者指出,汉武帝之前统治集团的中坚是军功地主和六国旧豪族,他们享有权势、财富,但不享有文化知识。此后由于尊儒政策的实行和大一统的强化,旧的豪族日渐式微,新的士族由两条途径形成:一是旧豪族让子弟通过投师学经,成为政权新贵,从而士族化;二是儒生入仕,高官必有势,有势必有财,有财必有地,有地必有身份,成为新贵,其背后就会依附整个宗族。这两种人汇合成西汉宣、元之后的主流势力和政权支柱,举足轻重③。问题更在于,汉武帝时尚有小农提供的财政基础可依靠,国家有力量通过政策调整来抑制旧豪族兼并土地,阻止贵族和官僚经商,禁止商人占有田地和担当官吏,即所谓"民不二业"。而到了西汉后期,旧的禁律被打破,新贵们一身而兼有官僚、地主、商人三种身份,其身后又依附了整个宗族,这就是"士族"的特点。于是,越来越多的农民失掉土地,破产流亡,其子女沦为奴婢。土地和奴婢成为西汉后期的两大社会问题,造成动荡不已的局面。

---

① 《汉书·西域传》。
② 司马光:《资治通鉴》卷二二"臣光曰",中华书局1976年版。
③ 金春峰:《汉代思想史》,中国社会科学出版社1997年版,第334～335页。

从汉元帝以后,"民多贫,盗贼不止"、"连年被灾害,民流入关"的记载不绝于书,社会危机日益深重。但几代皇帝都缺乏能力,由外戚、宦官轮流掌权;各级官员腐化至极,中央已无法遏止,反而以纵容换取其忠诚。皇室越来越侈靡,官僚数量越来越多,只好加派赋税,地方官员上下其手,农民连简单再生产也无法维持,或四处流亡,或铤而走险。乱象使皇朝衰弱,威信下降,儒学之士呼吁改朝换代,原来的意识形态反而变成政权的瓦解力量。

面对社会危机,最好的方法是制度变革。早在汉武帝时,董仲舒就建议"限民名田以赡不足,塞并兼之路"①,限制土地的过度集中。元、成时期,儒生出身的高官不敢开罪权势集团,所谓改革总要绕开豪族、外戚的既得利益,避重就轻。他们在皇家宗庙和郊祀制度上大做文章,提倡皇帝俭约来节省财政开支,象征意义大于实际意义,不但不能挽救危局,反而使王朝在泥潭中越陷越深。绥和二年(前7)六月,汉哀帝的即位带来了新气象。他不但敢于抑制王氏外戚的嚣张气焰,还在大臣师丹、孔光、何武的辅佐下,颁布了"限田限奴"和取消"任子令"等改革措施。这次改革敢于向权贵开刀,规定诸侯王以下的列侯、公主、关内侯等私人所占有的"名田"不得超过30顷,包括诸侯王在内的豪门所拥有的奴婢数量也被限制,商人则完全不允许占田。然而在专制政体这部庞大机器中,皇帝本人也不过是其中的组合元件,他必须对不同的政治集团有所选择和依傍,脱离了整体的他就是孤家寡人。现在支持他的新外戚丁、傅和老外戚王氏一样是士族豪强的政治代表,不肯稍损其既得利益以换取天下粗安。于是在他们的一片反对声中,哀帝被迫让步,改革再次流产,社会危机依旧沉重。

6. 王莽改制的得与失

改革与革命不同,其前提是要有政治权势的首肯,并且顺应人心自上而下地推行。哀帝死后,王氏外戚卷土重来。其代表人物王莽建立了自己的政治集团,还以儒学士大夫的领袖自居,在人们的期盼之下,允诺通过新的"改制"将社会带入太平盛世,从而赢得了政权。王莽改制的核心内容,是"王田"、"私属"和"五均六筦"制度。这无疑是看准了当时土地和奴婢两大社会问题的病灶,值得肯定,但改制最终还是归于失败,原因何在呢?

(1) 王氏外戚是一个长期盘踞政坛的士族地主集团。整个士族阶层为了维护既得利益,使其特权稳定化永久化,于是搞掉无能的汉朝皇帝,推出

---

① 《汉书·董仲舒传》。

王莽建立新朝,想让他成为其更可靠更能干的代理人。但王莽作为士族阶层的政治代表,一旦掌权,又必须从稳定王朝的立场出发,解决尖锐的土地和奴婢问题,缓和社会矛盾。这样做会暂时损害统治阶级部分成员的眼前利益,但归根结底是为了维护其整体的长远利益。正如经典作家指出的,短视的特权阶层往往会固守既得利益,他们不会因为政治家的"欺骗"而轻易让步。①

（2）王莽认准社会矛盾的症结所在,实行以土地和奴婢问题为重心的改革措施,说明他是一个有见识的人物。这样做体现出国家权力的"相对独立性",即国家实质上是阶级统治的工具,但表面上要作为调停人"以便利用一个等级去控制另一个等级","使之彼此保持平衡"②。事实上,一方面由于豪强地主的抗拒使王莽为了保住皇位而放弃改革,在利益乱局中豪强阶层最终抛弃了王莽,重新从刘汉人物中找到更优的替代者;另一方面王莽选择的改革取向又是违背历史发展规律的复古倒退行径,在现实中根本行不通,失败是必然的。

（3）在中国这样一个文化资源丰厚的国度,传统往往以无形的力量影响政治。改革者对之会有三种态度。一是公开挑战传统,提倡"不期修古,不法常可",如战国"法后王"的法家和"胡服骑射"的赵武灵王。这在特殊时期是革命者,后代不易仿效。二是以传统作为护身符,来减少改革的阻力和对社会人心的震动,在复古的形式下进行着现实的甚至背离传统的内容的改革。如编写《三经新义》的王安石和撰写《孔子改制考》的康有为。三是做传统的奴隶,一言一行都从历史上找根据,沉湎于复古的幻想中。王莽正是把《周礼》作为其新政的蓝本,让死人抓住活人,改革脱离实际,表现出历史人物少有的昏聩。

（4）王莽改革的失败表明,统治阶级仅仅依靠政策的自我调节来缓和社会矛盾的能力不是无限的。如果不能在社会基本矛盾尚未激化的时候及时进行实质性的改革,而是任由特权阶层势力坐大,就会错失良机。其后果一是不愿放弃既得利益的权势集团不但无法被抑制,他们反而会反噬改革者;二是原来改革的依靠力量因处境的日益沉沦而对和平改革放弃期望,转

---

① 《德意志意识形态》,《马克思恩格斯论艺术（一）》,人民文学出版社1960年版,第21页。

② 《反杜林论》,《马克思恩格斯选集》第3卷第204页,人民出版社1972年版。

而寻找暴力路径,于是历史只能在付出更沉重的血腥代价后继续前进。

三、东汉:从复兴到一蹶不振

1. 刘秀的"柔道"

西汉的危局并没有被王莽改制所挽救,终于激发了绿林、赤眉农民战争,不仅扫荡了新朝政权,而且由于持续多年的战乱,使人口大量减少,使原社会组织系统被打破,自然缓解了土地兼并造成的社会矛盾,自耕农比例大增,重新奠定了中央集权的力量基础。在政治牌局的新组合中,南阳豪族的代表人物刘秀利用"人心思汉"的有利条件,建立了东汉王朝。

刘秀富于政治经验,他一方面对农民"务用安静"①,采取精简官吏、提倡节俭、减少战争、释放奴婢等措施,使得新王朝的根基在大乱之后逐步夯实;另一方面他也知道,这不是根本性的办法,如果任由豪强搜刮土地占夺人口,必然导致自耕农的被蚕食,政权基础被掏空的危局还会到来。于是刘秀在建武十五年(39)下令"度田",结果遭到豪强大族的拼死反抗。刘秀不想也不敢与地方势力决裂,只能任由度田失败,转而以"柔道"治理天下。

"柔"就是安抚怀柔,柔道就是以德化民,是为了替代原来"霸王道杂之"的西汉方针。它的体现一是在大政方略上,把重心转向对内,放弃西汉时的武力开边,边疆多用"以夷制夷"的方法,很少由中原出兵,并废除了原来为战争提供财政支持的"盐铁官营"政策。二是删减法律,使之更多渗透进儒家的伦理原则;同时贬黜酷吏,提倡一种以教化为主的循吏作风,强调道德治国。这些循吏兼通律令和经术,他们在地方颁布一些"条教"作为沟通律令(公法)与民俗(人情)的桥梁,教导民众懂孝知义,顺从官长。三是不激化朝廷与地方大族的矛盾,容忍它们合法或非法地隐匿田地户口,以换取其对东汉皇权的支持。这种"柔道"固然可以在一定时期内缓解各阶层之间因为利益之争而导致的紧张关系,造成"社会和谐"的假象,但最终却无法弥合因体制原因而必然出现的贫富悬殊及其造成的社会裂痕,也无法消解社会上层因为利益分配的纠葛而产生的拼死斗争。

2. 东汉政治权力的分配

东汉的制度设计,首先要排斥诸侯王。皇权要"独一",而宗室子弟取皇帝而代之,在法理和人心舆论上障碍最小,因此最遭疑忌。东汉继续西汉削

---

① 《后汉书·循吏列传》。

弱诸侯王的政策，不仅缩小其封地，禁止他们参与朝政，而且屡兴大狱。如汉明帝之弟楚王刘英，被控结交方士作符瑞图书，不仅本人被迫自杀，而且株连众多。诸侯王在东汉已经形不成一支有影响的政治力量。

不管其他政治力量如何升降，士族都是东汉王朝的基本支柱，也是社会的主流声音。刘秀依靠士族统一天下，也依靠他们来治理国家。士大夫与地方大族有密切联系，并以民众代表自居，要求皇族、外戚厉行节俭，以减免赋役，尤其反对政府抑制兼并和"与民争利"的政策。但他们又贪得无厌，从皇权那里取得政治权力，再用来榨取小农，以壮大自己的经济实力。这样，一旦士族豪强使更多小农破产从而掏空王朝的财政基础，一旦皇权要限制士族豪强的繁殖速度，它们之间就要爆发激烈的斗争。这明显表现在东汉中期以后的政局走向上。

鉴于西汉外戚篡权的教训，东汉初的光武帝、明帝重视防范外戚，规定他们不得封侯参政。但时势胜过人算，一旦出现皇帝幼小即位或能力不足的情况，东汉的外戚照样会专权。因为皇权有意与功臣后代或地方豪族联姻，以加强自己的政治基础。当皇帝孤弱时，他的母家就成为他最可靠的支持力量。皇太后掌权听政，与外廷大臣不便接触，必然依靠其父兄行政。特别是西汉设立内朝于宫省，作为一个掌机要的政治决策机构，更使得外戚掌权成为可能。从武帝托政于霍光以后，大将军例由外戚担任，其身份"内领尚书，外典兵马"，居于内朝的核心地位。从东汉章帝以后，继位者多为幼君，女主垂帘，为外戚专权提供了极大便利。

东汉中期以后，外戚借由皇权之力而兴，也常会因皇权而败，其克星就是宦官。禁省制度规定，皇帝在后宫的生活主要由宦官陪侍，一般的士人官僚不许随意入内。本来皇帝处理政务要去前廷，但在其老弱或生病或其他情况下，也可能在后宫办公，这就给宦官揽权提供了机会。章帝元和年间，因发生行刺皇帝事件，侍中省也被迁到前廷，禁省内陪伴君主者仅余宦官。汉和帝十岁即位，窦太后临朝，太后兄窦宪"专总权威"。和帝成年后想要亲政，面对专横跋扈的外戚，只能依靠身边的宦官。永元四年（92），宦官郑众指挥禁军发动政变，清除了窦氏外戚，并因功而得以封侯。这样的故事以后在安帝时的宦官江京、顺帝时的宦官孙程、桓帝时的宦官单超、灵帝时的宦官张让等人身上一再重演。东汉王朝的外戚和宦官轮流掌权，都是利用皇帝本人能力的不足，"手握王爵，口含天宪"，暂时窃据了皇权。

3. 统治集团的"瓦解"

外戚和宦官的专权引起士族官僚的严重不满。权力天然具有自利的特性,外戚和宦官为谋求建立政治集团,都不按规则地提拔亲信子弟占据要津,最直接的受害者是太学生。

太学生受传统儒学的影响,又利用民生多艰造成的民意基础,占领道德制高点,采取"清议"的方式,从人格和道义上抨击宦官主导下的朝政,"自公卿以下,莫不畏其贬议"①。他们掀起中国最早的学生运动,结成一个个士人小群体,互相品题,激扬名声,形成很大的舆论声势,试图以此挽救日益衰败的东汉王朝。他们自称是君子,批评对手是小人;因为孔子说过"君子群而不党"的话,同样他们被宦官讥为"党人"。当政的宦官集团为了钳制舆论和镇压士人,鼓动皇帝两次下令"党锢"(党禁),导致大批官僚士大夫或横死狱中,或遭徙、废、禁。这种镇压直到黄巾农民战争爆发,才以统治集团内部的暂时妥协而结束。

残酷的政治斗争造成统治集团内部的离心离德,政策的失据又使得王朝的内忧外患交错袭来,人们对政权丧失信心,"天之所废,不可支也"②,"瓦解"之势已成。既然靠体制无法消弭积累多年的社会痼疾,温和的改良也无法清除社会前进的障碍,政治诉求必然趋向极端的暴力。

4. 农民战争:历史前进的清道夫

中国古代农民战争规模大,次数多,确实为世界历史所仅见。秦以后的统一王朝如西汉、东汉、隋、唐、元、明等,都是在大规模农民战争的打击下灭亡的。从某种意义上说,农民战争确实在很大程度上改变和决定着中国历史的面貌。

先秦时期由于政治上不统一,各国没有统一的赋税徭役政策,农民承受的苦难有时间上和空间上的差异,他们的反抗也只能是局部的和小规模的。秦汉以后则不同,在中央集权政体之下,同样的暴君暴政,再遇上大范围的灾荒,流民动辄十万百万,犹如一堆干柴,碰上火星就很容易形成燎原之火。中国古代这种大规模的农民战争,由秦汉开始示其范例。

(1) 类型Ⅰ:单纯由暴政引起

秦末陈胜、吴广揭竿而起,这是第一次全国规模的农民战争,其爆发原

---

① 《后汉书·种暠列传》
② 《后汉书·郭泰列传》

因主要是秦朝实行的暴政,表现在繁重的赋税徭役和严酷的法令刑罚,使农民"逃亡山林,转为盗贼"。这场农民战争不完全由于上层建筑与经济基础之间无法调和的矛盾引起,新的制度基本适应社会的需要,引起社会动荡的真正原因是统治集团因缺乏政治经验而执行了错误的政策。这场战争的复杂性还在于,东方六国与关中秦国原来存在的文化差异,在统一后并没有来得及交融弥合,使得各种社会矛盾纠缠交结在一起。虽然陈胜、吴广的农民军只坚持了6个月就被镇压下去,但六国旧贵族的复国运动接踵而起,最终完成灭秦事业。

这一类型的农民战争后来也有发生,如隋朝末年。同样的根源是统治者通过削平割据或宫廷政变的方式夺得政权,通常认识不到下层民众的力量,因而执政后好大喜功,骄横暴虐。由于缺乏政治经验,其统治集团都认识不到暴政的恶果,也不可能主动调整政策,结果一头撞向南墙成为短命王朝。因此,农民战争不但通过其特有的方式消除了社会继续前进的障碍,还给后来的统治者以应有的教训,从而为进一步的社会改革提供了动力和有利环境。

(2) 类型Ⅱ:由乱而治

新朝末年绿林、赤眉起义。这是历史上第二次全国规模的农民战争,它的缘起牵涉到皇权、豪强地主、农民三方面的利益纠葛,它的结果典型地体现出中国古代一治一乱的历史宿命。

首先,汉代以后土地的私有和买卖已经常态化。自耕农大量转化为佃农或流民,不但破坏了社会稳定,而且破坏了国家的税源兵源,政权的根基就会动摇。农民破产失去生产资料,就要忍受更高的剥削率,生活水平从温饱陷入困顿。因此,豪强大族是朝廷与农民利益的劫夺者,是他们共同的对立面。朝廷如果不抑制兼并,会使"国与民俱贫而官贵独富"。

其次,农民所以被兼并土地,主要是国家政治的黑暗。因为皇帝好大喜功,随意加派赋税徭役,农民被迫借高利贷救急,最后又不得不"卖田宅鬻子孙"以偿还债务①。越到王朝后期,各种奢侈性的消费越是增加,造成财政收入的不敷使用,官吏越是利用权力上下其手,公开贪污和掠夺。社会矛盾越激化,皇帝越要依靠官僚群体维持秩序,而且这时官吏普遍性、集体性、经常性的腐败,治不胜治,防不胜防,只能迁就纵容。所以在盘剥农民上,朝廷

---

① 《汉书·食货志》。

和豪强官贵利益一致,而且官府还往往站在前面,所以农民反抗的矛头总是首先指向官府。

再次,政治平衡的艺术非常重要。一方面皇帝要与士大夫共治天下,没有豪强大族的支持,政权的根基就会不稳;一方面又不能任由地主兼并土地,因为保有一定数量的自耕农才能使国基巩固。一般来说,在王朝的早中期,豪族地主容易被裁抑,如西汉武帝采取许多抑制兼并措施,结果"国富民穷"。但到王朝后期,豪族太强大,就错过了限制他们的合理时机。豪强不允许对自己利益的损害,转而抛弃现政权;而农民陷入山穷水尽的地步,因对朝廷失望而趋向极端。结果在豪强和农民的共同反对声中,现有统治秩序迅速崩溃。

最后,虽然农民和豪族的利益诉求不一致,但大乱之后的政治选择并无两样,那就是"彼可取而代之",打倒旧皇帝,迎立新皇帝。对豪族地主来说,他们的身家性命需要有制度性的保障,需要再找一个政治代理人。对农民来说,也需要有一个好皇帝来依靠,以过上温饱无虞的日子。于是由农民组成的绿林、赤眉军打先锋,由南阳豪族刘秀兄弟率领的舂陵军继后而成其功。新皇帝利用农民战争扫荡后的社会环境,调整土地占有状况,减轻人民赋役负担,增加生产,改进民生,于是一个王朝盛世重新降临。

由乱而治,由治而乱,中国历史就由这样的一个个"波段"连接而成。在两个统一王朝的衔接处,被赋予拆掉旧房子并清扫好地基任务的,正是这种类型的农民战争。

(3) 类型Ⅲ:乱后未有"正果"

东汉末的黄巾起义。这是历史上第三次全国性的农民战争。它有一些新的特点,如几乎没有社会上层人物参与其间、强调社会均平、利用民间宗教发动和组织群众等。令人瞩目的是,它虽然沉重打击了旧王朝,却没有迎来一统盛世,反而引领历史陷入政治动荡的泥沼。

首先,度田失败,刘秀放弃了抑制兼并,使地主豪强放手吞噬自耕农,将之变成庄园中的奴婢徒附,地位更低下。豪强地主有雄厚的实力基础,很快变成世家大族,典型者为"四世三公""五世三公"。严重的两极分化使社会结构简单化,一头是少数权贵大族,一头是不断增多的贫苦大众,中间阶层薄弱。这不仅导致下层民众看不到改进民生的希望,动辄以鱼死网破的斗争方式趋向极端,而且吓跑了可能与之结盟的中间派或者统治阶层中的温和派。

其次,东汉统治集团内部的政治斗争异常残酷,结果总是恶吏驱逐良吏。本来东汉一直没有像样的改革,政风保守,缺乏振兴的活力。初期还比较重视"上顺公法,下顺人情"的循吏,尽管其不能从根本上解决土地兼并问题,只能通过兴办水利、赈济灾荒、教化风俗等方式缓和社会矛盾,可是后来的外戚宦官专权和党锢之祸,却使得循吏也无存身之处。于是恶官当道,肆意聚敛,"与盗贼无异"。下层民众陷入绝望境地,大动乱的爆发就成为必然。

再次,东汉政治生态的恶化使地方大族与朝廷离心离德,使皇权威信降低,也使作为意识形态的儒家纲常伦理失去禁锢人心的作用。农民利用原始道教,喊出"黄天泰平"的口号,其中最吸引他们的教义,是"人无贵贱,皆天所生"的平均、平等思想①。这就开启了中国古代利用宗教来发动和组织农民战争的新形式,也划清了下层民众和上层人物的界限。黄巾军爆发之后,原来势如水火的士人和宦官立刻携手作战,战场上阵线分明。

最后,黄巾军与后世黄巢、方腊、白莲教、太平天国等农民战争有某些相似之处,即大乱之后都是没有结成"正果"产生一个新王朝,而是被镇压后天下分崩离析,社会持续动荡。有人以成败论英雄,认为这是失败的农民战争。以黄巾军为例,它虽然对世家大族的冲击有限,导致严重的军阀混战,但也沉重打击了黑暗的旧王朝,为三国分立局面的出现清扫了地基。从人民是否安居的角度看,后一局面比前一局面未必不是历史的进步。总之,不能把农民战争看作动乱之源,而应看作古代社会政治体制运转的一个有机部分,这样才可以确认它的历史意义。

第六节 秦汉的社会和经济

一、农业的迅速发展

1. 农耕区域的扩大

秦汉的农耕区域不断扩大。从殷周以来,长城以北地区为畜牧区。从碣石(河北昌黎)经龙门(山西河津)西南折向天水、陇西广大地区,是半农半

---

① 《三国志·武帝纪》注引《魏略》:"桓灵之间,诸明图纬者皆言'汉行气尽,黄家当兴'。"中华书局1973年版。

牧区。随着秦王朝对西部地区的开发以及汉武帝对匈奴用兵的胜利,也在这些地区兴建屯田和移民实边,以扩大粮食生产地域。建河西四郡后,张掖、酒泉、上郡、朔方、西河、河西等边郡"开田官,斥塞卒六十万人戍田之"①,使这里既有"马牛羊数千头",又有"谷数万斛"②,农、牧业并旺。

从战国到西汉末年,广大江南地区的农业发展水平远不如关中和中原。史书说:"楚越之地,地广人稀,饭稻羹鱼,或火耕水耨"③。但到东汉,情况发生了很大变化。王景在庐江推行牛耕之法,任延在九真"铸作田器",教民牛耕④,即使南方的极边远地区也得到垦辟,秦汉农业经营的区域比先秦显著扩大。西汉末年的全国垦田面积已经达到 827 万多顷,人口 5959 余万。这组数字比战国增加两倍,而且一直到唐代都没有被突破。

2. 农业技术的提高

秦汉的农业生产已经广泛使用牛耕和铁制农具。据考古资料,东北至辽西,西北至甘、青、新疆,西南的云、贵边陲,都有汉代的铲、钁、锄、镰、铧等铁制农具出土。出土的铁犁铧不仅数量多,而且宽窄大小不一,这是各地区因地制宜发展犁耕技术的结果。在农具中,又新出现了二齿耙、三齿耙、大型犁铧等。汉武帝时,赵过推广"耦犁",比起传统踏耒而耕可提高工效十多倍。赵过还总结农业生产经验,发明了播种机械——耧犁。东汉崔寔《政论》描述耧犁说:"三人共一牛,一人将之,下种挽耧,皆取备焉,日种一顷。"

秦汉不仅农具进步,牛耕也很普遍。如山西平陆发现有王莽时期墓葬画像砖上,有二牛一人的犁耕图,这较之二牛三人的耦犁,是一个重要的进步。汉武帝时,随着大规模移民边陲和进行屯田,牛耕技术也已传到西北。到东汉时,牛耕的使用更加普及。如果一地出现牛疫,就会"垦田减少,谷价颇贵"⑤,马上使农业生产受到影响。

西汉时期在北方,冬麦的推广对农作制的发展影响重大,已经出现了谷子和冬麦之间的轮作复种,还出现了禾、冬麦、大豆轮作复种的二年三熟制。在汉水流域,出现了稻、麦轮作复种的一年二熟制。东汉时在南方,部分地区已经开始种植双季稻。如广东佛山市郊出土的东汉陶水田明器,形象地

---

① 《史记·平准书》。
② 《后汉书·马援列传》。
③ 《史记·货殖列传》;《汉书·地理志》。
④ 《后汉书·循吏·任延列传》。
⑤ 《后汉书·章帝纪》。

表现了夏种水稻的场面。

西汉还出现了代田法。汉武帝时任用赵过为搜粟都尉,在关中推广先进的耕作法。即先把土地开成深、广各一尺的沟,叫做甽,甽旁堆成高广各一尺的垅。如宽1步,长240步的一亩之地,可开成三甽三垅。春天先把种子播在甽中,苗长出后耨草,逐渐用垅上的土培植苗根。到盛夏垅土用尽,甽垅复平,作物的根既深且固,不畏风旱。甽垅的位置每年调换,轮流种植,又可恢复地力。代田法试验的结果,每亩产量可比用一般方法耕作的田超过一斛甚至二斛,所以很快得到推广,"是后,边城、河东、三辅太常民皆便代田"①。

3. 大规模兴修水利

秦汉时期的水利事业很发达。秦代开通有秦渠和灵渠。秦渠位于宁夏平原,引黄河水向东北流过灵武(今属宁夏),全长75公里。灵渠沟通湘、桂交通,全长35公里,主要用于行船。

汉代的水利工程遍布全国。汉武帝时,在关中形成一个水利灌溉网。漕渠自长安引渭水东通黄河,既便利了漕运,还能够灌溉土地万余顷。在泾水和洛水之间,修建了白渠,与原有的郑国渠平行,可灌溉土地4500余顷。成国渠从今眉县引渭水东北流,穿过漆水河,可灌溉今眉县、扶风、武功、兴平一带的农田。六辅渠以郑国渠北面的冶峪、清峪、浊峪等几条小河为水源,灌溉地势较高、郑国渠无法自流灌溉的农田。龙首渠在洛水旁,由于渠岸多沙易崩,它的某些河段凿成若干深井,下面的井与井之间有水流通,叫做井渠。

在关东地区也兴建了一些水利工程。如汉初,刘信在舒(今属安徽)修造七门三堰灌溉田亩。文帝时,文翁在蜀郡穿湔江以灌溉繁县土地。汉元帝时,南阳太守召信臣主持修建六门陂,设三水门引水灌溉;后又扩建三门,合为六门。汉成帝前后修建了鸿隙陂,位于淮水和汝水之间,这是具有相当规模的蓄水灌溉工程。东汉时,由会稽太守马臻主持修建了鉴湖(镜湖),它是沿各个分散的小湖泊下缘修一道长围堤,使之形成一个蓄水湖泊来灌溉土地。

治理黄河,是汉代重大的水利工程。汉文帝时黄河曾在酸枣(河南延津)决口,武帝元光三年(前132),黄河又自瓠子(河南濮阳)经巨野泽南流,

---

① 《汉书·食货志》。

灌入淮泗，泛滥地区达16郡。元封二年（前109），汉武帝派汲仁、郭昌主持，发卒数万人堵塞决口，使黄河流归故道。汉成帝建始四年（前29），黄河在馆陶和东郡金堤决口，淹没土地15万顷。王延世主持堵口工程，采用竹笼装石的方法，很快将决口堵住。但近百年内，黄河泛滥不止，灾害严重。至东汉永平十二年（69），王景主持治理黄河，动员数十万人，花费金钱数亿，使改道后的黄河河床固定，摆脱了原来的地上河床，使黄河洪灾相应缓解。王景在治理黄河的同时，又整修了汴渠，发展了水门技术。

二、手工业水平的提高

1. 纺织业

在秦汉手工业中，纺织业占有重要地位。当时的纺织技术发展很快，各种纺织品的质量和数量都有很大的提高。汉代纺织品的种类十分丰富，在缯和帛的总称下，就有纨、绮、缣、素、练、绢、绫、缟、锦、绣、纱、罗、缎等数十种。彩缎是一种经线起花的彩色提花织物，不仅花纹生动，而且锦上可织绣文字。在长沙马王堆一号汉墓出土的丝织品中，发现了几种起毛锦。汉代创造的绒织物，成为中国传统的织锦工艺之一。汉代的布以麻、葛为代表，麻布质量很好，有些甚至可以和丝、罗、绮相仿。

秦汉的染色工艺也很发达，有一染、再染、加深加固颜色等技术。长沙马王堆汉墓出土的彩色套印花纱及多次套印的织物，据分析共有36种色相，其中浸染的颜色有29种，涂染的有7种。无论是植物性染料、动物性染料，还是矿物性染料的运用，都取得了很高的成就。汉代织物上的花纹图案，多为祥禽瑞兽和吉祥图形、几何图形，在织造技术上，主要有彩绘和印花两种形式。

纺织机主要有纺车、布机和提花机等，提花机是比一般布机更为复杂的织机。据汉代王逸的《机妇赋》，汉代提花机能够织造任何复杂变化的纹样。《西京杂记》说，巨鹿陈宝光的提花机，能够织成各色各样的花绫。这种技术在当时的世界上遥遥领先。

当时临淄（今属山东）和襄邑（河南睢县）都设有规模庞大的官营纺织作坊，产品专供皇室使用。汉元帝时，临淄三服官"作工各数千人，一岁费数巨万"[①]。长安的东西织室的规模也很大，每年的花费各在五千万钱以上。

---

① 《汉书·贡禹传》。

汉代精美的纺织品通过馈赠、互市和贩卖,大批输往边陲以外,远的甚至到达中亚各国和大秦(罗马帝国)。

2. 冶铁业

秦汉冶铁业的发展,与国家采取的促进措施有很大关系。秦朝重视农业,也重视铁农具的改进。如始皇陵附近出土的秦代大型铁铧,据说重达十余斤。

汉代的冶铁业较秦有更大的发展。西汉时"吏卒徒攻山取铜铁,一岁功十万人以上"[①],生产规模很大。汉武帝实行盐铁官营,全国设立了49处铁官。西汉铁器的出土地点多处,仅河南可以确定的冶铁遗址就有18处。其中巩义铁生沟、南阳瓦房庄、郑州古荥镇均经过大规模的科学发掘,发现包括矿坑、冶铁工场以及从开采矿石到制出成品的全部生产设备。巩义铁生沟发现大量的经破碎供拣选的矿石,大量木炭、铁渣、藏铁坑、大铁块,还有炼炉遗址24座。在这里,炼铁的燃料除木材外,还有原煤和煤饼。这是现在所知的中国历史上最早用煤做冶炼燃料的实例。郑州古荥镇发现两座大型炼铁高炉遗址和大积铁多块,其中最重的一块达20多吨。这里还有烘窑十余座和大量泥范、铁器、铁渣、鼓风管、矿石等。

秦汉的冶铁技术也在发展。郑州古荥镇冶铁遗址中的一号高炉,炉缸呈椭圆形,炉容达50立方米,估计日产量可达半吨到1吨。椭圆形炉型的设计是为了增大炼炉的产量和使鼓风与炉径相互制约,扩大鼓风量。经过对古荥镇冶铁遗址的积铁、铁块和铁渣的分析、计算,证实当时已经开始在炉料中加入石灰石作溶剂,以降低炼渣的熔点,改善渣的流动性和炉况。由于炉温的增高和熔铸技术的改进,西汉前期就出现了质量比白口铁为优的灰口铸铁。在巩义铁生沟和南阳瓦房庄出土的铁器中,还发现含有质量优良的球状石墨。这说明在西汉后期已经出现了球墨铸铁,这是冶铸史上的重大进步。另外"淬火法"也已开始应用,大大地提高了铁器的坚韧和锋利程度。东汉还出现了以流水为动力的"水排",改善了鼓风装置。

在巩义铁生沟遗址发现炒钢炉一座。这表明炒钢技术已经出现,它在中国古代冶金史上意义重大。战国时冶铁不断加高炉身,强化鼓风,使炉温大幅度提高。但同时,向炼铁中渗碳的速度也加快,结果放出来的铁水就是生铁(含碳2.5%~5%)。生铁的优点是,可以翻砂铸造出各种器物,特别

---

① 《汉书·贡禹传》。

是耐磨的农具,经济廉价;但缺点是质硬而脆,制作兵器则容易折断。所以在战国,铁农具很快普及,铁兵器却数量很少,并不能取代青铜兵器(秦始皇陵发现的几乎全是铜兵器)。炒钢技术适时而出,解决生铁柔化、使之具有可锻打的功能。办法是:把熔炉中的铁水放入露天熔池中搅拌,借助空气中的氧结合生铁中的碳变成二氧化碳挥发掉,剩下的就是钢(含碳 $0.5\% \sim 1.7\%$)或者熟铁(含碳 0.5% 以下)。汉代许多名剑宝刀就是用炒钢锻制而成,质量上乘。西汉中期廉价的铁兵器全面取代青铜兵器,使骑兵走向成熟,炒钢功不可没。据说这项技术在欧洲,到了 18 世纪才产生于英国,比中国晚一千多年。

3. 铜器业和漆器业

秦汉时期的采铜和铜器手工业也很发达。官府的铜器制造主要归属于少府和蜀、广汉等郡的工官,也有很多私人作坊。汉代铜器种类繁多,其中最著名的是铜镜。西汉初年,由于准许私人铸钱,铸钱场所分布很广。汉武帝时,铸币权收归中央,只由上林苑三官铸钱。秦汉时期的货币发现极多,铸币所用的铜料、铸范和铸造遗址都多有发现。

秦汉有代表性的手工艺品是漆器,由于使用广泛,其制造和经营的规模都在不断扩大。《史记·货殖列传》说商人在"通邑大都"能够经销"木器髹者千枚",有"漆千斗",这反映当时漆器业的发达。长沙马王堆汉墓出土的大量精美漆器,种类繁多,质地优良,正是汉代漆器工艺水平高超的反映。西汉蜀、广汉以及其他各处工官,能够生产漆器加鎏金扣或银扣,被称为釦器,都是名贵的手工产品。《盐铁论》说"一文杯得铜杯十",这说明精美漆器、釦器的价格要远远超过铜器。

汉代漆器制作有相当细致的分工。从出土漆器的铭文看,当时髹漆技术的工序有:素工、髹工、上工、铜耳黄涂工、画工、洀工、清工、造工、供工以及各种监工十多种。各工序顺序相接,分工合作,使得漆器的生产工艺十分合理完善。

4. 煮盐业

秦汉的煮盐业是最重要的手工业部门之一。因为它关乎国计民生,在国家经济中占有重要地位,又属于所谓的"三大利"(冶铁、煮盐、造币),其影响远远超出了经济领域。汉代有海盐、池盐和井盐,规模大的海盐场有盐工多达千余人。井盐多集中在今四川境内,生产规模也很大。在成都汉墓中出土的画像石,有几幅描绘了当时井盐开采的情况,显示有取卤用的起重设施、汲卤的滑轮以及火井煮盐活动等。

三、交通体系的完备

秦汉时期,为了有效控制地方,保证帝国统治的稳定,历代都大力发展交通,形成了以首都为中心的陆路交通网,其中最著者为驰道和直道。

1. 陆路交通

(1) 驰道

驰道是通往全国各地的官道,其中间部分是专供皇帝使用的御道。秦时已经形成从咸阳向西、向北、向东南和正南的驰道,贯穿全国的通都大邑。驰道的规模是"道广五十步,三丈而树"①,这是中国古代大规模道路建设的开始,对密切各地的联系作用巨大。

(2) 直道

驰道之外,还有"道九原,抵云阳,堑山堙谷,直通之"②的直道。秦朝由蒙恬主持修建,它由北部边疆九原(内蒙古包头)直达云阳(陕西淳化),共1800里,成为关中与河套地区的交通线。由于路线直、距离近、省时间,它对秦汉王朝对匈奴战争的顺利进行意义重大。

(3) 褒斜道

汉代除了继承和维修原来的驰道、直道外,还新修了一些交通线,重点在边疆。

在蜀道的开辟上,主要是褒斜道的修建。它因取道褒水、斜水两河谷而得名。两水同出秦岭太白山,褒水南注汉水,谷口在褒城北;斜水北注渭水,谷口在眉县西南30里。汉武帝时曾发数万人治褒斜水道,欲使通漕运,终未成。陆道则从汉朝开始,长期为由关中通过汉中到巴蜀的南北重要通道之一。

(4) 河东道

自关中向北道路的修建,都是因为军事的需要。除直道外,另一条是自河东经平阳、晋阳出雁门至云中(内蒙古托克托),被称为河东道。

(5) 丝绸之路

自关中向西道路的开辟,目标是河西走廊及西域。汉武帝时为了割断

---

① 《汉书·贾山传》。
② 《史记·秦始皇本纪》。

"匈奴右臂",先在河西走廊设置了武威、张掖、酒泉、敦煌四郡,又在此基础上,打通了通往西域的交通线,称为"丝绸之路"。

"丝绸之路"在西域分南、北两道:南道从阳关向西,经罗布淖尔(罗布泊)至楼兰,依阿尔金山、昆仑山北麓向西,沿塔克拉玛干沙漠南侧,经且末、精绝、渠勒、于阗(和田)、皮山、莎车、疏勒(喀什)等地,越过葱岭,再向西南至罽宾、身毒(印度、巴基斯坦);北道自玉门关西行,至车师前王庭(吐鲁番),傍天山南麓,沿塔克拉玛干沙漠北侧向西,经危须、焉耆、尉犁、乌垒(轮台)、龟兹(库车)、姑墨、温宿、尉头、疏勒等地,与南道合,再西行,越葱岭,西至大宛、康居。

南道开通较早,从张骞通西域后,它更为畅通。北道到汉宣帝时才畅通无阻。东汉后期,通过"丝绸之路",还与条支、大秦等国建立了联系。

(6) 西南夷道

西南通道的指向是西南夷。汉武帝时,用唐蒙、司马相如等人的建议,从建元六年(前135)至元光元年(前130),不断"发巴蜀卒治西南夷道"①。此后,"巴蜀四郡通西南夷道,戍转相饷"②;"开路西南夷,凿山通道千余里,以广巴蜀"③。这是蜀道向西南的延伸。

(7) 关东道

从长安向东南,有武关至南阳之道。还有临晋关、河东、上党与河内、赵国的通道。从长安通往关东,有崤函道。由洛阳向东,有"成皋之口";其南又有"镮辕、伊阙之道"。

(8) 新道

秦朝时通往南越有"越道",又称为"新道"。西汉初年,南越王赵佗断绝了"新道",切断了南越国与西汉的联系。汉武帝灭南越后,新道得以畅通。东汉初年,桂阳太守卫飒"乃造通道五百余里,列亭传,置邮驿"④,于是从桂阳(湖南郴州)通南越故地交通便利。

通往交趾的道路开通于东汉建初八年(83)。时郑弘为大司农,开通零陵、桂阳峤道,"于是夷通,至今遂为常路"⑤,改变了中原与交趾七郡物资转

---

① 《汉书·武帝纪》。
② 《汉书·西南夷传》。
③ 《史记·平准书》。
④ 《后汉书·循吏·卫飒列传》。
⑤ 《后汉书·郑弘列传》。

运的困难状况。

2. 水路交通

秦朝的水路交通有了初步发展。秦始皇为了使用"楼船之士""南攻百越",使监御史禄"凿取通道",兴修了灵渠。这是直接沟通湘水和漓江,使长江水系与珠江水系连接起来的一条人工运河,长30里。灵渠的凿通对发展南方地区的水上交通意义重大,在世界航运工程史上也占有光辉地位。

汉代的水路交通进一步发展。汉武帝时,从今浙江、江西、广西、湖南都有通向南粤(广东)和闽越(福建)的水路或海运路线。在平定南粤和闽越后,江南的水运更加便捷,长江成为重要的水上通道。汉桓帝时,巴郡"郡治江州,结舫水居五百余家,承三江之会"①。不论是运兵还是行旅往来,长江水路的重要性日益凸显。

中原地区的水运多依赖于人工水渠的开凿。武帝元光二年(前129),"穿漕渠通渭"②,既有水利灌溉之功,又有漕运物资之便。荥阳有浪汤渠,东南至陈(河南淮阳)入颍水,长780里。陈留(河南开封东)有鲁渠,受浪汤渠东南至阳夏(河南太康),入涡渠;又有濮渠,长630里。浚仪(河南开封)有睢水,东流入泗水,流经四郡,长1360里。这些渠道的功用主要是漕运。

秦汉时期,发达的陆、水交通,促进了社会经济的发展和城市的繁荣,密切了不同地区人们经济和文化上的沟通,为统一帝国造就了稳固的基础。

四、繁荣的商业与城市

随着国家统一局面的形成以及农业、手工业的快速发展,秦汉的商业出现了繁荣的局面。这时的商业有官营和私营之分,其发展也各具特色。商业发展又使得城市日益繁荣。

1. 强势的官营商业

秦代存在规模很大的官营商业。云梦秦简《关市律》中提到"为作务及官府市",证明了官营商业的存在。在《金布律》、《厩苑律》、《仓律》中都有官府出卖器物、原材料和牲畜的记载,盐、铁更是由官府垄断经营,利润巨大。《汉书·食货志》曾引董仲舒的说法,商鞅变法后,官府的"盐铁之利,二十倍于古"。

---

① 《华阳国志·巴志》,吉林大学出版社1992年影印"汉魏丛书"本。
② 《汉书·武帝纪》。

在西汉初期"无为而治"的大环境下，官营商业有所削弱，特别允许私人经营盐、铁。但汉武帝又实行盐铁专卖政策。元狩三年（前120），汉武帝任命东郭咸阳与孔仅为大农丞，领盐铁事。方法是在产盐区设立盐官，备置煮盐用的"牢盆"，募人煮盐，产品由官府收购发卖；在产铁区设立铁官，采矿铸造，发卖铁器。西汉共设盐官35处，铁官48处。

汉武帝天汉二年（前98），"初榷酒酤"，就是酒也由官府垄断经营。对其他物品的经营，都由大司农在各地设置均输官，从出产地转运到消费地出卖，辗转谋利，最后仅把京师所需的货物运达长安。大司农又在京师设置平准官，按市场价格涨落情况，贵则卖之，贱则买之，用以调剂供需，控制物价。这样的一个巨大的官营商业网，虽然可以大幅度增加国家的财政收入，但也因抑制竞争、与民争利带来商品质劣价高等弊端。

汉武帝在世时，对官营商业的问题就有争论。昭帝"盐铁会议"后，虽然没有取消盐、铁官营，但废除了酒的专卖。王莽时，官营商业的范围进一步扩大。东汉把盐、铁统统改为由各郡国主管，实行民营官税，仅仅个别郡县仍然由官府经营采矿、冶炼和铁器销售。虽然东汉依然存在其他官府手工业部门，但总体上其官营商业的规模已经无法与西汉相比。

2. 活跃的民间商业

秦朝存在私营商业。云梦秦简《关市律》中与"官府之吏"并存的，还有"贾市居列者"；《司空律》说有"作务及贾而负债者"，规定他们到官府以劳役抵债时"不得代"，这都说明私营商贾和手工业者的存在。秦尽管有抑制民间商贾的种种政策，如给贾人另立户籍，强迫他们从军和徙边，但并没有从根本上取缔私营商业。

西汉前期，"海内为一，开关梁，弛山泽之禁"①，使私营商业获得了很好的发展机会，出现了"富商大贾周流天下，交易之物莫不通，得其所欲"②的繁荣局面。这时，"吴越之竹"、"江湖之鱼"、"莱、黄之鲐"③等，都成了可以周转的商品。借助于穿越各地的商人，金、银、锡、铜、铁、丹砂、姜、桂、玳瑁、珠玑、马、牛、羊、骡、驴等地方特产，都可以进入交换领域。在通邑大都，有牲畜、毛皮、谷物、果菜、酱醋、水产、帛絮、染料、木材、木器、铜铁器等商品，甚至包括奴隶。当时社会的普遍观念是，"农不如工，工不如商，刺绣文不如

---

①② 《史记·货殖列传》。
③ 《盐铁论·通有篇》。

倚市门"①。商业易于致富的意识,只有在私商活跃的时期才能产生。

这时商人也有多种类型。一些商人专门从事转运贸易,往来于地区之间。《史记·货殖列传》说,洛阳师史"转毂以百数,贾郡国,无所不至"。另一些商人则"坐市列肆,贩物求利"②。他们大都在市场里有固定的店肆和囤积货物的仓库,贱买贵卖,操纵物价,"大者积贮倍息,小者坐列贩卖,操其奇赢,日游都市,乘上之急,所卖必倍"③。还有一些商人,专门从事高利贷活动,被称为子钱家。如曹邴氏"贳贷行贾遍郡国"④

在私营商人中,虽中、小商人人数众多,但大商人更具典型性。他们"财或累万金"⑤,或"数千万"⑥,靠"力农畜工虞商贾"而致富,"大者倾郡,中者倾县,下者倾乡里者,不可胜数"⑦。他们虽"无秩禄之奉,爵邑之入"⑧,却富比王侯,"拟于人君"⑨,被称为"素封"。司马迁说:"千金之家比一都之君,巨万者乃与王者同乐。岂所谓'素封'者邪?"⑩这些人虽然没有封爵,财富却超过之,"素封"是西汉私营商业发展的重要标志。

汉武帝实行盐铁官营、平准均输和算缗、告缗政策,使私营商业受到沉重打击,"商贾中家以上大率破"⑪。从昭宣到成哀时,私营商业又发展起来,涌现了一大批家财巨万的新富商。《汉书·货殖传》载,齐地"刁间既衰,至成、哀间,临淄姓伟赀五千万";洛阳"师史既衰","至成、哀、王莽时,雒阳张长叔、薛子仲訾亦十千万";关中诸田"既衰,自元、成讫王莽,京师富人杜陵樊嘉,茂陵挚网,平陵如氏、苴氏,长安丹王君房,豉樊少翁、王孙大卿,为天下高訾。樊嘉五千万,其余皆巨万矣"。"其余郡国富民兼业颛利,以货赂自行,取重于乡里者,不可胜数"⑫。西汉后期的私营商业仍有强劲的发展势头。

由于取消了盐铁专营,东汉的民营盐、铁业又兴盛起来,其他行业的商贸活动随之繁盛。王符《潜夫论·浮侈》说:"今察洛阳,资末业者什于农夫,虚伪游手什于末业……天下百郡千县,市邑万数,类皆如此。"这些商人"船

---

① ④ ⑦ ⑧ ⑨ ⑩ ⑫《史记·货殖列传》。
② 《史记·平准书》。
③ 《汉书·食货志》。
⑤ 《史记·平准书》。
⑥ 《汉书·酷吏·田延年传》。
⑪ 《史记·平准书》。

车贾贩,周于四方;废居积贮,满于都城"①。东汉民间商业的发展水平与西汉相比,大体上没有明显差别。

3. 边境贸易的突起

秦国与民族地区进行商业贸易活动开始得很早。"云梦秦简"中有"客"、"邦客"和"旅人"的名称。这中间既有从东方来的中原商人,也有从西北民族地区来的商人。除了国家进行的"关市"型贸易活动外,也有私商与边境民族进行的商业活动。秦统一时,被迁到临邛的赵氏、卓氏以冶铁"倾滇蜀之民"②;山东的程郑"贾椎髻之民"③;畜牧主乌氏倮以其所获"求奇缯物,间献遗戎王"④。显然,秦代的边境贸易还是比较活跃的。

西汉从景帝时开始与匈奴"通关市"⑤,后来即使在战争阶段也未终止。但是,西汉官方与匈奴之间的关市是有严格限制的,严禁商人私自携物出境与匈奴贸易,也严禁私自购买匈奴的物品。这在相关法律,如《二年律令》中都有明确规定。西汉与匈奴"通关市"具有多重目的。在政治上,因为匈奴的游牧经济使它对中原依赖很大,就用物资引诱来"羁縻之";在经济上,是要"以中国一端之缦,得匈奴累金之物,而损敌国之用"⑥。

东汉时,匈奴分裂,实力削弱,曾主动要求"互市"。永平六年(63),汉明帝同意与北匈奴互通关市。到汉章帝时,北匈奴参与一次关市,就"驱牛马万余头"⑦来与东汉交易。

东汉还与鲜卑和乌桓有密切的贸易往来。北匈奴西迁后,这两个民族成为东汉北方贸易的主要对象。建武二十五年(49),光武帝于上谷宁城(内蒙古赤峰)置护乌桓校尉,"开营府,并领鲜卑,赏赐质子,岁时互市"⑧。汉安帝开始与鲜卑"通胡市"⑨,这种贸易一直到东汉末年也没有断绝。东汉的目的是要怀柔乌桓、鲜卑,"唯至互市,乃来靡服"⑩。

---

① 《昌言·理乱篇》,吉林大学出版社 1992 年影印"汉魏丛书"本。
②③④ 《史记·货殖列传》。
⑤ 《史记·匈奴列传》。
⑥ 《盐铁论·力耕篇》。
⑦ 《后汉书·南匈奴列传》。
⑧ 《后汉书·乌桓列传》。
⑨ 《后汉书·鲜卑列传》。
⑩ 《后汉书·应奉列传》附《应劭传》。

4. 丝绸之路和域外贸易

汉武帝派遣张骞通使西域,被称为"凿空",开通了与西域的贸易关系。汉朝由西域而及中亚诸国甚至走得更远,西方人称这条道路为"丝绸之路"。

这条道路自河西走廊经塔里木盆地南北边缘通向中亚、西亚,汉武帝时"始通罽宾"①。罽宾(克什米尔)对贾市十分欢迎,其使者数年一至。有些使者"皆行贾贱人,欲通货市买,以献为名"②。汉成帝时,康居"遣子侍汉,贡献",其目的也是"欲贾市为好"③。在"丝绸之路"上,商贾往来络绎不绝,大量的丝织品被贩运到西域和中亚诸国,同时,运入各种毛织品和其他奢侈品。到了东汉,班超的活动范围比张骞时更广大,东来互市的国家和地区也远比西汉为多。西域商贾可以自由出入内地,"商贾贩客,日款于塞下"④。

汉代的对外贸易虽然是以通西域诸国的陆路贸易为主,但与欧洲、南亚和其他诸国的海路贸易也已开始。罗马商人主要循海路而来。他们先由陆路至红海,再乘船越波斯湾,渡印度洋,先至日南、交趾,辗转到内地。罗马商人曾长期被波斯商人所阻隔,不能与汉朝直接通商。直到汉桓帝延熹九年(166),"大秦王安敦遣使自日南徼外献象牙、犀角、玳瑁,始乃一通焉"⑤。从此,罗马商人开始循海道直接与汉朝通商。

汉朝的商人不仅与倭(日本)、韩等国保持着密切的联系,而且与掸(缅甸)、身毒、大秦等也都有交往,其活动范围包括南海和印度洋区域。他们从日南、徐闻(今属广东)出发,船行5个月,到达都元国(马来半岛);继续航行20多天,到达谌离国(缅甸);而后步行10多天,到达夫甘都卢国(缅甸);再航行2个月,到达黄支国(印度东海岸)。从西汉中期后,他们与黄支国频繁交往。黄支的南边,有已程不国(斯里兰卡),自此就可折返回国,航行8个月,到达皮宗(马来半岛);继续航行2个月,就能回到日南、象郡。商人们"赍黄金杂缯而往"⑥,购买明珠、玉璧、琉璃、奇石等异物而回。也有各国的商人越过浩瀚的印度洋东来,中外商人已经建立了经常性的贸易关系。

4. 繁荣的城市

由于农业、手工业和商业的发展,秦汉形成了一批商业都会。据《史记·货殖列传》,秦汉每个大的经济区的中心,都会有大的都会,如"燕之涿、

---

① ② ③ 《汉书·西域传》。
④ ⑤ 《后汉书·西域列传》。
⑥ 《汉书·地理志》。

蓟，赵之邯郸，魏之温、轵，韩之荥阳，齐之临淄，楚之宛、陈，郑之阳翟，三川之二周，富冠海内，皆为天下名都"。此外，还有成都、临邛、咸阳、曲逆、定陶、番禺、寿春、合肥、江陵、吴、姑臧等。在西汉，京师长安再加上洛阳、成都、邯郸、临淄、宛等"五都"，为当时最大的城市。

长安依托关中平原。关中膏壤千里，其地"于天下三分之一，而人众不过什三，然量其富，什居其六"①，最为富饶。西汉时长安有8万余户，人口24万。长安城周围65里，有9市、16桥、12门，每个城门都有宽达6米的门道，以三条并列的道路通向市中。长安的城市布局规整宏伟，建筑整齐巍峨。市面上充斥着从全国各地运来的货物。东汉虽已不再是国都，但其繁华的程度仍不减于西汉。张衡《西京赋》说，东汉长安城"郊甸之内，乡邑殷赈，五都货殖，既迁既引。商旅联槅，隐隐展展，冠带交错，方辕接轸"，依然殷富昌盛。

洛阳早在周代就是重要的政治中心和工商业都市。秦汉时，它控扼关中与山东交通之咽喉，战略位置依然重要。在经济上，这里"东贾齐、鲁，南贾梁、楚"②，其繁荣程度不亚于长安。这里前有"商人子"桑弘羊；中有大商人师史，"贾郡国，无所不至"，家产达到"七千万"③；后有大商人张长叔、薛子仲等，名商辈出，是洛阳商业长期兴旺的证明。东汉的洛阳成为首都，人口更加集中，地位更趋重要。王符说，"今察洛阳，资末业者什于农夫，虚伪游手者什于末业"④显然其居民以经营手工业、商业为多。这里的异邦人也不少，"重舌人之九译，金稽首而来王"⑤。

邯郸处于漳水和黄河之间，向北可以通燕、涿，向南可以达郑、卫，又与梁、鲁之地为邻，交通便利。战国时为赵国都城，它已是"天下名都"。西汉时，其兴盛程度不减，为商贾、技艺及倡优的集中地，"亦漳、河之间一都会也"⑥。

临淄处于山东半岛北部，战国时为齐国之都，已经是著名的工商业城市，当时城中户口达7万户，皆殷实富有。西汉时，其户口增加到10万户，市租千金。当时人主父偃说，临淄"人众殷富，巨于长安"⑦。考古证明，临

---

①②③⑥　《史记·货殖列传》。
④　《潜夫论·浮侈篇》，吉林大学出版社1992年影印"汉魏丛书"本。
⑤　张衡：《东京赋》。
⑦　《史记·齐悼惠王世家》。

淄有大、小两城,大城为工商业集中的市区,还有铸币和冶铁遗址。汉元帝时,临淄"三服官"主持皇家纺织作坊,"作工各数千人,一岁费巨万"①。西汉的临淄,无论是手工业,还是商业都十分发达。

宛(河南南阳)周围农业发展,物产丰富,再加上交通便利,人多以商贾为业。这里原是战国韩的冶铁基地,秦灭六国后,又把"用铁冶为业"的梁人孔氏等迁来,故西汉时宛城的冶铁业非常发达,也是重要的工商业都会。东汉时,宛城号为"帝乡",人口众多,不但集中了许多宗室贵族,富商大贾尤多。

成都地处平原,土地肥美,有江水、沃野、山林、竹木、蔬食、果实之饶,"民食稻鱼,亡凶年忧"②。西汉时,成都的冶铁业很发达,还是一个重要的丝织中心,所产蜀锦远销西域。东汉时,成都更为富庶,"民物丰盛,邑宇逼侧"③,是西南地区一个著名的工商都会。

五、物质生活和消费风气

秦汉大一统局面下不同文化的加速融合,加上物质生产和商业交换活动的发展,使得人们的社会生活和精神观念发生变化,从而在各个方面呈现出明显的时代特点。

1. 衣服

秦汉服饰继承先秦而来。在春秋战国之交出现的"深衣",直到西汉还广泛流行。所谓深衣原本是楚人效法北方的穿着,由于西汉开国君臣多为楚人,所以流布全国。"深衣"是一种上衣和下裳连在一起的服饰。当时社会各色人等,包括士兵和厮役,都穿深衣。不过下等人的衣长略短,掩在身后的衣衽也比较窄。

女士的深衣在式样上更加翻新。这时将以前垂于衣下的一枚尖角增为两枚一组的"燕尾"形式,并且添加了飘带,形成一种巧妙的装饰。这种装饰流行的时间相当长。

东汉时男子穿着深衣已比较罕见,代之以画像石中常见的"襜褕"。所谓"襜褕"是一种宽大的直裾短衣,早在西汉就已经出现,只是当时还没有作

---

① 《汉书·贡禹传》。
② 《史记·货殖列传》。
③ 《后汉书·廉范列传》。

为正式礼服。

袍，也是秦汉时比较普及的衣服样式。东汉时，开始将袍作为外衣。短衣则有衫和襦。衫是单内衣，襦是及于膝盖上的绵夹衣。贴身的衣服有裈。裈有两种：一种是不缝出裤管，仅以一布缠于腰股之间；另一种是上通于腰，于裆相连，左右缝之。此外，还有袴（裤）。在日常生活中或可以不着袴，但是在穿短衣时，则必须穿合裆裤。

2. 饮食

秦汉时期的人们很讲究饮食的精美，肉食的成分有增加，烹饪技术有进步，食品式样更加多样。当时主食的基本构成是黍、粟、麦、稻、菽。由于石磨、踏碓等粮食加工工具的普及，已经可以分离麦麸和麦粉，使民间普遍食用面粉（先秦还是以粒食为主）。麦食的形式有麦饼、麦饭和麦粥等。对豆类的加工也多样化。副食则以猪、羊、狗、鸡肉为主，鱼在饮食中也占有重要位置。"资渔采以助口食"①，大概是当时常见的现象。

秦汉饮食中应用比较普遍的调味品是"酱"和"豉"。前者有肉酱、鱼酱和用豆麦等谷物发酵制成的酱。在当时人的生活中，消费量最大的是以豆类为原料制成的酱。"豉"是用煮熟的大豆发酵制成，在当时也很普及。宫廷和民间饮酒的风气都很盛，"有礼之会，无酒不行"②，宴会中的酒是必备饮品。

3. 居室

秦汉帝王的宫殿建筑，无论规模之大还是形制之精都达到了空前的水平。官僚、贵族和豪强大族纷纷仿效，他们的居室都很富丽豪华，这从考古发现的大量陶楼模型上可见一斑。反之，社会下层贫民的居室却很简陋，甚至住在半地下的房屋中。

汉代平民居室的结构，一般是一堂两室。西汉时，晁错为北边移民设计的居室，"先为筑室，家有一堂二内，门户之闭，置器物焉"③。这大概是汉代平民居室的通常结构。

秦汉的建筑以夯土与木框架的混合结构为主。规模较小的住宅，除了少数用承重墙结构外，大多数采用木架结构。一些房屋建筑，可以做到木结

---

① 《后汉书·刘般列传》。
② 《汉书·食货志》。
③ 《汉书·晁错传》。

构与石作以及装饰雕刻的完美结合。在房屋建筑中比较普遍地采用了砖瓦,这成为秦汉建筑的一个重要的特点。

秦和西汉时期,多采取春秋以来兴起的高台建筑形式。但到东汉,高台建筑逐渐减少,而多层的楼阁大量增加。一些居民的住宅已经综合运用绘画、雕刻、文字等构件进行装饰,实现了建筑的实体结构和美学装饰的合理结合。

4. 交通工具

秦汉的造车技术进一步发展。车的名目有辂车、轺车、安车等,大多数为两轮车,也有结构简单、灵活实用的独轮车和稳定性强、载重量大的四轮车。原来的独辕车已变成双辕车,并在民间普及。由于畜牧业的发展,马、牛、骆驼等牲畜都被用来挽车。秦和西汉人的出行是崇尚轻车肥马,而东汉风习一变,人们开始喜爱牛车。

秦汉的造船业十分兴盛。当时的船有艨艟、舰、艇等,用于作战或航行,还有高十余丈的"楼船"。造船技术有了明显进步,如发明并应用了橹、舵和帆。橹在汉代广泛使用,当时俗语有"一橹三桨之说"。舵可以使人们掌握航向,它的出现,大概是在两汉之交。布帆可以借助风力推动船行,至迟到东汉已经使用。这标志汉代造船技术的成熟。

5. 侈靡的消费风习

秦汉时期,随着经济的发展和物质的丰富,也由于人们那种平庸务实、追求眼下物质享受的生活态度,侈靡的消费风气成为社会主流,尤其盛于贵族、官僚和豪族阶层,遂引导"天下侈靡趋末",成为严重的社会问题。它突出表现在西汉后期,豪族建造的房屋,越来越高大辉煌;穿着的衣服,都是高级丝织品,越来越华贵艳丽;为其服务的奴婢,数量越来越多;追求厚葬,丧礼的规格越来越"逾制"……永始四年(前13),汉成帝下诏说:"方今世俗奢僭罔极,靡有厌足"①。社会上层的种种奢侈性消费,对社会下层也产生影响,"世俗奢泰文巧"②,人们竞相攀比。

东汉时奢侈消费的风气仍然很浓厚,特别是官方和儒家"孝"精神的提倡,使民间"破家葬亲"成风,造成很大的资财浪费。如蜀地"世俗奢侈,货殖

---

① 《汉书·成帝纪》。
② 《汉书·礼乐志》。

之家,侯服于食;婚姻葬送,倾家荡产"①。这种来自于社会上层的奢侈消费,一旦成为一种主导的社会风气,"富者竞欲相过,贫者耻其不逮,一飨之所费,破终身之业"②。

第七节 秦汉的民族关系

随着国家统一的实现,中原华夏成为秦汉时期的主体民族,而在周边地区,还生活着许多不同的民族。北方有匈奴族,东北主要有乌桓、鲜卑和高句丽人,西北有羌族和西域诸国,西南有西南夷,东南和南方分布着百越。秦汉民族关系的主流是长期的交往和融合。

一、秦汉王朝与匈奴

1. 和亲

匈奴是一个古老的游牧民族,又称为"胡",长期"逐水草迁徙",散居在今蒙古高原的大漠南北。战国后期,匈奴进入早期文明阶段,人人弯弓,尽为甲骑,建立强大的军事政权。

秦汉之际,在冒顿单于统治下,匈奴空前强盛,向东灭掉东胡,占领大兴安岭辽河上流地区;向北打败浑庚、丁零诸部,拓地远至贝加尔湖;向西赶走大月氏,征服楼兰、乌孙,席卷祁连山、天山;向南兼并林胡、楼烦,直逼秦汉北疆,危及关中的安全。

匈奴疆域分三个部分:中间为单于之庭,又称龙廷,是匈奴的政治中心。单于之下设左、右贤王,分别控制东、西两部;每部之下又有各级贵族,率领自己的兵马。匈奴尽管只有 200 万人,却拥有 30 万精锐骑兵,这对于新兴的西汉王朝来说,军事威胁很大。

高帝七年(前 200),刘邦征匈奴失败后,不得已接受刘敬的建议,对匈奴实行"和亲"。即把宗室公主嫁给单于,每年对匈奴赠以大量丝绸、酒、粮食;开放关市,允许边境贸易;双方约为兄弟,互不侵犯。但是,匈奴并未停止侵扰。

2. 攻伐

为了反击匈奴,从文景时期开始,汉王朝就积极备战。到汉武帝时,进

---

① 《三国志·徐邈传》。
② 《后汉书·王符列传》。

行战争的条件已经成熟。元光三年(前133),根据王恢的建议,汉朝一面派马邑商人聂壹,引诱匈奴的军臣单于深入抢掠;一面调集30万军队,埋伏在山谷中,准备伏击匈奴。不料计谋泄露,军臣单于迅速撤兵。这是结束和亲政策的标志,从此汉与匈奴展开长期战争,其中决定性的战役有3次。

(1) 河南战役

汉代"河南地"即河套,水草丰美,是中原与匈奴的必争之地。这里距长安仅900里,匈奴骑兵一天一夜即可抵达,对汉朝威胁太大,必须首先解决。元朔二年(前127),卫青率军从云中(内蒙古托克托)向西迂回到陇西(甘肃临洮),打败匈奴的白羊王、楼烦王,悉数收复河套地区。汉武帝在此设立了朔方、五原二郡,并从内地迁移10万人入居。

此次战役的特点,不是从长安正面向北直线出击,而是利用骑兵对匈奴大迂回大包抄,攻其不备,而且不以驱逐匈奴出塞为目的,而是以消灭其有生力量、占领要地为战略目标,结果大获成功。

(2) 陇西战役

西汉前期,匈奴把西域作为"右臂",由此连接青海地区的羌人,通过河西走廊,由西边不断袭扰关中地区。元狩二年(前121),霍去病率骑兵一万余人,两次从陇西出发,攻击匈奴浑邪王和休屠王,深入两千余里,歼敌三万多人,迫降四万多人。匈奴降者被安置在陇西、北地(甘肃环县)、上郡(陕西绥德)、朔方、云中五郡,称为"五属国"。汉朝在河西走廊先后设置武威、酒泉、张掖、敦煌,被称为河西四郡。

这次战役,霍去病先是"皋兰(甘肃兰州)之战",采取正面追击的方法,虽胜但不固,匈奴势力很快卷土重来。三个月后霍去病另辟蹊径,经贺兰山、腾格里沙漠、巴丹吉林沙漠和居延泽远程奔袭到祁连山,在河西走廊西口包抄匈奴,结果大获全胜。这次的战略目标是切断匈奴和羌人的联系,开辟了汉朝通往西域的通道,建立了出击匈奴的新基地。

(3) 漠北战役

匈奴遭受重创,把主力移至漠北,并认为由于地形不熟和后勤供应困难,西汉人不会到此;而自己可以不时南下,以引诱和疲劳汉军。汉武帝决定利用匈奴的错误判断,于元狩四年(前119)派卫青、霍去病各统率5万骑兵,再加上数十万人转运粮草,深入漠北打击匈奴。卫青从定襄(内蒙古和林格尔)出发,向北挺进千余里,攻击伊稚斜单于,单于大败,仅率数百骑突围逃走,汉军追至赵信城(蒙古国杭爱山)而还。霍去病从代郡(河北蔚县)

出发,向东北方向挺进两千余里,大败左贤王,俘虏7万多人,一直到狼居胥山(内蒙古苏尼特旗)而回。

通过一系列战役,打垮了匈奴主力,使之无力大举南下,从此"漠南无王庭",基本解除了匈奴对中原的威胁。汉、匈双方的主要战场,随之转移到西域地区。

3. 通好

西汉昭宣时期,匈奴内外交困,进一步衰弱下来。神爵四年(前58),呼韩邪单于即位,匈奴内讧,形成"五单于争立"的局面。经过一番混战,郅支单于控制了漠北,呼韩邪单于受挫,决定归附汉朝。甘露三年(前51),呼韩邪亲临长安,汉宣帝以礼相待,赐以"匈奴单于玺"。汉元帝竟宁元年(前33),呼韩邪单于再次入朝并求亲。元帝以宫女王嫱(昭君)远嫁匈奴,被尊为宁胡阏氏。建昭三年(前36),西域副都护陈汤在康居击杀郅支单于,呼韩邪单于重新统一匈奴。此后,汉朝和匈奴友好相处,出现了"边城晏闭,牛马布野"的景象。

东汉初期,匈奴再度分裂,形成南北两部。建武二十四年(48),南匈奴单于比率部归汉,获得光武帝的接纳,内迁至西河美稷(山西离石),其部众被安置于北地、朔方、五原等沿边八郡,协助朝廷守塞。永平十六年(73),明帝派窦固、耿秉等人,率军进攻北匈奴,追击到蒲类海(新疆巴里坤湖),屯戍于伊吾城(新疆哈密)。汉章帝时,北匈奴四面受敌,"南部攻其前,丁零寇其后,鲜卑击其左,西域侵其右,不复自立,乃远引而去"①。和帝即位,又派窦宪、邓鸿等人,会合南匈奴军队,一举攻破北匈奴,追至燕然山(蒙古国杭爱山)而还。北匈奴的部众大多归附汉朝,少部分继续西迁,经过中亚迁移到东欧地区。

二、秦汉王朝与百越

越是一个古老部族的泛称,主要生活在东南沿海和岭南地区,包括东越、闽越、南越、西瓯、雒越等,互不统属,族源和文化习俗也不尽相同,被中原人统称为"百越"。

1. 南越

秦始皇二十八年(前219),秦朝调集50万大军,由尉屠睢、任嚣、赵佗等

---

① 《后汉书·南匈奴列传》。

人率领进攻南越。战争颇多曲折,直到秦始皇三十三年(前214),最后完成对西瓯、骆越的占领。秦朝在南越地设立南海、桂林和象郡,并且迁徙中原民与土著杂居,加强了越族和内地的联系。

秦末中原战乱,南海郡尉赵佗割据岭南地区,建立南越国,自立为皇帝。西汉初,经过谋士陆贾的劝说,赵佗接受刘邦赐予的封号,成为汉朝的外藩。吕后时限制边境贸易,扣留使者,赵佗再度称帝。文帝时再派陆贾出使,赵佗放弃帝号,重为藩臣。

元鼎五年(前112),汉武帝遣使宣谕亲汉的南越王赵兴入朝,而掌握大权的丞相吕嘉为摆脱汉朝控制,起兵杀死赵兴和使者,另立赵建德为王,与汉朝对抗。武帝派伏波将军路博德、楼船将军杨仆等,率10多万军队,分兵四路进攻南越。次年,汉军攻破南越首府番禺(广东广州),擒拿并处死吕嘉,南越国灭亡。武帝在南越所辖的今广东、广西、海南和越南北部之地,设置南海、苍梧、郁林、合浦、交阯、九真、日南、珠崖、儋耳九郡。

东汉光武帝时,循吏任延担任九真太守,教导越人农耕技术,改变越人的陋习。苏充担任交阯太守,横征暴敛。建武十六年(40),交阯麓泠(越南境内)雒将的女儿征侧、征贰起兵反抗,得到越人、俚人广泛支持,攻占65座城邑,自立为王。建武十八年(42),汉伏波将军马援率军南征,打败了征侧、征贰,在交阯修筑城郭,巩固汉朝对当地的统治。

2. 东越和闽越

秦汉时的东越和闽越,生活在今浙江、福建一带。刘邦创业时,为了争取外援,封闽越首领无诸为王,都东冶(福建福州)。惠帝三年(前192),又封东越首领摇为王,都东瓯(浙江温州)。它们都长期与内地保持着密切的联系。

汉武帝建元三年(前138),闽越进攻东越,东越王向朝廷求救。闽越撤兵后,东越王为避免再次受到威胁,请求举国内迁。汉武帝允许,东越人内迁至江淮地区,国号取消。

建元六年(前135),闽越又进攻南越,南越王向朝廷求援。汉武帝出兵镇压,杀死闽越王郢,封无诸之孙丑为越繇王,立余善为东越王,对闽越分而治之。

元鼎六年(前111),正当平定南越之际,东越王余善起兵反汉,自立为皇帝,任命部将驺力为吞汉将军,攻杀汉朝将吏。汉武帝派横海将军韩说、楼船将军杨仆等,分兵两路进攻闽越。次年,越繇王居股杀死余善,向汉朝投降。武帝废除其国,迁徙其人于江淮,逐渐与中原人融合。

3. 西南夷

在今云南、贵州和四川南部,居住着许多语言和风俗各不相同的族群,被泛称为西南夷。今贵州境内,夜郎最大;在今云南,滇国最大;今四川凉山一带,以邛都最大。在其周围,还散布着大大小小数不清的部族,或以游牧为业,或以农耕为生,有的还处于原始社会。从秦朝到汉初,北有匈奴、南有南越,中原王朝无暇顾及西南夷。

汉武帝时,汉使唐蒙在南越见到蜀地出产的枸酱,知道是途径西南夷运去的。元光五年(前130),唐蒙被作为中郎将派往夜郎,夜郎归附汉朝,在那里设置犍为郡,并且修建"南夷道",准备以此攻伐南越。元鼎六年(前111),汉朝平定南越后,顺便平定"南夷",筰侯、邛君、僰人等被威服,分别设置牂牁郡、越巂郡、沈黎郡、汶山郡、武都郡。元封二年(前109),武帝出兵滇地,滇王"举国降",设置益州郡。西南七郡的设置,标志着汉朝统治的确立,西南地区正式归入统一版图。西南地区的"边郡",有与内地不同的特点。

(1)行政区要考虑同一部族连接的范围来划分,根据族群大小,或为郡,或为县。

(2)朝廷委派的郡守和县令,是随时可以任免的官僚(流官);同时任命部族酋长为王、侯、邑长,终身任职,且可世袭(土官)。流官治土,土官治民,土流双重管理。

(3)赋税仅象征性缴纳土贡,与内地田租、算赋不同。

(4)郡守不仅执掌民政,而且统领兵马,兵马由内地遣戍。

三、汉朝与西域

1. "西域"界定

"西域"的广义指玉门关、阳关以西包括中亚、西亚、南亚甚至欧洲、非洲部分地区,狭义指玉门关、阳关(甘肃敦煌)以西,葱岭(帕米尔高原)以东地区,今多就狭义而言。

这里从北向南,依次为阿尔泰山、准噶尔盆地、天山、塔里木盆地和昆仑山,形成"三山夹两盆"的地势。西汉前期,在塔里木盆地南沿有鄯善、于阗、莎车等,被称为"南道诸国";北沿有焉耆、龟兹、疏勒等,被称为"北道诸国";在天山以北的准噶尔盆地有乌孙等国。整个西域有36国,大的两三万人,小的一两千人,族群成分复杂。多数经营农业,生产技术比较落后。匈奴征服了它们,在焉耆设僮仆都尉,视西域为自己人力、物力的基地。

2. 张骞"凿空"

汉武帝想联合西方的大月氏夹击匈奴,于建元三年(前138)派张骞出使西域。张骞西行途中被匈奴抓去,遭拘禁十多年,终逃离匈奴,经大宛(乌兹别克)、康居(咸海与巴勒喀什湖之间),到达大月氏。但大月氏无意东来,张骞在此逗留了一年多没有结果,只好返回。归途又被匈奴拘禁1年多,直到元朔三年(前126),张骞才回到长安。当初同行100多人,历经13年,仅剩下张骞及其随从堂邑父。这是汉与西域联系之始,史称"凿空"。

元狩四年(前119),西汉与匈奴战事正烈,张骞再次奉使西域,准备联结乌孙,夹击匈奴。张骞抵达乌孙后,虽未能说动乌孙王,但派副使遍访大宛、康居、大月氏、大夏、安息等国,加强了汉朝与这些国家的联系,有的还派使者来到长安。此后西域与汉朝使臣不断,丝绸之路正式开辟。

3. 西域都护府的建立

河西四郡设立后,汉朝继续推行西进政策。元封三年(前108),汉武帝派赵破奴等攻破亲附匈奴的楼兰(新疆罗布泊)、姑师(新疆吐鲁番),打开西域的东大门。太初四年(前101),汉武帝派贰师将军李广利征讨大宛,不仅获得汗血马,还从匈奴手里夺取了对西域的控制权。从此汉朝经营西域,"自敦煌西至盐泽,往往起亭;而轮台、渠犁皆有田卒数百人,置使者校尉领护,以给使外国者"①。

经历汉朝的打击,匈奴势力不断削弱,与西域属国关系瓦解,僮仆都尉被迫取消。汉宣帝神爵二年(前60),命卫司马郑吉治理南北两道,称为"都护"。都护是西汉派驻西域统管军政事务的最高长官,驻乌垒城(新疆轮台),镇抚诸国。设置西域都护府,标志着西汉对西域统治的完全确立,巴尔喀什湖以东以南和天山南北的广大地区正式被并入汉朝版图。

西域都护府之下,保留"国"的一级政权,首长为"王",相当于内地的诸侯王,由皇帝册封。各国居民不直接向汉朝纳税,由各王向中央承担朝贡、遣送质子、出兵从征等义务。

4. 东汉的"三绝三通"

(1) 两汉之际,王莽推行错误政策,贬西域诸王号为"侯"。西域和内地

---

① 《汉书·西域传》。

中断了联系，北匈奴逐渐控制了北道诸国，只有莎车比较强盛，率领南道诸国与匈奴对抗，并保护汉都护和吏士及家属千余人。东汉虽建立，但内顾不暇，无法考虑西域事情，双方关系遂绝。

汉明帝永平十六年(73)，派祭肜、窦固等四路大军远征天山，赶走北匈奴在车师的势力，在伊吾(新疆哈密)设"宜禾都尉"，留下部分军队屯田。班超随军出征，受窦固的指派，仅率吏士36人，出使南道诸国。他先到达鄯善(楼兰)，以"不入虎穴，焉得虎子"的精神，先发制人，袭杀匈奴使者及士兵百余人，使鄯善王附汉。然后他又收复于阗、疏勒等国，肃清北匈奴的势力。东汉重设西域都护和戊己校尉，中断58年的中西交通重新恢复。

(2)永平十八年(75)，北匈奴进军西域，焉耆攻杀西域都护，并联合龟兹进攻疏勒。刚即位的汉章帝下令撤销西域都护和校尉建制，召回班超，要放弃西域，因而与西域的联系再度断绝。

伊吾被北匈奴夺去，班超奉命即将撤回，疏勒、于阗等国亲汉，大为震动。于阗王和大臣抱住班超的马脚，号泣不让离去。班超与所部36人中途返回疏勒，准备利用西域的人力和粮食，"以夷狄攻夷狄"，初步打开了局面。

建初五年(80)，汉章帝从内地派来汉军1800人支援，班超威名大振。他派使者与西域大国乌孙结好，又于元和四年(87)亲率西域诸国兵25000人，大破敌对的龟兹等国兵5万人。永元三年(91)，窦宪率军大破北匈奴，重建西域都护府，班超出任都护。永元六年(94)，班超统率龟兹等8国兵7万人，会合汉朝吏士、商贾1400人，一举攻破焉耆国。至此，南北各国都归附汉朝，西域重新进入汉朝版图。这是二绝二通。

(3)永元九年(97)，班超派属吏甘英出使大秦(罗马帝国)，到达安息(伊朗)西端的条支，遇海而归，他是第一个到达波斯湾的中国人。永元十四年(102)，班超在西域生活了31年，以70岁高龄回到洛阳，不久就去世了。

汉安帝时，因为羌人暴动，陇西道路不通。东汉以西域险远、财政困难为由，要将汉都护和屯田卒都撤回内地。派往敦煌迎接回撤人员的，正是班超之子班勇和班雄。但在这时，敦煌太守张珰上书，以为"弃西域则河西不能存"，反对断绝汉朝与西域各国的关系。于是，朝廷派班勇为西域长史，率500士兵进入西域。他团结各国，并力赶走了匈奴呼衍王，使东汉重新统有西域，中西交通得以恢复。这是三绝三通。

班勇写出《西域记》一书，记录了西域各国的方位、道里、气候、风物、人口、物产、民情、风俗等，十分珍贵，被收入《后汉书》的《西域传》。

四、汉朝与羌族

1. 护羌校尉的设立

羌族,又称西戎,是一个古老的部族,长期处于氏族社会,散乱无所统属。其中一支居住在今甘肃、青海一带,称西羌,或称河湟诸羌,"各有酋长,不立君臣"。

汉初,羌族臣服于匈奴,长期与汉朝为敌。汉武帝开辟河西四郡,割断了羌族与匈奴的联系。元鼎六年(前111),羌人十万袭击令居(甘肃永登),汉武帝派李息、徐自为率军平定。大部分羌人归降,归附的羌族酋长被封授侯或王。汉朝廷设护羌校尉,统领羌族诸部,执掌西羌事务。汉还设置特别军事机构西平亭(青海西宁),以西为临羌县,以东为破羌县,加上金城属国,接纳归附羌人。汉朝的基本方针还是隔绝羌胡。

汉宣帝时,先零诸羌曾大规模反叛,被赵充国平定。赵充国坚持"抚循和辑,保胜安边"的方针,利用屯戍的方法,争得羌族的内附。王莽时"令译讽旨诸羌,使共献西海之地,初开以为郡"①,加强了羌族与内地的联系。终西汉一代,羌人宾服,无大的事故发生。

2. 东汉三次羌族暴动

东汉的羌族,在安定、北地、上郡、西河的被称为东羌,在陇西、汉阳及金城塞外的被称为西羌。由于羌人大量内迁,又受到汉族官吏和地方豪强的欺凌剥削,"或侄偬于豪右之手,或屈折于奴仆之勤"②,终于引起3次大规模的武装暴动,成为东汉灭亡的重要原因。

(1) 汉安帝永初元年(107),由于强迫羌人出征西域,羌人纷纷逃散,官军又堵截,西羌先零、钟羌诸部发起暴动,切断了关中通往陇右之路。朝廷派车骑将军邓骘率军进剿,反被打败。羌豪滇零自称天子,纠集各部羌人深入内郡,不断打败官军,掳杀汉人。一直到元初二年(115),东汉调集南匈奴、南蛮20万骑兵围剿,才扭转了局面。直到元初五年(118),最终平息羌族暴动。这次暴动前后12年,耗费240多亿钱,"并、凉二州为之虚耗"。

(2) 汉顺帝永和四年(139),"天性虐刻"的来机、刘秉分别为并州和凉州刺史,激起羌人反抗,很快波及金城、武都、陇西和关中,威胁到首都洛阳的安全。朝廷派征西将军马贤进剿,被羌人打败,马贤父子战死。直到汉冲

---

①② 《后汉书·西羌列传》。

帝永熹元年(145)，左冯翊梁并采用招抚手段，使羌人5万多户归附，陇右才得以平定。此次前后历时6年，消耗军费80余亿。

（3）汉桓帝延熹二年(159)，酷吏段颎为护羌校尉，对羌人实行强硬政策，东、西羌数十万人攻打并州、凉州及关中三辅，局面失控。朝廷改派皇甫规为中郎将持节监关西兵，他与张奂坚持招抚手段，有些部落在接受招抚后，又发起新一轮的暴动，还是难得安宁。朝廷重新启用段颎，仍坚持围剿方略。直到汉灵帝建宁二年(169)，段颎先后斩杀1.9万人，才把羌人的反抗最后镇压下去，前后历经了12年。

羌族暴动的根本原因，是东汉的民族压迫政策和一些官吏的贪暴不良，前后延续了60余年，消耗军费400亿之巨。沉重的财政负担使经济体系趋向崩溃，激化了东汉的社会矛盾，黄巾起义就是在这样的背景下发生的，"汉祚亦衰矣"。民族政策关乎国家兴亡，《明史·西域传》说："昔赵充国不战而服羌，段颎杀羌百万而内地虚耗。"教训就是，处理民族问题一定要采取非常慎重的态度。

第八节 秦汉的学术思想与文化①

秦汉时代不仅在政治上追求统一，而且在学术与文化规模上雄迈前代，终以多方面的辉煌成就，成为中国古代文化史上一个突出的繁盛期。

一、从战国子学到汉代经学

1. 启动文化专制主义的"焚书坑儒"

春秋战国的"百家争鸣"，被喻为中国文化史上流韵不再的"绝唱"。因为它的出现有其特殊背景：一是政治上的分裂，因而"王道既微，诸侯力政，时君世主，好恶殊方，是以九家之术，蜂出并作"②。各国君主为了竞争，对各学派"兼而礼之"，从而造就各家共存的空间。二是西周"王官之学"崩溃后，士人及其私学成为"道统"（文化秩序）的代表者，对国君以"师"以"友"自居，保持着一种"从道不从势"的自尊自主意识。君主们除了让士人提供富

---

① 本节在观点上对金春峰的《汉代思想史》(1997年修订版)多有参考借鉴，因限于教材性质，未能一一注明。

② 《汉书·艺文志》。

国强兵的知识和谋略外,还需要有一种来自"道"的精神感召力,为政权提供合法性。统治者的包容和士人的自由流动,促进了学术文化的空前繁荣。

但是,这种条件随着秦朝的建立而遽然消失。吕不韦融百家于一炉的《吕氏春秋》,号称杂家,就有统一思想的目的。秦建立了高度集权的政治体制,就必然会加强思想钳制,一场文化冲突不可避免。

秦始皇三十四年(前213),丞相李斯和儒生淳于越关于应该实行分封制还是郡县制的宫廷辩论,延伸成"师古"还是"师今"两种不同历史观的争论,被李斯抓住掀起一场政治风暴,即"焚书坑儒"。于是以官学取代私学,传授学问的书籍被销毁,整个社会只能存在官府的法令和实用技术一类的知识。国家只保留少数掌握传统文化的人,成为纳入官僚系统的博士。他们不再是君主的"师"和"友",而是唯命是从的"臣"。

秦的"焚书坑儒",出发点是钳制和镇压反对派,强行思想文化统一,以巩固新的政治体制。但思想的问题是不能靠烧书和杀人来解决的,相反由于其手段的粗暴愚蠢,不仅使中国的文化典籍遭遇浩劫,而且因为堵塞言路,反而加速了秦朝自身的灭亡。它打击了春秋以来蓬蓬勃勃的自由思索精神,使学术政治化,开创了中国古代文化专制主义的先河。

2. 以静制动的黄老之学

刘邦建汉,已经不能再单纯用法家学说来指导政治了。汉初实行郡国并行制,东方是分封的诸侯国,各国可以"因故俗"去"自拊循其民",具有相当大的独立性;西部设郡县"奉汉法",由天子直接治理。这种局面既不符合儒家"大一统"的文化理想,也不符合法家君主权力一元化的政治理念,必须有一个宽容的意识形态来支撑。

汉初总结秦亡教训,认为它"所以失天下",是因为在"已并天下"之后还"任刑法不变"①。所以按照"攻守异术"的原则,汉朝不能再使用过于刚性的法家学说,应该在思想上改弦易辙。战国诸子中,不管是"兴礼乐"的儒家,还是"执刑赏"的法家,都主张有为政治。而汉初经济残破,民生凋敝,"自天子不能具钧驷,而将相或乘牛车,齐民无藏盖",不允许统治者大有作为,主张无为而治的黄老之学适逢其会。

黄指黄帝,老指老子。当初齐国田氏自称是黄帝后裔,在稷下学宫大力

---

① 《史记·陆贾列传》。

提倡黄帝之学,其特点是刑攻德守,"先德后刑以养生"①。这与老子思想结合在一起,属于道家左派。《史记·乐毅列传》叙述其学术传承:"河上丈人教安期生,安期生教毛翕公,毛翕公教乐瑕公,乐瑕公教乐臣公","乐臣公善修黄帝老子之言,显闻于齐,称贤师……教盖公"。产生于战国中期的黄老之学,五传到盖公。汉初,盖公教导齐相国曹参说:"治道贵清静而民自定。"曹参照着办,齐国大治。萧何死后,曹参到长安继任汉朝丞相,"举事无所变更,一遵萧何约束",萧规曹随。黄老之学被全面推展,成为西汉开国后60年的统治思想。

从马王堆汉墓帛书看,黄老之学在相当程度上克服了老子思想的消极性,以适应汉初的政治需要。如老子一味强调贵柔守雌,而帛书认为"柔"不是懦弱,而是"慈惠以爱人",以争取天下人心。老子讲不争,而帛书说"作争者凶,不争无以成功"。"作"是主动发起,"作争"指盲目破坏事物平衡,当然不好;但完全不争,也会失去生存发展的可能。老子强调祸与福的转变,而不讲条件,容易变成宿命论。帛书重视人在祸福转化中的作用,如"因"指对客观规律的顺应②,"时"指要掌握时机③,"度"指把握数量界限,以免引起质变④。黄老无为并不是要统治者完全消极、无所事事,而是在合理的限度内有所作为。

汉初"与民休息",是统治者的积极后退,后退是为了以后的进取。在经济上,皇帝躬修节俭,轻徭薄赋,奖励农耕;"关梁开放,山泽弛禁"⑤,开放盐铁、畜牧、种植等各行各业,让民致富。尽管这会造成富商大贾"为权利以成富,大者倾郡,中者倾县,下者倾乡里"的情况,但政府并不干涉。只要经济恢复,物资丰富,就能巩固王朝统治。

在政治上,汉朝把维护社会的和谐与安定放在首位,"因民之疾秦法,顺流与之更始",去秦之严刑繁法。但这样做的底线是,国家统一和君臣大义不容挑战。汉初曾最大限度地容忍诸侯王的独立性,但到文景时,双方摩擦不断增加,最后发生"七国之乱"。汉朝不惜一战来解决诸侯王权力过大

---

① 帛书《十六经·观》,见《老子乙本卷前古佚书释文》,文物出版社1974年版。下引只注篇名。
② 帛书《十六经·兵客》:"天地形之,圣人因而成之。"
③ 帛书《十六经·姓争》:"静作得时,天地与之";"静作失时,天地夺之。"
④ 帛书《经法·道法》:"应化之道,平衡而止。轻重不称,是谓失道。"
⑤ 《史记·货殖列传》。

的问题,说明黄老思想并非完全消极,而是该退就退,该进就进,关键是掌握时机。

在对外战争上,鉴于经济残破和战斗力的不足,汉朝对匈奴的"和亲"政策一直被延续下来,但也从未停止积极的军事准备,退一步是为了进两步,这很符合道家哲学。

在特定的历史条件下,黄老思想非常适应社会的需要,促进了经济的恢复和社会的安定。但是在取得一定成功的背后,又隐藏着使其自身退位的因素。

(1)在国力增强的同时,由于"网疏而民富",各地兼并起家的豪强大族争于奢侈,武断乡曲,威胁到中央对地方的有效控制,这种局面是无为政治难于扭转的。

(2)一个版图辽阔、人口众多的中央集权帝国,随着经济的发展,催生了民族精神的觉醒。人们希望一个英雄时代的到来,反击匈奴,开疆拓土,这是黄老思想难于配合的。

(3)统一是秦汉历史的大趋势,其中文化的统一尤其重要,但它又比政治、军事的统一更艰难。黄老思想崇尚自然和质朴,像法家一样,具有一种反人文的特色,缺少深厚的文化底蕴,难于得到广大人民的认同。新的形势必然会催生出新的意识形态。

3. 意识形态化的"新儒学"

战国时的儒家虽为"显学",但因其政治上的"迂阔",并不为统治者所信用。面对政治新体制的出现,荀子开始有意识地改造儒学,使其思想呈现出儒法融合的特征。秦朝灭亡,儒家从沉寂重新走向前台,荀子的后学既坚持儒家的仁义、孝悌、德治等文化价值,又吸收融合了法家、黄老思想的合理成分。如陆贾既强调仁义是政治的根本,又提出无为而治的主张。他设想的"至德之世",是儒家式的礼仪之邦,与道家理想迥然不同。贾谊是一个具有浓重法家气息的儒生。他认为仁义和法治都是政治不可或缺的手段,不可偏废,但应该以仁义礼乐为本。这些思想,尚未形成新的体系,显得零碎而不成熟,但其中许多合理成分后来都被董仲舒吸收融合。这是儒家思想发展的一个重要阶段。

董仲舒(前179~前104),西汉广川(河北枣强)人,主要活动于景、武之世,为《公羊春秋》博士。元光元年(前134),他给汉武帝上《天人三策》,阐发其思想体系的要点,并建议"罢黜百家,独尊儒术",被汉武帝采纳。他是以儒家"公羊春秋学"为基础,以阴阳五行思想为框架,融合法家、黄老、墨家、阴阳五行家等诸子思想,建立了一个新的以"天人感应"为轴心的神学目的论体系,取代黄老而成为新的官方意识形态。其内容包括以下几个方面。

(1) "天人合一"与"天人感应"

董仲舒认为"天"是有人格的神灵,但也是道德的天,还是自然的天。其中,自然之天从属于道德,道德之天又从属于神灵。天和人一样有意志和感情,通过阴阳五行的环节与人沟通。人的外在形体和内在感情、道德、意志都是来自于天,"以类合之,天人一也"①。天人同类,可以互相感应,天意就与人事息息相关。天全知全能,有主宰一切自然变化和人世祸福的权威和能力,可以干预人事。自然的灾变和祥瑞,代表天对人的谴责和嘉奖;人的行为也能感动上天,使它改变原来的安排。这种理论的出现,成为汉代儒学走向神学化的一种标志。

(2) 君权至上与君权神授

董仲舒认为君主是国家政治的核心,"君人者,国之本也"②。要给政治上的君权至上提供根据,他的思想武器是君权神授,"天子受命于天,天下受命于天子"③,把君权与以"天"为中心的宇宙系统相配合。王既代表人类与天对话,又代表天来治理人类。由于君主的权力来自于天,天之常道又是"一而不二",故他要实行专制统治,臣民要无条件服从。这是借神权维护皇权。但是君权神授也有约束皇权的一面,即"屈民而伸君,屈君而伸天"④。如果君主滥用权力,违背天道,天就要降下灾异来谴责他,再不改就会使他"伤败"殒身。实际上,这是从统治集团的整体和长远利益出发,在君主权力至上而又胡作非为时,使臣下可以假借天的名义规谏君主。这是为降低君主专权可能带来的风险而设计的政治手段。

(3) 阴阳合分与王道"三纲"

董仲舒运用阴阳天道来定位社会关系,认为世间存在一系列的对应关系,如君臣、父子、夫妻等:君为阳,臣为阴;父为阳,子为阴;夫为阳,妻为阴。阴阳的规律是"阴兼于阳",阳制约阴,这样就形成三对社会关系:"君为臣

---

① 《春秋繁露·阴阳义》,中华书局1992年版。
② 《春秋繁露·立元神》。
③ 《春秋繁露·为人者天》。
④ 《春秋繁露·玉杯》。

纲,父为子纲,夫为妻纲"①,统称为"三纲"。"三纲"是韩非较早提出,但没有论证,董仲舒确立了它的神圣地位。由此推及统治方针,董仲舒认为"阳为德,阴为刑",君主要刑德并用,但以德治为主。德治一是行教化,即通过广泛长期的宣传教育,提高人的道德水准;二是施仁政,如限制土地兼并,节省民力等,防止贫富悬殊,以缓和社会矛盾。这样做就需要"更化",即针对秦朝的严刑峻法,汉朝要改弦更张,及时改变政策,实行仁德之政。

(4)"大一统"与罢黜百家

董仲舒在"天人三策"中说:"《春秋》大一统者,天地之常经,古今之通谊也。"在大一统方针指导下,诸侯的权力应该裁抑,四海蛮夷应该"来臣",君主和臣民是干和枝,必须强干弱枝,还要以思想上的一统来保证政治上的一统。他主张"诸不在六艺之科孔子之术者,皆绝其道,勿使并进"②。从思想统一的实质来看,这与秦的焚书坑儒并无二致,都是运用政权的力量来控制思想、遏制学术的自由发展,不过手段却有天壤之别。由于"勿使并进",即不许儒家以外的学派通过选举来做官,从而让它们对士人失去吸引力,后继乏人,门户自绝;只有儒学依傍政治,越发枝叶繁盛。这样以名利诱惑来代替烧书杀人,诱以官、禄、德,确实比较高明。

秦汉统治思想的演进,从法家经过黄老到董仲舒的"新儒家",是一个辩证发展的过程。董仲舒对以前的思想,不是简单地否定而是扬弃,它是一个在更高阶段上融合各家学说而形成的思想体系。新的大一统帝国也经过不断地选择实验,最后以它来作为自己政治上的指导思想,就是因为它适应了时代发展的需要。由于儒家把自家的典籍称为"五经",把以经书教授生徒的学官称为经师,汉代儒家又主要是通过训解或阐述儒经来宣传自己的观点,因此又把儒学叫经学。从汉武帝将儒学扶为文化正统以后,中国古代就迎来了一个经学时代。

二、谶纬迷信的泛滥与理性思潮的批判

1. 兴太学与经今古文之争

(1)太学的设立

西汉早期只有私学,汉武帝接受董仲舒"兴太学,置明师,以养天下之

---

①② 《汉书·董仲舒传》。

士,数考问以尽其材,则英俊宜可得"①的建议,在长安建立太学。这是教化天下的思想文化基地,又是国家的官僚培养机构。这种官学模式对中国古代教育和选官制度影响很大,使国学于历代不可或缺。经学在得到政治尊崇和优待的同时,也变成政治的附庸和工具。它的任务就是用学术语言论证王朝统治的合法性和政治制度的合道性,以经术粉饰政治。

西汉太学的规制由丞相公孙弘制定,最初只设《诗》、《书》、《易》、《礼》、《春秋》五经博士,由于师承不同,一经又有数家。到宣帝末年,《易》有施、孟、梁丘,《书》有欧阳、大小夏侯(夏侯胜、夏侯建),《诗》有齐、鲁、韩,《礼》有后氏,《春秋》有公羊、谷梁共12博士。博士就是经师,其任务是训释和传授经典,但又不是原来单纯的"师",而是享有俸禄的官员,替官方掌管意识形态。他们培养博士弟子,起初每年仅有50人,以后成百上千地不断递增。弟子多由地方选送,在读期间可以免除赋税徭役;一年考试一次,达到标准就可任官。由于"禄利"的刺激,民间向学之风更盛,除中央太学,地方的各级官学也普遍建立。

(2) 石渠阁会议

汉代各家博士解经不同。汉宣帝为了统一经说,于甘露三年(前51)召集萧望之、刘向、韦玄成等名儒在未央宫北的石渠阁"杂论五经同异",由"太子太傅萧望之平奏其议"。这次会议涉及五经的许多问题,最后由宣帝亲自评判裁定,编纂出《石渠议奏》155篇(今已佚)在全国推行。石渠阁会议使皇帝具有政治权威和思想学术权威的双重身份,实现了政教合一,这成为中国古代的一个重要特点。经学观点变成政治典册,固然可以提高经学的地位,但也使它成为政治附庸,在非学术的道路上迅速下滑,又形成经今古文之争的局面。

(3) 经今古文之争本始

汉代经学原无今、古文的区别。战国时的儒经都是口耳相传,到西汉初才用通行的隶书著于竹帛,东汉称为"今文经"。汉武帝以后太学都设今文经博士,今文经在官学中成一统天下。河平三年(前26),汉成帝命谒者陈农到各地搜集图书,还命刘向负责对宫中的新旧藏书进行分类整理和校定。这次校书成为中国学术史上的著名事件。一是我们今天得以看到的西汉或更早古籍,都经过这次整理,刘向还借此写出了中国目录学的开山之作《七

---

① 《汉书·董仲舒传》。

略》。二是刘向的儿子刘歆在校书时,宣称发现了一些用战国古文字书写的经书,如《春秋左氏传》、《逸礼》、《古文尚书》、《毛诗》等,被称为"古文经",遂引发经学内部两派的长期争论。

汉哀帝建平年间(前6～前5),刘歆提出立古文经于学官,以与今文经相抗衡。哀帝命他与博士们辩论,今文博士或反对,或不予置答。刘歆写了《让太常博士书》,对当时的学风展开批评,说博士们"党同门、妒道真"。官学一旦与功名利禄相连,既得利益者当然不愿被人分一杯羹,但仅此不足以说明这场斗争的全部。解经本来只要加以音、形、义的诠释,使人理解经的原意就行了。但自从汉代立了诸经博士,每家博士再传授弟子,于是就有了训诂和章句。受传者为能仕进,无不严守师法家法,必然造成章句繁多。章句繁多,在概念上作无谓推演,重枝叶而忽根本,不仅丧失了学术的真正精神,而且使人"幼童而守一经,白首而后能言"。经学政治化产生两大恶果,一是章句冗杂,二是以探求所谓圣人的"微言大义"来经营政治。刘歆虽然指摘了前者,但对后者也深陷其中而未能幸免。

(4) 经今古文之争的结束

王莽当权,刘歆成为统治集团的核心成员。为了帮助王莽代汉,他大力提倡古文经学,把《左传》等古文经典列为学官。这时,经学内部的两派直接以政治立场画线,古文家主张"易姓",今文家主张"安刘"。伪学术终于陷入政治的泥潭。

东汉刘秀建国,理所当然地取消了古文经博士,官学仍为今文经独占,共立十四博士。不过,今文经虽借有官学的有利地位,却难于阻止其日益陈腐、烦琐、僵化而走向破产。相反,古文经虽然没有被立为学官,而是以私学面目出现,在民间立馆传授,却不断出现有代表性的经学大师,生机勃勃,社会影响越来越大,终于使当局不能漠然视之。汉章帝诏令今文经的高才生去受业于古文经,"学者皆欣欣向慕焉"。东汉末,著名的古文经学家郑玄兼采今文之说遍注群经,成为经学的集大成者,基本结束了绵延200年的经今古文学之争。

汉代经今古文学之争实际是中国古代学术发展演变的一个缩影:"无今文之启行,则经学无向荣之望;无古文之后殿,则经学无坚久之效。"[①]在中国古代儒学一统的局面下,儒学内部不同流派的论辩成为推进意识形态不

---

① 钱穆:《国学概论》第四章,商务印书馆1997年版。

断充实革新的重要途径。特别是民间力量以其实事求是的新鲜活力,不断向僵化的官方教条发动冲击,从而推动了古代学术的健康发展。

2. 谶纬迷信的泛滥和白虎观会议

"谶"是借神灵预示人间吉凶祸福的启示或隐语,以《史记·赵世家》中的"秦谶"为最早记载,秦始皇遇方士所献"灭秦者胡也"也是典型的谶语。"纬"相对于"经",是假托孔子用诡秘的语言对经书的解释。汉代儒家有六经,相应也就有《易纬》、《诗纬》、《春秋纬》、《礼纬》、《书纬》、《乐纬》,加上《孝经纬》,总称"七经纬",共36篇。它又与《论语谶》和河图、洛书等合称为谶纬,共81篇。因为有图有书,主要内容是预言,又有"图谶"、"谶记"、"符命"和"图纬"等别名。谶纬内容庞杂,既有天官星历、灾异感应、神仙方术等阴阳五行的东西,也有哲学人文、风土地理和天文历法等知识,它主要以穿凿附会来为政治服务。

西汉末期的政治危机,各种势力为夺取政权而厮杀,图谶成为工具。先是夏贺良向哀帝奏"赤精子之谶",要求改元、易号、再受命。哀帝改年号为太初元将元年,改称号为陈圣刘太平皇帝,以应谶语。王莽更精于此道,说此谶是指他代汉,改元为初始;又频繁利用种种图谶符命,终于把汉家天下拿到手。刘秀从起兵到即位,总有谶语相伴而行,特别是《赤伏符》中"刘秀发兵捕不道,四夷云集龙斗野,四七之际火为主"、"刘秀发兵捕不道,卯金修德为天子"①等谶语,成为他受命得天下的依据。后来,刘秀"宣布图谶于天下",使其享有国宪的崇高地位,遇到重大问题也都以谶纬来决定。儒生为了利禄,都兼习谶纬,谶纬之学成为"内学",经学反成"外学"。"言五经者皆凭谶纬说",谶纬的地位反居于上,神秘主义流行一时。

东汉初,今文经、古文经和谶纬三足鼎立,门户之见既深,经说繁杂不一。为了统一经义,以更好地进行思想统治,汉章帝于建初四年(79)在宫中白虎观召集各地名儒,讨论五经异同。会议由皇帝主持,魏应秉承意旨发问,淳于恭代表诸儒作答,章帝裁决,连月始罢。会议讨论的记录由班固整理成《白虎通德论》(简称《白虎通》),成为官方钦定的经典。

《白虎通》基本上是一部经学名词汇编,所编列的43条名词都是关于古代等级制度的阐释和规定,大部分又是为了神化君权。如"爵"条:"王者父天母地,为天之子也";爵级之所以设为五等或三等,是效法于"五行"和"三

---

① 《后汉书·光武帝纪》。

光"。它对"三纲六纪"(君臣、父子、夫妇和诸父、兄弟、族人、诸舅、师长、朋友)进行了具体的规定和解释:"纲者张也,纪者理也。大者为纲,小者为纪,所以强理上下整齐人道也。""天道莫不成于三。天有三光:日、月、星。地有三形:高、下、平。人有三尊:君、父、师。""夫者扶也,以道扶接也;妇者服也,以礼屈服。"①"夫有恶行,妻不得去者,地无去天之义也。"②虽然《白虎通》剔除了谶纬中的一些神学观点,如把从伏羲到孔子等圣人,都由神还原为杰出之人,但在天地、五行、人体、性情等名词的解释上,仍旧继承了董仲舒和谶纬的迷信说法。

在书中,阴阳五行作为一种思维模式,可以套用在一切事物身上来简单地贴标签做比附,而不需要做深入分析。如司马主兵,本源自先秦职官,本身并无深意。《白虎通》却牵强解释:"司马主兵。言马者,马,阳物,乾之所为,行兵用焉,不以伤害为度,故言马也。"③这种随意比附的思维习惯,既是对历史的掏空,也随着经学的弥漫而越来越伤害民族的创造力。

《白虎通》把儒家经典与谶纬迷信糅合为一,使儒学进一步神学化,已经失去了学术公信力,只能逐步走向衰败。白虎观会议要以政治权力来统一学术,当然是失败了。历史证明,一种学说一旦被宣布为永恒真理,只许盲从而不许怀疑,它就只能越来越远离真理。思想文化专制必然会造成理论的僵化与庸俗,神化和迷信则是专制者愚弄人民最好的工具。

3. 王充的思想成就及其局限

当东汉谶纬迷信盛行时,也出现了反谶纬的理性主义思潮,其代表人物除桓谭、尹敏、郑兴、张衡等外,最著名的是王充。王充(27~79),会稽上虞(今浙江)人,出身"细族孤门",早年曾入洛阳太学,后任职于地方官府,不久罢还乡里。他著有《论衡》84篇,以道论反击神化的经学。这是古代杰出的自然主义无神论著作,其观点体现在以下方面。

(1) 元气自然论

王充说他"违儒家之说,合黄老之义"④,即以道家自然说立论,反对董仲舒的神学目的论。他认为元气是构成天地万物的唯一本原,但由于禀受

---

① 《白虎通·三纲六纪》。
② 《白虎通·嫁娶》。
③ 《白虎通·封公侯》。
④ 《论衡·自纪》,吉林大学出版社1992年影印"汉魏丛书"本。

元气的厚薄精粗不同,产生了形体属性的差别。人是由元气中一种最精致细微带有精神属性的精气构成,所以有智慧。他认为一切事物的产生、变化是客观的、必然的和自发的,没有神的存在和干预。因此,他反对神学目的论"天地故生人"、"故生万物"的观点,批判那种天有意降下灾异或祥瑞、以谴告或表扬君主的看法,进而否定了君权神授说。此为其思想体系的核心。

(2) 无神论

在形体和精神的关系上,王充认为"精神本以血气为主,血气常附形体",肯定人形体的存在是精神存在的前提,否定灵魂不灭、人死为鬼说。他说:"人之所生者,精气也,死而精气灭。能为精气者,血脉也。人死血脉竭,竭而精气灭,灭而形体朽,朽而成灰土,何用为鬼?"①人的鬼神观念,"皆存想虚致,未必有其实也"②。他批判谶记纬书中天能赏善罚恶之说,揭露鬼神说的根源在于政治败坏,人民痛苦不堪又没有出路,才寄托于迷信。

(3) 经验论的认识论

当时纬书神化孔子是生而知之的圣人,说他预先为汉朝制法而作《春秋》。王充举出孔子言行的16条材料,证明他"耳目闻见与人无别",也是要遵循与常人一样的认识规律。王充在认识论上提出与人类认识相关的三个步骤:首先是反对离开耳闻目见去认识事物,认为感性经验是达到真知的基础。其次要对感性经验的材料进行分析、比较、归纳、综合,以排除假象,使认识提升一步到事物的规律和本质中去。最后是一切结论都必须有实践效果的检验,"事有证验,以效实然"③。这一认识论虽然仍在经验论的框架内,还没有达到真正理性认识的高度,但确实对这两方面都有了可贵的初步综合,启发了后来的许多思想家。

(4) 社会历史的偶然论和命定论

王充否定谶纬神学,认为不存在神,不存在"目的";但又认为人的处境好坏,不在于自己的主观努力,而在时运和机遇。他说,"凡人遇偶及遭累害,皆由命也",偶然中蕴涵着必然;"命贵,从贱地自达;命贱,从富位自危",从而否定人的主观能动性。

人的"命"从何而来?他认为"人禀气而生,食气而长,得贵则贵,得贱则

---

① 《论衡·论死》。
② 《论衡·订鬼》。
③ 《论衡·实知》。

贱;贵或秩有高下,富或资有多少,皆星位尊卑小大之所授也"①。这样他就从反对神学开始,最终又陷入宿命论和星象骨相神秘主义,实质上仍是神学。至于国家的治乱,他认为不依人的意志为转移,也是由"命"或"历数"决定的。他说:"世之治乱,在时不在政;国之安危,在数不在教。"②"时"、"数"被他解释为周期性发生的水旱自然灾害,从而导致贼盗兵戈的乱局,虽有一定的合理性,但完全排除人事和社会的因素,又是一种片面的观点。

汉代盛行的神学目的论,似乎是对战国荀子"天人相分"思想的倒退,但实际是使人远离禽兽世界,肯定人的创造活动的价值,肯定文化、道德和社会对人的发展的决定性意义。但由于汉儒对此专从神意上进行解释,阻碍了理性的健康发展,使思想界谶纬迷信泛滥,庸俗不堪。王充高举理性主义旗帜,提倡科学精神,沉重打击了神秘经学体系的统治,在秦汉思想史上具有崇高的地位。但他所使用的自然论的武器,将一切现象的产生归之于自然,一是过于强调必然,陷入宿命论;二是强调偶然,否定规律而走向不可知论和神秘主义。这说明受时代的局限,古代的思想家们不可能将唯物论的原则由自然推及社会而贯彻到底。

三、辉映古今的文化成就

1. 《史记》的成书

中国历史悠久,有着世界上体例最完备、内容最详尽而且连续不断的文献记载,从"巫史不分"时代的卜辞记事,到"左史记言,右史记事"形成的"六经皆史",中国最具代表性的文化元典都可归之于历史文献。据说孔子作《春秋》,通过评价历史事件和人物来表明立场,以影响现实。这被称为"春秋笔法",并且一直作为历史编纂学的典范影响着传统史学。司马迁是继孔子之后的又一座高峰,他不仅使史学脱离经学走上独立发展的道路,奠定了史学在传统文化中的地位,也提供了观察历史的指导思想和方法,故被称为"中国史学之父"。

司马迁(前145~前86),字子长,左冯翊夏阳(陕西韩城)人。其父司马谈于汉武帝建元、元封年间为太史令,掌管文史星历。司马迁10岁读古文,后随孔安国、董仲舒等习经书,20岁漫游天下。元封三年(前108),他继承

---

① 《论衡·命义》。

② 《论衡·治期》。

父职为太史令。司马谈临死抱憾说,从孔子作《春秋》以来四百余年,"诸侯相兼,史记放绝。今汉兴,海内一统,明主贤君忠臣死义之士,余为太史而弗论,废天下之史文,余甚惧焉,汝其念哉"①。司马迁决心继承父亲遗志,撰写出一部从古至今的通史。为此,他付出了毕生的心血,包括因为给李陵辩护而获罪下狱的生死关头,他都没有动摇信念,终于给世人留下一部不朽的巨著。

《史记》是中国第一部纪传体通史,其记事始于黄帝,止于汉武,历时三千余年,分12本纪、10表、8书、30世家、70列传,有130篇共52.65万字。它囊括政治、经济、军事、文化、民族、风俗、天文、地理等各方面的内容,规模宏大,气势磅礴。它运用本纪等五种体裁的交织配合,构成一个真实完整反映人类社会风貌的史学体系,奠定了传统"正史"的格局。它文字生动精炼,叙事写人形象鲜明,被鲁迅誉为"无韵之离骚,史家之绝唱"。它早在南北朝时就已经传播海外,所以也是具有世界意义的史学名著。

汉代的史学成就是多方面的,除《史记》外,还有东汉班固的《汉书》。这是中国第一部完整的纪传体断代史,在史书体例上也有开创之功。还有荀悦的《汉纪》、赵晔的《吴越春秋》和东汉官修的《东观汉纪》等史著传世,各有不同的文献价值,都值得一读。

2.《史记》的文化精神

司马迁对中国文化深层次的精神影响,主要表现在以下几个方面。

(1)"究天人之际"

"究天人之际",就是探索历史的主体与客体或者天道与人事之间的关系。司马迁不是囿于史实仅仅做低层次扒梳记录工作的匠人,而是高处俯瞰,力求找到史实背后的意义和规律。在天人关系上,他并没有超越汉代流行的天命神学和"五德终始"的历史观,但在《史记》的具体叙述中,"天"被赋予多重含义,或指不可抗拒的历史发展趋势,或指支配个人命运的盲目必然性之"命"。其实他更多的论述,还是提倡在历史发展大趋势下发挥人的主观能动作用。如项羽失败了,自称"此天之亡我";司马迁不同意,说应是他"自矜功伐,奋其私智"、"欲以力征经营天下"等主观因素造成的结果。尽管司马迁还无法科学揭示天和人之间的关系,但他能够以人物为中心,确立人本位,《史记》的主流还是讲天地自然环境下的"人为",这就有力冲破了当时

---

① 《史记·太史公自序》。

笼罩着社会的天意神异的迷信氛围。

(2) 通古今之变

所谓"通古今之变",就是贯通古今,把具体历史事项置于大时段的分合演变之中,找出进化的因果规律来。司马迁认为:"物盛则衰,时极而转。一质一文,终始之变也。"①这从表面上看是历史循环论,如夏忠、殷敬、周文,"三王之道若循环";但其实质是辩证法的否定之否定,结果"三王异世,不相袭礼"②,"居今之世,志古之道,所以自镜也,未必尽同。帝王者各殊礼而异务,要以成功为统纪"③。所以,司马迁不是像迂腐的儒者那样盲目法古,而是充分肯定社会变革。如他在《六国年表》中分析秦统一天下的原因,表彰秦的历史功绩,说是"世异变,成功大"。这种不守旧、不循古、实事求是的态度,以及原始察终、以古为鉴,服务于现世和未来的眼光,为中国史学树立了进步历史观的典范。

(3) 成一家之言

历史学家不仅要叙述史实,更要阐述自己独到的见解,回答历史上无数个为什么的问题。司马迁写《史记》"不与圣人同是非",如班固说他"是非颇谬于圣人,论大道则先黄老而后六经,序游侠则退处士而进奸雄,述货殖则崇势利而羞贱贫"④。从今天的眼光看,这不但不是缺点,反而正体现出《史记》褒贬人物和评判事件的独特角度,正是它的价值所在。如汉初经过休养生息,社会物质丰富,人民生活水平提高,贾谊、董仲舒等人担心这会导致道德水准的下降和等级制的被破坏,极力抨击之。司马迁却对之大加赞扬。首先,他认为民间出现与千户侯一样富庶的"素封"是好事,相反那种"无岩处奇士之行而长贫贱"却"好语仁义"的人,才是应该感到羞耻的。其次,他认为富裕有助于人们提高道德水准而减少犯罪,"故人人自爱而重犯法,先行义而后绌耻辱焉"。最后,他认为这种形势会由于社会的奢侈无度而向相反的方向转化,"物盛而衰,固其变也"⑤。唐朝刘知几认为史家需要有"史识"、"史学"、"史才"三长,而尤重史识。司马迁正是一位史识高超的历史学家。

---

① 《史记·平准书》。
② 《史记·乐书》。
③ 《史记·高祖功臣侯者年表》。
④ 《汉书·司马迁传》。
⑤ 《史记·平准书》。

(4) 善恶必书,直笔实录

善恶必书,直笔实录,就是使史书"成为信史"。在中国传统文化中,"史之为务,申以劝诫,树之风声",被儒家当做教化的基石。司马迁作《史记》,"其文直,其事核,不虚美,不隐恶,故谓之实录"①。他是汉武帝时人,以当代人写当代史,必定有很多难处。司马迁在肯定汉武帝雄才大略、成就文治武功的同时,也讥评这位帝王迷信方术、信用酷吏、奢侈铺张、内多宠嬖等,并借汲黯之口,揭露他"内多欲而外施仁义"的虚伪本性。无怪乎东汉王允说,"昔武帝不杀司马迁,使作谤书流于后世"②。司马迁对历史人物的具体褒贬当然可以讨论,但他总有自己一以贯之的标准。他褒扬节义,贬低阿顺,肯定仁爱,鞭挞严酷等,尽管带有个人的感情色彩,而且这又与他自身的经历有关,但在记事上完全是实录精神的体现。中国古代形成许多著史原则,"不掩恶不虚美"就是其中最重要的一条。

(5) "富者,人之情性"

司马迁努力探索人性与历史变化深层动因之间的关系,使对社会经济状态的研究成为中国古代史学的重要内容。他之所以在《史记》中专辟《平准书》、《货殖列传》两卷来论析社会的生产和贸易状况,就是因为他认为,经济财富往往比礼义教化起着更大的历史作用,一个国家只有富才能强。这对重义轻利的传统价值观是一种极大的冲击和超越。

他认为决定历史变化的最后原因是人性,而"富者,人之情性,所不学而俱欲者也"③,求富是比道德因素更强大的力量。人们趋利求富就像流水一样是自然的本能,因而成为人类经济活动的驱动力。当政者只有让这种人性自由发展而不是试图阻止或改变它,以此产生出充裕的社会财富,才是社会稳定的道德基础。

司马迁从黄老之学的自然论出发,相信市场也是一种合乎自然的秩序,不能随意干涉,这使他被视为中国最早的主张经济自由放任的思想家。尽管把历史发展的动因归于先验的自然人性是错误的,但把历史学家观察社会的焦点,由神或少数精英转移到由财富欲望所驱使的芸芸众生身上,让史书多记述一些关乎国计民生的社会内容,这一点司马迁具有开路之功。

---

① 《汉书·司马迁传》。
② 《后汉书·蔡邕列传》。
③ 《史记·货殖列传》。

3. 中国古代科技体系的形成

中国古代科技不仅长期处于世界前列,而且由于相对隔绝的地理环境,与其他文明之间的文化交流非常有限,因此形成了自己的独立体系。这个体系突出表现于农学、数学、天文历法、医学四大学科和冶炼、纺织两大技术部门的成熟发达,并涌现出一系列科技成果。

(1) 农学

秦汉农学已经成为专门的学科,最重要的著作是《氾胜之书》。这是中国历史上第一部完整的农学著作,是汉成帝时人氾胜之以关中地区为基础对区田法的总结。它倡导精耕细作,使古代农业的可靠性增加。崔寔作于东汉后期的《四民月令》,也是很多丰富的农业经验的总结。从司马迁"江陵千树橘"、"渭川千亩竹"、"千亩姜韭"等记载来看,当时农业的商品率和集约化程度很高。农业技术的提高,如耦犁、区田、代田耕作法和风车、水碓、曲柄锄、耧车等农具的发明,特别是冬季温室生产蔬菜,没有一定水平的农学研究是很难想象的。

(2) 数学

汉代最重要的数学著作是《九章算术》,它分九章共包括246个数学应用题及其计算方法,涉及许多代数学和几何学的成果,特别是在世界上首次提出正负数的概念及其加减运算法。它的出现标志着中国古代数学体系的形成,在世界数学史上也占有重要地位。近年考古发现如张家山汉墓的《算数书》,成书早于《九章算术》,其内容包括分数运算、各种比例、体积、面积、盈亏等问题;又如湘西里耶秦简和《居延新简》有完整的九九乘法表,都证明了秦汉数学发展的高度。汉武帝时成书的《周髀算经》,则以记载几何学的勾股定理而著称。

(3) 天文历法

秦汉在天象观测、天文仪器创制、天体模式探索和历法编制等方面都有快速发展,并直接规定了后代天文学的路径选择。《史记·天官书》、《汉书·天文志》都详细记载了周天二十八宿的名称位置,其星数比战国石申星表要多得多。西汉有关于太阳黑子、北极光的观测记录,这在世界上是最早的;新星和超新星的明确记载也首见于汉代。1973年长沙马王堆汉墓出土的帛书《五星占》、《彗星图》,不但是现存最早的天文学著作,也说明了当时天象观测的完备精准。汉武帝时落下闳造浑天仪,又立日晷仪下漏刻,以求证二十八宿位置。汉宣帝时耿寿昌用铜铸造演示天象的仪器浑象,东汉张衡又发展为水运浑象仪，其星宿出没与人在灵台所观察到的天象完全一致。关于天体理论，当时形成盖天、浑天、宣夜三家学说。盖天说认为天圆如伞盖，地方如棋盘，以《周髀算经》为代表。宣夜说认为宇宙无形，包括日月星辰都是无边无际的气体。浑天说认为天在外，像蛋壳，地在内，像蛋黄，以张衡为代表。秦和汉初使用颛顼历，汉武帝时颁布的太初历计算更加精确。后来刘歆依据太初历又调整为三统历，这是中国古代第一部记载完整的历法，还包括制历理论和计算方法，现存于《汉书·律历志》。

（4）医学

医学在秦汉已经脱离了原始巫术而建立起完整的理论体系，以《黄帝内经》为代表。它利用元气论和阴阳五行学说对生命起源、形神关系、疾病成因等问题做了系统说明。《难经》用人体解剖说明病理、切脉和针灸技术；《神农本草经》记载了365种药物的药性和用途；东汉张仲景总结以往的经验和理论，著成《伤寒杂病论》，内容包括病理、诊断、治疗、用药等方面；外科名医华佗，已经用麻醉药实施大的外科甚至脑部手术。从考古遗物和文献等可以看出，秦汉在经络学、法医学、尸体防腐技术、保健预防医学等方面都有突出成就。

此外，西汉麻纸的发明和东汉蔡伦对造纸技术的总结提高，汉代冶炼遗址所显现的可锻铸铁和炒钢技术的出现，南阳太守杜诗发明的冶铁用水力鼓风设备"水排"，马王堆出土的三幅绘在丝帛上的世界上最早地图，方士魏伯阳《周易参同契》通过炼丹术所反映出的实验化学成果，张衡发明的测量地震的地动仪等等，都是秦汉时期重大的科技创新成果。

4. 秦汉科技发展的特点

秦汉的科技体系，呈现出一些重要的特点，昭示着中国与其他古代文明不尽一致的科技发展路径。

（1）生产决定科技的发展方向

中国古代的社会基础是小农经济，政府的财政靠土地租税，农业文化在社会中占支配地位，因而科技从一开始就要受到农业的制约。历法的发展是农业节令的需要，制订历法的基础又是天象的观测。数学尤其计算方面受到重视，是由于田亩面积、水利工程、历法编制、赋税征收的需要，这都与农业有关。冶铁可以制造农具，农学偏重于精耕细作，纺织、医药也与农业间接有关，而与农业关系不大的学科则相对落后。反观与秦汉同时的"希腊化时代"，其地理环境更有利于发展工商业和海外贸易，它在科技体系上就形成与东方完全不同的风格,在几何、力学、天文、地理、气象、生物、医学和解剖学等方面成就更突出。

(2) 经学与自然科学互相渗透

汉代经学一方面援引自然科学的成果作为自己的理论基础,另一方面在它成为统治思想以后,又不让自然科学摆脱它的束缚而走上独立发展的道路。如宇宙生成本是一个天文学的问题,经学以此为基础建立天人合一的理论体系,反过来又影响中医学。《黄帝内经》的根本点就是天人一体:天有十二月,人有十二脉;年有360日,人有360骨节。这样支配自然的阴阳五行规律同样支配人,医学就不需要再去费力弄清每一器官的形状、结构、数值等微观元素,只关注整体平衡和系统功能,从而走上一条与西方医学迥异的发展道路。又如人们在认识物质的基础上创立了"五行说",但这种朴素的科学思想被经学神秘化并当做天地万物的普遍规律后,又反过来阻碍科学。汉代注意地震现象,并有完善的记录,却不知道深入研究地壳情况,只以气的"阳伏而不能出,阴迫而不能蒸"作泛泛解释,于真正学术无补。

(3) 研究方法的经验主义和"重术轻学"

秦汉社会的小农经济,只要以口耳相传的方式,提供一些像农谚那样零星片段的经验即可满足需要,不用再做系统深入的理论探讨,这就阻碍了科技的深入拓展。如秦汉科技的许多成果都属于对生产过程的直接记载,仅停留在描述阶段,很少能用逻辑推理的办法对经验材料再深入整理,也不对现象背后的实质原因进行分析。像数学重计算轻明证,算术发达,以证为主的几何学就很不发达,也未形成以公理、定理为基础的逻辑演绎体系,连数学符号也没有,全用文字来叙述。中国这种重实用技术轻基础理论、重经验传授轻实验论证的倾向虽然可以使古代科技达到一个光辉的高度,却不能直接过渡到近代科技,中国的近代科技体系不得不从西方移植,其原因可以上推到秦汉。

5. 道教的产生

(1) 深刻的文化背景

中国从远古以来就有灵魂不死和鬼神观念,商周以后还有相当完备的崇奉天帝和祭祀祖先的礼仪,但它们政治化、家族化太强,又没有独立的教团组织,不能满足普通民众安身立命与精神归属的需要,故未能形成正式的宗教。宗教给予人们的是终极关怀,它的基本信条包括神创论、灵魂不灭论、天堂地狱论和善恶报应论。以此标准衡量,中国土生土长的宗教只有道教。道教的宗旨是长生不死、得道成仙。它认为道是天地万物本源,是永恒的;个体生命是有限的。人通过修炼而得道,就会获得永生。其思想资源芜杂混乱,一是从远古传下来的自然崇拜与巫术,二是战国秦汉的神仙学及其方术,三是道家的道论、养生论与长生久视思想,四是儒学的社会伦理与阴阳五行学说,五是古代医学和养生学的保健卫生知识。

道教在东汉形成,有其深刻的文化背景。一是汉代神道之风高涨,不但儒家神道设教,以神权维护皇权,而且社会上层求仙成风,民间巫蛊之术和鬼神信仰也大为流行。二是儒学虽被定于一尊,但由于其日益神秘烦琐而走向衰败。社会下层需要宗教神学,但儒学缺乏神学经典,谶纬迷信不符合儒学的本质和主流,这使它不能向宗教转化,现实催生着人们新的精神支柱。三是混乱动荡的局面使民众在深重的苦难中对政权失去信心,致力于寻求新的社会归属。民间道教可以营造互助救济的氛围和相对安定的小环境,对下层百姓有很大吸引力。

(2) 五斗米道

东汉道教主要有两支:五斗米道和太平道。

东汉顺帝时,张陵创立五斗米道于蜀地鹄鸣山,奉道家老聃为教祖,称受太上老君命为天师。张陵传子张衡,张衡又传子张鲁,号称"三张"。张鲁曾任益州牧刘焉的督义司马,领兵夺取汉中和巴郡,在此依靠五斗米道的力量,建立了政、教、军合一的地方政权。张鲁以符水治病来传教,信道者出米五斗,有病则令请祷,"请祷之法,书病人姓名,说服罪之意。作三通,其一上之天,著山上;其一埋之地,其一沉之水,谓之三官手书"①。张鲁自号师君,规定《老子》是教徒必修经典,犯法者原谅三次然后用刑。下置教职"祭酒"以治民,不设官吏,建义舍于路途,给流民提供食品。他用宗教精神纯净社会风气,教人诚信不欺。这样张鲁在战乱年代的汉中,维持一个相对稳定的政权三十余年,后被曹操所灭。此后,五斗米道继续流传于社会,改为天师道,奉张陵为教主,是道教的主要源头和传承最久的教派。

五斗米道以《老子》为主要经典,据说张鲁注释《老子》成《老子想尔注》,是以宗教神学来诠释道家著作,往往因需要而借题发挥。老子的"道"本是无意志的无物之象,在这里被解释为凌驾于人类之上的至尊神。老子的"长生"本是长寿之义,在这里被发挥为修炼成仙后的肉体长存。老子本轻视儒

---

① 《三国志·张鲁传》注引《典略》。

家的仁义忠孝,在这里却被改造成肯定仁义忠孝。实际上,道家作为先秦的一个重要学派,原是用逻辑推论的方法演绎学术,而被张鲁改造成宗教教义,这是迅速建立道教体系的有效方式。尽管道教把老子、庄子分别神化成"太上老君"、"南华真人",还依托于"道"的旗号,但道家和道教二者在性质上是完全不同的文化体系。

(3) 太平道

与张陵同时,于吉等人在东海创立太平道。太平道可追溯到西汉成帝时齐人甘忠可作的《天官历包元太平经》,这还属于儒家谶纬系统的作品。东汉顺帝时,琅邪人宫崇到洛阳献其师于吉所得"神书"170卷,号为《太平清领书》(一般认为即《太平经》),"其言以阴阳五行为家,而多巫觋杂语"①。这里是"神书"而不是"道书",是以阴阳五行而不是老庄思想为理论基础,说明太平道与五斗米道的思想来源有所不同,其与谶纬经学关系更深。

《太平经》的理论特色,一是以天为最高神,而道从属于天,"神人主天,真人主地,仙人主风雨,道人主教化吉凶,圣人主治百姓,贤人辅助圣人"②。二是神秘的气化说,认为气是最初的元始的东西,按照阴阳五行的规律运行,祥瑞灾异与人间政治的清明昏乱有直接关系。三是肯定阳尊阴卑、帝王神圣不可侵犯的等级秩序,但主张君、臣、民三者协调同心,还有"周急济穷"和"平者乃言其治太平均"的提法。四是善恶报应的承负说和修道之方,认为无论个人、家族和国家,前代的功德或罪过都会流及后辈,生前的罪恶可以"流传魂神"。只有诚心修道,为善去恶,才能避免灾害。五是"天下太平"的社会理想,追求经济平均,政治公正,凡事皆得其宜,没有战争离乱,世界和谐安宁。

因为《太平经》对现实多有指摘,在东汉时受到官方冷遇,而"张角颇有其书",遂用来组织太平道,进而发动黄巾军起义。"太平道者,师持九节杖为符祝,教病人叩头思过,因以符水饮之。"③"张角自称大贤良师,奉事黄老道,畜养弟子……百姓信向之。角因遣弟子八人使于四方,以善道教化天下……十余年间,众徒数十万……遂置三十六方……一时俱起,皆着黄巾为标

---

① 《后汉书·襄楷列传》。
② 王明:《太平经合校》第289页。
③ 《三国志·张鲁传》注引《典略》。

识,时人谓之黄巾……旬日之间,天下响应。"①后来黄巾军被镇压而失败,太平道也随之中绝。到东晋时,由于葛洪要改造民间道教为官方道教,需要道儒结合,正好与《太平经》的宗旨一致,《太平经》才被正式列为道教经典。

这样,有了特定的宗教信仰长生成仙,有了宗教典籍《太平经》和《老子想尔注》、有了宗教组织五斗米道和太平道,它们都在东汉后期形成,三者俱备,道教也就正式诞生了。

秦王朝世系表(公元前 221 年～公元前 207 年)

(1)始皇帝嬴政(前 221～前 210)——(2)二世胡亥(前 210～前 207)——(3)秦王子婴(前 207)

西汉王朝世系表(公元前 206 年～公元 8 年)

(1)高祖刘邦(前 206～前 195)——(2)惠帝刘盈(前 195～前 188)——(3)高后吕雉(前 188～前 180)——(4)文帝刘恒(前 180～前 157)——(5)景帝刘启(前 157～前 141)——(6)武帝刘彻(前 141～前 87)——(7)昭帝刘弗陵(前 87～前 74)——(8)宣帝刘询(前 74～前 49)——(9)元帝刘奭(前 49～前 33)——(10)成帝刘骜(前 33～前 7)——(11)哀帝刘欣(前 7～前 1)——(12)平帝刘衎(前 1～公元 5)——(13)孺子刘婴(公元 5～8)

新朝世系表(8 年～24 年)

(1)王莽(8～24)

东汉王朝世系表(25 年～220 年)

(1)光武帝刘秀(25～57)——(2)明帝刘庄(57～75)——(3)章帝刘炟(75～88)——(4)和帝刘肇(88～105)——(5)殇帝刘隆(105～106)——(6)安帝刘祜(106～125)——(7)少帝刘懿(125)——(8)顺帝刘保(125～144)——(9)冲帝刘炳(144～145)——(10)质帝刘缵(145～146)——(11)桓帝刘志(146～167)——(12)灵帝刘宏(167～189)——(13)少帝刘辩(189)——(14)献帝刘协(189～220)

---

① 《后汉书·皇甫嵩列传》。

第五章 三国两晋南北朝

（公元 189 年～公元 589 年）

导　　读

一、三国两晋南北朝的历史特点

作为一个历史阶段的三国两晋南北朝，从公元 189 年董卓进京城洛阳算起，至公元 589 年隋灭陈结束，历时 400 年。这是中国古代继春秋战国之后的又一个大分裂时期。

这一时期的历史特点，主要表现在以下几个方面。

1. 战乱相继，政权更替频繁

自 189 年董卓废少帝、立汉献帝，各地州牧郡守割据称雄，互相混战，最后形成魏、蜀、吴三国鼎立的局面。随后，魏灭蜀，晋代魏，到 280 年，晋灭吴，全国复归统一。但好景不长，290 年晋武帝去世后，相继出现八王之乱和永嘉之乱。晋宗室司马睿渡江南下，建立东晋政权，维持了 100 多年的偏安统治，接着是南朝宋、齐、梁、陈 4 个政权的更替。北方自永嘉之乱后，进入十六国时期，各政权割据混战，中间只有前秦苻坚短暂统一过北方。直到 439 年，北魏太武帝才又统一北方。但 523 年北魏爆发六镇起义，北方又出现东魏、北齐与西魏、北周的对峙局面。随后，周灭齐，隋代周，直到 589 年隋灭陈，才最终结束分裂，统一全国。

2. 门阀士族把持政权

两汉以来地方大族势力不断膨胀，到东汉末，能够辟举入仕的多是地方大族子孙。曹操虽然强调"唯才是举"，但他也只能从大族中选拔人才，颍川大族在其中占有重要的地位。曹丕代汉前，通过推行九品官人法，巩固了士族的政治地位。西晋上层集团多出于高门大族,司马氏还通过占田制,从法律上肯定了士族占田、荫客的权力,从而维护了他们的经济利益。东晋政权是在南迁的北方大族和江东大族共同支持下建立的,几家大门阀先后掌权,士族势力达到极盛。南朝时,门阀士族主要由于自身的腐朽,逐渐走向衰落。十六国及北朝时,占据统治地位的多是少数族勋贵或被其同化的汉人勋贵,如北魏的代北贵族,东魏、北齐的怀朔镇酋豪及西魏、北周的武川镇酋豪。留居北方的汉族士族虽受到一定冲击,但其利益仍得到不同程度的维护。北魏孝文帝还通过定姓族,将鲜卑贵族与汉族士族共同纳入门阀体制。北方汉族士族由于没有脱离宗族乡里,在地方上根基深厚,其生命力比南方士族保持了更长的时间。

3. 江南经济得到迅速发展

此时的中原地区由于战乱频繁,经济发展相对缓慢,但在江南、辽西和河西凉州地区,经济却有很大发展,江南尤其突出。江南气候温暖湿润,土壤肥沃,农作物可以一年两熟或三熟,基础条件很优越。两汉由于生产方式落后,这里还是地广人稀、火耕水耨。孙吴出于立国、争霸的需要,大力推进军屯民屯,兴修水利,使江南经济得到开发。西晋"永嘉之乱"后,中原人民多次大规模迁移江南,带来了充足的劳动力和先进的技术,加上东晋、南朝相对安定的政治环境,使这里的经济得到迅速发展,全国经济重心开始从黄河流域向南方转移。

4. 民族融合大大增强

从东汉末年开始,西部、北部边境的各少数族大量内迁,主要有旧史所说的"五胡",即匈奴、鲜卑、羯、氐、羌。他们与汉族杂居在一起,受到统治者的沉重压迫,或被征去当兵,或被强征租调,或沦为豪强地主的佃客、奴婢,民族矛盾十分尖锐。八王之乱后,西晋的统治力量大大削弱,各少数族乘机兴起建立政权。各少数族统治者在兴起之初对汉人多采取屠杀政策,当政权稳定,则多笼络汉族豪强,由胡汉上层对人民联合统治。北魏孝文帝通过迁都洛阳、禁胡语胡服、改汉姓等政策,使民族矛盾缓和,民族融合得以增强。六镇起义后,留居北方边镇的鲜卑人大量南下,北方又出现新一轮的民族融合。这一时期,南方虽广泛分布着越、蛮、俣、俚、僚、爨(cuàn)等少数族,但势力较弱,民族融合主要表现为汉族对少数族单方面的征服与同化。

5. 文化成就辉煌

随着儒学衰微和独尊地位的动摇,玄学成为魏晋时期占据主导地位的文化思潮。它糅合儒、道,使儒家的纲常名教得到了新的理论论证,并在哲学上从宇宙生成论上升到了宇宙本体论的高度。此时原始道教得到改造,其中的反叛因素被清除,比较系统的理论和教仪、教规被建立起来,具备了一个成熟宗教的面貌。外来佛教受本土文化的影响,逐渐发展成为具有中国特色的宗教。史学从经学中独立出来,私家修史之风盛行。文学方面强调"传神"和"畅神",走上了独立发展的道路。艺术、科学技术等方面也有突出的成就。

二、传统文献和考古资料

此时期的文献资料以传统"正史"为主,包括《三国志》、《晋书》、《宋书》、《南齐书》、《梁书》、《陈书》、《南史》、《魏书》、《北齐书》、《周书》、《隋书》、《北史》,共计12部。其他文献主要有:[宋]刘义庆的《世说新语》,记述汉、晋间人物的言行;[隋]颜之推的《颜氏家训》,记述南北士族风尚等;[晋]常璩的《华阳国志》,记述今四川、云南及陕西南部地区在古代的地理、历史状况和风土人情;[北魏]郦道元的《水经注》,记述河流经过的山川、城市和史迹等;[东魏]杨衒之的《洛阳伽蓝记》,保存了北魏洛阳的城市、寺院及其他历史遗迹资料;[唐]许嵩的《建康实录》,记述六朝的历史和地理;[北魏]崔鸿的《十六国春秋》,记述十六国时期的历史;[北魏]贾思勰的《齐民要术》,总结了春秋战国至北魏期间黄、淮地区的农业生产技术;[唐]杜佑的《通典》,是记述先秦至中唐各项制度的典制书。另外,[梁]释慧皎的《高僧传》、[梁]僧祐的《弘明集》、[东晋]葛洪的《抱朴子》是有关佛、道二教的著作。[梁]萧统的《昭明文选》、[南宋]郭茂倩的《乐府诗集》、[清]严可均的《全上古三代秦汉三国六朝文》、[清]丁福保的《全汉三国晋南北朝诗》是诗文的汇编,也保存了不少这一时期的历史资料。

这一时期的考古资料,主要有西北地区和湖南长沙走马楼出土的简牍文书,以及散布于各地的墓葬、墓志、碑铭等。已整理出版的书籍主要有:张凤的《汉晋西陲木简汇编》(有正书局1931年版)、王陶庐的《汉魏六朝砖文》(商务印书馆1935年版)、赵万里的《汉魏六朝冢墓遗文图录》(历史语言研究所1936年版)和《汉魏南北朝墓志集释》(科学出版社1956年版)、王壮弘的《六朝墓志检要》(上海书画出版社1985年版)、赵超的《汉魏南北朝墓志汇编》(天津古籍出版社1992年版)、罗新的《新出魏晋南北朝墓志疏证》(中华书局2005年版)、中国科学院历史研究所编《敦煌资料》第1辑(中华书局

1961年版)、唐长孺主编《吐鲁番出土文书》10 册(文物出版社 1992~1996 年版)、长沙市文物考古研究所编《长沙走马楼三国吴简》第 1 卷(文物出版社 1999 年版)、长沙市简牍博物馆编《长沙走马楼三国吴简》第 2 卷(文物出版社 2003 年版)等等。

三、对魏晋南北朝史的研究

宋代司马光的《资治通鉴》对这一时期以正史为中心的资料作了考订、汇编,便于通览,同时也具有很高的史料价值。另外,宋代沈括的《梦溪笔谈》、洪迈的《容斋随笔》、程大昌的《演繁露》、陆游的《老学庵笔记》、王应麟的《困学纪闻》、叶适的《习学记言》,清代钱大昕的《廿二史考异》、赵翼的《廿二史札记》、王鸣盛的《十七史商榷》等著作,对这一时期的史实都有考订或议论。

近代以来,陈寅恪的《隋唐制度渊源略论稿》(商务印书馆 1945 年版),深刻揭示了三国两晋南北朝至隋唐历史演变的内在规律,是奠基式的研究著作。他的《金明馆丛稿初编》(上海古籍出版社 1980 年版)也是研究这一时期历史的重要论文集。唐长孺的《魏晋南北朝史论丛》(三联书店 1955 年版)、《魏晋南北朝史论丛续编》(三联书店 1959 年版)、《魏晋南北朝史论拾遗》(中华书局 1983 年版)对这一时期的重大社会经济、政治、文化问题都有深刻阐述。他的《魏晋南北朝隋唐史三论》(武汉大学出版社 1993 年版)是有关魏晋南北朝隋唐史的通论式著作,将这一段历史的研究推向了新的高度。

其他重要的研究著作还有吕思勉的《两晋南北朝史》(开明书店 1948 年版),王伊同的《五朝门第》(金陵大学 1943 年版),何兹全的《读史集》(上海人民出版社 1982 年版)和《中国古代社会》(河南人民出版社 1991 年版),周一良的《魏晋南北朝史论集》(中华书局 1963 年版)、《魏晋南北朝史论集续编》(北京大学出版社 1991 年版)和《魏晋南北朝史札记》(中华书局 1985 年版),王仲荦的《魏晋南北朝史》(上海人民出版社 1979 年版),田余庆的《东晋门阀政治》(北京大学出版社 1989 年版)、《秦汉魏晋史探微》(中华书局 1993 年版)和《拓跋史探》(三联书店 2003 年版),严耕望的《中国地方行政制度史》乙部《魏晋南北朝地方行政制度》(历史语言研究所 1990 年版),陈仲安、王素的《汉唐职官制度研究》(中华书局 1993 年版),汤用彤的《汉魏两晋南北朝佛教史》(中华书局 1955 年版),杜士铎等的《北魏史》(山西高校联合出版社 1992 年版),等等。

  对魏晋南北朝史的研究已取得了令人瞩目的成就,要在此基础上取得新的突破,可关注以下几个方面:首先是注意对新史料的发掘与运用,如 1996 年在湖南长沙走马楼发现的吴简。同时,对已知史料的价值也有重新认识的必要。其次是在微观研究的基础上,注意对这一时期的重大问题做更为宏观的考察,以实现魏晋南北朝史研究水平的总体提升和突破。最后是拓展多元化的研究思路,多了解新理论、新观点、新方法,避免研究上的陈陈相因,努力实现学术创新①。

---

① 曹文柱、李传军:《二十世纪魏晋南北朝史研究》,《历史研究》2002 年第 5 期。

第五章 三国两晋南北朝　333

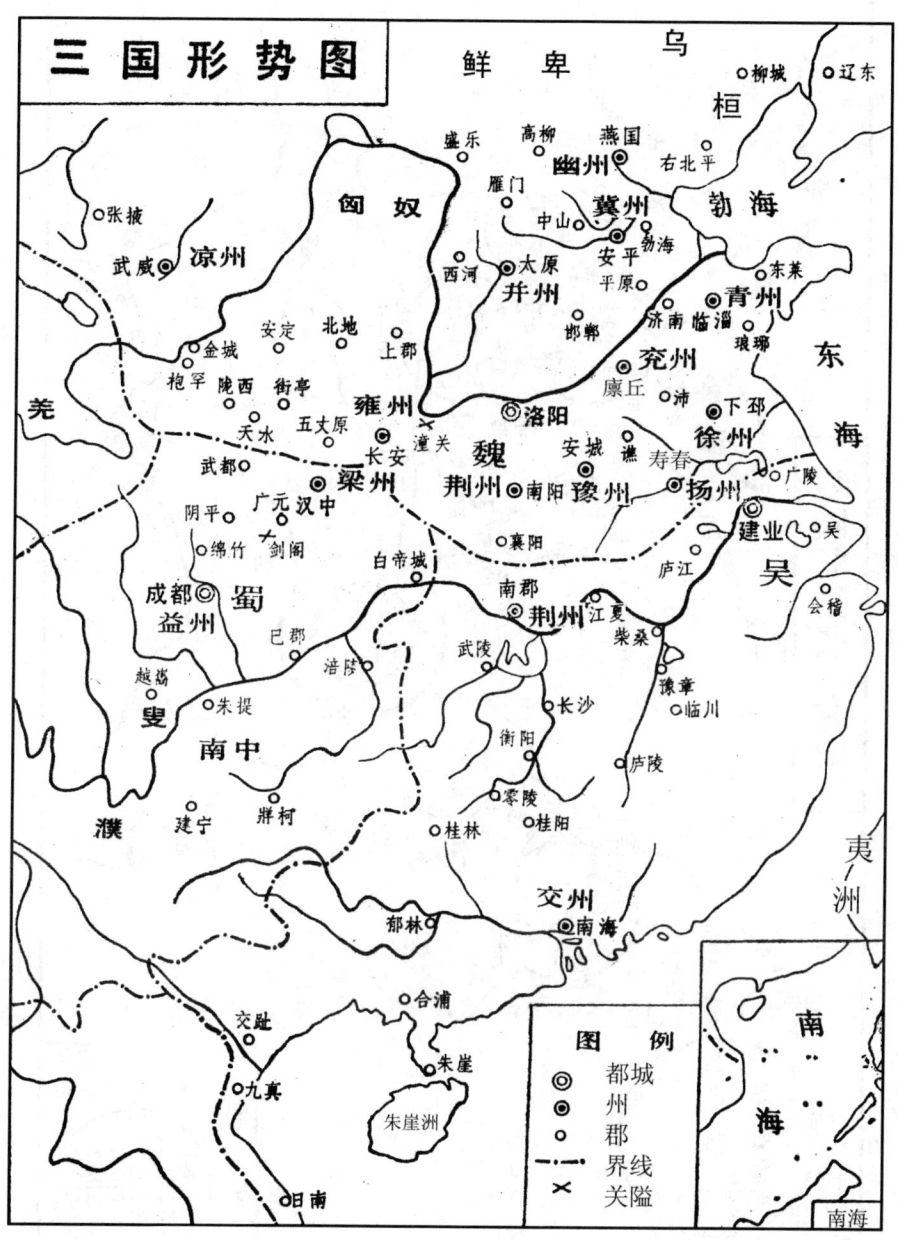

(本章地图转引自北京大学出版社《中国古代史纲》)

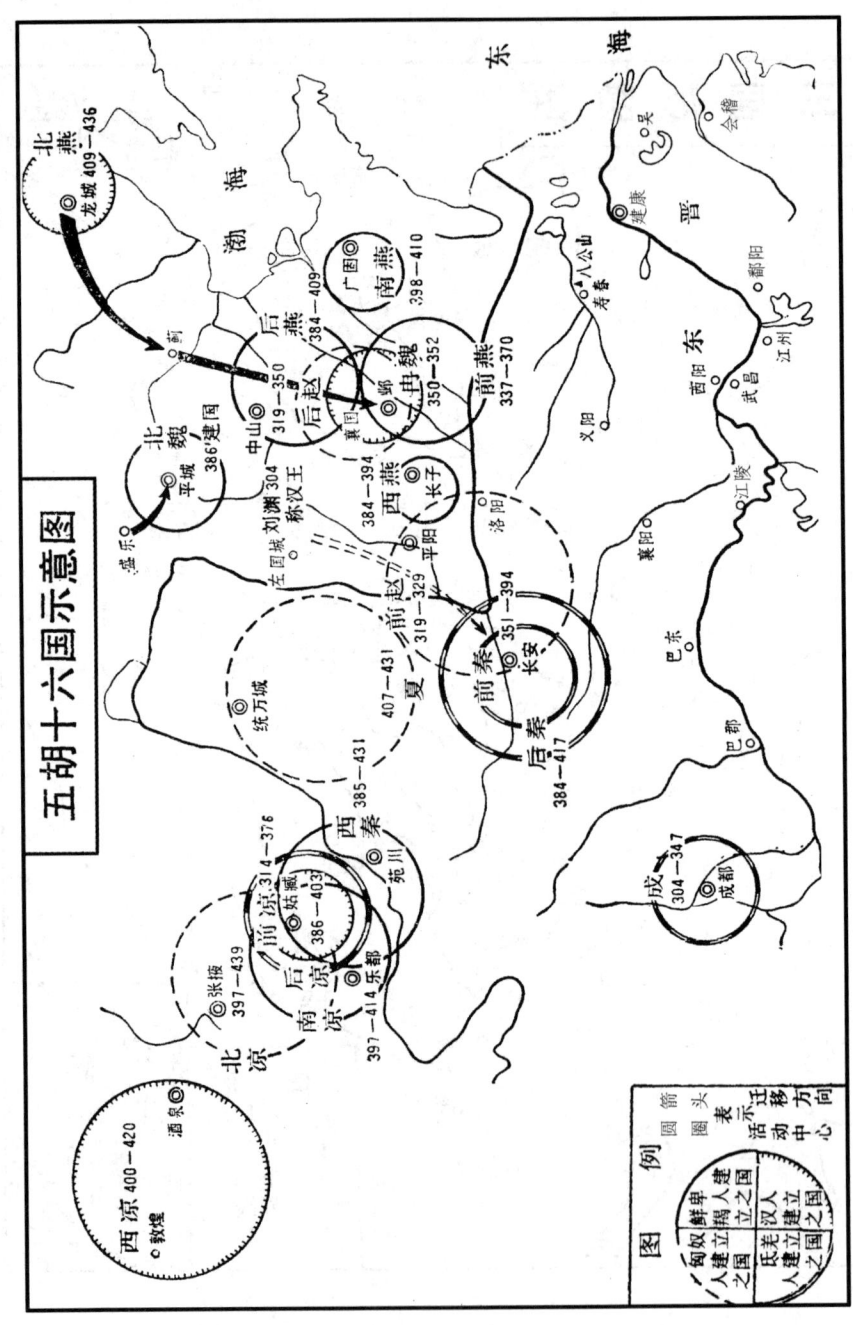

五胡十六国示意图

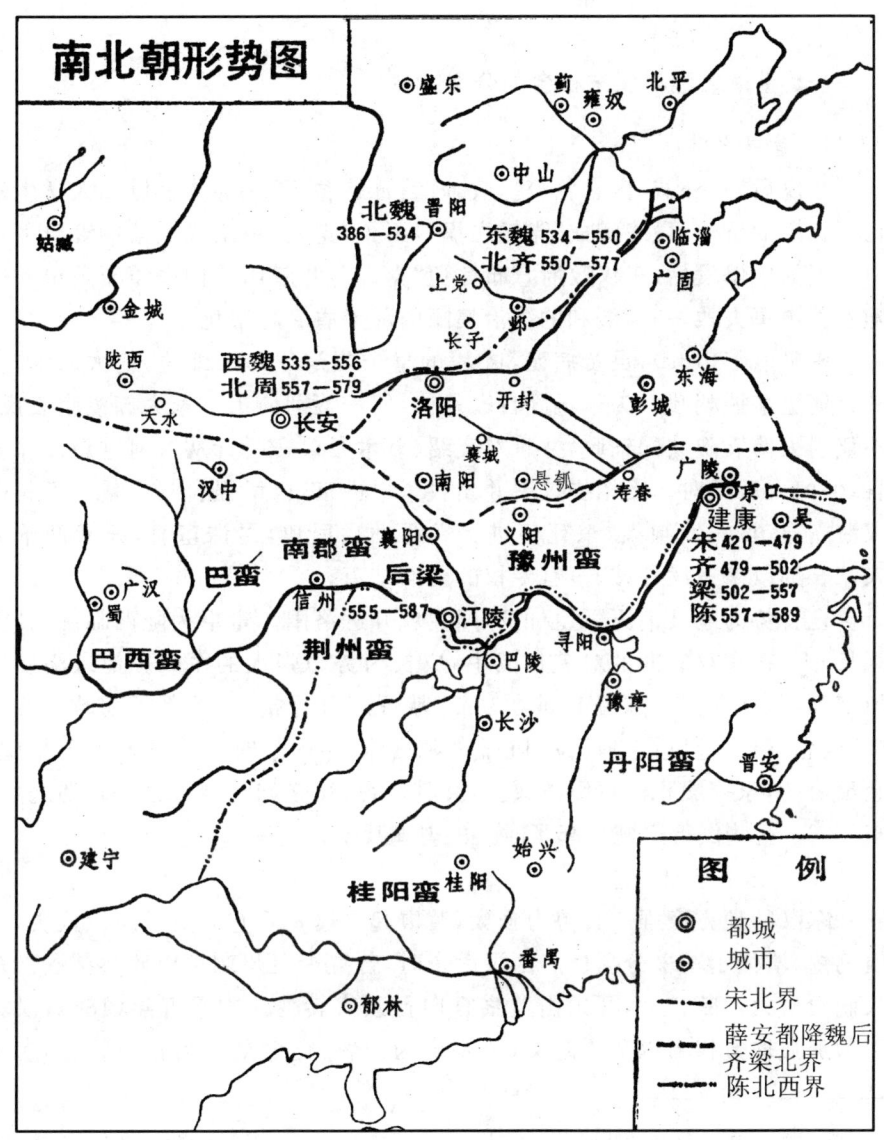

第一节 三国鼎立

一、董卓之乱与汉末社会的分裂①

1. 董卓之乱

东汉后期，外戚、宦官轮流执政，政治日趋腐朽，一部分官僚和太学生进行了长期的抗争，最终酿成"党锢之祸"，不少"党人"被杀或被禁锢终身。黄巾农民战争爆发后，东汉政府宣布赦免"党人"，并起用他们去镇压黄巾。但随着黄巾军失败，一度缓和的统治集团内部矛盾又趋激化。

中平六年(189)，灵帝病死，14岁的皇子刘辩(少帝)即位，何太后临朝，其兄何进掌握朝政。为了巩固自家地位，何进特别倚重世家大族汝南袁氏，不仅引太傅袁隗共同辅政，并且对袁绍、袁术兄弟言听计从。何进想诛除宦官，但何太后反对。袁绍提议召并州牧董卓进京，以增强自身力量。不料密谋泄露，宦官先发制人，杀死何进。袁绍勒兵反攻，尽诛宦官，死者两千多人。长期以来东汉外戚、宦官专权的局面结束。

宦官势力刚被消灭，董卓的凉州兵就开进洛阳。董卓为陇西临洮(甘肃岷县)人，在东汉后期的对羌作战中，成长为势力强大的军阀。他入洛后废掉刘辩，另立9岁的陈留王刘协为帝(献帝)，自为相国，控制了朝政。董卓"性残忍不仁，遂以严刑胁众，睚眦之隙必报"②；"是时洛中贵戚室第相望，金帛财产，家家殷积。卓纵放兵士，突其庐舍，淫略妇女，剽虏资物，谓之'搜牢'"③。这些倒行逆施激起了时人的普遍反对。

2. 汉末社会的分裂

东汉的地方豪强一直势力强大，黄巾起义爆发后它们更是组织武装，修筑坞壁，增强了军事分裂性。西汉武帝时，曾置十三州刺史以监察郡国。东汉刺史权力不断扩大，开始由监察官向行政官转变。中平五年(188)，汉灵帝为加强地方权力以镇压起义，改刺史为州牧，任命刘焉为益州牧、刘虞为

---

① 按王朝正式年代来计算，公元220年曹丕代汉才是魏晋时代的开始，但从189年董卓进京，汉朝已经名存实亡，也标志历史进入三国时期，如正史《三国志》和小说《三国演义》都是如此处理。此处亦遵循历史实际和学术界的惯常做法。
② 《后汉书·董卓列传》，中华书局1959年版。
③ 《后汉书·董卓列传》，中华书局1965年版。

幽州牧、黄琬为豫州牧，使之总揽一州民政和军权，势力坐大。东汉久已存在分裂因素，而董卓擅权则成为军阀混战、割据的导火线。

初平元年(190)，潼关以东的地方大员纷纷起兵讨伐董卓，"名家大侠，富室强族，飘扬云会，万里相赴"①。受关东军的威胁，董卓挟持汉献帝退至长安。入关后，董卓滥杀无辜，使统治集团上下离心，人人自危。初平三年(192)，司徒王允与吕布合谋杀死董卓，董卓部将李傕、郭汜又攻破长安，杀死王允。随即各方混战，关中大乱。

当初讨伐董卓时，关东诸州牧、郡守便各怀异心，观望不前。董卓死后，他们更是各霸一方，形成"大者连郡国，中者婴城邑，小者聚阡陌，以还相吞灭"②的局面。至建安元年(196)，地方割据势力主要有以下几支：

公孙度占据辽东(辽宁大部、河北东北部和内蒙古赤峰以南)；
刘虞、公孙瓒占据幽州(河北北部)；
袁绍占据冀州、青州和并州(河北中南部、山东东北部和山西)；
曹操占据兖州(山东东南部、河南东部)；
袁术先占据南阳，后占据扬州(淮河下游和长江下游以北)；
陶谦、刘备、吕布先后占据徐州(江苏北部)；
孙策占据江东(长江下游以南)；
刘表占据荆州(湖北、湖南)；
张济、张绣占据南阳(河南南部)；
刘焉占据益州(四川、重庆、贵州和云南北部)；
张鲁占据汉中(陕西南部)；
李傕等占据司州(陕西东部、河南西部)；
马腾、韩遂占据凉州(甘肃)③。

其中，最引人注目的军阀势力是北方的袁绍和曹操。

二、官渡之战与曹操统一北方

1. 袁绍雄踞北方四州

袁绍(？～202)，字本初，汝南汝阳(河南商水)人。其高祖司徒袁安以

---

①② 《三国志·魏志·文帝纪》注引《典论·自叙》。
③ 柳春藩：《三国史话》，北京出版社1981年版，第20页。

下,四世居三公位,"门生故吏遍于天下"①。董卓入洛,袁绍逃到冀州,董卓便任命他为渤海郡太守以安抚之。当时的冀州,号称"带甲百万,谷支十年"②,州牧韩馥畏惧袁绍,将冀州拱手相让,袁绍于是有了争霸天下的基础。随后,袁绍四处扩张,与幽州的公孙瓒进行激烈争夺(其间幽州牧刘虞被公孙瓒杀死)。建安四年(199),袁绍攻克公孙瓒的根据地易京(河北雄县西北),公孙瓒自杀,袁绍又占据幽州。

此后,袁绍以长子袁谭为青州刺史,中子袁熙为幽州刺史,外甥高幹为并州刺史,控制了幽、冀、青、并四州,成为当时最大的割据势力。

2. 曹操势力的发展

曹操(155~220),字孟德,沛国谯县(安徽亳县)人。祖父曹腾是大宦官,收曹嵩为养子③。灵帝时,曹嵩花巨资买得三公之首的太尉。曹操是曹嵩长子,幼时就机警有权术,虽行为放荡,但非常好学,博览群书,尤其喜爱兵法。他注意和名士交往,得到太尉桥玄的赏识,并获得许劭"治世之能臣,乱世之奸雄"的品评④。曹操年轻时就很有抱负,"不戚年往,忧世不治"⑤,初任洛阳北部尉,遇人违反禁令的,即使是豪强也用棒打杀。他后镇压颍川黄巾,升济南相,"长吏多阿附贵戚,赃污狼藉,于是奏免其八。禁断淫祀,奸轨逃窜,郡界肃然"⑥。

董卓专权,曹操从陈留己吾(河南宁陵西南)起兵讨伐。后镇压黑山农民军有功,被任命为东郡太守。初平三年(192),青州黄巾进入兖州,杀死刺史刘岱,曹操被推为兖州牧。这年冬天,曹操打败青州黄巾,"受降卒三十余万,男女百余万口,收其精锐者,号为青州兵"⑦,军事力量大大增强。随后,曹操数次讨伐东面的徐州牧陶谦,其间吕布前来争夺兖州,曹操将之打败,

---

①② 《三国志·袁绍传》。

③ 《三国志·武帝纪》注引《曹瞒传》及郭颁《世语》,都说曹嵩为"夏侯氏之子,夏侯惇之叔父"。

④ 《三国志·武帝纪》注引孙盛《异同杂语》。

⑤ [宋]郭茂倩编:《乐府诗集·相和歌辞十一·清调曲四·秋胡行》,中华书局1979年版,第528页。

⑥ 《三国志·武帝纪》。

⑦ 《三国志·武帝纪》。关于青州黄巾的人数,《后汉书·袁绍列传》说"黄巾十万,焚烧青、兖",马植杰认为此比较接近事实。见氏著《三国史》,人民出版社1993年版,第35页。

稳定了后方。建安元年(196),汉献帝从长安回到洛阳,曹操接受毛玠、荀彧等人的建议,迎汉献帝定都许昌(河南许昌),"挟天子而令诸侯",取得了政治上的优势。同年,曹操又接受枣祗等人的建议,招募百姓在许下屯田,得谷百万斛。以后他将此法推广到其他州郡,为争霸战争的胜利奠定了经济基础。

3. 袁、曹优劣

建安元年(196)前后,刘备、吕布先后占据徐州,袁术占据扬州,张绣占据南阳,刘表占据荆州,使曹操的处境很不利。经过几年征战,吕布被杀,袁术败逃淮南(不久病死),刘备败投袁绍,张绣投降,荆州的刘表则保境安民,对曹操威胁不大。到建安五年(200)初,曹操四面被围的战略形势已经大大缓解。

袁绍和曹操都曾起兵讨伐董卓,二人在军阀混战的初期还经常合作,但是,随着双方势力的扩张,矛盾越来越尖锐。建安元年(196年),汉献帝从长安回到洛阳,袁绍的谋士有的劝他迎献帝定都于邺(河北临漳),有的则认为:"若迎天子以自近,动辄表闻,从之则权轻,违之则拒命,非计之善者也。"①袁绍本来有称帝的野心,于是听从了后一种意见。三年,曹操杀死吕布,取得徐州;四年,袁绍消灭公孙瓒,占据幽州,二人的冲突就不可避免了。

当时袁绍占有冀、幽、青、并四州,地广人多,"简精卒十万,骑万匹,将攻许"②;曹操虽然也占有兖、豫、徐三州及司隶校尉部的一部分,但这些地方久经战乱,曹操"兵不满万,伤者十二三"③。从实力上看,袁绍要胜于曹操,但按照当时人的分析,袁绍存在许多弱点,曹操并非处于绝对劣势。首先,袁绍"外宽而内忌,任人而疑其心",而曹操"明达不拘,唯才所宜",善于用人。其次,袁绍"迟重少决,失在后机",而曹操"能断大事,应变无方",善于决断。最后,袁绍"御军宽缓,法令不立,士卒虽众,其实难用",而曹操"法令既明,赏罚必行,士卒虽寡,皆争致死"④。

---

① 《三国志·袁绍传》注引《献帝传》。
② 《三国志·袁绍传》。
③ 《三国志·武帝纪》。裴松之注认为:"魏武初起兵,已有众五千,自后百战百胜,败者十二三而已矣。但一破黄巾,受降卒三十余万,余所吞并,不可悉纪;虽征战损伤,未应如此之少也。"张大可估计曹操兵力"至少有七八万",见氏著《三国史研究》,华文出版社2003年版,第61页。
④ 《三国志·荀彧传》。

4. 官渡之战与曹操统一北方

建安五年（200）正月，曹操东征刘备，许都空虚。袁绍谋士田丰建议他乘机袭击曹操的后方，但袁绍没有采纳，坐失良机。曹操打败刘备后，回守官渡（河南中牟东北）。二月，袁绍进军黎阳（河南浚县东北），官渡之战开始。

战争初期，袁、曹之间打了两次小的战役，一是白马（河南滑县东）之战，二是延津（河南延津北）之战。袁绍驻军黎阳，派大将颜良进攻白马。曹操听从荀攸计谋，率兵前往延津，虚张声势，好像攻击袁绍的后方。待袁绍分兵西趋延津，曹操却急趋白马，大破袁军，斩颜良。解白马之围后，曹操引白马军民后撤，袁绍进至延津，在延津南被打败，大将文丑被杀。两战都是曹操获胜，袁军士气受到很大打击。

八月，袁军进逼官渡，两军相持约三个月。曹操因为百姓疲惫，军粮缺乏，曾打算撤退许昌。荀彧认为："先退者，势屈也。公以十分居一之众，画地而守之，扼其喉而不得进，已半年矣。情见势竭，必将有变，此用奇之时，不可失也。"①曹操于是继续坚守。十月，袁绍派军队运粮，屯于其大营以北约40里的乌巢（河南延津东南）。这时，袁绍谋臣许攸投降曹操，告密说乌巢防务不严，曹操立即率领精兵五千前往偷袭，将其粮草全部烧毁。袁军又内部不和，大将高览、张郃投降曹操，军心动摇，袁绍军众大溃，他仅带八百余人逃回河北。曹操先后坑杀降卒八万人，消灭了袁绍军事主力。

袁绍兵败后忧愤交加，于建安七年（202）呕血而死。袁绍之子袁谭和袁尚争夺权位，互相攻伐。曹操各个击破，攻杀袁谭、高幹，袁尚、袁熙奔三郡乌桓。十二年（207），曹操打败乌桓，袁尚、袁熙逃奔辽东，被太守公孙康杀死。至此，曹操大体统一北方。

三、赤壁之战与三国鼎立局面的形成

1. 刘备三顾茅庐

官渡之战后，曹操想乘胜统一全国。建安十三年（208），他亲率大军南下，矛头首先指向荆州的刘表和刘备，同时威胁到江东的孙权。

刘表（？～208），字景升，山阳高平（山东邹县）人，汉景帝子鲁恭王刘余之后。刘表年轻时很有名气，初平元年（194）出任荆州刺史。此后十多年

---

① 《三国志·荀彧传》。

间,北方战乱频繁,民不聊生,荆州却因为刘表保境安民,一直比较安定,吸引很多北方人投奔。当时荆州"地方数千里,带甲十余万"①,但刘表却不能信用才士,因此"国危而无辅"②。

刘备,(161~223)字玄德,涿郡涿县(河北涿州)人,汉景帝子中山靖王刘胜之后。他父亲早逝,少时以贩履织席为生,"少语言,善下人,喜怒不形于色。好交结豪侠,年少争附之"③。最初募兵镇压黄巾军,他先后任职高唐令、平原相、豫州刺史、徐州牧等,在军阀混战中屡遭挫折,后投奔袁绍。官渡之战时,袁绍派他到汝南联络黄巾余部,以扰乱曹操后方。袁绍失败后,刘备南奔荆州,刘表派他驻屯于樊(湖北襄樊南),但并不信任,使之难有作为。此时刘备三顾茅庐,得到了"卧龙"诸葛亮(字孔明)的辅佐。诸葛亮为刘备谋划说,曹操拥兵百万,孙权基础深厚,已不能与他们竞争。荆州是用武之国,益州地势险要,而刘表、刘璋不能守。如果刘备能跨有荆、益,外结好孙权,一旦天下形势有变,通过荆、益东西两路出兵中原,就可以成就霸业,兴复汉室。刘备对此深表同意,称"孤之有孔明,犹鱼之有水也"。

2. 孙权江东抗曹

孙权(182~252),字仲谋,吴郡富春(浙江富阳)人。其父孙坚骁勇善战,汉灵帝时募兵镇压黄巾军有功,官至长沙太守,被封乌程侯。关东军讨伐董卓时,孙坚依附袁术,被派去讨伐刘表,死于江夏守将黄祖之手。孙坚死后,其长子孙策转战江东,先后攻克丹杨、吴、会稽、豫章、庐江等郡,准备乘袁、曹在官渡对峙时偷袭许昌,但建安五年(200)被仇人刺杀。孙策临死时,委任弟弟孙权为继承人,说:"举江东之众,决机于两阵之间,与天下争衡,卿不如我。举贤任能,各尽其心,以保江东,我不如卿。"④孙权继任后,招纳人才,镇抚山越,攻杀黄祖,很快稳定了自己在江东的统治。

曹操南征途中,刘表病死,其长子刘琦当时任江夏太守,少子刘琮继任荆州牧。曹操兵临新野(河南新野),刘琮听从蒯越等人的建议,举州投降。刘备连忙向江陵撤退,曹操率精骑五千急追,在当阳长坂(湖北当阳东北)打败刘备,进占江陵。刘备退至夏口(湖北武汉),派诸葛亮面见孙权,商议双

---

① 《三国志·刘表传》。
② 《三国志·王粲传》。
③ 《三国志·先主传》。
④ 《三国志·孙破虏讨逆传》。

方联合抗曹之事。

诸葛亮在柴桑(江西九江)见到孙权,分析形势说,刘备虽败于长坂,但与刘琦的军队合在一起,还有约两万人;而曹军远来疲弊,已是强弩之末。曹军都是北方人,不习水战;而荆州人投降曹操,只是逼于兵势,并非真心顺服。这时,曹操给孙权送来一封书信,声称将率领八十万大军与孙权"会猎于吴"①。孙权将书信交给臣下讨论。一派大臣以张昭为首,主张投降。他认为曹操挟天子以令诸侯,政治上难以抗拒;曹操占有荆州后,水陆俱下,已与我方共有长江天险;双方兵力相差悬殊。一派大臣以鲁肃、周瑜为代表,主张抵抗。周瑜指出:马超、韩遂占有关中,曹操后方不稳;天气严寒,曹军缺乏马草;北方人不习水土,必生疾病;曹操的军队也没有像他说的那样多,实际上只有十五六万,另外刘表的降军也不过七八万。诸葛亮、周瑜等人的分析增强了孙权抗击曹操的信心,他随即派周瑜率军三万去与刘备联合作战。

3. 赤壁之战

曹军水陆东进,孙刘联军溯流西上,双方相遇于赤壁(湖北蒲圻)。曹军多为北方人,到南方不服水土,军中已流行疾疫。初次交战,曹军不利,于是撤退到江北,周瑜等驻军南岸。因为士兵不习水性,曹操下令将所有的舰船连在一起,以减少风浪的颠簸。周瑜部将黄盖针对曹军这一弱点,建议用火攻,被周瑜采纳。黄盖假称投降,用船装满干荻枯柴,浇上油膏,乘东南风向曹军舰船冲去。距二里时,各船同时点火,借助风势直向前冲,焚毁了曹军全部舰船,并延及岸上兵营。曹军死伤很多,曹操狼狈逃回江陵。

之后,曹操留下曹仁、徐晃守江陵,乐进守襄阳,自己领兵还邺。周瑜率军攻打江陵,曹仁坚守一年多,终因孤军悬远,撤军北归。孙权取得江夏郡及以江陵为中心的南郡,占据荆州中部,扩大了疆域,巩固了江东。与此同时,刘备攻下零陵、桂阳、武陵、长沙四郡,占据了荆州的江南部分,以油口为驻地,改名公安(湖北公安),开始有了自己的地盘。他又向孙权借得南郡,势力扩至江北。曹操虽然战败,但仍然取得以襄阳为中心的南阳郡,并占据荆州的北部作为缓冲,以减轻南方对中原的威胁。

4. 三国鼎立局面的确立

赤壁之战后,三国鼎立局面初步确立。

---

① 《三国志·吴主传》注引《江表传》。

曹操吞并南方的计划受挫,转而谋取关中和汉中,以安定自己后方。当时占据关中及陇右的除马超、韩遂外,还有多股武装力量。建安十六年(211),曹操声称讨伐汉中的张鲁,向关中进兵,马超、韩遂等联手在潼关(陕西潼关东南)阻挡。曹操绕过潼关,从北面的蒲坂(山西永济西)渡过黄河,又用计离间马超、韩遂,大破关中诸军。韩遂、马超逃往凉州,曹操占有关中。汉中是关中的屏障,张鲁统治这里并传播"五斗米道"已有二十多年。建安二十年(215),曹操进兵,张鲁投降,汉中也被曹操占有。

刘备虽然取得荆州四郡,但"北畏曹公之强,东惮孙权之逼"①,处境仍不容乐观。而且按照诸葛亮的谋划,应该跨有荆、益,以便两路出兵,兴复汉室,现在还应占有益州。当时益州牧刘焉已死,继任的刘璋懦弱无能,"政令多阙,益州颇怨"②。建安十六年(211),曹操声称要讨伐张鲁,刘璋的僚属张松等想借机推翻刘璋,于是劝刘璋请刘备入蜀来讨伐张鲁、抵挡曹操。在刘璋同意下,刘备入蜀,屯兵葭萌关(四川昭化南)。他却没有去讨伐张鲁,而是"厚树恩德,以收众心"③。因有人告密,刘璋得知刘备想吞并益州,下令各关防范,刘备于是向成都进兵。十九年(214年),刘璋投降,刘备取得益州。曹操攻下益州门户汉中后,对刘备威胁很大。二十三年(218),刘备进兵汉中。二十四年(219),刘备斩夏侯渊,据险固守,曹操久攻不下,只得退还长安,汉中为刘备所有。这时,刘备占有荆州、益州、汉中等地,是势力最盛的时期。

孙权在赤壁之战后攻克江陵,占得南郡。当时刘备占有零陵、桂阳、武陵、长沙四郡,但都在江南,势力无法扩展,因此向孙权提出暂借跨据江北的南郡。孙权要利用刘备对付曹操,听从鲁肃建议,同意了刘备的请求。刘备取得益州后,孙权索还荆州诸郡,刘备不答应,孙权出兵强取。曹操这时也进攻汉中,刘备两面受敌,只好与孙权议和。双方以湘水为界,江夏、长沙、桂阳东属,南郡、武陵、零陵西属。但孙权对这一结果并不满足,建安二十四年(219),驻守江陵的关羽率领大军北上攻樊,后方空虚,孙权令吕蒙乘机偷袭江陵,夺取了荆州。

荆州的丧失使刘备两路北伐的计划破产。为了夺回荆州,蜀章武元年

---

① 《三国志·法正传》。
② 《三国志·刘二牧传》。
③ 《三国志·先主传》。

(221),刘备率领大军东下伐吴。二年(222),刘备于猇(xiāo)亭(湖北宜都北)扎下大营,吴将陆逊采用火攻战术,破蜀军四十余营,刘备大败而还。自此,蜀汉的势力再也没有越出三峡。

建安二十五年(220),曹操病死,曹丕称帝,国号魏,都洛阳,史称曹魏。次年(221),刘备称帝,都成都,国号汉,史称蜀或蜀汉。再次年(222),孙权称吴王,正式建立政权,并于229年称帝,国号吴,都建业(江苏南京),史称孙吴或东吴。随着猇亭之战的结束,各政权的活动重心开始由对外征伐转为对内巩固。三国之间,蜀、吴一直保持友好关系,蜀、魏及吴、魏之间则时有战争,但都不足以改变三国鼎立的整体形势。

四、三国政局的发展

1. 曹魏统治北中国

曹魏的政治派别主要有谯沛集团和颍川集团①。谯沛集团是曹操的宗族乡里,其中最重要的是夏侯氏和曹氏。曹操起兵之初,夏侯惇、夏侯渊、曹仁、曹洪等便经常担当征伐或留守的重任。建安元年(196),曹操迎汉献帝都许,而许正是颍川郡属县。在荀彧的推荐下,曹操招揽了不少颍川人士,如荀攸、钟繇、陈群、杜袭、辛毗、郭嘉等,这些人多出身世家大族。随着势力的扩张,曹操也比较注意网罗被征服地区的大姓名士。如平定袁绍后,就重用了清河崔琰、涿郡卢毓;平定荆州后,又引用荆州名士韩嵩、邓义等。曹操时期提倡"唯才是举",注意打击豪强,有效抑制了世家大族势力的膨胀。曹丕代汉之前,为获得世家大族的支持,推行九品官人法,则为世家大族势力的发展打开了方便之门。

曹丕代汉后,下诏阉宦只能任低级官吏,妇人不能参与政治,还严格限制同姓王参政,这对防止宦官、外戚专权及加强皇权起到了一定作用。曹丕想吞并吴、蜀,曾征询贾诩的意见。贾诩认为:"刘备有雄才,诸葛亮善治国,孙权识虚实,陆议(即陆逊)见兵势,据险守要,泛舟江湖,皆难卒谋也。"②建议他先巩固内部,再相机出兵。曹丕没有采纳,曾两次亲率大军伐吴,但都

---

① 万绳楠先生最早将曹魏的政治派别划分为谯沛集团和汝颍集团,见氏著:《曹魏政治派别的分野及其升降》,《历史教学》1964年第1期。谯即谯郡,沛即沛国,在今安徽北部一带;汝即汝南郡,颍即颍川郡,在今河南中部。因为汝南人在曹氏政权中的数量及作用都不能与颍川人相比,现在一般称为颍川集团。

② 《三国志·贾诩传》。

无功而返。

黄初七年(226),曹丕病死,曹叡(明帝)即位。他注意亲理政事,罢免浮华不实的官吏,对臣下的直谏多能容忍,在军事上也颇有谋略。太和元年(227),蜀相诸葛亮北伐,孙权也配合进攻,曹叡采取战略防御的策略,先后任命曹真、司马懿镇守关中,满宠镇守淮南,有效阻止了两国的进攻。景初二年(238),曹叡派司马懿率军四万讨伐辽东,斩公孙渊父子,将辽东并入其版图。但曹叡在统治后期,大修宫室,奢淫无度,加重了人民的负担。

2. 诸葛亮治蜀

蜀汉统治集团主要由益州的土著豪强、刘焉父子统治时期流寓益州的北方人士、刘备入蜀带来的荆州旧属等构成,其中益州豪强与外来者之间始终存在矛盾。刘焉、刘璋对益州豪强无力控制,"德政不举,威刑不肃,蜀土人士,专权自恣"①,政治风气不良。刘备死后,刘禅即位,辅政的诸葛亮厉行法治,刑赏一统于法②,"赏不遗远,罚不阿近"③。如马谡是诸葛亮好友之弟,随刘备入蜀,因北伐时违反节度,被诸葛亮处死;李严是刘璋旧属,北伐时运粮不继,又巧言饰非,被诸葛亮废为平民。诸葛亮的法治政策,有效调和了统治阶层内部的矛盾,扭转了政治风气,使蜀汉政治比较清明。

面对力量最强的曹魏,吴、蜀只有联合才能对抗,而荆州之争使吴蜀联盟遭到破坏,这对双方都不利。猇亭之战后,双方虽曾遣使通和,但猜忌之心未除。孙权继续向曹魏称臣纳贡,并支持蜀国南方的叛乱;蜀国则在边境驻兵防范孙吴。为解除北伐后顾之忧,诸葛亮在辅政之初即派邓芝与孙吴重修旧好。当时孙权疑虑重重,邓芝分析说:"蜀有重险之固,吴有三江之阻,合此二长,共为唇齿,进可并兼天下,退可鼎足而立,此理之自然也。"④孙权称是,与曹魏断绝关系,吴蜀联盟重新建立,并一直维持到蜀国灭亡。

3. 南征与北伐

南中包括今四川南部和贵州、云南等地,是少数族聚居区。刘备曾设都督统治南中,但并不巩固。刘备死后,益州郡大姓雍闿、越嶲郡叟帅高定、牂牁郡丞朱褒等举兵反叛。孙吴遥相呼应,还任命雍闿为永昌太守。蜀建兴

---

① 《三国志·诸葛亮传》注引郭冲所论诸葛亮五事之一。
② 田余庆:《李严兴废与诸葛用人》,《秦汉魏晋史探微》,中华书局1993年版,第190页。
③ 《三国志·张裔传》。
④ 《三国志·邓芝传》。

三年(225)三月，诸葛亮率军南征。马谡认为，"南中恃其险远，不服久矣，虽今日破之，明日复反"，应该"攻心为上"。诸葛亮采纳其建议，对少数族首领孟获七擒七纵，使他心服口服，表示不再谋反。这年秋天，诸葛亮平定南中。平定之后，诸葛亮对太守以下的官吏都任用少数族首领，从而稳定了对南中的统治，"军资所出，国以富饶"①，达到了增兵益财的目的。

在东和孙吴及平定南中后，诸葛亮于蜀建兴五年(227)驻屯汉中，开始了北定中原、兴复汉室的大业。诸葛亮北伐共计五次：(1)建兴六年(228)，初出祁山(甘肃礼县)，因马谡失守街亭(甘肃秦安)，退回汉中。(2)同年冬，出散关(陕西宝鸡西南)，围陈仓(宝鸡东)，粮尽退军。(3)七年(229)，攻取武都、阴平二郡。(4)九年(231)，复出祁山，粮尽退军。(5)十二年(234)，出兵斜谷，据武功五丈原(陕西郿县西)，司马懿坚守不战，诸葛亮病逝。诸葛亮北伐治军严整，善于布阵，知己知彼，战术灵活，表现了非凡的军事才能。但因为双方力量悬殊，从总体上看，诸葛亮的北伐没有成功。

诸葛亮死后，蒋琬、费祎先后执政，大体采取保境安民的政策，很少兴师动众，政局比较稳定。费祎死后，姜维掌权，又多次出兵北伐，但劳多功少，国力大伤。后主刘禅昏庸无能，又宠信宦官黄皓，"主暗而不知其过，臣下容身以求免罪，入其朝不闻正言，经其野民有菜色"②。蜀国的政治已非常腐败。

4. 孙吴政局的演变

孙吴政权是在江北、江东豪强大族的支持下建立起来的。在孙坚、孙策及孙权继立之初，所重用的人以江北豪强为主，如彭城张昭、庐江周瑜、临淮鲁肃等，对江东大族很少重用，孙策转战江东时，甚至"诛其英豪"③。孙权统治稳固后，他所重用的人逐渐以江东大族尤其是"吴四姓"为主，如吴郡的顾雍、陆逊、朱据、张温等，使之成为孙吴政权的统治基础。孙吴豪强有很大势力，"僮仆成军，闭门为市。牛羊掩原隰，田池布千里"④。而且，孙吴政权还通过复客制和世袭领兵制来保障这些大族的利益，他们占有的佃客可以免除赋役，带领的士兵也可以世袭。

---

① 《三国志·诸葛亮传》。
② 《三国志·薛综传附子珝传》。
③ 《三国志·孙韶传》注引《会稽典录》。
④ [晋]葛洪撰，杨明照校笺：《抱朴子外篇校笺·吴失》，中华书局1997年版，第145页。

孙权在统治的前期,善于识人、用人,所以在几次重大战役如赤壁之战、袭取荆州、猇亭之战中都取得了胜利。但随着政权的巩固和大族势力的膨胀,孙权越来越猜忌,专门设立校事、察战来监视臣下,并对中书校事吕壹特别宠信。吕壹"举罪纠奸,纤介必闻,重以深案丑诬,毁短大臣,排陷无辜"①,引起大臣的强烈不满。最后孙权不得不妥协,杀死吕壹以平息众怒。这说明孙吴时期的皇权与豪强大族之间存在尖锐的矛盾,如果处理不当,会影响政治稳定。

孙权晚年,统治集团内部发生"两宫之争"。孙权最初立长子孙登为太子,孙登病死,又立孙和为太子。同时因为非常宠爱孙和的同母弟孙霸,他又封孙霸为鲁王,待遇同于太子孙和。孙权这种嫡庶不分的作法造成了统治集团的分裂,朝中的大臣分为两派:丞相陆逊、大将军诸葛恪、太常顾谭、骠骑将军朱据等拥护孙和;骠骑将军步骘、镇南将军吕岱、大司马全琮、左将军吕据、中书令孙弘等拥护孙霸。陆逊为江东大族,孙权对他心存疑忌,借立嗣一事对他多次加以指责,陆逊忧愤而死。最后,孙权怕酿成大乱,只得废掉太子孙和,赐死鲁王孙霸,另立孙亮为太子,其间许多大臣被诛杀或流放。

吴太元二年(252),孙权病死,统治集团内部权力斗争激烈。孙亮即位时才10岁,诸葛恪、孙弘、孙峻、吕据、滕胤辅政。不久,诸葛恪杀孙弘,孙峻又杀诸葛恪,掌握了大权。孙峻"骄矜险害,多所刑杀,百姓嚣然"②。他后来暴病身亡,其堂弟孙綝继续辅政,吕据、滕胤图谋除去孙綝,反而被杀。太平三年(258),孙綝废掉孙亮,另立孙权第六子孙休为帝。孙綝被任命为丞相,"一门五侯,皆典禁兵,权倾人主"③。孙休暗中与亲信张布等人谋划,终于杀死孙綝,亲掌朝政。

永安七年(264),孙休病死,孙皓即位。他是中国历史上有名的暴君,其在位期间,"肆行残暴,忠谏者诛,谗谀者进,虐用其民,穷淫极侈"④,致使上下离心,人不自保,加速了孙吴政权的灭亡。

---

① 《三国志·顾雍传》。
② 《三国志·孙峻传》。
③ 《三国志·孙綝传》。
④ 《三国志·三嗣主传》。

第二节　西晋的统一

一、西晋的建立与统一

1. 高平陵政变与淮南三叛

魏景初三年(239),明帝曹叡病重,因太子曹芳年仅8岁,于是任命大将军曹爽与太尉司马懿共同辅政。

司马懿(178～251),字仲达,河内温县(河南温县)人。他出生于儒学世家,兄弟八人都很有名,有"八达"之称。终曹操之世,司马懿并没有得到重用。曹丕为王太子时,司马懿任太子中庶子,受到信任。曹丕即帝位,司马懿的地位逐渐提高,官至抚军将军,加给事中、录尚书事。曹丕两次兴兵伐吴,都任命司马懿留镇许昌,临死又让他与曹真、陈群共同辅政。曹叡时,司马懿先镇宛(河南南阳),斩叛将新城太守孟达;后镇长安,阻挡了诸葛亮的多次进攻;景初二年(238),又率军平定辽东。

曹芳即位后,曹爽和司马懿各领兵三千人,轮流宿卫宫殿。曹爽逐渐培植私人势力,任命亲信何晏为吏部尚书,邓飏、丁谧为尚书,毕轨为司隶校尉,亲弟曹羲为中领军,曹训为武卫将军,表弟夏侯玄为中护军,将选举权与军权都抓在手中。但朝廷中也有许多人支持司马懿,如孙资、刘放、蒋济、傅嘏、卢毓、孙礼、王观等,形成曹、马之争的格局。司马懿没有从正面对抗曹爽,后来干脆称病不参与政事。但他暗中却在布置力量,其子司马师阴养死士三千,伺机发动政变。嘉平元年(249),曹爽兄弟随曹芳拜谒洛阳南九十里的明帝高平陵,司马懿在京城发动政变,奏请皇太后罢废曹爽兄弟,并派人占据了他们的军营。曹爽不敢兴兵讨伐司马懿,还希望免官之后能做"富家翁",于是随曹芳回到了洛阳。司马懿以谋反罪将曹爽及其同党处死,掌握了曹魏政权。

司马懿虽然铲除了曹爽,但还有很多人拥护曹魏政权,在地方发生了"淮南三叛",在中央也有人试图废掉司马氏。都督扬州诸军事王凌因曹芳被司马氏控制,密谋拥立曹操之子楚王彪定都许昌,嘉平三年(251年),密谋泄露,司马懿迅速出兵,王凌自杀,楚王彪被赐死。同年,司马懿病死,子司马师继续主政。嘉平六年(254年),中书令李丰和皇后的父亲张缉密谋废掉司马师,以夏侯玄掌政,被司马师发觉,李丰等人全部被杀。同年,司马师废曹芳，另立曹髦为帝。正元二年（255年），镇东将军毌丘俭、扬州刺史文钦于寿春起兵讨司马师，司马师率军亲征，毌丘俭兵败被杀，文钦投降孙吴。同年，司马师病死，弟司马昭代为辅政。甘露二年（257年），征东大将军诸葛诞联合孙吴，再次起兵反对司马氏，司马昭带着皇帝东征，次年攻破寿春，斩诸葛诞。

2. 西晋的建立与统一

平定诸葛诞后，内部有能力反对司马氏的人已被剪除殆尽，曹氏政权大势已去。甘露五年（260），曹髦对近臣说："司马昭之心，路人所知也。吾不能坐受废辱，今日当与卿等自出讨之。"①随后，曹髦亲率宿卫、僮仆数百人讨司马昭，结果被司马氏的死党贾充令人杀死。曹髦死后，司马昭另外立了一个傀儡皇帝曹奂。至此，司马氏完全控制了曹魏政权，但要取而代之，还需要对外立威，于是伐蜀、伐吴之事被提上日程。

景元四年（263），司马昭发兵18万，分三路伐蜀：邓艾从西路进攻沓中（甘肃舟曲西北），牵制姜维率领的蜀军主力；诸葛绪从中路进攻阴平（甘肃文县北），断姜维后路；钟会率主力从东路进攻汉中。姜维听说钟会军进至汉中，急忙率军绕过诸葛绪，退至剑阁。钟会屡攻不下，粮运困难，打算退兵。这时，邓艾已进至阴平，凿山开路，翻山越岭，从剑阁西面向南进军，一路攻下江油、涪（四川绵阳）、绵竹（四川德阳北），进军到雒（四川广汉），离成都只有80里。蜀国君臣乱成一团，刘禅听从谯周的建议，投降邓艾，蜀国灭亡。

魏咸熙二年（265），司马昭病死。同年十二月（266年2月），其子司马炎代魏称帝，是为晋武帝，国号晋，都洛阳，史称西晋。

司马炎即位后，命羊祜镇守荆州、王濬镇守益州，训练士兵，囤积军粮，大造舰船，准备兴兵伐吴。这时，东吴孙皓的残暴统治也为西晋提供了可乘时机，羊祜上疏说，"孙皓之暴，侈于刘禅；吴人之困，甚于巴蜀。而大晋兵众，多于前世；资储器械，盛于往时"，"宜当时定，以一四海"②。王濬、杜预、张华等人也建议出兵。咸宁五年（279）十一月，晋兴兵20万，分六路大举伐吴。各路大军势如破竹，吴军无力抵挡。其中最西一路由王濬率领，从益州顺流而下，到达西陵（湖北宜昌）时，冲破孙吴在长江上用铁索、铁锥设置的

---

① 《三国志·三少帝纪》注引《汉晋春秋》。
② 《晋书·羊祜传》，中华书局1974年版。

障碍,直达建业。太康元年(280)三月,孙皓投降,吴亡。至此,西晋结束了90年(190~280)的分裂局面,统一了全国。

司马炎在位期间(266~290),西晋王朝还算安定,经济有了发展,人口有了增加。但在繁荣的表象下,却隐藏着深刻的政治危机。

二、西晋前期的政治格局与"八王之乱"

1. 西晋前期的政治格局

司马氏本是河内大族,西晋王朝也是在门阀士族如太原王沈、王浑,河东裴秀、卫瓘,颍川荀勖、荀顗,陈国何曾,琅邪王祥等支持下建立的[①],因此,司马氏在代魏前后采取了一系列巩固士族利益的措施。咸熙元年(264),司马昭接受裴秀建议,推行了公、侯、伯、子、男五等爵制。封户多的达1万户,少的200户;封地多的75里,少的25里;各国还设置相、典祠、车前司马等官属。这次分封在代魏前不久,受封者达600多人,除司马氏宗族外,绝大多数是功臣,目的是为代魏奠定政治基础。西晋建立后,又规定官僚、贵族可以占有50顷到10顷不等的土地,荫庇数量不等的亲属、佃客、衣食客。这就从法律上保障了门阀士族的政治、经济特权,使西晋初步形成门阀政治格局。

司马氏在维护门阀利益的同时,又害怕其势力的膨胀危及自己的统治,所以要抑制之,以免重蹈曹魏孤立败亡的覆辙。于是采取措施提升宗室地位,加强宗室权力。

泰始元年(265),刚即位的司马炎大封宗室27人为王。受封者都以郡为国,国分大、次、小三等,划封户2万户至5000户不等,设军队5000人至1500人不等。但分封后,诸王并没有到各自的王国去,王国机构也没有建立。咸宁三年(277),司马炎对泰始分封又进行调整,规定各王国的封户都增至万户;以后非皇子不得为王,诸王支庶依世次按公、侯、伯、子、男五等传封;王、公、侯按国之大小及世次置三军至一军不等。随后,绝大部分宗王离开洛阳到封国去了。通过两次分封,宗室的始封者都成为王,地位有很大提高;受封者分得封国租税的1/3,经济上有了保障。但是,封国仍由中央委

---

① 本章在魏晋以前一般称世族或世家大族,魏晋及以后一般称士族或门阀士族。前者的特点是世代承籍和聚族而居,后者的特点是世居显位,"士者仕也"。见田余庆:《东晋门阀政治》,北京大学出版社1996年版,第336页。

派官吏管理，封国军队的力量也不强大，所以在拱卫中央皇权方面作用很有限。司马氏加强宗室力量的主要措施，是让他们"出镇入辅"。出镇指担任都督区的都督，入辅指担任中央的重要官职。代魏之前，司马氏就已经任命家族成员控制了几个重要的都督区，如以司马亮镇长安、司马遂镇邺、司马骏镇许昌等。与此同时，还大量任用宗族成员担任中央的高级职官，如以司马孚为太宰、司马望为司徒、司马攸为卫将军等。司马炎即位后，这一措施也延续下来①。

但在重用宗王的同时，司马炎对他们也不放心。他有一个同母弟司马攸，自曹魏末年来一直担任中央要职，在朝臣中很有威望。司马炎一次得了重病，结果很多人希望由司马攸继承皇位，司马炎只得让司马攸离开洛阳，回到封国。司马攸不愿离去，后呕血而死。这件事说明宗王血缘亲近，对皇位存在很大的威胁。为了对付宗王，司马炎又任用外戚担当心腹之任。他先是重用太子妃贾氏的父亲贾充，平定孙吴后，又重用皇后杨氏的父亲杨骏。

这样，出于巩固皇权的需要，司马氏一方面纵容门阀士族，另一方面又培植了宗王与外戚势力，让它们互相牵制，从而使西晋统治阶级的内部矛盾非常复杂。太熙元年（290），司马炎病死，即位的司马衷（惠帝）弱智，无力控制政局，外戚和宗王便依次上台，出现了"八王之乱"。

2. 八王之乱

"八王之乱"前后持续16年，可分为两个阶段：第一阶段（291～300）是外戚专权，杨骏、贾后先后上台，中间汝南王亮（惠帝叔祖）、楚王玮（惠帝亲弟）一度得势，但很快被杀。第二阶段是宗王相争（300～306），赵王伦（惠帝叔祖）、齐王冏（惠帝堂弟）、长沙王乂（惠帝亲弟）、成都王颖（惠帝亲弟）、河间王颙（惠帝族叔）、东海王越（惠帝族叔）先后执政。

外戚中最先上台的是杨骏。晋武帝病危时，准备让杨骏与汝南王亮共同辅政，但杨骏将汝南王亮排挤出去，独揽了大权。他执政期间，"多树亲党，皆领禁兵。于是公室怨望，天下愤然"②。贾后对杨骏专权不满，召宗王

---

① 唐长孺：《西晋分封与宗王出镇》，《魏晋南北朝史论拾遗》，中华书局1983年版。文中还谈到咸宁分封后，司马炎要求诸王到各自的封国去，但许多宗王已经担任都督，这样就国则不能出镇，出镇则不能就国。司马炎的解决办法就是"移封就镇"，即将封国移到都督区内。但这一制度并不能长期实行下去，司马炎死后就被逐渐破坏了。

② 《晋书·杨骏传》。

入朝,以谋反的罪名将杨骏及同党全部处死。贾后又利用宗王内部的矛盾,发伪诏使楚王玮杀害汝南王亮,然后以矫诏为名处死楚王玮,自己独掌朝政。自元康元年(291)始,贾后执政10年。在此期间,她操纵诏命,宠任侄儿贾谧,优容门阀,骄奢淫逸,作威作福。但因为有正直的大臣张华、裴頠尽心辅政,政局还算稳定。随着太子司马遹逐渐长大,贾后与之产生矛盾。永康元年(300),贾后将司马遹害死,但她自己不久也被赵王伦杀掉。

赵王伦辅政不久便废掉惠帝,自己做了皇帝。按照嫡长子继承的宗法原则,赵王伦是没有资格继承皇位的。而且赵王伦在位时宠任旧僚属,滥赏滥杀,朝政败坏。永宁元年(301),镇守许昌的齐王冏联合其他出镇宗王讨伐赵王伦。赵王伦被杀,齐王冏上台。太安元年(302),出镇宗王借口齐王冏觊觎皇位,又起兵讨伐之,居于洛阳的长沙王乂杀死齐王冏,上台辅政。当时成都王颖镇守邺城,实力很强,两次起兵都参加了,结果被长沙王乂占先,心存不满,再次进军洛阳。长沙王乂抵抗数月,终因内部兵变而被杀。随后,成都王颖被任命为丞相,又被立为皇太弟,在邺城遥执朝政。他将皇帝的服饰车马迁到邺城,用自己的军队守卫皇宫,委任自己的亲信,引起许多朝臣不满。永兴元年(304),在洛阳任职的东海王越奉惠帝讨伐成都王颖,但遭到失败,惠帝被送到邺城。不久,成都王颖被东海王越的同党打败,与惠帝一起被迁往长安,镇守长安的河间王颙得以执政。二年(305),东海王越再次起兵,打败了河间王颙。光熙元年(306),惠帝自长安返回洛阳,东海王越辅政。至此,宗室中再也无人能与东海王越争夺,"八王之乱"结束。同年,惠帝死去,司马炽(怀帝)即位,次年改元永嘉。

"八王之乱"后期,诸王相互混战,使社会经济遭到严重的破坏,百姓大量死亡,西晋王朝的统治已处于崩溃的边缘。

三、西晋的灭亡

1. 李特与流民起义

在"八王之乱"给人民带来巨大灾难的同时,许多地方又发生了严重的自然灾害,流民起义不断发生。

惠帝即位后,秦、雍二州(陕西、甘肃)连年干旱,饥荒严重,疾疫流行。到怀帝永嘉年间(307~312),"幽、并、司、冀、秦、雍六州大蝗,草木及牛马毛皆尽。又大疾疫，兼以饥馑。百姓又为寇贼所杀，流尸满河，白骨蔽野"①。成千上万的人被迫流亡，仅见于记载的流民就达三十多万户，约占当时全国户口的1/12②。他们身处异乡，受到豪强和官僚的欺压，西晋政府又强令其返回原地，于是奋起武装反抗。

(1) 李特起义

秦、雍灾后，略阳(甘肃秦安)、天水等6郡10多万人流入巴蜀。迁徙途中，略阳氐人李特、李庠兄弟受到众人拥护，成为流民领袖。当时中原大乱，益州刺史赵廞想割据巴蜀，于是拉拢李庠等，让他从流民中招兵一万多人，阻断中原入蜀的通道。后赵廞惧李庠深得人心，杀死了李庠及其亲属，领兵在外的李特率流民反攻，赵廞被部下杀死。西晋重新任命罗尚为益州刺史，并命令流民限期返回原地。永宁元年(301)，李特在绵竹(四川德阳)建立大营，不愿离去的流民投奔他，很快超过两万人。罗尚前往镇压，李特失败被杀，其弟李流领导流民继续斗争。

(2) 张昌起义

李特起义后，西晋命荆州刺史调发当地"武勇"前往镇压。被调发者不愿远征，逗留不前，随处屯聚。太安二年(303)，张昌在江夏安陆(湖北安陆)聚众起义，流民数千人及不愿远征者纷往投奔，人数达到三万。起义军一度控制了荆、江、徐、扬、豫五州的大部分地区，荆州刺史刘弘派部将陶侃进攻江夏，次年张昌兵败被杀。

(3) 王如起义

秦、雍六郡流民入巴蜀时，关中一部分人流向了宛县(河南南阳)。后来西晋命令各处的秦、雍流民一律返乡，但关中残破，流民不愿，当地政府却催促快走，甚至派兵押送。永嘉四年(310)，王如等人率领此地的流民起义，队伍发展到四五万人，并多次打败官军。后来起义军内部分裂，六年(312)王如投降，起义失败。

(4) 杜弢起义

在李特、李流与官军作战时，有数万家巴蜀居民流入荆、湘地区。他们受到当地官僚地主的欺压，也武装起义。荆州刺史王澄曾将八千多义军沉于江中，湘州刺史荀眺还扬言要将巴蜀流民全部杀死。永嘉五年(311)，四

---

① 《晋书·食货志》。

② 王仲荦：《魏晋南北朝史》(上册)，上海人民出版社1979年版，第223页。

五万家愤怒的巴蜀流民一起反叛,推益州秀才杜弢为首领,先后攻下长沙、零陵、桂阳、沔阳、豫章等地。司马睿派王敦、陶侃率军镇压,建兴三年(315)起义失败。

2. "五胡"内迁与民族矛盾

在各地流民起义沉重打击西晋黑暗统治的同时,北方各内迁的少数民族也纷纷起兵,并且最终导致了西晋王朝的灭亡和统一局面的终结。

东汉以后尤其是三国时期,居住于西北边境的各少数族不断向内地迁徙,主要有匈奴、鲜卑、羯、氐、羌,史称"五胡"。

匈奴先居于蒙古草原,东汉初期分为南、北二部。北匈奴大部分向西迁徙,南匈奴则依附于中原王朝,逐渐向南移动。曹操时,因内迁匈奴人口繁殖,势力渐大,于是将之分为五部,每部置帅。西晋时,留居塞外的匈奴继续内迁,前后达数十万人,主要分布于今山西和陕西的北部。

鲜卑先居于蒙古草原东部。匈奴迁走后,他们乘虚而入,势力日益扩张,主要分布于今东起辽东、西至青海的广大地区。

羯人原为西域的少数族,深目、高鼻、多须,崇奉祆教。他们随匈奴一同内迁,居于今山西和河北的太行山区一带。

氐人先居于今四川、陕西、甘肃交界处,羌人先居于今青海、甘肃一带,也是从汉末以来不断内迁,迁居地以今陕西的关中最为集中。

至魏末晋初,"归附"的少数族有"八百七十余万口"①,其中有相当一部分迁居中原。当时"西北诸郡,皆为戎居"②,"关中之人,百余万口,率其少多,戎狄居半"③。

内迁各族不外以下几种出路:(1)被编入军队参与内战。如曹操的军队中就有号称"天下名骑"的三郡乌丸,魏末郭淮的军队中有不少"羌胡渠帅",西晋灭吴时也有大量匈奴人参加。(2)成为国家的编户齐民,服役纳租。如郭淮任雍州刺史时,"抚循羌胡,家使出谷,平其输调,军食用足"④。(3)成为地主的佃客。如魏末太原一带"以匈奴胡人为田客,多者数千"⑤。(4)沦为奴婢。如魏末陈泰任并州刺史,有不少京城权贵托他代买奴婢。

---

① 《晋书·文帝纪》。
② 《晋书·匈奴传》。
③ 《晋书·江统传》。
④ 《三国志·郭淮传》。
⑤ 《晋书·王恂传》。

"八王之乱"中,并州刺史司马腾甚至靠掠卖胡人以补充军费。

官府和汉族地主的残酷压迫使内迁各族"怨恨之气,毒于骨髓"①,纷纷起兵反抗。晋武帝时,有河西鲜卑秃发树机能领导的鲜卑人和羌人起义。惠帝时,又有匈奴人郝散在今山西上党领导的各族起义、氐人齐万年在关中领导的氐人和羌人起义。

3. 刘渊与石勒反晋

内迁各族的反抗使西晋统治面临深刻的危机,晋武帝时,郭钦就上书建议募民实边,将少数族逐渐迁往塞外,"峻四夷出入之防"②。惠帝时,江统作《徙戎论》,再次提出内迁各族"皆可申谕发遣,还其本域"③。但当时内迁各族已从游牧转向定居的农业生活,汉族地主也需要从中补充劳动力,所以这种主张缺乏可行性。另一方面,西晋统治者也没有采取措施缓和日趋尖锐的民族矛盾,因此无法消除来自少数族的威胁。

"八王之乱"后期,宗王之间争权夺利的斗争愈演愈烈,西晋的统治力量大为削弱。同时各宗王竞相引少数族力量为援,更为各族势力的兴起提供了机会。其中,最早起兵反晋的是匈奴人刘渊和羯人石勒。

刘渊,字元海,匈奴左部帅刘豹之子。他幼时从师于上党崔游,学习经史百家和孙吴兵法,后以"任子"身份留居洛阳,汉化程度很深。刘豹死后,他先后任左部帅和北部都尉,惠帝时升为五部大都督,后依附于成都王司马颖。"八王之乱"使匈奴贵族认为兴邦复业的时机到来,秘密推举刘渊为大单于,并派人与他联络。永兴元年(304),司马颖与司马越相争,刘渊建议让他回去招合五部之众前来支援,得到司马颖同意。回去后,刘渊被推为大单于,不到 20 天人马就发展到 5 万,定都于离石(山西离石)。为获得汉人支持,他建国号为汉,自称汉王。随后,刘渊很快占领了今山西,进而向河北、山东、河南等地扩展。永嘉二年(308),刘渊称帝,迁都平阳(山西临汾)。

石勒,字世龙,上党武乡羯人,祖、父为部落小帅。石勒小时做过商贩、田客,惠帝末年被并州刺史司马腾掠卖到山东茌平,为师欢家奴隶。石勒后与马牧率汲桑一起投奔司马颖的部将公师藩。公师藩、汲桑先后失败被杀,石勒转而投奔刘渊,被任命为都督山东征讨诸军事。此后石勒势力迅速发展,攻陷今河北等地,队伍发展到 10 多万人。

---

①③ 《晋书·江统传》。
② 《晋书·刘元海载记》。

永嘉四年(310),刘渊死,子刘和即位,和弟刘聪又杀和自立。这时,洛阳四周已经被刘聪、石勒占领,司马越率领军队离开洛阳,东屯于项(河南沈丘)。五年,司马越病死,其部众在苦县宁平城(河南鹿邑西南)被石勒追上,十多万人被杀。同年,刘聪攻陷洛阳,怀帝被掳到平阳。安定太守贾疋等在长安另立司马邺(愍帝)为帝。建兴四年(316),刘曜攻破长安,愍帝出降,西晋灭亡。

第三节 东晋与十六国的对峙

一、东晋的建立与门阀专政

1. 东晋的建立

永嘉元年(307),司马越以琅邪(山东临沂)王司马睿为都督扬州诸军事,镇建邺(后避愍帝讳改为建康,江苏南京)。西晋灭亡后,317年,司马睿称晋王。次年,称帝(晋元帝),都建康,史称东晋。司马睿能够建立东晋政权,一方面是因为有大江阻止了北方少数族的南下,另一方面则主要依靠南北士族的支持,其中琅邪大族王导起了很大作用。

惠帝末年,北方战乱频繁,不少士族想到南方寻找安身之地。如王导的族兄王衍自己做尚书令,又通过司马越安排弟弟王澄为荆州刺史、族弟王敦为青州刺史,还得意地称之为"三窟"。王氏家族所在的琅邪是司马睿封国,王导也希望借助司马睿的宗室身份保全门户,于是策划让司马睿出镇建康。洛阳陷落后,"中州士女避乱江左者十六七",王导劝司马睿"收其贤人君子,与之图事"①,得到司马睿采纳。这些士族多来自青、徐、兖、司、豫等州,多有在司马越府中任职的经历②,如颍川庾亮、琅邪颜含、河东裴邵、汝南周𫖮、陈留阮孚、高平郗鉴、广陵戴渊等。他们构成东晋政权的核心阶层。

司马睿镇建邺时,所面临的一个重要问题是如何处理好自己及北来士族与南方士族的关系。孙吴灭亡后,以顾、陆、朱、张为首的江东士族失去了政治依靠,但仍拥有深厚的社会和经济基础。西晋末年,义兴豪族周玘曾平定石冰起义和陈敏、钱璯的叛乱,"三定江南",稳定了江东局势,说明江东士

---

① 《晋书·王导传》。
② 田余庆:《东晋门阀政治》,第337页。

族的实力不可小觑。西晋为了安抚他们,曾征召其代表人物到洛阳做官,但地位不高,数量不多,他们对西晋政权并无好感。司马睿初到建邺,江东士族对他很冷淡,过了一个多月,还没有一个人来拜访。王导感到事态严重,为了抬高司马睿的威望,于是利用三月禊会(水边设祭祓灾的上巳节)的时机,让司马睿乘轿观禊,他和堂兄王敦则带领一帮名流骑马跟从。江东士族顾荣等人偷偷观望,见状大惊,拜于道旁。随后,司马睿又让王导亲自去拜访顾荣、贺循,二人应召而至。"由是吴会风靡,百姓归心焉。自此之后,渐相崇奉,君臣之礼始定"①。

北方士族为了能在江南立足,不得不拉拢南方士族,但并没有完全向他们开放政权。整个东晋时期,政治上北方士族一直居于支配地位,南方士族处于从属地位,双方矛盾很深。如周玘功勋卓著,司马睿却很猜忌,一直让他做吴兴太守而不升迁。周玘密谋反叛,但没有成功,忧愤而死。他临死时对儿子说:"杀我者诸伧子(南人对北人的蔑称),能复之,乃吾子也。"②直到南朝,南方士族的地位也没有根本性改变,吴兴人丘灵鞠还因为官位升不上去,要去掘顾荣的坟墓,说他"引诸伧渡,妨我辈途辙,死有余罪"③。尽管如此,因为面临北方胡族的严重威胁,南北士族还得勉强合作,以维持偏安之局。

2. 皇权与门阀士族

在南北士族的共同支持下,司马睿建立了东晋政权。但由于司马睿威望低,无实力,而南北士族力量强大,所以东晋在开国之初就出现了皇权衰微、门阀专政的局面。

司马睿虽是司马懿之后,但与惠帝已隔四代,宗系疏远,正常情况下难以继承皇位。而且,其父亲去世早,本人以前也没有担任过重要官职,只是在王导的帮助下才得以出镇建康并登上皇位。当时"(王)敦总征讨,(王)导专机政,群从子弟布列显要,时人为之语曰:'王与马,共天下。'"④一次朝会时,司马睿甚至要王导登御床共坐,王导坚决推辞,说:"使太阳与万物同晖,

---

① 《晋书·王导传》。
② 《晋书·周玘传》。
③ [梁]萧子显:《南齐书·丘灵鞠传》,中华书局1972年版。
④ [宋]司马光:《资治通鉴》卷九一,"晋元帝太兴元年",中华书局1956年版。

臣下何以瞻仰?"①司马睿才作罢。王氏势力强大,以致皇帝不得不与其共治天下,由此开始了东晋百年门阀专政的格局。

中国自秦汉以来就确立了专制主义中央集权的政治体制,因此这种门阀与皇权共治的局面是反常的,为此司马睿即位不久便着手加强皇权。他逐渐疏远王导,重用门第较低的刘隗、刁协、戴渊、周顗等,征发扬州大户的奴隶为兵,并任用宗室司马承为湘州刺史,以抑制镇守武昌的王敦。这些措施引起了南北士族的普遍不满。永昌元年(322)王敦乘势起兵,很快占领建康,戴渊、周顗被诛,刁协、司马承战败被杀,刘隗逃奔石勒。同年,司马睿忧愤而死,其加强皇权的努力以失败告终。以后晋明帝、晋孝武帝也有加强皇权的举动,但都没有成功,门阀专政的局面持续下来。历东晋一代,政权先后被琅邪王氏、颍川庾氏、谯国桓氏、陈郡谢氏、太原王氏这五个大家族掌握。

东晋共历11帝、104年(317~420)。元、明、成三帝时,琅邪王氏(王导、王敦)执政。明帝即位后,王敦有篡夺之心,曾再次起兵,但遭到失败。成、康二帝时,颍川庾氏(庾亮、庾冰)以外戚身份辅政,势力转盛。其间,庾亮抑制方镇势力,引发历阳内史苏峻、豫州刺史祖约的叛乱,后依靠江州刺史温峤和荆州刺史陶侃才镇压下去。穆、哀、废、简文四帝时,谯国桓氏(桓温)执政。桓温长期任荆州刺史,多次北伐,威望渐高,晚年有篡位野心,但因为其他门阀势力联合反对,没有成功。孝武帝前期,陈郡谢氏(谢安)执政,在淝水之战中打败了前秦苻坚的大军。后来孝武帝用同母弟司马道子为宰相,朝廷中出现主相之争,互引姻亲为援,太原王氏(王恭、王国宝)得势。

3. 士庶天隔

门阀士族势力经过汉末以来的不断发展,到东晋时期达到极盛。他们在政治、经济、社会上享有种种特权。

政治上,他们世代做职闲望重的高官,触犯法律还可以免予追究,所谓"举贤不出世族,用法不及权贵"②。据统计,在东晋权力中心的录尚书事、侍中、中书监令、尚书令仆等8种首要职位中,任官者162人次,其中士族

---

① [宋]刘义庆撰,余嘉锡笺疏:《世说新语笺疏·宠礼》,中华书局1983年版,第723页。

② 《资治通鉴》卷九〇,"晋元帝太兴元年"。

127人次,宗室、外戚12人次,合计占总数的85%以上①。荆、扬、徐几个重要都督区的都督,也基本上由当权士族担任。东晋一代,法网松弛,纲纪不立。王导曾向监察官询问地方长官的得失,顾和回答:"明公作辅,宁使网漏吞舟,何缘采听风闻,以察察为政。"王导听后"咨嗟称善"②。

经济上,他们大量封占山泽,隐藏户口。北方士族南下后,想在江南重建田园,但三吴③的良田已被南方士族占领,他们只好以屯封别墅的形式向山林湖泽发展④,"权豪之族擅割林池,势富之家专利山海"⑤。与此同时,"南北权豪,竞招游食,国弊家丰"⑥,大量北方流民成为豪强的依附人口,不向国家纳租服役。如渤海刁氏"有田万顷,奴婢数千人","奴客纵横,占山固泽,为京口(江苏镇江)之蠹"⑦。山遐在余姚做县令时,曾清查出豪强隐藏的户口1万多家,后来还因此免官。

社会上,他们严格士、庶界线,不与庶族交往和通婚。如果"婚宦失类",就会遭到其他士族的鄙视和排斥。弘农杨佺期是东汉太尉杨震之后,"七世有名德","自云门户承籍,江表莫比","而时人以其晚过江,婚宦失类,每排抑之"⑧。为了维持自己的特权地位,防止假冒,此时士族修谱之风盛行。如贾弼之"广集百氏谱记",晋孝武帝时受朝廷委派,撰成《十八州士族谱》七百多卷⑨。

二、十六国前期的各政权与前秦统一北方

北方自刘渊建国到北魏统一北方(304~439),各族先后建立了许多政

---

① 陈长琦:《两晋南朝政治史稿》,河南大学出版社1992年版,第106~107页。
② 《晋书·顾和传》。
③ "三吴"一指吴、吴兴、会稽三郡,在今太湖周围及杭州湾一带。见[后魏]郦道元注;[清]杨守敬、熊会贞疏:《水经注疏·浙江水》,江苏古籍出版社1989年版,第3323页。
④ 唐长孺:《南朝的屯、邸、别墅及山泽占领》,《历史研究》1954年第3期。
⑤ [唐]欧阳询:《艺文类聚·职官部六·太守》,上海古籍出版社1965年版,第905页。
⑥ 《晋书·颜含传》。
⑦ [宋]李昉等撰:《太平御览·人事部一一二·富上》引王隐《晋书》,中华书局1960年版,第2165页。原文为"上山固泽",疑误。
⑧ 《晋书·杨佺期传》。
⑨ 《南齐书·贾渊传》。

权,历史上将之与西南的成汉总称为"十六国"。它们分别是:汉(前赵)、后赵、前秦、后秦、西秦、前燕、后燕、南燕、北燕、前凉、后凉、南凉、北凉、西凉、夏、成汉。十六国之外,还有冉魏、西燕、仇池、吐谷浑、代等政权。这些政权多数为"五胡"匈奴、鲜卑、羯、氐、羌建立,少数为汉人建立,后者包括前凉、西凉、北燕、冉魏。

以公元383年的淝水之战为界,十六国的历史可分为前后两个时期。

1. 十六国前期各政权

(1) 成汉

成汉为李特起义的延续。李流死后,李特子李雄继续领导起义。304年,李雄攻下成都,自称成都王,306年称帝,国号大成。李雄在位30年,"兴学校,置史官","事少役稀,百姓富贵,闾门不闭,无相侵盗"①,政治比较清明。李雄死后,内部骨肉相残,李班、李期、李寿相继登位。338年,李寿改国号为汉(历史上将前后两个国号合称"成汉")。李寿在位时,滥施刑罚,大修宫室,政治日益败坏。子李势即位后,更加贪残好杀,荒淫无道。347年,东晋桓温率军伐蜀,李势兵败投降,成汉灭亡。

(2) 汉(前赵)

汉为刘渊304年建立。刘聪灭亡西晋后,一度成为中原霸主。但随着石勒和鲜卑势力的发展,刘聪实际控制的区域日益缩小,仅局限于今山西南部、河南北部、陕西南部一带。因为其统治下的汉族和少数族社会经济结构不一,风俗习惯不同,刘聪采取了胡汉分治的政策:对汉人,设左右司隶,各统领20多万户,每万户设一内史;对少数族,设大单于,下设单于左右辅,各统领十多万落,每万落设一都尉。汉政权中也吸收了不少汉族士人,但实际权力掌握在匈奴贵族手中。

刘聪在位时,耽于酒色,游猎无度,滥杀无辜。他杀弟弟刘乂时,"坑士众万五千余人,平阳街巷为之空,氐羌叛者十余万落"②。由于连年兴兵,生产瘫痪,境内饥荒频繁,司隶所属的民众有二十多万户逃奔河北,3万户逃奔河南。318年,刘聪死,子刘粲即位,仍然荒淫无道,不理政事。同年,大司空靳准发动政变,将刘粲及刘氏子孙全部杀死,自称汉天王。当时,刘聪的族弟刘曜镇守长安,闻讯自立为帝,并率军前往讨伐,族灭靳氏。319年,

---

① 《晋书·李雄载记》。
② 《晋书·刘聪载记》。

刘曜迁都长安,改国号为赵,史称前赵。

前赵的核心区域关中是少数族聚居地。刘曜即位之初,以谋反罪杀巴酋徐库彭等人,引起羌、氐、巴、羯三十多万人反叛。刘曜平定了这次反叛,并将被征服地区的氐、羌等少数族二十余万迁到长安。他又降服南安(甘肃陇西)的杨韬、仇池(甘肃成县西)的杨难敌和陇右的陈安,勉强稳定了统治。随后,刘曜与东方的石勒进行了多次战争。328年,刘曜兵败被俘。次年,石勒攻陷关中,前赵灭亡。

(3) 后赵(附冉魏)

后赵为羯人石勒建立。石勒依附于刘渊后,先后打败王浚、刘琨、段匹䃅、祖约、曹嶷、刘曜等势力,统一了除辽东慕容氏、河西张氏以外的北方大部分地区,其疆域南逾淮河,东到大海,西至河西,北及燕代。石勒于319年称赵王,330年称帝,都襄国(河北邢台),史称后赵。

石勒在位期间,采取了一系列巩固统治的措施。政治上,石勒起兵之初常常屠杀汉人,随着占领区的扩大,出于统治的需要,逐渐改变政策。一方面,他依靠羯人和其他少数族作为统治支柱,并称羯人为"国人",不准称"胡"。另一方面,注意笼络汉族士人。攻陷冀州后,他将汉士族集中为"君子营",加以保护,以张宾为谋主。称赵王后,他下令不得侮辱汉士族,将在朝中做官的汉士族300户迁到崇仁里居住,并沿用九品官人法为士族提供做官的途径。经济上,石勒最初通过掠夺来供养军队,后来下令州郡核实户口,规定每户出赀二匹、租二斛,并经常派人巡视州郡,劝课农桑。文化教育上,在襄国设立太学、四门小学,在郡国也普遍设立学校,以培养人才。

333年,石勒死,子石弘即位。335年,石勒族子石虎杀弘自立,迁都于邺。他在位期间,残暴不仁,穷兵黩武,众役繁兴,人民生活在水深火热之中,起义不断。349年,石虎死,诸子互相残杀,石世、石遵、石鉴相继即位,最后石虎养孙汉人冉闵掌握了政权。冉闵因为胡人与自己不同心,下令大杀胡人,死者二十多万,很多高鼻多须者被滥杀。350年,冉闵杀石鉴,自立为帝,改国号魏,史称冉魏。352年,冉闵被前燕打败,冉魏灭亡。

(4) 前燕

前燕由鲜卑族的一支慕容氏建立。东汉末年,鲜卑首领檀石槐将统治区分为中(慕容氏)、东(宇文氏)、西(拓跋氏)三部。曹魏初年,慕容氏迁于辽西。魏晋之际,又迁于辽东北。晋武帝时,首领慕容廆归附晋朝,被封为鲜卑都督,先后迁于徒河(辽宁锦州)、棘城(辽宁义县),开始农业定居生活,并学习晋朝制度。西晋末年大乱,许多人流亡辽东,慕容廆自称鲜卑大单于,设置侨郡安置流人。他还任用大批汉族士人如河东裴嶷、渤海封抽、安定皇甫岌、鲁国孔纂等,于是"路有颂声,礼让兴矣"①。

333年,慕容廆死,子皝立。337年,慕容皝自称燕王。341年,迁都龙城(辽宁朝阳)。慕容皝打败后赵、宇文部、段部,疆域扩张到今京津以北至东北南部的广大地区,并使高句丽臣服。这时流人增加10倍,人多地少,慕容皝就罢除苑囿,分给他们,并向贫民提供耕牛,促进了经济的开发。慕容皝还重视官僚贵族子弟的教育,常常亲自讲授并考试学生,选拔成绩优异者充当近侍。

348年,慕容皝死,子儁立。350年,慕容儁南下伐赵,迁都城于蓟(天津蓟县)。352年,慕容儁打败冉闵,称帝,迁都于邺。这时,前燕占有了东北南部和除关中以外的中原广大地区。360年,慕容儁死,子暐立,年仅11岁,宗室慕容恪、慕容评先后掌握朝政。369年,东晋桓温率大军北伐,连败燕军。后来在慕容垂的抗击下,前燕转危为安。但慕容垂遭到慕容评忌恨,被迫逃亡前秦。慕容暐在位后期,"暐母乱政,评等贪冒,政以贿成,官非才举,群下切齿","百姓穷弊,侵赋无已,兵士逋逃,乃相招为贼盗。风颓化替,莫相纠摄"②,政治已非常腐败。

(5) 前凉

前凉由汉人张轨建立。301年,张轨出任西晋凉州刺史,治姑臧(甘肃武威)。西晋灭亡后,张氏世守凉州,长期使用晋愍帝的建兴年号,并向东晋称臣纳贡。但实际上它是一个割据政权,史称前凉。在张骏、张重华统治时期,前凉达到极盛,疆域包括今甘肃、新疆及内蒙古、青海的一部分。张重华死后,宗室内部争权夺位,自相残杀,到363年张天锡继位时,统治已大为衰落。从张轨出任凉州刺史始,中原战乱频繁,而凉州相对安定,吸引了中原许多人来避难。张轨及其后继者安置流民,引用士人,使凉州经济进一步发展,中原汉族的传统文化得以保存。

(6) 前秦

前秦由氐人苻健建立。刘曜在长安称帝时,略阳临渭(甘肃秦安东南)氐人酋长苻洪归附刘曜。刘曜失败后,苻洪降于石虎。333年,石虎将关中

---

① 《晋书·慕容廆载记》。
② 《晋书·慕容暐载记》。

豪杰及氐、羌迁到关东,苻洪及其部众被安置在枋头(河南浚县)。后赵末年大乱,关陇流民纷纷西归,苻洪未及成行就被人毒死,子苻健率众西入长安,据有关陇。351年,苻健自称天王,国号大秦,史称前秦。352年,他改称皇帝,都长安。355年,苻健死,子苻生继位。357年,苻生堂兄苻坚杀苻生而自立。

2. 前秦统一北方

前秦苻坚即位后,采取了一系列巩固统治的措施。政治上,一方面打击氐族豪强,如氐族豪强樊世有大功,对苻坚重用汉人王猛不满,扬言要将王猛的头悬于长安城门上,结果被苻坚处死。随后,王猛等又诛杀了贵戚强豪二十多人,"于是百僚震肃,豪右屏气,路不拾遗,风化大行"①。另一方面恢复魏晋士籍,承认士族特权,吸收汉族士人参加政权,扩大统治基础。经济上,重视农业生产,经常派使臣巡行州郡,劝课农桑。关中干旱少雨,苻坚推行汉代氾胜之的区田法,又开凿水渠,引泾水灌田。并在长安至各州的大道旁遍栽槐、柳,设置亭、驿,为旅行、经商者提供便利。文化教育上,苻坚提倡儒学,广修学校,还亲自到太学考问学生,从中选拔优异者为官。

经过一系列改革,前秦社会安定,经济发展,国力强大,开始了统一北方的进程。370年,前秦灭前燕,371年灭仇池,373年攻取东晋梁、益二州,376年灭前凉,同年乘鲜卑拓跋氏衰乱之机灭代,382年吕光率军进驻西域。至此,前秦统一了整个北方,疆域东极沧海,西抵葱岭,南控越嶲,北尽大漠,东南以淮、汉与东晋分界,成为十六国时期疆域最大的国家。

三、淝水之战与北方再分裂

1. 东晋北伐

西晋末年,范阳大族祖逖率领亲党流亡京口(江苏镇江),"以社稷倾覆,常怀振复之志"②,向司马睿请求北伐,被任命为豫州刺史。313年,祖逖率领部曲百余家渡江北伐,经过数年征战,收复了黄河以南的土地。但祖逖死后,石勒又攻占河南,并一度占领寿春(安徽寿县)。349年、353年,东晋褚裒、殷浩先后两次北伐,都以失败告终。354年、356年、369年,桓温又进行了三次北伐,第一次打到灞上(陕西西安东北),第二次攻占洛阳,第三次进

---

① 《晋书·苻坚载记》。
② 《晋书·祖逖传》。

至枋头（河南浚县），但最终都被前秦或前燕打败。东晋的北伐没有成功，北方各政权也多忙于内争或兼并，无暇南顾。

桓温在第三次北伐后不久死去，谢安掌握了朝中大权。桓温之弟桓豁、桓冲先后出任荆州刺史。谢安"镇以和靖，御以长算"，"不存小察，弘以大纲，威怀外著"①，桓冲"自以德望不逮谢安，故委之内相，而四方镇捍，以为己任"②，双方关系处理得比较好。当时京口（江苏镇江）、广陵（江苏扬州）是北方流民的集聚地，"人多劲悍"③，谢安任命侄子谢玄为兖州刺史，从中招募、训练了一支精锐的军队，号称"北府兵"（时称京口为北府）。北方流民南下之初，东晋设置了许多侨州郡县安置他们，并且不使负担租赋徭役。364 年，桓温曾实行规模较大的"庚戌土断"，省并侨州郡县，使侨人在定居地编入正式户籍，取消免除赋役的优待。这样，增加了政府的收入和兵源，"财阜国丰"④。在苻坚南下前，东晋总体上政治稳定，军队战斗力强，财力也比较充裕。

2. 淝水之战

苻坚统一北方后，自恃兵力强大，决心灭掉东晋，统一南北，于是淝水之战爆发。

前秦虽然统一了北方，但政权并不巩固。当时境内民族众多，除中原的汉族外，关陇地区有卢水胡和羌人，今山西和陕西北部有匈奴，今山西东北和内蒙古有鲜卑拓跋氏，今辽东、河北和河南北部有鲜卑慕容氏。380 年，苻坚为了巩固统治，曾分关中氐族子弟 15 万户于各方要镇，反而削弱了氐族在关陇地区的力量。王猛临死时曾对苻坚说："臣没之后，愿不以晋为图。鲜卑羌虏，我之仇也，终为人患。宜渐除之，以便社稷。"⑤苻坚之弟苻融也认为："我数战，兵疲将倦，有惮敌之意，不可以伐。"⑥但苻坚都没有采纳。有人说东晋有长江天险，他骄横地说："虽有长江，其能固乎！以吾之众旅，投鞭于江，足断其流。"⑦

晋孝武帝太元八年（383）七月，苻坚发步兵 60 万、骑兵 27 万大举伐晋，

---

① 《晋书·谢安传》。
② 《晋书·桓冲传》。
③ 《晋书·郗超传》。
④ ［梁］沈约：《宋书·武帝纪中》，中华书局 1974 年版。
⑤ 《晋书·苻坚载记附王猛传》。
⑥⑦ 《晋书·苻坚载记》。

"前后千里,旗鼓相望"。九月,苻坚率领的主力到达项城(河南项城),其后续的凉州兵才到咸阳,蜀汉之兵顺流而下,幽冀之兵到达彭城,"东西万里,水陆齐进"①。谢安派谢石、谢玄、桓伊等率8万北府兵前往迎战。十月,秦军前锋苻融攻陷寿春,派梁成率兵5万进驻洛涧,晋军被迫在距洛涧25里的地方驻扎。十一月,谢石派北府将领刘牢之乘夜渡过洛涧,杀死梁成,歼灭秦军1.5万人,晋军士气大振,乘胜冲到淝水东岸,与秦军隔河对峙。苻坚看到晋军部阵齐整,将士精锐,又北望八公山上的草木,以为都是晋兵,不觉面有惧色。秦军逼淝水列阵,谢玄要求对方后撤,让晋军渡河决战。苻坚、苻融也想乘晋军半渡时袭击,便挥军后撤。不料军队乱了阵脚,晋降将朱序又乘机在后面大喊"坚败"。秦军不可复止,全线崩溃,晋军乘胜追击,秦军战死和被践踏而死者不计其数。苻坚身中流矢,仓皇逃回洛阳,收集残兵败将,只剩10多万人。

3. 十六国后期的北方各政权

淝水之战后,前秦的统治土崩瓦解,原先被征服的各部族乘机恢复势力,黄河流域又重新分裂成燕、秦、凉三大部分,先后出现了十几个政权。

(1) 后燕(附西燕)

后燕由鲜卑人慕容垂建立。淝水之战后,慕容垂以镇抚部民、扫祭祖墓为借口回到河北,384年自称燕王,386年称帝,都中山(河北定州),史称后燕。当初苻坚灭前燕,曾迁徙鲜卑4万户到关中。384年,前燕君主慕容暐之弟慕容泓、慕容冲都在关中起兵。385年,慕容冲在阿房(陕西咸阳)称帝,史称西燕。随后这支鲜卑人东归,途中内部发生权力之争,慕容永被推为首领。386年,慕容永进据长子(山西长治西),称帝。但慕容垂容不下慕容永,394年攻下长子,西燕亡。这时,鲜卑拓跋氏的势力在长城以北发展起来,与后燕展开激烈争夺。396年,慕容垂死,子宝即位,拓跋珪大举攻燕。397年,慕容宝退往龙城(辽宁朝阳)。到慕容熙在位时,他大兴土木,游猎无度,于407年被禁军将领冯跋杀死,后燕亡。

(2) 北燕

北燕由汉人冯跋建立。冯跋杀慕容熙后,拥立原高丽王族高云为燕天王。409年,高云被宠臣离班等杀死,冯跋部下又杀离班,推冯跋为燕天王,史称北燕。冯跋废除后燕苛政,劝课农桑,轻徭薄赋,使辽西地区的农业得

---

① 《晋书·苻坚载记》。

到恢复和发展。430年,冯跋死,弟冯弘杀冯跋子,自立为燕天王。北魏进攻北燕,436年冯弘逃往高丽,北燕亡。

（3）南燕

南燕为鲜卑人慕容德建立。他是慕容垂的弟弟,在慕容宝时镇守邺城。北魏进兵中原,慕容宝逃奔龙城,慕容德见邺城难守,于398年率民户4万迁往滑台（河南滑县）,称燕王。后迁都广固（山东青州）,称帝,史称南燕。慕容德从严治军,设立学校,兴盐铁之利,清查豪强隐匿的户口,政治上很有作为。405年,慕容德死,侄子慕容超即位,荒废政事,专事畋猎。410年,东晋刘裕攻取广固,南燕亡。

（4）后秦

后秦由羌人姚苌建立。后赵时期,关中的氐、羌被迁到关东,氐族住在枋头,羌族则在姚弋仲的率领下住在清河（河北枣强东北）。后赵末年大乱,姚弋仲子姚襄西入关中,被据有关中的前秦打败杀死,其弟姚苌投降苻坚。淝水战后,姚苌于384年在渭北反秦,自称万年秦王,史称后秦。385年,姚苌擒杀苻坚。386年,关中鲜卑人东迁,姚苌坐取长安,称帝。393年,姚苌死,子姚兴即位,打败前秦的残余势力苻登,乘西燕灭亡时取得河东,又攻取洛阳,成为一时强国。姚兴在政治上广纳人才,严惩贪污,整顿刑狱;经济上注意发展农业;文化上大兴儒学,提倡佛教,使后秦社会安定,经济发展。416年,姚兴死,子姚泓即位,东晋刘裕伐秦,417年攻入长安,后秦亡。

（5）西秦

西秦由鲜卑人乞伏国仁建立。鲜卑族从北方向漠南迁徙时,有一支南出阴山,迁往陇西,居住在苑川（甘肃榆中）一带,后被苻坚征服。淝水之战后,乞伏国仁于385年脱离苻坚自立,居苑川,史称西秦。388年,国仁死,弟乾归立,394年自称秦王,曾一度降于后秦。412年,乾归死,子炽盘立,灭南凉,打败吐谷浑,势力达到极盛。428年,炽盘死,子暮末立,刑法酷滥,内外离心,于431年灭于夏。

（6）夏

夏由匈奴人赫连勃勃建立。赫连勃勃的曾祖父刘虎为南匈奴北部帅,因受到鲜卑拓跋部的攻击,被迫西渡黄河,退往塞外。父亲刘卫辰归附苻坚,淝水战后,占据朔方。391年,刘卫辰被拓跋珪杀死,赫连勃勃逃奔后秦,姚兴给他鲜卑人2万余落,使镇朔方。407年,赫连勃勃自称大夏天王,攻取了后秦的北部地区。413年,筑都城统万（陕西靖边东北白城子）。418

年,赫连勃勃乘刘裕灭后秦之机夺取长安,称帝。425年,赫连勃勃死,子赫连昌立,遭到北魏的多次进攻。428年,赫连昌被俘,弟赫连定立。431年,赫连定灭西秦,准备进攻北凉,中途被吐谷浑打败,夏亡。

(7)后凉

后凉系氐人吕光建立。统一中原后,前秦苻坚命吕光率兵7万西征,西域30余国陆续归附。淝水战后,吕光因长安危急,率军东归,进驻姑臧(甘肃武威)。苻坚死后,吕光于386年自称酒泉公,389年称三河王,396年称大凉天王,史称后凉,都姑臧。399年吕光死,内部争权夺位,吕光的太子吕绍、庶兄吕纂、侄子吕隆相继登位。吕隆在位时南凉、北凉交相入侵,他只好于403年投降后秦,东迁长安,后凉灭亡。

(8)南凉

南凉由鲜卑人秃发乌孤建立("秃发"是"拓跋"的异译)。汉魏之际,拓跋氏的一支迁到河西,被称为河西鲜卑。秃发乌孤统治时期,以廉川堡(青海乐都)为中心,势力不断发展。初依附于后凉吕光,397年自称西平王,史称南凉。秃发乌孤死后,弟利鹿孤、傉檀先后继位,与夏、北凉、西秦连年战争,于414年灭于西秦。

(9)北凉

北凉由卢水胡人沮渠蒙逊建立。397年,后凉吕光派沮渠蒙逊的叔父罗仇讨伐西秦,结果大败,吕光杀了罗仇。同年,蒙逊起兵反对吕光,推段业为主。399年,段业称凉王,都张掖,史称北凉。400年,蒙逊杀段业自立。蒙逊多次击败南凉,于421年灭西凉,据有河西走廊。433年,蒙逊死,子牧犍立,439年灭于北魏。蒙逊弟无讳率残余势力西迁,后立国于高昌(新疆吐鲁番),于460年灭于柔然。沮渠氏注意重用汉族士人,提倡儒学,使汉族文化在凉州得到较好保存。

(10)西凉

西凉由汉人李暠建立。他为陇西大族,北凉时官至敦煌太守。400年据敦煌,自称凉公,405年迁都酒泉,史称西凉。李暠称臣于晋,安置流人,劝课农桑,兴修学校,势力渐盛。417年,李暠死,子李歆立。他严刑峻法,大修宫室,刚愎自用,国力大衰。420年,蒙逊攻杀李歆,占据酒泉。421年,蒙逊攻破敦煌,李歆弟李恂自杀,西凉亡。

四、东晋的灭亡

1. 东晋政权的内争

淝水之战后,东晋乘机收复失地。384年连克徐、兖、青、司、豫等州,385年又攻下益州,疆域大大扩充。但这时东晋的统治集团并没有统一全国的雄心,而是争权夺利,日益腐朽。

东晋一代,门阀士族势力强大,皇帝在可能的条件下总是尽力扩张皇权。淝水之战中,谢安忙于对付苻坚,孝武帝于是让弟弟司马道子与谢安共录尚书事,分割了谢安的权力。太元十年(385),谢安病死,司马道子独掌大权。孝武帝又与他发生矛盾,于是任命王恭为兖州刺史、殷仲堪为荆州刺史以牵制他。其实孝武帝与道子都很腐败,"酣歌为务,姏姆尼僧,尤为亲暱,并窃弄其权"①。二十一年(396),孝武帝死,白痴司马德宗即位(安帝),道子重用王国宝等,以对抗王恭和殷仲堪。隆安元年(397),王恭、殷仲堪以讨王国宝为名起兵,道子只好杀王国宝。王恭退兵后,道子又重用儿子司马元显和宗室司马尚之、休之等。二年(398),王恭联合殷仲堪、桓玄(桓温子)等再次起兵,但其部下北府名将刘牢之归附元显,王恭兵败被杀,殷仲堪等退回荆州。三年(399),元显为建立自己的军队,征发三吴地区已被免除奴隶身份做了大族佃客的人当兵,称之为"乐属",并将之迁到建康居住。奴客不愿当兵,大族也因为失去劳动力而不满,于是"东土嚣然,人不堪命,天下苦之"②,孙恩、卢循起义随即发生。

2. 孙恩、卢循起义

孙恩是琅邪(山东临沂)的低级士族,世代信奉五斗米道。其叔父孙泰借传教组织群众,被司马道子杀死,孙恩逃入海岛。隆安三年(399)十月,司马元显发奴客为兵,引起骚乱。孙恩乘机从海上进攻,会稽、吴郡、吴兴等8郡一起响应,队伍很快发展到数十万。南北大族谢氏、王氏、孔氏、顾氏、张氏等许多人被杀死。朝廷震惊,急忙派谢琰和刘牢之率兵镇压,孙恩率20万人退入海岛。随后,孙恩多次从海上登陆,并杀死谢琰、袁山松等重要官吏。但在后期的战斗中,起义军多次被北府将领刘裕打败。元兴元年(402)三月,孙恩进攻临海失败,投海自杀,余众推其妹夫卢循为首领。

卢循出自范阳大族。孙恩失败后,卢循对刘裕作战不利,通过海路南

---
①② 《晋书·会稽王道子传》。

下,于义熙元年(405)攻占广州。东晋为了安抚卢循,任命他为广州刺史、他的姐夫徐道覆为始兴(广东韶关南)相。六年(410)二月,他们乘刘裕北伐南燕、后方空虚之机,经今湖南、江西两路北上。徐道覆在豫章(江西南昌)大败官军,杀晋将何无忌。随后,二人合兵东下,又在桑落洲(江西九江东北)大败晋将刘毅,直逼建康。这时刘裕已赶回建康,起义军作战不利,徐道覆退保始兴,卢循向广州撤退。七年(411)二月,徐道覆兵败被杀,广州也已被晋军占领。卢循转攻交州,四月,失败自杀。

孙恩、卢循起义持续近12年,席卷东晋大部分地区,沉重打击了门阀士族,动摇了东晋的统治。

起义期间,东晋统治集团的内部斗争仍在继续。隆安三年(399),桓玄袭击江陵,杀殷仲堪、杨佺期,迫使朝廷任命他为都督荆司雍秦梁益宁江八州诸军事、荆江二州刺史,其兄桓伟为雍州刺史,控制了长江中上游地区。桓玄自认为天下三分已有其二,有了称帝野心。元兴元年(402),司马元显讨伐桓玄,桓玄也举兵东下,元显前锋刘牢之投降桓玄,元显、道子父子先后被杀,桓玄控制了政权。二年(403),桓玄称帝,国号楚。但他"骄奢荒侈,游猎无度","百姓疲苦,朝野劳瘁"①,很快就被刘裕推翻。

3. 刘裕覆晋建宋

刘裕字德舆,小名寄奴,彭城(江苏徐州)人,居京口(江苏镇江),属于低级士族。刘裕小时家贫,以砍柴、捕鱼及贩履为生,后随北府将领孙无终、刘牢之征战,在镇压孙恩、卢循起义中渐露头角。桓玄掌握政权后,杀掉了许多北府将领,如刘牢之、高素、孙无终、竺谦之等。刘裕假意支持桓玄篡晋,得到信任,但背后却联络何无忌、魏咏之、檀凭之、刘毅、孟昶等27人,准备起兵推翻桓玄。元兴三年(404),刘裕在京口、刘毅在广陵同时起兵,众人推刘裕为盟主,向建康进军。桓玄兵败,仓皇逃回江陵,收集士兵2万人,又率军东下,结果大败于峥嵘洲(湖北黄冈)。桓玄回到江陵,准备入蜀,途中被杀。义熙元年(405),晋安帝复位,刘裕掌握了政权。

刘裕进行了一系列对外征伐活动。义熙五年(409),因南燕不断骚扰边境,刘裕率军北伐。六年(410),攻破广固(山东青州),生擒慕容超,南燕亡。同年,卢循、徐道覆北上,刘裕匆忙返回建康,击退起义军。桓玄死后,其残余势力不断骚扰江陵,益州刺史毛璩派兵东征,蜀人不从,攻陷成都,杀毛

---

① 《晋书·桓玄传》。

璿,推谯纵为成都王。八年(412),刘裕以朱龄石为益州刺史率军伐蜀。次年,朱龄石至成都,谯纵自杀,蜀平。十二年(416),后秦姚兴死,子姚泓即位,刘裕乘机北伐,于次年进攻长安,姚泓投降,后秦亡。

在对外征伐的同时,刘裕也不断清除内部的反对势力。刘裕在京口起兵时,众人虽然推他为盟主,但"非为委体心服、宿定臣主之分也,力敌势均,终相吞咀"①。尤其是刘毅,自认为功劳和刘裕相当,不愿服从,二人明争暗斗。义熙八年(412),刘毅出任荆州刺史,刘裕派王镇恶突袭江陵,刘毅战败被杀。九年(413),刘裕又杀死豫州刺史诸葛长民。刘毅死后,东晋宗室司马休之继任荆州刺史,与雍州刺史鲁宗之相结,共同反对刘裕。十一年(415),刘裕率军西讨,司马休之与鲁宗之逃奔后秦。

通过清除异己势力,刘裕占据了徐州、扬州、豫州、荆州这四大强藩。为了避免重新出现门阀专政的局面,刘裕任命自己的家族成员镇守这些强藩,完全控制了东晋政权。义熙十四年(418),刘裕废晋安帝,另立司马德文(恭帝)。元熙二年(420),刘裕代晋称帝,国号宋,即宋武帝,东晋灭亡。

第四节 南北朝的分立

一、南朝政权的更替

南朝包括四个连续的政权:宋(420～479)、齐(479～502)、梁(502～557)、陈(557～589)。刘裕当政后,任用家族成员镇守强藩,南朝各代沿用下来。这一措施虽有利于削弱门阀士族的政治势力,但加剧了宗室内部的矛盾,使南朝各代都出现激烈的宗王相争,皇位更替频繁,政局动荡不安的局面。

1. 刘宋兴衰

刘裕称帝不到3年就死了,太子刘义符即位。他亲近小人,游戏无度,不久被辅政大臣废黜并杀死,刘裕第三子、荆州刺史刘义隆登上皇位(宋文帝)。元嘉三年(426),宋文帝铲除原辅政大臣,稳定了刘氏的统治。文帝在位的元嘉年间(424～453),社会安定,经济有了较快发展,史称"元嘉之治"。二十七年(450),北魏太武帝拓跋焘围攻悬瓠(河南汝南),文帝派军两路北

---

① 《宋书·刘穆之传》。

伐,后失利撤退。魏军尾随南下,一直打到长江北岸的瓜步(江苏六合)。文帝慌忙宣布戒严,调集军民布防。次年正月,魏军撤退,"所过州郡,赤地无余"①。

宋文帝铲除辅政大臣后,为了避免大权落入异姓之手,曾任命弟弟刘义康为宰相。但随即出现主相之争,义康先被废黜,后被处死。元嘉三十年(453),宋文帝被太子刘劭杀死,文帝第三子江州刺史刘骏自立为帝(宋孝武帝),率军攻克建康,杀刘劭。此后宗室内争一直不断。孝武帝即位不久,其叔父荆州刺史刘义宣就起兵反叛,被镇压。随后,孝武帝又猜忌弟弟刘诞,派军进攻其镇守的广陵,刘诞兵败被杀。孝武帝死后,儿子刘子业即位(前废帝),他滥杀大臣,囚禁宗室。泰始元年(465),孝武帝弟刘彧杀子业自立,是为宋明帝。当时镇守方镇的多是孝武帝之子,纷纷起兵反对,史称"泰始之乱"。叛乱被镇压,孝武帝诸子全部被杀。叛乱中,北边诸州投降北魏,宋失青、冀、徐、兖及豫州淮西之地。宋明帝同样猜忌残暴,其弟兄多被杀死。明帝死后,子刘昱即位(后废帝),萧道成辅政,很快取宋而代之。

2. 萧齐短命

萧道成,南兰陵(江苏常州)人,通过参与平定泰始之乱而逐渐掌握权柄。昇明元年(477),萧道成杀刘昱,另立刘準为帝(宋顺帝),控制了政权。同年,荆州刺史沈攸之起兵反对萧道成,兵败被杀。三年(479),萧道成代宋称帝(齐高帝),国号齐。

萧道成称帝4年后死去,他临死时告诫太子萧赜(齐武帝)说:"宋氏若不骨肉相图,他族岂得乘其衰弊,汝深戒之。"②所以齐武帝在位的永明年间(483~493),宗室得以保全,政治也相对稳定。武帝死后,堂弟萧鸾辅政,先后杀萧昭业(郁林王)、萧昭文(海陵王),自立为帝(齐明帝)。他在位时大开杀戒,高帝、武帝子孙绝大部分被他杀死。临死他还对太子萧宝卷说:"作事不可在人后!"③萧宝卷即位后(东昏侯),继续疯狂屠杀,其中包括皇室疏族、尚书令萧懿。永元二年(500),萧懿弟雍州刺史萧衍在襄阳起兵。中兴元年(501),萧衍等推萧宝融为帝(齐和帝),一举攻入建康。二年(502),萧衍代齐称帝(梁武帝),国号梁。

---

① [唐]李延寿:《南史·宋本纪中》,中华书局1975年版。
② 《南齐书·长沙王晃传》。
③ 《南齐书·东昏侯纪》。

3. 萧梁与侯景之乱

梁武帝在位 47 年(502～549),是南朝诸帝中在位时间最长的皇帝。他博学多才,勤于政务,生活简朴,还多次派军北伐,在历史上颇有名声。但梁武帝的统治并不清明,史称他"急于黎庶,缓于权贵"①,"罔恤民之不存,而忧士之不禄"②。他一方面对百姓施以严刑重法,另一方面对贵族官僚却宽容放纵。他认为宋、齐短祚,是因为皇帝统治太严厉,所以要宽厚待人。他尽力维护高门大族的地位,提拔有才能的寒人典掌机要,容忍皇室成员的不法行为。另外,还大力提倡佛教,仅建康就有佛寺五百余所,僧尼十余万人,其他郡县则不可胜数,"天下户口,几亡其半"③。到了他晚年,官吏贪污、人民逃亡非常严重。这时,又发生规模空前的侯景之乱,终于导致梁朝的灭亡。

侯景原为东魏河南道大行台,统兵 10 万,专制河南达 14 年之久。太清元年(547),东魏权臣高欢死,子高澄继任。侯景与高澄发生矛盾,派人向西魏和梁朝请降。梁武帝不顾群臣反对,接受了侯景,并派萧渊明率军 5 万进攻东魏。结果萧渊明战败被俘,次年(548)正月侯景也被打败,率兵 800 南逃寿春。八月,侯景举兵反梁,攻入建康,进围台城。梁朝各路援军陆续集结到建康城外,人数多达二三十万,但互相猜疑,没有战心。自十月至再次年(549)三月,侯景终于攻下台城,软禁梁武帝,并矫诏解散了城外援军。五月,梁武帝饿死,侯景立太子萧纲为帝(简文帝)。大宝二年(551),侯景杀简文帝,立萧栋为帝,不久杀萧栋自立,国号汉。

台城陷落后,梁武帝的子孙们展开了权力争夺。当时萧绎占据荆州、萧誉占据湘州、萧詧占据雍州、萧纪占据益州。萧绎攻杀萧誉,随后命大将王僧辩东下。承圣元年(552)三月,王僧辩与从岭南北上的陈霸先打败侯景。侯景东逃,四月被其部下杀死,叛乱终于被平定。随后,萧纪称帝,率军东下。萧绎也称帝(梁元帝),并请求西魏进攻益州。二年(553),萧纪兵败被杀,益州被西魏攻占。三年(554),萧詧勾结西魏攻陷江陵,萧绎被杀。西魏立萧詧为梁主,居江陵,同时占据了襄阳。

侯景之乱是南方的一次空前浩劫。侯景军烧杀抢掠,使社会经济遭受

---

① [唐]魏征、令狐德棻:《隋书·刑法志》,中华书局 1973 年版。
② [宋]李昉等编:《文苑英华·梁典高祖事论》,中华书局 1966 年版,第 3950 页。
③ 《南史·郭祖深传》。

严重破坏,"江南大饥,江、扬弥甚,旱蝗相系,年谷不登,百姓流亡,死者涂地","千里绝烟,人迹罕见,白骨成聚,如丘陇焉"①。西魏攻陷江陵后,又俘男女数万口为奴婢,驱入长安。门阀士族在战乱中受到沉重的打击,从北方南下的百余家士族,"至是在都者,覆灭略尽"②。战后,东魏、北齐占据了长江下游以北,西魏占据了益州和襄阳,南朝的版图大大缩小,北强南弱的局面已难以扭转。

4. 南朝尾声

绍泰元年(555),王僧辩、陈霸先将梁元帝子萧方智迎至建康,这时被俘的萧渊明也被北齐送还。王僧辩立萧渊明为帝,陈霸先心怀不满,袭杀僧辩,改立萧方智(梁敬帝),自己独掌朝政。陈霸先是吴兴长城(浙江长兴)人,小时家贫,先在交州镇压农民起义,后从岭南起兵讨伐侯景,力量逐渐壮大。太平二年(557年),陈霸先代梁称帝(陈武帝),国号陈。

陈立国之初,萧詧占据江陵,萧勃占据岭南,梁将王琳盘踞湘、郢二州,境内还有熊昙朗、留异、陈宝应、侯安都、欧阳頠等割据势力,其中王琳威胁最大。永定三年(559),陈武帝死,侄陈蒨即位(陈文帝),王琳率军进逼建康,被陈文帝打败,逃入北齐。随后,陈文帝剿抚兼施,消灭了各地的割据势力。文帝死后,子陈伯宗立(临海王),不久,文帝弟陈顼废帝自立(陈宣帝)。这时,陈朝统治已稳固,社会经济也逐渐恢复,而北齐的政局却非常混乱。太建五年(573),陈宣帝命吴明彻大举北伐,收复了淮南。九年(577),北周灭齐,次年(578年),与陈在吕梁展开激战,陈军大败,吴明彻被俘,淮南之地得而复失,陈朝更为衰弱。

太建十四年(582),宣帝死,太子陈叔宝即位(陈后主)。他信任群小,沉溺酒色,不恤政事,"百姓流离,僵尸蔽野,货贿公行,帑藏损耗"③。祯明三年(589年),隋师济江,俘后主,陈亡。

二、门阀士族的衰落

1. 士族的颓势

门阀士族势力经过汉魏以来的发展,至东晋时达到极盛。进入南朝,门

---

① 《南史·侯景传》。
② 《北齐书·颜之推传》。
③ [唐]姚思廉:《陈书·傅縡传》,中华书局1987年版。

阀士族虽然在政治及社会上仍享有特权,但已走向衰落。南朝门阀走向衰落的原因,大约有以下几点:

(1)自身的腐朽。他们多在玄学清谈的氛围中长大,以"身在廊庙,心在山林"自居,但求放达,不婴事务,以躬亲吏事为耻。而且,他们凭借高贵的血统,可以"平流进取,坐致公卿",没有也不必有经世之才,不能也不需要在政治上有所作为。早在东晋末年,高门士族就大多鄙薄武事,逐渐丧失了军事上的指挥权。到齐梁之际,更是熏衣剃面,傅粉施朱,出则车舆,入则扶持。

(2)皇帝为了加强皇权,限制和削弱门阀士族的权力。南朝的高门大族虽然仍然能够担任中央的高官,或在州镇担任高级僚佐,但实权已经旁落或下移。中央的机要之职,皇帝多任命有才能的寒人;都督和刺史,则多任命宗王或以军功起家的地方豪族。

(3)脱离了宗族乡里,经不起社会动乱或政局变化的打击。南方的侨姓高门西晋末年就脱离了宗族乡里,经过侯景之乱、西魏陷江陵、隋灭陈等几次打击,他们基本上从江南消失了。而北方士族因为具有深厚的宗族基础,还保持着较强的生命力①。

2. 地方豪族与寒人势力的兴起

与门阀士族的衰落相应,南朝时期在政治上最活跃的,一是通过军功起家的南方地方豪族,二是典掌机要的寒人。

南朝对内及对外战争频繁,因此许多地方豪族凭借军功登上高位。如宋孝武帝两次出镇襄阳,梁武帝也是从襄阳起兵而发迹,他们在即位前后都任用了许多当地豪族,如柳元景、薛安都、曹景宗、柳庆远、韦叡等。萧道成曾出镇淮阴,"青冀豪右,崔刘望族,先睹人雄,希风结义"②,如垣崇祖、崔祖思、垣荣祖、崔慧景等,他们在萧道成登位后都受到重用。齐明帝曾出镇豫州,重用的人有豫州豪族裴叔业等。梁末侯景之乱中,江、湘、交、广诸州的土豪势力十分活跃,他们或依附于陈霸先,或独霸一方,如侯安都、欧阳頠、熊昙朗、陈宝应等。地方豪族的兴起,对门阀士族是很大的冲击。

南朝皇帝为了加强皇权,多用寒人在中央担任中书通事舍人以典掌机

---

① 唐长孺:《魏晋南北朝隋唐史三论》第二篇第二章《南北朝门阀士族的差异》,武汉大学出版社1992年版,第178页。

② 《南齐书·垣荣祖传·史臣曰》。

要,在地方担任典签以监察宗王。中书通事舍人本是中书省的小官,由于士族缺乏办事能力,皇帝也不希望他们权力太大,所以多用寒人或低级士族担任中书通事舍人,负责起草诏令,参与机密。如宋朝有戴法兴、巢尚之、阮佃夫,齐朝有纪僧真、刘系宗、茹法亮、吕文显,梁朝有周舍、朱异,陈朝有蔡景历、刘师知、沈客卿等。典签(又称主帅或签帅)本是州镇处理文书的小吏。刘宋以后,多用宗王出镇地方,皇帝为了加强控制,于是让典签负责监察。"刺史、行事之美恶,系于典签之口,莫不折节推奉,恒虑弗及。于是威行州部,权重蕃君"①。梁武帝时放纵宗王,典签的权势才遭到削弱。

三、北魏统一北方与孝文帝改革

1. 北魏的建国和统一北方

北魏由鲜卑族拓跋部建立。拓跋部的祖先生活在今内蒙古鄂伦春大兴安岭北部一带②,传说在其首领拓跋毛时,"统国三十六,大姓九十九"③,大约还是一个部落联盟组织。东汉初年,拓跋部开始向南迁移,东汉末年,到达匈奴故地。

曹魏后期,拓跋力微吞并没鹿回部,"诸部大人,悉皆款服,控弦上马二十余万"④。258年,拓跋力微迁居盛乐(内蒙古和林格尔),举行祭天大典,诸部酋长都来助祭,确立了部落联盟首领的地位。晋武帝时,幽州刺史卫瓘担忧力微难以控制,于是挑拨部落联盟的内部关系,致使力微死后,"诸部离叛,国内纷扰"⑤。西晋末年,力微的孙子猗卢统一各部,帮助晋并州刺史刘琨打败刘聪,被封为代王。后来,猗卢立少子比延为继承人,被长子六修杀死,拓跋部又陷于动乱之中。338年,什翼犍即代王位,稳定了局势,并且多次进攻周边部族,掠夺了大量牲畜和人口。376年,苻坚灭代,将什翼犍俘

---

① 《南史·巴陵王子伦传》。
② 1980年7月,在鄂伦春阿里河镇西北嘎仙洞发现北魏太武帝派人来告祭天地的石刻祝文,证实这里是拓跋氏的最早居住地。见米文平:《鲜卑石室的发现与初步研究》,《文物》1981年第2期。
③ [北齐]魏收:《魏书·序纪》,中华书局1974年版。
④⑤ 《魏书·序纪》。

至长安①,分代国为二部,刘卫辰统领西部,刘库仁统领东部。

淝水之战后,前秦瓦解。386年,什翼犍之孙拓跋珪为各部大人所推,即代王位,都盛乐,同年改称魏,史称北魏。这时,居于西燕的什翼犍之子窟咄回来争位,诸部骚动,拓跋珪向后燕求救。慕容垂派兵大败窟咄,帮助拓跋珪稳住了王位。此后5年内,拓跋珪打败北面的高车和柔然、东北面的库莫奚、南面的刘卫辰,势力日益强大。随后,拓跋珪与后燕展开争夺。395年,拓跋珪在参合陂(山西阳高)大败燕军。396年,慕容垂死,拓跋珪率军40万大举攻燕。次年,垂子慕容宝败逃龙城。398年,拓跋珪攻克邺城,占据了中原大部分地区。同年,迁都平城(山西大同),定国号魏。399年,称帝(道武帝)。

409年,拓跋珪被庶子拓跋绍杀死,太子拓跋嗣在群臣支持下杀绍即位(明元帝)。422年刘裕死,拓跋嗣乘机出兵,攻占了刘宋的司、豫、兖等地。423年拓跋嗣死,子拓跋焘即位(太武帝)。拓跋焘连年进攻柔然,柔然部落四散。426年进攻西夏,占领长安,427年占领统万,428年擒夏主赫连昌。431年昌弟赫连定被吐谷浑俘虏,西夏亡。430年拓跋焘进攻北燕,436年冯弘逃奔高丽,北燕亡。439年拓跋焘亲率大军征北凉,包围姑臧,沮渠牧犍出降,北凉亡②。至此北魏结束割据局面,统一了北方。

2. 拓跋部的汉化与制度建设

拓跋部逐步南下,与汉人的接触越来越多,如何处理与汉人的关系,如何对待汉族文化,成为其统治者不得不面对的重要问题。

拓跋力微时期,拓跋部还处于部落联盟阶段,各部对汉族文化基本上持排斥态度。魏末晋初,力微长子沙漠汗曾作为质子留居洛阳,"风采被服,同于南夏,兼奇术绝世"。诸部大人担心他即位后"变易旧俗",危及他们的利益,最后将他害死③。猗卢被封为代王,得到马邑、阴馆、楼烦、繁畤、崞五县,统治的汉人逐渐增多,卫雄、姬澹、莫含等汉人得到重用。为便于统治,

---

① 关于什翼犍之死,史书有两种记载,一是他战败后被庶长子寔君杀死,二是被俘后死于长安。一般认为后者更可信,详见李凭:《北魏平城时代》第一章第一节《道武帝早年经历考》,社会科学文献出版社2000年版,第17~25页。

② 十六国时期,许多汉族士人避难河西走廊,使汉族文化得以在这里保存,北魏灭北凉后,河西文化传入北魏,对孝文帝改制产生了很大的影响。参见陈寅恪:《隋唐制度渊源略论稿·叙论》,中华书局1963年版,第2页。

③ 《魏书·序纪》。

猗卢以盛乐为北部,另在平城以南百里筑新平城,为南部,这里以汉人居多,使长子六修统领。后因继承问题引发内乱,南北相争,"新旧猜嫌,迭相诛戮"①。什翼犍曾作为质子在后赵襄国(河北邢台)住了10年,汉化较深。即位后,他模仿魏晋,"始置百官,分掌众职"②,任用汉人燕凤为长史、许谦为郎中令,使北魏的国家制度渐趋完备。

拓跋珪攻破后燕,为了统治汉族人口占绝对优势的中原地区,他更注意笼络汉族士人,采用汉族制度。他任用上谷张衮、清河崔玄伯、安定邓渊等参掌机要,创立制度。政治上,迁都平城,定国号魏,自称皇帝,以中原正统自居;模仿魏晋制度,建台省,设刺史,立爵品,定律令。经济上,"离散诸部,分土定居,不听迁徙,其君长大人皆同编户"③,变游牧经济为定居的农业经济;迁徙山东六州四十多万人充实代国,"给内徙新民耕牛,计口受田"④。文化上,定律吕,协音乐,撰礼仪,考天象;设置五经博士,增加太学生员,收集儒家经典。但在另一方面,拓跋珪对汉人也非常猜忌。如崔逞将拓跋军人比作飞鸮,贺狄干举止类似儒生,都被拓跋珪杀死。

拓跋焘吸收了更多汉族士人到政权中来。他重用汉族高门清河崔浩和赵郡李顺、李孝伯等,又征辟各地士人数百人,都先后授予官职。文化上,他信任道士寇谦之,宣布道教为国教,改年号为"太平真君",还亲自登坛接受符箓。同时,他提倡儒学,祭祀孔子,"制自王公已下至于卿士,其子息皆诣太学"⑤。另一方面,则排斥被称为"胡神"的佛教。这些措施引起了鲜卑贵族的普遍不满,450年,拓跋焘借崔浩修国史"备而不典"⑥,即宣扬暴露了拓跋部早期的落后风俗,族诛崔浩及其姻亲范阳卢氏、太原郭氏、河东柳氏等,使拓跋部的汉化进程受阻。

拓跋焘曾以太子拓跋晃为监国,后因东宫集团权力膨胀,拓跋焘杀

---

① 《魏书·卫操传》。
② 《魏书·序纪》。
③ 《魏书·贺讷传》。
④ 《魏书·太祖纪》。
⑤ 《魏书·世祖纪》。
⑥ 《魏书·崔浩传》。

晃①,寻又后悔,怪罪于宦官宗爱。452年,宗爱杀拓跋焘,立焘子拓跋余(南安王),不久又杀余。同年,群臣拥立晃长子拓跋濬(文成帝),杀宗爱。465年,濬死,12岁的太子拓跋弘(献文帝)即位,丞相乙浑专权。次年,太后冯氏诛浑,临朝听政。471年,弘死,5岁的太子拓跋宏即位(孝文帝),太皇太后冯氏再次临朝听政。

3. 孝文帝改革

孝文帝即位前后,北魏政权面临着一系列政治、经济和社会问题。首先是拓跋部统治者虽然任用汉人,采用汉制,但鲜卑贵族与汉族士族的矛盾一直存在,在拓跋焘统治后期还一度激化。对外征战时,他们常常让汉族及其他少数族在前面当"肉篱",拓跋军人则在后面用骑兵驱赶。其次是在孝文帝以前,北魏没有俸禄制度,各级官吏贪赃枉法,"纵奸纳赂,背公缘私,致令贼盗并兴,侵劫兹甚"②。如拓跋焘曾派公孙轨到雍州调发民驴以运粮,"初来,单马执鞭;返去,从车百辆"③。再次由于战争频繁,豪强地主又不断兼并土地,使人民流离失所,土地荒芜,"良畴委而不开,柔桑枯而不采"④。因此,这时社会矛盾尖锐,农民暴动经常发生。445年,卢水胡盖吴在杏城(陕西黄陵)起义,队伍发展到10万人,北魏调动了大量兵力才镇压下去。孝文帝即位后的短短10年间,就发生了十几次民众武装暴动。

形势迫使孝文帝进行了改革。改革分两个阶段:太皇太后冯氏当政期间,主要是整顿吏治和推行均田制;490年冯氏死后,孝文帝独掌朝政,主要是推行汉化政策。

(1) 整顿吏治

484年,北魏规定每户增收帛三匹、粟二石九斗,作为官僚的俸禄⑤。俸禄之外,贪污满一匹者即处死。同年派人巡行州郡,处死贪污者40多人,于是"食禄者跼蹐,赇谒之路殆绝"⑥。北魏初年,地方官不论治绩好坏,任期

---

① 关于拓跋晃之死,史书有两种记载,一是忧惧而死,二是被拓跋焘杀死。这里采用后者,参见李凭《北魏平城时代》第二章第三节《正平事变》,社会科学文献出版社2000年版,第120～130页。
② 《魏书·高祖纪上》。
③ 《魏书·公孙表传附公孙轨传》。
④ 《魏书·李安世传》。
⑤ 《魏书·食货志》。
⑥ 《魏书·刑罚志》。

都是6年,现在则规定根据治绩而定,好则留,不好则去。

(2) 推行均田制、三长制和新租调制

485年颁布均田令,主要内容有:男子年15以上受露田40亩,女子20亩,为了轮种,加倍或加两倍授给,不得买卖,身死或年老免课则归还官府;奴婢与良人一样受田,耕牛每头受田30亩,限4牛,还受依有无奴婢、耕牛而定;男子受桑田20亩,种麻之地,男子受麻田10亩,女子5亩,身死不还,在规定数额内可以买卖。因为当时许多大族隐匿人口,为保证均田制的实施,486年制定了三长制,规定五家一邻,五邻一里,五里一党,以重定户籍。同时制定了新的租调制,规定一夫一妇出帛一匹、粟二石。

(3) 迁都洛阳

拓跋珪于398年迁都平城,经过近百年的时间,平城已不太适合作为都城。经济上,平城地区人口日益增加,粮食供应经常发生困难。军事上,北面受柔然的威胁,要经营南方又显得太远。更重要的,平城是鲜卑勋贵的聚居地,保守势力非常强大,孝文帝要推行汉化政策,会遇到很大的阻力。因此,孝文帝决心将都城迁到洛阳。493年,孝文帝以南伐为名,率大军南下,行至洛阳,群臣不愿南伐,予以劝阻,孝文帝于是宣布定都洛阳。但许多鲜卑贵族并不甘心,太子拓跋恂擅自回到平城,被孝文帝赐死,随后穆泰、陆叡等在平城谋反,也被镇压下去。

(4) 推行汉化政策

首先是改官制。北魏前期的官制胡汉杂糅,493年,南朝士族王肃投奔北魏,孝文帝令他改定官制,一依魏晋南朝制度。其次是禁胡服。传统上鲜卑男子被发左衽,女子穿夹领小袖装,并习惯戴帽,迁都之后,下令改穿汉服。还有断北语。495年,规定30岁以下的人在朝廷上不准说鲜卑语,必须说汉语,违者免官。还有改姓氏。496年,改拓跋氏为元氏,其余鲜卑姓都改为汉姓,如丘穆陵氏改为穆氏、步六孤氏改为陆氏、独孤氏改为刘氏。最后定姓族。规定鲜卑穆、陆、贺、刘、楼、于、嵇、尉八姓与汉族著姓崔、卢、李、郑、王同等,将汉族士族划定为膏粱、华腴、甲姓、乙姓、丙姓、丁姓,并规定士族不得担任低级官职。

通过改革,北魏吏治在一定时间内得到改善。相当一部分农民获得了土地,土地兼并受到一定的抑制,经济得到恢复和发展,政府的财政收入也有了增加。鲜卑贵族与汉族士族的利益得到一定程度的协调,民族矛盾趋于缓和,各民族进一步融合。但在另一方面,孝文帝引入并强化门阀制度,也加速了鲜卑贵族的腐朽。

四、北魏分裂及东魏、北齐与西魏、北周的对峙

1. 北方各族民众大起义

499年孝文帝死,子元恪即位(宣武帝)。他"宽以摄下,从容不断"①,贵族、官僚贪赃枉法,骄奢淫逸,政治日益腐败。如元晖任吏部尚书,"纳货用官,皆有定价,大郡二千匹,次郡一千匹,下郡五百匹,其余官职各有差",被人称为"市曹"②。515年宣武帝死,6岁的太子元诩(孝明帝)即位,太后胡氏(灵太后)临朝听政。此后,北魏贪污奢侈之风更盛,灵太后又迷信佛教,大建佛寺,导致公私穷困,民不聊生。在这样的背景下,终于爆发了北方各族大起义。

起义首先从北边六镇开始。拓跋珪迁都平城后,为了防备柔然入侵,开始在北部边境设立军镇,至拓跋焘时建成六镇,自西而东分别为:沃野镇(内蒙古五原东北)、怀朔镇(内蒙古固阳西南)、武川镇(内蒙古武川西)、抚冥镇(内蒙古四子王旗东南)、柔玄镇(内蒙古兴和西北)、怀荒镇(河北张北)。六镇设立之初,将领及士兵地位较高,待遇也好,"或征发中原强宗子弟,或国之肺腑,寄以爪牙"③,"不但不废仕宦,至乃偏得复除。当时人物,忻慕为之"④。但在孝文帝迁洛后,六镇失去了军事上的重要性,加上受门阀制度的影响,军人地位一落千丈,"号为府户,役同厮养,官婚班齿,致失清流"⑤。军镇的主将、僚属及豪强因仕途受阻而不满,一般镇民则因受到沉重的奴役和压迫,反抗情绪更为强烈。

523年,沃野镇民破六韩拔陵率众杀镇将,六镇起义爆发。此后数年内,又发生了河北起义、山东起义和关陇起义。六镇起义不久,起义军攻陷六镇,北魏政府派兵镇压,但连遭失败。525年,北魏联合柔然,才将起义镇压下去。随后,六镇兵民二十余万被迁到河北就食,但河北连年饥荒,无处就食。同年,杜洛周在上谷(河北怀来)起义。526年,鲜于修礼在左人城(河北唐县)起义,不久,鲜于修礼被杀,部将葛荣领导义军继续战斗。528

---

① 《魏书·世宗纪》。
② 《魏书·元晖传》。
③ 《魏书·魏兰根传》。
④ [唐]李延寿:《北史·广阳王建传附孙深传》,中华书局1974年版。
⑤ [唐]李百药:《北齐书·魏兰根传》,中华书局1972年版。

年,葛荣吞并杜洛周,拥众数百万,准备进攻洛阳,但在滏口(河北磁县西北)被尔朱荣打败,起义失败。杜洛周、鲜于修礼起义发生后,河北20余万户汉人流移青州,生活无着。528年,邢杲领导流民在北海(山东潍坊西南)起义,529年,被元天穆镇压。六镇起义发生后,关陇地区的氐、羌各族纷纷响应,524年,莫折大提在秦州(甘肃天水)起义。不久,莫折大提病死,莫折念生、万俟丑奴先后领导起义军继续战斗,530年,被尔朱天光镇压。

北方各族大起义持续了8年,鲜卑、氐、羌、汉等各族人民共同战斗,席卷了北魏大部分地区,沉重打击了北魏的腐朽统治。

2. 河阴之变和北魏分裂

在镇压起义的过程中,尔朱荣掌握了北魏政权。尔朱氏属于匈奴的一支契胡,北魏初年降附,被安置在北秀容(山西朔县北)。世为领民酋长,"家世豪擅,财货丰赢","牛羊驼马,色别为群,谷量而已"①。六镇起义爆发后,尔朱荣召集兵马,积极镇压,势力日益强大。时灵太后独掌朝政,孝明帝与之不和,于528年密令驻兵晋阳(山西太原)的尔朱荣赴洛。不久,灵太后毒死明帝,立3岁的元钊为帝。尔朱荣在河阴(河南洛阳东北)另立元子攸(庄帝),沉胡太后和元钊于黄河,杀朝臣两千余人,史称河阴之变,汉化的鲜卑贵族遭到毁灭性打击。

河阴之变后,尔朱荣专制朝政,引起孝庄帝的不满。530年,孝庄帝借朝见之机杀死尔朱荣。尔朱荣之侄尔朱兆率兵入洛,杀孝庄帝,立元晔为帝(东海王),不久又废元晔,另立元恭(节闵帝)。随后,高欢消灭尔朱氏,占据关东;宇文泰占据关中,北魏分裂为东魏和西魏。

3. 东魏和北齐

高欢,小字贺六浑,渤海蓨(河北景县)人。其先祖因犯罪徙居怀朔镇,世居北边,生活习俗逐渐鲜卑化。六镇起义后,高欢先后投奔杜洛周、葛荣,最后投到尔朱荣麾下,出任晋州刺史。530年,尔朱兆杀孝庄帝,高欢与他不和。这时,葛荣降众有二十多万人流入并、肆(山西忻州),无以为生,多次反叛。高欢要求带领他们就食山东(太行山以东),得到尔朱兆的同意。531年,高欢在信都(河北冀县)立元朗为帝(安定王),起兵讨伐尔朱兆。532年,高欢在韩陵(河南安阳东北)大败尔朱兆,进据洛阳,废元恭、元朗,另立元修为帝(孝武帝)。533年,尔朱兆兵败自杀。534年,元修不愿受高欢控

---

① 《魏书·尔朱荣传》。

制,西奔长安。高欢另立元善见(孝敬帝),迁都于邺,史称东魏。高欢任东魏大丞相,居晋阳(山西太原)遥控朝政。

高欢集团的核心成员是六镇尤其是怀朔镇军人。这些鲜卑军人世居北镇,孝文帝的汉化政策使其地位一落千丈,因此对汉人非常仇视。有人说治河役夫多溺死,刘贵听了说:"一钱汉,随之死。"高欢试图调和双方的矛盾,他告诫鲜卑人:"汉民是汝奴,夫为汝耕,妇为汝织,输汝粟帛,令汝温饱,汝何为陵之?"对汉人则说:"鲜卑是汝作客,得汝一斛粟、一匹绢,为汝击贼,令汝安宁,汝何为疾之?"①但鲜卑勋贵依靠军功起家,骄纵不法,多事聚敛,使东魏的政治一开始就很腐败。高欢怕激化矛盾,不敢亲自制裁,而让世子高澄整顿吏治。高澄任命汉族士人崔暹为御史中尉,毕义云、卢潜、宋钦道、李愔、崔瞻等为御史,"纠劾权豪,无所纵舍,于是风俗更始,私枉路绝"②。鲜卑勋贵对此极为愤恨,547年高欢一死,河南道大行台侯景就举兵反叛。

549年高澄被膳奴杀死,其弟高洋掌权。550年,高洋代魏称帝(文宣帝),国号齐,史称北齐。高洋多次兴兵北伐,打败库莫奚、契丹、突厥、山胡、柔然,掠夺了大量人口和牲畜。又乘南方梁、陈实力衰减,占领淮南。高洋即位之初,留心政事,以法驭下,政治还算清明。但不久就居功自傲,荒淫酗酒,滥杀无辜。他一反高澄重用汉族士人的做法,以鲜卑人自居,多任用鲜卑勋贵,使北齐政权出现明显的鲜卑化倾向。杜弼曾说:"鲜卑车马客,会须用中国人。"③高洋认为是在讥讽他,后来将他杀掉。太子高殷好学,高洋认为"得汉家性质,不似我"④,想废掉他。尽管如此,高洋还是用了一些汉族士人,如以杨愔为尚书令,"(愔)维持匡救,实有赖焉"⑤。

559年,高洋死,太子高殷即位(废帝),不久被废,高洋弟高演(孝昭帝)、高湛(武成帝)相继即位,汉族士人的地位更加低下,北齐政治也日益腐败。高湛子高纬(后主)即位后,宠任乳母陆令萱及其养子和士开、高阿那肱等,"各引亲党,超居非次,官由财进,狱以贿成"⑥,政治腐败到了极点。

---

① 《资治通鉴》卷一五七"梁武帝大同三年"。
② 《北齐书·文襄纪》。
③ 《北齐书·杜弼传》。
④ 《北齐书·废帝纪》。
⑤ 《北齐书·杨愔传》。
⑥ 《北齐书·后主纪》。

4. 西魏和北周

宇文泰,字黑獭,其先祖属于匈奴宇文部①,北魏初年徙居武川。六镇起义后,宇文泰先后投奔鲜于修礼和葛荣,葛荣失败后,随从尔朱荣的部将贺拔岳征讨。530年,他又随尔朱天光、贺拔岳入关中镇压万俟丑奴。后尔朱天光随尔朱兆讨伐高欢,失败被杀,贺拔岳也被高欢之党侯莫陈悦杀死,部众推宇文泰为主,攻杀侯莫陈悦,占据了关中。534年,魏孝武帝与高欢不和,西奔长安。次年,宇文泰杀孝武帝,立元宝炬(文帝),都长安,史称西魏。宇文泰任丞相,掌握军政大权。

西魏与东魏、梁朝相比,地盘最小,力量最弱,为了改变这种局面,宇文泰苦心经营,进行了一系列改革。

政治上,改革内政,扩大统治基础。宇文泰颁布了六条诏书,即先治心、敦教化、尽地利、擢贤良、恤狱讼、均赋役,并要求百官背诵。宇文泰集团的核心成员是六镇尤其是武川镇军人,此外还引用一大批关陇豪族,如苏绰、韦孝宽、令狐整等。为了缓和鲜卑与汉人的矛盾,顺应六镇起义后出现的鲜卑化倾向,宇文泰实行了复姓、赐姓制,即恢复孝文帝改姓前的鲜卑旧姓,赐予汉人鲜卑姓,如元氏恢复为拓跋氏、杨忠赐姓普六茹氏、李虎赐姓大野氏等。另一方面,宇文泰模仿《周官》改革官制,用上古汉制自我标榜,笼络人心。

军事上,创立府兵制。宇文泰模仿早期的鲜卑部落兵制,设8个柱国大将军(实为6个,宇文泰和另一西魏宗室不统兵),各督2个大将军,大将军各督2个开府,共24军。府兵制创立之初,各柱国类似部落酋长,所统府兵都改从其姓,另编军籍,不归郡县管辖,不负担课役。这一制度增强了军队的凝聚力,提高了士兵的地位,使西魏、北周的军事力量日益强大。

经济上,改革均田制。宇文泰重新制订了授田的数量及租调、徭役的征收标准,严禁官吏、豪强隐匿户口和土地,在赋役上力求平均,缓和了阶级矛盾,促进了经济的发展。

这些改革措施使西魏的国力逐渐增强。553年,宇文泰乘梁萧纪与萧绎相争之机,出兵夺取了益州,554年又攻陷江陵,使西魏疆域进一步扩大。556年,宇文泰死,子宇文觉嗣位,泰之侄宇文护辅政。557年,宇文觉代魏

---

① 传统认为宇文部属于鲜卑,经考证,实属于匈奴。见周一良:《论宇文周之种族》,《魏晋南北朝史论集》,北京大学出版社1997年版,第239~256页。

(孝闵帝),国号周,史称北周。后宇文护杀觉,先后立泰子毓(周明帝)、邕(周武帝)。572年,周武帝杀护,掌握了政权。周武帝在位时,释放奴婢,毁灭佛教,大大增加了政府的租调收入和兵源。575年,周武帝大举伐齐,577年灭齐,统一了北方。

578年,周武帝病死,子宇文赟即位(周宣帝)。周宣帝不问政事,沉溺酒色,滥施淫威,臣下人人自危。579年,周宣帝传位于7岁的太子宇文阐(周静帝),次年病死,大权落入宣帝皇后杨氏之父杨坚手中。581年,杨坚代周称帝(隋文帝),国号隋。589年,隋灭陈,统一了全国。

第五节 魏晋南北朝国家政权组织的演变

一、三省制的形成与三公九卿制的退化

秦汉中央官制先是以丞相为首,后是三公九卿制。汉武帝为了限制丞相权力,加强皇权,开始重用身边的尚书,于是出现三省(尚书、中书、门下)制的萌芽。经过300多年至魏晋时期,三省制初步形成,但尚未完全定型,仍处于不断的演变之中①。

1. 尚书省

尚书的发展经历了三个阶段:君主内侍机构、君主办公机构、国家行政总署。战国至西汉前期,尚书隶属于九卿之一的少府,主管君主的文书档案,是君主的私人秘书,地位很低,权力也很轻。汉武帝以后,尚书开始成为君主的办公机构。汉武帝为了加强皇权,并置尚书与中书(中尚书),尚书居殿中,收发奏章诏令;以宦者担任的中书(中尚书)居后宫,充当皇帝与尚书之间的联络机关。这时的尚书主要负责收发奏章,诏令的发布一般是由尚书发御史,再由御史发丞相或接受者。东汉时期,尚书逐渐超越收发文件的职能,扩大到"出纳王命,敷奏万机",即拥有了出令(草拟诏令)权,可以直接将命令下达到接受机关。曹魏时再建中书,剥夺了尚书的出令权,尚书于是脱离少府,由内朝走向外朝,成为国家的行政总署,即国家的最高行政机关。

---

① 本部分主要参考陈仲安、王素《汉唐职官制度研究》第一章《中央官制》,中华书局1993年版;陈长琦《中国古代国家与政治》第三章第五节《魏晋南北朝时期国家组织的演化》,文物出版社2002年版。

从西汉成帝开始,尚书开始设置部曹(或称列曹,即分类办事机构),最初设有4曹,魏晋南北朝时期一般设置5或6曹。如曹魏设有吏部(掌选举)、左民(掌户籍、功作)、客曹(掌祭祀、教育、礼仪)、五兵(掌军事)、度支(掌财政)5曹。部曹下设郎曹,曹魏设25郎曹,西晋增至35个,东晋省并为15个,南朝设20多个。魏晋南北朝时期,尚书省一般置令1人,左、右仆射各1人,为正、副首长,下置左、右丞各1人,为助手;各部曹置尚书1人为首长,郎曹置郎1人为首长,下置令史若干人,负责抄录文书。令、仆射、尚书一般是8人,号称"八座"。两汉时期出现领尚书事、平尚书事、录尚书事等附加头衔,指兼管或参议尚书的事务,往往由当权大臣充任。魏晋南北朝时期,权臣多借录尚书事控制政权。

2. 中书省

中书即中尚书,是设在后宫的尚书,产生于汉武帝时期。汉武帝一方面要处理国家大事,另一方面又要在后宫游宴享乐,为了解决这个矛盾,于是开始在后宫置中尚书,由宦官担任。尚书在朝廷接纳大臣章奏,转给中尚书,再呈武帝批阅;武帝的诏令则由中尚书转尚书,再转御史,最后转丞相执行。由于掌握出令权的中书由宦官控制,因而受到士人的抨击。西汉成帝时撤消中书,东汉也不设中书,尚书成为君主的主要秘书机构。由于尚书兼掌出令与行政,权力极大,为削弱其权力,作为独立机构的中书于是应时而生。东汉末年,曹操被封为魏王,设置秘书,由士人担任,主管尚书奏事。曹魏建立后,改秘书为中书,中书机构正式诞生。新生的中书侵夺了尚书的出令权,无论百官上呈的奏章,还是皇帝下达的诏令,都要经过中书处理,中书成为皇帝与尚书之间的联络机关,而尚书则成为单纯的执行机关。

曹魏时期,中书省置监、令各1人为首长,下置侍郎4人,再下置通事舍人4人。魏晋时中书监、令权力很大。魏明帝临终时,想任命燕王曹宇等辅政,但中书监刘放、中书令孙资提出异议,于是改为司马懿、曹爽辅政。西晋时,中书监荀勖"久在中书,专管机事",后升迁为尚书令,怅然若失,怏怏不乐,有人祝贺,他说:"夺我凤皇池,诸君贺我邪!"[①]南朝时,因为士族不理庶事,皇帝也担心他们权力太大,中书权力于是下移到中书通事舍人手中。这时,中书机构进一步发展,成立了许多"局",对应指挥尚书的曹。

---

① 《晋书·荀勖传》。

3. 门下省

门下即禁中黄门之下。门下在汉代并不是一个正式机构,而是指皇帝的文武侍从,如侍中、常侍、给事中、诸吏等。其中最重要的是侍中,其职责一是"入侍天子",做一些生活服务工作,如为皇帝执虎子(便器)、唾壶(痰盂)等;二是"切问近对,拾遗补阙",即讨论政事,为顾问。担任侍中的多是贵族子弟或博学多才者。另外,大臣在加侍中的称号后,可以进入宫中议事。汉灵帝时始设侍中寺;汉献帝时置侍中、给事黄门侍郎各6人,以省尚书事(评审尚书的奏章)为主要职掌,门下机构正式形成;曹魏时侍中、给事黄门侍郎各固定为4人;西晋时改侍中寺为门下省。侍中的地位很高,南朝时常被视为宰相的"便坐",甚至被直接视为宰相。另外,散骑常侍、散骑侍郎也以备顾问为主要职责,但其地位及归属却变化不定。

十六国至北魏前期,由于少数族入主中原,职官制度多具有"胡汉杂糅"的特点。孝文帝改制时,模仿魏晋南朝制度,设立了尚书、门下、中书、秘书、集书、中侍中六省,其中前三省是中央施政的主要机构,东魏、北齐沿袭下来。西魏宇文泰为获取汉人的支持,模仿《周官》创立了六官制度,即天官、地官、春官、夏官、秋官、冬官,但事实上与三省制有共通之处。如天官府的首长大冢宰相当于尚书令、仆,天官府的御正、御伯相当于侍中、黄门,春官府的内史相当于中书监、令。隋朝建立后,废除六官,恢复了北魏、北齐以来的三省制。

4. 三公

秦朝和西汉的中央官制长期以丞相为首,到西汉末将丞相职权一分为三,改设大司马、大司徒、大司空,才变成名副其实的三公制。东汉时三公改称为太尉、司徒、司空,但随着尚书机构的发展,三公的权力被逐渐架空。所以东汉光武帝"虽置三公,事归台阁(尚书),自此以来,三公之职,备员而已"[①]。

东汉末年,曹操任丞相,罢三公。曹魏初年,重置三公。此后为了平衡权力,尊崇大臣,公越置越多,至西晋时形成八公并置的局面,即三师(太宰、太傅、太保)、二大(大司马、大将军)、三公(太尉、司徒、司空)。东晋南朝仍沿袭八公之制,但一般不同时设置。十六国时期也置公,如前赵曾仿照西晋八公而置七公。北魏孝文帝改制后也设有八公,与西晋八公基本一致,只将

[①] 《后汉书·仲长统传》,中华书局1965年版。

太宰改为太师,北齐沿袭下来。北周以太师、太傅、太保为三公,又置少师、少傅、少保为三孤,为三公之副。魏晋南北朝时诸公虽然地位崇高,待遇优厚,但多是虚职,并不执行实际政务。

5. 九卿

秦汉一直设有九卿,是具体执行政务的机构,此后卿的数量、名称、职掌都一直在发生变化。至梁朝时,共置12卿,又分为4类。春卿:太常卿(掌祭祀和教育等)、宗正卿(掌皇室外戚之籍)、司农卿(掌农功仓廪)。夏卿:太府卿(掌金帛府帑)、少府卿(掌皇室财物)、太仆卿(掌马牧)。秋卿:卫尉卿(掌宫门屯兵)、廷尉卿(掌司法)、大匠卿(掌土木)。冬卿:光禄卿(掌宫殿门户)、鸿胪卿(掌导护赞拜)、大舟卿(掌舟航堤渠)。各以卿1人为首长,下置丞、功曹、主簿等。陈朝沿袭。北魏孝文帝改制时,设太常、光禄、卫尉、太仆、廷尉、大鸿胪、宗正、大司农、太府九卿。北齐沿袭,改廷尉为大理、大鸿胪为鸿胪、大司农为司农,合称九寺,各以卿、少卿1人为正、副首长,下置丞、功曹、主簿、录事等。北周实行六官,不置九卿,隋时恢复北魏、北齐旧制。

与三公不同,九卿虽然变化很大,但一直是实职。曹魏时建立中书,尚书的出令权被剥夺,成为单纯的国家行政总署。这样,尚书与九卿在行政职能上发生重叠,如九卿有太常,尚书则有礼部或祠部;九卿有廷尉(或大理),尚书则有都官或刑部;九卿有司农、少府(或太府),尚书则有度支或民部;九卿有太仆,尚书则有驾部等。西晋刘颂上疏说:"秦汉已来,九列执事,丞相都总;今尚书制断,诸卿奉成。"① 表明这时尚书与九卿已开始形成上下级关系,九卿逐渐退化为尚书指挥之下的事务机关。但在整个魏晋南北朝时期,这种关系还没有明朗化。为了解决职掌重复的问题,东晋曾做过一些机构的省并工作,但成效不大。

二、州郡县三级制的建立与都督制的演变

魏晋南北朝时期,州已由汉代的监察区划转变为地方行政区划,秦汉的郡县两级制由此演变为州郡县三级制。另外,出于战争或巩固统治的需要,这一时期还存在都督制、行台制和总管制等,对地方行政体制产生了很大的

---

① 《晋书·刘颂传》。

影响①。

 1. 州郡县三级制的建立及其组织机构

 三国时,共有 18 州、170 郡、1251 县。西晋统一后,有 19 州、173 郡。永嘉之乱后,北方战乱不息,大量人民南下,东晋政府多将他们安置在长江中下游和汉水两岸,设侨州、侨郡、侨县进行管理,另立户籍(白籍)。东晋中期以后,曾多次省并侨州郡县,取消白籍,将侨民编入正式户籍(黄籍),称为土断。但直到南朝,侨州郡县的问题仍没有得到完全解决。十六国时期,辽东半岛的前燕、河西走廊的前凉也设有侨郡、侨县。另外,南北各政权为了限制地方权力,或奖励军功、褒赏臣下,还常常分割州郡。由于这些原因,南北朝时的州郡数量大增,设置非常混乱,以至"百室之邑,便立州名;三户之民,空张郡目"②。据统计,573 年时南北朝各政权共有 285 州、674 郡。州郡过度增置,造成地方官员众多,行政效率低下,财政开支庞大,这是魏晋南北朝地方行政体制的一大弊端。

 这时州郡县的组织机构基本上沿袭汉代,变化不大。州的长官为刺史,京师所在州则往往置州牧,位高权重。州的上佐有别驾(刺史副职)、治中(居中治事),一般由朝廷任命;下佐主要有主簿(录阁下众事,省署文书)、功曹书佐(主官吏选署)、治中从事史(主财谷簿书)、典郡书佐(每郡 1 人,各主一郡文书)、部郡国从事史(每郡 1 人,主各郡监察),一般由刺史从本地人中任命。郡的长官为太守,京师所在郡则置尹,封国所在郡则置相(有时改为内史)。僚属有郡丞、主簿、功曹史、五官掾、督邮等。县的长官为令,小县则置长,封国所在县则置相。僚属有县丞(西晋罢)、县尉、主簿、录事、记室、书佐、诸曹掾史等。

 2. 都督制的演变

 都督的名称在东汉已经出现,当时分为两类。一类是偏裨将领,称帐下督或部曲督,地位较低。一类是统率一军或一个军事区的主将,称持节都督,由御史、中郎将等临时兼任,皇帝授权监督州郡镇压"盗贼",这是后来都督制的开始。董卓之乱后,各州郡拥兵割据,朝廷为了笼络他们,便给他们

---

① 本部分主要参考陈仲安、王素《汉唐职官制度研究》第二章《地方官制》,中华书局 1993 年版;严耕望《中国地方行政制度史》乙部《魏晋南北朝地方行政制度》下册,台北历史语言研究所 1990 年版;牟发松《魏晋南朝的行台》、《东魏北齐的地方行台》,载《魏晋南北朝隋唐史资料》1988 年第 9~10 期。

② 《北齐书·文宣帝纪》。

兼督数州或都督某州的称号，如以袁绍兼督冀、青、幽、并四州，以程昱都督兖州。这种都督就是统治地方的军事兼行政长官。曹操统一北方时，陆续在重要地区建立军镇，后来逐渐形成都督区。如以钟繇持节督关中诸军，驻长安；以夏侯惇都督二十六军，屯居巢（安徽巢湖）；以曹仁为征南将军，屯樊城（湖北襄樊），这就是后来几个都督区的前身。

延康元年（220），曹丕即魏王位，将统治区内的沿边诸州分为5个都督区，即关中、扬州、荆州、青徐、河北，都督制正式形成。与此同时或稍后，蜀、吴也在边境设置都督区。司马氏当权后，实行以内制外的政策，将都督区扩展至内地，在邺城置邺城都督，许昌置豫州都督，长安置雍凉都督（蜀亡后长安成为内地重镇），分别任命家族成员担任。西晋设有8个都督区，即邺城、豫州、关中、幽州、沔北、荆州、青徐、扬州。东晋主要设有9个都督区，即扬州、荆州、徐州、豫州、江州、会稽、沔中、益州、广州。其中扬、荆是最根本的都督区，其他都督区多由这二区分出，也多受这二区领导。对内扬、荆经常对抗，对外则互相呼应。东晋末年，刘裕为了限制地方权力，对都督区多有分割，南朝延续了这一措施，使都督区的数量越来越多，而辖区却越来越小，势力大大削弱。十六国及北魏前期，大致在汉族居住区实行州郡县制，偶尔也设置都督；在少数族居住区则实行军镇制。孝文帝改革后，将州郡县制推行到全国，同时开始普及都督制，最后形成了11个都督区，即关中、统万夏州、河西凉州、豫州、青齐、徐州、荆州、淮南、冀定、恒州和北边诸镇。

都督区大小不一，大的可都督十余州，小的只都督数郡，小都督区通常要受大都督区的节制，但又有相对的独立性。如东晋南朝时，雍州都督区（镇襄樊）通常隶属于荆州都督区（镇江陵），但不服从命令甚至互相争斗的事也常常发生。都督区的范围也不是固定不变，中央常常根据形势进行调整。都督是军事区划，州郡县是行政区划，所谓"都督知军事，刺史治民，各用人"①，二者性质完全不同。但实际上都督却经常干预地方行政事务，原因是都督通常兼领本州刺史，而刺史也通常加有军号。曹魏至西晋前期，都督只管军事，一般不兼领刺史。晋惠帝后期天下大乱，中央对地方基本上失去控制，都督一般兼领本州刺史。东晋南朝沿袭下来，如宋文帝刘义隆即位前曾任都督荆、益、宁、雍、梁、秦六州及豫、扬数郡诸军事，同时兼任荆州刺史。曹魏以后，任刺史者也多带有军号，有军号则有军府。于是各州刺史都

---

① 《南齐书·百官志》。

有两套僚属班子，一个是州佐，一个是府佐。如果刺史不带军号，则被称为单车刺史，被人轻视。州之下的郡太守、县令也常加军号，郡设郡府，县设参军。正因为都督制对地方行政有很大的影响，所以当时往往将都督区视为州之上的新一级行政区划。

都督分三等，都督诸军事为上，监诸军事次之，督诸军事为下。都督以节为权力标志，使持节为上，持节次之，假节为下。使持节有权诛杀太守以下官，持节有权诛杀无官位的人，假节只能在有军事活动时杀犯军令者。另外，还有大都督和都督中外诸军事，以黄钺为权力标志，可以诛杀持节都督，但只在特殊情况下或权臣当政时才临时设置。都督都带有军号，并依军号设立军府。如都督为安西将军，则置安西府，升为镇西将军，则改称镇西府。军府的僚属主要有：长史（掌政务）、司马（掌军事）、咨议参军（军事参谋）、主簿（秘书）、诸曹参军（负责各曹事务）等。南朝时期，凡是年幼的皇子出镇，或府主暂离、疾病、死亡或被朝廷猜忌等，往往由长史、司马、咨议参军代掌其职，称行事，不是正式的官职。宋、齐时，中央还重用原来府州内处理文书的低级官吏典签，以加强对地方的监察。

3. 行台制和总管制

行台即行尚书台（偶尔也有行御史台等），相对于留台（留在原地的尚书台）而言，是指在特殊情况下为了迅速应变而临时设置的驻外中央行政机构。行台在曹魏时开始设置，两晋、南朝及十六国、北魏前期都曾设置。六镇起义爆发后，由于都督区已越划越小，不能胜任大规模的军事行动，为了镇压起义，北魏于是频繁派出行台节度诸军。时间一长，行台的性质便发生变化，由中央派出的临时机构逐渐转变为地方的常设机构。从东魏到北齐，在晋阳设有大行台，在地方则形成了8个行台，即幽州（东北道）、朔州（北道）、山东（河北）、晋州、河阳、豫州、东南道、扬州道。东魏、北齐的行台已逐渐取代都督，成为新的地方军政区划，都督虽然保留，但已成为虚号。西魏也设有大行台，由宇文泰担任，地方行台则不太整齐和稳定，主要有抵抗东魏的玉壁（山西稷山）东道行台和防守江南的荆州（东）南道行台。行台的长官，最高为录尚书事，次有令、仆射、尚书。

西魏废帝二年（553），宇文泰罢大行台，实行都督制。北周明帝武成元年（559），改都督诸州军事为总管。平齐以前，北周共有近30个总管府，平齐以后则增至48个。其中在重要地区设置的为大总管府，共有5个，即金州、荆州、晋州、相州、青州。总管兼任所驻州刺史，并统辖邻近各州。大总管除统辖直属的州郡外,还统辖若干个总管。

三、从名士月旦到九品官人法

1. 名士月旦与汉末选举

九品官人法是魏晋南北朝时期的官吏选拔与任用制度,它是对汉代察举征辟制的继承和发展,是维护门阀士族政治权力的主要工具。

两汉时各地向中央推荐的人才以及各地方机构中首长的僚属,都由地方官从本地人中选拔。被推(辟)举的人要熟悉儒家经典、遵守儒家提倡的道德,即"经明行修"。除此还要考察宗族乡里对他的评价,即"核之乡闾"。但到东汉后期,选举已经被大族、名士所操纵。大族经济基础雄厚,子弟有条件读书,在地方上有势力,所以比一般人更容易被举。所谓"名士",即地方大族的头面人物,他们品评人物,操纵乡论,对选举有很大的影响。如汝南大族名士许劭与从兄许靖"好共核论乡党人物,每月辄更其品题,故汝南俗有'月旦评'焉"①。曹操年轻时,太尉桥玄对他说:"君未有名,可交许子将。"曹操于是去拜访,得到"治世之能臣,乱世之奸雄"的品评,"由是知名"②。选举还出现了尚名背实、朋党交结的弊端,求官者"多务交游以结党助,偷世窃名,以取济渡"③,以致"举秀才,不知书,察孝廉,父别居,寒素清白浊如泥,高第良将怯如鸡"④。

汉末大乱,人士流移,考察人才已很难再"核之乡闾"。同时,为了避免大族、名士的操纵,曹操已有意识派人去负责推荐或品评,试图将选举权控制在政府手中。如颍川大族荀彧除为曹操出谋划策外,还推荐了不少士人。平定袁绍后,曹操引用冀州名士崔琰主管选举,"总齐清议,十有余年"⑤。平定荆州后,他又让荆州名士韩嵩"条品州人优劣,皆擢而用之"⑥。针对尚名背实、朋党交结的弊端,曹操提出要"唯才是举",他多次下达求才令,如《论吏士行能令》、《求贤令》、《敕有司取士毋废偏短令》、《举贤勿拘品行令》

---

① 《后汉书·许劭传》。
② 《三国志·武帝纪》注引《世语》及《异同杂语》。
③ [汉]王符撰;[清]汪继培笺:《潜夫论·务本》,上海古籍出版社 1978 年版,第 19 页。
④ 《抱朴子外篇校笺·审举》。
⑤ 《三国志·崔琰传》注引《先贤行状》。
⑥ 《后汉书·刘表传》。

等,强调"治平尚德行,有事赏功能",要求臣下"明扬仄陋,唯才是举"①。

尽管曹操试图将选举权控制在政府手中,并提倡"唯才是举",但当时的才学之士非大族即名士,所以他仍然只能从大族、名士中选拔人才,也仍然只能由大族、名士向他推荐人才。如荀彧"前后所举者,命世大才,邦邑则荀攸、钟繇、陈群,海内则司马宣王,及引致当世知名郗虑、华歆、王朗、荀悦、杜袭、辛毗、赵俨之俦,终为卿相,以十数人"②。其中荀攸、钟繇、陈群出自东汉颍川的一流高门,司马懿为河内大族,杜畿为京兆大族,其余5人是名士。崔琰所举的人物便有涿郡大族、经学大师卢植之子卢毓。所以,曹操的选举政策尽管有积极意义,但并没有阻止世家大族势力的发展趋势。

2. 九品官人法

延康元年(220)曹丕即魏王位后,接受吏部尚书陈群的建议,制定了九品官人法。到西晋时,这一选官制度渐趋完备,其主要内容有以下几点:

(1) 设置中正

九品官人法制定之初,在各郡设置了中正,稍后又在各州设置了大中正。州郡中正只能由本籍贯人充当,而且多由现任的有威望的中央官员兼任,一般还要是九品中的二品(上品)。州郡中正都由中央司徒府任命,郡中正最初由各郡长官推荐,西晋时改为由州中正推荐。州郡中正都设有属员,称为"访问"。一般人物由属员评议,重要人物则由中正亲自评议。

(2) 确定资品

资品是士人的人才等级,主要由中正来评定。中正品评人物的标准有三个:家世、道德和才能。家世又称"簿阀"、"簿世",指被评者的族望和父祖官爵。中正要对人物的道德、才能情况写出简短的评语,称为"状",如"德优能少"、"天材英博,亮拔不群"之类。中正再结合其家世和德才,对人物划分等级,称为"品"。品共分九等,即上上、上中、上下、中上、中中、中下、下上、下中、下下。其中一品虚设,二品为上品,其余为下品(三品在西晋时为上品,以后降为下品)。中正品评的结果要上交司徒府复核,用黄纸写正、保存,称为"黄籍",以作为吏部选官的根据。每隔三年,中正还要对所评人物重新评议,予以升品或降品。

除了中正的品评外,资品还可通过察举、试经、赐官、赐爵与袭爵等途径

---

① 《三国志·武帝纪》。

② 《三国志·荀彧传》注引《彧别传》。

获得。察举仍沿袭汉代,先由各州郡推荐秀才、孝廉、贤良方正,然后由朝廷进行考试,再根据成绩分出等级,授予议郎、郎中、中郎等官职。试经即对国子生、太学生、州郡学生进行考试,通过者也可获得资品,如太学生试经通过后所获得的资品一般是四品。赐官是皇帝赏赐臣下及亲属官位的制度,某个人只要获得赐官,也就同时获得了该官位所要求的资品。魏晋的爵位都标有相应的品位,被赐予爵位或袭爵也就等于获得了相应的资品。如西晋的县侯为三品,如被封为县侯则等于获得了三品的资品。

(3) 划分官品

与资品相应,各种官职也被划分为九品,称为官品,指各种官职所需要的人才品级。如魏晋时期的尚书令、尚书仆射、列曹尚书都是第三品,则表示这些官职都需要资品为三品的人来担任。除官品之外,魏晋南北朝还用秩石来表示官阶,即各种官职在国家组织中的地位。如尚书令与列曹尚书同为三品,但尚书令的官阶是千石,列曹尚书的官阶则是六百石。

(4) 按品授官

士人获得资品后,就有了做官的资格,由吏部按品授官。原则上,获得二品资品,就可以做官品第二的官职。但在实际操作过程中,最初做官的人不能马上担任与自己资品一致的官,资品与初仕官(起家官)的官品之间还有一个差距。曹魏时大致相差三品,西晋时则相差四品或三品。如西晋郑默的资品为二品,起家官为秘书郎,官品为六品。

九品官人法是曹操选举政策的制度化。设立中正品评人物,使东汉以来在野的名士月旦变成了在朝的中正品第,从而将选举权收归中央,体现了皇权对大族势力的控制①。

两汉以来地方大族势力在不断发展,统治者采取各种措施试图抑制或控制,却不能扭转这种趋势。九品官人法也是如此,其创立之初有控制大族势力的意图,但最终仍成为门阀士族巩固统治的工具。曹魏时九品官人法还将门第与德才并列,但在西晋以后,唯重门第而不重德才,父祖官爵越高,则资品越高,入仕的官品也就越高,于是形成了"上品无寒门,下品无势族"、

---

① 以上关于名士操纵选举及其对曹操选举政策和九品官人法的影响,参见唐长孺《东汉末年的大姓名士》,载《魏晋南北朝史论拾遗》,中华书局1983年版;《魏晋南北朝隋唐史三论》第一篇第二章《门阀政治》,武汉大学出版社1992年版。关于资品和官品,参见陈长琦《魏晋南朝的资品与官品》,《历史研究》1990年第6期。

"公门有公,卿门有卿"的局面。士族子孙可以"平流进取,坐致公卿",逐渐丧失了进取心,不断走向腐朽、堕落,成为社会的寄生虫。因此,九品官人法在本质上是一种世袭性的选官制度,阻挡了人才上升的途径。

十六国和北朝时期,各政权多由少数族建立,九品官人法的作用比较小。后赵石勒曾划定九品,石虎也曾恢复雍、秦大族的免役特权,但随着政权的转移,这些措施并没有得到贯彻。北魏前期,崔浩曾试图划分士族,后来因本人被杀而中止。孝文帝改制后,北魏才开始实行九品官人法,但其在河阴之变后便流于形式。

第六节 魏晋南北朝时期的社会经济

一、魏晋南朝时期的土地制度与农业生产

魏晋南朝继承了两汉以来大土地所有制的发展趋势,国家控制的自耕农(编户)很少,其余绝大部分沦为官僚、贵族、豪强大土地上的佃客或部曲。政府虽然采取各种措施进行限制,但所起的作用很小①。

1. 魏晋大土地所有制的发展

中国古代自秦汉以来确立了专制主义中央集权的政治体制,这种体制以自耕农经济为基础,必须维持一定数量的自耕农作为国家赋役对象。秦汉时自耕农在全部人口中占有很大的比重,但到三国时,国家户籍上的编户数量出现惊人的下降。据统计,东汉永寿三年(157)的著籍户口约有1100万户、5600万口,到三国时只有约150万户、770万口,户数和口数的下降幅度达到86%。除死于战乱和逃往边地者外,绝大部分人因赋役压迫和土地兼并,被迫脱离国家户籍,沦为豪强私人的依附人口。

从西汉武帝开始,就有不少自耕农破产流亡,"或耕豪民之田,见税十五"②,成为与豪强对半分成的佃客。但这时在豪强庄园中进行生产的主要是奴隶,佃客并不普遍,佃客的身份也是自由的。到汉末三国时,豪强拥有

---

① 本节主要参考唐长孺《魏晋南北朝隋唐史三论》第一篇第一章《社会经济的变化》,第二篇第二章《南北社会经济结构的差异》,武汉大学出版社1992年版;何兹全《汉魏之际社会经济的变化》,《读史集》,上海人民出版社1982年版。

② 《汉书·食货志》。

的佃客越来越多,佃客的人身依附关系也越来越强,常常与奴隶并称或混称。他们为豪强耕种,通常将收获量的一半上交田主,而不承担国家赋役。这时"豪人之室,连栋数百,膏田满野,奴婢千群,徒附万计"①,徒附就是具有人身依附性的佃客。又如东海朐(江苏连云港)人糜竺,"祖世货殖,僮客万人,赀产巨亿"②;营(山东单县)人刘节有"宾客千余家","未尝给徭"③。豪强尽管事实上占有大量土地,荫庇大量人口,但国家在法律上并未承认他们有这种权力,如曹操曾"重豪强兼并之法"④,司马芝任营长时也曾征发刘节的田客去当兵。

2. 屯田制的兴废

东汉末年军阀混战,土地荒芜,人口流亡,农业生产受到极大破坏。为了解决军粮问题,曹操招募流民开垦无主的荒地,实行了屯田制。屯田以民屯为主,另外还有军屯。民屯于建安元年(196)在许下首先实行,随后推广到各州郡;军屯主要分布在与吴、蜀交界的地区,以淮水两岸的规模最大,最多时达十多万人。

民屯和军屯都不属郡县,由大司农统一管理。民屯长官为典农中郎将(或典农校尉)和典农都尉,基层单位是屯,屯设司马,每屯约有屯田民(称屯田客、典农部民或租牛客户)50人。军屯长官称度支中郎将(或度支校尉)和度支都尉,基层单位是营,每营约有屯田兵(称士家)60人。屯田民、屯田兵用公家耕牛的要交纳收成的60%,用自家牛的交50%。屯田民不承担赋役,屯田兵则一面屯田一面防守,死后由家属递补名额。

曹魏的屯田虽然在名称上沿袭汉代,但在经营方式上却与当时豪强的大土地经营方式类似。屯田民佃种政府掌握的无主荒地,交纳收成的60%或50%,不承担赋役,与豪强庇护的佃客是一样的。曹操通过屯田制解决了军粮问题,为统一北方奠定了基础,同时也解决了两汉以来的流民问题,使农业生产得到恢复。

但曹魏的屯田是在汉末战乱时期仿照豪强的大土地经营方式实行的特殊制度,目的主要在于解决粮食问题,屯田民只纳地租而不承担赋役,并不

---

① 《后汉书·仲长统列传》。
② 《三国志·糜竺传》。
③ 《三国志·司马芝传》。
④ 《三国志·武帝纪》。

是传统的自耕农经济。随着社会的安定,生产的发展,这一制度也失去了它的本来意义。魏咸熙元年(264)和晋泰始二年(266),司马炎先后两次下令罢屯田官,典农改任郡守,都尉改任县令或县长,屯田民著籍州县,成为编户。

3. 稳定自耕农经济

在屯田之外,曹魏还采取各种措施尽力稳定自耕农经济。曹魏对地方官的考核以户口、垦田多少为准,因此地方官多注意招抚流民,劝课农桑。如关中由官府买牛,提供给归还者,许多流民因此返乡;金城(甘肃兰州)太守苏则"与民分粮而食,旬月之间,流民皆归,得数千家"①;扬州刺史刘馥大行恩化,流民还者上万人。建安九年(204),曹魏颁布了较轻的田租户调令,田租亩4升、户调绢2匹、绵2斤,此外,地方官不得征收苛捐杂税,豪强不得转嫁赋税。这对减轻自耕农的负担,让自耕农安心生产起了一定的作用。

西晋时期,政府继续采取措施阻止大量人口依附豪强为客,稳定自耕农经济,以保证赋税和徭役的征发。即位之初,司马炎就下诏禁止募客。泰始五年(269),又敕"豪势不得侵役寡弱,私相置名"②,即禁止豪强招募佃客,私自登记名籍。这一措施在当时得到认真的执行,如王恂任河南尹时严禁募客,管辖范围内无人敢违犯;西晋宗室高阳王司马睦募客700多户,被褫夺王爵,贬为县侯。通过采取以上措施,西晋的著籍户口有了一定的回升。太康元年(280),全国约有246万户、1600万口,比曹魏有了明显增加,但与东汉永寿三年(157)相比,户数下降77%,口数下降71%,下降幅度仍然很大。这表明当时依附于官僚、贵族、豪强的户口仍然很多。

4. 占田制的实行

太康元年(280),西晋灭吴,统一了全国,随即实行了占田制。主要内容包括:男子一人占田70亩,女子30亩;丁男课田50亩,次丁男减半,丁女20亩③,田租亩8升;丁男立户的每年纳户调绢3匹、绵3斤,次丁男及丁女立户的减半;官僚按官品高低从第一品至第九品占田50顷至10顷,荫亲属九族至三世,荫衣食客3人至1人,荫佃客15户至1户。

---

① 《三国志·苏则传》。
② 《晋书·食货志》。
③ 占田指向政府登记所占有的土地,课田指向政府交纳租赋的土地,丁指16~60岁的男女,次丁指13~15岁、61~65岁的男女。关于占田与课田的关系,有两种观点,一种认为课田在占田之内,一种认为在占田之外。

占田制从法律上承认了农民已占有的土地,如数额不够还可按规定占足,并在此基础上制定了相应的田租和户调,从而在一定程度上稳定了自耕农经济,保证了国家的赋税收入。但它并没有采取措施保证农民占有土地,而租调则是要按规定数额交纳的,而且比曹魏要重。对于官僚、贵族,规定了占田荫客的限额,在一定程度上限制了他们兼并土地和荫庇人口。但限额不大,又没有制定超过限额的惩罚措施,因此很难执行。而且,虽然规定的数量很有限,但从法律上认可了他们所占有的土地和客,体现了对他们利益的保护。因此,占田制在稳定自耕农经济和限制土地兼并方面的作用很有限。

东汉末年的军阀混战使黄河流域一片残破,"名都空而不居,百里绝而无民者,不可胜数"①。由于曹操采取屯田、劝课农桑、兴修水利等措施,经济逐渐得到恢复,黄河流域"农官兵田,鸡犬之声,阡陌相属",扬州"公私有蓄",凉州"家家丰足"②。西晋初期,晋武帝很重视发展农业,下诏敦促"省徭务本,并力垦殖","务尽地利"③。平吴后,全国复归统一,社会更加安定,同时由于实行占田制,在一定程度上调动了农民的生产积极性,于是出现了"太康之治"的局面。史称当时"天下书同文,车同轨,牛马被野,余粮栖亩,行旅草舍,外闾不闭,民相遇者如亲,其匮乏者取资于道路,故于时有天下无穷人之谚"④。

5. 东晋南朝的屯墅田园和给客制度

东晋南朝时期,门阀势力强大,大土地所有制在南方原有的基础上继续向前发展,政府的限制措施几乎失去了作用。

孙吴时期,江南大族已是"僮仆成军,闭门为市,牛羊掩原隰,田池布千里"⑤。西晋征服孙吴后,基本上没有触动江南大族的经济利益。永嘉之乱后,许多北方士族迁到江南,力图重建田园,而在他们聚集的三吴地区,良田沃壤大多已被江南大族占领,因此只能以屯封别墅的形式向山林湖泽发展。如会稽滨海一带有大量未垦湖田,谢玄在那里建立田宅别墅,其孙谢灵运又"凿山浚湖,功役无已"⑥。江南豪门则在原有基础上继续扩张,如会稽人孔

---

① 《后汉书·仲长统列传》。
②③ 《晋书·食货志》。
④ [梁]萧统编,[唐]李善注:《文选·晋纪总论》,中华书局 1977 年版。
⑤ 《抱朴子外篇校笺·吴失》。
⑥ 《宋书·谢灵运传》。

灵符"家本丰,产业甚广,又于永兴(浙江萧山)立墅,周回三十三里,水陆地二百六十五项,含带二山,又有果园九处"①。皇室也不甘人后,纷纷"营立屯邸,封略山湖"②。东晋以来,政府曾经多次下令禁止封禁山泽,但没有作用,史称"山湖之禁,虽有旧科,民俗相因,替而不奉,熂山封水,保为家利。自顷以来,颓弛日甚,富强者兼岭而占,贫弱者薪苏无托,至渔采之地,亦又如兹"③。刘宋以后不再禁止,只要对山泽进行过"加功修作",就允许占有④。这些屯墅、田园具有高度的自给自足性质,如谢灵运的别墅包括水陆田亩、竹林、果园、菜圃等,几乎提供了一切生活必需品。

随着大土地所有制的发展,大量户口成为大土地所有者的佃客或部曲。东晋以后,"流民多庇大姓以为客"⑤。刘宋后期,由于战争频繁,困于赋役的人民纷纷投充部曲(私兵),成为将帅的私属人口。至梁朝时,"太半之人,并为部曲"⑥。因此,尽管东晋南朝有许多北方人民南下,南方经济有很大的发展,人口有很大的增长,但著籍户口却很少。如刘宋的著籍户口约为90万户、517万口,比西晋同地域的户口少68%。东晋时曾重新制定荫客的标准,第一、二品荫40户,以下每品递减5户,至九品5户;客都登记在主人的户籍上,即"客皆注家籍",称为给客制度。限额虽然比西晋有了增加,但实际荫庇的人口远不止这些。政府也曾严厉打击隐匿户口的豪强,如山遐任山阴令时,不到两个月就清查出1万多人,刘裕当政时还处死了隐匿1千多人的虞亮,但这些事例在东晋南朝非常罕见。

6. 经济重心开始南移

南方的农业在孙吴、东晋、宋、齐、梁、陈这六朝中有了很大的发展,经济重心开始从黄河流域向南方转移。南方的自然条件比较优越,为经济发展提供了基础。东汉末年及永嘉之乱后,北方人大量南下,给江南带来了劳动力和先进的生产技术。东晋至孙恩、卢循起义前,基本上没有战争的影响,"百许年中,无风尘之警,区域之内,晏如也"⑦。这种相对安定的环境,使农

---

① 《宋书·孔季恭传》。
② 《南齐书·高帝纪》。
③ 《宋书·羊玄保传》。
④ [唐]杜佑撰:《通典·食货一·田制上》,中华书局1988年版,第15页。
⑤ 《南齐书·州郡志》。
⑥ 《文苑英华·梁典高祖事论》。
⑦ 《宋书·沈昙庆传·史臣曰》。

业生产得以正常进行。至刘宋文帝时,农业获得空前发展,"役宽务简,氓庶繁息,至余粮栖亩,户不夜扃"①,"凡百户之乡,有市之邑,歌谣舞蹈,触处成群"②,史称"元嘉之治"。但在梁、陈之际,由于发生侯景之乱,江南的农业生产遭到极大的破坏。

二、十六国北朝时期的土地制度与农业生产

西晋末年,南北分裂,东晋南朝的大土地所有制沿袭魏晋轨道继续发展,而十六国和北魏前期由于少数族入主中原,战乱频繁,土地所有权也不稳定。至北魏孝文帝时实行均田制,北方大土地所有制的发展受到一定程度的阻碍。

1. 十六国时期的坞堡组织

十六国时期,北方人民大批迁往江南、东北和凉州等地,许多大族也抛弃了他们的田园,使大片土地荒芜。留在北方的汉族豪强纷纷聚集宗族乡里,修筑坞堡以自救,黄河流域一时坞堡林立,取代了原有的基层政权组织。当时的坞堡大致有两类,一类是本地大族在家乡附近所建,另一类是流民坞堡。宗族乡里在坞主的统率下,一边战斗一边生产。如西晋末年,颍川大姓庾衮"率其同族及庶姓保于禹山","峻险阨,杜蹊径,修壁坞,树藩障。考功庸,计丈尺,均劳逸,通有无。缮完器备,量力任能,物应其宜,使邑推其长,里推其贤,而身率之"。"及贼至,衮乃勒部曲,整行伍",进行抵抗③。在坞堡组织下,土地所有关系很不稳定。本乡就近建立的坞堡,土地由坞主支配,很难保留原有的土地所有关系。流人坞堡多在他乡开垦荒地,迁徙不定,兴灭无常,更谈不上土地归谁所有。

坞堡荫庇着大量的人口,"或百室合户,或千丁共籍,依托城社,不惧熏烧,公避课役"④。另外,各个政权的官僚、贵族也存在荫庇人口的现象。如前燕就有不少人投靠王公贵族,成为军营的荫户,称"营户"或"军封",致使"国之户口,少于私家","民户殚尽,委输无入"⑤。为了开辟赋役来源,前燕罢除军封,大力检括户口,使著籍户口有了很大增长。前燕灭亡时约有 246

---

① 《宋书・沈昙庆传・史臣曰》。
② 《宋书・良吏传・序》。
③ 《晋书・庾衮传》。
④ 《晋书・慕容德载记》。
⑤ 《资治通鉴》卷一〇一"晋海西公太和三年"。

万户、1000万口,这还是人口大量流亡后的著籍数,而西晋同地域内只著籍112万户,可见当时荫户的数量之大。后来南燕也曾检括户口,虽然地域仅限于胶东半岛,但仍然检得荫户5.8万。

2. 北魏早期的宗主督护制

北魏前期,黄河流域走向统一,坞堡有的被消灭,有的自行解散,但其赖以建立的宗族乡里组织仍然存在。北魏根据这种现实情况,没有设立基层行政组织,而是推行了宗主督护制。宗主为宗族之长,统率众多的族人,"五十三十家方为一户"①,多的甚至达到数千家。如赵郡李显甫"豪侠知名,集诸李数千家,于殷州西山(河北隆尧东)开李鱼川,方五六十里居之,显甫为其宗主"②。宗主统率的除宗族外,还有不少外来投靠的荫户。宗族成员一般拥有多少不等的土地,荫户则在豪强的荫庇下垦荒或佃种豪强的土地,类似魏晋的荫户。因为一户往往包括数十家,所以北魏前期的户租数额很大,往往达到三五十石。在宗主督护制下,土地兼并和荫庇人口的现象比较普遍,"富强者并兼有余,贫弱者糊口不足","民多荫附,荫附者皆无官役,豪强征敛,倍于公赋"③。

3. 北魏的均田制、三长制与新租调制

北魏孝文帝针对土地所有权不稳定的问题,实行了均田制;针对宗主督护制大量荫庇人口的问题,实行了三长制;在此基础上,制定了新的租调制。以恢复和发展农业,增加政府的赋役征发。

十六国至北魏前期,战争频繁,人民大量战死或流亡,导致大片土地荒芜。随着战争的减少,社会逐渐安定,大批流民返回家乡,而土地往往已被他人占有,由此引起长期的土地争讼。豪强兼并土地的问题也很严重,致使许多农民失去土地。这样既不利于农业生产,也影响了政府的租调收入。孝文帝时,李安世上疏认为,土地归属既然"事久难明",就应"悉归今主",以免土地抛荒。对土地兼并,应"令分艺有准,力业相称,细民获资生之利,豪右靡余地之盈"④。即承认现有的土地占有关系,同时按标准分配无主的土地,使农民都能获得一定的生产资料,同时限制豪强的土地兼并。孝文帝采

---

① 《魏书·李冲传》。
② 《北史·李灵传》。
③ 《魏书·食货志》。
④ 《魏书·李安世传》。

纳建议,于太和九年(485)颁布了均田令,主要内容为:授予男女、奴婢和耕牛40至20亩不等的露田,死后应归还国家;授予男女20至5亩的桑田或麻田,身死不用归还。

为了配合均田制的实施,北魏又实行了三长制。在宗主督护制下,三五十家方为一户,使政府的赋役对象大量减少。而均田制的还授是以一夫一妇的小户为基础的,因此必须重定户籍。太和十年(486),孝文帝采纳李冲的建议,制定了三长制,规定五家为邻,设邻长;五邻为里,设里长;五里为党,设党长。三长的职责是检查户口、征收租调、征发兵役和徭役。三长制取代了宗主督护制,三五十家合在一起的大户被分成一夫一妇的小户,北魏的著籍户口有了很大的增加。史称"户口之数,比夫晋之太康,倍而已矣"①,估计约有500万户,而西晋同地域内只著籍141万户。

在此基础上,北魏制定了新的租调制,规定均田民除丁男负担征戍、杂役外,一夫一妇出帛或布一匹(四丈)、粟二石。

4. 均田制的成效和北方农业发展水平

均田制的实行肯定了现实土地关系,即当下耕作者对所耕土地的使用权,也使无地农民获得了小块土地,这在一定程度上限制了土地兼并,有利于荒地的开垦及农业生产的恢复发展。三长制的实行,使大量依附人口成为国家编户,增加了政府的赋役对象,加强了中央集权。较轻的租调也有利于提高农民的生产积极性。

但在均田制下,官僚、贵族、地主仍然可以凭借自己所拥有的奴婢、耕牛占有大量土地,而农民被授予的土地也很难达到规定数额。而且随着人口增加,能够用来还受的土地越来越少。均田制虽然限制土地买卖和占田过限,但农民经济力量脆弱,赋役稍重或遭遇天灾,就只有出卖土地,破产逃亡。因此均田制在颁行后不久便遭到破坏,大土地所有制逐渐发展,越来越多的农民沦为豪强的依附人口。如北魏后期,咸阳王元禧"昧求货贿,奴婢千数,田业、盐铁遍于远近,臣吏僮隶,相继经营"②。宋世良被派往河北检括户口,"所括得丁,倍于本帐(著籍户口)"。东魏时,孙腾、高隆之任括户大使,"获逃户六十余万"③。北齐时,"强弱相凌,恃势侵夺,富有连畛亘陌,贫

---

① 《魏书·地形志》。
② 《魏书·咸阳王禧传》。
③ 《魏书·孝静帝纪》。

无立锥之地"①,"暴君慢吏,赋重役勤,人不堪命,多依豪室"②。为了维持自耕农的数量,北齐、北周都曾重新颁布均田制,但施行不久便遭到破坏。

西晋前期,北方农业曾有很大发展,但随着八王之乱、永嘉之乱的发生,"百姓流亡,中原萧条,千里无烟,饥寒流陨,相继沟壑"③,农业遭到严重破坏。十六国时期,黄河流域的农业曾有过两次短暂恢复:一是石勒多次遣使巡行州郡,劝课农桑,减轻百姓的赋税;二是苻坚"开山泽之利,公私共之,偃甲息兵,与境内休息",使得"田畴修辟,帑藏充盈"④。前凉、前燕境内的农业也有一定程度的发展。鲜卑拓跋部在与汉人的接触中,逐渐由游牧经济向农业经济转变。北魏前期多次徙民到平城一带,促进了那里的农业生产。拓跋焘统一北方后,"垦田大为增辟"⑤,农业开始得到恢复和发展。孝文帝通过推行均田制、三长制,一度使北方农业欣欣向荣,"公私丰赡,虽时有水旱,不为灾也"⑥。但到北魏后期,政治黑暗,起义频繁,随后东、西魏连年战争,农业又遭到破坏。北齐、北周时期,农业有所恢复,但没有达到北魏中期的水平。

三、魏晋南北朝的工商业

1. 手工业技术的发展

魏晋时,官府拥有庞大的手工业作坊,工匠(百工)父子相袭,户籍单列,身份低下。南朝对手工业的控制有所放松,如宋竟陵王刘诞曾将"名工细巧,悉匿私第"⑦。梁朝时,官府作坊还出现了前所未见的雇佣制,"凡所营造,不关材官(木材管理机构)及以国匠(官府工匠),皆资雇借,以成其事"⑧。北朝对手工业的控制非常严格,工匠世代承袭,严禁民间私藏,否则灭族。孝文帝罢锦绣绫罗织工,允许民间私造,对纺织业的控制有所放松。

(1) 纺织业

---

① 《通典·食货·田制下》引《关东风俗传》。
② 《通典·食货·丁中》。
③ 《晋书·慕容皝载记》。
④ 《晋书·苻坚载记》。
⑤ 《魏书·世祖纪下》。
⑥ 《魏书·食货志》。
⑦ 《宋书·竟陵王诞传》。
⑧ [唐]姚思廉:《梁书·贺琛传》,中华书局1973年版。

这是当时主要的手工业部门。东汉末年,北方的纺织业遭到很大破坏。曹魏时,传统丝织中心襄邑(河南睢县)、洛阳都恢复了生产。蜀国的织锦业发达,享有盛名的蜀锦畅销魏、吴,是蜀国军费的主要来源。孙吴由于政府的提倡,纺织业也有了初步发展,宫中织女达数千人。西晋末年,北方人大量南下,使南方的纺织业迅速发展,"丝绵布帛之饶,覆衣天下"①。建康所染的黑色丝绸质量很高,秦淮河南岸有乌衣巷,据说住在这里的贵族子弟多穿黑绸衣物。但南方本为麻、葛产区,丝织品还不丰富,服饰仍以麻、葛织品为主。十六国北朝时,纺织中心在河北,所产邺锦名目繁多,与蜀锦齐名。高昌(新疆吐鲁番)的棉纺织业发达,棉布常被用作交换媒介。北魏还有独特的毛纺织业,人们普遍用毡制作衣服和帐篷。

(2) 冶铁业

这在魏晋南北朝是发展较快的一个手工业领域。曹魏时,韩暨改进和推广水排(鼓风提高炉温),效益比马排、人排提高了3倍。梁代陶弘景说:"钢铁是杂炼生鍒作刀镰者。"②这是关于灌钢法最早的明确记载。北齐綦母怀文用灌钢法造宿铁刀,办法是先把含碳高的生铁溶化,浇灌到熟铁上,使碳渗入熟铁,然后用牲畜的尿和油脂淬火成钢,造出的刀可斩断30层盔甲。人们对石油和天然气的认识和利用也有了进步。东汉时已在高奴(陕西延安)发现石油,北朝时酒泉延寿县(甘肃玉门)已用石油照明和作润滑剂,当地人还用石油焚烧攻城器具,打退了突厥的进攻。在今四川地区,人们普遍用火井(天然气)煮盐,另外在甘肃、华北等地也发现了天然气。

(3) 制瓷业

这时南方以青瓷为主,北方以白瓷为主。三国西晋时青瓷的烧制技术已经成熟,西晋的越窑(浙江余姚、上虞、绍兴等地)盛产青瓷,用铁、钛含量较高的瓷土作为坯料,制成后胎体厚重,胎色较深,釉层厚润均匀,釉色以青灰为主,装饰精致繁复。北朝时青瓷烧制技术传到中原,并发展出白瓷,成为制瓷史上新的里程碑。早期的白瓷,胎料经过淘练,比较细白,釉层薄而滋润,呈乳白色,但仍普遍泛青,有些釉层厚的地方呈现青色。

(4) 造纸业

---

① 《宋书·沈昙庆传·史臣曰》。

② [明]方以智:《通雅·金石》,见文渊阁《四库全书·子部十·杂家类二》,上海人民出版社1999年版。

这一时期的造纸原料以麻为主,另外还有楮皮、桑皮、藤皮等,浙江嵊县剡溪沿岸便以生产质地优良的藤纸著称。在设备方面,发明了活动的帘床纸模,即用一个活动的竹帘放在框架上,反复抄纸,以提高工效。这时出现了涂布技术,即将白色的矿物细粉用胶粘剂或淀粉糊刷在纸面上,再进行压光。另外还发明了染潢法,即利用黄檗来染色,还可防止虫蛀。随着技术的进步,纸的质量大大提高,白度增加,表面平滑,帚化度(纤维的分丝程度)高,紧密细薄。洛阳、长安、会稽、建康、广州等地是重要的造纸中心,纸的产量大大增加,至晋代已取代简帛成为主要的书写材料。

(5)造船业

造船技术在这时有很大发展。孙吴的船舰有5000多艘,其中的大船上下五层,可载3000名战士。西晋灭吴时,将许多小船拼装成一艘大船,称为"连舫","方百二十步,受二千余人,以木为城,起楼橹,开四出门,其上皆得驰马来往"①。南朝时已能建造1000吨的大船。为了提高航行速度,南齐祖冲之造"千里船",可"日行百余里"②。梁侯景军中有上千艘"鹛舫",两边各安排80名桨手,"去来趣袭,捷过风电"③。北魏的造船业也很发达,曾在冀、定、相三州造船3000多艘。这时的船尾已采用升降舵,帆的面积也逐渐增大,可达到9丈高。

2. 商业的缓慢恢复和有限进步

汉末三国时期,随着自给自足自然经济的发展,加上战乱频繁,商业活动受到很大的影响。当时钱币铸造很少,基本上不通行,主要交换媒介是布帛等实物。但是,商业活动并没有绝迹。如蜀国的锦远销魏、吴,左思《三都赋》反映了三国首都商业的繁荣,孙吴后期官吏、百姓及士兵"皆浮船长江,贾作上下"④。西晋时,随着经济的恢复及政治的统一,商业有了明显的恢复。当时官僚、贵族多经营商业,如司马奇"好畜聚,不知纪极,遣三部使到交广商货"⑤;司马楸"殖财货,奢僭逾制"⑥;王戎贪财好利,卖李钻核;愍怀太子在宫中设市,令西园卖菜。这时钱币的使用范围也比较广泛,鲁褒曾作

---

① 《晋书·王浚传》。
② 《南齐书·祖冲之传》。
③ 《梁书·王僧辩传》。
④ 《三国志·孙休传》。
⑤ 《晋书·司马望传》。
⑥ 《晋书·司马楸传》。

《钱神论》,以讽刺钱能通神的社会现象。

东晋南朝时期,由于社会相对安定、农业和手工业有较大发展、水上交通方便等原因,商业比较繁荣。建康是南方的政治、文化和商业中心,"小人率多商贩,君子资于官禄,市廛列肆,埒于二京"①。其他城市如江陵、成都、番禺(广东广州)市面也很繁荣。随着商业的发展,在城郊及渡口处开始出现非官方的草市。如南齐时,宗室萧宝寅被胁迫参与叛乱,后失败,"逃亡三日,戎服诣草市尉"②。市场上的商品,有的是贵族、官僚派人长途转贩而来,有的是地方官任满时掠夺的"还资"。南朝的部分租、调、力役要求折钱交纳,也迫使农民将农产品投入市场。由于长江水系四通八达,水上贸易往来非常活跃,建康一带,"贡使商旅,方舟万计"③。

南北政权之间,官方常常通过"互市"进行贸易往来,民间则有不少商人从事走私活动。南方与西域之间的经济与文化联系也未中断,当时有一条"河南道",南方经益州、青海、吐谷浑可以到达西域。南朝与海外诸国的贸易空前繁荣,广州是海外贸易的中心,通商国家远至大秦、波斯。"交广富实,牣积王府"④,广州刺史"但经城门一过,便得三千万"⑤。

东晋南朝时货币的使用很普遍。据记载,"梁初,唯京师及三吴、荆、郢、江、湘、梁、益用钱,其余州郡则杂以谷帛交易,交、广之域,全以金银为货"⑥。可见在整个长江流域,钱币都是主要的交易媒介。政府的财政收入主要有户调、田租、商税,除商税收钱外,传统征纳谷物的田租、征纳布帛的户调也部分折钱征收。南齐时规定租调一半交布、一半交钱。另外,当时纳钱代役的情况也比较常见。政府的财政支出,如镇、州、郡、县组织的行政费用及官吏俸禄,也有相当一部分用钱开支。钱币在民众日常生活中占有重要地位,如梁朝宗室萧宏"性爱钱,百万一聚,黄榜标之;千万一库,悬一紫标。如此三十余间",梁武帝估计其藏钱有"三亿余万"⑦。

---

① 《隋书·地理志下》。
② 《南齐书·萧宝寅传》。草市尉即建康七尉之一的南尉,因驻于草市之北,又称草市尉。
③ 《宋书·五行志四》。
④ 《南齐书·东南夷传》。
⑤ 《南齐书·王琨传》。
⑥ 《隋书·食货志》。
⑦ 《南史·萧宏传》。

东晋南朝的商税包括市税、估税和关津税,在政府的财政收入中占很大的比重。市税又称市租、市调,是商人在官立市区内占有一定场所而交纳的税。南朝市税很重,皇帝多次下诏减税,却没有效果。估税又称文券税,是买卖双方在成交后所纳的交易税,"凡货卖奴婢、马、牛、田宅,有文券,率钱一万,输估四百入官,卖者三百,买者一百。无文券者,随物所堪,亦百分收四,名为散估"①。关津税是商人过关津时所交的税,包括桁渡税、牛埭税等②,税率高达10%。南朝商税征收中还出现了一种前所未见的包税制,即谁保证上交的税额最高,谁就可以成为包税人。包税人为了完成税额,拼命盘剥商旅,加重了商人的负担,并最终将之转嫁到一般百姓身上。

北方由于战乱频繁、手工业受到严格的限制、交通以成本较高的陆运为主,商业的发展受到很大的影响。永嘉之乱后,北方常规性的商业活动几乎陷于停顿。北魏前期,官员没有俸禄,从中央到地方的各级政府机构都专置商人,为官僚提供财物。如崔宽任陕城镇将,"时官无禄力,唯取给于民","弘农出漆、蜡、竹、木之饶,路与南通,贩贸来往,家产丰富"③。太和八年(484),"始班俸禄,罢诸商人"④。孝文帝时通过改革,社会经济明显增长,常规性的商业活动得到恢复。迁洛之后,洛阳又成为北方的商业中心,市场繁荣,商贩云集,来洛阳经商的外国人也络绎不绝。另外,平城、邺、长安也是重要的商业中心。但在北方,钱币的使用不如南方普遍,绢、布、谷物是主要的交换媒介。随着魏末边镇起义的爆发及东西对峙局面的出现,北方的商业又衰落下去。

第七节 魏晋南北朝的文化

一、经学与玄学

1. 魏晋经学的衰微及南、北经学的差异

经学是两汉时期居于正统地位的官学,但到了东汉后期,由于自身的虚

---

① 《隋书·食货志》。
② 桁是津埠渡口所搭的浮桥,埭是在河流水浅处所筑的堵水土坝,常用牛牵引船只。
③ 《魏书·崔玄伯传附崔宽传》。
④ 《魏书·高祖纪上》。

妄与繁琐，开始走向衰微。汉末天下大乱，统一王朝解体，通经致仕的道路也随之中断，经学的衰微更是无法逆转。曹魏时，董昭说："窃见当今年少，不复以学问为本，专更以交游为业；国士不以孝悌清修为首，乃以趋势游利为先。"①杜恕也说："今之学者，师商、韩而上法术，竞以儒家为迂阔，不周世用。"②曹芳正始年间，曾下诏议圜丘（古帝王冬至祭天处）之礼，当时京师官员一万多人，能够操笔的不到 10 人，"多皆相从饱食而退"③。随着玄学的兴起，经学上形成排除汉代章句烦琐及谶纬迷信的新学风，但玄学主要兴盛于以洛阳为中心的河南地区，当时黄河以北和长江以南大体上仍然遵循汉代传统，学风偏于保守④。

永嘉之乱后，大批崇尚玄学的名士南渡，使玄学在北方几乎绝迹，南北经学出现显著差异。史称："大抵南人约简，得其英华；北学深芜，穷其枝叶。"⑤"南人约简"指南学受玄学影响，重义解；"北学深芜"指北学继承汉学传统，重名物训诂。这种差别在南北方所从的经注上得到明显体现。在南方，《周易》从曹魏王弼注，王弼为玄学代表人物；《尚书》从汉孔安国传，后世一般认为是曹魏王肃伪作；《左传》从西晋杜预集解，皮锡瑞《经学历史》也认为是"臆解"；梁朝皇侃作《论语义疏》，是典型的玄学化经注。在北方，《易》、《书》、《诗》、《礼》都从郑玄注，《左传》从服虔注，他们都是汉学的代表人物。北朝儒生笃守汉学传统，注重章句训诂，儒经之外很少涉猎，故繁琐迂腐、孤陋寡闻者大有人在。当时民谚说："博士买驴，书券三纸，未有驴字。"⑥北魏孝文帝后，北学逐渐受到南学的影响。隋统一后，经学也进入以南学为主体的统一时代。

2. 玄学的形成

魏晋玄学是在东汉经学衰微、名教之治动摇的背景下产生的一种哲学

---

① 《三国志·董昭传》。
② 《三国志·杜恕传》。
③ 《三国志·王肃传》注引《魏略》。
④ 本部分主要参考唐长孺《魏晋玄学之形成及其发展》、《读〈抱朴子〉推论南北学风的异同》二文，见《魏晋南北朝史论丛》，三联书店 1955 年版；汤用彤《魏晋玄学中的社会政治思想略论》，上海人民出版社 1956 年版；汤用彤《魏晋玄学论稿》，人民出版社 1957 年版；[清]皮锡瑞《经学历史》，中华书局 1959 年版。
⑤ 《隋书·儒林传序》。
⑥ [北齐]颜之推撰，王利器集解：《颜氏家训集解·勉学》，上海古籍出版社 1980 年版，第 170 页。

思潮。名教指以"正名分"为中心的礼教,而作为一种统治手段,它又指遵守儒家的伦理道德,并在此基础上获得名声,然后根据名声来选拔官吏与推行教化。至东汉后期,人们为了追求名声,常常矫情自饰,互相吹捧,名教之治因此出现尚名背实的弊端,很难选拔到真正的人才。而这时的经学也因为虚妄与繁琐,日趋衰微,不能为名教之治提供合理的论证。因此,汉末三国的统治者多在诸子百家中寻求统治理论,其中最先获得重视的是法家和名家。名家的学说称名学、刑名学或形名学,是通过反复辩难的方式探讨名与实的关系。它在政治上与法家一样,强调循名责实,使人才与职位配合,所以二者常常连称。如曹操对汉末尚名背实、朋党交结的风气深恶痛绝,故轻视儒家的伦理道德,对法家和名家很重视,史称"魏之初霸,术兼名法"①;诸葛亮治蜀,号称"循名责实"、"赏罚必信";东吴孙权也尚法重刑。

但随着时间的推移,名家学说的内涵开始发展变化。理论上,名家强调循名责实,凡是有名就有限制性,是器,是用,是臣道;但执行循名责实的最高主持者应该没有限制性,是道,是体,是君道,因此必然无名。这样,名家从器上升到道,从用上升到体,从有名上升到无名,与道家就相通了。政治上,东汉末年,曹操针对尚名之弊,实行名法之治,要求综核名实,抑制大族,扩大君权。到了齐王芳正始年间,由于门阀势力上升,政治趋于宽缓,皇帝徒有虚位,于是由综核名实转而提倡无为。这样,随着理论的发展和政治的需要,名家转入了道家,并最终形成了玄学。

3. 玄学的发展与演变

玄学以老庄思想为骨架,同时糅合了儒家学说。讨论的中心问题是本末有无,在哲学上即宇宙存在的根据问题,也就是本体论问题;落实到政治上,则是自然与名教的关系问题。玄学思想借以发挥的典籍主要有《老子》、《庄子》《周易》,合称"三玄"。玄学主要兴起于洛阳及其周围地区,大体经历了三个发展阶段:正始玄学、竹林玄学、西晋玄学。

(1) 正始玄学(约240~249)

以何晏、王弼为代表,认为名教是自然的体现。

何晏著《道德论》、《无名论》、《论语集解》等,最先由研究名理而发展到无名。他认为,自天地以来,万物都是有所有,即是有名的。但有名就有限

---

① [梁]刘勰著,周振甫注:《文心雕龙注释·论说》,人民文学出版社1981年版,第200页。

制性,只有无名才可拥有天下之名,才可遍以天下之名名之。因此,重要的是能"复用无所有"。体现在名教与自然的关系上,何晏本意并不反对名教,只是认为名教应复本于自然。

王弼著《老子注》、《周易注》、《易略例》、《论语释疑》等。他认为,无为本,有为末,但去有也不能体无;自然是本,名教为末,但名教即是自然的体现。王弼综合儒道,用一种发展了的道家学说来论证儒家的合理性,将名教与自然统一起来,从而解决了名教的存废问题,而这正是现实统治所迫切需要的。

(2) 竹林玄学(约 255～262)

以嵇康、阮籍为代表,主张越名教而任自然。

高平陵事件后,曹魏政权落入司马氏之手。司马氏及其统治集团的成员多是高门大族、儒学世家,所以大力提倡名教,特别重视维护家族秩序的孝道。嵇康、阮籍看到司马氏一方面提倡名教,另一方面又诛杀异己,篡夺曹魏政权,因此对这种虚伪的名教表示深深的蔑视与反抗,将自然与名教对立起来。

阮籍著《达庄论》和《大人先生传》等,极力诋毁名教,认为"汝君子之礼法,诚天下残贼乱危死亡之术耳"。嵇康著《难自然好学论》、《太师箴》、《与山巨源绝交书》、《释私论》等,宣称要"非汤武而薄周孔","越名教而任自然"。但他们反对的只是虚伪的名教,在内心深处,他们对儒家的伦理道德其实是非常固执的。如阮籍在早期的《乐论》中赞颂礼乐的教化作用,认为"礼治其外,乐化其内,礼乐正而天下平"。

嵇康少年时曾在洛阳抄写石经,晚年还作《家诫》,劝儿子既要谨慎处事,又要大谦大让,"不须作小小卑恭,当大谦裕;不须作小小廉耻,当全大让。若临朝让官,临义让生"。

(3) 西晋玄学(约 263～316)

以裴頠、郭象为代表,认为名教即自然。阮籍、嵇康所反对的是虚伪的名教,但他们的放诞言行在社会上带来了负面影响。一些门阀子弟无视礼法,奢侈荒淫,不问世事,号为自然;有人甚至提出了无君的主张,危及现存的统治秩序。裴頠、郭象指斥时弊,重新肯定了名教的作用。

裴頠著《崇有论》,认为"夫总混群本,宗极之道也","夫至无者无以能生,故始生者自生也","生以有为己分,则虚无是有之所谓遗者也"。即自然是万有的综合,万物各本其分而自生,无不能生有。

郭象著《庄子注》，认为"无既无矣，则不能生有。有之未生又不能为生，然则生生者谁哉？块然而自生耳"，"小大之殊，各有定分"。即万物是"独化"而成，而且小大各有各的本分。

因此，在裴頠、郭象看来，名教不仅本于自然，合乎自然，而且本身即是自然。这样，儒家所倡导的纲常名教，自汉末被曹操破坏以后，至此借助道家学说得到完全的肯定，玄学也在政治上完成了它的任务。

东晋玄学延续了郭象名教与自然合一的理论，在治学上的体现便是玄儒双修，玄学家往往深通礼制，礼学家也往往兼通三玄。如江惇"儒玄并综"，"乃著《通道崇检论》，世咸称之"①；庾亮"善谈论，性好庄老，风格峻整，动由礼节"②。随着佛教的传播，这一时期还出现了玄佛合流的趋势，玄学名士多与佛教徒有来往，佛教高僧则多用玄学语言来解释佛经。此后，讨论非有非无的佛学逐渐取代讨论本末有无的玄学，中国哲学的发展进入到新的阶段。

二、佛教与道教

1. 佛教的传播

东汉时佛教已开始在我国传播，但传播速度比较慢，对佛教的理解也比较肤浅，通常视为一种方术。汉末三国时期，佛教逐渐兴盛，西晋已有寺院42所，东晋时达180所，僧尼3700人。东晋末年，法显还西行求法，写成《佛国记》一书。十六国的统治者多崇奉佛教，如后赵石勒、石虎对龟兹高僧佛图澄十分敬重，其受业弟子多达万人。后赵灭亡后，佛图澄的弟子释道安率徒众南行，分40多人东下建康，自己则在襄阳定居下来，注疏讲学，造塔铸像，制订僧规。前秦南下时，道安再次分张徒众，慧远等人南下庐山，他本人则被劫持到长安，直到去世。后秦姚兴统治时，对龟兹高僧鸠摩罗什推崇备至，专门为他成立译经场，助译弟子达到三五千人，译出大量佛经，对佛教在中国的传播产生了深远的影响。

魏晋时期，由于受玄学的影响，研究佛经者往往用玄学的"有"、"无"解释佛教的"空"，又因理解各异，产生了六家七宗，即本无、本无异、即色、识含、幻化、缘会、心无七宗（本无与本无异为一家），以释道安的本无宗为代

---

① 《晋书·江惇传》。
② 《晋书·庾亮传》。

表。释道安的弟子慧远继续用儒学、玄学解释佛学,在庐山东林寺讲经三十多年,曾聚集僧俗 123 人,发愿往生西方净土,被后世奉为净土宗初祖。鸠摩罗什的弟子僧肇在大乘中观(观破一切法相,使合于中道)学说的基础上,对六家七宗进行批判,提出了不真空论,认为世界"虽无而非无,无者不绝虚;虽有而非有,有者非真有",对"空"的解释逐渐回归佛经本义。鸠摩罗什的另一弟子竺道生到庐山讲经,提倡涅槃佛性说和一切众生皆能成佛说,认为人人皆有佛性,如果能够除去迷惑,返归本性,即使"一阐提人"(善性灭尽者)也能成佛。他还首创顿悟成佛说,认为真理是不可分的,要么悟,要么不悟,只要一次将一切迷惑断得干干净净,就是顿悟。竺道生的佛学摆脱了玄学色彩,跳出了玄学中"无"的藩篱,使佛学走上了独立发展的道路。

  南北朝时期,佛教更为兴盛。南朝宋有寺院 1913 所,僧尼 36000 人;齐有寺院 2015 所,僧尼 32500 人;梁有寺院 2846 所,僧尼 82700 人。南朝统治者多信奉佛教,梁武帝萧衍尤其突出,他建造寺庙,带头吃素,登坛讲经,还多次舍身同泰寺。北魏道武、明元二帝也提倡佛教,但太武帝拓跋焘在位时,用儒学和道教自我标榜,于 446 年采取了一次大规模的灭佛行动,许多寺庙被毁掉,僧徒被坑杀。太武帝死后,佛教逐渐复兴,胡太后更大肆佞佛。至北魏末年,各地有寺庙 3 万多所、僧尼二百多万。东魏、北齐的佛教继续发展,西魏、北周的佛教则受到一次沉重打击。574 年,周武帝下诏禁断佛、道二教,"融佛焚经,驱僧破塔","宝刹伽蓝皆为俗宅,沙门释种悉作白衣"①。577 年,周武帝灭齐,又在北齐境内采取了灭佛行动。

  南北朝时期,因为对佛教理论的理解有差异,各法师所崇奉的经典也各不相同,形成了各种师说。如成实师主要研究诃梨跋摩的《成实论》,这是一部从小乘向大乘的过渡性著作;三论师主要研究龙树的《中论》、《十二门论》及其弟子提婆的《百论》,是大乘的主要经典。另外,还有涅槃师、毗昙师、摄论师、楞伽师等。南北朝后期,由于对不同经典的尊崇与发挥,在师说的基础上开始产生佛教宗派。如昙鸾讲《观无量寿经》,宣扬净土说,奠定了净土宗的基础。慧文从《大智度论》中领悟"一心三观"(观空、观假、观中),后传给慧思,慧思再传给智𫖮,智𫖮发展为"三谛圆融"(空谛、假谛、中谛),陈朝时率弟子入天台山创建了天台宗。慧可师从达摩学习《楞伽经》,被后世奉

---

  ① [隋]费长房:《历代三宝记》卷一二,见《续修四库全书》第 1288 册,上海古籍出版社 2002 年版。

为禅宗二祖。

2. 道教的形成和发展

道教在东汉后期开始形成,中原出现张角的太平道,巴蜀出现张陵的天师道(五斗米道)。太平道随着黄巾起义的失败,逐渐湮没。天师道则随着张鲁的失败,分化出许多教团,如被曹操迁往北方的张鲁教团,残存于巴蜀的陈瑞、李特、范长生教团,从巴蜀流入江东的李宽、李脱、李弘教团,东晋时假托张鲁之令建立的杜子恭、孙恩教团。原始道教因为经常被下层人民用来组织起义,所以遭到统治者的打击;同时,佛教的迅速传播,也对道教的生存构成了很大的威胁。东晋南北朝时期,葛洪、陆修静、陶弘景、寇谦之等对道教进行理论建设与组织整顿,使道教得到统治者的认可,并有能力与佛教抗衡。这一时期,道书大量涌现,并出现许多教派,如寇谦之的北天师道、陆修静的南天师道、上清派(重存神服气和个人修炼)、灵宝派(重斋醮科仪和集体修道)、三皇派(以符咒召劾鬼神)、楼观派(宣扬老子西行化胡)等。

(1) 葛洪(283～363)

葛洪为东晋人,著《抱朴子》一书。《抱朴子》分内、外两篇:内篇20卷,论神仙方药、鬼怪变化、养生延年、攘邪却祸之事,属道家;外篇50卷,论人间得失、世间臧否,属儒家。书中对原始道教进行了批判,认为其采用的符箓、巫祝等方式是"淫祀妖邪,礼律所禁",应"致之大辟",并指责张角等人"招集奸党,称合逆乱"。同时,极力维护儒家的君道臣节,强调刑德并举、审举任贤。《抱朴子》清除了原始道教中不利于统治者的因素,总结了战国以来神仙家的理论,确立了道教神仙理论体系,并集魏晋炼丹术之大成,历来被奉为道教的经典。

(2) 陆修静(406～477)

陆修静为刘宋人。魏晋以来,南方的天师道处于混乱状态,并保持着反叛色彩。陆修静对南天师道进行了整顿,为教民置治(教区)录籍,制定神职人员的升降制度。他又整理《灵宝经》,编制灵宝斋仪,经常主持各种斋戒活动,为灵宝派在南朝的兴盛奠定了基础。还撰成《三洞经书目录》,共著录道书1228卷,其中包括洞真部的《上清经》、洞玄部的《灵宝经》、洞神部的《三皇经》。由于陆修静对道教有重要贡献,受到后世道教徒的普遍推崇,天师道称他为"陆天师",上清派尊他为第七代宗师,灵宝派则把他视为始祖之一。

(3) 陶弘景(456～536)

陶弘景为齐梁人。他隐居茅山（今江苏句容东南），整理上清派创始人杨羲、许谧等人所作的《上清经》，撰成《真诰》、《登真隐诀》，使茅山成为上清派的中心，上清派因此又被称为茅山宗。他又整理当时混乱的神仙谱系，撰成《真灵位业图》，仿照现实中的门阀等级制度，把道教神灵、著名道士、帝王圣贤等都编入神仙谱系，以元始天尊为首，共五百余位。修炼方面，陶弘景继承了道教各派的养生学说，强调形神双修，同时非常重视炼丹。他还提出"三教均善"说，认为道、佛、儒三教各有所长，应将道教的炼形、佛教的澄神和儒家的伦理融为一体。陶弘景的这些成就，使他成为南朝道教的集大成者。

（4）寇谦之（365～448）

寇谦之为北魏人。张鲁死后，北方天师道一直处于分散、混乱的状态，寇谦之得到太武帝、崔浩的信任，声称太上老君授其为天师，要他来清整道教。他"除去三张（张陵、张衡、张鲁）伪法、租米钱税及男女合气之术（房中术）"，"专以礼度为首，而加之以服食闭练"。在他的推动下，崔浩在平城设天师道场，"给道士百二十人衣食，齐肃祈请，六时礼拜，月设厨会数千人"[①]。他还吸收儒家和佛教的内容，制定了完整的教仪戒律。北天师道在太武帝时达到极盛，被定为国教。北齐高洋时，下令废除道教，道士剃发为僧，北天师道于是湮没不闻。

魏晋南北朝时期，随着玄学、佛教、道教的兴起，儒、玄、佛、道之间出现错综复杂的关系，其中最突出的是本土儒学、道教与外来佛教的矛盾。南朝时期，站在儒家立场反对佛教者不乏其人，如何承天、刘峻、郭祖琛、荀济、朱世卿等，以齐、梁间的范缜最为著名。他作《神灭论》，认为形如刀，神如利，舍刀无利，舍形无神，借此批驳佛教的神不灭论。北朝则出现了太武帝、周武帝的两次灭佛事件。南北朝后期，陶弘景提出"三教均善"，梁武帝提出"三教同源"，周武帝设通道观让三教名流讨论哲理，对三教的融合产生了一定的影响。

三、史学与文学、艺术

1. 史学

我国古代长期经史不分。三国两晋南北朝时，出现经、史、子、集四部分

[①] 《魏书·释老志》。

类法,刘宋时,还在学校中分设儒、玄、史、文四科,都表明史学已与经学分离,走上了独立发展的道路。这一时期,私家修史的风气很盛,史籍的数量大大增加。据《隋书·经籍志》记载,这一时期史部书存佚874部,16558卷;存书817部,13364卷。其中,代表性的史学著作是西晋陈寿的《三国志》和刘宋范晔的《后汉书》,这两部书与《史记》、《汉书》统称"前四史"。

(1)《三国志》

《三国志》是记录魏、蜀、吴三国历史的纪传体史书,共65卷,包括魏书30卷、蜀书15卷、吴书20卷。陈寿原为蜀人,入晋后任著作郎、治书侍御史,吴亡后作《三国志》。此前,魏、吴二国都有史书,可以利用,而蜀国无史,只能自己收集资料。因为晋受禅于魏,所以《三国志》以曹魏为正统,对司马氏在禅代之际的政治活动也多有粉饰或回护。《三国志》记载了当时重要的人物及少数族和邻国的历史,取材严谨,文笔简洁,号称良史。但《三国志》没有表、志,记载也比较简略,刘宋裴松之于是为之作注,补充了大量材料,引书达200多种,注文价值不亚于原书。民国时,卢弼汇集各家成果,编为《三国志集解》。

(2)《后汉书》

《后汉书》是记录东汉历史的纪传体史书,共120卷,包括纪10卷、传80卷、志30卷。纪、传为刘宋范晔撰,志为晋司马彪撰,又称《续汉志》。范晔撰《后汉书》以前,已出现多家后汉史书,范晔在各家尤其是《东观汉记》的基础上,斟酌取舍,撰写《后汉书》,后因谋反被杀,志的部分没有写成。《后汉书》叙事简明,疏而不漏,逐渐取代了其他各家后汉史书,只有袁宏的《后汉纪》流传下来。《后汉书》创立了7篇类传,即《党锢传》、《宦者传》、《文苑传》、《独行传》、《方术传》、《逸民传》、《列女传》。司马彪的《续汉书》中,《舆服志》为新创,《百官志》是改《汉书·百官公卿表》而作,但没有《食货志》。萧梁刘昭最早为范书作注,并从司马彪《续汉书》中抽出志,加以注释,补入范书。唐代李贤又为范书作注,刘昭的注则只有志的部分流传下来。清代惠栋作《后汉书补注》,王先谦汇集各家成果,编为《后汉书集解》。

2. 文学

这一时期的文学由于儒学独尊地位的动摇、思想的解放,在两汉基础上有了很大的发展。田园诗、山水诗、山水散文相继兴起,创作上强调"传神"和"畅神",文学也走上了独立发展的道路。

(1)诗歌

建安年间的"三曹"(曹操、曹丕、曹植)、"七子"(孔融、陈琳、王粲、徐幹、阮瑀、应玚、刘桢)和蔡琰在五言诗方面取得了很高的成就。他们经历了东汉末年的社会动荡,对现实有深刻的感受,作品具有"慷慨悲凉"的风格,被后人称为"建安风骨"。曹丕的《燕歌行》是现存最早的完整的七言诗。东晋时期,陶渊明辞官隐居,创作了大量田园诗,描写平淡的田园风光、农村的日常生活以及处于这种生活中的恬静心境,语言朴素自然,《归园田居》及《桃花源诗并记》是其代表。南朝时期,谢灵运的山水诗、鲍照的边塞诗成就很高,鲍照还为七言诗的发展作出了重大贡献。另外,梁简文帝、徐摛、徐陵、庾肩吾、庾信等创作了大量宫体诗,号称"徐庾体",诗风浮艳绮靡。

(2) 民歌

南北朝民歌是这一时期文学中的瑰宝。南朝民歌以南宋郭茂倩所辑《乐府诗集·清商曲辞》中的"吴声歌"和"西曲歌"为主,前者流行于太湖流域,后者流行于江汉平原,现存 460 多首。内容几乎全是情歌,一般是五言四句,语言清新自然,多用双关语。北朝民歌以《乐府诗集·横吹曲辞》中的"梁鼓角横吹曲"为主,现存 60 多首。内容多反映北方各民族的尚武精神和游牧生活,直爽坦率,刚健豪放,以《敕勒歌》、《木兰辞》为代表。

(3) 骈文

骈文是魏晋时产生的一种新文体,南北朝时达到极盛。其主要特点是以四六句式为主,讲究对仗,因句式两两相对,犹如两马并驾齐驱,故称骈体。声韵上讲究平仄和韵律,修辞上注重藻饰和用典。骈文多注重形式,内容空洞,但也不乏深刻的作品,如鲍照的《芜城赋》、孔稚圭的《北山移文》、江淹的《恨赋》和《别赋》、庾信的《哀江南赋》等。

(4) 小说

这一时期的小说创作发展到新的阶段,大体分为两类:一类是志怪小说,谈鬼神怪异,其产生与当时宗教迷信盛行有关,代表作为东晋干宝的《搜神记》。另一类是轶事小说,记录人物轶事,其产生与当时的玄学清谈风尚有关,代表作为南朝宋刘义庆的《世说新语》,记录汉末至东晋时期士人的事迹,尤详于东晋。

(5) 文学批评

文学的发展促进了文学批评和文学理论的兴起。魏晋时期,已出现曹丕的《典论·论文》、陆机的《文赋》、挚虞的《文章流别论》。南朝梁刘勰继承前人的文学批评成果,撰《文心雕龙》,共 10 卷,50 篇,包括总论、文体论、创作论、批评论 4 个部分,是第一部有严密体系的文学理论专著。他主张"为情而造文",反对片面追求形式,"为文而造情"。梁钟嵘又撰《诗品》,论述了诗的起源和发展,对汉至梁 122 人的五言诗做了品评。梁昭明太子萧统招集文人编订《文选》,选录春秋战国至梁代的诗、文、辞赋 700 多篇,是我国现存最早的诗文总集。

3. 艺术

三国两晋南北朝时期,玄学、佛教、道教的兴盛对艺术也产生了很大影响,雕塑、绘画、书法等都有突出的成就。

(1) 雕塑

这一时期,随着佛教的传播,北方开凿了大量石窟,主要有在今山西大同的云冈石窟、河南洛阳的龙门石窟、甘肃敦煌的莫高窟等。云冈石窟现存洞窟 53 个,雕像 5 万余尊,鼻高而直,唇薄肩宽,明显受到印度犍陀罗艺术的影响。龙门石窟现存洞窟 1300 多个,雕像 10 万余尊,唇厚肩窄,衣服宽松,更接近现实生活。莫高窟现存石窟 750 多个,彩塑 3000 余尊,个性鲜明,神态各异。南朝帝王陵前都有石雕的麒麟、天禄,气势雄伟。陶俑制作方面,东晋、南朝沿袭了汉魏的传统,造型均匀协调。北朝陶俑很多是少数族装扮,多以出行、仪仗的形式排列,造型生动自然。

(2) 绘画

绘画艺术在这一时期趋于成熟,涌现了一大批著名画家,如孙吴的曹不兴、东晋的顾恺之、刘宋的陆探微、南齐的张僧繇、北齐的杨子华和曹仲达等,他们多出身士大夫阶层。绘画载体上,在保留前代壁画、漆画、画像石和画像砖的同时,出现了纸绢卷轴画,便于收藏和流传。绘画题材上,人物画已达到成熟,造型准确,注意传神。现存顾恺之《女史箴图》是其代表,虽然为后世临摹,但部分保留了原作的风貌。山水画开始成为独立画科,但还没有成熟,多用线条勾勒轮廓,无皴点、晕染等技巧。花鸟画则未形成独立画科。这一时期开始出现品画活动,谢赫在《古画品录》中提出绘画品鉴六法,以"气韵生动"为最高标准。

(3) 书法

这一时期在篆书、隶书、章草(隶书的草写,字字独立)的基础上形成了楷书、行书、今草(楷书的草写,上下相连)。曹魏时,钟繇创立楷书,流传至今的有后世临摹的《宣示表》、《荐季直表》等。东晋王羲之集书法之大成,兼善隶、草、楷、行,被称为书圣。他的行书《兰亭序》被誉为"天下第一",笔势

"飘若浮云,矫若惊龙"①。其子王献之书法成就也很高,父子合称"二王"。北朝的魏碑都是楷书,但还保留着隶书的一些特点,质朴刚健,气魄雄伟,郑道昭《郑文公碑》(《魏兖州刺史郑羲碑》)是其中的精品。

四、科学与技术

(1) 数学

魏晋时期,刘徽著《九章算术注》,全面论述了《九章算术》所记载的计算方法和公式。他首创割圆术,通过将圆的内接正6边形分割到内接正192边形,求出圆周率为3.14,并将这个圆周率化为分数157/50,后人称之为"徽率"。他又著《海岛算经》,选编了9个富于创造性的测量问题。宋齐时期,祖冲之著《缀术》(已佚),进一步求出圆周率在3.1415926和3.1415927之间,并用两个分数表示圆周率,一个是约率22/7,一个是密率355/113,后人为了纪念他,将密率称为"祖率"。祖冲之之子祖暅提出"幂势既同,则积不容异",即等高的两个立体,若其任意高处的水平截面积相等,则这两个立体的体积必定相等,今称祖暅原理。

(2) 天文历法

东晋虞喜发现了"岁差"。他从古代冬至点位置的实测数据发生西退的现象中,分析出太阳一周天并非冬至一周岁,冬至一周岁要比太阳一周天差一小段,虞喜称之为"岁差",并求得岁差值约为50年西移1度(现代测定为71年8个月)。祖冲之在长期观测、精确计算和对历史文献深入研究的基础上,创制了《大明历》(大明为宋孝武帝的年号)。他把岁差引进历法,规定一年为365.24281481日,还将过去的19年7闰改为391年144闰,提高了历法的精确性。《大明历》在梁代被采用,前后行用80年,对后世历法产生了重要影响。

(3) 农学

东魏贾思勰著《齐民要术》,共10卷,92篇,是我国现存最早的完整的农学著作。作者"采据经传,爰及歌谣,询之老成,验之行事,起自耕农,终于醢醢,资生之业,靡不毕书"。内容包括五谷、瓜果、蔬菜、树木的栽培,牲畜、家禽、鱼类的饲养,酒、酱、醋、羹、饴、糖等的制作,以及煮胶、造笔墨的方法等。该书引用古籍近200种,并亲身实践,总结了先秦至北魏时期黄、淮地

---

① 《晋书·王羲之传》。

区的农业生产技术,是研究古代物质生产和社会生活的重要资料。

(4)医学

西晋太医王叔和著《脉经》,共 10 卷,是我国现存最早的脉学专著。该书集汉以前脉学之大成,将脉象分为 24 种,对每种脉在医生指下的特点、代表病症都作了准确的描述。西晋皇甫谧著《针灸甲乙经》,共 12 卷,是我国现存最早的针灸学专著,系统论述了针灸史、脏腑经络、病因病理、俞穴、刺灸临床治疗等内容。东晋葛洪著《肘后卒救方》,共 3 卷,记录了许多当时药物比较容易找到而且疗效显著的药方。梁陶弘景增补《肘后卒救方》,著《肘后百一方》,内容更加完备。陶弘景还订补《神农本草经》,作《本草经集注》,在原来 365 种药物的基础上增加 365 种,共计 730 种,并分为玉石、草木、虫兽、果、菜、米食、有名未用等 7 类,开创了新的药物分类法,被后世沿用下来。

(5)机械制造

三国时的马钧"巧思绝世"、"变巧百端"①,发明或改进了许多机械。当时的织绫机有 50 或 60 综(综片),分别用 50 或 60 蹑(踏具)控制,效率很低,数十日才能织布一匹。他改进结构,可用 12 蹑控制 60 综,效率提高了 4～5 倍。马钧还发明提水灌溉用的翻车(龙骨车),结构巧妙,轻便灵活,长期在农村使用。他还制成水转百戏、指南车、轮转式发石机,改进了诸葛亮的连弩。祖冲之也是一位杰出的机械制造家,设计制造了水碓磨、指南车、千里船、木牛流马、漏壶、欹器等。

三国魏世系表(220 年～265 年)

(1)文帝曹丕(220～226)——(2)明帝曹叡(226～239)——(3)齐王曹芳(239～254)——(4)高贵乡公曹髦(254～260)——(5)元帝曹奂(260～265)

三国蜀世系表(221 年～263 年)

(1)昭烈帝刘备(221～223)——(2)后主刘禅(223～263)

---

① [宋]郑樵:《通志·艺术传·马钧传》,中华书局 1987 年版,第 2910 页。

三国吴世系表(222年～280年)

(1)大帝孙权(222～252)——(2)会稽王孙亮(252～258)——(3)景帝孙休(258～264)——(4)末帝孙皓(264～280)

西晋王朝世系表(265年～316年)

(1)武帝司马炎(265～290)——(2)惠帝司马衷(290～306)——(3)怀帝司马炽(306～313)——(4)愍帝司马邺(313～316)

东晋王朝世系表(317年～420年)

(1)元帝司马睿(317～323)——(2)明帝司马绍(323～326)——(3)成帝司马衍(326～342)——(4)康帝司马岳(342～344)——(5)穆帝司马聃(344～361)——(6)哀帝司马丕(361～365)——(7)废帝司马奕(365～371)——(8)简文帝司马昱(371～372)——(9)孝武帝司马曜(372～396)——(10)安帝司马德宗(396～418)——(11)恭帝司马德文(418～420)

十六国简表(304年～445年)

	国　名	创建者	建立年代	民族	亡于何国
西晋末年建立的两国	成—汉 汉—前赵	李特—李雄 刘渊—刘曜	304 304	氐巴 匈奴	347年亡于东晋 329年亡于后赵
东晋初年建立的四国	后赵 前燕 前凉 前秦	石　勒 慕容皝 张　茂 苻　健	319 337 320 351	羯 鲜卑 汉 氐	350年亡于冉魏 370年亡于前秦 376年亡于前秦 394年亡于西秦

(续表)

淝水战后建立的十国	后秦	姚 苌	384	羌	417年亡于东晋
	后燕	慕容垂	384	鲜卑	409年亡于北燕
	西秦	乞伏国仁	385	鲜卑	431年亡于夏
	后凉	吕 光	386	氐	403年亡于后秦
	北凉	沮渠蒙逊	401	匈奴	439年亡于北魏
	南凉	秃发乌孤	397	鲜卑	414年亡于西秦
	南燕	慕容德	398	鲜卑	410年亡于东晋
	西凉	李 暠	400	汉	421年亡于北凉
	夏	赫连勃勃	407	匈奴	431年亡于吐谷浑
	北燕	冯 跋	409	汉	436年亡于北魏

南朝宋世系表(420年～479年)

(1)武帝刘裕(420～422)——(2)少帝刘义符(422～424)——(3)文帝刘义隆(424～453)——(4)太子刘劭(453)——(5)孝武帝刘骏(453～464)——(6)前废帝刘子业(464～465)——(7)明帝刘彧(465～472)——(8)后废帝刘昱(472～477)——(9)顺帝刘準(477～479)

南朝齐世系表(479年～502年)

(1)高帝萧道成(479～482)——(2)武帝萧赜(482～493)——(3)郁林王萧昭业(493～494)——(4)恭王萧昭文(494)——(5)明帝萧鸾(494～498)——(6)东昏侯萧宝卷(498～501)——(7)和帝萧宝融(501—502)

南朝梁世系表(502年～557年)

(1)武帝萧衍(502～548)——(2)临贺王萧正德(548～549)——(3)简文帝萧纲(549～551)——(4)豫章王萧栋(551～552)——(5)元帝萧绎(552～554)——(6)敬帝萧方智(554～557)

南朝陈世系表(557年～589年)

(1)武帝陈霸先(557～559)——(2)文帝陈蒨(559～566)——(3)废帝

陈伯宗(566～568)——(4)宣帝陈顼(569～582)——(5)后主陈叔宝(582～589)

北魏世系表(386年～534年)

(1)道武帝拓跋珪(386～409)——(2)明元帝拓跋嗣(409～423)——(3)太武帝拓跋焘(423～452)——(4)南安王拓跋余(452)——(5)文成帝拓跋濬(452～465)——(6)献文帝拓跋弘(465～471)——(7)孝文帝元宏(471～499)——(8)宣武帝元恪(499～515)——(9)孝明帝元诩(515～528)——(10)孝庄帝元子攸(528～530)——(11)东海王元晔(530～531)——(12)节闵帝元恭(531～532)——(13)孝武帝元修(532～534)

东魏世系表(534年～550年)

(1)孝静帝元善见(534～550)

西魏世系表(535年～557年)

(1)文帝元宝矩(535～551)——(2)废帝元钦(551～553)——(3)恭帝拓跋廓(554～557)

北齐世系表(550年～577年)

(1)文宣帝高洋(550～559)——(2)废帝高殷(559～560)——(3)孝昭帝高演(560～561)——(4)武成帝高湛(561～565)——(5)后主高纬(565～576)——(6)幼主高恒(577)

北周世系表(557年～581年)

(1)闵帝宇文觉(557)——(2)明帝宇文毓(557～560)——(3)武帝宇文邕(560～578)——(4)宣帝宇文赟(578～579)——(5)静帝宇文衍(阐)(579～581)

图书在版编目（CIP）数据

中国古代史教程（上、下）/ 朱绍侯主编，龚留柱执行主编 . — 开封：河南大学出版社，2010.6（2025.2 重印）

ISBN 978-7-5649-0200-1

Ⅰ.①中…　Ⅱ.①朱…　②龚…　Ⅲ.①中国 – 古代史 – 高等学校 – 教材　Ⅳ.① K22

中国版本图书馆 CIP 数据核字 (2010) 第 132783 号

责任编辑　刘小敏
责任校对　何　蛟
封面设计　马　龙

出版发行	河南大学出版社
	地址：郑州市郑东新区商务外环中华大厦 2401 号　邮编：450046
	电话：0371-86059712（高等教育出版分社）
	0371-86059701（营销部）　　网址：hupress.henu.edu.cn
排　版	郑州市今日文教印制有限公司
印　刷	河南大美印刷有限公司
版　次	2010 年 8 月第 1 版　　印　次　2025 年 2 月第 14 次印刷
开　本	787mm×1092mm　1/16　　印　张　57
字　数	963 千字　　　　　　　　　插　页　2
定　价	142.00 元

（本书如有印装质量问题，请与河南大学出版社营销部联系调换）

高等院校文科教材·史学系列

ZHONGGUO GUDAISHI JIAOCHENG

中国古代史教程

(下)

主　　编　朱绍侯
执行主编　龚留柱

河南大学出版社
·郑州·

《中国古代史教程》编辑委员会

主　　　编　朱绍侯
执 行 主 编　龚留柱
编　　　委　（以姓氏笔画为序）

马小泉	勾利军	王彦辉	刘小敏
刘永连	许兆昌	朱绍侯	邱树森
李振宏	陈广恩	陈长琦	吴　琦
张云鹏	张鹤泉	范立舟	赵国华
龚留柱	鲁　力	程民生	谢贵安
蔡明伦			

目 录

第六章 隋唐五代(公元581年~公元960年) …… 勾利军 刘永连(423)

 导 读 ……………………………………………………… (423)
  一、隋唐五代的历史特点 ………………………………… (423)
  二、传统文献和考古资料 ………………………………… (424)
  三、对隋唐五代历史的研究 ……………………………… (426)
 第一节 隋朝的短暂统治 …………………………………… (431)
  一、隋文帝的统一 ………………………………………… (431)
  二、隋炀帝的暴政 ………………………………………… (432)
  三、隋朝的灭亡 …………………………………………… (435)
 第二节 大唐盛世 …………………………………………… (438)
  一、关陇大族的兴起与唐朝的建立 ……………………… (438)
  二、唐太宗与"贞观之治" ……………………………… (442)
  三、唐高宗与武则天的统治 ……………………………… (444)
  四、唐玄宗与开元盛世 …………………………………… (448)
 第三节 安史之乱与唐朝后期的危机 ……………………… (450)
  一、安史之乱的爆发 ……………………………………… (450)
  二、唐朝后期的政局 ……………………………………… (453)
  三、唐朝的衰亡 …………………………………………… (459)
 第四节 五代的更迭与十国割据 …………………………… (462)
  一、五代更迭 ……………………………………………… (462)
  二、十国割据 ……………………………………………… (464)
 第五节 隋唐时期的政治制度 ……………………………… (466)

一、中央机构与地方机构 …………………………………… (466)
　　二、军事制度 ………………………………………………… (470)
　　三、法律制度 ………………………………………………… (472)
　　四、学校与科举 ……………………………………………… (474)
第六节　隋唐五代的社会与经济 ………………………………… (477)
　　一、隋唐时期的经济制度 …………………………………… (477)
　　二、隋唐五代经济的繁荣 …………………………………… (482)
第七节　隋唐的民族关系与中外交往 …………………………… (490)
　　一、民族政策与宗藩体制 …………………………………… (490)
　　二、民族关系的发展 ………………………………………… (494)
　　三、民族融合与文化发展 …………………………………… (500)
　　四、隋唐与东亚的关系 ……………………………………… (503)
　　五、隋唐与中、西亚及欧洲的交往 ………………………… (507)
第八节　隋唐的宗教与文化 ……………………………………… (511)
　　一、佛教的发展 ……………………………………………… (511)
　　二、道教的提升 ……………………………………………… (515)
　　三、唐诗的繁荣 ……………………………………………… (520)
　　四、设馆修史与史学创新 …………………………………… (522)

第七章　宋、辽、西夏、金（公元960年～公元1279年） ………
………………………………………………… 范立舟　陈广恩(527)
导　读 ……………………………………………………………… (527)
　　一、宋、辽、西夏、金时期的历史特点 …………………… (527)
　　二、历史文献与参考资料 …………………………………… (529)
　　三、对宋、辽、西夏、金史的研究 ………………………… (531)
第一节　宋朝的建立与北宋政局 ………………………………… (537)
　　一、宋太祖、宋太宗兄终弟及 ……………………………… (537)
　　二、真宗、仁宗之际的政治格局 …………………………… (541)
　　三、从"庆历新政"到王安石变法 ………………………… (543)
　　四、北宋后期的政治斗争 …………………………………… (547)
　　五、徽宗统治与北宋灭亡 …………………………………… (548)
第二节　南宋和战与政局演变 …………………………………… (550)
　　一、南宋立国与前期政治 …………………………………… (550)

二、南宋中期的政局演变 …………………………………………… (553)
　　　三、权相政治与南宋覆亡 …………………………………………… (556)
　第三节　辽、西夏、金等政权的兴衰 …………………………………… (560)
　　　一、辽朝的建立、鼎盛与衰亡 ……………………………………… (560)
　　　二、党项建国与西夏兴衰 …………………………………………… (564)
　　　三、女真兴起与金朝盛衰 …………………………………………… (568)
　　　四、其他边疆民族政权的起伏 ……………………………………… (573)
　第四节　宋代的政治、法律、军事及科举制度 ………………………… (579)
　　　一、中央政治体制 …………………………………………………… (579)
　　　二、地方政治体制 …………………………………………………… (583)
　　　三、监察制度 ………………………………………………………… (586)
　　　四、立法和司法制度 ………………………………………………… (587)
　　　五、军事制度 ………………………………………………………… (591)
　　　六、科举制度 ………………………………………………………… (593)
　第五节　宋代经济发展与都市化进程 …………………………………… (598)
　　　一、宋代农业的新成就 ……………………………………………… (598)
　　　二、煤、铁和手工业的发展 ………………………………………… (600)
　　　三、商品经济与都市化的发展 ……………………………………… (604)
　　　四、宋代区域经济的基本格局 ……………………………………… (606)
　　　五、经济重心南移过程的完成 ……………………………………… (608)
　第六节　辽、西夏、金的政治、军事、法律与社会经济 ……………… (610)
　　　一、辽朝的政治制度与社会经济 …………………………………… (610)
　　　二、西夏的政治制度与社会经济 …………………………………… (612)
　　　三、金朝的政治制度与社会经济 …………………………………… (614)
　第七节　宋代的思想及文化 ……………………………………………… (617)
　　　一、北宋理学 ………………………………………………………… (617)
　　　二、荆公新学与永康、永嘉之学 …………………………………… (621)
　　　三、南宋理学 ………………………………………………………… (626)
　　　四、宋代的文学与艺术 ……………………………………………… (632)
　　　五、宋代的史学 ……………………………………………………… (638)
　　　六、宋代的宗教 ……………………………………………………… (641)
　第八节　辽、西夏、金的文化 …………………………………………… (644)

一、辽朝的文化与社会生活 …………………………………… (644)
二、西夏的宗教与文化 ……………………………………… (646)
三、金朝的文化与习俗 ……………………………………… (648)

第八章 元王朝(公元1206年~公元1368年) ……………邱树森(653)

导 读 ……………………………………………………………… (653)
一、蒙元时代的历史特点 …………………………………… (653)
二、传统文献与参考资料 …………………………………… (654)
三、对蒙元史的研究 ………………………………………… (657)

第一节 强盛的大蒙古国 ………………………………………… (661)
一、蒙古各部的统一 ………………………………………… (661)
二、大蒙古国的建立 ………………………………………… (663)
三、成吉思汗的扩张 ………………………………………… (664)
四、窝阔台和蒙哥的继续征战 ……………………………… (667)

第二节 元朝政局的演变 ………………………………………… (671)
一、元朝建立和贵族集团的内乱 …………………………… (671)
二、元朝中后期的政局演变 ………………………………… (674)
三、元顺帝的统治 …………………………………………… (677)
四、农民战争与元朝灭亡 …………………………………… (679)

第三节 元朝的基本典制 ………………………………………… (685)
一、政治体制 ………………………………………………… (685)
二、军事和法律制度 ………………………………………… (686)
三、赋役制度 ………………………………………………… (688)

第四节 元代社会经济的发展 …………………………………… (690)
一、农业生产的恢复和进步 ………………………………… (690)
二、棉花的种植和纺织业的发展 …………………………… (692)
三、边疆地区的开发 ………………………………………… (695)
四、商业与海外贸易的发展 ………………………………… (697)
五、发达的水陆交通 ………………………………………… (699)

第五节 元代的文化与科技 ……………………………………… (701)
一、文学和艺术 ……………………………………………… (701)
二、史学和哲学 ……………………………………………… (703)

三、科学和技术 …………………………………… (704)
　　四、宗教 …………………………………………… (706)
第六节　民族新格局和对外关系 ……………………… (709)
　　一、元代民族的新格局 …………………………… (709)
　　二、元代的对外关系 ……………………………… (713)

第九章　明王朝(公元1368年～公元1644年) …… 吴　琦　蔡明伦(719)
　导　读 …………………………………………………… (719)
　　一、明代的历史特点 ……………………………… (719)
　　二、传统文献和参考资料 ………………………… (721)
　　三、对明史的研究 ………………………………… (723)
　第一节　明朝的建立与明初制度的建构 …………… (726)
　　一、明朝的建立 …………………………………… (726)
　　二、明初各项制度的建设 ………………………… (727)
　　三、从南京到北京的转变 ………………………… (730)
　　四、明初的社会治理 ……………………………… (732)
　第二节　明中期内外交困与国力趋弱 ……………… (735)
　　一、土木之变与夺门之变 ………………………… (735)
　　二、武宗失道与嘉靖荒政 ………………………… (737)
　　三、明中期的流民问题 …………………………… (740)
　第三节　明后期的统治危机与明朝覆亡 …………… (742)
　　一、张居正改革与万历怠政 ……………………… (742)
　　二、晚明党争与阉祸 ……………………………… (746)
　　三、农民战争与明朝灭亡 ………………………… (749)
　第四节　明代君主集权的强化与政治格局的调整 … (753)
　　一、中央对地方的控制 …………………………… (753)
　　二、票拟：皇权制约下的阁权 …………………… (755)
　　三、批红：宦官代言皇权 ………………………… (758)
　　四、明代监察体系 ………………………………… (760)
　第五节　明代的赋役制度与经济发展 ……………… (763)
　　一、赋役制度的重大转变 ………………………… (763)
　　二、农业与手工业发展的新格局 ………………… (766)

三、商品经济的突飞猛进 …… (769)

第六节　明代社会的新动向 …… (775)
　　一、社会风尚的变异 …… (775)
　　二、家族制度的庶民化 …… (777)
　　三、士绅阶层的崛起 …… (779)
　　四、市民阶层的初具雏形 …… (782)
　　五、文人社团的活跃 …… (784)

第七节　明代的边疆政策与对外交往 …… (786)
　　一、民族关系与边疆政策 …… (786)
　　二、朝贡贸易与郑和西航 …… (791)
　　三、海禁、走私与倭患 …… (794)
　　四、耶稣会士及西方势力的在华活动 …… (796)

第八节　明代的思想文化 …… (798)
　　一、王阳明心学与晚明异端 …… (798)
　　二、经世实学与"西学东渐" …… (801)

第十章　清王朝(公元1644年～公元1840年) …… 谢贵安(805)

　导　读 …… (805)
　　一、清朝历史的特点 …… (805)
　　二、传统文献和参考资料 …… (806)
　　三、对清代历史的研究 …… (809)

　第一节　清朝的建立与统一 …… (812)
　　一、后金的兴起与清朝的建立 …… (812)
　　二、顺治入关与大顺、南明政权的覆亡 …… (812)
　　三、康熙亲政、平定三藩与统一台湾 …… (814)
　　四、平定准部与开拓疆域 …… (818)

　第二节　清朝的盛世 …… (821)
　　一、康、雍、乾盛世 …… (821)
　　二、雍正对吏治的整饬 …… (822)
　　三、乾隆的"十全武功" …… (824)
　　四、盛世修典 …… (827)
　　五、盛世隐忧 …… (829)

第三节　清朝的中衰 …………………………………………… (831)
　　一、嘉庆朝的政治困境与社会危机 ……………………… (831)
　　二、道光朝的内忧外患 …………………………………… (836)
　　三、西方逼临与天朝失措 ………………………………… (839)

第四节　清朝君主集权制度的强化 …………………………… (841)
　　一、虚置议政王会议与皇帝进一步集权 ………………… (841)
　　二、中央与地方行政机构的建立 ………………………… (843)
　　三、军事、法律、铨选制度的建立 ……………………… (844)

第五节　清朝的经济与社会 …………………………………… (846)
　　一、农业发展与人口迁移 ………………………………… (846)
　　二、商品经济与工商市镇 ………………………………… (850)
　　三、社会生活与风俗 ……………………………………… (852)

第六节　清朝的民族关系 ……………………………………… (857)
　　一、满蒙联姻：清朝早期民族关系的基础 ……………… (857)
　　二、"满汉一家"：对汉族镇压与怀柔并用 ……………… (861)
　　三、王朝多民族格局的重建 ……………………………… (864)

第七节　清代的思想、学术和文化 …………………………… (868)
　　一、明朝遗民与反君主专制思潮 ………………………… (868)
　　二、乾嘉考据学与"汉""宋"之争 ……………………… (871)
　　三、嘉道经世致用之学 …………………………………… (873)
　　四、"文字狱"与文化专制主义的推行 …………………… (877)

第八节　中外交往与中西文化的碰撞 ………………………… (880)
　　一、与罗马教廷及西方各国的交往 ……………………… (880)
　　二、与亚洲国家的往来 …………………………………… (884)
　　三、海外贸易与白银流入 ………………………………… (886)
　　四、西学东渐与中学西传 ………………………………… (889)

第六章 隋唐五代

（公元 581 年～公元 960 年）

导　　读

一、隋唐五代的历史特点

隋唐五代时期从公元 581 年隋朝正式建立开始，到公元 960 年"五代"中的后周政权灭亡结束，其中包括隋朝（581～618）、唐朝（618～907）与五代（907～960）三大阶段，历时近 400 年。隋唐是中国古代社会发展的高峰期，经济发达、文化繁荣、国力强盛，曾有"开皇之治"、"贞观之治"和"开元盛世"的美誉。此期的历史特点可以归纳为以下几个方面。

（1）结束长期的分裂局面，海内重归统一。这一时期进一步完善了以皇权为核心的中央集权制度，形成了一套既相互制约又有明确分工的官僚体系，同时强化了军事、法律和监察制度，建立和健全了包括选拔、任用、考核、奖惩等内容在内的职官制度，尤其是三省六部制、科举制的确立与完备成为中国制度史上的重大变革。隋唐政治制度的革新影响深远，多为以后王朝所传承。

（2）由于均田制和租庸调制的实施，稳定和激发了小农的生产积极性，使得社会经济繁荣。在农业方面，创制和改进了农具，组织兴修水利，开垦荒地；在手工业方面，丝织业、陶瓷业、造纸业发展迅速。这些都稳定了国家的财政收入，使隋唐的综合国力达到了历史发展的新高度。

（3）由于隋唐实行开放和包容政策，使得中国文化在此时达到一个光耀古今的辉煌期，成就斐然。丰富多彩的生活，殷实富庶的经济，为社会的文化繁荣提供了雄厚基础。再加上境内各族和域外各国间的频繁交流，十分有利于文化的兼收并蓄和繁盛发达。隋唐文化在文学、艺术、书法、雕塑、绘画等领域的突出成就,对后代中国及世界都产生了深远影响。

(4) 隋唐帝国有充分的自信心,实行开明的对外政策。这不仅促进了内地与边疆各族间友好关系的发展,使中国古代统一多民族的国家格局进一步巩固发展,而且促进了与境外各国的经济文化交流,使唐朝在发展对外关系和促进与亚欧各国友好往来方面盛况空前。

(5) 按日本学者内藤湖南提出的"唐宋变革期"理论,隋唐是中国古代社会形态的转型期,当时社会的许多方面都发生了划时代的变化。这种变化始于隋唐前期,基本完成于北宋前期,而唐中期则具有转折意义。它主要的体现,一是唐代结束了世袭门阀对政权的支配,宋代以后由跻身仕途的平民取而代之,成为社会的领导阶层。而这一转变是通过科举选官制度实现的。二是这种社会转型以经济秩序的根本变化为标志。唐朝中期以后,均田制被私人土地市场所取代;以均田制为依托的租庸调制也逐渐瓦解,被根据土地、财产一年两次征税的两税法所取代。三是从文化史角度看,精英们的宫廷文化渐渐让位于大众的通俗娱乐文化,这在文学、音乐、绘画和其他文化领域均有表现。

二、传统文献和考古资料

研究隋唐历史的资料,单从数量上看,好像"不多不少"。它既不像此前的先秦、秦、汉那样寡少稀缺,令人难寻踪迹;也不像此后的宋、元、明、清那样卷帙浩繁,学者终难卒读。从类别上看,它可以分为传统文献和考古两大类。

(1) 传统文献主要是指官修的纪传体史书《隋书》、《旧唐书》、《新唐书》、《新五代史》、《旧五代史》及编年体的《资治通鉴》等。这些是研究此段历史最基本的史料,其特点是内容相对完整和系统;而且,要利用其他类型的史料,也要建立在掌握这些史料的基础上。

《隋书》85卷,为纪传体的隋代史。其中"纪传"部分为魏征、颜师古、孔颖达等撰,成于贞观十年(636);"十志"部分为于志宁、李淳风等撰,成于显庆元年(656)。"十志"原来为梁、陈、齐、周、隋五代史而作,称《五代史志》,后各史单行,遂并入《隋书》。其内容叙述各代典章制度,尤详于隋。其中《经籍志》创立经、史、子、集四部分类法,遂成为古代目录书籍分类的主流标准,影响深远。其他如《食货》、《天文》、《地理》等志也综合五代制度发展情况,很有史料价值。

《旧唐书》200卷,五代刘昫(xù)撰,为纪传体唐朝史。唐代旧有国史《唐书》,刘昫等因旧本而作。其成书较为仓促,对材料较少剪裁,但因此保存的原始资料也多。由于政局的关系,唐朝21位皇帝中,前8朝实录、国史比较完整,之后7朝已有缺失,至唐末6朝即从武宗到哀帝的实录则全部佚失。因此,这最后时期的"本纪"无底本所依,只能杂采残存的日历、诸司史牍等材料撰写,或冗长失当,或忌讳不言。所以,《旧唐书》有详前略后的缺点。

《新唐书》225卷,北宋欧阳修、宋祁撰,也是纪传体的唐朝史。北宋仁宗年间,鉴于《旧唐书》存在的问题,开始编撰《新唐书》。《新唐书》本着"文省事增"的原则,增加了一些《旧唐书》没有的内容,如《志》比《旧唐书》多,还增加《旧唐书》没有的《表》。但是,《新唐书》也删除了许多《旧唐书》很详尽的史料,如本纪部分《旧唐书》是30万字,《新唐书》只有9万字。此外作者还对一些原始史料进行了删改。所以读两《唐书》时,应以《旧唐书》为主,《新唐书》则作为参考和补充。

《资治通鉴》294卷,北宋司马光撰。它是中国古代第一部编年体通史,记载了从周威烈王(前403)到后周显德六年(959)共1362年的历史,其中隋唐五代部分占全书篇幅的2/5。司马光生活时代距隋唐五代较近,许多前朝的实录、国史、诏制敕策、家传等资料尚在,所以《资治通鉴》的史料价值与《隋书》、两《唐书》、两《五代史》同样重要。

《旧五代史》150卷,北宋薛居正、卢多逊等撰,修于宋太祖开宝六年至七年(973~974年),为纪传体五代史。分梁、唐、晋、汉、周五书,事实颇详。成书如此迅速,是因五代时期的各朝"实录"基本没有散失。《旧五代史》也有不少缺点。主要的是因成书太快,来不及对史料加以慎重鉴别。元明之后,此书渐废,今传世本是清朝人从《永乐大典》等类书中辑录旧文而成,其本来面目已经无法完全恢复。

《新五代史》74卷,一名《五代史记》,北宋欧阳修撰。包括本纪12卷、列传45卷、考3卷、世家及年谱11卷、四夷附录3卷。由于该书文辞力求"高简",对史实多有忽略,兼采小说、笔记,在相当程度上影响了其史料价值。

此外,政书类的还有《通典》、《唐律疏议》、《唐会要》和《五代会要》等书,也有很重要的史料价值。

(2) 考古资料主要是指敦煌和吐鲁番文书。敦煌和吐鲁番是古代丝绸之路上的两个重镇。唐代佛教盛行,敦煌则形成了莫高窟寺群。1900 年在其中的一个小石窟中发现了大批经卷和书籍簿册,共计 4 万余件,世称敦煌文书。吐鲁番地区由于气候干燥,使其墓葬和石窟所藏的文书及经卷等资料得以保存,世称吐鲁番文书。这两类文书中时代属于隋唐五代的部分较多,主要有法令、地理、籍账、契约及官方文书等几类。目前在英、法两国的,主要是敦煌文书,由英国的大不列颠博物馆、法国的巴黎国家图书馆所收藏;在俄罗斯和日本的,既有敦煌文书也有吐鲁番文书,如日本龙谷大学研究所和俄国圣彼得堡东方研究所等都收藏有大量摄影照片;在德国收藏的则只有吐鲁番文书。这些宝贵的资料,对我们研究隋唐五代的社会和历史,具有传统文献不可替代的史学价值。

三、对隋唐五代历史的研究

对隋唐和五代时期历史的研究,我们可以从纵和横的两方面来看。

纵的方面研究大致可以分为四个阶段。

(1) 中国历来有前朝亡国、后朝为研究其政治得失而为前朝撰史的传统。从宋朝到清朝末期,为隋唐五代史研究的第一阶段,如《资治通鉴》等史著就体现了当时政治家、史学家的这种成果。另外还有大量的考据、纠谬、评史之作,如赵翼的《廿二史札记》、王鸣盛的《十七史商榷》、钱大昕的《廿二史考异》等,至今仍被研究者们广泛参考引用。

(2) 从 20 世纪初开始,西方学术思想传入,使得人们开始结合社会学、人类学、经济学、法律学等新的概念和理论进行隋唐史研究。典型如陈寅恪著《隋唐制度渊源略论稿》,论证隋唐时期的礼仪、职官、刑律、音乐、兵制、财政等制度的源流演变。其审核材料之眼光、推求方法之细密令人惊叹。又如陈寅恪著《唐代政治史述论稿》,分别论证了关中本位政策与唐代前后政局变化的关系、唐后期党争、唐代外患与内政的关系等问题,也颇见功力。

(3) 从 20 世纪 50 年代开始,在中国大陆,马克思主义成为学术研究的指南。这时史学界关于均田制问题的争论、对唐宋庄园制形态的探讨、对隋及唐初政权性质的讨论及人物评价等工作,都受到这一大潮流的影响。这一时期的成果主要表现在一些隋唐断代史著作的出版上,如岑仲勉的《隋唐史》(中华书局 1982 年新版)、杨志玖的《隋唐五代史纲要》(上海人民出版社 1955 年版)、吴枫的《隋唐五代史》(人民出版社 1957 年版)、韩国盘的《隋唐五代史纲》(三联书店1961年版),范文澜的《中国通史简编》第三编第一、二册(人民出版社1965年版)等。

(4) 从20世纪80年代初开始,随着改革开放的不断深入,隋唐五代史的研究也进入新的阶段。这时的特点是海内外的学术界加强沟通,人才辈出,思想活跃,研究范围更加广泛,研究课题不断深入,论文和论著数量激增。不仅政治史、经济史、制度史推陈出新,社会史异军突起,而且文化史别开生面。同时敦煌、吐鲁番学的勃兴,也是隋唐史研究新的亮点。值得注意的是唐长孺的《魏晋南北朝隋唐史三论》(武汉大学出版社1992年版),综合研究了唐代社会经济的发展、门阀大族的衰弱、科举制的兴起和学术思想的变化等问题。

从横的方面来看,隋唐五代史研究的成果突出表现在典章制度、法律、外交、民族、社会经济、学术文化等领域中。

(1) 在政治制度史的研究上,学者们力图把历史上的政治制度作为一个发展过程来加以把握,而不仅停留在有关记载的静态条文上。这方面首推陈寅恪的《隋唐制度渊源略论稿》,它全面系统地论述了隋唐各种制度自汉魏以来的渊源流变。由于日本古代法制直接取之于隋唐律令体系,故日本学者对此研究较多。20世纪30年代有仁井田升的《唐代拾遗》(日本东方文化学院1936年版),后来日本唐代史研究会以隋唐令制为中心的三部论文集《中国律令制及其发展——其对周边诸国的关系》(日本刀水书房1979年版)、《中国律令制的发展及其与国家社会的关系——包括周边诸地区的情况》(日本刀水书房1984年版)、《律令制——中国朝鲜的法与国家》(日本汲古书院1986年版)是这方面的代表作。新时期张国刚的《唐代官制》系统论述了唐代官吏的设置、职能、选拔、管理、考核及退休制度的前后变化。军事制度的研究成果主要有唐长孺的《唐代兵制笺正》和孙继民的《唐代行军制度研究》。

(2) 在社会和经济史的研究上,前有陶希圣、鞠清远的《唐代经济史》(商务印书馆1936年版),后有李剑农的《魏晋南北朝隋唐经济史稿》(三联书店1959年版),为治唐史者必读。加藤繁的《中国经济史考证》(上)(日本东洋文库1952年版)奠定了日本学者研究唐代经济史的基础。唐宋之际经济的巨大发展,也体现在社会风貌、百姓生活和思想文化上,这引起20世纪80年代以后许多学者的关注和研究,于是在唐代社会结构、家庭形态、妇女婚姻、民间风俗等领域都有佳作问世,其中《隋唐五代社会生活史》一书是重要成果。

（3）在隋唐民族史方面，对这时突厥、吐蕃、南诏、回纥、契丹、渤海等民族的研究都有高水平的成果问世。在中外关系方面，前有向达的《唐代长安与西域文明》（三联书店1957年版），是中西交通史的名著；后来张广达、王小甫的《天涯如比邻——中外文化交流史略》（香港中华书局1988年版）一书中的有关章节，系统论述了隋唐五代中外关系史的情况；美国学者谢弗的《唐代的外来文明》（中国社会科学出版社1995年版）一书，通过对具体外来物品的讨论，全面探讨了唐代的中外关系。

（4）关于敦煌吐鲁番文书的研究，有日本学者池田温的《中国古代籍账制度研究》（中华书局1984年版）和杨际平的《敦煌吐鲁番文书研究：均田制初探》（厦门大学出版社1991年版），均是此方面的重要成果。唐代文化研究方面，有王国维的《摩尼教流行中国考》、陈寅恪的《元白诗笺证稿》、汤用彤的《隋唐佛教史稿》、傅璇琮的《唐代诗人丛考》、史念海的《唐代的地理学和历史地理学》等，均为一时之选。

隋唐五代史是中国古代史的一个横断面，唐代后期的许多变化是在宋代才显露出来的，而宋代史籍中的一些关于唐史的资料还没有被充分挖掘出来。随着史学观念的更新，也会开拓出更多断代史研究的新领域，比如此时期民众的宗教意识与宗教信仰、社会思潮史以及家庭史、疾病史、舆论史、森林植被史等正在引起学术界的更多注意。①

---

① 张国刚：《20世纪隋唐五代史研究的回顾与展望》，《历史研究》2001年第2期。

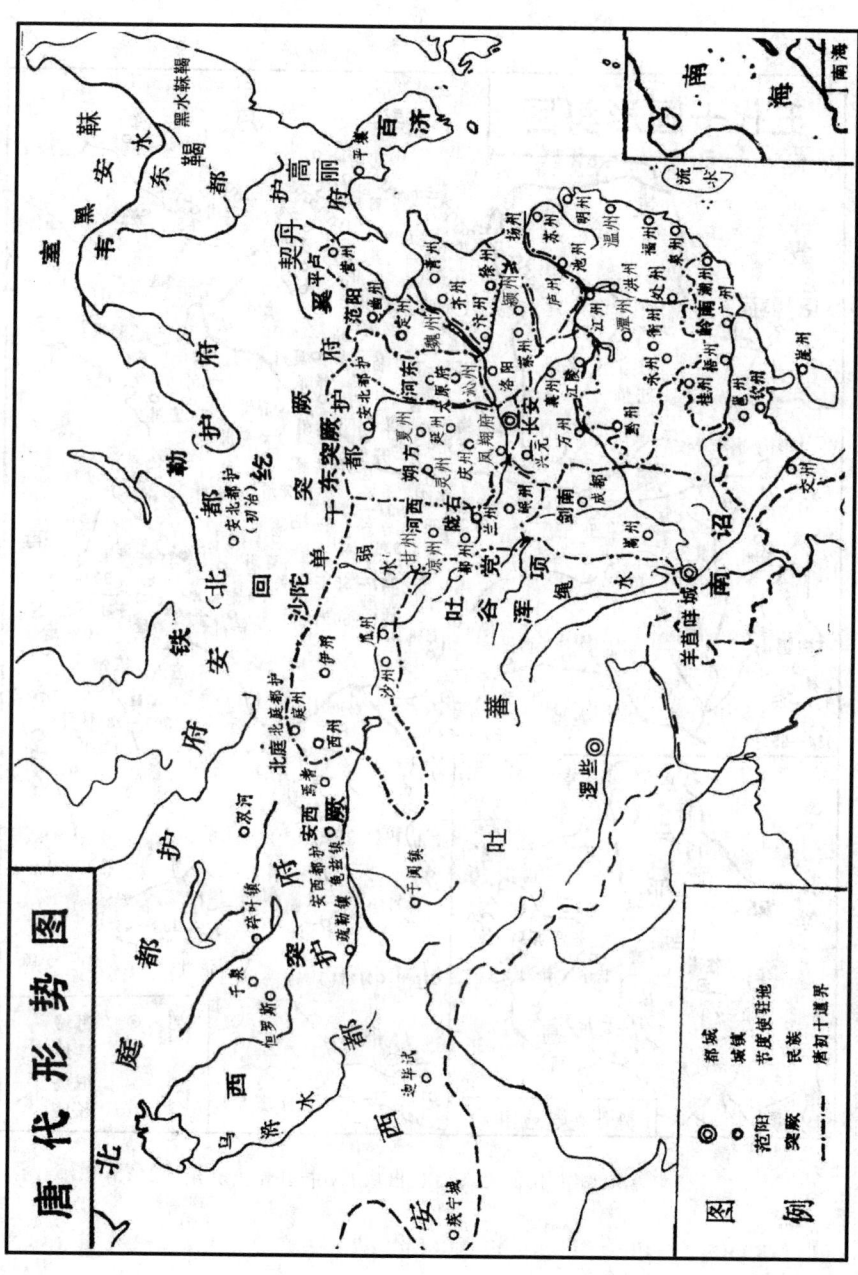

唐代形势图

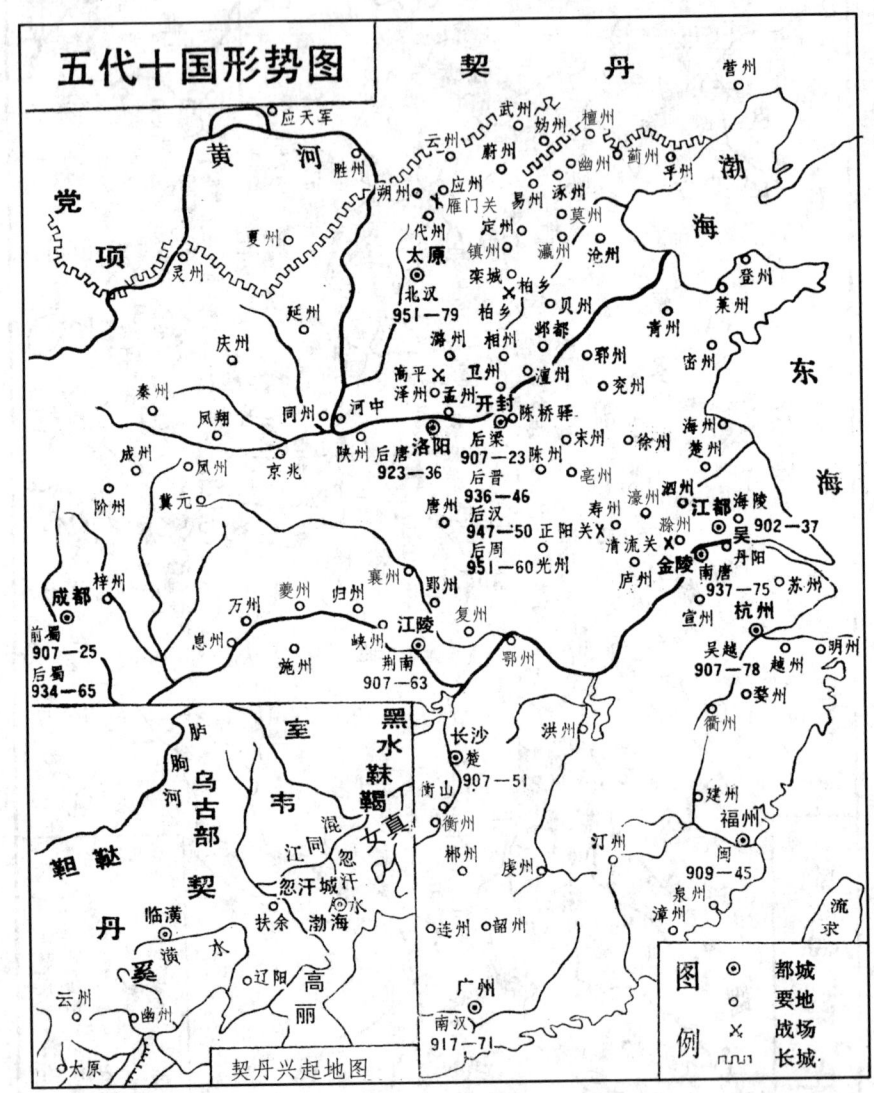

(本章地图转引自北京大学出版社《中国古代史纲》)

第一节 隋朝的短暂统治

一、隋文帝的统一

1. 隋朝的建立

杨坚,弘农郡华阴(陕西华阴)人。其父杨忠随北周太祖宇文泰起兵,立有战功,是西魏府兵十二大将军之一,封随国公①。杨坚继承父爵。杨坚的妻子独孤氏是鲜卑贵族"八柱国"之一独孤信的女儿,其女儿杨丽华是周宣帝的皇后。大成元年(579),周宣帝传位给儿子宇文阐,是为周静帝,时年仅8岁。次年,周宣帝去世,静帝母后杨丽华辅政,外戚杨坚总揽朝政。这引起了北周王室、大臣的猜疑和不满。相州(治今河南安阳)总管尉迟迥、郧州(治今湖北安陆)总管司马消难、益州(治今四川成都)总管王谦等先后举兵,很快都被杨坚镇压。大定元年(581)二月,周静帝禅位,杨坚登基,国号隋,改元开皇,都长安。杨坚就是隋文帝。

隋朝建立后,隋文帝采取了一系列加强中央集权和发展社会经济的措施,增强了国力。隋在政治、军事、经济等方面的力量都大大超过南方,从而为统一全国奠定了基础。同时,经过两晋南北朝时期的民族斗争和融合,南北对峙中的民族矛盾渐渐散淡,南方、北方的社会经济文化交流更加频繁,全国统一已经是必然趋势。

2. 隋的南北统一

后梁政权盘踞于江陵一带,原是西魏、北周的附庸。隋文帝于开皇七年(587),征后梁萧琮入朝,果断结束后梁的统治,控制了长江中上游,开始为统一进行战略布局。

南陈末代皇帝陈叔宝沉湎酒色,国势日衰。大将高颎向隋文帝建议:"量彼收获之际,微征士马,声言掩袭。彼必屯兵御守,足得废其农时。彼既聚兵,我便解甲,再三若此,贼以为常。后更集兵,彼必不信,犹豫之顷,我乃济师,登陆而战,兵气益倍。又江南土薄,舍多竹茅,所有储积,皆非地窖。密遣行人,因风纵火,待彼修立,复更烧之。不出数年,自可财力俱尽。"②文

---

① 《周书·杨忠传》,中华书局1971年版。
② 《隋书·高颎(jiǒng)传》,中华书局1973年版。

帝依此而行,不仅使陈朝农业生产受到干扰,无法储积军资,更使对北方麻痹而失去警觉。开皇八年(588)十月,隋文帝在寿春(安徽寿县)置淮南道行台省,以晋王杨广为行台尚书令,主管南事。十二月,隋军兵分八路,水陆并进,开始灭陈。

此时,陈叔宝正与宠妃、狎客饮酒作诗。他自信金陵历来帝王之都,"王气在此。齐兵三来,周师再来,无不摧败。彼何为者邪!"宠臣都官尚书孔范附和道:"长江天堑,古以为限隔南北,今日虏军岂能飞渡邪?"①开皇九年(589)正月,隋军主力乘陈朝欢度新年之机,渡过长江,一举攻下建康。隋将韩擒虎将藏匿于枯井中的陈叔宝及其二宠妃俘获。

至此,从东晋以来270余年的南北分裂局面宣告结束,隋文帝完成南北统一大业。

3. 隋文帝为政

隋文帝执政以后,采取了一系列措施,如改革吏治,确立三省六部制;创立科举,选拔人才;推行均田制,轻徭薄赋;整顿户籍,抑制豪强;改革府兵,兵农合一。再加上南北统一,社会安定。通过隋文帝的改革措施,创造出了隋朝政治稳定、经济繁荣的新局面。

当然,隋文帝的历史局限性也很突出,尤其是在他统治的后期。由于隋文帝本人在北周并无特殊功勋,是以外戚身份从北周皇室的孤儿寡母手中夺取了政权,所以猜忌心很重。他害怕大臣们再效法他,所以事事提防,甚至用滥杀手段来巩固帝位,激化了统治集团内部的矛盾。开皇十三年(593),他修仁寿宫,"役使严急,丁夫多死"②,激起百姓怨愤。他"晚年深信佛道鬼神"③,导致佛教、道教势力迅速增长,全国僧侣达23万人,损害了社会经济。

二、隋炀帝的暴政

1. 太子废立与文帝之死

杨广是隋文帝次子,开皇元年(581)被封为晋王。在隋文帝南下灭陈和抵御北方突厥的过程中,他立有大功,并笼络了一批人才。隋文帝与独孤皇

---

① 《资治通鉴》卷一七六"祯明二年",中华书局1956年版。
② 《隋书·食货志》。
③ 《资治通鉴》卷一七九"开皇二十年"。

后提倡节俭,太子杨勇由于生活奢侈,渐渐失去他们的欢心。杨广则做出种种生活俭朴、不好声色的样子。文帝到他府中时,他把浓妆艳抹的姬妾锁进里屋,只安排几个又老又丑穿着粗布衣服的妇人在左右侍候,文帝看到十分高兴。杨广又联合越国公杨素,在文帝和独孤皇后面前中伤杨勇。开皇二十年(600),文帝将杨勇废为庶人,立杨广为太子。

仁寿四年(604)四月,文帝病重卧床。杨广知其父生性猜忌,怕他政治上反复,令同党杨素监视他。不料送信人误将杨素给杨广的回信送给了文帝,文帝读后大怒,忙命大臣柳述、元岩草拟诏书,要废黜杨广重立杨勇为太子。情急之下杨广带兵包围皇宫,逮捕了柳述、元岩,杀了隋文帝。之后,他又派人假传文帝遗嘱,杀了杨勇及杨勇的10个儿子。同年七月,35岁的杨广即位,成为隋朝的第二代皇帝,史称隋炀帝,下令改年号为"大业"。

2. 营建东都

隋炀帝从大业元年(605)开始,大规模营建东都。

隋文帝曾修建大兴城(即隋唐长安城),为当时的"世界第一城"。它的设计和布局,对中国后世及日本、朝鲜的都市建设都有深刻影响。但长安地理位置偏西,不利于中央政府对广袤东方的控制,而洛阳地处中原地区,交通便利,前代不少王朝,如东周、东汉、曹魏、西晋、北魏、北周都曾定都于此。因此隋炀帝即位后,决定迁都洛阳。

大业元年(605),隋炀帝命左仆射杨素、右庶子宇文恺营建东都。他们迎合隋炀帝好大喜功的心理,将工程规模搞得特别宏大,每月役使工匠200万人,并严厉督促,让日夜不停地施工。建筑需要的高级木材石料,都是从大江以南、五岭以北运来,仅一根柱子就得上千人拉。而且频繁征发南方的奇材异石、嘉木异草、珍禽奇兽,输送洛阳充实各园苑。

洛阳城分为宫城、皇城和外廓城三层。又在洛阳西南筑西苑,周长200里,园里有人造海、假山、亭台楼阁和奇花异草。更别出心裁的是,到了冬天树叶凋落,隋炀帝便派人用彩绫剪成花叶,扎在树上,使这座花园四季长春,真所谓"帝营东都,穷极侈丽"①。大业二年(606),东都洛阳建成,成为隋朝实际的政治、经济中心。

3. 沟通南北的大运河

与营建东都同时,隋炀帝又开始修建南北大运河。当时修建大运河的

---

① 《隋书·房彦谦传》。

目的主要有三：一是由于经济中心南移，长安、洛阳两京仰仗东方尤其江淮的粮帛财物，需要有一条水路运输物资。二是要对高丽进行战争，需要将各种军事物资便捷地输往前线。三是灭陈后，江南士族和百姓时有反叛之举，交通的便利有助于隋王朝对南方进行严密控制。

大业元年（605），隋炀帝征发河南、淮北各地100多万民工，从洛阳西苑到淮水南岸的山阳（江苏淮安）凿通一条运河，叫"通济渠"。原春秋时期吴王夫差开有运河邗沟（因其流经邗城即今扬州，故称），现在又征发淮南民工十多万，重新疏通。此水路主要连接山阳和江都（江苏扬州）。以后五年，隋炀帝又两次征发民工，开通了两段运河，即从洛阳的黄河北岸北到涿郡（北京），叫"永济渠"；从与江都隔江相望的京口（江苏镇江）南到余杭（浙江杭州），叫"江南河"。这样，通济渠、邗沟、江南河与永济渠四段水路连接起来，就是一条以洛阳为中心，北起涿郡，南到余杭，全长2500公里，沟通海河、黄河、淮河、长江、钱塘江五大河流的大运河。

修建大运河劳民伤财，给百姓带来了沉重负担，是隋炀帝的暴政之一。但不可否认，大运河也是中国历史上的伟大工程之一。中国地形西高东低，自然河道多自西向东流。大运河则横贯南北，加强了南北联系，对中国经济、文化的发展和国家政治统一都有积极意义。史载运河开通，"商旅往还，船乘不绝"①。唐人皮日休在《汴河怀古二首》中吟咏大运河言："尽道隋亡为此河，至今千里赖通波。若无水殿龙舟事，共禹论功不较多。"

4. 征讨高丽

历史上东北亚居住着许多民族，其中与隋朝接壤的高句丽最为强盛。尽管它一直以藩国身份朝贡于中原，但立国500年来也一直在扩疆拓土，成为中原王朝东北部的大患。开皇十八年（598），高句丽王高元率靺鞨之众万余骑入寇辽西，被隋朝营州总管韦冲击退。隋文帝曾以汉王杨谅为元帅，让其率领水路大军30万讨伐高丽。

隋炀帝即位后，又曾三次出兵征讨高丽。

第一次是大业八年（612），隋炀帝征调士卒113万余，步军集中于涿郡，水军集中于东莱（山东莱州）。他另调民夫200万人，以向前线运送衣甲、粮食。为准备海路出兵，他征调大批工匠在东莱造船，工匠们日夜在水中干活，皮肤溃烂，腰部以下都生了蛆，死亡者十之三四。他还征发江淮以南的

---

① 《旧唐书·李勣（jì）传》，中华书局1975年版。

民工和船只,把洛口等官仓的储粮运到涿郡,前后相继,长达 1000 多里。经常有几十万人奔走于路,随时倒毙者也不少。由于隋炀帝过于揽权,军事命令只能一出其口,致坐失战机。加之粮草运输不继,此战最后以隋朝失败告终。这次出兵共 100 多万人,渡过鸭绿江的有 30 多万人,但最后回到辽东的只有 2700 人。

第二次出征高丽是大业九年(613),隋军兵强马壮,计划周密,准备充分。同时吸取上次教训,隋炀帝给将领们一定的指挥权。正当攻城准备已告完成,辽东城指日可下之际,杨素的儿子、礼部尚书杨玄感在后方起兵反叛,率兵进攻东都洛阳。隋炀帝闻讯急忙撤军,高丽人乘胜追击,隋军伤亡颇重,征讨高丽又一次失败。

第三次征高丽是大业十年(614)。但由于这时隋末农民战争已经爆发,兵士大量逃亡,隋朝无力再战,高丽也疲于战争而遣使请降,隋炀帝顺势同高丽议和。

三、隋朝的灭亡

1. 社会矛盾的激化

尽管隋炀帝的不少举措在客观上也有益于中国的长远发展,如营建东都,加强了隋王朝对关东地区的控制;修建大运河,加强了南北之间经济文化的交流;巡行突厥和河右,加强了中原与突厥及西域等民族地区的联系;征伐高丽具有安宁东北边疆的作用。即使是隋炀帝三游江都,也不应看作是一种单纯的个人享乐,而是向新统一的南方地区进行政治和军事的示威,以巩固新的统一局面。但是,隋朝建国仅 37 年,炀帝在位不过 14 年,在这样短的时间内,连续进行这样的大工程,使隋朝出现"举国就役"的局面,大大超出了百姓的承受能力。这不能不说是造成隋政权短命的主要原因。

此外,隋炀帝好大喜功,排场太过奢华,进一步加重了百姓的负担。东都洛阳的宫室,极尽奢华,自洛阳到江都(今江苏省扬州市),就置行宫 40 多座。三次江都巡游,乘着长 200 尺,高 45 尺,上下四层的大龙舟。随行的嫔妃、王公大臣、僧尼道士分别乘几千艘华丽的大船,首尾相望,绵延二百多里,拉船的纤夫就有八万多人。沿途五百里以内的百姓,被迫奉献食品。北方没有行宫,他命令巧匠宇文恺建造了一座活动宫殿,称观风行殿,上面能容几百人,可随时装拆。

为了表示隋朝的富足强盛,在大业六年(610)西域各国使者和商人汇聚洛阳时,隋炀帝在皇城端门外大街上置设盛大的百戏场,为西域人演奏百戏。戏场周围5000步,奏乐人多至18000人。西域人到洛阳东市交易,杨广命令商人盛饰市容,广积珍货,商人都服装华美,连卖菜人也得用龙须席铺地。西域人经过酒食店,店主都得邀请他们入座吃饱喝足,不收分文。市内树木也都用帛缠饰,以示富足。西域人问道:"中国亦有贫者,衣不盖形,何如以此物与之,缠树何为?"①

2. 山东农民战争的爆发

杨广发动对高丽的战争,耗费大量人力物力。尤其山东、河北一带,历来是统治者搜刮财赋的重心,在战争中被征调最多,遭受的祸害也最严重。大业七年(611)夏天发大水,山东地区受灾尤烈,"百姓困穷,财力俱竭"。邹平(今山东)铁匠王薄率先反隋,自称知世郎,率农民军占领了长白山,声言:"长白山前知世郎,纯著红罗绵背裆。长矟(shuò)侵天半,轮刀耀日光。上山吃獐鹿,下山吃牛羊。忽闻官军至,提刀向前荡。譬如辽东死,斩头何所伤。"②"知世郎"即能推算未来的人,王薄用此号召民众。

王薄发难,各地蜂起响应。同年,平原(山东德州)刘霸道、漳南(河北固城)孙安祖、蓚(tiáo)县(河北景县)高士达相继而起。大业九年(613),济阴(山东曹县)孟海公、齐郡(山东历城)孟让、北海(山东青州)郭方预、河间(今河北)格谦、渤海(山东阳信)孙宣雅等相继而起。同年,余杭(浙江杭州)刘元进、梁郡(河南商丘)韩相国、吴郡(江苏苏州)朱燮(xiè)、扶风(陕西凤翔)向海明、淮南杜伏威等也聚众而起。短短两年,全国各地的农民军发展到百余支,人数几百万。经过几年的联合和兼并,农民军逐渐形成了规模较大的三支:一支是河南的瓦岗军,一支是河北的窦建德军,一支是江淮地区的杜伏威军。

3. 河南瓦岗军的成败

瓦岗军是三支农民军中较强的一支。当初韦城(河南滑县)人翟让在瓦岗寨(滑县南)发动起义,成员多是渔猎手,皆勇武善战。曾跟随杨玄感起兵的失意贵族李密,失败后投奔瓦岗寨,说服瓦岗军与其他义军联合,并向翟让建议席卷长安、洛阳二京、诛暴灭隋。

瓦岗军采纳李密建议,利用隋军轻敌的骄狂心理,分兵千余人埋伏,诱

---

① 《资治通鉴》卷一八一"大业六年"。
② 杨慎:《古今风谣》,"丛书集成初编"本,中华书局1985年版。

敌进入伏击区,大破官军,首先攻占荥阳(今属河南)。大业十三年(617)二月,农民军一举攻破了距洛阳百余里的洛口仓(一名兴洛仓)。农民军不仅获取大批军粮。还开仓济贫,深得民众拥护,队伍迅速壮大到数十万人。接着,瓦岗军又大败越王杨侗的军队,力量进一步加强,成为中原农民军的中心。

不久,农民军进军东都洛阳,隋炀帝十分恐慌,派大将王世充率精兵增援。瓦岗军和几十万隋军展开了激战,历时3个月,经过大小60余次战斗,打得王世充全军溃败,所剩不过数千人。瓦岗军发布檄文,列举隋炀帝十大罪状,"罄南山之竹,书罪未穷;决东海之波,流恶难尽"①,号召各地官民共讨伐之。

但在即将胜利之时,瓦岗军内部发生分裂,翟让与李密矛盾激化。大业十三年(617)十一月,李密以赐宴为名,杀害了翟让等重要将领,削弱了瓦岗军的力量。大业十四年(618)六月,李密率军投降了隋朝杨侗。同年,王世充击败李密,李密率余部投降了李渊。之后,李密又叛离李唐以图再举,为唐朝大将盛彦师所杀。

4. 河北窦建德的兴衰

大业七年(611),窦建德在高鸡泊(河北固城)树起反隋大旗,队伍迅速发展到万余人。大业十二年(616)十二月,涿郡(河北涿州)守将郭洵率军进犯,窦建德率7000人乘隋军不备突然袭击,杀敌数千,获马千匹,斩郭洵,声威大震。

大业十三年(617)正月,窦建德在乐寿(河北献县)称王,建立政权。隋炀帝派涿郡留守薛世雄围剿,双方在乐寿七里井交战,窦建德佯败诱敌,设下埋伏,乘隋军追杀之际突然折回,伏兵齐起,前后夹击隋军,薛世雄大败逃回涿郡。大业十四年(618)五月,窦建德称夏王,定都洺州(河北永年),势力进一步壮大。

隋朝灭亡后,窦建德又与唐朝作战。唐高祖武德四年(621),窦建德与李世民在虎牢关(河南荥阳)交战,因轻敌冒进被李世民打败。窦建德被俘,后在长安被杀。武德五年(622),李世民在洺州(河北永平)战役中镇压了起兵反唐的窦建德部将刘黑闼(tà),河北农民军失败。

---

① 《旧唐书·李密传》。

5. 江淮形势和隋朝的灭亡

齐郡章丘（今山东）人杜伏威、齐郡临济（山东章丘）人辅公祏原来流亡各地，于隋朝大业九年（613）聚众起事，先进入长白山，后向淮南发展。他们合并了苗族海潮等几股农民军，打败了前来镇压的隋军大将陈棱，声势日渐壮大。这时淮南、江北各县都在起义军掌握之中，危及当时隋炀帝所在的江都。

各地起义军不断歼灭和击败隋军主力，占领了河北、山东、河南及江淮等广大地区，而隋军所能控制的不过几座大的都邑。眼看隋王朝大势已去，不少贵族、官僚和地方豪强乘机起兵，割据一方。太原留守李渊起兵后不久，便乘虚攻破西京长安。大业十四年（618）三月，隋右屯卫将军宇文化及等发动兵变，在江都绞杀了隋炀帝，隋朝灭亡，历时37年。

第二节 大唐盛世

一、关陇大族的兴起与唐朝的建立

1. 关陇大族的兴起

所谓关陇大族，指的是自北魏以来在北方特别是在关陇地区政权中占主导地位的一个军事贵族集团。关陇集团起源于北魏六镇之一的代北武川镇（内蒙古武川），肇起于关中，发端便是盛极一时的西魏八大柱国。此八柱国分别为宇文泰（李世民曾外祖父）、元欣、李虎（李渊祖父）、李弼（李密曾祖父）、赵贵、于谨、独孤信（杨坚岳父）和侯莫陈崇。

关陇大族凭借其政治、经济上的优势，影响了西魏、北周、隋、唐四个王朝。建立隋朝的弘农杨氏即属于这一集团，隋建立后，虽然为了加强中央集权，在政治上注意打击门阀士族势力，但还是极力维护关陇集团的原有地位。隋文帝为了维系关陇大族的政治利益，保持核心统治力量的稳定，基本上保留了北周原来的上层官僚队伍。据统计，先后任隋代"三省"的18名高级官员中，有11人曾在北周任职，有15人来自于西起天水、京畿，向东迄于洛阳这条东西地带上。先后任"六部"的46名尚书中，有13人是北魏官员的子孙，有29人是北周官员的子孙。从籍贯看，这46人中的30人来自天水、京畿到洛阳的地带上，另7人来自山西，其余则来自华北。显然武川系军事贵族构成了隋朝的政治核心①。唐初,关陇集团在政权中的主导地位仍然没有受到大的触动。

2. 李渊起兵

建立唐王朝的李渊,出身陇西,属关陇贵族集团中的重要一支。其祖父李虎在西魏时曾官至太尉,后助宇文泰建立北周政权,是当时"八柱国"之一,死后被追封为唐国公。其父李昞,任北周柱国大将军,袭爵唐国公。李昞妻独孤氏是鲜卑贵族、柱国大将军独孤信之女,与隋文帝的独孤皇后为从姐妹。李渊生于周天和元年(566),隋代周后,仍袭唐国公。

大业十一年(615),隋炀帝派李渊为山西、河东抚慰大使,又为太原留守,驻节晋阳(山西太原),担负北御突厥和弹压地方的重任。隋炀帝又派太原副留守王威和高君雅对李渊进行监视。太原是西北边防重镇,历来为兵家必争,隋朝在这里储存了大量的布帛粮谷。此时,农民军逐渐形成了以李密、窦建德、杜伏威为首的三支主力部队,分别活动在今河南、河北、山东和江淮一带,将隋的统治核心及其主力军队分隔于江都、洛阳和长安三处,隋朝陷入四分五裂之中。隋的一些贵族和地方官僚见朝廷大势将去,也乘机占据郡县,称王称帝,建立割据政权。李渊共有四子,除三子元霸早逝外,李渊赴晋阳上任时,留长子李建成、四子李元吉于河东,潜结英俊,以扩大实力;让次子李世民随侍晋阳,也密招豪友,广揽人才。

大业十三年(617)六月,李渊命刘文静假造隋炀帝诏书,伪称征发太原、雁门(山西代县)等地20至50岁男子,要集合于涿郡,然后东征高丽。于是人心怨上恐慌,反隋情绪高涨。而后李渊又借口勾结突厥的刘武周占据汾阳宫,命李世民、刘文静、长孙顺德、刘弘基等人募兵,10天之内应募近万人。负责监视的太原副留守王威和高君雅看到李渊父子招兵买马,便企图利用晋祠求雨的机会杀死李渊。结果李渊先发制人,伪称王威、高君雅引突厥兵入寇,在晋阳宫杀死二人,史称"晋阳事变",也称"太原起兵"。

3. 李唐称帝

在"晋阳事变"后,李渊北联突厥贵族势力,依靠关陇、河东地方集团的力量,拥立镇守长安的代王杨侑为隋帝,传檄郡县,起兵晋阳。李渊把军队分为三军:李渊为大将军,总统众军;李建成为陇西公、左领军大都督,统领左三军;李世民为敦煌公、右领军大都督,统领右三军。将军府和各都督府

---

① 唐长孺:《魏晋南北朝隋唐史三论》,武汉大学出版社1992年版,第177页。

各置官属,都是强有力的军事机构。李渊让李元吉留守太原,他亲自率军3万,在西突厥兵协助下,向长安进发。

长安代王杨侑派虎牙郎将宋老生、骁卫大将军屈突通抵御李渊。李渊相继攻克霍邑(山西霍县)、临汾(今山西)和绛(山西新绛),进逼龙门(山西河津),关中孙华率实力最强的一支武装和冯翊(陕西大荔)太守萧造一起投降了他。九月,李渊率兵围攻河东(山西永济),遇隋将屈突通固守,久攻不克。李渊分兵两路,留诸将围攻河东,牵制屈突通,自己率领李建成、李世民等大军直取长安。

李渊攻克长安,迎立13岁的代王杨侑为傀儡皇帝。李渊自任大都督内外诸军事、大丞相,加封唐王,掌握大权。大业十四年(618)五月炀帝被杀,李渊废掉杨侑,自立为帝,年号武德,定都长安,国号"唐"。他立长子李建成为太子,封李世民为秦王,李元吉为齐王。

4. 统一全国

李渊建唐后,马上开始了长达10年的统一战争。从当时全国局势看,关中、中原、江南等地都有对唐王朝形成威胁的敌对势力。李渊采取先固西部、东攻中原、再平江南的方略。

(1)先固西部

威胁李唐的西部势力一是薛举,他据金城(甘肃兰州),称西秦霸王。唐朝初建,薛举即于武德元年(618)六月攻泾州(甘肃泾川),由西威胁关中。七月,李世民在高坡(陕西长武)迎战薛举。由于部将恃众轻敌,唐军被薛举潜兵掩袭阵后,大败于浅水原,死者十之五六,李世民被迫撤回长安。八月,李渊再命李世民进攻薛举的继承人薛仁杲。李世民吸取上次教训,开始时坚壁不出,以逸待劳;后于十一月在浅水原大败薛仁杲军,斩首数千级,乘胜追击,迫降薛仁杲。唐平定陇西,部分消除了西顾之忧。

西部强敌之二是李轨。他据武威(今属甘肃),称大凉皇帝,拥控河西五郡。武德二年(619)五月,李轨拒绝归唐,终被唐将擒获于长安。

西部强敌之三是刘武周。他据马邑(山西朔县),称皇帝,突厥封其为"定杨可汗",威胁重镇太原。武德二年(619)四月至九月,刘武周先后攻陷榆次、平遥、太原、晋州(山西临汾)、绛州(山西新绛)等地,并多次击败唐援军。并州都督李元吉逃回长安,关中震骇。十一月,李世民率兵自龙门趁坚冰渡过黄河,屯兵柏壁(山西新绛)。针对刘武周部将宋金刚孤军深入的弱点,唐派部将断其粮道,主力则厉兵秣马,坚壁不战。武德三年(620)四月,趁宋金刚粮尽北撤时,李世民率军追击,消灭了刘武周,恢复了唐在山西的统治。

(2) 东攻在中原

李渊在中原的主要对手王世充,原是隋朝的江都通守,隋炀帝被杀之后,他拥立杨侗为帝。在打败瓦岗军后,他又将其大部分人马收编,扩充自己的力量。武德二年(619),王世充废杨侗而自称帝,国号郑,定都洛阳。武德三年(620)李渊派李世民共领8总管25将,统兵8万余东击王世充。李世民将王世充包围于洛阳,王世充向窦建德求援。窦建德意识到王世充若被消灭,唐军的下一个进攻目标就是自己,于是率军营救,反而在武德四年(621)战败被俘,王世充在绝望中献城降唐。

窦建德的部将刘黑闼又举兵反唐,不到半年即恢复了原来窦建德的地盘。李世民又奉命征讨,与刘黑闼所部两万人激战。后唐军决堤水攻,刘黑闼败退投奔突厥,然后又卷土重来。李渊命李元吉征讨,元吉被刘黑闼击败。太子李建成亲自出征,采纳魏征的谋略,注意安抚民心,最终分化了刘黑闼部下,使刘黑闼败退时被杀。至此河北和山东地区终于平定。

(3) 再平江南

南方最大的割据势力萧铣,原是南朝梁宣帝的曾孙,趁隋末混乱割据一方,所占地区南到交趾,北到汉水,西达三峡,东及九江。隋炀帝死后,一些隋朝将领投靠了他,使其地盘不断扩大。李渊在派李世民东征王世充的同时,于武德四年(621)十月命李靖领兵南下进攻萧铣。李靖出奇制胜,在长江水涨、萧铣认为他不能用兵时,李靖偏偏说服众将趁机进军,大败萧铣军。萧铣最后听从中书侍郎岑文本的劝告,投降了唐军。

割据江淮一带的农民军首领杜伏威,占据历阳,自称总管。唐军围攻洛阳时派人招降,杜伏威便投降了,被李渊封为吴王。武德七年(624)辅公祏起兵反唐,李渊派大将李靖讨伐。不久,辅公祏被当地武装抓获,送唐军营中处死。江淮地区遂告平定。

贞观二年(628),李世民乘突厥衰乱,派兵攻灭了其庇护下的朔方(陕西靖边)割据势力梁师都。至此,隋末唐初的分裂局面再告结束,全国重新统一。

二、唐太宗与"贞观之治"

1. 玄武门之变

唐高祖李渊的3子1女,在建立唐朝一统江山的斗争中,各有建树。尤其突出的是太子李建成与秦王李世民,功勋卓著。因此在唐建国不久,皇室内部的权力斗争便逐渐白热化。

武德九年(626)六月初四清晨,秦王李世民先发制人,率长孙无忌、尉迟敬德、侯君集、张公谨等人在玄武门(长安宫城北门)设下伏兵。太子李建成和齐王李元吉从玄武门进宫面见父皇。当他们走到临湖殿,发现殿边有马影闪动,心知不妙,立即拉转马头,准备返回东宫。李世民将李建成一箭射死,尉迟敬德率骑兵70人随后赶到,也将李元吉射死,史称"玄武门之变"。三天后,李世民被立为皇太子。两个月后,诏令传位于太子,李渊退位,自为太上皇。李世民即皇帝位,时年28岁,史称唐太宗。次年改元贞观。

2. 贞观之治

在贞观年间(627~649),李世民注意吸取隋亡的教训,从政治、经济、军事、文化、思想和民族关系等方面,实行了一系列开明政策,使得社会经济发展,人民生活安定,国力加强,文化繁荣,被誉称"贞观之治"。其内容可以概括为以下几个方面。

(1) 重视官员选用

唐太宗强调:"为政之要,唯在得人,用非其才,必难致治。今所任用,必须以德行、学识为本。"①他选用人才不拘一格。既有早年追随他的秦府幕僚如房玄龄、杜如晦、长孙无忌等,也有原属其他集团的人物如岑文本、戴胄、张玄素等;既有出身寒微的秦叔宝、程知节、尉迟敬德、张亮、马周、刘洎等,也有出身贵族的李靖等。他还敢于用曾经依附李建成反对过自己的魏征。他懂得"用人如器,各取所长"②的道理,用其长而避其短,不求全责备。他注意考察地方官,将都督、刺史的名字写在屏风上,"得其在官善恶之迹,皆注于名下,以备黜陟"③。在古代人治的背景下,选贤任能当然重要。

(2) 进谏和纳谏

---

① 《贞观政要·崇儒学》,上海古籍出版社1978年版。
② 《资治通鉴》卷一九二"贞观元年"。
③ 《资治通鉴》卷一九三"贞观二年"。

纳谏是古代帝王能够适应社会及时调整政策的必要前提,唐太宗说:"朕少好弓矢,自谓能尽其妙。近得良弓十数,以示弓工。乃曰:'皆非良材也。'……朕以弧矢定四方,用弓多矣,而犹不得其理……自是诏京官五品以上,更宿中书内省。每召见,皆赐坐与语,询访外事,务知百姓利害、政教得失焉。"①在他的倡导下,进谏和纳谏蔚然成风。如魏征谏止封禅,张玄素谏止修洛阳宫,戴胄谏设义仓,李百药谏止裂土分封等,均被采纳。

不过,李世民也有在听谏生气而按捺不住的时候。一次,他罢朝回宫说:"会须杀此田舍翁。"长孙皇后问杀谁?李世民说杀魏征,因为他"每廷辱我"。长孙皇后马上换朝服来见李世民,说:"妾闻主明臣直。今魏征直,由陛下之明故也,妾敢不贺?"魏征死后,李世民说:"夫以铜为镜,可以正衣冠;以古为镜,可以知兴替;以人为镜,可以明得失。朕常保此三镜,以防己过。今魏征殂逝,遂亡一镜矣!"②

(3) 重视农业

针对唐初经济残破的局面,唐太宗重视恢复和发展农业生产。他懂得农业对国家的重要:"国以人为本,人以衣食为本,凡营衣食,以不失时为本。夫不失时者,在人君简静乃可致耳。"③为了解决百姓的"衣食"问题,他"不夺农时",减少徭役征发,对回归流民减免赋役,这无疑都是最后能达到"贞观治世"的必要的政策条件。

(4) 修《氏族志》

当时,士族门阀的社会影响还很强大。唐太宗执政不久,即下令修《氏族志》,将当今皇族和外戚列于最高地位,而后才是关东传统大姓崔、卢和江南大姓王、谢等。他还把原先属于寒族的功臣以及其他一些新起的族姓列入高族谱内。他这样强调皇家的尊贵,扩大了唐政权的社会基础,旧门阀势力的影响虽在,但毕竟又受到了一次沉重打击。

此外,唐太宗对少数族采取的政策也是比较成功的。他说:"自古皆贵中华,贱夷、狄,朕独爱之如一。"④他实行对外友好政策,开创了同邻近各国进行经济、文化交流的新局面,加上唐朝自身文化建设方面的很多建树,使

---

① 《贞观政要·政体》
② 《贞观政要·任贤》。
③ 《贞观政要·务农》。
④ 《资治通鉴》卷一九八"贞观二十一年"。

之成为当时世界上极有影响的强大帝国。

3. 关于"贞观之治"和李世民

"贞观之治"在中国古代社会颇负盛名。据说其时"风调雨顺,年登岁稔,人无水旱之弊,国无饥馑之灾"①。太平景象表现为"商旅野次,无复盗贼,囹圄常空;马牛布野,外户不闭;又频致丰稔,米斗三四钱,行旅自京师至于岭表,自山东至于沧海,皆不赍粮,取给于路"②。贞观四年(630),全国判处死刑的囚犯只有 29 人。

看到一代江山初具规模,对于开创基业者来说,心理上很容易走向自满和懈怠。于是早先的励精图治不见了,开始贪图享受。在贞观后期唐太宗也有了一些变化。首先是纳谏方面,魏征发现唐太宗"渐恶直言"③,曾多次提出忠告,但唐太宗只是口头接受。其次是生活逐渐奢侈。贞观十一年(637)先在洛阳修飞山宫,二十一年(648)又修翠微宫,他坦承自己"锦绣珠玉不绝于前,宫室台榭屡有兴作,犬马鹰隼无远不致,行游四方,供顿烦劳"④。

贞观十年(636),唐太宗得了痈疮,他开始服用此前曾嘲笑秦始皇和汉武帝用过的金石丹药。贞观二十三年(649)五月,丹药毒性发作,一代英主中毒身亡,年仅 52 岁。

三、唐高宗与武则天的统治

1. 唐高宗登基

李世民有 14 个儿子,依礼制嫡长子李承乾应为太子,余为王。李承乾武德二年(619)生于长安承乾殿,因名,年仅 8 岁便为太子。但他生于深宫,自幼养尊处优,沾染了不少坏习惯,日益荒唐颓废。唐太宗渐渐疏远他,而对第四子魏王李泰偏爱有加。看到自己的地位岌岌可危,李承乾密谋发动政变;李泰也确有野心,心怀夺嫡之计,双方各树朋党。唐太宗为防止日后兄弟仇杀,于是先废太子后贬魏王泰,改立第九子晋王李治为太子。太宗去世后,22 岁的李治即位,即唐高宗,改元永徽。

---

① 《贞观政要·征伐》。
② 《贞观政要·政体》。
③ 《唐会要》卷四三《水灾上》,中华书局 1955 年版。
④ 《资治通鉴》卷一九八"贞观二十二年"。

高宗即位之初,由顾命大臣长孙无忌、褚遂良等辅政,除继续执行太宗的方针政策外,还厉行节约,撤除狩猎和奢侈的宫廷宴会;勤于朝政,注意纳谏:"'朕初登大位,固以黎庶为心,事有不便于万姓者,各宜面奏,有不尽者亦任封进。'自是每日引刺史十人入阁,问以百姓疾苦及其政理。"①当时农业发展,户口增加,物价也较为便宜。永徽三年(652)户口增加到380万户,永徽五年(654)粮食大丰收,"洛州粟米斗两钱半,秔米斗十一钱"②。随着国力的增强,东灭高丽和百济,西败西突厥,在葱岭西设置16个都督府,国家疆域不断拓展。史家认为"永徽之政,百姓阜安,有贞观之遗风。"③

显庆五年(660)后,唐高宗因为"苦风眩头重,目不能视,百司奏事,上或使皇后决之"④,由此武则天得以参政。

2. 武则天夺宠

武则天,原籍并州文水(山西文水)。父亲武士彟原是位木材商人,李渊太原起兵时,他是最早的参与者之一。母亲杨氏,出身关陇望族,是隋朝宰相杨达之女。40岁时杨氏由李渊主婚嫁给武士彟,是武的续弦。

贞观十一年(637)"则天年十四时,太宗闻其美容止,召入宫,立为才人。"⑤离家时,杨氏伤心哭泣,武则天却说:"见天子庸知非福?何儿女悲乎?"太宗见她妩媚动人,赐号"武媚",人称"武媚娘"。武则天入宫12年,始终是五品才人,也未曾生育。武氏在太宗病重时,暗中与太子李治交往。太宗病逝,按照宫规,武则天被送入长安感业寺为尼,时年26岁,年长高宗4岁。太宗忌日,高宗到感业寺上香,再次见到武则天,"武氏泣,上亦潸然"⑥。当时高宗王皇后无子,为夺萧淑妃之宠,极力主张召武则天入宫。

武则天重回宫中,"巧慧,多权数,初入宫,卑辞屈体以事后"。武则天很快晋升为正二品昭仪,为九嫔之首,成为高宗新宠,"(皇)后及淑妃宠皆衰"。武则天扼死自己刚刚出生的女儿,嫁祸王皇后,要使高宗将其废黜。朝中重臣长孙无忌、褚遂良等支持王皇后,李义府、许敬宗等人则支持武则天。最后,开国功臣李勣说:"此陛下家事,何必更问外人!"⑦永徽六年

---

① 《册府元龟》卷五八《帝王部·勤政》,中华书局1960年版。
②③ 《资治通鉴》卷一九九"永徽元年"。
④ 《资治通鉴》卷二〇〇"显庆五年"。
⑤ 《旧唐书·则天皇后纪》。
⑥ 《唐会要》卷三《皇后》。
⑦ 《资治通鉴》卷一九九"永徽六年"。

(655)十月,高宗废去王皇后,改立武则天。为了巩固自己的地位,武则天贬褚遂良出京,逼长孙无忌自杀,罢免了20多位反对派大臣,对政敌无情地摧毁打击。

3. 短暂的武周朝

高宗患风疾之后,朝事多由武则天代办。她生性明敏,又曾涉猎文史,处事颇合高宗意。上元元年(674)八月,唐高宗称天皇,武则天称天后,并称"二圣"。

弘道元年(683)高宗病危,临终遗诏:"军国大事有不决者,兼取天后进止。"①高宗去世,太子李显继位,即中宗。武则天以太后临朝听政,因不满中宗重用韦皇后的亲戚,就废黜中宗,改立四子李旦为帝,即睿宗。在中宗或睿宗都已成年的情况下,她作为太后仍然把持朝政,这引起宗室及朝廷大臣们的不满。光宅元年(684),英国公徐世勣(李勣)的孙子徐敬业以匡复中宗李显为名在扬州起兵,李氏宗室纷纷响应。武则天调兵遣将,仅用五十余日就剿灭了徐敬业军。690年九月,武则天废黜睿宗,登基称帝,改国号为"周",改年号为"天授",成为中国历史上唯一名实兼及的女皇帝,时年67岁。

神龙元年(705)正月,武则天卧病在床。宰相张柬之等率领文武群臣进入内宫,杀死了武则天的内宠张易之、张昌宗,拥立唐中宗李显复位,恢复唐的国号和礼仪典章制度,但仍称武则天为则天大圣皇帝。不久,武则天病死于洛阳的上阳宫,年82岁。遗制"去帝号,称则天大圣皇后。"武则天前后当女皇帝15年,史称"武周"朝。

4. 武则天的功过是非

武则天参政、执政近50年,其间她理事风格强势干练,使唐太宗的政策大体上得以继续,也使唐的国势持续上升。武则天是个复杂的历史人物,对其功过可从几个方面来分析。

(1) 重视农业和经济

为皇后时,武则天向高宗建言十二事,第一条就是"劝农桑,薄赋徭"②。她继续实行均田制,如在敦煌户籍残卷中,此时期的户籍就有应授田和已授田的相关记载。她还以农业生产状况来衡量官吏政绩。史载唐永徽三年

---

① 《资治通鉴》卷二〇三"弘道元年"。
② 《新唐书·后妃传上》,中华书局1975年版。

(652)有民户380万,到神龙元年(705)她去世时,上升为615万户,这显示社会经济的总体发展水平。

(2) 将《氏族志》改为《姓氏录》

为了提高武氏的社会地位,拉拢中下层官僚,武则天主持修撰了《姓氏录》。《姓氏录》规定以现有官员的品秩为准,凡五品以上者,不论士庶一律收入;凡未入品级的士族,则一概排斥在外。《姓氏录》修成以后,不仅后族武家列为一等,而且凡当朝五品以上者都升为士流,继续了贞观修《氏族志》"止取今日官爵高下作等级"的精神,扩大了政权的基础,使魏晋以来的门阀制度进一步受到打击。

(3) 发展科举,广揽人才

武则天于载初元年(690)在神都洛阳创立了殿试,又于长安二年(702)"初设武举",扩大了科举范围,增加了录取名额。仅从各朝进士及第者名额来看,高祖朝56人,太宗朝205人,而高宗、则天朝则总共1019人[1]。武则天还广泛召集有才学的文人进宫出谋划策,称北门学士。武则天用人鱼龙混杂,既有狄仁杰、魏元忠这样行能俱佳的骨鲠之臣,也有许敬宗、李义府一类品行低劣之辈;既有徐有功、杜景俭这样执法平恕的良吏,更有周兴、来俊臣等酷吏;既有科举正途出身的士人,也有侯思止、薛怀义、"二张"之类的投机者。由于武则天放手招官,来者不拒,使官僚集团急剧膨胀。

(4) 重用酷吏,滥施酷刑

武则天任用酷吏时间之长,打击政敌涉及范围之广,用刑之酷重,在历史上都是很突出的。如她所用索元礼凶狠异常,"甚于狼虎"[2];周兴"推劾残忍,法外苦楚无所不为,时人号'牛头阿婆'"[3];来俊臣"反复残害,举无与比"[4]。这些酷吏审问案犯并无事实,全凭刑讯逼供,那些骇人听闻的酷刑使囚犯"战栗流汗,望风自诬"。[5] 唐宗室越王李贞父子起兵失败后,武则天穷治其党羽,杀了两千余人。唐高祖、太宗、高宗三代皇子,除武氏亲生的李显、李旦外,几乎全部被杀,李唐嫡嗣"于是殆尽"。

---

[1] 赵文润:《"女皇"武则天缘何执掌天下》,《人民论坛》2007年第1期。
[2] 《旧唐书·索元礼传》。
[3] 《朝野佥载》卷二,中华书局1979年版。
[4] 《旧唐书·来俊臣传》。
[5] 《资治通鉴》卷二〇三"垂拱二年"。

四、唐玄宗与开元盛世

1. 李隆基夺权

武则天死后,她的女儿太平公主、中宗的韦皇后及安乐公主,个个野心勃勃,都想效法武则天当女皇。她们争权夺利,使政局动荡,先后有韦后之乱和太平公主之乱。

中宗复位,马上立韦氏为皇后,允其参与朝政,对张柬之等功臣反不信任。他还不顾大臣劝阻,违制追封韦皇后之父为王。韦皇后女儿安乐公主也希望母后临朝称制,自己当皇太女。母女俩密谋毒死中宗,立16岁的李重茂为帝。于是李隆基联合太平公主发动政变,处死韦后,迫使李重茂退位,拥立自己的父亲李旦复位,是为睿宗。李隆基因功被立为皇太子。

太平公主因拥立之功,专擅朝政,当时的7位宰相,有4位是她的心腹同党。为了巩固权势,她阴谋废掉李隆基,另立太子。睿宗则采纳张说建议,命太子李隆基监国。延和元年(712)睿宗传位太子,退为太上皇。李隆基即位,改元先天,是为唐玄宗,时年27岁。

李隆基即位后,其姑姑太平公主势力不减,欲发动宫廷政变以废立。先天二年(713),玄宗指挥军将处死太平公主大批党羽,赐公主自杀。同年,改年号为"开元"。

2. 开元盛世

唐玄宗开元年间,在宰相姚崇、宋璟等人的辅佐下,厉行改革,使唐朝又进入长达四十余年的鼎盛期,史称"开元盛世"。其突出表现在以下几个方面。

(1) 稳定政局,巩固皇位

从神龙元年(705)正月到先天二年(713)七月,在八年多的时间里就发生了7次政变,换了4个皇帝。唐玄宗深知,对自己的政治威胁主要来自宗室、功臣。由于他不是以嫡长子身份即位的,在重视宗法的时代,这是一种先天不足的缺陷。所以,他一方面努力加深兄弟之间的感情,手足友爱为"近世帝王莫能及";另一方面又对其严加防范,"禁约诸王,不使与群臣交结",以防止形成政治异己力量。这样既巩固了自己的权位,又使政局渐趋稳定。

(2) 裁汰冗员,选拔良才

为提高行政效率,唐玄宗裁撤精简武后、中宗、睿宗时的大量冗员。"大革奸滥,十去其九"①。开元四年(716),他曾亲自复试吏部新任县令,斥退不合格者四十余人。玄宗先后任为宰相的姚崇、宋璟、张嘉贞、张说、韩休、张九龄等人,皆有贤能之称,如姚崇力求政通,宋璟致力法治,张说崇尚文治,韩休、张九龄直言诤谏。

(3) 严于律己,刻厉节俭

针对"风俗奢靡"的流弊,玄宗规定三品以下的大臣,以及内宫后妃以下者,不得佩戴金玉饰物。为了遣散宫女,节省开支,玄宗首先从自己做起。王皇后父病死,为表示优待,玄宗想按自己外祖父的丧葬规格,筑高坟大冢。但听到宋璟、苏颋进言,玄宗就急忙改过②。一改武则天以来的奢靡之风,开元宰相也多以"清俭"著称。

(4) 兴修水利,重视农业

唐玄宗大力表彰能兴修水利的官员。陕州刺史姜师度"有巧思,颇知沟洫之利",修复通灵陂,引洛水、黄河水灌溉,种稻田两千余顷,"收获万计"。于是特加金紫光禄大夫,擢升将作大监。据统计,开元时全国修水利38处,天宝时又修8处。开元三至四年(715~716),关东蝗灾严重。他接受姚崇建议,派专使督察州县捕蝗,减轻了灾害,使"田收有获,人不甚饥"③。另外玄宗还大兴屯田,军屯在边疆,民屯在内地,招抚大量流亡农民,既增加了国库收入,又有利于社会稳定。

(5) 压抑佛教,禁造佛寺

武则天为从佛经中寻找自己称帝的合法性根据,提倡佛教,僧尼数目大增。至唐玄宗即位,全国僧尼达数十万,不事生产,不服役纳税,还要建寺造像。这样不但减少国家收入,还增加百姓负担,"富户强丁,皆经营避役"④。开元二年(741),玄宗采纳姚崇建议,下诏淘汰僧尼12000余人,又使"天下僧尼伪滥还俗者三万余人。"⑤还禁止造寺、铸像、写经,规定百官不得与僧尼往还。这都有利于发展农业生产。

唐玄宗开元年间(713~741),大唐帝国进入了一个前所未有的辉煌鼎盛期。唐人所著《开天传信记》称:"自开远门(长安城西边北门)西行,亘地

---

① 《通典》卷一九《历代官制总序》,中华书局1984年版。
② 《新唐书·宋璟传》。
③ 《旧唐书·玄宗纪》。
④⑤ 《唐会要》卷四七《议释教上》。

万余里,入河隍之赋税。左右藏库,财物山积,不可胜较。四方丰稔,百姓殷富。管户一千余万,米一斗三四文。丁壮之人,不识兵器。路不拾遗,行者不囊粮。"诗人杜甫《忆昔》诗写道:

> 忆昔开元全盛日,小邑犹藏万家室。
> 稻米流脂粟米白,公私仓廪俱丰实。
> 九州道路无豺虎,远行不劳吉日出。
> 齐纨鲁缟车班班,男耕女桑不相失。

这些描述,虽然不免溢美,但基本上还是可信的。当然,"开元盛世"也蕴藏着深刻尖锐的社会矛盾。"安史之乱",被激化了的各种矛盾就变成社会危机爆发了。

第三节 安史之乱与唐朝后期的危机

一、安史之乱的爆发

1. 盛世危机

唐玄宗在其统治的后期,已经丧失了原来励精图治的精神,转而追求安逸享乐。作为转变标志的两个关键事件,一是开元二十四年(736)让以"口蜜腹剑"著称的李林甫代替张九龄为首席宰相,二是开元二十八年(740)唐玄宗在温泉宫召见杨玉环。

李林甫前后居相位19年,史称"媚事左右,迎合上意,以固其宠;杜绝言路,掩蔽聪明,以成其奸;妒贤嫉能,排抑胜己,以保其位;屡起大狱,诛逐贵臣,以张其势"①。

杨玉环是蒲州永乐(山西永济)人,生于彭州导江(今属四川),父亲杨玄琰是蜀州司户。玉环幼孤,养于叔父玄璬家。她十分美貌,且"善歌舞,通音律,智算过人",是唐玄宗第十八子寿王瑁之妃。开元二十五年(737),玄宗最宠幸的武惠妃病死,他很悲伤,"后庭数千无可意者"。有人说杨玄琰之女"姿色冠世",玄宗召见,果然"回眸一笑百媚生,六宫粉黛无颜色"(白居易

---

① 《资治通鉴》卷二一六"天宝十一年"。

《长恨歌》),令皇上大为倾倒。他先让玉环出家为女道士,然后再接回宫中。天宝四年(745),61岁的玄宗封27岁的杨氏为贵妃,"礼数实同皇后"①。杨家三姐妹分别被封为韩国、秦国和虢国夫人,贵妃堂兄杨国忠身兼四十余职,杨家由此飞黄腾达。

从高宗后期到开元年间,国内民族关系复杂多变,边疆民族战争不断。于是开元、天宝年间设置的缘边节度使不断增多,他们军政大权集于一身,致使唐王朝军事力量的配置外重内轻,失去应有的平衡。这直接影响到中央政权和内地民众的安危。

2. 安史之乱始末

"安史之乱"因安禄山和史思明而起。

安禄山(703~757),营州柳城(辽宁朝阳)人,初名阿荦山。父早亡,随母在突厥中生活。后因母改嫁突厥将军安延偃,故姓安。他自幼生活在奚、契丹、室韦人中,懂六蕃语言,在任互市牙郎(翻译兼经纪人)时,结识了也任互市牙郎的史思明。史思明(703~761)原名史窣干,后玄宗赐名"思明"。他是宁夷州突厥人,也通晓六蕃语言。安禄山狡诈多智,善于揣度人意,因此在官场上步步高升,后来尤其是取得了唐玄宗和杨贵妃的赏识和信任。

奸相李林甫害怕有文化的儒臣一旦出将入相立下战功,就会威胁到自己的权位,奏称蕃将雄武,多能战勇,且忠心可用,请多选任为边帅。天宝十一年(751),安禄山已经一人身兼平卢、范阳、河东三镇节度使,拥兵18.35万,战马2.6万匹,占全国总边防镇兵的37%和总战马的33%。他命部将刘骆谷常驻京师,朝廷一有动静则飞马报告。范阳距京师虽数千里,但安禄山对朝廷情况却了如指掌。安禄山还以防御敌寇为名,在范阳城北筑雄武城,储藏兵器和粮食。同时,他延用一批有才学的文臣如高尚、严庄等为幕僚,又从行伍中提拔了史思明、安守志、李归仁、田承嗣等一些智勇兼备的将校。

天宝十四年(755)十月,安禄山假传唐玄宗诏书说:"有密旨,令禄山将兵入朝讨杨国忠,诸君宜即从军。"②除本部兵马外,他还征调了部分同罗、奚、契丹、室韦武装,总计15万,号称20万,连夜挥师南下,安史之乱由此开始。

---

① 《旧唐书·杨贵妃传》。
② 《资治通鉴》卷二一七"天宝十四年"。

唐玄宗闻变，派封常清去洛阳募兵防守，又派高仙芝兵屯陕州（河南陕县）。他们后都被叛军打败，退至潼关。唐玄宗又派哥舒翰领兵20万守潼关。如哥舒翰能据险死守，当时亦不失为上策。但杨国忠与监军宦官却出以私心，逼他出关迎战，结果潼关失守，玄宗仓皇奔蜀。天宝十五年（756）正月，安禄山在洛阳称帝，国号"燕"。六月，叛军破潼关，进占长安。唐玄宗行至马嵬驿（陕西兴平），禁军将领陈玄礼发动兵变，杀死杨国忠，又逼玄宗赐死杨贵妃。玄宗西南逃成都，太子李亨西北到灵武（今宁夏）即位，为唐肃宗，年号至德，遥尊玄宗为太上皇。

唐肃宗即位后，依靠朔方节度使郭子仪和河东节度使李光弼的兵力，又调集西北各路军队，积极准备反攻。中原则有张巡和许远坚守睢阳（河南商丘），鲁炅坚守南阳，阻挡叛军南下，力保江南，使江南物资得以运到西北补充军备。叛军到处掳掠屠杀，关中和各地百姓纷起反抗，叛军多处作战失利。不久，安禄山被其子安庆绪杀死，庆绪自立为帝。郭子仪乘机率15万大军收复长安，不久又收复洛阳。安庆绪逃至邺（河北临漳）。

乾元二年（759），史思明大败唐军于邺城外，又杀安庆绪，自称燕帝，并乘胜再陷洛阳。郭子仪重借回纥兵，阻止史思明军队的攻势。上元二年（761），史思明又被其子史朝义杀死，叛军势力转弱。次年，唐在回纥兵的帮助下，夺回洛阳，史朝义退至河北自杀。至此，历时七年零三个月的安史之乱终于平息。

3. 安史之乱的影响

安史之乱是唐王朝由盛而衰的转折点，其影响是多方面的。

（1）政治方面

李唐朝廷中央集权被削弱，安史余党和讨贼有功的将领，唐室都得授以镇帅之职，使之拥兵自重，终于形成日后的藩镇割据局面。宦官乘安史之乱，掌握禁军；又与大臣互相勾结，左右朝政，排斥异己，终酿成唐后期严重的宦官之祸及朋党之争。

（2）民族关系方面

唐朝日益失掉原来居中统领驾驭周边各族的"天可汗"威势。安史反叛，朝廷抽调西北兵东向平乱，使边州无备，吐蕃乘虚取河西、陇右之地，威胁西京安全。东北的契丹也乘虚进入塞内，令朝廷有左右掣肘之忧。回纥仗恃助唐平乱有功，岁索帛二万匹，由是中央财政日渐枯竭，国势终至一蹶不振。

（3）经济方面

安史之乱使黄河流域的社会和经济遭到严重破坏，物资短缺，物价飞涨，米价比开元时高涨 300 多倍，斗米万钱。由于江南相对战祸较轻，再加上北方流民的进入，经济不但未遭大的破坏，反而继续发展，其水平终于在总体上超过了北方。

二、唐朝后期的政局

1. 藩镇割据的由来

隋初废郡存州，实行州、县两级制。唐承隋制，仍然实行州、县两级制。中央无法直接统领上百个州、上千个县，唐初的办法是不时派使巡视监察。唐代的藩镇称为"道"，长官为观察使，一些雄藩重镇的长官又兼节度使。大约在武则天称帝后，十道巡察已成定制。至开元二年改为按察采访处置使，至四年又罢，八年复置，十年又罢……这样的罢置无常，充分反映了唐王朝既惧怕地方事权过重、又无力一竿子插到底直接控制州县的矛盾心理。

府兵制度遭到破坏后，募兵日益盛行。募兵之法，在唐初对外战争中曾经实行，但仅作为一种临时性的辅助措施。开元十一年（723），唐大规模招募强壮 12 万，号称"长从宿卫"；开元十三年（725），改名"彍骑"。开元二十五年（737），又招募兵丁充实边防，称"长征健儿"。州县军兵也开始招募，称"团结兵"。府兵制下，地方兵力分散，中央握有重兵，内重外轻。募兵制下，不仅中央彍骑不堪一击，地方团结兵装备差、数量少，也很虚弱。

边疆异己势力的突出增长，开始威胁到中央政权的安全。唐初武德年间，面对突厥的侵扰，朝廷曾采取委屈求和、力避战事的方针。内部稳定后，唐太宗贞观年间曾有计划地展开进攻，先后击破了东突厥、薛延陀，降伏了漠北诸部，确保中央对边疆的有效控制。

但从高宗后期开始，边疆形势逐渐恶化。从开元二十五年（737）至安禄山起兵，唐朝几乎与周边的所有民族势力都进行着激烈的战争，北有突骑施和阿布思，东北有契丹和奚，西有吐蕃，南有南诏，使得处处驻防，穷于应付。睿宗景云元年（710），开始在边地设节度使；至天宝元年（742）时，共设平卢、范阳、河东、朔方、河西、陇右、北庭、安西、剑南等九节度使及岭南经略使。这些藩镇的节度使权力很大，主要表现在以下几点：

（1）有用人权，即藩镇幕府官员，本道可以自行辟署。

（2）有财权，即留用本道军费，可以自己完全支配。

(3) 有对州县的监察权,即对下辖州县官员的任免黜陟,藩镇具有相当的权力。

他们融军事、财赋、民政权力于一身,成为"既有其土地,又有其人民,又有其甲兵,又有其财赋"的地方势力。天宝元年全国军队 57 万人,有 49 万驻于边地,而京城内外驻兵仅及边军的六分之一。这样外重内轻的形势就代替了原来的内重外轻,平衡被打破。且募兵制下是职业兵,兵士只知有将帅,不知有皇帝,有野心的将帅很容易拥兵自重变成军阀。

2. 中央政权与藩镇的较量

安史之乱平定后,藩镇势力主要集中在以下几个地区。

一是河北的安史旧部。由于唐朝无力消灭"安史"余部,只得任命"安史"降将为节度使,如李宝臣为成德节度使(治恒州,河北正定),田承嗣为魏博节度使(治魏州,河北大名),李怀仙为卢龙节度使(治幽州,北京),史称"河朔三镇"。他们后来虽然发展成为最强大的割据势力,与朝廷离心离德,却都无意于皇位,而仅满足于控制地盘,在地方称王称霸。他们既怕中央兵力消灭他们,也怕周邻方镇吞并自己,因此互不信任也不联合。

二是西北西南的缘边藩镇。为平定安史之乱,原边兵大量内调,边防空虚,吐蕃、南诏乘机进扰。安史之乱后,唐朝又在西北、西南设置藩镇,如凤翔、泾原、银夏、灵武、西川、黔中、安南、岭南等,所辖涉及今两广、四川、贵州、陕西、甘肃、宁夏等广大地区,。

三是中原一带的新设节度使。边疆的重兵既不可去,如果罢内地藩镇,势必使兵力的内外布局更加失衡。相反若中原诸镇能继续保持足够兵力,即可内外相制,维持相对均势。所以唐朝实行"以方镇御方镇"的方针,在关中、关东、江淮广置藩镇如汴宋、武宁、忠武、河东、陕虢等十镇,以防遏河朔,屏障关中,沟通江淮,主要在今河南、山西、江苏等地。

四是东南地区的藩镇。主要有浙东、浙西、宣歙、淮南、江西、鄂岳、福建、湖南、荆南等镇,大体上服从中央,割据性较弱。再加上养兵少,军费低,地方富庶,所以是唐政府财赋的主要来源地。

唐朝也曾多次与藩镇斗争,规模最大的是德宗和宪宗时期两次。

德宗建中二年(781),成德节度使李宝臣死,其子李惟岳请求继位,被德宗拒绝。于是李惟岳就和魏博节度使田悦、淄青节度使李正己、山南东道节度使梁崇义联合发动叛乱,史称"四镇之乱"。德宗虽依靠李晟、马燧等将领之力收复长安,消灭了叛军,但朝廷对河朔三镇和淄青镇的权力并无任何实质性的削弱。

唐宪宗即位后,利用德宗以来积蓄的财力,重用主张裁抑藩镇的大臣杜黄裳、武元衡、李吉甫与裴度等人,对藩镇的斗争取得一些进展。如元和元年(806)平剑南西川节度使刘辟之乱和讨平夏绥留后杨惠琳;二年(807)遣兵讨平镇海节度使李锜;七年(812)使魏博节度使田兴归命;十二年(817)讨平淮西节度使吴元济;十三年(818)发五道兵讨淄青节度使李师道,使李师道次年为部将刘悟所杀。

总体上看,藩镇都握有军政实权,具有天然的独立和割据性。而唐中央政府却没有一支能威慑控制全局的武装力量,完全依赖藩镇之间的牵制来维持平衡①,这就不可避免地会陷入被动。所以,一旦某种新的力量如农民战争打破了这种人为平衡,唐朝的末日就来临了。

3. 宦官势力的膨胀

宦官专权是中国古代君主专制制度的产物。因为宦官是依附在皇帝身上的赘疣,没有皇权的集中就不可能有宦官的专权。唐后期历史的一个突出的特点就是宦官专政。

唐朝初年,宦官人数不多,且受限只管宫内事务,不得参与国家政治。尤其是唐太宗鉴于前代宦官干政的教训,使之不过"门阁守御、廷内扫除、禀食而已"②。武则天集权于内廷,以牵制外朝的功臣宰相,内官用事开始增多。但这一阶段的宦官还没有形成气候,品级也很低。中宗复位后,韦后当政,极力扩大内朝权力,发展阉人势力,还开唐代宦官监军之先河。唐玄宗为消灭韦后势力,曾利用宦官高力士,后来对之极为宠信。四方所上表奏,都先经高力士看过,小事就由他处理,大事才转呈玄宗裁断。玄宗常派宦官出使或监军,甚至可率兵出征。不过这时的宦官还听命于皇帝,权力也较小。安史之乱爆发后,他们作为一种救危扶倾的力量而飞黄腾达,逐步掌握朝廷军政机要,宦官专权开始形成。

安史之乱后,藩镇势力强大,皇权便将宦官作为牵制军将的重要工具。有时派宦官领兵作战,如鱼朝恩曾在镇陕战役中立有大功,但更多的是派宦官出任监军使,让其深入到每一支作战部队中。因而在战争期间,经常都可以看到宦官与军将的冲突。如乾元元年(758),九节度使围相州(河南安

---

① 张国刚:《唐代藩镇研究》,湖南出版社1987年版,第77～108页。
② 《新唐书·宦者传上》。

阳),朝廷不置统帅而以鱼朝恩为观军容使。由于官军上层的不协调,导致叛军势力的卷土重来。这反映了朝廷首先要防范的是日益膨胀的军阀势力,而不是身边的宦官。宦官渐渐有了两项足以使他们凌驾于其他政治势力之上权力。

(1) 掌管禁军

唐肃宗时,宦官李辅国就开始掌管禁军,代宗时宦官程元振、鱼朝恩也先后掌管禁军。唐德宗时,朱泚、李怀光等将领先后叛乱,统率禁军的朝臣白志贞无能,德宗认为文臣武将都不堪信赖,只有宦官最为可靠。于是设统率禁军的护军中尉二人,中护军二人,都以宦官担任。从此,宦官掌管中央禁军成为制度。

(2) 执掌机要

肃宗时,宦官李辅国传宣诏命,掌管四方文奏。当时的全盘军事行动基本上是在李辅国的策划下进行的。代宗时,又设立执掌机要的枢密使,规定由宦官担任,于是宦官正式参与国家政事。两枢密使和掌管禁军的两中尉合称"四贵",是最有权势的宦官,掌握了中央政府的军政大权。他们能够任免将相,地方节度使中也有不少出自贿赂中尉而腾达的禁军大将。各道和出征军队中也都有宦官监军,可以"监视刑赏,奏察违谬"[①]。

宦官势力膨胀之后,甚至可以决定皇帝的生杀废立。唐后期的穆宗、文宗、武宗、宣宗、懿宗、僖宗、昭宗,都是由宦官所立;而顺宗、宪宗、敬宗、文宗均为宦官所害,昭宗也曾为宦官所囚禁。

4. 南衙北司之争

宦官专权,与被损害利益的官僚集团之间必然要产生对抗和冲突。当时京师,宦官衙署在北边的宫城,朝官衙署在南边的皇城,史书往往对这场蔓延及整个晚唐的斗争称为"南衙北司"之争,其中又以"二王八司马"和"甘露之变"两事件最具代表性。

(1) "二王八司马"事件

永贞元年(805)德宗去世,太子李诵即位,即唐顺宗。顺宗重用为太子时的老师王叔文、王伾。"二王"又推韦执谊为宰相,柳宗元为礼部员外郎,刘禹锡为屯田员外郎。于是他们推行革新,反对藩镇割据和宦官专权,以加强中央集权。他们的改革措施主要有三点。

---

① 《唐会要》卷七二《京城诸军》。

一是罢宫市和五坊使。德宗以来,宦官经常名为皇宫采办物品,实则在街市公开抢掠,此为宫市。白居易《卖炭翁》一诗反映的就是这种情况。另有充任五坊(即雕坊、鹘坊、鹞坊、鹰坊、狗坊)小使臣的宦官,也常以捕贡奉鸟雀为名,对百姓进行敲诈。宫市和五坊使两项弊政被公开取消,人心大悦。

二是取消进奉。地方节度使往往通过进奉钱物讨好皇帝,有的每月一次(月进),有的每日一次(日进),引起州刺史甚至大员幕僚纷纷效仿,贪官更是以进奉为名大肆搜刮。德宗朝每年进奉钱多则50万缗,少的也有30万。改革后,明令除常贡外,不许别有进奉。

三是贬抑宦官。王叔文等人任用老将范希朝为京西神策诸军节度使,韩泰为神策行营行军司马,准备从宦官手中夺回禁军兵权。但是以俱文珍为首的宦官马上意识到"从其谋,吾属必死其手",通知神策诸军拒不交兵权给范、韩,使这一最重要计划未能实现。革新派仅做到裁减宫中闲杂人员,停发内侍郭忠政等19人俸钱。

短短几个月,他们革除弊政,受到朝野广泛拥护,但同时也受到强大的宦官和藩镇势力的抵制。永贞元年(805)三月,宦官俱文珍等人将顺宗长子广陵王李淳立为太子,更名李纯。七月,俱文珍又伪造敕书,罢去了王叔文翰林学士之职。八月,宦官拥立李纯即皇帝位,即唐宪宗,迫顺宗退位称太上皇。宪宗即位后,王叔文被贬为渝州司马,第二年被赐死。王伾贬为开州(四川开县)司马,不久病死。其余韩晔、韩泰、陈谏、凌准、程异、柳宗元、刘禹锡、韦执宜等八位革新派人士也都被贬为边远州的司马,改革终致流产。

(2)甘露之变

"二王八司马"事件后,宦官更加专权。大和五年(831),唐文宗以宋申锡为宰相,谋诛宦官。事泄,宦官反诬宋申锡欲立漳王李凑为帝,宋申锡被贬逐。

大和九年(835),文宗又提升李训为宰相,主政于内;郑注为凤翔节度使,声援于外,再谋打击宦官势力。他们先是利用宦官的内部矛盾,除掉了韦元素、王守澄等大宦官。但李训头脑发热,想采取果断措施,进一步诛杀宫中的宦官势力,但实际是一种不顾条件的冒险。

当年十一月二十一日,早朝于紫宸殿,金吾大将军韩约奏报左金吾仗院内石榴树上夜降甘露。李训等建议,天降祥瑞,又近在宫禁,皇帝宜亲往一观。于是,文宗前至含元殿,命宰相和中书、门下省官员先往。官员们回来,奏称疑甘露非真。文宗再命宦官神策军左右护军中尉仇士良、鱼志弘等，带领宦官前去察看。仇士良等至左金吾仗院，见韩约惊慌失措，又发现幕后埋伏有武装士兵，慌忙退到含元殿，迫使文宗乘软舆与他们一起回内宫去。

李训急呼金吾卫士上殿保驾，一面攀舆高呼"陛下不可入宫"。金吾卫士数十人和京兆府、御史台吏卒约五百人登殿奋击，使宦官死伤数十人。但这时宦官已将李训打倒地上，强行抬着文宗进入宣政门，将宫门紧闭。朝臣一时惊散，李训见事不济，出宫单骑走入终南山佛寺中。宰相王涯、舒元舆等不明就里，退到中书省等候文宗召见。

宦官挟文宗退入内殿，立即派遣神策军五百人，持刀出东上阁门，逢人即杀，死者六七百人。宰相舒元舆等被逮捕下狱，严刑拷打，自诬谋反。李训、韩约、郑注等人也被害。

"甘露之变"后，宦官气焰更加嚣张，"自是天下事皆决于北司，宰相行文书而已"。①

5. 牛李党争

朋党之争是指朝臣官僚之间拉帮结派的斗争，"牛李党争"从宪宗时开始，一直延续到宣宗时，大约四十余年，在唐代后期历时最久、斗争最激烈，在中国古代史上也很有名。牛党首领是牛僧孺、李宗闵，李党首领是李德裕（或认为李德裕无党）。在穆宗、敬宗、文宗三朝，除大和九年（835）甘露之变前夕，牛李两党都被掌权者李训、郑注排斥外，大体上是两党交替进退。一党在朝，便排斥对方成员出朝外任。文宗时，两党势均力敌，斗争也最激烈。每逢议政便争吵不休，使文宗感慨："去河北贼易，去朝廷朋党难。"②

虽然总的来看这是统治集团内部的权力斗争，但也存在一些是非问题。

一是如何对待科举取士。牛党成员主要是通过进士科进入仕途的官僚，著名如牛僧孺、李宗闵、杨嗣复等。李党主要是通过门荫进入仕途的官僚，如李德裕、郑覃等都出身关东士族，都是宰相之子。因此李党主张按门第选用官吏，可废进士科；牛党主张通过科举选用官员，重在文采，反对门第取士。在此问题上，似乎牛党胜于李党。因为科举是通过考试选拔人才，虽然也有弊病，但程序公正，总比单看出身门第来判别是否人才更要合理。

二是如何对待藩镇割据。李党重视集权统一，主张以武力讨伐藩镇；而

---

① 《资治通鉴》卷二四五"大和九年"。
② 《资治通鉴》卷二四五"大和八年"。

牛党对藩镇姑息迁就。在此问题上,李党胜于牛党。因为唐代的藩镇割据确实危害国家、社会和人民生活。

关于牛李党争的性质,学术界一直有不同意见。陈寅恪在《唐代政治史述论稿》中,首先用党派之分来解释牛僧孺、李德裕之间的矛盾斗争,认为牛党代表进士出身的官僚,李党代表北朝以来山东士族出身的官僚。他们之间的分歧不仅在政见,也包括对礼法、门风等文化传统的态度①。岑仲勉的《隋唐史》力主李德裕无党,认为旧史"牛李"的"李"所指为李宗闵。王炎平考辨牛李党争中的人和事,认为李德裕父子并未结党,并且把牛李之争定性为朋党乱政和李德裕反朋党的斗争②。胡如雷以对藩镇的不同态度来划分牛李阵营,认为李党是公卿显宦集团的政治代表,并且与中小地主结盟,反对藩镇割据,从而与代表豪强大地主利益的牛党产生冲突和斗争③。

三、唐朝的衰亡

1. 唐朝末年的社会矛盾

宦官专权、藩镇割据、朋党之争是唐后期政治的三大痼疾。三者交织纽结,使各种社会矛盾日益加剧,唐王朝不能不走向衰亡。唐末皇帝多昏庸,只知享乐,不理朝政,以至府库空虚,官僚也贪污受贿成风,吏治大坏。唐懿宗时的宰相路岩生活豪奢,擅权纳贿,仅其亲信边咸的家产便可供朝廷两年军饷。咸通十年(869)陕州大旱,百姓告灾,观察使崔荛(ráo)竟指庭院中树说:"此尚有叶,何旱之有?"

由于统治集团生活奢侈、官僚机构过度膨胀和边疆战费支出浩繁等因素,朝廷财政支出日绌,只有不断加重赋税。初行两税法时是定税计钱,折钱纳物。由于铜钱的流通额不能满足社会需要,致使钱价不断上涨,物价不断下跌。即使税额不变,钱重物轻,农民的实际税负还是大为增加,何况又不断加赋?

唐后期还巧立名目,收取各种杂税,如漆、竹、木、金、银、蔬菜、水果、木炭、食粮、布绢、牲畜等都要收税,几乎是无物不税,开元十年(722),政府开始征收盐税。当时的盐价是每斗10文。乾元元年(758),实行榷盐政策,盐

---

① 陈寅恪:《唐代政治史述论稿》,上海古籍出版社1997年版,第71~79页。
② 王炎平:《牛李党争》,西北大学出版社1996版,第168~171页。
③ 胡如雷:《唐代牛李党争研究》,《历史研究》1979年第6期。

价猛增至每斗 110 文。至德宗时(780~805),又增加到每斗 370 文,以至民间有用数斗谷子换一升盐的情况。官盐价过高,百姓或被迫淡食,或买价钱较低的私盐。政府为垄断盐利,严禁贩卖私盐,致使官民矛盾进一步激化。土地兼并的日益严重,已出现"富者有连阡之田,贫者无立锥之地"①的局面。各地遍布地主官僚们的庄田,大者有田上万顷,而大量农民却失掉土地,无以为生。

2. 唐末农民战争

(1) 裘甫浙东起义

大中十三年(859)十二月,浙东人裘甫率领百名农民于象山(今浙江)起事,至次年正月,屡败明州(浙江宁波)官兵,进逼剡县(浙江嵊县),队伍发展到几千人。三月,农民军分兵攻打衢(浙江衢州)、婺(浙江金华)、明、台(浙江临海)等州,夺取唐兴、上虞(今浙江),随后又向东南沿海发展。唐朝急忙派安南都护王式担任浙东观察使,统领诸道兵镇压。王式一方面调集各路大军,一方面将流放在江淮的回鹘人和吐蕃人编成骑兵,向农民军反攻。农民军迎战失败。六月,裘甫等人在突围中被俘,后被杀于长安。

(2) 庞勋徐泗兵变

咸通三年(862)时,南诏攻占交趾(越南河内),唐募徐泗(江苏徐州)兵三千人赴援安南,并分其中八百人戍守桂州(广西桂林)。庞勋是桂州戍军的粮料判官。原定戍卒三年一更代,但至咸通九年(868)七月,戍卒已远戍六年,而唐徐泗观察使崔彦曾仍欲使其再戍守一年。戍卒怨愤,杀都头王仲甫,推庞勋为都将,起事。十月,他们攻占宿州(今安徽)与徐州,庞勋开府库募兵,遂至万余人,并屡败前来镇压的唐军。朝廷乃派康承训、王宴权、戴可师等率诸道兵及沙陀、吐谷浑各族兵共 20 万前往镇压。咸通十年(869)九月,庞勋出徐州引兵而西,唐军得徐州后以 8 万之众尾追。结果庞勋战死,余部败逃,后多加入黄巢军中。

(3) 王仙芝、黄巢起义

咸通十四年(873)懿宗死,僖宗立。僖宗"好音乐宴游",政治更加黑暗。当年黄河中下游普遍旱灾,农民以野菜、树皮充饥,而政府的徭役、赋税却丝毫未减,人心怨愤。

乾符元年(874),濮州(山东鄄城)人王仙芝率领农民数千人在长垣(今

① 《旧唐书·懿宗纪上》。

河南)起事,聚集 3000 多人。次年,曹州冤句(山东曹县)人黄巢响应。两人都是私盐贩子,当时禁止民间盐的买卖,贩盐一石以上即处死,贩盐者大多武装结伙贩盐。这使他们熟悉各地情况,也有与官军周旋的经验。因此,他们对抗官府多采取避实击虚、流动作战的方略。乾符三年(876)底,蕲州(湖北蕲春)刺史裴偓诱降,王仙芝动摇,准备投降,因黄巢及众人的反对而罢。于是王、黄分兵两支:黄巢北上,转战于今山东南部、河南东部、安徽北部一带;王仙芝继续在今湖北和河南南部一带作战。

乾符五年(878)初,仙芝作战不利,被迫北撤,二月在黄梅(今湖北)为唐朝曾元裕所破,战死。义军将士共推举黄巢为黄王,号"冲天大将军",有部众十余万人。他们由河南南下进入江西、安徽、浙江、福建等地。乾符六年(879)九月攻破广州,部众号称百万。黄巢占据岭南以后,因部属多为北方人,不服水土,纷纷要求回北方图大事。黄巢发布檄文,从桂州(广西桂林)编制大筏数十,沿湘江而下,攻克潭州(湖南长沙),消灭唐军十万。

广明元年(880)五月,僖宗任命高骈为诸道行营都统。高骈征调兵马7万之众,以扬州(今江苏)为中心,筑起一道新的军事防线。黄巢歼灭了高骈精锐,杀其骁将张璘。十一月,黄巢至汝州,自称天补大将军。之后,黄巢军攻陷东都洛阳,唐东都留守刘允章率百官迎接。十二月初三,黄巢率部攻占潼关,长安震惊。初五,观军容使田令孜拥僖宗奔成都。当天下午黄巢军入长安。十三日,黄巢在含元殿即皇帝位,国号大齐,改元金统。

但是,进入长安的黄巢军,没有乘胜追击逃往成都的唐政权,也没有去消灭关中的藩镇势力和禁军残部。唐利用南方财富,重新集结力量。中和元年(881)三月,唐朝以郑畋为"京城四面诸军行营都统",率军进攻黄巢。中和四年(884)五月,黄巢引军向汴州(河南开封)转战,在中牟(今河南)北被李克用的骑兵突袭,阵亡万余人。六月,黄巢率千余人退至泰山,为唐军所追及,被迫在狼虎谷(山东莱芜)自杀。

黄巢起义历时 10 年,转战于黄河、长江、珠江三大流域,行程数万里。冲突中,自汉魏以来曾经盛极一时的门阀士族阶层走向消亡,唐末土地高度集中的状况也有所缓解。

3. 唐朝的灭亡

唐朝的统治能力受到农民战争的打击,更加趋向衰弱,主要表现在地方的藩镇势力继续恶性发展。各地节度使及一些刺史纷纷割地称雄,互相征伐攻战。在经过兼并之后,形成了几股强大的势力集团。主要有宣武节度使朱全忠,据有今河南。河东节度使李克用,据有今山西。凤翔节度使李茂贞,以凤翔为中心据有今陕西。卢龙节度使刘仁恭,据有今河北北部。镇海节度使钱镠,据有今浙江。淮南节度副大使杨行密,据有今江苏扬州一带。西川节度使王建,据有今四川成都一带。其中以朱全忠和李克用势力最大。

朱全忠原名朱温,本黄巢部将,后来降唐,唐僖宗赐名全忠。李克用,西北沙陀人,因征讨黄巢而实力强大。朱全忠、李茂贞、李克用等人都企图控制朝廷,并且分别联结其他藩镇为声援。天复元年(901),朝官与宦官的矛盾尖锐化,宰相崔胤召朱全忠入长安,宦官韩全海则劫持唐昭宗逃往凤翔,依附于李茂贞。朱全忠率军攻凤翔,李茂贞屡败。天复三年(903),李茂贞与朱全忠和解,将唐昭宗交给朱全忠。

挟昭宗回长安后,朱全忠杀宦官数百人,使唐朝长期宦官专权的局面得以结束。其后朱全忠受封为梁王。天佑元年(904)初,朱全忠派其部下杀死宰相崔胤等人,又挟持昭宗迁都洛阳。当年八月朱全忠杀死昭宗,立昭宗幼子,是为哀帝。天佑四年(907),朱全忠迫哀帝让位,改国号为梁,史称"后梁";自立为帝,是为梁太祖;年号"开平",建都汴(河南开封)。唐朝历290年(618～907)至此遂亡,历史由此掀开了"五代十国"的新一页。

第四节 五代的更迭与十国割据

从907年唐朝灭亡到960年北宋建立共53年,中原相继出现了(后)梁、(后)唐、(后)晋、(后)汉、(后)周五个朝代。除后唐在洛阳外,其他王朝均以开封为都。从891年至979年共88年,南方还相继出现了前蜀、后蜀、吴、南唐、吴越、闽、楚、南汉、南平(荆南)等九国和在今山西的北汉,史称"十国"。总括地也可以把此一段(907～960)称作"五代十国"时期。此政局可以看做是唐末藩镇割据的余绪,五代等政权,都是由唐朝的方镇发展起来的。故这一时期的历史特点是战争频繁,政权也不断更迭。

一、五代更迭

1. 后梁(907～923)

天佑四年(907),朱全忠(朱温)灭唐建梁,五代时期由此开始。在后梁统治中原时期,周围还存在着其他一些割据势力,如河东的李克用父子、幽州的刘仁恭父子、淮南的杨行密、西部的李茂贞等,其中以李克用父子的势力最大。

后梁政权和李克用等地方势力长期混战。李克用因镇压黄巢有功而任唐朝的河东节度使，封晋王。后梁开平二年(908)正月，李克用去世，其子李存勖继晋王位。朱温乘机攻晋，结果在潞州(山西长治)大败。开平四年(910)，双方又在柏乡(今河北)会战，朱温再次惨败。于是后梁元气大伤，迅速衰落，内部矛盾也不断激化。

乾化二年(912)六月，朱温第三子朱友圭杀父朱温自立称帝。次年二月，朱温第四子朱友贞又以讨逆之名杀兄自立，史称梁末帝。这时后梁君主残暴，政治更加黑暗。

2. 后唐(923～936)

乾化三年(913)，李存勖兼并了占据幽州的刘仁恭、刘守光后，后梁的魏博镇(河北大名)又降晋，其实力大增。同光元年(923)四月，李存勖称帝，自称继唐之天下，国号唐，都洛阳，史称后唐。同年，李存勖攻破开封，梁末帝死，后梁亡，后唐基本统一了北方。

清泰三年(936)，后唐将领石敬瑭反叛，割燕云十六州与辽，以换取契丹人的支持。燕云十六州又称"幽蓟十六州"，包括幽州(北京)、蓟州(今河北)、瀛州(河北河间)、莫州(河北任丘)、涿州(今河北)、檀州(北京密云)、顺州(北京顺义)、新州(河北涿鹿)、妫州(河北怀来)、儒州(北京延庆)、武州(河北宣化)、云州(山西大同)、应州(山西应县)、寰州(山西朔县)、朔州(今山西)、蔚州(今河北)。"十六州"是中原的北部屏障，具有重要的战略地位。石敬瑭甘愿向辽主耶律德光称子，为"儿皇帝"。时石敬瑭45岁，而耶律德光才34岁。

3. 后晋(936～947)

清泰三年(936)十一月，契丹册封石敬瑭为"大晋皇帝"。石敬瑭借契丹兵攻入洛阳，灭后唐，称帝，都开封，国号晋，是为晋高祖，改元天福。天福七年(942)高祖卒，侄石重贵嗣位，史称出帝。天福十二年(947)初，契丹攻入开封，出帝被掳至辽国建州(辽宁朝阳)，后晋亡。

4. 后汉(947～951)

沙陀部人刘知远曾与石敬瑭合谋反后唐。后唐亡，刘知远为河东节度使，世居太原。后晋亡，他便在晋阳称帝。契丹灭后晋政权，受到汉民族的顽强抵抗，不得不撤出开封，刘知远趁机进入，改国号汉，史称后汉。乾祐元年(948)刘知远卒，其次子刘承佑嗣位，史称隐帝。乾祐三年(950)李守贞等藩镇叛乱,隐帝命枢密使郭威平之。隐帝又忌郭威,欲杀之,郭威遂反。隐帝为溃军所杀,后汉亡。

5. 后周(951~960)

乾祐三年(950),后汉大将郭威以邺都留守起兵入汴。乾祐四年(951)灭后汉,即帝位,建后周,称太祖。显德元年(954)郭威卒,柴荣以太祖养子嗣位,即周世宗。显德六年(959)柴荣病死,其子柴宗训嗣位,史称恭皇帝。显德七年(960)正月,殿前都点检赵匡胤发动"陈桥兵变",废恭帝,建立北宋王朝,后周亡。后周灭亡,标志着五代的结束。

二、十国割据

1. 前蜀(903~925)

唐大顺二年(891),靠镇压农民军起家的王建攻取成都,杀西川节度使陈敬瑄及其弟、宦官田令孜,据有西川,后又取东川和武定。天复三年(903),受唐封为蜀王,占地四十余州,北抵汉中,东至三峡。后梁开平元年(907)他称帝,都成都,国号蜀,史称前蜀。光天元年(918)王建病死,第十一子王衍继位,是为后主。咸康元年(925),后唐派李继岌、郭崇韬攻蜀,王衍投降,前蜀亡。

2. 后蜀(934~965)

咸康元年(925),后唐攻灭前蜀后,任命董璋为东川节度使,孟知祥为成都尹、西川节度使。孟知祥入成都,整顿吏治,减少苛税,境内渐安。长兴三年(932)他攻杀董璋,兼并东川。次年,被封为蜀王。应顺元年(934)称帝,国号蜀,改元明德,史称后蜀。当年四月死,第三子孟昶继位,史称后主。乾德三年(965),宋军入成都,后主降,后蜀灭亡。

3. 吴(902~937)

唐景福元年(892),杨行密任淮南节度使。天复二年(902),唐昭宗封他为吴王,都广陵(江苏扬州),占有27州地,范围包括今江西、江苏。杨行密招集流亡,奖励农桑,使江淮社会经济有所恢复。天佑二年(905)杨行密病死,其三个儿子杨渥(在位905~908)、杨隆演(在位908~920)、杨溥(在位920~937)分别承继为吴王,但实权操于杨行密旧臣徐温手中。吴天祚三年(937),原宰相徐温已死,其养子徐知诰迫杨溥逊位,吴亡。

4. 南唐(937~975)

吴天祚三年(937),徐知诰灭吴称帝,国号大齐,改元昇元。昇元三年

(939)他恢复本姓李,更名昇,改国号为唐,史称南唐,都金陵。南唐占有今江苏、江西、皖南和鄂东南等地。昇元七年(943)李昇死,长子李璟继立,改元保大。保大三年(945),南唐攻灭内乱中的闽国,占有长江下游35州地,成为南方大国。宋建隆二年(961)李璟病死,第六子李煜继位,史称后主。宋开宝八年(975),宋发兵南下攻破金陵,后主李煜被俘而降,南唐亡。

5. 吴越(907～978)

景福二年(893),唐昭宗任地方武装将领钱镠为镇海节度使。不久,又升任镇海镇东两军节度使,使之控制13州地盘,包括今浙江、江苏、福建等地。后梁开平元年(907),朱全忠封其为吴越王。吴越坚持向中原朝廷称臣纳贡,是十国中比较安定的地区。钱镠曾修筑钱塘江石塘,又置都水营使,维修水利,发展太湖圩田,使境内经济基础稳固。后唐长兴三年(975),钱镠死,其后代钱元瓘、钱弘佐、钱弘倧、钱弘俶依次继立。宋灭南唐,南方吴越陷于孤立。宋太宗太平兴国三年(978),末王钱俶尽献两浙13州地入朝,吴越亡。

6. 南汉(911～971)

唐天佑二年(905),封州刺史刘隐被任为岭南东道节度使;次年,封南平王;乾化元年(911)进封南海王。当年刘隐死,其弟刘龑继立。后梁贞明三年(917),刘龑(yǎn)称帝,国号大越,都番禺(广东广州)。次年改称汉,史称南汉。南汉盛时辖地60余州,约为今广东、广西及云南部分。刘龑及其后继者刘玢、刘晟、刘鋹皆残暴荒淫,民众怨愤。宋开宝四年(971),大将潘美率领军队攻入广州,后主刘鋹投降,南汉灭亡。

7. 楚(907～951)

唐末军将马殷占有潭、衡诸州(今湖南),后梁开平元年(907)被封为楚王。后唐天成二年(927),又封其为楚国王,以长沙为都,仿天子礼制,设百官。占有湖南15州地,提倡养蚕种茶,积极与中原通商,国家富庶。马殷死后,诸子纷争,马希声、马希范、马希广、马希萼、马希崇先后继位,皆昏庸残暴,政刑紊乱。保大九年(951)南唐兵入潭州,楚亡。

8. 闽(909～945)

唐景福二年(893),县吏出身的王潮和弟弟王审知率起义军攻占福州,并逐渐占据福建全境。朝廷任命王潮为福建观察使和威武军节度使,其弟审知为副使。王潮死后,后梁于开平三年(909)封王审知为闽王。后唐同光三年(925)王审知死,其儿孙王延翰、王鏻、王昶、王曦、王延政先后继立,国内动乱不息,政局非常不稳。闽国君都崇信道教巫术,大兴土木,建造宫殿,还营造了许多道观。保大三年(945),南唐攻入福州,闽主降,国亡。

9. 南平(924~963)

南平又称荆南、北楚。开平元年(907),后梁大将高季兴被任为荆南节度使,驻江陵(今属湖北)。同光二年(924),后唐封他为南平王。南平占有荆南三州,是十国中最为弱小的割据政权。后臣事于吴,受封为秦王。吴乾贞二年(928),高季兴死,其儿孙高从诲、高保融、高保勖、高继冲依次继立,但国势始终不振。宋乾德元年(963),高继冲纳地投降,南平亡。

10. 北汉(951~979)

这是十国中唯一在北方的国家。沙陀部人刘旻(原名刘崇)是后汉高祖刘知远的同母弟,曾任河东节度使、太原留守。乾祐四年(951),郭威建后周朝,刘旻(mín)在太原称帝独立,仍沿用汉国号,史称北汉,占有河东12州。乾祐七年(954),刘旻死后,其子刘钧及养孙刘继恩、刘继元先后继位。北汉土瘠民贫,赋役繁重,统治者结辽为援,守境割据。太平兴国四年(979),宋太宗亲率大军进攻北汉,末帝刘继元投降,北汉亡。

除上述十国外,当时还有一些小的割据政权,如刘守光建燕国于河北北部;李茂贞称岐王于凤翔。此外,东北有契丹,西北有高昌,西南有吐蕃、大理等各少数民族政权。当时整个中国处于分裂割据的状态。

第五节 隋唐时期的政治制度

一、中央机构与地方机构

1. 三省六部制的确立

隋文帝在中央实行三省六部制,废除不合时宜的北周六官(天、地、春、秋、冬、夏)制。北周的官僚体制盲目效仿《周官》(即《周礼》)的形式,不仅称谓复杂,职掌不明,而且办事效率低下,徒增混乱,毫无意义。隋恢复了汉魏的设官方针,确立了三省六部制。中央设立三师、三公和五省。三师、三公只是荣誉虚衔,掌握实权的是五省,即内侍省、秘书省、门下省、内史省和尚书省。其中,内侍省是宦官机构,管理宫中事务;秘书省掌管书籍历法,官简事少。在国家政务中枢真正发挥重要作用的是内史、门下、尚书三省。

唐朝政治制度基本沿用隋,但又加以调整和补充:"唐初因隋号。武德三年三月,改纳言为侍中,内史令为中书令,给事郎为给事中,内书省为中书省。"①唐朝的三省为中书、门下和尚书省,"唐初,始合三省,中书主出命,门下主封驳,尚书主奉行"。它们各有分工:

(1) 中书省即隋朝的内史省,长官由内史令改为中书令,中书侍郎是副长官。中书省是决策机构,负责就军国大事和重要官员的任免等事项,替皇帝起草诏旨。

(2) 门下省负责审核中书省起草的诏旨,诏旨不当可驳回,长官由隋朝的纳言改称侍中。

(3) 尚书省是执行机构,其总办事处叫都省,又叫尚书都省。尚书省的长官分别为尚书令、左右仆射、左右丞等。因武德年间李世民曾任尚书令,故此后唐朝不再设此职,而以左、右仆射为长官。尚书省下设吏、户、礼、兵、刑、工六部,六部长官为尚书,副职称侍郎。

吏部掌管官吏的任免、考察、升降、调动等事务,下辖吏部、司封、司勋、考功四司。

户部掌管天下土地、户籍、赋税、财政收支等事务,下辖户部、度支、金部、仓部四司。

礼部掌典制、祭祀、教育、科举、外事礼宾等事务,下辖礼部、祠部、膳部、主客四司。

兵部掌武将选用、兵籍、军训、军械、军令等事务,下辖兵部、职方、驾部、库部四司。

刑部掌法律、刑狱等事务,下辖刑部、都官、比部、司部四司。

工部掌山泽、屯田、工匠、水利、交通、工程等,下辖工部、屯田、虞部、水部四司。

三省为中央最高行政机构,三省长官同为宰相,共同负责中枢政务。这样,就分解了决策、审议、执行之权,使三省互相牵制。三省六部制分工明确,组织严密,提高了行政效能,加强了中央集权。

唐朝宰相议政的场所叫政事堂,即宰相的总办公处,政事堂会议协助皇帝决策国家大事。唐初,能参加政事堂会议的人为三省长官,他们协同议事,行使宰相的职务。后因三省长官品位崇高,不轻易授人,中书令和门下省侍中也不常设,为议事和决策的方便,始由品位较低的官员充任宰相。太

---

① 《旧唐书·职官志一》。

宗时特别设置"参知政事"、"参预朝政"、"同中书门下平章事"、"同中书门下三品"等名号，高宗以后这些名号逐渐固定为"同中书门下平章事"。凡以本官加带此头衔的官员即为宰相，便可参加政事堂会议。

2. 使职差遣的出现

武则天当政时，这一制度又发生变化。她为了个人目的，常不经中书、门下两省而任用私人，宰相刘祎之曾批评说："不经凤阁鸾台，何得谓敕？"唐中宗也曾不经两省私自授官，出现了所谓斜封墨敕及斜封官。开元十一年（723），张说奏改政事堂为中书门下，把尚书仆射排除于政事堂之外。从此，改变了唐初三省长官都是宰相、都出席政事堂会议的惯例，尚书省失去了与中书门下长官共同议政的资格与权力，成为纯粹的执行部门，其地位低于中书、门下省，三省制的行政系统因而遭到破坏。

高宗武则天时代社会变动剧烈，要求国家能随时弹性解决的事务大量增加。而唐初那种整齐有致的法典化职官体系对此难以适应，使职渐趋流行。使职类似于现代行政学的"项目组织"和"任务组织"，它是为了完成某种特定的项目目标而在一定时间内集中人力、资财的一种结构方式或组织。其出现是为了解决现存组织所不熟悉的特殊任务，且是临时性质，在通常情况下，它在组织关系或者层级归属上仍依附于原组织，但在结构、功能上却已分离，因为其直接受控于最高领导层①。但唐代的使职差遣官，实际上已经是固定的官职，而且不是出现于个别部门，而是带有普遍性的现象。

这种使职差遣制出现在唐初，发展、形成于玄宗时，定型于"安史之乱"以后。安史之乱后，唐朝设置了很多专使，如盐铁、转运、户口、钱铸等，名目繁多，逐渐形成了几个重要的使职系统。其一是宰相制度的使职化，中唐以后分割中书省拟诏出令权的翰林学士，实际上也是使职。其二是以节度、观察使为中心的地方军政制度的使职化。其三是以盐铁转运、度支、户部三司使为中心的财政制度的使职化。其四是以神策护军中尉为首的监军使、以枢密使为首的内诸司使等由宦官充任的特别使职系统。

因为有皇帝的特别授权，使职在处理具体事务的过程中可以跨越尚书六部，"不缘曹司，特奉制敕"②，并直接"入奏天阙"③。这对于三省六部体

---

① 吴宗国主编：《盛唐政治制度研究》，上海辞书出版社2003年版，第109页。
② 《唐律疏议》卷二五，中华书局1983年版。
③ 《旧唐书·李峤传》。

制来说不能不是一种强烈的冲击。中唐以后,宦官专权,操纵禁军,又设枢密使专门传达皇帝口令,三省制名存实亡。

3. 地方州、县两级制

隋唐时期在地方上实行州、县两级制。隋文帝将魏晋的州、郡、县三级制改为州、县两级制,撤销了郡一级的建制,又合并了一些州县,裁汰冗员,革除了行政层次过多、过繁导致效率低下的弊端,也节省了开支。后来还规定,九品以上的地方官吏都由吏部任免,每年进行考核。州县佐吏三年必须更换,不得连任,而且必须用外地人。这改变了秦汉以来地方官员自聘僚属的惯例,防止了豪强势力干预地方政事,加强了中央对地方行政的控制。

唐初因隋制,地方上仍实行州、县两级制。据《旧唐书·地理志》,贞观十三年(639)全国有州358个,县1551个。州的长官为刺史,唐玄宗天宝元年(742)一度曾改州为郡,改刺史为太守,后恢复州称。县的长官统称令。唯西京长安与东都洛阳地方有"府"的建制。

唐初,州县长官及其属吏皆由中央任免。唐代前期,在高度的中央集权体制下,地方官员的权力很有限。在人事方面,不仅州、县主要官员由朝廷任免,其他僚佐的任命权也在中央,汉代以来尤其通行于魏晋南北朝的掾佐僚属辟署制被彻底废除,"海内一命以上之官,州郡无复辟署"①。在财政方面,作为当时财税主体的租庸调制,无论是税种、税率,还是征税时间、输纳方式等全由中央制定,"国家税收由中央统收统支,地方政府只有依法征税、纳税和输税的义务,没有制税的权力和擅自支用国家税收的权力"②。在军事方面,除了都督府、都护府尚有一定处置权外,地方在平时既无统兵权,也无调兵权,更无置兵权。

4. 方镇权力的膨胀

地方行政的权力到唐后期急剧膨胀。

在用人方面,不仅割据型藩镇"文武将吏,擅自署置",即使一般藩镇也大权在握。安史之乱后,唐玄宗在西幸途中曾下令,"其诸路本节度使虢王巨等并依前充使。其署置官属及本路郡县官,并任自简择,署讫闻奏。"③可

---

① 《文献通考》卷三九《选举·辟举》,中华书局1986年版。
② 李治安等:《唐宋元明清中央与地方关系研究》,南开大学出版社1996年版,第40页。
③ 《资治通鉴》卷二一八"至德元年"。

以"任自简择"官属和郡县官,虽是战争期间中央赋予地方节度使的临时权力,但这种权力在战后仍得到保留甚至扩充。藩镇节帅不但可以辟署幕僚,也可以通过差遣的形式任命其管辖下的州、县官,中央无法干涉。

在财政方面,地方拥有了前所未有的赋税分割权。建中元年(780)实行的两税法,以大历十四年(779)为基准,确定各州府征税总数以及送使、留州的数量,开启了唐朝中央与地方赋税分割的先河。元和年间,唐宪宗"分天下之赋以为三:一曰上供,二曰送使,三曰留州"①,这标志着中央与地方分割两税和中央对两税收支实行定额管理的新体制的全面建立。

在军事方面,唐后期的藩镇,无论是拥兵一方军政自专的割据型藩镇,还是以向朝廷提供财源为主的财源型藩镇,或者是以防止边地民族骚乱为主要任务的御边型藩镇,以及以牵制对付割据藩镇为目标的防遏型藩镇,都拥有一定数量的常备军。据统计,唐后期全国军队近百万,藩镇军约占其中的80%,是当时武装力量的主要构成部分。

方镇属下之州郡称为支州、支郡。五代时期,中央政府逐渐加强了对支州的直接统治,这为北宋时期削弱藩镇之权以诸州直隶中央的制度建设奠定了基础。

二、军事制度

1. 府兵制的确立

西魏、北周的府兵制在隋唐时进一步完善。隋文帝在代周前后曾下令府兵将领恢复其本姓,取消所赐胡姓,其麾下士兵也不随将领之姓。他还整理乡兵,将私家部曲收编为国家军队。开皇十年(590),隋文帝对行之魏晋四百年的世兵制做重大改革,"凡是军人,可悉属州县,垦田籍账,一与民同。军府统领,宜依旧式"②。虽然士兵仍有军籍,仍隶属军府,但可依"均田令"受田,且免纳租庸调。其平日生产,战时出征,资装自备,每年只抽一定时间轮番宿卫。从此,府兵制与均田制结合起来,取消了魏晋兵民异籍、士家依附军将的旧军制,改成兵农合一、寓兵于农的新体制。这一改革,有助于遏制割据和国家集权统一。

在组织系统上,皇帝直接统辖十二卫府。每卫府统一军,置大将军一

---

① 《新唐书·食货志二》。
② 《隋书·高祖纪下》。

人。卫府下辖骠骑府、车骑府,分置骠骑将军、车骑将军。骠骑、车骑下再分设大都督、帅都督、都督。隋炀帝时,改骠骑府为鹰扬府,置鹰扬郎将,并取消将军、都督等名号。军府按"中外相维、重首轻足"的方略,分置在京城及各冲要地区。十二卫除临时受命征伐外,平时主要担任京城宿卫和其他军事要地、重要设施的驻守。府兵与禁兵及其他军队相互为用,内外钳制,由皇帝控制和统一指挥。隋朝常备兵约60~70万人,战时征募可达130万人上下。

2. 府兵制的完善

唐承隋制,府兵制的组织系统大体沿袭前朝,但更趋周严。唐府兵的最高统帅部门是十六卫,其次是太子东宫十帅府。十六卫中的十二卫(左右卫、左右骁卫、左右武卫、左右候卫、左右领军卫、左右屯卫),每卫各领军府40至60个。其他四卫(左右监门卫、左右千牛卫)则不统府兵。太子东宫十帅府中的六帅(太子左右卫率、太子左右司御率、太子左右清道率),每帅各领军府3至5个。其他四帅(太子左右监门率府、太子左右内率府)则不统府兵。府兵的中央指挥系统实际上是以十二卫为主,以东宫六率为辅。

府兵制的基层组织是折冲府,长官称折冲都尉,副手为左、右果毅都尉。折冲府下设团(200人)、旅(100人)、队(50人)、火(10人)四级。折冲府上府6团,中府5团,下府4团。据《新唐书·兵志》与《资治通鉴》,全盛时,唐全国共有折冲府640多个,仅关中就有261个,形成内重外轻的战略格局,重在拱卫京师。

府兵有内府、外府之分。内府人数较少,卫士取二品至五品官的子孙充当。外府人数较多,卫士取六品以下官员的子孙及白丁。在此范围内,征发原则是先富后贫,先强后弱,先家庭多丁后少丁。府兵虽然包括官僚子弟和地主子弟,但仍以均田农民为主。府兵的服役期限为21~59岁,期间可免除课役,但军资、军装、轻武器和往返途中的粮食,均须自备。每一火(10人)还得共同提供"六驮马"(运输之马6匹)。由于"寓兵于农"、兵农合一,不服役时从事农耕,农闲时则军事训练,兵源较有保证。同时,府兵资粮甲杖自备,国家不必耗巨资养职业常备军,财政开支大大节省。

府兵的主要任务是两项。一是定期宿卫京师。由于当时府兵服役多采取轮番方式,所以调发府兵到京师,称为"番上"。二是戍守边防或出征,叫"征镇"。出兵统帅由朝廷临时命将,军队调遣必须持兵部所下鱼符,经州刺史和折冲府将领勘合后,才得发兵。战事结束,则兵散于府,将归于朝。免除了将帅专兵之弊。

3. 府兵制的破坏

唐太宗时府兵制最为兴盛。但"自高宗、武后时,天下久不用兵,府兵之法浸坏,番役更代多不以时,卫士稍稍亡匿"。① 到玄宗时,创建近二百年的府兵制已经一蹶不振。

府兵制以农民受田为前提,是建立在均田制基础之上的。唐高宗至玄宗时,土地兼并加剧,均田制废弛,大批农民破产或逃亡。破产农民无法自备甲杖,府兵制也无法实行。另外,随着内外战争频繁,对兵力的需求日增。于是旧有的三年轮换制遭到破坏,士兵参战时间过长,"番役更代多不以时",势必影响府兵制下士兵家中的农业生产。

开元十年(722),宰相张说建议募兵宿卫。次年行之,募得12万人,号"长从宿卫"。开元十三年(725),更名彍骑。开元二十五年(737),边兵也开始招募,称"长征健儿"。从此,兵士和均田制脱节,兵、农正式分离。天宝八年(749),管理府兵的各折冲府已无兵可调,朝廷只好下令正式废止府兵制。

府兵制破坏后,无论是边兵或内地的彍骑及地方武装团结兵,衣粮均由政府负担,成为长期雇佣的职业兵。担任护卫京师之重职的彍骑,开始还注重募选丁壮,加强训练,但随着玄宗时承平岁久,军备渐弛。边兵则因连续征战,仍属精锐,且人数众多,约49万人,"精兵咸戍北边,天下之势偏重"。至此,"举天下不敌关中"之势一变而为外强中干、尾大不掉,成为日后安史之乱及藩镇割据发生的重要根源。

三、法律制度

隋朝建立后,为了改变北周以来法律形同虚设的现象,隋文帝于开皇元年(581)、开皇三年(583)两次修订刑律,撰成《开皇律》。开皇律500条,12篇。首篇《名例》,类似于现代刑法总则,主要规定了刑罚制度和基本原则,以下各篇依次为《卫禁》、《职制》、《户婚》、《厩库》、《擅兴》、《贼盗》、《斗讼》、《诈伪》、《杂律》、《捕亡》、《断狱》。

唐朝建立后,在隋律的基础上修订唐律。永徽三年(652),唐高宗令长孙无忌等对《永徽律》逐条逐句进行疏证解释,撰成《律疏》30卷,永徽四年(653)颁行。《疏》与《律》合为一体,后人称《唐律疏议》。疏与律具有同等法

---

① 《新唐书·兵志》

律效力。

《唐律疏议》仍为十二篇，篇名与隋律同。首篇《名例》为总则，主要是刑罚制度和基本原则方面的规定；第二篇《卫禁》，主要是关于警卫宫廷和守卫关津要塞方面的规定；第三篇《职制》，主要是关于官员的设置、选任、职守及对违法官员的惩治方面的规定；第四篇《户婚》，主要是关于户籍、土地、赋役、婚姻、家庭等方面的规定；第五篇《厩库》，主要是关于饲养牲畜、库藏管理等方面的规定；第六篇《擅兴》，主要是关于兵士征集、军队调动、将帅职守、军需供应和征发徭役等方面的规定；第七篇《贼盗》，主要是关于镇压蓄意推翻政权及其他严重犯罪的规定；第八篇《斗讼》，主要是关于斗殴伤人和控告、申诉等方面的规定；第九篇《诈伪》，主要是关于欺诈和伪造等方面的规定；第十篇《杂律》，凡不便编入其他各篇的犯罪行为，皆归入此篇，包括买卖、借贷、市场管理及奸情方面的犯罪；第十一篇《捕亡》，是关于追捕逃犯、捕捉罪人和逃丁的规定；第十二篇《断狱》，是关于审讯、判决、执行和监狱管理方面的规定。

《唐律疏议》中的重罪是"十恶"。具体指：一曰谋反，二曰谋大逆，三曰谋叛，四曰恶逆，五曰不道，六曰大不敬，七曰不孝，八曰不睦，九曰不义，十曰内乱。可见，所谓"十恶"都是直接危及君主政权、统治秩序和严重破坏伦常关系的重大犯罪行为。唐律规定：犯十恶者，"为常赦所不原"。

《唐律疏议》规定了对一些特殊人群可以减免刑罚。一是对八种特权人物犯罪可优待，即所谓"八议"。"八议"一曰议亲，二曰议故，三曰议贤，四曰议能，五曰议功，六曰议贵，七曰议勤，八曰议宾。且明确规定："诸八议者，犯死罪，皆条所坐及应议之状，先奏请议，议定奏裁。"但"其犯十恶……不用此律"。① 二是老幼废疾等在三种情况下可减免刑罚：第一，70岁以上，15岁以下，以及废疾者犯流罪以下，收赎。第二，80岁以上，10岁以下，以及笃疾者，犯反逆、杀人罪应处死刑的上请；盗窃及伤人者，收赎；其余犯罪皆不论。第三，90岁以上，7岁以下，虽犯死罪，不加刑。

《唐律疏议》具有以下特点：一是"礼法合一"。唐代继承、发展以往礼法并用的统治方法和立法经验，使法律内容"一准乎礼"，实现了礼与法的统一。法的强制力加强了礼的束缚作用，礼的约束力增强了法的威慑力量，从而构筑了严密的统治法网。二是科条简要。以往秦汉法律，向以繁杂著称，

---

① 《唐律疏议》卷二。

特别是在西汉武帝以后,因一事立一法,导致律令杂乱。西晋修律曾将773万余字的汉律令缩简,北齐律进一步得以精简。唐代在前律的基础上,再次实行精简,定律12篇,500条。三是用刑持平。唐律规定的刑罚比以往各代都轻,死刑、流刑大为减少。总体看,《唐律疏议》一方面体现了一种文明进步精神,同时又体现了对统治秩序和统治阶级特权的维护。

《唐律疏议》是中国现存最早、最完备的一部封建法典。结构严谨、立法技术完善、内容清晰适用,是中国古代法典的楷模。为宋、元、明、清历代制定和解释法典的蓝本,并对日本、朝鲜、越南等国建立和完善法制产生过广泛而深刻的影响。

四、学校与科举

科举制度是中国古代设科考试用以选拔官吏的制度,萌芽于南北朝,创于隋,形成于唐,延续至清末,存在了1300多年。它对中国古代政治、经济、教育体制诸方面都产生过重大的影响。

1. 科举制的确立

魏晋南北朝的九品中正制,主要精神是按门第高低选拔官员,庶族寒门出身的士人很难仕进,以致最后形成"上品无寒门,下品无势族"的状况。但是,随着庶族阶层势力的逐步上升,九品中正制已经不适合社会发展的需要,在南北朝后期就开始出现了科举制的萌芽。

"科举"即分科取士之意。隋文帝时,开始废除九品中正制,选官不问门第,令各州每年贡士三人,参加秀才、明经等科的考试,合格者得录用为官。开皇二年(582),"诏举贤良"。次年规定:"如有文武才用,未为时知,宜以礼发遣,朕将铨擢。"①开皇十八年(598),又以"志行修谨,清平干济"②二科举人。

隋炀帝大业三年(607)诏云:"夫孝悌有闻,人伦之本,德行敦厚,立身之基。或节义可称,或操履清洁,所以激贪厉俗,有益风化。强毅正直,执宪不挠,学业优敏,文才美秀,并为廊庙之用,实乃瑚琏之资。才堪将略,则拔之以御侮,膂力骁壮,则任之以爪牙。爰及一艺可取,亦宜采录,众善毕举,与时无弃。以此求治,庶几非远。文武有职事者,五品已上,宜依令十科举

---

① 《隋书·高祖本纪上》。
② 《隋书·高祖本纪下》。

人。"①可见,此已分为十科举士。隋炀帝时"始建进士科",以试策取士,使考试趋向制度化。科举制至此确立。

2. 科举制下的学校

唐朝承袭了隋朝的科举制度,并进一步发展完善。它的基础是日益繁荣的学校教育。

唐代学校大体分为三类:中央馆学、州县学及私学。中央馆学即国子监下辖的"六学"(国子学、太学、四门学、律学、书学、算学)和"二馆"(宏文馆、崇文馆)。国子学与太学仅收官僚贵族子弟,四门学、律学、书学、算学兼收平民优秀子弟,即所谓"俊士"。宏文馆、崇文馆也只收皇亲贵戚和三品以上京官的子孙。州县学指设在地方上的州学与县学。另外,唐朝"许百姓任立私学"②。

科举应试者的两个来源,即"生徒"和"乡贡"。在中央"六学"及州、县学读书的学生,可以直接被保送参加科举考试,是为"生徒"。其他私学的学生和自学者经州县预试合格,可"进贡"到中央参加科举考试,即"乡贡"。大致在唐朝前期,生徒多于乡贡;中唐以后,由于学校不能正常运转,生徒越来越少,乡贡占绝对优势。这种变化,反映了唐代世族阶层力量的衰落与庶族阶层力量的增强。

3. 常科和制科

唐代考试科目分常科、制科两类。定期举行的考试称常科,皇帝下诏举行的为制科。

常科的考试科目有秀才、明经、进士、俊士、明法、明书、明算等五十多种。明法、明书、明算是专门知识的科目,不为人重视。秀才科要求太高,后来逐渐停试了。影响最大的是明经和进士两科。进士考试重诗赋和策论,明经则重帖经、墨义。所谓帖经,就是将经书任揭一页,将左右两边蒙上,中间只开一行,再用纸帖盖三字,令试者填充。墨义是对经文的字句作简单的笔释。所以,帖经与墨义主要考对儒经的记忆,相对比较容易。诗赋则需要具有文学才华,难度很大。当时"明经"的录取率一般在十分之一二,"进士"的录取率在百分之一二,考进士难度较大。所以,当时流传有"三十老明经,五十少进士"的说法。高宗以后,进士科尤为时人所重,唐朝许多宰相都是

---

① 《隋书·炀帝本纪上》。
② 《唐会要》卷三五《学校》。

进士出身。唐中期以后,进士更易于飞黄腾达,所以被人视为"士林华选",以至"缙绅虽位极人臣,不由进士者,终不为美"①。

唐代的科举考试基本没有实行"糊名"制,考生的姓名都写在卷面上,这就使主考官有了"对人不对文"的方便。考生在应试前,往往多方奔走,把自己的作品呈送给社会名流,希望能再向主考官推荐。这样做虽然可以兼顾考生在考场外平时的表现,但也会造成不公平,出现大量人事请托的现象。可见,唐代的科举制一定程度上仍然留有汉魏察举制的影子。

唐初,常举由吏部主持,唐玄宗后改由礼部主持。中举的士人只是取得了做官的资格,如要得到实授官职,还需要再参加吏部的铨试。铨试包含有"身"(体貌丰伟)、"言"(言词辩证)、"书"(楷法遒美)、"判"(文理优长)等内容,合格才能授官。

制举是为了搜罗非常人才而临时设置的考试,由皇帝主持。所设科目有贤良方正、直言极谏、才识兼茂等。一般常举考试在吏部或礼部举行,唯制举在皇宫殿廷上进行。一般常举考试后,要经吏部铨选才能授官;制举只要考中,不经吏部,皇帝马上授以美官或出身。但制举不常举行,录取人数多则五六人,少则一二人,所以在唐代科举中不占重要地位。

武则天长安二年(702)又创武举。应武举者来自乡贡,由兵部主考。考试科目有马射、步射、平射等。

4. 科举制的意义

隋唐时期以科举制代替九品中正制,是中国古代选官制度的重大变革。

(1)它把选拔官吏的权力从门阀士族夺回到中央政府手中,显示了皇权力量的上升,使中国古代的政治体制进一步走向大一统和官僚化的趋势,距离真正的贵族社会越来越远。

(2)它把读书、应试和做官三个环节紧密联系在一起,以考试为选拔人才的基础,相对来说重才学而不重门第,任人唯贤,有利于选拔出才能精干之士,加强了行政效能。

(3)它使庶族甚至某些贫寒子弟也可以得到参加政权的机会,有利于扩大统治集团的社会基础。当唐太宗看到新进士们鱼贯而出,认为野无遗贤,不禁得意地说:"天下英雄入吾彀中矣!"②相对来说,科举制的出题范围

---

① 《唐摭言》卷一《散序进士》,上海古籍出版社1978年版。
② 《唐摭言》卷一《述进士上篇》。

小,考法也简单,这让只买得起很少书籍的"寒士"与饱学诗书的世家子弟可以同样竞争。所以它的最大功效是开放政权,保持社会张力。

(4) 它最受人诟病的是考试以死记硬背经书为主,那些先秦圣人的言论,对解决现实问题用处不大。但它的设计其实不是选拔学有所成之人,而是可堪造就之人。正如吕思勉所说,古人何尝不知科举考的东西无用,只不过能否将无用的东西学好,就可以看出其人的资质智能。经过智力测试,证明一个人的基本素质,然后经过"历练"就可以当好官了。

虽然从理论上讲,这种"自由报名、统一考试、平等竞争、择优录取、公开张榜"的制度为每个人都提供了入仕的均等机会,但社会下层贫困之家无法接受教育,大多数人就不可能去应试。而且当时又明确规定,"刑家之子、工贾异类"及部曲、杂户、奴婢等身份之人,不得入仕①。所以,科举制下的公平选拔又是很有限的。

第六节　隋唐五代的社会与经济

一、隋唐时期的经济制度

1. 隋唐均田制的实行

均田制是从北魏太和九年(485)均田令颁布后开始实施的一种土地制度,历经东魏、西魏、北齐、北周,到隋唐时期仍然在实行。

开皇元年(581)、开皇十二年(592)和大业五年(609),隋文帝与隋炀帝先后三次下诏实行均田制。具体规定是:

(1) 十八岁以上的丁男,受露田八十亩,受桑田或麻田二十亩,妇人受露田四十亩。也就是说,普通农民一夫一妇,可受露田一百二十亩。露田在受田人死后要归还国家,桑田或麻田为永业田,可以传给子孙,也可以买卖。

(2) 奴婢受田与良人相同,但对受田人数有限制。亲王之家限三百人,平民之家限六十人。耕牛一头受田六十亩,一家限四牛。

(3) 官僚从亲王至都督皆给永业田,从百顷递减至四十亩(一说三十顷)不等。

(4) 京官给职分田,一品为五顷,以下每低一品,减少五十亩,至九品为

---

① 《新唐书·选举志下》。

一顷。外官除职分田外,还有一定数量的公廨田。职分田的收入是官吏俸禄的一部分,公廨田的收入则为官署的办公费用。这两种田是国家掌握的公田,要随官员的职务去留或接受或交出,不得出卖。

武德七年(624),唐高祖颁布均田令,继续推行均田制。具体规定是:

(1)中男和丁男每人受口分田八十亩,永业田二十亩。老男、残疾受口分田四十亩,寡妻妾受口分田三十亩。老男、残疾、寡妻妾为户主者,每人受永业田二十亩,口分田三十亩。

(2)杂户受田如百姓。工商业者、官户受田减百姓之半。道士、和尚给田三十亩,尼姑、女冠给田二十亩。此外,一般妇女、部曲、奴婢都不受田。

(3)有爵位的贵族,从亲王到公侯伯子男皆受永业田,从一百顷递降,最低为五顷。职事官从一品到八品和九品,受永业田从六十顷递降至二顷。散官五品以上受永业田同职事官。勋官从上柱国到云骑、武骑尉,受永业田从三十顷递降至六十亩。

(4)各级官僚和官府,仍有职分田和公廨田。

唐代口分田即前代的露田,人死后由政府将田收回。永业田即前代桑麻田,可传给子孙,不在收受之限。唐代与隋代的均田制有很大不同。一是从北魏到隋文帝,妇人都受田,而唐代除了寡妻妾为户主外,妇人概不受田。二是唐代不再给奴婢和耕牛受田,不仅说明唐代奴婢的数量大大减少,而且官员由于永业田、职分田和公廨田的增加,不必再通过奴婢和耕牛的途径来扩大受田数量。三是前代没有而唐代有僧道受田,说明由于佛道发展,寺观占田的现象比较普遍,寺观经济获得很大发展,政府只得从法律上对既成事实加以承认。

隋唐均田制是中国古代发展比较成熟和完备的一种土地制度。首先它以法律形式确认了受田者的土地占有权和使用权,有利于农业生产的恢复和发展。其次它对国家掌握的无主土地进行分配,使无地或少地的农民都分到一些土地。再次它规定了土地占有的最高限额,一定程度上抑制了土地兼并。但实际上一般农民都很难达到法令所规定的受田数额,甚至不过十亩、五亩,如在敦煌户籍残卷中,没有发现一户能得到足额的土地。

2. 唐代均田制的瓦解

均田令虽然有限制土地买卖和私人占田过限的规定,但同时也放宽了对土地买卖的限制。如贵族官僚的永业田和赐田,可以自由出卖;如百姓迁移和无力丧葬的,准许出卖永业田;如迁往人少地多的宽乡和卖充住宅、邸店的,并准许卖口分田。这些都给土地兼并与大土地私有制的发展提供了机会,为均田制的最终瓦解预设了前提。

唐朝前期社会经济快速发展,商品经济空前繁荣,也使土地日益私有化和商品化。玄宗时,土地兼并使许多自耕农贫困破产。《册府元龟·田制》说:"王公百官及富豪之家,比置庄田,恣行吞并,莫惧章程。借荒者皆有熟田,田之侵夺;置牧者唯指山谷,不限多少。受及口分永业,违法买卖,或改籍书,或云典贴,致令百姓无处安置。乃别停客户,使其佃食,既夺居人之业,实生浮惰之端。远近皆然,因循亦久。"权势者通过"借荒"、"置牧"、"包佃"等办法,兼并土地,均田制原有的格局被打破。

于是,唐前期即存在的田庄,在安史之乱后普遍发展起来,成为大土地占有的主要形式。唐后期的田庄大致可分为皇帝私有的皇庄、政府所有的官庄、官僚贵族和一般地主的田庄、寺院的田庄等几种类型,最多是官僚贵族和一般地主的田庄。田庄多采取租佃形式经营,即把土地出租,然后收取实物地租,佃户被称为客户、庄户、庄客等。

从唐初到唐中期,人口增加迅速。贞观十三年(639)全国仅 12 351 681 口。天宝十一年(752)就达到 59 975 543 口①。均田制原来授受的土地多是无主荒地,数量有限;人口增加但土地不能随之增加,均田制也无法推行。从敦煌文书所反映的情况看,户籍中各户已受田数字都与其应受田数字相差甚多,这说明即使在敦煌这样偏远的"宽乡",土地供应也严重不足。唐高宗以后,国有土地通过各种方式不断转化为私有,能够还授的土地越来越少,到唐玄宗开元、天宝年间,土地还授已不可能。于是两税法的实行,正式宣告均田制的瓦解。

3. 隋与唐初的租调力役制及其变化

隋与唐初在均田制的基础上继续推行租调力役制。

隋开皇二年(582)规定:十八岁以上为丁,开始负担租调力役;六十岁为老,免除租调力役。租为田租,调为户调,力役即劳役。一夫一妇为一床,每年交租粟三石;受桑田者交调绢一匹(四丈)、绵三两;受麻田者交调布一端(六丈)、麻三斤。无妻室的单丁及奴婢纳一半租调。丁男每年服力役一个月。

开皇三年(583)减轻租调力役,规定成丁年龄由十八岁提高到二十一

---

① 冻国栋:《唐代人口问题研究》,武汉大学出版社 1993 年版,第 90~91 页。

岁,受田年龄仍为十八岁。这样,受田者在前三年可以不纳租调不服力役。调绢由每年一匹减为二丈,力役由每年一个月减为二十天。

开皇十年(590),又规定五十岁以上者,可"免役输庸",即纳布帛以代替力役。

唐武德二年(619)二月,初定租庸调法,并在五年后与均田制同时颁布执行。规定每丁每年纳"租"粟二石,随乡所出;输"调"绢(或绫、絁)二丈、绵三两;若输布则二丈五尺、麻三斤。每丁每年服徭役二十日,有闰月者加二日。如果不服徭役则可以纳绢或布替代,每天折合绢三尺或布三尺七寸五分,叫做"庸"。若国家有事须增加服役者,凡加役15天,免调,加役30天则租调俱免。每年的额外加役,连同正役,不准超过50天。

租庸调法还规定了可依照灾情轻重减收或免收租调的具体办法:"凡水、旱、虫、霜为灾害,则有分数:十分损四以上,免租;损六以上,免租、调;损七以上,课、役俱免。若桑、麻损尽者,各免调。若已役、已输者,听免其来年。"①此外,贵族官僚有减免赋役的特权。

"庸"自隋始,但有年龄限制。至唐时全面推广,正式规定有力役负担者可用绢布代替,这也叫"输庸代役"。这使小农家庭不致因服役而耽误农时,有利于农业生产的稳定。

4. 两税法的实行

租庸调制是以均田制的推行为前提的。国家征收租庸调只问丁身,不问财产。唐中期以后,随着均田制的破坏,越来越多的农民失掉土地成为私家佃农,脱离户籍情况严重。到肃宗上元元年(760),国家控制的人口只有16 960 386,其中纳税人口只有2 370 799。与天宝十四年(755)相比,国家控制的人口减少了35 938 733,纳税人口减少了5 210 423。这使国家收入减少,严重的财政危机使唐朝不得不进行财政和赋税制度的改革

安史之乱后,在国家财政收入中占重要地位的是盐税。乾元元年(758),第五琦建议实行榷盐法:国家在产盐区设盐院,居民凡以产盐为业者,免其杂徭;所产盐由国家统购专卖,并把盐价由每斗十文提高到一百一十文,国家获重利,初步改善了财政状况。但是,赋税混乱和政府财政困难问题,并没有从根本上得到解决。除盐税外,地税和户税是唐前期与租庸调并行的两种国家税收,玄宗以后逐渐成为替代租庸调的主要财源。德宗建

---

① 《唐六典》卷三《尚书户部》,中华书局1992年版。

中元年(780)，采纳宰相杨炎的建议，颁行"两税法"。两税法是以原有的地税和户税为主、统一各项税收而制定的新税法。由于分夏、秋两季征收，所以称"两税法"。它的主要精神包含以下六点。

（1）取消租庸调及一切杂徭、杂税，但保留地税和户税。

（2）不区分主户（当地土著户）和客户（外来户），一律以当时居住地为准登入户籍，交纳赋税，即所谓"户无主、客，以居者为簿"①。

（3）不再按丁口征税，改为按家庭资产和田亩征税，即所谓"人无丁中，以贫富为差"②。户税先根据资产定出户等，再按户等征收，具体"定税计钱，折钱纳物"，税额以钱计，交纳要折成实物。地税根据田亩数量征收，以大历十四年(779)的垦田数字为准，交纳谷物。

（4）没有固定住处的行商也要纳税。初，税额为其收入的 1/30，后改为 1/10。

（5）"量出制入"。中央根据财政支出先做预算，定出总税额；再分配到各地征收，全国没有统一的税率。

（6）每年分夏、秋两次征收，"夏税无过六月，秋税无过十一月"③，故称"两税法"。这主要是农作物的收获季节在夏、秋两季，如此便于农民向国家缴纳赋税。

5. 两税法的历史作用

两税法是中国古代税制的一次重大变革。它适应了唐朝中后期均田制崩溃、土地高度集中、多数农民失去土地及商品经济发展的新情况，在一定时期内保证国家的财政收入，也使人民负担有所减轻。两税法的历史作用主要体现在以下五个方面。

（1）两税法改变了租庸调制"以丁身为本"的征税原则，"唯以资产为宗"，重视人的实际纳税能力。这意味着国家的人身控制有所减弱，对民众负担不均的现象也多少有所改变。

（2）两税法将租庸调和各种杂徭、杂税合并于两税，建立统一的税制，简化税收手续。相比以前繁杂的赋役制度，对趁机从税收过程中渔利的官员会有一定的抑制作用。

（3）两税法规定官僚、贵族、客户、不定居的商人都要纳税，这就扩大了

---

① ② 《新唐书·食货志二》。
③ 《旧唐书·食货志上》。

税源。特别是按土地和家庭资产多少征税,比原来按人丁征税更合理,相对减轻了贫苦户的财税负担。

(4)两税法"定税计钱、折钱纳物"的征收方法,有助于促进商品经济的发展。

(5)两税法增加了中央的财政收入。在此前,每年各地交纳给中央的税钱为1200万贯,其中盐利占一半。建中元年(780)推行两税法,当年户部记帐"赋入一千三百五万六千七十贯,盐利不在此限"①。由此稳固了中央政府遏制和对抗藩镇割据的财政基础。

两税法也存在一些弊病。

第一,两税法以"量出为入"作为征收赋税的标准,实际使税额不断增加。两税法虽然规定税收总额保持大历十四年的标准不变,但同时两税法的总原则是"量出为入",所以赋税总额并不是固定不变,而是政府可以根据需要来调整,致使税额不断增加。如建中三年(782)唐德宗就下令:"增两税、盐榷钱,两税每贯增二百,盐每斗增一百。"②

第二,由于政府不能按照地亩和家资一定收够所需要的税额,于是两税之外又增加了许多苛捐杂税,使当初的"租庸杂徭悉省"成了一纸空文。

第三,两税法规定户税钱要折合成布帛交纳,结果出现了"钱重物轻"的现象。由于两税的主要部分是征收铜钱,即使是折成绢布,也是按照钱来计算,致使铜钱大量集中于官府,在市场流通的反而很少,因而货币增值,物价下跌。这样老百姓纳税时,要将粮食和布帛折合成铜钱,使百姓的负担无形中大大增加。

二、隋唐五代经济的繁荣

隋唐帝国的大部分时期经济繁荣,首先由于国家统一,交通便利。如陆路从长安向东可达朝鲜,向西经丝绸之路,可达印度、伊朗和阿拉伯各国。海路从登州或扬州可到达朝鲜、日本,从广州可到达马来半岛、印度和波斯湾。此外,内陆还有沟通南北的京杭大运河。其次由于推行均田制,并且实行轻徭薄赋、劝课农桑的政策,使农民安心生产,奠定了经济发展的雄厚基础。再次各民族之间进一步融合,加快经济和文化的交流。统治者以宽容开放的心态,使中外的交往空前频繁。所有这些,都促进了社会经济的持久

---

①② 《旧唐书·德宗纪上》。

繁荣与发展。

1. 农业

隋文帝采取劝课农桑、轻徭薄赋的政策，调动了农民的生产积极性，使隋初经济迅速恢复，快速发展，呈现出一派繁荣富庶的局面，史称"开皇之治"。这主要反映在土地大量开垦、户口快速增殖和国家府库充实等方面。

（1）垦田面积扩大

据《通典》，开皇九年（589）的田地为1940万余顷，大业年间为5580万顷。这个数字虽然包括了许多过去隐瞒未登记的田地，但也有大量新开垦的田地。这时还修复和改造了许多水利工程，如寿州（今安徽）修复的芍陂，可灌溉农田五千余顷。

（2）户口增加

隋初登记的仅有359.9万户，灭陈后又得50万户，总计全国户数不到410万。但到大业二年（606）就达到890.7万户，在27年的时间内，户数增长了一倍多。尽管这个数字包括了被括检出来的原隐漏户口，但人口的快速增长也是事实。

（3）府库充实

由于社会经济的发展和国家赋税收入的不断增加，官府为储存粮食，在各地修造了许多官仓。《通典·食货七》说："隋氏西京（西安）太仓，东京（洛阳）含嘉仓、洛口仓，华州（陕西华县）永丰仓，陕州（河南陕县）太原仓，储米粟多者千万石，少者不减数百万石。天下义仓，又皆充满。"此外较著名的官仓还有黎阳仓、河阳仓、常平仓、广通仓（后改称永丰仓）、子罗仓、回洛仓等。这些粮仓规模巨大，如河南巩县东南的洛口仓为炀帝大业初年置，仓城周围二十余里，穿三千窖，每窖可容八千石。1969年在洛阳发现了含嘉仓遗址，面积达45万平方米，探出259个粮窖，其中一个粮窖还留有已经碳化了的谷子50万斤。各地府库中储存的布帛也很多。如京都和并州（山西太原）府库的布帛就各有数千万匹。史载隋文帝末年，"计天下储积，得供五六十年"①。隋朝富裕的状况于此可见一斑。

经过隋朝末年的战乱，农业生产遭到严重破坏。唐初李世民励精图治，注意恢复和发展农业生产，采取了"不夺农时"、减少徭役征发、兴修水利、对归来的流民减免赋役等措施。很快就出现了《贞观政要》所描述的情景：

---

① 《贞观政要·辨兴亡》。

"商旅野次,无复盗贼,囹圄常空,马牛布野,外户不闭。又频致丰稔,米斗三四钱。行旅自京师至于岭表,自山东至于沧海,皆不赍粮,取给于路。入山东村落,行客经过者,必厚加供待,或发时有赠遗。此皆古昔未有也。"这时虽然赶不上隋朝的极盛期,但已经出现了家给人足的小康局面。

武则天也很重视农业生产。从已发现的敦煌户籍残卷中,有此时期应授田和已授田的记载,证明还在继续实行均田制。武则天还以农业生产的好坏作为衡量官吏政绩的标准。唐高宗永徽三年(652),全国户数380万,到神龙元年(705)武则天去世时,户数达到615万。

唐玄宗尤其重视通过兴修水利来发展农业生产。据统计,开元时修建水利工程38处,到天宝时又有8处,合为46处①。开元三年(715)至四年(716),关东连续发生严重蝗灾,玄宗接受姚崇的建议,派出专使督察州县大力捕蝗,减轻了灾害,使"田收有获,人不甚饥"②。另外,唐玄宗还在各地大兴屯田,主要有军屯与民屯两种。军屯多在边疆,民屯则在内地,生产者一般是失去土地的农民。屯田制招抚了大量流民,促进了农业生产的发展,增加了国库收入。这时期耕地面积继续扩大,"唐天宝时实有耕地面积,约在八百万顷至八百五十万顷(依唐亩计)之间"③。随着土地的开发,在今川东、鄂西、皖南、闽西、浙东以及河南中部出现了一些新的居民区,唐政府就地设立了一些新的州县。

唐中期的"安史之乱"使北方经济遭到严重破坏,而江南地区相对战乱较少。北方人为逃避战乱大量南迁,不仅使南方增加了劳动力,先进的技术也随之南传。南方农业的发展与水利工程的兴修有密切关系。唐前期兴建的水利工程是南方少北方多,唐后期则是南方多北方少。唐代宗大历年间(766~779),为了防止海潮,曾在今江苏淮安至南通一带筑堤142里,起了保护农业生产的作用。唐宪宗元和八年(813),在常州武进开孟渎渠,灌田四千顷。南方开垦了许多湖田、渚田、山田,这使水域和山区的土地也得到充分利用。农业生产工具也大大改进。晚唐人陆龟蒙所著《耒耜经》提到,当时江南使用的耕犁由犁壁、犁箭、犁秤等11个部分组成,操作灵活,既可

---

① 许道勋、赵克尧:《唐玄宗传》,人民出版社1993年版,第287页。
② 《旧唐书·玄宗纪上》。
③ 汪篯:《唐代实际耕地面积》,载《汪篯隋唐史论稿》,中国社会科学出版社1981年版,第67页。

以深耕,也可以浅耕。灌溉工具也有进步。中唐后利用风力或水力转动的水车很普遍,过去使用的桔槔已被认为是落后的农具。水利的兴修、生产工具的改进和土地的垦辟,使江南的粮食产量大为增加。当时比较各地经济实力,谚称"扬一益二",扬州在全国各区域中居于首位。

唐代以前人们饮用的茶叶多是野生,唐人则已经掌握了茶树的种植、施肥、下种、中耕及收获等一系列环节,唐末韩鄂的《四时纂要》一书对这些有较详细的记载。

2. 手工业

隋唐时期的手工业迅速发展,并且在许多领域都有不俗的成绩。

(1) 纺织业

隋朝的纺织业中以丝织业最为有名,主要产地为今之河南、河北、山东、四川等地,所产绫、绢、锦等都很精美。当时还采用外来的波斯锦的织造技法,织出了质量很高的仿波斯锦。在今安徽、江苏、浙江、江西等地,麻布的产量很大。豫章(江西南昌)"一年蚕四五熟,勤于纺绩,亦有夜浣纱而旦成布者,俗呼为鸡鸣布"[1]。唐朝已经有了规模较大的家庭纺织业。《太平广记》卷二四三《何明远》载:"唐定州何明远大富,主官中三驿。每于驿边起店停商,专以袭胡为业。资财巨万,家有绫机五百张。"这样规模的纺织场所,至少工人也在千数上下,不过这种工人究竟是什么身份还值得研究[2]。唐后期南方丝织业有较大发展,无论数量还是质量都超过北方,如越州(浙江绍兴)的缭绫、宣州(安徽宣城)的红线毯、荆州(湖北江陵)的贡绫、益州(四川成都)的蜀锦等都很著名,另外岭南的棉织业也有发展。五代时期,"蜀绣"、"吴绫"、"越锦"等丝织品驰名全国,福建的蕉布、葛布等也比较有名。

(2) 制瓷业

隋朝时出现了白瓷器,其特点是造型美观,色泽晶莹,质地坚硬,如西安李静训墓出土的白瓷鸡首壶就比较典型。青瓷的生产地域更为广泛,遍及河南、河北、陕西、安徽等地,制作技术也有较大提高,不仅胎厚重、釉透明,硬度也超过前代。唐代制瓷业在规模、技术、艺术等方面更超越前代,瓷窑遍及大江南北。由于瓷器产区日广,各地出现不同风格的瓷窑体系,故开始在窑上冠以地名,如越窑、邢窑、岳州窑、洪州窑、寿州窑等。青瓷、白瓷都发

---

[1] 《隋书·地理志下》。

[2] 童书业:《中国手工业商业发展史》,齐鲁书社1981年版,第103页。

展到成熟的地步,以北方的邢窑和南方的越窑最为著名,一白一青,有"南青北白"之称。五代的瓷业又有新发展,秘色瓷的胎质釉色都比以前进步,属越窑青瓷系统,是当时的上品,专供吴越王室使用。《高齐漫绿》云:"越州烧进,为供奉之物,臣庶不得用,故云秘色。"

(3) 造纸业

唐代的造纸业非常发达,宣州出宣纸,扬州出六合笺,广州出竹笺,这些都是上等纸品。宣纸产自宣州府(安徽泾县),自唐以后历代相沿。起初用青檀树皮制纸,后逐渐扩大到桑、竹、麻等十几种原料。宣纸的特点是质地绵韧,纹理美观,洁白细密,经久不坏,并善于表现笔墨的浓淡湿润。唐后期的造纸业更为发达,重要产地多在南方,除宣纸、六合笺外,益州的麻纸、浙东的藤纸、临川的薄滑纸等都是著名产品。

(4) 制茶业

唐代茶树的种植遍及南方各地,制茶业已具相当规模,如歙州祁门有十分之七八的人以种茶、制茶为业。《唐国史补》卷下记载了当时的名茶:"风俗贵茶,茶之名品益众。剑南有蒙顶石花,或小方,或散牙,号为第一。湖州有顾渚之紫笋,东川有神泉、小团、昌明、兽目,峡州有碧涧、明月、芳蕊、茱萸簝,福州有方山之露牙,夔州有香山,江陵有南木,湖南有衡山,岳州有浥湖之含膏,常州有义兴之紫笋,婺州有东白,睦州有鸠坑,洪州有西山之白露,寿州有霍山之黄牙,蕲州有蕲门团黄,而浮梁之商货不在焉。"这里共列举名茶19种。唐德宗时开始收茶税,后来成为政府的重要税种。宪宗时,仅浮梁一县每年的茶税就有十五万余贯。在此背景下,唐人陆羽写了《茶经》一书,记述了茶的性状、品质、产地、采制饮用方法及用具等,是中国也是世界上的第一部论茶专著。

(5) 造船业

隋代造船水平有了很大提高,无论技术还是规模都在世界上名列前茅。隋文帝准备伐陈时,令杨素督造战船,其中的大舰名"五牙",高百余尺,上有五层楼,前后左右设置六个拍竿,各高50尺,可载战士800人。隋炀帝游江南造龙舟等船只数万艘,他所乘龙舟高45尺,阔50尺,长200尺;上有四层楼,上层有正殿、内殿、东西朝堂;中间两层有房120间;下层为内侍居处。当时民间造船也很多,尤其是吴、越、闽等临海地,更善造大船。到唐后期,南方造船业的发展更快。官府如刘晏曾在扬子(江苏扬州)造船二千余艘;民间造的大船,如《太平广记》所载俞大娘的商船从事海外贸易,载重上万石,长达二十余丈,载客六七百人。这时在荆南一带,还出现了用脚踏动两轮前进的轮船。

(6) 建筑业

从隋朝开皇末年至大业年间,李春在赵州(河北赵县)建造了一座安济桥,即后代所称赵州桥。桥为单孔石桥,全长54米,宽9米,桥拱跨距37.45米。设计大拱上端左右各有两个小拱,这样既能减轻桥身的重量,又可在来洪水时便于下泄。安济桥的桥面平直,行人车马来往便利。已经过1000多年,至今仍然完好无损。

3. 城市

隋唐时期酝酿着中国古代城市形态的巨变。先秦以来,中国古代城市比较注重其政治和军事意义,是统治者的政治中心和军事要塞,而从隋唐开始,其经济性色彩日渐浓厚。

隋朝的长安和洛阳都是当时的大都市。《隋书·地理志》说长安居民"去农从商,争朝夕之利;游手为事,竞锥刀之末";说洛阳"其俗尚商贾,机巧成俗"。长安是当时最大的商业中心,有东、西两市,国内外商人云集。隋炀帝以洛阳为东都,"徙洛州郭内人及天下诸州富商大贾数万家,以实之"[①]。在大运河开凿后,洛阳更成了南北货物集散地,有东、南、北三市,商旅众多,货物山积,经济更趋繁荣。南方的江都(江苏扬州)是漕米、海盐、茶叶等货物的集散地,吸引大食、波斯等外商在此经营珠宝等奢侈品,商业十分繁荣。益州(四川成都)是西南的政治、经济中心,本区域生产的丝织品、食盐、纸张、瓷器等,多由此运销外地,商业也很繁荣。此外还有丹阳(南京)、太原(山西)、余杭(杭州)、南海(广州)、宣城(安徽)等城市也都很繁荣。隋代的商业城市,主要集中分布在江淮以南的长江下游地区,因为这一地区的经济十分繁荣。唐宋时期这个地区的商业城市继续发展。

唐代城市在数量和规模方面,都比隋代有新的发展。唐代长安有东、西两市,是当时两个集中的商业区。宋敏求的《长安志》卷八记载,东市"南北居二坊之地……街市内货财二百二十行,四面立邸,四方珍奇皆所积集"。卷十记载,西市"南北尽二坊之地……市内店肆如东市之制。长安县所领四万余户,比万年为多,浮寄流寓不可胜计"。长安城中还聚集了不少外来商

[①] 《隋书·食货志》。

人。长安人家百万户①,是全国第一大城市。

洛阳在唐时有南、北、西三市,以南市最盛。《河南志》载:"唐之南市,隋曰丰都市。东西南北居二坊之地,其内一百二十行,三千余肆。四壁有四百余店,货贿山积。"洛阳所在漕渠,"为天下舟船所集,常万余艘,填满河路。商旅贸易,车马填塞"。唐代洛阳是全国货物水陆转运的中心,常吸引不少胡商在此停留。天宝初年,河南府有19万户,118万人,虽少于长安,但也是当时著名的国际大都市。

此外,汴梁(河南开封)、扬州、苏州(今属江苏)、杭州、江陵(今属湖北)、成都、广州等城市的商贸活动也都比较活跃。这些分布在全国各地的经济性城市,大致可分为两种类型。一是数量众多的内陆城市,它的兴起除了手工业、商业活动有较大发展外,还和当地水路交通优势密切相关。由于陆路运输远不如水运价廉和便当,水运便利处往往就发展成为重要都会。二是分布于沿海的海港城市,它往往具有便捷的海上交通线、优良的港口和较大的腹地。如唐代的广州已是海航的始航站,官方几次修大庾岭路,扩大了广州的贸易腹地,并且在此最早设置了市舶使。中唐以后,由于华北地区藩镇割据,战祸频仍,使市场贸易大受影响;而东南政局相对稳定,一批大中型城市相继涌现,并获得了前所未有的发展②。

承袭前朝,唐前期还是典型的封闭型城市。居民居住于坊,门在坊里,不对大街开。商业只在另外的"市"中进行,由专门官吏管辖,日中击鼓而开,日落鸣钲而闭。日落后行人不能在街上逗留。唐中期以后,由于商业的发展,原来住宅区"坊"和商业区"市"在空间上被严格分开的旧制度,已经开始在扬州等一些城市中打破,经营商业不再被局限于市。

4. 商业和货币

隋唐盛世,国家地域辽阔,各地物产不同,社会经济欣欣向荣,为商业的发展创造了条件。商品经济的活跃,又促成货币形态的演进。

(1)草市与夜市

在乡村定期进行交易的场所,称为"草市"。草市最早出现在东晋南朝,

---

① 韩愈《出门》一诗中有"长安百万家"语,见《韩愈集》卷二《古诗》,岳麓书社2000年版。又贾岛《望山》诗中亦云:"长安百万家",见《全唐诗》卷五七一《望山》,中华书局1960年版。

② 张泽咸:《唐代工商业》,中国社会科学出版社1996年版,第220~233页。

到了唐代中叶,其数量明显增多。如杜牧在《樊川文集》中谈到江贼时,曾说:"江淮草市,尽近水际……江南江北,凡名草市,劫杀皆遍。"唐以前,华北地区还不见草市的记载;但自中唐至五代,这里的草市已经为数不少。王建诗咏汴州:"天涯同此路,人语各殊方。草市迎江货,津桥税海商。"①到五代时,华北的草市已经成批出现。后唐天成三年(928)七月敕:"其京都及诸道州府县镇坊界内,应逐年买官麴酒户,便许自造麴,酝酒货卖。"②可知华北确有不少酒户生活在各地草市中。"诸州镇郭,下及草市,见管属省店宅、水磑,委本处常切管句,其征纳课利,不得亏失……所有货卖宅舍,仍先问见居人,若不买,次问四邻。不买,方许众人收买……其两京城内及草市屋宅店舍,不在此例。"③可见,包括两京和北方州镇在内地区大多拥有草市。

这时在扬州等城市中还出现了夜市,打破了日落闭市的旧制。中唐王建《夜看扬州市》诗云:"夜市千灯照碧云,高楼红袖客纷纷,如今不是时平日,犹自笙歌彻晓闻!"于此可见扬州夜市的盛况。开成年间敕"京夜市,宜令禁断"④。但王建笔下的汴梁,仍是"水门向晚茶商闹,桥市通宵酒客行"⑤,说明夜市可以通宵达旦地开张,统治者禁而未果。

在坊市制度下,固定了商业经营的时间和地点。如果说,草市的大量涌现是从地域范围上突破了坊市制度的限制,那么夜市与早市的风行,则是在时间上冲破了坊市制度的限制⑥。除了草市与夜市外,当时还有野市、蛮市、墟市的存在。由于有些草市、墟市生意兴隆,迁来定居从事贸易或谋生活的人渐多,就逐渐发展成为市镇。隋唐商业为后来宋代商品经济的空前活跃奠定了基础。

(2)柜坊和飞钱

隋唐时期在一些大城市中出现了柜坊和飞钱。柜坊具有信用机构的性质,主要经营钱物存付,即代人保管钱物,向存钱物者收取一定的柜租,然后凭书帖或信物支付钱物。这种书帖类似于后世的支票。飞钱又称便换,是商人在长安把钱交给某道进奏院(类似地方政府驻京办事处)或某军、某使、

---

① 《全唐诗》卷二九九《汴路即事》。
② 《旧五代史·食货志》,中华书局1976年版。
③ 《五代会要》卷一五《户部》,上海古籍出版社1978年版。
④ 《唐会要》卷八六《市》。
⑤ 《全唐诗》卷三〇〇《寄汴州令狐相公》。
⑥ 张泽咸:《唐代工商业》,第239~243页。

某富人家,然后带着当事人付给的文券,到目的地凭文券取钱。这种文券类似于后世的汇票。柜坊和飞钱使商人避免了携带重金走远路的危险,有利于商品经济的发展;也是当时商品交换活跃、钱币收支频繁的表现。

第七节 隋唐的民族关系与中外交往

一、民族政策与宗藩体制

在中国古代,边疆民族的状况向来与中原王朝的兴衰更替关系密切,而民族关系理所当然地构成了隋唐历史的重要内容。隋唐王朝凭借先代历朝积累的经验,已经构建起比较成熟的民族政策体系。在这一体系中,和亲成为主体民族与边疆民族结好的桥梁,羁縻府州成为中央王朝治理边疆的制度依托。由于中央王朝采取较为开明的政策,使良好的民族关系构成了国家强盛、社会繁荣的坚实基础,也促进了中华多民族统一国家的进一步发展。

1. 和亲政策

隋唐的中央王朝与周边民族的和亲不但比前代更加频繁,而且形式上也灵活多样。这时期,中央王朝与北方的突厥、回纥,与东北的靺鞨、契丹和奚,与西北的高昌、于阗、吐谷浑,与西南的吐蕃、南诏等民族政权,都进行了和亲活动。和亲所下嫁的公主身份,也更加复杂,大致有皇帝亲女、亲王女、宗室女、宗室甥女、大臣女以及家人女、随嫁媵妾和女伎等多种层次。就和亲目的而言,这时已不再局限于单纯的修好结盟,而是出于政治、军事、经济等许多方面的复杂目的,如对突厥的有些和亲甚至是为了分化、瓦解和削弱对方。在此基础上,隋唐的和亲可以区分为政治联姻、军事结盟、安定边疆、发展关系等诸多类型①。更为重要的是,这时候中央王朝对和亲活动的重要性有了更深刻的认识,像李绛、李德裕等人甚至提出非常缜密的和亲理论,促使中国古代王朝和亲政策进一步走向成熟,成为中央王朝安定社会、控制边疆的重要工具。

2. 与吐蕃的和亲

文成公主和金城公主下嫁吐蕃,是隋唐实践和亲政策的典型。唐太宗

---

① 崔明德、林恩显:《论中国古代和亲的类型、特点及其他》,《民族研究》1995年第5期;崔明德:《论隋唐和亲的特点》,《天府新论》1995年第2期。

贞观年间,勃兴之际的吐蕃开始与中原接触,其首领松赞干布羡慕大唐威仪和中原风物,主动求婚。唐太宗也逐步认识到吐蕃在西部边疆中的重要作用,对松赞干布的请求慨然首肯。贞观十四年(640),松赞干布派大相禄东赞率领百余人的队伍,携带五千两黄金和许多宝物,长途跋涉到长安正式求婚。次年,文成公主下嫁完婚,唐太宗特指派江夏王李道宗持节护送公主和主持婚礼。在此后的约40年内,文成公主以其独特身份调解处理唐蕃边事,有效地调和了双方关系。文成公主逝世后,吐蕃又多次向中原求婚。景龙四年(710),唐中宗答应再次和亲,晋封雍王李守礼之女为金城公主,以下嫁吐蕃。金城公主在吐蕃30余年,使唐蕃友好关系得到进一步的巩固和加强。到开元(713~741)年间,唐蕃之间的沟通更加频繁。双方盟誓通好,树碑立界,甚至撤去边疆军队,形成唐蕃"和同为一家"的安定和乐局面。

文成和金城两位公主的和亲,成就和巩固了唐蕃之间甥舅关系,在稳定唐朝西部边疆局势和维持双方友好关系上发挥了积极作用。甚至到了宋朝,吐蕃首领还习惯称中原皇帝为"阿舅天子"。更为重要的是,唐蕃和亲促动了双方的经济文化交流。如在文成公主出行之时,皇帝除为公主准备了丰厚的嫁妆外,还赐予25名侍女、众多的工匠、厨役和丝绸、书籍等物,从而使广饶的中原物产和先进的科学技术传入吐蕃地区。金城公主同样带去大量的中原物品,推动了吐蕃社会的文明演进。在此基础上双方使节和贸易商人往来频繁,踏出一条从中原到青藏高原深处的交通要道,即后人所习称的"唐蕃古道"。这条道路连同由此产生的文化联系,像一条坚韧的纽带,将青藏高原与中原紧密联结,为藏族同胞顺利成为中华民族大家庭中的成员提供了历史条件。

3. 与突厥的和亲

从安定边疆和稳定国家统一局面的角度而言,隋唐王朝与突厥、回纥等强大民族的和亲具有更为重要的意义。突厥和回纥是在6到9世纪相继控制北方广阔草原的强大民族,对中原地区的政局发展具有更直接的影响,因而这种和亲的军事和政治色彩更加浓厚。

早在6世纪下半叶突厥崛起之际,北周王朝就通过与突厥和亲增强了自身实力,最终在与北齐的斗争中取得了胜利。隋朝统一后,突厥势力愈张,对中原威胁更重。于是长孙晟为隋文帝初步勾画出分化瓦解突厥汗国的政治策略。于是,隋文帝一方面解决北周遗留的千金公主问题,另一方面相继把安义公主、义成公主嫁给染干(即后来的启民可汗),借此分化突厥势力,并最终打败强势的都蓝可汗和达头可汗等人,解决了突厥汗国的严重威胁。

隋末唐初,突厥再次成为中原割据政权争相倚重的对象,唐高祖李渊也曾将"女妓遗突厥始毕可汗,以结和亲"①,从而得到突厥兵马支持,顺利夺得天下。其后,唐朝衡阳公主嫁阿史那社尔、淮南公主嫁突利小可汗、定襄县主嫁阿史那忠、九江公主嫁执失思力等和亲之举,为大唐帝国培养了一批英勇善战且忠心耿耿的突厥族将帅,成为中央王朝稳固边疆的干城。然而,李唐皇帝先对西突厥、后对东突厥的几次面许但不见行动的"和亲",对突厥明显具有耍弄政治手腕的性质,不足为训。另一方面,突厥默啜可汗恃强求婚而又声明只要"唐家子"的种种作为,又反映出东突厥极力发展自身势力和凌辱武周政权的不臣意图。

4. 与回纥的和亲

唐与回纥的和亲活动,又是在明显不同的社会背景下进行的,反映了唐朝处理民族关系的另一种态度。天宝十四年(755),安史之乱爆发,数十万叛军猛扑中原,承平日久的中央王朝无力应付,不得不向素称勇悍的少数民族军队借兵。当时回纥、于阗乃至天竺、大食都有派兵"勤王"之举,而以回纥军队的战斗力最强,为朝廷收复长安、洛阳立下汗马功劳。

8世纪中期,回纥已经像突厥那样成为北方最为强势的民族,不过它与中央王朝一直保持着友好交往。自唐太宗贞观年间的吐迷度起,其酋帅就接受唐朝封号,努力配合中央与突厥和薛延陀势力进行斗争。而安史之乱的爆发则为唐与回纥的进一步结好提供了历史契机。

757年,唐肃宗派使节向回鹘(744年回纥改名回鹘)可汗表达和亲与借兵的意愿,回鹘可汗就主动提出要把女儿嫁给敦煌王李承寀为妃。肃宗顺水推舟,一方面加可汗女儿号为毗伽公主,非常体面地迎娶了回鹘公主;另一方面把自己第二个女儿宁国公主护送出塞,嫁给回纥可汗。这次相互嫁女的和亲,是唐朝向回鹘借兵平叛的前提条件,因而被学者们归结为借兵类型的和亲。

唐朝后期,藩镇作乱于内地,吐蕃跋扈于西境,南诏抗礼于西南,中央应付不暇,遂把回鹘当作长期倚重的军事力量。为此,德宗以咸安公主、宪宗以太和公主相继和亲于回鹘。与以前明显不同的是,这几次和亲都是以"天

---

① 《册府元龟》卷九七八《外臣部·和亲》。

子真女"远嫁,是名副其实的公主和亲,反映了唐王朝对回鹘的急切借重的态度,也是陆贽、李绛、李德裕等大臣对时势进行理性分析后的必然选择。奉行这一和亲政策也确实为唐王朝稳定统治、对抗强藩起到了重要作用①。

5. 羁縻方针和宗藩体制

所谓"羁縻",是针对异域归化或者内附民族所实行的一种特殊管理方式。它名义上类似于内地所设置的州府,但在行政实施上使边疆民族具有较高的自治权利,中央以一种相对松散的宗藩关系为基础设计制度,来维系王朝的政治大一统。它承自汉代的朝贡册封制度,在唐代发展为一种完善的管理体系,并且标志着中国古代"宗藩体制"的基本成熟。

隋末唐初,已有类似羁縻州府的设立,不过由于其数量尚少并未进行专门管理。贞观四年(630),唐平突厥,控制了其数十万部众。围绕着如何处置这些降户,朝廷进行了一场颇有意义的大讨论。首先李大亮认为,"中国百姓,天下根本;四夷之人,犹于枝叶"。这些游牧部落有别于中原百姓,不能安置在内地,"其自竖立称藩附庸者,请羁縻受之,使居塞外,必畏威怀德,永为藩臣。盖行虚惠,而收实福矣"②。其后温彦博进一步策划,认为应该"全其部落,顺其土俗,以实空虚之地,为中国扞蔽"③。他们的建议最终为朝廷所采纳。自该年起,唐在东起幽州西至灵州广阔的边疆地带设置了顺、佑、化、长四都督府,在草原地带原颉利可汗的故地设置了云中、定襄二都督府,凡数十个羁縻府州,来安置这些突厥部众。此后,唐王朝设立的羁縻府州近千个④,分别隶属九道辖地,设立单于、瀚海、安西、北庭以及安东、安南等都护府进行管理,并由此建立起一套系统的羁縻府州制度。

唐王朝版图内存在着三种不同性质的地区:一为唐政府直接统治之地,由中央派遣官吏,设置州县进行管理,百姓统一编户,直接归属尚书省户部。像中原内地以及西域的伊、西、庭三州皆属此类。二是由边疆都督和都护府直接控制之地,由当地受封酋帅管辖,但有唐军汉族将领镇守,为唐朝重点控制地区。像安西四镇属于此类。三是比较荒远的归化地区,既无中央所

---

① 崔明德:《汉唐和亲史稿》,青岛海洋大学出版社1992年版,第185~211页。
② 《旧唐书·李大亮传》。
③ 《资治通鉴》卷一九三"贞观四年"。
④ 《新唐书·地理志》序曰:"大凡府州八百五十六,号为羁縻云。"不过经过学界近年考证,"唐朝设置的羁縻府州,就目前能搜集到的数字,已达到将近1000个"(刘统:《唐代羁縻府州研究》,西北大学出版社1998年版,第29页)。

派官吏管理,也无唐军汉将镇守,只是与唐朝保持着朝贡和册封关系。像波斯、吐火罗等地就属于此类。针对这三类不同性质的政区,唐王朝采取了不同的管理方式,在第二、三种地区往往实行羁縻政策,以羁縻州府制度进行专门管理。

羁縻州府虽以州府为名,所设都督、刺史、司马、参将等官制序列也与内地一致,然而却皆由当地酋帅充任。他们自主统领部众和征收贡赋,并且职位世袭。不过,羁縻州府名义上隶属于中央政府,其都督、刺史也要经由中央任命,并要听从中央派驻的都护等汉族边吏的管理。他们负有维护边疆安全和国家统一的职责,必须执行朝廷法令,战时还要带兵随征。其治下羁縻州府的百姓,较少或不负担国家的赋税徭役,只是象征性地定期纳贡而已①。

这种制度一方面把内地的行政体系推广到边疆,建立不同于边疆民族原来的行政机构,但又照顾了当地风俗民情,职官世袭,保持原来的部落组织和生产、生活方式不变。它是唐王朝对边疆地区采取的一种高度自治的开明统治方法,曾切实有效地理顺了中原与边疆的民族关系,维护了国家的统一。从历史的高度看,唐代羁縻州府是秦汉以来"以夷制夷"政策的发展,并且形成一套完整的制度,也为以后宋、明王朝的边疆地区行政设置所仿效。

二、民族关系的发展

民族关系是民族政策制定的基础,同时又是在民族政策的影响下不断发展变化的。隋唐王朝的民族政策尽管有其局限性,但总体上还是积极有效地促进了各民族良好关系的发展。

《新唐书·四夷传》总序云:"唐兴,蛮夷更盛衰,尝与中国抗衡者有四:突厥、吐蕃、回纥、云南(指南诏)是也。凡突厥、吐蕃、回纥以盛衰先后为次;东夷西域又次之,迹用兵之轻重也;终之以南蛮,记唐所由亡云。"可见,就与中央王朝存亡发展的关系而言,突厥、吐蕃、回纥、南诏是隋唐时期最重要的边疆民族,其与中原汉地的关系也最为重要。

1. 突厥

(1) 隋朝前期

---

① 王小甫:《唐、吐蕃、大食政治关系史》,北京大学出版社1992年版第8～10页。

突厥在 6 世纪中叶兴起于"金山（阿尔泰山）之阳"，到该世纪末已经控弦数十万，成为中原王朝在北方的最大威胁，隋文帝不得不考虑应对之策。大臣长孙晟提出分化瓦解突厥汗国的方法："今宜远交而近攻，离强而合弱，通使玷厥（即达头可汗），说合阿波（即大逻便），则摄图（即沙钵罗可汗）回兵，自防右地。又引处罗，遣连奚、霫，则摄图分众，还备左方。首尾猜嫌，腹心离阻，十数年后，承衅讨之，必可一举而空其国矣。"①在他看来，隋朝的主要威胁是自立为正面可汗的沙钵罗，只要成功拉拢突厥汗国西部的玷厥、阿波两可汗和东部的处罗可汗及奚、霫两部族，就可以从容对付甚至平灭突厥势力。

隋文帝采纳并实施了这一策略，结果使突厥内争纷起，势力转衰。沙钵罗死后，其子都蓝可汗继立。隋文帝进一步离间突厥各部，在拒绝都蓝求婚的同时，却把安义公主嫁给其叔兄弟染干（时为突利小可汗）。都蓝大为光火，发兵攻打染干。染干战败，南下与隋朝联合，于是都蓝势孤，众叛亲离。不久，都蓝被杀，被隋封为启民可汗的染干尽有东突厥之地，并在翁婿关系之下效忠隋朝，成为替隋"看护羊犬"的藩臣。于是隋朝北方之患被消除。

（2）隋唐之际

隋炀帝实施暴政，中原大乱，突厥启民之子始毕可汗乘机发展势力，略地"东自契丹、室韦，西尽吐谷浑、高昌诸国，皆臣属焉，控弦百余万。北狄之盛，未之有也"②。大业十一年（615），始毕可汗锋芒初露，率数十万骑兵将隋炀帝围困于雁门。唐立国后，东突厥经常南下劫掠。从武德五年（622）至九年（626），颉利可汗连续四次进入中原，每次皆十数万骑，最后一次打到武功（陕西眉县），京城长安不得不为此戒严。贞观元年（627），颉利与突利可汗又率数十万大军，号称百万，浩荡南下，饮马渭水。唐太宗虽以个人机智化其兵锋，促使双方在渭水的便桥结盟，但也使唐朝感到，对突厥必须有长久对策。

（3）唐灭突厥

贞观初年，唐太宗积极准备反击突厥。他一方面尽力恢复社会生产，充实经济实力；一方面训练骑射，"自是后，士卒皆为精锐"③。贞观三年

---

① 《隋书·长孙晟传》。
② 《旧唐书·突厥传》。
③ 《旧唐书·太宗纪》。

(629),"关中丰熟",唐朝已有充分的战争准备。这时在北方草原,因颉利岁动兵戈,苛征暴敛,加上偏信胡商,搞得附属各部群起反抗,人心离散。同时天降大雪,牲畜冻死,百姓衣食无着。看到时机成熟,唐太宗遂于该年冬任命兵部尚书李靖、并州都督李勣等为各道总管,分领六军共十余万人,穿越阴山奔袭突厥。突厥军队猝不及防,一夜溃散。突利小可汗顺势降唐,颉利可汗遁走铁山。唐军穷追不放,最后生擒颉利,囊收其军。貌似强大的突厥汗国,瞬间瓦解。

(4) 交往与融合

平灭东突厥后,唐王朝一方面在北部边疆地设置羁縻府州,将所获突厥部众数十万人安置下来;另一方面以怀柔之心容纳突厥降将,"其酋长至者皆拜为将军、中郎将等官,布列朝廷,五品以上百余人,因而入居长安者数千家"①。由于突厥在与汉地的战和过程中不断接触中原文化,这些突厥将领很快适应了长安的文化生活,成为效忠唐朝的军事人才。像阿史那社尔、阿史那思摩、阿史那忠等突厥贵族,一生率军征战,开疆拓土,为大唐帝国立下汗马功劳。后来由于边吏残暴,在唐高宗末年的突厥人一度再起,建立了后突厥汗国,与武周政权抗衡。但是,他们并没有中断与中原的联系,双方反而有了更密切的文化交流。

隋唐时期突厥与中原民族关系的发展,影响深远。作为最为强势的一支北方民族,突厥一度成为中原最大的军事威胁。在长达一百多年的时间里,唐朝对突厥部族进行了大规模的连续打击,先后消灭了突厥人所建立的四个草原帝国,一直到天宝四年(745)东突厥最终灭亡,从而使中原文明确立了在古代东亚的主导地位。另一方面,不仅唐朝军队平灭突厥震慑了其他边疆民族,而且对突厥降众的宽容任用和诚心相待,也显示出唐王朝宏阔的胸襟气度,吸引其他民族纷纷归附。这进一步带动了唐朝民族融合的进程②。

2. 吐蕃

(1) 唐初的和与战

吐蕃是藏族的祖先,是战国以后一些羌人部落迁移到青藏高原,与当地

---

① 《旧唐书·突厥传》。《通典》卷一九七进一步记述说,在藩统领部众的豪酋被封为将军、郎将者更有四百余人,突厥贵族入居长安者近万家。

② 冯智:《唐初的突厥问题与全国的民族关系》,《青海社会科学》1994年第1期。

土著孟族人融合而成。唐朝初年吐蕃各部统一并兴起,到松赞干布在位时,开始向青藏高原以外扩张,与唐王朝有了接触。贞观八年(634)的松州之战,是唐蕃之间最早的一次军事冲突。吐蕃20万大军被唐将侯君集击败,松赞干布为此不得不收起"公主不至,我且深入"的狂傲之气,重礼卑辞向中原皇帝求婚。而唐太宗在取胜之后也大度地原谅了对方的过失,外嫁文成公主于吐蕃。从此使节相望,朝贡馈赠,甥舅和同,双方结成良好的民族关系。

唐高宗末年,王朝边疆出现动乱迹象。而上升势头正盛的吐蕃,一方面刻意要吞并吐谷浑,另一方面染指安西四镇,造成唐蕃几次军事冲突。先是大非川、青海之战,唐将薛仁贵、刘审礼均遭大败;而王孝杰西域一役,则赶走吐蕃军队,收复了安西四镇。在势均力敌和胜败相当的情况下,唐蕃重又言和,和亲会盟,树碑划界,双方也相安无事。不过,好大喜功的唐玄宗重用悍将,贪功拓边,石城堡一役再次挑起事端,使唐蕃之间又陷入战争状态。

(2)唐中期的冲突

唐蕃之间比较严重的摩擦和对峙主要发生在"安史之乱"前后。先是吐蕃势力北扩,与唐朝争夺大小勃律,唐朝先胜后败。后来中原战乱,安西和凉州等军东下平叛,西北边防空虚,更给吐蕃以可乘之机。吐蕃顺势扩张,向北越过昆仑山占据安西四镇,控制广大西域地区;向东北囊收河西的瓜、沙等12州,切断中原西去道路;向东南联合南诏,侵扰剑南地区。有时候吐蕃甚至直接打到唐都长安,一时成为王朝最大边患。延至唐末,由于吐蕃内政混乱,君臣相争,内争失败的论氏贵族投附唐朝,吐蕃实力顿衰。同时外部环境亦有变化,北有回纥帮助唐军争夺西域和河西,南有南诏配合韦皋等节度使稳固剑南,其原来占据的瓜、沙诸州也被张议潮等所收复。长年战争使双方都经济虚耗,民不聊生,不但无力再战,而且产生深刻的统治危机。于是最后唐和吐蕃还是走上和平相处之路。

(3)贸易交流和文化传播

唐蕃之间,大大小小的战役持续百年之久,战的一面似乎非常瞩目。然而,其战中求和的一面也很突出。据统计,唐蕃之间会盟不下9次,成功的有7次之多,[①]至于使节往来和民间交往的次数就更无法统计。总体而言,唐蕃仍以友好的经济文化交流为主。除去和亲外,长期持续的茶马贸易效

---

① 谭立人:《有关唐蕃会盟史实的几个问题》,《中国史研究》1988年第2期。

果更好。不但中原的茶叶、丝绸乃至五谷种子不断流入藏区,藏区的羊马、金器、玛瑙杯、羚羊衫缎等也陆续贸迁而来。中原文明如农业的种植芜菁、植桑养蚕和手工业的酿酒、丝织、纸墨制造等技术传入吐蕃,使其"释毡裘,袭纨绮,渐慕华风"①,社会文明获得飞速发展。

3. 回纥

(1) 崛起于北方

汉魏以后的丁零(敕勒、高车)在隋唐被称为铁勒,居住在漠北,有回纥、薛延陀等15部,开始都受突厥统治。后来强大起来的回纥与薛延陀都曾建立了政权。回纥在古代史籍中又被称为袁纥、韦纥、回鹘、畏吾儿等,是后来维吾尔族的祖先。

回纥在7至8世纪兴起于蒙古高原。因为反抗突厥的缘故,这时它与中原还比较亲近友好。贞观三年(629),其首领菩萨大败突厥,很好地配合了唐平漠北之役。贞观二十年(646),其酋长吐迷度又联兵唐朝消灭薛延陀,尽有漠北之地,并正式归顺唐朝。唐太宗特至灵武(今宁夏)接见其酋豪,在回纥之地置6都督府、7州,在回纥以南又设驿站68所,加强了唐对漠北的管理。唐高宗时平西突厥阿史那贺鲁之役,回纥派兵马随征,长途追奔至今中亚腹地。天宝年间(742～756),其酋骨力裴罗破拔悉密、葛逻禄二部,统有内、外九部,自号骨咄禄毗伽阙可汗,玄宗册封他为怀仁可汗。在唐朝支持下,回纥建牙帐于乌德鞬山,攻灭后突厥汗国,"斥地愈广,东际室韦,西抵金山,南跨大漠,尽有突厥故地"②,成为继突厥之后崛起于北方的又一强大势力。不久,安史之乱爆发,回纥可汗进一步与唐廷和亲结好,指派世子叶护亲率骑兵支持官军。回纥骑兵驰骋中原,帮助唐朝收复了长安、洛阳两京。

(2) 怀柔与经济沟通

对于回纥的支持,唐朝皇帝不但多次嫁女和亲,酬谢百万匹绢,而且厚待留在中原的回纥人马。同时满足回纥的愿望,开关设市,进行绢马贸易。交易之利多向回纥倾斜,一匹马价竟至40匹绢。回纥还要扩大贸易规模,每年遣使和市,动辄数万匹马,唐朝要用数万甚至数十万匹绢偿付马价。此外,还有大批回纥商人及追随者粟特商人涌入中原进行贸易。长安城内,其

---

① 《旧唐书·吐蕃传上》。
② 《资治通鉴》卷二一五"天宝四年"。

常居者不下数千,而且往往鲜衣美食,诱娶汉女,"殖资产,开第舍,市肆美利皆归之"①。其经商远及江淮、岭南,无所不至,把胡服帐居和摩尼教信仰等文化传到中原。

回纥与汉地之间密切的政治、经济和文化交往,有益于双方社会的发展。西伯利亚地区考古发现大量当时的铁犁、石磨等工具,证明回纥也开始发展出规模化的农业生产,弥补了原来仅有游牧经济的不足。回纥传统上逐水草而居,毡衣肉食,器具简陋,少有装饰,但后来受汉地影响,也"筑宫殿以居,妇人有粉黛纹绣之饰"②。回纥还采用唐朝历法,学习汉人碑铭礼仪等文化,丰富了社会生活。尽管双方关系中也有很多矛盾和摩擦,如回纥军队对边疆的进扰和在长安的烧杀劫掠,唐廷对回纥无厌索求的厌惧等,但其主流还是友好的。回纥与唐朝廷的关系,从宗藩臣属到平等抗礼,再到父子之国,随着双方力量的消长而有所变化,但总的发展趋势是愈加亲密,"无论如何,回纥接受唐朝的怀柔政策而从中原地区得到的实惠,远比匈奴、突厥用战争手段所取得的要多得多。所以,回纥人取得的成就和社会进步,也远远超过以前的草原各族"③。

4. 南诏

隋唐时期的今云南地区,主要居住的是白蛮和乌蛮。大体上白蛮是农耕的,乌蛮是畜牧的,都是部落繁多,互不统属。7世纪中叶后,乌蛮逐渐向洱海迁徙,征服了白蛮,并且建立了六个诏(乌蛮称王为"诏")。其中蒙舍诏的王姓蒙,居地(云南巍山)最靠南,称南诏。

南诏在唐开元年间(713～741)统一其他五诏,开国建制,都太和(云南大理)。唐玄宗册封其王皮罗阁为越国公、云南归义王,双方建立了友好关系。天宝中,中原政局腐败,唐云南太守张虔陀对南诏索求无厌,激化了民族矛盾。天宝九年(750),南诏起兵攻杀张虔陀。剑南节度使鲜于仲通动用6万军队征讨,南诏迎击,大败唐军。南诏转而投附吐蕃,吐蕃赞普封南诏王阁逻凤为钟南国大诏,号东帝。两家联手与唐朝对抗。不久,唐朝宰相杨国忠征集大军再次南讨,结果被南诏诱入绝境,10万将士尸骨无归。

---

① 《资治通鉴》卷二二六"大历十四年"。
② 《资治通鉴》卷二二六"建中元年"。
③ 王小甫:《回纥的文化成就》,《中华文明之光》第2辑,北京大学出版社1999年版,第265页。

唐朝与南诏之间的战争，主要是唐边将贪暴和朝政败坏引起，结果两次全军覆没，天下骚然，也严重影响了中原王朝在边疆民族中的威信。到了德宗朝，朝廷无力应付内外压力，才在宰相李泌的倡议下，改变了南诏政策。而南诏也正因深受吐蕃赋役压迫之苦而急欲摆脱之，于是与唐廷言归于好。贞元十年（794），南诏配合唐军反击吐蕃，稳定了唐朝西南的局势。

除了以上几个边疆民族政权外，与中原王朝保持联系的民族还有东北的靺鞨（渤海）、室韦、契丹、奚等，西北的吐谷浑和天山南北西域各族，南方的越人及獠等。尽管他们在当时的影响力或大或小，不能左右整个中国的局势，但也在中国古代多民族统一国家发展过程中，不断丰富着中国民族关系史的内容。

三、民族融合与文化发展

胡化和汉化是隋唐民族关系发展的文化成果。

民族融合是民族频繁交往的必然结果，然而能够像隋唐那样，胡、汉民族都以开放的态势频繁交往，以至于最后胡化、汉化之风大起，于不知不觉中熔于一炉，这在中国古代历史上堪称典范。所谓胡化和汉化，其实是胡、汉民族在文化和心理层次上相互融汇的两个侧面。一方面是流入中原或仍处于边疆的民族深受中原文化的影响，不断向中原文明靠拢接近；另一方面是在中原文化的肌体内广泛渗入边疆民族的文化元素，由此获得新的生机和焕然一新的面貌。两个过程相辅相成和互相纽结，共同推进华夏文明越来越博大精深。

1. 中原的胡化

胡人是胡族文化的基本载体，胡人流入既是中原胡化的重要因素，也是中原胡化的基本体现。在大一统背景下，隋唐时期的边疆民族广泛内附。流入中原的胡人主要有三大类：一是遭受掳掠、被迫降服或者主动归化的部落民众；二是投附、归降或在使节往来中滞留中原的胡政权中王室、贵族、将领、官员等；三是自由逐利的商人和传教的僧侣。就影响层面而言，整体迁徙的部落民众最值得重视。唐朝早在平突厥之前，就容纳了来自北地的120万胡族或胡化人口，此后流入中原的突厥部众又达数十万。同时，突厥所控制的铁勒各部如契苾、薛延陀、回纥、仆固、多滥葛、同罗、拔也古、思结、阿跌、浑部等也都有酋长率领内属的大批部众，前后不下数十起。东北方向高丽、百济亡国后也有数十万人流入中原。西部高昌、龟兹、吐蕃等都亦有大批民众迁入中原。边疆民族的部落内附后，唐朝宽待其酋长豪族，一般允其统领旧部，并任其为朝廷命官。高层者入朝为将帅，赐以甲第，妻以美女，以安其心。

胡商和胡僧是胡汉交往中最为活跃的群体。他们充斥社会的各个角落，言行举止深入普通百姓的生活之中，因此其对中原的影响在空间幅度和深刻持久性上往往会更大一些。

遍居中原的胡人带来的胡族文化，渗透到中原社会生活的方方面面。

(1) 胡族物品多现

这些进入中原的物品包括生产原料、生活器具和动植物物种等。突厥之地幅员广阔，有突厥铁、突厥马、突厥雀、突厥酒、突厥白（一种治伤药物）、突厥帐以及毛皮、铠甲等堪为中原珍视的突厥方物。岭南地区物产丰富，动物如犀象、翠鸟之类，植物如荔枝、龙眼之类，食物如鱼虾、蚝贝之类，衣料如越诺、鲛纱之类，饰品如珍珠、水精（晶）之类，兵器如藤甲、药箭之类，应有尽有。寒冷的东北有海东青、貂鼬皮，干旱的西北有于阗玉、龟兹锦，多山的西南有玛瑙杯、羚羊缎。地方风物纷纷流入中原，当时无论在长安、洛阳，还是在扬州、广州，总能看到或奇珍异品，或海花蛮草，南北汇聚，琳琅满目。

(2) 中原乐见胡人习俗

边疆民族的习俗很快出现在中原人的生活里，并逐渐习以为常。饮食上，卿相可以比赛铧锣（一种西域食品）厨艺，文士可以品尝葡萄美酒，偏僻乡村也能轻易找到胡饼冷炊。服饰上，唐朝最为突出的风气是汉人流行胡服，女子喜欢骑马。上自朱门千金，下到小家碧玉，还有教坊女乐，常会追逐倭堕高髻、赭面乌唇等时髦妆饰。就是在礼制最严的宫廷深处，皇家小儿会弄烹羊住帐、骑马剺面的突厥游戏，天子的饭桌上也常见割肉胡刀和撒麻胡饼。

(3) 胡人乐舞影响中原

在隋唐，胡乐胡舞在内地非常流行，汉人擅长胡乐胡舞者很多。武延秀凭借绝妙的突厥歌舞，赢得安乐公主芳心。教坊女以其凄惨悲凉的一曲琵琶，惹得诗人白居易泪满青衫。风流天子唐玄宗更是胡琴、羯鼓样样精通，以至于被后人崇拜为梨园鼻祖。唐朝著名的宫廷乐舞《霓裳羽衣曲》，原为西凉节度使杨敬述所献，是典型的胡乐，后经玄宗润色而成。

(4) 生产技术的引入

唐太宗从高昌获取了马奶葡萄的种植和酿酒技术，从此中原有了葡萄美酒。高丽奴出身的王毛仲把养马技术发展到极致，才能有开元、天宝年间储备官马75万匹这一空前绝后的马政规模。同时龟兹锦、朝霞锦、桂管布、东北金罽这些周边纺织技术的内传，为中国古老丝织业的不断发展提供了技术动力。

(5) 文化观念上的影响

胡族文化的影响，也反映在婚姻和家庭生活方面。隋唐社会的妇女地位相对较高，允许她们自由择偶，可以要求离婚，再嫁也比较自由。边疆民族通行的收继婚俗也悄悄进入中原，在社会各层乃至皇家宗室中都有影响。在宗教上，外来的祆教、摩尼教和景教开始流行。

2. 边疆民族的汉化

边疆民族的汉化，一是到中原的胡人迅速汉化，二是边疆原住民不断吸收中原文化。

内迁胡人的汉化，在蕃将群体中表现得尤其明显。他们首先是娶汉族女，住朱门甲第，在生活方式和风俗习惯上开始转化；其次是识汉字，读诗书，观念上有了文化认同；再次是生子生孙，在血统上加入了中原成分；最后是改为汉姓，在心理上切割旧我。几代以后，其子孙也开始追求门第声望，纷纷改写籍贯，拼命与前辈的中原名族攀上亲戚，结果摇身变成炎黄后人。唐朝蕃将几乎都有这个过程，如李楷固本是契丹人，却自称汉朝李陵后人；安兴贵本西域胡人，却成轩辕子孙；吐谷浑的慕容氏属鲜卑无疑，反而攀上神话中的射日英雄后羿。最重要是其心态、观念逐渐走向洞悉儒家教化、崇尚忠君爱国、讲究孝道文雅之路，从而最终完成文化变异，再也不可能回归。

至于作为整体部落内迁和安置的移民，会有一定程度汉化趋向的发生，但大量的文化习俗会被保留下来，不像零星流入者那样容易在华风熏陶之下，很快消退民族本色。

边疆的主体民族，亦即在蕃的胡人，在与中原交往过程中，他们慕袭华风，不断吸取中原文明，积极向农业型社会体制转变。渤海即粟末靺鞨就是一个典型事例。渤海王非常注重吸取汉族文化，派遣大量学生留学长安，他们积极抄写中原典籍，复制中原礼乐。这样，其政权机构一仿唐朝，有三省六司，有职同御史台的中正台，有内寺、外司比照唐内侍各省和九卿，其勋爵制度也一如唐朝。从考古资料来看，其礼制器物的风格类同于中原，婚丧习俗也呈现不少内地因素。在其文学、艺术、书法、绘画、音乐、宗教等文化面貌上，也与中原差别不大。不仅渤海自称"海东盛国"，中原人也肯定其与中原"车书一家"。

隋唐时期的胡化与汉化是同步互动的,并由此形成一个"胡汉混合型"的社会。甚至有人说,唐人是一个由汉胡互化而产生的全新民族,具有汉胡一体化的特征①。

四、隋唐与东亚的关系

隋唐王朝以其阔大的胸襟和气度,对外交往十分繁密。中国与东亚邻国的联系源远流长,这导致东亚社会内部的文化共性逐步显现。方块汉字、儒家礼教、中原典制和汉地佛教等逐渐传播,由此构成一个儒学文化圈(也有人称"中国文化圈")。隋唐时期,中原王朝国力强盛,文化繁荣,而受到影响的周边各国也快速发展。多元和双向的文化交流不断丰富和深入,东亚地区的文化相关性也表现得更为强烈,这在中国与朝鲜、日本之间体现得最为突出。

1. 朝鲜半岛

(1) 战争与征服

朝鲜半岛与中原距离较近,联系也一向密切。魏晋时,朝鲜半岛鼎立三国,其中以北部的高丽对中原政局影响最大。6世纪末,高丽从朝鲜半岛扩张到辽东一带,而刚刚完成南北统一的隋朝也雄心勃勃,锐意经营边疆。开皇十八年(598),高丽王高元兴兵进攻辽西,双方爆发战争。隋朝动用30万大军,分两路进攻高丽。但由于准备不足,隋很快撤军。从大业八年(612)正月开始,继位的隋炀帝连续三年发天下兵以征高丽,但由于种种原因,不但未能取胜,反而造成中原社会矛盾激化,"盗贼蜂起",交通阻绝,人民流散。这时高丽也因连年战争困弊不堪,遣使乞降议和。炀帝以之为胜,鼓噪班师,告于太庙。

李唐兴起,武力征服高丽的方针仍未改变。贞观十九年(645),唐太宗任命刑部尚书张亮为平壤道行军大总管,率领江、淮、岭、硖劲旅4万人,战舰500艘,从莱州横越黄海,直趋平壤;任命英国公李勣为辽东道行军大总管,率步、骑六万人进军辽东。夏四月,唐军主力渡过辽水,深入高丽境内。然而在地险兵悍的安市城受阻,唐军师疲兵老而退。此役虽然收复辽东失地,但仍未达到征服高丽的目的。

---

① 傅永聚:《唐代民族与文化新论》,山东大学出版社1995年版。

高宗继位后改变战略,除辽东外,又派左卫大将军苏定方从海上攻灭百济,由南部开辟战线,对高丽两面夹击。乾封元年(666),趁高丽内乱,高宗任命80岁老将李勣为辽东道行军大总管兼安抚大使,统率大军东征。乾封三年(668)九月五日,攻陷首都平壤,高丽被征服,以其地分设9都督府、42州、100县,同时在百济故地设熊津都督府,在新罗设鸡林都督府,统属于治所在平壤的安东都护府。

为出兵高丽,中原的朝廷曾提出很多理由。唐太宗宣称,这是"为中国报子弟之仇,高丽雪君父之耻"①。侍中裴矩、中书侍郎温彦博认为:"辽东之地,周为箕子之国,汉家玄菟郡耳!魏、晋已前,近在提封之内,不可许以不臣。且中国之于夷狄,犹太阳之对列星,理无降尊,俯同藩服。"②唐太宗也曾直白地说:"今天下大定,唯辽东未宾。后嗣因士马盛强,谋臣导以征讨,丧乱方始。朕故自取之,不遗后世忧也。"③虽然中原王朝最终是凭借强大实力征服了朝鲜半岛,胜而不武,但客观上为双方进一步的经济文化交流提供了便利。

(2)中原文化的影响

隋唐时期,高丽、百济和新罗有几个途径与中原进行文化交流,一是频繁往来的使节,二是大量留学生,三是来中原求学取经的学问僧,为这种交流开辟了稳定而畅通的孔道。

在语言文字上,从6世纪开始,汉字在朝鲜半岛被大力推广,出现了用汉字音、义来标记新罗语言的"乡札标记法"。从7世纪下半叶到8世纪中叶,朝鲜语言进一步大量吸收汉语词汇,用来表达知识和概念。

在儒学上,从6世纪下半叶到7世纪上半叶,三国君臣都能熟知儒家经典。682年,新罗建立了一套完整的教育体系:在国学机构,有专门的博士和助教,对《周易》、《尚书》、《毛诗》、《礼记》、《左传》、《论语》、《孝经》及《文选》、《辍经》进行分经授业。这些方面与唐朝的国子监基本一致。788年,新罗进一步实行读书三品出身制度,分三个等级考核学生所通儒经的程度,以此作为选拔官员的重要标准。

在法律制度上,新罗国王金春秋于654年修订新罗的《理方府格》六十

---

① 《资治通鉴》卷一九七"贞观十九年"。
② 《旧唐书·高丽传》。
③ 《新唐书·高丽传》。

余条,其罪名和刑罚的设置都仿照唐律,使其法典趋向进一步中国化。

在政治体制上,新罗仿照中原的三省六部制,设置了执事省和礼部、兵部等,仿照御史台和九卿府寺,设置了理方府和例作府、司正府等,并配备了相当于中原尚书、侍郎、郎中、员外郎等职的令、卿、大舍、舍知等职官。

在土地和赋税制度上,新罗按照唐制建立起自己的户籍制、田结制和赋税制。

在宗教上,中国化的佛教从4世纪传入高丽、百济,6世纪在新罗立足。7世纪伴随着佛教在中原的鼎盛,进一步广泛影响了朝鲜半岛。从法朗、慧超、道允到利严等,大量来唐的僧人把中原佛教各派的典籍及学说带到朝鲜,尤以禅宗的影响最大。神行师从北禅大师慧空,开创了新罗的陵阳山派。道义、无染等师从六祖惠能,在新罗析出南禅八山。从此佛教在朝鲜半岛成为被人们广泛信从的宗教,影响不衰。

在文学艺术上,唐人的诗词歌赋为当地的文人雅士所喜好,《文选》学曾经是新罗非常发达的一门学问。中原乐舞和书法在那里广泛流行,中原的天文、历法、医学、建筑等种种方面无不对朝鲜半岛的社会生活产生了重大而久远的影响。

2. 日本

(1) 人员的交往

日本与中原地区的人员交往相当密切。有唐一代,日本派遣来唐的使节多达22次[1],每次使团规模多达数百人,包括大使、副使、判官、录事及翻译、保卫、医疗、技术维护、娱乐服务等各类人员。随船来唐的,还有大量留学生和学问僧。他们多具有较好的文化素养和学习态度,来唐后又受到周到照顾和优厚待遇,不仅全身心汲取中国文化,而且一住就是二三十年。回国时,他们还带走大量的中国典籍和文物。同时,中国方面也不断有人到日本去,也把中国文化传播到日本群岛去,典型如七次东渡的高僧鉴真。而从中国大陆陆续迁徙到日本的普通民众,则更多地把生产技术和生活习俗带到了日本。

(2) 文化的传播与影响

在思想上,中国儒学被传播到日本,日本的学校遂以儒经为教学内容,

---

[1] 陈志贵:《日本遣唐使初探》,载东北地区中日关系史学研究会编《中日关系史论丛:2》,辽宁人民出版社1984年版,第52页。

向全国推广。从646年开始的大化革新,正是贯彻儒学的以礼治国、敬天保民、以和为贵精神,将忠君尽孝作为立国之本,形成以天皇为首的中央集权国家。

在文字上,日本早期一直是输入和使用中国的汉字典籍。到空海、吉备真备等人学成回国后,才仿照汉文草书创制了平假名,又取汉字偏旁制定了片假名,日本才有了自己的文字。即使这样,在此后很长时期内,日本典籍中的绝大部分内容,仍然是用汉字来表述的。

在法令典章上,日本立国建制,广泛吸取了中国文化。义武天皇大宝元年(701),日本颁布了《大宝律令》,其内容主旨都是借鉴唐朝律令而来。日本也仿照唐制推行租庸调,建立户籍,实行计账制度。在中央机构上,模仿唐三省六部和御史台,设立二官八省一台;在地方,参照唐制设立郡、国、县、里四级管理制。在京都,仿照唐府兵成立卫府;在地方建立军团,确立防人制度。还仿照唐朝,在京都设立太学,在地方设立国学。

在宗教信仰上,日本吸取了中国化的佛教,在大化革新后由天皇大力倡导。在遣唐使团中选派僧人随行,唐朝流行的华严宗、法相宗、三论宗、律宗和禅宗等佛教宗派,很快都在日本兴起。佛教成为日本社会的一种普遍信仰,当时佛寺达千余座。

在文学上,日本上自天皇下至士人都喜欢中国古诗。如其最早的诗集《万叶集》,是模仿《诗经》而作;后来的《怀风藻》、《凌云集》、《经国集》等,深受隋唐骈文的影响;日本长歌模仿了乐府古风,五七调实际就是五言、七言律诗的翻版。白居易、刘禹锡的诗歌为日本上下所熟悉,而空海的《文镜秘府论》则是日本研究隋唐诗词格律的代表作。

在艺术上,中国的书法在日本也逐渐流行。留学唐朝的僧俗文士大多注意搜罗书帖,空海、吉备真备乃至嵯峨天皇以"三笔"、"五笔"著称,都是有名的书法高手。不少日本画师到唐临摹学习,唐人画风对日本绘画影响很大。如正仓院至今尚存的鸟毛立女屏风,画中美女丰颐硕体,与周昉所画仕女图有异曲同工之妙。唐朝传入日本的乐曲不下百余谱,至今正仓院仍然保存着的琴、笛、笙、竽、琵琶和阮咸等乐器,有不少是唐朝精品。

在工艺技术上,日本建筑深受唐的影响,如奈良时期的京都,其城内街道平直,布局严整,北部有宫,南部有坊;宫城正南纵贯朱雀大街,两侧东为左京,西为右京,各设东市和西市,这都符合隋唐长安城的特点。日本在吸收了中国织染技术后,创造出具有自身特色的倭绢、倭锦;在掌握唐朝嵌金嵌玉技术的基础上，创造出独特的嵌螺钿工艺。此外的铜镜、瓷器、笔墨、纸扇制造以及造纸、印刷等技术，也为日本所逐渐吸收和熟练掌握。

在生活礼俗上，隋唐时期的衣冠服饰、饮食起居、岁时节令、娱乐游艺等都在很大程度上影响了日本民众。汉地衣冠影响日本，"至隋，其王始制冠，以锦彩为之，以金银镂花为饰"①。日本的饮食文化如制茶和茶道，多模仿自唐人；节俗如端午节饮菖蒲酒、七夕日少女乞巧、重阳节登高郊游、正旦日饮酒礼等，也几乎与中原一样流行。此外，日本的天文历法、医学术数、铸币商贸以及围棋相扑之类的游艺活动等等，都有中国文化的影子。

五、隋唐与中、西亚及欧洲的交往

隋唐王朝国力的强盛和文化的繁荣增强了中国对外交往的能力。据史料记载，唐朝对外交往多至300多个国家，不但有在中亚、西亚和南亚地区的，而且有远至欧洲、非洲者。

1. 粟特

作为中西交往的枢纽，中亚民族历来与中国交往频繁。到隋唐时期，陆上丝绸之路的沟通交流作用达于鼎盛，大批中亚移民流入中原，展示其丰美的西域文明。有唐一代，移民内地的有西突厥人、波斯人、粟特人以及稍晚东来的大食人，以粟特人对中原影响最大。

（1）昭武九姓

所谓"昭武九姓"就是粟特人，原指生活在中亚核心地带（锡尔河以南至阿姆河两岸地区）的众多小邦，主要有康、石、安、曹、史、米、戊地和火寻等国，因其早期出自中国西北的昭武城（甘肃高台）而得名，皆属祁连山下的月氏人。他们本为草原游牧民族，因其所居的特殊地理位置，数百年来经营东西贸易，养成了善于经商的习性。据史料记载，粟特人"生子必以石蜜纳口中，明胶置掌内，欲其成长口常甘言，持钱如胶之粘物。俗习胡书，善商贾，争分铢之利。男子年二十，即远至旁国，来适中夏"②。从南北朝开始，生来经商的粟特人就大量来华贸易。到7世纪上半叶，大食即阿拉伯帝国势力扩张到中亚，逐步吞噬河中地区。于是失去家园的粟特人大规模东迁，成为大唐帝国的臣民。

---

① 《隋书·倭国传》。
② 《旧唐书·康国传》。

（2）粟特东迁

粟特人洪流般地顺着丝路向东移动,从怛逻斯、碎叶、弓月进入天山以北,再从渴盘陀、勃律进入于阗、龟兹、楼兰等天山以南的绿洲重镇,建立了许多移民聚落。隋唐时期,粟特人又从这里大量流散,除长安、洛阳外,蒲州、相州、幽州直至辽西营州等地都有粟特人聚居。北方突厥的势力范围内也聚集了数以万计的粟特人,唐朝在平定突厥后,曾专门设置鲁、丽、含、塞、依、契"六胡州"来安置粟特降众。高宗末年"六胡州"谋叛,朝廷震动,兴兵戡乱后将他们移民江淮,从此粟特人的踪迹进一步伸向长江流域乃至岭南。

（3）文化影响

粟特人东迁对中原社会的各个方面影响很大。

首先,是粟特人的经济影响力。粟特人成群结队涌进中原,带来珠宝、毛皮、玻璃、金银器乃至奴婢,同时把丝绸、漆器、铜镜销往西域。粟特人贸易规模大,利润高,动辄赢利数十万甚至百万贯。武则天曾用粟特等胡商捐助的铜钱铸造起数百尺之高的大周万国铜天枢。而粟特人靠经商积累的财富,也成为突厥、回鹘与中原对抗的经济基础。后来安史集团及"六胡州"借以叛乱朝廷的财政支撑,主要就是粟特商人的贸易获利。

其次,是粟特人的政治影响力。粟特具有较高程度的文明,突厥人和回鹘人都曾借用粟特文字传达政令和记述历史,借助粟特人进行政治和外交活动,甚至他们也被中原王朝派为使节出纳王命。由于粟特人经商而培养成的灵活的处事方式和高明的外交手腕,使之能出入胡汉各政权中,游刃有余地参与种种斡旋活动。

再次,是粟特人的文化影响力。他们把金银器和玻璃的制造技术传播到中原,把直领短衫、革带、皮靴和胡饼、铧锣、葡萄美酒等西域的服饰、饮食带给汉人。他们普遍能歌善舞,把高超的琵琶技艺和胡旋、胡腾、柘枝等优美舞蹈介绍到内地,并在所到之处掀起一股强劲的胡化风。他们主要信仰祆教,使祆教祠庙和祆教崇拜以及相关文化活动在中国也开始流行。集祭祀、乐舞等于一体的泼寒节是一种大型的群众性活动,长期在中国南北各地流行,深受汉人欢迎,并留下《苏幕遮》这一词牌。

2. 波斯

（1）政治关系

波斯萨珊王朝继安息帝国而兴起,5至6世纪发展成丝绸之路西段的强大政权。波斯与中国的交往也比较频繁,仅唐太宗在位时,就先后4次遣使来唐,赠送方物。高宗时,波斯为对付大食又几次遣使求援。尽管唐朝由于路远没有应允,但双方关系仍继续发展。龙朔元年(661),唐朝于波斯地置波斯都督府,任命波斯末代国王卑路斯为右武卫将军兼波斯都督府都督。后来卑路斯和泥涅斯父子来唐避难,最终客死中原。萨珊王朝灭亡后,波斯贵族退守波斯锡斯坦,继续与唐保持友好。从高宗乾封二年(667)到代宗大历六年(771)的百余年间,波斯残余政权仍25次遣使来唐,并多有方物贡献。

(2) 经济和文化交流

大量波斯商人曾来唐经商。他们以经营珠宝珍货为主,擅长辨宝,往往积财巨万。因此,唐人俗谚中有"裸林邑、黑昆仑、富波斯"之说。萨珊王朝灭亡后,不少波斯商人滞留内地,多居住于扬州和广州等繁华都会。

隋唐时,中国的丝绸、漆器等物产不断被输送到波斯,大量波斯方物也流向中国。动物如良马、狮子、鸵鸟、白象、大驴等,植物如千年枣、无食子、香附子、诃黎勒等,珍宝如珊瑚、琥珀、玛瑙、金刚、水精(晶)等,香料如安息香、苏合香、青木香、胡椒等,矿物如朱砂、水银、雌黄及金、银、铜、铁等,纺织品如氍毹、毾㲩、火浣舞筵、金缕织成等。

波斯文化也很有特色。波斯人喜欢以忍冬花、连珠纹和猪头、海兽肖像构成纹饰图案,以狮子、大象为护法神,并以猪、羊、鹅等动物来表示日月星辰,然后用来绘制宗教壁画。这样诸多充满萨珊风格的艺术品曾经流行中国。更为重要的是,摩尼教、袄教和景教都发源于波斯,它们东渐中国,在隋唐时期影响巨大,被并称为"三夷教"。

3. 大食

(1) 冲突和摩擦

大食,即阿拉伯帝国。它于7世纪初兴起于阿拉伯半岛,然后向西侵蚀东罗马帝国,占领叙利亚和北非地区;向东消灭波斯进据西亚、中亚,扩张为横跨亚、非、欧三大洲的大帝国。大食与中国的交往始于7世纪中期,唐高宗永徽二年(651),大食遣使来华。8世纪初,大食侵入中亚,与唐朝形成军事对峙。开元三年(715),大食进犯拔汗那(今塔吉克),拔汗那国王东逃求援。唐安西都护府吕休景率军一万长途奔袭,收复拔汗那,中亚各国重新归唐。此役使唐"威震西域",但到天宝年间唐朝国势由盛转衰,加上将帅在民族政策上的失误,唐朝在东西较量中渐落败局。天宝十一年(751),安西节度使高仙芝率军三万在怛逻斯城(哈萨克江布尔城)与大食决战,葛逻禄等族蕃兵临阵倒戈,反与大食夹击唐军。唐军覆没,仅高仙芝脱身而回。安史之乱爆发,唐朝安西、凉州诸军为勤王平乱,撤离西北各镇。从此,唐朝势力退出中亚角逐,与大食之间的关系主要体现在和平的经济和文化交流上。

(2) 文化交流的重大意义

唐朝与大食的外交联系始终没有中断。从高宗永徽二年(651)到德宗贞元七年(798),大食共遣使来唐 37 次。安史之乱时,大食还派遣军队支持唐朝。从唐朝中期起,大量的大食商人开始入华经商,他们多沿海路而来,主要落脚点在广州、泉州等沿海城市。

大食与唐朝之间的文化交流,曾产生了具有世界意义的成果,如中国"四大发明"的西传。怛逻斯战役后,被俘虏的唐军把中国的造纸术传授给阿拉伯人,在撒马尔罕首先建立起造纸作坊。之后造纸术又向大马士革、库法、巴格达乃至开罗、摩洛哥和科尔多瓦等地传播。阿拉伯和欧洲原来只能使用昂贵的羊皮或易碎的纸草来书写,造纸术改变了这些地区的文化面貌。此外,罗盘针在海上的应用技术,曾随着唐朝船舶到波斯湾的航行,被传播到阿拉伯,火药制造以方士炼丹术的面目流传到西方。同样,阿拉伯在天文、数学、医学等方面的成果也传播到中国,如后来成书的《回回药方》,就是这方面的重要证明。聚居于广州蕃坊的大食商人,最早把伊斯兰教传播到中国境内。这都是具有深远历史意义的文化交流事件。

大食和唐朝以使节和商人为媒介,使双方的物产得到交流。大食使节来唐时,带来了大食马、龙脑香、金线织袍、宝装玉洒池瓶等珍贵礼物,回国时则带走唐朝回赠的丝绸金彩等物品。阿拉伯商船满载香料、宝货而来,唐朝商人则把更多的丝绸、瓷器等物品带往大食。

4. 东罗马(拂菻)

拂菻,即东罗马。它在罗马帝国分裂和西罗马灭亡后,继续存在并一度复兴。两《唐书》都记载"拂菻地方万里,列城四百"。7 世纪以来,尽管受到大食帝国的冲击,东罗马仍维持着较强的国势,"其王兵马强多,大食数回讨击不得,突厥亦侵不得"①。拂菻最早的一次遣使来华,是在唐太宗贞观十七年(643)。至玄宗天宝年间(742~755),拂菻先后 5 次遣使来唐,而唐也在高宗显庆年间(656~660)遣使报聘。

---

① [唐]慧超著,张毅笺释:《往五天竺国传》三十四"拂菻"条,中华书局 2000 年版,第 116 页。

在双方的交往中,拂菻景教徒成为重要角色,双方派遣的使者多为景教徒。景教属于古代基督教的一支,5世纪上半叶开始向东方传播。贞观九年(635),景教僧人阿罗本从波斯来唐传教,成为基督教最早传入中国的标志性事件。景教徒受到唐的友好对待,朝廷帮助他们筑造景教寺庙(基督教堂),让他们在中国传播教义,从此景教成为唐代影响较大的"三夷教"之一。建造于唐德宗建中二年(781)的《大秦景教流行中国碑》,详细描述了景教初传中国并发展到"法流十道、寺满百城"①之繁荣局面的情况。它与敦煌和吐鲁番出土的景教文献一起,成为拂菻宗教流行中国的重要历史物证。

唐与拂菻的文化交流也很繁盛。中国的丝绸大量输入拂菻,罗马的玻璃器皿、海西布以及珠宝如石绿、金精、水晶、瑟瑟,动物如狮子、羚羊、孔雀、骇鸡犀等也被带入中国。为了贸易,拂菻商人携带大量的金银币,流散内地,至今还能在考古资料中看到。拂菻的魔术发达,多有"幻人"来华。拂菻人还善治眼病,能做眼科手术,影响了中国医学的发展。

除了以上地区,东南亚、南亚也有许多与唐朝关系密切的邦国,万里之外的非洲也被纳入唐人船舶的航程之内,都充分展示出当时"大唐气象"的另外一种精彩。

第八节 隋唐的宗教与文化

作为一个极具活力的时代,隋、唐两朝不但创造了巨大的物质财富,也创造了辉映后世的宝贵精神财富。在宗教领域,比较突出的是佛教理论更高水平的发展,以及道教因其与李唐王朝的特殊关系也获得社会更大程度的支持;在文学领域,诗歌的繁荣和成就成为耀眼的明珠;在学术领域,修史制度的成熟和史学理论的进步则成为盛世的又一文化标志。

一、佛教的发展

隋唐是佛教发展的高峰期,它成为中国文化的重要组成部分,产生了重大的社会影响。

1. 僧尼人数和寺院规模的扩大

隋唐皇帝多崇佛。隋初,由于刚刚经历后周武帝的严厉打击,北方特别

---

① 见《大秦景教流行中国碑》,现藏陕西省西安市碑林博物馆。

是洛阳一带,佛教比起北魏的繁荣境况大大失色。隋文帝杨坚早年寄居庵寺,在老尼姑智仙的抚育下长大,因而对佛教充满着亲近感。他刚一即位,就下令恢复佛教,听任臣民出家,按人头摊派聚资造像,并责令各地官府主持抄写经书,分藏宫中秘阁和各地寺院。结果"天下之人从风而靡,景象景慕",使得"民间佛经,多于六经数十倍"①。在他当政的20年间,共剃度僧、尼23万人,修建寺庙3792所,塑造佛像106560躯,佛经抄写46藏,达到132086卷,修缮旧佛经3853部,还在100多个州建造舍利塔。隋炀帝即位,此政策被延续下来②。

李唐建立后,佛教政策仍很宽松。最突出的是武后和宪宗,佞佛极甚。为了另立国号,武则天利用佛教谶文,自称是弥勒佛转世。她与僧人薛怀义关系密切,为其在宫内大兴道场,并在洛阳组织大规模译经活动,同时责令天下广修寺庙佛像,出现许多万寿寺和巨型弥勒佛像。唐宪宗不但大修寺庙,广度僧尼,而且多次倾动朝野迎奉佛骨,使京城上下闻风影从,纷纷献纳财产以求恩泽,结果导致百姓倾家荡产,严重影响国计民生。到唐武宗抑佛之时,仅拆毁的寺庙就有4600所,勒令还俗的僧尼达26万多人③,由此可见佛教泛滥的程度。

2. 佛教理论的发展

自唐朝初年起,中国僧人就掀起赴印度取经的高潮。据《大唐高僧西域求法传》,从太宗末期至武后称帝不到半个世纪的时间内,仅义净个人见闻就有56位高僧从陆、海各路游历天竺,求学取经。频繁的取经,使印度的佛教文化以更大规模输入中国。新的佛教经典不但进一步丰富了中国佛教的内容,而且从佛学体系、理论水平和僧众管理等方面弥补了中国原来的不足。例如,在佛经教义的阐发上,玄奘发现高僧们"各擅宗途",而"验之经典,亦隐显有异,莫知所从"④。于是他西赴天竺,在新获佛典基础上,开创了佛理深邃、逻辑缜密的"法相宗"。唐朝初期佛教的突出问题是戒律弛坏,僧人丑行秽闻层出。同时在对戒律的理解和实践上,即使律宗高僧们也歧

---

① 《隋书·经籍志》。
② [唐]道宣著,范祥雍点校:《释迦方志》卷下《教相篇第八》,中华书局2000年版,第122页。
③ 《旧唐书·武宗纪》。
④ [唐]慧立著,孙毓棠、谢方点校:《大慈恩寺三藏法师传》卷一,中华书局2000年版,第10页。

义纷纭。为此,僧人义净亲赴天竺调查。后来不但翻译了律藏佛典,而且总结印度僧伽制度和佛门戒律,著成《南海寄归内法传》一书。

3. 佛教中国本土化的完成

能否与中国的社会和文化环境相磨合,是佛教在东土能否顺利发展的前提。从文化融合的角度看,佛教亟需解决的问题就是它的本土化。

魏晋南北朝时期,佛教转向民众,改变传教方法,完成了其本土化的初级阶段。到隋唐,它进一步靠拢并融汇中国文化。如在讲经布教方式上,佛僧们采取讲、唱结合的俗讲手段,并配合以舞蹈、魔术、杂技、绘画等,以通俗易懂、生动活泼的方式贴近普通人,为社会上下所喜闻乐见。在理论和核心内容上,佛教不得不摈弃有悖于中国人思想观念的某些成分,而吸收中国传统文化中的一些重要元素,把自己改造成适合中国社会需要的宗教。于是,中国历来重视的忠孝伦理被吸收到佛典教义中,善恶报应和阴阳轮回的观念逐步形成,讲经道场与中国礼俗和娱乐活动紧密结合,上元观灯、盂兰盆会以及各种庙会的形式开始流行。

到唐朝末期,中国的佛教与印度相比已经发生了很大变化。适合中国文化需要的佛典、教义、流派以及传布形式得以产生和风行,既可为一般民众所接受,也可为统治集团所利用,并以丰富多彩的形式渗透到中国古代哲学、艺术、文学等各个领域。它不但成为中国文化的重要组成部分,而且在隋唐文化大规模向外传播的基础上,对中东亚地区产生了重大影响。

4. 佛教宗派的形成

在本土化的基础上,中国化的佛教宗派纷纷产生。在隋唐,产生了中国的主要佛教宗派,它们是天台宗、三论宗、唯识宗、华严宗、律宗、密宗、净土宗、禅宗等八家。

(1) 天台宗

为著名僧人智顗所创,形成最早。南朝陈太建七年(575),智顗率弟子入居天台山,著书立说。隋开皇十一年(591),应晋王杨广之请,智顗到扬州为其授菩萨戒,由此得到"智者"称号,为朝廷所重视。智顗生前建造佛寺35所,度僧4000余人,培养了32个传业弟子。他留下的"天台三大部"、"天台五小部"等著作,为天台宗奠定了理论基础。

(2) 三论宗

为隋代僧人吉藏所创,因以《中论》、《百论》、《十二门论》为基本经典而得名。又因其着重阐扬"诸法性空",也称"法性宗"。吉藏曾应隋炀帝之请,赴长安佳日严寺,完成"三论"的注疏,并撰《三论玄义》,由此创立了三论宗。唐高祖在长安设立十大德统领僧众,吉藏也在其列,三论宗由是流行。后来佛教东渡,该宗对日本佛教也有重大影响。

(3) 法相宗

由初唐高僧玄奘所创。因其用佛教范畴对"法相"——世界一切现象进行概念的分析、解释,表示"唯识真性"而得名,也称"唯识宗"。法相宗虽曾盛行一时,但是其语言和思想体系复杂繁琐,难为社会大众所理解,而且照搬印度佛教学说,所以仅三传就转衰。

(4) 华严宗

虽尊隋朝杜顺为祖,但实际创始是唐人法藏。该宗阐发"圆融无碍"思想,兼收并蓄,借以调和佛教各派,并融入儒、道学说。这种思想,是大唐帝国博大雄浑气象的一种反映,也使华严宗具有较强的生命力。不过在唐武宗会昌法难中,华严宗终因打击沉重而衰落。

(5) 律宗

为道宣在唐高宗乾封年间所创,以研习及传持戒律为名,律宗弘扬大乘之旨,宣传人人皆可成佛,抓住了普通百姓的内心渴求,这也是它成功本土化的一个表现。至今中国佛教僧伽制度仍依当年道宣之所规定,证明律宗的深远影响。

(6) 密宗

为印度僧人善无畏、金刚智和不空所创。三人曾于开元年间(713~741)在长安从事译经、布教活动,号称"开元三大士"。它以《大日经》、《金刚顶经》为宗经,以高度组织化的咒术、仪礼、民俗信仰为特征,具有浓厚的神秘色彩,为王公贵族所信奉,曾盛极一时。

(7) 净土宗

为唐代僧人道绰、善导师徒所创建,以习念阿弥陀佛名号、祈求往生西方净土而得名。它宣传的修行法门简便易行,极贴近社会下层民众的内心所向,故得到广泛传播,成为中土佛教中影响最大的宗派之一。

(8) 禅宗

其始祖是天竺僧人达摩,但真正创始人是禅宗六祖、南派开宗慧能,提倡"顿悟",始盛于唐中期。因其教法不用累世修行,也不用繁琐的哲学思辨,颇受中国文人学士的欢迎。同时由于朝廷的扶持和慧能弟子们在各地的大力宣扬,南宗成为禅宗的正统,流传极其广泛。禅宗是中国佛教本土化最成功的一个范例,后来成为中国佛教中的主流宗派。

5. 佛教的社会影响

(1) 在政治上,佛教被统治阶级用来控制社会。佛教轮回报应、清心寡欲等等教义,可以用来迷惑民众、削弱其斗志。有些不良僧人,甚至演绎佛谶,为政治人物的夺权制造舆论。作为回报,一些僧人或僧教集团得以结交皇帝、贵族,拥有极大权势。像隋朝的"五众主"、唐朝初的"十大德",以及依附武则天的薛怀义等,都是很有政治地位的僧人。

(2) 在经济上,各寺院大量占有土地等生产资源和依附农民,拥有很大规模的田庄。同时,它们享有豁免赋税徭役的特权,还雇用长工,经营园圃、碾硙、手工制造、商业贸易等行业,形成实力强大的寺院经济。

(3) 在文化上,僧人在讲经布教的过程中,促使变文、赞文等新文体的产生,其俗讲则成为后来古典戏剧的滥觞。一些佛理教义特别是禅宗思想渗透到文人士大夫的创作中,在唐代诗歌、散文等文学体裁中被广泛体现。佛教僧人灵活使用音乐、舞蹈和杂技、绘画、雕塑等手段配合讲解佛经,大量天竺和西域的艺术元素被引进和传播,发展和改造了中国艺术。

(4) 在科学教育上,伴随佛教的传播,塔庙、石窟等形式的建筑技术开始在中国流行,外来的天文、历法、医学等学科知识也丰富了中国传统科技体系。唐代流行带有义学性质的寺庙学堂,推广佛教。这种形式,对民间书院的兴起和发展起到了刺激和促进作用。

(5) 在文献上,佛教经典丰富了中国典藏的内容,佛经的翻译推动了音韵学的发展。在思想上,佛教理论影响了人们的宇宙观、人生观和价值观,特别是在中国催生了人们对逻辑推理因明学的兴趣。在生活习俗上,佛教广泛渗透进人们的言谈举止中,影响几乎无处不在。

二、道教的提升

1. 道教政策

隋唐也是道教发展的兴盛阶段。统治者逐渐认识到,儒、道、佛三家具有不同的作用,所谓"以佛治心,以道治身,以儒治世",可以并行不悖。因此,即使极端崇佛的皇帝,也同时扶持道教。隋文帝对道教发源圣地楼观台进行大规模修葺,隋炀帝拜茅山道士王远道为师父。李唐自称是李耳后代,把道教称作"本朝家教",给以特别尊崇和优待。唐高祖、唐太宗分别在武德八年(625)、贞观十二年(637)明确规定,道教地位在儒、佛之上,道士、女冠身份在僧、尼之上。武则天虽然佞佛,但也热衷于求仙炼丹,也优崇道士女冠。

唐玄宗崇道达于极致,对道士视同李氏宗室,规定其户籍隶属宗正寺,地位在亲王之次。他对老子视同祖先,广设老子庙观,继高宗封老子为"太上玄元皇帝"后,进一步追加"大圣祖"的尊号,并规定郊祀以老子为先。他在崇玄馆设玄学博士,各州设玄学士,学《老子》、《庄子》等道经,以"道举"名号选拔人才。他把《老子》、《庄子》、《列子》分别尊奉为《道德真经》、《南华真经》、《至德真经》,规定《老子》为诸经之首,并亲加注释,刊于碑刻。他亲制《霓裳羽衣曲》、《紫微八卦舞》等,作为祭祀活动中向道宗荐献的乐舞,下诏整理道教文献,先后编成《一切道经音义》140卷、《三洞琼纲》3944卷,分送诸道采访使。开元二十七年(739),"凡天下(道)观总一千六百八十七所"①,道士、女冠有15000多人。

2. 道教的发展

隋唐时,道教的发展除了规模不断扩大外,还表现在其他一些方面。

(1) 道观宏伟壮丽,豪华奢侈

由于道观多由贵族乃至皇帝施舍钱财、住宅而修建,或是为公主贵胄的出家而修建,多宏伟壮丽,豪华奢侈。如唐睿宗为西宁、昌隆两公主出家,修建金仙、玉真二观,"尽宇内之功力,倾万国之资储"②。唐玄宗所建福唐观,"盘空蹑翠到山巅,竹殿云楼势逼天"③;所建兴唐观,全是拆取皇宫建筑材料而建造,可想象其奢丽。唐武宗在皇宫内建求仙台,"每日使左右神策军健三千人搬土筑造",半年之后竣工,楼台"高百五十尺,上头周圆,与七间殿基齐。上齐五峰楼,中外之人尽得遥见"④。所修降真台,"春(chōng)百宝屑以涂其地,瑶楹金拱,银槛玉砌,晶莹炫耀,看之不定。内设玳瑁帐、火齐床,焚龙火香,荐无忧酒,此皆他国所献也"⑤。地方道观也不逊色,如饶州(江西波阳)开元观,"巨殿层楼,回轩广厦,枕湖有水阁,松径有虚亭,松竹森

---

① 《唐六典》卷四《尚书省·礼部》"祠部郎中"条。
② 《唐会要》卷五〇《观》"玉真观"条。
③ 杜光庭:《题福唐观二首》,见《全唐诗》卷八五四,中华书局1960年版。
④ [日]圆仁:《大唐求法巡礼行记》卷四,東京平凡社1970~1985年东洋文库版第157册。
⑤ [唐]苏鹗:《杜阳杂编》卷下,上海古籍出版社1987年版。

回,花木秀茂,郡人避暑寻春,为一州胜赏之所"①。晋州(山西临汾)庆唐观"备极壮丽,视亳州明道宫、洛都北邙上清宫等矣"②。

(2) 造像、铸钟风靡一时

造像为道教徒做法事所用。世俗人为祈福赎罪,往往罄尽家财以造像。造像按神仙身份,太上老君像最为流行,其他主要有天尊像、仙人像、真人像、神王像、帝王像、大臣像、著名道士像以及侍者像、供养人像等等。按造像材料,石刻像、泥塑像比较常见,其他主要有玉刻像、夹纻像、金银铜铁或合金浇铸像、木雕像等等。铸钟是道教信徒为显示功德、祈福免灾的一种方式,同时还可宣扬教义、教化世人。唐人多喜铸钟,如贞观六年(632)桂林道士萧灵护铸钟一口,重500斤;大历十二年(777)江南括苍(浙江丽水)百姓郑德保、戴公训夫妻捐资铸钟一口,重1500斤;青城山宗玄观有开元天宝年间大钟一口,重3000多斤;衡州(湖南衡阳)奉玄宗命为南岳九真观铸钟一口,重4000斤。这些大钟铸造精良,纹饰优美,铭文雅洁,人物禽兽生动形象,钟声洪亮悦耳。

(3) 祭祀礼仪趋于成熟

李唐重视道教祭祀,除给老子追封诸多圣号外,朝廷还尊长安老君庙为"太清宫",洛阳老君庙为"太微宫",天下诸州老君庙为"紫微宫"或"紫极宫"。由宰相担任太清宫使,主持皇帝亲祭老子的大典。除了皇帝三年一小祭、五年一大祭和有司每年春日上香等常规祭祀外,其他如王师出征、凯旋献俘及宣慰百姓等也必告庙于太清宫。皇帝祭祖前要先献于太清宫,后享于太庙。在祭祀规格上,太清宫享有三献。同时,道教也开始重视传教手段的通俗化、多样化,讲经也采用俗讲方式,并配以音乐、舞蹈。还在道观内图绘生动形象的壁画,让人有身临其境之感,以便更好地领悟教义。这时大量宣扬道教的神话传说,太上老君、西王母等与道教有关的神仙故事,薛用弱的《集异记》、李繁的《李泌传》、王恽的《幽怪录》等记载传奇故事的书籍等,都纷纷出现并流行于世。

(4) 道教名山、圣地的出现

唐朝大规模建造道观山院,许多道教名山、道教圣地初具规模,为各地

---

① 《云笈七签》卷一一七《灵验部一》,中华书局2003年版。
② [清]乾隆修《浮山县志》卷三七,中华全国图书馆文献缩微复制中心2000年版。

道教的发展奠定了基础。五岳之上,真君庙普遍建立。茅山、九城、九华、太白、天台等山的道观建筑已形成群落,具有相当规模。如当时茅山有太平观、崇元观、紫阳观、灵宝院、老君殿等,嵩山有真君庙、太一观、嵩阳观等。道教发源圣地楼观台(陕西周至),据说周时函谷关令尹喜在此结草楼而居,老子在此著《道德经》。唐高祖下令修葺扩建,改号"宗圣宫"。玄宗时又改号"宗圣观",重加装饰,老君殿等均高大敞亮,雄伟壮丽。

3. 道教的社会影响

道教是土生土长的宗教,与中原本土关系密切,隋唐时它对中国社会的影响深刻而广泛。

(1) 在政治方面

隋唐道教与时局发展密切相关。隋末唐初,群雄逐鹿,李渊为了博取真命天子的身份,自称是太上老君李耳的后代。一些道教徒也捏造"老君显灵"的故事,宣称太上老君帮助唐军,并预示李渊父子将得天下。唐代有时是道士参政,如太宗朝之薛颐、高宗朝之叶法善;有时是高官贵族兼为道士,如玄宗朝工部侍郎贺知章、德宗朝宰相李泌。李泌尤以道家智慧引导皇帝,厘定乱局,屡次挽救国家危亡。

(2) 在哲学上

道教以主人的姿态猛烈抨击外来佛教,引发了倾动朝野的佛道之争。与此同时,道教以老子五千言为基础,广泛宣传阐发道教哲学,极大地影响了士大夫和文人墨客的生活态度,特别为那些官场失意者提供了"退出"的路径。道教崇尚自然,提倡清静无为,作为政治哲学,它又为隋末大乱之后统治者所采取的休养生息政策,提供了理论依据。

(3) 在社会生活上

道教的影响广泛渗透到礼俗层面。李唐皇帝自称出自仙宗,热衷于带神仙色彩的生活方式:其宫名有迎仙宫、华清宫、通仙门、三清殿、蓬莱殿、长生殿等,其仪仗称仙仗,宫女称仙娥,御笔称仙翰,宴饮称仙宴,皇帝驾崩称登仙而去,太子夭亡称鹤驾西游。不仅皇室宗亲祭拜老子已成常规,公主王孙出家亦为常见之事。影响之下,贵族官僚甚至平民百姓或以仙字呼人,或以仙字名物,或以仙名雅称各种行为,使社会到处充满神仙气味。在道教各派中,丹鼎派提倡长生不老、羽化成仙尤其吸引社会上层,皇帝和贵族往往沉迷在服食修炼的虚妄中,唐朝18位成年皇帝中就有6位因食金丹而死。符箓派以画符施法、驱鬼辟邪为特点,为社会下层所迷信,因而在民间广泛流行。

(4) 在文学方面

道教在很大程度上影响了隋唐的诗歌、传奇和笔记小说。在唐诗中,涉及道教的内容很多,有学道求仙,有修身养性,有抚琴、赏花、品酒、饮茶等奉道养生,有游览宫观山院,有交游道士或送人入道,更有歌咏神仙和描绘梦仙、访仙等步虚之事者。"道教宣扬的炼丹服食、乘鸾驾鹤、长生久视之说,以及虚无缥缈的神仙世界,虽是不可能实现的宗教幻想,但它开阔了人们的眼界,活跃了思维,启发了想象。"①因而,唐代的浪漫主义诗人无不深谙道家情趣。道教积累了丰富的民间和历史神话传说,而此时道教的繁荣,又演绎出大量的传奇故事,由此大大丰富了唐代文学的形式和内容。

(5) 在艺术领域

道教乐舞和美术极大促进了中国古代艺术的发展,唐代创制了不少道教乐舞,其中以唐玄宗的贡献最多。他诏令道士司马承祯作《玄真道曲》、李会元作《大罗天曲》、工部侍郎贺知章作《紫清上圣道曲》,还亲自创作了《降真召仙之曲》、《紫微送仙之曲》等篇章。此外他大量整合太乐署的供奉乐舞曲,将一些世俗的或佛教的乐曲改造为道教乐曲。由于这些作品的艺术水准高,很快在文人士子中广为流传。琴、笙等乐器以其悠长的韵味为道教徒所钟情,长啸则是道士们融于山林、表达思绪的特有音乐技巧。唐朝的道教塑像和绘画盛极一时,道士和女冠中多有丹青高手,而世俗画家也喜画道教神像和故事。与佛寺一样,道观也是才子们展示画艺之地,吴道子、阎立本、郑虔等人的道教绘画传承久远。

(6) 在科技领域

由于许多道士为养生而精研方药本草,与传统医学形成完美结合,因此在科技领域也多有贡献,孙思邈堪为典范。他识药材,通医术,著医书《千金方》,被人尊为"药王";同时他善谈老、庄,隐居太白山,自诩得道之士,以善养生得以高寿。另如导引、按摩、辟谷之术,都是道教与医技完美结合的产物。隋唐道观也促进了中国建筑技术的发展。就建筑样式而言,其亭、台、楼、阁、殿、坛、堂、室、轩、馆、斋、房应有尽有;兴建时由于资费雄厚,材料精细,使用工匠也很讲究,代表了当时建筑的最高水平。

隋唐时期的道教,借皇帝崇敬之势,一方面占领老庄玄学阵地,大兴注

---

① 李斌城主编:《唐代文化》,中国社会科学出版社2002年版,第619页。

老解庄之风;另一方面学习佛学的思辨精华,融会佛教哲学思想,极大提升了自身的理论水平。由此,它从汉魏两晋时期那种"低层次的粗俗的宗教形态,发展为高层次、有教养的系统理论形态",不但使自身成为统治者治国的利器,而且为后世儒、道、佛三教融合"全真"铺平了道路。①

三、唐诗的繁荣

1. 空前绝后的辉煌

唐诗是中国古典诗歌发展的顶峰,在唐代文学领域诸门类中成就最高。它由陈子昂和初唐四杰发端,展开变革梁陈诗风的文学改良运动。到盛唐时期,以李白、杜甫为代表,开拓出唐诗的鼎盛局面。此后诗人们继续努力,在中唐以白居易、元稹为骨干,掀起诗歌发展的又一波高潮。一方面,唐诗突破了僵化的"宫体诗"格式,创造和完善了律诗、绝句等体裁,并重新焕发了古风和乐府的无穷魅力;另一方面,它摈弃宫闱艳诗的陈腐之气,以开阔的视野融入丰富的社会内容和多样的风格,将浪漫主义和现实主义的完美结合发挥到极致。没有哪一个朝代能像唐朝那样,千百年来,一直以其辉煌璀璨的诗歌文化,吸引着后人去追踪。更没有哪一个朝代能像唐朝那样,让歌咏之事流行于社会各个阶层,甚至贩夫走卒、引车卖浆者流也能吟出佳句。这是一个诗化的社会,不仅文人闲逸时咏诗抒情,而且学子考场做诗,公卿宴饮斗诗,老妇举炊、幼童游戏时也能唱诗。诗歌几乎无人不能,无处不在。

2. 唐诗为何姓"唐"

唐诗何以能够如此兴盛?除了继承前代诗歌成就这一基础条件外,还应有以下几点。

(1)大统一背景下的唐朝,国力强盛,经济繁荣,人民生活稳定。欣欣向荣的社会景象和较好的生存环境,无疑能更好地促进文化的发展,同样也会激发唐朝人的诗歌创作热情。但对于经济发展与文学艺术普遍繁荣之间的关系,不能作机械的理解。开元以前的盛唐,固然可以产生浪漫主义诗人李白的佳作;天宝之后的战乱,也同样造就了现实主义诗人杜甫的名篇。只不过前者作为"诗仙",诗风雄奇豪放;后者作为"诗史",诗风凝重沉郁。

(2)广阔的疆域,频繁的中外交往,使唐人具有开阔的眼界、包容异质

---

① 萧萐父:《隋唐时期道教的理论化建设》,《海南大学学报》1991年第1期。

文化的胸怀和积极进取的精神。表现诗歌创作上,吟咏的题材更加多样,纷纭而来的外来事物被纳入诗歌。诗人们不再以鄙夷的眼光看待异端,甚至予以欣赏和赞美,思想境界也得到了升华。在李白眼里,日本人阿倍仲麻吕是让人牵挂的知心朋友;在杜甫眼里,西域翠织成是一件既可把玩又很实用的珍奇之物;在元稹、白居易眼里,胡旋女、胡腾儿都是乐舞技艺精湛的人才。对人生,唐诗人大多怀有抱负,积极进取,从而以豪迈之情描绘出塞外的天山风雪、大漠孤烟。

(3)唐朝完善发达的教育体制,为唐诗发展准备了人才。中央有"六学二馆"或"七学一院",地方有府学、州学、县学乃至乡村里学。高门贵族有家族书院,平民子弟可进童蒙私塾,宗教寺、观也开办义学。教育内容很宽泛,往往选编名诗作教材,如白居易、刘禹锡的作品就常为乡村幼童所吟诵,韩愈等大家也常常以创作理念和技巧传授门内弟子。

(4)唐朝宗教、哲学、科技、艺术等方面的丰硕成果,滋养了诗人的精神世界,激发其无尽的情趣和想象。许多诗歌在琴韵中成篇,又被谱曲传诵;许多诗歌如王维作品就号称"诗中有画,画中有诗";诗歌出口便被题壁写卷,书法便成其重要的表现形式;而抚琴弹筝、登高郊游、放鹰斗草、宴饮应酬等游艺活动,则往往成为人们吟诗联句的绝妙源头。

(5)李唐"以文德应天,以文教牧人,以文行选贤,以文学取士,二百余载,焕乎文章,故士无贤不肖,率注意于文矣"①。其表现就是在科举中把诗赋作为考试内容,同时政治环境宽松,没有文字之狱。诗人们能够无所顾忌,以诗讽谏,鞭挞罪恶。因此,杜甫才有《三吏》、《三别》那样的"诗史"作品,白居易也才有大量"为时事而作"的新乐府。

3. 诗歌与科举

科举制隋朝初创,唐代发展成熟。诗歌自唐初破旧立新,到中唐达于繁荣。两种文化联系密切,相辅相成,互为辉映。

(1)进士科考试诗赋直接促进了诗歌创作。唐高宗时,"考功员外郎刘思立始奏进士加杂文"②,包括诗、赋各一篇。诗赋既要精通文理、擅长词句格律,又须别出心裁、意境独到,难度超过贴经和策问,因此成为士子潜心的重点,莫不自幼研习。凡是用心科第的士子,常与人斗诗以比高低,名人诗

---

① 白居易:《策林四·议文章》,见《全唐文》卷六七一,上海古籍出版社1991年版。
② 《资治通鉴》卷二二二"广德元年"。

歌常作教材广泛流传。于是吟诗放歌的风气便弥漫整个社会。

(2) 行卷献诗是科举过程必经的自荐环节。在唐朝，要想考中进士必须先有诗名；要有诗名，干谒行卷则是捷径。士子到长安，就拿出作品去拜访名人权贵，借以自荐。一旦被看好，即名声雀噪，中第不成问题。白居易以佳句"野火烧不尽，春风吹又生"被大诗人顾况盛赞，于是稳中甲第。王维与张九皋争锋，其诗被公主惊叹为旷世佳作，于是在其力荐下夺得状元。朱庆余借重张籍诗名，凭着一曲《闺意》的唱和，也使自己的名望"流于四海"。

(3) 科举促进诗歌繁荣，而诗歌反过来也为科举增彩。应试的士子聚会要以诗唱和。揭榜后天子赏宴杏园，新进士要应制做诗。宴后荣登大雁塔，白居易曾唱"慈恩塔下题名处，十七人中最少年"①。此后门生拜谢座主，同年相互庆贺，往往做诗致意，如孟郊"春风得意马蹄疾，一日看遍长安花"②；如白居易"太宗皇帝真长策，赚得英雄尽白头"。

(4) 诗赋取士也被诟病为世风浮薄之由来。唐人惯以吟诗作句争高下。开元二十四年(735)，主考官吏部员外郎李昂与应试举子李权相互指摘诗句瑕疵，酿成科场风波。更为严重的是，士子们用心于雕饰辞章，而忽视了治国的真才实干，由此产生浮薄世风。这种风气在唐朝中后期愈演愈烈，李德裕等不少朝臣反对科举考试诗赋，甚至要取消进士科的考试。

四、设馆修史与史学创新

1. 丰硕的修史成果

隋唐的统治者注意吸取历史教训。唐太宗说："以史为鉴，可以知兴替。"③因此，他们注重修纂史书，展开了大规模的修史活动。

隋初，隋文帝为了矫正魏收在《魏书》中褒贬失实缺点，曾命令著作郎魏澹重修《魏书》。与此同时，许亨、许善心父子完成《梁书》70卷，王劭完成《隋书》80卷和《齐书》100卷，牛弘初撰《梁书》18卷。这些都为唐朝更大规模的修史活动开启了先河。

唐武德五年(622)，高祖李渊诏令萧瑀、令狐德棻等17人修纂北魏、北齐、北周和梁、陈、隋等六朝史书。贞观五年(631)，唐太宗又命令魏征、令狐

---

① 《唐摭言》卷三《慈恩寺题名游赏赋咏杂纪》。
② 孟郊：《登科后》，《全唐诗》卷三七四。
③ 《贞观政要》卷一《任贤第三》。

德芬等人继续修纂北齐、北周和梁、陈、隋五朝史书。于是,在贞观年间,李百药继承父业,完成撰写《北齐书》50卷;令狐德芬广搜遗书,完成撰写《周书》50卷;姚思廉以父业为基础,完成撰写《梁书》56卷、《陈书》36卷;魏征等人完成撰写《隋书》85卷;房玄龄领衔修纂《晋书》130卷。此外,史官李延寿继承父业,在高宗时个人修纂完成《南史》80卷、《北史》100卷,前者为南朝宋、齐、梁、陈的通史,后者为北朝魏、齐、周、隋的通史。这些史书体例严谨,内容翔实,各有千秋而又相为补充。后来被史家一同列入"二十四史",号称"唐修八史"。

2. 官修史书制度的确立

隋唐时期官修史书制度的确立和完善,对中国古代史官文化的传扬影响深远。

前代修史多为私家著述,成书质量良莠不齐。开皇十三年(593),隋文帝下令,禁止私人修撰史书,初步确立了官修史书制度。武德初年,朝廷设立史馆,招纳史家集中修史。史馆原隶属于秘书省著作局,为了便于皇帝掌控,于贞观三年(629)转移到门下省北,并确定由宰相兼领,负责监修国史。开元十五年(727),史馆又移至中书省,更加靠近权力中枢。由宰相奉敕领衔修撰前代或本朝国史,以后遂相沿成习。

同时,征集史料和修纂史书的程序步骤也日益严密化制度化。唐规定,中央三省六部一台九寺各职能部门,地方州、县以及军队各官方机构,务必及时将新形成的各种档案材料报送史馆,并严格限定材料的内容、呈送方式及移交时间。例如,鸿胪寺报送藩国朝贡,要包括各国土邑风俗、道里远近、国王姓名、朝贡情况等;户部报送民政事项,要包括州县废置、户口田赋、灾害赈济等。史馆用此材料编撰实录、国史,并为撰写正史奠定了史料基础。

唐朝修史形成完整的程序体系。在从各部门征集原始档案材料的同时,史馆还系统记述皇帝的日常言行和政务决定,以形成各种体裁的基础文献。它们主要是以下数种。

(1)起居注

由门下省的起居郎在皇帝身边,"录天子言动法度,以修记事之史";由中书省起居舍人,"掌修记言之史,录天子之制诰德音"①。其体例是"以事系日,以日系月,以月系时,以时系年",按时间顺序,广泛记录皇帝的日常言

---

① 《旧唐书·职官制》。

行和与皇帝有关的军国大事。

（2）时政记

它出自皇帝手下大臣，即"宰相记天子之事以授史馆之实录也"。它作为对起居注的补充，在武周和唐德宗、宪宗、武宗和宣宗等朝都曾实行过。

（3）日历

就是把起居注的原始材料分类编次整理，以备修纂实录之用。

（4）实录

即皇帝在位时的大事记，主要依据以上三种文献，以编年为体，如实记录其时的军政大事、经济措施、自然灾祥、社会风俗等。最早是南朝的《梁皇帝实录》，由唐开始，每一嗣君即位，必敕史臣撰修前朝实录，沿为定例，至清末光绪朝止。

以实录和日历等史撰为基础，由史馆编纂纪传体的当代国史。如高宗时，长孙无忌和令狐德芬等人就撰成武德、贞观二朝国史 80 卷；玄宗时，吴兢又续修《国史》达到 113 卷；肃宗时，柳芳再续肃宗史事，增补为 130 卷……基于这些系统的编纂工作，到五代和宋，最后形成各数百卷的新、旧《唐书》，其体例之完整、内容之详赡都为前代史书所不能比拟。

3. 史学理论和史书体裁的新发展

（1）史学理论的创新

唐代刘知几的《史通》20 卷，是中国古代第一部成系统的史学批评和史学理论著作，完成于唐中宗景龙四年（710），在中国史学史上占有重要地位。此书多有精要之义：

一是提出史家三长论，认为写史之人应该具备才、学、识三长。史才即治史的才能，史学即掌握的史料和学问，史识即观察问题的眼光和见识。三者中，史识最重要。

二是深入剖析史著源流，上溯《尚书》、《春秋》，"六经"皆可归之于史；下叙各体史书的衍化流变，深刻揭示其产生背景及长短得失。

三是科学划分史书体例，在区分正史和杂史的基础上，将正史以记言、记事等特点分为六家，又以纪传、编年的写法分为二体，再将杂史细分为偏记、小录、家史等 10 种体裁。

四是叙述历代史官的建置沿革及其选拔途径，尖锐指出官修史书的五大弊端。

五是准确评价纪传和编年的得失，指出撰写史书的四大"必须"：体例必须严谨,断限必须清楚,叙述必须明晰,取材必须详略得当。

六是重视史料的搜集和抉择,强调广泛搜集和严格鉴别史料是撰史的基础。他用批判的眼光审视前代史书,批评其"真伪莫分,是非相乱",对后世的疑古思潮有很大影响。

七是在撰史的方法和技巧上,主张文约事丰,语言通俗,反对过度雕饰。

八是对历史人物的取舍和评价,认为必须兼重正反两方面史料,凡是"其恶可以戒世,其善可以示后"①的人物及其事迹都要写入史书。

九是在修史态度上,强调善恶必书,直笔写史,反对阿世取容,曲笔掩过饰非。

(2) 史书体裁的创新

前代史书内容以人物纪传为主,对典章制度只是偶用《书》或《志》的形式记述,如《史记》的"八书"和《汉书》的"十志",但内容多限于一代而且篇目增损无常,历代典章制度损益演化的轨迹就难以体现。为此,杜佑在刘秩《政典》的基础上,花费36年心血,于唐德宗贞元七年(791)完成了中国古代第一部专记历代典章制度沿革变化的通史性著作《通典》。该书总200卷,分食货、选举、职官、礼、乐、兵、刑、州郡、边防等九个门类,上起传说中的黄帝,下至唐玄宗天宝末年。它对每一种制度必上溯其源,下通其流,得使"礼乐刑政之源,千载如指诸掌"②。《通典》发政书体史籍之端,成为后世"十通"之首。

唐代史学对一代制度的兴替,也有分门别类、严谨缜密的纂述,创立了会要体史书。唐德宗时,苏冕、苏弁兄弟纂修高祖至德宗九朝典章制度,最早完成《会要》40卷。宣宗年间,又有尚书左仆射崔铉领衔,由杨绍复、薛逢等续修《会要》40卷。到北宋建隆二年(961),王溥等人再补修唐宣宗以后内容,撰成20卷。至此,《唐会要》以百卷篇幅成书,细分514目,对唐代社会各项制度之沿革损益无不详细记载,成为以后会要体史书的典范。

此外,唐朝还独创了专记官制沿革的职官体史籍《唐六典》,撰写出如《括地志》、《元和郡县图志》等专记行政区划沿革的地理志书,还出现了大量别史杂著、笔记类书等体裁的史书,无不成为重要的历史文献。

---

① 《史通》卷八《人物第三十》,上海古籍出版社1978年版。
② 《旧唐书·杜佑传》。

隋王朝世系表(581年～618年))

(1)文帝杨坚(581～604)——(2)炀帝杨广(604～618)

唐王朝世系表(618年～907年)

(1)高祖李渊(618～626)——(2)太宗李世民(626—649)——(3)高宗李治(649～683)——(4)中宗李显(683～684)(705～710)——(5)睿宗李旦(684～690)(710～712)——(6)武则天武曌(690～705)——(7)玄宗李隆基(712～756)——(8)肃宗李亨(756～762)——(9)代宗李豫(762～779)——(10)德宗李适(779～805)——(11)顺宗李诵(805)——(12)宪宗李纯(805～820)——(13)穆宗李恒(820～824)——(14)敬宗李湛(824～827)——(15)文宗李昂(827～840)——(16)武宗李炎(840～846)——(17)宣宗李忱(846～859年)——(18)懿宗李漼(859～873)——(19)僖宗李儇(873～888)——(20)昭宗李晔(888～904)——(21)昭宣帝李柷(904～907)

(后)梁世系表(907年～923年)

(1)太祖朱温(907～912)——(2)郢王朱友珪(912～913)——(3)末帝朱友贞(913～923)

(后)唐世系表(923年～936年)

(1)庄宗李存勖(923～926)——(2)明宗李嗣源(926～933)——(3)闵帝李从厚(933～934)——(4)末帝李从珂(934—936)

(后)晋世系表(936年～947年)

(1)高祖石敬瑭(936～942)——(2)出帝石重贵(942～947)

(后)汉世系表(947年～950年)

(1)高祖刘知远(947～948)——(2)隐帝刘承祐(948～950)

(后)周世系表(951年～960年)

(1)太祖郭威(951～954)——(2)世宗柴荣(954～959)——(3)恭帝柴宗训(959～960)

第七章 宋、辽、西夏、金

（公元960年～公元1279年）

导　　读

一、宋、辽、西夏、金时期的历史特点

宋、辽、西夏、金在中国历史发展进程中，是一个上承汉唐，下启明清的重要的变革和转型时期。中国古代开始由前期进入后期，在社会形态的各个方面，前、后都呈现出明显差异。

（1）在古代前期，土地国有制的成分还占有较大的比重，地主土地所有制发展的水平较低。战国秦朝军功授田，东汉假民公田，三国屯田，西晋占田，北魏至隋唐行均田，其共同的特点就是国家拥有突出的土地分配权。而从宋代开始，土地商品化占绝对优势，国家不拥有大量土地，也无法对土地实行均田式的再分配，同时国家也完全承认土地买卖的自由化和合法性。顾炎武指出：汉唐指为"豪民"或"兼并之徒"者，宋代则号为"田主"①。

（2）在古代前期，农民多为豪强控制下的"徒附"、"部曲"，人身依附性还很强，没有独立户籍，是附在主人名下的"私属"。中晚唐以降，政府将他们一并纳入国家的编户齐民之列。前期支配国家政治生活的门阀世族阶层已然崩溃，代之而起的是通称为"士大夫"的品官地主。"皇帝与士大夫共治天下"，成为宋代政治大厦的基本架构。

（3）在古代前期，主要是按丁、口、户征人头税；从宋代开始以土地和财产户等为标准，主要征收的是土地税和商业税。

---

① 顾炎武：《日知录集释》卷十《苏松二府田赋之重》，岳麓书社1994年版。

（4）在古代前期，城市实行封闭式的坊、市分隔制，居住区和商业区严格分开，城市的政治意义远在商业意义之上。唐宋之际，商品经济的发展和城市人口的增多，冲破了坊市的区隔。宋将城市居民称为"坊廓户"，依财产分为十等，编成簿册，统一管理。宋代工商业者政治和社会地位有很大提高，传统上的"农本商末"观念受到强烈冲击。

（5）在古代前期，社会分裂的时期较长，有战国、魏晋南北朝、唐末五代等三大分裂期。宋代以后，国家与民族的凝聚力增强，统一与中央集权的时间较长，分裂期相对短暂。

宋代同过去的一些王朝相比，在政治上也有其突出特点。

（1）高度集权的行政体制，中央完全掌控地方。中央官僚的设置又叠床架屋，互相牵扯，以利于皇帝控制。结果冗官过多，使国家财政捉襟见肘，两宋变革呼声不绝，亦根植于此。

（2）重内轻外的军事部署。重点防范国内可能的政治变局或军事叛变，结果大幅削减对外的军事力量，使对契丹、党项、女真等政权的战争屡战不胜，边患不断加剧。

（3）重文轻武的价值选择。在内政上重用文臣，使文臣的地位大大高于武将，"满朝朱紫贵，尽是读书人"；"政治之纯出于士大夫之手者，惟宋为然"[①]。

宋代的制度，主要创自太祖，经太宗、真宗两朝而定型，宋人敬称之为"祖宗家法"。"祖宗家法"涵摄伦理与政治的双重含义，是后来的统治者必须遵循的治国之道；"祖宗家法"又是士大夫理想和现实利益的保证。所以，后来试图改变这种"祖宗家法"的努力，都阻力重重，而宋代武备之不竟、政治之因循，也应当于此中寻找其终极根源。

辽、西夏、金是此时期分别由契丹、党项、女真三个边疆民族建立的王朝。他们一方面积极向宋朝学习，另一方面又保留了本民族的传统，从而在政治、社会与文化面貌上各具特点。

辽朝实行番汉分治的统治方式，"因俗而治"，"官分南、北"，从中央到地方都有两套平行的政权机构——北面官和南面官，政治中心在皇帝巡幸的四时捺钵。

西夏实行番汉联合而治的统治方式，在政治制度上受宋朝影响很大，其

---

① 柳诒徵：《中国文化史》，中国大百科全书出版社1988年版，第516页。

官职设置基本上模仿北宋,但也设有很多番名官职。

金朝建立之初,设勃极烈辅政制,至金熙宗时为加强中央集权而废除。猛安谋克制在女真及金朝社会发展史上占有重要地位,金宣宗南迁以后逐渐瓦解。

辽、西夏、金均创制了本民族的文字,分别是契丹文、西夏文和女真文,其中契丹文和女真文又有大小字之分。但三个王朝也都流行汉文,普遍对汉文化表现出浓厚的兴趣。契丹、党项、女真在与汉民族及其他各族人民密切交往的过程中,加速了北方各民族的融合,同时创造出各具特色的民族文化。

二、历史文献与参考资料

宋代所遗留的历史文献汗牛充栋,择其基本和常用者列以下数种。

(1)《宋史》496卷,元脱脱撰,是唯一系统全面记录有宋一代历史的纪传体史书,含纪、志、表、传四种体裁。现有中华书局1977年新点校本。

(2)《东都事略》130卷,南宋王稱撰,为纪传体北宋史,但只有纪、传而无表、志。

(3)《续资治通鉴长编》520卷,南宋李焘撰,为编年体北宋史。它继承《资治通鉴》体例,记载北宋九朝168年的史实,征引广博,考订详实,是研究北宋历史最基本的文献,被当时与后世所推崇。今有中华书局1979～1995年点校本。

(4)《建炎以来系年要录》200卷,南宋李心传撰,为编年体南宋史,记载自建炎元年(1127)至绍兴三十二年(1162)宋高宗朝36年间史实。中华书局1988年据广雅书局本出版校勘本。

(5)《两朝纲目备要》,不署撰人,记载南宋光宗、宁宗两朝史事。

(6)《宋季三朝政要》6卷,不署撰人,记载南宋理宗、度宗、恭宗三朝史事。此书载宋末轶事较多,可补《宋史》之缺。

(7)《三朝北盟会编》250卷,南宋徐梦莘撰,为纲目类编年体史书。记事始于徽宗政和七年(1117)海上之盟,终于高宗绍兴三十二年(1162)采石之战,共46年,是研究此时期历史的第一手材料。上海古籍出版社1987年据光绪三十四年许涵度刻本影印出版。

(8)《宋会要辑稿》366卷,清人徐松辑。它保存了丰富的宋代典章制度原始资料,多有《宋史》或其他宋代史书所未采录者。共分17类,800多万字，有中华书局 1957 年影印本。

（9）《文献通考》348 卷，元马端临撰，为典制体通史，记载自上古至宋宁宗嘉定末年的典章制度沿革，分二十四门。它收集的资料特别丰富，尤其详于宋代制度。

除以上著作外，还有大量的参考资料值得重视，主要有文集、笔记、方志三大类。

宋人的文集现存七八百种，散见于四库全书（收入宋人文集四百种，其中 128 种是从《永乐大典》中辑出）、四部丛刊、四部备要、丛书集成初编、万有文库、国学基本丛书以及地方性的永嘉丛书、敬乡楼丛书、金华丛书、四明丛书、豫章丛书等大型丛书中。通过中华书局出版的《中国丛书综录》，便可找到这些丛书的线索。2006 年上海辞书出版社、安徽教育出版社联合出版了《全宋文》360 册，1998 年北京大学出版社出版了《全宋诗》72 册。

宋人笔记大约有 300 多种，散见于各种丛书中。中华书局出版有"唐宋史料笔记丛刊"，上海古籍出版社出版有"宋元笔记丛刊"，各收有几十种宋人笔记。由于笔记内容大多来自追忆与传闻，容易失真，有的还故意作伪，故利用时要特别慎重。

留传至今的宋代方志合计 36 种。中华书局 1990 年出版了《宋元方志丛刊》，内收宋元方志共 41 种。方志的史料价值在于补史之缺，参史之错，详史之略，续史之无。

关于辽、西夏、金朝的历史文献与参考资料也很丰富，基本和常用者约略有以下数种。

（1）《辽史》116 卷，元脱脱撰，为纪传体的正史。它主要依据金人陈大任所修《辽史》和耶律俨所撰《实录》修成，中华书局标点本是目前通行的较好版本。中华书局还出版了今人陈述著《辽史补注》，是关于契丹和辽史研究成果的集大成之作。

（2）《契丹国志》27 卷，南宋叶隆礼撰。它记录了契丹初兴和建国始末史实，搜集了辽与后晋、宋、西夏的交往文书。今有上海古籍出版社的贾敬颜、林荣贵点校本。

（3）《党项与西夏资料汇编》4 卷 9 册，550 万字，今人韩荫晟编，宁夏人民出版社 2000 年出版。作者征引古籍 350 多种，汇编党项与西夏史料，并一一考订。

（4）《金史》135 卷，元脱脱撰，为纪传体正史。所据资料既有实录、国史,又有王鹗的《金史》为底本,所以有"良史"之称。《金史》体例有创新,如于"本纪"之前列"世纪","本纪"之后复有"世纪补";又立《交聘表》以记载金与宋、西夏、高丽间的使臣交往。中华书局标点本是目前通行的较好版本。

(5)《大金国志》40卷,托名宋人宇文懋昭撰,也是一部较为完整的金朝史。以抄撮宋、元人的记载,间以野闻俚说而成书。中华书局出版的崔文印《大金国志校证》,是目前通行的较好版本。

辽、西夏、金史的考古资料,主要来源于城址、陵墓、佛塔等处的考古挖掘及石刻文献。辽上京、中京遗址,金上京、中都遗址,黑水城遗址,辽、西夏、金帝王陵墓,以及辽、西夏、金部分佛塔等,均有考古资料出土。今整理有《中国考古集成》(东北卷)、黑水城出土西夏文献(见于《俄藏黑水城文献》、《英藏黑水城文献》、《中国藏西夏文献》、《中国国家图书馆藏西夏文献》、《中国藏黑水城汉文文献》)等。石刻文献有向南编的《辽代石刻文编》,李范文的《西夏陵墓出土残碑粹编》,张中澍、陈相伟等校注的《金碑汇释》等。

三、对宋、辽、西夏、金史的研究

1. 中国学界的宋史研究

20世纪上半期,具有现代学术价值的宋史研究,开始在中国学术界形成。从事宋史研究和教学的主要有金毓黻、姚从吾、张荫麟、陈乐素、全汉昇、聂崇岐、邓广铭、蒙文通等先生,他们对宋代政治、经济、文化诸领域许多问题的研究都有开创之功,成果也颇见功力。尤其金毓黻出版有《宋辽金史》(1946),这是20世纪正式出版的第一部宋辽金史专著。

1949年以后,中国大陆和香港、台湾地区的宋史研究,具有不同的发展轨迹。

20世纪下半期大陆的宋史研究专家,除老一辈先生外,主要有张亮采、束世澂、华山、李埏、赵俪生、漆侠、徐规、程应镠、朱瑞熙等学者,研究成果主要体现在政治制度史,经济史,农民战争史,宋、辽、西夏、金关系史和历史人物研究等方面。尤其是《宋史》和《续资治通鉴长编》两部大型史籍的校点整理和出版,是宋史研究的基础性工程,功莫大焉。

台湾的宋史教学和研究基地,一是以姚从吾为旗帜的台湾大学,二是张其昀创建的私立中国文化大学。为适应需要,如《续资治通鉴长编》、《太平寰宇记》、《三朝北盟会编》、《圣宋名贤五百家播芳大全文粹》、《玉海》、《皇朝编年纲目备要》等典籍都相继在台湾影印出版。同时,在美籍华裔学者刘子健的倡议下,于1963年成立了民间学术团体——宋史座谈会。该组织除定期举行学者座谈外,并与官方合作出版《宋史研究集》,迄今已有36集面世。台湾学者在宋代经济、宗教、社会、政治、军事、教育、学术等领域都有突出的学术成果出现。

香港中文大学罗球庆先生主要从事宋代军事和制度史的研究,他的弟子构成了香港宋史研究队伍的骨干。此外,梁天锡的宋代官制与佛教研究、苏基朗的宋代经济研究、许振兴的宋代史学研究、黄富荣的宋代思想研究也有很高的学术价值。

2. 日本"唐宋变革期"理论的影响

值得关注的是,20世纪初日本史学界有"唐宋变革期"理论范式问世。

1910年,内藤虎次郎(内藤湖南)于《概括的唐宋时代观》中指出,唐代是中世的结束而宋代则是近世的开始①,他从政治体制、经济形态、文化演变等方面提出8项论据。1961年,宫崎市定发表《东洋的近世》②,对内藤的观点进行补充,认为中国历史分期,可按统一、分裂和再统一分为三段。从春秋战国的分裂到秦汉帝国的统一,为古代。由魏晋南北朝之分裂演变为隋唐帝国的大一统;中唐以后割据势力再度抬头,至五代十国更甚,此为中世。从宋朝统一中原迄于明清,可大致维持统一之局,是为近世。他也从劳动者地位、官员身份、土地经营、城市商业、学术文化、民族意识等方面的变化着眼,将自己的论据列了10项。

"唐宋变革期"学说,不仅提示了唐宋间巨大社会变革的事实,而且试图从历史发展全局的高度,予以分析定性,无疑极富启发性。日本史学的京都学派和东京学派,其共识表现在四个方面:一是唐宋之际,中国确实发生了极大的社会变迁;二是唐宋间社会的最显著变化,是门阀贵族的没落和科举出身新官僚阶层的兴起;三是大土地的耕作形态,由部曲制演变为佃户制;四是唐帝国的崩溃,唤醒了周边突厥、契丹等的文化自觉和民族意识。

中国的史学家也很早就意识到宋代在中国历史上所具有的关键地位。

---

① 内藤湖南:《概括的唐宋时代观》,原载《历史与地理》第9卷第5号,1910年出版;今刊《日本学者研究中国史论著选译》第一卷,刘俊文主编,黄约瑟译,中华书局1992年版。

② 宫崎市定:《东洋的近世》,载《日本学者研究中国史论著选译》第一卷,刘俊文主编,黄约瑟译,中华书局1992年版。

1939年,钱穆在《国史大纲》中认为,唐中期以后有两大变化,一是经济和文化中心的南移,二是贵族门第的衰落。由此出现的社会新现象,一是印刷术发达和书院的普遍出现,使学术文化向社会下层沉降,不再仅掌握于贵族之手;二是家族政治瓦解,出现了白衣卿相执政的局面;三是社会阶层之间更加流动消融,以前重家世、重门第的风气不复存在①。

1946年,金毓黻在《宋辽金史》中认为,秦汉、隋唐、宋辽金是中国历史上民族文化、政治制度的三个大变革时期,而宋代是"古今最剧之变局"。美籍华裔学者刘子健,则将"唐宋变革"的时间下限定在两宋之交,认为中国文化从开放和具有创新性转向内敛与精细,逐渐失去创造性,终于导致此后近千年中国历史发展的迟滞②。

简而言之,唐宋变革期的表现在于:政治上,由贵族政治转变为皇权独裁政治;经济上,土地制度由部分国有转变为完全地主私有,部曲制变为佃户制;文化上,由贵族文化向庶民文化转变,词、曲的普及与时尚乃其典型表征;思想上,儒学由政治文化学说转而为恪守纲常伦理本位的道德学说;社会风俗上,等级界限被突破,人生理想与价值观念迥异前代。这一切,不仅构成了宋代社会的全新风貌,而且奠定了其后中国社会的基本文化格局。

3. 对辽、西夏、金史的研究

20世纪的辽、西夏、金史研究也取得重大进展,实现了从传统史学向近代史学的转变。

在辽史研究领域,王国维是新史学方法的倡导者。他利用"二重证据法",撰成《辽金时蒙古考》、《鞑靼考》、《西辽都城虎思斡耳朵考》等文。此后号称辽史四大家的陈述、冯家昇、傅乐焕、罗继祖也运用新方法从事研究,其成果主要有陈述的《契丹史论证稿》、冯家昇的《〈辽史〉源流考》、傅乐焕的《辽代四时捺钵考》、罗继祖的《辽史校勘记》等。

在西夏史研究领域,最早介绍和研究西夏语言文字的是罗振玉和罗福成、罗福苌父子。其后王静如撰《西夏研究》,拓展了西夏研究的领域。在出土西夏文献资料的搜集、整理与专题研究上,中国与俄罗斯、日本、美国学者都取得了很大成就。西夏文《天盛改旧新定律令》,是中国现存的一部用少

---

① 钱穆:《国史大纲》(修订本),商务印书馆1996年版。
② 刘子健:《中国转向内在:两宋之际的文化内向》,赵冬梅评,柳立言校,江苏人民出版社2002年版。

数民族文字书写成的古代法典。

在金史研究领域,张博泉的贡献很大,其《金代经济史略》等成果具有开创意义。关于女真社会性质、猛安谋克制度、勃极烈制度、女真汉化等问题,是学术界长期讨论的重点。关于女真语言文字的研究,以罗福成的成就最大。金光平、金启孮父子对女真文字的研究取得了突破性进展,著有《女真语言文字研究》一书。

在传统研究中,重宋史而轻辽、西夏、金史的倾向明显。在辽、西夏、金三史中,治辽史者往往兼治金史,而很少兼治西夏史;治西夏史者又很少涉及辽金史,全面研究辽、宋、夏、金史者更少。如能将宋、辽、西夏、金、吐蕃、回鹘、西辽、喀喇汗朝、大理和蒙古诸部的历史结合起来做整体考察,将有利于从宏观上把握这一时期的历史走向,提高研究水平。

第七章 宋、辽、西夏、金　535

（本章地图转引自北京大学出版社《中国古代史纲》）

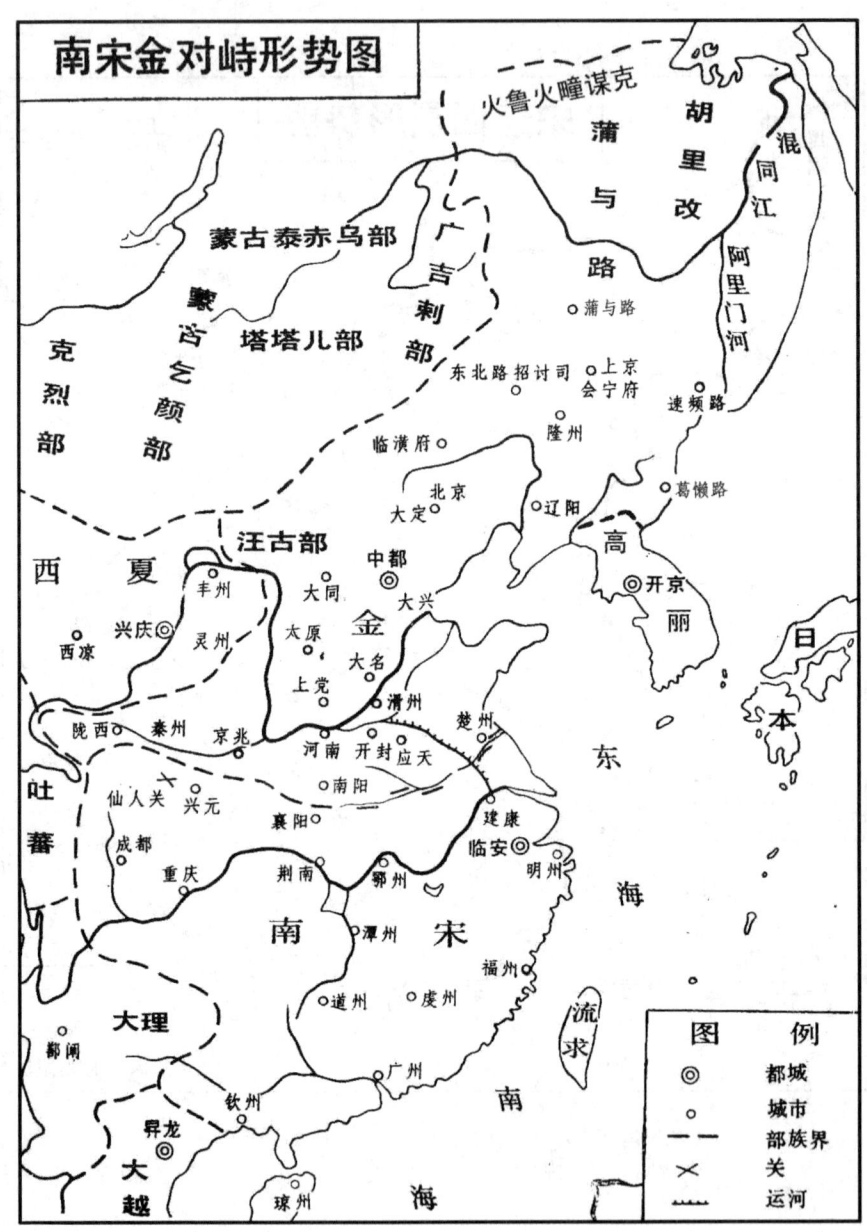

第一节　宋朝的建立与北宋政局

一、宋太祖、宋太宗兄终弟及

1. 北宋的建立

后周显德七年（960）正月初四，后周殿前都点检赵匡胤（927～976），在开封东北陈桥驿（河南封丘）发动兵变，成功夺取后周政权，建立了宋王朝，史称"陈桥兵变"。

陈桥兵变的发动者赵匡胤，在后周因屡立战功，深受周世宗柴荣的赏识重用，逐渐成为军中大将。他胸怀大志，一直注重网罗人才，在赵普（922～992）和其弟赵匡义的协助下，经过数年经营，羽毛渐丰，享有盛名。

显德六年（959）六月，周世宗病逝，由七岁幼子柴宗训继位，是为恭帝。显德七年正月初一，镇（河北正定）定（河北定县）二州报称契丹南侵，朝廷派赵匡胤率兵北征。赵匡胤借机调兵遣将，此时京城出现了"策点检为天子"的流言。他于初三早晨率军北上，而其亲信、禁军将领石守信、王审琦等则被安排率殿前军留守京城为内应。北上进军途中，军校苗训说天上有两个太阳，并且日中有黑光长久闪动，暗示天意有归，授命有兆。

当晚军宿陈桥驿。次日黎明，赵普和赵匡义率领将校拥入赵匡胤寝室，将黄袍披到他的身上，然后山呼万岁。赵匡胤对将士提出两点要求：一是不能凌暴周恭帝、太后及朝内大臣，争取周朝官僚集团的支持；二是改变五代兵变恶习，禁止纵兵大掠，以争取民心。

正月初五，赵匡胤率军进入京城，至崇元殿，举行禅让之礼。赵匡胤即位，定国号为宋，改元建隆。

2. 杯酒释兵权

五代政治有两大祸患：一是心腹之患，即禁军；二是肢体之患，即藩镇。宋初，为巩固新朝，势必要除此二患，方可加强中央集权，不致重蹈五代覆辙。

解决心腹之患，有流传甚广的"杯酒释兵权"之说。据司马光《涑水记闻》（卷一），建隆二年（961）七月，宋太祖设宴招待石守信、王审琦等禁军将领。酒酣耳热之际，太祖说，我当了皇帝，却常常夜难入眠，还不如做个节度使快乐。石守信等问为何？太祖道，天子风光，何人不愿？石守信等连忙表示不敢有异心。太祖说,纵使诸位无异心,若你们的部下将黄袍披在你们身上,恐怕那时就身不由己了。石守信等马上明白,就请指明出路。太祖说,人生如白驹过隙,你们何不释去兵权,购置家业,颐养天年。从此我们君臣再无猜疑,上下相安。次日,石守信等人就一起上书称病,请求解除兵权。宋太祖顺水推舟,立即批准。

所谓"杯酒释兵权",乃指罢宿将典兵之权。此后掌禁军者,非资浅即才庸,取其易制,不会变起肘腋。侍卫亲军都指挥司分为马、步二司,与殿前司合称"三衙",军权得以分解。

为根除心腹之患,宋初又在兵制改革上做足文章。首先是分散兵权,把握兵权、调兵权与统兵权分开,三衙握兵,枢密调兵,临时遣将统兵,三者均不能拥兵自重。其次是重视禁军的选拔、补充和教阅,不断选拣各地精兵进入禁军。再次是制定"更戍法",士兵三年一轮替,以免将领与士兵形成私密的关系。

3. 收藩镇之权

为解决"肢体之患",宋初名相赵普献上了"三大纲领"。据《涑水纪闻》(卷一),赵普对太祖说:"唐季以来,战斗不息,国家不安者,其故非他,节镇太重,君弱臣强而已矣。今所以治之,无他奇巧也,惟稍('逐渐'意)夺其权,制其钱谷,收其精兵,天下自安矣。"赵普目的是要收藩镇之权于中央,使中央军力日渐强大,藩镇的力量不足以与中央对抗。

"稍夺其权"包含有四项措施:一是剥夺节度使的司法审案权,命出中央;二是以文臣担任知州县,他们听命于中央,敢于抗衡节度使;三是在州府设置通判,行州府之政,含监察节度使之意;四是州县直属中央管理,罢节度使领州县之权。

"制其钱谷"的主要措施是:设转运使掌一路之财,由通判掌一州之财,州的财政盈余全部上交中央,使节度使失去了财权。

"收其精兵"是将各地方厢军中的精锐之士,通过拣选,不断集中充实到禁军中来。厢军一般不进行训练,只服各种差役,战斗力薄弱,待遇差,无法与强大的中央禁军对抗。

4. 削平诸国的统一战争

宋朝甫建,天下尚处于四分五裂之中,在周世宗统一事业的基础上,开始了削平诸国的统一战争。其进程先南后北,渐次展开。

(1)乾德元年(963),宋军出兵两湖,先后平定了荆南与湖南两个弱小政权。

(2)乾德二年(964),宋军分道伐蜀,平定后蜀。

(3)开宝四年(971),宋军平定南汉。

(4)开宝七年(974),宋军开始讨伐南唐,次年平定。

(5)太平兴国三年(978),割据福建漳泉一带的陈洪进和吴越钱俶相继纳土称臣。

(6)太平兴国四年(979),宋太宗御驾亲征,攻下北汉。

宋朝初年,历经太祖、太宗两朝,终于削平诸国,结束了"安史之乱"以来的分裂割据局面,基本上确立了以中原为中心的统一中央集权的政治格局。

5. 太祖、太宗的帝位更替

开宝九年(976)十月,太祖赵匡胤死去,其胞弟赵光义继位,是为宋太宗。

有关这次皇位传承,为历史著名疑案,当时人是不敢真实记述的。数十年后,一个和尚文莹在《湘山野录》中以隐晦笔法记载之。又差不多百年后,司马光才在《涑水记闻》中记载了此事详情。南宋李焘在《续资治通鉴长编》卷一七中,糅合了《湘山野录》和《涑水记闻》,有"烛影下"、"引柱斧戳地"之语,故后世称为"烛影斧声,千古之谜"。

可以确知的是,太祖是猝死,太宗是用非常手段抢到了皇位。太宗继位后,帝位传承的阴影终其一生而无法摆脱,于是又引发了宋初的另一疑案"金匮之盟"。

所谓"金匮之盟",是指太祖、太宗之母杜太后临终前,要太祖传位于弟弟,并写成誓约藏入金匮中。太平兴国六年(981),宰相赵普献出"金匮之盟",这对稳定太宗朝统治十分有利。但真相究竟如何,学术界争论颇多①,如果没有新史料,"金匮之盟"仍是迷雾重重。

宋朝建立后,太祖即实行崇文抑武政策。太宗时,继续优遇文臣,大阐文治。经过40年的努力,终于确立了宋代的文官统治,树立起新的社会风尚。

太祖在位17年,开科取士15次,共取进士188人,每榜约13人。因此,太祖时朝廷内外,以五代沿袭下来的旧官居多。太宗临朝21年,开科8次,共取进士1478人,每榜约186人。太平兴国八年(983)以后,中枢要职

---

① 张其凡:《宋太宗》,吉林文史出版社1997年版。

皆为太宗朝进士所据。到太宗后期，新文官已满布朝廷要津和地方府署，宋朝的文官格局才最终确立起来。

6. 太宗后期的危局

太平兴国四年(979)和雍熙三年(986)，宋朝两次进军幽云失败，给宋太宗以很大打击；内部矛盾的激化，更令他心劳日拙。在其统治后期，宋朝开始陷入危机局面。

(1) 外部边防形势日趋严峻

高梁河之战和雍熙北伐的两次失利，使宋朝陷入被动挨打的局面，"敌势益振，长驱入深、祁，陷易州，杀官吏，卤士民，所过郡邑，攻不能下者，则俘取村墅子女，纵火大掠，辇金帛而去。魏博以北，咸被其祸"①。辽军频频南下河北，宋都开封经常告警。

党项族首领李继迁的崛起，加剧了西北边患。雍熙二年(985)二月，李继迁攻占银州、会州，开始坐大。至道二年(996)元月，李继迁大败护送辎重去灵州的宋军。太宗震怒，派兵进讨，大小数十战，无功而返。终太宗之世，使尽了软硬两手，终未能使李继迁就范。

(2) 内部矛盾相当尖锐

淳化二年(991)八月，太宗对近臣说："国家若无外忧，必有内患。外忧不过边事，皆可预防，惟奸邪无状，若为内患，深可惧也。帝王用心，常须谨此。"②这表明其注意力已更多地从外部转移到内部，害怕内部变乱将给宋朝统治带来致命危机。

太宗时，枢密院独大，架空了中书。如雍熙北征，太宗唯独与枢密院计议，宰相却未允许参与，引起中书宰臣的不满，朝臣也颇多异议。淳化三年(992)，太宗所爱之子赵元僖暴死，事连其妾张氏。太宗缢杀张氏，捕元僖左右亲吏。至道元年(995)，宋太祖的宋皇后去世，太宗不肯为其发表，群臣不服，认为不合礼制。直到两年后，宋后才得以陪葬太祖陵墓。

由于水旱蝗灾，民变时起，王小波、李顺起义震撼了宋朝。最后虽被镇压，但也使宋政权受到不小打击。太宗晚年集中精力来解决内部矛盾，防范民变，对外唯有甘心退让。

---

① 《续资治通鉴长编》卷二八"雍熙四年春正月"，中华书局1979年版。
② 《续资治通鉴长编》卷三二"淳化二年八月丁亥"。

二、真宗、仁宗之际的政治格局

1. 辽宋"澶渊之盟"

至道三年(997)三月,宋真宗赵恒即位。因辽朝经常侵扰河北,边防形势仍相当严峻。

景德元年(1004)闰九月,辽军又一次长驱南下,逼近黄河。宋朝震动,已有迁都避敌之议。主战派宰相寇准力排众议,促请真宗御驾亲征,打击了辽兵之锐气。十二月(1005)宋辽双方议和,在澶州(河南濮阳)订立和约,史称"澶渊之盟"。盟约的主要内容有:

(1)宋辽维持旧疆,约为兄弟之国。辽主以兄礼事真宗,真宗以叔母礼事辽承天太后。

(2)宋每年助辽"军费"银10万两,绢20万匹。

(3)两朝交界城池可依旧保存修葺,但不得新有创筑。

(4)盗贼捕逃,彼此无得停匿。

"澶渊之盟"是辽宋妥协的产物,也是双方都能接受的和约。两政权之间从此出现了长达百年的和平局面,这对于南北社会和经济文化的发展,带来了积极的影响。

2. 劳民伤财的"天书封祀"

澶渊盟后,宋朝举国顿觉天下无事,歌功颂德、游宴享乐成风。曾力主宋真宗迁都避敌的王钦若挑拨说,澶渊之盟是城下之盟,真宗被寇准作为一掷孤注,是奇耻大辱。宋真宗于是罢免寇准相职。王钦若又提出泰山封禅的建议,说可以借天命以自重;还说封禅需要的天降瑞祥,可以人为制造,连古代圣人都是神道设教等。宰相王旦也无意抗拒君意,一场天书封祀的闹剧便粉墨登场。其过程分为三步:

(1)天书下降

宋真宗自称曾于景德四年(1007)十一月梦天神下降,于是在朝元殿建道场等候。次年正月三日,果然降下2丈多长的黄帛天书,真宗率群臣至承天门拜受天书,告天地、宗庙、社稷,大赦天下,改元大中祥符。此后又出现3次天书下降,为此专门修建玉清昭应宫以供奉天书。

(2)泰山封禅

封禅泰山,是帝王祭祀天地的重大典礼,一般被视为太平盛世降临的重要标志。大中祥符元年(1008)三月,下诏商议封禅。宰相王旦率文武百官各色人等,5次上表,请真宗封禅。宋真宗于当年十月初四,带着朝中大批官员及护驾军队,浩浩荡荡前往泰山,举行了隆重的封禅仪典。之后他还到曲阜拜谒孔庙,尊孔子为玄圣文宣王。

(3) 西祀汾阴

西祀汾阴又称祀后土,是专门祭祀地神之礼,也为古代盛典。大中祥符四年(1011),宋真宗率大批人马赴河中府(山西永济蒲州镇),进行西祀活动。

真宗试图以天书封祀来树立自己太平盛世的圣君形象,结果却适得其反。他所任用的王钦若与刘承珪、陈彭年、林特、丁谓等勾结为奸,时称"五鬼"。"天书封祀"只落得劳民伤财、兵政不修和军力下降。

3. 寇丁之争与刘后专权

宋真宗一朝的政治斗争主要体现在寇准和丁谓之间。寇准为人刚直忠义,澶渊之盟后因锋芒过露,又受到王钦若的挑拨攻击,被真宗罢去宰相,知陕州。天禧三年(1019),寇准重新出任宰相。此时,为人奸诈多谋的丁谓为参知政事,野心勃勃,图谋专权。寇准为相之初,丁谓事奉谨慎,一次两人在中书就餐,寇准的胡须沾上了菜汤,丁谓轻轻为其拂拭。寇准笑谓:"参政,乃国家大臣,却为长官拂拭胡须吗?"丁谓十分惭愧,因此与寇准有隙。

真宗的刘皇后聪慧机敏,从宫女一路登上皇后的位置,逐渐干预朝政。史载:"后性警悟,晓书史,闻朝廷事能记其本末。真宗退朝,阅天下封奏,多至中夜,后皆预闻。"①天禧四年(1020),真宗中风,政事更多决于刘后。这引发了朝臣间的争议。寇准为维护"祖宗家法",坚决反对刘后参政;而丁谓则支持刘后,伺机以取寇准而代之。寇准向真宗请求,由皇太子监国。得到同意,寇准密令翰林学士杨亿草表太子监国。不幸谋泄,寇准被罢相。不久,寇准又被牵扯入宦官周怀政谋反之事,丁谓则因刘后的支持而顺利出任宰相。

乾兴元年(1022),宋真宗去世,年方十五的太子赵祯即位,是为仁宗。遗诏尊刘皇后为皇太后,权同处分军国事。仁宗继位后,宰相丁谓权盛,且与内侍雷允恭秘密结纳。六月,刘后借故处死雷允恭,丁谓罢相,被贬为崖州司户参军。刘太后与仁宗同御承明殿,垂帘听事。明道二年(1033)三月,刘太后去世,仁宗方得亲政。

---

① 《宋史·后妃传上》,中华书局1977年版。

刘后虽专权,但无意称帝,因此未引起最高统治集团内部的混乱。有人劝刘后"请依武后故事",三司使程琳亦献《武后临朝图》,她掷之于地云:"吾不作此负祖宗事。"总的来看,在她听政的12年中,于赵宋社稷不仅无大过,而且有功。史称"仁宗即位尚少,太后称制,虽政出宫闱,而号令严明,恩威加天下"①。

三、从"庆历新政"到王安石变法

1. "庆历新政"的发起

"天书封祀"的闹剧及真宗晚年的昏聩,使宋太宗以来逐渐形成的积贫积弱局面更加积重难返,于是改革的呼声高涨,"庆历新政"应运而生。

庆历三年(1043)九月至庆历四年(1044)五月,宋仁宗根据参知政事范仲淹的改革方案,以诏书形式,向全国推行新政。

范仲淹的改革主张,集中在他的《答手诏条陈十事》中,主要包括10方面的内容。

(1)明黜陟:针对官员迁升只讲资历年限、不问政绩如何的磨勘旧制,提出对官员严格考核,按政绩优劣分别升降。

(2)抑侥幸:限制官员恩荫子弟为官,防止官僚子弟滥进。

(3)精贡举:改革科举制度,进士除诗赋外还需考策论,以选拔真才实学之士。

(4)择官长:加强对地方官员的甄别、选拔和监督。

(5)均公田:平均分配外官职田,令官吏收入足以养廉。

(6)厚农桑:发展农业经济,加强各地的农田水利建设,增加粮食产量。

(7)修武备:募强壮之士为卫兵,三季务农,一季教战,增加军力,节省军费。

(8)减徭役:合并县邑行政机构,减轻民众的徭役负担。

(9)覃恩信:朝廷免除多年积欠的赋税,地方官执行要取信于民,有违者依法惩处。

(10)重命令:国家令出必行,各级官吏务必认真遵行有关的法令条文。

新政虽然条理分明,但并没有被很好执行。改革官僚制度触及了当政者的既得利益,如将一些监司州县官撤换,大官僚的恩荫任子特权受到限制

---

① 《宋史·后妃上》。

等,都使新政四面树敌。而最初支持变法的宋仁宗,原想借改革振兴朝政,但当反对之声甚嚣尘上时,也立场动摇。最后范仲淹被迫退出朝廷,"庆历新政"昙花一现,遂告失败。

2. 英宗即位与"濮议"之争

宋英宗赵曙,本是濮王允让的第十三子,嘉祐七年(1062)八月,被仁宗立为皇太子。次年仁宗去世,遂即帝位,是为英宗。英宗即位后,在朝臣中引发一场是否追尊其生父濮王的激烈争论,史称"濮议"。治平二年(1065)四月,诏议崇奉濮王典礼。六月,先是诏尚书省集三省、御史台议奉濮王典礼;过几天又罢尚书省集议,令有司博求典故,务在合经。

天章阁待制兼知谏院司马光首先建议:"为人后者为之子,不得顾私亲。(濮)王宜准封期亲尊属故事,称为皇伯,高官大国,极其尊荣。"①侍御史知杂事吕诲、侍御史范纯仁、监察御史里行吕大防等人支持司马光,翰林学士王珪等人以司马光手稿为案,提出称"皇伯"、加封濮王夫人的建议。御史中丞贾黯等人奏请早从王珪之议,结果遭到中书的反对。

中书也以札子形式,在英宗面前自辩,认为"宜称皇伯,是无稽之臆说也";"恩莫重于所生,故父母之名不可改"。英宗意向中书,但未立即下诏。宰相们于是商议,让皇太后下手书追尊濮王为皇,夫人为后,皇帝称亲。

吕诲等人闻知,反复上奏反对追尊濮王为皇,直接攻击宰执韩琦、欧阳修等人。皇太后终于按中书意见下了手书,同时"诏罢尚书省集议",对于拒不服从的吕诲、范纯仁、吕大防等人则外放为地方官。濮议之争以建庙称亲告终。

濮议是中书与台谏的一次大较量。仁宗一朝,台谏势盛,却在此次争论中败北,从而加强了中书宰执的权力。

3. 王安石变法始末

治平四年(1067),宋英宗去世,子赵顼即位,是为神宗。宋神宗即位之初,社会危机仍然没有多大改观,政风吏治苟且因循,财政枯竭,民不安生,西北外夷虎视眈眈。要维护大宋江山,改革势在必行。神宗心存壮志,向元老大臣请教富国强兵之术,富弼却说:"陛下临御未久,当布德行惠,愿二十年口不言兵。"②而在仁宗嘉祐年间崭露头角的王安石,却与宋神宗君臣相

---

① 《宋史·司马光传》。
② 《宋史·富弼传》。

知。

熙宁二年（1069），神宗拜王安石为参知政事，设置制置三司条例司，以指导变法。王安石陆续召集吕惠卿、章惇、曾布等拥护变法的官员，推行新法。熙宁三年，王安石被任命为同中书门下平章事（宰相），更把改革推向高潮。

王安石熙宁变法的内容，大的方面包括富国之法、强兵之术、教育之制三项。

（1）富国之法在改善朝廷的财政状况，以解决"生产少则民不富，民不富则国不强"之症。

　A. 均输法。为了满足皇帝和中央机构消费，让总管东南江、浙、荆、淮六路财赋收入的发运使，详细了解六路物资的生产和开封的需求情况，在采办上供物货时依照"徙贵就贱，用近易远"的原则，既保证朝廷所需物货的供给，又减轻政府的财政支出和人民的转运负担。

　B. 青苗法。把以往为备荒而设置的常平仓、广惠仓的钱谷作本钱，在夏秋青黄不接时贷给农户，称为青苗钱。农民在收成后加息二分，随夏秋两税纳官还贷。此法既救农民生产和生活之急，又压抑盘剥农民的高利贷势力。

　C. 农田水利法。鼓励农民开荒和兴修水利，主要依靠农户集资，不足可由州县贷款。

　D. 免役法。废除原来让百姓按户等轮流充当差役的办法，改由官府雇人充役，然后按户等高下征收不等的免役钱，随夏秋两税交纳。交役钱时，另交二分，称"免役宽剩钱"，以备荒年不征役钱时可雇役之用。原不负担差役的官户、女户、寺观等，要按同等户的半数交纳"助役钱"。这样，既可让乡户返乡务农，也令政府增加了一笔收入。

　E. 市易法。在京城开封设市易务（后改为市易司），以内藏 100 万贯作本钱，负责平价收购商人的滞售货物，然后在市场需求时赊贷给商贩贩卖；也向商贩发放贷款。贷款和货值在半年或一年后加息一分或二分偿还市易务。此法又推广到杭州、长安、润州等地。

　F. 方田均税法。方田就是每年九月由县令负责清丈土地，按土地肥瘠确定等级，登记注册。均税就是以方田结果为依据，均定税额，以防止豪强隐漏田税，增加政府田赋收入。

（2）强兵之术在于改善宋朝兵弱将懦和对西北作战不力的状况，主要措施有三项。

A. 保甲法。乡村住户10户为一保,5保为一大保,10大保为一都保,以财力丰厚、才能高杰者分任保长、大保长和都保长。一家有两丁以上者,选一人为保丁。保丁在农闲时集中练武,必要时补充或代替正兵。这样一是稳定社会,一保内互相监督;二是储备兵源。

B. 保马法。废除效率不高的官府牧马监,由民户代养官马。规定开封府界及河东、河北等路保甲和义勇,户养一至两匹。养马户可免除征役,"皆乐从",以为军队提供更多战马。

C. 将兵法。把各地禁军分为若干单位,置将一人,选派有军事经验的军官担任。将官各专军政,州县不得干预。此法在于"使兵知其将,将练其士",以加强军队战斗力,巩固边防。此法先试行于陕北,后推行至各路,共置42将,一将3000人左右。

(3) 教育改革在于通过解释经典,为推行新法提供意识形态的支撑,并培养更多人才。

A. 设太学三舍。初入太学者为外舍生,经考试升为内舍生,名额200人。内舍生经考试升为上舍生,名额100人。上舍生及成绩优异者不需要科考,由中书考察即可取旨除官。

B. 统一儒典。为抗击保守派"尚法令"、"言财利"的攻讦,王安石等变法派撰《诗义》、《书义》、《周礼义》,合称《三经新义》,作为太学和州县学的教材,也是科考的标准。

C. 增设实学。改革太学之后,重新设置武学、律学等实用学科,以培养各种实用人才。

4. 对王安石变法的评价

王安石熙宁变法,是一次进步的改革运动。它缓和社会矛盾,力图解决社会危机,比庆历新政更为深入。熙宁变法不仅调整政治机构,还注意解决经济问题,使宋朝财政状况有所改善,军事实力有所提高,在一定程度上稳定了中央集权统治。

但经济改革离不开政治体制改革,也离不开合适的推行人选。熙宁变法最后与庆历新政一样,都遭到保守势力的反对和抵制,同时变法中用人不当的问题也相当严重。在改革内容上,除了方田均税法与农田水利法体现了发展生产、均平赋税的意义外,其他法令都体现了政府的强势作用。这一方面将一部分官僚地主的财富收归国有,在体制内使新法的推行阻力重重;

另一方面也加强了对农民的剥削,使变法日益失去群众基础,导致最终的失败。

四、北宋后期的政治斗争

1. 元祐更化

元祐(1086～1093)是宋哲宗的年号。元丰八年(1085),宋神宗病死,继位的哲宗年幼,其祖母太皇太后高氏掌政。她以恢复祖宗法度为先务,起用司马光。他们进行一系列废罢新法、恢复旧制的活动,史称"元祐更化"。更化,即施政方针的更改变化。

首先是废罢熙丰以来的新法。司马光入朝当年即罢去方田均税法、保马法、保甲法、市易法。司马光于元祐元年(1086)死后,其余新法也为旧党集团所罢废。

其次打击新党官僚。司马光上台时,新党蔡确、章惇还分别担任宰相与知枢密院事,旧党群起而攻之,使两人先后被逐出朝廷。旧党明定王安石亲党吕惠卿、章惇等36人和蔡确亲党安焘、曾布等60人的名单,"榜之朝堂",籍党禁锢,不准变法派再入朝为官。

"元祐更化"激化了新旧党人之间的矛盾,导致了北宋后期连续不断的党争,加剧了政局混乱。朝臣士大夫的无谓内耗,不仅表现在新党旧党之间,旧党内部的斗争也很激烈。

2. 旧党内部的政争

"元祐更化"中,司马光对于所有新法是一概否定,一律废罢。但旧党中范纯仁、苏轼等人却认为不必操之过急,奉劝司马光慎重从事。司马光一意孤行,加深了旧党集团的内部矛盾。

在处理新党人士问题上,范纯仁也认为不可以重刑除恶、打击一大片。元祐五年(1090)吕大防、刘挚想稍稍引用新党,来平息积怨,谓之"调停"。这遭到御史中丞苏辙的反对。太后听从了苏辙之言,调停止息,旧党内部的不同意见就逐步发展成朋党之争。

旧党在司马光死后,按籍贯分为三个派别,即以河北人刘挚为首的朔党,以四川人苏轼为首的蜀党,以洛阳人程颐为首的洛党。三派互相攻击和排斥,日渐变为意气之争,使朝政更为复杂混乱,也为新党的重新崛起提供了条件。

3. 新党重新崛起

元祐八年(1093)高太后死去,宋哲宗亲政。他对旧党仰承高太后鼻息的所作所为十分不满,把年号改为"绍圣",表示要继承先圣神宗的遗志。这时重新上台的新党,名义上要恢复元祐年间所废除的熙丰新法,但实际上已和王安石当年富国强兵的初衷有天壤之别,把施政重点放在打击和迫害元祐旧党上面,这尤以章惇为甚。

哲宗亲政,任章惇为尚书左仆射兼门下侍郎。他入相后,"专以'绍述'为国是,凡元祐所革,一切复之"。他挟私报复,不仅"协谋朋奸,报复仇怨,小大之臣,无一得免",还"请发司马光、吕公著冢,斩其棺"①。吕大防、刘挚、苏辙、范纯仁等被流放岭南,有的甚至死在他乡。新党的政治报复,更远甚元祐之政,冤冤相报,新旧党人的矛盾更加激化。

五、徽宗统治与北宋灭亡

1. 建中靖国之政

元符三年(1100),哲宗去世,由其弟端王赵佶继位,是为宋徽宗,同时神宗皇后向氏权同处分军国事。开始,凡绍圣、元符以来被章惇所"斥逐贤大夫士,稍稍收用之"②,旧党势力有所抬头。徽宗新政,改元"建中靖国",作出兼容调和之意,希望平息多年党争。他一方面任用韩忠彦为左相,将司马光、吕公著等33人追复官位,而章惇、蔡卞等新党则被贬官;另一方面又把变法派曾布任为右相,以示大公至正。

曾布善于看风使舵。哲宗死后,皇室拟立赵佶继位。当时章惇有异议,但曾布却极力拥戴之,因而受到徽宗信任。曾布上台后,与韩忠彦不合,时"忠彦虽居上,然柔懦,事多决于布,布犹不能容"。最后曾排斥韩忠彦,"布独当国,渐进绍述之说"③。

2. 蔡京掌政

建中靖国年间,曾布主政,徽宗有意修熙丰之政,遂改元崇宁(1102),意崇尊"熙宁"。新党趁机举荐蔡京,认为"绍述"非蔡京不可。于是徽宗起用蔡京为相。

---

① 《宋史·章惇传》。
② 《宋史·向皇后传》。
③ 《宋史·曾布传》。

蔡京主政，打着恢复新法的旗号，扩张势力，专权朝政，必置元祐党人于死地。崇宁元年(1102)九月，定司马光等120人为"奸党"，由徽宗亲自写名刻石于皇宫的端礼门。崇宁三年(1104)，蔡京又把"奸党"重定为309人，凡与蔡京不合者，皆列入元祐党籍。

蔡京的所谓新法已完全变质，"名为遵用熙丰之典"，实际"未有一事合熙丰者"。从"元祐更化"到"绍述"，再及"崇宁党禁"，党争愈演愈烈，一步步把北宋王朝引向灭亡。

3. 宋徽宗的统治

"丰、亨、豫、大"，是宋徽宗时宰相蔡京所提的口号，意谓宋朝的礼乐制度、宫室规模与当时国家富强及徽宗本人君德隆盛的现实不相称，因此需要广营宫室，重修礼乐。

宋徽宗是历史上有名的风流天子，能书善画，诗赋棋艺样样精通，但在政治上却无所用心。他任用蔡京、王黼、梁师成、朱勔、童贯、李彦等人，时称"六贼"，把整个国家推向深渊。在玩乐挥霍方面，他无所不用其极，尤其"花石纲"之役与宫室园林的大规模兴建，更是耗尽国库，加剧了社会危机。

崇宁元年(1102)，徽宗在苏、杭设置应奉局，由朱勔负责搜刮奇花异石，组成"花石纲"船队，源源不断运往京师，东南地区不堪其扰。方腊起义后，为息民怨，朝廷派童贯到吴地罢应奉局与"花石纲"，免朱勔父子之职，并替徽宗下"罪己诏"。

徽宗在开封皇宫以北兴建延福宫。其间殿、阁、亭、台相望，凿池疏泉为湖海，奇珍怪兽，异石峥嵘，嘉花名木，仿如天成。他尚未满足，政和七年(1117)又下令建造规模更大的万岁山。万岁山周围10余里，堆砌的山峰高八九十尺，峰峦起伏，池、沼、洲、渚遍布山下；其间殿台亭阁，极尽奢华。建成后，徽宗因其在京城东北而亲撰《艮岳记》以命名。

4. 金兵围攻开封

宣和七年(1125)十月，金军分两路大举南侵。西路军受阻于太原，进展缓慢。由于宋燕京守将郭药师投降并充当向导，东路军从河北长驱直入进逼黄河。震惊之余，宋徽宗传位于太子赵桓(即宋钦宗)，自己南逃避难。金军渡河后，钦宗见势不妙，也要逃离京城。时任太常少卿的李纲认为皇帝应坐镇京城，等待各地勤王之师，并愿意组织开封防务。宋钦宗委任李纲为尚书右丞、亲征行营使，负责京城守备，并表示愿留京城，固守御敌。迫于民愤，钦宗把蔡京、童贯等"六贼"治罪。除蔡京病死于流放途中外，其余五人都先后被处死。

靖康元年(1126)正月,金兵围攻开封,遭到李纲所率军民的英勇抵抗。金兵战之不利,一边围城,一边提出苛刻的议和条件:(1)宋朝贡奉金500万两,银5000万两,绢采各1000万匹,马、驼、驴、骡各万头;(2)宋朝皇帝尊金朝皇帝为伯父;(3)割中山(河北定县)、太原、河间三镇给金朝;(4)以宰相、亲王为人质,护送金军渡河北撤。

此时,宋军姚平仲部贸然夜袭金营,结果失利,钦宗与宰相李邦彦趁机罢免反对议和的李纲。开封军民群情激昂,太学生陈东等数万人上书钦宗。钦宗不得不收回成命,重新委任李纲。金军孤军深入,一时难以取胜,只好在满足部分要求后,于二月撤兵北归。

5. 北宋的灭亡

金军撤离,钦宗以为天下无事,先后罢免李纲等人职务,遣返各地勤王之师,宋徽宗也回到开封。统治集团继续醉生梦死,不对金兵的威胁作任何防御准备。

同年八月,金兵以宋未如约割让三镇为由,再次南下。宋廷为求和,竟下令各地援军撤空,使金兵渡过无人防守的黄河,直逼京城。更荒唐的是,大敌当前,钦宗竟把开封防务交给郭京等市井无赖。郭京吹嘘可掷豆为兵,且能隐形,朝廷深信不疑,赐以官职、钱绢,让他组织"六甲神兵"。所集之人,皆市井游手。金兵攻城,"神兵"出战便溃逃。闰十一月,金兵攻破开封城。十二月初,钦宗投降金军。

靖康二年(1127)二月,金兵把徽、钦二帝及后妃宗室朝官3000人掳往北方,京城金帛、宝货、宅货、文物、图册等被洗劫一空,北宋王朝灭亡。

第二节 南宋和战与政局演变

一、南宋立国与前期政治

1. 南宋立国与黄天荡之战

靖康元年(1126)闰十一月,金兵围攻开封正急,钦宗任命徽宗第九子、皇弟康王赵构为河北兵马大元帅,以组织河北兵马入援京师。赵构遂在南京应天府(河南商丘)建元帅机构,次年五月登上帝位,是为宋高宗,改元建炎,史称南宋。

建炎元年(1127)十二月和建炎二年(1128)七月,金兵两度南下,企图攻灭新建的南宋政权,均未能得手。建炎三年(1129)十月,金军第三次南下,兵分两路。西路军直插江西,穷追孟太后一行,而未能抓获;东路军直指江浙,穷追宋高宗一行。宋高宗自明州(浙江宁波)航海,方逃脱金兵追击。此后,宋金之间发生了三大战役,黄天荡之战为第一次。

建炎四年(1130)三月,攻入浙江的金军北返至镇江,被韩世忠所率军队阻扼。双方在长江中发生激战,金兵损失惨重。韩世忠把金军围困于建康东北70里的黄天荡48天,最后金兵一夜凿通30里老鹳河故道,才脱险逃出。从此金兵望江色变,再也不敢轻易南下。

2. 宋金川陕争夺战

黄天荡战后,金军开始把用兵重点从江淮转移到陕西,企图由川陕包抄江南。高宗也委任张浚为川陕宣抚使,试图由西北牵制金军主力,减轻江淮战场压力,川陕争夺成为焦点。

(1) 富平之战

建炎四年(1130)秋,金将兀术及精兵两万被调往西北战场,准备同宋军决战。张浚担心金军在秋冬之际再攻江南,威胁临安,遂不顾部将和幕僚的反对,急于转守为攻。九月,张浚督调陕西诸路宋军40万人东进,与金军在富平(今陕西)激战。双方都出动主力数十万人,这是宋金战争史上规模最大的一战。由于宋环庆路经略使赵哲临阵脱逃,使宋军全线溃败。张浚不得不先退至兴州(陕西略阳),再退至阆州(四川阆中)。

(2) 和尚原之战

富平战后,陕西失守,金军兵锋直指四川。宋秦凤路副总管吴玠有勇有谋,收集败兵退保大散关东南的和尚原(陕西宝鸡西南),扼守川陕要冲。绍兴元年(1131)五月,金军两路进攻和尚原。金将没立自凤翔攻和尚原正面,乌鲁折合自阶(甘肃武都)、成(甘肃成县)迂回攻和尚原北面。吴玠坚壁以待,士兵轮番战斗,使两路金军不能会合。十月,金将兀术集结兵力10万进攻和尚原。吴玠利用秦岭要隘,选用强弩轮番射击,箭矢如雨,击退金兵。他还让义军袭击金军侧背,断其归道。经三日激战,宋朝大败金军,兀术身中两箭,狼狈逃走。这是金军南下前所未有的大败仗。

从建炎初年以来,虽然总的来看,金军处于优势地位,但宋军也并非不堪一击。经过三次大战,宋军损失不小,也失去了陕西大部分地区,但确保了对四川的控制权和东南地区的安全,避免了国家的灭亡。金军在宋军的顽强抗击下,锐气受挫,军力损耗,使宋金双方逐渐形成均势。这样出现了一条沿秦岭至淮河的较为稳定的战线,宋金和战进入第二阶段。

3. 宋金和战交替

和尚原之战前后,金朝主张与宋议和的挞懒掌权。他认识到迅速灭亡南宋政权的不现实,先是利用伪齐政权攻宋,继而以归还河南地为诱饵,使南宋与金签订和约。

原宋朝济南知府刘豫降金,在挞懒等人支持下,于建炎四年(1130)九月被立为大齐皇帝,建元阜昌,先都大名府,后迁汴京。金朝先是将黄河以南所占地区划为齐国管辖,攻后又将新占的陕西也给齐国。齐政权即是金朝代理人,也是金与南宋之间的军事缓冲地。

伪齐软弱无能,宋将岳飞于绍兴四年(1134)出兵,击败金齐联军而收复襄阳六郡。金齐联军为报复而入侵,又被宋军击败。绍兴六年(1136),伪齐遭到宋军毁灭性的打击。绍兴七年(1137),金废刘豫,齐政权仅存8年而灭亡。

为打开入蜀通道,金在绍兴二年和三年与宋将吴玠激战于饶凤关(陕西石泉),绍兴四年大举进攻仙人关,均遭遇宋军顽强抵抗。这样宋巩固了川陕防务,金的入蜀企图被粉碎。

伪齐灭亡后宋金议和,于绍兴九年(1139)达成和议:金归还宋的河南之地,宋则称臣纳贡。但是,不久金朝兀术发动政变,杀死挞懒,掌握大权。兀术遂撕毁和约,于绍兴十年(1140)五月分兵四路,大举进攻南宋。宋金之间的激战,著名者有四次。

(1)顺昌之战

绍兴十年(1140)五月,宋将刘锜赴东京任副留守,当抵达顺昌(安徽阜阳)时,金军已攻占开封,并继续南进。刘锜率部扼守顺昌城,以阻金军南下。六月,兀术引10万精兵到顺昌,刘锜所部仅1.8万人。但宋朝军民以城垣简陋的顺昌为依托,以逸待劳,防守反击,终于创造了宋金战争中以少胜多的成功战例。

(2)川陕保卫战

绍兴十年(1140)五月,金将撒离喝率军进攻陕西宋军。六月,先后在扶风、百通坊等地发生激战,宋将吴璘力战,击退金军。绍兴十一年(1141)八月,宋军胡世将乘金军进据秦州(甘肃天水)、伺机入川时,派吴璘、杨政、郭浩分别出击金军,收复秦州等地。

(3) 郾城之战

顺昌大捷后，宋湖北、京西宣抚使岳飞率军乘势北进，收复中原不少州郡。绍兴十年(1140)七月，岳飞率轻装骑兵驻郾城，兵势甚锐。金军兀术直奔郾城，企图消灭岳军。岳飞先命儿子岳云率骑兵冲乱金军阵势，接着命步兵以麻扎刀、提刀、大斧入阵，大破金军拐子马铁骑。接着岳飞又在颍昌(河南许昌)再败兀术主力军，乘胜追到离开封仅45里的朱仙镇，恢复中原指日可待。但高宗、秦桧强令岳飞班师，刚收复的中原州郡，又被金军占领。

(4) 柘皋之战

绍兴十一年(1141)二月，金军南下攻陷庐州(安徽合肥)。宋将刘锜、王德、杨沂中在柘皋(安徽巢县)迎敌。兀术将铁骑10余万分为两翼，夹道设阵，与宋军激战。杨沂中命万人持长斧如墙并进，大败拐子马，刘锜、王德等人乘胜追击。宋军大捷，收复庐州。

4. "绍兴和议"

几次大捷，形势对南宋极为有利，但高宗和秦桧却以战果为筹码，卑躬屈膝来求和。金兵连战数败，锐气大锉，也愿意议和。绍兴十一年(1141)，为推行议和活动，高宗首先把韩世忠、岳飞、张俊三员大将召归朝廷，解除兵权，任韩、张为枢密使，岳为枢密副使。为彻底清除和议障碍，更诬告岳飞谋反，将他及其子岳云、部将张宪拘捕入狱。当年除夕，以"莫须有"罪杀害了岳飞。

宋金双方最后签订了"绍兴和议"，其内容主要有三项：

(1) 南宋向金称臣，每年在金帝生辰及正月初一，派使臣称贺。

(2) 宋每年向金纳贡银25万两，绢25万匹。

(3) 以淮水中流为界，把唐、邓二州划归金朝。

宋高宗不惜以纳贡称臣的代价，换取了东南半壁江山的稳定。此后宋金力量均衡，双方维持了一个较长时间的稳定局面。

二、南宋中期的政局演变

1. 采石之捷

绍兴和议签订，虽然宋金双方维持了一段较长时期的相对稳定局面，但军事冲突仍时有发生。规模较大的冲突有两次，一是海陵南侵，二是张浚北伐。

绍兴三十一年(1161)九月，金主完颜亮(即海陵帝)挥兵四路攻宋，已到长江岸边。此时,宋中书舍人虞允文作为处理宋军主帅交接事宜的使臣被委派至采石前线,因主帅不能及时赶到,致军心涣散。军情紧急,不容延误。虞允文临危受命,权充主帅。完颜亮指挥百条战船,来势汹汹。宋军以海鳅船冲撞敌船,又命弓箭手乘胜追杀,大败金军,取得了采石之捷。金军被迫退至瓜州渡。

采石战后,宋浙西路马步军副总管李宝率战船沿海北上。胶西一战,大败金军,烧毁其战船600余艘。进攻川陕与荆襄的金军,也被宋军击退。此时,金朝东京留守完颜雍(即金世宗)在燕京政变,废完颜亮为"庶人"。完颜亮进退失据,被部下杀死,金军南侵收场。

2. 张浚北伐

绍兴三十二年(1162),宋高宗宣布退位,赵昚继承皇位,是为宋孝宗。

宋孝宗向来主张抗金,即位后,即召见主战派张浚商议国事,并任命张浚出任江淮宣抚使。张浚力主进军两淮,北伐中原,但遭到参知政事史浩的反对,以为时机未成熟。隆兴元年(1163),张浚私下与孝宗商议出兵渡淮,中枢机构均不知情,即行北伐。

开始宋军占了上风。在张浚的指挥下,淮东招抚使李显忠、副使邵宏渊分别由濠州(安徽凤阳)、泗州(江苏盱眙)出击,先后收复灵壁(今属安徽)和宿州(今属安徽),中原震动。

金军大举反击,形势很快逆转。宋邵宏渊与李显忠不和,遂怀私误国,按兵不动,散布流言,扰乱军心,致宋军符离(今属安徽)战败,13万众一夕而溃,张浚北伐以失败告终。

张浚北伐并不合时,再加上他志大才疏,用人不当,导致了主战派严重受挫,主和之声又重新高唱。

3. 隆兴和议

隆兴元年(1163)八月,金国统帅纥石烈致宁书信要求和议,但条件极为苛刻。不仅要南宋割唐、邓、海、泗四州,向金称臣,每年贡币如旧,还要求归还金国的叛臣及归正人。

是战是和,朝臣意见不一。宰相汤思退等人主张议和,宋孝宗举棋不定。隆兴二年(1164)十月,金军再次南侵,以向南宋施加压力。宋孝宗罢免汤思退,起用陈康伯为相,由杨存中沿长江布防御敌。双方都难以在战场上取得突破,最终在十二月签订了"隆兴和议"。

在和议中,金、宋由君臣之国变为叔侄之国;岁贡改为岁币,银、绢各由

25万两、匹减为20万两、匹;双方重新确认绍兴和议的疆界,而宋则归还完颜亮南侵失败后由宋军收复的土地。和约签订后,宋金之间又维持了30年未发生大规模战争。

4. 绍熙废立

淳熙十六年(1188),宋孝宗在位多年而无所成,萌生退位之意。下诏传位于太子赵惇,自己退居重华宫当太上皇。赵惇是为宋光宗,光宗的儿子赵扩进封嘉王,乃李皇后所生。

光宗一朝外无大患,但朝内矛盾焦点是李皇后专权。光宗时患心疾,政事多由李后掌握。李后骄恣专横,不甘受太上皇孝宗的压制。她曾请立嘉王赵扩为太子,孝宗不允,就出言不逊,孝宗大怒。皇后谓太上皇有废立之意,引起光宗不满。之后,李后多次阻挠光宗朝拜重华宫,令父子感情日疏,孝宗颇感失望,于绍熙五年(1194)忧郁而死。

宋孝宗病重之时,光宗一直没有探视;孝宗死后,他竟不出面主持丧礼,而由高宗皇后吴氏以太皇太后摄行丧葬礼仪。朝野哗然,政局动荡不安。当时忠孝乃不可违犯的天条,光宗所为乃大逆不道。于是宰相留正率宰执上奏,请立嘉王为皇太子,光宗也有让位之意。知枢密院事赵汝愚一方面派人控制军队,一方面通过韩侂胄疏通,以太皇太后的名义下诏光宗禅位于嘉王。嘉王即位,是为宋宁宗,尊光宗为太上皇。

绍熙废立,是两宋首次废黜皇帝的行为,使国家避免了一场大动乱,是值得肯定的。

5. 庆元党禁

宁宗即位,赵汝愚因定策之功,升任枢密使和宰相,执掌朝政。他遂起用以理学家朱熹为代表的一批名士,朱熹被任命为焕章阁待制兼侍讲。

拥立宁宗有功的另一关键人物韩侂胄,是北宋名相韩琦的四世孙,侄女是宁宗皇后,姨妈是高宗吴皇后,妻子是吴皇后侄女,有多重的外戚身份。韩侂胄自恃有功,要求当节度使,但赵汝愚只升他为观察使,两人内争激烈。

韩侂胄首先使朱熹于绍熙五年(1194)闰十月罢职,又以"宗姓,危及社稷"之名攻击赵汝愚,致其在庆元元年(1195)罢相,贬往永州安置,并于次年死于流放途中。韩侂胄却官运亨通,庆元五年(1199)封平原郡王,嘉泰二年(1202)加封太师,被尊称"师王"。

韩侂胄为进一步打击政敌,遂声称有一个以赵汝愚、朱熹为首的道学家朋党,为"逆党",称道学是"伪学"。庆元三年(1197)八月,宁宗下诏申严伪学之禁：凡道学中人，不许参加科举，不许担任官职，甚至焚烧道学家著作。又设"伪学逆党"党籍，包括赵汝愚、朱熹以下59人。此次"伪学之禁"发生在庆元年间，史称"庆元党禁"。

6. 开禧北伐

新掌朝政的韩侂胄雄心勃勃，有意光复中原，北伐金朝，立盖世功名。开禧二年（1206）四月，宋军不宣而战，向金发动进攻，开始北伐。

北伐之初并不顺利。金朝对南宋北伐早有准备，而在川陕拥有重兵的宋将吴曦却投降金朝，令金军得以集中兵力于东线，宋军一开始就处于被动。宋军屡战屡败，金军占领了南宋许多州郡，直逼两淮。直至开禧三年（1207），宋军形势才出现转机。

这年正月，宋京东招抚使毕再遇，在淮阴大败10倍于己的金军，更解除了楚州（江苏淮安）之围。二月，在西部战场，李好义、杨巨源起兵杀掉吴曦，重举抗金之旗。

从当时总的军事形势看，金朝疲态已露。但宋朝并没有把握时机，乘势而进，韩侂胄反而左右摇摆，数次派使者赴金议和。金朝提出了苛刻条件，一是割两淮之地，二是增岁币，三是索回归正人，四是犒劳出师银，五是索用兵元谋之首。韩侂胄大怒，和议遂中断。

北伐相持日久，难有新的进展。朝臣史弥远与宁宗新皇后杨氏策划后，趁韩侂胄上朝之机，将其诛杀，并迅速控制了朝政。他们答应金朝的和议条件，开禧北伐最终失败。

7. 嘉定和议

史弥远于嘉定元年（1208）与金朝签订了嘉定和议。和议规定：金宋由叔侄之国改为伯侄之国；岁币由20万两、匹增加到30万两、匹；南宋交给金军犒劳银300万两；南宋把韩侂胄的首级献给金朝，金朝则从淮南等地撤军。

金朝在和议中，不惜以韩侂胄的首级交换淮、陕之地，一方面是因为金朝力量有限，已不像过去那样对南宋具有相当优势；另一方面也是害怕再有人起兵北伐，借此警告南宋朝臣。史弥远为了满足金人，不惜伤及国格，开棺取韩侂胄之首以奉送敌人。

三、权相政治与南宋覆亡

南宋后期的权相政治，表现为宰相权力独大，典型如史弥远和贾似道，而皇帝无所作为,不正常的事件频繁发生。这种状况一直延续到蒙元最后灭亡这个偏安小朝廷。

1. 史弥远和理宗之立

嘉定元年后,史弥远升任宰相兼枢密使,与杨皇后勾结,权倾朝野。为了久远专政,他一直关注皇位继续问题。嘉定十四年(1221)六月,宁宗选宗室之子贵和为皇子,赐名竑。史弥远派人暗中监视赵竑动静。赵竑对杨后和史弥远的专权不满,表示将来亲政就把史弥远流放到琼崖去。史弥远派人另选宗室赵贵诚,由国子学录郑清之教之,意欲取代赵竑。

嘉定十七年(1224)宁宗病逝,史弥远与杨后联结,废赵竑为济王,出据湖州;由贵诚改名昀,即帝位为理宗。史弥远在理宗时继续专权,直到病死。独掌朝政达26年。

2. 端平入洛

绍定五年(1232)春,三峰山一战,蒙古军全歼金军主力,进围金朝都城开封。绍定六年(1233)五月,金哀宗南逃蔡州(河南汝南)。十月,宋、蒙合军夹击蔡州。端平元年(1234)正月,蔡州破,金亡。宋两淮制置使赵范、淮东制置使赵葵、淮西安抚副使全子才,"欲乘时抚定中原,建守河据关之议"①,计划收复西京洛阳、东京开封、南京商丘等"三京"。宰相郑清之与理宗支持,而有识之士却反对,认为当务之急是内部改革军政和积蓄力量。

当年六月,全子才自庐州(安徽合肥)直取汴京,赵葵自滁州取道泗州攻汴京,两路合击。七月,宋军占据汴京,赵葵急不可待,命全子才立即攻洛阳、潼关。全子才认为粮草未集,应暂缓进兵。但赵葵催促更急,宋军每人仅发5日口粮。宋军进入洛阳,蒙古军并无防备,乃空城一座,史称"端平入洛"。

宋军入洛阳次日,粮食已尽,士卒只能采撷蒿草和面做饼而食,而蒙古军早已在潼关、河南一带设伏。结果蒙古军伏兵突至,宋军大乱败归,从此揭开了宋蒙战争的序幕。

3. 贾似道专权

贾似道原为一个不务正业、混迹江湖之人,后姐姐入宫为宋理宗贵妃,遂攀龙附凤青云直上。宝祐六年(1258),他官至两淮宣抚大使。开庆元年(1259),蒙古忽必烈军攻打鄂州,荆襄告急。贾似道官拜右丞相,受命援鄂,

---

① 《宋季三朝政要》卷一。

竟背着朝廷与蒙军议和。此时大汗蒙哥战死合州,忽必烈急欲北返争夺汗位,双方遂商定以长江为界,宋每年献银绢20万两、匹,蒙军北撤。

蒙古军北撤,只是暂时缓战,贾似道却谎报宋军大捷,鄂州解围。宋理宗诏令贾似道入朝领功受赏,并命百官郊外迎候。景定元年(1260)二月,贾似道被赐金1000两,绢1000匹;四月,进为少师,封卫国公。

贾似道掌政后,排斥异己,徇私受贿,败坏吏治,还恃势干预皇位继承问题。宋理宗在位多年,膝下犹虚,拟立忠王赵禥为太子。贾似道趁势陈述立储之计,忠王被立为太子。景定五年(1264)理宗病死,赵禥继位,是为度宗。度宗感激贾似道拥立之功,每次朝见,必答拜,"称之曰'师臣'而不名,朝臣皆称为'周公'"①。度宗特授贾似道平章军国重事,并赐西湖葛岭宅第。

4. 襄樊攻守

景定元年(1260)春,忽必烈被拥为蒙古大汗,移都燕京,准备灭亡南宋。咸淳三年(1267)十一月,忽必烈征调诸路兵马,对南宋大举进攻,进围江汉重镇襄樊。

襄樊是重要的战略枢纽,一旦蒙军取得,后背无忧,将浮汉水入长江,顺流而下,则东南之地无险可守,南宋灭亡可待。故襄樊攻防事关全局,宋朝更应确保其无虞。但贾似道并未部署救援襄樊,致其被围数年,宋军始终处于被动挨打的局面。

襄阳、樊城两座城池坚固,地形险要,汉水流穿两城之间。宋樊城守将范天顺、牛富和襄阳守将吕文焕,在江中树立巨木,架上铁索浮桥,互相支援。他们靠的是粮草充足,一直率领军民固守,使蒙军围城数年而不能攻陷。咸淳九年(1273)正月,蒙军得西域人所造新式大炮,重新攻城。蒙军元帅阿术采取各个击破的战术,锯断江中大木,以利斧砍断铁索,烧掉浮桥,令襄、樊两城不能互为声援,然后派出精锐之师猛攻樊城。范天顺、牛富率领将士浴血奋战,终因力量悬殊,双双阵亡,樊城遂失陷。

襄阳孤立,更处危地。城中长期被困,外援断绝,守将吕文焕每巡城一次,都望着东南痛哭。他多次向朝廷告急请援,贾似道坐视不理。当年二月,吕文焕献城投降。襄阳、樊城的陷落,使南宋防线撕开缺口,蒙军顺江东下,兵锋直指临安。

---

① 《宋史·贾似道传》。

5. 临安陷落

襄樊失守,贾似道仍然封锁消息。咸淳十年(1274年)十月,宋度宗病死,其4岁幼子赵㬎继位,由其祖母谢氏以太皇太后身份临朝听政。元军很快横扫长江沿线,鄂州(湖北武昌)、建康(江苏南京)、常州等相继陷落。德祐元年(1275),元世祖忽必烈令元帅伯颜直取临安。谢太后派宰相陈宜中出使元军,表示愿意取消帝号,行子侄之礼,每年贡纳银绢各25万两、匹。元军未同意。文天祥、张世杰等宋臣请求把皇帝、太后、太皇太后三宫转移海上,由他们背城与元军决战,遭到陈宜中及谢太后反对。德祐二年(1276)三月,元军攻入临安,把小皇帝和全太后等押送大都。

6. 南宋灭亡

临安陷落前夕,度宗两子益王赵昰和广王赵昺,被移至婺州(浙江金华)等地,后又逃往温州,宋臣陆秀夫、张世杰等人与二王会合。他们尊奉赵昰为天下兵马都元帅,赵昺副之。德祐二年(1276)五月初一,赵昰在福州被拥立为帝,改元景炎。陈宜中被任命为左丞相兼都督,张世杰为枢密副使,陆秀夫为签书枢密院事,文天祥为右丞相兼知枢密院事。各路抗元将领希望借小朝廷进一步集结力量,兴复江山。

景炎元年(1276)九月,元军进攻闽广,小朝廷先后移驻泉州、潮州和珠江口一带。小皇帝赵昰惊疲交加,于景炎三年(1278)四月病亡。张世杰、陆秀夫等又拥立8岁的赵昺为帝,改元祥兴,迁往广东江门崖山。崖山坐落在海中,两山相对,中有一港,可以藏舟。张世杰认为此乃天险,可以扼守自固。

祥兴二年(1279)二月,元将张弘范直取崖山。张世杰连接大船千余艘,作一字阵式排开,下锚石于海中。各船以大索贯穿起来,四周建楼棚,如同城墙。元军以火攻之,宋船涂满泥土,未遂。元朝张弘范让被俘的文天祥劝降。文天祥写了一首《过零丁洋》诗,其末句谓"人生自古谁无死,留取丹心照汗青",千古传颂。文天祥后被杀于元朝大都。

宋军柴粮水源均被截断,极为困顿,元兵趁势南北夹攻。陆秀夫见形势紧急,背起小皇帝投海而死。张世杰逃往海上,也不幸船毁堕海而亡。南宋一朝153年,至此灭亡。

第三节 辽、西夏、金等政权的兴衰

一、辽朝的建立、鼎盛与衰亡

1. 契丹的起源和建国

辽朝是中国历史上以契丹族为主体建立的王朝。契丹族出东胡,由北魏时期鲜卑人的一支——宇文部中分化出来。历史上有关契丹族的确切记载,始于北魏登国四年(389)。"契丹"据说是其本族人的自称,语义有"镔铁"、"刀剑"、"割断"、"大中"等多种解释,迄今尚无定论。

契丹族游牧于潢水(西拉木伦河)和土河(老哈河)流域,过着逐水草的游牧、狩猎生活。隋末唐初,契丹人组建了部落联盟——大贺氏联盟,与唐朝建立了隶属关系。大贺氏联盟瓦解后,契丹进入了遥辇氏联盟时代。遥辇氏联盟初期曾依附突厥,后归附唐朝。僖宗时唐朝衰微,于是联盟首领钦德,"乘中原多故,北边无备,遂蚕食诸郡。达靼、奚、室韦之属,咸被驱役,族帐寖盛,有时入寇"①。到辽太祖耶律阿保机时,契丹势力更为强盛。

耶律阿保机生于唐咸通十三年(872)。"耶律"是族姓,"阿保机"是契丹语名。其家族自泥礼立遥辇氏为可汗以来,世代在遥辇氏联盟中充任夷离堇,掌管军权。903年,势力日盛的阿保机击败敌手,就任联盟最尊荣的职位于越。907年,依靠强大的军事力量及日益增高的声望,阿保机逼迫遥辇氏痕德堇让出汗位,由八部酋长会议推选自己继任联盟可汗。

继任可汗后的阿保机积极为称帝建国做准备。908年,他打破联盟世选的传统,由自己直接任命新增设的惕隐一职,管理耶律家族事务,以维护其对全体契丹人的统治。910年,阿保机以妻兄萧敌鲁为北府宰相,南府宰相则从耶律家族中选任。通过南、北二府宰相,阿保机进一步加强了对契丹诸部的控制。他又扩大侍卫亲军组织,从各部中选拔豪健2000人,组成宿卫军,由亲信统帅。与此同时,他网罗大量汉族人才,通过建城郭、置佛寺、通市易、议朝政、定礼仪等措施,使契丹文明进一步吸取汉文化而走向成熟。

正当阿保机为自己称帝建国积极准备的时候,发生了由弟弟剌葛、迭剌及族叔辖底等人发动的叛乱,阿保机当机立断,处死辖底,平定了叛乱。后

---

① 《旧五代史·契丹传》,中华书局1976年版。

梁贞明二年(916),阿保机在龙化州(内蒙古赤峰八仙筒)称天皇帝,建元神册,国号契丹。同时妻子述律氏称地皇后,立长子耶律倍为太子,确立了皇权世袭制。神册三年(918),阿保机在潢河以北正式建都城于西楼邑(内蒙古赤峰市巴林左旗林东镇),称皇都,即后来的辽上京。

2. 辽朝的拓疆

阿保机建国后,展开了一系列军事扩张行动。神册元年(916),他亲征突厥、吐谷浑、党项、小蕃、沙陀诸部等,掳掠无算。是年十二月,他"收山北八军"①,使自己增加了一支汉军。神册四年(919),他出兵乌古部,迫使其举族归降。天赞三年(924),他再次亲征漠北,"尽取西鄙诸部"②,包括吐谷浑、党项、阻卜(鞑靼)等。天赞四年(925),他又降服甘州回鹘,发兵攻打渤海国。次年渤海王归降,阿保机于此建立东丹国,以太子耶律倍为东丹王。天显元年(926),阿保机从渤海国还军,道经扶余(今吉林农安)时病死。

阿保机死后,皇后述律氏临朝称制。她支持阿保机的次子耶律德光继任皇位,是为辽太宗。太宗时,中原的后唐政局动荡。时任河东节度使兼北面都总管的石敬瑭欲灭后唐,于是转向耶律德光称臣,表示愿"以父礼事之",并约定事成之后,割让卢龙一道及雁门关以北诸州作为酬谢。在耶律德光和石敬瑭联军的打击下,后唐灭亡。

石敬瑭被耶律德光册封为"大晋皇帝",晋"割幽州管内及新、武、云、应、朔州之地以赂之,仍每岁许输帛三十万"③。契丹此前已经占领了幽、蓟、瀛、莫、涿、檀、顺、妫、儒、寰、朔等11州,加上新得5州,中原北边的幽蓟十六州被完全并入契丹版图。农业地区的纳入,极大地促进了契丹经济的繁荣和总体国力的提升。

3. 中央集权制度的确立

后晋开运三年(946),因晋出帝石重贵拒不称臣,契丹大军攻入开封,后晋亡。次年正月,耶律德光在开封穿上汉族皇帝的龙袍,接受百官朝贺,改国号为"大辽",改元大同。又升镇州(即大定府,内蒙古宁城大名府)为中京。这时他想做中原和塞北的共主,但中原民众反抗激烈,他不由感慨地

---

① 《辽史·太祖本纪》,中华书局1974年版。
② 《辽史·太祖本纪》。
③ 《旧五代史·契丹传》。

说:"不知中国之人难制如此!"①四月,辽太宗自开封北还,途中病死。

太宗的继承人世宗耶律阮曾到过汉地,对中原民情有一定了解,他于大同元年(947)八月,"始置北院枢密使,以安抟为之"。九月,以四方馆使、后晋降官高勋为南院枢密使②。这时辽朝首次有了北、南枢密院,建立了北、南面官体制,确立了胡汉分治的原则。天禄四年(950),又设政事省。次年,诏州、县录事参军、主簿委托政事省"铨注"。南面官系统首长枢密使和办事机构长官政事令的设置,标志辽朝中央集权制度的确立。

4. 萧太后执政

辽世宗继位后,贸然发动了大规模的"南伐"战争,结果于天禄五年(951)九月行军至归化州(今河北宣化)祥古山,被明王安端、泰宁王察割父子杀害。辽世宗长子寿安王耶律述律(汉名"璟")领兵打败叛党,随后即皇帝位,改元应历,是为辽穆宗。

穆宗改变了主动出击汉地的方针,避免与后周发生冲突。统治期间,契丹贵族谋反事件不断,他本人也猜忌多疑,滥杀成性。应历十九年(969)二月,他被近侍小哥等弑于行宫。

穆宗被弑后,世宗次子耶律贤即位,改元保宁,是为辽景宗。景宗认识到联合北汉对抗北宋的战略不可行,就把主要力量用于固守幽蓟。辽对中原的战略开始发生转变。

乾亨四年(982),景宗死,其长子耶律隆绪继立,改元统和,是为辽圣宗。圣宗继位时只有12岁,主少国疑,宗室诸王心存觊觎,由萧绰即著名的萧太后(承天太后)辅佐幼主。她自保宁元年(969)至统和二十七年(1009),实际执政长达40年。

在圣宗朝初期,萧太后认为,宋辽长期对抗,得益的是掌握兵权的契丹世袭贵族,而皇权则受到威胁,因此要摆脱困境,就必须与宋讲和,而讲和最有效的办法则是以战迫和。统和二十二年(1004),萧太后和圣宗亲率大军南下,宋辽爆发大战。战争结果是辽宋双方达成"澶渊之盟",从此不再有大的战争,开始了长达100多年的和平相处局面。

萧太后和辽圣宗在位期间,采取一系列措施巩固皇权,完善中央集权体制和统治机构,同时发展生产,加强对周边各国的控制,从而使辽朝国力大

---

① 《资治通鉴》卷二八六"后汉天福十二年二月",中华书局1956年版。
② 《辽史·世宗本纪》。

增,达到了历史上的鼎盛期。

5. 辽朝的衰败

太平十一年(1031),辽圣宗死,其长子耶律宗真即位,是为辽兴宗。兴宗时,国防压力越来越大,民户贫困日甚一日。辽将耶律唐古指出:"自建可敦城已来,西蕃数为边患,每烦远戍。岁月既久,国力耗竭。不若复守故疆,省罢戍役。"①尽管有识之士已认识到辽朝潜伏的危机,但兴宗却沉醉于"南北无事"、内府储积尚丰的表面繁华景象中,拓落高旷,放荡不羁,与佛、道教上层人物密切往来,甚至委以显官。这种风气下,国内官员不思进取,社会矛盾渐趋激化,人民反抗斗争不断发生。重熙二十四年(1055),兴宗死,其子耶律洪基即位,是为辽道宗。道宗时腐败滋长,人民负担加重,加上统治集团内讧,辽朝日渐衰落。

道宗叔父、圣宗次子耶律重元,早在道宗即位前就对皇位心存觊觎。道宗即位后尊其为皇太叔、掌天下兵马大元帅,仍赐金券。但重元欲壑难填,于清宁九年(1063)乘道宗秋猎之际,欲谋弑夺位。道宗事先获知,最终平定了叛党,是为"重元之乱"。

因平定"重元之乱"有功,耶律仁先与耶律乙辛分别被封为北、南院枢密使,被授封为晋王、魏王,同赐功臣名号。乙辛居功自傲,排挤仁先,树立党羽,专权跋扈。他诬陷宣懿皇后与伶人赵惟一私通,又以谋反罪诬陷太子,先后借昏庸的道宗之手把皇后和太子杀害,制造了一场冤案。上层的内讧和各族人民的反抗,使辽朝在内耗和外患中进一步衰败。

6. 辽朝的灭亡

寿昌七年(1101),道宗死,其孙耶律延禧即位,是为天祚帝。他自"即位,拒谏饰非,穷奢极侈,盘于游畋,信用谗谄,纪纲废弛,人情怨怒"②,导致叛乱相继。乾统二年(1102)十月,萧海里劫掠乾州(今辽宁北镇)武库器甲,后在辽军镇压下,他逃入女真中被杀。稍后,"剧贼"赵钟哥攻入上京皇宫,劫掠宫女、御物,被辽上京副留守马人望镇压。

辽朝日益衰败时,其东北的属部生女真完颜部却迅速兴起。完颜部首领阿骨打于天庆四年(1115)起兵抗辽,次年即皇帝位,建立金朝,并对辽发起全面进攻。这时辽朝风雨飘摇,将士离心,军无斗志。金太祖与宋朝联

---

① 《辽史·耶律唐古传》。
② 《三朝北盟会编》卷二一引范仲熊《北记》,上海古籍出版社1987年影印本。

二、党项建国与西夏兴衰

1. 西北党项的兴起

党项族是西夏王朝的主体民族。它源于羌族,本属西羌一支,史称党项羌[①]。党项发源于今青海、甘南和川西北一带,早期以姓氏分为大小不一、互不统属的各个部落,"有细封氏、费听氏、往利氏、颇超氏、野辞氏、房当氏、米擒氏、拓跋氏,而拓跋最为强族"[②]。唐贞观九年(635),拓跋部首领拓跋赤辞降唐,被封为西戎州都督,并赐李姓。

中和元年(881),党项拓跋部首领拓跋思恭响应唐僖宗号召,率部落军队参与镇压黄巢起义,因功被封为定难军节度使,使之占有夏(陕西靖边白城子)、银(陕西米脂)、绥(陕西绥德)、宥(陕西靖边)四州之地,成为陕北强大的藩镇势力,党项地方割据政权正式建立。

五代时,党项夏州政权僻居西北,名义上与梁、唐、晋、汉、周及北汉保持着"臣属"关系,但又极力避免卷入纷争与战乱,以稳固自己。后周广顺元年(951),郭威加封夏政权首领李彝殷为陇西郡王,显德元年(954)进封西平王。这是党项拓跋氏封王之始。

宋朝建立后,夏政权与宋保持友好关系。太平兴国五年(980),定难军节度使李继筠卒,其弟李继捧继为留后。党项内部因权位承袭问题发生内讧,李继捧于太平兴国七年朝见宋太宗时,不得不向宋朝献出夏政权的根本夏、银、绥、宥、静五州之地,自己则率领属下部落长和民户投附宋朝,避居京师。宋朝轻而易举地取得了党项李氏的世袭领土。

2. 西夏王朝的建立

李继捧向宋朝献地的做法激起了其族弟李继迁的不满。谋士张浦献策"走避漠北,安立室家,联络豪右,卷甲重来"[③],于是李继迁在夏州东北三百里的地斤泽(内蒙古鄂托克)抗宋自立。雍熙三年(986),李继迁派张浦出使辽朝,夏辽结盟,党项借助外交对抗宋朝。

[①] 关于党项的族源,还有一种观点认为源于鲜卑拓跋部,至今争论仍在继续。
[②] 《旧唐书·党项羌传》。
[③] 龚世俊等:《西夏书事校证》卷三,甘肃文化出版社1995年版,第38页。

李继迁依仗与辽朝结盟,不断对宋进攻。宋真宗时被迫授李继迁"夏州刺史,充定难军节度使及夏、银、绥、宥、静等州观察处置押蕃落等使"①,被李继捧丢了15年的党项故土又得以恢复。咸平五年(1002),李继迁攻陷灵州(宁夏灵武),改称西平府,迁都于此。次年,攻占了吐蕃首领潘罗支统治下的西凉府(甘肃武威),潘罗支伪降,李继迁中流矢。景德元年(1004)正月,李继迁因箭伤死于西平,庙号太祖。其子李德明继位,是为夏太宗。

李德明继位后,先后向辽、宋派出专使,请求和好。辽封他为西平王,后又封夏国王。李德明与宋在景德三年签订和约,从宋朝得到定难军节度使和西平王的头衔,并得到银万两、绢万匹、钱3万贯、茶2万斤的经济实惠。解除了来自宋朝的压力后,李德明专心执行李继迁的"西掠吐蕃健马,北收回鹘锐兵"的战略方针,与甘州回鹘在河西走廊展开激烈争夺,终于在天圣六年(1028)攻取甘州(甘肃张掖)。两年以后,回鹘瓜州王曹贤顺降附,李德明尽有河西之地,为西夏建国奠定了基础。

明道元年(1032),李德明卒,子元昊嗣立。元昊极力强化民族自主意识:废唐、宋所赐的李、赵姓氏,改姓嵬氏;自己更名曩霄,称"兀卒"(青天子、可汗);下"秃发"令,恢复鲜卑旧俗;仿唐宋制度设官职、定朝仪、建蕃学、定军兵;创制西夏文字,规定服饰,简化礼乐。同时,升兴州(宁夏银川)为兴庆府,营建宫室。宋宝元元年(1038),元昊在兴庆府称帝建国,国号大夏。建元天授礼法延祚,史称西夏,元昊为夏景宗。

元昊在位,非常重视人才,网罗了一大批包括汉人在内的各族有识之士。但他为人暴戾多疑,嗜杀成性,同时又好色淫逸。他为儿子宁令哥娶妻没㖫(yí)氏,因其貌美而纳为己妃,又将宁令哥生母打入冷宫。在党项另一大族没藏讹庞兄妹的挑动下,宁令哥刺杀元昊,元昊与没藏氏私通所生的李谅祚被强立为帝。谅祚刚满周岁,大权旁落外戚没藏家族手中。

3. 西夏的内政和外交

元昊建国后向宋朝上表,请求"许以西郊之地,册为南面之君"②。但宋反应激烈,下诏削夺所赐姓名官爵,停止互市。于是宋夏之间大规模的战争爆发,重要的有三川口(陕西延安)、好水川(宁夏六盘山)和定川寨(宁夏固原)三大战役。结果虽是西夏获胜,但频繁的战争使民穷财尽,社会矛盾尖

---

① 《西夏书事校证》卷四,第49页。
② 《宋史·夏国传》。

锐，加上宋朝的经济制裁，迫使双方再次议和。

天授礼法延祚七年（1044），双方约定：元昊取消帝号，以"夏国主"的名义向宋称臣；宋每年赐西夏绢13万匹、银5万两、茶2万斤；重开保安军（陕西志丹）、高平寨（宁夏固原）等地榷场，恢复互市贸易；西夏使臣还可在宋京城馆驿进行交易。夏、宋议和，导致夏、辽关系的破裂。同年，辽兴宗亲率十万大军伐夏，元昊采用诱敌深入之计，大败辽军。获胜后的元昊立刻遣使与辽朝讲和，夏辽关系又得以改善。

谅祚继位后，母党没藏兄妹总揽军政大权。奲都三年（1059），12岁的谅祚开始参政，设计捕杀了讹庞全家，但政权又为梁氏姐弟掌控。拱化五年（1067）谅祚暴亡，其后惠宗秉常、崇宗乾顺皆幼年即位，母后专权。永安二年（1099），崇宗借助辽朝结束了母党专权，开始亲政。

崇宗亲政，对辽、宋奉行和平方针，解除外部压力，将理政重点放到国内。他推行"尚文重法"的治国方针，在蕃学之外，特建"国学"以讲授汉学。他又设立"养贤务"，挑选皇亲贵族子弟入内学习，以培养官员，同时改革官吏的考核和录用制度。他还大力提倡佛教，于贞观三年（1103）在甘州建造了宏伟壮丽的卧佛寺。他对儒学和佛教的倡导，奠定了西夏文化走向繁荣的基础。崇宗还削夺母党权力，实行分封，以巩固皇权。

崇宗统治末期，女真兴起并建立了金朝。开始西夏援助辽朝以对抗金，但很快发现辽朝的灭亡不可避免，于是转而依附金朝。利用金兴辽亡的有利时机，西夏从辽朝手中获取了大片领土，又通过对宋战争，侵占沿边城寨。西夏形成了前所未有的广阔疆域，国势走向鼎盛。

4. 西夏鼎盛和任得敬分国

大德五年（1139），乾顺卒，子仁孝继立，是为仁宗。仁宗实行的改革措施，一是将政府机构分为上、次、中、下、末五等司，使得自元昊定官制以来的西夏中央、地方行政机构臻于完善和定型；二是颁布西夏文法典《天盛改旧新定律令》；三是经济上鼓励垦荒，允许开垦者永远占有土地和自由买卖；四是文化教育上大兴汉学，发展科举制度；五是大力提倡佛教，使得各国佛教文化在西夏得到交融，藏传佛教也在境内兴盛起来。

仁宗时西夏王朝能够发展与兴盛的重要原因，就是它不再与南宋接壤，同时又采取与金和好的政策，基本消除了外部的军事威胁。鼎盛期的西夏疆域，囊括了今宁夏全部、甘肃大部、陕西北部、内蒙西南部、青海东北部以及新疆一部分地区。但这时发生的任得敬分国事件使西夏政局一度危急。

任得敬本是宋朝西安州（宁夏海原）知州，大德三年降夏。为了获取政治资本，他将女儿献给崇宗为妃，于是被擢任静州防御使。次年，任妃被册封为皇后，任得敬也升为静州都统军。大庆元年（1140），任得敬因功封西平公。

天盛元年（1149），任得敬贿赂晋王察哥，被任命为尚书令，不久升为中书令、国相。大权在握的任得敬已不满足于做一个臣子，他妄图窃据西夏的根本兴州、灵州，从而将夏国一分为二，自己直接做一国之君。乾祐元年（1170），谋划已定的任得敬胁迫仁宗分割夏国。仁宗被迫分西南路及灵州罗庞岭地归任得敬，建号楚国，同时派使臣奏报金朝，请求册封。但金世宗反对，任得敬阴谋附宋。在金朝援助下，仁宗迅速行动，设计诛杀任得敬及其党羽，西夏王朝转危为安。

5. 西夏的衰落

乾祐二十四年（1193），仁宗卒，长子纯祐继立，是为桓宗。从桓宗到末帝李睍（xiàn）的 34 年中，帝位五易，西夏王朝衰落之势不可逆转。天庆三年（1196），仁宗族弟越王仁友病故，其子安全请求承袭父亲爵位。桓宗深知他品行不端，又有野心，不但不允许承袭爵位，而且降其为镇夷郡王。安全不满，遂生怨隙，伺机发动宫廷政变。天庆十二年，蒙古铁木真试探性地向西夏发动了第一次进攻，掳掠瓜、沙诸州而去。

天庆十三年，镇夷郡王安全与罗太后合谋发动政变，废黜桓宗，自立为帝，改元应天，是为夏襄宗。襄宗实行附金抗蒙政策，铁木真两次攻打西夏。应天四年（1209），蒙古攻破中兴府（兴庆府改名）外围之克夷门（宁夏银川西北），西夏情势危急，遂向金求援，金坐视不顾。襄宗无奈，只得向蒙古献女求和。蒙古退军后，襄宗对金朝耿耿于怀，遂于皇建元年（1210）攻之，夏金关系破裂。

皇建二年，西夏齐王遵顼发动宫廷政变，废黜襄宗，夺取帝位，改元光定，是为神宗。神宗附蒙攻金，不但夏、金关系日趋紧张，蒙古对夏的威胁也有增无减，多次深入其腹地，使他认识到西夏最大的敌人应是蒙古。光定十三年（1223），在蒙古军威逼下，神宗让位给儿子德旺，改元乾定，是为夏献宗。献宗即位之初，试图对抗蒙古，结果招来更猛烈的进攻，只好以"质子为信"，遣使向蒙古请降。蒙古大军退去，献宗与金朝修好结盟，联合对抗蒙古。但夏、金联盟也难以抵抗蒙古铁骑的进攻，西夏离亡国的日子越来越近了。

6. 蒙古灭夏

宝义元年(1226),成吉思汗西征归来,立即以西夏纳其仇人赤腊喝翔昆及不遣质子为借口,对西夏发动进攻。成吉思汗率领主力10万大军,出蒙古高原,度沙碛深入河西,破黑水城,死者数万。五、六、七月间,蒙古军势如破竹,相继攻克肃州(甘肃酒泉)、甘州和西凉府,守将多降。献宗惊惧相交,忧悸而死。

夏群臣推举献宗弟清平郡王之子南平王睍继位。八月,成吉思汗攻占应理(宁夏中卫)。十一月,灵州一战,夏军主力被歼。十二月,蒙古军攻克盐州(陕西定边)后,遂将中兴府围困。宝义二年五月,成吉思汗避暑六盘山,派人向西夏末帝睍谕降。六月,中兴府地震,李睍向蒙军请降,但请求宽限一个月。七月,成吉思汗在等待李睍献城时病死,遗嘱死后秘不发丧。李睍献城后被杀,蒙古人屠城,西夏王朝灭亡。

三、女真兴起与金朝盛衰

1. 女真源起与金朝建国

女真族的祖先很早就生活在东北长白山和黑龙江流域。先秦时称肃慎,秦汉时称挹娄,魏晋南北朝时称勿吉,隋唐时称靺鞨(有粟末靺鞨、黑水靺鞨等七部)。五代时女真之名始见于史籍,其出自黑水靺鞨,受契丹统治,为避契丹讳曾改名女直。

辽朝中期,数十部女真人逐渐形成了蒲察、乌古论、纥石烈、完颜等几个部落联盟。女真完颜部在昭祖石鲁时代发展成军事部落联盟,日渐强盛。辽授予石鲁惕隐之号,令其治理本部。到石鲁之子景祖乌古廼时,以完颜部为核心的女真部落联盟势力壮大。乌古廼帮助辽朝征讨铁勒、乌惹、五国部等部族,被任命为生女真部族节度使。其后劾里钵、颇剌、盈歌、无雅束相继继任。辽天庆三年(1113),无雅束死后,其弟阿骨打袭位。

天庆四年九月,女真族首领完颜阿骨打率部誓师于涞流河(黑龙江、吉林之间拉林河)畔,向辽朝宣战,遂进军宁江州(吉林扶余)。宁江州是辽同女真贸易的榷场之一,也是辽东北边防前哨,战略地位重要。由于轻敌,辽方战败。之后,阿骨打对军事组织进行了整顿,以300户为一谋克,10谋克为一猛安,将女真各部统一到新的组织形式下。

宁江州初战告捷,女真士气大振。十一月,阿骨打主动出击,夜间偷渡混同江,突袭辽朝军事重镇出河店(黑龙江肇源)。得手后女真乘胜追击百余里,连下宾州(吉林农安东小城子)、咸州(辽宁开原)。天庆五年,完颜阿骨打称帝建国,国号大金,年号收国,建都上京会宁府(黑龙江阿城),是为金太祖。

金朝建国后第五天,阿骨打即亲率大军攻辽。是年九月,金军攻陷黄龙府(吉林农安)。辽天祚帝亲率大军征金,不料武将耶律章奴阴谋政变,后方不稳,天祚帝只好返回。金军趁机追袭,辽军大败。由此金朝展开以攻陷辽五京为战略目标的灭辽之战。

2. 灭辽与灭宋

收国二年(1116),辽东京渤海人高永昌杀留守萧保先自立为帝,遣使向金求援。金太祖乘机占领东京,擒高永昌。天辅四年(1120),金军攻占辽上京(内蒙古巴林左旗),天祚帝逃往西京(山西大同)。次年,辽宗室耶律余睹降金,天祚帝逃至南京(北京)。天辅六年,金军在耶律余睹的指引下,攻克辽中京(内蒙古宁城)。四月,金军又下西京。十二月,辽将以南京降金,金掳掠人口、财物而去。天辅七年八月,阿骨打病故,其弟吴乞买继位,改元天会,是为金太宗。天会三年(1125),金将完颜娄室俘虏天祚帝,辽朝灭亡。

金在灭辽前夕,欲借助北宋的力量早日结束灭辽战争,同时也想从北宋获取经济利益。而北宋君臣也欲借助金朝军力灭辽,以收回为辽所占的燕云失地。双方曾议定夹攻辽朝,宋军攻取辽南京,金军进攻辽中京大定府,辽亡后燕云地区归宋朝,宋将原赐给辽朝的岁币转给金朝,宋金结成"海上之盟"。但由于宋军缺乏战斗力,两次攻打辽南京均以失败告终,最终南京还是由金军攻占。为此宋每年增加100万代税钱,随同"岁币"交给金人,金则将燕京及所属九州中的西部六州归宋。

天辅七年,降金辽将、金南京(河北卢龙)留守张觉叛金,为宋朝收纳,此举破坏了宋金盟约。虽然随后宋就将张觉处死并给金朝送去人头,但还是为金太宗侵宋找到了借口。天会二年,金太宗下诏伐宋。四年,金军攻陷北宋汴京,俘虏徽、钦二帝。次年,北宋灭亡。

3. 金朝中央集权的加强

天会十三年,金太宗死,阿骨打之孙完颜亶(dǎn)继位,是为金熙宗。熙宗首先将自比周公、准备谋反的粘罕关入狱中,接着铲除了粘罕及其心腹高庆裔支持的刘豫伪齐政权。完颜宗盘是太宗长子,目无熙宗,专横跋扈,常怀"无君之心"。挞懒完颜昌是太祖叔父盈哥之子,时任左副元帅,恃功自傲,心怀不测。天眷二年(1139),郎君吴十谋反,罪连宗盘。熙宗遂将宗盘灭族,挞懒被追杀于祁州(河北安国),又杀与粘罕关系密切的完颜希尹。

铲除异己后,熙宗推行汉制,提拔、任用汉族士大夫,依据唐宋制度为金朝创立一套新的汉官制度,改变女真旧制与三省制并存的状况,废除勃极烈制,将原来女真官号和所袭辽、宋各官,一律按新定官制换授。新官制加强了宰相的权力,限制了贵族对政事的干预,设御史台管理刑狱和监察百官,加强了皇帝对官僚的控制。又仿汉制建宫殿、定礼仪,严格君臣名分和禁卫制度。在熙宗统治期间,这一系列措施使金朝的中央集权得到了加强。

皇统九年(1149)末,金熙宗被皇族权臣完颜亮勾结驸马唐括辩、护卫蒲散忽土等弑杀。完颜亮继位,改元天德,他即后来被废黜的海陵王。完颜亮对太祖、太宗两系的女真贵族大开杀戒,铲除异己,进一步加强皇权。他加强中央集权的另一措施是迁都。当时金朝首都会宁府距离汉地遥远,无法对中原进行有效控制,于是天德五年(1153),完颜亮正式迁都燕京(北京),改称中都。迁都使金朝的政治、经济重心南移,有助于摆脱女真守旧势力的影响和牵制,促进了中央集权的加强和经济、文化的发展。完颜亮还于正隆元年(1156)改革官制,罢中书门下省,只置尚书省,以尚书省的左右丞相为宰相,与枢密使分掌文武大权。

迁都后,完颜亮马上兵指南宋。正隆六年九月,金军分路南下,迅速攻下淮南,直抵长江,史称"正隆南伐"。但金朝国内社会矛盾迅速激化,人心浮动,终于爆发了契丹人撒八等领导的北方各族人民大起义。面对南下的金兵,宋朝也展开激烈抵抗,使"正隆南伐"在内忧外患中宣告失败,完颜亮本人也在进攻南宋的前线瓜洲(江苏扬州)被部将乱箭射死。

4. 大定、明昌之治

金世宗完颜雍初名乌禄,为太祖庶子宗辅之子。完颜亮南征时,任东京(辽宁辽阳)留守的乌禄于正隆六年十月发动兵变,进据中都即位,改元大定①。即位后,金世宗停止侵宋战争,全力稳固政权,他和继任者章宗完颜璟统治时期,金朝国力最为强盛,史称"大定明昌之治"。

金世宗即位之初,仍以中都所在的汉地为统治中心,继承金熙宗南北议和、与民休息的政策,在前任政治改革的基础上,对金朝的体制做进一步调整。他修订官制,重设平章政事一职,大批任用汉人、契丹人和渤海人,加速

---

① 完颜亮得知完颜雍即位后曾感叹说:"我本欲灭宋后改元大定,岂非天命乎?"见《金史·海陵本纪》,中华书局 1975 年版。

了由多民族构成的权力核心的形成。创女真进士科,以科举取士,鼓励女真人学习汉文化。以廉平戒谕百官,严惩贪污。注意发展生产、招谕流亡,轻徭薄赋,缓和社会矛盾,安定统治秩序。结束与南宋的战争,双方达成"隆兴和议",调整对外关系。金世宗是个守成者,上述一系列措施,推动了金朝的生产发展和社会进步,"不数年间,仓库充实,民物殷富,四夷宾服,以致大定三十年之太平"①。

大定二十九年(1189),世宗死,其孙完颜璟即位,是为章宗。章宗文化修养甚高,继续推行文治,使金朝国力进一步增强。他在统治期间,重视官吏考核,选拔有才干者任诸州刺史,戒饬官吏贪赃枉法。令女真屯田户与汉人通婚,促进了女真汉化和民族融合。解放奴婢,减轻人民负担,注意发展生产。完善典章制度,组织人员编定《泰和律义》和《大金仪礼》。留心经史,编纂"圣训"、实录,修撰《辽史》。尊孔倡儒,置弘文院译写经书。金章宗的文治,使金朝国势于明昌、承安年间(1190～1200)达到了极盛,"章宗在位二十年,承世宗治平日久,宇内小康,乃正礼乐,修刑法,定官制,典章文物粲然成一代治规"②。

5. 金朝的南迁

章宗晚年娱情声色,手下官僚将领、猛安谋克多见腐化,吏治、军纪败坏,社会矛盾趋于激化。章宗死后,卫绍王完颜允济即位,时成吉思汗已经建立大蒙古国,对金朝威胁日重。大安三年(1211),成吉思汗南下攻金,西京留守纥石烈执中(即胡沙虎,世宗时皇太子护卫)逃回中都。至宁元年(1213),纥石烈执中发动兵变,杀允济,迎立章宗庶兄丰王完颜珣为帝,是为宣宗。此时"卫绍王政乱于内,兵败于外,其灭亡已有征矣"③。

不久蒙古军二次南下,包围中都。金宣宗遣使与蒙古达成和议,金献卫绍王女儿岐国公主及绣衣三千、童男女各五百、御马三千和大批金、银、珠、玉给蒙古。贞祐二年(1214)三月,蒙古撤军。五月,金宣宗以尚书右丞、都元帅完颜承晖,尚书左丞、左副元帅抹撚尽忠和太子守忠留守中都,自己率宗室、百官南迁汴京(河南开封)。

---

① 赵秉文:《闲闲老人滏水文集》卷二〇《书曹忠敏公碑后》,商务印书馆"四部丛刊"本。
② 《金史·章宗本纪·赞》。
③ 《金史·卫绍王本纪·赞》。

宣宗南迁，不仅放弃中都，而且放弃了河北广大地区。次年，蒙古军再次南下，金朝中都失陷，河北、山西重镇皆失，军户、官吏、居民纷纷南迁，"流民数百万，饥疫荐至，死十七八"①。但南渡后的金朝君臣依然醉生梦死，苟且偷安，"每北兵压境，则君臣相对泣下，或殿上发叹呼。已而敌退解严，则又张具会饮黄阁中矣"②。

6. 金朝的灭亡

金朝末年，社会矛盾持续激化，人们纷起反抗："时岁饥，耕猎皆废，河北、河南、山东之民贫悴饥疲，无力以耕。寇盗蜂起。"③山东、河北本有大片腴田沃壤，但由于当地官吏的搜刮，良田尽入权要势家，汉族贫民仅有瘠恶之土，战乱频仍，难以为生。

大安三年(1211)，山东首先爆发益都(山东青州)人杨安儿领导的民众起义，义军于莱州(山东掖县)建立政权，年号天顺，但不久失败。同时起事的还有泰安刘二祖和霍仪、潍州李全、密州方郭三、真定(河北正定)周元儿、胶西李旺、兖州郝定等，"皆衣红纳袄以相识别"④，故名红袄军。杨安儿被击败后，其妹杨妙贞(四娘子)勇悍，善骑射，自称"梨花枪天下无敌手"，率其余部继续抗金，至磨旗山(山东莒南)与李全军联合，二人并结成夫妇。兴定二年(1218)，李全等降宋，驻军楚州，官至节度使，并兼并了其他红袄军。正大三年(1226)，李全降蒙。七年，他率兵攻南宋，死于扬州。只有彭义斌率领的义军一直坚持抗金抗蒙，最后与蒙军激战于河北赞皇的五马山，兵败被俘而死。

宣宗南迁，金军在蒙古的进攻下节节败退，金朝上层人物或叛金，或自立，或降蒙，加速了金朝的崩溃。元光二年(1223)十二月，金宣宗病死，其三子完颜守绪即位，是为金哀宗。时值蒙古四杰之一的名将木华黎病死，成吉思汗西征未归，金朝得以喘息。正大四年蒙古灭夏后，遂全力展开灭金之役。正大九年，蒙古军集结于河南，在成吉思汗四子托雷的率领下，与金军统帅完颜合达所率15万大军在钧州(河南禹州)三峰山决战，结果"金之精

---

① 郝经：《郝文忠公陵川文集》卷三六《先大父墓铭》，北京图书馆古籍珍本丛刊影印明正德二年李瀚刻本。
② 刘祁：《归潜志》卷七，中华书局1983年版。
③ 崔文印：《大金国志校证》卷二一《纪年·章宗下》，中华书局1986年版，第284页。
④ 《金史·仆散安贞传》。

锐尽于此矣"①。金哀宗带着亲信先逃归德(河南商丘),再往蔡州(河南汝南)。天兴三年(1234)正月,宋、蒙联合攻破蔡州。城初破,金哀宗传位于宗室、蔡州东面元帅完颜承麟,自缢死。金末帝完颜承麟旋死于乱军之中,金朝灭亡。

四、其他边疆民族政权的起伏

在辽、宋、西夏、金对峙时期,周边其他民族的自主意识不断觉醒,或建独立政权,或分散而无所统属。其政治实体主要有回鹘诸汗国、喀喇汗王朝及西辽、吐蕃、大理、壮族等政权。

1. 回鹘诸汗国

回纥属铁勒一支的游牧民族,原居住在色楞格河、鄂尔浑河及土拉河流域。唐天宝三年(744),破东突厥,建立政权。贞元四年(788),自请改称回鹘。开成五年(840),为黠戛斯所破,可汗被杀,部众分三支西迁:一迁吐鲁番盆地,称高昌回鹘或西州回鹘;一迁河西走廊,称河西回鹘;一迁葱岭西楚河一带,为葱岭西回鹘。元明时回鹘转称畏兀儿。

(1) 河西回鹘

河西回鹘起初依附吐蕃,后来与唐沙州节度使张议潮联合攻击吐蕃。9世纪末,他们建立起甘州回鹘汗国。甘州回鹘与辽、宋均友好往来,尤其尊宋帝为舅,双方建立甥舅关系。甘州回鹘利用丝绸之路的优越地理位置发展与宋朝及中亚的贸易交往,从中获取高额回报。后来,富饶的甘州回鹘成为日渐兴起的党项族的进攻目标。经过李继迁、李德明父子两代经营,最终在1036年,李元昊攻占了瓜、沙、肃三州,尽有河西之地,存在了130多年的甘州回鹘汗国灭亡。

(2) 于阗回鹘

西迁回鹘人的另一支,大约9~10世纪之际在于阗(新疆和田)建立政权。其首领自称是唐朝宗室之后,以李为姓。于阗回鹘建立后,西边的喀喇汗王朝已经强大,正逐渐向东扩展。于阗回鹘和喀喇汗王朝之间长达30年之久的争斗,被喀喇汗王朝称为"圣战"。大约在11世纪初,喀喇汗王朝攻占了疏勒、喀什噶尔等地,迫使于阗回鹘俯首称臣,于是它成了喀喇汗王朝的一部分。于阗回鹘一直和宋朝保持着友好的关系,经常派遣使臣入宋朝

---

① 《元史·睿宗拖雷传》,中华书局1976年版。

贡。它所产玉石非常有名，是对外贸易的主要物品，此外酿造的葡萄酒也很有名。于阗回鹘本来信仰佛教，不少著名的佛教遗迹至今保存，但臣服喀喇汗王朝后，则改信伊斯兰教。

(3) 高昌回鹘

西迁回鹘中，势力最强的当属高昌回鹘，亦称西州回鹘，阿拉伯史家称之为"九姓乌古斯"。大约981年，汗国建立，国主自称为"阿斯兰汗"（意为狮子王）。汗国的最高统治者称"亦都护"（突厥语，意为幸福的君主）。其国都在高昌（新疆吐鲁番），"其地南距于阗，西南距大食、波斯，西距西天步路涉、雪山、葱岭，皆数千里"①。西辽强盛时，高昌回鹘一度受其控制。蒙古势力进入西域，高昌亦都护巴而术阿而忒的斤杀西辽少监，臣服蒙古。从此一直效忠于元朝，直到元和察合台汗国灭亡。

高昌回鹘也和宋朝保持着甥舅关系，不断遣使入贡。其农牧业、手工业、商业都很发达，所产葡萄酒、棉花及丝织品驰名于各族之间。起初高昌回鹘信奉摩尼教，后来改信佛教。高昌回鹘的佛教十分发达，佛寺众多，刻有《大藏经》、《经音》等典籍。高昌回鹘不仅受到唐代文化的影响，而且与波斯文化的融合也很明显。

2. 喀喇汗王朝

在三支西迁回鹘中，最大的一支在汗族庞特勤的率领下西奔葛逻禄（阿尔泰山以西），建统治中心于巴拉沙衮（吉尔吉斯斯坦托克马克），这就是中国史家所称的黑汗（韩）王朝，学界通称为喀喇汗王朝。喀喇即"伟大"、"最高"，其统治者为喀喇可汗。

喀喇汗王朝实行"双王制"，二汗分治汗国。汗族最长者任大可汗，称阿尔斯兰喀喇可汗，初驻巴拉沙衮，后驻喀什噶尔；次长者任副可汗，称博格拉喀喇可汗，初驻怛逻斯（哈萨克斯坦江布尔），中迁喀什噶尔，后又迁回怛逻斯。在卡迪尔汗玉素甫攻下于阗回鹘后，喀喇汗王朝进入鼎盛期。

1140年，喀喇汗王朝在河中的统治者布里特勤伊卜拉欣脱离大可汗而独立，自称桃花石（突厥语"中国"）博格拉汗，喀喇汗王朝分裂成东、西两个汗国。东喀喇汗王朝仍以巴拉沙衮和喀什噶尔为首都，西喀喇汗王朝最初建都乌兹根（吉尔吉斯斯坦乌支根），后迁往萨末鞬（今乌兹别克斯坦撒马尔罕）。

---

① 《宋史·高昌传》。

由于汗国分裂，加上实行伊克塔制（分封制）而导致的内部纷争，使得东、西汗国日渐式微。1089年，西喀喇汗王朝沦为塞尔柱的附庸；1134年，东喀喇汗王朝沦为西辽的附庸。1211年，东喀喇汗王朝可汗穆罕默德被喀什噶尔贵族杀害，东喀喇汗王朝灭亡。次年，西喀喇汗王朝苏丹奥斯曼被花剌子模沙摩诃末处死，西喀喇汗王朝灭亡。

喀喇汗王朝的疆域非常辽阔，境内农业、手工业、畜牧业、商业等均很繁盛。河中地区土地肥沃，灌溉便利，"宜百谷"，所产瓜"味极甘香，中国所无，间有大如斗者"①。手工业种类繁多，玻璃制品尤其著名，大约9～10世纪居民住房的窗户已使用玻璃。喀喇汗王朝与辽、宋、印度、波斯及西亚、南欧等地区均有贸易往来。

喀喇汗王朝信仰伊斯兰教。960年，继承博格拉汗的巴伊塔什定伊斯兰教为国教，使之在境内迅速流行。这一时期，大批操突厥语的游牧民转入定居，加快了中亚民族的突厥化。伊斯兰教的流行和境内居民的突厥化，使得喀喇汗王朝汇合成一种新的文化体系，即伊斯兰—突厥文化，并成就了一批优秀的回鹘诗人及不朽著作，如《福乐智慧》、《突厥语大词典》、《真理的入门》等。《福乐智慧》意为"赋予幸福的智慧"，是11世纪由优素甫·哈斯·哈吉甫于喀什撰成的劝诫性长诗，用回鹘文写成，现存13290行。《突厥语大词典》是汗族马赫穆德·喀什噶里于1074年编成的一部百科全书式的语言学巨著，用阿拉伯语写成。《真理的入门》又译作《真理的献礼》，用当时流行的语言写成，作者是盲人阿赫马德·玉克乃克，也是一部劝诫性长诗。

3. 西辽

辽朝灭亡以后，其余部以耶律大石为代表，继续开展抗金复辽的斗争。耶律大石字重德，辽太祖阿保机八世孙，是一位文武双全、有胆有识的契丹上层人物。保大四年（1124），因天祚帝听不进不同意见，大石离开他，但一直在东部地区活动，寄希望于恢复辽朝旧疆。宋绍兴元年（1131），金军和耶律大石于河董城（蒙古国东部乔巴山）交战后，耶律大石感到实在难以立足旧地，于是开始远征中亚。

金天会九年（1131），耶律大石在叶密立城正式称帝，采用突厥汗号称"菊儿汗"（又作葛尔汗、古儿汗，意为"大汗"、"众汗之汗"），汉语尊号称"天

---

① 王国维：《长春真人西游记校注》卷下，《王国维遗书》第13册，上海古籍书店1983年影印本。

祐皇帝",重建辽政权,史称"西辽",又称"哈喇契丹"。延庆三年(1134),改元康国,定都虎思斡耳朵(今吉尔吉斯斯坦托克马克)。西辽疆域在耶律大石之子夷列和其妹普速完在位时期基本确定:东部以高昌回鹘为附庸,与西夏为邻;北至阿尔泰山、巴尔喀什湖一线,与乃蛮、康里为邻;西达咸海,为花剌子模宗主;南以喀喇昆仑山脉和阿姆河中、上游为界,与塞尔柱王朝所属的呼儿珊(伊朗霍剌散)和吐蕃等接壤。

西辽在末代皇帝直鲁古统治时开始衰落。乃蛮太阳汗之子屈出律在蒙古的部落争战中失败,逃往西辽骗取直鲁古的信任。天禧三十四年(1211),西辽政权被屈出律篡夺。1218年,蒙古军击败屈出律,西辽政权终结。西辽共历6位君主,统治中亚达87年,将契丹和汉族的文化、制度带到了中亚,对这里的历史发展产生了深远影响。

4. 吐蕃

唐武宗会昌(841~846)之后,强盛的吐蕃王朝开始衰落,王室后裔纷纷建立割据政权,地方势力也割据称雄,攻伐不已。史称"其国亦自衰弱,族种分散,大者数千家,小者百十家,无复统一矣"①。这种状况一直延续到吐蕃归附元朝为止。

7世纪时,佛教传入吐蕃。又一个世纪,赞普赤松德赞将其定为国教,使其在境内迅速传播,史称"前弘期"。9世纪中期,达玛赞普下令禁毁佛教,使之遭到几近毁灭的破坏。从10世纪下半叶开始,佛教在吐蕃再度兴盛,史称"后弘期",这时形成了藏传佛教的各个教派,如宁玛派、噶举派、萨迦派、噶当派、觉囊派、希解派、觉域派等。每个教派都与当地的上层统治集团有密切关系。大约13世纪初,政教合一的农奴制度普遍确立,每个教派的影响所及实际上就是某一领主的势力范围。

吐蕃王朝衰落后,一部分吐蕃人进入河西走廊的凉州,逐渐强大,这就是吐蕃六谷部。六谷部首领潘罗支看到党项势力日盛,决定联合宋朝共同对抗党项。北宋为了制服李继迁,采取"以夷制夷"的方针,授潘罗支以盐州防御使兼灵州西面都巡检使,使其攻打党项。同时宋朝派殿直丁惟清前往西凉,任知凉州事。1003年,党项李继迁袭击凉州,潘罗支战败,丁惟清战死。潘罗支伪降李继迁,暗集六谷诸豪及者龙族数万人,乘党项不备,大败之,射杀李继迁。次年,党项继任者李德明又利用吐蕃者龙族迷丹嘱、日布

---

① 《宋史·吐蕃传》。

结罗丹二族为内应,攻杀潘罗支。吐蕃余部推潘罗支之弟厮铎督为六谷部首领。1015 年,李德明攻占西凉,厮铎督率残部投奔河湟吐蕃唃厮啰。

居住在河湟(青海西宁)的吐蕃赞普后裔唃厮啰,是当时吐蕃各部中最强大的一支,宋人称之为"青唐羌"。唃厮啰本名欺南陵温,12 岁时被羌人何郎业贤带到河州(甘肃临夏),取名唃厮啰,意即佛子。1015 年,唃厮啰被大喇嘛李立遵和邈川族首领温逋哥在宗哥城(青海湟中平安驿)立为首领,建立政权。唃厮啰与北宋、西夏、回鹘等为邻,"西有临谷城通青海,高昌诸国商人皆趋鄯州贸卖,以故富强"①。此时唃厮啰与党项李德明展开角逐,他遣使向宋入贡,请求征讨党项。北宋授唃厮啰为宁远大将军,双方保持着使聘联姻关系。1033 年,李元昊进攻唃厮啰,被击败。1065 年,唃厮啰死,其子董毡继立。董毡与兄瞎毡、磨毡角不和,原唃厮啰政权被分为三部。董毡率众臣服于宋朝,多次击败西夏。12 世纪初,北宋占领河湟,吐蕃诸部降宋。金军进入河湟地区,这支吐蕃更加衰败。

这一时期吐蕃族也创造了丰富灿烂的文化,如著名史诗《格萨尔王传》。格萨尔王是吐蕃传说中的英雄人物,据说生活在宋仁宗前后。吐蕃交际礼节所用的"哈达",传说也是从此时期开始的。此外,藏医、藏历、藏传佛教的绘画雕塑艺术等也都有不同程度的发展。

5. 大理

10 世纪初,南诏政权出现内讧。937 年,通海节度段思平联合滇东 37 部起事,自立为王,建元文德,国号"大理",亦即段氏大理。段思平"更易制度,损除苛令",采取了一些缓和社会矛盾、恢复社会经济的措施,使政权逐步巩固。大理以国王为首,称骠信;下设清平官,有坦绰、布燮、久赞、彦赞等;清平官下有"九爽",分掌具体事务。同时,段思平进一步维护主体民族白族诸侯的利益,以稳固统治基础。段氏在全国设首府(大理)、二都督(会川、通海)、六节度(弄栋、银生、永昌、丽水、拓东、剑川),共 8 个地方领主政权,故有"云南八国"之称。大理在段氏治理下,逐渐走向鼎盛。

1080 年,大臣杨义贞发动政变,杀大理王段廉义,自立为"广安皇帝"。鄯阐(昆明)侯高智廉命其子高昇泰联合"乌蛮"37 部讨平叛乱,诛杀杨义贞,立段廉义之侄段寿辉为大理王。其后寿辉传位给段正明,正明在位 13 年,迫于高氏势力,避位为僧。1094 年,高昇泰自立为王,改国号"大中"。

---

① 《宋史·吐蕃传》。

两年后,昇泰死,嘱其子还位正明之弟正淳,史称"后理国"。后理国时期,高氏世为国相,称"中国公",把持朝政。高氏子弟高祥明,在1103年居然赠送给段正淳农奴32000户,这种皇帝接受臣子馈赠的现象在历史上实属罕见。

13世纪中叶,蒙古制定了先平大理、再灭南宋的战略。1253年,忽必烈和兀良合台率10万大军攻占大理,大理王段兴智出奔鄯阐,被擒获。大理八府四郡投降,大理灭亡。

大理的社会经济比较发达。元初郭松年到大理,见到"灌溉之利,达于云南之野","居民凑集,禾麻蔽野","百姓富庶,少旱虐之灾"①。范成大《桂海虞衡志》亦称大理"地广人庶,器械精良"。大理盛产良马,每年都有数千匹转贩内地,所产刀、剑、甲胄、彩漆器皿、马鞭鞍辔亦闻名天下。大理与宋朝及周边国家贸易往来频繁,输往内地的商品以马匹及刀、毡、甲胄、鞍辔、漆器等手工业品为主,此外还有麝香、牛黄等药物;从内地输入的则有汉文书籍、缯帛、瓷器等。大理与宋关系密切,宋徽宗曾册封大理国王段和誉为"云南节度使、金紫光禄大夫、大理王",大理官员在给宋朝的文书中以这样的诗句表达他们的仰慕之情:"言音未会意相和,远隔江山万里多。"大理文化受中原影响很大。其人"相与使传往来,通于中国。故其宫室楼观,言语书数,以至冠婚丧祭之礼、干戈战陈之法,虽不能尽善尽美,其规模服色,动作云为,略本于汉"②。大理所使用的"僰文"(白文),也是以汉字为基础,用汉字书写而读白语。大理皇室推崇佛教,22位段氏皇帝中有8位避位为僧。大理将佛教与儒学结合,读书人崇奉佛法,僧人也诵读儒经,因此佛教在大理传播极广,成为国教,以致有"妙香国"之称。

6. 壮族

壮族本是东南越族的一支,曾沿用瓯、瓯骆、乌浒、俚、僚、僮、俍、猺、沙、侬等名称,早在唐宋之前就已聚居在今广西及周边地区。其自称"布壮",意为"健壮的人",古称"猗撞"或"撞丁"。

辽、宋、西夏、金时期,壮族受宋朝羁縻统治,在此设置羁縻州、县、峒,任命当地土著首领为土官。其地气候温暖湿润,有些地方"无月不种,无月不收"③。南宋以后,福建等地破产农民大量涌入,带来先进的耕作技术,改善

---

① 郭松年:《大理行记》,"丛书集成"初编本。
② 《大理行记》。
③ 杨武泉:《岭外代答校注》卷八《月禾》,中华书局1999年版,第338页。

了当地落后的生产状况。当地矿产资源丰富,壮族人掌握了高超的采矿和金属铸造技术,静江临桂以善造铁器驰名,梧州铁器为"天下美材",融州刀剑深受时人喜爱。棉花已经广泛种植,他们使用铁杖碾去棉籽,并将棉纺织技术传入内地。

北宋皇祐年间(1049~1054),桂西广源土州首领侬智高势力强盛。当时与中国毗邻的交趾不断侵扰侬智高,并试图吞并其属地邕州(广西南宁)。交趾扣押了侬智高之父侬全福,并以此要挟侬智高。侬智高试图归附宋朝,多次遣使入贡方物,但宋朝懦弱畏事,不敢接纳侬智高。"智高既不得请,又与交趾为仇","遂招纳亡命"[1],于1052年发动了对宋战争。

四月,侬智高破邕州,建大南国,称仁惠皇帝,改元启历。其后一路东进,攻克横、贵、龚、浔、藤、梧、封、康、端九州,兵锋直指广州。宋军调兵增援,侬智高围城久攻不下,遂撤兵西还。为了平定侬智高叛乱,宋朝派出名将枢密副使狄青。1053年,狄青在归仁铺(广西南宁东北)与侬智高激战,侬智高全军覆没,逃往大理。在宋朝迫使下,大理遂将侬智高处死,并将其首级交给宋朝。

平定侬智高之乱后,宋朝调整政策,对壮族减免田租和徭役,赈济贫民,招抚流亡,对侬智高余党宽大处理,以安抚人心,从而稳固了宋朝对岭南地区的统治。

第四节 宋代的政治、法律、军事及科举制度

一、中央政治体制

1. 宰辅制度

宋代的宰辅,在中央政治体制中占有至关重要的地位。它包括中书门下、枢密院以及元丰改制后的三省长官,即正、副宰相和枢密院的正、副长官,统称"宰执"或"宰辅"。

(1) 中书门下与元丰改制后的宰辅体制

北宋前期,在朝堂(文德殿)之西设置中书门下,是宰相办公的机构。正宰相称同中书门下平章事,简称同平章事。副宰相称参知政事。宰相编制

---

[1] 《宋史·蛮夷传》。

不定,大致不多于5员。元丰改制,撤销中书门下,恢复唐初以三省长官并为宰相的制度,以尚书左仆射兼门下侍郎、尚书右仆射兼中书侍郎并为正宰相,以门下侍郎、中书侍郎、尚书左丞和尚书右丞为副宰相。

徽宗政和二年(1112),又以太师、太傅、太保为正宰相,少师、少保、少傅为次相。钦宗时重行元丰旧制。

南渡后,高宗于建炎三年(1129)正式以左、右仆射兼同中书门下平章事为正宰相,以参知政事为副宰相,门下、中书和尚书三省合而为一。孝宗乾道八年(1172),又改左、右仆射兼同中书门下平章事为左、右丞相,参知政事照旧。这是宋朝宰辅体制的第4次变革。

哲宗元祐元年(1086),始设"平章军国重事"、"同平章军国事"两职,以安排德高望重的大臣,位居宰相上。当时以文彦博任平章军国重事,吕公著任同平章军国重事,但实际上还是一种最高荣誉职位。宋宁宗时,韩侂胄任平章军国事,立班在正宰相的丞相之上。宋度宗时,贾似道任太师、平章军国重事,独揽军、政大权,丞相却屈居于副宰相的地位。

(2) 枢密院

枢密院的长官为枢密使或知枢密院事,副长官为枢密副使。宋真宗时,设枢密使2员。宋神宗时,设知枢密院事1员,枢密使和副使各2员。元丰四年(1081)后,撤销枢密使和副使之职,直到高宗绍兴七年(1137)复置。绍兴十一年(1141),枢密副使岳飞被杀后,终宋一代不再设此职。

枢密院下属机构有兵、吏、户、礼4房。宋神宗后,增设刑、北面、河西等11房。至宋高宗时,达到24房。枢密使和知枢密院事,作为一院之长,协助皇帝掌管全国军政。凡边防、军政等日常事务,与中书门下(北宋前期)或三省(北宋后期至南宋)分班向皇帝禀奏。若事关国体,则与宰相和执政官联合禀奏。其主管国防机密、兵符、军籍、选差路分都监以上将官、诸班直、内外禁军等事。

(3) 三司

三司是宋初集中财政权的主要体现,"应天下之贡赋之入,朝廷不预,一归三司"。三司使则因"总国计"而"位亚执政",称"计相"。

三司使的职权是"掌邦国财用之大计,总盐铁、度支、户部之事,以经天下财赋而均其出入焉"。盐铁部偏重于征商和禁榷收入,户部偏重于田赋和榷酒收入,度支部负责财政支出。宋真宗大中祥符七年(1014)后,三司有21案,各主管三司职事的某一方面。此外,三司设许多子司,也各管一方面的职事。除总管财计和钱谷等大权外,三司还握有与财政有关官员的荐举之权。三司对各路转运司、州府负有财政和考核上的领导责任,各地钱谷都要向三司申报收支帐籍,而且不准额外擅支。三司通过考课制度维护中央对地方财计的统辖权。

三司的职权超越了单纯财政的范围,实际是总理国家经济事务的机构。三司不仅统一管理赋税征收,而且统一管理财政支出,通过财政监督权代表中央有效地统一全国财计调度。

(4)宰相事权

从宋太祖、宋太宗到宋真宗,确立了高度专制主义的中央集权制度,基本上奠定了宰相主管民政、枢密院长官主管军政、三司使主管财政的三足鼎立的格局。

宋太祖设枢密院,以分割宰相的掌兵之权。太祖后期对宰相应否与闻军政乃至掌握兵权,朝廷官员一直有争议。宋仁宗时,因抗击西夏的需要,要求二府长官一起商议"军旅重务",随后即由宰相兼枢密使。但至庆历五年(1045)西部战事停息,宰相又不再兼枢密使。宋神宗熙宁初年(1068),宰相才正式取得了与枢密院长官一起商定重要军政事务的权力。

在宋初,中书还有主管财政的权力。到宋真宗时,逐步建立三司使总管"国计"的理财体制,贡赋之入,一归三司。元丰改制撤销三司,其职权分归户部,而户部直属尚书省,因而使宰相实际上掌握了财权。

宋太宗设审刑院。审刑院负责复查大理寺裁断的案件,再交中书施行,从而剥夺了中书门下的复审权。宋神宗元丰三年(1080),审刑院并归刑部,宰相取得了奏案的部分终审权。

从宋初到南宋,宰相包括兵权、财权、司法权等在内的事权,出现了由分割到集中的过程。实践证明,相权的分割不利于抵御边疆侵扰,不利于提高行政效能,也不利于宰辅集团的团结,所以出现了宰相事权逐渐强化的趋势。

2. 中央行政机构的职能

在北宋前期,在宫中设中书门下,在宫外设三省,三省长官非宰相者一般不得登政事堂,实际上剥夺了三省长官议政及决策的权力。宋神宗元丰改制后,三省成为真正的中央行政机构,有职有权。南宋时,三省则合为一体。

(1)中央行政机构的设置

三省，即门下、中书和尚书省。初，门下省委任1员给事中为"判门下省事"，掌本省职事。元丰改制，设侍中、侍郎、右散骑常侍各1员，给事中4员，左谏议大夫、起居郎、左司谏、左正言各1员。

初，中书省委任1员中书舍人为"判中书省事"，掌本省职事。元丰改制，设中书令、侍郎、左散骑常侍各1员，中书舍人4员，右谏议大夫、起居舍人、右司谏、右正言各1员。

初，尚书省委任诸司三品以上官员或学士1员为"权判尚书都省事"，掌本省职事。元丰改制，以尚书左仆射兼门下侍郎、尚书右仆射兼中书侍郎为正宰相；又以尚书左、右丞为副宰相，仍与本省职事相关。另设左、右司郎中和员外郎各1员。

尚书省常设下属机构有都司、六部、二十四司和各寺、监等。都司即左司和右司，六部即吏、兵、户、刑、工、礼部。二十四司即尚书省六部及各部所设3个子司。各寺，有太常、宗正、光禄、卫尉、太仆、大理、鸿胪、司农、太府等9寺。各监，有国子、少府、将作、军器、都水、司天等6监。

(2) 三省六部的职能分工

北宋前期，三省六部等的职能分工比较复杂，且机构职权较小。元丰改制，使各机构职责分明，同时各机构相应扩大了职权。如原中书门下的部分职事划归门下省。凡中书省的画黄和录黄，枢密院的录白和画旨，皆留为底；尚书省六部所上"有法式事，皆奏复审驳"，使门下省的职权扩大很多。原中书省职掌有拟郊祀时皇帝册文、考校幕职州县官、人员年满复奏、文官改赐章服、僧道紫衣师号、举人出身、寺观名额等事物。元丰改制，使中书省的职权扩大很多。它不仅掌管"进拟庶务，宣奉命令，行台谏章疏、群臣奏请兴创改革及中外无法式事应取旨事"等，同时掌管省、台、寺、监正副长官以下以及侍从职事官，外任监司、节镇、知州军、通判，武臣遥郡横行以上的除授。尚书省在元丰改制时并省了一些机构，掌管"施行制命，举省内纲纪程式，受付六曹文书，听内外辞诉，奏御史失职，考百官庶务之治否，以诏废置、赏罚"等，职权范围也扩大了。

北宋前期的六部职权大减。如吏部，文武百官的差遣、考课等由中书门下和审官东院等负责，流内铨负责对幕职州县官的注拟、磨勘等事项，三班院负责对借职以上到供奉官等三班使臣的考课、注授差遣等，而自己却无本职可做。元丰改制，撤销了以上人事机构，在吏部改设尚书左选，分管京朝官以上官员；尚书右选，分管武臣升朝官以上官员；侍郎左选，分管幕职州县官；侍郎右选，分管自副尉以上至从义郎的官吏。户、礼、兵、刑、工等5部及各寺、监的职权，也同样在北宋前期甚小，到元丰改制后才恢复其应有的职权。

(3) 中央权力运转机制的变化

宋朝中央政权的运转机制，前后有三个阶段的转换。

第一阶段，即元丰改制前的北宋前期，实行分散事权的管理机制和彼此限制的约束机制。宋初，中书门下和枢密院、三司分掌民政、军政和财政，分割了门下、中书、尚书等三省的主要职权。同时，又分设一些职能机构，如管理官员人事的流内铨、三班院、审官东院、审官西院等，分割了原属吏部和兵部的职权。又如复审刑狱的审刑院、监察汴京刑狱的纠察在京刑狱司等，分割了原属刑部的职权。还如主管朝廷礼仪的太常礼院，分割了原属礼部的职权。这种制度设计体现了使机构之间彼此限制和约束的理念，但叠床架屋的设置，不免增加了大量的冗官冗吏，加重了国家财政负担，也降低和削弱了管理机构的办事效能。

第二阶段，即元丰改制后的北宋后期，撤销了中书门下和三司，将其职权分归中书、门下二省及尚书省有关部、寺、监，仅保留了枢密院。中书等三省上升到与枢密院相同的地位，尚书省六部二十四司的职权绝大部分得到恢复。这种新的中央行政管理体制事权相对集中，在一定程度上克服了原来职能机构多元化和事权分散化的弊端。

第三阶段，即南宋时期，继续进行中央行政管理新、旧机制的转换工作。建炎三年(1129)，宋高宗将中书等三省合并为一，左相和右相兼掌三省职事，又并省了一些机构，减少冗官。

二、地方政治体制

宋朝在地方实行府州军监、县、镇、寨及乡、都、里、保等行政系统的管理，以贯彻朝廷旨意。又在府州军监层级之上设置路一级派出机构，以对府州军监实行监督和管辖。

1. 地方行政体系

宋朝地方实行州、县二级建制。州级行政系统包括府、州、军及领县的监，县级行政系统包括县、军使及隶属于州军的监。

(1) 地方机构的设置

仁宗初年，宋朝共设府州军监322个。到神宗熙宁八年(1075)，减为

287个。到徽宗时,又增至351个。南宋时,则减为190个。

北宋最多时有34府,其中4京府为东京开封府(河南开封)、西京河南府(洛阳)、南京应天府(河南商丘)、北京大名府(河北大名),另有30个次府。

州的划分一是分为节镇(节度)州、防御州、团练州和刺史州4级,一是分为雄、望、紧、上(达4万户)、中(达2万户)、下州6级。另有被称为"化外"的羁縻州。

军的地位略低于州,所谓"地要不成州而当津会者,则为军"。军分为军和军使2级。军与府、州、监同级,军使则为县级行政单位。

监设在坑冶、铸钱、制盐、牧马之地。神宗元丰间有56监。监可分3级,一是同下州的监,二是隶属于府、州的监,三是隶属于县的监。

宋朝将县分为赤、畿、望、紧、上、中、中下、下8级,除赤、畿为四京属县外,其他都按户数多寡而定。

各县在居民稠密、位居要冲或工商业发达的地点设镇,又在地形险要、必须驻兵防守之处设寨或要冲城。

县以下乡村,北宋前期大都实行乡、里制,少数地区实行乡、团、里制。

(2) 地方官员及职权

府、州、军、监的官员编制大同小异,皆分署而治。朝廷委派京、朝官管理本州(府、军、监)事,称"权知某州(府、监)军州事",管辖一州的军政和民政。又设"通判州军事"1至2员,与知州同领州事,裁处兵民、钱谷、户口、赋役、狱讼等。各州公文,知州须与通判一起签押方能生效。通判还有权监督和向朝廷推荐本州的官员。知州和通判的官属,有录事、司户、司法、司理等各曹参军。录事参军主管"州院"(审讯机构兼监狱)日常事务,监督各曹。司户参军掌管一州户籍、赋税和仓库出纳。司法参军掌管检法议刑。司理参军掌管狱讼审讯。各曹官署一般称"厅",少数称"院"。各州可直接向朝廷奏事。

朝廷任命京、朝官领县,称"知县";任命选人领县,称"县令"。知县或县令主管一县的民政、司法和财政。仁宗初年,县始设"丞",委派选人担任,作为一县副长官。以京、朝官充丞,则称"知县丞"。丞主管常平、坑冶、农田水利等事。另设主簿和尉,主簿掌管官物出纳,尉居主簿下,负责维持治安。

(3) 保甲制

神宗熙宁四年(1071),在全国推行保甲法。村民10户组成一保,50户为一大保,10大保为一都保。选派主户中财产多、势力大者分别担任保长、大保长和都副保正。主户和客户有2丁以上者,抽一人为保丁,训练武艺。每一大保轮流派5人夜间巡逻,遇有盗贼报大保长追捕。同保内若发生盗窃等案,知情不报要连坐治罪。到哲宗时淡化了保甲的军事色彩。

2. 在地方的中央派出机构"路"

宋朝在府州军监之上,尚未设置高一级的地方行政机构,所设置的道或路级机构,仅具有中央派出机构的性质。但随着这些机构职能的转换,路逐渐出现了向行省演变的趋势。

(1) 路的设置

宋太祖承袭唐制,将全国分为若干道。太宗至道三年(997),改将全国分为15路。仁宗初年为18路,神宗元丰八年(1085)增至23路。具体为:京东东路、京东西路、京西南路、京西北路、河北东路、河北西路、永兴军路、秦凤路、河东路、淮南东路、淮南西路、两浙路、江南东路、江南西路、荆湖南路、荆湖北路、成都府路、梓州路、利州路、夔州路、福建路、广南东路、广南西路等。

南宋境土不到北宋的十分之四,宋金绍兴和议后,共分为17路。

(2) 漕司、宪司、仓司、帅司及饷司

各路设转运使司(漕司)、提点刑狱司(宪司)、提举常平司(仓司)、安抚使司(帅司)。其中漕、宪、仓3司,又称"监司"。仁宗明道二年(1033)前,转运使掌管一路的大权,实际成为本路的最高长官。

南宋初,还创设总领所(饷司)。高宗建炎三年(1129),宣抚处置使张浚以同主管川、陕茶马赵开为随军转运使,专一总领四川财赋。总领官置所系衔由此始。绍兴十八年(1148)后,全国共设4处总领所,即淮东总领所、淮西总领所、湖广总领所、四川总领所。

(3) 编制和人选

转运司设转运使和转运副使、转运判官。提刑司一般设置提点刑狱1至2员。提举司因机构废置不常,情况较复杂,一般每路设提举司长官1员。各路安抚司设安抚使一员为长官,一般由本路最重要的府、州长官兼任。

(4) 职权的膨胀

宋初设转运使后,其职权逐步膨胀。真宗于咸平二年(999)令"州郡之事,委漕运之臣提其纪纲、按以条法",使其实际上成为一路的最高长官。提刑司初设时,只管审理案件和按劾违法官吏。确立提刑司制度后,它成为一路的最高司法机构,主管全路刑狱公事。南宋提刑司还兼管经总制钱的拘催和管理事务。提举常平茶盐司掌管常平、义仓、免役、市易、坊场、河渡、水利之法,同时"专举刺官吏之事"。安抚使司主要职责为复审本路在押囚犯,可减轻部分罪犯的刑罚。元丰改制,安抚使主管一路兵、民之政,总辖诸将,统率军队,还可听取狱讼,颁布禁令,决定赏罚,检查一路钱粮和武器的出纳账册。

总领所介乎朝廷户部和各路转运司之间,是措置移运、应办各军钱粮的专门理财机构。

三、监察制度

宋朝建立起比较严密的监察制度,以保证国家各级政治机构能高效、廉洁地运转,以维护国家法制的权威和尊严。

1. 御史台和谏院

御史台和谏院是宋朝的两个最高监察机构。宋初在御史台下设台院、殿院和察院三院。这时,谏官分属门下省和中书省。宋真宗天禧元年(1017),命谏官在两省内选择治所,史称"诏置别院"。宋仁宗明道元年(1032),门下省迁至新址,其旧址改建成谏院。自此谏院成为独立机构,史称"置谏院自此始"。

御史台以御史中丞为长官,设1员。副长官为侍御史知杂事,设1员。

御史台内分设三院:台院设侍御史,殿院设殿中侍御史,察院设监察御史。宋真宗天禧元年(1017),别置御史6员,不兼他职,"每月须一员奏事"。此为"言事御史"始设,使得以后逐渐出现台、谏合一的趋势。

宋初谏院未成独立机构,由门下和中书省2名谏官任判谏院事。宋真宗天禧元年设谏官6员。元丰改制谏院定编为8员,即左、右散骑常侍各1员,正三品;左、右谏院议大夫各1员,从四品。散骑常侍虽是谏院长官,但从不授人,因此谏议大夫成为谏院的真正长官。

2. 谏官的选拔

台谏官的遴选程序是侍从官保举,宰执进拟,皇帝亲定,由中书除授,给事中和中书舍人封驳。鉴于前代相权过重而随意任免台谏官,宋朝剥夺了宰相对台谏官的荐举权和任命权,宰执只负责拟定台谏官候选人的名单,称"进拟",皇帝最终掌握着台谏官的终选权。皇帝选派台谏官,一是不经臣下保举和进拟,直接从官员中挑选;二是经过荐举进拟然后选定。

3. 监察权的行使

在宋代政治生活中,台谏的监察对象有两个。第一是对皇帝和皇室的谏诤,敦促其在升迁官职和授予差遣及其他赏赐方面执行现行制度,不要违背"祖宗之法",因而有更改诏书、撤销"内降"之举。第二是对各级官员的弹劾,如贪污渎职、残暴害民,如朋比为奸、结党营私,凡官员失职和违制,都要被纠弹。这是台谏的主要任务。

台谏奉行风闻言事和独立言事的原则,并逐步形成为法规。宋朝为鼓励台谏官勇于纠弹,提倡风闻言事;但为避免台谏官越轨以致造成其他官员的紧张心理,又规定了言事范围。宋仁宗皇祐元年(1049),规定台谏官"凡有朝廷得失、民间利害,或间有异谋及不忠、不正、不孝、不义,知得迹状,并许风闻弹奏"。台谏官的独立言事原则,体现在对皇帝和宰执大臣、对台谏之长以及彼此之间独立言事,不需听命于对方。言事的方式有两种,一是向朝廷递呈章疏,二是上殿论奏。台谏每月须各派1员上殿奏事,称"月课"或"本职公事"。

四、立法和司法制度

1. 立法机构

宋太祖立国后,朝廷只是临时委派有关官员立法,并不设立正式的立法机构。宋真宗大中祥符九年(1016),开始设置专门立法机构"编敕所"。从此一直到北宋末年,立法机构或为编敕所,或为详定编敕所,或为重修敕令所,或为编修诸司敕令所,或为详定一司敕令所,皆委派宰相和执政官一至二员,为提举管勾官。

2. 法典和法规汇编

宋朝立法活动频繁,不仅法律形式多样,而且各种法典的规模大、数量多。

(1)《重详定刑统》

宋太祖建隆四年(963),命判大理寺窦仪等主持修订《大周刑统》。窦仪等以此书为蓝本,加以修改补充,还采录有关刑制律文和式令、宣敕、续降等,另外编成《建隆编敕》4卷。全书称《重详定刑统》,共30卷,又名《重定刑统》、《宋刑统》,简称《刑统》。它基本上属于刑事法规,包括刑事立法和刑事诉讼立法。作为宋朝长期固定的律典,对社会生活发挥了一定作用。但随着时代的发展,其大部分内容脱离实际生活,影响逐步减小,从而让位给新出现的编敕和令、格、式、例等法律形式。

(2) 编敕

从宋初开始纂修"编敕",专门成立编敕所或敕令所。平时,皇帝对一定对象发布的诏敕,称"散敕"或"敕条",它们积累到一定时候,便选择其中长期适用的分门别类,编纂成书,称"编敕"。编敕是《重详定刑统》外的补充法典,地位重要,根据其内容及适用范围,可分为全国通行的综合性法典、部门性法典和地区性法典等三类。

(3) 敕令格式

北宋前期的法典体系是令、格、式、敕与律(《刑统》)并行。令是皇帝颁布的约束性禁令,格是有关官民等级和论功行赏的规则规程,式是有关体制的规定或实行细则,包括各种文书程式。这是律、敕并行时期。宋神宗认为律不能覆盖所有情况,正式将法典结构改为敕、令、格、式,仍保留律,但敕真正开始取代律在法典中的优先适用地位,这是敕、律并行时期。敕令格式也分综合性法典、部门性法典、地区性法典三大类。

(4) 条法事类

南宋孝宗淳熙三年(1176)成书的《淳熙吏部条法总类》,分68类30门。这是宋朝第一部以"条法事类"为体的部门性法典。淳熙七年(1180),又仿照该法典的体制,将《淳熙重修敕令格式》进行改编,称《淳熙条法事类》,共420卷。全书总门33、别门420。这是宋朝首部"条法事类"型的综合性法典。这类法典分门别类,既准确保留了敕令格式、申明等各类条法的内容,又便于使用者查阅,这是符合法典的编纂规律的。

(5) 续降指挥

除各种法典外,还有遇到新情况而颁布的新诏敕,称"续降指挥",简称"续降"。刑部负责将之编录成册。续降同样具有法律效力,经过编录而颁行,成为法规汇编。

(6) 例

朝廷临时处置一些事情的措施,后来被援用,便成为"例"。例分为断例(即案例,断案的成例)和事例(一般行政措施的例)两种。

3. 中央司法机构

中央司法机构,主要是指国家专司审判的机构,如大理寺、刑部、审刑院等。其他机构,如御史台,也兼负国家最高的审判职责。北宋前期,刑部主要职责是"详复",即复审各地已决的死刑案件,避免出现"五代滥杀之祸"。

大理寺也不管一般审讯,只负责复审各地上奏朝廷的重要或疑难案件,此即"奏狱"。宋太宗淳化二年(991),又在宫中设审刑院,负责复查大理寺所复审的奏狱,再与大理寺长官一起签押申报中书门下,奏请皇帝定夺。民事案件则送开封府。宋神宗元丰三年(1080),撤销审刑院,将其职责并入刑部。

北宋前期,三司的盐铁、度支、户部各置推官和判官,三司所属商税、胄、曲、都盐等案也各置推官或巡官,一度还设过三司推勘公事官,他们都专门审理经济案件。元丰改制后,刑部主管刑法、狱讼、奏谳等事,职权明显扩大。户部在司法上管辖和监督在京各机构的经济案件,受理各路和州县不能审断的民事诉讼案件,实际成为民事诉讼的最高审判机关。所谓"户、刑两司",户部和刑部在司法上常被相提并论。

御史台是全国最高监察机构,又是最高司法机构之一。北宋前期,凡官员犯法,事体重大者多交御史台狱审理,轻小者则归开封府等鞫治。南渡后,御史台的司法职能加强。如高宗绍兴四年(1134)规定,刑部审案,每次抄录案卷申报尚书省,限在次日也要申报御史台。同时,其刑事审判方面的职事相对减少,而民事诉讼则逐步增多。

制勘院是承受皇帝指令,为审理某一案件而临时设立的司法机构。北宋初,皇帝常派出"制勘使臣"到各州审理狱讼。制勘使臣离京前要向朝廷"具所勘公事因依",回京时要"具招对情罪事节进呈"。因制勘院是奉诏特设,故又称"诏狱"。宋神宗以前,诏狱常用以惩治重大罪犯,"故其事不常见"。官员犯法,一般"体大者多下御史台狱,小则开封府、大理寺鞫治焉"。宋神宗后,"凡一时承诏置推者,谓之制勘院;事出中书,则曰推勘院,狱已乃罢"。

4. 地方司法机构

都城的司法机构,主要有北宋的开封府和南宋的临安府。权知开封府事,既是行政长官,也是本府的最高司法官。临安府的正副长官为知府和通判,同样也是本府的最高司法官。对开封府,凡"中都之狱讼,皆受而听焉,小事则专决,大事则禀奏"。开封府经常要承担皇帝的"内降公事"和中书门下、枢密院批转公事的审理工作。宋仁宗至和元年(1054),明确规定开封府判决大辟囚犯,必须向朝廷复奏,即开封府没有死刑的终审权,南宋临安府的司法职权同。乾道九年(1173)规定,尚书省六部、寺监的人犯,情节稍重者转送大理寺审理,轻者则转送临安府及两属县。

路级机构不常设刑狱机构,其司法职能体现为:(1) 对本路州县的司法审判活动进行监察,如复核所属州县案卷,复审一般案件,稽查州县案件的积压情况,巡回视察在押犯人,尤其要掌握各州审判大辟案件的情况。(2)受皇帝或朝廷部门委托,选差有关官员审理某一重要案件。路级机构尤其是提刑司在审理这类案件时,奉行司法独立,不接受朝廷执政大臣的指示。(3)监司在监察州县时,有权对贪赃不法官员临时设狱审讯。宋真宗大中祥符八年(1015),规定凡案件涉及知州、通判、都监犯赃私罪,允许转运司差官"取勘"。(4)监司和帅司遇到囚犯定案以后再"翻异"即推翻供词时,负责差官复审。(5)帅司独立审理涉及边防和机密的军事、政事案件。(6)监司和帅司提请和催促中央司法机构,审断有关本路的案件。(7)监司可受理民间有关民事案件的词诉。

作为主要一级司法审判机构,州、县负责审理民间起诉的婚田等民事、刑事案件和上级机构批转下来的民事、刑事案件。

5. 诉讼和审判

宋朝逐渐形成了一套比较完整的起诉制度。它体现在:(1)州县受理诉状,有一定的日期,称"词状日"。(2)宋朝基本确定70岁以上老人、患有笃疾、有孕妇人等三种人"不得论讼",但谋反、逆、叛等案件不受此限。(3)起诉之事必须与起诉人有关;如果与己不相干,即不准起诉。同时,一状只能诉一事,禁止匿名投诉。(4)起诉人即"词主"必须到官。(5)要求依照县、州、路的顺序向司法机构投诉,一般禁止越诉。犯者处罚,重者处以杖刑。

宋朝还形成了一套比较完整的审判制度。县衙审判规定:(1)县官要亲自主持审讯,违反者可判处2年徒刑。(2)县级有权判决囚犯笞刑和杖刑,故有"杖罪不送州"之语。徒罪以上的案件,则必须转送本州审理。(3)县狱监押囚犯,一般不得超过10天。

州衙审判制度规定:(1)州衙有全套的审讯机构,包括州院、司理院、当直司(又称直司),其下都设有专管审问的职级和推司、典书、狱子等人吏,有的州还另设"推勘院"。州院由录事参军、司理院由司理参军、当直司由幕职官率领各自人吏审讯。知州每天要亲自审理民讼,进行判决。(2)州衙的审判程序大致分为推勘(审讯)、检断(检法议刑)、勘结(复审和判决)三个阶段。如果是民事案件,即当庭判决,主审官员要书面列具情节与有关援用法律,叙述"定夺因依",称"端由",诉讼双方各给一份。(3)若州衙遇到"刑名疑虑,情理可悯"的案件,可以申报朝廷,称"奏案"。(4)北宋前期,州有权判决包括死刑在内的刑事案件和民事案件。元丰改制后,州判决的死刑案件,必须申报提刑司核准,才能执行。

五、军事制度

1. 中央和地方统兵机构

宋代皇帝是全国军队的最高统帅,拥有调兵遣将的指挥权和招募、训练、管理军队的军政权。皇帝的最高兵权要通过中央相关机构体现出来。中央统兵机构主要有枢密院和三衙。通过枢密院与三衙体制,宋朝将兵权一分为三,即把军队的日常训练和调遣、出征的职责分属三个部门,具体由枢密院主管全国军队的政令、兵籍以及调发兵马的虎符,由三衙负责军队的日常管理、训练、升迁、赏罚等事务,有征战则临时派遣将帅统兵出征。这三者分掌兵权,互相牵制,都不能拥兵自重,从而不能对皇权构成威胁。枢密院由文臣充当长官,又规定三衙长官不得参与朝政,降低其地位,都体现了统治者利用文臣监督和制约武将的意图。

北宋时,三衙禁军分驻和更戍各地,分由地方统兵机构统率。这些地方统兵机构大致分为路、州、县三级。路级统兵机构有总管司、钤辖司、路分都监厅、安抚使司、经略司或经略安抚使司以及都监、监押等。部署(总管)和钤辖、都监、监押,作为"将帅之官",在"边境有事,命将讨捕"时临时派遣,完成任务后则恢复原状。州级统兵机构,有都监厅、钤辖厅。都监主管在本城屯驻、兵甲、训练、差使等事,资历浅者则称监押。知府或知州也兼任统兵官,如知太原府、延安府等知府皆兼经略安抚使、马步军都总管。县级如有戍兵,知县或县令即兼兵马都监。

2. 兵种和编制

北宋的军队,有禁兵和厢兵、乡兵、蕃兵、士兵、弓手等的不同。禁兵是中央正规军或皇帝卫兵,分隶三衙统辖。其中"最亲近扈从"的禁兵,称"诸班直",用来捍卫宫阙。其他禁兵"皆以守京师,备征伐"。诸禁兵中,捧日、天武属殿前司,龙卫属侍卫马军司,神卫属侍卫步军司,这四军为上军。禁军的番号甚多,如宋太宗时设置的簇御龙直、日骑等。北宋禁兵的人数不断扩充,如太祖时为193000人,太宗时为358000人,真宗时为432000人,仁宗时为826000人,神宗时为612000人。厢兵素质较禁军为低,平时不训练武艺,分别从事修桥筑路、修筑城池、开挖运河、制造武器船只、运输军用物品、蓄养马匹、接送官员及其家属、酿酒等各种工役。乡兵大都是按照户籍编组的各地壮丁,一般不脱离生产,农闲时军训,只有少数来自招募。乡兵的名号很多,有陕西保毅和寨户、河北忠顺、河东强壮、广西土丁等。蕃兵是西北沿边的地方军,系招募胡族壮丁而来,分布在陕西的秦凤等四路。

南宋的兵种,主要有屯驻大军和禁兵、厢兵、土兵、弓手等。屯驻大军取代北宋禁军而成为正规常备军。绍兴五年(1135年),宋高宗将张俊、岳飞、韩世忠、刘光世、吴玠等5大将率领的"神武五军"统一改为"行营护军",正式成为五支屯驻大军。

北宋军队的编制因兵种而有所区别。禁兵大致以100人为都,5都为营,5营为军,10军为厢,分隶三衙。都的统兵官,骑兵是军使和副兵马使,步兵是都头和副都头。营又称指挥,是最基本的军事编制单位。营的统兵官是指挥使和副指挥使。军的统兵官是军都指挥使和都虞候。厢的统兵官是厢都指挥使。禁兵中充当皇帝宿卫的诸班直,是最精锐的部队。

宋神宗时推行将兵法,在四川以外的各路设100多将。将是编制单位,每将兵力几千人,包括各州和各种番号的禁军指挥,称"系将禁军"。另外尚未改编为将的禁兵,则称"不系将禁军",地位被降低。每将设将或副将为统兵官,以下有对将、押队使臣、训练官等。此后系将禁军形成将、部、队三级编制,另在将之上设"军",军的统兵官是统制、统领等。

南渡后,在高宗绍兴五年(1135)组建5支行营护军后,每支护军分为若干番号的军,军设若干个统制、同统制、副统制、统领、副统领、正将、副将、准备将等统兵。

3. 募兵和训练制度

宋朝实行募兵制,兵员大都来自招募。招募的对象,一是当地的百姓,二是接替父兄的营伍子弟,三是饥民,四是罪犯。宋太祖时,挑选军中强勇的士兵为兵样(等子),分送各道,命令如式招募。后改用木梃,分为尺寸高低,称"等长杖",委派长官、都监依照人才选取。除身高是主要标准外,其他还有跑跳动作、视力等。新兵入伍,先在脸部或手臂、手背刺上所属军号,再发给服装和缗钱。军俸一是正俸,有料钱、月粮、春冬衣赐等;二是各种补贴,有郊赏、特支、军赏、口券等。

宋朝军队的训练,主要是教习使用武器进行格斗和演练阵法。北宋前期实行"更戍法",也含有使军士"均劳逸、知艰难、识战斗、习山川"的用意。南宋时,随着火药兵器的逐渐推广,教习火器的使用及其阵法也成为军事训练内容。

禁兵的日常训练以鼓声为节,这种队列训练可以培养组织纪律性,但不符合实战要求。宋仁宗时编成《武经总要》,规定"凡军中教射,先教射亲,次教习远"。庆历二年(1042)各军在训练时,以弓弩射击的亲疏作为赏罚,中"的"者免除当月各种差使,并登记在册。如军中名额有缺,即依名册递补中"的"最多者,以激励兵士。宋神宗制订各种军训标准,并根据成绩优劣定赏罚。徽宗时逐步放松了禁兵训练,"军兵久失练习",连教场也被废弃。

南渡初年,颁布枢密院教阅法,练习制御摧锋破敌的武艺、全副武装出入、短桩神臂弓、长柄刀、马射穿甲、木梃等。

4. 军队管理

宋朝规定武官满70岁致仕,对士兵的军龄则没有严格规定。在拣选制度实施时,主要依据兵士的体格和武艺,决定升补和降退。原是厢兵的,可升为禁兵;原是禁兵的,可升为上军;原是上军的,可升为班直。宋仁宗天圣年间,制订禁军选补法,定出选入上四军的弓、弩武技标准。选补班直者,对象是俸钱300文以上的禁兵,弓射1石5斗,弩射3石5斗,身高达到龙卫标准者,由皇帝亲自察看,以隶龙卫和神卫。

武臣按照官阶,分为横班和诸司使、使臣共3等。同时,武员按照官阶担任相应的差遣即军职。战士有时分为使臣和军兵2级,有时分为使臣和效用、军兵3级。武臣和战士因军功或年资升官,如是品官,称转官;如是无品官,称转资。升转军职,则称转阶级。

宋朝军法内容很多,最重要最基本的是"阶级法",据记载是由宋太祖亲自制订。为了维护军队内部的等级尊卑关系,阶级法规定了下级对上级"陵犯"、违犯、论告的种种刑罚,要求下级绝对服从上级。阶级法对维护军纪发挥了很大作用。

六、科举制度

1. 考试内容的演变

科举制度是中国古代创立的一种选官制度,它以考试成绩的高下为标准,面向社会公开竞争,并以进士科为主要取士科目。宋代在中国科举发展史上是一个承上启下、完备定型的阶段。

宋代科举有常科、特科两大类。常科指贡举中的进士、诸科和武举,北宋后期还曾行"三舍法"取士。特科指制科、童子举、博学宏词科和其他临时科目。其中,以进士科为代表的常科是最主要的科目,其他各科应举和登科人数都较少。宋代科举总的趋势是由繁至简,科目逐渐减少。北宋中期后,考试内容受重视的是对论、策、经义,这与政治改革的要求有关。

北宋前期礼部贡举的科目有进士科和被通称为诸科的学究,考试内容重进士轻经生,这都是继承唐制。进士以诗赋分等第,诸科以帖书(帖经)、墨义定去留。前者是唐人重文辞之风的延伸,后者是汉学贵记诵之风的遗留。所谓帖书,类似现代试卷中的填充题,所谓墨义,类似现代试卷中的默写。从内容而言,是重章句注疏;从形式上看,是死记硬背。北宋中期及后,力求革掉这种旧习,变为重义理,重议论。

进士一科最为世人所重,争议也最大,所试内容变化最多。原来进士科所试主要是诗、赋,太宗太平兴国三年(978)殿试加"论"一项,从此进士遂以诗、赋、论三题为常格。仁宗天圣五年(1027)正式下令进士"以策、论兼考之"。围绕以诗赋取士或兼采策论,或先策论后诗赋的争论,宋廷旷日持久。"庆历新政",范仲淹提出"精贡举",进士要先策论后诗赋;诸科在墨义之外,须通"经旨",重大义。神宗熙宁四年(1071),进士科罢诗赋,专考策论和大义;殿试废诗、赋、论三题,改试时务策;省试废诗赋而以经义(大义)、策、论取士。哲宗元祐以后,进士分为经义、诗赋两科。南宋高宗绍兴三十一年(1161),进士科最终分为经义进士、诗赋进士两科,各兼以策论,从而使经义、诗赋、策论三者在进士科中占有同等重要的地位,并成永制。

2. 科举的特殊形式

如何坚持科举考试的公平性和实现以德取士目标,宋代争议很多,曾出现过三种特殊的取士形式。

(1)神宗熙宁年间,王安石强调"古之取士,皆本于学校,故道德一于上而习俗成于下",推行"三舍法"于太学。他把太学分上舍、内舍、外舍三个等级。经过考试,成绩优秀的外舍生升为内舍生,内舍生升为上舍生,上舍生可以直接授官。上舍生中等,可以直接参加殿试;上舍生下等,可以直接参加礼部省试,以此来表明学校对选官取士的重要性。同时他亲自组织编纂《三经新义》,正式颁作学校教材和用于科举考试,目的是要实现"一道德"和以德取士。哲宗元符二年(1099),州学亦行"三舍法"。徽宗崇宁元年(1102),"三舍法"推行至全国州、县学。这里把学校作为升贡的开端,舍选与科举考试并行。崇宁三年(1104),徽宗诏曰:"天下取士,悉由学校升贡";"岁试上舍,悉差知举,如礼部试"。"三舍法"存于太学,从崇宁三年(1104)至宣和三年(1121)近20年间,除个别年份特命贡举外,停止科举考试,一律由学校升贡。但宣和三年(1121)又恢复了原来的科举考试制度。

(2) 哲宗元祐元年(1086)四月,根据司马光的建议,诏令立"经明行修科",并实行相应的"保举制"。每遇科举,令升朝文官保举合适人选应试。被保举者如通过审查,省试不合格者还可依"特奏名"进士例就殿试。从而提高了保举在考试中的地位,使人更加重视德行。

(3) 徽宗大观元年(1107)三月,根据蔡京的建议,诏立"八行科"取士,依"三舍法"升贡。所谓"八行",就是"士有善父母为孝,善兄弟为悌,善内亲为睦,善外亲为姻,信于朋友为任,仁于州里为恤,知君臣之义为忠,达义利之分为和"。凡上述"八行"有"实状"者,可奏保入太学,免试补为上舍生。不能全备者,为州学上舍上等,余以此类推。这原是想将养士、取士的权力集于学校,要士人修德劝行,以"善风俗,明人伦"。但只凭地方官保举,既不经任何考试,又缺乏切实的标准,很容易变成虚假的形式而被滥用。

此外在常科中还有武举,又名"右科"。仁宗天圣七年(1029)诏置武举,但废置不常。英宗治平元年(1064)复置武举,以对策决定是否录取,以骑射武艺决定等第。神宗熙宁年间颁行武举新法,规定每三年一次考试,先在秘阁试《孙》、《吴》墨义和对策,再在殿前司考武艺。南宋沿用熙宁之法,武举考试逐渐与进士科相仿,武举进士还允许自愿从军。尽管武举亦常科之一,但从总体上说,宋朝对武举不及文举来得重视。

3. 科举考试程式

宋代贡举,实行解试、省试、殿试三级考试制。

解试亦称发解试,包括州试(乡试)、转运使司试(漕试)、国子监试(太学试)等几种方式。一般在秋季举行,故称"秋试"或"秋赋"。每逢科考之年,在八月十五日开考,连考三天,逐场淘汰。各州举行的这种解试,进士科由诸州判官主考,诸科由录事参军主考。通过考试的举子,由诸州、开封府、转运使司、国子监等按照解额发解(贡入)礼部,参加省试。宋代解试,还包括"别头试"(考官及地方长官的子弟、亲戚乃至门客应试时必须回避,朝廷另派考官别设场屋进行的一种考试)和"锁厅试"(专为现任官员无功名而应进士举者所设立的一种考试)。"别头试"以避亲为名,实际上含有照顾性质;"锁厅试"有防范官员依仗权势滥取科名之意。

省试亦称礼部试,因就试于尚书省礼部而得名。省试由礼部主管,在礼部贡院进行。宋代从英宗治平三年(1066)起,三年一贡举遂为定制。秋季解试通过的考生,在当年冬季集中京城,等待次年春季选日参加省试。参加考试的士人统称"举人"或"举子",到京后,要写家状、年龄、籍贯、参加科举次数等,向礼部报到,以取得资格。试前,礼部公布考生座次表,朝廷委派权知贡举一至二员,作为主考官。分科连考三天,分场淘汰。省试合格者由礼部奏名朝廷,参加殿试。南宋时为照顾远离临安的四川举人,还特许在四川举行类省试(简称类试),即在安抚制置司单独举行与省试相当的考试,合格者可直接参加殿试。

殿试亦称廷试、亲试,宋代始于太祖开宝六年(973)。该年知贡举李昉徇私录取事发,落第举人不服起诉,太祖亲自召见360名落第举人,并于讲武殿出题复试新及第进士与下第进士。从此,每次省试后必定殿试,合格者才算正式"登科",他们依照科目和录取甲次的不同,分别授予本科登第、出身、同出身、赐出身等身份,前三名依次为状元、榜眼、探花。

宋代的三级考试制度层层相递。解试合格者,贡之于礼部参加省试,省试中第者参加殿试,殿试合格者授予一定官阶。据不完全统计,省试及第率一般在10%以下。

4. 宋代科举的特点

宋朝针对前代弊端,采取许多措施完善科举制度,以保证其为政治服务目的的实现。

(1) 皇帝总揽取士大权

这是宋朝科举的根本原则。为防止前代贡士在中第后唯要谢恩于知举官之弊,宋代严禁座主与门生结成关系网。宋太祖诏书说,"国家悬科取士,为官择人",擢第于"公朝",及第举人不得拜知举官,不得呼主考官为恩门、师门,亦不得自称门生。自始行殿试后,把科举选官的最高决断权集中于皇帝之手,登第者即为"天子门生",以示尊荣。

(2) 不重门第,广泛开放

宋代要网罗天下人才,科举向所有士人开放,唯才是择。对于士人,"家不尚谱牒,身不重乡贯",不讲究门第等级。即使"工商、杂类"及其子弟,只要有"奇才异行",也可应试授官,甚至僧、道也不拒绝。另一方面,注意革除"科名多为势家所取"的弊病。开宝元年(968)三月,太祖下令凡应举的官家子弟,须经中书复试。雍熙二年(985)三月,太宗在殿试时,为避免势家"与孤寒竞进",竟将宰相李昉之子宗谔、参知政事吕蒙正之弟蒙亨、盐铁使王明之子扶、度支使许仲宣之子待问等"举进士试皆入等"者黜落,以示其公正。南宋科举与宋初相比虽有变化,但登第者还是平民出身占多数。如理宗宝祐四年(1256)《登科录》所载本年登科进士601名,平民出身417人,占69.38%。宋代科举取士不重门第、广泛开放的政策,对扩大选官范围、稳固统治基础很有成效。

(3) 维护考试公平公正

宋朝为维护科举考试的公平公正,采用许多防弊措施,关防严密。其一是分割考官权限。考官为临时差遣,不固定于某一部门的官员,主考官多为兼职。省试时,朝廷委派权知贡举一两名。为分割事权,又委派权同知贡举二至三名,使之相互监督制约。其二是"锁闱"(锁院),即主考官在考选期间,与外界隔离,以杜绝请托,一般为一个月。其三是试卷"封弥"、"誊录"。"封弥"又称"糊名",封弥院负责密封试卷卷头,把举人姓名、乡贯粘住,仁宗后普遍施行于殿试、省试与发解试。"誊录"是设录院负责誊写出试卷副本,并对读校勘使无脱误。考官根据副本批分定等,再送复考官及知举官复审以定名次。"誊录"于真宗大中祥符八年(1015)行于省试,其后又在各类解试中实施。

(4) 取士宽厚,网罗众多

宋代科举与唐代的很大不同,就是扩大录取名额。太祖一朝16年中录取进士188名,诸科120名。太宗太平兴国二年(977)取录进士109名,诸科207名,一年超过太祖一朝的录取人数。一旦金榜题名,即授以官职,有的还破格提升。如吕蒙正于太平兴国二年(977)及第,到端拱元年(988)不过12年,就官至宰相。苏易简于太平兴国五年(980)登进士第,到淳化四年(993)不足14年,官至参知政事。宋真宗咸平三年(1000)录取总额竟达1500余名,比历史上任何年份都多。即使在国势危急的徽、钦二朝,科举仍相沿不替。徽宗宣和六年(1124)进士及第达805人。钦宗靖康元年(1126)金人已围困汴京,钦宗仍诏"复置春秋博士"以取士。在南宋这种政策仍延续。这着实满足了宋朝对人才的需要。

5. 宋代科举的影响

(1) 网罗了大批英俊,奠定了文官政治基础

科举取士,重用文人,是宋初统治者为扭转唐末五代以来重武轻文之患的一大决策。太祖说:"宰相须用读书人。"太宗说:"王者虽以武功克定,终须用文德致治。"科举即为终宋之世一以贯之的"重文"国策之一。它为国家网罗贤士,其成绩远超前代。宋代科举登科人数以进士为例,正科进士达4万以上,许多名公巨卿由此出。仁宗、英宗时蔡襄批评用人多"以文词进",

大臣是文士,近侍之臣是文士,钱谷之司是文士,边防大帅是文士,转运使是文士,知州郡也是文士。这虽是贬词,但从另一角度反映当时军政财文大权掌握在读书人手中,已经形成文官政治的事实。文彦博在与宋神宗对话中,说宋朝是"与士大夫治天下,非与百姓治天下也"。科举出身的士大夫确是赵宋文官政治的基础。

(2) 刺激教育事业发展,推动整体文化水平的提高

据李焘《续资治通鉴长编》,全国各地发解到京城开封参加礼部省试的贡士,太平兴国二年(977)为 5300 余人,太平兴国八年(983)为 10260 人,淳化三年(992)为 17300 人。这对各州、县文化的发展有极大刺激作用。对宋代士人而言,参加科举考试是他们施展才华和抱负的最优途径。既要应试,就得读书,从而带动社会风气:"老去功名意转疏,独取瘦马取长途。孤村到晓犹灯火,知有人家夜读书。"这首宋诗描绘的正是偏僻乡村的人们通宵达旦读书的情景。

第五节 宋代经济发展与都市化进程

宋代经济取得令人惊叹的成就,在当时的世界上也处于领先地位。宋代手工业和商业的繁荣,城市数量的增加,人口的迅速膨胀,部分地区市镇网络的初步形成,都表明中国古代商品经济的发展和都市化进程在宋代跨入到一个新的阶段。

一、宋代农业的新成就

1. 生产工具的创新

晚唐以降,钢刃熟铁农具逐步取代此前的铸铁农具,宋代进一步得到推广和普及,有助于大规模农业生产的发展。适应江南水田耕作的农具进步最快,除了创制于中唐的曲辕犁得到普遍使用外,南方湖荡沼泽的开发则得力于"犁刀"这种新式农具。

宋代创制很多农具。人力翻土的"踏犁",类似于今天的铁锨,由熟铁和钢锻造而成,锋利坚韧。推荡水田草泥的"耘荡",是在一尺多长的木板上钉二十余枚短钉子,在水田里来回爬梳,使草泥相混,溺草肥田。专门用于扯秧的"秧马",用二三条坚硬滑润的桑榆木弯成弓形底部,上部用质地较轻的柳木锯成短横木拼接而成。农民坐在秧马上,拔起稻秧,放在秧马底板上,

再用脚踏地,向前滑行。苏东坡说其"日行千畦,较之伛偻而作者,劳佚相绝矣"①,既提高生产效率,又减轻劳动强度。此外还有用于锄草耕地的"铁塔"。

中国传统农具的配套与定型化,基本上是在宋代完成的。元初王桢《农书》记载的百多种农具,绝大多数宋代都已使用,并且构成一个完整系列。

2. 水田耕作技术的成熟

从宋朝管辖的全境看,两浙、江东、福建沿海和西川路成都平原属于当时的农业发展先进地区。北宋中叶秦观说,"今天下之田称沃衍者为吴越闽蜀。其亩所出,视他州辄数倍"。原因是"吴越闽蜀地狭人众,培粪灌溉之功是也"②。其中最为突出的又是以太湖流域为中心的两浙地区。范仲淹说:"苏、常、湖、秀,膏腴数千里,国之仓庾也。"③福建沿海平原是宋代新兴的又一农业中心,又如江南东路的圩田集中区,如人口密度与两浙同居全国之冠的成都府路,都是集约化程度很高的精耕细作地区。

宋代江南水田耕作技术在发展中形成这样一些特色:

(1) 多次翻耕。南宋晚期蜀人高斯得在两浙做官,他比较蜀浙两地的农业生产说:"浙人治田,比蜀中尤精。土膏既发,地方有余,深耕熟犁,壤细如面。故其种入土坚致而不疏。"④深耕细耨不仅能提高土壤肥力,而且可以增强抗旱保墒能力,并且提高作物籽种发芽率。

(2) 科学施肥。陈旉《农书》要求不同土壤施用不同的肥料,采用不同的施肥方法。

(3) 培育良种。宋代作物品种培育方面的成就,一是占城稻的引进和推广。大约在真宗大中祥符元年(1008)之前,福建泉州等地首先从越南引种。因占城稻有早熟、耐旱等明显优势,而迅速在各地传播,使水稻的栽种范围大为扩展。二是麦、粟、豆类等北方作物在江南扩展。太宗淳化四年(993),宋朝在除川蜀外的其他南方区域,大规模劝导农民试种麦、黍、粟、豆之类作物。两宋之交,随着北方人口大举南下,南方各路对小麦的需求激增,使江南各地"竞种春稼,极目不减淮北"。"春稼"指的就是麦、豆之类夏

---

① 《苏轼文集》卷三八《秧马歌·并序》,中华书局1986年版。
② 《淮海集》卷一五《财用上》。
③ 《范文正公集》卷九《上吕相公并呈中丞咨目》,商务印书馆"四部丛刊"本。
④ 《耻堂存稿》卷五《宁国府劝农文》,文渊阁《四库全书》本。

天收割的农作物。

（4）水利灌溉。宋代水利建设的成就，为江南水田的排涝、灌溉、防洪、拒潮提供了基础性的条件，保障了农业的快速发展。

南北作物品种大范围大规模的交流，以稻麦连作和双季稻为表现形式的耕制变化，使江南农业经济迅速崛起并在生产的广度和深度上超过传统的中原经济区，导致宋代的土地生产率（以亩产为指标）和劳动生产率（以人均年生产粮食为指标）提高到一个新的历史水平。

3. 经济作物和商品性农业的发展

宋代已有不少茶农、桑农、蔗农、果农和菜农不再为自身的直接消费而生产，而是把产品投入市场，转换成货币，再购入粮食、布帛等生活必需品。他们已从单纯的粮食种植业中分离出来，开始了自己行业的独立发展。

南方蚕桑业多集中在成都平原和太湖流域。《宋史·地理五》说，成都府路，"土宜桑柘，茧丝织文纤丽者穷于天下"。北宋李觏说，太湖流域"平原沃土，桑柘甚盛"；"缲车之声，连甍相闻"①。这种农户不再从事粮食种植，而是"以蚕桑为岁计"，"唯藉蚕办生事"。他们的口粮从市场上买进，蚕桑业已从粮食种植业中分离出来。

唐宋时茶叶成为人们的主要饮料，宋代产量每年约四五千万斤，茶树种植相当广泛。据《太平寰宇记》记载，产茶州郡遍及福建各地，仅绍兴三十二年（1152）福建的产茶额就有百万斤。江淮、荆湖、福建、西川四路等地广泛分布的私营茶园，已从粮食种植业中分离出来，其口粮、税赋、日用品全靠茶叶换钱，已经是小商品生产者。少数大茶园，每年产茶三五万斤，或由园主自己雇工贫民，或取租佃方式，其商品生产的性质更为明显。

靠近城市、港口和码头的近郊地区，独立的果蔬种植业也发展起来。例如福建水果种植业发达，尤以荔枝为盛。有一家果园 10000 株荔枝，产品不仅畅销开封，而且远销到西夏。

二、煤、铁和手工业的发展

1. 煤炭采掘业

在北宋中叶，中国古代进入煤炭规模开采阶段。在今山西、陕西和河南等地区，煤炭（"石炭"）已经作为新型能源进入生产和生活领域，挖煤工人即

―――――

① 《李觏集》卷一六《富国策》（三），中华书局1981年版。

"仰石炭为生"者。

河东路的煤炭业创设早,采掘点分布广。真宗大中祥符二年(1009)诏书:"如闻并州(太原)民鬻石炭者,每驮抽税十斤,自今除之。"①煤炭交易税证明,这里的煤炭采掘业已有一定规模。陈尧佐时任河东路转运使,看到当地"地寒民贫,仰石炭为生,奏除其税"②。

元丰元年(1078),在京东西路(徐州)西南的白土镇发现了高质量的煤炭蕴藏,开采后"冶铁作兵,犀利胜常"。于是该地数十个冶铁作坊纷纷改用新燃料,结果炉温提高,冶铸效率和质量提升,使徐州制造的兵器和上供铁品"为数浩瀚"。苏轼在徐州上任,曾作《石炭诗》讴歌之。此后,政府又在此地设宝丰钱监,每年铸钱额达 30 万贯。煤炭业的兴起,又通过冶铁这个中介,带动了兵器业和铸钱业的发展,并影响到陶瓷等行业及居民生活领域。

2. 冶铁和有色金属业

宋代冶铁业的规模发展主要在北方,除铁矿资源外,这里煤炭产地集中也是重要原因。宋代四大铁冶基地与煤炭产区的地理位置高度一致,成为宋代冶铁业的最大特征。

(1) 徐州利国监是北宋最为著名的冶铁中心,在今徐州铜山东北约 80 公里的盘马山下。元丰初年,这里发展成 36 个冶务。苏轼在《徐州上皇帝书》中说:"(徐)州之东北七十余里,即利国监。自古为铁官、商贾所聚,其民富乐。凡三十六冶,冶户皆大家,藏镪巨万。"③这 36 冶,"冶各百余人",共拥有冶铁工人近 4000 名,规模惊人。

(2) 兖州莱芜监在今山东莱芜,自汉代以来就是重要的冶铁中心,宋初此监下辖 18 个冶务,分布在汶水两岸。

(3) 邢州棋村冶务在今河北邢台,是官营铁冶工场,全部产量归官府所有,规模较莱芜监还大,约略接近徐州利国监。

(4) 磁州固镇冶务,在今河北武安境内的洺水东岸,自汉时已设有铁官,北宋时产量仅低于邢州棋村冶务。

宋代铁产量不断增长,从政府所得"铁课"(作为税利政府所得铁产品)看,太宗时 574.8 万斤,真宗时 629.3 万斤,仁宗时 724.1 万斤,英宗治平中

---

① 《宋会要辑稿·食货》十七之十五。
② 《宋史·陈尧佐传》,中华书局 1977 年版。
③ 《苏轼文集》卷二六《奏议》。

就达到824.1万斤。据今学者推算,北宋铁的总产量大约相当于18世纪初整个欧洲的产量。

同时,宋代有色金属即金、银、铜、铅、锡的产量也在激增。据《宋会要辑稿·食货》三三之二七"山泽之入"统计,北宋中叶铜达2174万余斤,银749万余斤,锡616万斤。换成今制(宋1斤=今1.2市斤)为铜2608万斤(13044吨),银899万斤(4490吨),锡739万斤(3680吨)。三项合计达21214吨。

有色金属产量增加为政府铸铜钱和民间日用铜器的使用提供了方便。唐天宝时每年铸钱32.7万贯。北宋每年铸钱则在100万~600万贯,神宗元丰年间达到岁铸铜钱506万贯的水平。若平均按一年铸200万贯钱的水平计,宋代数量要比唐代增加5倍。

3. 丝织和棉织业

就当时社会经济中的地位而言,纺织业的重要性不在矿冶之下。这时纺织业的主体仍是丝织业,但至少到南宋中叶,棉织业逐步兴起。

宋代丝织产量远超盛唐。据《文史通义》等的统计,哲宗元祐元年(1086)税绢加上和买折帛,政府年入绢帛2445万匹,相当于盛唐3倍有余。丝织业仍以家庭副业为主要形式。

宋代丝织品产量大增的原因之一,是丝织地域大为扩展。除了黄河流域和四川这两个汉唐传统产地外,长江下游尤其太湖流域迅速崛起,至迟到北宋神宗时,丝织重心已移至江南。

丝织品产量大增的原因之二,是以之为生的各类"机户"的出现。所谓机户,就是由家庭成员组成而脱离农业、专事纺织的手工作坊,少数大型作坊已经雇有工匠。北宋各路,约有10万机户。个别大机户拥有数十甚至数百架织机,一般小机户至少二三张织机。例如川蜀,据仁宗景祐三年(1036)的官员张逸报告,梓州有"机织户数千家"①。南宋初诗人陆游赴蜀,看到成都城内"锦机玉工不知其数"②。在江南,机户比比皆是。如刘敞《公是集》所记载金华城中"以织罗为生存"者,就是这种以家庭为单位的纺织作坊。

丝织业极盛的同时,棉花开始从南海和西域两个方向传入中原。至迟到13世纪中叶,棉花已从河西走廊传到关中。元朝至元十年(宋咸淳九年,

---

① 《宋会要辑稿·食货》六四之二三。
② 《剑南诗稿》卷九《晚登子城》,载《陆放翁全集》,中国书店1986年版。

1273)颁布的《农桑辑要》卷二道及:"近岁以来,苎麻艺于河南,木棉种于陕右。"南道棉最早为海南黎族同胞所植,时称"吉贝"。宋代方志《舆地纪胜》127卷说,海南崖州"妇女不事蚕桑,止织吉贝"。北宋中叶,岭南已有棉花种植和棉布纺织。宋神宗时,陈绎任广州知州,其子陈彦辅仗势谋私,"役禁军织木棉"。棉花在南宋时传入福建,谢枋得有"嘉树种木棉,天何厚八闽"、刘合有"家家余岁计,吉贝与蒸纱"等诗句吟咏之。南宋中叶后,江浙一带已广种棉花。理宗宝祐四年(1256)进士胡三省在注《资治通鉴》卷159中"木棉"一词时说"木棉,江南多有之",并详细介绍了当地人用小弓弹棉、用车纺纱的工具和程序。1975年在浙江兰溪的南宋墓中出土一条棉花织造的毯子,反映此时江浙的棉织技术已具相当水平。

4. 陶瓷业

宋代陶瓷可分为三大生产区域:北方窑系,南方窑系和闽广窑系。

中原陶瓷,以定窑(河北曲阳)、耀窑(陕西铜川)、磁窑(河北曲阳)、钧窑(河南禹州)所产著称于世。定窑以白瓷和青瓷为主,胎质细薄,釉色莹润。磁窑以瓷枕最具特色。耀窑以盘、碗等日用器皿为大宗,胎质灰白而薄,釉色匀净。钧窑以玫瑰紫为主。

南方瓷器以浙江龙泉窑和江西景德镇窑最为著名。龙泉窑是当时青瓷的主要产地之一,鼎盛于南宋时,品种繁多,又以章生一、章生二兄弟俩分主的哥窑、弟窑最为著名。景德镇初名昌南,宋真宗景德年间改名景德,以烧制青白瓷闻名,在制瓷技术、品种、产量、质量以及装饰技巧上均达到登峰造极的地步,形成独具特色的青白瓷系。

福建和岭南的陶瓷业虽不如以上诸窑有名,但因其产品大量出口,影响别在。福建建窑在今建阳水吉镇。创建于北宋,南宋极盛。其所产"天目"瓷,其中黑釉兔毫碗盏茶具,被当时贵族官僚们专门用来"斗茶",极为名贵。其产品远销海外,在日本尤被珍视。

5. 印刷业

印刷业在宋代是一个新兴的手工业部门。中央的国子监、秘书监和各路的转运司、茶盐司均设刻书作坊,主要承印官颁历书和历代经史,时称"官刻"。产量更多的是民间刻书作坊,时称"坊肆",集雕刻、印刷和售书于一身,印卖日用历书、农业种艺和士子应试书。

印刷中心往往设在造纸业发达、雕版材料易得、文人荟萃、经济繁荣、人口稠密和书籍需求量大的地方。宋代东京、杭州、成都、建阳四大刻书中心的形成,正是上述条件所促成。东京和杭州是两宋首都,官营刻书作坊因资金充裕、条件优越、要求严格,产品质量上乘。加上杭州地处盛产竹纸的两浙,自然傲居四大中心之首。成都府经济、文化俱称发达,与两浙比肩而立,印刷业也特别繁盛。太祖开宝四年(971)选成都雕印《大藏经》,历时13年,雕版13万块。稍后,成都又刻成《太平御览》1000卷,眉山刻成《册府元龟》1000卷。这样,宋代包括《文苑英华》在内的四部大书,四川刻印其三。史称"宋时蜀刻甲天下"。

福建建阳盛产竹木,造纸业兴盛,加之远离中原战场,吸引名流学者汇聚于此。因此南宋建阳书坊如林,竟被誉为"南闽阙里",而与"东鲁曲阜"齐名。"建本"(亦即"麻沙本")的特点是内容博、印量多、销售广。其所刻印,经史子集、农医历算无不包容,门类齐全。

三、商品经济与都市化的发展

1. 城市数量和城市人口

宋代城市数量的增加和城市人口的膨胀,是中国古代传统的政治性城市开始向经济性城市加速转变的一个结果。不仅地域经济中心城市逐步增多,而且少数城市表现出由消费性城市向生产性城市过渡的明显特征。

据《元丰九域志》,北宋全境10万户以上的城市有四十多个,比唐代增加3倍多。徽宗崇宁元年(1102),东京城内外共26万多户,人口超过百万。苏轼说"杭州城内生齿不可胜数,约计四五十万人"。南宋初陆游到成都,说"城中繁雄十万户,朱门甲第何峥嵘"①。

城市人口的飞速增长,使近郊出现了新的居民点。政府在城外设厢,作为新的一级城区机构。东京开封府,五代末年就"华夷辐辏,水陆会通";"工商外地人至,络绎无穷"。因此在京城四周"别筑罗城",罗城就是外城,城区因而成倍扩展。到真宗大中祥符二年(1009),罗城之内又住满,人口繁众,不得不将之划为9个"厢"分别管辖。南宋杭州城的南、西、北三面"各数十里,人烟生聚,市井坊陌,数日径行不尽",其繁华程度可想而知。

2. 城市面貌移变

宋代的城市面貌与性质也悄然发生重大变化。唐代城内以居民区和市场区互相隔绝为特征的坊市制,此时已被临街设店的新格局所取代,近代型

---

① 《剑南诗稿》卷九《登晚子城》。

城市风貌由此显现,其经济价值日趋鲜明。例如东京,"越商海贾,朝盈夕充",商业气氛浓厚。有些城市成长为区域经济中心,如成都作为西南交通枢纽,不仅是川西所产粮食、绢帛、陶瓷、茶叶、纸张、书籍等商品的集散地,而且是同吐蕃、大理等周边政权进行茶马贸易的重要商埠。宋人吕大防《锦官楼记》描绘的成都"万井云错,百货川委,高车大马决骤于通途,层楼复阁荡摩乎半空",俨然一大都会。又如太湖流域的苏州,伊洛流域的洛阳,东川的汉中,两湖的荆州、潭州等,也都是与成都类似的区域经济中心。此外扬州不仅节制淮南11州郡,而且江南的"迁徙、贸易之人往返皆出其下";鄂州(武昌)"市邑雄雷,列肆繁错",沿江"贾船客舫不可胜计,衔尾不绝者数里",也都是地当冲会的商业重镇。

更令人瞩目的是少数生产性工商城市的崛起。如浙东金华,"民以织作为生,县称衣被天下"①;东川梓州"有机织户数千家"②,皆可被视为纺织城镇。如聚冶工五六万至十数万的铅山场(江西上饶)、岑水城(广东韶关),皆可被视为冶金城镇。四川陵州井研,在北宋中叶卓筒井兴起后,数万井盐工人聚集于此,这是典型的盐业城镇。

3. 草市和市镇网络体系

所谓草市,是指乡村地区自为聚落、私相贸易的定期集市,兴起于南北朝,发展于隋唐,入宋后如雨后春笋般成批涌现。早期草市交易主要是小生产者之间的余缺调剂和品种互换,是自然经济的补充。到南宋,多数草市发展成乡村市场,交易物品以米谷、鱼肉、蔬菜、食盐等生活资料和农具、布帛、瓷器、纸张等手工业制品为主,生产者和消费者都在周围居住。

另一些位于出产丰富、交通便利的较大草市,则发展成为新的居民点,这就是"市"。在经济发达的江南,"市"的数量可观。建康府(南京)25个市,庆元府(宁波)22个市,台州16个市,嘉兴15个市,常州13个市,杭州12个市,苏州11个市。这些有固定居民和市场的市,既是周围乡村农副产品外销的起点,又是外地日用消费品的销售终点。

市再向前发展一步,就形成"镇"。中唐以前,镇主要指军镇,是军队驻地,与商业无关。宋代的镇则完全经济化了,如太湖流域的很多镇是直接从市发展而来,有些商业城镇甚至在规模、居民数量和繁华程度上可超过州县

---

① 刘敞:《公是集》卷五一《先考行状》,文渊阁《四库全书》本。
② 《宋会要辑稿·食货》六四之二三。

治。如湖州乌墩镇、新市镇,"井邑之盛、赋入之多,县道所不及";秀州澉浦镇,东西长12里,南北宽5里,居民5000余户,"人物繁阜,不啻一大县"。南方各地还有一些镇的规模接近或超过县治州府,如淮阴洪泽镇,"人烟繁盛,倍于淮阴";芜湖黄池镇,当地俗谚有"太平州不如芜湖,芜湖不如黄池"之说。

四、宋代区域经济的基本格局

宋代区域经济的基本格局大体可用"东强西弱,南升北降"这八个字来概括。从总体上看,南方的两浙、江东、成都府、福建沿海和北方的开封府可以认为是经济发达地区。除开封府外,其余都在南方;除成都府外,其余均在东部。

1. 中原经济

宋代北方京畿、河北、京东、河东、陕西、京西六路,被称为中原经济区。中原在两个多世纪中饱受战祸蹂躏,社会经济受到极大破坏。如汉唐经济实力雄厚的陇西(甘肃东部)和关中,致人口丧失大半,元气大伤。北宋时,它们又成为宋夏战争的前沿,史称"频年以来,西方用兵……自陕以西,民力伤残,人不聊生"[①],因此陕西经济地位大幅度下滑。

河东路所处的山西高原,自然条件不佳,又处于宋辽对峙的前沿,战争阴影极重,影响经济发展。但是河东经济也有两大特色,一是煤炭开采比较普遍,二是畜牧业较为发达。

河北路地处华北平原,处在战争威胁下,经济发展受阻;黄河屡决屡徙,为害既广且烈。

京东路的经济状况较好,青(山东青州)、沂(山东临沂)、潍(山东潍坊)、密(山东诸城)、齐(山东济南)、徐(江苏徐州)等州土地肥沃,水源充足,温度适宜,农业、手工业俱称繁盛。正如宋人庄绰在《鸡肋篇》所说:"青齐之国,沃野千里,麻桑之富,衣被天下。"其商品经济比北方其他地区都要发达,仅次于开封府。

东京开封府作为"八荒辐辏,万国咸通"的政治中心,享有最为便利的水陆交通条件;作为皇室、官僚和军队的聚居地,又拥有最大的消费市场,因此其手工业和商业极为繁荣。东京拥有规模最大的各类官营手工工场,如纺

---

① 《宋史·路昌衡传》。

织作坊绫锦院,在真宗时拥有锦绮机 400 余张,织工再加染匠达二三千人。东京还是四大印刷中心之一,东京雕版规模与杭州不相上下。其金属制造业、造船业、造酒业均极发达,陶瓷业、文具制造业等也有一定规模。

2. 东南经济

东南包括两浙路、淮南东西路、江南东西路和福建沿海地区。其共同点是,自然条件较好,资源丰富,多种经营发达,商品经济繁盛。除淮南外,其余地区在整个两宋 300 年间经济发展一直呈上升态势,终于后来居上,成为新的经济重心地区。

3. 四川经济

四川指咸平四年(1001)后将西川分为成都府和梓州、利州、夔州共四路。宋徽宗时李新说:"潼川(梓州)弁冕三蜀,方率十八州,山川形胜,衣冠人物,贡赋织组,民庶繁夥。"①昌州有"桑麻蚕之饶",还拥有丰富的盐业资源,北宋中叶卓筒井兴起,境内盐井多于西川数倍。梓州、果州、遂州一带又是继成都之后兴起的丝织中心,仅梓州就有"机织户数千家"。而且无论北宋还是南宋,梓州路上供的绢、绸、绫等丝织品数量,都已超过成都府路而名列四川第一。

4. 中南经济

中南指京西南、北路和荆湖南、北路。中南地区经济长期处在萧条状态中,发展乏力。除汉水流域的均州(湖北十堰)、襄州(湖北襄樊)"风物秀美、泉甘土沃"和郢州(湖北钟祥)"其土饶粟麦"外,其余大部分地区"土地褊薄","多旷土,俗薄而质"。

潭(湖南长沙)、衡(湖南衡阳)二州地势平坦,农业生产条件较好,而且潭州的铜器制造等手工业也比较发达。湖南其余多属山区,条件不佳。南宋真德秀说:"嗟尔湘人,为生甚勤,土瘠而硗,俗窭而贫。"南宋时,湖北人大量流入湖南,使湖南人口密度上升,致其经济发展速度快于北宋。

5. 广南经济

宋代广南东、西二路都属于最落后地区,大部分地方都未经开发,还处于蛮荒状态,地旷人稀,自唐以来一直是谪遣罪徒的瘴疠之地。相比之下,广东要比广西略强。一是自然条件稍优,虽北部多山区,但南部有珠江三角洲冲积平原;二是北部有韶州(广东韶关)为冶铜基地;三是有广州这个重要

---

① 《跨鳌集》卷十六《潼川府路修城记》,文渊阁《四库全书》本。

的外贸港口,繁盛的海外贸易带动了周围地区的经济发展。

广西绝大部分是山区,史称"广西州县,例皆荒瘠之所"。但广西海岸线长,渔业比较发达,如钦州民"不种田,入海捕鱼为业"。

五、经济重心南移过程的完成

1. 经济重心的南移

战国秦汉以降,以关中和黄河中下游为核心的中原地区,一直是中国的经济重心。虽经数度离乱,但进入隋唐,从农业手工业发展水平、人口和耕地比重来看,经济重心仍在中原。

中唐"安史之乱"后,情况为之一变。中原地区在战祸蹂躏、垦殖过渡、天气趋冷、黄河泛滥和水旱灾害频率上升等因素的共同影响下,经济发展速度明显放慢。南方尤其是东南地区人口激增,农业生产率提高,手工业发达,镇市网络初步形成,商品经济包括海外贸易走向繁盛。在这些因素的共同作用下,江南的经济实力日渐超过传统的中原经济区。至迟到11世纪80年代的北宋中晚期,已经可以明显看出,无论是粮食生产还是经济作物种植面积,也无论是农业劳动生产率还是手工业、商业发展水平,江南经济区均已全面超过中原经济区,成为新的经济重心所在。这就是说,中国古代经济重心的南移过程开始于公元755年的安史之乱,而在北宋晚期基本完成,整个过程连续三个多世纪。

这里所说的南、北两大经济区,大体上以秦岭至淮水一线为界,以北是传统的旱作农耕区,以南是水田稻作区。宋代经济最发达的3个路中,有两个在南方(两浙路和成都府路);发展速度最快的路,如江东、江西、福建等都在南方。

2. 农业生产的比较优势

从两大经济区的人口来看,据王存《元丰九域志》,在北宋1597万户中,南方拥有70%的人户,劳动力资源分布的重心已经移到南方。南宋时期,南方户数继续增长,到嘉定十六年(1223),江南东路、江南西路和福建路较元丰时分别增长了26%、61%和58%。

从耕地面积来看,据《文献通考·田赋四》,元丰年间北方开封府、京东、京西、河北、陕西、河东6路合计有143万余顷耕地,其余南方各路(缺梓州路数据)合计有315万余顷耕地,北宋王朝2/3的耕地已在南方。

从农业生产率来看,南方水稻亩产大多高于北方麦豆1倍以上,南方复种指数又高于北方20个百分点,南方的农业劳动生产率高于北方是不言而喻的。北宋中叶宋祁说:"江浙二方,天下仰给"①。南宋初年陆游引用当时农谚说:"苏常熟,天下足。"②这正是东南农业经济在当时具有举足轻重地位的反映。

3. 工商业和供赋的压倒优势

宋代经济作物大多产于南方,如茶叶加工、纺织、漆器、制糖、榨油等行业南方比北方更发达。由于海外贸易的拉动作用,东南地区的陶瓷、纺织及日用器皿制造因拥有广阔的海外市场而更加具有活力。北宋时年产布帛,南方比北方多100多万匹,说明纺织业的重心已经移到了江南地区。南方的造纸业在产量和质量上全面超过北方,四大印刷中心有三个是在南方(杭州、成都、建阳),造船业南方居压倒性优势,有色金属如铜、铅、锡等的产地也大多在南方。这表明当时南方手工业在产量、规模、技术等各个方面都全面超过了北方。

在各项生产兴旺发达的基础上,南方商品经济的发展程度也必定高于北方。太湖流域镇市网络体系的率先形成,楮币"交子"首先在四川诞生,东南海外贸易的兴盛等都是明证。

随着经济重心移向江南,宋代的财赋供应基地也随之移向江南。东南六路每年600万石漕粮不仅是东京开封,也是河北、河东和陕西驻军的生存基础。漕粮而外,各路"旧供钱物"也是以南方居多③。《文献通考·国用一》载有徽宗宣和元年(1119)经户部尚书唐恪核实的各路上供数额,现分南北按顺序列表如下:

北方诸路				南方诸路			
京东	1772124	两浙	4435788	湖北	427277	潼川	52120
河北	175464	江东	3920421	湖南	423229	成都	45725
陕西	150790	江西	1276098	广东	180030	利州	32518
京西	96351	淮南	1111643	夔州	120389	合计	12839685
合计	2194729	福建	722467	广西	91980		

---

① 《景文集》卷二十八《请募民入米京师札子》。
② 《渭南文集》卷二十《常州奔牛闸记》,载《陆放翁全集》,中国书店1986年版。
③ 主要是铜钱、纺织品和丝绵这三项,所以数字是以贯、匹、两三种单位的数量合计而得。

在总共 1503 万（贯匹两）的上供钱物中，北方只占 1/6，南方占 5/6。其中两浙一路就占了总额的 29%，若加上江东、江西、淮南、福建这五路，则共达 1146 万，占总额的 76%。当时中央政府的财政收入已经完全依靠南方，特别是东南五路，这是毫无疑问的。

第六节 辽、西夏、金的政治、军事、法律与社会经济

一、辽朝的政治制度与社会经济

1. 政治制度

辽朝官制的特点是"因俗而治"，即"官分南、北，以国制治契丹，以汉制待汉人"[①]。从中央到地方其政权机构都有平行的两套班底——北面官和南面官："其官有契丹枢密院及行宫都总管司，谓之北面，以其在牙帐之北，以主蕃事；又有汉人枢密院、中书省、行宫都总管司，谓之南面，以其在牙帐之南，以主汉事。"[②]北面官是在契丹氏族部落制基础上发展而来的，保留了较多部落联盟制的痕迹。南面官是从中原王朝移植来的制度。随着辽朝中央集权倾向的逐渐增强，圣宗以后，汉人也不乏任北面官者，如韩德让等。

北面官的最高权力机构是北枢密院，也称契丹枢密院，长官有北院枢密使、知北院枢密使事、北院枢密副使等。又设南、北二宰相府以总理契丹等各游牧部族的军、政和游牧事宜，长官为南、北府宰相。

南面官的最高权力机构是南枢密院，也称汉人枢密院，长官有南院枢密使、同知南院枢密使事、南院枢密副使等。南院下设吏、户、兵、刑、厅五房，分管各部事，兼有唐代尚书省的职能。中书省是南面朝官中的又一机构，长官为中书令、中书侍郎、中书舍人等。

辽朝的政治中心在四时"捺钵"（又译"剌钵"、"纳跋"、"纳钵"、"纳宝"等），并不在五京，因此捺钵可以称之为辽的朝廷。"捺钵"是契丹语，意为行宫、行营、行帐，所谓"春水秋山，冬夏捺钵"，合称"四时捺钵"。"四时捺钵"的具体活动和政治任务不尽一致：春捺钵钩鱼和捕鹅，承担安抚、控制、考察各属国、属部的政治任务；夏捺钵避暑、赏花，召开北南面臣僚会议（一年的

[①] 《辽史·百官志》。
[②] 《续资治通鉴长编》卷一一〇"天圣九年六月丁丑"。

第一次大政会议),决策大政方针;秋捺钵入山射虎、鹿;冬捺钵违寒,再次召开北南面臣僚会议(一年的第二次大政会议),同时接见宋及诸国使臣。

斡鲁朵(即"行宫")原指由皇帝、后妃或亲王巡行时居住的毡帐,后引申为行宫、官衙。它兼有办事衙门、安全保卫、承应日常役使以及"置宫卫,分州县,析部族,设官府,籍户口,备兵马"等功能①,是由皇帝和贵族等个人掌管的政治、经济、军事机构。

投下军州又称"头下军州",是辽国诸王、公主、外戚、大臣为安置征伐所得俘虏和奴隶而建的"私城"。其中农耕者要向所属贵族纳实物地租,同时向辽朝政府交纳课税。

2. 军事与法律

契丹与其他游牧部落一样,全民皆兵,兵民相兼。民年15隶兵籍,平时游牧射猎,战时应调出征。每正军1人,附打草谷、守营盘家丁各1名,马匹、甲胄、武器自备。

辽朝的军队有宫卫骑军、部族军、汉军和属国军等。宫卫骑军也称斡鲁朵军、宫分军,是隶属于辽朝各斡鲁朵的武装力量。部族军是辽境内各游牧部族所属军队,如奚、渤海、沙陀、吐浑、五院、六院部等,分隶南、北二宰相府,也是辽朝武装力量的重要组成部分。这些军队平时游猎、戍边,战时应调出征。调发兵马有金鱼符,传令有银牌。

根据地域不同,各部族驻防的对象也不一样。五院、六院部驻防宋朝,乌隗等部驻防女真,突吕不、楮特等驻防西北各游牧部族,涅剌、乙室、品等驻防西夏、阻卜等。辽朝有自己组建的汉军,最重要的是燕京等地的禁军,"谓之神武、控鹤、羽林、骁武等"②。属国军是辽各属国的军队,遇有征战,辽朝有权征调。

辽朝法律分为契丹法和汉法,也体现了"因俗而治"的特点。汉人、渤海人依据《唐律》、《唐令》,行汉法;契丹与其他游牧部族则依"治契丹及诸夷之法",行契丹法。如果汉、渤海、奚、契丹人之间发生纠纷,则以汉法断。契丹人的法律特权,体现出各民族之间不平等的事实。

3. 社会与经济

从经济结构看,辽朝境内的民族大体可划分为三种类型:处于原始氏族

---

① 《辽史·营卫志上》。
② 《续资治通鉴长编》卷五五"咸平六年七月己酉"。

部落制阶段的以渔猎为主的部落民,以契丹等诸部为代表的游牧民族,经营定居农业的汉、渤海等民族。采用渔猎生产方式的是居住在潢河、土河间的契丹族以及东北部女真族,采用畜牧业生产方式的是北方草原各民族,采用农耕的是南部的汉族及东部的渤海人。

辽朝多种形式、多种成分的经济并存,比较重要的是牧业、农业、渔猎业以及独具特色的手工业和相当繁荣的商业。畜牧业是最重要的经济部门,羊、马是契丹等民族的主要生活资料,也是辽朝向契丹诸部和西北、东北属国、属部征收的赋税和贡品。渔猎业是畜牧业的主要补充形式。农业伴随辽朝对汉地的占有逐渐得到发展,燕云是辽朝的农业基地,南京道和东京道辽阳府附近是其主要农业区。辽朝对农业一直采取鼓励和保护政策。

辽朝手工业有矿冶、铸造、制盐、纺织、陶瓷、印刷、建筑等,尤长于车马具的制造,如马鞍十分精美,号称"天下第一"。陶瓷在造型上具有浓厚的游牧特点。建筑业也很发达,现存山西应县木塔,就是辽朝建筑水平的体现。其商业以"五京"为中心,尤其是南京,"城北有市,陆海百货,聚于其中;僧居佛寺,冠于北方。锦绣组绮,精绝天下"[①]。辽朝与五代的梁、唐、晋和十国的吴越、南唐,以及其后的宋、西夏、高丽、回鹘、女真等都有较为密切的贸易往来。

二、西夏的政治制度与社会经济

1. 中央和地方行政体制

西夏的政治制度受宋朝影响很大,官制基本上模仿北宋。元昊建国后,在中央设立中书省、枢密院、三司、御史台、开封府、翊卫司、官计司、受纳司、农田司、群牧司、飞龙院、磨勘司、文思院、蕃学、汉学等。仁宗时其官制趋于完善。据西夏法典《天盛改旧新定律令》,中央机构共分上、次、中、下、末五等,其中上等司为中书和枢密,分管行政和军事。

西夏地方行政也基本沿用唐、宋模式,分府、州(郡)、军、县等层级。郡、府往往设在政治中心和军事要地。西夏地方行政随着它与宋、辽、金战争的进展而不断变化增减,体现出西夏地方行政的建置多具有军事防御性质。

西夏实行蕃汉联合而治的官僚制度,上至国相,下至普通官吏,"皆分命

[①] 叶隆礼撰,贾敬颜、林荣贵点校:《契丹国志》卷二二《四京本末·南京》,上海古籍出版社1985年版,第217页。

蕃汉人为之"①。官员可以是党项人,也可以是汉人或其他民族。很多官有汉名也有蕃名,蕃名如宁令、昂聂、昂里、谟个、阿尼、春约、广乐、祝能等,但这种蕃、汉官与契丹的北、南面官不同,它不是并行的两套官制,而是一套官制,蕃官的名称往往保留在宋、夏通使的官员名称中。

2. 军事和法律

西夏的军事制度是在党项部落兵制的基础上吸取宋制发展而来。王朝初期,全民皆兵,民年 15～70 岁皆入兵籍,军事装备及粮饷自备。后期,随着军制的完善和经济的发展,正规军开始由国家统一装备。

枢密院是西夏最高军事统御机构,下设诸司。军队由中央侍卫军、擒生军和地方军三部分组成。中央侍卫军包括"质子军"、皇帝卫队和京师卫戍部队。擒生军人数约十万,是精锐部队,主要承担攻坚和机动作战的任务。因其常在战斗中生擒敌军为奴隶,故名。西夏的地方军由各监军司所辖,监军司不但是军事组织,而且兼有行政性质。

西夏的兵种主要有骑兵、步兵、炮兵、水兵、强弩兵等。骑兵又称"铁林"、"铁鹞子","百里而走,千里而期,最能倏往忽来,若电集云飞",擅长平原驰骋作战。步兵中以"步跋子"最为出名,"上下山坡,出入溪涧,最能逾高超远,轻足善走",尤其擅长山地战②。此外,西夏还有女兵"麻魁"。

早期的党项部落没有法律。元昊建国后,建立了比较完备的典章制度;到仁宗时期,西夏的法律制度趋于完善,标志是西夏文法典《天盛改旧新定律令》的颁布。现存律令共 20 卷,包括刑法、诉讼法、行政法、民法、经济法、军事法等。它不仅参考唐、宋法典,吸收了"十恶"、"八议"、"五刑"等基本内容,而且结合本国的实际情况注入了新的内容,从而使西夏法律在原有基础之上内容更加充实,兼具民族特点。

3. 社会和经济

西夏的土地占有主要有国有、贵族占有、寺院占有、小土地占有等形式。其赋税制度主要吸收了唐、宋对归附蕃人的轻赋政策,分田赋(土地税)、牲畜税、工商税等几种。其役制主要有兵役、赋役和差役等。

西夏的经济基础是半农半牧经济,政府中分别设农田司、群牧司来管理农业和畜牧业,体现农牧并重的方针。西夏的畜牧区主要在横山以北和河

---

① 《宋史·夏国传》。

② 《宋史·兵志》。

西走廊,牲畜以羊、马、驼、牛为主,加上驴、骡、猪等,在经济生活中举足轻重。牲畜的肉、乳、酥是党项等族的主要食品,皮、毛、绒是手工业原料,而且还是大宗的对外贸易商品。

西夏农业以灌溉为主,故其对农田水利非常重视。西夏继承唐代的《水部式》,制定了更加细密的法律。由于有比较发达的水利灌溉系统,所以西夏能得"灌溉之利,岁无旱涝之虞"①。河套平原、河西走廊是西夏粮食生产的主要基地。

西夏的冶金、制盐、砖瓦、陶瓷、纺织、造纸、印刷、酿酒、金银木器等手工业,都具有一定的规模和水平。其冶铁业中使用的竖式双扇风箱,比韦囊鼓风更有效率,在当时属于领先技术;冷锻而成的"夏人剑"和铠甲深受宋人喜爱,"神臂弓"也十分出名。西夏的青白盐是出口商品的大宗,盐课是其财政收入的重要来源。西夏所造的毛毡和白毡,被马可·波罗誉为世界最丽最良之毡②。出土的十多种西夏文活字印刷品,是目前所知世界上最早的同类物品。

西夏最重要的商贸伙伴是宋朝,此外还有辽、回鹘、大食、吐蕃、金等。夏、宋贸易的主要形式有榷场贸易、和市贸易、贡使贸易、走私贸易等。主要的输出物品有牲畜、皮毛制品、青白盐、药材等,输入物品有丝麻织品、茶、铜铁、缗钱、金银、粮食等。

三、金朝的政治制度与社会经济

1. 勃极烈制和猛安谋克制

金朝的政治制度前后有很大变化。在女真部落联盟时,采用国相制,国相与部落联盟长都勃极烈分治诸部。金朝建立后废除国相制,建立勃极烈辅政制,初设四勃极烈,即谙班、国论忽鲁、国论阿买和国论昃勃极烈,以后又增设国论乙室(第三)勃极烈,组成皇帝之下的最高统治机构。勃极烈辅政制度带有浓厚的血缘色彩,是一种带有明显贵族议事痕迹的官僚制度。但同时各勃极烈之间又有等级区别,这是由贵族议事制度向君主专制制度过渡阶段的体现。但随着金朝社会的发展和辽、宋官制日益增加的影响,金

---

① 《宋史·夏国传》。
② 冯承钧译:《马可波罗行纪》第一卷第七二章,上海书店出版社2000年版,第163页。

朝皇帝集权化的趋势越来越明显,勃极烈制遂成为皇权膨胀的障碍,终于在熙宗天眷元年(1138)被废止。

猛安谋克是金代社会一种特有的制度。猛安,女真语"千",也可译作千户、千夫长;谋克,女真语乡里、邑长、族、族长,也可译为百户、百夫长。它们最初是女真部落由于征掠、围猎的需要而设的军事首领。1114年,阿骨打对猛安、谋克加以整顿,使之成为常设的机构和官称。初规定300户为1谋克,10谋克为1猛安;后减至25人为1谋克,4谋克为1猛安,从而使猛安谋克由原来的军事编制发展为地方政权机构。整编后的猛安谋克制,加强了完颜氏贵族对女真各部的控制。随着金朝疆域的扩大,猛安谋克制又扩展至女真之外的新附各部族和地区,甚至中原。但它在宣宗南迁以后日益不敷社会所需,遂逐渐瓦解。

2. 中央和地方官制

随着统治疆域的不断扩大,金朝的中央官制也逐渐完善。金太宗仿照辽制,设立枢密院。金熙宗废止勃极烈制,以三省为最高政务机构。海陵王又废中书和门下,只留尚书省,掌管全国政务。金世宗时全面修订官制,使之趋于完善。中央机构设尚书省、御史台、翰林学士院、大宗正府、殿前都点检司、劝农使司等。尚书省最高长官为尚书令,一员;下设左右丞相、平章政事、左右丞、参知政事等属官。尚书省下设吏、户、礼、兵、刑、工六部,分掌政务。御史台掌管刑狱和监察百官,翰林学士院掌制撰词命文字,大宗正府掌宗室事务,殿前都点检司掌领亲军,劝农使司掌农业之事。

金朝的地方官制仿辽、宋制,设路、府、州、县四级。路设转运司,掌规措钱谷。府设府尹,总管府则设兵马都总管,统领本府军民。州分节镇州、防御州、刺史州,其职分别为镇抚地方、防御盗贼、兼治州事。县设县令,掌管本县事务。

3. 军队和法律

金朝军事制度在原女真军制的基础上,广泛吸收契丹、渤海、奚、汉等民族的立军经验,同时又结合自身特点而构建。金朝军事机构较为简化,特别重视骑兵的作用,也逐步建立和发展其他兵种。其军队民族成分复杂,实行签军(征兵)和募兵兵役制度,军事职官的地位较高。金朝中央军事机构大致经历了从中央辅政勃极烈制到元帅府和枢密院的演变。乣(jiǔ)军实际上指金朝北方一些落后的少数民族组成的军队,到金朝中期,乣军一度成为金军的精锐。

金朝初期,女真人犯罪以习惯法论处。太宗以后,采用辽、宋律法。熙宗皇统年间,以女真旧制,参照隋、唐、辽、宋法律,编撰《皇统制》。海陵正隆年间,撰《续降制书》,与《皇统制》并用。世宗大定十七年(1177),置局编修法律,编成《大定重修制条》。章宗泰和元年(1201),编《泰和律义》,次年颁行。至此,金朝律令得到统一和完善。

4. 社会和经济

金太宗时出现名为"牛头地"的土地分配制度。它是以牛具、人口为依据,以土地国有为前提而分配土地。世宗时,具体制定了牛头地的分配方法。大定末年,随着猛安、谋克私人土地所有制的发展,牛头地制度遭到破坏。章宗明昌、承安年间,女真族社会变革时机成熟,于是废除猛安谋克世袭制,推行土地私有租佃法,牛头地制度随之瓦解。

金代的赋税和役法,因各族发展阶段的不同而有不同特点。赋税有牛头税、两税、物力钱、户调、商税及其他杂税。牛头税(牛具税)是以牛头地为基础向女真猛安谋克户征收的地税,两税(夏税、秋税)则是向中原地区征收的地税,物力钱是以丁口和资产总和为对象征收的资产税,户调是按户征收丝绵绢税。役法包括职役、兵役、力役三项。

金朝农业最发达的是原属辽朝的燕云地区及原属北宋的中原地区。金朝统治者很重视农业生产,熙宗曾采取轻徭赋、释奴婢等发展农业生产的措施,世宗奖励猛安谋克户从事耕垦,章宗把农田的增加和减少作为考核猛安谋克和县官的标准,赏勤罚惰。金朝农具大体和宋朝类似,有铁犁铧、铁镰、锄、镬、锹、鱼形铡草刀、双股垛杈等。其畜牧业主要沿袭辽制,在西北边境置群牧所(女真语"乌鲁古",养牛马的机构)12处,畜类主要有猪、马、牛、羊、骆驼等,其中马是狩猎和战争的主要工具,也是纳聘、赎罪的资财。

陶瓷、矿冶、纺织、制盐、印刷等是金朝主要发展的手工业部门。其陶瓷烧窑除原辽上京和燕京的窑址外,还有河北的定窑、磁州的观台窑、河南的钧窑、陕西铜川的耀州窑等。铁器作坊中有严格的分工,出土有铸铁件和锻铁件。金朝设有官府纺织作坊及产品征收机构,纺织品大量使用织金、印金、描金等技法。金于产盐区设盐司,专擅贩盐之利。其印刷业无论规模和技术都较辽朝有较大发展,中都和南京是前后两个雕印中心。

中都和汴京是金朝的商业中心,此外,东京辽阳府、中山、真定、大同、太原、平阳等都是繁华的商埠。金朝设市令司管理城市商业,中都则设都商税务司,于大定二十年(1180)定商税法。金与宋、夏开通榷场贸易,派专人管理。金朝使用铜币、银币、交钞三种货币,纸币是流通的主要货币,海陵王贞元二年(1154)始印造交钞。金朝是中国历史上第一个正式发行纸币并使之进入流通领域的王朝,这在古代货币发展史上占有重要地位。

第七节　宋代的思想及文化

一、北宋理学

理学是一种理论性、思辨性的新儒学,是中国古代社会后期占主导地位的官方意识形态。理学从宇宙本体论(天)的角度论证了儒家的人伦纲常(理),其实质和特征是一种道德理性主义。它为先秦儒家的伦理道德学说提供了本体论的依据,将儒家的伦理规范看做是永恒的绝对的最高原则,并以此为社会的等级秩序提供辩护。它致力于在现实生活中达到崇高的精神境界,并为此而寻求途径。

1. 周敦颐

周敦颐(1017～1073),字茂叔,道州营道(湖南道县)人。他吸收道家、佛教的理论思辨之精华,为儒家的伦理哲学作论证,对理学的创始起到了至关重要的作用。

他以《周易》配合道家学说,并吸收"五行"说来探究宇宙的本原及自然万物与人的生成。他从最原始的"无极而太极"推测宇宙的生成,认为天地的本原是太极,由于太极的动静作用分出了两仪。两仪在"天之道"是阴与阳,在"地之道"是柔与刚,在"人之道"是仁与义。这样阴阳与仁义便成为一种同构异质之存在,从而论证了性善论的先验性。

他把人性生成说与自然本体论相对应,认为人的精神乃至道德性命也像宇宙生成一样,是经过无极—太极—阴阳—五行—万物的演化过程才生成的。由此他提出"主静立人极"的人格目标。"主静"是方法,"立人极"是目的。人极既立,则可达到与天地完全融合的理想人格境界,即圣人之境界。而进入此境界的工夫,就是《通书》提出的"立诚"。

在周敦颐看来,圣人与太极为一体,诚是它们的共同特性。"诚"肇始于宇宙演化过程的开端,确立于万物生成之后,这就是至善。因此"诚"是天道、人道的合一。诚,作为圣人的本质,就是仁、义、礼、智、信各种德性的根本,是人的一切道德行为的根源。

那么如何达到"诚"这一圣人境界呢？修养的方法是"主静"，而"主静"就是"无欲"。无欲，则心中虚静，保持平和的心境，使胸襟开阔，思想豁达，就会从思想到行动无一不善。他在《养心亭记》中，引用孟子"养心莫善于寡欲"说来为《太极图说》中的"无欲故静"和《通书》中的"圣人立诚"做论证，将孟子的"寡欲"发挥成"无欲"，要人们在性善的基础上，通过"养心"来达到一种新的境界，求得平和的心境和对事物顺其自然的态度。

周敦颐对后代理学的另一重要影响是其所谓的找寻"孔颜乐处"。他认为，颜渊之所以在极其贫困的物质生活中仍感受到人生乐趣，是因为觉察到真正值得可爱可求的东西，是一种精神的价值，在于体认中正仁义之道，做一个道德纯粹的人。乐乎道，是一种超越富贵利达的形上追求，这是"大"；而单纯追求物质享受便显得"小"。人生只有见其"大"而忘其"小"，才能真正体验内心快乐，感到无比的充实。这种生活的至乐享受，既不同于佛教的"极乐世界"，也不同于道教的"洞天福地"，"孔颜乐处"其实是一种超越世俗的人生体认。

2. 程颢和程颐

洛阳人程颢(1032～1085)字伯淳，程颐(1033～1107)字正叔，兄弟二人是理学的奠基人，史称"二程"。其最重要的功绩，是创立了天理论的学说。程颢说："吾学虽有接受，天理二字却是自家体帖出来。"[①]可见，其本人也将此视为对理学的创造性贡献。

先秦《韩非子》、《荀子》中都曾有"理"的概念，但那都是人文法则与万物法则的含义，只有到二程，才将"理"作为一个最高的、具有终极意义的范畴，用来建构思想体系。一方面，"理"是一切自然存在物的内在法则与规律；另一方面，"理"又指儒家所倡导的社会规范，"父子君臣，天下之定理，无所逃于天地之间"[②]。理不仅存在于宇宙间一切事物之中，而且支配、主宰着世界的秩序和变化，故而理又是一个普遍、永恒的主宰者。由此角度，它又可被称之为"天"。在孔子和董仲舒那里，作为绝对主宰的"天"和终极价值的"道"（理）是有区别的，只有到二程这里，"天"与"理"才完全统一，使天道（天理）成为贯通天与人、自然与社会的最高主宰和形上存在。这是二程奠基理学的一个最重要贡献。

---

① 《河南程氏外书》卷一二《二程集》，中华书局1981年版，第424页。
② 《河南程氏外书》卷五《二程集》，第77页。

二程天理论的一个特点,就是通过道与器、理与气、体与用之间关系的论述,来论证"天理"作为先验本体的存在。二程发挥《周易·系辞传》"形而上者谓之道,形而下者谓之器"之说,把世间事物划分为形而上者与形而下者两类。前者是微,后者是显,"致微者,理也;至著者,象也。体用一源,显微无间"①。本体的"理"是万物的创造者,先于气。

在二程看来,"天理"就是天之所命,最根本内容就是儒家的伦理纲常,表现为人之"性",于是就有"性即理"的命题。人的内在道德本性就是天理,道、理、性、命,本是一物,"天之付与之谓命,禀之在我之谓性,见于事业之谓理"②;"在天为命,在义为理,在人为性,主于身为心,其实一也"③。由此,二程确认理、性、心为理性的、道德的,对社会具有正面效应;而人的私欲则被视为反理性、不道德,是具有负面效应的价值规范,"人心私欲,故危殆;道心天理,故精微。灭私欲,则天理明矣"④。

二程借用张载"天地之性"与"气质之性"的分疏,认为天理所赋予人的本性是善的;但事实上"理"一旦赋予个人,就会与气质相杂。所以现实中每个人都具有夹杂着气质之性的天地之性,后者是成善的先天依据,前者却是需要克服、改造的对象。在道德修养上,程颐说"涵养须用敬","进学在致知"。"敬"就是保持心灵的恭敬状态,不使天理从心中流失;"知"就是从知识上充实自己,从理性上提高自觉性。

"格物致知"在《大学》中被视为个人修己治人的前提,现在被程颐将之纳入思想体系并赋予新的意义,"格犹穷也,物犹理也,犹曰究其理而已也。穷其理,然后是以致之,不穷则不能致也。格物者适道之始,欲思格物,则固已近道矣"⑤。第一,将"格物"解释为"穷理",就把格物论与本体论结合起来。第二,格物是"适道之始",使之成为理学中体悟天道的最初步骤。因此,程颐的"格物致知"说,一方面包含着丰富的知识论内容,"凡眼前无非是物,物物皆有理,如火之所以热,水之所以寒,至于君臣父子间皆是理"⑥;另

---

① 《周易程氏传·序》,《二程集》,第582页。
② 《河南程氏遗书》卷六《二程集》,第91页。
③ 《河南程氏遗书》卷一八《二程集》,第204页。
④ 《河南程氏遗书》卷二四《二程集》,第312页。
⑤ 《河南程氏遗书》卷二五《二程集》,第316页。
⑥ 《河南程氏遗书》卷一九《二程集》,第247页。

一方面，格物致知的目的并不在于单纯的求知，"要在明善，明善在乎格物穷理"①。所谓"明善"，就是成就高尚的人格，达到崇高的精神境界。

3. 张载

张载（1020～1077），字子厚，祖籍开封，久居陕西眉县横渠镇。他潜心研学，夜以继日，苦心求索，曾自述其志曰："为天地立心，为生民立命，为往圣继绝学，为万世开太平。"

气一元论是张载哲学最具特色的理论内容之一。宋代理学家中，把"气"提升为哲学的最高范畴，从而将其视为宇宙本体，唯有张载一人。

周敦颐以"太极"为宇宙本体，张载则指"太极"为气："一物两体，气也。一故神，两故化……两不立则一不可见，一不可见则两之用息。"②在《正蒙·太和》中，他将宇宙之本源归结为气："太虚无形，气之本体，其聚其散，变化之客形尔。""太虚不能无气，气不能不聚而为万物，万物不能不散而为太虚。"气的存在状态无非两种，一为"聚"，一为"散"；聚而为万物，散而归"太虚"。"太虚"是气散后的一种状态，是"气之本体"，不是"空"，也不是"无"，而是"气"的一种原始本然状态。太虚之气与聚而为万物的有形之气不是本质上的有无之别，而是幽明之别。太虚之气在内在本性的推动下，通过阴阳二端的感通之变，生成万物，而万物最终又必然散入无形，归于太虚。整个宇宙的运动就是这样一个由"太虚"而万物，由万物而"太虚"的"气化"过程，"太虚之气"为世界的本质存在。

张载将"太和"之道设定为世界的本来精神状态。"太和"源于《周易》乾卦"彖"辞："乾道变化，各正性命，保合太和，乃利贞。""太和"即完美的圆融和谐状态，是宇宙的总体原则。人类社会也应与宇宙相对应，也要建立起一个彻底消解对立与对抗的理想社会。而理想社会的建立，又必须施行上古三代所采用并产生巨大作用的井田、封建、宗法等制度。

他认为理想的社会应是一个均平的社会，而这个均平的社会要获得实现，必须通过井田制来达到。而井田制的推行，又必须有一定的政治体制来做保障，这就是"封建"。张载认为，阶梯式的领地分封制度之所以必要，是因为"天下之事，分得简则治之精，不简则不精"。

张载的封建论是在深切体察北宋高度集权君主专制所产生弊端的前提

---

① 《河南程氏遗书》卷一五《二程集》，第 144 页。
② 《横渠易说·说卦》，《张载集》，中华书局 1978 年版。

下,作为消解的救世良方而提出来的。井田与封建,是他建构理想社会的两大支柱;这两大支柱,又是以血缘伦理基石上的宗法制为基础的。因而他的理想社会是三位一体结构,井田制之为经济,封建制之为政治,宗法制之为社会。他视宗法维系的家族为社会的核心组织和国家基础,强调建立以宗子为主、等级森严的家族组织。这样,整个社会都纳入宗法组织之中,同时也被纳入等级制的社会政治组织之中。政治与血缘紧密结合,封建制就有了严密的社会组织可依托。

张载心性论的贡献就是"发明"了"天地之性"与"气质之性"的分疏,从而成为程朱理学的重要理论来源。在张载看来,每个人都有"天地之性",天赋予人的本性与天道相贯通,人性无有不善,德性是天赋的。但人为什么有恶呢?一是由于气质有偏,即生理条件不同;二是由于习俗和环境的影响。这种人的"气质之性"若无节制,会对善造成损害。善源于"天地之性",是人的本质所在;恶源自"气质之性",是应该变化的对象。"变化气质"就成为张载修养工夫的重心所在,是学以至圣人的重要途径。

张载提出的许多命题,经二程扩充与发展后,成为宋明理学思想体系最基本、最重要的组成部分。双方尽管在本体论上存在着重大分歧,但二程对张载还保持着一份尊敬。

二、荆公新学与永康、永嘉之学

1. 荆公新学

王安石(1021~1086)的学术思想被后人称为"荆公新学",是北宋中后期占主导地位的思想形态。梁启超在《王安石传》中,盛赞荆公之学术"内之在知命厉节,外之在经世致用,凡其所以立身行已与夫施于有故者,皆其学也"①,包举儒家内圣外王之道。而程朱理学之所倚重者,"在身心性命,而经世致用之道,缺焉弗讲"②,故不过"经术之一端"耳。

王安石的人性论继承自儒家学派特别是孟子,但又强调人性中智性因素的重要性,并且重视个性。孟子以善恶之心、恻隐之心等道德感情作为人性的性善论的证据,王安石也同样,他说,"善者,常性也;不善者,非常性也"③。这便肯定道德品德植根于人性之中,只要顺应人的本性,自然就会

---

①② 梁启超:《王安石传》,海南出版社1993年版,第204页。
③ 《三经新义辑考汇详》,台湾"国立"编译馆1986年版,第79页。

表现出道德行为来。肯定人性善,自然就重视人的道德修养,而修养的方法,要从日常的容貌、语言、视觉、听觉、思维下手。人生难免遭到困难,在困境中如何安身立命,最能看出一个人的道德修养与生存智慧。王安石提倡"辨义行权","辨义",就是按照礼义行事,"行权"则是在特殊情况下突破礼义的约束。王安石学说,是在恪守儒家本位的基础上,融通佛老,兼采诸子,其学术特征还是以道德性命之义理为主旨而展开的。

但不同在于,王安石认为"内圣"必须开拓出"外王","圣"与"王"之间,"圣"和所以成圣的心性本体是本质,而理想的社会政治秩序是"王"者治理的结果。所以,"致用之效,始见乎安身。盖天下之物,莫亲乎吾之身,能利用以安吾之身,则无所往而不济也"①。在王安石看来,盛德大业比道德修养更值得歌颂,"夫身安德崇而又能致用于天下,则其事业可谓备也"②。他追求的是一种功利性的泛利天下的功业,这也是其变法理论的基石。

王安石认为圣人制定的礼乐刑政具有性命之理的内在精神,所以应该肯定其价值。但礼乐刑政等只是"迹",性命之理则是"义","迹"会随时而变的,"其所遭之变,所遇之势,亦各不同,其施设之方亦皆殊;而其为天下国家之意,本末先后,未尝不同也"③。

治国安民应该以道德服人还是以势力服人,是通过建立完善的制度还是通过执政者的个人能力,这涉及统治方式问题,王安石继承并发挥了传统儒学王道、仁政的政治理想而对之又有重大改造。他认为,王道与霸道分别在心术、行事、效果三个层面存在差异。在心术上,王道政治出于统治者内在德性的自然流露,而霸道政治只是统治者谋求利欲的手段。在行事上,王道政治出于内在的诚心,其行事只求心安而不考虑他人的评价;而霸道政治出于利欲的打算,所以其行事会故意显示诚信之道,通过权谋来进行掩饰。在效果上,王道政治是顺应自己内在本性的行为,因而人民并没有感觉到统治者有什么特别的恩德;而霸道政治则出于人为造作,恩惠毕竟是有限的。所以王安石强调的是义、利统一的政治价值观。

2. 陈亮与永康学派

陈亮(1143~1194),字同甫,世称龙川先生,浙江永康人。其才气豪迈,然命途多舛,遭人构陷,两次入狱。51岁考中进士第一,授签书建康府判

---

①② 《王文公文集》卷二九《大人论》,上海古籍出版社1999年版。
③ 《王文公文集》卷一《上皇帝万言书》。

官,但未及上任就遽然离世。

陈亮上书《中兴五论》和四次《上孝宗皇帝书》,反映了他的政治思想。他认为,"法令不必尽酌之古,要以必行",南宋国力不振的根源在于统治者的保守及不思变法。宋太祖开国之初实行高度中央集权制度,固然有效防止了地方割据,但也造成因循守旧、无所作为的习气。南渡以后,"大抵遵祖宗之旧","不究变通之理"。《中兴五论》提出了一个包括政治、经济、军事、财政、法制、风俗等24个项目的改革纲要,直指宋朝在政体方面的弊端。陈亮主张一切政事"付之公议",要给中央各部门和地方分权,这在当时是有积极意义的。

陈亮出狱时,朱熹劝告他"绌去义利双行、王霸并用之说,而从事于惩忿窒欲、迁善改过之事,粹然以醇儒之道自律",则可"免于人道之祸"。他回书说自己"本非闭目合眼,朦瞳精神以自附于道学者也"。由此书信往来三年,便是历史上著名的"王霸义利"之辩。

朱熹的老师李侗说:"义利不分,故自王安石用事,陷溺人心,至今不自觉。"他们断言,北宋的灭亡是由于王安石"兴利而亡义,尚功而悖道"所致。朱熹把董仲舒的"正其谊不谋其利,明其道不计其功"作为白鹿洞书院的学规,并针对着陈亮说:"今世文人才士,开口便说国家利害,把笔便述时政得失,终济得甚事!只是讲明义理以淑人心,使民间识义理之人多,则何患政治之不举耶?"理学程朱一派,不顾国家面临的严峻局势,把个人道德修养的完善视为治国之本,而疏于具体事务,鄙视功利。陈亮说:"今世之儒士,自以为得正心诚意之学者,皆风痹不知痛痒之人也。举一世安于君父之仇,而方低头拱手以谈性命,不知何者谓之性命乎?"①他一反程朱,统一功利与仁义,并以功利作为衡量仁义的标准。

陈亮与朱熹的"义利之辩",反映了两种不同的价值观。

(1) 表现在所谓"成人之道",即如何看待人生价值的问题上。朱熹说"成人之道,以儒者之学求之",追求的是个人道德的完善。他指责陈亮注重功利是"弃舍自家光明宝藏,而奔走道路,向铁炉边渣矿中拨取零金",是为个人"立大功名,取大富贵","坏学者之心术"。陈亮针锋相对,提出"学者,所以学为人也,而岂必其儒哉";"醇儒自律"并不是"成人之道"。他说"人生只是要做个人",就是要做一个"才、德双行,智勇、仁义交出而并见者",做一个"推倒一世之智勇,开拓万古之心胸"的英雄豪杰,为国家、社会建立功业。

(2) 反映在世界观上,表现为如何认识道与物的关系。陈亮反对在形而下的具体事物之外,还有一个形而上的"理"的世界,提出了"盈宇宙间无非物"的命题。只有一种存在,即客观世界,道或理只能存在于具体事物之中,"夫道非出于形气之表,而常行于事物之间者也","舍天地则无以为道"。他批评理学在事物之外追求道,把孔孟之道变成一种迂阔的、不切实际的学问,"自道德性命之说一兴","为士者耻言文章行义而曰尽心知性,居官者耻言政事书判而曰学道爱人,相蒙相欺以尽废天下之实,则亦终于百事不理而已"①。

(3) 表现为历史观的争论。朱熹认为夏、商、周三代"惟有天理而无人欲",是王道;三代以后的汉唐之君"无一念之不出于人欲",是霸道。所以自孟子后,儒家道统中断。陈亮认为,如果此说成立,就"使千五百年之间成一大空阙",那么"道于何处而常不息哉"!朱熹把理与欲对立起来,其实追求物质的欲望,是人的自然本性,天理即存在于人欲之中,"天道岂有他哉,喜怒哀乐爱恶得其正而已"。三代以前不能没有人欲,汉唐以后也不能没有天理,由此得出著名的"王霸可以杂用,则天理人欲可以并行"的结论。

3. 薛季宣与陈傅良

在南宋学术思想上,以功利主义价值观相标榜的永康学派和永嘉学派,共同与朱熹的理学、陆九渊的心学相抗衡,三方鼎足而立。永嘉学派的代表人物叶适,其思想源自薛季宣和陈傅良。薛季宣(1134~1173),字士龙、士隆,学者称艮斋先生,永嘉人,有《浪语集》存世。陈傅良(1137~1203),字君举,学者称止斋先生,瑞安人,有《止斋文集》存世。

对道器关系的论述,是薛季宣、陈傅良思想的一个重要方面。

"道"指无形的法则,"器"指有形的事物或制度,二者实为普遍与特殊的关系,普遍能否脱离特殊而存在?是一般寓于个别之中还是相反?薛、陈认为:道存在于形器之中,道器不能分离。薛季宣说:"道无形,舍器将安适载?且道非器可名,然不远物,则常存乎形器之内。"②陈傅良说:"器便是道,不是两样,须是识礼乐法度皆是道理。"他们认为道器不离,器决定道,道存在于器中。也就是说,抽象道理寓于具体事物之中,道不超脱具体事物和人们的日常生活而存在。他们既不把道与器混而为一,又解释了二者孰为根本。这一观点,包含了注重躬行实践、注重功用和效果两层意思,它是事功之学

---

① 《陈亮集》(增订本)卷二四《送吴允成运干序》。
② 薛季宣:《浪语集》卷二三《答陈同甫书》,文渊阁《四库全书》本。

的理论基础。

研探六经,薛季宣在于讲明"时务本末利害",陈傅良在于"兢业",二者同为经世。他们都强调"无为空言,无戾于行"。不为空言,就是求实;无戾于行,则是注重实践。

薛季宣对理学家"清谈脱俗之论,诚未能无恶",因为他们"言行判为两途","语道不及事"。故他把理学称之为空无之学,"不可谓所见,迄无所用"。陈傅良同样谴责清谈。程朱理学既离器言道,又提"知先行后",把知行割裂开来。这样,言道可以不问现实生活,可以不顾实际效果,即使有所见地,也终是无用之学。

4. 叶适与永嘉事功学派

叶适(1150～1223)字正则,又称水心先生,永嘉人,是永嘉事功学派的集大成者。叶适崇尚功利,务实求真。他的思想,表现在以下几个方面。

(1) 强调实践的重要性。他认为,判断义理的对错,应以客观事物为依据,"欲折衷天下之理,必尽详考天下之事物而后不谬"。只有接触实际,才能获得真知。他说:"故观众器者为良匠,观众病者为良医,尽观而后自为之。"从功利立场出发,他针对南宋弊政,提出过十分认真而具体的意见,很少发空泛无用的议论。他认为立论一定要有"实事"作根据,"若射之有'的','的'必先立,然后挟弓注矢以从之。故弓矢从'的',而'的'非从弓矢也"。

(2) 提出义理不能脱离功利。他认为"道在物中,不能离物而独存"。根据道不离器(物)的原理,任何义理即便是孟子倡导的"仁政",如不能通过实际功利体现就是空谈。当时理学家推崇董仲舒的"正其谊不谋其利,明其道不计其功",将义和利完全对立。叶适也肯定仁、义的重要性,但认为仁义必须表现在功利上。他说:"古人之称曰:'利,义之和;利,义之本。'"正如"道"必须表现在"物"上,仁义也应在功利上表现出来。

(3) 主张"农商一体"。叶适从功利思想出发,对传统的"重本抑末"、"贵义贱利"思想进行批评。他说:"夫四民(士农工商)交致其用而后治化兴,抑末厚本非正论也。"他认识到工商业对国家和社会的重要作用,反对限制工商业发展。他要求政府提高工商业者的地位,让他们也有出仕机会。他要求以国家之力,扶持商贾,主张对工商业采取自由放任政策,反对税收过重。他主张把工商业放在与农业同样重要的地位上,即"农商一体"。

(4) 主张富国强兵。冗官、冗兵、冗费是南宋使国家贫穷的三大问题,叶适首先认为解决冗官问题要从胥吏入手。在宋代,胥吏的危害比冗官还大,一是其人数众多;二是可以子孙传袭,世代为吏;三是与豪强勾结;四是宋代官员不懂法律,受制于胥吏。对此,他建议让新进士和任子之应仕者充任胥吏,"三考而满,常调则出官州县,才能超异者,或遂录之",以提高胥吏素质。当时军费占全部财政支出的十分之七八,冗兵问题严重。他主张"由募还农",使州县守兵、御前大军、边兵有田可耕,"以田养兵",以节省军费,提高军队战斗力。

叶适思想的渊源,一是东南地区社会经济的发展,使商业繁荣,手工业发达,对外贸易兴盛,这是永嘉学派提倡功利实用之学的社会基础。二是在与其他学派如朱熹理学、金华学派、永康学派的频繁接触和交流碰撞中,吸收了各学派之长,从而发展出自己的事功之学。

三、南宋理学

1. 朱熹的思想体系

朱熹(1130~1200)字元晦,号晦庵,徽州婺源(今属江西)人。他广注经典,在经、史、子、集各方面都有广泛而深入的研究,是中国古代学术史上成就最高,影响最大的学者之一。他集理学之大成,建立了一个完整、严密、系统的思想体系,确实体现出全祖望在《宋元学案》中所说的"致广大,尽精微,综罗百代"的特点。

(1) 理本论

理学所以被称为"理"学,就在于宋儒重视对儒家经典义理的阐发,并建构了一个以"理"为中心的思想体系。在朱熹的思想体系中,"天理"是一个核心范畴,也是逻辑起点。理学家在建构天理论的宇宙本体学说时,主要是从时间向度或空间向度对宇宙世界的终极存在进行穷根究底式的追溯和探求。北宋理学家周敦颐偏重于从时间性的因果关系来追溯宇宙本体,在《太极图说》中提出了一个"(无极)太极→阴阳→五行→万物"体现时间历程的宇宙论模式,将太极看做是产生天地万物的终极原因。二程与张载则偏重于从形而上、形而下的空间关系来探究宇宙本体。张载的气本体论认为,宇宙是由一种没有质的规定性的混沌状态的气构成的,"太虚无形,气之本体"。太虚作为宇宙本体,是气之存在的纯空间概念。二程理本体论认为,气是形而下者,理是形而上者,宇宙本体是理而不是气。

朱熹吸取各家学说,构造了一个更加严密的天理论。首先,他受张载、二程影响,从空间关系上来建构理本论:"天地之间,有理有气。理也者,形而上之道也,生物之本也。气也者,形而下之器也,生物之具也。是以人物之生,必禀此理,然后有形。"①理气二者不能分离:"天下未有无理之气,亦未有无气之理";"理非别为一物,即存乎是气之中。无是气,则是理亦无挂搭处"②。理气本属一体,从宇宙生成论的角度,理气实无先后可言。但如果从逻辑上硬是追问谁先谁后,则理先气后。这是朱熹理气论的又一重要观点:"或问:必有是理然后有气,如何?曰:此本无先后之可言,然必欲推其所以来,则须说先有是理。"③

朱熹理本体论兼综周敦颐说,从时间性的因果关系上论证宇宙本体。从空间看,理气同时并存,但再加入一个"推其所以来",时间关系就与空间关系同时存在。如此理作为宇宙本体的地位得到确立,一方面理是与天地万物并存,但能决定天地万物的终极存在;另一方面,理在逻辑上是产生天地万物的第一原因。在朱熹看来,二者并不矛盾。理虽能作为产生天地万物的第一原因,但并不意味着在时间的开端处有一个脱离天地万物的理存在;理只是产生天地万物的逻辑上的原因,理作为气的终极依据始终与气并存于空间之中。

朱熹所说的"理",作为普遍的绝对的形而上的本体存在,只是一种道德存在,"天理只是仁、义、礼、智之总名,仁、义、礼、智便是天理之件数"④。

(2) 心性论

心性论是关于人心、人性的问题,先秦儒家思孟学派的阐述,构成了宋儒心性论的思想前提和基础。心性论是关于天理论如何转化为人的本质、人格本体的理论,所要解决的问题,一是人的本性与天理的关系;二是人的本性与人的思维(心)、情感等意识活动的关系。

朱熹集理学之大成,也表现在心性论方面。他总结北宋理学家的心性论说:"伊川'性即理也',横渠'心统性情',二句颠扑不破。"朱熹兼综二者,其心性学说首先肯定程颐"性即理":"性只是理,万物之总名。此理亦只是天地间公共之理,禀得来便为我所有。"⑤如此虽然宇宙界、人生界一贯直

---

① 《朱文公文集》卷五十八《答黄道夫》,商务印书馆"四部丛刊"本。
②③ 《朱子语类》卷一,中华书局1994年版。
④ 《朱子语类》卷一三。
⑤ 《朱子语类》卷一。

下,交融无间,但并不能说明现实社会中的人性差别。朱熹又将张载的"天地之性"、"气质之性"的概念进行改造和发挥。由于他在本体论上承认万物之生都受理、气两方面的影响,所以在心性论上,为了思想体系的内在一致性,他必须将天理安顿在"气质"之上:"性只是理,然无那天气地质,则此理没安顿处。但得气之清明,则不蔽锢此理,顺发出来。蔽锢少者,发出来的天理胜;蔽锢多者,则私欲胜。"①天地之性并非外在于气质之性,它深陷于"气质之性"之中,靠"气质之性"的变化而展现出来。

认识人性固然重要,但性为"未发",把握自己的本性还需从"已发"处用力,这便是"情"。情是性之发用,由于性无不善,所以情也应是善的。但实际上情情常常流为恶,朱熹认为这是"情迁于物"的结果:"性无不善,心所发为情,或有不善。说不善非是心亦不行,却是心之本体无不善,其流而为不善者,情之迁于物而然也。"②

性的状态是静,情的状态是动;性是体,情是用,而"心"的作用正是贯通在动静、体用之中。朱熹由之特别重视心的主宰作用,于是有"心统性情"的说法。它包含两层意思:一是心兼性情。人总是处在两种精神、心理状态中,那就是"寂然不动"和"感而遂通"。二是心主性情。"心"不仅贯通于未发、已发和动、静两种状态中,还应在此两种状态中居于主宰地位:"性是体,情是用,性情皆出于心,故心能统之。统,如统兵之'统',言有以主之也。"③在心、性、情的三分格局中,性是理,它虽是人性所赖以成立的形上根据,但它本身却不能发生任何作用;情虽属已发,但它可能会漫荡失守,流为不善;因此要想使情之外发都能合乎性的内在规定性,还必须对情有所节制和主宰,而这一任务,在朱熹看来只有心才能够胜任。可见在朱熹的思想体系中,心实在具有重要地位。

(3)致知论

致知论是讲人如何体认天理的。天理论的重点在"天",心性论的重点在"人",而致知论的重点则在"天人合一"。作为一位理学家,朱熹始终将自己的关注点放在道德问题上。所以,他的致知论也是以道德认识为主体,包括格物致知与致知力行两个方面的内容。

---

① 《朱子语类》卷四。
② 《朱子语类》卷五。
③ 《朱子语类》卷九八。

"格物致知"最早见之于《大学》,宋代理学家出于构筑思想体系的需要,对之进行了系统研究。何谓"格物"?朱熹说:"格,至也。物,犹事也。穷至事物之理,欲其极处无不到也。"格物为即物而穷尽其理。何谓"致知"?"致,推极也;知,犹识也。推极吾之知识,欲其所知不无尽也。"致知指扩充人的认知能力和扩充已具有的知识。因为理存在于万事万物之中,人要致知,只能通过与万事万物的接触。另一方面,他又认为心之本体"万理具足",所以经常将致知看做是"致吾之知"。当然,朱熹首先强调即物穷理:"推极我所知,须要就那事物上理会。致知是自我而言,格物是就物而言。若不格物,何缘得知?"①尽管人之本心"万理具足",但人首先应"格物",使天地万物与"吾心之理"相印合。朱熹将这个过程称之为"合内外之理"。

　　"致知力行"着重讨论的是知与行的关系,尤其是道德认识和实践的关系。其观点有二。

　　一是"知先行后"。他认为:"程子云:'涵养须用敬,进学则在致知。'分明作两脚说,但只要分先后轻重。论先后,当以致知为先;论轻重,当以力行为重。"②一切实践的发生,必须以"知"为其必要条件,没有知为指导,其行就是盲目的。反过来,一个人只要有了"知",就一定会去"行":"既知则自然行是,不待勉强,却是知字上重。"③尽管"知"在秩序上应在"行"之前,但知行关系中应以"行"为重。因为只有"行",才是为学的目的和为学过程的完成:"夫学问岂以他求,不过欲明此进,而力行之耳。"④

　　二是"知行互发"。"行"要用来检验"知",所以也是重要的:"学之之博未若知之之要,知之之要未若行之之实。"⑤朱熹将知行看成一种相互联系、相互促进的关系,相信只有保持这种联系,才能促进"知"的深化,也才能促进"行"的精进:"知行常相须,如目无足不行,足无目不见。"⑥朱熹"知行互发"的观点还在于他并不把"知"与"行"看做是两个独立完成的阶段,而是看作两个需要相互依存、相互作用的过程,每个都不能独立完成:"知之愈明,

---

① 《朱子语类》卷一五。
② 《朱子语类》卷九。
③ 《朱子语类》卷一八。
④ 《朱文公文集》卷五四《答郭希吕》。
⑤ 《朱子语类》卷一三。
⑥ 《朱子语类》卷九。

则行之愈笃;行之愈笃,则知之益明。"① 那么如何"知行互发"呢?"未须理会互发,且各项做将去。若知有未至则就知上理会,行有未至则就行上理会,少间自是互发。"②

2. 陆九渊的心学

陆九渊(1139～1193)字子静,学者称象山先生,抚州金溪人,是理学中"心学"一派的创始人。"心"是象山学派的重要思想范畴,也体现出其学术宗旨和学派特征。

(1)"心即理"的本体论

和朱熹一样,陆九渊也承认"理"为宇宙的终极本体:"塞宇宙,一理耳。"此理既是自然法则,也是伦理准则。但和朱熹不同的是,陆九渊认为此"理"不是外在于人身的,而是"吾心"与"理"通融为一:"盖心,一心也;理,一理也。至当归一,精义无二,此心此理,实不容有二。"③这是陆九渊及其象山学派的一个十分重要的观点,心与理同是宇宙万物的终极本体,同是一种形上的伦理性的实存,伦理实践的最后依据也植根于主观内有的心灵世界。他说,"万物森然于方寸之间,满心百发,充塞宇宙,无非此理"④。每个人的"心"均包含着宇宙法则的天理,均能提供仁义礼智的道德法则,这显然不是一种个人的主观意识,而是指每个人主观意识中所体现出来的一种普遍性的伦理精神。陆九渊"心即理"命题的特点就在于强调对主观意识的扩充,通过这种扩充,以实现其内在的普遍性的伦理精神。

(2)反省内求的修养论

陆九渊肯定"心即理",在修养论上就倡导通过反省内求的方式,发明人心内在之善,"敬此心之存,则此理自明"⑤。但人心有时被私欲或偏见所蒙蔽,需要一种破除的方法。

第一,"先立乎其大"。这是其他一切工夫的基础,其确切意义可从两方面来理解。一是让人知道,人人都先天地具有道德之本心,它是人之道德行为之主体,是人之所以能够发出善行的先天根据。二是让人自信,人的本心虽然有时会被外物蒙蔽,但人心本身就具有破除这种蒙蔽的能力。合此两

---

① 《朱子语类》卷一四。
② 《朱子语类》卷一九。
③ 《陆九渊集》卷一《与曾宅之》,中华书局1980年版。
④⑤ 《陆九渊集》卷三四《语录》。

者,就是陆九渊"先立乎其大"的完整意思。

第二,破除蔽障。陆九渊认为一切私欲和偏见,对于人的本心而言,就像是网罗陷阱。"多欲"是"吾心之害":"夫所以害吾心者何也?欲也。欲之多,则心之存者必寡;欲之寡,则心之存者必多。故君子不患乎心之不存,而患乎欲之不寡,欲去则心自存矣。"①要去掉人的欲望,必须有"剥落"工夫:"人心有病,须是剥落。剥落得一番,即一番清明;随后起来,又剥落,又清明。须是剥落得净尽方是。"②剥落是"去欲"工夫,"先立乎其大"是"存养"工夫,都是为了发明本心,让人能够确立内在的道德信念,保持精神人格的主宰地位。

(3) 陆学的学术渊源

关于陆氏的学术渊源,主要有直接孟子说、继承禅学说和承接宋儒程颢、谢良佐说。这几种观点既有相互包容处,亦有相互矛盾处,须做一些辨析。

直承孟子说出自陆氏本人。"先生之学,亦有所受乎?"陆答:"因读《孟子》而自得之。"③和朱熹分庭抗礼的陆九渊,认为自己是孔孟道统的真正传人。明代与陆九渊一脉相承的王阳明,也坚持此说。但朱熹坚决否认:"近闻陆子静言论风旨之一二,全是禅学,但变其名号可。"④理学家都是道统论的倡导者,朱熹也将周敦颐、二程作为孔孟道统的继承人。

从学术传承的角度看,陆九渊与孟子是有重要关系。因为孟子重视道德主体、心性修养,在道德来源上,他坚持伦理不是外在的东西,而是来之于人的本心:"仁、义、礼、智根于心。"人心本有的道德感,孟子称为"良知"、"良能":"人之所不学而能者,其良能也;所不虑而知者,其良知也。"在修养问题上,孟子就以反省内求为主要方法,"反身而诚"。陆九渊"心即理"的思想,就是以此为理论基础:"此(心)天之所以予我者,非由外铄我也;思则得之,得此者也;先立乎其大者,立此者也;积善者,积此者也;集义者,集此者也;知德者,知此者也;进德者,进此者也。"⑤这些概念几乎都来自孟子。

对继承禅学说,陆九渊自己坚决否认。因为禅宗只关心个人的超脱,而

---

① 《陆九渊集》卷三二《养心莫善于寡欲》。
②③ 《陆九渊集》卷三五《语录》。
④ 《朱文公文集》卷四七《答占子约》。
⑤ 《陆九渊集》卷十《与邵叔谊》。

儒家则关怀国家和天下的道义。但是,禅宗强调精神的领悟,倡导直指人心、见性成佛,这种注重主观精神和心性内求的思想也深刻影响了陆九渊。禅宗强调主观心性的本原性,主张心生万物,"自性本自清净,自性本不生灭,自性本身具足,自性本无动摇,自性能生万物"。所以关键就在于自识自性。这无疑给了陆九渊很大启示。在修养方法上,禅宗倡导直指本心,见性成佛。慧能说:"一闻言下便悟,顿见真好本性,是以将此教法流行,令学者顿悟菩提,各自观心,自见本性。"①故禅宗不以文字、逻辑与理论传授佛法。陆九渊也以体悟心性为主,"学苟知本,《六经》皆成注脚"。儒经不过是领悟心性的资料,"顿悟"即可实现对内在德性的体悟。

四、宋代的文学与艺术

宋代文学的繁荣,是各种文学样式的全面繁荣。其古文承唐代韩愈、柳宗元之后,出现欧阳修、苏洵、苏轼、苏辙、王安石、曾巩等,合称"唐宋八大家"。"唐宋八大家"以其丰茂华赡的创作和清劲明确的理论,成为此后文言文创作的主流。宋代以诗说理,意深语新,开诗歌创作一条新路,影响直到清末民初。宋代的词,发展为一种成熟的可歌可吟的文艺样式,至今脍炙人口。宋代的小说,特别是白话小说,开拓了中国文学史的新篇章。

1. 宋代的散文

北宋初,文字华丽、典故充斥、音律铿锵的骈体文充斥文坛,有志之士倡导文学复古。继柳开之后,真正在创作上开拓宋代古文的是王禹偁。他的文章以通俗顺畅的语言说明道理,并且和个体感受相观照,摆脱雅驯晦涩的风格,透露出有宋一代审美观念的新面貌。无论在思想内容或艺术形式上,他都为欧阳修、苏轼等人的古文运动做了先导。

欧阳修倡导古文运动,揭"文以载道"的大旗,特别强调"言之无文,行之不远";"言之所载者大且文,则其传也章;言之所载者不文而又小,则其传也不章"②。他认为文章语言要简而有法,并把口语的通俗生动与写法的具体形象,放进古文创作中,使散文化成为文章的基本形式。如其《朋党论》立论鲜明,结构平稳,语言通俗,说理流畅,摆脱了奏议文体那种雍容典雅的模式,有很强的感染力。他所撰《丰乐亭记》《醉翁亭记》《有美堂记》等,都是记

---

① 《坛经·般若品第二》。
② 《欧阳文忠公集》卷六七《代人上王枢密求先集序书》。

叙文的名篇,体现了抒情、通畅、语言委婉纡徐的特点。其哲理思维,除儒家入世观念外,还带有道家强烈的自然协调色彩。这直接影响到他的门人苏轼兄弟和曾巩等人。

王安石是诗文革新运动的领袖人物之一,认为无论传道与为政,古文应是一种切实可用的文体。他的代表作《答司马谏议书》,措辞得体又态度坚定,义正词严又不失礼貌,所以显得有力、有礼、有节。他的记叙文,把叙事与议论熔于一炉,使形象的描绘与哲理的探求相互结合,文章显得很有思辨色彩,如《游褒禅山记》。王安石雄健峭刻的文风,简洁明快的语言和理胜于情的旨趣,使他在唐宋八大家中占一席之地。

最能发挥古文长处,并把古文写作推到极致的,应是苏轼。苏轼强调文道合一,道必须在自然状态下才能传播,故应重视文章的艺术性。苏轼的思想既丰富亦驳杂,所以为文不为传道所拘束,常有纵横的豪气,当时人称之为"奇气"。其古文创作大量的是史论、政论,诸如《留侯论》等。苏轼是写游记的高手,如《石钟山记》绘声绘色,如配画之诗。如《记承天寺夜游》,精警短小,只有83字,却把夜游的时、地、人、景交代得清清楚楚,特别是月下光影与人生感慨,徐徐托出,把普通的人生诗化了,更具美学情趣。苏轼也是骈体行家。他把华美典丽的赋体改造为清新自然的文赋,使骈散合流,使中国文字与音乐、口语充分配合。如其前、后《赤壁赋》,把宋代文赋推到成熟的境界。

朱熹是思想家,其论文强调道是主体,是根本,文只是枝叶,甚至说传道可以不必考虑文采。不过,为了传道,朱熹还是很讲究语言章法。特别是他的一些记叙文,如《百丈山记》《江陵府曲江楼记》《归乐堂记》《卧龙庵记》等,明显受到欧阳修、苏轼的影响,写得形象明快。朱熹与门人谈论学术的话语,后人收为《朱子语类》,在语言上更有特色。它尽可能用接近口语的文字来叙述,可说是传统文言文的一个突破。

南宋散文的异彩,集中闪烁在笔记小品中。宋代笔记,蔚为大宗,记典章制度、名物礼俗、方言土语、名人逸事、奇风异俗等,内容多样。北宋欧阳修的《归田录》、沈括的《梦溪笔谈》、魏泰的《东轩笔录》等传流甚广,到南宋则有陆游的《老学庵笔记》,刘昌诗的《芦浦笔记》,洪迈的《容斋随笔》等,更脍炙人口。宋元易代之际,笔记小品更带有强烈的怀旧痕迹,常有悲怆低回的情怀。

2. 宋代的诗歌

宋初诗坛,为语言雅洁的晚唐体与辞藻华丽的西昆体把持。宋代诗文革新以欧阳修为领袖,他撰写的《六一诗话》,是历史上第一本诗话体的文学批评专著,开创了诗话(以后有词话)风气。他认为,诗歌可以"率意",但心须意新语工。意新,指诗意发掘要深,要透露出哲理性的情趣;语工,指诗歌语言要锤炼,在平淡通俗中体现出深意和工力。宋诗总体上以说理见长,写景状物亦探求一种哲理的情趣,与这种理论有关。

梅尧臣是欧阳修诗文革新的同道,在诗歌创作上亦共名,人称"欧梅"。梅尧臣的诗歌,多切近现实,以其现实性、社会性显示诗的兴、观、群、怨传统。他在写景抒情之间,也有议论评述。这是宋人诗歌的一个倾向,即在写景中议论,在自然中寻觅生活哲理。

王安石是欧梅诗风的直接推动者,其创作比之欧诗有更多的社会意识,诗中的议论更尖锐,更有独创性。他早年所作古体诗,常以新鲜的见解使世人震惊,如那首名动京师的《明妃曲》便是代表。此诗特色一是以散文化的语言去发议论,拉动宋诗好议论的倾向;二是议论中常作翻案文章,对古典古事做新的解释,这也和学术上的宋学风气十分一致。

宋诗的全盛期代表人物是苏轼。苏诗的成就主要表现在抒发个人生涯观感和写景咏物寄意的抒情诗上。他个人的经历和感受,与江山风景的描绘议论相结合,使风景诗有着强烈的抒情意味,可以将个人身世、眼前景物、情怀感悟、人生哲理都融化入具体生动的形象中。

黄庭坚既把宋诗的优点充分发挥,也把宋诗的弱点展露无遗。黄庭坚对诗的意境、格律、语言、用典各方面,都用心探究,时有新意。因为他特别重视诗歌的艺术手段,在诗坛上掀起形式重于内容的创作思潮,又因其是江西人,后人便把这一诗歌流派称为江西诗派。

陆游在南宋文坛的地位,与苏轼在北宋文坛的地位相当。陆诗各体兼备,特别是七律七绝,工整沉厚,当时无与伦比。陆诗把南宋士人的爱国情愫叙述得淋漓尽致,把英雄主义的精神张扬得极为丰满,这也是陆诗思想境界的高尚之处。

3. 宋代的词作

词兴于唐,盛于宋,终于发展为与唐诗相媲美的文学样式,成为中国文化的瑰宝。词的兴旺发达,需要有繁华的城市、丰富的音乐、才华洋溢的作者、风情万种的歌伎和广泛多样的演唱环境,而宋代正是万事俱备。

晏殊官至宰相,生活优越,所作宴乐词,语言修饰精致,描情写恨,细腻真诚,如《木兰花》《浣溪沙》。欧阳修是晏殊的门生,词风很接近,但他还是写了一些风格爽迈的词作。

真正使宋代词风产生巨大转变的是柳永。柳永科场失意,浪迹天涯,有丰富的阅历,并且常在歌场酒肆流连,与艺人、歌伎等各类市民有亲密关系。他常把生活感受用慢词形式抒发填词,使其词作呈现一种市民之俗。以至时人说"凡有井水饮处,即能歌柳词"。柳永词中的城市风光,也是宋词中的异彩,如《望海潮》写杭州的繁华美丽,有如风俗画卷。

苏轼的词,风格既有豪迈壮逸,也有委婉清丽。苏词有一种历史感,又透出一种英雄主义情绪,如《念奴娇·赤壁怀古》,怀古抚今的感慨,在词中得到充分体现。重大历史题材进入词中,是词体一个重大进步。同样,神话传说也被苏轼引入词中,以寄托个人的离情别绪,使词的内涵极大地得到丰富,如著名的中秋词《水调歌头·中秋》便是如此。

南渡词人中成就最大的是辛弃疾和陆游。辛弃疾为人豪迈勇武,下笔自有一种英雄气概,如为陈亮所写的《破阵子》便是其代表作。陆游激昂感慨的词作,大多表现壮志未遂之情。陆游恢复中原的志向至死不衰,报仇雪耻的英雄事业无法忘情,在词作中时时会透露出一种忧国伤时的情怀,如《夜游宫·记梦寄师伯浑》,如《诉衷情》,雄壮的往忆和现实的悲凉形成文势上的跌宕,使其词作显得深沉而劲峭。

南宋时女词人李清照异军突起,成就突出。她的词以靖康为界,可分为前后两期。前期的词主要体现了一位少女、少妇悠闲风雅的生活情趣,如《如梦令》。金兵南侵结束了女词人平静的生活,使得其作品有了新的内容。如《永遇乐》,从今昔对比中抒发盛衰兴亡之感,淡淡的语言写出了极其难堪的哀伤。女词人唱出的《声声慢》,更是使人惊心动魄。

4. 宋代的话本

在为市民服务的宋代民间伎艺中,有歌舞、扮演和说唱等各种形式,"说话"是在瓦舍勾栏中献演的说唱的一种。在唐宋说话就是讲故事,等于后世的说书。从事这种职业的为说话人,其成立的行会组织称书会,书会中专门编写底本的人称才人。有的艺人把自己讲唱的故事记录下来,或请才人帮助整理,便由口头创作发展为书面文学,此即话本。话本原意指说话人讲故事用的底本。因为是用口语讲述和记录的,这就使之成了白话通俗小说的开端。

说话是娱乐伎艺中最受市民欢迎的一种。苏轼《东坡志林》记载:"涂巷小儿薄劣,其家所厌苦,辄与钱令听古话。至说三国者,闻刘玄德败,颦蹙眉有出涕者;闻曹操败,即喜畅快。"于此可见其艺术感染力。后说话传入宫廷和贵族之家,依据主题,主要形成四种家数(派别),即小说、说经、讲史、合生。小说,又名银字儿,专门讲述短篇故事,有说有唱,有伴奏。说经,包括说参请、说浑经,讲有关佛经的故事。讲史,讲历史上兴亡成败的故事,只说不唱。合生,类似今天相声类的滑稽对话,也有人认为说话四家应是小说、说经、讲史、说铁骑儿四家,"说铁骑儿"即专讲战争故事的说话。

四家中更以小说和讲史两家最有影响和受欢迎。宋代讲史家的话本又称为平话,这是后来通俗演义的先驱,也是中国文学史上最先出现的长篇历史小说。平话的"平"是评论的意思。说话人讲历史人物和事件,评其得失,论其是非,体现了市民阶层的爱憎和褒贬。

讲史家的话本多篇幅较长,不能一次讲完,就分回产生了回目。在语言上,由于往往取材于前代正史或杂史,所以其话本也夹杂着浅近的文言,不像小说的话本纯用白话。以通俗的文言文来从事历史小说写作,后来便形成传统。历史上各朝兴亡事,都是讲史艺人取之不尽用之不竭的资源。据《东京梦华录》卷五"京瓦伎艺",北宋东京有专说三国故事的霍四究,有专说五代史的尹常卖等,可见其分工之细。

《新编五代史平话》是现存宋代讲史话本中最主要的一种,内容写五代时期的历史故事。讲史艺人一方面根据史实,一方面也按照自己对历史的理解来进行创作,同时还吸收了大量民间传说。书中肯定五代时两个较好的皇帝如后唐明宗李嗣源和周世宗柴荣,谴责割让燕云十六州给契丹的晋高祖石敬瑭,表现了民间艺人的爱国思想。但其在艺术上平铺直叙而缺乏剪裁,故事显得单调板滞,人物形象的刻画也是粗线条的。鲁迅在《中国小说史略》中论《五代史平话》说:"全书叙述,繁简颇不同,大抵史上大事,即无发挥,一涉细故,便多增饰。"这在讲史家的话本中是带有普遍性。如何运用历史素材进行文学创作,宋代讲史艺人还在摸索中,其成绩远不如小说家的话本。但讲史话本的规模体式都为明清演义小说奠定了基础,如罗贯中的《残唐五代史演义》便是从《五代史平话》发展而来。

5. 宋代的书画

北宋绘画较前有明显进步,名家辈出,风格多样。就画风而言,其在力求达到物之情态的自然生动上,大大超越了前代,但总的来说缺乏一种深沉宏伟的气魄和昂扬的精神风貌。

北宋前期宫廷画院以山水享名的画家燕文贵,善于将山水和画景结合为一,布局精工严谨,壮巍的殿堂楼观穿插于溪山之间,使人目不暇接,有身临其境之感,评论者称之为"燕家景致"。燕文贵还善画市肆舟船,如《七夕夜市图》,描绘七夕之夜开封商业交易及市民活动;如《船舶渡海图》,"大不盈尺,舟如叶,人如麦,而樯帆樯橹,指呼奋踊,尽得情状。至于风波浩荡,岛屿相望,蛟蜃杂出,咫尺千里"。他现存作品有《江山楼观图》(绢本水墨,纵130.9厘米,横47.4厘米,台北故宫博物院藏),景物繁密,溪山重叠,下有华美的台阁水榭,山间隐现层楼飞观,左连石上,隐约有"翰林待诏燕文贵笔"款识。

文人画家文同,取前人之长,擅画墨竹。他首创用深墨画前景、淡墨画背景的方法,形态逼真雅致。他作画主张先有成竹在胸,下笔时一气呵成,这也是成语"胸有成竹"的来历。

后世以李唐、刘松年、马远、夏圭为"南宋四大画家",他们在山水画方面发展了新技法,开创了新风格,反映了时代的特征。

李唐进入北宋画院时已经六十余岁。那次画院的考题是唐人诗句"竹锁桥边卖酒家",许多人画了竹林溪桥山野,而李唐主要画了大片竹林和小桥,并在竹林中隐约露出一幅迎风招展的"酒"字布帘。宋徽宗以这幅画表现"锁"字含义最妙,故取为第一,李唐亦因此被选入画院。他的作品《万壑松风图》,风格刚劲而又深秀。大片松林气象幽邃森严,细看却变化多姿,后衬雄壮的山峰,峰顶有丛树,林隙透出泉流。山石画法是密集的近似三角形的小斧劈皴,而松枝盘曲矫健。另有《长夏江寺画卷》和《江山小景卷》,明显看出是江浙一带的山林胜景,前者有宋高宗题字两处,应是在临安所画。构图质朴大胆,在单纯中有变化。比《万壑松风图》,《长夏江寺画卷》中的皴法更为放纵自由,并用"斧劈皴"和青绿重彩相结合,这也是一种新创造。

临安人刘松年,进入南宋画院前有名于民间。他在人物画的题材和山水画的技法上,深受李唐影响,但也有自己风格。传世的代表作《四景山水》,表现江南山水的春、夏、秋、冬四季,同时突出人和自然的关系。其构图近景精密紧凑,再以简洁的远景衬托。画中建筑物占了较大比重,但已不是唐代画中的宫殿楼阁,而是官僚文人或隐士们的山庄别墅。

马远出身绘画世家,活跃于南宋中后期。他受李唐影响,和刘松年、夏圭一道,把南宋山水画的新风格发扬光大。如现藏于北京故宫博物院的《踏歌图》,高 139.5 厘米,宽 111.3 厘米,构图奇特。画中部用大片的烟云隔断,使得上部石笋似的奇峰、丛林、楼阁在雨后更为突出;右方柳树的高枝起了联系上下两部分的作用,而这种峭拔瘦削的石峰和长枝欲舞的树木,正是马远艺术的典型形象。现藏日本东京国立博物馆传为马远所作的《寒江独钓图》,画面一位老人坐小舟垂钓,周围波纹荡漾,别无他物,却令人深刻地感到江流的辽阔、小船的动荡和老人的忘怀一切,以简驭繁,耐人寻味。

夏圭也是画院名手。其艺术特色,一是善于表现烟雨中的景物。如北京故宫博物院藏《烟岫林居图》,树叶部分多用不同的点笔,山石也泼墨淋漓,既吸收了董源画树的技法和米家山的意境,又加强了笔墨变化,体现了空气湿润的特征。一是长于画横幅长卷,如北京故宫博物院藏《溪水清远图卷》(高 46.1 厘米,横长 893.2 厘米)和上海博物馆藏《江山佳胜图卷》(高 31.4 厘米,横长 723.6 厘米)。另据记载,他画的《江山清远图卷》长达 10 丈(约合 3000 余厘米)。这种长卷山水画可以放在几案上逐节观赏,正像在自然山水中漫步游览。夏圭在这种形式的山水画构图中,视点忽高忽低,忽远忽近;忽崇山峻岭,密林楼阁,忽平原开阔,江流浩渺;忽溪桥路转,村落人家,或绿杨城郭,人烟稠密。其千变万化,既情境悬殊,又自然流畅,可见画家感受的丰富和艺术手腕的高妙。

五、宋代的史学

宋是中国古代史学发展的辉煌期,不仅史著数量远超前代,而且体裁品类齐全;不仅有以《通鉴》为代表的史学精品,而且在史学理论方面也多有创新发展。

1. 重视当代史的编纂

由于官方重视,宋代史馆组织较前严密,修史制度也较前完备,因而编修了大量官方的当代史书,大体有六种。

(1) 起居注

这是通过记述皇帝言行,反映当时发生的大事。起居注的编修,自宋太宗淳化五年(994)至南宋末年,约三百年延续不断。但现已全部不存。

(2) 时政记

这是皇帝与宰相或枢密使商讨军国大事的记载,分为中书时政记与枢密院时政记两种。它自太宗太平兴国八年(983)开始,至南宋末也基本未断,但今亦不存。

(3) 日历

这是按日记述的编年体大事记,其所据除起居注、时政记外,还有内外官司收到的圣旨指挥。在记载文武大臣去世消息时,附其传记。日历数量庞大,仅宋高宗在位36年的日历即达1000卷之多,可惜今全部不存。

(4) 实录

这是据日历简练再成的编年体史书,臣僚可阅读或抄录。今仅存《太宗实录》残本。

(5) 国史

据实录修成的纪传体史书,有本纪、列传与志。宋代正式修成有四部,即《三朝国史》150卷,记太祖、太宗、真宗三朝事,仁宗天圣八年(1030)编成;《两朝国史》120卷,记仁宗、英宗两朝事,神宗元丰五年(1082)修成;《四朝国史》350卷,记神宗、哲宗、徽宗、钦宗四朝事,孝宗淳熙十三年(1186)修成;《中兴四朝国史》卷数不详,记高宗、孝宗、光宗、宁宗四朝事,理宗宝祐五年(1257)修成。以上国史现均已不存。

(6) 会要

当时属政书而非史书,是将政治、经济、文化等方面的资料分门别类排列。宋代10次编修会要,成书七部。一是《庆历国朝会要》150卷,庆历四年(1044)编成,记太祖、太宗、真宗三朝及仁宗庆历三年以前事。二是《元丰增修国朝会要》300卷,神宗元丰四年(1081)修成,记太祖至英宗五朝及神宗熙宁十年(1077)以前事,分为帝系、后妃、礼、乐、舆服、仪制、崇儒、运历、瑞异、职官、选举、道释、食货、刑法、兵、番夷等共21类。三是《乾道续四朝会要》300卷,孝宗乾道六年(1170)编成,记神宗、哲宗、徽宗、钦宗四朝事。四是《乾道中兴会要》200卷,孝宗乾道九年(1173)编成。记高宗一朝事。五是《嘉泰孝宗会要》200卷,宁宗嘉泰元年(1201)修成。记孝宗一朝事。六是《庆元光宗会要》100卷,宁宗庆元六年(1200)编成,记光宗一朝事。七是《淳祐宁宗会要》325卷,理宗淳祐二年(1242)修成,记宁宗一朝事。七种会要今均已不存。

宋代官方修史的特点,一是特别重视当代史的修撰,尤详南宋而略北宋,但南宋理宗之后则多阙漏;二是史无专官,修史例以他职兼领;三是皇帝干预修史;四是史官心存避忌,唯恐触及朝廷君亲之讳,不敢秉笔直书。

宋代允许私人修史,在士大夫中也蔚成风气,尤其南宋初年。几部大的当代史书如《续资治通鉴长编》、《东京事略》、《隆平集》、《建炎以来系年要录》等,均为私人修成,传留至今。

2. 欧阳修的史学思想

欧阳修(1007~1072)字永叔,江西庐陵人,是北宋杰出的史学家。他的史学著作很丰富,主要有《新唐书》(纪、志、表)《五代史记》《集古录》等。

欧阳修是较早将儒家义理引入史学著述的史学家。他强调写史书要效法孔子撰《春秋》,要达到"明善恶,别是非"、诫世人的目的。所以他在撰写《五代史记》时,"褒贬义例,仰师《春秋》"。在书中,他利用特定的规格、用语等以寓褒贬,并在各卷的"序"、"论"中明确地加以评论。他还主张效法《春秋》的"述其文则简而有法",故撰写的《新唐书》大都比《旧唐书》的相应部分简略,《五代史记》的篇幅更仅为《旧五代史》的不足一半。

3. 司马光和《资治通鉴》

司马光(1019~1088),字君实,陕州夏县(今山西)人。他撰写的《资治通鉴》(简称《通鉴》)是中国古代第一部编年体通史,共294卷,上接《春秋》,自战国韩、赵、魏三家分晋开始,至五代后周显德六年(959)止,"取千三百余年事迹、十七史之纪述,萃为一书"。

司马光撰《通鉴》的助手主要有刘恕、刘攽、范祖禹等,从宋廷下令设书局起,共用19年时间,于元丰七年(1084)十二月完稿。《通鉴》最突出的特点是严谨、信实。司马光撰写目的即要"鉴前世之兴衰,考当今之得失,嘉善矜恶,取是舍非"。所以,他"专取关国家盛衰、系生民休戚,善可为法,恶可为戒者"为主线,取舍材料详略得当。在叙事上注意前后呼应、结构严密。另有《目录》30卷、《考异》30卷。

司马光严谨的治学态度,体现在搜集史料方面。他不盲目相信正史,对正史以外的文献也很重视。宋人高似孙说:"《通鉴》采正史之外,其用杂史诸书凡320家。"这样广博地搜集史料,又对史料的取舍持审慎的态度,使得《通鉴》记述内容的可靠性大为增强。他同时也注意写作技巧,《通鉴》的语言虽不华丽,但叙事却起伏跌宕,语言精练,引人入胜。这也是《通鉴》久负盛誉的重要原因。

4. 郑樵和《通志》

郑樵(1104~1162),字渔仲,人称夹漈先生,福建兴化军兴化(福建莆田)人,著有《通志》《夹漈遗稿》等。《通志》为其代表作,是一部200卷的纪传体通史,其纪事从上古至隋,包括本纪18卷、世家3卷、列传108卷、载记8卷、四夷传7卷、谱4卷、二十略52卷,其中最有价值的是二十略。所谓"略"即"志",分述历代典章制度、学术文化等,尤其氏族、六书、七音、都邑、昆虫草木五略是郑樵独创,属前代史书所无,最具价值。郑樵认为史学家应具有广博的造诣,要能够"会通",即"天下之理不可以不会,古今之道不可以不通"。他的《通志》正是在涉及知识领域的广度上,体现了他的这一主张。

六、宋代的宗教

1. 宋朝的佛学

宋代是佛教禅宗发展兴盛的时期,禅宗成了佛教最主要的流派,禅与佛有时几乎成了同义语。禅宗创立初期,以"不立文字"、"教外别传"为特点,而到宋代发生巨变,大量禅宗僧人著作如语录体的《灯录》、《语录》大量出现。其所记内容都是禅宗关于"公案"、"机锋"等的言论,且形式灵活,语言质朴生动,比起佛经注释的成篇大套专论来,更易于为人接受,因而得到广泛传播。与语录体相联系,宋代禅僧还撰写了注疏性的《颂古》、《平唱》等,这一般是对以往著名禅宗"大德"的言论进行解说,中间也加入撰写者自己的新见解。

宋代出现契嵩的新三教合一论。契嵩(1007～1072)字仲灵,自号潜子,藤州镡津(广西藤县)人,俗姓李。契嵩的三教合一论是建立在心性说基础上的。他通过旁征博引,说明儒和佛"心则一,其迹则异",在许多重要方面都是一致的。如佛教的五戒(不杀、不盗、不邪淫、不妄言、不饮酒)与儒家的仁义礼智信是一致的,儒学所讲王道、中庸和佛法也有一致性。当时有不少儒生攻击佛教"无父无君",违背忠孝的伦理原则。契嵩特别为佛教做了辩解,他说:"儒者,圣人之出世者也;佛者,圣人之治出世者也。"又说:"儒、佛者,圣人之教也,其所出虽不同,而同归于治。儒者,圣人之大有为者也;佛者,圣人之大无为者也。有为者以治世,无为者以治心。"总之,佛教不但能协助君主治国,也能引导人们尽孝,因为佛教"以孝而为戒之端";"孝也者,大戒之所先也"。其著作有《镡津集》、《嘉祐集》。

天台宗是宋代佛教除禅宗外又一个活跃的流派,此时发生了山内山外之争,这在佛教理论发展史上影响深远。天台宗的始创者智𫖮(538～597)所著《金光明经玄义》有广、略二本行世,宋初僧人晤恩(912～986)撰《金光明经玄义发挥记》提出,广本所述"观心释"义理乖违,似为后人擅添,应加剔除。他认为诸法实相是可以直观的,不需要再通过观心这一过程。僧人知礼(960～1028)则撰《释难扶宗记》反驳晤恩,论证了广本中关于"观心"的内容系智𫖮自撰而非后人擅添。知礼主张"心性不二",强调人心因随缘机遇不同而有显隐之别,所以要通过观心即内省的方式除去蒙蔽。而否定观心,就会使人们放弃对情欲的自我克制。赞同晤恩观点的僧人及晤恩的弟子庆昭、智圆等随即撰文批驳知礼,指责知礼离开观法而观心是"妄心观",而主张依法观心,即"真心观"。而知礼、赞同知礼观点者及知礼的弟子又进行再反驳,认为对方是背离天台本宗而投向华严外宗。经过长久激烈的争论,结果知礼获胜,遂以天台山正统自居,称"山家",而把不同意见者斥为"山外"。知礼一派中,后又有仁岳、从义等对知礼的观点进行修正,被维护知礼观点者斥为"后山外"派。

这反映了宋代僧人对"心性"的特别重视,而心性问题也为当时整个思想界所关心。

2. 宋朝的道教

宋代的官方重视道教胜过佛教,但道教的发展和影响始终不如佛教。道教在理论的更新和深化过程中,吸收了儒、释二家较多的思想资料,呈现出引儒入道和引释入道的趋向。

陈抟(?～989),字图南,亳州真源(安徽亳州)人,先后隐居武当山、华山,是生活在五代、宋初的一位著名道士。周世宗曾召见他,授予谏议大夫官职,被拒绝。宋太宗召见他,赐以希夷先生号。曾著有《指玄篇》、《三峰寓言》、《易龙图》等,已佚。陈抟撰写的《龙图序》是《易龙图》的一部分,它与后来理学家的太极图说有密切联系。由于太极图及有关太极的理论在儒家理学中具有开山的重要地位,故陈抟对《易经》的研究意义重大。

陈景元(1024～1094),字太初(一说字太虚),自称"碧虚子",建昌南城(今属江西)人,著有《道德真经藏室纂微》、《庄子注》、《高士传》等。陈景元对《道德经》的阐释在宋代影响很大。他说"此经以重渊(即重玄,避宋圣祖赵玄朗讳改)为宗,自然为体,道德为用,其要在乎修身、治国"。他把道区分为"常道"、"非常道",认为前者为道之体,后者为道之用;前者不可名状,后者可以表述。他说道教的道为常道,儒家的仁义礼智信因其可名状而非常道。这样,他就把道教置于较儒家更高的层次上。他强调于"虚静"中"独悟"、"冥阅",说"身之元气与天道相通,不假窥牖瞻望而天道自明";只要独悟,"虚静则吉祥止而妙道生,恬淡则神气王而虚自集,寂寞则灵府宽而真君宁,无为则和理全而性命永"。他这种重视内修的倾向实为道教与儒、释合流的"全真"的先导。

张伯端(987~1082),又名张用成(诚),字平叔,号紫阳,天台人。他经历了出儒入道、出道入禅、融禅于道三个阶段,其思想实际上融入了儒、佛的思想资料,是以道教为基础的三教合流的产物。其著作主要有《悟真篇》、《青华秘文》等。

在《悟真篇序》中,他说"仲尼极臻乎性命之奥";"释迦生于西土,亦得金丹之道,性命兼修";道教的内丹说更是以性命为根本,所以儒、释、道本是同源的。只是后来的儒生、僧人没有很好理解孔子、释迦的性命理论,他说自己的内丹说是抓住了"性命"这一最有价值、最根本的东西。实际上,他的内丹说仍然是一种让人通过修炼达到长生久视的道教"学说",只是在修炼的方式上,它吸收了《易经》和禅宗的某些东西。例如,他吸收了《易经》中的阴阳说,运用在修炼中;他提出"心者万化刚纽,必须忘之而始觅之……但于忘中生一觅意,即真心也,恍惚之中始见真心"。这里镇定、觅心,又明显受到禅宗禅定法的影响。

张伯端在广泛吸取儒、释二家资料的同时,对道教的内丹理论有所充实发展。他提出,在精、气、神三者中,神是主,气为用,精从气,"金丹之道始终以神用精气者也"。他继承了前人"性命双修"的思想,但又提出"先命后性"的命题。他说:"方其始也,以命取性,性全矣,又以性安命,此是性命大机括处。所谓性命双修者,此之谓也";"先性固难,先命则有下手处,譬之万里虽远,有路耳"。张伯端于道教内丹派中独树一帜,影响较大,身后形成南宗一系,有许多追随效法者,这标志着道教内丹派在宋代的兴盛。他阐述的"炼精化气"、"炼气化神"、"炼神还虚"功法,成为道教内丹的主要修炼法,今天仍可借鉴。

白玉蟾(1194~?),原名葛长庚,字白叟,后改现名,字众甫。他祖籍福建,生于琼州(今海南),是张伯端的再传弟子,为道教南宗首领之一。在继承张伯端融合儒释思想的基础上,他又提出一种新的内丹修炼说,以"以心契道"为理论基础,把修炼方法归纳为炼形、炼气、炼神"三关",并将修炼步骤具体化为十九要诀。白玉蟾著述颇丰,有《上清集》、《武夷集》、《玉隆集》、《海琼白真人语录》等。除内丹说外,他兼传符箓雷法。

张伯端、白玉蟾等人道教理论的出现和流行,标志着道教发展的一个重要趋向,即传统外丹说的衰落及内丹说的兴起。外丹以服用丹药为特征,内丹以修身养性为特性,二者间的盛衰更替对道教的发展有积极意义。

第八节　辽、西夏、金的文化

一、辽朝的文化与社会生活

1. 科技与文学艺术

契丹人创造的契丹文字,属阿尔泰语系,分契丹大字和契丹小字两种。契丹大字以汉字"隶书之半,就加增减"①,小字则是拼音文字。现今发现的辽朝文字资料中,以契丹小字居多,文字的释读非常艰难。除契丹语外,辽朝也通行汉语。

辽朝的科技成就主要体现在天文历法和医学上。河北宣化发现的辽墓中,有两幅星图,既有中国的二十八宿,又有巴比伦的黄道十二宫,这是中国境内发现最早的海外星图,表明辽代在传承、吸收和融合中西文化上也占有一定地位。辽代医学在针灸、切脉诊法、妇产医科、尸体防腐等方面都具有较高水平,尤其以名医直鲁古所著《针灸脉决书》影响最大。

辽朝的文学艺术深受中原汉地影响,如欧阳修、"三苏"等人的作品在辽朝就很流行。契丹贵族多以文雅相尚,且能赋诗。辽圣宗十岁能诗,一生作诗五百余首。辽道宗在诸帝中文学修养最高,著有《清宁集》。贵族中,东丹王耶律倍以及耶律国留、耶律资宗、耶律昭兄弟三人也都以文学著称。

契丹人善画草原风光和骑射人物。如耶律倍善画鞍马人物,作品流传有《射骑图》、《人骑图》、《射鹿图》等。胡瑰、胡虔父子所画多入宋内府,被誉为"神品"。近年出土的辽墓壁画,内容丰富多彩,涉及服饰、饮食、游牧、居所、乐舞、车帐、仪仗等,是辽画珍品。

2. 宗教信仰

契丹人的早期信仰芜杂,有自然崇拜如拜日,也流行巫术。他们所尊天神、地祇的形象是骑白马的男子和驾青牛的女子,把黑水视为神水,把黑山看成是人死后灵魂的归宿地。

佛教从唐朝末年起就开始在契丹社会流行,后来统治者对之扶持和大力提倡。自辽景宗以来,许多僧人被授予侍中、太尉、太保、司徒、司空等高职显爵,贵族之家常舍宅建寺,舍儿女为僧尼,修塔、造像、刻经则更为普遍。

---

① 《五代会要》卷二九《契丹》,上海古籍出版社1978年版。

佛教在辽朝发展迅速,甚至在道宗时出现"一岁而饭僧三十六万,一日而祝发三千"的情况①。辽在道宗咸雍四年(1068)以前的30年中,共校勘雕印佛经579帙,称《契丹藏》或《丹藏》,有些并且东传至高丽。

道教在契丹社会也流传很广,著名的道观如上京有天长观,中京有通天观,一些州城也多有道观。契丹贵族和部民有很多信仰道教,如圣宗的弟弟耶律隆裕就是虔诚的道教徒。辽朝统治者也提倡道教,上层道士受到皇帝的礼遇,带动了社会对道教经典的研究。辽初道士刘海蝉著有《还丹破迷歌》和《还金篇》,耶律倍翻译了《阴符经》,圣宗时,于阗来的张文宝曾进《内丹书》,寺公大师的《醉义歌》也夹杂有浓厚的道教思想。

3. 社会习俗

早期契丹人经历过族外婚制,后来随着社会发展,这种婚制遭到破坏,但同姓不婚的习俗则一直保留下来。契丹人流行早婚,女子十三四岁便出嫁了。

辽太祖曾将大贺氏、遥辇氏和皇族定为三耶律,其后人均以耶律为姓。根据同姓不婚的原则,与耶律氏通婚的家族统统成为萧姓。萧是汉语"述律"的谐音,出现较晚。契丹贵族的属民从其主姓,故其余各部凡彼此通婚的不同氏族,也多以耶律和萧为姓。

契丹人早期流行风葬,即人死后将尸首装入独木棺内,运往树林,置于高约2公尺的树杈上,三年后焚骨而葬。建国后开始流行土葬。据考古发现,早期的辽墓多为圆形砖室,中期为八角形砖室,晚期为六角形砖室。墓室中的随葬品多为生活用具、车马具、金银器、铜铁器、陶瓷器等。契丹人有较高的尸体防腐技术。

辽朝的皇帝和南面官穿汉服,皇后和北面官则穿契丹装。普通契丹人上穿圆领窄袖长袍,束腰;下穿长裤、长靴或连靴裤。契丹男女皆佩戴耳环。男子髡发,一般是剃去头顶和颅后发,只留两鬓或耳后发,垂于肩后或编成发辫;女子也有髡发者。

契丹人的饮食以肉类和乳制品为主,有酪糜、腊肉、濡肉(煮肉)、炒米等。住宿的毡帐呈半圆形顶,门多东向。车马是主要的交通工具,车多为奚车,奚人以善制车而闻名。奚车长辕、高轮、粗幅,前后各设一门,盖轿顶状,有垂幔等饰品。

---

① 《辽史·道宗纪》。

辽朝的节日多与宗教信仰和游牧生活相关，主要有正旦、人日、鹘里叱(pǒ)（"放偷"、"纵偷"的日子）、怏(xiá)里叱（"请客"的日子）、佛诞日、上巳、重五、捏褐耐（"捏褐"为狗，"耐"为头）、重九、戴辣（"戴"为烧，"辣"为甲）、冬至等。娱乐活动主要有射柳、击鞠、打髀石、角觝、围棋、双陆等。

二、西夏的宗教与文化

1. 宗教信仰

党项族早期盛行自然崇拜，内迁后流行巫术，有专职的巫师，称为"厮"。在各种宗教中，西夏最盛的是佛教。早在建国前，李德明就遣使前往宋朝求赐佛经，并往五台山拜佛，党项族开始流行佛教。建国后，统治者大力提倡佛教，在政府中设僧人功德司和出家功德司，并以法律的形式规定了僧人的资格、剃度、权利、义务、奖罚等，对寺庙的修缮、财物的管理等也做出相应规定。西夏广建寺庙，兴庆府、贺兰山、凉州、甘州、黑水城都是西夏佛教重地，保留下来的西夏佛塔数量惊人①，明人即有"云鑱空山夏寺多"的诗句②。已出土的西夏文献，绝大部分是佛经（包括汉文和西夏文），其中西夏文《大藏经》尤为珍贵。

西夏佛教先受宋地、回鹘佛教的影响较大，后来深受藏传佛教的影响，到西夏中后期，藏传佛教的影响已经超过了汉传佛教。元代藏传佛教的盛行，与西夏流行藏传佛教关系密切。

西夏也盛行道教，政府设有道士功德司，专门管理全国道教事务。西夏皇室中也有信奉道教者，如元昊的太子宁明就曾跟随定仙山的道士学辟谷法。出土的西夏文书中有郭象的《庄子注》和吕惠卿的《庄子解》，而黑水城出土的西夏绘画，也有很多与道教有关。

西夏还流行伊斯兰教和景教。马可波罗在西夏灭亡后不久，于西夏故地河西走廊及宁夏一带，见到不少信奉伊斯兰教和基督教聂思脱里派的居民，这正是两种宗教在当地流传的反映，不过规模远远不及佛、道二教。西夏的地理位置和统治者对待宗教的态度，使西夏形成多种宗教并存的局面。

2. 科技与艺术

党项原无文字，建国后，元昊命其大臣野利仁荣创造了西夏文字。西夏

---

① 雷润泽等编著：《中国古代建筑——西夏佛塔》，文物出版社1995年版。
② 李梦阳：《夏城漫兴》，《嘉靖宁夏新志》卷七《文苑志·诗词》，宁夏人民出版社1985年版。

语属于汉藏语系藏缅语族,其文字形体方正,字体繁冗,有楷、行、草、篆之分,保存到现在的单字约有六千余个,是模仿和借用汉字的笔画重新创制的一种方块字。西夏语本已是一种死语言,但随着西夏文字书的发现,其释读工作取得很大突破。

党项内迁前,没有历法;内迁后,使用唐、宋王朝的历法。元昊建国后,西夏在使用自己制定历法的同时,也兼用宋朝的历法,这说明西夏历法水平并不高。西夏重视占星术,政府中设有大恒历司和卜算院,负责观察天象、编制历书和预卜吉凶。西夏对紫炁(qì)、罗睺(hóu)、计都、月孛四个隐曜(又称"四余")的记载,则为中原文献所罕见。

西夏立国前,医药知识十分匮乏,人们往往以巫术"治病"。立国后,西夏人的医学水平有了很大提高,政府设立医人院,负责全国医疗事务。西夏称医生为"医人"。总体上西夏医学不发达,党项王朝不断向宋、金求医问药,就是这种情况的体现。

西夏的冶炼技术比较先进。甘肃安西榆林窟第3窟西夏壁画《锻铁图》中,有西夏冶铁所用的竖式双扇木风箱,这在当时是很先进的鼓风设备。党项人在炼钢中使用"冷锻"技术,制成的铠甲"坚滑光莹,非劲弩可入"[①];炼制的"夏人剑"被誉为"天下第一",宋朝文豪苏东坡很是喜欢,连钦宗皇帝也佩戴它。西夏的纺织、酿酒、制盐等手工技艺也都达到了较高水平。

西夏的艺术成就,主要体现在音乐、绘画、雕塑等方面。西夏融合了中原音乐和传统的"西音",形成独具特色的民族音乐。其政府中设有专门的音乐管理机构——蕃汉乐人院。画艺吸收了中原的绘画传统,又借鉴高昌回鹘的画法,同时采纳吐蕃佛教密宗绘画之长,故绘画作品独具艺术风格,敦煌、榆林西夏晚期的洞窟中,就保存有大量艺术水平很高的西夏壁画。西夏绘画形式多样,除壁画外,还有卷轴画、版画、木板画等,内容多反映佛教经变故事。西夏雕塑也是形式多样,有石雕、木雕、泥塑,涉及人物、动物等,内容丰富多彩。

3. 社会风貌

隋唐之际,党项还处于原始社会末期,婚姻明显属于原始群婚。内迁后,买卖婚姻占据主导地位,但青年男女的婚前自由性爱仍有遗风,"凡育女

---

① 《续资治通鉴长编》卷一三二"庆历元年五月甲戌"。

稍长,靡由媒妁,暗有期会,家不之问"①。西夏立国后,婚姻以一夫一妻制为主,也流行多妻和纳妾。如乾顺的庶弟晋王察哥,"年已七十余,犹姬妾充下陈"②。男子娶妻纳妾凭财力而定,但第一妻的地位比较尊贵。

党项人本实行火葬,至建国前后流行土葬。今贺兰山麓的西夏王陵,号称"东方金字塔",是西夏自李继迁、李德明,经李元昊到李安全共有9位西夏帝王的陵墓。西夏皇陵模仿唐宋陵墓制度,但规模较小。

西夏人的食物以肉类、粮食、蔬菜、水果为主,饮料主要是奶酪、茶、酒。内迁后党项人筑土屋而居,建国前后其建筑已与中原无大区别。西夏的建筑有楼阁、泥舍、帐库等,最能代表其建筑水平的,是皇宫、寺庙和皇陵。西夏人的服饰在徙居前后有很大变化,表现为由裘、褐等皮毛制品逐渐转向布帛、锦缎等棉丝制品。元昊建国后,对文武百官和普通百姓的服饰做了严格区分,以别贵贱、明等级。西夏男子秃发,还有披发和辫发;女子大多梳高髻。平民女子及侍女髻上无饰物,贵族妇女则戴各种饰物。西夏境内修有驿道,马、牛、骆驼是主要交通工具,水路则用舟船。另有"浑脱",是西夏特有的水上工具。政府中设有马院和出车院,负责管理马匹和制造车辆、辇舆。

西夏人尚武、重义、吃苦耐劳。其谚语说:"宁射苍鹰不射兔,宁捕猛虎不捕狐。"西夏君主中不乏能骑善射之士,如李继迁、李元昊、李谅祚等。西夏人重然诺,讲义气,爱憎分明,恩仇必报,"其性大抵质直而上义,平居相与,虽异姓如亲姻"③。与敌作战被俘,则宁死不屈,北宋边将范雍以诗称颂说:"拘俘询战事,肉尽一无声。"④

三、金朝的文化与习俗

1. 文学艺术与科技

在辽、西夏、金三朝中,金朝汉文化最为发达。以文学为例,金代早期的诗词,主要是模仿北宋名家苏、黄,代表人物如宇文虚中、蔡松年等;世宗、章宗时期的著名诗人有党怀英、赵沨、王庭筠等;金末则以元好问、赵秉文等为

---

① 张鉴撰,龚世俊、陈广恩、朱巧云校点:《西夏纪事本末》卷一〇《元昊僭逆》,甘肃文化出版社1998年版,第68页。
② 《西夏书事校证》卷三六,第422页。
③ 余阙:《青阳先生文集》卷四《送归彦温赴河西廉使序》,"四部丛刊"本。
④ 田况:《儒林公议》,文渊阁《四库全书》本。

代表,元好问是金代最有名的诗人,其作有"丧乱诗"之称。

诸宫调在金代盛行,有说有唱而以唱为主,因唱的部分是连缀多种宫调的曲子而成套演唱,故名。但金代诸宫调现存很少,仅有无名氏《刘知远》和董解元《西厢记》两种。后者已相当成熟,被誉"北曲之祖",为元代王实甫改编杂剧《西厢记》奠定了基础。

金代书画继承北宋风格,政府设画院征聘画师作画。章宗时由王庭筠主持画院,他的书法、绘画师承米芾,"善山水、古木、竹石,上逼古人,论者谓胸次不在米元章下"①。党怀英、赵沨也是著名书画家。李早是金代最著名的鞍马画家,有《蕃马图》、《寒林猎骑图卷》等反映女真放牧、狩猎生活的作品。出土金墓中的壁画,也是金代绘画艺术高超水平的体现。

阿骨打建国后,命丞相完颜希尹创制文字。希尹"依仿汉人楷字,因契丹字制度,合本国语,制女真字"②。女真字分大、小两种,但传世的只有一种,难以判定其为大字还是小字。大定十三年(1173),金朝设立女真国子学,学习用女真文翻译的儒家经书。汉语在金朝也是通用的语言。

金朝的医学很发达。金元时期出现了以刘完素、张从正、李杲、朱震亨为代表的医学家,被后人称作"金元四大家"。金朝的刘完素主张"火热致病",善用寒凉药物,故称"主火学派"或"寒凉学派";张从正主张"病由邪生",善用"汗"、"吐"、"下"攻邪法,故称作"攻下学派"。

金代天文历法有很大进步。灭北宋后,金司天监根据宋朝《纪元历》修成《大明历》,后赵知微重修,使之沿用至元初。在数学上,金末著名数学家李冶著有《测圆海镜》12卷,论述170个用"天元术"解直角三角形的容圆问题,是中国现存最早对天元术进行系统叙述的著作。金代建筑技术水准很高,代表作品是卢沟桥,明昌三年(1192)修成,敕名广利桥。桥长260米,宽7.5米,至今桥基、桥身及雕刻仍为金代原物。此外,中都、南京华丽壮观的宫殿,也是金朝建筑的代表作。

2. 宗教信仰与儒学

女真人早期信仰萨满教,认为萨满是沟通人与神的中介。函普时期,佛教传入女真人中;灭辽及北宋后,由于受中原的影响,金朝对于佛教的信仰

---

① [日]近藤秀实、何庆先编著:《图绘宝鉴校勘与研究》,江苏古籍出版社1997年版,第58页。

② 陶宗仪:《书史会要》卷八,上海书店1984年影印本。

更加普遍。金熙宗与皇后就曾亲临佛寺,为子祈求病愈;世宗的母亲贞懿皇后晚年甚至削发为尼,号通慧圆明大师;章宗曾下令印刷《无量寿经》。由于寺院势力的膨胀,对皇权构成威胁,海陵王、世宗、章宗时,也相继出台一系列限制佛教发展的措施。尽管如此,佛教仍是金朝影响最大的宗教。

金代道教盛行,以全真教、大道教和太一教势力最大。全真教创始人王喆,别号重阳子,于大定七年(1167)创教,先后化度马从义(马钰,丹阳子)、谭处端(长真子)、丘处机(长春子)、刘处玄(长生子)、王处一(玉阳子)和郝大通(广宁子)、孙不二(清静散人)等人,此七人后合称为七真人。全真教主张修真养性,除情去欲,克己忍辱,以《道德经》为经典,并杂糅儒、佛。世宗曾召见王处一、丘处机至京师,章宗也曾召见王处一,说明全真教很受金朝皇室重视。

大道教创始人是金初刘德仁,号无忧子,于皇统二年(1142)开始传道。他自称得"玄妙道诀",以召神劾鬼之术为人治病,信徒颇众。大道教亦以《道德经》为宗旨,同时吸收了儒家和佛教思想。

太一教又称太一道,始祖萧抱珍,创教于天眷年间。该教派以老子思想为教旨,认为柔弱是道的真义。皇统八年(1148),萧抱珍被熙宗召往皇宫,受到礼遇,赐庵为太一万寿观。二代度师萧道熙又被世宗召入宫中问道,因而该教派在金朝影响也很大。

早在熙宗推行汉官制度时,金朝就确立了孔子及其学说在意识形态上的统治地位。在黄河流域推行女真化的尝试失败后,金朝统治者更是极力尊儒。金章宗时,孔子被赋予前所未有的崇高地位。二程和朱熹的理学思想,在金朝都得到继承和发展,产生了很大影响。

3. 衣食住行与民俗

从始祖函普时起,金就确立一夫一妻制。建国后,禁止同姓为婚;随着与其他民族接触和交融的密切,金朝又允许女真与契丹、汉人互为婚姻。在早期,女真男女婚姻有很大自主权。女子行笄礼后,可于路途自歌其家世、妇工、容色,表达求偶情意;或者参加富家子弟的夜晚聚会,与之同饮,在或歌或舞中选得终身伴侣,即随之而去。及生子女,女子回娘家"拜门",父母并不干预。更有男子利用正月十六"放偷日",将意中人偷回家中成婚,此谓"偷婚"。

女真多行土葬。早期死者无棺椁而埋之。建国后,受契丹和汉人影响,渐有棺椁之制,贫富差别在墓制上有明显反映。女真人死后,亲人跪哭于地,以刀轻划额,使血泪齐下,是为"送血泪"。哭毕互相劝慰,安葬和祭奠死者。与契丹人相同,女真祭奠死者也有"烧饭"之俗。

女真早期以肉食为主,随着农业发展,粮食在主食中逐渐占据重要地位,食品主要有炒米、粥、馒头、汤饼、烧饼、煎饼等。女真人善制糕点,如蜜糕、松糕等,调味品有盐、醋、酱、油。金代饮酒之风盛行,尚豪饮,无论城市山村,都有酒楼、酒肆。饮茶之风也很盛行。

金代服制有富贫、贵贱、民族之不同。富人春夏多以纻丝绵䌷或细布制作衣服,秋冬以貂鼠、青鼠、狐、貉、羊羔皮为裘。贫者春夏以粗布制作衣物,秋冬则以牛、马、猪、羊、獐、鹿、猫、犬、鱼、蛇之皮做衣裤。金人常服有皂罗制作的头巾,上结方领,折垂于后。其衣尚白,左衽,窄袖,盘领;腰带有吐鹘,可佩腰牌和刀、弓、剑等。原居于契丹统治下的北方汉民服装称"汉服",而南宋服装则被称为"南人衣装"。但在各民族交融中,女真衣装、汉服与南人衣装已渐无严格界限。

女真人初无固定节日,在大量吸收了契丹人、渤海人、汉人的风俗后,女真人比较重要的节日有生辰、正旦、元夕、重五和重九等。女真的娱乐活动,向契丹、渤海人学会了射柳和击鞠,通过契丹人学会了中原的双陆、围棋、象棋等。金灭北宋后,踏跷、踏索、上竿、弄丸、斗鸡等也传入女真社会中。南迁后,他们又从汉人那里学会了投壶、放风筝等娱乐活动。

北宋世系表(960年~1127年)

(1)太祖赵匡胤(960~976)——(2)太宗赵匡义(976~997)——(3)真宗赵恒(997~1022)——(4)仁宗赵祯(1022~1063)——(5)英宗赵曙(1063~1067)——(6)神宗赵顼(1067~1085)——(7)哲宗赵煦(1085~1100)——(8)徽宗赵佶(1100~1125)——(9)钦宗赵桓(1125~1127)

南宋世系表(1127年~1279年)

(1)高宗赵构(1127~1162)——(2)孝宗赵昚(1162~1189)——(3)光宗赵惇(1189~1194)——(4)宁宗赵扩(1194~1224)——(5)理宗赵昀(1224~1264)——(6)度宗赵禥(1264~1274)——(7)恭帝赵㬎(1274~1276)——(8)端宗赵昰(1276~1278)——(9)末帝赵昺(1278~1279)

辽朝世系表(907年～1125年)

(1)太祖耶律阿保机(907～926)——(2)太宗耶律德光(927～947)——(3)世宗耶律阮(947～951)——(4)穆宗耶律璟(951～969)——(5)景宗耶律贤(969～982)——(6)圣宗耶律隆绪(982～1031)——(7)兴宗耶律宗真(1031～1055)——(8)道宗耶律洪基(1055～1101)——(9)天祚帝耶律延禧(1101～1125)

西夏世系表(1032年～1227年)

(1)景宗李元昊(1032～1048)——(2)毅宗李谅祚(1048～1067)——(3)惠宗李秉常(1067～1086)——(4)崇宗李乾顺(1086～1139)——(5)仁宗李仁孝(1139～1193)——(6)桓宗李纯祐(1193～1206)——(7)襄宗李安全(1206～1211)——(8)神宗李遵顼(1211～1223)——(9)献宗李德旺(1223～1226)——(10)末帝李睍(1226～1227)

金朝世系表(1115年～1234年)

(1)太祖完颜阿骨达(1115～1123)——(2)太宗完颜晟(1123～1135)——(3)熙宗完颜亶(1135～1149)——(4)废帝(海陵王)完颜亮(1149～1161)——(5)世宗完颜雍(1161～1189)——(6)章宗完颜璟(1189～1208)——(7)卫绍王完颜永济(1208～1213)——(8)宣宗完颜珣(1213～1223)——(9)哀宗完颜守绪(1223～1234)——(10)末帝完颜承麟(1234)

第八章 元 王 朝

(公元 1206 年～公元 1368 年)

导　读

一、蒙元时代的历史特点

蒙元史包括大蒙古国史和元朝史。大蒙古国史从 1206 年成吉思汗(元太祖)建立大蒙古国于漠北,后经太宗窝阔台、定宗贵由、宪宗蒙哥的发展,历时 54 年,史称他们为"前四汗"。加上元世祖忽必烈从 1260～1270 年的 11 年,大蒙古国凡 65 年。元朝史从至元八年(1271)元世祖忽必烈改国号为"大元",到元顺帝至正二十八年(1368)退出大都(今北京),共计 97 年。明初官修《元史》,记载自成吉思汗建国迄元顺帝退出大都(1206～1368)期间的历史,计 163 年。

蒙元是中国多民族国家形成和发展的重要时期,对世界历史的走向也产生了重大影响。这就决定了蒙元史具有中国古代其他王朝所没有的历史特点。

1. 实现了空前的大统一

元朝的大统一结束了中国古代自唐末以来 300 多年的政权分治、版图分裂的局面,促进了中外交通和中外关系的发展。实现大统一是各民族人民的共同愿望,它有利于中国统一多民族国家的巩固和发展,有利于中原与边疆地区各种联系的加强,有利于各民族之间的文化交流和共同进步。大统一还为元朝以后明清时期的持续统一奠定了坚实的基础。

2. 第一个由少数民族建立的全国性帝国

元朝是中国历史上第一个由少数民族建立的全国性帝国。不仅蒙古族从金朝统治下的一个濒临灭亡的弱小民族发展成为在世界历史舞台上叱咤风云的著名民族,而且帮助蒙古人征战的西北各族、西南藏族等也因此进入中原,形成民族大迁移、大融合的新趋势,并且融合产生了回回、东乡、保安、撒拉等新的民族。在统一帝国的版图上,出现了中国少数民族同生共处的新格局。

3. 推行行省制度

元朝版图辽阔,"北逾阴山,西极流沙,东尽辽左,南越海表"①。为了在空前广袤的领土上实行有效管理,元朝在地方推行行省制度。行中书省为中央最高行政机构中书省的派出机构。除腹里直辖于中书省和吐蕃由宣政院管理外,全国共分成10个行省。元朝创置的这种行政区划形式影响深远。在从中央到地方的行政和军政机构改革中,实行蒙、汉官员兼用制,以保证政权的稳固。为了政令的迅速传递,元朝还建立了发达的驿站制度。

4. 兼容并蓄,促进各种文化的交汇

元朝是一个比较开放的朝代。外来宗教可以自由地在内地传播,各种异域文明被兼收并蓄,形成五彩斑斓的色彩。由于中外交通的畅通,促进了各种文化的交汇。一方面外来文明与本土文明的结合形成了中原文化的多元性,另一方面中华文明也得以在域外广为传播,为古代科学技术的发展提供了良好条件。

二、传统文献与参考资料

1. 基本汉文史籍

《元史》210卷,明宋濂、王祎等撰,内容包括本纪、志、列传,记载从蒙古兴起到元朝灭亡一代的历史和典章制度,为二十四史之一。尽管该书成书仓促,谬误甚多,成书后受到种种指责,而且自明朝以来不断有人试图增修和重修,但终不能取而代之。因为该书所据元十三朝实录、《经世大典》及各种墓志、神道碑、家传等资料大部分今已不存,所以本书的史料价值是不可取代的。

《元典章》60卷,编者不详。它是一部元朝法令公牍文书的汇编,为研究元代政治、经济、文化和社会生活所不可或缺的重要文献。

《通制条格》22卷。元仁宗时下令将元朝颁发的有关法令文书汇集成

---

① 《元史·地理志·序》,中华书局1978年版。

书,取名为《大元通制》。全书原分断例、条格、诏敕、令类四部分,现仅存《条格》中的一部分,故名《通制条格》。它与《元典章》一样,都是元代官修政书,具有极高的史料价值。另外今存由《永乐大典》辑出的《宪台通记》、《南台备要》和《元秘书监志》等书,为元代御史台和秘书监典制文件的汇编,也有较高的史料价值。

《元朝名臣事略》15卷,元苏天爵编。它成书于文宗天历年间,列元朝前期和中期名臣47人的事迹,内容辑自传主的行状、碑文、墓志、家传及其他的史料,其中内容多有今已不存者。

《国初群雄史略》14卷,明末钱谦益编。它将元末群雄韩林儿、郭子兴、徐寿辉、陈友谅、明玉珍、张士诚、方谷真、纳哈出、陈友定、何真等各列一传,据《元史》、《明太祖实录》及杂史、笔记、碑刻、方志等资料,依年月次序,成其始末。它也保存了许多今已不存的史料。

2. 其他类汉文资料

(1) 行纪类

蒙元时期的游记,有耶律楚材的《西游录》;有李志常著《长春真人西游记》,记载全真道首领丘处机西去觐见成吉思汗的沿途见闻;有刘祁撰《北使记》,记金乌古孙仲端奉命出使西域见成吉思汗事。另外南宋赵珙的《蒙鞑备录》、彭大雅的《黑鞑事略》所记早期蒙古国的社会风俗、经济和军事状况等也很有价值。

世祖忽必烈时期的游记,有张德辉的《纪行》、刘郁的《西使记》等,后者记载了旭烈兀西征和中亚、西亚各国被蒙古征服后的情况。徐明善于世祖时出使安南,回国后撰写了《安南行记》。大德年间(1297～1307),周达观出使真腊(柬埔寨),著有《真腊风土记》。元顺帝时,汪大渊两次随商船游历东西洋220余个国家和地区,著有《岛夷志略》。

(2) 笔记小说、野史类

元人的笔记小说内容丰富,而且为研究元代政治、社会、文化、经济等方面情况提供了许多资料。如周密的《齐东野语》和《癸辛杂识》,多记宋末元初事;刘祁的《归潜志》,多记金末元初事;盛如梓的《庶斋老学丛读》,多记元初逸事;孔克齐的《至正直记》、长谷真逸的《农田余话》、姚桐寿的《乐郊私语》、陶宗仪的《南村辍耕录》等则多记元末事。其中《南村辍耕录》最有价值,许多元代掌故、典章制度和农民起义的资料赖此书得以保存。元代野史以元末权衡的《庚申外史》最有名,记元顺帝一代史事。

(3) 地方志类

今存有《大元大一统志》残本、《大德南海志》残本、《潮州三阳图志》残本和《云南志略》、《至元嘉禾志》、《大德昌国州图志》、《延祐四明志》、《至正四明续志》、《至顺镇江志》、《齐乘》、《至正金陵新志》、《昆山郡志》、《无锡县志》、《析津志》、《潮州三阳志》等文献。其中绝大部分对研究元代地方物产、外贸、宗教、地理等方面都极有史料价值。

(4) 诗文集类

元代诗文总集有苏天爵编的《元文类》、周南瑞编的《天下同文集》、顾嗣立编的《元诗选》等。近年来,北京师范大学古籍研究所编的《全元文》,已由江苏古籍出版社出齐。这些书的内容对于我们贴近了解元代社会的情况十分有益。

其余元代文人所著别集,可查阅四部丛刊、四库全书等大型丛书,近年来有不少的别集都已经点校、重编后陆续出版。

3. 边疆民族文字资料

(1) 蒙文资料

其中重要的是《蒙古秘史》(汉译《元朝秘史》)。原书用畏兀儿字母书写蒙古语,是一部记载蒙古族起源、成吉思汗家庭、蒙古早期社会、蒙古向外扩张(后来又增补了窝阔台时期的部分历史)等内容的蒙古人自己的著作。原作已佚,现仅存明初四夷馆所译的《元朝秘史》,共分282节。除汉文译文外,还有蒙古原文的汉字标音本,可以据此正确地了解和恢复原文。它与《蒙古黄金史》、《蒙古源流》并称为蒙古民族的三大历史著作。

(2) 藏文资料

贡噶多吉著有《红史》,主要内容包括印度佛教传承、中原王朝历史、西夏历史、蒙古王统和藏传佛教各派历史等。布思端的《佛教史大宝藏论》,主要记载印度和西藏佛教历史。班觉桑布的《汉藏史集》,对蒙元各代大汗和皇帝的情况记载甚详。软奴班的《青史》,有吐蕃王统、汉地王统和藏传佛教各派等篇,相关内容记叙都比较详细。

4. 外国史籍

(1) 波斯文著作

波斯文著作中最重要的是志费尼的《世界征服者史》,其内容从蒙古兴起一直到1257年灭木剌夷国,大部分为作者亲身见闻。拉施都丁奉合赞汗命令主编的《史集》,全书分三部分:第一部分为《蒙古史》,第二部分为《世界史》,第三部分为《世界地志》。今存前两部分及附篇《阿拉伯、犹太、蒙古、拂郎、中华五民族世系谱》。第一部分共三卷,第一卷的上集为突厥蒙古部族志,下集为成吉思汗先世及成吉思汗纪;第二卷为伊利汗国蒙古诸汗之外的成吉思汗后裔史;第三卷为旭烈兀至合赞汗的伊利汗国史。该书史料价值极高,是研究蒙元史不可不读的一本书。商务印书馆于1983年起陆续出版了一、二、三卷汉译本。

(2) 阿拉伯文著作

伊本·阿昔儿所纂《全史》,内容始于人类开创,迄于1231年。全书共分12册,其中第12册记载了自1220年开始的蒙古西征战争,是最早记载蒙古西征的穆斯林史书。摩洛哥丹吉尔人伊本·白图泰1346年来中国,曾到过泉州、广州、杭州、大都等地。伊本·凯洛比著《伊本·白图泰游记》,对中国的政治、经济和在华穆斯林生活情况记载甚详。1985年宁夏人民出版社已出版中译本。

(3) 欧洲文字的著作

蒙元时期西方传教士到中国的人很多,他们回国后写成许多见闻录,如意大利人普兰诺·卡尔平尼著有《蒙古史》,法国卢布鲁克著有《东方行记》,意大利人马可波罗有《东方闻见录》(《马可波罗行记》),意大利人鄂多立克著有《旅行记》(《鄂多立克游记》)等。其中《马可波罗行记》最为著名。这些书大部分有中译本。

(4) 其他外国史籍

朝鲜李朝人郑麟趾著有《高丽史》,记高丽王氏王朝的历史。全书用中文写成,按中国正史纪传体编写。其中对蒙元史多有涉及,提供了十分丰富的资料,现有朝鲜平壤1975年刊本。吴士连所撰《大越史记全书》,记述内容中有关于中国与交趾、占城关系及元代政治状况的记载,也有一定的史料价值。

三、对蒙元史的研究

1. 明清时的蒙元史研究

《元史》是官修正史,但其成书仓促,错误甚多。所以明代学者仅作正误、续编、补遗一类工作,未有取而代之之意。早在洪武年间,朱右曾有《元史补遗》12卷,稍后解缙又作《元史证误》,两书现已失传。永乐初,胡粹中撰《元史续编》16卷,也属于补遗性质。清康熙时期,邵远平撰《元史类编》

42卷。乾隆年间,钱大昕补著《元史·艺文志》、《元史·氏族表》(以上两种见开明书店版《二十五史补编》);汪辉祖著《元史本证》50卷,为《元史》纠谬证误用力最深的一本书。魏源在鸦片战争后撰《元史新编》95卷,他在引用外国著作方面跨出了第一步。元史研究真正接触域外史料,是从清末洪钧开始的。洪钧于光绪十五年至十八年(1889~1892)先后出任驻俄、德、奥、荷四国公使。洪钧本精于西北史地,在国外又利用洋文参赞金楷利等所译的波斯文著作,作《元史译文证补》30卷(10卷有目无文)。继《元史译文证补》之后,又有屠寄所撰《蒙兀儿史记》和柯绍忞著《新元史》问世。

2. 20世纪前半期的元史研究

20世纪20年代以后,在西方汉学家的影响下,中国研究蒙元史的学者采用新方法进行专题研究,王国维、陈垣、陈寅恪等人的研究成果使人耳目一新。王国维师从日本学者藤田丰八,晚年专治蒙元史,其代表作有《鞑靼考》、《蒙古考》、《蒙古札记》等,投入很多精力来校勘、注释蒙元史史料。陈垣有深厚的史学根底,所著《元西域人华化考》、《元也里可温考》等及其对《元典章》的整理,都影响深远。陈寅恪精通各国语言,他对隋唐史、民族史、宗教史的研究贡献甚大,其中涉及蒙元史的内容也很多。

其后一代学者姚从吾、韩儒林、翁独健、邵循正等在前辈的指导下,先具备传统史学的根底,再到国外求学,濡染西方研究方法(特别是历史语言比较法)。他们以考定名物、史料、制度为主,纠正前人谬误,在蒙元史研究中极具开创性。

3. 1949年后的蒙元史研究

此时期,在老一辈专家的带领下,海峡两岸的蒙元史研究都取得了不俗的研究成果。这主要表现在以下三方面。

(1) 摒弃旧观念,树立新史观

过去的史学著作,大都认为元朝"漆黑一团"。现在则普遍认为,元朝虽然充满民族和阶级压迫,但社会经济仍有不同程度的恢复和发展,如纸币在全国的统一使用,南北海运的开辟和驿站体系的建立,棉花的推广和棉织业的兴起,南北海运的开辟和海外贸易的发展等。这些均具有划时代的意义。

(2) 史料范围大大拓展

海峡两岸的学者整理点校了正史、文集和笔记资料,域外其他文字的史料也被大量翻译出版。大批考古实物、墓葬、碑刻、城址的发现,地方史志、家谱以及碑刻资料都得到充分利用,这既为蒙元史研究提供了更多的材料,也为人们提供了观察问题的新视角。

（3）研究问题不断向纵深发展

例如对蒙古族源问题，对10~13世纪蒙古社会的性质问题等都有深入的研究，对元代政治、经济制度的研究更加细微，对边疆史地的研究范围进一步拓展，对文化史、社会史、中外关系史的研究也有许多空白被填补。

（4）断代史成果丰硕

1985年以来，蔡美彪主撰的《中国通史》第七册、陈高华主撰的《中国史稿》第六册、韩儒林主编的《元朝史》以及《中国大百科全书·中国历史卷》的元史部分先后问世。这些著作都是在充分吸收国内外元史专家研究成果的基础上完成的。1993年，周良霄、顾菊英出版了《元代史》。1997年，陈得芝主编的《中国通史·元时期》出版，该书由国内元史专家合作完成，内容更为翔实。2002年，邱树森主编的《元史辞典》也正式出版。

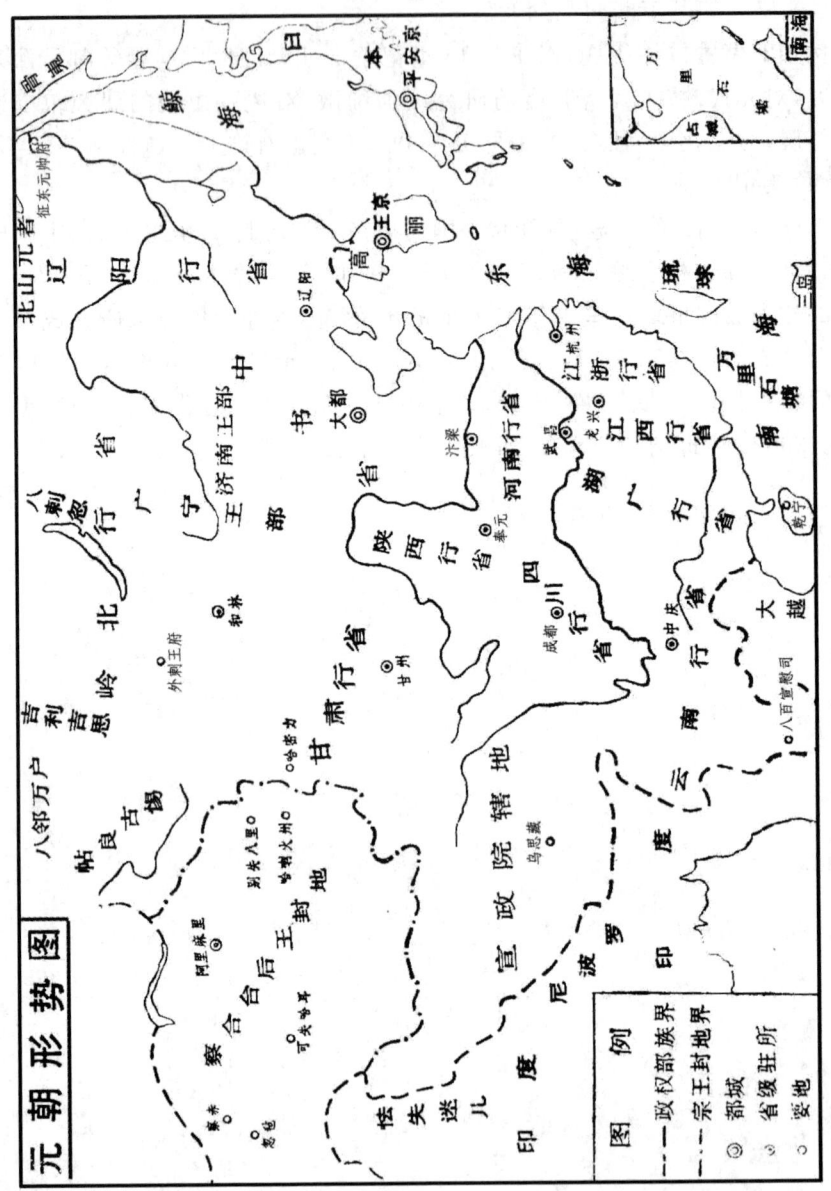

第一节　强盛的大蒙古国

一、蒙古各部的统一

1. 蒙古的起源

蒙古人是东胡语系室韦的一支。唐朝时,他们被称为"蒙兀室韦",居住在望建河(额尔古纳河)之东。"蒙兀"就是蒙古最早的称呼。

传说很久以前,蒙古部落与东突厥发生战争,遭到残酷屠杀,仅存两男两女,逃到额尔古纳昆的山中。后来子孙繁衍,于是移居到草原游牧。其中有个部落首领叫孛儿帖赤那(意"苍狼"),妻子叫豁埃马阑勒(意"白鹿"),带领部落迁徙到漠北的斡难河(鄂尔浑河)上游,在不儿罕山(肯特山)居住。这就是成吉思汗祖先的部落,也是构成后来蒙古民族共同体的核心部落——蒙古部。

9世纪中,回鹘政权被黠戛斯人所灭,回鹘人大举西迁。蒙古人开始占领回鹘故地,并与大漠南北的各族人民杂居,其活动范围一直扩展到阴山、贺兰山和鄂尔浑河、克鲁伦河流域。10世纪初,蒙古各部处于"人多散居,无所统一"的状态,势力最大的是游牧于呼伦贝尔草原的塔塔儿部,被中原人称为"鞑靼"。以后,逐渐形成了以它为核心的鞑靼联盟:有居住在肯特山一带的"黑鞑靼"(蒙古部),有阴山一带的"白鞑靼"(汪古部),有土拉河、鄂尔浑河一带的"北鞑靼"(克烈部),有呼伦泊至老哈河一带的乌古部(翁吉剌部),有克鲁伦河中下游一带的敌烈部(塔塔儿六部之一),因此鞑靼本部又被称为"三十姓鞑靼"。

10世纪初,契丹人崛起于辽河上游的西拉木伦河流域,建立了辽政权。他们把蒙古各部称为"阻卜"。919年,辽太祖大举北伐,征服乌古部;后来辽太宗又征服敌烈部。辽专门设乌古敌烈统军司,管辖这两个部。这样鞑靼联盟就瓦解了。

蒙古人进入漠北后,畜牧业得到很大的发展,与中原的联系也日益紧密。随着私有制的发展和氏族制度的迅速瓦解,部落中的伯颜(富者)成为首领,社会分化成世代当首领的那颜(官人)和依附于贵族的哈剌抽(平民)两个阶层。贵族通过战争获得更多财富和更多的俘虏转化来的勃斡勒(奴婢),并世袭占有。有势力的贵族拥有从属于自己的那可儿(军事侍从),大的部落还组织了护卫军。这时斡孛黑（氏族）的形式虽还存在，但已不是原来那种平等的原始氏族，其成员包含贵族和来自不同氏族部落的侍从、属民与奴婢。

2. 12世纪的蒙古各部

蒙古人口逐渐增加。至12世纪，在东起今内蒙古呼伦贝尔盟，西到阿尔泰山，北至叶尼塞河、贝加尔湖、额尔齐斯河，南至阴山山脉的广阔区域内，分布了数以百计的或大或小的蒙古部落。

塔塔儿部落仍活动于今呼伦贝尔盟一带，主帐设在贝加尔湖，与金保持臣属关系。克烈部居住在鄂尔浑河与土拉河之间。札剌亦儿部游牧于鄂嫩河一带。斡亦剌部分布于叶尼塞河上游一带。蔑儿乞部居于贝加尔湖西南岸、色楞格河及鄂尔浑河下游。汪古部牧地在今内蒙古阴山一带，替金朝守护长城。乃蛮部居于杭爱山与阿尔泰山之间，大部分是突厥种，又与文化发达的畏兀儿人为邻，因而有自己的文字，有完整的统治机构，农耕经济也较发达，保持较高水平的突厥文化。

蒙古部的发展，出现了纯种之尼伦部和普通的迭列列斤部之分。金初，乞颜部酋长、成吉思汗的曾祖葛不律统一了尼伦各部——乞颜、别速惕、哈塔斤、泰赤乌、阿答儿斤、札答剌等，并开始称汗。乞颜部又分成"一般的乞颜"和"乞颜—勃儿只斤"两支，成吉思汗的父亲也速该就属于后者，即所谓"黄金家庭"。迭列列斤蒙古也有许多部，其中翁吉剌部居在塔塔儿部之南的哈尔哈河一带；另有兀良哈部则属于"林木中百姓"，在贝加尔湖以东地区，过着较原始的生活。

11、12世纪之交，蒙古各部首领纷纷称"汗"，无休止的攻掠战争持续很久，广大牧民灾难深重。《元朝秘史》描述说："天下扰攘，互相攻劫，人不安生。"

金朝为了防止蒙古的强大，置西北、西南、东北三路招讨司对其各部实行分而治之，使之互相残杀。金世宗大定年间（1161～1189），金兵大肆剿杀蒙古人，称为"减丁"，并把俘掠的孩童充当奴婢卖到内地。蒙古人对金人恨入骨髓。

3. 铁木真统一各部

最终结束纷争、完成蒙古统一的是铁木真。1162年，他生于漠北的斡难河河畔，父亲也速该是蒙古乞颜部首领。铁木真9岁那年，也速该被塔塔儿人毒死。

此后，铁木真历尽艰辛，逐渐长大成熟。在克烈部的脱斡里勒汗的帮助下，他重新召集离散部众，又与脱斡里勒汗和札答剌部的札木合联合，出兵击败了蔑儿乞人，实力大增。1189年，他被一部分尼伦部首领拥戴为汗。

铁木真的强大引起了札木合的不快，双方结盟关系破裂，各率十三部3万兵力举行会战。这就是著名的"十三翼之战"。铁木真虽败，但因札木合凶残暴虐，其部众反而纷纷归向了铁木真。

1196年，铁木真协助金兵击败塔塔儿人。1201年，铁木真降服翁吉剌部。1202年，铁木真全歼塔塔儿部。1203年，铁木真与王汗分裂，王汗在逃亡中被乃蛮人杀死，克烈部灭亡。1204年，铁木真又灭亡强大的乃蛮部。不久，汪古部归附铁木真，札木合也被其那可儿（侍从）缚送给铁木真处死。至此，漠北高原百余个蒙古部族实现了统一。

二、大蒙古国的建立

1. 军政制度

1206年，蒙古各部贵族在斡难河畔召开忽里台（蒙语"大朝会"），奉铁木真为大汗，尊号为成吉思汗，国号大蒙古国。

成吉思汗将全蒙古划分为95个千户，分授给共同建国的贵戚功臣，任命他们为千户那颜，划定牧地范围，并世袭管领。千户之下为百户。百户之下为十户，又称牌子头。国家按千户来征派徭役和征调军队，凡15至70岁的男子都要服兵役，并自备马匹、兵仗，由本管那颜率领出征。他们"上马则战斗，下马则屯驻牧养"①，既是战士，又是牧民。千户制度使蒙古国的军事实力进一步增强。

成吉思汗又命大将木华黎为左手万户，统领东面直到哈剌温只敦（大兴安岭）的各千户军队；博尔术为右手万户，统领西面直到按泰山（阿尔泰山）的各千户部队；纳牙阿为中军万户，统领成吉思汗的护卫军。成吉思汗又将护卫军扩充至1万人，包括1000宿卫、1000箭筒士和8000散班。他们平时保卫大汗的金帐，战时随大汗出征。成吉思汗将护卫军分成四队，称为"四怯薛"，分由"四杰"博尔术、博尔忽、木华黎、赤老温四人任怯薛长，可世袭，严格了护卫制度。

成吉思汗又设立了札鲁忽赤（断事官），掌管人户的分配和审断案件，命

---

① 《元史·兵志》。

养弟失吉忽秃忽（胡土虎）为大断事官，实际上成了蒙古国的最高行政长官。

按照传统，成吉思汗将一部分蒙古民户分封给其弟其子，每人得一"忽必"（份子），后来又划分封土。诸弟称东道诸王，封地在东；诸子术赤、察合台、窝阔台称西道诸王，封地在西。幼子拖雷守祖产，继承成吉思汗领有蒙古中心地区。

1203年，成吉思汗依传统的习惯法，制定了"扎撒"（法度）。

2. 文字创制

原来蒙古没有文字，1204年成吉思汗灭乃蛮，俘虏了为乃蛮汗掌印的畏兀儿人塔塔统阿，命他用畏兀儿字母书写蒙古语，这就是蒙古文字之始。成吉思汗还设立了必阇赤（书记），专掌文书。现在，不仅形成了地域的共同体，而且促进了各部之间的经济联系，创设了共同的语言文字，这就为蒙古民族共同体的形成奠定了基础。

三、成吉思汗的扩张

1. 进攻金朝

金泰和八年（1208），章宗完颜璟死，卫绍王完颜永济即位。大安二年（1210）永济遣使到蒙古下诏书，要成吉思汗拜受。成吉思汗问道："新君为谁？"金使曰："卫王也。"成吉思汗向南面吐了一口唾沫，轻蔑地说道："我谓中原皇帝是天上人做，此等庸懦亦为之耶，何以拜为！"说罢，上马挥鞭北去[1]。永济大怒，欲待成吉思汗入贡时杀之。成吉思汗先发制人，于次年春发动攻金战争。

1211年秋，成吉思汗率军由达里泊进入金境，金以30万军守野狐岭（河北万全膳房堡），几被全歼。蒙军前锋突入居庸关，攻中都（北京）不克。遂分兵三路深入中原腹地。1214年春，三路军再会师于中都附近。金宣宗完颜珣求和，献卫绍王之女及金帛、马匹、男女，成吉思汗满载而归。短短几个月，"凡破九十余郡，所过无不残灭。两河、山东数千里，人民杀戮几尽，金帛、子女、牛羊马畜皆席卷而去，屋庐焚毁，城郭丘墟矣"[2]。是年五月，宣宗南迁开封。1215年五月，蒙军攻占中都。1216年春，成吉思汗又退出中都，回到漠北。

---

[1]《元史·太祖纪》。

[2] 李心传：《建炎以来朝野杂记》卷一九"鞑靼款塞"条，中华书局1988年版。

1217年八月,成吉思汗封木华黎为国王,专事南下攻金。木华黎注意利用汉族地方武装,如河北张柔、山东严实和山西史天倪、史天祥兄弟等,先后归顺蒙军并从战。1223年,木华黎死,红袄军彭义斌部积极开展抗蒙斗争,被蒙军视为劲敌。1225年,彭义斌在河北赞皇五马山战死。1227年,红袄军全部降蒙,山东尽为蒙古所有。金朝尽失河北、山东,败局已定。

2. 据有畏兀儿和西辽

1208年,成吉思汗派大将速不台和者别,分别追击蔑儿乞部首领脱脱和乃蛮部长太阳汗的儿子屈出律,进驻阿尔泰山以西。

畏兀儿即高昌回鹘。辽朝灭亡后,其皇族耶律大石在西北地区重建辽政权,史称"西辽"。12世纪时,西辽派少监控制畏兀儿,畏兀儿人不满。1209年,畏兀儿亦都护巴而术阿而忒的斤设计杀掉西辽少监,并将辽人逐出境外。1211年,巴而术阿而忒的斤至蒙古朝见成吉思汗,成吉思汗以女也立合敦嫁给他,并赐予他"第五子"的待遇,畏兀儿成为蒙古统治下的一个有相对自主权的藩属国。

同年,哈剌鲁的阿儿思汗也到蒙古献国降附。

乃蛮部的屈于律于1208年越过也儿的石河,逃入西辽境内。西辽大汗直鲁古以女妻之,又资助屈出律收集残部。1210年,屈出律挑起花剌子模与西辽的战争,又策划溃军叛乱。1211年,屈出律乘机擒获直鲁古,夺取西辽汗位,表面尊直鲁古为太上皇,实际大权独揽,引起蒙古强烈不满。1218年,蒙古将领者别攻打屈出律。屈出律出逃被擒杀。西辽也被蒙军征服,西征的大门被打开。

3. 西征中亚

成吉思汗很有雄心,他对诸子说:"世界广大,江河众多。使你们攻占外国,去各自分配,扩大各自的牧地。"①

花剌子模是阿母河下游的中亚古国。其沙("算端",即国王)摩诃末志骄气盛却无能。1218年春,成吉思汗命450名回回商人组成商队去花剌子模贸易,但刚到其边城讹答剌(哈萨克斯坦奇姆肯特西北齐穆耳),当地花剌子模守将竟然将商人杀害,货物没收,仅1名骆驼夫逃回。成吉思汗遣3名

---

① 《元朝秘史》第255节,商务印书馆"四部丛刊"三编本,1935年刊行。原文为"天下地面尽阔,教您各守封国";此处用策·达木丁苏隆编译,谢再善译《蒙古秘史》本文字,中华书局1965年版,第255页。

使臣前往交涉,又有2人被逐,1人被杀。成吉思汗觉得受到极大侮辱,决意西征。

1219年,成吉思汗统领诸子及大部分蒙古军西征,新归附的契丹军、汉军以及畏兀儿、哈剌鲁等部首领从征,共约20万人。是年秋,抵达讹答剌。成吉思汗分兵四路:留下察合台、窝阔台攻讹答剌;术赤攻锡尔河下游各城镇;阿剌黑攻别纳客忒(乌兹别克斯坦塔什干南)和忽毡(塔吉克斯坦列宁纳巴德);自率主力攻打不花剌(乌兹别克斯坦布哈拉)。

1220年二月,成吉思汗攻占不花剌和讹答剌,术赤、阿剌黑也纵掠各地。接着成吉思汗转攻撒麻耳干(乌兹别克斯坦撒马尔罕),守军康里人及城中居民决定投降,但成吉思汗仍然屠城,仅留3万工匠供诸军驱使。

花剌子模王摩诃末辗转逃到哥疾云(阿富汗加兹尼),者别、速不台紧追不舍。1220年,他死在宽田吉思海(里海)南岸附近的一个岛上,其子札兰丁继位,决心以首都玉龙杰赤(乌兹别克斯坦尼亚乌尔根奇)为基地抗击蒙军。但因内部矛盾,他被迫退至呼罗珊(阿母河南兴都库什山以北地区),再退至哥疾云,又逃奔印度,后来在外高加索一带继续与蒙军作战。

1222年冬,成吉思汗决定东归。

奉命追击摩诃末的者别、速不台部队在抄掠波斯各地后,于1220年秋进入阿哲儿拜占(阿塞拜疆)。1221年初,蒙军侵入谷儿只(格鲁吉亚)。后逾越太和岭(高加索岭),侵入阿兰部及钦察草原。钦察汗忽滩向南斡罗思(俄罗斯)的伽里赤大公密赤思老求援,于是密赤思老联合南斡罗思诸大公,推乞瓦(基辅)大公罗曼诺维赤为盟主,迎击蒙古军于斡罗思境。是年冬,者别、速不台率军经哈萨克草原东返,与成吉思汗主力军会合。

西征结束后,中亚地区成为术赤的封地。成吉思汗命回回商人牙剌瓦赤总督这里的一切军政事宜,后由其子马思忽惕继承父职。

4. 灭亡西夏

西夏王朝北境与克烈、乃蛮两部相邻。1205年春,成吉思汗灭乃蛮部后,曾率军攻破西夏边境城堡力吉里寨和经落思城,大掠而返。

1206年蒙古建国,成吉思汗为避免将来攻金时遭受侧面攻击,准备先取西夏。1207年秋,他以西夏不肯称臣纳贡为由,第二次进入西夏,攻破斡罗孜(兀剌海)城。时西夏兵势尚盛,蒙军不敢深入,于次年春退兵而归。

1209年秋,成吉思汗亲率大军第三次进攻西夏,从斡罗孜关口进入河西。夏襄宗安全以太子承祯为主帅,率夏军5万抵抗,结果副帅高逸被俘杀。蒙军南下至中兴府(宁夏银川)外围要冲克夷门,西夏帅嵬名令公拒战,被蒙军擒获,蒙军进围中兴府,夏襄宗纳女请降。

1217年,成吉思汗准备出兵西辽,命西夏出兵随征,被夏神宗遵顼拒绝。成吉思汗派兵围中兴府,神宗奔西京(宁夏灵武),遣使求降。

此后,西夏屈服,采取附蒙攻金的政策,造成"精锐皆尽而两国俱弊"①的结果。至夏献宗德旺即位,改变方针,夏与金达成和议,称"兄弟之国"。德旺见成吉思汗西征未归,还遣使联络漠北诸部以共抗蒙古。1224年秋,木华黎之子勃鲁率蒙军攻下银州(陕西米脂),杀夏军数万,大掠而还。

1225年成吉思汗从西域返回漠北。1226年春,他以西夏拒绝出兵助战、不送质子为由,发兵进攻西夏。蒙古派遣忽都铁穆儿、昔里钤部出兵沙州(甘肃敦煌),进至肃州(甘肃酒泉)。肃州城被屠,幸免者仅106户。成吉思汗自率大军攻占黑水城(陕西横山),向贺兰(今宁夏)推进,至甘州(甘肃张掖)与西部军会合。秋七月,蒙军破西凉府(甘肃武威),夏献宗惊忧而死,侄李睍继位。蒙军继续推进,十一月在灵州(宁夏灵武)击垮夏军主力,包围了中兴府。

1227年正月,为切断夏军退路,蒙军进入金境,取临洮、洮(甘肃临潭)、河(甘肃枹罕)、西宁等州。闰五月,成吉思汗到达六盘山驻扎。被围的西夏君臣既粮尽援绝,又遇强烈地震,不得不遣使投降,并请求宽限1个月献城。六月,成吉思汗驻于六盘山南麓清水(今属甘肃),但却于七月病死。

成吉思汗临终前,留下秘不发丧、屠城的遗言。后来,李睍等投降后被杀。成吉思汗还留下灭金的战略方针:"金精兵在潼关,南据连山,北限大河,难以遽破。若假道于宋,宋、金世仇,必能许我。则下兵唐、邓,直捣大梁。金急,必征兵潼关。然以数万之众,千里赴援,人马疲弊,虽至弗能战,破之必矣。"②他的继承者窝阔台就是按照这一方针灭亡金朝的。

四、窝阔台和蒙哥的继续征战

1. 灭亡金朝

1229年,成吉思汗第三子窝阔台即位,是为元太宗。1231年夏,窝阔台大会诸王,议攻金之策,决定三路进攻。窝阔台率中军由洛阳进。斡赤斤为

---

① 《金史·西夏传》,中华书局1975年版。
② 《元史·太祖纪》。

左军由济南进。拖雷为右军,先取宝鸡,后破大散关、汉中、凤州(陕西凤县)等地,进入四川北部,又取铙风关、金州(陕西安康)、房州、均州,过汉水,进入邓州(今属河南),与窝阔台会师,终于实现了成吉思汗假道宋境、包抄金都汴京的战略设想。1231年春,金进军至钧州(河南禹州)南三峰山,拖雷以精兵阻截,双方激战,此役使金军精锐几尽,潼关失守,河南十余州尽被蒙古占领。1233年初,金哀宗完颜守绪因汴京粮尽援绝,逃奔归德(河南商丘)。速不台进围汴京,金将崔立杀留守完颜奴申降蒙。

蒙古军队由于长期作战,伤亡很大,粮饷尤其困难。1232年底,窝阔台派王楫出使南宋。双方协议,共同灭金后以河南地归宋。1233年夏,南宋将领孟珙攻唐、邓,败金将武仙,金哀宗再奔蔡州(河南汝南)。十月,蒙军攻蔡州遇到金人顽强抵抗,孟珙率兵2万、运粮30万石前来支援。1234年正月,宋蒙联合攻破蔡州,金朝灭亡。

2. "长子西征"

1235年,窝阔台召开忽里台(大朝会),决定派遣各支宗室长子统率远征军,征讨钦察和斡罗思等国。参加出征的有术赤子拔都、察合台子拜答儿、孙不理、窝阔台子贵由、孙海都、拖雷子蒙哥等,万户以下的各级那颜也派长子从征。出征军以长房拔都为统帅,老将速不台为先锋。远征军于1236年春出发,秋攻破不里阿耳国(保加利亚)。1237年春进兵钦察(咸海及里海北),其首领忽鲁速蛮降;另一首领八赤蛮退至宽田吉思海(里海)岛中,被俘杀。钦察亡。

蒙军击败钦察和莫尔多瓦诸部后,进入斡罗思的也烈赞公国。1237年底,拔都率军破城,并屠其全境。1238年初,蒙古军分兵四出,连破莫斯科、罗思托夫、速兹答勒十余城,蹂躏弗拉基米尔公国,使其大公战死。随后,蒙军折回亦的勒河(伏尔加河)上游,继续征服太和岭以北的薛儿客速、马里木等部,再破钦察忽滩汗的军队。忽滩汗率部远逃马札儿(匈牙利)。1238年冬,蒙古军攻陷阿速部。1239年春,取打耳班(俄罗斯达尔班达),再入南斡罗思境。

1240年,蒙古军攻破伽里赤公国,其大公答尼勒逃奔马札儿。1241年,远征军分两路进入东欧。一支由拜答儿、兀良合台率领进入孛烈儿(波兰),摧毁其守军,并在里格尼志堡附近击溃孛烈儿、日耳曼联军,进入莫剌维亚,再与进入马札儿的拔都军会合。一支由拔都、速不台率领攻入马札儿,攻破佩斯城(布达佩斯)。后来,蒙古军又进入今奥地利及亚得里亚海以东。

东亚蒙古军队征服斡罗思,侵入奥匈,震动了西欧各国。他们惊呼"黄祸"来了,许多城市修筑工事,罗马教皇号召组织十字军。但由于斡罗思和东欧各国的奋勇抵抗,蒙古军队也已无力西进。1242年春,窝阔台去世的消息传来,拔都决定东撤。1243年,拔都在亦的勒河(伏尔加河)下游东岸建萨莱城,以此为钦察汗国(金帐汗国)的都城。

3. 蒙、宋之战

蒙古灭金后,主力北还,河南处于空虚状态,南宋企图出兵收复西京(洛阳)、汴京(开封)和南京(商丘)。1234年六月,宋理宗赵昀命全子才出兵汴京,蒙军守将降宋。七月,宋军入洛阳。蒙古军南下包围洛阳,宋军粮缺,弃城而走。蒙古军进围汴京,决黄河淹城,宋军撤退。南宋收复三京失败,反而成了蒙古进攻的借口。是年底,蒙古派王楫再次使宋,指责南宋破坏协议。

1235年初,蒙古分三路大举进攻。西路由窝阔台次子阔端攻取四川;中路由窝阔台三子阔出指向汉水流域和长江中下游;东路由宗王口温不花进犯江淮。中间虽有使臣谈判,但蒙宋双方未能达成和议。1241年窝阔台死,蒙古只得休战。南宋将领孟珙、余玠等抓紧时间立寨筑城、屯田积粮,特别是合州(四川合川)钓鱼山城的修筑,为日后击退蒙古军的进攻做好了准备。

1251年,蒙哥即大汗位,次年命其弟忽必烈和老将速不台之子兀良合台进攻南宋。这次蒙军不是简单由北击南正面作战,而是采取迂回包抄的战略,准备从西南的江河上游顺流而下,再击溃中心在江浙的南宋政权。1253年,忽必烈经六盘山、临洮进抵忒剌(四川松潘),分军三路,穿越吐蕃东部(四川甘孜),进入大理(今属云南)。这时大理国王是段兴智,但实权操于大臣高祥、高和兄弟之手。忽必烈在金沙江降服些蛮各部后,遣使招降大理。但高祥杀使臣拒降。1253年底,忽必烈攻占大理城,大理国八府四郡内附,蒙古命段兴智之弟信苴日主持政事。1254年,忽必烈还师,留下兀良合台镇守云南。

1258年初,蒙哥再次三路进攻南宋。他自率主力军攻四川,由忽必烈攻鄂州(湖北武昌),而兀良合台从云南北上攻潭州(湖南长沙)。1259年春,蒙宋双方在合州及其周围展开激烈的攻守战,蒙古军终未能攻破钓鱼城。

七月,蒙古军中疫疠流行,大汗蒙哥染疾病死。讣闻至,正向鄂州进军的忽必烈采谋臣郝经计,马上与南宋右丞相贾似道议和,约定南宋每年献银20万两、绢20万匹,双方以长江为界。然后他抽身直抵燕京,阻止其弟阿里不哥南下,准备夺取汗位。同时他另遣一军截住蒙哥灵柩,收取皇帝宝玺。这时兀良合台也因屡攻潭州(湖南长沙)不下,北上与忽必烈会师。于是蒙宋战争暂告一段落。

忽必烈进攻云南,不仅使蒙古占领了云南,而且使蒙古获取了吐蕃。吐蕃自9世纪中叶吐蕃王朝灭亡后,一直处于四分五裂的状态。此时的吐蕃佛教萨斯迦派首领萨斯迦班智达公哥监藏,曾于1246年携其侄八思巴去凉州会见阔端,议定吐蕃归附蒙古条款,并由萨班致书于乌思、藏、纳里的僧俗首领。当忽必烈进军云南经由吐蕃时,该地区就正式归属了蒙古治下。

4. 旭烈兀西征

1252年,蒙哥曾遣其三弟旭烈兀分镇波斯,率兵征服周围尚未降服的国家。驻守在波斯的捌里蛮所领军队和出征怯失迷儿(克什米尔)的蒙古军均归旭烈兀指挥。蒙哥命诸王各从所属军队签发1/5人员随从,又抽调了1000多名内地工匠从征,其中就包括火器专家郭侃。

1256年,旭烈兀进兵木剌夷国。木剌夷建国于11世纪末,统辖里海以南的祃拶答而(伊朗马赞德兰)诸山城,为伊斯兰教亦思马因派。蒙军攻克许多城堡,国主兀鲁投降。1257年,蒙军进攻黑衣大食①的阿拔斯王朝首都报达(伊拉克巴格达)。黑衣大食建国已500年,一度虽为塞尔柱突厥人占领,但名义上仍为阿拔斯王朝哈里发统治。当时的哈里发穆斯塔辛自认为是"回教国的共主",拒绝投降。1258年初,蒙古军用大炮攻陷报达,杀穆斯塔辛,大掠7天,这里的许多艺术珍品和华丽建筑遭到破坏。1259年,旭烈兀分兵三路侵入叙利亚。

1260年春,旭烈兀得知大汗蒙哥已死,留下先锋怯的不花继续进兵,自率部分军队退回波斯。怯的不花在攻陷阿勒颇和大马士革后,在阿音札鲁特被密昔儿(埃及)苏丹忽秃思的军队击溃,原来所攻占的叙利亚诸城尽失。

旭烈兀回波斯后,得知忽必烈已经即大汗位,便派出使臣表示拥护。忽必烈将阿母河以西之地划归旭烈兀管辖,旭烈兀建立了伊利汗国。其疆域东起阿母河,西迄小亚细亚,北接钦察汗国,南至印度洋,先以蔑剌哈(伊朗马腊格)为都,后移至桃里寺(伊朗大不里士)。

---

① "黑衣大食"是中国史书对阿拉伯帝国的称呼。

第二节 元朝政局的演变

一、元朝建立和贵族集团的内乱

1. 元朝的建立

1260年三月,忽必烈在开平(内蒙古正蓝旗)召开忽里台①,即大汗位,是为元世祖。他采用"中统"年号,表示大蒙古国是中原历代王朝之继续。

同年四月,忽必烈幼弟、驻守和林(蒙古哈尔和林)的阿里不哥也在漠北召开忽里台,也宣布称大汗。阿里不哥得到北方窝阔台后王、察合台后王和蒙哥旧臣的支持。他们派遣心腹南下组织兵力,以对抗忽必烈,被忽必烈击败。随后,忽必烈亲征阿里不哥,双方曾激战于昔木土脑儿②之西。中统三年(1262)春,阿里不哥大掠阿力麻里(新疆霍城),致使民怨沸腾,部众离散。他又遭到察合台后王阿鲁忽的攻击,遂于至元元年(1264)向忽必烈投降。

正当忽必烈与阿里不哥为汗位争斗之时,专制山东的蒙古江淮大都督李璮,乘机南结宋朝、北联汉族军阀,于中统三年(1262)二月在济南发动兵变。但李璮错估了形势。南宋并未出兵配合他,北方汉族军阀响应者也寥寥无几。忽必烈先杀其岳父、任中书平章政事的王文统,然后派遣诸王合必赤督军进剿李璮,又增遣中书右丞相史天泽前往增援。七月,李璮兵败被杀。事后,史天泽带头请解兵权,忽必烈因势利导,剥夺了地方军阀的实权。

阿里不哥和李璮的乱事结束后,忽必烈于中统四年(1263)以开平为上都;至元元年(1264),以燕京(北京)为中都;至元八年(1271)十一月,改国号为大元,正式建立了以中原为政治重心的元王朝。"大元"取《易经》"大哉乾元"之义,为大之至也。至元九年(1272),升中都为大都,政治中心正式移至漠南。

2. 灭亡南宋

稳定政局后,忽必烈即全面展开灭宋战争。至元四年(1267),元以宋朝拘囚使臣郝经为借口,采用南宋降将刘整先取襄阳、浮汉水入江的攻宋方略,展开了长达6年的襄樊争夺战。其间南宋军民奋力抵抗,张顺、张贵率

---

① 忽里台:蒙古语"会议",特指选举大汗和决定军国大事的贵族代表会议。
② 昔木土脑儿:意为"有蚋的湖",今地无考。

3000民兵突破封锁,支援襄阳,事迹悲壮。至元十年(1273)正月,元军用回回炮破樊城。二月,襄阳宋将吕文焕以城降。元军占领襄、樊,打开了进攻南宋的大门。

至元十一年(1274)六月,忽必烈命丞相伯颜率师伐宋。伯颜兵分两道:一道进淮西淮东,指向扬州;一道沿汉水入长江,直趋临安。

伯颜以吕文焕为前锋,顺汉水而下,在郢州(湖北钟祥)、沙洋(湖北荆门)、新城等地遇到宋军顽强抵抗。元军入长江后攻下要塞阳逻堡(湖北新洲),宋汉鄂舟师统帅夏贵仓皇逃遁,汉阳、鄂州相继投降。伯颜遣阿里海牙由鄂入湖南,自率大军沿江东下。沿江诸城多为吕氏亲属或旧部,皆不战而降。

至元十二年(1275)二月,南宋宰相贾似道在朝野压力下,率13万兵驻芜湖,与夏贵兵会合,以战舰2500艘横亘江中;同时命孙虎臣以7万步军驻丁家洲(安徽铜陵)。伯颜分步骑夹岸而进,孙军大溃,夏贵不战而逃,宋水陆主力丧失殆尽。是年秋,伯颜自建康、镇江一线分兵三道趋临安(浙江杭州)。至元十三年(1276)正月,宋恭宗赵㬎上表降元,遂被蒙军押送至大都。

临安投降前夕,益王赵昰、广王赵昺逃到温州。至元十三年(1276)五月,赵昰在福州即位,是为端宗。但不久元军攻下福建,赵昰自福州走泉州、潮州。至元十四年(1277),宋将文天祥、张世杰在江西、广东等地与元军激战,各地军民起兵响应,福建陈吊眼、许夫人也率畲、汉各族人民投入抗元斗争。是年底,赵昰沿海岸西撤,欲进入广州建小朝廷。后因广州失陷,遂移驻今澳门。

至元十五年(1278)四月,赵昰卒,赵昺继位。六月,移驻新会海中崖山。十二月,文天祥被俘于五坡岭(广东海丰),作《过零丁洋》诗,以"人生自古谁无死,留取丹心照汗青"表白拒降决心。至元十六年(1279)正月,元将张弘范押文天祥抵崖山,文拒绝劝降宋军。二月初六,元军发起总攻。宋丞相陆秀夫抱赵昺投海死;张世杰拥杨妃冲出重围,遭飓风,战舰覆没而溺死。最后的南宋残余部队也被元军消灭,南宋王朝灭亡。

3. 海都、乃颜之乱

忽必烈即位后,借鉴金朝制度,在中原士人的帮助下全面推行"汉法",同时也保留某些蒙古制度,逐步建立了新的中央集权统治体系。

忽必烈推行"汉法"引起守旧蒙古贵族的强烈反对。西北藩王遣使入朝,气势汹汹地责问:"本朝旧俗与汉法异。今留汉地,建都邑城郭;仪文制度,遵用汉法,其故何如?"①围绕着改用"汉法"还是循旧蒙古法的斗争,终元之世从未中断过。

阿里不哥投降后,藩王争夺汗位的斗争也没有中断。窝阔台之孙海都以其父亲合失未能继承汗位而不满,在支持阿里不哥夺位失败后,他于至元五年(1268)占据叶密立(新疆额敏)的封地,联合术赤后王发动叛乱。忽必烈为阻止海都势力的扩展,册封八剌为察合台汗,但八剌被海都击败。至元六年(1269),海都与术赤后王忙哥帖木儿和八剌结盟,联合反对忽必烈。至元八年(1271),忽必烈命皇子北平王那木罕出镇阿力麻里。至元十二年(1275),他又遣右丞相安童辅佐那木罕征伐海都。次年冬,从征的蒙哥子昔里吉等发动叛乱,劫持那木罕、安童回攻和林。至元十四年(1277),忽必烈命右丞相伯颜等率军北征,终于击溃了叛军。

但海都在畏兀儿以西仍不断扩张势力。他扶植八剌的儿子笃哇为察合台汗,划定一个北起吉利吉思,南至畏兀儿、斡端的势力范围,不断侵扰元朝边境。

至元二十四年(1287),海都又煽动东部诸王如斡赤斤后王乃颜、合撒儿后裔势都儿、合赤温后裔哈丹等共同反叛。这次忽必烈亲征辽河上游,平定叛乱,处死乃颜。后合赤温后王哈丹又叛,到至元二十八年(1291)才兵败自杀于高丽。

海都仍不断东侵,并进据和林。至元二十六年(1289),忽必烈亲征,收复和林,先后命丞相伯颜和皇孙铁木耳驻守。直至元成宗大德五年(1301),海都和笃哇战败,海都因伤死于归途,这次长达35年之久的诸王之乱才算结束。

4. 阿合马、桑哥事件

忽必烈即位,面临诸王叛乱和南下灭宋等大事要解决,新朝又百废待兴,费用浩繁,因此财政问题非常急迫。费纳喀忒(乌兹别克塔什干)人阿合马,初隶属于弘吉剌部的按陈那颜,后随按陈女察必(忽必烈顺圣皇后)入宫。中统二年(1261)他被任为上都同知,次年领中书左右部兼诸路都转运使,负责理财。因增收盐税和兴办铁冶,他大受忽必烈赞赏,遂任中书平章政事,后又兼制国用使。

为敛财,阿合马陆续推出官卖铁铜器、增盐课、括户口、行钞法、专卖药

----

① 《元史·高智耀传》。

材等措施,以应付不断增加的财政支出。史称"阿合马为人多智巧,言以功利成效自负,众咸称其能。世祖急于富国,试以行事,颇有成绩……由是奇其才,授以政柄,言无不从,而不知其专恣益甚矣"①。他恃宠骄横,不把丞相线真、史天泽、安童等放在眼里,打击异己,甚至杀害敢于揭露其罪行的中书左丞崔斌等人,还枉法任用其子侄为大官。其种种贪赃不法行为,引起太子真金及朝内大臣的不满。至元十九年(1284),阿合马被益都千户王著等人假借皇太子的名义击杀。

阿合马死后,吐蕃人桑哥推荐大名(今属河北)人卢世荣"有才术,谓能救钞法,增课额,上可裕国,下不损民"②。至元二十一年(1284)忽必烈命卢世荣为中书左丞。卢世荣上任后采取一系列经济措施如改进钞法、制定市舶条例、没收私造铁器易粟后充实常平仓、官营酿酒、于上都等地购羊马选蒙古人放牧等,忽必烈均予采纳。但卢世荣理财不足一年,就因为官员们的交章弹劾而被杀。

至元二十三年(1286),忽必烈起用桑哥理财,次年又任其为中书平章政事。他更改钞法,发行至元宝钞成功解决财政危机,于是声名大著,升任尚书省左丞相兼总制院使。他又清理江南六省钱谷,增江南赋税和盐酒税。史称"当是时天下骚然,江淮尤甚,而谀佞之徒……为桑哥立石颂德"③。桑哥更加跋扈,任意调动内外官员,官爵刑赏全凭贿赂,引起朝臣的普遍反对,使政局动荡不安。至元二十八年(1291),作为理财能手的桑哥不能不成为政治的牺牲品。他被杀死后,抄没其家,其所藏珍宝数量足有宫廷所藏之半。

二、元朝中后期的政局演变

1. 成宗"守成"

忽必烈即位后,在汗位的确立方式上,逐步改变原来由贵族推举的忽里台制度,采用中原王朝的嫡传世袭制。至元十年(1273),他立真金为皇太子。但真金与忽必烈的政见多有不合,父子矛盾日深,至元二十二年(1285)真金忧惧而死。至元三十年(1293),忽必烈立真金第三子铁穆耳为皇太孙。

---

① 《元史·高智耀传》。
② 《元史·卢世荣传》。
③ 《元史·桑哥传》。

忽必烈卒后,铁穆耳继位,是为元成宗。

成宗嗜酒、多病、不亲政务,"凡国家政事,内则决于宫壸,外则委于宰臣"①。皇后卜鲁罕和中书右丞相完泽、左丞相哈剌哈孙、平章不忽木分别主政。他们形成对立的两大集团,明争暗斗。其他官员则以因循为务,朝政混乱。

鉴于元世祖对海外用兵频繁,耗费巨大。成宗即位后,对外罢征日本、安南之役,对内以奉行世祖成规为务,国家较为安定,故成宗被称为"守成"之君。但由于滥赏亲贵,国库日益空虚,以后惯例相沿,竟然成为一项沉重的财政负担。

成宗朝理财则由回回人赛典赤·伯颜(赛典赤·赡思丁之孙)和大兴良乡(今北京)人梁暗都剌(汉名"德珪")主持。两人先后位居中书平章,史称"赛、梁秉政"。他们采取清理户籍、劝止成宗滥施赏赐、增加岁课等措施,以弥补国库不足。最后两人都因受贿而被罢官。

2. 武、仁授受

大德十一年(1307),成宗卒,其皇太子德寿已先死。卜鲁罕皇后与左丞相阿忽台等谋立忽必烈第三子安西王忙哥剌之子阿难答为帝,而右丞相哈剌哈孙暗中遣使迎真金第二子答剌麻八剌子怀宁王海山。但因海山远在阿尔泰山,故同时也南接海山之弟爱育黎拔力八达。海山路远,爱育黎拔力八达先到大都,并且比对手提前一天发难,擒获阿忽台和阿难答,杀之。海山即位,是为元武宗。海山又废卜鲁罕后并将其赐死,杀善于理财的回回人赛典赤·伯颜。因弟弟助他即位,他们兄弟相约"兄终弟及,叔侄相承",立弟弟爱育黎拔力八达为皇太弟。

元武宗斥罢元世祖旧臣哈剌哈孙等,换成昧于政事的自己亲信,致使朝政十分紊乱。他滥赐名爵,使朝廷冗名充斥;又赏赐无度,佛事频繁。即位不足半年,他竟开支420万锭,又有诸王等贵族求赏赐而未支者100万锭,还借支钞本1060余万锭。于是发行至大银钞,使之5倍于至元银钞,使元钞迅速贬值,人民损失惨重。再加上连年天灾,农民破产流亡,社会动荡不安。

至大四年(1311),武宗卒,弟爱育黎拔力八达即位,是为仁宗。仁宗起用其老师、布衣名儒李孟为中书平章,改革朝政,整顿吏治。

---

① 《元史·成宗纪》。

李孟罢一切不急浮费，紧缩开支，使财政状况有所改善。又严禁近侍擅传圣旨。由朝廷派官任投下达鲁花赤，降诸王投下所任命者为副达鲁花赤。正式实行科举取士制度，史称"延祐科举"。延祐初，朝廷派员检括河南、江西、江浙三省漏隐田土，核实税入，史称"延祐经理"。

仁宗为了背约立己子硕德八剌为皇太子，不得不对母后答己及贪赃不法的右丞相铁木迭儿妥协，致使朝政日坏。同时，他封武宗长子和世㻋为周王，世藩云南。周王不满意，阴谋起兵反叛，事败而投奔金山（阿尔泰山）察合台后王。

3. 英宗新政与南坡之变

延祐七年（1320），仁宗卒，皇太子硕德八剌即位，是为英宗。英宗自幼接受儒学，虽年仅17岁，却对朝政锐意改革。仁宗母答己原以为硕德八剌柔懦易制，看到如此，深为后悔，遂授意幸臣失列门谋废立。事泄，失列门反被英宗诛杀。

英宗为摆脱答己、铁木迭儿的控制，任命木华黎后裔、忽必烈时名相安童的孙子、有"蒙古儒者"之称的拜住为中书右丞相。至治二年（1322）铁木迭儿、答己相继病死。英宗在拜住协助下全面推行新政：（1）任用大批汉族士人，如张珪、虞集、吴元珪、王约等，改善朝政。（2）颁布《振举台纲制》，提倡"举善荐贤"，选拔人才。（3）罢冗官，使一批有劣迹的蒙古、色目官僚去职。（4）推行助役法。民田百亩抽三，以岁入助役，减轻农民徭役负担。（5）颁行《大元通制》，使政令统一，各级官吏都要遵循政制法程。

至治三年（1323），英宗下令追查铁木迭儿生前贪赃巨案，并处死一批与之有牵连的同党，追夺其官爵封赐，籍没其家。以御史大夫铁失为首的权臣惊恐万状，遂密谋刺杀英宗。八月五日，英宗、拜住自上都南返，在上都南30里的南坡驿驻跸。是日夜，铁失一伙入皇帝行帐，英宗和拜住皆被杀，史称"南坡之变"。英宗是元朝中期难得的一位有作为的皇帝，他的新政也因此而夭折。

铁失一伙在事变发生前即与在漠北的晋王也孙铁木儿（甘麻剌之子）联络。事变后，也孙铁木儿坐享其成，在上都即位，是为泰定帝。泰定帝先是加封铁失等人，但不久即将这一派全部诛杀。

4. 两都之战与燕铁木儿擅权

泰定帝即位后，任用心腹亲信回回人倒剌沙为左丞相，使其权倾天下。泰定帝在位期间，大肆赐赏。仅即位时，他就用去金700余锭、银33000

锭,其他钱、币、帛不等。之后他兴役造作又多,使国家财政枯竭。

泰定二年(1325)河南息州人赵丑厮、郭菩萨倡言"弥勒佛当有天下",发动起义。无数饥民结"扁担社"伤人,社会益加动荡不安。

致和元年(1328)七月,泰定帝病死于上都,倒剌沙受顾命辅佐皇太子阿剌吉八。八月,留守大都的武宗亲信、佥书枢密院事燕铁木儿发动政变,控制大都,声称祖宗正统应属武皇帝之子,遂迎武宗海山子图帖睦尔入京。

上都方面立即组织兵力分道进攻大都。倒剌沙为了名正言顺地号令天下,抢在图帖睦尔之先,立9岁的皇太子阿剌吉八为帝,改元天顺。九月,图帖睦尔即帝位于大都,是为文宗。两帝并立于两都,必然使贵族集团分裂加剧。

倒剌沙纠集辽东、陕西兵力及上都诸王,试图突破居庸关、古北口、潼关等关隘,进逼大都,但屡被文宗的大都兵击败。倒剌沙被迫投降,不久被杀。

两都之战结束后,文宗遣使奉迎其兄和世𬭎于漠北。天历二年(1329)正月,和世𬭎即位于和林之北,是为明宗。明宗自三月起,徐徐南下。八月初至旺忽察都(河北万全)与弟相会,结果被燕铁木儿和文宗毒死。文宗重新即位。

文宗对燕铁木儿感恩戴德,大封其三代,并命文学家马祖常制文立石于京师北郊。燕铁木儿独为丞相,其官衔达53字,"凡号令、刑名、选法、钱粮、造作,一切中书政务,悉听总裁"。铁燕木儿"自秉大权以来,挟震主之威,肆意无忌"①。文宗则以"文治"粉饰危机,如立奎章阁,集儒臣于阁中;置艺文监,以蒙古语翻译儒书;命赵世延、虞集修纂《经世大典》等。

至顺三年(1332)八月,文宗卒,遗诏立明宗和世𬭎之子为帝。燕铁木儿却立明宗次子、7岁的懿璘质班,是为宁宗。但宁宗逾月而卒,燕铁木儿亦因纵欲过度而亡。于是次年明宗长子妥懽帖睦尔得以即位,是为惠宗,即元顺帝。

三、元顺帝的统治

1. 伯颜擅权与脱脱"更化"

伯颜是蒙古蔑儿乞人,本为武宗旧臣。燕铁木儿因泰定帝去世发动兵变时,他为河南行省平章,因翊戴文宗之功,官至中书左丞相。顺帝即位,进

---

① 《元史·燕铁木儿传》。

其为中书右丞相。燕铁木儿之子唐其势等对其不满而发动兵变,结果失败,被伯颜处死。

此后,伯颜"独秉国钧,专权自恣,变乱祖宗成宪,虐害天下,渐有奸谋",其官衔竟然多达246字。面临连年灾荒和广东朱光卿、河南棒胡、四川朝法师、福建李志甫、江西彭莹玉及周子旺等各处频繁起义的局面,他反而采取了排斥汉人、加强民族压迫的政策。他禁止汉人、南人学习蒙古、色目文字,以阻止他们入仕。又提出杀张、王、刘、李、赵五姓汉人,以镇压汉人造反。他废除科举,排挤打击异己的诸王,甚至谋废顺帝另立皇帝。这引起顺帝不满。

伯颜之侄、御史大夫脱脱深感事态严重,在顺帝支持下,于至元六年(1340)二月,趁伯颜打猎之机,传旨将其贬职。伯颜远徙广东,病死于途中。

顺帝起用脱脱为中书右丞相。脱脱大刀阔斧地废除伯颜旧政,其"更化"政策主要是:(1)恢复科举取士,大兴国子监,置宣文阁,开经筵,为皇帝遴选儒臣选讲经典。(2)恢复太庙四时祭,强调和重视传统礼仪。(3)为被害被贬的诸王昭雪或复位,以调整蒙古贵族集团的内部关系。(4)开马禁、减盐额、蠲负逋,减轻人民的负担。这些措施使朝政有了起色,在一定程度上克服了伯颜带来的危机。

2. 元末社会矛盾的激化

至正四年(1344)五月,脱脱辞相,阿鲁图、别儿怯不花、朵儿只等先后出任中书右丞相。这时元朝的政治腐败已深入肌肤,社会矛盾进一步激化。

至正四年(1344)五月,大雨20余日,黄河暴溢,北决白茅堤(河南兰考),又决金堤(河南濮阳),沿河济宁、大名、东平诸路水患严重,元廷却迟迟拿不出治河方略。至正八年(1348)正月,黄河水决口,并泛入运河,又淹没沿河盐场。河水漫及济南、河间,运河有中断、盐场有冲坏的危险。若此,政府的财政收入将急遽减少。河泛区的饥民和流民无以为生,再加上纪纲废弛,贪官遍地,赋役不均,使得社会动荡,农民的反抗遍及全国。

顺帝不得不于至正九年(1349)再度任命脱脱为相。脱脱的对策是"开河"和"变钞",试图以此摆脱困境。

至正十年(1350),脱脱采纳左司都事武琪的建议,决定印造"至正交钞"。这实际上是用旧的"中统交钞"加盖"至正交钞"的字样,故又称"至正中统交钞"。新钞一贯合铜钱一千文,或等"至元宝钞"两贯,两种钞并行,使新的"至正交钞"的面值比旧"至元宝钞"提高一倍。同时又发行"至正通宝钱",与历代旧币同行。至正十一年(1351),新钞与通宝同时发行,"行之未久,物价腾踊,价逾十倍";"京师料钞十锭(每锭 50 贯),易斗粟不可得"。于是,各地废弃钞币不用,"皆以物货相贸易"①。脱脱的"变钞"彻底失败。

至正十一年(1351)四月初四日,脱脱决定采纳都漕运使贾鲁"疏塞并举,挽河东行,使复故道"②的治河方略。顺帝任命贾鲁为工部尚书兼总治河防使,发汴梁、大名 13 路民工 15 万,加上泸州等地戍军 18 翼 2 万人供役。当月二十二日开工,十一月十一日完工,计 190 天,完成了疏浚故河(今淮河),堵塞故道下游上段各决口、豁口,修筑北岸堤防,堵塞了白茅决口,使河水勒回故道。工程虽顺利,也取得了成功,但农民起义也在这时爆发了。当时有一首《醉太平小令》,深刻道出了农民起义的真实原因:

堂堂大元,奸佞专权,开河、变钞祸根源,惹红巾万千。官法滥,刑法重,黎民怨。人吃人,钞买钞,何曾见?贼做官,官做贼,混贤愚。哀哉可怜!③

四、农民战争与元朝灭亡

1. 红巾军颖州起义

贾鲁开河后,韩山童、刘福通等农民领袖决定抓住时机,发动武装起义。

韩山童是河北栾城人,出身北方白莲教世家。他以"弥勒佛下生"和"明王出世"为号召,徒众遍及河南及江淮。贾鲁治河开工前,韩山童等凿好石人一个,只开一眼,其背镌有"莫道石人一只眼,此物一出天下反"14 个字,预先埋于黄陵岗(河南兰考)河道上。同时他们散布民谣:"石人一只眼,挑动黄河天下反。"④是年四月下旬,开河民夫果然挖出独眼石人,消息传出,大河上下,人心浮动。人们都相信天下要反了。

五月初,韩山童、刘福通等聚众 3000 人于颖上(今安徽),杀黑牛白马,誓告天地,宣布起义。韩山童发布文告:"蕴玉玺于海东,取精兵于日本。贫

---

① 《元史·食货志·钞法》。
② 《元史·贾鲁传》。
③ 陶宗仪:《南村辍耕录》卷二三《醉太平小令》条,中华书局 1959 年版。
④ 《元史·河渠志·黄河》。

极江南,富称塞北。"①这是假托南宋广王赵昺走崖山、丞相陈宜中走日本的传说想要"复宋"。所谓"贫极江南,富称塞北",是融阶级矛盾和民族矛盾为一炉,揭露广大汉族人的贫困化与蒙古、色目贵族搜括财富的社会现实。他们还打出了"虎贲三千,直抵幽燕之地;龙飞九五,重开大宋之天"②的战旗。

正当此时,地方官派兵把他们团团围住。韩山童被捕牺牲,其妻杨氏、子林儿逃奔武安(江苏徐州武安山)。刘福通等率军冲出重围,乘虚攻占颍州。起义军头裹红巾,故称红巾军。又因多为烧香拜佛的白莲教徒,也称香军。

红巾军占领颍州,元朝廷迅速派遣枢密院同知赫厮、秃赤率领剽悍的阿速军及各路汉军前来镇压,但官军不战而溃。刘福通进据亳州(今属安徽)、朱皋(河南淮滨)、罗山(今属河南)、真阳(河南正阳)、确山(今属河南)及汝宁(河南汝南)、息州(河南息县)、光州(河南潢川)等地,集众至10万。是年八月,邳县人李二(芝麻李)与社长赵君用等攻占徐州,从者10万人。次年二月,定远富豪郭子兴等攻战于濠州(安徽凤阳)。他们也都以红巾为号。

与此同时,各地豪族富豪则纷纷纠集武装,组织"义兵"对抗农民起义军。沈丘(今属河南)畏兀儿人察罕帖木儿、罗山人李思齐是中原地区最凶狠的"义兵"头目,对元末战局发展影响极大。

2. 农民战争的燎原之势

北方红巾军起义后,南方各地也纷纷起兵响应,大体有如下几支。

(1)至正十一年(1351)夏,彭莹玉(人称"彭和尚")起义于淮西。早在至元四年(1338)发动袁州(江西宜春)起义失败后,他曾逃匿淮西民间,以白莲教号召和组织群众。其徒弟多以"普"字为辈,如赵普胜、邹普胜、项普略等后来多为农民军领袖。

(2)至正十一年(1351)年八月,麻城(今属湖北)铁工邹普胜与罗田(今属湖北)布贩徐寿辉起兵于蕲州(湖北蕲春),也称红巾军。十月,徐寿辉以蕲水(湖北浠水)为都,建"天完"③政权,称帝,以邹普胜为太师。

天完政权有完整的中央和地方行政机构:中央设中书省(又称莲台省),

---

① 叶子奇:《草木子》卷三上《克谨篇》,中华书局1959年版。
② 陶宗仪:《南村辍耕录》卷二七《旗联》。
③ "天完"是"大元"之上分别加"一"和"宀",显然是压倒大元之意。

有六部；地方设置行省。他们提出"摧富益贫"①的口号，分兵四出，夺取今湖北、湖南、江西、安徽、四川等地城镇，兵锋远及今江苏、浙江、福建、广西地。

（3）至正十二年（1352）春，彭莹玉的徒弟赵普胜（双刀赵）、李普胜（李扒头）、左君弼等活跃于江淮地区，先后克无为，入繁昌，据铜陵，进围安庆，下湖口、彭泽，号称百万之众。左君弼则占据庐州（安徽合肥）。

（4）至正十一年（1351）十二月，王权（布王三）等人占领邓州（今属河南）、南阳，称"北琐红军"，势力扩展至河南中部和西部。至正十二年（1352）正月，孟海马等攻占襄阳，称"南琐红军"，势力扩展至今湖北西部。

（5）至正八年（1348）春，盐贩方国珍起兵于台州黄岩（今属浙江），聚众数千，劫夺漕运粮，扣留朝廷官员。元朝招降，国珍却屡降屡反。至正十三年（1353）正月，盐贩张士诚起兵，攻下泰州后，又连克兴化、高邮。至正十四年（1354）正月建立政权，自称诚王，国号周，改元天祐。这是两支非红巾军系统的反元队伍。

3. 农民战争的低潮和复起

元朝对农民军进行了疯狂的镇压。至正十二年（1352）八月，脱脱出师徐州，城破，李二被俘牺牲。元又派重兵镇压南琐红军、北琐红军。至正十三年（1353）十一月彭莹玉在瑞州（江西高安）被俘遇害。至正十三年十二月，元军围攻天完政权都城蕲水，许多天完官员惨遭杀害，徐寿辉等遁入黄梅山和沔阳湖中。北方红巾军则受到察罕帖木儿、李思齐等地方"义兵"的钳制，也逐渐陷入困境。

至正十四年（1354）九月，顺帝命脱脱总制诸王各爱马（投下）、诸行省各翼军马，积聚兵将号称百万，征伐高邮张士诚。十一月，正当高邮城指日可破时，顺帝在佞臣哈麻的唆使下突然下诏，削脱脱兵权，致使百万元军失去统帅，不战自溃。后脱脱在云南贬所被哈麻矫旨鸩死。

高邮战役是元末农民战争的转折点。从此元朝丧失了军事优势，只能依靠地方豪族武装来维持残破局面。农民军则重新组织队伍，掀起更大规模的反元斗争。

北方红巾军从至正十五年（1355）开始主动出击。二月，刘福通迎韩山童之子韩林儿至亳州（今属安徽），建立政权，国号宋，年号龙凤，林儿称帝，

---

① 嘉靖《邵武府志》卷二黄镇成撰"碑文"，上海古籍书店影印嘉靖刊本。

号"小明王"。宋政权中央设中书省、枢密院、御史台和六部,地方设行省。以杜遵道、盛文郁为丞相,罗文素、刘福通为平章,刘福通弟刘六为知枢密院事。不久杜遵道擅权,为刘福通所杀。刘福通自为丞相,封太保。

4. 三路北伐及其失败

自至正十七年(1357年)起,刘福通分兵三路北伐。

西路军先由李武、崔德率领攻潼关、克商州(陕西商县),进逼陕西行省首府奉元(西安)。元朝命察罕帖木儿和李思齐解围,结果红巾军战败。宋政权又增派白不信、大刀敖、李喜喜入陕,攻兴元路(陕西汉中),进克秦(甘肃天水)、陇(今属陕西)、巩昌(甘肃陇西)。十月,农民军攻凤翔(今属陕西)时被察罕帖木儿战败。至正十八年(1358),李喜喜率军入蜀,改称"青巾"。但他被明玉珍逐走,改投陈友谅。李武、崔德等则投降了李思齐。

东路军由宋的淮安行省平章赵君用部将毛贵统率。毛贵于至正十七年(1357)二月由海州(江苏连云港)入海攻山东,占有胶东半岛各州县,进克济南。山东尽为毛贵所有,宋政权命毛贵为益都行省平章。毛贵挥师北伐,直逼大都。可惜其孤立无援,败于柳林(北京通县),被迫退师济南。至正十九年(1359)四月,赵君用失淮安,奔山东杀毛贵。七月,毛贵部将续继祖又杀赵君用。山东红巾军自相残杀,至正二十一年(1361),终被察罕帖木儿养子扩廓帖木儿所镇压。

中路军由关先生(关铎)、破头潘(潘诚)、冯长舅、沙刘二等率领,于至正十七年(1357)九月越太行山入山西。至正十八年(1358)二月,毛贵曾遣其部将王士诚、续继祖等与中路军汇合,计划与东路军合击大都,但未能实现。中路军转攻晋北,经河北北部,进克上都,占领辽阳。至正十九年(1359)十一月,他们进入高丽,关先生、沙刘二战死。至正二十二年(1362),破头潘率余众退守辽阳,旋亦被俘。

至正十八年(1358)五月,刘福通攻占汴梁(河南开封),并以此为都。这时,宋政权虽然兴旺,但由于三路北伐相继失利,形势逆转。至正十九年(1359)八月,汴梁失陷,刘福通护送韩林儿逃奔安丰(安徽寿县)。至正二十三年(1363)二月,张士诚遣其部将吕珍攻安丰,朱元璋派军救出韩林儿、刘福通,将其安置于滁州(今属安徽)。至正二十六年(1366)二月,朱元璋派部将廖永忠迎韩林儿、刘福通至应天(南京),途径瓜步(江苏六合)时将他们沉水溺死。宋政权亡。

5. 南方农民军的兴衰

南方红巾军在高邮之役后，开始重建政权。至正十五年（1355）正月，徐寿辉部将倪文俊在沔阳大败元军，连克武昌、汉阳等地。至正十六年（1356）正月，天完政权以汉阳为都，徐寿辉仍以邹普胜为太师，倪文俊为丞相，改元太平。后连克今湖南、安徽、湖北等地，巢湖水师赵普胜也归天完，沿江连克诸州郡。至正十七年（1357）九月，倪文俊图谋杀徐寿辉篡位，未果，反被部将陈友谅杀死。

陈友谅夺得兵权，重点进攻东南。至正十八年（1358）初，他与赵普胜合兵克安庆，率军占领今江西、福建许多地方。于是两湖、两广、闽浙之地大部分为天完政权所有，天完政权成为南方所有队伍中拓地最广、实力最强的一支。

陈友谅的权力欲很强。他首先杀害天完骁将赵普胜，并于至正十九年（1359）底逼迫徐寿辉徙都江州（九江），伏杀徐寿辉部属，自称汉王。次年五月，陈友谅挟持徐寿辉进攻朱元璋军于太平（安徽当涂）。闰五月，陈友谅杀害徐寿辉于采石（安徽当涂北），称帝，改国号为大汉，年号大义。结果"其将士皆离心，且政令不一"①，赵普胜和徐寿辉的部将纷纷投奔朱元璋。陈友谅进军应天，在龙湾（南京西北）大败，逃回江州。至正二十一年（1361）八月，朱元璋攻占江州，陈友谅奔武昌。至正二十三年（1363），在鄱阳湖大战中陈友谅兵败身亡。

天完部将明玉珍于至正十七年（1357）奉命出兵占领重庆，被徐寿辉任命为陇蜀行省参政。他以后连克嘉定、成都、隆庆、潼川，尽有四川之地。陈友谅篡权后，明玉珍宣布独立，于至正二十一年（1361）称陇蜀王，又于至正二十三年（1363）正月称帝，改元天统，势力达及陕西和云贵地区。至正二十六年（1366）春，明玉珍病死，子明昇即位，年仅10岁。

6. 朱元璋的崛起和元朝灭亡

朱元璋，濠州钟离（安徽凤阳）太平乡孤庄村人，贫苦农民家庭出身。至正四年（1344）春，淮河流域瘟疫流行，他的父、母、长兄相继身亡，他入皇觉寺为僧。至正十二年（1352），投奔红巾军郭子兴部，先为亲兵，以战功升为总兵，郭子兴并将养女马氏嫁给他。至正十五年（1355）郭子兴病死，他任左副元帅，收降部分巢湖水师，渡长江东进。至正十六年（1356），朱元璋为大

---

① 《明太祖实录》卷九，江苏国学图书馆影印本。

元帅,统郭子兴旧部,攻占集庆(江苏南京),宋政权任命他为江南行省右丞相。当时他处于张士诚、陈友谅两雄夹攻之下,但朱元璋却屡败张、陈。他注意延揽人才,并采纳皖南儒士朱升"高筑墙,广积粮,缓称王"①的建议,制定正确的战略方针,将势力扩展至今苏、浙、皖、赣等地。

至正二十三年(1363),陈友谅特制楼船数百艘,称兵60万包围洪都(江西南昌)。守将朱文正死守85天,使朱元璋赢得时间,亲率20万大军来援,在著名的鄱阳湖水战中,陈友谅大败,中流矢而亡。至正二十四年(1364)正月,朱元璋称吴王。二月,朱元璋率水陆大军征武昌,陈友谅子陈理投降,汉政权灭亡。

至正二十六年(1366)五月,朱元璋发布《平周檄》,揭露张士诚的诸多罪状。张士诚在高邮战役后,南下占领平江(江苏苏州)为都,长江三角洲富庶之地尽为其有。朱元璋在集庆,双方临镇江(今属江苏)对峙。张士诚屡战屡败,投降元朝,被封为太尉。张士诚志在良田美宅,生活腐化堕落。从至正二十年到二十三年(1360~1363),张士诚出粮,方国珍出船,他们每年海运粮食11万石至13万石,到大都支持元朝,处处与红巾军为敌。是年八月,朱元璋命徐达、常遇春率师20万进攻张士诚。十一月,包围平江。吴元年(1367)九月,城破,张士诚被俘,自缢死。

吴元年(1367)九月,朱元璋分两路进攻割据浙江台、温之地的方国珍。十一月,方国珍降。同月,朱元璋又派军南下福建,平定陈友定。陈友定本为驿卒,因效忠元朝、袭击红巾军有功,被任命为福建行省平章,占有闽中八郡。明洪武元年(1368)正月,陈友定被俘,福建平定。

高邮之战时顺帝贬死脱脱后,元朝大权落入哈麻兄弟之手。哈麻谋废顺帝,立皇太子爱猷识理达腊。事泄,哈麻被杀。朝廷内部以御史大夫老的沙为一方,外结答失八都鲁之子孛罗帖木儿,支持顺帝;以右丞相搠思监、宦官朴不花为一方,外结扩廓帖木儿,支持皇太子;统治集团内讧不已。

至正二十八年(1368)正月,朱元璋在应天(由"集庆"改)称帝,国号大明,建元洪武。是年七月,明军在徐达率领下兵抵大都,顺帝妥懽帖睦尔等北奔上都。八月,明军入大都,元朝灭亡。

---

① 《明史·朱升传》,中华书局1974年版。

第三节　元朝的基本典制

一、政治体制

1. 中央官制

忽必烈即位后,借鉴金朝制度,在中原士人帮助下全面推行"汉法",同时也保留某些蒙古制度,逐步建立了新的中央集权制的统治体系。有元一代的典章制度基本上奠定于世祖忽必烈朝。

首先是确立皇帝在全国的最高统治地位,在政治上加强中央集权。元朝中央机构主要由中书省、枢密院和御史台构成。

中书省"总政务",成立于中统(1260~1263)初年,以后逐步完善。其长官,以皇太子为中书令,设右丞相、左丞相各一员,平章政事四员,右、左丞各一员,参知政事二员。蒙古俗尚右,以右丞相、右丞居左丞相、左丞上。自中书令至参知政事均称"宰执"。中书省下设吏、户、礼、兵、刑、工六部。

至元七年(1270)曾立尚书省,总领国政。至元九年(1272),罢尚书省,权仍归中书省。到至元后期和武宗至大(1308~1311)年间,又两度立尚书省,主全国财政,旋罢。

枢密院"秉兵柄",始立于中统四年(1263)。凡"天下兵甲机密之务,凡宫禁宿卫、边庭军翼、征讨戍守、简阅差遣、举功转官、节制调度,无不由之"①。设院使(由皇太子兼任)、知院、同知、副使、佥书枢密事等职。

御史台"司黜陟",始建于至元五年(1268)。长官有御史大夫、御史中丞、侍御史、治书御史等。

此外,还有掌管全国宗教及管理吐蕃地区军政的宣政院,治理诸王、驸马、投下蒙古、色目人刑名公事的大宗正府,掌全国农田水利的大司农司,掌全国驿站的通政院等。除翰林院外,另设蒙古翰林院。除国子监外,另有蒙古国子监、回回国子监等。

2. 地方政区及官制

蒙古建国之初,只有军事建制,以军事将领管理地方政务。占领金朝地域后,用金制任命降蒙的汉族儒士和官吏管理地方。到太宗窝阔台时,耶律

---

① 《元史·百官志》。

楚材提出《便宜十八事》，主张"郡宜置长吏牧民，设万户部军"，地方遂有长官之设。金朝灭亡后，窝阔台命失吉·忽秃忽为中州断事官，设燕京行尚书省，统治汉地，其下设 20 余道（路）。蒙哥时期，除蒙古本土外，分全国为燕京行尚书省、别失八里等处行尚书省、阿母河等处行尚书省三大行政区。

忽必烈即位后，设十路宣抚司为地方最高行政机构。又委派官员到各地署事，行使中书省职权，简称行省。其后，行省逐渐成为固定的常设机构。全国除"腹里"（今河北、山东、内蒙、山西）直隶中书省、吐蕃由宣政院管辖外，专置岭北、辽阳、河南、陕西、四川、云南、甘肃、江浙、江西、湖广、征东等行省。行省以下分设路，路下设府，府下是州，州下是县，路、府、州、县都设置达鲁花赤（蒙古语，意为"镇守者"），掌管并监察辖区的行政。元在边远地区分道设宣慰司。宣慰司及其所辖机构，参用当地土官。行省制度后来长期被沿用，其影响于今尚存。

御史台在地方分设有江南行御史台（"南台"）和陕西行御史台（"西台"），中台和行台下面再设置若干道肃政廉访司（元初称"提刑按察司"）。

在遇有战争或镇抚需要的情况下，枢密院可在有关地区分设行枢密院（"行院"）。

元朝政府还在许多中央和地方军政机构中普遍设"达鲁花赤"一职，一般由蒙古人和色目人担任，主要进行监控。

二、军事和法律制度

1. 军事制度

元朝在全国遍驻军队，"以蒙古军屯河洛、山东，据天下腹心。汉军、探马赤军戍江、淮南，以尽南海。而新附军（原宋军）亦间厕焉"[①]。其军队分为两大系统。戍卫京师大都和上都的是宿卫系统，镇守全国各地的是镇戍系统。

宿卫军由怯薛军和侍卫亲军组成。怯薛军初建于成吉思汗即大汗位后，元朝建立后依然保留，用以充任列值禁庭的保卫侍从。他们备受优遇，成为元朝高级军政官员的主要来源。侍卫亲军用以保卫京畿，主要由蒙古

---

① 《元文类》卷四一《经世大典序录·政典总序·屯戍》，《四部丛刊》初编本，商务印书馆 1929 年刊行。

军和阿速、钦察、康里、哈刺鲁、回回军等组成,隶属于枢密院。

全国各地的镇戍军,腹里主要由蒙古军和探马赤军①来戍守,隶属于枢密院。南方以蒙古军、汉军(北方金境内签发的军队)、新附军相参驻戍。行省也有各自所辖的镇戍诸军。各地驻军都还设有屯田。

此外,又有女真军、契丹军、高丽军、辽东乣军、福建畲军、云南寸白军等,皆不出戍,称"乡兵"。

元朝实行军民异籍、军民分治的政策,使军职不得干预民事。虽然它在一定程度上保留了军职世袭制,但军队的调遣和军官的任命都由枢密院直接掌管,还是能够保证政治上的统一不被干扰和破坏。

2. 法律制度

成吉思汗在建立蒙古国后,发布了一系列札撒(法令)。1219年又重新确定了札撒、约孙(古代相传下来的习惯法)和训言,用蒙文记录成卷,定为《大札撒》,作为吏民遵行的守则。

进入中原汉地后,蒙古基本上参用金朝《泰和律》来量刑。元朝建立后,禁用《泰和律》,判狱量刑主要根据已断的案例来比附定刑。其余立法行政,则以诏令、条格(指皇帝裁定或由中书省等有关中央机构颁发的各种政令)为依据。因此它的法制体系主要是由因时立制和临时制宜等陆续颁发的各种单行法来构成。至元二十八年(1291)颁布的《至元新格》,所收法律不很完备。到成宗时,曾规定由各地官府抄集中统以来的律令格例,以作为官吏行政的依据,《元典章》就是地方胥吏汇抄法令的一种。仁宗时,才下令将历朝颁布的有关法令文书加以增删,汇辑成《大元通制》。

元朝法律大体上按前代"同类自相犯者,各从本俗法"②的原则处理。从维护统治阶级利益出发,它表现为种种不平等的规定。如地主殴死佃客只杖一百七,征烧埋银(丧葬费)50两;主人故杀无罪奴婢只杖八十七;奴婢殴骂其主,主殴伤奴致死者,免罪。刑法中所规定的民族不平等条款和内容尤其明显。

3. 四等人制

蒙古统治者为保持其特权地位,推行民族压迫和民族分化政策。根据

---

① "探马赤"为蒙古语,意为探马官。对"探马"一词说法不一。有的认为即汉语探马,指先锋;也有的认为即突厥语"达摩支"(达官)、契丹语"达马"(扈从官)。它初由蒙古五投下部族组成,后有所扩大,汉人、色目人亦有为探马赤军者。

② 《元史·刑法志》。

不同民族和被征服时间的先后,蒙元王朝把全国各族人口分为蒙古、色目、汉人、南人四等。

第一等蒙古人为元朝之"国族"。据陶宗仪《南村辍耕录》载,蒙古人共有72种氏族(其中不少因同名异译而重复,也有误入或漏列者),来源是漠北地区的蒙古各部。第二等为色目人。"色目"意为"各色名目",即种类繁多之意。其种族统计数量不一,主要指当时西域、中亚、西亚乃至欧洲的各民族,常见的有唐兀、乃蛮、汪古、回回、畏兀儿、康里、钦察、阿速、哈剌鲁、吐蕃等。第三等为汉人,指淮河以北原金朝统治下的汉、契丹、女真等族和较早被蒙古征服的今云南、四川地区的各族民众以及高丽人。第四等南人,指原南宋统治下的汉族和其他各族。

四等人在法律和其他权利上是不平等的。法律规定:蒙古、色目人殴打汉人、南人,后者不得还手。如果蒙古人打死汉人,只征烧埋银和到边疆出征。四等人在量刑的轻重不同,也分属不同的机构来审理。在官吏任用上,汉人、南人不得任中书省丞相(中统初曾用史天泽、耶律铸为相,以后则不授予汉人);枢密院长官则无一汉人担任。御史台长官非国姓不授,各级达鲁花赤按规定由蒙古人担任,但也有部分色目人充任。科举取士四等人平均分配,但因汉人和南人的绝对数量大,所以实际上严重压制了他们的政治权利。而且,考试程式对汉人、南人也特别严格。此外,还有许多限制汉人、南人持兵器、铁器及狩猎、结社、聚会、娱乐等歧视性的规定。在征敛上各族也有很大不同。如括马,规定蒙古人不取,色目人取三分之一,而汉人和南人则全取。

三、赋役制度

窝阔台即位后,朝中曾经发生过一次关于"汉法"和"旧俗"的争论。蒙古大臣别迭提出:"汉人无补于国,可悉空其人以为牧地。"契丹贵族耶律楚材则批驳说:"陛下将南伐,军需宜有所资,诚均定中原地税、商税,盐、酒、铁冶、山泽之利,岁可得银五十万两、帛八万匹、粟四十万石,足以供给,何谓无补哉?"①

大汗窝阔台命耶律楚材试行之。耶律楚材奏立燕京等十路课税所,专掌征收钱谷事。1231年,窝阔台至云中(内蒙古托克托),各路所征收的金

---

① 《元史·耶律楚材传》。

银、财帛、米粟陈列于庭中,窝阔台大喜,他才真正懂得实行"汉法"的好处①。蒙古族统治者通过实践终于认识到,用中原原有的剥削方式比强制推行游牧方式对自己要有利得多,而且只有如此才能维持自己在中原的统治。

1235年灭金后,各路同时编籍户口,总数110多万户,称为"乙未户籍"。在此基础上,蒙古政权制定了地、户、丁三种课税并存的赋税制度。它包括:

地税——上田每亩3升,中田每亩2升半,下田2升,水田5升。凡田多人少者按地税计。

丁税——验民户成丁之数,每丁纳2石,驱丁(奴婢)5升,新户则丁、驱各半,老、幼不纳税。凡田少人多者按丁税计。

户税——以户为单位缴纳科差,有丝料、包银两种。丝料之法始于1236年,其标准为:每两户出丝1斤缴给官府,每5户出丝1斤给受封之贵族,故称"五户丝"。包银之法始于1251年,初定每户出包银6两,后减为4两。其中2两输银,2两折收丝绢等物。

元世祖忽必烈即位后,维持旧制,但对数额有所调整:地税一律改为每亩3升,丁税每丁2石。各色户计分别按不同规定输纳丁税、地税中之一种。官吏、商贾纳丁税,工匠、僧道、也里可温、答失蛮、儒户等验地交地税,军户、站户占地4顷以内者免税,以外者纳地税。一般民户大多缴纳丁税。

在南方,元朝基本上承袭南宋旧例,征收夏、秋两税,以秋税为主。所征粮食也有一部分折钞,税额标准差别较大,夏税一般以秋税征粮额为基数,按一定的比率折输实物或钞币。江南也有科差,即户钞(相当于北方的五户丝)和包银,包银征收范围小、时间短。

此外,元代有岁课(山林川泽的特产,如金、银、竹木之类)、盐税、茶税、酒醋课、商税、额外课等。其中盐税收入的数额最大,约占全国钞币岁入的一半以上。以天历(1328~1330)年间计,一岁盐课就达到766.1万余锭②。另外还有杂泛差役。

---

① 《元史·耶律楚材传》。
② 据《元史·食货志·盐法》。

第四节　元代社会经济的发展

一、农业生产的恢复和进步

1. 元初的重农政策

战乱之后的元朝初年,政府采取重农政策。

由于长期的战争,人民遭杀戮,耕地变牧场,中原地区的农业生产遭到严重破坏。元世祖忽必烈时,东平人赵天麟就上疏说:"今王公大人之家,或占民田近于千顷,不耕不稼,谓之草场,专放孳畜。"①对于这种状况,元世祖采取了一系列恢复和发展农业生产的措施。

(1)在中央建立专门管理农业的机构——劝农司,负责指导、督促各地的农业生产,并以"户口增,田野辟"作为考课官吏政绩的主要标准。

(2)严禁乱占民田为牧地,清理豪贵侵占的农田,按籍"悉归于民"②。

(3)保护劳动力,不得变良民为奴婢。同时招集逃亡,鼓励开垦荒田。

(4)大力开展军民屯田。对农民减免税租,设置粮仓、常平仓,以赈济灾民,储备种子。

(5)兴修水利;编辑大型农书《农桑辑要》,推广先进生产技术。

通过这些措施,使元初的农业状况得到明显改善,逐渐走上正常轨道。

2. 耕地和人口增加

元代耕地不断扩大。北方因战争原因,原耕地抛荒严重,故大力开展屯田,尤以河北、山东、陕西一带为多。枢密院所管辖的河北军屯,垦田数达到1.4万余顷。洪泽万户府所辖屯田数,达到3.5万余顷。这时屯田范围远及各个边疆地区,中原的先进生产经验和技术被推广到边区,提高了当地的粮食自给率。据《元史·兵志》的不完全统计,时全国屯田面积达17.78万顷之多。南方的江淮、四川更为农垦发达地区,主要是开展围田、柜田、架田、涂田、沙田等形式,与水争田,同时用梯田来与山争田。

农田的垦辟与人口的增长互为促进。到至元十三年(1276)全国大部分地区被统一时,有9567261户,约4800万人口,比1200年左右金和南宋户

---

① 《续文献通考》卷一《田赋考》,商务印书馆"万有文库"二集《十通》合刊本。
② 《元史·食货志》。

口的合计数 20736037 户、81377236 口要少得多。但到至元三十年（1293）时，元朝已经达到 14002760 户，约 7000 多万口。当然由于元朝驱口、军户、站户不在民户之内，王公贵族隐占的人口也不少，其实际户口数当不止于此。但这已大体上与以前金和南宋相加的户口持平。

3. 粮食产量的增长

元代的农业生产技术较前有所提高。从王祯《农书》可知，元代的农业从天时季候、土壤地利，到选种、育种、用肥、灌溉、收获等各方面，都已达到一个新的水平。在农具的改进上尤其明显，如耕锄、镗锄、耘荡等中耕工具的品种数量，比宋代都有所发展。不单镰刀的种类增多，还创造了收荞麦用的推镰。水力机械和灌溉器具也大有改进，水轮、水砻、水转连磨等设计更趋完善，牛转翻车、高转筒车等大型水利设施已经开始使用。

农业技术提高，必然促进粮食产量的不断增加。在战争过程中遭受破坏最严重的关中、江淮、山东地区，粮食生产已有比较明显的恢复。元世祖时关中麦"盛于天下"①，关、陇、陕、洛则"年谷丰衍，民庶康乐"②。山西地方经几十年的恢复，"其民皆足于衣食，无甚贫乏之家"③。两淮地区的屯田收获甚丰，至元二十一年（1284），仅芍陂屯田就收获粳糯 2.5 万石；至元二十五年（1288）以荒闲田给贫民耕种，岁得谷粟数十万斛，故称"屯田之利，无过两淮"④。但这时北方大都等地的粮食供应仍严重依赖江南，每年需要海运大量江南粮食北上。

南方粮食生产在南宋的基础上继续提高。元代每年岁入粮 12114780 石，而江浙一省即达 4494783 石，占全部数量的三分之一强。

元代农业经济的进步，不仅表现在粮食增产上，更表现在经济作物的推广上。元代已经在全国范围内广泛种植棉花，其他新作物更层出不穷。除原来已传入中原的苎麻、西瓜、蚕豆等得到更广泛的种植外，这时由西域传入的回回豆、八担仁、必思答、菠菜、莙荙、蔓青、回回葱、马思答吉、咱夫兰（红花）、回回青等也处处皆见。一些地方特产，如福建的荔枝运销南北，甚至远销朝鲜、日本、大食等地。

---

① 王恽：《论范阳种麦事状》，《秋涧集》卷八六，《四部丛刊》初编本。
② 苏天爵：《韩永神道碑铭》，《滋溪文稿》卷十七，中华书局 1997 年点校本。
③ 余阙：《梯云庄记》，《青阳集》卷三，《四部丛刊》续编本。
④ 《元史·罗璧传》；《元史·兵志·屯田》。

二、棉花的种植和纺织业的发展

1. 棉花种植的普及

棉花古称木棉,又称吉贝(马来语转译)、白叠(波斯语转译)。早在汉武帝末,印度的亚洲棉就由东南亚传入海南;稍后,印度棉又经缅甸传入云南地区。非洲棉则由中亚传入新疆地区,再传入河西走廊。《梁书·西北诸戎传》:"高昌国,多草木,草实如茧,茧中丝如细纩,名曰白叠子,国人多取以为布。布甚软白,交市用焉。"高昌即今新疆之吐鲁番。棉花传入中国后,长期在边疆地区种植,未能广泛传入中原,但到宋时闽、广等地已开始种植。

从元代开始,棉花在内地广为种植。元代官修的《农桑辑要》介绍了苎麻和棉花两种作物普及种植的情况,称:"苎麻本南方之物,木棉亦西域所产。近岁以来,苎麻艺于河南,木棉种于陕右,滋茂繁盛,与木土无异。二方之民,深荷其利。"王祯《农书》亦称,木棉"其种本南海诸国所产,后福建诸县皆有。近江东、陕右亦多种,滋茂繁盛,与本土无异,种之者深荷其利"。两书还专门批评那些"托之风土,种艺不谨者"之言论,认为只要种植得法,南方各地皆宜于种植。两书还专门介绍了科学植棉之法。《农书》称:"木棉产自海南,诸种艺制作之法,骎骎北来。江淮川蜀,既获其利;至南北混一之后,商贩于北,服被渐广。"可见,元代的植棉技术已经得到了广泛推广。

元代棉花种植迅速发展,并且超过桑麻而成为中原纺织业的主要原料。至元二十六年(1289),元世祖忽必烈在浙东、江东、江西、湖广、福建等地设置木棉提举司,专门督课棉植,征收棉布。当时长江流域棉花种植很普遍,棉布生产也形成规模。由于元朝政府的大力推广,中国人的衣着原料开始发生巨大变化。

2. 棉纺织技术的改进

元代棉织技术的提高首先应归功于纺织专家黄道婆。黄道婆于宋朝末年生于松江府乌泥泾镇(上海华泾镇)的一个贫苦家庭,十二三岁时被卖做童养媳,不堪虐待,深夜逃入道观之中。后被一道姑带上海船,来到海南岛南端的崖州(海南崖城镇)。在此她虚心向黎族同胞学习,掌握了种棉、棉纺、染布的工艺技术。

元贞年间(1295~1297),黄道婆返回家乡松江后,推广和改进黎族的纺织技术,在当地"教以做造捍弹纺织之具",改进了从轧花到织布的一系列工具,推动了棉纺技术的进一步发展。王祯《农书》载,元中期有搅车、弹弓、卷筵、纺车、拨车、轷床、线架、织机等工具。黄道婆还向松江之民传授错纱、配色、综线、絜花等方法,产品有棉布织成的被、褥、带、帨(手巾)等,其上还有折枝、团凤、棋局字样。

棉布的印染技术也有了很大发展。到元末时,"松江能染青花布,宛如一轴院画,或芦雁花草尤妙。此出于海外倭国,而吴人巧而效之。以木棉布染,盖印也,青久沉亦不脱"①。由于黄道婆的努力,使乌泥泾这块原本土地贫瘠、民食不给之地,"人既受教,竞相作为,转货他郡",成为生活富裕之地。松江棉布也因而风靡全国,有谚语云"松郡棉布,衣被天下"。

3. 丝织业及其他

元代丝织业遍布全国。官造主要集中在建康(江苏南京)、平江(江苏苏州)、杭州、庆元(浙江宁波)、泉州等地,产品供皇宫、王府的装饰和宗室贵族官僚穿着之用,产量很高。如镇江府岁造缎5901匹,建康路仅东织造局一处,就岁造缎4527匹。这些产品花色繁多,如镇江府岁造丝织品中有纻丝、暗花、丝绸、胸背花、斜纹等诸多品种,有枯竹褐、秆草褐、明绿、鸦青、驼褐等颜色。在宋缂基础上发展而成的织金纻丝,其繁华细密超过缂丝。集庆官纱以轻柔薄软闻名。

民间丝织业多为家庭生产,杭州就有不少作坊,产品多为织金纻丝,品种繁多。嘉兴所产丝绸品种有绢、绫、罗、纱、水锦、刻丝、绸、缔、绮、绣、绺等。

在丝织业中使用雇佣劳动的现象已相当普遍。马可·波罗在《游记》中说,杭州"城有十二种职业,各业有一万二千户,每户至少有十人,中有若干户多至二十人四十人不等。其人非尽主人,然亦有仆役不少,以供主人指使之用"②。这说明早在元初,杭州已有不少使用雇佣劳动的手工作坊。元末时,徐一夔在《织工对》中所记载杭州的情况就更具典型性了:

> 余僦居钱塘之相安里,有饶于财者,率居工以织。每夜至二鼓,一唱众和,其声欢然,盖织工也。余叹曰:"乐哉!"旦过其处,见老屋将压,杼机四五具,南北向列,工十数人,手提足蹴,皆苍然无神色。进工问之曰:"以余观若所为,其劳也亦甚矣,而乐何也?"工对曰:"此在人心。心

---

① 孔齐:《至正直记》卷一《松江花布》,上海古籍出版社1987年版。
② 《马可波罗行纪》,冯承钧译,上海书店排印本,第570页。

苟无贪,虽贫,乐也;苟贪,虽日进千金,只戚戚尔。吾业虽贱,日佣为钱二百缗,吾衣食于主人,而以日之所入,养吾父母妻子。虽食无甘美,而亦不甚饥寒。余自度以为常,以故无他思。于凡织作,咸极精致,为时所尚,故主之聚易以售,而佣之直亦易以入。所图如此,是以发乎情者,出口而成声,同然而一音,不自知其为劳也。顷见有业同吾者,佣于他家,受直略相似。久之,乃曰:'吾艺固过于人,而受直与众工等,当求倍直者而为之佣。'已而,他家果倍其直佣之。主者阅其织,果异于人,他工见其艺精,亦颇推之。主者退自喜曰:'得一工,胜十工,倍其直不吝也。'"①

这条材料真实而典型地描写了元末杭州手工作坊的规模、生产状况和雇佣关系,说明了当时像这样规模的手工作坊是较多的。其特点是工人的劳动条件差、强度大;产品由作坊主作为商品向市场出售;作坊主和工人之间除了雇佣关系外,没有其他关系,工人可以自由选择作坊;工人的工资根据技术高低而"受值"。

除了用中原传统方法生产的丝织品外,从中亚传入的丝织品也很受欢迎。如纳失失,为中亚所产织金锦缎。元朝廷在别失八里(新疆吉木萨尔)、弘州(河北阳原)、荨麻林(河北万全)等地置局,由回回工匠制造。产品制成纳失失衣,专供朝廷在举行诈马宴②时穿用。

元代还从西域传入产于布花剌(乌兹别克斯坦布哈拉)的棉花布料撒答剌欺,并且官方专设撒答剌欺提举司,来生产这种产品。为了生产波斯出产的毛织速夫,就专设毛缎提举司。速夫是诈马宴中所规定的一种服饰"青速夫金丝阑子"的主要原料。

元代麻织业主要集中在北方。这时的生产工具有很大改进,中原地区用水转大纺车,一昼夜可纺织百斤麻布。山西使用的布机有立机子、罗机子、小布卧机子等多种,织布方法有毛郫布法、铁勒布法、麻铁黎布法等。山西麻布品种多,有大布、卷布、板布等。河南陈州、蔡州一带的麻布柔韧洁白,质量上乘。

---

① 《始丰稿》卷一,武林往哲遗著本。
② 诈马宴,即只孙宴(又译质孙宴),元代宫廷宴会。诈马,波斯语"衣"之意。因与宴者穿一色衣,故名。

三、边疆地区的开发

元朝的大统一和民族的大迁徙,为边疆民族地区的大开发创造了有利条件。

1. 西北地区的开发

元世祖忽必烈在平定浑都海、阿蓝答儿之乱前,宁夏因地震和兵乱种种原因,郡县废于兵,"土瘠野圹,十未垦一"。原来的水利设施相继于"兵乱之末,废坏淤浅"。叛乱平定后,朝廷派遣张文谦、郭守敬、董文用等去宁夏治理。

他们在这里大兴水利。唐来、汉延、秦家诸古渠,"因旧谋新,更立牐堰,高不逾时,而渠皆通利"。他们还在宁夏开展大规模屯田,其中从至元八年(1271)到二十六年(1289),先后向这里迁徙随州、鄂州民户,南宋新附军、塔塔里千户管军人户等,总计不下四五千户、数万人口。随着大批汉民迁到宁夏,先进生产技术也随之传播过去,这里得到大规模的开发,社会经济迅速发展。

2. 岭北行省的开发

岭北是元朝龙兴之地,这里的农垦事业发展很快。早在成吉思汗西征时,曾命克烈人镇海留守后方,总领所俘虏汉民万人,辟地屯田。镇海筑城于阿不罕山之北(蒙古科布多东南),因命名此城为镇海八剌哈孙(蒙古语"镇海城")。长春真人丘处机至此,见"城中有仓廪","有汉民工匠络绎来迎"①。

到窝阔台时期,农垦规模进一步扩大,和林地区也开始耕垦田地,并种植粮食蔬果②。1247年张德辉在怯绿连河(克鲁伦河)上游见到有大批汉民在此耕种,而和林川西北的忽兰赤斤之地,"乃奉部曲民匠种艺之所"③。

元朝建立后,对岭北行省更为重视,屯垦的范围远抵益兰州(叶尼塞河上游唐努山北麓)、谦谦州(叶尼塞河上游乌鲁克穆河与克穆齐克河一带)、吉利吉斯(谦谦州以北)等地。元世祖时,刘国杰曾在征讨昔里吉叛乱后,留

---

① 《长春真人西游记》卷上,海宁王静安先生遗书本;许有壬:《圭塘小稿》卷十《怯烈公神道碑》,三怡堂丛书本。
② 《世界征服者史》,内蒙古人民出版社1981年中译本,上卷,第249页。
③ 张德辉:《纪行》,见王恽《秋涧集》卷九四《玉堂嘉话》,《四部丛刊》初编本。

下部分汉军屯戍镇海、和林,开辟更多农田①。刘好礼在益兰州时,"请工匠于朝,以教其民"②。姚天福见当地居民"鲜知稼穑",乃"教以树艺,皆至蕃富"③。

元成宗十分重视和林以北地区的屯田,按照和林宣慰司副使郭明德的建议,"每军抽步士二人屯田,以供兵士八人之食"④。武宗时继续在和林屯田,仅至大元年(1308)收获的粮食就达到9万余石⑤。

蒙古地区的手工业生产也有了明显的发展。蒙古人传统的手工业是制造弓箭、鞍具、车帐、皮革和搅马奶酒、制乳酪等,这些生产依然以家庭副业的形式开展。由于许多中原和西域的工匠被俘虏来到漠北,他们服役于诸王、贵族和官府的手工业作坊中。据1254年抵达和林的法国传教士鲁卜鲁乞的记载,当时和林的汉人几乎都是工匠⑥,还有大批来自中亚、波斯、斡罗思和欧洲的工匠。元政府还在上都设立了官手工业局院,制作金银、皮毛、毡、铁、鞍等器物。每一局大者有工匠上千户,小者亦有百户以上。

3. 西南地区的开发

元朝为了开发西南地区,委派回回政治家赛典赤·赡思丁到云南出任第一任行省平章。赛典赤十分注意发展农业经济,提倡兴修水利,"下车之日,立州县,均赋役;兴水利,置屯田"⑦。其后张立道出任巡行劝农使,"其他有昆明池,介碧鸡、金马之间,环五百余里。夏潦暴至,必冒城郭。立道求源泉所自出,役丁夫二千人治之,泄其水,得壤地万余顷,皆为良田"⑧。

元政府还将数以百万计的汉民移居云贵地区,有组织、有计划地开展屯田。云南所辖军民屯田有威楚、大理、金齿、鹤庆、武定、中庆、曲靖、乌撒、临安、梁千户、罗罗斯、乌蒙等12处,屯田户2万左右,屯田达50万亩。他们将中原地区先进的生产工具、生产技术和经验传播到西南,促进了该地区社会经济的进步。

---

① 《元史·刘国杰传》。
② 《元史·刘好礼传》。
③ 《元史·姚天福传》。
④ 苏天爵:《滋溪文稿》卷十一《郭明德神道碑》。
⑤ 《元史·武宗纪》。
⑥ 道森编:《出使蒙古记》,中国社会科学出版社1983年版,第203页。
⑦ 《云南志略》,云南人民出版社1980年版。
⑧ 《元史·张立道传》。

边疆地区的开发,有力地促进了全国经济水平的整体提高,使一些文化后进的民族在与其他民族交往的过程中加快步伐,实现各民族的携手共进。

四、商业与海外贸易的发展

1. 元代的钞法

蒙古进入中原后,曾于1236年仿照金朝钞法发行交钞,各路地方政府也曾发行过地区性的纸钞。元世祖即位后,于中统元年(1260)正式发行中统元宝交钞,面值为十文、二十文、三十文、五十文、一百文、二百文、三百文、五百文、一贯文、二贯文共10等。钞一贯为一两,五十贯为一锭,百文为一钱,十文为一分。以银为本,法定比价是中统钞二贯等同白银一两。

至元二十四年(1287)又发行至元宝钞,分二贯至五文共11等,每一贯当中统钞五贯。武宗时改印至大银钞,分二两至二厘共13等,每两相当于至元钞五贯、中统钞二十五贯,仁宗即位后罢至大钞。顺帝至正十年(1350)实行变钞,于是钞法日坏,民间渐不通行交钞。

原来元代钞法管理严格,有专门的主管机关(诸路交钞提举司)、兑换机关(交钞库、行用库)和印钞机构(印造宝钞库、印造局),对发行交钞和昏钞(坏烂的纸钞)管理甚严,凡印造伪钞者一律处死。故其初期颇有信用,对促进经济交流和商业发展也有一定作用。但至元中期以后,印钞量逐年增加,并已开始动用钞本①。武宗即位仅两年,即借支钞本千余锭,于是发行至大银钞以弥补亏空,对人民进行蛮横掠夺。以后各帝均大量印造宝钞。滥发纸币的结果,对社会经济的发展又起了严重的破坏作用。

2. 境内商业贸易的活跃

元政府对国内的商品经营采取不同的政策。对部分金、银、铜、铁器和盐等物品,由政府直接垄断经营。对茶、铝、锡及少量的盐等物品,由政府转卖给商人经销。对部分金、银、铁矿业以及酒、醋、农具、竹木等物品,由商人和手工业主自己经营,但政府要抽分。天历年间(1328~1330),仅盐课钞每年的收入就达766.1万余锭,约占全国财政收入的一半。

贵族、官吏和寺院常依靠特权从事经商活动。早在成吉思汗时,蒙古大汗和后妃、诸王等贵族常常通过回回商人代为经营。元代的回回商人十分活跃。如中统年间(1260~1263),燕京路有回回人户2953户,"于内多系富

---

① 钞本,即纸钞的本金。元代有丝、银、金等本,钞法规定纸钞可以兑换钞本。

商大贾势要兼并之家,其兴贩营运百色,侵夺民利,并无分毫差役"①。蒙古贵族和大臣也有经商的,如顺帝时右丞相马札儿台就在通州置榻坊,进行开酒馆、糟房卖酒和贩运长芦、淮南盐等②商业活动。

回回商人还控制斡脱钱③的发放权,年息高达百分之百,次年就息转为本,1锭银10年后本利达1024锭,人称"羊羔息"。政府还专门设置斡脱局、斡脱府等官衙,从事斡脱贸易。更有甚者,元太宗时回回商人奥都剌合蛮,担任提领诸路课税所的官职。他"扑买"(即承包)中原银课达4.4万锭,比原课额高出一倍。此系包税制,即承包国家固定额度的税收,然后对所承包范围随意征课,多出的归入私囊。这对于社会经济和普通民众的危害甚大。

民间的汉族商人也很活跃。特别是运河开通后,大宗的粮食、绸缎、棉布、陶瓷器、海外特产等源源不断地北运,他们往来于南北各地经商。有的汉族商人还深入到边远地区贩卖。政府对民间贸易收取的商税比率,一般是三十取一,即使如此天历年间(1328~1330)的商税还高达93万余锭。

3. 海外贸易的扩展

元政府直接控制海外贸易。至元年间(1264~1294)曾先后在泉州、庆元、上海、澉浦(浙江海盐)、温州、杭州、广州设过市舶司,至治二年(1322)后定为泉州、庆元、广州三处市舶司。政府还专门制订了《市舶法则》23条,规定市舶抽分:粗货十五分取一,细货十分取一,另纳舶税三十分取一;外国商船也依例抽分。从事外贸的形式有政府通过市舶司直接经营和官本商办等多种,也有贵族官僚和民间商人经营。如海道万户朱清、千户张瑄因直接掌握海船,从事外贸活动获得巨利,"田园宅馆遍天下,库藏仓庾相望"④。民间因对外贸易致富的有嘉定沈氏、朱氏、管氏和澉清杨氏、杭州张氏等。

与中国有贸易关系的国家和地区很多。据汪大渊《岛夷志略》载,中国商人从海道发展贸易关系的东南亚、南亚、西亚、东非等国家和地区达97个。自庆元(浙江宁波)到高丽、日本的贸易活动也很频繁。与广州有贸易关系的国家和地区,据陈大震《南海志》统计,达140多个。陆上贸易,主要是通过钦察汗国与克里米亚和欧洲各国建立联系,通过伊利汗国与阿拉伯

---

① 王恽:《为在都回回户不纳差税事状》,《秋涧集》卷八八。
② 权衡:《庚申外史》,学津讨原本。
③ "斡脱"为突厥语ortag的译音,意为合伙。结队的商帮自称"斡脱"。回回商人因替蒙古贵族经商放债,蒙古人即以"斡脱钱"称之。
④ 陶宗仪:《南村缀耕录》卷五《朱张》。

国家进行交往。

中国出口的物资有生丝、花绢、缎绢、金锦、麻布、棉布等织品,有青白花碗、花瓶、瓦盘、瓦罐等陶瓷器,有金、银、铁器、漆盘、席、伞等日用品,有水银、硫黄等矿产品,有白芷、麝香等药材。从亚洲各国进口的商品以珍珠、象牙、犀角、玳瑁、铝石、铜器、豆蔻、檀香、木材、漆器等为主。

海内外贸易的发展,促使元代的城市经济进一步趋向繁荣。大都号称"人烟百万",城内有米市、铁市、皮毛市、马牛市、骆驼市、珠子市、沙刺(珊瑚)市等。马可·波罗说,仅丝一项,每日入城者就有千车。两宋以来形成的商业都市在元代又有进一步的发展,以沿海港口发展最快。如泉州自宋以来成为中国主要的外贸港口,到元代地位更加重要。摩洛哥旅行家伊本·白图泰说:"该城的港口是世界大港之一,甚至是最大的港口。我看到港口内停有大䑸克约百艘,小船多得无数。"①太仓(今属江苏)原是居民鲜少的小城镇,由于海运的开展,曾设庆元市舶分司,致外商云集,号称"六国码头"②。

五、发达的水陆交通

1. 运河的开凿

元朝以前,南北运河基本上仍是隋炀帝时所开运河的走向,迂回曲折,不便通行。为了使河运通畅,由江南直达京师大都,元政府决定重新开凿沟通中原南北的大运河。至元十八年(1281),首先开凿济州河:北起汶水,南至徐州,以衔接扬州至淮河的扬州运河(即隋之"山阳渎")。然后在至元二十六年(1289),凿成会通河:南起东平路须成(山东东平)西南之安山,经东昌路(山东聊城),西北至临清,达于御河,全长 250 余里。最后在至元二十八年(1291),都水监郭守敬主持修凿通惠河:引大都西北之白浮、瓮山诸泉水,起昌平白浮村,至西水门入都城,由东南出文明门,东至通州高虎庄入白河,全长 164 里。至此,南北大运河全线凿成。

元代新运河的开凿,进一步为南北交通和物资交流提供了便利条件,至是"江淮、湖广、四川、海外诸番土贡、粮运、商旅、懋迁,毕达京师"③。

---

① 《伊本·白图泰游记》,马金鹏中译本,宁夏人民出版社 1985 年版,第 551 页。
② [明]弘治《太仓州志》卷一《沿革》,太仓旧志五种本。
③ 《元名臣事略》卷二《淮安忠武王》引《野斋李公文集》,中华书局影印本。

2. 海运的开始

中国古代自秦汉以来即有海运,但"用之于足国,则始于元焉"①。至元十三年(1276),伯颜下临安,取南宋库藏图籍。由于这时两淮地区尚为宋有,物资不能通过运河北至大都,遂招亡命海上的朱清、张瑄自崇明入海道运往直沽,然后再转至大都。此为元代大规模海运之始。

之后,朱清、张瑄三次开辟海道。

至元十九年(1282),他们自刘家港(江苏太仓)北经崇明入海,沿海门黄连沙头和万里长滩开洋,沿海山屿北行,历东海(江苏连云港)、密州、胶州(山东胶县)沿海,放灵山洋(青岛以南)②,至成山(山东半岛东端),再西航入渤海,沿界河(海河)至杨村码头(天津武清),航程13350里。

至元二十九年(1292),朱清、张瑄又开辟一条绕过沿岸沙滩的新航线:自刘家港至三沙、洋子江(长江北口)过万里长滩,放大洋至青水洋,经黑水洋至成山、刘岛,至芝罘、沙门二岛(山东烟台北),放莱州(山东掖县)大洋,直抵界河口(天津大沽)。

至元三十年(1293),海运千户殷明略自刘家港入海,至崇明三沙放洋东行,入黑水洋,至成山转西,经刘家岛、登州(山东蓬莱)沙门岛,于莱州大洋入界河,更为便捷。

元代开辟海运是中国古代海运史上划时代的大事,此后海运粮食以天历三年(1329)最多,达3522163石。作为元代政治中心的大都,因地理位置偏北而带来粮食和物资供应困难、不敷需求的问题,至此得到有效解决。

3. 驿站与急递铺

元代疆域辽阔,中央与地方、内地与边疆需要通过便捷的交通加强联系。而驿站制度的完善基本上满足了这种需要。元代四通八达的驿道,以大都为中心,东连高丽,东北至奴儿干(俄罗斯特林),北抵吉利吉思,西通伊利、钦察两汗国,西南达乌斯藏,南接安南、缅国。共设驿站约1500处。驿站有水陆之分,陆站用马、牛、驴、车,辽东有狗站。驿站设驿令、提领管辖,有大批站户供役。

与驿站相辅而行的有急递铺,是为转送朝廷和地方州郡紧急文书而设立的。每10里、15里或20里设一急递铺,每铺设兵5名,10铺设一邮长。

---

① 丘濬:《大学衍义补》卷三四《制国用·漕輓之宜下》,京华出版社1980年版。
② 放洋:谓船只离开港口经远洋航行到国外,亦指乘船出海。

京师有总急递铺提领所。

第五节 元代的文化与科技

一、文学和艺术

1. 元曲

元代的文学艺术有很高的成就,最突出的是元曲和南戏,曾先后出现过非常繁荣的局面。元曲包括杂剧和散曲,而杂剧以其艺术上的创造性、内容上的现实性,成为这一时期文学艺术的代表。

杂剧是由中国历代歌舞艺术、讲唱伎艺长期发展而形成的一种新的戏曲形式,始于两宋,盛于元朝。它是在南杂剧、金院本和诸宫调的基础上逐步形成的。

杂剧把歌曲、宾白、舞蹈结合在一起,成为一种艺术。文以歌曲(唱)为主,唱词由同一宫调的套曲组成,句尾入韵。宾白(白)与舞蹈动作(科)加以配合。一本剧通常分为四折(四幕),剧前或两折之间可加"楔子"。曲词一般由一名演员(男称"正末",女称"正旦")演唱。

元杂剧见于名目的约有 600 种,现存 200 多种。杂剧作家有 200 人左右。前期著名作家有关汉卿、王实甫、白朴、马致远、康进之、高文秀等,活动中心在大都。他们的主要作品有关汉卿的《窦娥冤》、王实甫的《西厢记》、马致远的《汉宫秋》、白朴的《墙头马上》等。后期作家有郑光祖、乔吉、宫天挺、秦简夫等,活动中心在杭州。他们的主要作品有郑光祖的《倩女离魂》等。关、马、郑、白被誉为"元曲四大家",女真人李直夫的《虎头牌》也很有特色。

杂剧的题材相当广泛。有反对官府、追求婚姻自由以及历史故事等各方面的内容,也有不少内容反映了少数民族的生活,例如回族的《老回回探狐洞》等。

散曲起源于民间小曲和少数民族音乐,分小令、带过曲、套曲三种基本格式。前期散曲家有关汉卿、马致远、卢挚等,后期有张养浩、刘致、张可久、乔吉等。蒙古人阿鲁威,女真人奥敦周卿、王景,畏兀儿人贯云石,回回人萨都剌、马九皋、阿里西瑛、丁野夫等,都是当时著名的散曲家。

2. 南戏和诗词

南戏原是浙江温州一带的地方戏。明朝祝允明说:"南戏出于宣和之后,南渡之际,谓之温州杂剧。"①它在元初比较衰落。到了元后期,因杂剧由盛转衰,南戏反而得到进一步发展。它不像杂剧那样在折数、宫调上有严格规定,而是押韵、宫调都比较自由,登场演唱的角色可生可旦,声腔也发展成昆山、海盐、余姚、杭州、弋阳等多种。现存元代南戏剧本16种,仅有片断的119种,存目33种。南戏以高则诚的《琵琶记》艺术成就最高,《荆钗记》、《白兔记》、《拜月亭》、《杀狗记》被称为"四大传奇"。

元代诗词没有突出的创新和成就。虞集、杨载、范梈、揭傒斯被称为元诗"四大家"。萨都刺的诗词风格豪迈,有人评价"其诗诸体俱备,磊落激昂,不猎前人一字"②。元后期诗人有杨维祯、王冕、迺贤等。杨维祯的七古歌行求新追异,竹枝词清新通俗。王冕诗深刻地反映了当时的社会矛盾,如《江南妇》、《伤亭户》等。哈剌鲁人迺贤的诗歌多反映劳动人民痛苦,如《新乡媪》、《颍州老翁歌》等。

3. 书 画

元代绘画和书法的成就突出。元代不设画院,因此画家摆脱了南宋画院的形式主义习气,逐渐形成挥洒淋漓的写意派风格。前期画家以赵孟𫖯(字子昂,号松雪)最著名,世称"赵体"。后期画家有黄公望、王蒙、倪瓒、吴镇,称"元画四家"。元代涌现了一批少数民族的著名书画家。如回回人高克恭(字彦敬,号房山)善画山水、墨竹,时人将他与赵孟𫖯相比,称"近代丹青谁最豪,南有赵魏北有高"③。康里人巎巎,善真行草书。龟兹人盛熙明著有《书法考》8卷。

元代壁画盛行。除敦煌、安西榆林窟(万佛峡)等地保存的元代壁画外,北方许多古寺庙里也有不少尚存遗迹。如山西洪洞广胜寺明应王殿内的元代壁画,十分生动地描绘了元代杂剧的演出情况。山西永济永乐宫壁画,在中国古代绘画史上占有重要地位。其中三清殿的《朝元画》,是一套表现人们朝谒道教最高尊神元始天尊的壁画,人物计286个,造型饱满,表情生动,技法臻于成熟。

---

① 祝允明:《猥谈》。
② 转引自陈垣:《元西域人华化考》卷四《回回教世家之中国诗人》,励耘书屋丛刻本。
③ 张羽:《临房山小幅感而作》,《静居集》卷三,《四部丛刊》三编本。

二、史学和哲学

1. 史学

浙江天台人胡三省，以毕生精力撰成《资治通鉴注》。他不仅对司马光的史学名著《资治通鉴》做了很有史学价值的校勘、解释、考证，并对其中所涉史事多有评论。他在评论中，或直言不讳地表达对故国宋朝的哀痛，或隐晦曲折地抨击元朝的统治。读《资治通鉴》不能不读胡三省的《资治通鉴注》，二者皆为史学名著，相映生辉。

马端临的典制体著作《文献通考》，是对唐朝杜佑的《通典》进一步从内容和形式上的丰富、扩展。《文献通考》分24门，其中经籍、帝系、封建、象纬、物异5门为《通典》所无。其余19门，则是在《通典》的基础上离析其门类，然后从内容上加以充实而成。凡唐玄宗天宝以前的史实，它做拾遗补缺。凡天宝以后至宋嘉定五年（1212）的内容，为《通典》所无，它予以续修，其中以宋朝制度最详。作者还常常通过历史叙述表达了对人民的同情和对黑暗统治的抨击。

二十四史中的《辽史》、《金史》和《宋史》，是元代官修的正史。顺帝时丞相脱脱自为总裁，他在确定三史各为正统的修史原则、组织人员搭建修史班子、解决修史经费等方面的贡献功不可没。"三史"总裁官中有铁逺尔达世、贺惟一、张起岩、欧阳玄、吕思诚、揭傒斯等，以欧阳玄出力最多。修史官中还有少数民族的史学家，如畏兀儿人廉惠山海牙、沙剌班（刘伯温），哈剌鲁人伯颜，唐兀人斡玉伦徒、余阙，钦察人泰不华等。在"二十四史"的修撰中，能有如此众多的少数民族史家参与，这是仅见的。

成书于13世纪中叶的《元朝秘史》，原文共282节，是畏兀儿体的蒙古文（用畏兀儿字母拼写蒙古语言而成），书名为《忙豁仑·纽察·脱卜察安》，即《蒙古秘史》。它是蒙古皇室的秘史，外人不得阅看。该书是蒙古族最早的历史和文学著作，对于13世纪及以前蒙古社会的生产生活方式、氏族部落状况、政治军事制度、部落战争和对外扩张、社会意识等方面，都提供了最为具体翔实的资料。

吐蕃学者布思端，除编校藏文喇嘛教经典《丹珠尔》外，还撰有《善逝教法史》前、后两篇。前篇记载佛教学说和印度佛教史，后篇记载吐蕃佛教史。另外，公哥朵儿只著《红册》，全书分古老传统、佛教承递、印度王统、中原王朝史、弥雅（西夏）史、蒙古王统、藏族史等几个部分。

2. 哲学

元朝统治者对理学十分重视,把它作为加强思想统治的工具。早在1235年蒙古军队占领德安(湖北安陆)时,已受重用的汉人杨惟中、姚枢等,就把理学家赵复从俘虏中挑选出,请到燕京,建太极书院,请他讲授理学。于是,理学开始在北方广为传布。接着出现了许衡、郝经、窦默、刘因等著名的理学家。等到统一江南,又有南方的朱学人物吴澄、许谦和陆学人物陈苑等出现。许衡、刘因、吴澄被称为元代三大理学家。忽必烈对理学极力提倡,他曾在潜邸召见过赵复,即位后又起用许衡、姚枢等人,"国有大政,辄以访之"①。到仁宗延祐(1314~1320)年间开科取士时,朱熹的《四书集注》被定为科场程式,孔子被尊为"仪范百王,师表万世"②,被追崇为"大成至圣文宣王"。

元代理学家虽继承宋代理学,但又具有自己的特点。宋时朱、陆之争在元时渐变为朱、陆"和会",互相兼取,在吴澄身上表现得最为明显。以许衡为代表的理学家与过去空谈性命的宋儒不同,他比较倾向于日用生理。许衡提出"治生论",提出"治生最高为先务"③的主张。以刘因为代表的理学家提出返求"六经"的主张,比较务实。元代理学精神的演变,在理学发展的过程中起着承上启下的作用,成为明、清理学思想的滥觞。

元代除了正统的理学思想外,还出现了邓牧的"异端"思想和谢应芳的无神论思想。邓牧自称"三教外人",表示不愿被列入儒、佛、道行列。他在《伯牙琴》一书中对"君"和"吏"进行了无情的抨击,揭露"皇帝"是最大的剥削者和掠夺者,幻想重新出现尧舜时代。谢应芳一生致力于破除世俗迷信和反对佛道宗教迷信,所撰《辨惑编》,是揭露和反对迷信活动的专门著作。

三、科学和技术

1. 天文学

元代的天文学是在继承前人丰富遗产,并吸收了阿拉伯人先进的天文知识的基础上得到突出发展的。至元十三年(1276),忽必烈命王恂、郭守敬等主持编写《授时历》。郭守敬花了三年时间创造了简仪、仰仪等13种仪

---

① 《元史·道学传》。
② 阎复:《加封孔子制》,《元文类》卷一,商务印书馆1958年版。
③ 许衡:《许文正公遗书》卷一《语录》上,清乾隆刊本。

器,并在元朝管辖和控制的疆域范围内陆续设立 27 所观测台、站,在测定黄赤大距和恒星观察等方面得到了丰富准确的数据。今河南登封东南的告成镇阳城测景(影)台,是原来 27 座测景所中仅存的一个。至元十八年(1281)正式颁布的《授时历》,以 365.2425 日为一年,比地球围绕太阳一圈的实际时间只差 26 秒。它废除上元积年日法,采用近世截元法,在人类历法创制史上取得了重大突破。

2. 地理学

《大元一统志》的编纂、河源的探索和《舆地图》的问世,是元代地理学上的主要成就。《大元一统志》由孛兰肹、岳铉主编,虞应龙等参加修撰,成书于大德七年(1303),共 1300 卷。该书对全国路府州县的建置沿革、坊郭乡镇、山川里至、土产风俗、古迹人物皆有详述。它多取材于宋、金、元三朝地志,因而具有很大的学术价值。此书对后代地理著作影响深远,如明代修一统志时,其义例和书名皆遵照不变。

至元十七年(1280),忽必烈命女真人都实探求黄河河源。都实三至吐蕃,探明星宿海(火敦脑儿)为河源。都实的考察经由潘昂霄撰成《河源志》。

道士朱思本考察了今华北、华东、中南 10 省的地理,并参阅《大元一统志》等著作,以"计里画方"的方法,制成了《舆地图》,其精确度远超以前的地图。

3. 农学

元代三部农书的刊行,标志着中国古代的农学水平提高到一个新的阶段。

由元政府司农司编写的《农桑辑要》7 卷,反映了从 6 世纪到 13 世纪末中国植物栽培技术的进展,总结了 13 世纪以前的农业生产经验,还保存了大量的古农书资料。此书被"刊行四方,灼有明效"①,是向各地劝课农桑,推广先进农业技术的普及性读物,影响甚至及于朝鲜。

王祯著《农书》,是一部全面系统的农学研究著作。全书共分农桑通诀、百谷谱、农器图谱三大部分,约 13.6 万字。作者认为不违农时、适时播种、因地制宜选择作物、优选良种、及时施肥、改造土壤、兴修水利等都是取得农业丰收的保证。他总结了各种农作物的栽培方法,其中关于棉花的种植法更具有现实意义。他在书中绘制了各种农具、农业机械、纺车等 306 幅插

---

① 《元文类》卷三六《农桑辑要序》。

图,书末还附载了《造活字印书法》,进一步改进了活字印刷技术,创造了活字板韵轮排字法。

畏兀儿人鲁明善的《农桑衣食撮要》2卷,依汉代崔寔《四民月令》体例,按月记载农事操作和准备活动,以补《农桑辑要》记录岁月杂事之不足。

4. 医学

元代医学在宋、金的基础上,有了进一步发展。

河北正定人李杲,师从金代名医张元素,创补中益气、升阳益胃之说,以治疗伤寒、痈疽、眼目为专长。著有《伤寒会要》、《脾胃论》等医书。

浙江义乌人朱震亨,师从罗知悌,研究诸医家学说,创"阳常有余,阴常不足"之说,特别注重滋阴。有《格致余论》、《局方发挥》、《伤寒辨题》、《本草衍义初遗》、《外科精要》等著作。

李杲、朱震亨与金代的刘完素、张从正并称中医"金元四大家"。此外,元代的葛可久精于医治肺痨,危亦林在麻醉和骨折复位手术上有新创造,滑寿善针灸。

元代的科学技术,在印刷术、火炮技术、造船术、航海术、水利工程技术等方面也有许多突出成就。

四、宗　　教

蒙元统治者对各种宗教采取兼容并存的态度,对神职人员也有蠲免差役的优待政策。因此,元代的佛、道、伊斯兰、基督、犹太等宗教都有不同程度的发展。

1. 佛教

蒙古人最初信奉萨满教,自从聂思脱里派传入后,蒙古高原又有信奉基督教者。13世纪中叶,窝阔台汗次子阔端被封于凉州(甘肃武威),邀请吐蕃萨迦派首领萨迦班智达于1244年到凉州,双方达成吐蕃归附蒙古的协议。班智达发表告吐蕃僧俗领主书,号召归附蒙古。由此蒙藏关系被沟通,藏传佛教开始传入蒙古社会。

1253年,忽必烈驻军六盘山,召见吐蕃高僧萨迦班智达的侄子八思巴。后来八思巴至上都参加忽必烈主持的佛、道辩论。他通晓佛教典籍和中国史书,再加上思维敏捷、口齿伶俐,最终驳倒了道家。忽必烈即位后,就封八思巴为国师,其后又升其为帝师、大宝法王。帝师是受皇帝供奉的最高神职,领宣政院事,不仅是吐蕃地区的政教首领,而且是全国佛教的最高统领,法旨行于各僧寺。帝师之外,元朝还封若干国师,吐蕃僧人杨琏真伽曾总摄江南诸路释教。

但对佛教的过分崇信也带来了消极后果,"百年之间,朝廷所以敬礼而尊信之者,无所不用其至。虽帝后妃主,皆因受戒而为之膜拜。正衙朝会,百官班列,而帝师亦或专席于坐隅。且每帝即位之始,降诏褒护,必敕章佩监珠为字以赐,盖其重之如此"①。佛事费用也日甚一日。更有甚者,西蕃僧人以"房中运气"、"太喜乐"、"秘密法"等诱导君臣淫乱,以取媚固宠。

中原汉族地区流行的佛教,分为禅(禅宗)、教(天台宗、法相宗)、律(律宗)三大派,其中禅宗势力最大。禅宗的曹洞宗有著名法师万松行秀,与耶律楚材交往甚密,其弟子福俗为少林寺住持。禅宗中的临济宗,有著名法师海云印简,成吉思汗命其统领汉地僧人,免差役发遣,后来又受到忽必烈的接见。

2. 道教

金末元初时,北方的道教主要是太一(正一)、大道(蒙哥时改名真大)、全真等教派。全真教掌教长春真人丘处机,曾应成吉思汗之召赴西域,该派地位在太一、真大之上。但蒙哥在位时两次佛、道辩论,结果道教失败,使其地位下降。

忽必烈灭南宋后,命世居龙虎山的正一道第36代天师张宗演主领江南道教,统"三山符箓"(即茅山"上清箓"、阁皂山"灵宝箓"、龙虎山"正一箓"),江南道教符箓各派正式归于正一道门之下。

道教势力在元世祖至元(1264～1294)年间再次受到打击。至元十八年(1281),朝廷命释门诸僧、翰林院文臣与正一天师张宗演、全真掌教祁志诚、真大掌教李德和等,会集长春宫,考证《道藏》诸经真伪。结果除《道德经》外,其余道家经典均被判为伪经。忽必烈下令焚毁伪经,禁止醮祠。到元成宗即位后,才撤销针对道教的这道禁令。

朝廷对北方全真、真大、太一等教的掌教,规定由本宗推定,由皇帝批准赐印;对南方的正一天师,授真人之号,嗣位也需经朝廷认可。有专门机构管理道教,中央为集贤院兼管,地方则置道官,道官有道录、道正、道判、提点等职。

---

① 《元史·释老传》。

3. 伊斯兰教

蒙元时期大批回回人到中原聚合。"回回"一词首见于北宋沈括的《梦溪笔谈》，但当时只是"回鹘"的音转。蒙古西征后，对中亚、西亚开始接触并有所了解，遂将畏兀儿及其以西所有信奉伊斯兰教国家和地区的穆斯林，泛称为"撒儿塔兀勒"（Sartaqhul）①，汉语译为"回回"。元代的回回人，主要来自阿拉伯、波斯和信奉伊斯兰教的突厥系各族（如哈剌鲁、阿儿浑及部分康里、钦察人），唐宋时期来华的回族先民，也是回回的一部分。来华回回多为军人、工匠和商人，也有达官贵族。"元时回回遍天下"②，全国各地都出现了回回人的聚居区。

回回人虽来到中原，对伊斯兰教依然笃信不移："虽适殊域，传子孙，累世犹不敢易焉"③。许多回回人在聚居之地广建礼拜寺。至正八年（1348）中山府（河北定县）《重建礼拜寺记》称："今近而京城，远而诸路，其寺万余，俱西向以行拜天之礼。"④礼拜寺遍及全国，北至和林，南至云南，西北至偏僻的亦集乃路（内蒙古额济纳旗），均有礼拜寺建筑，当时仅泉州一地即有六七座之多。伊斯兰教士在官方文书中称答失蛮，是波斯语 Dashumand（学者）的音译。

回回聚居区有政府专门设置的回回哈的司，由哈的大师（阿拉伯语 Qadi 的音译，意为"法官"）领之，掌管宗教及回回人的诉讼事务。伊斯兰教是维系回回人的纽带，它使回族文化共同体在元代进入形成阶段。许多与回回人通婚姻的汉、蒙古、畏兀儿人也有改宗伊斯兰教的，如高克恭、萨都剌、赡思等。安西王阿难答（忽必烈之孙）从小由突厥族穆斯林抚养长大，笃信伊斯兰教，使其所辖 15 万蒙古军人全体皈依伊斯兰教，后来逐渐融合进回族、东乡族和保安族中。

4. 基督教

唐朝时基督教第一次传入中国，当时的基督教是聂思脱里派，被称为景教。9 世纪中叶后被政府取缔，它在内地趋于灭绝，但在西北边疆民族中仍

---

① 该词由梵语衍变而来，原意为商人，为突厥人对操波斯语的商人的泛称。蒙古人借用该词，衍变为复数形式。
② 《明史·西域传》，中华书局 1974 年版。
③ 吴鉴：《重修清静寺碑记》，载《泉州伊斯兰教石刻》，宁夏人民出版社、福建人民出版社 1984 年版，第 11 页。
④ 《文物》1961 年第 8 期。

很流行,如漠北高原突厥人的后裔克烈、乃蛮、汪古诸部,就一直信奉基督教。后来蒙古汗族及大臣中也有不少信奉景教的,如贵由汗、蒙哥汗、大臣镇海以及窝阔台妻乃马贞氏、拖雷妻唆鲁禾帖尼、旭烈兀妻脱古思可敦等都是景教徒。

基督教及其教士、信徒,蒙古语称之为也里可温,这源于希腊文 erkou,意为信福音的人。也里可温与僧人、道士、伊斯兰的答失蛮一样,均享受蠲免差役之优待。政府设置崇福司专门管理基督教的传教事宜,地方有也里可温掌教司。

基督教中的另一派为天主教的圣方济各会,也在元代传入。罗马教皇命孟特·戈维诺(Monte Corvino)于 1294 年来华传教,在汪古部和大都等地都有不少信徒。其中大都的圣方济各会教徒 6000 人,原信奉希腊正教的 3 万阿速人也改信该教。1307 年,罗马教廷任命孟特·戈维诺为大都大主教,后来在泉州也设立主教职。

第六节 民族新格局和对外关系

一、元代民族的新格局

1. 民族分布状况

蒙元时期由于战争频繁和疆域扩大等原因,百多年中在很大的范围内形成了民族大迁徙的热潮。其基本趋势为:北方民族中的蒙古人因为是"国族",其人数本来就不多,统治范围又极广,因而最为分散。除了一部分远徙境外和西北地区外,南下内迁的蒙古人则散居全国各地,只有河南和云南等地区相对集中,其余大多数零星散居而不能形成群体。回回、畏兀儿、河西的色目人入居内地后,也具有"大分散"的特点。除回回人因其特殊的生活习俗等原因,族体相对稳定并不断壮大外,其余各族则趋于两极分化,或加入回回族体,或融入汉族之中。

回回人来自中亚、西亚、南亚、东南亚甚至非洲各地,其种族之多可想而知。但回回人聚合到中原后始终不散居,形成所谓"大分散、小集中"的分布格局,因为他们并不以种族血统而是以宗教信仰结合在一起。因此,伊斯兰教信仰是回回人构成民族共同体的重要纽带。

早在唐代,穆斯林进入中国后,逐渐在中国沿海城市定居,并逐渐形成专门的聚居区。官方在今广州等地设立"蕃坊",由蕃长进行管理。元政府采取唐宋"蕃坊"的方式,设置政府机构"回回哈的司"进行管理。

回回人虽然在政治上、经济上享有一定特权,但在数以千万计的汉族人口汪洋大海中,他们只是少数。为了避免被同化,他们同类相聚、同类保护的心理意识很强。穆斯林"居,中土也;服食,中土也;而惟其国俗是泥也"。他们的生活习惯始终不变,"求其善变者,则无几者"。为什么他们虽在中土而不变其俗呢?回回人凯霖回答了这一问题:"予非敢变予俗,而取摈于同类也。"①就是说,他们之所以不变,是因为怕被同类所摈弃。这就是回回人分而不散的主要原因。他们即使肤色、种族、语言不一,来华时间有早晚,跨度长达几百年,但作为穆斯林,统统聚合在一起,并在短时期内很快形成了回回民族共同体。

畏兀儿人与回回人的政治待遇是一致的,进入中土的畏兀儿人也不算少。元政府像对待回回人一样,专门设置都护府(北庭都护府)"掌领旧州城及畏吾儿之居汉地者,有词讼则听之"②。都护府的作用与回回哈的司相类似。元代也有专门的畏兀儿人聚居区。大都是全国政治中心,有不少畏兀儿人聚居,此外,陕西、河南、云南、浙江等地也有畏兀儿人徙居。今湖南常德维吾尔人的先祖,是高昌"亦都护"巴而术阿而忒的斤的大臣哈勒,其后人哈勒·八士在元末投奔朱元璋,立有战功,被赐姓翦,镇守辰州、常德一带,成为今天桃源维吾尔人的先祖③。

东北和南方的民族格局没有太大变化。但由于汉、蒙、回回、畏兀儿人的大量迁入,使这里的原居民与中原加强了联系,促进了民族文化的融合,提高了这些地区的社会发展水平,标志就是熟女真、熟黎、熟僮、熟苗等名称的出现。

2. 民族新特征的形成

民族大迁徙必然带来经济文化的大交流,一些民族原有的特点也会随着其居住条件的改变而改变。

(1)蒙古族最早过着逐水草而放牧的生活,入居内地后不得不转而以农

---

① 《至正集》卷五三《西域使者哈只心碑》,清宣统刊本。
② 《元史·百官志六》。
③ 翦伯赞:《一九五六年回乡考察座谈会上讲话摘录》;陈遵望、见闻:《湖南维吾尔族》,岳麓书社1994年版,第10~11页。

耕经济为主。例如云南通海杞麓湖西畔的蒙古族,就是当地水田的开发者。他们围湖造田数千亩,世代过着农耕生活①。河南的蒙古族大部分也转而从事农耕②。

(2)回回人原来的种族构成、语言文化等方面都差异很大,但由于共同生活在中国这块土地上,并且采用汉语作为回回人的共同语言,这非常有助于他们相互之间的交流。采用汉语、使用汉文就成了回回新的民族特点。

由于使用汉语言文字,伊斯兰教中国化的问题就提到了日程上来。至正八年(1348)的中山府《重建礼拜寺记》称:"其奉正朔,躬庸租,君臣之义无所异。上而慈、下而教,父子之亲无所异。以至于夫妇之别、长幼之序、朋友之信,举无所异乎? 夫不惟无形无像,与'周雅'无声无臭之旨吻合;抑且五伦具备,与《周书》五典五惇之义文符契,而无所殊焉。"显然碑文的撰写者企图寻找伊斯兰教与儒家学说的共同点,使已经不大懂得阿拉伯语、波斯语的教内人和对伊斯兰教不甚了解的教外人,都更容易接受伊斯兰教。这实际上是明中叶开始的"以儒诠经"运动的滥觞。回族信仰中国化的伊斯兰教,这就是中国回族的新特点。

(3)民族大迁徙也使西北原本并不信仰伊斯兰教的民族伊斯兰化。丝绸之路重新开通后,西亚、中亚的穆斯林成群结队地进入中国西北,影响到当地居民的民族信仰。

长春真人丘处机经过畏兀儿时,发现昌八剌城(新疆昌吉)"西去无僧,回纥但礼西方耳"。即从葱岭以东地区到昌八剌的畏兀儿已经全部伊斯兰化,包括于阗(新疆和田)人、阿力麻里(新疆霍城)人;但昌八剌以东的畏兀儿人,则尚未信奉伊斯兰教,仍以信奉佛教为主。但到了元朝后期,伊斯兰教渐渐渗透到昌八剌以东地区,畏兀儿人的伊斯兰化潮流已不可阻挡。终于在明代实现了全体畏兀儿人的伊斯兰化。

3. 民族融合的加速

中国多民族统一国家的形成经历了长达几千年的曲折过程。各个族群从发生最初的血缘联系开始,反复进行着文化的多向传播、影响和融合,到最后你中有我、我中有你而浑然一体。元朝是中国多民族互相融合非常重要的历史时期。

---

① 杜玉亭、陈吕范:《云南蒙古族简史》,云南人民出版社1979年版,第35页。
② 匡裕彻、任崇岳:《河南蒙古族调查报告》,《民族研究动态》1984年第3期。

元朝与唐、宋、明不同,它并不禁止各族之间互相通婚,所以蒙汉、回汉、畏汉以及各边疆民族之间的通婚的现象十分普遍。以《元统元年进士录》为例,在蒙古、色目人榜的前三甲中,蒙古进士 25 人,其家族中有蒙汉通婚者 20 人;回回进士 12 人,其家族中有回汉通婚者 7 人;畏兀儿进士 5 人,其家族中有畏汉通婚者 4 人;唐兀进士 7 人,其家族中有唐汉通婚者 7 人。

由于民族界限的淡化,各族之间文化习俗的差异逐渐缩小;加之政府采取的各族之间通婚和居住自由的政策,人们对各族民众杂居共处现象已经习以为常。以镇江为例:土著户 10065 户,总人口 613587 人;侨寓户 3845 户,其中蒙古 29 户,畏兀儿 14 户,回回 59 户,也里可温(基督教徒)23 户,河西(党项)3 户,契丹 21 户,女真 25 户。侨寓总人口 10555 人,其中蒙古 163 人,畏吾儿 93 人,回回 374 人,也里可温 106 人,河西 35 人,契丹 116 人,女真 261 人。在躯(单身)2948 人中,少数民族占的比例最大;蒙古 492 人,畏吾儿 107 人,回回 310 人,也里可温 109 人,河西 19 人,契丹 75 人,女真 224 人。① 所以当罗马天主教士鄂多立克到杭州时,惊叹说:"我很奇怪,那么多的人(指城内的基督教、撒剌逊人、偶像教徒)怎么能安排在一个地方?"②正是这种各民族之间的和平相处,才保证了元代形成的中国民族新格局日益稳固。

4. 新民族共同体的产生

元代民族新格局的形成,促使新的民族共同体产生。河湟地区是黄土高原联结青藏高原和内蒙古高原的纽带,新的民族共同体在这里表现得最为明显。

蒙古西征,每陷一城,便征集当地壮丁,编入由蒙古人统领的军队,以弥补战斗力的消耗。同时,他们还虏获当地工匠,分赏其宗室贵族。后来这些人随蒙古军回师进入中土,进军和屯戍各地。元世祖至元六年(1280),皇子忙哥剌受封为安西王,统辖今陕、甘、宁地区,各关防要塞都有蒙古军屯居。河州邻界吐蕃,驻军很多,属于安西王的军士中有大量伊斯兰教徒。至元十七年(1280)忙哥剌死,其子阿难答袭封。他在军中推广伊斯兰教。《史集》记载:"依附于他的十五万蒙古军队的大部分皈依了伊斯兰教。"这证明安西王军队中色目人的数量一定很多,否则蒙古人是难以大量改信伊斯兰教的。

---

① 元《至顺镇江志》卷三《户口》,江苏古籍出版社点校本。
② 《鄂多立克东游录》,中华书局 1981 年中译本,第 68 页。

在河湟地区,除新进入的蒙古人和色目人外,原有居民中有藏、汉和吐谷浑遗民。蒙古人和色目人借助政治优势,与原有居民广泛融合,在这里逐渐形成土、东乡、保安、撒拉等新的民族共同体。虽然这些民族的形成背景相似,但又各有其独特之处,保持了其文化个性。

东乡族是13至14世纪进入今甘肃东乡族自治县的,它是以蒙古人和色目人为主的戍边部队与土著居民相互融合,从而形成一个新的民族共同体。

保安族是元初的蒙古族屯军与当地藏、汉居民融合而成,却信仰伊斯兰教。

土族源自吐谷浑与蒙古族。12世纪后,藏族人称吐谷浑为"霍尔"。13世纪后,蒙古人和色目人组成的驻军进入霍尔人居住区,从而产生民族融合。在土族形成过程中,也有汉、回、维吾尔等民族的成员融入其间。

撒拉在宋代称"黄头回纥",元代称"撒里畏兀尔",其祖先可追溯到唐时的回纥,与畏兀儿有共同的渊源。元代以来,撒里畏兀尔与蒙古族、汉族在长期的融合过程中,形成新的民族共同体,即今天的裕固族。

撒拉族的先民来自中亚,是突厥系乌古斯部落中的一支。蒙元初期,其中有一支"签军",随蒙古军队取道撒马尔罕(今属乌兹别克斯坦)迁入今青海地区,与周围蒙、回、汉、藏等民族长期共处、融合,逐渐形成为今天的撒拉族。

二、元代的对外关系

1. 与西北藩国的关系

元朝名义上是宗主国,但后来西北各藩国实际上已经逐渐独立。

(1)钦察汗国

钦察原为成吉思汗长子术赤的封地,其疆域辽阔,东起额尔齐斯河,西到乌拉尔河,南起巴尔喀什湖,北到北极圈,以拔都萨莱城(伏尔加河下游阿斯特拉罕)为都。拔都是术赤次子,于1227年继承父位。拔都为汗时与察合台(成吉思汗二子)、窝阔台(成吉思汗三子)两汗关系恶化。1247年秋,大汗定宗贵由(窝阔台长子)表面上说是去其封地叶密立(新疆额敏),实为出兵征讨拔都。但次年春,贵由走到横相乙儿(乌伦古河上游)时病死。

拔都作为长支宗王就首议推戴成吉思汗四子拖雷的长子蒙哥为大汗,让汗位从窝阔台一系转到拖雷一系手中。蒙哥死后的大汗为忽必烈所夺取,忽必烈为拖雷次子,与钦察关系有所改善,曾派遣铁连多次出使钦察汗国。元朝与钦察汗国之间还有驿站相通,大批中国工匠在这里从事铸造铜镜等工作,而钦察、阿速、斡罗思等将士和工匠入居中原的人数也很多,甚至有的还官居要位。

(2) 伊利汗国

伊利汗国为拖雷三子旭烈兀所建,其疆域东起印度河、阿母河,南起波斯湾,西到密昔儿(埃及),北到高加索,包括今日中亚和伊朗的大部分地区,以蔑剌哈(阿塞拜疆马腊格)为都。旭烈兀与忽必烈是亲兄弟,因而伊利汗国与元朝关系一直密切。从旭烈兀以后,各代伊利汗都认为只有得到元朝皇帝的册封才地位合法,"伊利"两字在突厥语中就是"从属"之意。

至元七年(1270),元朝攻宋,曾征工匠于汗国。伊利汗阿八哈派遣回回炮手亦思马因和阿老瓦丁应命。他们所制的回回炮威力无比,而回回炮的制造技术也从此传入中国。忽必烈曾派遣孛罗丞相等出使伊利汗国,而孛罗就应邀留在汗廷参议政事,并为伊利汗国宰相拉施特编纂《史集》提供了丰富的史料。

在伊利汗阿鲁浑的妻子卜鲁罕去世后,阿鲁浑汗曾派遣兀鲁(?)、阿必失呵、火者三位使臣向忽必烈请赐元朝卜鲁罕皇后同族的女子为配。1291年,三使臣与旅行家马可·波罗等一起送阔阔真公主由泉州启程,1293年抵达。时阿鲁浑已卒,遂与阿鲁浑子合赞成婚①。许多伊利汗国境内的波斯、阿拉伯人来华为官、经商或为工匠,汉族及其他各族的中原人在汗国生活的也不少。

2. 与亚洲各国的交往

(1)元朝与高丽的关系比较特殊。蒙古国时曾数次入侵,引起高丽人民的强烈反抗。忽必烈即位后,改而对之采取笼络政策,以贵族联姻加强友好关系。高丽国的王愖、王源均娶元朝公主为妃,因而双方结为"甥舅之好"②。而元顺帝妥懽贴睦尔的皇后奇氏就是高丽人,其弟弟老的沙,官拜御史大夫,宦官朴不花与她为同乡,均为元末权臣。元末农民起义爆发后,

---

① 杨志玖:《关于马可波罗离华的一段汉文记载》,《元史三论》,人民出版社1985年版。

② 虞集:《送宪部张乐明大夫使还海东诗序》,《道园学古录》卷五,《四部丛刊》初编本。

有一些高丽将士参与了元政权镇压农民起义军的战争。

（2）忽必烈在位时曾多次派遣使者东赴日本，劝谕其遣使来朝，均被日本拒绝。至元十一年（1274）十月，忽必烈于高丽设征东行省，命忻都侵日。因途中遭遇台风，士兵撤回。至元十八年（1281），元世祖命忻都率领东路军、范文虎率领西路军再次侵日，结果又遭失败。元成宗即位后，罢征日之役，双方修好。此后两国在宗教和文化等方面往来密切。

（3）忽必烈即位后，即派遣使臣到安南国。安南国王陈光昺遣使报聘，并受册封为安南国王。后元朝命安南执行君长入朝、子弟入质、编民数、出军役、输纳税赋、置达鲁花赤等"臣服六事"，安南未肯执行。至元二十年（1283），忽必烈借口安南王陈日烜不请命自立，命其子镇南王脱欢进兵安南，同时命唆都进攻占城。至元二十四年（1287）又出兵安南，结果不胜而返。至元成宗时，罢征南之役。以后安南、占城使臣与元朝遂往来不绝。

（4）至元十年（1273），元使臣入缅被杀。至元十四年（1277），缅军入侵云南行省，被元军击退。至元二十年（1283），忽必烈以缅王不降、去使不返为由，出兵缅国，缅王被迫求和。后来缅国内部分裂，自立诸王臣服元朝，元置宣慰司以治之。大德四年（1300），元军再次征讨缅国权臣阿散哥也，阿散哥也不得不臣服。

（5）暹国（泰国）与元朝一直保持良好关系。暹国敢木丁于至元三十一年（1294）和大德四年（1300）两次来华，并带回中国工匠，开创了暹国的陶瓷业。

（6）元时的真腊（柬埔寨）正是灿烂的吴哥时代。元贞元年（1295），元朝派遣使臣访真腊，随员周达观在该国居住一年方返，著《真腊风土记》，详尽生动地记载了当时该国的经济、民俗、文化等各方面的状况，很有史料价值。

（7）爪哇是南海的强盛之国。元朝曾派遣使臣诏谕，但爪哇国王不愿臣服。至元二十九年（1292），忽必烈命史弼、亦黑迷失、高兴等入侵爪哇，但以失败告终。以后双方又恢复经济和文化往来。

元使臣杨庭璧曾四度抵达印度半岛的马八儿、俱蓝等国。马八儿系伊斯兰国家，"凡回回国金珠宝贝尽出本国，其余回回尽来商贾"①。该国首相不阿里，祖籍哈剌合底（阿曼），主张向元朝称臣，因此受到排挤。后来他只身随元朝使臣来华，官福建行省，终卒于泉州。俱蓝国也曾遣使奉表入朝。

---

① 《元史·外夷传》。

3. 与非洲的交往

元朝与非洲的来往,主要是为了获得海外的奇珍异物。元成宗大德五年(1301),派遣使者赴马合答束(索马里摩加迪沙)征取狮、豹;又遣使四起,前往刁吉儿(摩洛哥丹吉尔儿)取豹子。

南昌人汪大渊在元末随商船出海,至数十国,曾到达层拔罗(坦桑尼亚桑给巴尔)。他后来所撰《岛夷志略》一书,叙述诸国地理、气候、风土人情、物产等,史料翔实可靠。摩洛哥丹吉尔人伊本·白图泰曾游历阿拉伯、非洲及伊利汗国、钦察汗国、察合台汗国等地,1342年又被德里算端派遣来华报聘,曾到达泉州、广州、杭州、大都等地。他撰写的《伊本·白图泰游记》一书内容丰富,其中有关当时中国穆斯林的情况,史料价值甚高。

4. 与欧洲的往来

蒙古西征,对欧洲各国造成极大的震动。1245年,教皇英诺森四世在里昂召集宗教大会商讨对策,决定派遣使者,劝说蒙古停止屠杀和侵犯基督教国家。

普兰诺·卡尔平尼(Plano Carpini)是意大利人,也是最早来到蒙古高原的罗马教皇使者。他于1246年七月抵达和林附近的昔剌斡耳朵。同年,又携带蒙古定宗贵由汗致教皇的诏书回国。此诏书的原件已在梵蒂冈的档案中发现。

1248年,蒙古将领野里知吉带派遣使者至塞浦路斯,拜见法王圣路易。当时圣路易统兵进攻埃及,正驻在塞浦路斯岛。使者向他传达了贵由汗愿保护基督徒之意。圣路易立即派遣安德鲁为使节至叶密立(新疆额敏),时贵由病死,他受到摄政斡兀立海迷失(贵由皇后)的接见。

1253年,法国圣方济各会教士卢布鲁克(Guillaume de Rubruquis),奉路易九世之命去蒙古传教。他受到大汗蒙哥的接见,次年携蒙哥致法王信函返回。后他以其所见所闻写成的《东方行记》,对研究蒙古史、中亚史的史学价值甚高。

元代最著名的欧洲旅行家是马可·波罗(Marco Polo)。其父亲尼古拉·波罗和叔父玛赛·波罗均为威尼斯商人,他们曾随伊利汗的使臣来到上都,忽必烈让他们出使罗马教廷,请派传教士来华。1271年他们第二次来华时,带来了马可·波罗。从此马可·波罗在华生活达17年。据称担任过扬州总管,并代表朝廷出使各地,到过许多地方,至1291年离华。他回到威尼斯后,因参与威尼斯与热那亚的战争而被俘。在狱中,他将自己的所见所闻口授给作家鲁思蒂谦,遂被写成《东方闻见录》(《马可波罗行记》)。该书为研究元代中国状况提供了第一手资料。

此外,1289年来华的教士还有孟特·戈维诺(Monte Corvino),1313年来华的教士有安德鲁(Andrew of Perugia),1316年来华的教士有鄂多立克(Friar Odoric),1343年抵达上都的教士有马黎诺里(Giovanni dei Marignolli)等人。后者曾进拂朗国的天马,成为轰动当时的佳话。

元朝和伊利汗国也曾派使臣去西方。1274年,伊利汗阿八哈曾派遣使者至里昂。1277年,阿八哈又派遣使者6人抵英格兰。1287年,伊利汗阿鲁浑派遣列班·扫马出使欧洲。列班·扫马先于1275年奉忽必烈之命出使伊利汗国,此次再奉伊利汗之命西使。这位大都出身的聂思脱里派教士可能是汪古(一说畏兀儿)人,到达君士坦丁堡,曾会见教皇尼古拉四世。后来他又见了法王腓力四世、英王爱德华一世。这次访问加强了东、西方之间的宗教和政治联系①。

据说还有一位名字叫乌忽思的人,也曾于至元十二年(1275)离开大都去伊利汗国,后来被任命为聂思脱里派的"东方总主教"。

5. 大规模的文化交流

元代是伊斯兰文化大规模进入中国的时期。除了宗教信仰外,以科学技术为代表的世俗文化也传入中国,其中天文和医学方面最突出。

波斯天文学家纳速剌丁·徒昔奉命在蔑剌合建天文台,编纂天文表,也有中国学者参与其间。据元人王士点《元秘书监志》记载,仅北司天文台就藏有回回天文、数学、阴阳学、医学、化学、炼丹术等方面的图书达242部,其中就包括兀忽里底(欧几里德)的几何学。元朝专置回回司天监,天文学家札马鲁丁于至元四年(1267)造浑天仪(咱秃哈剌吉)等仪器7种,他编订的《回回历》在回回人的聚居地被广泛使用。叙利亚人爱薛精通星历、医学,在元宫廷有特殊地位,曾亲掌西域星历、医药二司事。

元朝大都和上都设有回回药物院,制作御用药物。回回医术在民间广为流行,在药物学、外科手术等方面都有独到的疗效。现存明初刻本《回回药方》,即元人所译的阿拉伯医书。

许多回回建筑师和工匠来华。现存福建泉州的艾苏哈卜寺,即由设拉

---

① 道森:《出使蒙古记·绪言》。

子(今伊朗)著名建筑师鲁克伯哈只重修并建筑穹顶①。元代著名的造炮师亦思马因和阿老瓦丁也来自西部的伊利汗国。中原的许多科学技术成果也大量西传，如印刷和火药制造等技术，都是通过阿拉伯人的中转再传入欧洲的。

高丽与中国关系密切。在元代，许多高丽文士留居中国，对中原文化很精通，如植棉术、火药武器制造术都被他们传入高丽。中国的《授时历》也通用于高丽，《农桑辑要》在那里广为流传。名儒安珦从中原带回《朱子全书》，并在高丽太学讲朱子理学，使儒学典籍在高丽得到广泛传播。

中日文化交流在元成宗以后得到全面恢复。大德三年(1299)，妙慈弘济大师一山出使日本，极受敬重，死后被封为国师。元代赴日的高僧有10余人，对日本的佛理、教戒制度等佛教文化演变均有影响。来华的日本士人达200余人，他们钻研佛学、儒学和文学，很多人造诣很深。

安南盛行佛学和儒学，不少儒士入元朝学习，善诗文。他们回国时带了许多佛经和儒家典籍。元朝使臣文子方，出使安南后著《安南行纪》一书。元朝曾在占城设南海测景(影)所，由张公礼负责测候日晷。元朝编制的《授时历》也在安南通行。

元王朝世系表(公元1206年~公元1368年)

(1)太祖铁木真(1206～1227)——(2)睿宗拖雷(监国)(1227～1229)——(3)太宗窝阔台(1229～1241)——(4)脱列哥那(监国)(1241～1246)——(5)定宗贵由(1246～1248)——(6)斡兀立海迷失(监国)(1248～1251)——(7)宪宗蒙哥(1251～1259)——(8)世祖忽必烈(1260～1294)——(9)成宗铁穆耳(1294～1307)——(10)武宗海山(1307～1311)——(11)仁宗爱育黎拔力八达(1311～1320)——(12)英宗硕德八剌(1320～1323)——(13)泰定帝也孙铁木耳(1323～1328)——(14)天顺帝阿速吉八(1328)——(15)明宗和世㻋(1329)——(16)文宗图帖睦尔(1328～1332)——(17)宁宗懿璘质班(1332)——(18)惠宗妥懽帖睦尔(1333～1368)

---

① 《泉州伊斯兰教石刻》，第3页。

第九章 明 王 朝

(公元 1368 年～公元 1644 年)[①]

导 读

一、明代的历史特点

明代自洪武元年(1368)建国,迄崇祯十七年(1644)灭亡,中经 16 帝、17 朝,历时 276 年。这时正值世界范围内发生伟大的历史变革,欧洲一些国家已经向资本主义过渡,中国也开始由古代社会向近代社会转型。在这种历史背景下,明代历史有着鲜明的时代特征。

1. 制度建设空前完备

明朝制度建设具有明显的全面整合前朝制度并开创新制的特点。以政治制度为例,如经朱元璋大刀阔斧的改革,废除了丞相制和行省制,形成了皇权之下中央以"五府"、"大九卿"为主体,地方以各省"三司"为主体的官制结构。永乐后,又形成辅佐皇帝处理政事的内阁、司礼监体制,还逐渐形成了旨在统一事权以加强对地方控制的督抚制度。相比元朝,其官制体系既大大简化,又体现出明显的相互制衡的特点,皇权及统治效能皆空前加强。明中叶后又形成凡高级官员人选、各部门重大决策时,首先经有关衙门提出建议或会官"廷议",再由内阁"票拟"处理意见,最后上请皇帝裁决的制度,从而在保证皇权独断的前提下,使决策程序具有"集思广益"的特点。又如,永乐后在空前完备的科举和官办教育体系基础上,科举和学校功名逐渐成

[①] 此断限虽不包括南明王朝,但作为明代历史的一部分,本章仍对南明王朝略加介绍。

为决定士人仕途和朝廷任官的最主要依据,从而把选官的公平原则贯彻到当时社会所能达到的最高限度。这不仅普遍提高了文官的文化素养,而且扩展了统治基础。另外,明朝在经济、法律、军事制度建设方面也都高度完备、独具特色,并具有十分重要的历史意义。

2. 商品经济空前发展

总体说来,明代经济主体仍是自给自足的农村自然经济,但相比前代,农业的巨大发展主要表现在,随着粮食品种增多特别是玉米、番薯等高产作物的引进以及植桑、种棉等经济作物的普及推广,农业生产力有了明显提高。在此基础上,商品经济和手工业得到迅速发展,出现了许多具有地方特色的手工业产品和经济原料作物产区,涌现出一大批因工商业而兴起的著名市镇;广大农村的集市贸易也空前普及和繁盛,地区间商品流通十分活跃;私人海外贸易发展强劲;以徽商、晋商等为代表的地方商人集团崛起,在经济乃至社会生活领域发挥着日益重要的作用。

3. 阶级结构发生了新的变化,社会流动加快

宋代以后,世族地主已彻底退出历史舞台,非贵族地主成为地主阶级的主体。至明代,非贵族地主的数量及其在地主阶级中所占比重都空前提高;除作为主体的缙绅地主外,在经济发达地区还出现了少量的经营地主。市民阶层也伴随着工商业和城市的空前繁荣而兴起;与此同时,普通平民的身份地位也比前代进一步提高。社会流动速度空前加快,学校和科举几乎成为非贵族地主乃至平民获得政治身份并进入官绅阶层的唯一途径,尤其是以科举考试博取身份特权,再以身份特权谋取经济利益,成为社会流动的主要方式。

4. 中后期社会风气变异,思想文化异彩纷呈

首先,出现了普遍重商、"竞相逐利"和追求享乐的风气,"人必有私"观念和拜金主义流行。其次,程朱理学衰微,王氏心学风行,天下之士由谨守"朱子矱"、"格物致知"到普遍"贵疑"、"自得"、"厌常喜新"乃至追求个性解放。再次,文学界提倡"独抒性灵",以小说为代表的反映市民文化的通俗文学空前繁荣,其中尤以《金瓶梅》和《三言》、《二拍》更多也更直接反映了市民阶层的价值观念及生活面貌。最后,学风经历了由朴实到空疏,再到求真、求实的变化。史学中野史尤其是私修当代史空前繁荣,标志着史家对现实的高度关注和对经世致用的不懈追求。以《农政全书》、《本草纲目》、《天工开物》等为代表的实用科技的发达,标志着中国古代科技发展到新的水平。

明后期随着西方传教士的东来,以徐光启为代表的一部分士大夫已敏锐察觉到中国科技文化在某些方面的落后与不足,而积极向以利玛窦为代表的传教士学习,于是形成了中西文化交流的高潮,并出现一大批文化成果。

5. 士大夫敢言之风盛行

明朝士大夫敢于直谏为中国历史所罕见,主要表现有二:一是敢言之臣"不可胜数",如洪武时茹太素、正统时刘球、嘉靖时杨爵、天启时杨涟等,皆为著名谏臣;至于正德许天锡的"尸谏"、嘉靖海瑞的"备棺而谏"、万历雒于仁的直斥神宗患"酒、色、财、气"四疾等,就更富有特色。二是在遇到重大决策分歧时,群臣往往集体进谏,如正统时谏阻英宗亲征、成化时劝谏宪宗合葬钱太后于裕陵、正德时谏阻武宗南巡、嘉靖初大礼议、万历时争国本等,皆为显例。其中,士大夫成化时劝谏合葬钱太后于裕陵和万历"争国本"还取得了最终胜利。尽管他们用以谏君的信念和依据仍是传统的儒家思想,但其试图以群体力量限制君权的意向和不懈努力还是值得特别注意的。

6. 对外政策崇尚睦邻友好,但总体保守、落后

朱元璋确立的对外政策有两大基本原则:一是努力营造以"厚往薄来"为特征的朝贡贸易体制下的睦邻友好关系,二是严禁中外商民自由贸易。永、宣时期的郑和下西洋,虽是中国远洋外交和人类航海史上的空前壮举,但本质上并未突破上述基本原则,其目的仍是通过宣扬明朝国威、建立南洋及印度洋地区的和平秩序,以吸引更多的国家前来朝贡,故终因所费不赀而被迫停止。中叶后,东南沿海居民生存压力不断增大,违禁甚至武装下海者日趋增多,嘉靖时"倭寇"中的大部分实为中国沿海商民。在此压力和朝贡贸易越来越难以维持的情况下,明廷不得不在隆庆时有限度地允许东南沿海人民出海贸易。这虽在客观上为民间海外贸易提供了一定的合法空间,但总体看来,其对外政策仍是保守、落后的。

总之,明代是一个传统与创新交织、保守与开放并存,表现出明显"转型"趋向的时代,但因其新生因素远未达到全面突破传统社会结构、政治制度和意识形态的程度,故最终随着明朝的灭亡而宣告"转型"的失败①。

二、传统文献和参考资料

研究明朝史可用的历史文献比较丰富,就体例而言,有纪传体、编年体、

---

① 郭培贵:《明代的历史特点及其经验教训》,《河南师范大学学报》2005年第6期。

纪事本末体、典制体等。纪传体中最有代表性的是清代官修的《明史》,历时近一个世纪而成,是历代"正史"中修得较好的一部。此外还有一些私人著述,如明代郑晓的《吾学编》及清代查继佐的《罪惟录》等。编年体以明历代官修的《明实录》最可参考,共有十三朝实录,是研究明史最重要的史籍。另外,明代官修的《万历起居注》、明代朱国桢的《皇明大政记》以及清代谈迁的《国榷》和夏燮的《明通鉴》等,也是比较有名的编年史。纪事本末体最可注意的是清朝谷应泰的《明史纪事本末》。典章制度与经济的史籍方面,明代官修的《大明会典》、《皇明宝训》,明代王圻《续文献通考》、徐学聚《明朝典汇》、陈子龙等编《明经世文编》,以及清代龙文彬《明会要》、顾炎武《天下郡国利病书》等,都颇有参考价值。

此外,明代史料中还有大量的明人文集、野史笔记、地方志、明代徽州文书档案以及藏于中国第一历史档案馆等处的明代档案史料等。

参考资料方面,随着明史研究的深入,一个世纪来,学术界在明代通史、政治史、经济史、文化史、思想史、社会生活史等方面都取得丰硕成果。代表性的著述有:

(1) 孟森撰,商传导读:《明史讲义》,上海古籍出版社2002年版。

(2) [美]牟复礼、[英]崔瑞德:《剑桥中国明代史》,中国社会科学出版社1992年版。

(3) 汤纲、南炳文:《明史》(上、下),上海人民出版社1985年版。

(4) [美]黄仁宇:《万历十五年》,生活·读书·新知三联书店1997年版。

(5) 樊树志:《晚明史》(上、下),复旦大学出版社2003年版。

(6) 顾诚:《南明史》,中国青年出版社1997年版。

(7) 张显清、林金树:《明代政治史》(上、下),广西师范大学出版社2003年版。

(8) 关文发、颜广文:《明代政治制度研究》,中国社会科学出版社1996年版。

(9) [加]卜正明著,方骏等译:《纵乐的困惑:明代的商业与文化》,生活·读书·新知三联书店2004年版。

(10) [德]贡德·弗兰克著,刘北成译:《白银资本——重视经济全球化中的东方》,中央编译出版社2001年版。

(11) 容肇祖:《明代思想史》,开明书店1941年版。

(12) 陈宝良:《明代社会生活史》,中国社会科学出版社 2004 年版。

三、对明史的研究

明朝 276 年的历史,不仅是中国古代社会中的辉煌篇章,在世界历史上也占有突出的地位。同时,明代也是一个千姿百态、色彩斑斓的时代,因而历来深受中国学者关注。明清易代之后,清代官方修史和私人著史,对有明一代多有反思。20 世纪后,明史研究方兴未艾,成为中国古代史研究中最有成就的领域之一。同时,也引起外国学者的浓厚兴趣,使明史研究越出国界,成为当今国际汉学研究中的热门领域。

20 世纪,国内学者在明史研究中取得了丰硕的成果,主要体现在:(1)研究领域和视角的扩大。传统史学研究的范围比较狭窄,取而代之的是对政治、经济、文化、社会生活、区域状况、民族关系、中外交往等广阔的研究领域;(2)马克思主义理论的引入开辟了学术研究的新局面。明史研究一个根本性的进步是指导思想即史观的进步,先由近代的进化史观代替旧的传统史观,后又由近代进化史观进步到唯物史观。20 世纪 80 年代以后,随着明史研究领域和视野的拓展,许多西方的史学理论不断被吸纳;(3)明清史料大量的整理和出版,如《四库全书》、《明实录》等等都是 20 世纪整理出版的。一批重要的档案文献、笔记、文集、方志、碑刻等得以收集、校点、印行;(4)出现了一批经典性的著作,比如吴晗先生的《朱元璋传》,李洵先生的《明清史研究》等等[①]。特别是改革开放以来,明史研究获得了迅猛发展,研究队伍发展壮大,研究方法求实创新,研究成果大量涌现,对外交流规模迅速扩大。

台湾和国外汉学界(尤其是美国、日本)对明史的研究成果也引人注目。许多学者在实证研究方面的细致入微,以及在研究方法和视角等方面的推陈出新,使其一些研究成果在明史研究中处于领先地位。随着国际学术交流活动日益开放和频繁,明史研究将在世界范围内进一步拓展和繁荣。

经过 100 多年的学术发展,特别是近 20 多年来的大跨越,明史研究取得了相当可观的成绩,但也存在一些不足。例如,对明史研究整体上大而化之,家底不清,研究人员处理材料的方法相对粗放,对新方法、新理论缺乏敏感性等。随着学术研究的国际化,21 世纪的明史研究呈现出更加开放的状

---

① 南炳文:《二十世纪的中国明史研究》,载《历史研究》1999 年第 2 期。

态,这就决定了明史研究中的多学科互相交叉渗透将成为趋势,特别是广泛借鉴其他学科,如经济学、社会学、政治学、心理学、地理学、人类学等学科研究方法,进行综合研究。另外,传统的手工收集资料和写作的方式,已逐步被现代电子技术手段所代替。在材料收集上,除传世文献外,地下出土文物、地上遗存古迹、民间文书、口传资料等,均有助于扩大历史研究的视野。社会史研究的方兴未艾也推动了明史研究跨学科发展的新趋势。

第九章 明王朝

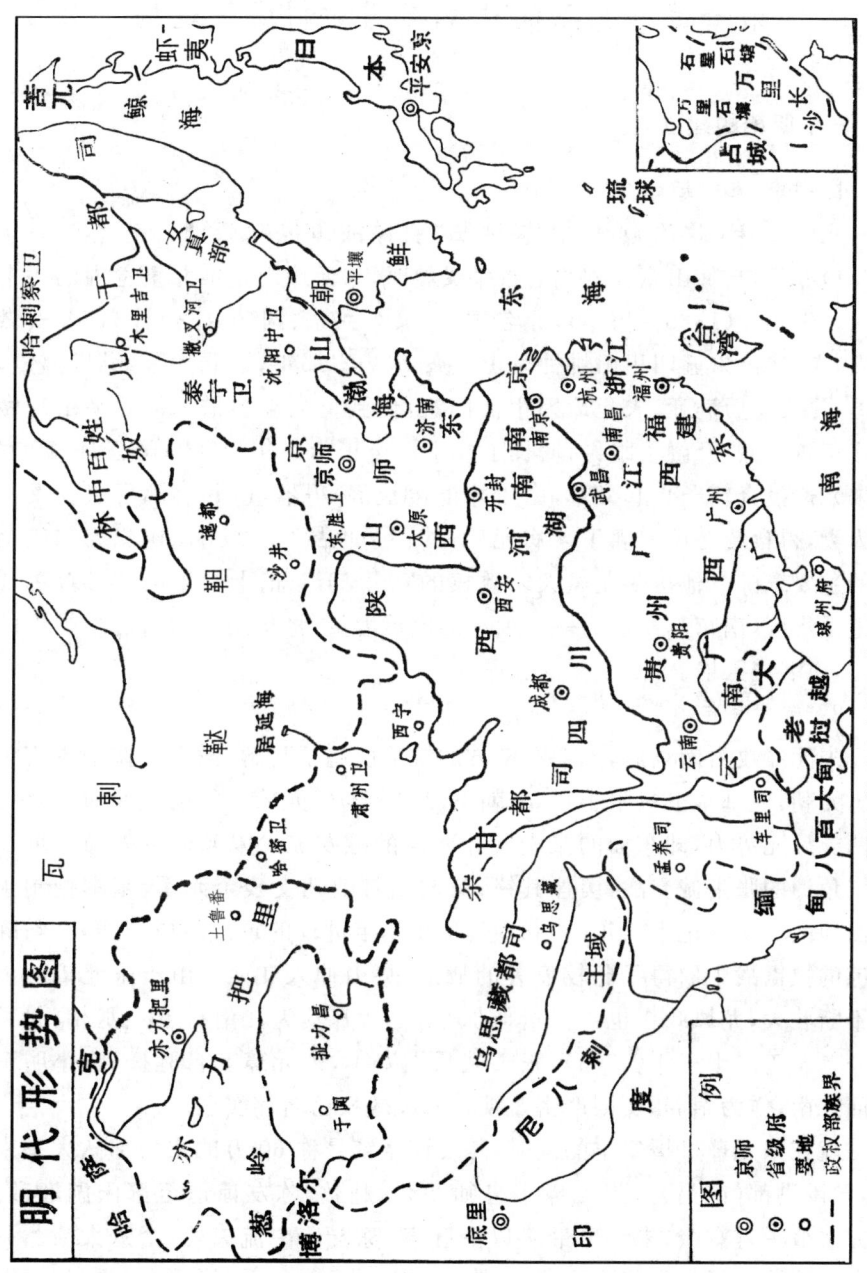

（本章地图转引自北京大学出版社《中国古代史纲》）

第一节 明朝的建立与明初制度的建构

一、明朝的建立

1. 朱元璋初起

元朝末年,政治败坏,民怨沸腾,农民战争风起云涌。至正十一年(1351)五月,当韩山童与刘福通首举义旗时,朱元璋尚是淮北皇觉寺的一个和尚。朱元璋(1328~1398),原名重八,又名兴宗、国瑞,濠州钟离(今安徽凤阳)人,父亲朱五四租田耕种兼卖豆腐。17岁那年,淮北大旱,继以瘟疫,父母、兄长先后病死,朱元璋因生活困难,便到皇觉寺为僧。他后又出门做了几年游方僧,开阔了眼界,增长了才干。至正十二年(1352)闰三月,25岁的朱元璋投奔郭子兴起义军,由于才能出众,深得器重,并娶郭子兴养女马氏为妻,得自统一旅。郭子兴病死后,其长子也战死,朱元璋遂成为郭氏余部的主要统帅。他接受龙凤大宋政权的官号,于至正十六年(1356)攻占江南重镇集庆(南京),发展为一支独立的政治力量,将集庆作为自己根据地的中心,更名应天府。

2. 南方底定

朱元璋攻占南京后,元朝在南方的统治已趋于瓦解,虽有一些地方官仍效忠元朝,但基本上只限于自守,朝不保夕。与朱元璋争衡的主要对手是另外两支反元势力,即东面的张士诚和西面的陈友谅。朱元璋首先与占据长江三角洲的张士诚交战,屡挫其锋;又向南打败几支残余元军,基本控制了浙西地区。从至正十八年(1358)起,他将军事进攻的重点转向西线,在与陈友谅的拉锯战中取得了比较显著的战果,势力伸入江西。由于朱元璋的力量不断壮大,龙凤政权也一再给他加官晋爵,升其为江南行省左丞相,封吴国公。至正二十三年(1363),张士诚兵围安丰,朱元璋亲自驰援,将小明王救回江南,佯为奉养,实则严密监视。龙凤政权已名存实亡。

就在朱元璋进援安丰的同时,陈友谅亲统号称60万的主力部队大举来攻,包围洪都(南昌)。朱元璋率舟师20万赴救,陈友谅退至鄱阳湖迎敌。双方恶战一月有余,朱元璋最终以少胜多,陈友谅中流矢死,余众大溃。鄱阳湖之战确立了朱元璋在南方的霸主地位。至正二十四年(1364),朱元璋称吴王,建立西吴政权(同时张士诚亦称吴王,史家分称为东、西吴)。随后进攻武昌,陈友谅之子陈理出降,汉政权亡。二十六年,朱元璋派人暗害小明王韩林儿,停用龙凤年号。二十七年,击败并俘虏张士诚,灭东吴;又迫降浙东沿海的方国珍,江南大局已定。

3. 明朝统一

二十七年(1367)十月,朱元璋任命徐达为征虏大将军,常遇春为副将军,率军25万,正式对元朝发动北伐。军行前发布檄文,提出了"驱逐胡虏,恢复中华,立纲陈纪,救济斯民"的政治口号。元朝统治下的北方正陷于军阀混战之中,无力组织有效抵抗。朱元璋出兵不足两月,即已尽占山东全境,随后西定河南,潼关以东皆非元有。

第二年(1368)正月,朱元璋在应天府称帝,建立明朝。这时南方的明军已平定福建,两广亦指日可下。五月,朱元璋亲临汴梁召开军事会议,筹划对大都的进攻。闰七月,明军沿运河北上,一路势如破竹,直抵通州(北京通州)。顺帝见大势已去,遂留淮王帖木儿不花监国,自己与皇后、太子开城门北奔,逃往上都。八月初二日,明军攻入大都,擒斩帖木儿不花,元朝灭亡。北逃的元顺帝及其子孙在此后一段时间里仍以大元之名号令部众,史称"北元",但作为中国统一王朝的元已不复存在。此后,明朝经过20余年的南征北伐,平定了各地的割据势力和残元兵力,在全国大部分地区实现了新的统一。

二、明初各项制度的建设

明太祖即位后,主持制定了明朝政治、军事、经济、法律、文化等方面的各项制度。这些制度在明朝被作为"祖制",其中很多内容也影响到清朝。

1. 职官制度

明朝建立之初,官制基本沿袭元朝。等统治基本稳定以后,明太祖即着手进行改革,从而奠定了有明一代职官制度的基础。在中央机构中,明代官制最大的变化是宰相制度的废除。洪武十三年(1380),明太祖以谋反罪杀中书左丞相胡惟庸,宣布废除中书省和丞相,分相权于吏、户、礼、兵、刑、工六部,并使六部直属于皇帝。又以兵部和五军都督府分掌兵事,以刑部、大理寺、都察院分典刑狱,使其互相牵制,一切兵刑大权也都总揽于皇帝。

在地方机构中,太祖认为行中书省权力过大,乃废除之,于洪武九年(1376)在全国设十三布政使司,并把各省的兵、民、钱、谷分别由布政使、按察使、都指挥使管理,布政使掌民政,按察使掌刑名,都指挥使掌兵事,称为

"三司"。元朝末年,行中书省的丞相无所不统,明初则分权于三司。

明太祖为了加强监察机构,在都察院下设监察御史。监察御史出为巡按御史,代皇帝巡视地方、弹劾官吏、监察民情。并按六部的建制分设六科给事中,负责稽查各部。此外,还设立通政司处理臣民的章奏,规定除田土、诉讼之争,一般民户皆可上书言事。通过这些职官改革和机构调整,专制主义的中央集权在明初有了进一步的发展。

2. 卫所制度

为加强国家的武装力量,明初创立了一套以卫所为骨干的军事制度。明朝的军队约有180万,都编制在卫所之中。卫所遍布全国各地,大抵每5600人为一卫,长官为指挥使,下辖五个千户所。每千户所1120人,长官为千户,下辖十个百户所。每百户所112人,长官为百户,下面分为两个总旗,每总旗又分出五个小旗。军士皆别立户籍,叫做军户,军户是世袭的,一经签派为兵,就不能随意脱籍①。明朝规定,军户皆由国家分给土地,令其屯田自养。平时军士由卫所军官负责操练、屯田,一遇国家有事,则拨归兵部派遣的总兵官统领。这样,兵部、都督府、总兵官都不能独专军权,军队始终掌握在皇帝手中。这是从军事上加强皇权的重要措施。

3. 法律制度

明太祖和他的臣属们用了长达20年的时间制定《大明律》,于洪武三十年(1397)正式颁布。《大明律》比《唐律》条文简赅,但严酷程度却有过之而无不及。《大明律》维护君主尊严和权力,如吏律规定,大臣私自选授官吏者斩,交结朋党者斩。刑律严惩盗窃官私财产和侵占官民田地山场;对于谋叛、谋大逆等罪量刑都重于《唐律》。《大明律》还维护贵贱尊卑的等级制度。《大明律》基本保持了《唐律》中的"八议"而略作更动,凡皇家的亲、故以及列为功、贤、能、勤、贵、宾八类权要势家,如果犯罪,官吏只能奏闻,不得擅自拘问。但是,《大明律》也规定严禁功臣勋戚凭特权势接受投献,禁止侵占他人田宅;不许奸豪诱取良人及掠卖良人为奴婢;凡诬告者加等治罪。这些规定对保护小生产者的人身和财产,对稳定社会秩序具有一定的积极作用。洪武十八年(1385)明太祖颁布亲自编撰的《大诰》,汇集了大量惩治官民贪赃受贿、转嫁赋役、侵吞税粮、流亡隐匿的案例,并使用凌迟、枭首等酷刑。太祖编制此书除了"警省顽愚"的作用外,主要是把它作为和《大明律》并行的

---

① 《明史·兵志二》,中华书局1974年版。

司法典籍。它是太祖重典治吏政策的反映。

4. 学校和科举制度

明代学校大体有三类:国子学、府(州)县学和村镇的民间社学。明太祖十分重视治国人才的培养,建国前即在应天府创办国子学。洪武十五年(1382),国子学改为国子监,设祭酒、司业、博士、助教、学正等学官。府学教官有教授,州学有学正,县学有教谕。

入国子监的学生称监生,分官生和民生两种。官生指品官子弟、土司子弟和外国留学生;民生是由地方推举的民间俊秀。其中,每年由府(州)、县学校按规定名额保送入监者称贡监,会试下第的年少聪慧举人被选送入学者称举监。监生最多时近万人,他们学习的课程有《大诰》、《大明律》、"四书"、"五经"和刘向的《说苑》等。

明朝科举始于洪武三年(1370),因取士效果不尽理想,洪武六年一度停罢,至洪武十五年(1382)始重新开设。洪武十七年,命礼部定科举程式,颁行各省,其后遂为定制。参加科举者必须是各级学校的生员。府(州)、县生员即所谓的秀才,每逢子、卯、午、酉年的八月(秋闱),在省会参加三年一次的乡试,及格者称举人。举行乡试的次年,即丑、辰、未、戌年的二月(春闱),举人在京参加会试。及格者再于三月初一日参加由皇帝亲自主持或以皇帝名义举行的廷试(或称殿试),中选者为进士,分一、二、三甲。一甲三人,称赐进士及第,即状元、榜眼、探花。二甲若干人,称赐进士出身。三甲若干人,称赐同进士出身。考试的办法是,以四书、五经的文句命题,以程、朱的解释为依据。文章的格式规定为八股文,即包括破题、承题、起讲、入手、起股、中股、后股和束股八个部分。进士大部分直接授官,二甲、三甲中的一部分人经考选后再入翰林院学习深造三年,然后授职。洪武二十年(1387),还开设了武举,用以选拔军事人才。

明太祖在兴学校、开科举的同时,还通过荐举途径选官,时称"三途并用"。科举停废期间,荐举尤为兴盛,往往能选拔一些急需之才。后来随着科举独尊,荐举渐成虚文,学校在选官方面的地位日益下降,主要成为科举储才之所,国子监逐渐走向衰落。

5. 户籍与赋役制度

明初经过战乱之后,户籍散乱,赋役征发不便。洪武三年(1370),诏籍全国户口,创设户帖,加强了对社会基层的控制。洪武十四年(1381),明朝政府经过普遍的户口调查,编制了黄册,详细登记了各地居民的丁口与产业情况。平时人口的增减、产业的变迁都要呈报政府登记黄册备案,每年由政府审订一次。洪武二十年(1387),明朝政府又经过普遍丈量土地,编制了鱼鳞册,详细记载每乡每户土地的亩数和方圆四至,并绘制成图。鱼鳞图册和黄册互相配合,"鱼鳞册为经,土田之讼质焉;黄册为纬,赋役之法定焉"①。通过对耕地、户口两大要素的统计,形成了一套比前代更加详备的户籍和赋役管理制度,在巩固明朝经济基础方面发挥了巨大作用。此外,明朝在调整户口、丈量土地的基础上又施行里甲制和关津制。里甲是以110户为一里,一里又分为十甲,里设里长,甲设甲长。里甲内的人都要互相知保,不得隐藏户口,也不得任意流徙。关津制是在全国"冲要去处"分设巡检司盘查行人,没有政府颁行的路引不能放行,越渡者以逃民律论。

赋税征收方面,明朝前期基本上沿用唐宋以来的两税法,田赋分夏税、秋税两次缴纳。纳米麦者称为"本色",纳钱、钞、绢或其他物产代输者称为"折色"。税率因地而异,有不同的"科则",差别很大。为便于征收,各州县划分粮区,每粮区设置粮长一名,以地多纳粮多的大户担任,负责该区税粮的催征、验收和解运,同时也协助里长进行基层管理。役有正役和杂役。正役以里甲为单位轮充,亦称里甲正役,其应役主要是协助粮长催征钱粮,协助官府维持治安、拘捕罪犯,办运上贡物料,支应官府公用等。除此之外官府所派之役统称杂役,也称"杂泛",其名目、数量的伸缩性更大,基本上是临时签派。

三、从南京到北京的转变

1. 靖难之役

明太祖在加强皇权的同时,又实行分封制,把24个儿子和1个从孙分封在全国各地。封王一部分授予兵权,命他们驻守北方,抵御蒙古;另一部分则驻于内地各省,使他们监督地方官吏。在诸王中,以北方诸王的势力最大。宁王"带甲八万,革车六千,所属朵颜三卫骑兵皆骁勇善战"②。燕、晋二王更是长期在北方筑城兴屯,训练兵丁,中央派来的将领如宋国公冯胜、颍国公傅友德等皆听其节制③。为了避免权臣擅政,明太祖又规定诸王有

---

① 《明史·食货志一》。
② 《明史·宁王传》。
③ 《明史·晋王传》。

移文中央索取奸臣和举兵清君侧的权力①,这就给以后诸王举兵对抗中央提供了理由和法权依据。明太祖分封诸王,造成比元代行中书省权力要大得多的封国,这势必危及中央政权的安全。尽管明太祖意识到了这一点,特意申明诸王"惟列爵而不临民,分藩而不赐土"②,但分封的祸患在明太祖死后,还是很快降临了。

洪武三十一年(1398),明太祖死,太孙朱允炆(即建文帝)即位。朱允炆及其大臣齐泰、黄子澄等人,鉴于北方诸王势力太大,决定采取削藩的办法,先废去一些力量较小的藩王,然后再削夺拥有重兵的燕王朱棣。朱棣是明太祖第四子,曾多次率师深入沙漠,战败元朝残余势力,在诸王中势力最大,野心也最大。建文元年(1399),朱棣打着清君侧的旗号,向南京进兵,史称"靖难之役"。经过四年的战争,燕王朱棣打败了建文帝,夺取了明朝政权,建元永乐,是为明成祖。

2. 永乐政局

明成祖在位 23 年(1402—1424),继明太祖之后进一步完善、巩固了明朝的统治。成祖自藩王而夺天下,深知藩王尾大不掉之害,因此继续采取削藩措施,先后把被封在北方的诸王迁徙到南方,有的被废为庶人。到永乐末年,诸王护卫人数大减,也不再拥有代表皇帝镇遏地方的军事权力,大多数人徒拥虚名,势力一再削弱,军政大权重新集中于皇帝。

明成祖对中央行政机构作了进一步的调整,正式设立了内阁。内阁的成员由皇帝亲自从官僚中选拔,但只能做皇帝的顾问,在皇帝的指挥下协调政事。内阁臣僚多为五人或七人,这是废除丞相制后为了加强皇权的又一次改革。明成祖又重用司礼监宦官,并给予宦官以"出使、专征、监军、分镇、刺官民隐事"等大权③。其中由宦官统领的特务机构称为东厂,与锦衣卫合称厂卫。厂卫的出现,标志着君主专制统治的进一步加强。

明成祖夺位之后,为改变自己的"篡逆"形象,标榜文治,尊崇儒学,连续进行大规模修书工作。对外则开拓进取,北征蒙古,南伐安南,又遣郑和率船队下"西洋"。其时国势强盛,为明朝之最。

3. 迁都北京

明成祖在位时期最重大的一项举措是将都城北迁。永乐元年(1403),

---

① 《皇明祖训·法律》,"四库全书存目"丛书本,齐鲁书社 1996 年版。
② 《明史稿·列传三·诸王》,中华书局 1962 年版。
③ 《明史·宦官传》。

升北平为陪都,更名北京。以后成祖数次北巡,在北京设立了"行在"六部、都察院,实际上逐渐组织起另一套政府机构。永乐十九年(1421),迁都北京。在此期间,模仿洪武"徙富民"之举,将全国其他地区(主要是江南)的富民大批迁徙到北京附近,以发展当地经济。又开通漕运,保证南方粮食对京都的供给。迁都以后,原来的"京师"改称南京,居于陪都地位,形成了北、南两京制度。部、院等中央机构迁至北京,但南京也另设一套名称相同的机构。

永乐帝迁都,一方面因为北京是明成祖"肇基"之地,另一方面也是出于加强北部边防的需要。南京位处江左,经济条件较优,但从军事角度言,不易控御北方。明初外部威胁主要来自蒙古,北边必须屯驻重兵。而成祖将"塞王"内迁后,皇帝仍驻南京,北方缺乏高层军事指挥核心,鞭长莫及,调度难免失灵,故迁都在当时势为必然。北京作为首都的缺陷,在于远离江南经济中心,物资供应困难,因此迁都在当时遇到不少反对意见。但明成祖态度坚决,反对者都受到处罚,个别人甚至被处死。

迁都北京之举,在仁、宣时一度出现反复。仁宗初即位,反对迁都的大臣以物资供应困难、运输耗费巨大为由,提出还都南京之议。洪熙元年(1425)三月,下诏复都南京,北京仍旧改称"行在"。但尚未实施仁宗即已去世。宣宗在位时,根据仁宗遗诏,"京师"仍为南京,但本人常驻北京,北京名为"行在",实为"京师"。宣宗去世后,英宗于正统五年(1440)诏北京诸衙门去"行在"二字,南京诸衙门加"南京"二字,北京作为正都的地位奠定。

四、明初的社会治理

经过元末的长期战乱,明初社会经济十分凋敝,尤以中原为最。明初统治者采取了一系列治理措施,颁行一些与民休息、恢复生产、发展经济和惩治贪贿的政策。

1. 社会关系的调整

元代养奴风气很盛,明初不再有"驱口"、"驱丁"等称呼,大部分奴婢恢复了人身自由,提高了社会地位。《大明律》规定:"庶民之家,存养奴婢者,杖一百,即放从良。"①农民和手工业者的人身依附关系较元朝也有所放松。政府在法律上承认了这一事实,于洪武五年(1372)颁布了佃户见地主的礼

---

① 《大明律》卷四《户律》,"四库全书存目"丛书本。

仪规定,用宗法家长制的少长关系冲淡良贱的隶属关系。明代工匠基本上分成住坐和轮班两种。轮班是指地方工匠定期赴京无偿服役三个月;住坐匠从民间征集,在京居住,隶属于工部,主要替皇族进行生产,每月服役十天,按照劳力给予一定待遇。不论轮班匠还是住坐匠,在服役时间之外,都可以"自由趁作"。人身依附关系的松弛,对明初社会生产的恢复和发展起了积极的作用。

2. 奖励垦荒,移民屯田

元末农民战争中,不少地主或死或逃,留下大批荒田。在北方地区,广大农民自由耕垦,也得到政府的认可和鼓励。洪武元年(1368)下令,各地荒田,农民垦种后归自己所有,并免赋役三年。洪武二十八年(1395)又下令,山东、河南在洪武二十七年以后"新垦田地,不论多寡,俱不起科"①。

明初屯田,计有军屯、民屯和商屯三种,其中军屯、民屯的规模较大。军屯田由卫所军户耕种,规定每户给田18至50亩,边地驻军三分戍守,七分屯种,内地驻军二分戍守,八分屯种。屯军要向政府交纳"屯田子粒"作军粮。民屯是政府"移民就宽乡"②屯种。洪武三年徙苏、松、嘉、湖、杭农民4000多户到濠州屯种,给牛具种子,三年不征其税。又移江南民14万户至凤阳。屯民是官家的佃户,所垦的荒田为官田,可免赋税三年,额外的开荒则永不起科。朝廷还给予贫困的移民以牛和种子,但其承担的赋税比自备牛和种子的要高二成。商屯是一种特殊的民屯。政府为解决边境地区的军粮,利用食盐专卖权,颁行"开中法",令商人运粮到边防的粮仓,以换取"盐引",然后凭盐引到指定场支盐,再到指定地域去销售。有的盐商雇人在边地屯垦,以获多利。商屯对供应边地军粮和开发边疆起了积极作用。

此外,为储粮备荒,还设置预备仓。洪武三年(1370),令各省选派老年乡民运钞购粮在农村储藏,各府州县设东南西北粮仓四所,遇有水旱即用以贷给农户。永乐年间将预备仓从乡间移设城内。

3. 兴修水利,广植经济作物

明太祖十分重视水利建设。在他执政的三十余年间,除修复四川都江堰和广西灵渠等外,还兴修了不少新的水利工程。至洪武二十八年(1395),

---

① 《明太祖实录》卷二四三"洪武二十八年十二月壬辰",台湾中研院史语所1962年校印本。

② 《明史·食货志》。

全国府县计开塘堰40987处,浚河4162处,修陂渠堤岸5048处①。这些规模大、数量多的水利工程,没有政府组织是无法完成的。太祖还重视经济作物的种植,尤其注意麻、棉、桑、枣及漆树等的栽培。洪武元年下令农民有田5~10亩,俱令种桑、麻、棉各半亩,地方官不督促的要处罚。这些措施,扩大了经济作物的种植面积,为棉、丝纺织业的发展提供了更多原料。

4. 发展工商业

明朝前期,推行了一些有利于手工业和商业发展的政策。明太祖规定商税三十取一,买卖农具及百姓嫁娶丧祭之物等均免税。洪武十三年(1380),裁撤全国税课司局364处,改为府州县直接征税。明朝政府还放松了对矿业的垄断,铁矿听民间开采,三十税二。货币方面,明初钱钞兼行,既铸造"洪武通宝"等铜钱,又统一发行"大明宝钞"。不过,后来宝钞印发失控,日益贬值,民间流通渐少,白银逐渐成为与铜钱并行的主要货币。

5. 提倡节俭,重典治贪

明太祖认为孔子的"节用而爱人,使民以时"是"治国良规"。他提倡节俭,并身体力行,如令用铜代金,装饰自己的车舆、器具、服用等物。仁宗、宣宗也提倡节俭,简省永乐时期官府向民间或海外"采办"物料之举,远航西洋的行动也逐渐停止。宣德二年(1427),宣宗放弃征服安南,节省了大笔军费开支,对蒙古也不再大举出击,只严守边备。统治者节制奢侈,与民休息,减轻了人民的负担。

明太祖起自寒微,对元末吏治的腐败有切身体验,因而对贪官污吏深恶痛绝,以严刑峻法加以惩治。规定凡守令贪污者,允许百姓赴京控告,或者拿获送至京师,"敢于阻挡者,其家族诛";官吏贪污钱财60两银以上者斩首示众,还要剥皮实草。他把府、州、县、卫衙门左面的土地庙作为剥人皮的场所,称为"皮庙场"。在官府公座两旁,各悬挂一个填满草的人皮袋,使官吏触目惊心,引为鉴戒②。

明太祖还借空印案和郭桓贪污案大肆杀戮官吏,以示警告,其用法之严酷为历史所罕见。明朝规定,每年布政司、府州县吏到户部核钱粮、军需诸事,经过户部审核,凡钱粮数额有不符之处,就要驳回重新填造。但"省府去部远者六七千里,近亦三四千里",所以上计官吏"预持空印文书,遇部驳即

---

① 顾炎武:《日知录》卷一二《水利》,上海古籍出版社1985年版。
② 赵翼:《廿二史札记》卷二三《重惩贪吏》,中华书局1984年版。

改,以为常"。洪武十五年(1382),太祖发现了这一情况,下令严办,"凡主印者论死,佐贰以下榜一百,戍远方"①。十八年,明太祖怀疑北平二司官吏与户部侍郎郭桓串通贪污,于是兴大狱,"自六部左右侍郎下皆死,赃七百万,词连直省诸官吏,系死者数万人"。追赃时又波及到各地的一批地主富户,"核赃所寄借遍天下,民中人之家大抵皆破"②。这两起案件牵连被杀者达七八万,虽不可能根除贪污贿赂,但严厉整肃毕竟使明初的吏治比元末有所好转。不过,明太祖为人刻薄少恩,迷信暴力,又求治太速,用刑过苛,甚至常以区区小故纵无穷之诛。大量无辜者被滥杀冤杀,乃至死于法外酷刑,这也充分暴露了专制统治的残酷与黑暗。

经过明初的社会治理,耕地面积不断增多,人口不断繁殖,社会经济很快恢复,赋税收入成倍增加,农业的恢复又促进了手工业的繁荣和商业的活跃,以致经过明初70多年的恢复和发展,终于出现了"仁宣之治"的鼎盛局面。

6. 仁宣之治

永乐二十二年(1424),明成祖病死,太子朱高炽即位,是为明仁宗,次年改元洪熙。但洪熙元年(1425)五月,仁宗亦病卒,太子朱瞻基即位,是为明宣宗,次年(1426)改元宣德。仁宗、宣宗一共在位12年(1424~1435),此时永乐时期重典治国的政策已出现较大转变,明朝统治完全走上了正轨。再加上政治比较清明,经济持续发展,社会稳定,边境也较安宁,史书艳称"仁宣之治",有"明有仁、宣,犹周有成、康,汉有文、景"③之誉。

第二节 明中期内外交困与国力趋弱

一、土木之变与夺门之变

1. 土木之变

英宗正统年间,明朝政治开始走向腐败,其突出表现是宦官王振专权。这是明代宦官专权之始,同时也给明代政治带来恶劣影响。王振原为教官,后净身入宫,英宗在东宫时,即朝夕侍奉左右。英宗即位时只有9岁,少不

---

①② 《明史·刑法志二》。
③ 谷应泰:《明史纪事本末》卷二八《仁宣致治》,中华书局1977年版。

更事,遂命王振为司礼监,非常宠幸,呼为"先生"而不称名。但英宗初年,上面有太皇太后张氏(仁宗的皇后),下面有元老重臣"三杨"(杨士奇、杨荣、杨溥)在内阁,王振尚不敢放肆。后来太皇太后张氏死,三杨或死或赋闲,大权悉归王振,生杀予夺,尽在其手,举朝无敢抗礼者,皆呼之为"翁父"。明朝政治日渐败坏,贿赂公行。

当明朝政治腐化、边防松弛时,蒙古瓦剌部却强盛起来。英宗正统初年,其首领脱欢统一了瓦剌和鞑靼两部。脱欢死后,其子也先继续扩充实力,准备进攻明朝。这时掌握明朝军政大权的王振不但不布置边防,反而接受瓦剌贿赂,私运兵器与其贸易。明朝的大臣如翰林院侍讲刘球、兵部侍郎于谦等人已看出瓦剌强盛,北京有被侵袭的可能,主张整饬边防,加强军备。但刘球所上疏言词触犯王振,结果下狱被杀。

正统十四年(1449)七月,也先发动瓦剌军四路南犯,大同告警。王振不作充分准备,轻率调动三大营军士共50万人,挟英宗亲征。群臣皆言不宜轻出,而王振不听。八月明军抵达大同,王振得报前线各军屡败,惧战而折回。行至土木堡(河北怀来西南),被瓦剌军追上,致明军死伤过半,随从大臣英国公张辅等50余人皆阵亡。英宗突围不出被俘,王振被护卫将军樊忠用锤打死,此即所谓"土木之变"。

败讯传来,举朝大震。时议战守,翰林侍讲徐珵(后改名有贞)倡言迁都南京,以避瓦剌兵锋。兵部侍郎于谦力斥南迁言论,坚持固守京师,人心始定。危亡之际,于谦挺身而出,一面调兵急赴京师守卫,一面转运通州仓粮入京师,担当起保卫京师重任。继而英宗弟郕王朱祁钰继位,是为景泰帝。当年十月,也先挟英宗直趋北京城下,于谦调动诸将分领官军22万人迎敌。战斗延续五日,也先被迫退兵。北京保卫战的胜利,使明朝度过了开国来的最大难关。然而土木之变影响深刻,从此,明朝对于北方蒙古势力不再具有压倒优势,只能被动防御。

2. 夺门之变

也先俘获英宗时,原以为奇货可居,足以要挟明朝,但在景泰帝即位后,英宗已失去作用,乃于景泰元年(1450)八月把英宗放归。英宗得以归来,这是于谦等坚决主张抗战的结果,如果屈辱求和,他将永无返归之日。

然而此时出现皇室内争。景泰帝贪位薄兄,私心太重,先是不愿英宗归来,不肯遣使迎驾;英宗归来,又将之禁锢于南宫,并且废掉朱见深(英宗之子),立己子朱见济为皇太子。不久朱见济病死,自己又没有其他儿子,也不肯恢复朱见深的皇太子地位,凡此种种加深了兄弟之间的怨恨。当时一些不满于谦的人,如官僚石亨、徐有贞及太监曹吉祥等,为了建功邀赏,即阴谋拥立英宗复辟。景泰八年(1457)正月,景泰帝病重,不能视朝。壬午(十六日),武清侯石亨、副都御史徐有贞等率兵夜入南宫,拥戴英宗夺门(东华门)入皇宫,登殿复位。又杀兵部尚书于谦及大学士王文,诬称二人欲迎外藩襄王之子为帝。杀于谦时,英宗有些不忍,说于谦实在有功,徐有贞进言"不杀于谦,此举为无名"①,遂下毒手。于谦被冤杀,京郊百姓莫不流涕。这一事件史称"夺门之变",也称"南宫复辟"。

英宗复辟后,改年号为天顺,大行封赏。石亨晋封忠国公,曹吉祥升为司礼监,徐有贞不仅入阁,晋升兵部尚书,还加封武功伯。这些人还纷纷为自己亲属和手下邀取官爵,以致靠"夺门功"晋升者达 3000 余人,而关心国事的正派官员相继被害,政治腐败日甚一日。不久,徐有贞与曹吉祥、石亨又展开权力争夺。天顺四年(1460),石亨败亡。次年七月,曹吉祥在北京发动政变失败,被处以磔刑。此事史称"曹石之变"。一系列危机后,到宪宗时明朝统治才渐趋平稳。

二、武宗失道与嘉靖荒政

1. 武宗纵欲失道

成化二十三年(1487)明宪宗去世,其子朱祐樘即位,是为孝宗,年号弘治。孝宗比较勤政,是明中叶较好的皇帝。孝宗在位 18 年,政治比较清明,朝中多贤臣。可是孝宗死后,继位的武宗年仅 15 岁,却生活淫乱,嬉游无度,信用宦官,亲近群小。他在位 16 年,无道之行不可胜计。

明武宗好逸乐。正德二年(1507)即于西华门内另建宫殿居住,称为豹房,召集京内外乐工入侍,在此寻欢作乐。自正德九年(1514)开始,武宗不时微服夜行,或经宿不归,或数日不还,大臣皆不知其所往。自正德十二年(1517)开始,武宗频频远游边地,尤其数往宣府(河北宣化),乐而忘归。在阳和(山西高阳),武宗不愿称皇帝,自号"总督军务威武大将军总兵官"。正德十四年(1519),明武宗又下诏南巡,朝臣群起上疏谏止,即杖舒芬等 146 人于午门,杖死 11 人。但终因群臣反对,南巡没有成行。不久,宁王朱宸濠反于江西南昌,武宗遂假亲征之名必行南巡。实际朱宸濠之乱很快被王守

---

① 《明史·于谦传》。

仁讨平,朱宸濠就擒。武宗行至涿州(河北涿州),王守仁捷报已到,而武宗为了南巡,遂秘而不宣,继续南行,到达南京。次年秋,武宗在南京行受俘礼,下诏班师还京。至淮安清江浦,泛舟积水池,舟覆落水,自此生病。正德十六年(1521)春,武宗病死于豹房,年31岁。

武宗荒嬉,不理朝政,宦官刘瑾等佞幸专权乱政,政治黑暗,贿赂公行。明代政治进一步趋向腐朽。

2. 大礼仪之争

武宗死后,他既无子嗣,又无亲兄弟,新君主必须从孝宗兄弟的子嗣中选择。由大学士杨廷和主持,得孝宗皇后(武宗之母)张太后支持,决定以武宗遗诏名义,立宪宗已故的第四子兴献王朱祐杬的长子朱厚熜继位。正德十六年(1521)四月,朱厚熜即皇帝位,以明年为嘉靖元年,这就是在位长达45年的明世宗。世宗即位之初,锐意求治,采取了一些积极的措施,如开放言路、革除冗员、平反冤狱、摒绝好玩、赈贷救荒、清核田庄等。对明代中期政治最具影响的是,他采取措施抑制了自正统以来急剧膨胀的宦官势力,一时出现少见的中兴气象。

但此时以杨廷和为首的文官集团与世宗围绕皇统礼仪发生了争执,共持续七年,其余波更延续到嘉靖二十一年(1542)。朱厚熜即位后第五天,便下令礼官集议生身父亲兴献王的祀典和尊称,杨廷和主张应效法汉代定陶王入继成帝和宋代濮王入继仁宗的故事,尊孝宗为皇考,称武宗为皇兄,尊本生父兴献王为皇叔,尊本生母兴献王妃为皇叔母。世宗对此难以接受,一再要廷臣会议。廷臣会议仍坚持初议。因为他们维护孝宗、武宗一系,史称"护礼派"。而观政进士张璁上疏主张世宗继承的是祖宗的皇统而不是宪宗之嗣,不当把继统与继嗣纠缠一起。张璁此议深得世宗之心,于是亟下廷臣再议。杨廷和等再次封还手诏,拒绝受命,并授意吏部将张璁安排为南京刑部主事,使之远离朝廷。张璁和支持张璁论点的人被称为"议礼派"。

由于世宗的旨意屡遭阻格,他对杨廷和益发不满。嘉靖三年(1524),张璁等再次提出以孝宗为皇伯考,以兴献王为皇考,以武宗为皇兄的主张。世宗遂诏张璁入京,形成一个反对杨廷和等执政派官僚的政治集团,并听由杨廷和辞职。杨廷和之子杨慎集朝臣200多人伏阙哭争,世宗下令逮捕193人下诏狱,其中17人被杖死,护礼派受到沉重打击。不久,世宗册封他的生身父亲为"皇考恭穆献皇帝",孝宗则改称皇伯考,孝宗皇后为皇伯母。世宗后来又加封父母,并建世庙于太庙之侧。嘉靖十七年(1538),世宗奉皇考献皇帝为睿宗，祔于太庙。至此，大礼仪之争以世宗意愿实现而告结束。

3. 世宗崇道与严嵩揽权

世宗削除大批旧臣后，擢用张璁、桂萼等新进官员，推行一些新政，如抑制宦官和外戚勋贵势力，清查田庄，还田于民，改革赋役制度等，起到一定积极作用。但这些改革仅在局部范围进行，且"数行数止"①，未能全面持久展开，因而其成效也很有限。加上世宗崇奉道教，严嵩长期擅权乱政，使嘉靖中后期朝政腐败加剧。

为了长生不老，世宗崇道修玄，愈到后期愈甚，几近执迷不悟，为明代帝王之最。道士邵元节、方士陶仲文等先后得到世宗宠信，并授以高官。世宗喜谀恶谏，趋媚逢迎者往往嘉奖，规谏反对者则遭杖责。世宗中年以后，"专事焚修，词臣率供青词，工者立超擢，率至入阁"②。当时阁臣袁炜、严讷、李春芳、郭朴俱以善撰青词③而入阁，时人讥之为"青词宰相"④，其他如顾鼎臣、夏言、严嵩、徐阶也都以此而得到世宗的青睐。世宗沉溺斋醮，引起许多正直之士的担忧。嘉靖二十年正月，御史杨爵上疏请禁除邪佞之术，"帝大怒，命镇抚司长系之"⑤。自此以后，廷臣再也不敢谏阻，神仙祷祀之风愈演愈烈。

世宗对道士方术宠信不衰，但对内阁首辅却时加防范，权势稍盛，便加抑制。嘉靖朝的内阁首辅，就如走马灯不断更换，即使宠信如张璁、夏言者，也屡遭罢斥，显示了世宗的猜忌心理和御臣之术。嘉靖朝任首辅时间最长的是严嵩，这与严嵩"一意媚上"，善于见风使舵，善于揣摩世宗心理有很大关系。严嵩虽然也是两度为首辅，仕途上有起伏，但由于他极善趋媚逢迎，勾结权贵、宦官，在内阁首辅的权力争夺中最终打败夏言，擅权达20年之久。严嵩植党营私，排斥异己，对弹劾自己的官员必欲置之死地，制造了不少冤狱；而其贪污纳贿、卖官鬻爵、广市良田等恶行，更令天下人"罔不怨恨"。直到嘉靖四十一年（1562），因方士蓝道行之言，世宗动了罢黜严嵩的心思。御史邹应龙在阁臣徐阶的支持下，上疏极论严嵩父子不法之事，世宗

---

① 《明史·食货二》。
② 《明史·顾鼎臣传》。
③ "青词"是一种特殊的文体，又叫"绿章"，是道教斋醮（祭祀仪式）时献给天神的祈祷词。
④ 《明史·袁炜传》。
⑤ 《明史纪事本末》卷五二《世宗崇道教》。

遂令严嵩致仕①。

嘉靖四十五年(1566)十二月,明世宗病死,其子朱载垕(hòu)继位,是为明穆宗,改元隆庆。明穆宗在位6年,醉心于玩乐挥霍,使嘉靖以来"帑藏匮竭"的财政危机进一步加剧,社会矛盾进一步激化。明朝的社会政治经济已到了不改革无以为继的地步。

三、明中期的流民问题

随着明朝政治的腐败,皇族、勋戚和官僚地主对财富的掠夺日益加剧。明中叶社会经济的迅速发展,又刺激了权势阶层对财富的追求。在明朝,土地仍然是人们心目中最有价值的财富,土地的占有量仍然是富裕的重要标志。明朝初年,由于改朝换代调整了元朝的土地占有关系,积极推行垦荒政策,小农经济大量复苏,自耕农在人口比例中占了很大优势。但在半个世纪后,权势阶层凭借政治和经济特权,带头掀起了土地兼并的狂潮。这使原来的社会经济格局受到破坏,小农经济受到沉重打击。

1. 土地兼并,赋税加重

随着土地兼并日趋激烈,皇帝、王公、勋戚、宦官所设置的庄田数量之多,超过了以前任何时代。弘治时,京畿的皇庄才有5座,占地12800余顷;到了正德即位,已增添了7座,以后陆续增至36座,占地共37500余顷②。王公勋戚掠夺土地成风,在占田过程中,他们强夺农民的产业,烧毁房屋,铲平坟墓,砍伐树木,逼得很多人逃离家乡③。对于所属的佃户,向其征收每亩五分、七分至二钱的银租,甚至进行人身迫害。皇帝大量设置庄田和王公勋戚与地主豪绅勾结侵夺民产,已成为明朝中叶北方地区土地兼并的显著特点。

一般官僚地主豪绅占地的情况也很严重,其中南方江浙、福建、江西等地最为突出。在江浙,地主豪绅的土地"阡陌连亘",农民租佃富人田地,每年所得不过数斗,而地租却至一石二三斗。在福建,一般农民有田者无几,大部分沦为佃户。在江西,土地兼并尤为激烈,豪右之家多招募流民为雇工

---

① 致仕,《辞海》释为"交还官职,即辞官",古代的官员因为年龄或别的原因辞官不做了,把官职交还给皇帝,称"致仕"。
② 夏言:《查勘报皇庄疏》;陈子龙等编:《明经世文编》卷二〇二,中华书局1962年版。
③ 李梦阳:《论三害》;《明经世文编》卷一三八。

和佃户,对之可以任意拷打吊杀。

官府赋税和徭役也加重了。原来北方"永不起科"的土地,景泰时已全部征收赋税。正统元年(1436),明朝政府把江南诸省的田赋大部分折征银两,叫做"金花银",规定米麦每石折价二钱五分,成化时又增为一两,这就使农民的负担比以前增加了三倍。

政府的"官田"一向租给农民耕种,但是江南某些地区的官田赋税很重。明朝人有"一亩田无七斗收,先将六斗送皇州,止留一斗完婚嫁,愁得人来好白头"的歌谣,深刻反映了当时农民的处境①。农民在徭役方面更加苦不堪言。里甲、均徭和各种杂泛差役,名目日益繁多。官吏任意加派,豪强势家贿赂官府营私舞弊,并以"诡寄"、"飞洒"种种手法隐瞒丁口,躲避赋役,一切役作皆放富差贫。正德以后,明朝政府又把各项力差,相继改为银差,银差之外,又征力差,千方百计加重农民负担。

2. 流民暴动

在猛烈的土地兼并和繁重的赋税徭役重压下,越来越多的农民背井离乡,四方逃亡,寻找新的栖身之所。人民流亡成了全国性的严重问题,其中以山西、北直隶、山东、河南、安徽、南直隶、浙江、福建等地最为严重。流民往往扶老携幼,百十为群,沿途住宿,"采野菜,煮榆皮而食"②。当时全国流民当有数百万人,在频繁流动的过程中,有的成为异乡地主的佃户、佃仆,有的成为勋戚贵族庄田的劳动力,有的聚集山区屯垦、采矿,有的投靠军伍、屯营,冒充余丁和驿卒,有的托庇于豪匠、船户,有的冒禁下海出国谋生,不少人因饥寒交迫死亡。但当时流民的主要出路,还是成为地主的佃户。佃户的增多,是明中叶农村社会变动的主要特点。

明朝政府对流民一直采取招抚复业的政策,其目的在于控制户口,稳定农业生产,以保证赋役的征派。这种政策虽也取得了一定的效果,但它的目的正与"逃民"逃避赋役的愿望相反,因此不仅不能有效地遏止反而加剧了农民的逃亡。在人民与官府之间业已形成难以调和的矛盾,冲突势所难免。

明中叶,由流民引发的农民起义,首先爆发于南方的浙闽山区。正统十二年(1447),浙江庆元人叶宗留因"盗矿"而领导逃入浙闽山区的流民暴动。受其影响,正统十三年,福建佃农邓茂七率众在沙县暴动。邓茂七率众攻占

---

① 《广治平略》卷三《舆地篇》。
② 《明英宗实录》卷六六"正统五年四月乙丑"。

20余县,还一度与活动在闽、浙山区的叶宗留队伍互相声援,屡败官军。明朝采取剿、抚兼用的策略,先后于正统十四年、景泰元年(1450)剿灭和招降了邓茂七部队和叶宗留余部。历时数年的浙、闽农民暴动失败。

成化年间的农民暴动,主要由荆襄地区的流民发起。正德年间,农民的反抗斗争在较广的范围内发展起来,其中规模较大的有河北、四川、江西等地的流民暴动。这些暴动虽然最后都被明政府所镇压,但它们反映了中下层人民的愿望。他们迫使明朝政府不得不改变政策,如对逃入山区的流民作出"附籍"安置的措施;对不公平和贫富差别悬殊的社会秩序,也通过政策调整而有一定程度的改善。

第三节 明后期的统治危机与明朝覆亡

一、张居正改革与万历怠政

1. 张居正其人

面对明中期以来政治危机不断加深和社会矛盾不断激化,明朝统治集团中的有识之士,先后作了种种改革尝试。但这些大多是局部的,都未能取得明显成效。万历初年,大学士张居正对王朝政治、财政、军事等方面进行了比较全面的改革,使明朝统治一度出现中兴景象。

张居正(1525—1582),字叔大,号太岳,湖广荆州府江陵县人,嘉靖二十六年(1547)进士。隆庆元年(1567)初,以吏部左侍郎兼东阁大学士入直内阁,隆庆六年六月神宗即位,张居正取代高拱,任内阁首辅。张居正从多年的政治生涯中,认识到明朝存在着的各种积弊,"曰宗室骄恣,曰庶官瘝(guān)旷,曰吏治因循,曰边备未修,曰财用大匮"①,致使大明江山摇摇欲坠。张居正针对上述问题进行全面改革。

2. 张居正改革

(1) 行政改革

张居正加强官员考核,讲求工作成效,推行"考成法"。先前,经各部议复后交由地方抚、按调查之事,常常稽迟不报。张居正则根据事情大小、缓急,定出时限,延误者受到究治。他并对当时无视法纪、上下因循苟且、遇事

---

① 张居正:《张太岳文集》卷一五《论时政疏》,上海古籍出版社1984年版。

推诿的腐败官场作风,进行了整顿。整治之后,取得了"一切不敢饰非,政体为肃"的效果。在用人上,官员的"用舍进退,一以功实为准"①,注重才能,对那些疲软无能的冗官,大加裁汰。

(2) 军事改革

张居正在任首辅前,即于隆庆五年(1571)主张分封扰边达30年之久的蒙古俺答汗为顺义王,授意宣府、大同、山西总督王崇古经理此事。并在大同、宣府、甘肃等地边外设立互市,听令内地商人赴边贸易,使蒙古与内地的经济、政治交往得以正常进行。但此时另一支由土蛮所率蒙古部众十万余人,仍不断扰边;辽东边外的女真人因不获互市贸易,也屡屡入寇。为加强西北和东边的防卫,张居正承袭了徐阶和高拱任用戚继光镇守蓟门和李成梁镇守辽东的政策,守御之事和戚继光、李成梁商量讨论,给予专断之便,并让抚、按配合,"动无掣肘",故能"边境晏然"②。在广东地方,先后任殷正茂和凌云翼为两广军务提督,剿灭当地叛众,结果岭表悉定。这对安定人民生活和保障生产有积极作用。

(3) 整修水利

万历六年(1578),张居正推荐、起用先前总理河道都御史潘季驯治理黄河、淮河,并兼治运河。嘉靖年间,黄河决而南流,夺淮入海,淮安府至扬州府一带成为泽国,河水高出房屋,毁坏城郭、田庐以万数。而濒河十府,每年投入到河堤上的费用特别庞大。潘季驯在治河中贯穿了"筑堤束水,以水攻沙"的原则,很快取得了预期的治水效果。万历七年二月,河工告成,河、淮分流。计费不足50万两,为工部节省资金24万两。徐州、淮安之间800余里的长堤平行蜿蜒,河水安流其间。因而,"田庐皆尽已出,数十年弃地,转为耕桑"。黄河得到治理,漕船可直达北京,"河上万艘得捷于灌输入大司农矣"③。

(4) 财政经济改革

整顿赋役制度、扭转财政危机是张居正改革的重点。他认为豪民隐占田地、逃避赋税,使民穷逃亡,赋额顿减,致政府财政危机日益加深。赋税不均和欠额又是土地隐没不实的结果,所以要解决财政困难,首要是勘核各类

---

① 《张太岳文集》卷三六《陈六事疏》。
② 《明史·戚继光传》。
③ 《张太岳文集》卷四七《太师张文忠公行实》。

土地。万历八年(1580)十一月下令在全国范围内度田,凡勋戚庄田、民田、职田、荡地、牧地等,一律丈量。万历九年,土地丈量基本结束,效果显著,全国耕地数为 7013976 顷①,大体符合当时实情。

在清查全国土地的基础上,针对赋役制度存在的弊病,张居正推行了"一条鞭法"。一条鞭法的最早倡导者是内阁大学士桂萼,他在嘉靖九年(1530)就已提出。嘉靖、隆庆两朝,个别地区也曾"忽行忽止",其中执行得较有成效的是浙江、应天和江西的地方官庞尚鹏、海瑞和王宗沐等。到了万历九年(1581),张居正把它作为通行的赋役制度,在全国范围内推行(一条鞭法的内容和影响将在第五节专题分析)。

张居正改革,旨在解决明朝两百余年发展中所积累下的各种问题,以巩固明朝统治。改革收到了较好的成效,至万历十年(1582),"帑藏充盈,国最完富"②。但是,改革触动了贵族、缙绅地主的利益,也遭到他们的强烈反对。万历十年张居正病死,他们立即群起攻讦。张家被抄,其长子被逼自杀,张居正当政时任用的主要官员被斥削殆尽。除一条鞭法外,其他改革尽被罢除,明朝统治危机也随之加深,张死后不到半个世纪,就爆发了明末农民战争。

3. 万历怠政

张居正去世以后,万历初年的改革成果迅速化为泡影。明神宗长期生活在母亲和张居正的督责之下,亲政后的第一件事就是报复张居正,籍没其家财,废除其改革措施。此后,神宗大权独揽,最初还比较勤政,能在一定程度上接受臣下的批评。但从万历十四年(1586)开始,明神宗开始怠政,渐渐不肯通过上朝、接见阁臣等形式面见大臣商讨国事,连各种祭祀大典也委派官员代行。万历二十年(1592)后,神宗晏处深宫,溺志货财,"不郊不庙不朝者三十年,与朝廷隔绝"③。当时君臣之间主要通过章疏一线进行联系,后来神宗干脆将奏疏留中,这一线也不通了,从而使统治体系失去了重心。

神宗怠政使官吏的任免处于半停顿状态,在职的官吏不能正常升迁,空缺的职位不能及时得到补充,出现一方面"人滞于官",而另一方面"官曹空

---

① 《明史·食货一》。
② 夏燮:《明通鉴》卷七六"神宗万历十年",中华书局 1959 年版。
③ 孟森撰,商传导读:《明史讲义》,第五章《万历之荒怠》,上海古籍出版社 2002 年版,第 255 页。

虚"的局面。神宗认为,承平时期官不必多,然又猜忌臣下,不喜官吏上疏议论国政,所以遇缺员时,多责成其他官吏兼摄某些政务,而有意造成缺官现象。从万历二十四年(1596)开始,许多大臣在章奏中发出"员缺数多"的警告,此后日益严重,从中央到地方,从高级官僚到中下级官吏,概莫能外。部院缺官,导致政事处理不畅,甚至发生京察不举,狱囚多瘐死的事件,整个国家中枢机构在神宗的浑浑噩噩中陷于瘫痪,以致"职业尽弛,上下解体"①。

4. 矿监税使之害

明神宗怠于临朝,却勇于敛财,"好货成癖"②。张居正死后,他再无约束,不放过任何机会聚敛钱财。万历二十年以后对明朝政府而言,可谓多事之秋。万历二十年(1592)三月为平定宁夏之乱,政府开支200余万两银子。同年秋又开始进行援朝抗倭之役,首尾断续8年,耗费700余万两银子。万历二十七年二月,为讨平西南播州之乱,用兵之费也达二三百万两。而在此期间的万历二十五年六月,皇极、中极、建极三殿火灾,营建乏资。同时,皇宫内的奢靡之费也日渐膨胀,于是"国用大匮",政府财政濒临绝境。在这种主客观因素的影响下,神宗听信奸人的怂恿,于万历二十四年(1596)派遣大批宦官充当税使、矿监,打着征税和开矿的名义四处课敛诛求,以致流毒天下,成为万历中后期的一大弊政。

矿监掠夺多以督民开采、坐地分成或包矿(将矿银加派民间)的方式,税使则采用重征迭税(同一商品在运输过程中多次征税)、增加征税对象名目、包税(将矿银加派行户)等方式,为皇室敛取了大量财富。据不完全统计,从万历二十五年到三十四年(1597~1606),矿税进奉内库金1.2万余两,白银近570万两,而矿监税使中饱之数,又远远超出上缴之额。矿税宦官多奉神宗专敕行事,擅作威福,横霸一方,其任用的委官、参随率多投靠权宦的奸猾投机之辈,自然形成了对全国各地民众的大肆掠夺。广大民众特别是居住在城市中的市民在这场浩劫中损失惨重,因遭矿税之害家破人亡的例子不胜枚举。

矿监税使造成大小商贾、手工业者纷纷破产,侵害了大众特别是市民阶层的经济利益与人身权利,妨碍了商业、手工业的发展,严重损害了正常的国库收入,必然遭到包括上层官僚地主在内的广大民众的激烈反抗。从万

---

① 《明史·方从哲传》。
② 《明史·马经纶传》。

历二十七年到万历三十四年(1599～1606),各地地方官、市民、军士多次与矿监税使发生冲突,甚至多次酿成大规模民变,如湖广武昌民变、山东临清民变、南直苏州民变等。这些民变是万历中后期社会矛盾激化的表现,也显示了社会阶层变化的新动向。

二、晚明党争与阉祸

1. 晚明党争的背景

晚明党争是指万历以后的党争,是明代历史上的大事,对晚明政治有极大的影响。

晚明的党争始于张居正去世。张居正为首辅时对言路控制很严,此后继任者如申时行等均无张居正的能力,一度受压抑的言路因此势张。他们评议朝政,指斥当权,形成一种力量和风气,"党论之兴遂自此始"①。党争之初,朝臣的分野还不明显,但随着时间的发展,分野逐渐清晰,对立也更加明显。东林党出现后,晚明党争进入实质阶段。

东林党源于无锡人顾宪成在东林书院的讲学。东林书院落成于万历三十二年(1604),顾宪成偕高攀龙、钱一本等在讲习之余,往往讽议朝政,裁量人物,使东林书院逐渐成为对在朝官员声誉、行动有重大影响的政治舆论中心。随着东林声名大振,以东林书院讲学者为代表的朝廷内外正直的士大夫官僚,便被政敌称为"东林党"。

与东林党相对立的是宣、昆、齐、楚、浙五党,这是以其首领的籍贯命名的。宣党以宣城人汤宾尹为首,昆党以昆山人顾天峻为首,齐党以给事中亓诗教为首,楚党以给事中官应震为首,浙党以给事中姚宗文为首,各党党魁都有各自的追随者。这些人相与唱和,"务以攻东林、排异己为事"②,彼此倾轧,争权夺利。其特点有三:一是党同伐异,将本党的好恶变成判断是非的主要标准;二是对立的两个派别在分野之后,各自一直保持其基本阵容,直至明亡;三是融和了统治阶级内部的各种斗争,各类政治斗争都通过党争的形式表现出来。③ 晚明党争的实质,是不同的政治派别或政治利益集团之争。

---

① 《明史·吴中行传》。
② 《明史·夏嘉遇传》。
③ 张显清、林金树:《明代政治史》,广西师范大学出版社2003年版,第797页。

2. 晚明党争的内容

晚明党争大致经历了三个阶段。

(1) 万历后期为第一个阶段

癸巳京察①（万历二十一年），主察的耿直派官僚受到打击，次年顾宪成等人修复东林书院，专力讲学，并讽议朝政，评议人物，东林党议始此。在此之外，围绕京察、廷推②、矿税、民变、妖书、国本、楚宗、梃击等问题，朝野内外展开了无休止的争论和斗争。早在万历十四年(1586)，朝臣就开始了"争国本"，即群臣要求神宗早日确定皇长子太子地位的谏诤。神宗皇后无子，王妃生子朱常洛，郑妃生子朱常洵。常洛为长子，理当嗣位。但神宗宠爱郑贵妃，欲立常洵，于是迁延不立太子。在长达20年的国本之争中，东林党和齐、楚、浙党逐渐分化为坚决反对郑贵妃夺位企图和依违其间相对附和郑贵妃的两派，为日后的三案之争埋下伏笔。梃击案发生在万历四十三年(1615)五月初四日，蓟州人张差持枣木棍闯进慈庆宫门，击伤守门宦官，欲谋害太子朱常洛，为宦官所执。刑部主事王之寀审实，事与郑贵妃有关。围绕诸多问题，朝臣争论时，内阁与六部相掣肘，政府与言路相水火，加之神宗长期怠于政事，不理朝政，整个官僚政治系统出现前所未有的混乱状态。

(2) 天启时期为第二阶段

神宗驾崩后，光宗登极。一个月后，光宗猝死，"红丸案"、"移宫案"相继事发。光宗即位不久患痢疾，郑贵妃指使太监进泻药，鸿胪寺丞李可灼又进"红丸"，光宗服后一命呜呼，廷臣大哗，史称"红丸案"。光宗死后，李选侍仍居乾清宫，她是郑贵妃的同伙，欲挟太子朱由校擅权。吏部尚书周嘉谟、御史左光斗等上疏，请李选侍移宫，离开太子，史称"移宫案"。熹宗即位后，魏忠贤与客氏相互勾结，政归阉党，中外危栗。天启五年(1625)魏忠贤兴大狱，杨涟等"六君子"死于狱中；次年再兴大狱，高攀龙等"七君子"惨遭迫害。至此，东林党人受到残酷镇压，整个政坛暗无天日。

(3) 崇祯时期为第三阶段

崇祯即位，志在治乱，魏、客伏诛，宗社再安。但天下之势，如人之衰病已极，"即欲拯之，无措手地"③。这十几年中，阉党余孽依然盘踞朝廷，东林

---

① 明制，京官六年一察，察以巳、亥年，不称职者降、罚有差，称为京察。
② 明朝内阁大学士、吏部尚书等高级官员，有时由大臣公推，称为廷推。
③ 《明史·杨爵传》。

后人与之进行不懈斗争。而此时农民起义已席卷南北,满族军队正兵临城下。最终,明王朝在内外交困中灭亡。

晚明党争的出现,是政治出现危机的反映。首先,这危机来自于正常制度的被破坏。立嫡以长虽未必能尽得贤德之君,但它既是古代必须恪守的祖制,也是消解其他人对皇位非分之想的要术,这对政治的平稳运行是十分重要的。而神宗在此根本问题上出现偏差和犹豫,于是发生国本之争。此后的妖书、梃击,乃至红丸诸案莫不与此有关。其次,宦官势力的发展和对政治的干预,非清明政治所宜有,也是历来朝政之忌。而魏忠贤集团的势力又非王振、刘瑾所能比。故正直之人起而反击,邪恶之人谄而附之,于是有东林与阉党之争,天启朝以后的党争均与此有关。再次,作为专制统治核心人物的皇帝不尽其职,客观上助长了党争的发展。神宗的怠政、熹宗的昏顽,使朋党之争得不到及时正确的处置,故邪恶之人得以营谋其私、肆其凶焰,而正直者不甘时政沦溃,必击之而后已,于是局面一发不可收拾。崇祯帝刚毅有为,但一则党争局面既成,难以遽去;二则他不喜朝臣相争,急于平抑,然后好抽手解决内忧外患,故对"逆案"之后的相争双方不辨是非,均下严责,各打五十大板,无法真正消弭党争,使党争迄于明亡而不止。

3. 晚明党争的影响

政治危机导致了两党相争的出现和延续,而两党相争反过来对明代政治也有重要影响。

其一,它是晚明政治的一个突出特点。此前统治阶级内部的斗争即使一时间十分激烈,但人去事移,晚明党争则历四朝犹不止,实为明代所仅有。

其二,在党争中,东林虽志在重现清明之政,但由于对方实力不弱,加上政争自身的规律就是彼此攻讦,不达目的决不罢休,因此党争对晚明政治的改善没有帮助。再加上邪恶势力的猖獗和得志,因此党争恶化了政治气氛。

其三,党争唤起了普通百姓参与政治的意识。天启六年,因阉党横行,兴起七君子之狱,引发了江南一些地方的民变。这些普通市民的反抗,不是为了自己的衣食,也不是自己的生活不顺遂,而只是为了反抗阉党的暴行,维护正人君子。其参与动因之特别、人数之多、态度之坚决,实为明史上所少有。这是东林党人政治人格感召的结果,也是市民政治参与意识觉醒的表现①。

---

① 张显清、林金树:《明代政治史》,第 831 页。

4. 魏忠贤专权

明代宦官为祸,始于正统朝王振,其后成化朝汪直、正德朝刘瑾亦专权乱政,祸害严重。至天启朝魏忠贤专权,则是明代宦官专权的最高峰,它集中反映了明朝后期的政治危机。

魏忠贤本为一无赖,因赌场失意、家境日贫而一怒之下净身入宫。初为低级宦官,因与熹宗乳母客氏相好而得步步高升,熹宗即位后升为司礼监秉笔太监。魏忠贤利用熹宗年幼无知和外廷党争纷乱的机会,一方面排逐异己宦官控制内廷,一方面引导熹宗嬉戏玩乐窃取批红大权,迅速提升了嘉靖以来一度衰微的宦官势力。而东林党人在天启初追论三案,逼迫敌对诸党重新联合并且投靠魏忠贤。两者结合后势力大增,开始主动进攻东林。天启三年(1623)底,魏忠贤又受命提督东厂,控制了特务机关。

面对威胁,东林党发起反击。天启四年(1624)六月,杨涟首先上疏参劾魏忠贤24大罪,一时群僚响应,交章论魏忠贤不法。但由于魏忠贤控制了熹宗,上疏诸人竟被切责,形势逆转。至是年底,东林党人被斥逐殆尽。天启五年(1625),魏忠贤矫旨逮捕东林党人杨涟、左光斗、魏大中、袁化中、周朝瑞、顾大章六人下狱,结果六人均死于狱中,时称为"六君子"。天启六年,魏忠贤又兴大狱,逮捕东林党人高攀龙、周顺昌、周启元、缪昌期、李应昇、周宗建、黄尊素七人。高攀龙投水死,其余六人死于狱中,时称后"七君子"。魏忠贤集团还利用特务在全国实行恐怖统治,荼毒生灵,置国事危局于不顾,冒功滥赏。他在中央和地方遍置死党,以致出现各地为魏忠贤争建"生祠"的千古丑闻。可以说,在魏忠贤当权的天启五年到七年,是明朝历史上最为黑暗的时期。

天启七年(1627),明熹宗死。明思宗朱由检即位,迅速铲除了魏忠贤势力,迫使魏忠贤自杀,定"逆案",清算阉党,政局一新。但朱由检个人刚愎自用,在冤杀东林党支持的边疆重臣袁崇焕之后,最终走上了倚重宦官、弃置东林的道路。明王朝失去了官僚地主阶层中主体部分的支持,无法继续维护有效统治,只有坐待灭亡了。

三、农民战争与明朝灭亡

1. 农民战争在陕西爆发

明末,社会矛盾激化,加上连年自然灾害,局部小规模的农民起义以及白莲教起义、佃农抗租和奴仆暴动等事变层出不穷。这一切,预示着一场大规模的农民起义即将席卷全国。

天启七年(1627)二月,陕西白水农民王二率饥民起义,揭开明末农民大起义的序幕。明末农民战争首先在陕西爆发,有其深刻的社会原因:其一,陕北地瘠民贫而赋役苛重,加上官吏贪暴和连年饥荒,农民无以为生。其二,陕北是军事设防的重地之一,大批士兵和驿卒因政府长期欠饷和不时裁撤,不满和反抗情绪日甚一日。因此,王二起义后,立即得到饥民、逃兵和驿卒的响应。崇祯元年(1628),出身农民当过驿卒的陕西米脂人李自成和出身贫苦曾为边兵的陕西柳树涧人张献忠也先后投入起义军,农民战争的烽火燃遍陕北。

崇祯四年(1631),各支起义队伍纷纷从陕西往山西转移,计有36营20余万人,并先后推王自用、高迎祥为盟主,但实际上仍各自为战。由于力量分散,易于被官军各个击破。为抗击明军,崇祯八年,起义军13家72营会于河南荥阳,商讨作战方略。荥阳大会上闯王高迎祥的部将李自成提出了联合作战、分兵迎击的战略,以便集中力量去击溃敌人的夹击。此后,高迎祥、李自成率兵西走河南,攻克许多州县后,又回到陕西。次年,高迎祥被俘遇害,李自成继为闯王。张献忠则继续南进,扫荡了长江以北广大地区。起义军的胜利,使崇祯帝感到心腹之患大于满洲的威胁,于是把主力从辽东抽回来镇压起义。崇祯十一年十月,李自成在潼关战败,与刘宗敏等18人突围入商雒山,张献忠也在湖北"受抚"伪降。其他有的"受抚",有的退入山区,起义转入低潮。

2. 建立政权和灭亡明朝

崇祯十一年(1638)冬,清军大举入关,连陷山东、河北70余城,次年春又围济南。明政府为集中兵力抵御清军,一方面加派练饷,一方面也不得不放松对起义军的镇压。这时,山东、河南、河北、山西等地旱灾、蝗灾接连发生,饥民到处揭竿而起。这就给起义军的再次兴起提供了条件。十二年五月,张献忠在谷城再起,由湖北入四川,以快速的军事行动,歼灭了大量明军,粉碎了杨嗣昌的围剿,有力地支持了李自成在河南的斗争。

十三年冬,李自成出商雒山入河南。时河南大旱,数万饥民争相投入起义军,一些有识文人如李岩、宋献策等也投身其中。起义军针对明末土地高度集中和赋役繁重的社会弊端,提出了"贵贱均田"、"均田免粮"的口号,并以所得官府和地主财物赈济饥民。当时,到处流传着"杀牛羊,备酒浆,开了城门迎闯王,闯王来时不纳粮"的歌谣,起义军深得民心。起义军还制定了

"平买平卖"、"公平交易"的城市政策,受到广大市民的欢迎。起义队伍迅速壮大,人数达50万以上。十四年,李自成攻克洛阳,杀福王朱常洵,并于次年5次击溃明军主力,占领河南全境。与此同时,张献忠复入湖广,攻占襄阳,杀襄王朱翊铭。明朝军帅杨嗣昌畏罪自杀。统治者不得不承认,从此"闯、献不可复制矣"①。

崇祯十六年(1643),李自成称新顺王,改襄阳为襄京,建立政权。九月,根据顾君恩先取西安,再经山西转攻北京的献策,李自成率军北伐,先败兵部尚书孙传庭于河南汝州。十月破潼关,击毙孙传庭,明军主力全被击溃。李自成进据西安,略定三边。十七年正月,以西安为西京,建国号为大顺,改元永昌。其时,大顺有步兵40万,骑兵60万。二月,李自成率众经山西直捣北京。一路上明军望风而降。三月十七日,大顺兵临北京城下,城外三大营不战自降。十八日,北京城破,次日凌晨,崇祯帝朱由检在煤山(景山)自缢,明亡。

张献忠于十六年五月攻占汉阳、武昌后,称大西王,改武昌为天授府,建立政权。后弃武昌,入湘赣,进四川。张献忠于十七年十一月称帝,国号大西,建元大顺,以成都为西京。

3. 明末农民战争的得与失

明末农民战争是一次规模空前的大起义,它前后延续将近20年,沉重打击并摧毁了腐朽的明王朝,有许多经验教训值得关注。

在中国农民战争史上,明末农民军第一次提出了"均田"的口号,把唐、宋以来农民追求平等的要求,明确地集中到土地之上。均田作为小生产者平均主义的幻想,虽然在实际生活中无法实现,但它却表明农民已经认识到,对于土地的占有从根本上决定着社会的贫富差异。这是一个了不起的进步。

但是,农民军也犯了一些错误,导致转胜为败,最后退出北京。

(1)农民军在北京的追赃助饷打击面过宽,几乎针对所有明朝官吏,并且刑具拷掠。这种过度举措,使掌握巨大社会资源的官僚阶层整体转变为新政权的对立面,不利于稳定政局。

(2)农民军进入北京,骄纵懈怠。上至将军,下至士卒,都以为战斗已经结束,可以高枕无忧。李自成放兵入城,渐至难以驾驭,昔日秋毫无犯的

---

① 《明通鉴》卷八七"崇祯十四年二月庚戌"。

作风荡然无存。大将刘宗敏住进勋戚田弘遇宅,门前多美妇人出入。李自成刚入宫,即唤小唱梨园数十人取乐。至于大学士牛金星及尚书宋企郊等人,则是整天忙于筹备登基大典和开科取士,往来拜客,结纳私人,对于天下大势同样弃置不问。

(3) 农民军缺乏警惕,完全没有估计到关外清军会在此时攻入中原,因此对明朝山海关守将吴三桂所处地位及其向背问题没有给以足够重视,最终导致吴三桂降清,给清军打开了入关之门。山海关一战,李自成的农民军为清军及吴三桂联合所败。清军乘胜入关,马不停蹄地追击农民军。李自成从此一蹶不振,走上了迅速溃败的道路。

4. 苟延残喘的南明政权

顺治元年(1644)四月,北京明朝政权被大顺农民军推翻以后,江南的明朝官僚于1644年五月拥立福王朱由崧,建立南明弘光政权,定都南京。弘光政权幻想与入关的清政府议和,利用清军来绞杀农民军,实现其"中兴大业"。弘光帝昏庸无能,沉湎酒色,倚重阉党余孽马士英、阮大铖等,排斥东林党人史可法、左良玉,政治腐败黑暗。顺治二年(1645)春,清豫亲王多铎率军南下,攻占重镇徐州。大敌当前,弘光政权却忙于内战,使清军长驱直入。四月十八日,多铎重兵包围扬州。兵部尚书史可法坚守孤城十余日,城破被执。多铎劝其归降,史可法答曰:"城存与存,城亡与亡,我头可断,而志不可屈!"①史可法慷慨就义,清军进城后,大肆屠杀,死者不可胜数。嗣后,清兵破镇江,取瓜州,兵锋直逼南京。五月二十四日,南京失守,弘光帝出奔,不久在芜湖被俘,次年被杀于北京。

弘光政权倾覆后,鲁王朱以海监国于绍兴,唐王朱聿键称帝于福州(改元隆武)。他们都打起抗清旗号,但并没有把力量真正用在抗清上,而是相互争夺正统,势如水火,各自内部的矛盾和纠纷也很多,完全不能配合作战。清朝统治者趁机采取分化离间的政策分别打击之。顺治三年(1646),清军南下,鲁王、唐王政权相继被攻灭。鲁王在张煌言保护下逃亡海上,在沿海一带继续抗清;唐王被清军俘杀。这年十月,在广州和肇庆又成立了两个南明政权,唐王弟朱聿粤称帝于广州,改元绍武;桂王朱由榔称帝于肇庆,改元永历。它们同样互为敌国。绍武政权仅存在40天就被消灭,永历政权则延续至顺治十八年(1661)。南明各个政权总共存在不到20年。

---

① 徐鼒:《小腆纪传》卷一《史可法传》,中华书局1958年版。

第四节　明代君主集权的强化与政治格局的调整

一、中央对地方的控制

为加强君主集权,明初在中央废止了中书省和宰相制度。与此相适应,明代在地方对省级制度也进行了改造,以加强中央对地方的控制。明代将元代的行中书省管理权一分为三,以弱化地方权力。在实际政务运作中,三司体制事权不一、遇事牵制的弊病逐渐暴露,于是又从中央派出巡抚、总督及巡按御史加以统率和协调。在省以下,明代在元代的基础上,建立了沟通省级与府州县的机构——道,初步解决了行省制度下省区过大、下辖单位过于分散的问题,为后代的地方行政管理体制开创了一条新路①。

1. "三司六道"

所谓"三司六道",指的是明代废行中书省后,所设的省级行政组织及其派出机构。"三司"为承宣布政使司、提刑按察使司、都指挥使司,分掌一省的行政、监察司法及军事权力。三司是明代开创的一种新的省级体制,三权分立,分别向中央负责。彼此制衡,难以形成合力,使地方力量不致坐大。

"六道"是布政司属官左右参政、左右参议和按察司属官副使、佥事,它们分掌属于布政司和按察司的派出机构分守道、分巡道。守、巡道之制也为明代开创。道属于省与府之间的机构设置,在元代为地方监察区。明代的道有分守道、分巡道及专务道。分守道为布政司派出机构,分巡道为按察司派出机构,此外布政、按察两司下还设有名目繁多的各种专务道,如粮储道、兵备道、提学道、驿传道、清军道等。明代每省分守道与分巡道之数量大体相当,其辖区或重叠,或交错,它们分属两个系统,共同负责对省内各府州县事务的管理与监察,相互补充和制约,是明代地方政治中有意设置的一种双重体制。

2. 巡抚与巡按

废行中书省后的三司六道制,使省一级行政、司法、军事三个系统各自独立,难以形成与中央抗衡的力量,但地方的稳定是以牺牲行政效率为代价

---

① 吴宗国主编:《中国古代官僚政治制度研究》,北京大学出版社2004年版,第420页。

的。因为地方上缺乏一个强有力的权威,遇事各个系统之间难以协调,容易造成推诿和拖延不决。为解决这个问题,遂有督抚之设。

巡抚之名始于洪武二十四年(1391),明太祖派懿文太子朱标巡抚陕西。巡抚长期驻于一地,则始于宣德五年(1430)周忱等分往各省巡抚①。以后,巡抚不再与布政司合署办公,而向都察院系统迁转,称巡抚都御史,并陆续建起衙门。巡抚最初每年八月要回京参加议事,成化时取消该项规定②。这样巡抚遂由中央派出官员转化为地方长吏,由临时差遣转成地方的正式机构。巡抚的职责,主要是巡视地方、抚安军民、考察官吏、提督军务。明中期以后巡抚职权甚广,涉及地方的方方面面。巡抚在沟通中央与地方、加强地方行政效能方面起到了积极作用,因此巡抚的制度化进程较快,制度化程度也较高。一方面其辖区趋于稳定,一方面逐渐收揽三司事权,它作为总领一省的地方行政首脑的角色渐具雏形。但巡抚虽总揽一方军政,名义上却隶属于都察院,不是三司的上级机构。三司虽隶属于巡抚,却是法定的省级权力机构。而且巡抚还必须接受巡按以及形形色色钦差御史等的监督纠劾,所以只能紧紧依附中央而不能成为与中央抗衡的地方势力。

巡按是都察院在各地的派出机构,永乐元年(1403)二月遣御史分巡天下,成为定制。宣德以后,巡按权力逐渐加强,可以"大事奏裁,小事立断"。巡抚虽带都御史衔,对巡按有统属关系,但实际上巡按只直接对都察院负责。《会典》明载"地方之事俱听巡按处置",都、布、按三司要将对事情的处理情况"备呈巡按知会",然后由巡按查核纠劾,并每年将镇守总兵、巡抚都御史的政绩奏上听勘。巡按在履行这些职权时,巡抚不得干预。但巡按只属十三道监察御史之列,定员额、定辖区、定任期,任满要经都察院堂上官考察查勘,确为称职,无过错,才准照旧回道管事,否则奏请罢黜。巡按保荐官员不当,要连坐。而且巡按不能代替按察司工作,一般是共同执行任务。故巡按设置未向地方官转化,而是中央控制地方的强有力措施之一。

3. 总督

总督亦系由都察院的派出人员转化为长驻久任一地的地方大吏。明代的总督是在巡抚制度普遍推行的基础上产生和形成的,其因事特遣、偏重军

---

① 龙文彬:《明会要》卷三四《职官六·巡抚》,中华书局1956年版。
② 《明会典·督抚建置》,商务印书馆《万有文库》二集万历重修本。

事、节制地方文武以及置罢不常等方面,都较巡抚更为突出①。总督的辖区较巡抚广,一般都在一省以上,在明末多事之秋,更有管辖三、五、七省的;其官阶品秩亦较巡抚高,一般都带有尚书、都御史衔;其权力也较巡抚大,各地巡抚大多受总督节制,有些地区则由总督直接兼任巡抚。

总督设置始于正统六年(1441)。成化五年(1469)为加强对汉、瑶人民反抗的镇压,正式设置两广总督,开府梧州。以后各地逐渐增置,遂成定制。总督节制一方,关系边境治乱安危,故委任比较慎重,人选以与吏、兵二部尚书同等规格廷推产生。明后期,随着南倭北"虏"及内地农民起义纷起,除原设的总督外,临时因事而设的总督数量猛增,辖区越来越大,往往出现事权交错重叠,甚至以巡抚兼任总督以应急,还有经略、督师、经理等相类似的官职,以致体制纷乱。所以总督作为一种制度,在明代并未完成,它只为清代总督变成地方大吏的制度开启先河。

总之,明代为加强中央对地方的控制,从府、州、县到里甲坊厢,有一整套严密的管理机构,而户帖、黄册、里甲等制度则将户籍、人口固定于一处,尤其是将农民牢牢束缚在土地上。在加强对地方分权的控制方面,各省平级的、上下级的机构,或并立互相牵制,或犬牙交错互相制约。巡抚辖三司,但对有错误或不称职的三司官不能自行处理,只能奏罢;而巡抚违法,三司官可以直接向中央参奏。巡抚之上有总督,另还有巡按等等的监督纠劾之官职,这些都防止了巡抚成为独立的地方势力。作为中央联系地方的纽带,明代督抚制是在行省制度改革后的情况下调节中央与地方关系的新形式,在相当程度上弥补了三司体制的不足。在地方分权的前提条件下,督抚相对集中的权力在理论上有利于提高地方行政效率和应变能力,同时作为一种差遣官,又便于中央控制。

二、票拟:皇权制约下的阁权

1. 内阁制度的确立

明代将中书省的政务分别归到六部,六部尚书升秩为二品,直接对皇帝负责。六部分理庶政,事权分散,在不可能对皇权构成威胁的同时,也无法对全国纷繁的政务作统一的协调和部署。事无巨细,都要汇集到皇帝那里

---

① 关文发、颜广文:《明代政治制度研究》,中国社会科学出版社1996年版,第70页。

做最后的决断,对皇帝的个人能力提出了很大的挑战。就是朱元璋这样精力充沛、断事果决的君主,也不免感到力不从心。史载洪武十七年(1384)九月十四日至二十一日,内外诸司奏事札达 1660 件,共 3391 事①,即朱元璋平均每日要处理奏章 207 件 411 事,如此繁重的事务是任何人都难以长期承受的。

为更好地统御天下,必须寻找一种新的辅政机制。废相后,明太祖即开始尝试宰相制度的替代物。洪武十三年(1380)九月设春、夏、秋、冬四辅官协理政事,尽选老弱淳朴儒士充当。但这些人皆无从政才干,又无充沛精力,于政事少有补益,仅存一年左右即被废除。十五年(1382),明太祖又仿宋制置华盖殿、武英殿、文渊阁、东阁诸大学士。但由于明太祖"自操威柄",大学士对政事"鲜有参决"②,只备顾问而已。

成祖即位,选拔解缙等值文渊阁,参与机务,开始了阁臣参与机务的先例,从此内阁成了常设机构,其成员是正从六七品的侍读、编修、检讨一类翰林官,没有属官。但是这貌似不扬的机构,却是日拟办事奏章文书、机要事务的地方。不过,由于其职位低下,永乐朝阁臣的权力远不及六部尚书,行事虽有皇帝支持,仍受到种种限制。

成祖威柄自操,颇具乃父之风,章疏直达御前,政令多由宸断,因此内阁的权力十分有限。仁、宣二帝优礼前朝老臣,给阁臣加以尚书甚至公孤之衔,阁臣的品秩、地位明显提高。仁、宣以后,以侍郎、尚书入阁者越来越多,于是阁职渐崇。英宗以冲龄即位,内阁"三杨"与吏部尚书蹇义、户部尚书夏原吉并称辅弼重臣。更重要的是,这一时期内阁设置了诰敕、制敕两房作为办事机构,并获得了对内阁权力发展具有决定意义的票拟之权。

关于票拟的由来,永乐、洪熙二朝,常召内阁造膝密议,一般人不得与闻。虽倚任甚专,然批答出自御笔,未尝委之他人。宣德时,始令内阁杨士奇及尚书詹事蹇义、夏原吉等,"于凡中外奏章,许用小票墨书贴各疏面以进,谓之条旨。中易红书批出,上或亲书或否,及遇大事大疑,犹命大臣面议,议既定,即传旨处分,不待批答"③。其中"条旨"即为票拟。永乐时臣下

---

① 《明太祖实录》卷一六五"洪武十七年九月己未"。
② 《明史·职官一》。
③ 黄佐:《翰林记》卷二《传旨条旨》,影印文渊阁《四库全书》本,台北商务印书馆1986年版。

章奏皇帝皆亲览,经作批答,发诸司执行,不假手他人。票拟之制则是皇帝将章疏先发内阁草拟处理意见,如所拟当意,即以朱笔就所拟议批于原疏发出,又称"批红"。

票拟权力的获得是明代内阁制度发展的一个里程碑。此前内阁不过随意备顾问而已,政务是否与闻,全随皇帝喜好。票拟制的实行,使内阁从制度上获得了普遍参与朝政的权力。从决策程序上看,虽然最后的决定依赖皇帝的批红,但内阁通过拟旨可以在很大程度上影响和左右皇帝的决策,尤其是出现幼主、庸主和怠政之君的时候。虽然内阁与宰相制不可同日而语,但经过明初几朝的试验和调整,一个新的制度化的中枢辅政机构,终于在明太祖严格限定的制度框架内成长起来。

2. 内阁制度的发展

宣宗时任票拟之事者除"三杨"外,吏部尚书蹇义、户部尚书夏原吉亦参与其事。英宗时蹇义、夏原吉相继去世,票拟遂成为内阁的专职。内阁职权的扩张也与当时的政局有关。英宗年幼,"凡事启太后,太后避专,令内阁议行"①。正统时,"裁决机宜,悉由票拟"②,形成"政在三杨"的局面,这是内阁权力膨胀的第一个高峰。

天顺以后,内阁制度有了新的变化。天顺元年(1457),先后命徐有贞、李贤"掌文渊阁事"。这里"掌"已不是"入直",而是负责,它开了首辅制度的先河。嘉靖、万历时期,内阁等同于原中书省,首辅、次辅区分明显,首辅代表中枢,专权如丞相。这一时期权相迭出,如杨廷和、张璁、夏言、严嵩、徐阶、高拱、张居正等人,他们总揽朝政,钳制百僚,俨然为宰相再世,以致有内阁"无宰相之名,而有宰相之实"的说法。明代内阁制度在嘉靖、万历时期正式形成③。

"有明一代,阁臣最为皇帝所重用者,莫过于世宗朝之严嵩及神宗朝之张居正"④。明代阁权的高涨,基本上限于嘉靖至万历这段时间,张居正时达于顶峰后阁权又渐次回落。阁臣权力涨落,内阁的发展始终是为了满足行使皇权的需要,而并非是对皇权的分割。明代内阁和以前各朝的宰相制

---

① 孙承泽:《春明梦余录》卷二三《内阁》,北京古籍出版社1992年版。
② 《明史·宰辅年表一》。
③ 王其榘:《明代内阁制度史》,中华书局1989年版,第306页。
④ 杜乃济:《明代内阁制度》,台北商务印书馆1967年版,第130页。

度相比,它始终没有发展成为法定的最高行政机构,在地位和性质上,阁臣只是皇权的附属品和衍生物,皇帝始终控制着阁臣的选任权和罢黜权,阁权只有获得皇权的认可才能发挥实际作用。

因此,从内阁的形成、演变来看,内阁是皇权不可缺少的辅助,它是以亲近皇帝,在皇权的直接扶翼下运作的。在体制上,它不是最高政务机关,六部不是它的下属,首辅并不能真正完全等同于宰相。所以当皇权盛衰、皇帝爱眷有所变动时,内阁权势即直接受到影响。这就是正统以后"内阁之票拟,不得不决于内监之批红"[1],而实权往往转移到比内阁更为皇帝亲近的权宦手中的根本原因。

三、批红:宦官代言皇权

1. 宦官取得批红权

票拟和批答可以看做是皇帝和内阁在中央决策机制中的权力分配,而从票拟制确立后不久,这种权力结构中又加入另一个新的因素,那就是太监机构司礼监。司礼监是明朝宦官二十四衙门中权势最大的一个部门,宦官之祸害主要表现就是司礼监的擅权乱政。

司礼监设于洪武年间,职责本为掌管宫廷礼仪,并不参与机要。明初对宦官有严格的控制,太祖鉴于前代宦祸之烈,三令五申,严禁宦官干政。但另一方面,太祖却又自坏成法,多次派遣宦官出使、观军。这种自相矛盾的做法,实开后世宦官干政之滥觞。

成祖于靖难之役中多赖京中宦官通风报信,手下一些宦官亦立有战功,他即位后对宦官信任有加。成祖派郑和数使海外,又遣中官多人出镇西北,宦官日益得到重用。

宣宗时,宫内设内书堂,命大学士专授小内使书,太祖不许宦官读书识字之令从此废,为宦官干政创造了条件。随着皇帝对宦官态度的改变,宦官又通文墨,皇帝把批答奏章这件繁重的工作交给自己的家奴去处理,也就是顺理成章了。而代皇帝批红的,就是作为二十四衙门之首的司礼监秉笔太监。宣宗时,"凡每日奏文书,自御笔亲批数本外,皆秉笔内官遵照阁中票拟字样,用朱笔批行。遂与外廷交结往来矣"[2]。

---

[1] 《明史·职官一》。
[2] 《明通鉴》卷一九"宣宗宣德元年七月"。

通过代皇帝"批红",司礼监从制度上合法地加入中枢决策程序,分享了一定的权力。虽然原则上内监批红只能依阁臣票拟照录,票拟的改易或否定权在皇帝,但同时太监在批红时,"间有偏旁偶讹者,亦不妨略为改动"①,这就给太监上下其手预留下空间。

2. 明代宦官干政

明代宦官干政有以下几种形式:

(1) 皇帝怠政厌政之时,往往把批红之事尽付太监,疏于过问,为太监窃权提供了方便。此种情形造成的祸患最为严重,如武宗时的刘瑾乱政,熹宗时的魏忠贤专权。宦官也充分了解利用皇帝的弱点,把握时机窃取权力。刘瑾每于武宗晏戏时进奏,魏忠贤常趁熹宗沉迷于木匠工艺时捧章请裁,使皇帝愈加厌烦政事,宦官遂可以暗操威柄,矫旨行事。

(2) 作为日夜随侍皇帝左右的近幸,宦官常以言行影响皇帝的态度,如英宗时的王振和成化时的怀恩等。成化年间,司礼监怀恩被从凤阳"召还预政"。"恩素知万安谀佞、王恕刚正,力言于上,请去万安,而召恕用之"。于是宪宗降旨召前南京兵部尚书王恕为吏部尚书,加太子太保②。在此例中宦官虽起了正面作用,但可看出其对决策权的渗透。

(3) 利用宦官沟通内、外廷的方便,以欺瞒手段从中作弊。明初诸帝勤政,凡有事与臣僚面议,君臣不隔。成化以后,皇帝怠政越来越普遍,渐少临朝,至万历数十年不见大臣,内阁与皇帝的直接交流渠道堵塞,只能通过票拟、密揭、题本等书面方式进行,这就须仰赖宦官这个中间环节。内阁文件由司礼监下属之文书房接受,再由太监转呈皇帝。而皇帝有旨,则通过御贴札子或由太监口头传出,再经文书房达至内阁。由于宦官掌握了皇帝与朝廷百官之间公文上传下达的关键环节,与闻机要,这为其对中枢权力的渗透提供了方便。因而他们常常口含天宪,从中作弊。如为皇帝朗读奏章时故意取舍以扭曲原意,口传圣旨时夹以私意,利用机要经手的机会向外廷泄漏消息等,以控制信息的方式干扰决策,影响朝局。

作为皇帝的近侍,宦官对皇权具有不可低估的影响力,因此廷臣为使地位稳固或上升,往往须结纳宦官,尤其对身处决策中枢的阁臣:"大臣入阁,例当投刺司礼大珰,兼致仪状,是司礼之尊,久已习为故事,虽首辅亦仰其鼻

---

① 刘若愚:《酌中志》卷一六,北京古籍出版社1994年版。
② 徐学聚:《国朝典汇》卷三四《吏部》,"四库全书存目"丛书本。

息也。"之所以如此，主要是"长君在御，尚以票拟归内阁，至荒主童昏，则地近者权益专，而阁臣亦听命矣"①。正统时徐有贞、李贤入阁办事，乃太监曹吉祥所引；正德时焦芳、刘宇、曹元与刘瑾沆瀣一气，甘为其私党；杨一清逐刘瑾，因内臣张永方可成事；隆庆时高拱二次入阁，赖宦官陈洪之助；万历时张居正大权独揽，以内廷冯保为内援；天启年间，阁臣顾秉谦、魏广微等更沦落为阉党，宦官竟可左右大臣进退，在朝官中结党成势，这反映了明朝宦官在中枢权力结构中的地位和影响。

明宦官为祸之烈，与东汉和唐朝堪称比肩，但从维护皇权的角度而言，明代对宦官的控制还基本上是成功的。即使在宦官最为猖獗的时候，也没有对皇权构成实质性的威胁。刘瑾、魏忠贤等虽权倾一时，不可一世，一旦皇帝觉悟或新君即位，其灭顶之灾立至，没有酿成汉、唐宦官长期把持朝政甚至操纵皇帝废立的严重后果。究其原因，是宦官在决策链条中的法定权力十分有限，特别是明代宦官自始至终没有像汉、唐那样掌握军权——尤其是中央禁军之权②。因此，明代宦官虽取得部分批红的权力，但只是暂时代言皇权，其得势与否全凭皇帝态度，他们始终处在皇权的控制之下。这也表明明代君主集权的强化程度确实远超前代。

四、明代监察体系

1. 监察机构

明代最高的监察机构是都察院，另有独立的兼言与察的六科。省有按察司。

都察院负责对所有部门和官员的监察。十三道监察御史"主察纠内外百司之官邪，或露章面劾，或封章奏劾"③。在两京巡视京营、监临乡、会试及武举，巡视光禄、仓场、内库、皇城、五城，轮值登闻鼓。分别协管两京、直隶衙门。即监察范围包括内府、六部、六科、翰林院等以及都察院本身。在外则纠劾自己所分管的道，巡按、清军、提督学校、巡盐、茶马、巡漕、巡关、攒运、印马、屯田、监军纪功。代天子到各地巡按时，更审查各级官员的政绩，覆核案件，巡视仓库，查算钱粮，视察学校等等，即对地方一切事物均得加以

---

① 赵翼：《廿二史札记》卷三三《明内阁首辅之权最重》。
② 吴宗国主编：《中国古代官僚政治制度研究》，第406页。
③ 《明史·职官志二》。

查核。

此外,还不定期地派出加都御史、副、佥都御史衔的总督、提督、巡抚,总督兼巡抚,提督兼巡抚及经略、总理、赞理、巡视、抚治等官员,监察一定地区的全部或某一方面的工作。督抚相对稳定一地后,仍属都察院的派出机构。所以都察院的监督保证了中央对各地区、各部门的控制。

对六部之监察主要由六科执行。六科对皇帝的规谏、朝政之议论、百官的评价,一般由单疏专达,但事情比较重大,则事属某科即由某科为首,各科公疏联署奏闻。六科通过科参匡正六部行政之失误;通过抄发文件、定限日期、注销案卷、检查和催督六部、都察院完成各项政务;用露章或封章的方式奏劾两京的大臣或方面重官。六科还在业务范围内通过日常工作监察各部。吏科在吏部引选时,要回到皇帝那里"请旨";外官领文凭要先到吏科登记;内外官考察时与各科具奏并拾遗纠劾。户科与各有关科监督光禄寺岁入钱粮,甲字等十库钱钞杂物;弹劾陈乞田土及隐占侵夺者。礼科监视礼部仪制,纪录处分以核赠谥之典。兵科监视武臣之贴黄诰敕及执行引选、登记。刑科凭法司移报的各种审判、罪囚数字,定期上奏。工科阅试军器局,同御史巡视节慎库,与各科稽查宝源局。由于六科深入到六部业务中,监督弹劾能抓住要害,故六部官员"无敢抗科参而自行者"①。

按察司负责对省内官员之监察,在省和府之间有按察分司,亦称道,由副使、佥事分理各道刑名。按察使经常与分管本道的监察御史共同执行任务。

2. 明代监察制度的特点

明代监察制度的特点,是显示了古代社会后期君主集权进一步发展,监察制度日臻完善,但逐渐走向其反面。这主要表现在如下五个方面:

第一,监察范围扩大。一方面,除了纠劾各种违法犯法外,专门有劾"学术不正,上书陈言变乱成宪"一条,还置督学御史,使臣民不仅在行动上,而且在思想文化上亦只能绝对走在忠君的轨道上。另一方面,监察机构不仅监察现任官吏,而且直接参与官吏的选拔简任,从选举生员到各级考试,推选主考官以及荐举、铨选、拾遗等,处处均有言官主持或参加,改变了过去官吏委任权全操于吏部的情况,有利于堵塞漏洞。

第二,监察系统纵横设置的完备及运行时机制的严密,超过前朝。百官

---

① 顾炎武:《日知录》卷九《封驳》。

受到弹劾均得明确表态,大臣受到弹劾亦要自请罢免。监察机构内部则互相纠察,"御史上封事,必以副封白长官"①;出按归来由都御史覆核其称职或不称职,但御史也可弹劾都御史。监察机构之间也要互相纠举,如科道之间,都察院与按察司之间,巡按与巡抚,巡按与按察司等等,这就使官僚系统包括监察系统在内的每一位官员均受到监察,有利于皇权的加强和统治秩序的稳定,并保证国家机器的正常运转。

第三,监察官员作为皇帝的耳目,受委寄深而威权重,充分体现了以内制外、以小制大的君主驾驭之术的成熟。言官品秩低,职权重,《会典》还明载有对阻挠他们行使职权的惩罚;升迁快,御史有政绩即可超擢为三品之按察使,给事中亦然。但御史犯罪加三等,有赃从重论。这些无疑是言官敢言敢争的一个重要因素。而重内轻外,则有利于控制地方,而使之不能对中央构成威胁。

第四,值得注意的是,明代监察严密之目的,只在于巩固和加强皇权。所以对经济犯罪之惩治虽严厉,但监察的重点不是纠劾虐民,而首先是对皇帝是否忠心,因而除行政监察外,还有由皇帝控制的厂卫的特务活动。后者在监察对象、地域、部门范围之广阔,受倚任程度之深上,均超过前者,而其手段之恶劣、狠毒,更是骇人听闻,充分反映了专制社会里监察制度的阶级属性。

第五,明代监察制度虽严密,但明中叶以后,随着政治日渐败坏,言官监察之权在事实上亦日渐削弱,言官在很大程度上未能起到应有的作用。究其由,一是皇权凌驾于监察之上,言官只能制造舆论,而皇帝却没有必须听从规谏的义务,权宦还往往矫旨行事,言官因一言不合即受到廷杖、诏狱、革职、充军的不胜枚举,以致言路日塞。二是专制监察机构本身就是官僚机构的一个组成部分,它不可能自外于官僚主义的种种恶习,也不可能摆脱官僚制度弊病的制约、侵蚀,于是请托、贪污之风日盛。三是言官有时严重缺员,如万历时,有的御史一人兼管几个道。人员不足必然直接影响工作开展。四是言官对百官审核于前,纠劾于后,尤其是六科无所统属,以致往往出现骄横滥权,干扰了行政系统的正常运作。晚明时言官弹劾以危言激论相标榜,劾人论事失于平允,弹劾成了派系攻击的工具,助长了党争。而且监察过多过细,必然会压制文臣武将的积极性。凡此,又使严密的监察制度走向

---

① 《明史·江东之传》。

了它的反面,滋生出种种不利于皇权的因素,助长了政治的腐败①。

第五节 明代的赋役制度与经济发展

一、赋役制度的重大转变

1. 明初赋役制度的重建

明初的赋役制度,是建立在皇帝对全国土地和人口私人占有的经济基础上的配户当差制②。有田则有租,有身则有役,全国的人户都是皇帝的役户,全国的土地同样是皇帝的户役田。皇帝确立了鱼鳞图册和黄册制度,用里甲制把人民编管起来为其纳粮当差。明朝的正役、杂役的编佥皆以里甲为骨干,审编则以户等为先决条件。户等高低决定于两个重要因素:一为人丁,一为家产。大抵在北方以人丁为重,在南方则以田产为重,户等分三等九则。户等越高,科差越重。明朝在前代基础上重建赋役制度,它比历史上任何朝代都要严密、系统和完整,它对明初国家政权的巩固、社会经济的发展以及统治秩序的重建都起到了积极的推动作用。

2. 金花银

明中叶以后,田赋制度发生重大变化,其中最引人注目的,一是金花银的出现,二是苏(州)松(江)府等地的均田均粮活动。

金花银即货币化的田赋,它是国家为保证朝廷财赋收入,对实物田赋制进行的灵活改革。正统元年(1436),由于北京各卫官俸支米南京,道远费多,于是以米易货,结果贱售贵买,朝廷和官员都没得到实惠。这就促使明朝采取新的办法,即将北京各卫官俸所需要的部分,不再征收本色,而折征银。明朝政府下令:南直隶、浙江、江西、湖广、福建、广东、广西米麦共400余万石,以米麦一石折银二钱五分为率,共计折银百万余两,解京充俸③,称为"金花银"。以后,这种田赋折银征收的制度,渐渐推行于全国。

金花银的出现是在明初社会经济恢复和发展的基础上,是商品经济逐

---

① 白钢主编:《中国政治制度史(下卷)》,天津人民出版社2002年版,第759~763页。
② 白寿彝总主编,王毓铨主编:《中国通史》第九卷《中古时代·明时期(上)》,上海人民出版社1999年版,第723页。
③ 《明史·食货二》。

渐活跃的必然结果,是中国古代田赋折纳政策的继续和发展,它与明初折色一脉相承,体现着政策的连贯性。但与前者不同的是,金花银是将田赋折纳货币正式制度化,并且随着时间的推移,田赋改折金花银的地理范围呈现出扩大的趋势,在南北方均得以推广。

田赋货币化是我国赋役制度史上继"两税法"之后的又一重大变化,它对明代赋役制度的发展影响深远。金花银推行地区和派征对象不断扩大,金花银在国家赋税收入中所占比例日益上升。受田赋折银的影响,明中叶以后力役折银趋势日益明显,杂役折为价银的现象也比较普遍。里甲杂役折银代役,最终促成了纳银募役的一条鞭法的诞生。

3. 江南的均田均粮

这里所说的均田、均粮不是平均地权,而是"欲因田以平其赋,使无不税之田"[①]。这场运动因其是在明代国家赋税重地——以苏州、松江二府为中心的江南地区发生,故而对明代中后期国家的赋税制度有深远影响。

此事起因于该地区的赋役之重。江南一带经济富庶,自宋代开始就通过设立官田来加强对这里财赋的掠夺,明代也不例外。洪武年间,苏州府以占全国1.16%的垦田面积输纳全国9.8%的税粮,松江府以占全国0.67%的田土上缴全国4.1%的赋额[②],无论是绝对数量还是相对税率,均远远超出全国其他地区。江南重赋带来严重的社会问题,百姓大量逃亡,田地荒芜,钱粮年年拖欠,赋役编佥的基础发生动摇。

针对江南重赋,宣德五年(1430)派遣"才力重臣"周忱赴江南督理税赋,揭开明中叶江南均田均粮的序幕。周忱首先与苏州知府况钟悉心计划,认真贯彻宣宗改科减征的诏谕。面对各方面的压力,周忱又实施均耗折征法(平米法)。耗米是正粮以外的加派,主要用于补充税粮运输时的盗窃、消耗及脚费等。明初豪户不肯加耗,将之转嫁于细民。周忱于宣德八年奏行《加耗折征例》,令官田民田并出耗米,耗米并入正米一起征收,谓之平米。户无论大小,田无论官民,均得加耗。此法不仅增加了国家财赋收入,也在一定程度上缓解了官田民田负担畸重畸轻的矛盾,对于耕种官田的贫民来说,负担有所减轻。折征就是折纳,即以田赋改征折色银而均平赋役。江南粮多

---

① 章潢:《均田论》,《古今图书集成·食货典》卷五八《田制部·总论》,上海中华书局1934年影印本。

② 丘浚:《大学衍义补》卷二四《经制之议》,影印文渊阁《四库全书》本。

役重，粮多源于官田多而租重，役重是因为该地区承担着解运数百万石税粮的艰巨任务。正统以后，周忱以金花银为手段，通过田赋改折以期达到赋役的均平，本色米折纳金花银，又免去了力役劳苦，节省了税粮运输之费。

在推行均耗折征法的同时，周忱革除粮长制弊端，改良田赋漕运方式，渐次建立并完善税粮征收、贮藏和运输中的规章制度。这些与均耗折征法并行的配套改革，一方面使百姓所纳之粮最大限度进入官仓，保证国家税粮的完整，另一方面又不同程度减轻了纳税人的负担。

4. 一条鞭法

明中叶以后，由于政治腐败、国家控制力减弱以及商品经济的发展，明初赋役制度的先天不足逐渐暴露，出现财政困难、赋役不均、社会矛盾激化等问题。周忱对里甲正役的改革，成化以后为革除均徭弊端所推行的十段册法①等改革探索，都取得积极的成果。但这些改革仅限于局部地区，且多为阶段性成果，因此很不彻底。明朝的财政危机未能根本解决，全国赋役不均的状况依然严重，于是有万历初年的张居正清丈土地和一条鞭法的推广。

一条鞭法的内容较为复杂，概括起来有以下四点：

（1）田赋折银征收。田赋中除政府所需要征收的米、麦实物外，其余实物均折银征收。

（2）徭役折银上纳。所有名目的徭役，皆折成银两。原先各种名目的徭役主要由人丁负担，现改为按人丁和田粮两者摊派。摊派的比例，因各地和不同时期经济发展水平的不同，表现出较大差异。有的地方以田为主，以丁为助；有的地方以丁为主，以田为辅；有的地方丁、田平均摊派；个别地方也有全部摊入田亩的。但不管程度如何，徭役摊入田赋的趋向是一致的。改革以后必须的诸役负担，由官府雇人承应，即"一岁之役，官为佥募"②。

（3）赋、役银合并征收。将田赋银和由丁、田共同承担的徭役银合并征收，从而使赋与役合为"一条"。

（4）赋、役银合并后，直接交与地方官府，即"丁、粮必输于官"③，再由官府用银雇人应役。

一条鞭法将赋役征收合而为一，一律征银，使赋役征收的办法简单化，

---

① 又称十段锦法，把均徭役由里甲轮当，改为通计一县丁粮，均分为十段，按段轮流服役，十年循环一周。

②③ 《明史·食货志二》。

而且与考成法、清丈土地等措施相结合,丁银的征收唯州县官是问。又以内阁、六科、部院、两司、府,自上而下,逐级考成,形成了一个简单明了、行之有效的财税征收体系,从而大大缓解了明中叶严重的逋赋现象,使明朝财政状况有了明显好转。由于赋、役征银特别是徭役征银的实现,使赋、役合并征收成为可能,使赋税的征收减少了环节,简化了手续。而且,徭役在各地不同程度地由田亩承担,呈现出了"摊丁入亩"的趋势,减轻了人丁的负担。

这是我国赋役制度史上的重大改革。张居正改革既是对当时人口流移相对自由和商品货币经济有了一定发展的现实的认可,同时为改革后人们离开土地到处流动的行为提供了法律依据,使农民对国家的人身依附关系进一步松弛,为城镇手工业的发展提供了充足的劳动力资源。由于赋、役征银,对农产品的商品化趋势和小农与市场联系的加强以及货币地租的产生,都起到了强劲的推动作用,极有利于商品货币经济的发展。

不过,张居正推行一条鞭法以及其他的改革整顿措施,目的都在于挽救明王朝的统治,确保政府的财政收入。事实上,一条鞭法在将赋役名目删繁就简、合为一则的过程中,把万历以前各种合法与不合法的加征杂派变成了正税,而且在赋役合并,一概征银的情况下,加派私征变得更为方便,也更为隐蔽。粮户直接向官府交纳丁银,官运所带来的加耗,都给粮户带来新的负担。在新的赋税制度下,依然会出现新的弊端。

二、农业与手工业发展的新格局

1. 商品性农业的发展

作为明代社会经济主体的农业,尽管在经营方式和技术水准上仍处在比较落后的传统农业阶段,但与前代相比,其进步是十分明显的——人口和耕地有了较大幅度的增长,水利建设更受重视,耕作技术有所改进,商品性农业空前发展,经营模式开始转变。这一切都说明传统农业在明代仍是富有活力的,其发展潜力还很大①。

明朝建立后,朝廷颁行了一系列劝奖垦荒的政令,并大规模地开展军屯、民屯和农田水利建设,使土地荒芜、人民稀少的局面迅速得以改观。与耕地增加的趋势相对应,明代人口也增长很快,据估测,到万历后期,明代人

---

① 白寿彝总主编,王毓铨主编:《中国通史》第九卷《中古时代·明时期(上)》,第338页。

口总数很可能已达到1.5亿以上①。在明代，各地方政府和民间自行兴修的水利工程也与日俱增。由于铁的冶炼技术有所提高，明代农具的质量得到改良，在较高的人地比例压力下，人们更加追求集约经营，不断探索提高粮食单位面积产量的技术和方法。到明代中后期，农业生产还发生了一件重要的大事，这就是花生、番薯、玉米等美洲高产作物的传入与推广，农民的生存能力进一步增强。

明代农业进步最突出的表现是，商品性农业在明代中后期获得大规模发展，以生产粮食为主、以家庭纺织原料为辅的自给自足性质的小农单一经营格局被逐渐突破，农民被越来越深地卷入市场网络之中。种植较广的经济作物，首推棉花和桑树，江南和华北都形成了大面积植棉区，蚕桑业则集中在长江三角洲地区。福建、广东等地则利用温暖湿润的气候条件，大力发展甘蔗、荔枝、龙眼等经济作物。颜料作物、油料作物以及茶树、花卉、果木、蔬菜、药材、烟草等也在各处因地制宜地发展起来。在经济作物种植面积不断扩大和城镇发展导致的非农业人口增长趋势的促动下，粮食生产也逐步被纳入市场网络之中，并出现了粮食生产重心的移动。如江南原为粮食丰裕地区，宋元以来有"苏湖熟，天下足"之民谚，但到明代中后期，由于这里棉、桑等作物的广泛种植，致使粮食反而匮乏，只得从湖广、四川等地大量输入，民谚也一变而为"湖广熟，天下足"了。这是中国古代社会粮食生产布局的重大变化。

商品性农业的发展，使得乡村面貌有了较大改观，原来一些面向使用价值的小生产者转化为追求交换价值的小商品经营者，以粮食生产为单一的农业结构被以经济作物生产、加工为主体的新型复合的农业结构所替代，后者与商品生产更密切相关。这些变化虽然还是局部的、个别的，尚未导致传统经济结构产生质的变化，但是这种发展征兆却是很有积极意义的。

农业与市场经济日益密切的联系，不仅改变了农作物种植结构，还促使了农业经营方式的转变，出现了农、林、牧、副、渔综合生产的雏形。如江南地区的一些地主，不再满足于土地出租，而是雇工经营，他们亲自管理，注意作物配置和生产过程的合理化。此外，在明代后期，先向地主租佃土地、再雇工经营的"佃富农"经济模式，在山区开发过程中也已出现。

---

① 何炳棣：《1368～1953年中国人口研究》，上海古籍出版社1989年版，第262页；王育民：《中国人口史》，江苏人民出版社1995年版，第457～459页。

与农业的发展相对应,明末出现的徐光启编撰的《农政全书》,是明代农学的最大成就,也是我国古代农书的集大成之作。《农政全书》与以往最大的不同之处在于,它系统全面地论述了屯垦、水利与备荒三项,还吸取了西方传教士带来的一些近代科学知识。

2. 手工业的突出进步

明代手工业生产也取得明显的进步,各个部门生产规模不断扩大,产量不断增加,不少工艺流程和技术得到改良。特别值得注意的是,随着商品经济的发展,民营手工业日趋兴旺,到明代中后期成为手工业发展的主体力量,一些生产部门中还出现了规模化生产的萌芽。

明代手工业部门很多,其中规模较大、进步较快的有矿冶、纺织、陶瓷、造船、造纸等。

明代矿产品的种类比宋元时代有所增加,包括金、银、铜、铁、铅、汞、朱砂、锡、煤、矾等,其中铁冶的规模最大,朝廷在江西、湖广、山东、广东、陕西、山西、河南、四川、辽东等地陆续设立了铁冶所。

纺织业包括丝织业和棉织业。明代前期官营丝织业力量雄厚,政府在北京、南直隶、浙江、福建、四川、山东分设多处织染局,江南地区是官营丝织业的中心,朝廷在南京、苏州、杭州都派有宦官督管织造事宜。民间机户明初即已存在,中叶以后数量大增,不仅存在于城市,也存在于乡村,并促使一批丝织业市镇的形成。棉织业的总体产量极高,但生产比较分散,自然经济的色彩较重,但在松江、苏州等地,棉织业已发展成为专业性的商品化生产。

陶瓷业所在多有,但中心当推江西景德镇。明代前中期官窑占主导地位,后期则由民窑唱主角,制瓷技术水平很高,所制青花、祭红等品类的瓷器闻名遐迩。

官营造船业在明代前期极发达,沿海设有许多造船基地,郑和下西洋所用宝船就集中体现了明代高超的造船技术。明中期以后,随着海外贸易的兴盛,民间造船业勃兴,东南沿海出现了不少规模较大的民营造船厂。

造纸业在明代达到了手工造纸的高峰,浙江、福建、江西等地都有大量作坊。在造纸业发展的基础上,明代印刷业的发展速度也十分惊人,印刷书籍之多是以前各代无法相比的。

明中后期民营作坊渐居于主要的地位,是明代手工业进步的突出现象。在普遍发展的条件下,若干手工业部门还出现了建立在雇佣关系基础上的规模化生产萌芽,这在丝织业、矿冶业、榨油业中最为明显。从地域分布上看,规模化生产萌芽出现的作坊主要在江南及东南沿海地区。作为丝织业中心的苏州,明代后期机户至少在三万家以上,受雇织匠的数量当很可观。据《明神宗实录》卷三六一记载,当时苏州"生齿最繁,恒产绝少,家杼轴而户纂组,机户出资,机工出力,相依为命久矣"。也就是说,其时"机户"雇用"机工"从事规模化的丝织生产已是非常普遍的现象。这些机工完全脱离了生产资料,成为一无所有的劳动者。他们与"张机为生"的机户,即拥有生产资料的作坊主之间纯粹是雇佣关系。矿冶业以广东的冶铁规模较大,从开矿、烧炭、冶炼到运输,形成了完整的生产链,并且带有综合经营的特点。这些工场中的劳动者与雇主之间不存在人身依附关系,基本上是"利其雇募"而来的自由劳动者。榨油作坊在中国农村和城镇中早就存在,但一直规模很小,并且大多属于家庭副业的性质。直到明代后期,才出现了一些拥有巨资、雇工很多的大型油坊。

明代中后期这种以雇佣劳动为特征的工场手工业经营,就是以往学术界通常所说的"资本主义萌芽"。它虽然还只在个别生产部门和个别地区出现,发展道路也十分曲折艰难,甚至还出现夭折、中断现象,但这种基于市场需求而采取雇佣劳动的手工业生产,是社会经济特别是商品经济发展到一定水平的产物,表明中国传统手工业出现了新的变化和发展。

三、商品经济的突飞猛进

1. 市场经济的新拓展

在明代,特别是中叶以后,商品经济在广度和深度方面都得到快速拓展,出现了十分活跃的局面。全国各省区都有不少人脱离农业生产,转而从事工商业,大小商人的数目迅速增长,江南、东南沿海和运河沿岸地区尤为商贾聚集之处。市场上的商品种类繁多,几乎任何物品都可能买到。不过,从远途贩运的角度来看,除属于国家专控商品的盐和茶之外,流通量和交易额最大的商品是粮食、棉花、棉布、丝和丝织品。随着商品经济的发展,明代的货币体系也发生了转变,明代前期一直被禁止使用的白银在正统以后取代纸钞和铜钱成为主币。白银的广泛使用,既是商品经济发展的产物,又反过来促进了商品经济的发展。

海外贸易的发展,在明代也进入了一个新阶段。明代前期,朝廷严禁私人从事海外贸易,朝贡贸易是唯一合法的对外途径,这种贸易形式在永乐至宣德年间臻于鼎盛。在郑和下西洋的影响下,海外各国纷纷与明廷建立朝贡关系。正统以降，入贡国家减少，朝贡贸易趋于衰微，私人海外贸易队伍却逐渐壮大起来。在经济压力下，经过激烈争论，朝廷在隆庆元年(1567)部分解除海禁，原来的走私贸易取得了合法地位，并进一步发展。输入中国的商品，以海外各地的特产和香料为主；从中国输出的商品，有生丝、丝绸、瓷器、铜器、铁器、食品、各种日常用具以及牲畜等，其中尤以生丝、丝织品、瓷器为大宗。

在商品经济和商业资本十分活跃的背景下，明代中叶以后，还崛起了一些地区性的商帮，如徽州帮、山陕帮、广东帮、福建帮、江西帮、洞庭帮、龙游帮等。它们以地域为中心，以血缘、乡谊为纽带，以会馆为联系场所，相互帮助提携，形成一支支驰骋于商界的生力军，掌控着某些地区、某些行业的商业贸易，在中国商业发展史上留下极其光彩的一页。论资本之雄厚、人数之众多、经营范围和活动地域之广阔，当首推徽州帮和山陕帮。徽商以盐起家者尤多，开设典当铺、旅馆、仓库的也为数颇众。山陕商的活动地域最初局限于黄河流域，随着盐法的变化和实力的增强，他们逐步向南推移，终至"足迹遍天下"，经营项目也有盐、粮食、棉布、丝绸、茶叶、牲畜、陶瓷、金融典当等多种。

商业发展带动工商业市镇的崛起。这类市镇在全国各地均有，但以商品性农业和手工业发达的江南地区数量最多。各市镇往往有很强的专业性，如松江府的朱泾镇、枫泾镇、七宝镇、朱家角镇，苏州府的璜泾镇、南翔镇、娄塘镇、外冈镇等，是著名的棉织业市镇；苏州府的盛泽镇、震泽镇，湖州府的南浔镇、乌青镇、菱湖镇、双林镇，嘉兴府的濮院镇、王店镇、王江泾镇等，是著名的丝织业市镇。江南市镇的分布十分密集。以苏州府吴江县盛泽镇为例，东南至新杭市5里，东至王江泾镇6里，北至平望镇15里，西南至新城镇30里，至濮院镇50里，西至震泽镇30里，至南浔镇50里。这些市镇构成密集的网络，在商业上可以相互依恃。明代中叶以后江南市镇的勃兴，表现为初步的乡村都市化过程，是商品经济发展的必然产物。这些市镇充分发挥了商品集散中心的作用，大大促进了地区间的经济分工与合作，加强了地方与全国市场的联系，推动了经济一体化，代表了中国经济的发展方向。

2. 关于"白银资本"问题

随着商品经济的发展，明代中叶，作为交换媒介的货币也发生一个重要的变化。从唐、五代以来一直流行于民间的白银，最终取代了明朝法定的钞币,成为通行的主要货币。同时,明朝在隆庆以后开放海禁,沿海各地贸易兴盛,海商从南洋等地带回了产自欧洲和美洲的商品,尤其是西班牙运到吕宋(菲律宾)的墨西哥银元和产自日本的白银,正为中国市场所需要。从此,海外大量的白银和银元输入中国,进一步扩大了白银在国内市场的流通范围。

15 世纪末 16 世纪初的地理大发现,冲破了明代在对外贸易方面的传统朝贡贸易体制,将明代带入了"全球化"贸易的新潮流中。与朝贡贸易的局限性相比,16 世纪后,勃兴的私人海上贸易更显活力和生机。随着西方殖民活动的日益加强,葡萄牙、西班牙和荷兰人先后到东方进行贸易。在双方贸易中,中国始终出超,葡、西、荷兰以及日本、菲律宾等国商人不得不以大量白银支付贸易逆差。中国官、私混杂的对外贸易,把遥远的欧洲、美洲国家都卷入了与中国的贸易之中,使以丝绸为主的中国商品遍及世界,作为支付手段的占世界产量 1/3 或 1/4 的白银源源不断地流入中国①。

中国 16 世纪后对外贸易的规模,以及大量白银流入中国的特点,吸引了众多学者的关注。日本学者百濑弘在《明清社会经济史研究》中,用一半篇幅来研究美洲白银流入中国的问题。他指出,流入中国的白银逐年增加,最初是每年 30 万比索(西班牙银元),1586 年达到 50 万比索,以后迅速超过 100 万比索乃至 200 万比索,1604 年达到 300 万比索,1622～1644 年间大都在 200 万比索至 300 万比索之间。美国学者艾维四(William S. Atwell)长期从事明清之际白银流入中国问题的研究。他认为,从 1530 年到 1570 年,中国最重要的白银来源地是日本,1570 年以后变成美洲。16 世纪末至 17 世纪初,经过菲律宾流入中国的美洲白银在 57500～86250 千克之间;而且马尼拉并不是美洲白银进入中国的唯一门户,还有一部分从澳门与东南亚进入中国②。

中国学者也很关注这个问题。全汉昇 1969 年发表在香港《中国文化研究所学报》的《明清间美洲白银的输入中国》一文,系统而精深地分析了这个问题,认为从 1565 年到 1815 年的两个多世纪中,西班牙政府每年都派遣 1 至 4 艘大帆船,来往于阿卡普尔科与马尼拉之间,每年运往马尼拉的白银在

---

① 樊树志:《晚明史(上)》,复旦大学出版社 2002 年版,第 5 页。
② 艾维四:《从国内外银产和国际贸易看明史的时代划分》,"自宋至 1900 年中国社会及经济史"中美史学讨论会论文,1980 年,北京。

100万比索至400万比索。法国年鉴学派大师布罗代尔在他的巨著《15至18世纪的物质文明、经济和资本主义》中援引全汉昇的观点，说："一位中国历史学家最近认为，美洲1571～1821年间生产的白银至少有半数被运到中国，一去而不复返。"

德裔美国学者贡德·弗兰克是关于白银流入中国问题研究的集大成者。他在其引起国际学术界震动的著作《白银资本——重视经济全球化中的东方》一书中，批判了沃勒斯坦、布罗代尔"世界体系"、"世界经济"的欧洲中心论，特别强调了1500～1800年"整个世界经济秩序当时名副其实地是以中国为中心的"，因为"外国人，包括欧洲人，为了与中国人做生意，不得不向中国支付白银，这也确实表现为商业的'纳贡'"。"'中国贸易'造成的经济和金融后果是，中国凭借着在丝绸、瓷器等方面无可匹敌的制造业和出口，与任何国家进行贸易都是顺差。因此，正如印度总是短缺白银，中国则是最重要的白银净进口国，用进口美洲白银来满足它的通货要求。美洲白银或者通过欧洲、西亚、印度、东南亚输入中国，或者用从阿卡普尔科出发的马尼拉大帆船直接运往中国"①。

巨额白银资本的流入，势必会对中国的社会经济产生影响。出口的大宗商品生丝与丝织品以及棉布，主要来自太湖周边的长江三角洲。这种外向型经济，必然带动这一地区农业、手工业和商业的发展。明清之际这一地区社会经济的腾飞，由此可以获得索解②。

3. 关于"资本主义萌芽"问题

明中后期在丝织业、矿业等部门，出现了以雇佣劳动为特征的工场手工业规模经营，以往学术界通常称这种现象为"资本主义萌芽"。

关于资本主义萌芽问题的讨论在中国由来已久。最早充分论述该问题的是马克思主义史学家吕振羽③。他在20世纪30年代左右，提出明清之际已出现资本主义萌芽的观点。1939年，毛泽东在其著名的《中国革命和中国共产党》一文中指出："中国封建社会内的商品经济的发展，已经孕育着资本主义的萌芽。如果没有外国资本主义的影响，中国也将缓慢地发展到

---

① 贡德·弗兰克著，刘北成译：《白银资本——重视经济全球化中的东方》，中央编译出版社2001年版，第166、167、169页。
② 樊树志：《国史概要》，复旦大学出版社2004年版，第350页。
③ 张显清：《近二十年来对国内关于明代社会变迁问题研究状况读书札记》，载《中国史研究动态》2003年第4期。

资本主义社会。"①1949年后,从讨论《红楼梦》时代背景问题开始,逐渐形成明清资本主义萌芽研究的热潮,涌现出大量论著。1980年代,在经历"文革"10年沉寂后,资本主义萌芽问题研究再次出现兴旺之势。围绕区域商品经济和资本主义萌芽、中国资本主义萌芽和明清社会经济结构等问题,出现了许多成果②,特别是许涤新、吴承明主编的《中国资本主义萌芽》一书,对明清资本主义萌芽作了全面、系统、深入的论述和分析,是一部对20世纪中国资本主义萌芽问题研究的总结性著作。它既有理论阐述,又有细微实证。此后,学术界关于资本主义萌芽问题的讨论明显降温。

20世纪90年代以后,随着我国提出建立社会主义市场经济体制及西方关于中国近代化研究的开展,学术界开始对资本主义萌芽问题进行反思。与此前学者极力寻找证据以论证和注释经典作家的结论不同,学术界开始对资本主义萌芽研究的前提提出质疑。有学者认为,长期以来,学术界对到底什么是"资本主义"的概念始终没有搞清楚,学者们各有各的标准,所以讨论中出现了五花八门的观点。在一种自说自话的氛围中,学者们多年争论的其实是资本主义萌芽产生早晚的问题,而不是中国有没有资本主义萌芽的问题。似乎中国产生了资本主义萌芽,这是个不必争论的问题,因为领袖已经这么说过,而领袖的话在1970年代以前是不容置疑的。于是出现了这样一种现象,在两千多年的中国古代社会,资本主义萌芽随时可见,各种"萌芽论"泛滥成灾,从"战国说"、"西汉说"到"唐代说"、"宋代说"、"元代说"、"明代说"、"清代说"等,谁也不能说服谁。尽管"比较多数的意见是认为明代已经出现了资本主义萌芽"③,但因为每个人心目中都有一个"资本主义"的标准,因为理论依据各异,所以争议一直存在。

吴承明在新的形势下最终放弃了中国资本主义萌芽论,认为"中国实际上就没有一个资本主义时代,我们把它越过去了。因此,我想提出,在历史研究上,不要提研究资本主义萌芽。与其说资本主义萌芽,不如叫近代化萌

---

① 《毛泽东选集》第2卷,人民出版社1952年版,第620页。
② 如李文治、经君健、魏金玉著:《明清时代的农业资本主义萌芽问题》,许涤新、吴承明主编:《中国资本主义萌芽》,傅衣凌著:《明清社会经济变迁论》,分别于1983年、1985年、1989年问世,成为学术界这个时期资本主义萌芽问题研究的代表性著作。
③ 南京大学历史系编:《中国资本主义萌芽问题讨论集》"前言",三联书店1960年版。

芽,即市场经济的萌芽"①。与吴承明观点的转变相呼应,1990年代后对资本主义萌芽问题进行反思的有代表性的观点,可以归结为"情结论"、"死结论"和"假问题论"等。

李伯重对资本主义萌芽研究中存在的诸多问题提出了尖锐的批评,称之为"资本主义萌芽情结",认为它只是一种主观的愿望。他说,从感情上来说,这种"资本主义萌芽情结"是一种特定时期中国人的民族心态的表现,是中国人与西方争平等的一种强烈愿望。这种愿望体现在史学研究中,就是"别人有,我们也要有"的"争气"心态。其次,从认识基础来说,"资本主义萌芽情结"是一种"单元—直线进化"史观的产物。按照这种史观,世界民族都必须遵循一条共同的道路,也就是说资本主义是不可逾越的一个阶段,所以中国也必然要经历它②。

王家范认为资本主义萌芽问题的研究是一个"死结"。因为"资本主义"一词在"西方早不再用作社会形态的指称","资本主义萌芽"一说在中国被灌输且随处应用,真是误人匪浅。王学典更是把资本主义萌芽看作一个"假问题",他认为包括资本主义萌芽问题在内的"五朵金花"③的纷争产生于浓厚的意识形态话语背景下,在既定话语背景下,这些命题都是有意义的,"因为这些命题背后都有明确的非学术追求"。而今随着话语系统的根本转换和语境的巨大变迁,这些命题本身能否成立早已成为问题,也就是说它已成为"假问题"④。

当然,从学术内核而言,1950年代以来资本主义萌芽问题研究极大地促进了中国社会经济史研究的发展和繁荣,对此应该予以充分肯定。

---

① 吴承明:《要重视商品流通在传统经济向市场经济转换中的作用》,载《中国经济史研究》1995年第2期。

② 李伯重:《理论、方法、发展趋势:中国经济史研究新探》,清华大学出版社2002年版,第11~13页。

③ 所谓"五朵金花",指的是上世纪五六十年代史学界围绕着五大基本理论问题而展开的争鸣,即中国古史分期问题、中国封建土地所有制形式问题、中国封建社会农民战争问题、中国资本主义萌芽问题、汉民族形成问题等。

④ 王学典:《20世纪中国史学评论》,山东人民出版社2002年版,第168页。

第六节 明代社会的新动向

一、社会风尚的变异

1. 明代早、晚期的风尚变迁

明前期的社会风尚敦厚朴实,这种风尚首先与当时特定的社会条件密切相关。为了恢复和发展经济,明朝统治者采取了重农抑商政策。在当时的条件下,人思安定,趋农轻商。同时,从安定统治的需要出发,朱元璋在政治上加强中央集权,在社会中则加紧按照礼制规定对人民进行约束,强调人们社会方式的等级差别,对人们衣食住行做出详细规定,并用严刑予以固化。因而,明前期的社会风貌基本上是诚朴、俭约乃至刻板的。

大致在正德年间,重利趋商、浮靡奢侈、违礼逾制的习气逐步蔓延。由于商品经济的发展,刺激了人们的消费欲望,提高了消费水平,影响了衣食住行,特别是冲破了原来观念上的禁网。在思想领域,理学的衰微和王阳明心学的崛起和盛行,肯定"人欲"的合理性,宣扬个性自由,这都促进了社会风尚的变迁。这种风尚的变异至嘉靖、万历以后(即传统认为的晚明时期),变得更为突出。

晚明是一个特殊的大变革的时代,新经济因素不断萌发,新思想观念势如潮涌,而最能反映社会大众行为方式、生活追求、价值取向的社会风俗表现得最为敏感。如范濂的《云间据目钞》记载:江南,在正德、嘉靖以前,"南部风尚最为醇厚";此后,"风俗自淳而趋于薄也,犹江河之走下,而不可返也"。此类记载在当时的官方文献、野史笔记、文集及方志中俯拾即是。这一变化具有一定的普遍性,以东南富裕之区最盛,遍及南北。其传播形式是由城镇向乡村、由社会上层向社会下层同时进行。

2. 新民风的出现

晚明社会风尚的剧变主要集中在消费领域,以追慕新异、讲求奢华为主要特征,涵盖了社会生活的各个方面,其中衣食住行、婚丧嫁娶、重要节日等表现得尤为突出。人们互相效仿、攀比,铺陈、挥霍财货到了无以复加的地步,引发大量越礼逾制现象。

在人们的社会活动中,服饰最能体现财富、身份地位和意趣,因而能够最直接地反映生活习俗的变化。晚明服饰的更新之快令人目不暇接。《阅世编》卷八记载,一些地区时兴宋锦、唐锦,尔后又追求汉锦、晋锦,不久"皆称厌物"。而小康人家衣饰上无大红不穿,就连婢女也非以大红饰衣不可。八品官竟敢配着朝中大臣的官服,一些教坊司乐工的穿戴竟与朝臣无异,宫中打杂太监也穿起了蟒衣——图案仅比龙袍少一爪。连只有皇帝才配使用的龙纹,也开始在民间出现。人们忘却了礼制的种种禁令,一味追求绚丽多姿的风采。

人们在住房、饮食、舆马及日用品等方面也是肆无禁忌。明初,富人可以拥有数十所房舍,但每一房舍的厅房不得超过三间,更不可用瓦兽屋脊、彩绘梁栋。普通人家具不许用红漆金饰,轿子只准三品官员乘用,其他官员可以骑马,庶民更不能越分。然而明代晚期,这些禁令已经名存实亡。住房上,人们由草舍而瓦房,由无厅而有厅,由低矮而高广,由三间而多间,由朴实无华而重檐兽脊,无不体现出由奢而僭的趋势。饮食上,人们纷纷向富家大户看齐,菜肴、器皿皆备求精巧。舆马上,人们随心所欲,向来严禁乘轿的优伶、家奴公然乘坐八人大轿,招摇过市。一时间,明朝的所谓"国制"皆失其效,民众"僭滥"到了极点。

在传统文化中,始终提倡民风的尚俭抑奢、含蓄节制。然而在晚明,人们抛却了陈旧的价值观念,追求全新的物质享乐,企望以此来体现个人的社会身价和地位。如有人从典肆中寻觅破旧缎服,翻新改制,以穿上能与豪公子列座;有人家无担米之储,却耻穿素布;有人用一年之费,制一裳而无余,因穿着简朴、陈旧要备受邻里嘲讽。心态的变化,造成了观念上的鄙俭耻素,人们不顾家庭、经济、职业、身份等条件的限制,无所顾忌地崇尚虚荣,追求生活奢华奇异,一时"人皆志于尊崇富侈,不复知有明禁,群相蹈之"①。

3. 新民风的得与失

晚明社会风俗中一浪高过一浪的越礼逾制,迸发出巨大的社会能量,动摇了传统的名分观念和固有的等级制度,瓦解了淳朴的邻里关系。奢靡之风的流行,空前地树立了金钱的地位,使之有了比门第、人品更为诱人的魅力。只要有钱,可"良贱不及计,配偶不及择"②。商人经商在外,其妻子、族人完全以其收获多少来评判其好与坏,进而决定爱憎之情,其他人际关系也是如此。这种世风,对传统的社会秩序和伦理规范形成了强力的冲击。与

---

① 张瀚:《松窗梦语》卷七,中华书局1985年版。
② 龚炜:《巢林笔记》卷三,中华书局1981年版。

此同时，人们追异慕奇的行为也逐渐沉淀下来，成为广为传习的社会风俗。例如原普通百姓严禁使用大红、鲜黄的色彩，晚明以后却成为民间普遍认同的富贵色，成为民族文化传统的一部分。

晚明社会风俗的剧变虽然不乏积极意义，但也留下了一些值得思考的问题。为了追求和满足新异、奢靡的生活方式，人们对利润趋之若鹜，许多人放弃了自己的本业，纷纷操起了为历代所鄙视的"末业"，这在一定程度刺激了商品经济的繁荣。然而，人们以末致富带来的资财相当部分并没有被投入生产领域，进行扩大再生产，而是被用以消费。大量资金从流通领域来，复又投入流通领域，中间缺乏在生产领域的增值过程，没有创造出更多的社会财富。因此，仅有奢侈消费，社会生产力的发展依然缓慢或迟滞①。

二、家族制度的庶民化

1. 中国古代的家族制度

家族，又称宗族，是同一个男性祖先的子孙，若干世纪相聚在一起，按照一定的规范，以血缘关系为纽带结合而成的一种特殊的社会组织形式。家族制度在我国由来已久，并经历了三个大的发展阶段——春秋以前的宗法式家族制度，魏晋至唐代的世家大族式家族制度，宋以后的近代祠堂族长的族权式家族制度②。其中宋以后的家族制度有两种形式，一是由个体小家庭组成的聚族而居的家族组织，二是累世同居共财的大家庭。聚族而居的家族组织，就是已经分裂成个体小家庭的同一个祖先的子孙，用祠堂、家谱和族田这三件东西联结起来，世代相处在一起，聚族而居。这种聚居的小家庭，一般都是只包括两三代的数口之家，是一个基本的生产和消费单位。若干个这样的同姓小家庭聚居于一个村落，或者蝉接分居于邻近的几个村落。这些村落聚居的同姓小家庭，追踪溯源，都是同一个男性祖先的子孙。他们共同建立祠堂一所，岁时祭祀共同的祖先，小家庭则围绕着祠堂居住。他们修撰族谱一部，并且不断续修，详细记载各个小家庭成员的生卒、配偶以及他们之间的血缘连属关系。他们购置族田族产，以其收入开支全族的公共消费。家族往往以姓名命名村巷，如张家湾、李家庄、吴家村等。至于累世

---

① 吴琦，耿新建：《厌常喜新慕奇好异：晚明风俗变异与民间消费观念的更新》，《光明日报》2000年9月22日。

② 徐扬杰：《宋明家族制度史论》，中华书局1995年版，第1页、第3页。

同居共财的大家庭,同样是由祠堂、家谱和族田连接起来。这种大家庭在宋以后的历史发展中,不断分裂瓦解,成为若干个个体小家庭,但又不断重新组成。

2. 明代家族制度的特点

明代家族制度在宋代基础上进一步发展,其突出特点,是明中期以后祠堂、家谱和族田逐渐由社会上层向民间深入,并开始普及化,从而使明代家族制度呈现庶民化的特点。

(1) 明代祠堂的祭祖礼俗在传承中发生较大的变化,宗祠开始普及

明代的祭祖礼制基于《大明集礼》,而《大明集礼》仿自朱熹《家礼》,从而使《家礼》第一次进入国家典则,明代的祭祖礼制实际上是《家礼》的官方化。明朝政府以及士大夫对朱熹《家礼》特别是祭礼的提倡,贯穿有明一代,明中期以后进一步深入民间。嘉靖十五年(1536)出于"议大礼"的需要,开始改革家庙和祭祖制度,颁布推恩令,允许庶民祭祀始祖,在客观上为宗祠的普及提供了契机。

在祠堂的建制方面,明初的士大夫肯定朱熹《家礼》祠堂之制,主张以此为指导建祠祭祖。明中叶以后,社会上始祖祠堂日益增多,且祠制不一。正德以前一些士大夫主张用程朱的建祠祭祖之礼加以规范,嘉靖以降的士大夫则强调折中程朱主张的同时祭祀远祖和近祖。

在地域方面,明代家族势力盛于南方,尤以安徽、江西、福建为最。明代家族祠庙祭祖在不同地域的兴起和普及具有时间上的差异。徽州、兴化、吉安以及江浙的一些地方发育最早,宋元时期已有组织化的新形态家族,在明代逐渐普及。珠江三角洲的家族制度发育虽晚,但以嘉靖时期"大礼仪"为契机,以地区开发为背景而得以迅速普及。

明代家族制度进一步发展成熟,还表现在家族在建祠祭祖的同时,往往伴随着修族谱、置祭田、讲乡约、设义塾等举措,有意识地采取制度"创新"来合族,维持乡族社会秩序。

(2) 明代以乡约推行为背景,促使家族组织化

明代乡约有一个不断推行的过程,贯穿有明一代。明代乡约初建于洪武时的《教民榜文》,改造于正德时期的王阳明,重建并普及于嘉靖、隆庆、万历时期。明代是中国历史上第一个大规模推行乡约的时代,形成了通过乡约治理基层社会的教化特色,给予明以后的社会历史以深刻影响。

嘉靖以前的家族组织形式具有多样性,嘉靖以后明朝大规模推行乡约

制度后，家族组织主要采取乡约化的形式，其表现一是以制定宗约族规为契机，设立族长、约正等管理人员；二是同时进行修谱、建祠等家族建设活动。家族的这种自治活动，受到宣讲《圣谕六言》和官府推行乡约政策的重要影响。

明代于嘉靖以后还出现了大量的家族规范，这些族规，是实践宋儒修齐治平和重建家族制度的主张，是明代家族组织化的产物。嘉靖以后，家族修谱并制定族规非常盛行，这与当时家族祠堂的兴盛是一致的，是家族组织化并以家族规范控制族人趋向的反映。明代的族规除了宋元时期已有的家训名称外，出现了祠规、宗规、宗仪、宗范等有关用语，这些都凸显了家族制度的性质。明代的家族乡约化是宋以后族规配合家族组织发展的一个关键所在①。

明代家族制度的庶民化，反映了明代国家权力向家族渗透的强化，使政权与族权的互动较宋元时期更为突出。它对强固明代家族体系以及维护专制统治都起到了很重要的作用。同时，明代家族的庶民化，对于近现代中国社会也具有不可低估的影响。

三、士绅阶层的崛起

1. 明代的士绅

士绅是中国古代社会一个特殊的阶层，他们拥有特权，享有特殊的生活方式。历来学术界对于"士绅"有不同定义，与之相近的概念有"乡绅"、"绅士"、"缙绅"、"绅衿"等多种，内涵不尽一致。这里使用"士绅"的概念，是作为明代准官僚阶层与官僚集团的合称，它比较明晰和全面地概括了形成于明代的这一新兴社会阶层的特征。"士"指举人、监生、生员等拥有科举功名而有待入仕者，"绅"则指现任或离职官僚②。

"乡绅"一词虽然在宋代文献中已经出现，但相关称谓大量出现，并成为固定用语则在明代，尤其是明代中期以后，它是明代科举制度高度发达和学校、科举、选官制度三者紧密结合的产物。明代大量通过科举制度获得身份、在政治和经济上享受特殊待遇的士人，形成了一个特殊的社会群体，这

---

① 常建华：《明代宗族研究》，上海人民出版社2005年版，第416～421页。
② [韩]吴金成：《明清时代绅士层研究的诸问题》，见《中国史研究的成果与展望》，中国社会科学出版社1991年版。

就是士绅。

明代士人成为官学生,也同时取得了科举的第一级功名,就获得了伴随终身的身份。具有这种士人身份的地位高于一般百姓,享有政府赋予的种种政治、经济、法律特权。府州县学生员可贡入国子监成为监生,生员、监生可通过乡试成为举人,监生和举人可直接授官。举人也是一种终身的身份,可直接参加下一次会试。举人通过会试、殿试,成为进士,就获得了通向高官厚禄的进身之阶。

宋代官学不够普及,也没有形成非常完整的体系,官学生不具有终身身份,举人只有一次性会试资格,如会试下第则下次需要重新参加乡试以取得会试资格;另外官学生和举人也不能直接参加选官。明代则将科举身份固定化,具有科举身份的人成为官僚集团的直接候选者,享有与官僚集团相似的种种特权,具有准官僚的性质,这就在士庶之间划了一条明确的界限。由于官学的普及和身份的终身性,这一集团的人数会随着时间的推移不断增多,遂形成庞大的士绅阶层。学校和科举制度的完备在士绅阶层的形成中起了关键性的作用。

士绅之下层为士,上层为官,其中举人、监生、生员等下层绅士占了这一阶层的多数。举人身份必须通过严格的乡试才能获得,人数相对较少。监生、生员等官学生,则管理相对宽松,数量增长很快。从景泰时起,准许捐钞入监,到明末例监生所占比例到了惊人地步①。生员数量增长也很迅速,据顾炎武估计,每县生员以300人计,全国则有约50万②。

2. 士绅的历史作用

士绅不同于一般庶人者,在于其享有种种特权。明代在议罪、定刑、礼仪、居处、舆马、器用、服饰、婚冠、葬祭、宴会、蓄奴等方面,有明确的等差规定,士庶之间存在森严的等级界限。政治方面的特权自不待言,经济、法律方面的特权也很突出。如在经济上,士绅可以减免税粮和徭役。明初规定,京官之家除税粮及里甲正役外,优免一应杂泛差役,外官则按品递减。此在明中叶以后发展为论品限额优免丁、粮或丁、田,限额之外的丁、粮、田"与庶民一体当差"。士绅在法律上的特权表现为,在与普通百姓发生纠纷时,司法部门无权擅自拘审。太祖时曾定令,科举为官者,死罪至三宥。正是由于

---

① 谢肇淛:《五杂俎》卷一五《事部三》,中华书局1959年版。
② 顾炎武:《亭林文集》卷一《生员论》,中华书局1983年版。

这些特权使士绅与百姓判然分别，从而吸引大量读书人进学为生员。

士绅居于乡里，则为"乡绅"，不包括现任的在职官员。乡绅由闲住、守制、致仕等居家官员以及举、监、生员等有科举功名而未入仕者组成。他们社会地位相近，同样享有特权，都有较高的文化修养和社会声望，并对明中后期的基层社会产生巨大影响。明中期以后，里甲制的解体与乡绅阶层的成长有关，二者互为表里。乡绅利用经济上的优免特权及种种超经济的非法手段，使大量乡居中小地主和农民破产，是导致里甲制崩溃的重要因素。乡绅大量兼并土地，形成"乡绅的土地所有"[1]。明中叶以后，以一条鞭法为中心的赋役制度改革，一方面以均平赋役为中心，通过向乡绅分摊赋役以对其特权进行限制，另一方面则是对乡绅建立的新的大土地所有制的承认。

伴随其经济实力的成长，乡绅继汉代的豪族、魏晋南北朝的士族、唐后期的衣冠户和举人层、宋代的形势户和士人家族及明初的里长、粮长之后逐渐成为基层社会新的支配力量。乡绅为"官之在民者"，既是官僚集团在基层社会的代理人，相对于国家来说又是基层社会的代表，具有两重性，正好充当国家与社会的中介。一方面，乡绅是国家统治民众的工具，对此日本学者提出了"乡绅统治论"[2]。乡绅借由国家赋予的地位和特权，达到对中小庶民地主和农民的控制，国家则笼络乡绅以统治百姓。由于国家政权只延伸到县一级，所谓"皇权不下县"，在基层社会需要有辅助国家权力的社会力量。国家一面控制乡绅的势力，一面利用乡绅，对这种地方势力必然有限度地予以容忍。依仗国家权力的支持，乡绅专横跋扈、鱼肉乡民的劣迹所在多有，乡绅扩张土地的途径之一就是接受乡民的"投献"。另一方面，乡绅处于民间，又是地方利益的代表、基层社会的领导者。在地方利益受到国家权力侵害时，乡绅可以充当乡民的代言人或保护伞。乡绅所以能充当乡民的代表，一则由于乡绅在当地拥有较高的社会声望，并具有与官府打交道的能力和经验；二则由于乡绅具有优免待遇和特权，乡民在受到国家过重压榨的情况下可以借助乡绅的羽翼获得保护。"官与民疏，士与民近。民之信官，不若信士"。乡绅也每每以地方表率自居，利用自己的社会地位和经济实力为

---

[1] 此论由日本学者小山正明提出，参见檀上宽：《明清乡绅论》，载《日本学者研究中国史论著选译》，中华书局1993年版，第453~483页。

[2] 重田德：《乡绅支配的成立与结构》，见《日本学者研究中国史论著选译》，第199~247页。

地方谋福利,兴办公共工程、慈善机构等公益事业,实现社会自治。

但乡绅并非铁板一块,而有层次之别。上者为乡居的高官显宦,下者则为生员等低级功名士人,其中后者又占有大多数。由于他们的地位不尽相同,政治态度也有区别。下层士绅较能反映基层民众的呼声,有时甚至与民众结合起来共同反对为非作歹的上层乡绅,如在明末轰动一时的"民抄董宦"事件中,下层士人就自发地起来反对作恶乡里的董其昌父子。

士绅阶层的崛起是明代官僚政治的一个重要特色,它反映了官僚集团的膨胀和向基层社会的渗透,是官僚政治高度发达和社会化的产物①。

四、市民阶层的初具雏形

1. 明代城市与市民阶层

古代的市民阶层,主要包括中小商人、手工业工人等②,他们是明代城市的基本群众。明代后期农业生产水平的提高,将一大部分地主、农民从土地和自给自足的生活方式中解放出来,使之投身城市、城镇的工商业,推动了商业和手工业的高度繁荣。海内外贸易的繁盛,城市经济的发达,商人资本的积累,手工业规模的扩大,均为新兴市民阶层的形成创造了条件。城市的发展,是市民阶层形成壮大的前提和基础。明代已处于中国城市发展的新阶段,开始由古代型向近代型转换,其性质与功能开始改变。除沿边一些城镇之外,绝大部分已不再是昔日那种军事政治型或者纯粹消费型城堡,而是新的工商业城市。这个变化表明,中国的城市经济,经过几千年的艰难跋涉后,在明代终于步入一个新的里程。而这个里程的标志就是市民阶层的壮大与市民暴动的发生③。

据有关研究资料,自我国城市产生迄明代的几千年间,除唐代德宗时的长安和北宋初年的开封,曾经有过类似商人"罢市"的活动外,再也找不到有关市民运动的记录。而到了明代后期的万历、天启两朝,市民运动此伏彼

---

① 吴宗国主编:《中国古代官僚政治制度研究》,第438~442页。

② 关于市民阶层的含义,吴晗先生的界定是:"这个阶层主要是指手工业者、中小商人……所谓'市民'这个概念不能乱用。有些人把当时的进士、举人、秀才等官僚都算作市民,这就模糊了阶级界限。这些人都是当时的统治者,不是被统治者。"(参见吴晗:《明史简述》,第87页)许大龄先生认为,市民阶层,"即自由雇佣工人、小商人和城市贫民"(参见王天有:《晚明东林党议·序》)。

③ 张显清、林金树:《明代政治史》,第158页。

起,骤然高涨,仅万历一朝就多达五六十次。以领导者的身份而论,官员士大夫 19 次,手工业工人、商贩、作坊主 14 次,土豪 5 次,身份不明者 18 次①。这些都充分显示,市民已经成长为一支引人注目的政治力量。

2. 明代的市民运动

明代市民运动,是以中小商人和手工业工人为主体,以反对经济和政治压迫为主的群众性运动。其最主要的特点,是在时间上集中爆发于明后期万历、天启二朝,目标明确指向明王朝,有经济斗争,也有政治斗争。具体说,万历朝主要是反对矿监税使,反抗经济剥削;天启朝是抗议宦官干政,反对政治压迫。其始于万历初年,但大多数发生于万历中叶后。

明神宗贪财好货,为了解决财政危机,于万历二十四年(1596)向全国派出大批矿监税使。经济上的横征暴敛,使市民运动风起云涌,从万历二十七年(1599)到四十八年(1620)共有 30 余次发生,其中影响比较大的有武昌民变、云南民变、辽东民变、福州民变等,而临清民变和苏州民变更为著名。

万历二十七年(1599)三月,明神宗命令天津税监马堂兼领山东临清税务。临清原是运河沿岸著名商镇,店铺林立,贸易发达。马堂进入临清后,科征无度,无物不征税,甚至青天白日公然用武力强夺民产,致使商店纷纷倒闭,居民大批失业。四月,在小商贩王朝佐的领导下,万余居民罢市,放火烧毁税监衙门,杀死马堂的随员 37 人,史称"临清民变"。这是万历朝声势最为浩大也最为激烈的一次暴动,在各地引起强烈反响,矿监税使的气焰"从此顿减"。

苏州为闻名全国的纺织业中心和商业重镇,经济发达,工人集中。太监孙隆督税浙直,驻扎苏州,随意增加苛捐杂税,造成大批机户关厂停产,工人失业。万历二十九年(1601)六月,纺织工人葛成(葛贤)率领广大市民举行暴动,将孙隆的死党六七人溺死河中,焚烧税使的住宅,包围税监衙门,并要求停止征税。暴动遭到镇压以后,葛成为保护广大市民,自己昂首挺胸走进牢门。

万历四十八年(1620)七月,明神宗病死,遗诏罢矿税,矿税使回京。明末市民运动进入一个新的发展阶段,由反对开矿榷税为主的经济斗争,转入到以反对宦官暴政为中心的政治斗争。天启六年(1626),为抗议宦官魏忠

---

① 刘志琴:《城市民变与士大夫》,《中国农民战争史论丛》第四辑,河南人民出版社 1982 年版。

贤逮捕吏部员外郎周顺昌、御史黄尊素，先后发生"苏州民再变"、"常州民变"。同年，又发生以反对为魏忠贤建生祠为导火索的"杭州民变"。这一次"苏州民再变"，是由商人颜佩伟、轿夫周文元以及杨念如、马杰、沈扬等五义士领导的，他们为反抗魏忠贤的暴政英勇献身。次年，张溥作《五人墓碑记》，热情讴歌五烈士"激昂大义，蹈死不顾"的奉献精神。

明末市民运动，集中出现于经济贸易发达的工商业中心市镇，而且以史无前例的规模形成社会风潮，延续数十年，这说明明代的市民阶层已经初步形成，成为一支不可忽视的新兴政治力量。当然，明代的市民运动还有很多不足之处，如组织形式比较落后，没有鲜明的纲领、口号，没有自己的领导机构，斗争手段仅是罢市、示威游行、鼓噪、焚烧、殴打、击杀，又不能和当时的农民斗争联合起来。这些都是它们时代局限性的体现。

五、文人社团的活跃

1. 明代的文人结社

文人结社的现象，自中唐以后日益多见，晚唐五代承接风气，宋元时期诗社林立，到了明代，遂出现极盛之势。根据社会背景、文学背景以及文人结社的自身特点，明代文人结社可分为四个时期①。

（1）元末明初的文人结社，历洪武、建文、永乐三朝，结社可考者16例，为元代结社遗风的延续阶段，社事一般局限在较小的范围内，带有避世远祸的特点。

（2）从洪熙至成化时期，为明代文人结社初兴阶段，约25例。这一时期特点之一是怡老诗社骤然兴起，成为文人结社主流，这种情况与当时台阁雅集风气盛行密切相关。

（3）从弘治至万历时期，为明代文人结社的第一次高潮，涌现了150多家文人社团。这一时期的文人结社，与文学复古运动存在着直接或间接的关系。

（4）天启、崇祯时期，从数量、规模、声势等方面看，明代文人结社发展到高峰，各种文人社团近130家。这一时期的特点，一是社的名类更为齐全，有怡老类的、方外类的、文学类的、举业选文类的、读书讲学类的、综合类的。二是结社介入党争，干预时政，党与社、社与社之间及社团内部的关系

---

① 何宗美：《明末清初文人结社研究》，南开大学出版社2003年版，第18页。

变得错综复杂，或彼此借重，或相互斗争，时而合并，时而分裂。三是社事由诗酒唱和、怡情自娱变而为聚众成势、操纵风气，社团规模不断膨胀，政治倾向日益增强。四是与兴复古学的思潮以及社会危机、人才危机、科举败坏等现实相联系，读书讲学和举业选文类的社团尤为兴盛，相反诗社不再占主要位置。

明代文人社团的活跃，除了有古代文人团体诗酒唱和风气的历史渊源外，还受明代多种社会因素的影响。政治上，从积极方面看，明前期国力强盛、社会稳定、经济繁荣，使广大士人形成了养尊处优、享受太平的心理习惯和雍容平易、逶迤有度的精神气质，为文人结社营造了特有的氛围。从消极方面看，明代的专制统治使不少士人产生不乐进取的生活态度，而此起彼伏的政治斗争，尤其是晚明时期政治黑暗，危机四伏，党祸纷起，国无宁日，又使仕宦者为躲避风浪而退居林下，在诗酒唱和中寻找精神寄托。

明代经济的兴衰往往决定社局的兴衰。明初文人结社相对低落，洪熙之后初兴，弘治之后进入高潮，万历之后达到高峰，这与明代社会经济发展的轨迹是一致的。从明人结社的地域分布来看，经济最发达的地区通常也是文人结社最活跃的地区。明人结社以东南沿海地区一些城市为中心，反之北部、西北和西南地区则较为少见。这种不平衡是由经济发展的不平衡决定的。此外，明代文人的个性由收敛到放纵，由顺从到叛逆的变化，不仅反映了专制制度由盛到衰的趋向，而且是明代经济由恢复到繁荣所带来的必然结果。

文化因素对文人结社的影响也很大。发展迅速的科举制度、异常活跃的书院讲学、多姿多彩的城市文化，都与明代结社风气的广为盛行遥相呼应。明代为科举制的鼎盛期，科举是文人结交的重要纽带，"同年"与"同年会"皆为科举制的特有产物，成为文人结群的一种重要方式。由科举产生的进士群体，对文学团体和文学流派的诞生与交替影响甚巨。科举对文人结社更直接的影响还在于，科举考试的成套规矩往往被诗社的活动所借鉴。为提高应试成绩，明后期一些习举业、操选政的文社便应运而生。书院讲学与文人结社也关系密切。书院提供文人聚集的场所，随着书院的增多以及书院活动的频繁开展，文人的交往结社也变得十分盛行，文人群体的声势日渐壮大。

2. 复社的兴衰

在明代众多的文人社团中，以晚明的复社规模最大、影响最深远。复社成立于崇祯二年(1629),由张采、张溥等人发起,系整合南社、匡社、应社等多家文人社团而成,其核心成员还有吴伟业、杨廷枢、吴昌时、陈子龙等。许多名士参与其中,如晚明四公子方以智、陈贞慧、侯方域、冒襄,以及东林党人黄尊素后裔黄宗羲等。由于成员来自四面八方,复社还多次通过召集全国性大会以及编辑各地文人的文章选集,来扩大自己的影响。

复社的发展经历了几个不同的阶段。

(1)以崇祯二年的尹山大会为标志,复社正式成立,并确立了复社的基本宗旨:"兴复古学,将使异日者,务为有用,因名曰'复社'。"①其中心思想落实在如何立身处世上,这是复社盟约不同于其他社约的地方,也是复社有别于其他诗社和文社的标志。崇祯六年,复社举行了虎丘大会和国门雅集。虎丘大会标志复社进入其发展的全盛时期,各地社友"数千余人"应邀入会,其声势为"三百年来从未一有此也"②。这一阶段复社社集的基本特点是尚未介入政治斗争,还属于文化活动的性质,其主要人物也正热心于在科场中取得功名。

(2)从崇祯六年到崇祯十年,为复社发展最为艰难的时期。时值温体仁为内阁首辅,与东林和复社为敌,不择手段地攻讦和打击复社,复社开始介入政治斗争。

(3)从崇祯十年到十四年,温体仁被罢归,复社命运出现新的转机,又处于一个上升期。

(4)从崇祯十四年到南明初年,先是复社领袖张溥去世,后来明朝灭亡,南都新立,与复社有过节的逆党阮大铖屡兴大狱,复社名士或死或逃,复社也就名存实亡了。

第七节　明代的边疆政策与对外交往

一、民族关系与边疆政策

明初王朝在奠定中原的统治格局之后,便向边疆地区进发,力图实现全国的大统一。为达到这一目的,对边远地区的少数民族,仍采用传统"以夷

---

① 陆世仪:《复社纪略》卷一,上海古籍出版社1995年版。
② 《复社纪略》卷二。

制夷"的羁縻政策。对北部边疆蒙古鞑靼、瓦剌诸部分别封王,使之互相牵制;对西藏地区多封众建以分其势;对西南地区则推行土司制度;在东北以及西北等地建立羁縻卫所。总之,由于明朝各边区形势不一,其边防政策的侧重点及具体措施亦有所不同①。

1. 明朝与蒙古的关系

明朝自洪武时起便存在着来自北方蒙古诸部的威胁,并且几乎与明朝相始终。明初,太祖多次遣兵深入沙漠讨伐,迫使残元退至漠北。永乐时期,成祖继续太祖对蒙古"威德兼施"的策略,移都北京,利用蒙古内部分裂的形势,频繁遣使招谕,分别招徕瓦剌、鞑靼,双方建立了臣属关系,使北方局势好转。在对蒙古进行军事征伐的同时,明也极力加强北疆的防御。从洪武初年开始,太祖就派重臣镇守北方,并分封其子为诸王,在长城沿线形成一道严密的军事边墙。永乐时,诸王守边的局面因为成祖的削藩而遭到破坏。明中期以后,随着国力的衰微,北部边防更是陷于全面退缩的境地。

正统年间,蒙古族的瓦剌部崛起,其首领也先在遣使朝贡的同时,逐渐扩张其势力。正统十四年(1449)十月,也先借口贡马减其值而分兵四路大举进犯,于是发生土木之变。至景泰元年(1450)八月也先退兵并送还英宗,瓦剌重又恢复与明朝的互市和朝贡关系。

不久,瓦剌内部产生矛盾和分裂,势力逐渐衰落,鞑靼部却强盛起来。嘉靖中期俺答为汗,不断率其部众骚扰延绥诸边,规模也越来越大。嘉靖二十九年(1550)六月,俺答大举南下,直抵北京城,京师大震。明军粮秣匮乏,将士怯敌,执政主守,世宗也准备求和。这样,明廷任凭俺答的军队在城外肆意掳掠八日之久,并从容从古北口故道退去。因为是庚戌年,史称"庚戌之变"。

隆庆初年,形势好转,并出现"俺答封贡"之事。隆庆五年(1571)明朝利用鞑靼内部矛盾,封俺答汗为顺义王,并恢复贡市,蒙古与内地的交往恢复正常。万历十年(1582)俺答死,由其子孙袭封顺义王。俺答妻三娘子,在俺答祖孙三世中,"主兵柄,为中国守边保塞,众畏服之"②,明朝封她为"忠顺夫人"。从"俺答封贡"到三娘子掌权的数十年间,明朝与蒙古保持着和平友

---

① 杨绍猷:《明朝的边疆政策及其得失》,《中国古代边疆政策研究》,中国社会科学出版社1990年版。

② 《明史·鞑靼传》。

好关系。时"边境休息,东起延、永,西抵嘉峪七镇,数千里军民乐业,不用兵革,岁省费什七"①。这有利于双方社会经济的发展。

2. 明朝与西域的关系

明朝对西北地区的经营,是其北部边境防御体系的一部分。明初,每次派兵出征蒙古,其西路军的进军方向就是西北。明军攻克一地,为加强控制管辖,往往设置羁縻卫所,招抚当地各族首领,命将屯兵据守。在诸多羁縻卫所中,哈密卫是中原通往西域的要道,明朝对之非常重视。永乐四年(1406),明朝封授当地畏兀儿族首领为指挥、千户、百户等职,又派汉族官员协同理事,其目的是"欲其迎护朝使,统领诸番,为西陲屏蔽"②。但实际上,并没有起到明政府所预期的作用。

为加强对这一广阔地区的管理,明朝有意密切与西域的经济联系。明代这里的居民主要是畏兀儿族、蒙古族、藏族以及回族,他们和明朝的经济往来主要通过朝贡、马市等途径。明朝政府准许他们利用朝贡时机,换取各种生活必需品。中原的纱罗绫缎、瓷器、茶叶、铁器、药材等物品,都是他们难得而又不可缺少的,因此他们对通贡十分重视,不断要求增加进贡次数和人数,多开展马市贸易。这说明西北边疆在经济上已和中原密不可分。

3. 明朝与西藏的关系

西藏,明代称乌斯藏。明太祖立国后,随即遣使向该区招谕,并在这里建立了乌斯藏行都指挥使司和朵甘行都指挥使司等机构。明成祖封授各地藏族政教首领,确立了藏族地区的统治秩序。③ 在这一秩序之下,明廷不再把藏区封给任何地方"王侯",而是作为相当于省的行政区直辖于中央。行政机构的任务是"绥镇一方,安辑众庶"④,但是不干预其宗教事务。

明政府还制定了西藏的僧官制度。僧官分为法王、大国师、国师、都纲、喇嘛等,法王以下的各级僧官的任免或继封,都由明朝中央政府决定。明代西藏的喇嘛教随着萨迦派独尊地位的改变,格鲁派地位日渐上升。格鲁派是明初新创的教派,因要求入教喇嘛穿黄衣戴黄帽,又称黄教。创始人罗桑扎巴,因出生于宗喀巴(青海湟中一带),故称宗喀巴大师,是西藏喇嘛教界

---

① 《明史·王崇古传》。
② 《明史·哈密卫传》。
③ 蔡美彪等:《中国通史》(第八册),人民出版社1993年版,第72页。
④ 《明太祖实录》卷九五"洪武七年十二月壬辰朔"。

最有地位的人。宗喀巴刚建立黄教时,在西藏的影响并不大,但他和明廷建立了密切联系。永乐十二年(1414)十二月,宗喀巴派弟子释迦也失进京朝见,次年明廷封授他为"大慈法王"。到万历时,黄教势力日益扩大,进一步得到明政府的支持。

明廷与西藏的经济交流也日益频繁。西藏的僧俗官员要定期或不定期地向明廷朝贡,他们随带马匹和其他地方特产,明朝廷也以绸缎、布帛、茶、钞等回赐,往往回赐品的价值数倍于入贡品。除了朝贡贸易之外,西藏和内地还存在茶马互市贸易。明廷为了以茶叶换取足够的马匹,禁贩私茶,但有明一代,民间私茶贸易却一直与官茶贸易并存。

4. 西南地区的土司制度与"改土归流"

明代云南、贵州、两广、湖广以及四川等地,自然条件差别甚大,民族众多。除居有汉族之外,还有苗、瑶、彝、傣等少数民族,其社会发展也极不平衡。元朝曾在少数民族聚居区设立土司制度进行管理。土司官职,大多由各族的首领世袭。明初承袭元朝制度,土司必须定期向明朝朝贡,明朝也回报以丰厚的赏赐。另外,明政府在西南地区还建立了军事卫所,隶属各省都指挥使司。都司以下设都司土官,将诸土司的土兵纳入都司的管辖之下,都司和卫所的官员均由朝廷任命。土官可以世袭,土司的土兵听从朝廷和都司的调发。

明代推行的土司制度,对稳定南疆起到了一定积极作用,但其弊端也日益显露。土司的世袭性造成割据势力的事实存在,土司间为争夺领地和承袭权而仇杀、内讧,于是明朝在一些矛盾比较突出且条件成熟的地区实行改土归流。改土归流的主要内容是改土司为府、州、县,由中央派官员(不世袭为流官)治理,或废府、州、县中的土官,全部由流官任职。同时采取措施丈量土地,额定赋税,设兵防守等。但明朝在推行这一政策时,由于受到土官的抵制而不断反复。改土归流比较彻底和大规模地推行,则是到清代才得以完成。

5. 奴儿干都指挥使司的设立

东北的黑龙江、乌苏里江流域,唐至辽、金历代均设置行政机构进行管辖。元朝设置辽阳行中书省,并把女真、水达达等族编入户籍。明朝建立后,其势力很快推进至东北和北部边疆地区,并建置都司、卫、所制度予以有效管辖。

永乐七年(1409),明朝在东北设置奴儿干都指挥使司,管辖西起鄂嫩河,北抵外兴安岭,东至库页岛,南濒日本海的广大地区。奴儿干都指挥使司直属朝廷,是军政合一的地方行政机构,其官员均由内地派员担任。都司以下各卫所,也是军政合一的地方政权机关,除军事职能外,也兼理民政,其大小官员也都由明政府委派任命。奴儿干都司各卫所的居民,也要向朝廷缴纳贡赋。

明朝除了委派官员进行管理外,还不时派官员到奴儿干地区进行巡视,并建寺立碑予以纪念。如宣德八年(1433)立《重建永宁寺记》碑石,碑文用汉、蒙古、藏、女真四体文字书写,记录了明政府设置奴儿干都司的经过和官员巡视情况。这不仅说明了明朝对奴儿干地区进行了有效管辖,而且也说明了奴儿干地区各少数民族间相互交流的状况。

6. 明朝与建州女真的关系

明代居住在东北地区的少数民族有女真、蒙古、朝鲜、达斡尔、鄂伦春、赫哲等,其中人口最多、居住地域最广的是女真族。

明初,女真族依据分布地域和经济发展程度分成建州、海西及野人三大部,其中海西、建州南移后,受汉族影响,社会经济迅速发展。到万历初年,女真各部势力日益壮大。

在女真各部的统一过程中,建州左卫的努尔哈赤发挥了重要作用。努尔哈赤(1559~1626)熟悉汉族习俗,了解中原情况,并深受汉文化的熏陶。经过多年征战,在万历前期,他基本上把分散对立的各部势力统一起来,一跃而为女真族中最强大的力量。

努尔哈赤在统一前后,还进行了一系列的政治、经济、军事和文化建设,其中最重要的是创建"八旗制度"。万历二十九年(1601),努尔哈赤在女真人狩猎时实行的牛录组织的基础上,创建黄、白、红、蓝四旗,规定每300人编为一牛录,每牛录设首领牛录额真一人。万历四十三年(1615),他又增设镶黄、镶白、镶红、镶蓝四旗,合为八旗。八旗之间是平行关系,各自向努尔哈赤负责。八旗是生产和军事合一的组织制度,有效保证了统一战争的顺利进行。另外,努尔哈赤还筑城池、选人才、设议政五大臣、颁布法制、创制满文等,这些措施有力地强化了行政效率。万历四十四年(1616)正月,努尔哈赤在赫图阿拉(今辽宁新宾)称汗登位,国号大金,建元天命,史称后金。后金经济和军事实力的增长,很快成为与明朝廷相对抗的强大异己势力。

万历四十六年(天命三年,1618)四月,努尔哈赤以"七大恨"告天,出兵伐明,攻占抚顺等地。明朝急忙在全国加派"辽饷",调集各地官兵进攻赫图阿拉。在萨尔浒,努尔哈赤以少胜多,击溃明军。从此后金强势进攻,明朝在军事上转入防御态势。天启元年(天命六年,1621),努尔哈赤将都城迁到辽阳。天启五年他又迁都沈阳,改称盛京。

天启六年五月,努尔哈赤率兵围攻辽东重镇宁远(辽宁兴城),遭到明参将袁崇焕的顽强抵抗。努尔哈赤被炮火击伤,退回沈阳,至八月病死。

努尔哈赤死后,子皇太极继位,改年号天聪。崇祯二年(天聪三年,1629)十月,皇太极避开袁崇焕把守的宁远,从喜峰口入长城,直逼北京广渠门外。这时,崇祯中了皇太极的反间计,杀袁崇焕,使明朝失去了一员强将。崇祯六年,皇太极攻占辽东半岛。接着,皇太极又多次挥兵入关,有意消耗明朝近畿地区的力量,动摇明朝统治的根本。崇祯九年(1636),皇太极在沈阳称帝,定国号大清,改元崇德,改族名为满洲。崇祯十五年,明蓟辽总督洪承畴兵败松山,被俘投降。至此,除宁远孤城,明朝山海关外要地尽失,在与满洲的对抗中渐处下风。

二、朝贡贸易与郑和西航

1. 明代的朝贡贸易

朝贡天子,天子纳其土贡,并进行回赐,这是中国历代王朝处理中央与周边政权关系的一种基本模式。实际上,朝贡一词包含有外交和贸易两种含义。在中国与外国的交往中,朝贡与回赐占有重要地位,它既是外交活动,又是经济贸易。传统天下观所形成的一整套对外关系的理论和体系,其核心便是以中国为中心,帝王临御天下,"王者无外",居内以制夷狄。在此上建立起来的一种形式上的宗藩关系,各国依然保留自己完整的国家机构,在内政上也一般不会受到中国的干预,仅仅要求各国向中国君主称臣纳贡。朝贡体系成为中国古代理想的国际体系[①],既包含政治外交,也有经济贸易。

明初,明太祖以恢复华夏正统为己任,效法汉唐盛世,以中国为中心,建立起朝贡体制。他要求海外诸国一如既往朝贡臣服,以维护天子的至尊地位。早在建国以前,太仓黄渡就设立市舶提举司,简称市舶司。市舶司设于通商口岸,是负责检查出入船舶、收取关税、管理进出口贸易等对外事务的

---

① 万明:《中国融入世界的步履:明与清前期海外政策比较研究》,社会科学文献出版社2000年版,第38~39页。

专门机构。以后,在宁波、泉州、广州3处设立了市舶司。

明朝向周边国家和已知地区派出一个个使团,宣扬国威,建立友好邦交。使团满载大量金银、丝绸、瓷器等贵重物品,作为明朝皇帝赠送给国王、首领的礼物。于是各国也纷纷派遣使臣前来朝贡。朝贡的贡品,有金银、香料、马匹以及各地的土特产品,所谓珍禽异宝。这样,明太祖不仅得到了"四夷威服"、"万国来朝"的心理满足,而且也取得了周边环境的安全保证。由于朝贡的政治意义远大于经济贸易本身,明朝总会给各国使节丰厚的赏赐,厚往薄来,以示怀柔。同时,允许各国使臣的入贡船只附载货物与中国贸易。凡"贡"与"赐"的物品,免去商税;附载货物,也经常免税。明朝把历代王朝对外传统中的"怀柔远人"与"厚往薄来"的做法都发挥到了极致。

2. 郑和下西洋

永乐朝以郑和下西洋为标志,把明代的朝贡贸易推至高峰。

郑和西航始于永乐三年(1405)六月,止于宣德八年(1433)七月,凡七次,历时20多年,经历今亚、非30多个国家和地区。明朝人对海洋的概念是以婆罗洲(今加里曼丹岛)的文莱划界,文莱以东称东洋,文莱以西称西洋。郑和下西洋,就是指到了今天的南海和印度洋,最远到达红海海口和非洲东岸,并且越过了赤道。

郑和在15世纪前期能够进行规模巨大的远航,决非偶然,其原因有以下数种。

(1)宋元以来海上交通与海外贸易大为发展,海船建造技术与航海技术大为提高,海外地理知识也日渐丰富,这就为郑和的海外航行提供了技术条件。

(2)明朝经济经过洪武年间的恢复和发展,到永乐时期已进入极盛。这时国力雄厚,武力强大,库藏充实,这就为海外航行创造了物质条件。

(3)明太祖时国家初建,尚主要致力于国内的励精图治。明成祖即位,其眼光开始移向海外,要求扩大对外关系,以远播声威,招致朝贡。正是这种比较开放的政策,才有了郑和的海外航行。

郑和下西洋是人类征服海洋的壮举。它发生在地理大发现之前,比哥伦布在1492年到达美洲要早87年,比迪亚士在1487年发现好望角要早82年,比达·伽马在1498年到达印度卡里库特要早93年,比麦哲伦在1521年到达菲律宾要早116年。郑和下西洋的规模也是无与伦比的。如第一次下西洋时,有大型宝船62艘,官兵27800余人。郑和船队以宝船为主,此外还有马船、粮船、坐船、战船等多种型号,是当时世界上最大的船队。郑和的宝船大者长44丈4尺(合138米多),阔18丈(合56米),有9桅、12帆,"体势巍然,巨无与比,篷帆锚舵非二三百人莫能举动"①。这是当时世界上最大的船只。郑和七下西洋,打通了从中国到东非的航路,这是地理大发现之前人类航海史上的伟大成就。

郑和扩大了中国的对外交往的范围,发展了中国对外经济文化交流。郑和下西洋是和平进行的,没有征讨和杀伐,仅仅有被动的自卫。郑和所到之处,首先向国王、头人等进行礼节性访问,宣读皇帝诏书,赠送大量物品,然后即开展贸易活动。郑和的船队总是满载货物,主要以中国的手工业品换取各国的土特产品。携出的有丝绸、瓷器、铁器、铜钱等,携归的土特产品应有尽有,其中不少是奇货重宝及珍禽异兽。所以郑和因"取宝"而被称为"宝船"。

郑和下西洋后,各国多遣使来中国建交及进行贸易。同时,中国到南洋去的人日益增多,不少人侨居国外,把中国的生产技术和手工业品带过去,对南洋的开发起了巨大作用。

郑和下西洋也开拓了中国人的眼界。随从郑和航行的马欢著有《瀛涯胜览》,费信著有《星槎胜览》,巩珍著有《西洋番国志》,记载了所经各国的情况,丰富了中国人的海外地理知识。郑和下西洋时所绘的航海图也蜚声中外,在世界航海图史上占有重要地位。

郑和下西洋虽是人类航海史上的空前壮举,但本质上仍是怀柔远人的朝贡贸易,目的是宣扬天朝国威,与哥伦布等人不可同日而语。后者为适应新的社会形态的需要,寻求市场和原料产地而进行远洋航行,由此开辟了欧洲通向东方的新航路。郑和属于靡费而非生产性的远航,开支浩繁,屡遭朝臣反对,故成祖去世后,继位的仁宗即下令停止所为。随着宣德八年(1433)最后一次下西洋的船队返航,明政府的船队从此绝迹于东、西二洋,朝贡规模再次回到1405年前的水平,官方贸易趋于消沉,而私人海上贸易则迅速崛起。

---

① 巩珍:《西洋番国志·自序》,中华书局2000年版。

三、海禁、走私与倭患

1. 明代海禁政策

明代的朝贡体制在历朝中是很特殊的。以往的王朝除了朝贡形式的官方贸易以外,还允许非官方的中外商人进行自由贸易,由国家设立市舶司征税,并进行管理;而明朝除了明初短暂的一段时间外,很快就实行海禁,禁止中国商民出海贸易。明代海禁严厉,至有"寸板片帆不许下海"之说,并以法律形式定为国策。有明一代海禁之令有宽有严,以洪武、嘉靖两朝最严。沿海三省,福建、浙江两省又严,广东一向较宽,由此入海者较多。

明代实施海禁,是出于多方面考虑。

(1) 明初社会经济虽有恢复发展,但基本上还是自给自足的自然经济,商品经济的成分非常微弱,因而没有强烈的对外贸易要求。

(2) 政治上,明初是为了防备张士诚、方国珍的海上残余势力卷土重来,后来又是为了解决倭寇问题。元朝时倭寇就不断到中国沿海骚扰,入明后,为祸更烈,这成了明王朝推行海禁的最重要也是最直接的原因。

永乐时部分修正了明初的海上禁令,锐意通四夷,奉行积极的开海政策。明成祖、仁宗、宣宗之后,皇室承平,海防不修,海禁的执行不如以往严厉,因此有闽、粤商民结党下海,官商勾结之事层出不穷,外人私自来华贸易趋于频繁。在此情形下,闽广地方官建议开禁,允许通商。武宗时,开始对来港贸易者征税,迈出政策调整的重要一步。嘉靖时,因倭患日烈而严申海禁。后随着倭乱平定,明廷调整海外政策的条件也趋于成熟,因而先在福建漳州月港开放海禁,允许中国商民出海贸易。继之,由默许到承认葡萄牙人租居澳门,使澳门成为中外贸易的一大商埠。在广州采用变贡舶贸易为商舶贸易。隆庆初,明穆宗下令弛放海禁,"准贩东、西二洋",许商舶来华贸易。由此,明朝完成了对外贸易政策的重大调整。这一政策实施到明亡,仅在崇祯朝末年因外来因素的侵扰而出现过短暂反复。

2. 走私贸易乘势而起

由于明朝实行海禁政策,除了政府与海外国家保持朝贡贸易外,其他海上私人贸易一概禁止。但随着商品经济的发展,海外贸易的社会需求日益迫切,与海禁政策产生强烈矛盾。嘉靖二年(1523)发生"争贡"事件,日本大内氏贡使为争夺朝贡贸易特权,在宁波港发生械斗。明政府以此为借口,关闭市舶司,中止日本与明朝的贸易往来。正常的官方贸易断绝,民间走私贸易便取而代之。当时,走私以日本为主,向日本提供棉布、生丝、丝织品、陶瓷、铁锅、水银、药材、书籍等。海禁愈严,价格愈贵,获利愈厚,铤而走险者愈多。嘉靖以前冒禁下海走私的大都是沿海小民与商人,他们为谋生计,秘密与外商在海上交易。嘉靖以后走私规模扩大,一方面在闽浙大姓势家操纵下,私枭船主与土豪结合,挟制官府,包庇窝藏,公然大张旗鼓地走私;另一方面海盗与沿海贫民结舶走私,与上层走私集团遥相呼应。那些大姓势家不但窝藏私货,掩护走私,而且坐索贿赂,要挟私商。私枭船主不堪受其勒索,起而报复,海上走私贸易逐渐与沿海寇乱混而为一。

海上武装走私与海盗劫掠在东南沿海声势大盛,浙江、福建、广东沿海大批无业游民、渔民为经济利益所驱使,纷纷加入走私队伍,成为社会治安问题。嘉靖二十六年(1547),浙江巡抚兼福建军务提督朱纨查禁,擒杀了海盗首领李光头及奸商等96人。但以通倭牟利的闽浙官僚豪绅群起攻讦,指使在朝闽籍官员诬陷朱纨擅杀良民,于是朝廷遣官按问,朱纨被迫服毒自杀。朱纨的失败,使东南沿海走私贸易更加猖獗。嘉靖三十一年,明政府又在此设巡视大臣,推行严厉的海禁政策。走私集团则武装对抗,终于形成了所谓"倭患"。

3. 倭患的加剧与解决

望文生义把"倭寇"看做是"日本海盗"的同义词,其实是一种误解,至少是一种表面化、简单化的解释。① 1994年版的《日本史大事典》中说:在朝鲜半岛、中国大陆沿岸与南洋海域行动的包括日本人在内的海盗集团,中国人和朝鲜人把它们称为"倭寇"。它本身带有"日本侵寇"或"日本盗贼"的意味,但是由于时代和地域的不同,倭寇的含义是多样的,而作为连续的历史事象的倭寇是不存在的。该书还指出,因为依托于勘合船的日本、明朝间的交通中途断绝,中国大陆沿岸发生了大倭寇,最激烈的是所谓"嘉靖大倭寇"。而这时的倭寇,日本人参加的很少,大部分是中国的走私贸易者以及追随他们的各色人等。

倭寇对中国沿海的骚扰始于元中叶。明永乐十七年(1419)总兵刘江在望海埚(辽宁盖县西南)打击的倭寇,与嘉靖时期东南沿海的倭寇相比,其成分有很大的不同。嘉靖时期倭寇的首领大都是中国人,如初期有闽人李光头、歙人许栋,其党徒有王直、徐惟学、叶宗满等人;中期的倭寇以王直为首,

---

① 樊树志:《国史概要》第337页。

徐海次之；后期的倭寇以闽粤的张琏为代表。作为"倭寇王"的王直，是徽州海商出身，经营海上走私贸易。他在嘉靖三十一年吞并了另一股海盗后，横行海上，成为走私集团的领袖。由于要求通商遭到拒绝，便抢掠浙东沿海。他不时从日本前往浙、闽沿海，以宁波、泉州港外的双屿、浯屿为据点，进行大规模走私和海盗活动。在王直的队伍中确有一批真倭，他们是受雇佣的，处于从属、辅助的地位。

由于倭患严重，明政府倾全力前去平定。嘉靖三十三年（1554）任命南京兵部尚书张经总督诸军前往征讨。张经在嘉兴王江泾一役取得大胜后，遭督察军务的严嵩亲信赵文华与浙江巡抚胡宗宪诬陷，被捕入狱。继任总督胡宗宪设计诱杀了王直、徐海、陈东，但闽、浙沿海倭患依然如故。在平倭战争中取得决定性胜利的是戚继光、俞大猷。戚继光（1528～1587），山东登州（蓬莱）人，出身将门世家，世袭登州卫指挥佥事。嘉靖三十四年调浙江都司充参将，招募金华、义乌剽悍壮丁，练成一军，教习击刺法，更新火器兵械，戚家军因此名闻天下。他作战连连告捷，在平定浙东倭患后，又进援福建，与总兵俞大猷平定闽地倭患。之后，他又联手俞大猷平定广东倭患。平倭战争最终在嘉靖四十三年（1564）胜利结束。

然而真正解决倭患，关键还是明政府逐步放弃了海禁政策。① 从某一角度看，嘉靖时期的倭患，正是海禁与反海禁斗争的侧面反映。当时最大的王直集团，因"求通互市，官司弗许"，才从事海上走私，劫掠沿海，成为倭寇的代表。随着平倭战争的胜利，开放海禁被提上日程。以嘉靖四十五年（1566）明世宗去世为契机，先后继位的明穆宗、明神宗及其辅政大臣都主张实行开放灵活的政策。由于海禁开放，刺激了海上贸易的发展，私人海上贸易呈现出一片繁荣的景象，所谓"倭患"也就烟消云散了。

四、耶稣会士及西方势力的在华活动

15 至 16 世纪，伴随着"地理大发现"和工业革命的进程，西欧殖民者开始了大规模的航海探险和殖民扩张。它彻底打破了古代农业社会人类文明区域分割、孤立发展的状态，使世界各区域文明之间的交往联系成为可能，也由此揭开了东西方文明冲突与融合的序幕。

---

① 樊树志：《国史概要》，第 339 页。

1. 耶稣会士进行的文化传播

耶稣会士是16世纪以来进入中国的西方传教士。16世纪欧洲宗教改革，西班牙、葡萄牙等欧洲旧教国家与罗马教会形成旧教同盟，并于1540年成立耶稣会，致力于复兴罗马教廷。于是耶稣会努力向海外发展，传教士的足迹随着西方殖民者一同来到东方。

耶稣会士来华始于嘉靖三十一年(1552)。此后，葡萄牙人占据澳门岛，耶稣会士随之而来，澳门不仅成为商业贸易的基地，也是欧洲传教士来华的前站①。万历时期，耶稣会士范礼安、罗明坚、利玛窦等相继来华传教。他们通过调查，认为到中国传教，要顺应中国的习俗，掌握中国的语言文字，因而苦学汉文。特别是利玛窦，他努力适应中国的国情，投合各阶层的爱好，注意走上层路线，打通官场关节，因而受到礼遇，给传教带来很大方便。利玛窦在中国28年，研习中国儒学，与明朝官员和士大夫交往，先后撰写、翻译天文、数学、地理、语言、美术、音乐等方面的著述多种，为在中国传播西方的科学知识作出了贡献。利玛窦死后，传教士庞迪我、毕方济、艾儒略、邓玉涵、汤若望、南怀仁都坚持利玛窦的传教思想，将传教与传播科学知识结合起来，将天主教义与中国儒学思想融和起来，因而取得很大成功。到明亡前夕，中国的天主教信徒已达38000人②。

2. 西方殖民者的早期活动

15世纪末16世纪初，西欧进入资本主义原始积累时期。欧洲各国为了积累资本，迫切要求发展海外贸易，东方世界成了重要目标。地理大发现和新航路开辟后，葡萄牙人便来到南洋群岛一带，首先和中国发生接触，西班牙人、荷兰人紧随其后。

葡萄牙人于明正德九年(1514)首先抵达广州沿海的屯门岛。葡人来华，主要目的是要发展和中国的贸易，而明朝一直推行海禁政策，对朝贡以外的私人贸易一概禁止，这就使冲突势难避免。经过多次冲突，葡萄牙人虽屡受重创并一再被明军驱逐，但他们在中国沿海占据一个通商据点的念头始终没有打消，位于珠江口边的澳门成了他们觊觎的目标。嘉靖三十二年(1553)，葡商向海道副使汪柏行贿，托言货船遇到大风浪，打湿了货物，请求在澳门晾晒。他们得允上岸后，便意欲长久居留。到万历时，葡人继续在澳

---

① 蔡美彪等：《中国通史》第八册，第343页。
② 沈福伟：《中西文化交流史》，上海人民出版社1985年版，第373页。

门扩展势力,而明朝也向在澳门的葡萄牙商船抽取舶税,每年可得税银2万余两。因有利可图,加上海禁政策松弛,遂听任澳门被葡人所占。但明廷对在澳门的葡人一直戒备有加,终明之世澳门未出现混乱。

紧随葡萄牙人之后的是西班牙人。隆庆五年(1571),西班牙人以武力征服吕宋(菲律宾),并以吕宋为基础,与中国进行交往。西班牙人在吕宋开展贸易活动,主要依靠中国商人提供的中国商品,他们在中国-菲律宾-墨西哥的大三角贸易中获利丰厚。但西班牙人并不满足于此,企图在华"结屋群居",被明廷驱逐。但天启六年(1626),西班牙人还是侵占了台湾北部的基隆和淡水。

17世纪初,荷兰继葡萄牙和西班牙之后称霸海上。万历二十九年(1601),荷兰商船首次来到中国活动,侵占澎湖,但被福建军民驱逐。荷兰随即侵占了台湾,并趁明朝内外交困之机,盘踞台湾,先后建立堡垒和城市。崇祯十五年(1642),荷兰打败西班牙,独占台湾。明廷在风雨飘摇中调整政策,招抚海盗首领郑芝龙,使郑氏力量迅速壮大,成为远东海上抗衡荷兰的强大力量。后来郑芝龙之子郑成功在南明时期收复台湾,驱逐了荷兰人。

第八节 明代的思想文化

一、王阳明心学与晚明异端

1. 王阳明"心学"勃兴

明朝前期,在思想界占统治地位的是程朱理学,朱熹注释的"四书"、"五经"是官定读本和科举取士的准绳。明成祖还敕令胡广等人纂修《四书大全》、《性理大全》,以采辑宋、元诸儒之说。当时的理学家薛瑄、吴与弼等也受到政府的重视。明中期后,由于社会矛盾尖锐,危机加深,有见识的思想家怀着经邦济世的强烈责任感,希图对儒家思想的传统论证方式加以改造,以更好的为现实服务,这样王守仁的心学便应运而生。

王守仁(1472~1528),字伯安,人称阳明先生,浙江绍兴府余姚人。弘治十二年(1499)进士,官至南京兵部尚书。他曾在贵州、江西、浙江等地聚徒讲学,后来其门徒将他的著述编纂成《王文成公全书》,其中《传习录》和《大学问》是他的主要哲学著作。

王守仁是宋明心学的集大成者。他继承和发挥了南宋陆九渊"宇宙便是吾心"、"心即理也"的主观唯心主义宇宙观,提出了"心外无物"的哲学命题。他认为人心是世界万物的本源,离开人的意识活动,便不存在客观事物。有一次游南镇,一友人指着山中花树问道:"天下无心外之物,如此花树在深山中自开自落,于我心亦何相关?"他回答说:"你未看此花时,此花与汝心同归于寂;你来看此花时,则此花颜色一时明白起来,便知此花不在你的心外。"①在他看来,花树的存在与否,完全以人的主观感觉为转移。与"心外无物"相联系,他又提出"心外无理"的命题,认为事物的"理"不存在于客观事物之中,而是存在于人心之中。他说:"夫物理不外于吾心,外吾心而求物理,无物理矣。"此"物理"指事物的道理、规律,他以此说明人们自己思考的重要性。

在认识论上,他提出"致良知"和"知行合一"说,认为"良知"是存在于人心中的天理。他说:"吾心之良知,即所谓天理也。"②良知是一种天赋的道德。他说:"见父自然知孝,见兄自然知悌,见孺子入井自然知恻隐,此便是良知。"③所谓"致",是因良知会被人欲所遮蔽,所以必须下一番"致"的功夫去掉人欲,才能恢复良知的本性。因此,"致良知"即要求人们努力从事于道德的修养,随时用道德思想克服非道德的思想。在谈"致良知"的同时,他也讲"致知格物"。"致知"是要求"致吾心之良知于事事物物"④,使事事物物与良知天理相符合;"格物"是要求端正人心,去恶存善,"格者,正也,正其不正以归于正之谓也"⑤。所以"致知格物"也是为了"致良知",并非指探求于客观事物得到的知识。他的"知行合一",不是认识与实践的统一,而是说知和行都产生于心,所以这二者是合一的,强调知决定行,知就是行,实际是以知代行。因而,"知行合一"也是"致良知"的一种手段。

2. 王艮与泰州学派

王阳明心学在明中期兴起后风靡天下,即使在王阳明去世后,也能其势不减,这与王门弟子王艮的功劳是分不开的。王艮,字汝止,泰州安丰场(江苏东合)人,人称心斋先生。他创立了泰州学派,其哲学思想的核心仍属于心学范畴,其理论特色主要表现在他所倡导的"百姓日用之学"和"格物论"

---

① 王阳明:《传习录》(下),贵州人民出版社1988年版。
②④ 《传习录》(中),《答顾东桥书》。
③ 《传习录》(上)。
⑤ 《大学问》。

两个方面。所谓"百姓日用之学",是把理学家们终日津津乐道的"圣人之学"与百姓吃饭穿衣等日常生活需求联系起来,认为能否解决"百姓日用"需求是衡量"圣人之学"价值的标准。所谓"格物论",则是强调以"自身"为本位。"格物"就是"知本",而"立本"在于"安身"。王艮所说的"安身",首先是指自身生活的安稳,即吃饱穿暖。只有人人都"立本安身",然后才谈得上"齐家治国平天下"。这与王学中的"良知"不含有"人欲之私"的说法大相径庭。

泰州学派把王学"不师古"、"不称师"、"流于清谈"、"至于纵肆"的倾向,发展到肆无忌惮的地步。王艮为盐商子弟,对一般人寄予相当的体察和谅解,故而有"孔子亦是凡人"的观点。他与学生把知识带到社会大众之中,使社会大众接触到儒学的真谛。他除了继承王阳明的良知学说外,更加重视实践,使王学发扬光大。泰州学派对礼教发起冲击,到何心隐时,思想已非名教所能羁络,其言行已如同英雄、侠客,能手缚龙蛇,随心所欲,从自我抑制中解放出来。由此,泰州学派竟被人们看作"掀翻天地"、"非名教之所能羁络"的叛逆。

3. 李贽的离经叛道

如果说泰州学派是王学左派,那么李贽便是王学左派中更加激进的一员,被人们称为"异端之尤"。李贽(1527~1602),字宏甫,号卓吾,别号温陵居士,福建泉州晋江人。他26岁中乡试举人,30岁被任命为河南辉县教谕,此后历任国子监博士、礼部司务等小官,51岁出任云南姚安知府。3年后任期未满就力辞不做,到湖广麻城龙湖芝佛院隐居著书,在将近20年中,写出了震动当时思想界的《焚书》、《续焚书》、《藏书》、《续藏书》等著作。

李贽的"异端"思想集中表现为,在理学占统治地位的时代,他敢破千百年来人们对孔子的绝对迷信,提出了不以孔子之是非为是非的主张。他说:"夫天生一人,自有一人之用,不待取给于孔子而后足也。"①正统思想家和当政者把六经尊为"万世成宪","治天下之大法",李贽却认为六经不过是史官过分的"赞美之语"和孔孟之徒"记忆师说"的残缺笔记而已,并不是什么"万世之至论",其实是"道学之口实,假人之渊薮"②。他还是非常推崇孔子的,他真正的批判对象还是那些假借孔子学说欺世盗名的道学先生。

---

① 李贽:《焚书》卷一《答耿中丞》,中华书局1975年版。
② 《焚书》卷三《童心说》。

李贽在揭露假道学的同时，又竭力宣扬"童心"说。他说，"童心者，真心也"①，这种"童心"，是一种未曾受到假道学思想熏染的天真、淳朴、真诚的精神状态。假人、假言、假事、假文为李贽所深恶痛绝，他渴求"真心"、"真人"。"童心"论虽然是一种唯心主义的先天人性论，但在揭露假道学的虚伪方面仍有一定的进步作用。

李贽的批判锋芒还触及礼教和文化专制。他说"人人皆可以为圣"，认为"圣人不曾高，众人不曾低"②；"庶人非下，侯王非高"，所以"高下贵贱"的划分是不符合"致一之理"的。他激烈反对用"德礼"、"政刑"来禁锢人们的思想，束缚人们的行动，认为这是造成天下不安的根源，从而揭露了文化专制对士大夫自由思想和精神的压抑。他强调"率性之真"，主张"各从所好，各骋所长"，充分发挥个人的才能和个性。

李贽在《藏书》中还用史论的形式抒发了他的政治见解，如推翻传统定论，称颂秦始皇为"千古一帝"，认为商鞅是"大英雄"，李斯是"知时识主"的"才力名臣"，卓文君私奔为"善择佳偶"。这种离经叛道之论，被当权者斥为"惑世诬名"。李贽因此被捕入狱，并于万历三十七年（1602）在狱中自刎而死。李贽的思想部分反映正在成长中的市民意识，具有反传统的启蒙意义。

二、经世实学与"西学东渐"

1. 明清之际的经世实学

王阳明心学的崛起及其后学的传播，对明中后期的思想解放有积极的促进作用。但是，理学末流空谈性理，"一切国计民生，皆视为末务"的学风，对明代社会产生恶劣影响。晚明时这股学风的蔓延，激起了一大批有识见的儒生士大夫的深重忧虑。他们充分意识到心性空谈对于危机重重的晚明社会不啻是一剂毒鸩，而要挽救明末危机，只能是讲求经世致用的"实学"。围绕"反虚务实"的命题，徐光启和以高攀龙、顾宪成为代表的东林党人以及陈子龙、张溥等，都纷纷主张经世实学。

徐光启是明清之际实学思潮的先导人物之一。他对王门后学醉心于娓娓玄谈极为反感，认为这种空疏学问于治世无用。与性理之学针锋相对，徐

---

① 《焚书》卷三《童心说》。
② 《焚书》卷一《复京中友朋》。

光启力主"实学",指出"方今造就人才,务求实用","人人务博通以称任使"①。徐光启身体力行,其一生所务,皆以实践"实学"为宗。

东林党人是晚明实学思潮的力倡者。高攀龙明确指出,东林党人的历史任务,是救治虚症,"不贵空谈,而贵实行"②。在晚明政坛血雨腥风的年代,东林党人确实实践了"贵实行"的诺言。他们"讽议朝政",大无畏地抨击阉宦腐朽势力,视死如归,从而以"一堂师友吟风热血洗涤乾坤"的高风亮节,在中国知识分子发展史上写下了凝重的一页。

张溥和陈子龙作为复社的领袖,对"士无实学"的现实强烈不满,以"务为有用"为复社的宗旨。在他们的率领下,复社成员致力于实学研究,"凡经函子部,迄历代掌故家言,君子小人所以进退,夷狄盗贼所以盛衰,兵刑钱谷之数,典礼制作之大,无不博极群书,涉口成诵"③。《明经世文编》、《农政全书》这两部大型经世著作,便是由复社成员编辑刊行的。

晚明实学思潮,在徐光启、东林党人以及陈子龙、张溥等人的鼓动下,波澜壮阔。它不仅动摇了王阳明心学一家独尊的地位,造成晚明学术文化的勃然生机,而且强力延伸入清初。由于晚明的社会矛盾在清初并没有全部解决,明朝的覆亡以及随之而来的"灭清复明"武装斗争,更刺激了士人在总结明亡教训中力倡"有用之学",以达到"复兴故国"的宗旨,故而晚明实学在清初仍拥有延续和张大的土壤。此外,晚明实学思潮还哺育了一批承上启下的思想家,如顾炎武、黄宗羲、王夫之、陈确、唐甄、颜元等。他们在尖锐的社会矛盾与强劲的经世思潮中锻铸了自身思想和实学根柢,在清初,则成为"经世致用"的旗手。晚明实学思潮与清初经世致用思潮以他们为中介得以一脉相通,从而铸成古代思想史上的一段光辉。④

2. 中国古代早期的"西学东渐"

"西学东渐"是指西方学术思想向中国传播的历史过程。它虽然可以泛指自上古一直到当代的各种西方事物传入中国,但通常是指明末清初以及晚清民初两个时期,欧美等地学术思想向中国的传入。明末,耶稣会士来华,除了传教以外,还传入了大量西方的科学技术知识,主要有天文历法、数

---

① 徐光启:《徐光启集》卷九《敬陈讲筵事宜以裨圣学政事疏》,上海古籍出版社1984年版。
② 高攀龙:《高子遗书》卷四《讲义·知及之章》,文渊阁《四库全书》本。
③ 张溥:《七录斋诗文合集》卷首,周锺《七录斋序》,明崇祯九年刊本。
④ 冯天瑜等:《中华文化史》,上海人民出版社2005年版,第658~659页。

学、地理学、物理学、火器制造等。

天文历法方面,利玛窦、汤若望等人帮助徐光启、李之藻等修改历法,完成《崇祯历书》,这是当时比较准确的一部历法。传教士在华期间,还更新了中国的天文仪器。与此同时,他们还与中国天文学家一起编撰了一大批天文历法书籍。

来华传教士多精通近代西方数学,利玛窦数学造诣尤深,是介绍西方数学的第一个传教士。他介绍到中国的第一本数学著作是《几何原本》,此书自万历年间刊行后,至清代多次出版,影响极大。之后,其他传教士也不断介绍西方几何学、三角学、算学等方面的内容。

地理学方面,利玛窦的《坤舆万国图》成为第一部让中国人了解世界地理的较为准确的地图,在当时影响极大。不过,其中也有很多谬误。艾儒略的《职方外纪》分叙五洲各国情况,开阔了国人对边界地理的视野。

西方物理学在明末开始传入中国。汤若望的《远镜图说》,介绍望远镜的制法及其原理。瑞士人邓玉涵与儒生王徵共译《远西奇器图说》,王徵又撰《诸器图说》,论述了各种机械的制造方法,也对许多机械原理作了介绍。意大利人熊三拔与徐光启合译《泰西水法》一书,介绍西方的农田水利,详细讲述水利知识及水利器械的构造、图示和原理。

徐光启曾向利玛窦学习西洋火器的制法。明末,因辽事紧急,明朝令传教士罗明坚、龙华民等制造铳炮,崇祯时还设立制炮厂。随着火器的制造,介绍西方火器的书籍也有刊印。

此外,传教士还将医学、建筑、音乐、绘画、语言、哲学等方面的知识传入中国。与此同时,他们也将中国传统的思想文化介绍到西方,在西方社会引起很大反响[1]。

西学的输入,对于突破中国专制制度下封闭的思想文化形态,开阔人们的视野,客观上起到了积极的作用。当然,西方传教士传播的科技知识也有一定的局限性。传教士来华的目的是传播宗教,传播科学知识只是作为一种辅助手段,因而传播的内容具有很大的保守性、局限性,如对当时欧洲先进的科学成果如伽利略、哥白尼等人的"日心说"就不能也不敢毫无保留地介绍过来,因而影响了西学在中国传播的效果。

---

[1] 张维华主编:《中国古代对外关系史》中《西学东渐及其影响》一节,高等教育出版社1993年版。

不过,由于当时中国还是一个强大的独立国家,非西方殖民者所能征服。因而,耶稣会士进入中国,还不得不尊重中国主权,从事和平传教。而为了争得传教权,他们介绍了西方的科学文化知识,对于他们在这方面所能起到的启蒙作用,还是应当加以肯定的。

明代帝王世系表(1368年～1644年)

(1)太祖朱元璋(1368～1398)——(2)惠帝朱允炆(1398～1402)——(3)成祖朱棣(1402～1424)——(4)仁宗朱高炽(1424～1425)——(5)宣宗朱瞻基(1425～1435)——(6)英宗朱祁镇(1435～1449)——(7)景帝朱祁钰(1449～1457)—英宗朱祁镇(复位)(1457～1464)——(8)宪宗朱见深(1464～1487)——(9)孝宗朱佑樘(1487～1505)——(10)武宗朱厚照(1505～1521)——(11)世宗朱厚熜(1521～1566)——(12)穆宗朱载垕(1566～1572)——(13)神宗朱翊钧(1572～1620)——(14)光宗朱常洛(1620)——(15)熹宗朱由校(1620～1627)——(16)思宗朱由检(1627～1644)

第十章 清 王 朝

（公元 1644 年～公元 1840 年）

导　　读

一、清代历史的特点

清朝是继元朝之后的第二个以少数民族入主中原并统一全国的朝代，也是中国古代最后一个以皇帝为核心的中央集权的专制王朝。

清朝历史可分为三段，第一段是后金与入关前的清朝政权统治时期（1616～1644），第二段是入关后至鸦片战争前（1644～1840），第三段是鸦片战争至辛亥革命（1840～1911）。以王朝整体交替为标准，史学界一般将入关后至辛亥革命视为清朝时期（1644～1911）；以古代与近代史分期为标准，又将入关后至鸦片战争前作为古代史部分的清朝史（1644～1840）。本书便沿用通行观点，将公元 1644 年～1840 年作为古代史部分的清朝历史加以叙述。

清朝历史有如下特点：

(1) 清朝是中华民族形成的重要时期

清朝是以满族为主体的少数民族政权，在其统治前期，存在着比较严重的民族矛盾和文化冲突。经过政策调整和文化整合，清朝政权开始了行之有效的汉化过程，普遍使用汉字和汉语，尊崇儒家文化，推行汉族王朝的政治制度，在用人上坚持满汉兼用的政策。与此同时，清朝政权还实行满蒙联姻和结盟政策，对维族、回族、藏族、壮族等各少数民族都实施恩威并施的手段，并在西南地区强力推行改土归流政策，使清朝版图内的各民族集中居住区之间逐渐统一并相互融合，基本上形成了中华民族共同体，并在共同抵御西方列强的侵略中获得体认。清朝也是中华民族主权国家疆域形成的关键时期。清朝的版图鼎盛时达1000多万平方千米,基本上奠定了今日中国的版图。即使经过近代西方列强的攘夺、侵占和中华民国时的外蒙独立,迄今仍有960多万平方千米。

(2)清朝是中国传统社会和近代社会的消长和交替时期

清朝处在中国古代农业社会最后一个发展鼎盛时期,同时又处在以英国为首的西方资本主义发展、扩张和东进的时期。在这种传统与近代、东方与西方、农业与工业的相互矛盾和冲突中,清朝出现了从"落日的辉煌"到"近代的黎明"的艰难转换过程。实际上,清朝继明之后,在社会内部也形成了一定程度的商品经济繁荣局面,甚至产生了"近代化"萌生形态。然而,一方面这种发展局限在江南、珠江三角洲和部分交通要道地区,规模有限;另一方面这种发展受到清朝统治者的严重干扰和限制,如坚持不合时宜的重农抑商政策,实行与世界潮流背道而驰的闭关锁国政策,对西方近代文明的迅速发展视而不见,导致中国社会沿传统惯性向下滑去,失去了挑战西方、迎头赶上的大好时机。降至近代,虽然清朝实行了洋务运动、戊戌变法和清末新政,但仍然难以摆脱内忧外患的重重困境,最终在辛亥革命中被推翻。

(3)清朝是中国历史上最后一个以皇权为核心的中央集权的专制王朝,也是专制主义中央集权制社会形态发展的最后一个高峰

皇权专制主义中央集权制社会形态在其发展历程中曾达到过三个高峰,第一个是早期的西汉,以"文景之治"为代表;第二个是中期的唐朝,以"贞观之治"和"开元盛世"为标志;第三个便是晚期的清朝,以"康乾盛世"为象征。但清代中后期,僵化而腐朽的帝制难以适应由西徂东的工业化和民主化潮流,被迫在辛亥革命后退出历史舞台,皇权专制主义中央集权制的社会形态也随之宣告结束。

二、传统文献和参考资料

清朝距今较近,文献和史料保存较易,因而存世颇丰。以官方文献系统而言,主要有清朝档案、起居注、《清实录》、《东华录》、《清史列传》、《清史稿》、清代方略、《清三通》、《清会典》等。

(1)清朝档案是清朝政府各部门留存的官方文件,大部分现藏中国第一历史档案馆,数量接近1200万件册,各省档案馆以及国外也有部分收藏。20世纪20年代以来,开始整理和出版清史档案资料,编成《清代档案史料丛编》等书,以及各种史料专集和汇编如《清三藩史料》、《清代文字狱档》、

《李煕奏折》、《清代西迁新疆察哈尔蒙古满文档案全译》、《清代外务部中外关系档案史料丛编》等。此外，辽宁省档案馆与中国第一历史档案馆藏有大量满文档案，其中反映清朝开国时期历史的是《老满文档》和《满文老档》。前者是指太祖时用老满文和太宗时用带圈点的满文所写的档案（也称"原档"和"满洲旧档"），后者是指乾隆时用当时通行的满文对《老满文档》进行整理和重抄的档案。辽宁省档案馆还藏有《黑图档》（"黑图"为满文"横"的意思），是盛京内务府与北京内务府、盛京五部的来往文书，起自康熙朝，终至咸丰朝，共1000余册，其中康熙朝的《黑图档》全为满文档册。山东省曲阜还有大量的孔府藏档。

（2）清代历朝都修有皇帝的起居注，现分藏北京和台北两处。北京的中国第一历史档案馆藏有稿本、底本和正本共3863册，有《皇父摄政王起居注》、《康熙起居注》（已由中华书局1984年出版）和《雍正起居注》等。台北的故宫博物院藏有3699册，联合报文化基金会国学文献馆于1983年影印出版了《清代起居注册·咸丰朝》、《清代起居注册·同治朝》，1988年影印出版了《清代起居注册·光绪朝》。台北所藏多为正本，但也藏有乾隆朝的起居注草本244册。

（3）《清实录》史料来源于档案和起居注等，为清代官修的有关清朝历代皇帝事迹的编年体实录类史书，由太祖、太宗、世祖、圣祖、世宗、高宗、仁宗、宣宗、文宗、穆宗、德宗11朝实录和《满洲实录》及《宣统政纪》共13部书组成，共4433卷，约3000余万字。除《满洲实录》属于配图本外，其他12部实录体例相同，既各自完整地记录本朝史事，又前后相接成一部系统反映清朝历史的巨著。有伪满洲国国务院影印的《大清历朝实录》及中华书局影印的《清实录》两种版本。此外，蒋良骐和王先谦先后据《清实录》及其他文献纂成《东华录》32卷本和642卷本，其史料价值与实录大致相等。

（4）清朝继承唐宋之制，设国史馆修撰纪传体本朝国史，其中列传部分最后编成《清史列传》80卷，分为宗室王公、大臣划一传档正编、大臣传次编、大臣传续编、大臣划一传档后编、新办大臣传、已纂未进大臣传、忠义传、儒林传、文苑传、循吏传、贰臣传、逆臣传等类，共有正传3129人，另有附传多人，所收人物从清朝开国宗室代善始至清末李鸿章等人止。中华书局1987年出版有王钟翰的点校本。

（5）《清史稿》是民国时清史馆所修纪传体史书，1928年在北京印刷了1100册。其中400本运往关外，称为"关外本"，在此基础上进行修改后重印,被称为"关外一次本"。后来校对金梁在"一次本"基础上复作修改后重印,称"关外二次本"。而留在关内的700部称为"关内本"。中华书局以"关外二次本"为工作本,对《清史稿》作了标点、分段和校勘,于1977年出版。

(6) 清朝还设方略馆纂修纪事本末体的记载重大军事行动的著作《方略》。自康熙迄于光绪修有25部,2480卷,如《皇清开国方略》、《亲征平定朔漠方略》、《平定准噶尔方略》、《平定罗刹方略》、《平定陕甘新疆回匪方略》等。

(7) 清朝乾隆时还设馆纂修了典章制度史"清三通"即《清朝文献通考》、《清朝通典》、《清朝通志》。与"清三通"性质相同的还有《清会典》,前后五次纂修,包括会典、则例和图说等部分。会典载政府各部门的职掌、职官、礼仪等制度及百官奉行的政令。与"清三通"相比,《清会典》详于职官制度,而略于经济制度和政策法令。

(8) 清朝从中央到地方还修有大量的方志。清朝中央政府从康熙始修,历雍正、乾隆间两次修成清一统志,至道光二十二年,第三次纂成一统志,由于内容截止到嘉庆朝,因此正式命名为《嘉庆重修一统志》。与此同时,各省纂修了通志,府州县也都修有各种版本的府志、州志和县志。如章学诚曾与修《湖北通志》,还曾修有《永新县志》。这些方志对于地方史的研究具有不可或缺的史料价值。

以上官方文献系统的史料,除少数地方讳饰和篡改外,基本上具有来源可靠、记载翔实、完整系统的特点,是研究清代政治史、经济史、军事史和文化史的重要史料。

(9) 清朝也有大量属于民间文献系统的史料,包括文人士大夫所修私史,所撰笔记、文集和所编文献等。所修私史如王夫之的《永历实录》、杨英的《先王实录》、弘旺的《皇清通志纲要》、萧奭的《永宪录》、梁章钜的《枢垣纪略》、魏源的《圣武纪》等等。清人的笔记和文集也有重要的史料价值。笔记如屈大钧的《广东新语》、赵翼的《陔余丛考》、王士禛的《池北偶谈》、袁枚的《闲情偶记》、昭梿的《啸亭杂录》、钱泳的《履园丛话》、陈康祺的《郎潜纪闻》(初笔、二笔、三笔)等。文集如钱谦益的《牧斋有学集》、孙奇逢的《夏峰集》、朱之瑜的《舜水文集》、傅山的《霜红龛集》、顾炎武的《亭林文集》、朱轼的《朱文端公集》、张廷玉的《澄怀园文存》、卢见曾的《雅雨堂文集》、钱大昕的《潜研堂文集》等。清人所编《皇清经世文编》、《续清经世文编》等也是研究清史的重要资料。清代学者还编有大型的《皇清经解》和《续皇清经解》等书,对于清代学术史的研究有重要价值。此外,清代文人所著小说,如曹雪芹的《红楼梦》、李绿园的《歧路灯》等,是研究清代文学乃至社会生活的重要资料。民间宗族所修家谱和宗谱,以及田间地头的清代碑铭石刻等,也是研究清代家庭史、基层社会史的重要史料。

三、对清代历史的研究

从纵的方面来讲,清史研究大致经历了四个阶段。

第一个阶段是从1901至1937年,为近代清史分支学科萌生和奠基阶段;卢沟桥事变爆发和孟森去世标志着这一阶段结束。这一阶段是近代人文科学严格的学术研究工作在中国刚刚诞生的阶段。研究较多的清史课题有清先世、明满关系、南明史、学术史,后渐扩大到秘密会社史、华侨史、晚清史(这是一大热点)、民族史、历史地理、财政史、盐业史等。

第二阶段从1937至1949年,为清史研究初步发展阶段。清史学在史学界被视为不古不今之学,在断代史中的特殊地位没有得到承认,加上清史资料浩如烟海,令人生畏,因此治清史者常遭冷落。但晚清部分的近代史研究则有进步,出版了蒋廷黻、郑鹤声、郭廷以、范文澜、黄药眠、华岗等人的多种中国近代史著作。

第三阶段从1949至1976年,为清史研究的马克思主义改造阶段。对入关前满族社会性质、清初社会主要矛盾、"资本主义萌芽"、农民战争史、清初启蒙思想、清朝半殖民地半封建化等问题特别是晚清近代史的研究给予更多关注。研究中基本贯穿了历史唯物主义的理论与方法,但也存在着机械僵化和教条主义倾向。

第四阶段从1976年至当下,为清史研究全面走向繁荣的阶段。改革开放和思想解放运动,使清史研究突破各种"禁区",填补了很多空白,向全面而纵深的方向发展。①

从横的方面来讲,清史研究在清史断代、政治、法律、外交、民族、社会经济、学术文化、人物传记等领域都取得了显著成绩。

清史断代著作方面,萧一山《清代通史》和孟森《清史讲义》的问世,为近代清史学的形成奠定了基础。1956年,李洵《明清史》出版。1976年以后,断代性清史著作开始增多,有鄂世镛等著《清史简编》、郑天挺著《清史简述》

---

① 何龄修:《清史研究的世纪回顾与展望》,《中国史研究动态》2002年第1期。

及其主编的《清史》、戴逸主编的《简明清史》，而规模最大的完整清史是王戎笙主编的《清代全史》（10卷本，辽宁人民出版社1991年版），反映了清史研究的最新水平。此外用编年体撰写的清史著作有林铁均等主持编写的《清史编年》以及戴逸等主持编写的《清通鉴》。

在政治、法律和军事史方面，有许大龄的《清代捐纳制度》，张德泽的《清代国家机关考略》，郭松义、李新达、李尚英的《清朝典制》，那思陆的《清代中央司法审判制度》，张晋藩主编的《清朝法制史》，杜文忠的《边疆的法律：对清代治边法制的历史考察》，罗尔纲的《绿营兵志》、《湘军新志》和《晚清兵志》等专著。

在社会经济史方面，有傅衣凌以契约为主要材料撰成的《明清时代商人及商业资本》，韦庆远等人的《清代奴婢制度》，杨端六的《清代货币金融史稿》，刘石吉的《明清时代江南市镇研究》，叶显恩的《清代区域社会经济研究》等。

在学术文化方面，有梁启超的《清代学术概论》，钱穆的《中国近三百年来学术史》，张舜徽的《清人文集别录》，杨向奎的《清儒学案新编》，冯天瑜、谢贵安的《明末清初新民本思想研究》等。

在人物传记方面，有戴逸、罗明编著的《清代人物研究》，张捷夫、王思治主编的多卷本《清代人物传稿》，阎崇年的《努尔哈赤传》，陈寅恪的《柳如是别传》，法国汉学家戴廷杰的《戴名世年谱》等。

此外，在《清史研究》、《清史论丛》、《历史档案》、《故宫博物院院刊》等各种学术刊物上，还发表了大量的研究成果，如对八旗制度、宫廷秘史、士大夫的生活、民间宗教和秘密组织、文字狱、海疆和海防、郑成功与台湾、香港与澳门等问题均有涉猎。清史研究已经成为一个成熟的历史分支学科。

清史研究的发展趋势，一是随着国家"清史"工程的开展，对清代历史文献、海外文献将进行广泛的搜集和整理，同时会产生一系列深度研究专著，最后会出现一部源于传统而有所改进的新《清史》。二是受西方史学理论和模式的影响，清代社会史研究将会进一步兴盛，对民间信仰、宗族家谱、基层社会组织、社会生活和民俗等会进行更深入的研究。同时，晚清历史研究将继续引入文化转型和现代化的理论和模式。三是研究将呈现更加多元化趋向，各个领域、各个问题的研究都会渐次展开，也会出现各种形式和体裁的论文和著作。

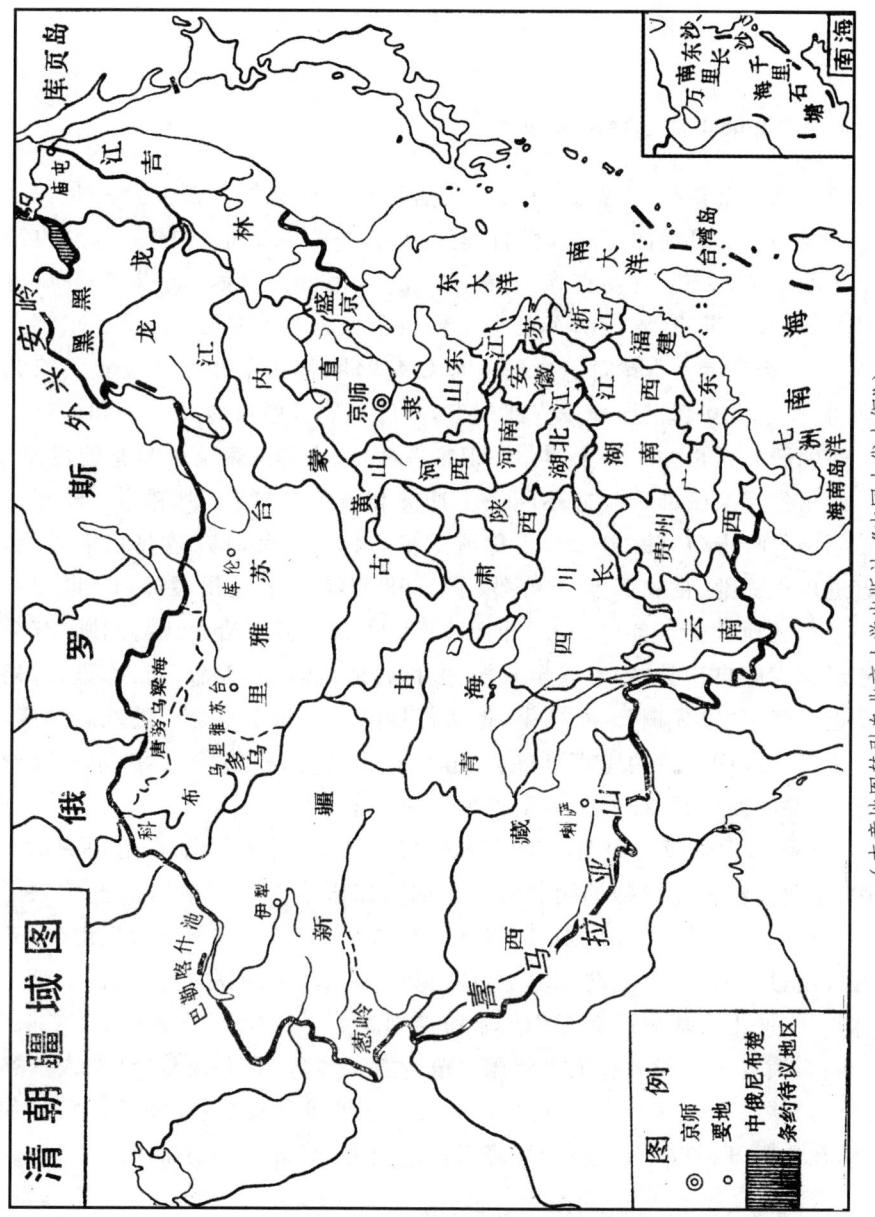

（本章地图转引自北京大学出版社《中国古代史纲》）

第一节　清朝的建立与统一

一、后金的兴起与清朝的建立

满族原为女真(一作女直)族,一直居住在今松花江与黑龙江一带。公元11世纪时,女真族的完颜等部曾建立金朝,并统治了北部中国,部众也南迁至黄河流域。剩下的女真族仍留在东北,至明分为海西、建州和东海(也称野人)三部。洪武年间,明军攻入元朝残余势力盘踞的辽东,设辽东都指挥使司,开始统治女真诸部。永乐七年(1409)明朝在东北地区设置了奴儿干都司,在建州女真聚居地设立建州卫,此后又先后增设建州左卫和建州右卫。明朝任命猛哥帖木耳为建州左卫指挥使,此人即后来清朝皇室的祖先。

建州各部至明神宗时期不断发生冲突和战争,明朝无力制止。建州女真首领努尔哈赤(1559—1626,史称清太祖)乘势而起,率众攻打尼堪外兰,接着进攻栋鄂部、哲陈部及完颜部,于1588年统一了建州诸部,17世纪初统一了东北地区女真各部。万历四十四年(1616),努尔哈赤在赫图阿拉(今辽宁新宾满族自治县境)建立金政权(史称后金),建元"天命",自称皇帝,建立了近卫亲军"巴牙喇"。军事上,他实行兵民合一和军政合一的八旗制度,统一了黑龙江中上游两岸直到外兴安岭的"土著之民"索伦、达斡尔和鄂伦春等族,并向西用兵,征服了西至贝加尔湖的蒙古诸部。

1618年,后金政权向明朝正式开战,攻占抚顺,并在抚顺东南的萨尔浒设伏,大败经略杨镐统帅的明朝大军。明熹宗天启元年(1621)后金占领了沈阳和辽阳,四年后迁都沈阳,称盛京。努尔哈赤死后,其子皇太极继位,先后两次绕过山海关,兵临北京城下,还出兵打败了与明朝联合的蒙古察哈尔部林丹汗,使得长城以北完全为后金所控制。

明崇祯九年(1636)皇太极将国名改为"清",将女真人改称"满洲人"(亦称满族),并改元崇德。在此前后,皇太极仿照明朝制度,设立文馆(内阁)和六部,在沈阳开科取士,笼络和招降汉族士大夫,准备取明朝而代之。

二、顺治入关与大顺、南明政权的覆亡

1. 顺治入关与大顺政权覆亡

崇祯十七年(1644)三月,延续了276年的明朝被农民军李自成所推翻。

进入北京的大顺政权专设比饷镇抚司,向北京的明朝王公贵戚、官僚地主和大商人进行讨饷追赃,并查抄了镇守山海关的明将吴三桂在北京的家。于是吴三桂"冲冠一怒",投降了关外的清朝,打开了东北通向中原的大门。

当时清太宗皇太极已死(1643年阴历八月),年幼的清世祖福临继位,改元顺治,由睿亲王多尔衮摄政。多尔衮得到吴三桂降书后,立即率军开进山海关。李自成因吴三桂拒降,亲率6万大军征讨吴三桂,在山海关一片石与吴军交战,不料清军从背后突然杀出,大顺军溃,只好退回北京。永昌元年(1644)四月二十九日,李自成在武英殿即皇帝位,次日便仓促撤离北京,向家乡陕西转移。

清多尔衮即命吴三桂为先锋前行,清军随后跟进。五月二日,清军进入北京,九月即从沈阳迁都于此。清军入关后,采取了一系列措施稳定前明官民之心,宣布为他们"雪君父之仇",并为崇祯帝发丧,以帝礼葬之;还规定原明政府官员与满族官员一同办事。

与此同时,清军以英亲王阿济格为统帅,尾追李自成至潼关,大败大顺军队。李自成不得不退出陕西,一路向襄阳、武昌撤退,准备渡江退到江西与另一部大顺军汇合。但他在长江边富池口遭到重创,于是折而向西,打算翻过九宫山再到江西。永昌二年(清顺治二年,1645)四月,李自成离开被清军穷追不舍的主力部队,率少数轻骑来到通山县九宫山下,突遇当地乡勇袭击,部队被打散。李自成只身单骑逃往山里朱寨,被乡勇程九伯及其金姓外甥所杀,终年39岁。李自成之死,标志着大顺政权的灭亡。此后,李自成余部纷纷投降南明政府,实行"联明抗清"。

2. 南明政权的灭亡

就在清朝集中精力对付李自成大顺政权的时候,南明福王政权得到短暂的喘息机会。当北京沦陷、崇祯自杀的消息传到明朝副都南京后,南京官员迎立逃亡至此的福王朱由崧为帝,年号弘光,建立了第一个南明政权。然而,福王政权对外不思进取,对内党争不断,阉党余孽马士英和阮大铖专权自重,排除异己,弄得朝政日非。当大顺灭亡指日可待时,清朝便于1645年二月派豫亲王多铎统兵南下,直指南明。四月,他们打败了南明兵部尚书史可法的军队,攻下扬州。五月二十四日占领南京,俘获福王。南京政府覆亡,明朝残余势力又同时建立了两个南明政权,一是唐王朱聿键的福州政权,他在闰六月七日称监国,二十七日即皇帝位,年号隆武。二是鲁王朱以海在绍兴建立的政权,闰六月二十八日,称监国。清军于1646年六月攻入绍兴,鲁王逃亡海上。八月清军攻占福州,俘虏了朱聿键。

在鲁王和唐王政权被消灭后,十月四日,明士大夫又在广东肇庆拥立桂王朱由榔为监国,十一月十八日即皇帝位,年号永历。1647年清军攻下肇庆,朱由榔逃到广西。此后他"闻警即逃",曾迁都桂林、武冈和贵州安隆所等地,加之瞿式耜、何腾蛟力撑危局,李自成余部李过、高必正、郝摇旗以及张献忠余部李定国、孙可望、李文秀等又纷纷投降桂王,使永历政权延续了15年之久。桂王政权抗清颇有成效的是1647—1648年,何腾蛟、瞿式耜与李过、高一功、郝摇旗等联合,在广西全州大败清军,并攻克被清军占领的湖南衡阳和长沙。但随后的两年,瞿式耜与何腾蛟先后在湘潭和桂林被俘牺牲,永历政权陷入危机。1652年李定国东出广西,进克桂林,北上湖南,南下广东,先后打败清军数十万人。与此同时,李文秀率兵北进四川,打败了吴三桂军队,收复了川东和川西南地区。然而,桂王政权内部裂痕产生,1656年孙可望向李定国发动进攻,兵败后投降清朝,严重削弱了桂王实力。1658年,清军分三路进攻云南,打败李定国,桂王被迫逃往缅甸。顺治十八年(1661),清军吴三桂部入缅,缅甸头领执桂王及其子送交吴三桂,吴用弓弦将桂王绞死。次年,退至云南边界的李定国病死,南明诸政权悉数覆灭。

三、康熙亲政、平定三藩与统一台湾

1. 康熙亲政

就在桂王政权被消灭的当年,顺治十八年正月六日,清世祖福临染天花去世,由其8岁的幼子玄烨继位,改元康熙。按顺治遗诏,由异姓内大臣索尼、苏克萨哈、遏必隆和鳌拜四人为辅政大臣,以避免当年多尔衮专权之弊。然而,四位辅政大臣却代表了清朝内部的保守势力,他们竭力改变顺治的方针政策,恢复和保存满族在关外的旧制度,延缓汉化过程。顺治十八年二月,辅政大臣下令废除十三衙门,复立内务府;六月,废除内阁,恢复关外时的内三院;接着改变了顺治十五年规定的满汉官员品级划一的原则,提高满族官员的品级而降低汉族官员的品级,在地方上制造了罢黜江南13500余名汉族官僚的"奏销案"。四大臣中,鳌拜居功自傲,最为跋扈。他不把少年天子放在眼里,经常当面顶撞,甚至在皇帝面前"施威震众,高声喝问"。他"凡事在家议定,然后施行","文武各官,尽出其门下"①。太皇太后为了让

---

① 《清圣祖实录》卷二九"康熙八年五月戊申",中华书局1985年版。

索尼牵制鳌拜,册立索尼的孙女赫舍里氏为皇后。康熙五年,鳌拜借口当年多尔衮在圈地时将镶黄旗应得之地给了正白旗,下令户部重新丈量土地,以打击正白旗的苏克萨哈。当苏克萨哈想借皇帝亲政之际退出权力之争时,鳌拜却罗织罪名,逼着康熙帝将苏克萨哈及其子侄10人处死。康熙六年,已经14岁的玄烨开始亲政。他对各旗之间的利害冲突没有切身感受,对满族在关外时的传统和习俗更无印象,倒是对鳌拜等人的倒行逆施有强烈反感与忧虑,决心铲除党羽众多的鳌拜。于是他任用皇后的叔父、索尼的儿子索额图担任一等侍卫,命他每天率领一群十五六岁的少年卫士练习满族的摔跤运动(库布戏)。康熙八年五月,康熙帝在南书房召见鳌拜,鳌拜刚进书房,少年卫士便将他擒住。康熙帝立即下令处死鳌拜死党班布尔善等7人,并将鳌拜"革职籍没,仍行拘禁",削其同党遏必隆的太师之职。从此清朝历史进入了一个新的发展时期。

康熙帝在亲政后,面临着撤销三藩和统一台湾两大难题。

2. 平定三藩

投降清朝的原明将吴三桂、耿仲明和尚可喜,因镇压李自成及抗清力量有大功,受到清朝册封。吴三桂封平西王,镇守云南;尚可喜封平南王,镇守广东;耿仲明及其子死后,其孙耿精忠袭爵,为靖南王,镇守福建。是为"三藩"。清朝为了稳住他们,允许其世袭王爵。三藩拥兵自重,成为割据一方的军阀。

三藩以吴三桂势力最大。尚可喜和耿精忠各有兵力15佐领及绿旗兵六七千,而吴三桂则拥有53佐领和绿旗兵1.2万,超过二人总和①。除了军事,三藩还大力扩展政治和经济实力。政治上,吴三桂控制云贵,招收人才,树立党羽,将知县以上的官吏,"百计罗致,令投身藩下蓄为私人"。他任命的官吏将领,中央吏、兵二部"不得掣肘"②。他还可以向全国选派官吏,称为"西选"。在经济上,三藩借口边疆未靖,向中央"要挟军需,以示额饷必不可减"③。据1660年户部所奏,云南俸饷每年900余万两,加上福建、广东,一年共需饷2000余万两,造成"天下财赋,半耗于三藩"的局面。吴三桂

---

① 魏源:《圣武记》卷二《康熙戡定三藩记》(上),中华书局1984年版。
② 刘健:《庭闻录》卷四,上海书店1985年影印本。
③ 《平定三逆方略》卷一"康熙十二年七月庚午",台北商务印书馆1986年版。

不仅广收矿、盐及关税之利,而且"招徕商旅,资以藩本,使广通贸易殖货财"①。对于吴三桂的财政,户部不得核查。尚可喜在广东"令其部人私充盐商,据津口立总店"。耿精忠在福建"横征盐课"。② 他们二人还利用沿海之便,与荷兰及东南亚私通贸易,"潜引海外私贩,肆行无忌"③。

三藩之所为,严重威胁清朝的国家完整和政令统一。康熙亲政后,曾说"死生常理,朕所不讳,惟是天下大权,当统于一"④,并"以三藩及河务、漕运为三大事,夙夜廑念,曾书而悬之宫中柱上"⑤,决心伺机撤藩。

1673年,尚可喜上疏求归故乡辽东养老,请由其子尚之信袭王爵,康熙乘机同意尚可喜撤藩。吴三桂、耿精忠二人也跟着提出撤藩请求,以试探朝廷态度。康熙认为"吴逆蓄谋久,不早图之,养痈成患,何以善后?况其势已成,撤亦反,不撤亦反,不若先发制之"⑥。但满朝上下,只有明珠、莫洛等少数大臣支持他的撤藩意见。康熙力排众议,坚持发布撤藩令。康熙十二年(1674)十二月,吴三桂发动叛乱,自称周王、天下招讨都元帅,诛云南巡抚朱国治,云贵总督甘文焜被迫自杀。吴军迅速攻入湖南,占领沅州、常德、衡州、长沙、岳州等地。清兵措手不及,节节败退。吴三桂旧部故党群起附逆。陕西提督王辅臣杀掉清朝经略大臣莫洛,在宁羌举兵叛乱,进克兰州。广西将军孙延龄、靖南王耿精忠、平南王尚可喜的儿子尚之信等均起兵响应,分别占领广西、福建和广东。整个长江以南和西南西北地区,不是被叛军占领,就是成为激烈厮杀的战场。

康熙急命顺承郡王勒尔锦为宁南靖寇大将军,统领诸军南下。但勒尔锦抵达荆州后不敢渡江前进,与吴三桂军隔江相峙。入关已30年的八旗兵被优裕的生活洗尽了英勇善战的锐气,生于安乐的新一代王公贝勒也不娴将略,导致清朝在军事上极为被动。然而,吴三桂方面也有致命的缺陷。第一,失去了"反清复明"的有力旗帜。虽然吴三桂在讨清檄文中声称"共举大明之文物,悉还中夏之乾坤",但他先是以明朝将军身份开关降清,后又无情剿杀永历帝和南明军民,因此其号召软弱无力,连明朝遗老都不相信他的鬼

---

① 《明季稗史汇编》卷十《四王合传》,中华书局1913年影印。
② 《清圣祖实录》卷九四"康熙二十年二月甲午"。
③ 《平定三逆方略》卷一"康熙十二年七月丙子"。
④ 《清圣祖实录》卷二七五"康熙五十六年十一月辛未"。
⑤ 《清圣祖实录》卷一五四"康熙三十一年二月辛巳"。
⑥ 昭梿:《啸亭杂录》卷一《论三逆》,中华书局1980年版。

话。第二，参加叛乱的各将领没有政治目标，也没有统一部署。吴三桂占领岳州后，既不挥师北上进攻北京，也不顺流而下占领南京，致使清朝有了喘息的机会。其他各路叛军都是走一步看一步，对清朝时降时叛，没有一拼到底的决心和勇气。而清朝虽然在军事上大不如前，但在政治和文化上却迅速汉化，深得中原统治之道，注意缓和满汉之间的矛盾，提拔忠勇双全的汉族官员和将领，开博学鸿词科并诏修《明史》以笼络汉族知识分子。这些都起到了凝聚人心的作用。

康熙帝英明果决，统掌全局，以湖南为主要战场，以江西、浙江为东线，以陕西、甘肃、四川为西线，把叛军隔开以各个击破，逐渐扭转了被动局面。康熙帝还采用剿抚并用的方针，对首犯吴三桂坚决打击，但对从犯王辅臣、耿精忠、孙延龄、尚之信则既打击又招抚，以分化瓦解之。两年多后，战场形势发生转折。王辅臣投降清朝，西线叛军土崩瓦解。东线叛军耿精忠军饷匮乏，军士逃亡，民怨沸腾，最后也不得不举兵投降。接着，盘踞广东的尚之信和广西的孙延龄等也先后降清。但吴三桂在湖南主战场上仍坚守岳州、长沙，与勒尔锦等清军相持不下。为了鼓动人心，74岁高龄的吴三桂于1678年在衡州称帝，国号大周，以昭武为年号，大封文臣武将。但是年秋天吴三桂病死，由其孙子吴世璠继位，改元洪化。清军乘机进攻，陆续收复了湖南、广西、贵州、四川等地。康熙二十年(1681)，清朝大军分路攻入云南，于年底攻破昆明，吴世璠自杀。历经八年之久的"三藩之乱"至此结束。

3. 统一台湾

当时的台湾，为郑成功的儿子郑经所统治。郑成功(1624—1662)是明臣郑芝龙之子。1646年郑芝龙降清后，郑成功仍坚持抗清斗争，以厦门为根据地，并封锁盘踞台湾的荷兰殖民者。1661年2月，郑成功率领大小船只数百艘和将士25000人从金门出发，准备从荷兰人手中夺回台湾。早在天启三年(1623)，台湾的安平就被荷兰人占领，次年他们在台湾南部修筑热兰遮和赤嵌城。1626年，西班牙占据台湾北部的鸡笼(基隆)。1641年，荷兰打败西班牙，侵占了整个台湾。此时，郑成功大军扬帆出发，欲一雪国耻。抵达台湾岛后，郑氏军队先后进攻荷军据点赤嵌城和热兰遮城，在击败从巴达维亚派来的荷兰援兵后，收复了赤嵌城。1662年2月，龟缩在台湾城的荷兰总督揆一被迫缴械投降，沦陷了38年之久的台湾重新回到中国人手中。

郑成功将赤嵌城改为东都，设承天府，下置天兴、万年二县，并鼓励农民和士兵垦田屯种。郑成功病逝后,郑经袭位。"三藩之乱"期间,郑经乘势攻占福建泉、漳、温等州,打算向大陆发展势力。三藩乱平,郑经不得不退回台湾。康熙二十年(1681),郑经病死,由其长子继位。不久其长子被大将冯锡范所杀,立年幼的次子郑克塽为傀儡。郑氏集团日益腐败,导致台湾内部人心惶惑疑惧。

康熙帝决定统一台湾,下令在福建沿海建造海船,起用主张统一台湾的姚启圣为福建总督,施琅为福建水师提督,筹备进攻台湾事宜。康熙二十二年(1683)清军大举进攻台湾前哨澎湖,郑氏派善战的刘国轩率主力坚守。经过七天激战,郑军大败,刘国轩逃回台湾。澎湖失守,台湾朝野震恐,"莫不解体"①,郑克塽只好出城投降。针对当时有人主张"宜迁其人,弃其地"②的主张,康熙采纳施琅的建议,于1684年在台湾设一府(台湾府)三县(台湾县、凤山县和诸罗县),隶属福建省,并设总兵一员,驻防台湾,有效地加强了清朝对台湾的统治。

四、平定准部与开拓疆域

1. 准噶尔部的挑战

康熙及其后继者雍正、乾隆皇帝,他们外部面临的最大威胁,还是来自漠西厄鲁特蒙古的准噶尔部的挑衅。

明清之际,蒙古族分为漠南蒙古、漠北喀尔喀蒙古(分萨克图、土谢图、车臣等部)和漠西厄鲁特蒙古(又分图尔伯特、土尔扈特、和硕特及准噶尔等部)三部,分布在从东北到西北的广袤草原上。清朝皇室及满族贵族与漠南蒙古和漠北蒙古常有通婚,双方结为战略同盟,而清廷与漠西蒙古来往相对少些,后者也曾称臣入贡。康熙年间,居住在新疆天山北路的漠西蒙古准噶尔部,实力日渐强大,其首领"准噶尔汗"噶尔丹野心膨胀,吞并了漠西厄鲁特各部,占据了天山南路的各回城,进而侵犯漠北喀尔喀蒙古,公然向清朝挑战。

面对准噶尔部的叛乱,清朝起而应战。清军挺进到准噶尔染指的所有地区,使清朝对外蒙古、新疆、青海和西藏的广大边疆地区,不再是以前朝贡名义上的拥有,而是实实在在的军事存在和直接的行政管理。

---

① 阮旻锡:《海上见闻录》卷上,福建人民出版社1982年版。
② 《清史稿·施琅传》,中华书局1977年版。

2. 清朝的军事征服

(1) 通过对准噶尔部的反击,清朝将其有效统治直接延伸到外蒙古。康熙二十七年(1688),噶尔丹率军北犯喀尔喀蒙古,打败了土谢图汗。漠北蒙古各部只得南依清朝,康熙帝拨科尔沁牧地予之。但噶尔丹并不罢休,他于1690年挥师攻入漠南内蒙古,震动了清朝君臣,康熙决心反击。康熙二十九年(1690)、三十四年(1695)和三十六年(1697),清朝三次出兵征讨噶尔丹,先后在乌兰布通、昭莫多等地与准噶尔军展开激战,大败敌军。关于噶尔丹之死,《清圣祖实录》称其"仰药自尽",而康熙三十六年四月初九日抚远大将军费杨古的满文奏折中则称噶尔丹"晨得病,至晚即死,不知何病"。康熙挫败准噶尔部后,喀尔喀蒙古回到漠北故乡,并改编为旗,清朝在科布多、乌里雅苏台等地派驻将军和参赞大臣管理之。

(2) 通过对噶尔丹及其后起者策妄阿拉布坦、噶尔丹策零、阿睦尔撒纳的反击,使清朝有效统治区域扩展到北疆地区。噶尔丹势危时,其侄策妄阿拉布坦曾与清军合攻噶尔丹。及噶尔丹死,策妄阿拉布坦在伊犁纠集准噶尔部上层叛清,控制了天山南、北路地区,直到康熙去世,准噶尔问题未获解决。雍正七年(1729),清朝开始进击准噶尔部。其时策妄阿拉布坦已死两年,其子噶尔丹策零袭位。这次进攻并未奏效。乾隆十年(1745)噶尔丹策零死,准噶尔上层发生分裂。十九年(1754),阿睦尔撒纳等投降清朝,清军于次年攻陷准噶尔部的老巢伊犁。但动机不纯的阿睦尔撒纳借清军之手除掉政治对手后,再次叛清,但仅3年便被清军打败,逃往沙俄并死在那里。二十三年(1758),准噶尔部叛乱被平定,清朝设置伊犁将军,管理天山南北两路的军政事务。又设立参赞大臣驻惠远,领队大臣驻惠宁(新疆伊宁),都统驻乌鲁木齐(设迪化州),设镇西府在巴里坤,对北疆直接管理。

(3) 准噶尔部对青海和硕特部的征服,间接导致清朝对青海的军事用兵和政治统治。16世纪住在乌鲁木齐一带的和硕特部,17世纪初被准噶尔部逼迫迁往青海,康熙十六年(1677),被噶尔丹征服。清军打败噶尔丹后,和硕特部首领达什巴图尔降清,被封为亲王。死后,由其子罗布藏丹津袭封。雍正元年(1723)罗布藏丹津叛乱,进攻西宁。清朝派川陕总督年羹尧和四川提督岳钟琪率兵平叛,次年即告平息。清廷将西宁卫改为西宁府,设置青海办事大臣,直接对青海地区实行管理。

(4) 清朝对西藏的直接统治也与反击准噶尔部有关。康熙五十六年(1717),准噶尔部首领策妄阿拉布坦攻入西藏。在此之前,西藏的达赖五世已归附清朝,并正式得到达赖喇嘛的称号,清委任和硕特部的拉藏汗管理西藏事务。准噶尔攻进西藏后,杀死拉藏汗,占据了这一地区。康熙五十七年至五十九年(1718~1720)清朝从青海、西康分兵两路进攻西藏,击败准噶尔军队,封噶桑嘉错为达赖七世,将他护送入藏,并任命两名官员协助达赖、班禅分管前后藏。又设驻藏大臣两员。乾隆十五年(1750)清政府在达赖下面设置了处理地方行政的噶厦,以四噶布伦分理政事。实行政教合一体制,提高了达赖权力,使西藏长期混乱的局面得以安定。乾隆五十六年(1791)廓尔喀(尼泊尔)军队侵入后藏,攻陷日喀则。清军再次入藏,击败廓尔喀军队。清廷提高了驻藏大臣的权限,设立金瓶掣签制度,由驻藏大臣亲临监视达赖、班禅转世灵童的产生过程。

(5)准噶尔部叛乱引起了新疆维吾尔族(回部)贵族的附逆,导致清军再次出兵新疆,加强了清朝对南疆的控制。维吾尔族居住的天山南路,清初为准噶尔所统治。在噶尔丹被清朝打败后,南疆为维族首领玛罕木特所管辖。不久,维族又为准噶尔部首领策妄可拉布坦所征服,他将玛罕木特及其子大和卓木(布那敦)和小和卓木(霍集占)俘获后囚禁于伊犁。乾隆二十年(1755年)清军攻克伊犁,大和卓木被遣回叶尔羌,小和卓木仍留在伊犁。他们分别统辖天山南北的维族。准噶尔部阿睦尔撒纳在伊犁叛乱,小和卓木附逆。及至阿睦尔撒纳失败,小和卓木逃到叶尔羌,与大和卓木汇合,纠集数十万人,控制了南疆大部分地区。乾隆二十三年(1758年),清军开进南疆,打败维族叛乱部队,大小和卓木逃往境外,被当地政权所杀,尸首送还清朝。清在南疆喀什噶尔派驻参赞大臣,辖天山南路,听命于伊犁将军。又在叶尔羌、和阗、库车、阿克苏等11城设办事大臣、领队大臣。清政府从此加强了对南疆的统治。嘉庆二十五年(1820年),大和卓木的孙子张格尔从浩罕国(乌兹别克人所建)进犯喀什噶尔地区,被击败。6年后他再次入侵,由英国特务充当顾问。张格尔为了求得浩罕国帮助,不惜出卖祖国利益,并拉拢白山宗迫害黑山宗。道光七年(1827年),清军在阿富汗东部的喀尔铁盖山俘获了张格尔,叛乱最终平息,新疆重获安宁。

3. 新的全国统一

到乾隆时期,清朝统治区域除顺天府和盛京外,还包括本部的十八行省:直隶、山东、山西、河南、陕西、甘肃、四川、湖北、湖南、广东、广西、福建、江西、安徽、浙江、江苏、云南、贵州,以及被称为藩部的内蒙古、青海蒙古、喀尔喀蒙古、唐努乌梁海、新疆、西藏等边疆特区。从西边的葱岭到东部的台湾,从西北的巴尔克什湖到东北的外兴安岭、乌第河和库页岛,从北方的恰克图,到南面的海南岛、团沙群岛,形成了一个幅员广大、国力强盛的统一国家。

第二节　清朝的盛世

一、康、雍、乾盛世

清朝在次第削平大顺、南明、三藩及台湾郑氏等政权的抵抗后,统一全国,逐步进入了康熙、雍正、乾隆三朝百余年的盛世阶段。

康熙年间(1662～1722),圣祖玄烨在政治上加强皇帝权力,设立南书房,并惩治贪污,节约政府开支,又曾6次南巡体察民情。在经济上废止顺治年间的圈地政策,轻徭薄赋,减轻人民负担,同时奖励垦荒,兴修水利,发展农业生产,还提出"盛世滋丁,永不加赋",促进了人口增长。在文化上,注意扩充科举,倡导儒学,下令编撰《明史》、《古今图书集成》、《康熙字典》等巨著。在军事上完成了国家统一,开拓了边疆。在外交上,与俄罗斯签订《尼布楚条约》,遏止了西方殖民势力的南侵。雍正年间(1723～1735),世宗在政治上逐步抑制宗室势力,设立军机处,加强君权,整饬吏治,严惩贪官污吏,并在西南边区成功完成了"改土归流"。在经济上先后采取"火耗归公"和"摊丁入亩"等措施,改善了税收和财政状况。在军事上,平定青海和硕特蒙古上层贵族的叛乱。乾隆年间(1736～1795),高宗以文治武功称誉于世,除文治上编纂《四库全书》等大典外,更有"十全武功"之称。康、雍、乾时代,使清朝的文治武功达到顶峰,其版图远迈汉、唐,仅次于元代。

康、雍、乾时期,人口数量和耕地面积都远远超过了以往任何一个历史时期。康熙三十九年(1700)前后,中国人口约为1.5亿,到乾隆五十九年(1794)增加到3.13亿,占当时世界人口的1/3。康熙二十四年(1685)全国共有耕地6亿亩,到乾隆去世那年(1799),全国耕地约有10.5亿亩,粮食产量增加到2040亿斤,中国农作物总产量居世界第1位。当时随马戛尔尼使团访华的巴罗就推测出中国的粮食收获率比英国要高。

旧史只提"康乾盛世",对于雍正朝的历史地位则缺乏正面肯定。其中原因,是传统史家认为雍正继位不正,有夺嫡之嫌;同时雍正大力整顿吏治,得罪了不少士大夫,使他们对雍正的功绩或缄默不语,或径予歪曲。今天看,"康乾盛世"实应称为"康雍乾盛世"。

二、雍正对吏治的整饬

雍正帝名胤禛,是康熙帝第四子,庙号世宗。他继位后,继续维护边疆地区的统一,平定了青海和硕特蒙古首领罗布藏丹津的叛乱。雍正四年(1726),时为云、贵、广西三省总督的鄂尔泰,向朝廷建议:"欲百年无事,非改土归流不可","宜悉令(土司)献土纳贡,违者剿"①。雍正即令他负责实施这一计划。他对土司采取招抚与镇压的两手政策,在贵州、广西和云南东川、乌蒙、镇雄三土司以及云南西南部与缅甸连界的地区,用五六年时间,基本上完成了改土归流任务。雍正时设立军机处以架空"议政王大臣会议",加强了皇帝集权。雍正二年(1724)又实行"摊丁入亩",改革赋税制度。他还采纳户部云贵司主事孙嘉淦的建议,改变了新铜钱的金属比例,变铜五铅五为铜四铅六。旧比例为铜五铅五时,不法商人收购铜钱,将铜钱熔化后制造铜器,通过增加铜的附加值牟取利益。但此后再熔铸钱币制造铜器便无利可图。这项铸币改革,打击了不法商人,有利于货币流通。

在雍正推行的各项措施中,尤以整饬吏治切实有效,最为成功,影响也大。为皇子时,雍正便对康熙晚年的政治弊端和官场腐败洞察秋毫。及其继位时45岁,既年富力强又相当成熟,遂大刀阔斧地进行吏治整饬。

(1) 雍正元年正月,世宗连下13道谕旨给各总督、巡抚、布政司、知府、知州、知县,告诫他们不得贪污,不许受贿,不要克扣截留;武官不许吃空额,违者严惩不贷。

(2) 成立会考府,对各部门财政进行审计,查出问题即严肃处理。当时,内阁依前朝惯例开列官员亏空数额,请求新君"恩诏"宽免。但雍正认为,这种亏空不是上级勒索便是个人贪污,"既亏国帑,复累民生",决不能姑息。因此他下令严查,3年之内必须如数补足。只要某衙门出现亏空,凡是有关的堂官,在任和卸任的都要退赔。限满不完,从重治罪;再有亏空,决不宽贷。凡贪污官员,一经查出,即令追赔,并予罢黜。若人死产绝者,则令其子孙赔补,一追到底。

雍正帝谕示首席大臣胤祥:"尔若不能清查,朕必另遣大臣;若大臣再不能查,朕必亲自查出。"户部曾亏空银子250余万两,雍正勒令历任官员赔偿

---

① 李元度:《先正事略》卷一三,岳麓书社2008年版。

150万两,另100万两由户部逐年弥补。康熙第12子胤裪管理内务府事务时,积欠甚多,雍正帝令其倾家荡产拍卖日用以赔补。康熙第10子胤䄉因赔偿不足也遭抄家。内务府总管李英贵伙同张鼎鼐等人冒支正项钱粮100余万,后家产也被抄没。这种清查从中央深入到地方,各省官员不分满汉文武,上自督抚,下至参游,无一例外进行清查,徇情之官与贪污者同罪并罚。雍正元年,被查处的地方官即达数百之多。雍正二年,直隶一省官员经清查处理后,原任者已寥寥无几。湖南省也"参劾已大半","浙闽属吏已劾多员,若再题参恐至无人办事"。雍正十年,直隶总督李卫称,通省府厅州县官员,在任3年以上的寥寥无几,其余多被参革。这种清查终雍正朝未曾停止,且惩处越加严厉,失势的贪官甚至诬蔑雍正是"抄家皇帝"。

（3）雍正帝在整饬吏治时,既重视事后追查,也重视事前的监督。为此他采用了"博采舆论"、官员试用和密折制度三种方式。所谓博采舆论,就是通过众人对官员的议论和评价,来判断其人之贤否。所谓官员试用,便是让官员试任某职而后观效。雍正认为,仅靠"博采舆论"仍难以知其人之贤否,故通过试用来考察其能力和品行。试之而不称其职,可以迅速更换。所谓"密折制度",就是利用"众人之耳目为朕之耳目",让更多的官员有权直接给皇帝上秘密奏折,对各地官员予以监督。密折制度顺治晚年已经出现,康熙时有所发展,有资格上奏折的人约有100多人。雍正更是有效利用这一制度,使有资格上密折的人上升到1200人左右。这些奏折可以不通过内阁和议政处,而通过奏事处直接上达雍正帝手中;同时,雍正帝的批示也不通过内阁,而直接发还到上奏者本人。这样,雍正就可以全面了解下面实情。雍正时,密折制度因其机密性和广泛性在考察和监督各级官吏中发挥了独特作用。

（4）雍正帝在整饬吏治时,还讲究严堵和疏导相结合,在惩贪的同时,还注重养廉,以期在整顿吏治上起到实效。惩贪须以养廉为前提。当时一个七品知县的年俸仅为45两银子;即使是总督巡抚,每年的俸禄也只有150～180银,还不够大官僚一衣一餐之费,他们势必要另打主意。雍正帝在清查时,发现官场盛行的"耗羡"之弊,背后均有很强的利益驱动。所谓耗羡,便是官府在收取赋税时,借口税银在熔铸时会有一定的"火耗",税粮会有一定的"鼠耗"和"雀耗",因此多征收一部分附加税以弥补损耗。实际上这些耗羡之入,都装进了官员私人的腰包,形成了一种上下风行的官场陋规。在利益驱动下,各级官吏均苛索聚敛、贪赃纳贿,靠禁堵的方法难以根治,正所谓"革火耗而火耗愈盛,禁私派而私派愈增"①。地方火耗不可能完全不提,上司下属收受馈赠亦难以禁绝。于是他采纳臣下的意见,将耗羡银全部提归朝廷,然后以此设养廉银发给官吏,寓疏导于惩治之中。既然全革耗羡"其势必不可行"②,则不如暂提耗羡,作为"一时权宜之计",以期"各省火耗自渐轻以至于尽革"③。通过提耗羡设养廉银,以期从根本上澄清吏治。雍正帝把私相授受的耗羡提解归公,使从前漫无限制的贪赃和贿赂行为受到约束,这不但是财政改革,也是对官场风气的扭转。

雍正帝一方面大破官场陋规,降黜贪污之人;一方面大立官场正气,重用严明正直的官员。他曾力排众议,任用田文镜为河南巡抚,称之为"巡抚中之第一人",树为"模范疆吏"。田文镜在河南任职9年,严惩不法,先后参奏属员22人。他还制定条约,要求各级地方官员对属吏家人严加管束,起到了良好的示范作用。

雍正整饬吏治的决心和魄力,震动了整个官场,强有力地扭转了康熙晚期延续下来的官场腐败风气,从中央到地方的政府各机关出现了廉洁守法和勤政节俭的局面,甚至连"习尚骄慢"、"任意贪纵"的八旗贵族也受到裁制,"故诸王皆凛然奉法,罔敢为矩外之行"④。章学诚对雍正帝整饬吏治有高度评价:"我宪皇帝澄清吏治,裁割陋规,整饬官方,严惩贪墨,实为千载一时,彼时居官,大法小廉,殆成风俗,贪冒之徒,莫不望风革面。"⑤雍正大刀阔斧地整顿吏治,为乾隆盛世的出现奠定了基础。

三、乾隆的"十全武功"

雍正十三年(1735)八月二十三日子夜,世宗胤禛因服食丹药病死于圆明园,终年58岁。清廷首次通过秘密建储制度,确定世宗第四子弘历继位,庙号高宗,年号乾隆。

乾隆帝继位时27岁,在长达60年的统治期内,除边疆地区外,国内政

---

① 《清史稿·吴琠传》。
② 《清世宗实录》卷六八"雍正六年四月壬寅",中华书局1985年版。
③ 《清世宗实录》卷二二"雍正二年七月丁未"。
④ 昭梿:《啸亭杂录》卷一"禁抑宗藩",第13页。
⑤ 章学诚著,叶瑛校注:《文史通义校注》卷五《内篇五·古文十弊》,中华书局1985年版,第506页。

治基本稳定,家足人丰,时有民谣称:"乾隆宝,增寿考,乾隆钱,万万年。"①乾隆朝的文治武功都极为显赫,他也为此沾沾自喜,以"十全老人"自许。清朝的盛世继续延伸,终于到达巅峰状态。

乾隆帝"十全老人"的称谓来自所谓的"十全武功"。他曾于乾隆五十七年御制《十全记》,称"昨准廓尔喀归降,命凯旋班师,诗有'十全大武扬'之句。盖引而未发。兹特叙而记之"。他亲自罗列十全之功:"十功者,平准噶尔为二,定回部为一,扫金川为二,靖台湾为一,降缅甸、安南各一。即今二次受廓尔喀降,合为十。"最后自叹"幸而五十七年之间,十全武功,岂非天贶!"②乾隆帝的十全武功,前面多有讲述,如乾隆二十年、二十三年两次平定准噶尔部的叛乱,攻克伊犁;乾隆二十四年平定回部大小和卓木的叛乱;乾隆五十六年两次打败廓尔喀(尼泊尔)对后藏的进攻。这里重点讲述乾隆在两次平定金川、镇压台湾林爽文起义,降服缅甸和安南上的五大"武功"。

(1) 乾隆朝对大小金川的平定,是雍正改土归流政策的继续。清廷借平定四川西北大小金川的机会,把当地土司制度废除,而代之以流官。大小金川是藏族居住地,近接成都,远连卫藏,是内地联系西藏、青海、甘肃等藏族地区的桥梁和咽喉。大金川长期蚕食邻封,不安住牧,一方面打破了川西北地区各土司间的力量均势,另一方面更是威胁到内地的安全。为了边境永保太平,乾隆兴师进剿。乾隆十二年(1747),当大金川土司莎罗奔攻击邻近部落革布什咱土司(今四川甘孜藏族自治州丹巴县境内)及其南部的明正土司(四川甘孜康定)时,清政府派张广泗为川陕总督前往镇压,结果张因劳师无功被乾隆诛杀。清廷改用岳钟琪为四川总督围攻大金川,莎罗奔出降,但久而复叛。

乾隆三十一年(1766),清朝派阿尔泰联合九土司进攻大金川,大金川反与小金川联合抗清,大破清军。乾隆怒而杀阿尔泰。清督师大学士温福采用"以碉逼碉"战术,亦被击败。清廷再遣阿桂为定西将军,征调健锐营、火器营和索伦兵参加,实力大增,先克小金川,然后向大金川挺进。莎罗奔之孙索诺木依险设碉坚守,战争打得十分艰苦。直到乾隆四十一年(1776)初,清军包围刮耳崖(一作噶尔崖),走投无路的索诺木才带着祖父莎罗奔及家族部众2000人出降,大小金川彻底平定。清朝在当地设美诺厅(后改懋功

---

① 昭梿:《啸亭杂录》卷一"纯皇初政",第13页。
② 《清高宗实录》卷一四一四"乾隆五十七年十月戊辰",中华书局1985年版。

县)、阿尔古厅,直接由四川省统辖。改土归流既加强了清对该地区的直接统治,也有利于改善其封闭和落后面貌。

(2) 乾隆五十一年(1786)十一月,原籍福建漳州的林爽文,利用天地会组织民众,在南台湾举行起义,接连攻下彰化、诸罗(嘉义)两县。与此同时,庄大田在凤山(高雄)也举兵响应,攻下县城,北上与林爽文汇合,围攻台湾府城(台南)。乾隆五十二年正月,清廷急派水师提督黄仕简、陆路提督任承恩等先后率兵渡海入台,闽浙总督常青也来台督师。五月,清军在府城南十里与林爽文义军相遇,结果一触即溃。义军迅速扩大到十余万人,控制了更广大的地区。清军总兵柴大纪虽夺回诸罗,但很快陷入林爽文的包围之中。常青派总兵魏大彬等分批往援,皆遭拦截。清廷不断调派福建、浙江、广东、四川、湖北、湖南、贵州等省的绿营兵和驻防满兵、少数民族兵赴台,总数达十余万人,致使林爽文义军有人"望风解散",甚至给清军"争为向导"①。十一月,清军攻陷林爽文的根据地彰化大理杙,次月俘获了林爽文。不久,清军又打败并俘虏了庄大田。

(3) 乾隆初年,木疏长雍籍牙灭掉缅甸,建立新缅甸国,南并白古部,西并阿萨母部。不久,缅甸东侵暹罗,攻陷其国都犹地亚。乾隆三十年(1765),缅甸又北侵云南普洱府境,攻占车里等地。次年出兵攻围腾越、永昌等边地。三十二年(1676)乾隆帝以明瑞为云贵总督,代替因被缅甸打败而遭赐死的督师大学士杨应琚。明瑞率军深入缅甸,粮尽援绝,被缅军击败,力战而死。三十四年,清朝命傅恒为经略,阿桂、阿里衮为副将军,明德为总督,哈兴国为提督,发兵6万,分水陆三路大举入缅,打败缅甸军队,直逼阿瓦。缅甸怕清军与暹罗前后夹击,便致书请和,但和议未能实施。直到乾隆五十三年(1788),缅甸国王遣使朝贡,清朝才开关市与缅甸贸易,以后两国保持了长期的边界和平。

(4) 乾隆间,安南黎朝的统治衰落,阮文惠举兵推翻了黎朝,控制了越南中部和南部。黎氏后裔黎维祁藏匿民间,秘密遣使入清乞援。乾隆五十三年(1788),清朝借口保护黎氏,命孙士毅率师入越,大破阮文惠兵,渡富良江,攻陷东京(河内),复黎维祁位。但不久东京被阮文惠收复,孙士毅退入镇南关。乾隆帝以福康安取代孙士毅,准备再伐安南。正赶上安南与暹罗交战,阮文惠恐腹背受敌,因谢罪乞降。阮文惠改名阮光平,遣使奉表纳贡。

---

① 魏源:《圣武记》卷八《乾隆三定台湾记》。

乾隆帝因黎维祁难以复位，便转而承认阮光平政权。五十五年（1790），阮光平入朝，乾隆帝赐之冠带，正式册封阮光平为安南国王。

无论是征缅甸还是侵安南，清朝都没有特别值得夸耀的战功，但却仍被乾隆拿来凑成"十全武功"。不过，从总体上看，乾隆时代的武功之盛，的确非同寻常。特别是对准噶尔部和回部的用兵，维护了国家统一；对廓尔喀和缅甸的出师，保证了国家边疆的安全；而对大小金川的征战，则推动了政令划一和民族融合。

四、盛世修典

康雍乾时期，清朝不仅东征西讨，建立赫赫武功，而且还广开书馆，大兴文治。特别是乾隆年间，政府投入大量的人力、财力修纂巨书大典。清朝大修书史，固然是继承前朝盛世修书的传统，但开馆之勤、修书之繁，超越往古，则是为了显示清朝虽以少数民族身份入主中国，但并非未开化的"蛮夷"，而是文风郁盛的天朝，在文化上不输前明。

（1）在经学方面，康熙时即修有御纂《周易折中》、《诗经纂说汇纂》、《书经传说汇纂》、《春秋传说汇纂》；雍正时则有御纂《孝经集注》等。

（2）在史学方面，于康熙十八年（1679）重开明史馆纂修记述明代历史的纪传体史书《明史》。《明史》始于顺治二年（1645）开馆，命内三院大学士冯铨、洪承畴等为总裁，但因清初战乱和碍于朝廷忌讳，史料素材又甚少，撰写实际并未开展。康熙十八年，清廷命徐元文为监修，翰林院掌院学士叶方蔼、右庶子张玉书为总裁，征汤斌等博学鸿儒50人参与纂修。徐元文并约万斯同以布衣参与史局，由其发凡起例，拟类分题。康熙二十一年，又以汤斌、徐乾学为总裁。三十年撰成初稿。三十三年，复以张玉书、熊赐履为监修，陈廷敬、王鸿绪为总裁，继续纂修。王鸿绪复延请万斯同、钱名世于家，委以修史之事。王鸿绪以原官解任回籍后，居家删润列传史稿，重加编次，成《明史稿》310卷，于雍正元年（1723）进呈。是年七月，再开史馆，以张廷玉、朱轼为总裁，在《明史稿》基础上分工编纂改定，十三年书成。乾隆四年（1739）进呈，付武英殿镂版，正式刊行，定名《明史》，共332卷，包括本纪24卷、志75卷、表13卷、列传220卷，另有目录4卷。至此，《明史》之修历时95年，乾隆四十年（1775）至五十四年（1789），朝廷又对《明史》进行了校订，最后的定本收入《四库全书》之中。若以乾隆五十四年为止，则《明史》之修历经144年，是历史上编纂时间最长的官修史书，反映出清朝在为明朝盖棺定论上的耐心和从容。

（3）在类书方面，有《古今图书集成》的编纂。该书本为康熙第三子胤祉的侍读陈梦雷等为胤祉所编，从各种典籍中摘录，汇编成册，原名《文献汇编》或《古今图书汇编》。于康熙四十年（1701）至四十五年（1706）完成初稿并缮成清本，另写目录一册，交诚亲王奏进，康熙帝赐名为《古今图书集成》，并命儒臣重新编校，历时10年未成。雍正继位后，命蒋廷锡任总纂，督率诸臣加速编定，雍正四年（1726），基本上按陈梦雷原稿排印。

全书1万卷，目录40卷，1.6亿多字，分6编、32典、6109部。其内容一为历象编，分乾象、岁功、历法、庶征四典；二为方舆编，分坤舆、职方、山川、边裔四典；三为明伦编，分皇极、宫闱、官常、家范、友谊、氏族、人事、闺媛八典；四为博物编，分艺术、神异、禽虫、草木四典；五为理学编，分经籍、学行、文学、字学四典；六为经济编，分选举、铨衡、食货、礼仪、乐律、戎政、祥刑、考工八典。每典又分为若干部，每部有汇考、总论、图表、列传、艺文、纪事、杂录、外编等目。该书分类清晰，内容丰富，从自然到社会人事无所不包，涉及政治、经济、军事、文化、教育、文学、艺术、哲学、宗教、历史、地理、天文、气象、地质、矿产、农业、牧业、渔业、手工业、工程技术、数学等各方面的知识，堪称古代百科全书。雍正六年（1728），付武英殿用聚珍铜活字排版印刷，图以铜镂版印制。全书分订5000册，以每函14册，分装523函，另编目录20册，分装2函，共计525函，5020册，堪称洋洋大观。

（4）在丛书方面，乾隆朝编纂了最大的一部丛书《四库全书》。分经、史、子、集4部44类，共收图书3457种，79017卷。乾隆三十七年（1772）正月，高宗为了标榜"稽古右文"，下谕内阁督抚学政购访遗书。十一月，安徽学政朱筠借乾隆征书之机，上奏提出可从翰林院所藏《永乐大典》中寻求遗籍，指出该典"古书之全，面世不恒觏者，弆具在焉"，因此"请敕择取其中古书完者若干部，分别缮写，各自为书，以备著录"①。于是乾隆帝下发谕旨安排辑校《永乐大典》事宜。但由于乾隆不满《永乐大典》"原编体例系分韵类次，先已割裂全文，首尾难期贯串"②；也不满康熙、雍正期间修成的《古今图书集成》，认为其"引用诸篇，率属因类取裁，势不能悉载全文，使阅者沿流溯

---

① 魏源：《圣武记》卷八《乾隆三定台湾记》。
② 《四库全书总目》卷首，乾隆三十八年二月六日谕，台北商务印书馆1986年版。

源,一一征其来处"①;而是觉得"从来四库书目,以经、史、子、集为纲领,裒辑分储,实古今不易之法"②。遂决定从《永乐大典》中"择其醇备者付梓流传,余亦录存汇集,与各省所采及武英殿所有官刻诸书,统按经、史、子、集编定目录,命为《四库全书》"③。

这就引发了前后延续近20年的《四库全书》编纂工程。从乾隆三十八年(1773)正式开设四库馆起,至五十二年(1787)缮写完成为止,历时15年。此后又有校对错误缺漏,并补充一批书籍进来,直至五十八年(1793)编纂工作才告完竣。总共抄写7部,分藏于北京宫中文渊阁、圆明园文源阁、承德避暑山庄文津阁、扬州文汇阁、镇江文宗阁、杭州文澜阁,底本则藏于北京翰林院。参加编纂工作的有360名官员和文人,著名者有纪昀、于敏中、金简、陆锡熊、任大椿、陆费墀、戴震、邵晋涵、程晋芳、周永年、朱筠、姚鼐、翁方纲、王念孙等。乾隆三十八年五月十七日,即正式开馆后不久,乾隆帝谕令馆臣编写一部总结性质的目录著作。于是纪昀等撰著《四库全书总目提要》200卷,共著录古籍3461种,79309卷,存目古籍6793种,93551卷,总计10254种,172860卷,并对所录书籍一一作了简明扼要的介绍和评论。

康雍乾时期,清朝凭借强大国力和雄厚财力,修纂了一系列卷帙浩大、流传万世的大型典籍。这种盛世修典的做法,显现出清朝稽古右文、张扬文治的决心和气派。

五、盛世隐忧

煌煌天朝万千气象,但清朝盛世的背后却蕴含衰机和隐忧,成为"落日的辉煌"。康熙晚年,皇子为争太子之位,结党营私,形成不同的政治集团,结果太子屡立屡废,引起政治动荡。同时官场乱征"耗羡",搜刮民财,腐败成风。雍正帝虽然治吏严整,但其本人深信道术,搞得宫内乌烟瘴气。乾隆尽管文治武功显赫一时,但皇帝本人自大骄矜,虚浮成风,致官场黑暗,贪污盛行。清朝的中衰,实蕴于乾隆时的盛世之中。

(1)政治上,自乾隆中叶起,天子一反雍正之所为,默许甚至纵容官吏贪污受贿,导致吏治极端腐败。乾隆内侄福康安,"其家奢汰异常,舆夫皆著

---

① 《档案》,乾隆三十七年正月初四日谕。
② 《四库全书总目》卷首,乾隆三十八年二月十一日谕。
③ 《档案》,乾隆三十八年三月二十八日谕。

毳毼之衣,姬妾买花日费数万钱"①;"在军中,习奢侈,犒军金币辄巨万。治饷吏承意旨,糜滥滋甚"②。乾隆帝宠臣和珅在当政20余年间,大肆贪污受贿。至嘉庆抄其家时,有田地80万亩,当铺75座,银号42座,赤金580万两,生金200余万两,金元宝1000个,银元宝1000个,元宝银940万两,其他如珍珠、白玉、珊瑚、玛瑙、钟表、宝石、绸缎、瓷器、古鼎、人参、貂皮等不计其数。查抄的家产共有109号,其中已估价者26号,就值银2.2亿多两。当时国库每年的收入为4000多万两,这相当于5年多的国库收入。也有人估计,和珅全部贪污受贿所得约8亿两银子,相当朝廷10余年财政收入的总和。

(2)军事上,清朝入关百余年后,满洲八旗军队渐染奢侈之习,不思操练和奋发,无复往日勇武锐气。乾隆四十九年杭州阅兵时,八旗兵箭箭虚发,甚至有骑兵堕落马下者。每遇民变,腐朽的旗兵一战即溃,四散逃命。嘉庆帝曾指责乾隆时代的将军,称"带兵大臣及将领等,全不以军务为事,惟思玩兵养寇,藉以冒功升赏"。还批评"皇考圣寿日高,诸事多从宽厚,凡军中奏报,小有胜仗,即优加赏赐"③。

(3)经济上,乾隆时皇室奢华成风,导致国库日竭。始建于雍正朝的圆明园大规模扩建,原为28景,增修为44景,又在圆明园东南修建长春园和绮春园。将康熙时修建的避暑山庄36景,扩建成72景。乾隆深感避暑山庄凉爽清淑,但居住在狭陋房屋的承德居民则犹如处水深火热中。有民谚道:"皇帝之庄真避暑,百姓仍是热河也。"④乾隆帝还盲目模仿乃祖行为,六次下江南,穷竭民力。他的"十全武功"的后面,是令财政拮据、库用虚空。清朝前期府库存银数额,康熙时为5000余万两,雍正时6000余万两,乾隆朝极盛时原有8000万两,但乾隆末年以至嘉庆年间,几乎耗费殆尽。乾隆末年,土地兼并现象极为严重,和珅一人便占田80万亩。自康熙间实行"盛世滋丁,永不加赋"后,全国人口急剧膨胀,已达二三亿人,而耕地面积的增长已达极限,因此民生日困,社会经济凋敝,导致基层民众反清排满情绪日益高涨,纷纷加入秘密宗教天地会、白莲教和天理会等,不断举行起义。与

---

① 昭梿:《啸亭杂录》卷十《权臣奢俭》,第314页。
② 《清史稿·福康安传》。
③ 《清仁宗实录》卷三七"嘉庆四年正月癸亥",中华书局1986年版。
④ 庄吉发:《清史拾遗》甲编《某臣讽谏》,台北学生书局1992年版。

此同时,少数民族如回民、苗民的反清斗争,一波未平一波又起,严重削弱了清廷的统治。

（4）外交上,乾隆继续实行闭关锁国政策,对外部世界了解极少,盲目自大,错失了对世界潮流的洞察和顺应。据《外交小史·清中叶之外交观》称:"自乾隆十二年金川叛乱,迄五十七年尼泊尔征定,其间用兵凡十余次。战役上虽未尝无一二败北事,然其终局,常得自然之胜利。故是时有十全武功之称……此等武功,于宣扬国威、恢张领土上,固有伟大之效力,然令朝野上下益傲然自大,轻视外国,误用其惯法以对付欧罗巴,渐至酿成种种之失败者,此亦其一大原因也。"

俄罗斯学者贝斯德纳失曾对乾隆外交作过评价,称"康熙、乾隆间武功极盛","无一不足长支那之傲慢心",蔑视外国。"适当欧罗巴诸国遣使北京,遂谓为己国强大之所致,愈增其焰"。乾隆"以为外国公使之来北京者,皆朝贡使也。朝贡国若是其众,历代中未尝有如我清朝者"。因此,清政府"常思乘机发达臣民之爱国心",故每当外国使臣来时,"辄称为朝贡,布告全国"。清朝边吏,在接待外使时,"于欧洲诸国使臣之赠品,附以标帜,而题曰'某国王奉献中国皇帝之贡物'",当"贡物"自边境送达北京时,"途中人民之见之者,直以为欧罗巴诸国服从支那,而确认此累累者为贡品无疑矣"①。这就使社会上下形成了一种盲目自大和无端优越的豪情,使得中国日益自外于世界潮流,一步步成为坎井之蛙。

第三节　清朝的中衰

一、嘉庆朝的政治困境与社会危机

1. 嘉庆继立

乾隆六十年（1795）九月初三日,高宗弘历打开秘密建储的封缄,宣布立皇十五子颙琰为皇太子。次年正月初一日,在太和殿举行授受大典,立颙琰为皇帝（庙号仁宗）,改元嘉庆。乾隆自为太上皇帝,实际上仍牢牢控制着大权不放。嘉庆四年（1799）正月初三日,89岁的乾隆皇帝在养心殿去世,颙琰亲政。嘉庆摆脱乃父影响能果断处理的事情不多,除掉和珅为其一。和

---

① 佚名:《外交小史》,《清代野史》第1辑,巴蜀书社1987年版。

珅是钮祜禄氏,满族正红旗人,袭祖世职为三等轻车都尉,得乾隆宠信,一步步登上户部尚书、军机大臣的位置。乾隆将幺女十公主下嫁其子丰绅殷德。和珅利用皇帝的厚宠和手中的权力,肆无忌惮地贪污受贿,积累了惊人的财富。嘉庆四年正月初八日,颙琰将和珅及其党羽福长安夺职下狱。10天后,宣布和珅20大罪状,赐其自尽。

尽管除掉了乾隆时代腐败的象征和珅集团,但嘉庆并没有摆脱政治困境,也无法从根本上改变乾隆以来国运衰退、社会危机不时爆发的趋势。

2. 政治困境

嘉庆帝的政治困境首先是其本人的保守性格所造成。乾隆帝虽然通过传位、训政顺利地实现了权力交接,但却塑造了嘉庆帝墨守成规、不思变革的性格,使得嘉庆年间的社会更趋于停滞后退。嘉庆表面上反对官场效率低下,但他自己也助长了这种风气。嘉庆十一年御史英纶看到各部院衙门办事迟缓,送审公文经旬累月不能办理,建议规定各大臣进署散署的时间。但嘉庆帝却认为不必如此,只要各部院大臣恪遵谕旨、实力奉公就行了,如"俱定立一准时刻,殊觉于事无益"。要解决这个问题,靠各部院堂官"勤以莅事,公以率属,自能赞襄国是,百度修明。原不在更定科条,务名鲜实"①。这反映出嘉庆不喜变革的态度。

其次是乾隆以降形成官场因循守旧、官吏饱食终日、相互推诿的风气积重难返。嘉庆八年闰二月十八日,嘉庆帝准备在清漪园内玉澜堂用膳办事,并召见大臣。按规定应事先派人查管,门前不许有闲人来往行走,结果却发现有太监和园户在门前来来往往。他还发现自从谒陵完毕至今已经两旬,却未见内务府衙门有陈奏及引见官员之事,原因是内务府大臣丰绅济伦告病在家,其他大臣辄相互观望,不敢随便处理事务,这和从前和珅总理部务时情况相同。可以看出,和珅虽被除掉,但宫廷和官场的风气并未得解决,嘉庆觉得此"最为恶习"②。嘉庆还发现官场人心涣散,大臣怠政。只要通知某天御门听政,大臣们在此日前两三天和后两三日,便不再奏事,把很多事集中到御门时奏报,这样前后几天就可以不再起早入朝。嘉庆对此有所批评:"近来各部堂官,意图安逸,每闻御门日,期将应奏之事及引见之员,俱

---

① 《清仁宗实录》卷一七一"嘉庆十一年十一月癸亥"。
② 万依、王树卿、刘潞:《清代宫廷史》,百花文艺出版社2004年版,第341页。

于是日汇齐奏办,其前后两三日竟不进内,奏事者绝少。"①但风气已经败坏,很难扭转。大学士九卿诸大臣"遇有会议事件,率皆无所建白,随同复奏,而退有后言"。如此"耽延倍多时日","徒成具文,并无实际于国政",最后还是"诿卸于封疆大吏"。议事臣中有的担任过地方督抚,并非无经验之人,结果也常"随声附和,一无筹划"②。

再次是官场贪污腐败成风。曾有直隶官吏,上下串通,共同贪污,不仅州县书吏、银匠私下侵吞,而且幕友、长随也参与分赃。银两拨到各省后,藩司并不亲自验收,也不给以司印批回,仅给予库官印收一纸,致使贪官将库收任意改篡,甚至刻制伪库官藩司印信,或销毁借案,无所不用其极。这反映立法不严和治理不密的弊端。

嘉庆十四年正月查出总管内务府大臣、刑部侍郎广兴于嘉庆十一年到山东审案,收贿数万两银子。他后又往河南审案三次,第一次收贿二千两还颇为不满,地方官第二、三次便各送银一万两。嘉庆认为,若地方官奉公守法,便不会畏广兴如此之甚,"可见外省官吏,竟敢乐以办差为糜费开销之地,名为利人,实则利己,竟成贪官要钱之一巧法"。

各省亏欠户部钱粮的事也普遍存在。嘉庆十七年调查各省积欠钱粮及耗羡杂税等款银竟至1900余万两之多,除奉天、山西、广西、四川、贵州外,其他各省无不亏欠,其中山东、安徽各亏欠400余万两。嘉庆十四年仅白米各仓盘验,尚未查完即发现亏短十数万石。可见政府各要害部门无不漏洞百出,其弊已积重难返。

3. 社会危机

(1) 白莲教起义

政治困境难以摆脱,社会危机便接踵而至。就在颙琰即位的当年,即嘉庆元年(1796),震惊全国的川、楚、陕三省白莲教大起义爆发了。

宜都(湖北枝江)聂杰人、张正谟和襄阳王聪儿、姚之富领导白莲教徒举事,分散在各地的白莲教徒纷起响应,四川达州有徐天德部,东乡有王三槐部,陕西安康有冯得仕部,湖北竹山有曾士兴部。白莲教大起义源于土地兼并所造成的流民和"棚民"现象。川、楚、陕三省交界处,积聚着人数众多失去土地的佃户、山民、棚民,还有失业水手、被侦缉的私盐卖者和当地的啯噜

---

① 《清仁宗实录》卷一三六"嘉庆九年十一月丁亥"。
② 《清仁宗实录》卷一五四"嘉庆十年十二月乙酉"。

党等，社会成分复杂。白莲教针对当时日益穷困的教徒生活，提出"穿衣吃饭，不分尔我"的互助主张，号召教徒为白莲教捐款，宣布起事成功后将按捐款情况分配土地。这反映了农民对土地的强烈渴求。

起义爆发后一呼百应。在各路义军中，以女首领王聪儿和姚之富的队伍规模最大，成为起义的主导力量。他们率部队先进入河南、陕西，然后进入四川与徐天德部会师。嘉庆三年（1798）回师郧西，被清军围困。年仅22岁的王聪儿与姚之富誓不投降，跳崖牺牲。

嘉庆四年，仁宗亲政后总结镇压白莲教的经验教训，采纳洪亮吉的建议，实行剿抚并用的方针。他一方面下罪己诏，杀掉和珅，把所有的罪责都推到这位大贪官头上。说白莲教是官逼民反，官之所以逼民，是因为官吏们为了满足和珅的勒索，只得向民众伸手敲诈，"为和珅一人，而无穷之苦累则我百姓当之"，"是以将和珅立正典刑，以伸国法而快人心"①。同时他离间各支起义军的关系，将起义军和一般白莲教徒相区分，并声明只要起义军放下武器，便可以在深山中开荒，免征三年税粮。另一方面，清廷调动满蒙旗兵、陕西回兵、贵州苗兵、东北索伦兵以及山西和广东兵，加紧围攻起义军。由于旗兵和绿营兵腐朽而不堪一击，因此清廷便依靠地方乡绅组织团练和乡勇镇压起义军。

白莲教起义虽然声势浩大，但各自为战，力量分散，没有统一的指挥，最后被清军各个击破。四川乡绅罗思举部镇压了王三槐义军。徐天德率所部转战于川、楚、陕地区，在陕西西乡两河口因舟覆溺死。樊人杰率所部在湖北房县战败后误入马鹿坪绝地，投河而死。嘉庆八年（1803），白莲教大起义波及川、楚、陕、甘、豫五省，长达8年之久，使清政府花了1亿两银军费，才最终将之镇压下去。

（2）天理教起义

嘉庆十八年（1813）九月，又爆发了天理教起义。天理教是白莲教的分支，又名八卦教，传播于河北、河南、山东和山西等省，首领是河南滑县木匠出身的李文成和河北大兴的林清。天理教在教徒中间提倡经济互助，入教都要交"种福钱"，宣布起事成功后可据此获得土地。李文成、林清本来约定九月十五日举事，但河南滑县的起义计划被官府侦悉，李文成被捕入狱，于是滑县教徒提前于九月七日起义，占领了县城，救出李文成。山东的天理会

---

① 《清仁宗实录》卷三八"嘉庆四年正月己卯"。

教徒随即响应,攻打定陶、曹县等地。清军将滑县包围,李文成突围后进入辉县,兵败自焚,山东起义也随即被镇压。

九月十五日,河北大兴的林清没等来滑县的支援,决定单独行动,派200人乔装打扮后秘密进入北京城内,黄昏时,由太监为内应,从东华门、西华门分两路攻入皇宫,与清军发生激烈拼搏,打死宫廷侍卫护军等41名,打伤60名,隆宗门的匾额上也被射入了起义军的箭头。清镇国公奕灏调火器营1000多官兵入宫镇压,天理会义军寡不敌众,最终失败。十七日,林清在大兴宋家庄的家中被俘后牺牲。然而,天理会起义使得清朝统治危机四伏,"禁城遇变,人情惶惧,讹言四起,惊扰达旦"①。

(3) 嘉庆遇刺

嘉庆八年(1803)闰二月二十二日,皇帝的轿子行至圆明园的神武门内,将进顺贞门时,突然从西大房南山墙后跑出一中年人,手持小刀向皇帝冲去,被侍卫抓获。这一行刺事件震惊了朝廷。47岁的行刺者陈名德是北京人,一个地道的城市劳动贫民。父辈即在山东官家为奴,本人也随父为奴,多次失业。他22岁娶妻,29岁丧母,30岁又丧父,生活无着,只好携妻、子及岳母回北京投奔堂姊姜家,又跟官为奴。他曾有两三年跟内务府的包衣达常索在内务府当杂役,常出入宫中,因此对宫内情形比较熟悉。他后又与妻一同典给大户的家人孟明家当厨役。后来妻子、堂姊相继死去,岳母80岁时又摔成瘫痪。孟家嫌他负担太重,将其全家辞退。已无生活出路的陈名德因此想到自杀,又觉得无声无息地死,还不如行刺皇帝死得轰轰烈烈。最后陈名德被处以极刑,连未成年的两个儿子也被处以绞刑。

陈名德行刺案,反映了嘉庆年间严重的社会危机。当时由于人口猛增、灾荒不断和官吏盘剥,下层劳动人民生活水平不断下降,很多人已无活路,因此为寻找精神寄托,投身于秘密宗教团体,并不断举行起义。甚至八旗旗民也出现严重的贫富分化,如曹纶父子为汉军正黄旗人,由于生活窘迫,旗中无人过问,只得靠林清接济,以致参加了林清的反清组织,大兴县同知张步高也与林清结为兄弟。林清起义的骨干分子祝现、陈爽竟是豫亲王裕丰旗下桑岱村的庄头。太监刘得财、刘金、高广福等也成为林清起义军的内应,他们都无一例外地加入了天地会这样的民间组织。这反映出他们对以前所赖以生存的组织机构已经失去信心,清朝官方的社会组织机构正趋于

---

① 盛大士:《靖逆记》卷一,上海书店1987年影印本。

涣散和瓦解。

虽然嘉庆朝镇压了几次大规模的农民起义,但社会危机并没有从根本上缓解。嘉庆十八年十二月陕西岐山发生三才峡木工起义,嘉庆道光年间赵金龙领导湖南、广东瑶民起义,都使得清政府应接不暇。嘉庆十九年十一月,河南、安徽等处"捻子"又发展起来,每一股谓之一捻子,小捻子数人数十人,大捻子一二百人不等,到咸丰朝发展为大规模的捻军,与太平军北南呼应,极大地动摇了清朝的统治基础。

二、道光朝的内忧外患

嘉庆二十五年(1820)七月二十五日,颙琰病逝于承德避暑山庄。八月二十七日,由其第二子39岁的旻宁(原名绵宁)即位,明年改元道光,后庙号宣宗。道光朝是清朝由盛而衰的转折,其间发生了鸦片战争,道光帝处在一个典型的内忧外患时代。

1. 内忧深重

(1) 官场腐败,政务废弛

旻宁虽然是秘密建储,但由于是尚存的嫡生长子,因此已意识到自己会是皇位继承人,平时注意仪态,养成了淡泊宁静的性格。他还受到传统伦理的深刻熏陶,嘉庆帝赐给他的御书园也题名为"养正书屋",所有这些,都使旻宁成长为一个墨守成规、忠孝求全、帝王之学俱备的接班人。① 即位后,所用大学士、军机大臣如曹振镛、托津、戴均元等人,都是始宦于乾隆,历经嘉庆一朝,年皆六七十岁的老臣。这些人召对办事,都很稳重,但另一面却又是因循怠政、敷衍塞责、迎合帝意、保全禄位的老朽。曹振镛的做官之道是"无他,但多磕头,少开口耳"②。这就使道光朝的政治死气沉沉,缺乏生机。在道光朝,殿试轻视策论,惟重楷法,甚至有抄袭前一科鼎甲策文,而仍列鼎甲者。原因在曹振镛对道光帝的误导。旻宁登极后,苦于奏本过多,堆积数尺之高,虽然每天夜以继日地披览,仍难以遍阅。如果不过目审阅,又怕大臣们欺蒙皇帝,便问曹振镛如何处置。曹氏回答道:"皇上几暇,但抽阅数本,见有点画谬误者,用朱笔抹出。发出后,臣下传观,知乙览所及,细微不遗,自不敢怠忽从事矣。"道光帝从其言,因对于奏折和试卷,均苛求楷法,

---

① 万依、王树卿、刘潞:《清代宫廷史》,第371页。
② 况周颐:《眉庐丛话》,台北文海出版社1962年版。

"遂至一画之长短,一点之肥瘦,无不寻瑕索垢,评第妍媸",结果使"末学滥进,豪杰灰心"①。

(2)人口大增,民生日绌

道光朝人口压力继续增大。道光元年,人口已增至355540258人,田地并没有增加多少。道光二年每人平均土地只有2.23亩,这意味着人均粮食产量的降低和人均口粮的减少。与此同时,各省贮存米谷数量也大幅度减少。乾隆六年仓储粮食人均2斗2升1合,到道光元年,虽然所存米谷绝对数字稍有增加,但人均只有9升9合,说明国家粮食储备的水准也在降低。一般农民的生活也越来越困窘,生活无着的穷人只能卖儿鬻女。中国历史博物馆藏有一件道光十三年顺义农民左有库典卖儿子的契约,上面写着"因为家到(道)穷苦艰难,度日无生",愿将"亲生第四子左群,现年十二岁,卖与顺义县徐国定宅内,为奴仆使用。当面言明,卖身价钱陆吊整","自卖之后,任凭徐宅管教。如不受训,只(直)至打死无论,左有库并不找扰尸骨"。

(3)入不敷出,财力匮乏

宫廷岁入多赖税关之贡。这些税关每年将正税交户部库,其余盈余银中有一部分"额外盈余银"需交内务府广储司库。各盐政的扣裁养廉银、各项盈余银、节省养廉银、余存办公银、各项利银、人参皮张变价银等均交广储司或圆明园,成为宫廷收入的主要来源。然而,到道光朝,这些税关和盐政应缴内务府广储司库的银两,往往长期拖欠,使宫廷用度困难。道光元年五月,因原任淮关监督元成亏欠应交款项63万多两,影响宫廷收入,被交付刑部羁禁查办。道光二年十二月,内务府奏称,两淮盐政拖欠应交银两达119万两之多。除以前积欠外,仅本年欠款就有544120两,其中包括商人的利息银155000两,以及人参变价银、铜斤引费脚费、减半平余银、减造剥(驳)船节省经费利银等389100余两,以致内务府广储司"每形支绌"。道光三年十一月,总管内务府奏折中又称两淮、长芦盐政,欠交广储司银甚多,两淮盐政欠各款银共511000余两,长芦盐政欠286000余两。道光年间宫廷财政严重匮乏,"不敷各处支领",常出现宫苑应修理却无钱施工的拮据局面。

然而,宫廷消费却依然奢靡。如嘉庆二十四年十二月初一至二十五年十一月底,共用红箩炭及黑炭395732斤,木柴96515斤,煤322088斤。而

---

① 陈康祺:《郎潜纪闻二笔》卷一一"殿试考试专尚楷法之由",中华书局1984年版,第522页。

到道光元年十二月初一至二年十一月底,减去闰月,还用了红箩炭及黑炭474415斤,木柴168336斤,煤332354斤,分别增加了19.88%、74.41%和3.19%。道光还随意报废了在东陵宝华峪为他修建的陵墓工程。该陵墓修建将近6年,至道光八年,因陵墓浸水数寸,遂全部拆毁,改在西陵墓园重建。乾隆的裕陵耗银为203万两,而口口声声提倡节俭的道光帝为自己修建慕陵,却耗银224万两。

2. 外患降临

在内忧深重的同时,外患已悄然来临。这种外患来源于中国的停滞不前和西方的迅猛发展,一个更强大、更富有朝气和扩张性的欧洲世界已经形成,到19世纪时便开始取代亚洲和中国成为全球的中心。道光二十年(1840),中国延续了数千年的耕作方式没有发生变化,全国人均粮食产量仅200公斤左右。与此同时,英国每个农场都基本拥有一部蒸汽机,而美国人均粮食已接近1000公斤。这一时期,中国仍然在从事劳动密集型的手工业生产,景德镇有工匠10万人,佛山织工近5万人,苏杭机户织工约3~4万人,在云南矿区和森林中伐木谋生的人不少于100万人。人海战术反衬出中国机器工业的落后,而此时英国的工业革命基本完成。当时英国铁的年产量为800余万吨,法国为200余万吨,而中国仅为2万吨。道光五年(1825),英国建造了世界上第一条铁路,到道光二十年,欧美铁路总长度为9000公里,而"天朝"尚无一寸铁路。清朝由于靠八旗弓马立国,因此专重骑射,不重枪炮。道光二十年,清人看到西方的坚船利炮发威时还以为是在施展妖术,因此广州守将对付英国军队的东西是"驱邪"的马桶和秽物。

英国、美国、法国等新兴西方国家已经盯上了中国这个虽已趋衰但尚有油水可榨的东方大国。英国商人开始向中国走私鸦片,英国东印度公司也非法从事鸦片贸易。从19世纪初开始,鸦片输入中国的数量不断增加。在19世纪初的20年中,每年输入数量约5000箱(每箱约120斤),至30年代迅速增加,到1839年竟增加到每年4~5万箱。鸦片贸易使中国受毒害的人不下200万,同时导致白银的大量外流。1830年由英商运出的白银就有670余万元;鸦片战争结束前,一年流出了白银1000余万元。10余年中,流出银子总数达1亿数千万元①,引起了银价的迅速上涨。19世纪初,白银每两折合制钱约为900余文,到30年代末就涨到1500~1600百文。银荒无

---

① 翦伯赞主编:《中国史纲要》,人民出版社1995年版,第321页。

疑加重了农民和手工业者的负担,同时也引起了商业的停滞和物价的上涨。

嘉庆年间曾颁布严禁贩卖鸦片的法令,但有法不依。道光十八年(1838)六月,鸿胪寺卿黄爵滋上奏痛陈鸦片之害,力主禁烟。年底,道光帝令原湖广总督林则徐为钦差大臣,前往广州禁烟,引发了震惊世界的鸦片战争,从而揭开了中国近代史的序幕。

三、西方逼临与天朝失措

1. 马戛尔尼使华

从明代中后期开始,西方葡萄牙、西班牙等殖民者便来中国沿海进行走私、骚扰和海盗抢掠活动。与此同时,天主教耶稣会士也一批批地进入中国腹地,进行传教活动。入清后,在中国沿海活动的主要是荷兰和英国等更发达的西北欧国家的殖民者和商人。欧洲殖民者一方面通过走私和军事骚扰等活动在中国获取非法利益,一方面也希望通过派遣使臣与中国谈判,以打开中国紧闭的大门。

乾隆五十八年(1793),英国派特使马戛尔尼以祝寿的名义,在承德觐见乾隆帝时,提出派人驻京办理商务,在宁波、舟山、广州、天津等地自由贸易,求占舟山附近小海岛一处,减免商税以及允许英国人自由居住广州等要求,遭到清廷的断然拒绝。马戛尔尼这次带来了英国最新的工业品、机械模型和科学仪器等,并在礼品介绍中巧妙地负载了政治目的和恫吓意图:"欧洲其他国家都承认英国是世界上最强大的海洋国家,因此英王陛下想给皇帝陛下派遣使团的同时派遣几艘最大的船只,以示敬意。但鉴于黄海里有暗礁,而欧洲的航海家又根本不熟悉这段航路,英王陛下不得已派遣一些较小的船只。另外,英王陛下赠送给皇帝陛下英国最大的、装备有最大口径的火炮110门的'君主号'战舰的模型。"[①]他们在礼品介绍中还专门提及了榴弹炮、迫击炮以及卡宾枪、步枪、连发手枪等,以此暗示英国武器的绝对优势。礼品介绍中也提及"削铁而不卷刃的利剑",委婉地介绍英国在特种钢方面的优势。礼品介绍还详细叙述了赫歇耳望远镜、秒表、韦奇伍德瓷器、帕克透镜、布料等产品。

2. 清廷的虚荣与忧惧

乾隆表面上对马戛尔尼使团访华不屑一顾,让他们到承德避暑山庄去

[①] [法]佩雷菲特:《停滞的帝国——两个世界的撞击》,三联书店1993年版,第84页。

见皇帝,并且还要求他们按中国朝贡国的礼仪屈膝跪拜,最后是敷衍草率地安排他们与其他国家使臣一道获得"召见"。在圆明园组装从英国送来的礼物时,乾隆帝特命中国工匠参加,"令贡使见天朝亦有通晓天文地理修理钟表之人,在旁帮同装设,不能自矜独得之秘"。但实际上,乾隆对来自泰西的英国使团却相当在意。在英国使团来华期间,乾隆皇帝异乎寻常地下了很多谕旨,让人不得不产生它是当时乾隆眼中头等大事的感觉。因此有外国学者认为:"这里的真相具有两重性:公开蔑视,内心欣羡。"①然而,乾隆帝不可能放下天朝的面子虚心向英国人请教,最后采用了贬低英国人的手法,仍以夷狄视之。他在给英国国王的告谕中,对英王乔治三世"倾心向化"和"恭顺之诚""深为嘉许",同时也贬低英国通商的意义,认为抚有四海的天朝唯知"励精图治办理政务",对于奇珍异宝并不看重,而且"天朝德威远被,万国来王,种种贵重之物,梯航毕集,无所不有",因此"并无需尔国制办物件"②。还说"天朝物产丰盈,无所不有,原不借外夷货物以通其无"③。

嘉庆二十一年(1816),英国又派使臣阿美士德到北京交涉通商事务,但由于在拜见皇帝的礼仪上存在严重分歧,嘉庆帝拒绝接见。可见,当西方势力日益逼临时,颟顸的清朝皇帝并无新的思维和有效的措施可以应对。

对于日益逼临的西方商业与殖民扩张的步伐,清朝采取了出于本能的措施:闭关锁国。清政府规定:"如有打造双桅五百石以上违式船只出海者,不论官兵民人,俱发边卫充军。"④康熙五十三年,兵部在议覆江苏巡抚张伯行的奏疏时,建议"渔船出洋时,不许装载米酒;进口时,亦不许装载货物。违者严加治罪",最后获得批准⑤。对于西方商船,他们常常采用简单驱逐的手段解决;对于与西洋商船有联系的中国渔船,则予以严厉的处罚。

道光十二年,有一只英国商船在福建大练洋面,向中国渔船用米换鱼。此事被官府查获,并搜出"夷书"一本。审问渔户杨妹妹等人时,他们供称"船内之人,言语不通,所给书本,伊等目不识丁,不知是何书",自称"并无勾

---

① [法]佩雷菲特:《停滞的帝国——两个世界的撞击》,第168页。
② 《清高宗实录》卷一四三五"乾隆五十八年八月己卯"。
③ 王庆云:《熙朝纪政》卷六《纪英夷入贡》附《敕谕英吉利国王二道》,上海图书集成印书局1901年版。
④ 昆冈、李鸿章等编《大清会典事例》卷七七六"康熙二十三年",光绪二十五年石印本。
⑤ 《清圣祖实录》卷二五八"康熙五十三年三月甲辰"。

引接济情事"。然而道光帝并不相信这一供状,认为"显系该渔户勾引接济,从中图利",因此"必应究实"。还说:"闽省向来不准外夷贸易,该夷船虽由遭风漂泊,岂可令其就地销售货物,并送给夷书?难保无生心觊觎之事。"下令程祖洛到福建"悉心查访,务得确情。如实有内地奸民,勾引接济,贪图获利,即行严加惩办。嗣后毋许该夷船在洋停泊,必须驱逐净尽。并严禁内地奸民,图利交接。务令弊绝风清,以靖洋面"①。清朝政府对民间所持西方图书、檄文、布告等都心存警惕,坚决予以收缴查办。道光二十一年,官府发现山西平定州民李芝携带夷檄、符书、碑文等物,将之作为重案查办。但经审讯,发现李芝携带夷书并"无传播煽惑别情",但仍然认为他"实属不安本分,应照私藏妖书不送官律,拟杖徒递回原籍"②。显然这种对西方的反应已经有些过敏了。

第四节 清朝君主集权制度的强化

一、虚置议政王会议与皇帝进一步集权

1. 削弱议政王大臣会议权力

清朝初年,中央政治权力尚带有比较浓厚的部落民主制特色。入关后,这一制度还在延续。但随着康熙、雍正年间政治制度的汉化,以皇权为核心的中央集权制逐渐强化,特别是南书房和军机处的设置,才最终摆脱了具有部落色彩的议政王会议的影响。

崇德以前,以八贝勒分治所部各旗,太宗皇太极与诸兄弟并无明显的君臣等级,"朝会则共坐,饷用则均出,俘虏则均分"。顺治入关后,才开始严君臣之分,"裁抑诸王骄蹇之习"③。但直到康熙初年,议政王大臣所组成的"国议"都具有很大的权威性。议政王大臣会议也称"国议",由满族贵族(八旗旗主等)组成,汉人不准参与。凡军国大事,都要由诸王大臣签议,权力超过内阁、六部,甚至"诸王大臣佥议既定,虽至尊无如之何"。清初,议政王大

---

① 《清宣宗实录》卷二一三"道光十二年六月丙子",中华书局1986年版。
② 《清宣宗实录》卷三四七"道光二十一年二月乙酉"。
③ 汤蛰仙:《变法》,载蛟川求是斋主人辑《时务分类文编》卷三二,香港今宜室光绪二十三年版。

臣一般都是八旗旗主,而八旗中除三旗(正黄、镶黄、正蓝)由皇帝直接管辖外,其余全由八旗旗主(固山额真)率领。他们位高权重,在旗地像君主一样高高在上,皇帝的命令只有通过旗主才能贯彻。这种制度,既有民族歧视成分,也带有满人氏族军事民主制的遗风。在议政王大臣会议体制下,鳌拜、明珠等相继擅政。康熙年少继位,由诸大臣辅政,及至诛杀鳌拜等人,才在一定程度上限制了议政王大臣会议的权力。康熙晚年,派皇子主管旗务,意在削弱旗主势力。雍正时,大杀满族贵族,派亲信管理旗务,下令旗丁直接听命于皇帝,更进一步削弱了八旗主的力量,同时也削弱了议政王大臣会议的权力。

为了摆脱议政王大臣会议的约束,加强皇帝集权制,清朝前期皇帝采取的措施,是通过别置机构处理机务来削弱甚至架空议政王大臣会议的权力。康熙在宫中设立"南书房"(原为入值翰林以诗词书画侍奉康熙帝之处),任用亲信文臣撰拟谕旨,这些人一般称为"南书房行走"。尽管这种谕旨撰拟并非制度性的,但仍从某种程度上削弱了内阁特别是议政王大臣会议的权力。

2. 军机处的设立

雍正七年(1729),为了在平定准噶尔叛乱时集中权力,皇帝专设军机房作为军事指挥中心。这一临时性的机构因其极高的效率,而成为固定建置,雍正八年改称"军机处",二年后颁发军机处印信。军机处大臣由皇帝简选亲信的满汉大臣组成,名称有"军机处行走"、"在军机大臣上行走"等,首席军机大臣称领班或首枢。军机处遂成为处理全国军政大事的核心机构,取代了议政王大臣会议的地位,也间接剥夺了诸王通过"国议"参与政务的权力,使议政王大臣会议形同虚设。皇帝诏令通过军机处传达给外省督抚,称为"廷寄";或通过军机处递交在京各机关,称"交片";而各地或在京机构大臣的奏章则通过军机处达于皇帝,均不再经过"国议"和内阁。不过,军机大臣也不能自作主张处理军政大事,必须听命皇帝,"只供传述缮撰,而不能稍有赞画于其间"①。所以军机处的设立,加强了皇权专制。

军机处人数少,机构简单,行政效率高。军机处下设章京,作为辅助人员参与机要,草拟谕旨,俗称"小军机",办公地仅"屋一间半"。军机大臣最初只有2~3人,后来多的时候也仅仅8~9人,一般5~7人。军机大臣直

---

① 赵翼:《檐曝杂记》卷一《军机处》,中华书局1982年版,第3页。

接对皇帝负责,雍正几乎每天都要召见他们,共商军政。重大的事情,军机大臣直接奏报给皇帝,使中国古代君主的集权专制达到顶峰。

二、中央与地方行政机构的建立

1. 中央机构的设置

清朝中央最高行政机构名义上是内阁,其职责与明代大体相同。它由内三院(内国史院、内弘文院,内秘书院)组成,初由内三院行使内阁职能,后逐步演变为部院之上的中枢机构,最终定名为内阁。它设大学士满、汉各二人,协办大学士满、汉各一人,学士满六人、汉四人。内阁下辖六部,作为执行机关,官员也是满汉分属。内阁在清代实际不掌实权,掌实权的先是议政王大臣会议,后是军机处。清初在宫内设有议政王会议的专职机构——议政处,但其具体行政则置于内阁之下。

六部包括吏、户、礼、兵、刑、工,是中央政府的执行机关,职责与明代基本相同。六部皆设尚书为长官,左、右侍郎为副长官,都是满、汉各一人。下属各司的长官为郎中,副长官为员外郎。除六部之外,清代中央政府还仿明制设置都察院、通政使司、大理寺、翰林院、宗人府、詹事府、国子监、钦天监、太常寺、光禄寺、鸿胪寺等机构。皆行满汉复职制,既体现满人掌权,又利用汉臣实行统治。清代初期,官员虽由满汉分掌,但实权在满人,汉官"备员"而已。清代对监察制度有所更革,康熙时废除了巡按御史制度,事权尽归于地方总督或巡抚。雍正时则将吏、户、礼、兵、刑、工六科给事中改隶都察院,给事中的权力大为削弱。

清朝比较特殊的机构有理藩院和内务府。理藩院是清代创设的一个专门管理边疆少数民族地区事务的中央机构,最初仅办理与蒙古的事务,后渐渐扩大为各少数民族地区的各项事务,如铨政、诉讼、土田、游牧、射猎、封爵、贡纳、邮站、翻译等,后来又兼管与外国(如俄国)交涉的事务。官职只以满、蒙人担任,不设汉官。内务府是专管宫廷皇室事务的机构,长官称总管大臣,由满族王公贵族担任。由于事务繁杂,又将已经裁撤的明朝二十四衙门恢复了十三衙门,作为内务府衙门的补充。"衙门虽设,悉属满州近臣掌管,事权不在寺人。且所定职掌,一切政事毫无干预。与历代迥不相同。"康熙时,将太监纳入内务府三旗(上三旗)的诸内管领的控制之下,以达到防范太监干政的目的。十三衙门不包括司礼监,大臣所上章奏都由皇帝亲自审阅,不再委任宦官,明司礼监专权之弊被革除。

2. 地方行政机构的组成

清朝地方行政组织分为省、府（州、厅）、县（散州、散厅）三级，还有与省大体相当的边疆特别行政区。清前期共设18个行省，后增加了台湾、新疆、奉天、吉林、黑龙江5个行省，达到23个。每省设巡抚1人，为省级最高官员。一省或二三省设总督1人，总督在明代是临时的，在清代则为常设，主管军事，有时节制巡抚。除总督、巡抚外，各省还设有与督抚平级的提督学政，主管教育科举。总督、巡抚下设：（1）承宣布政使司，长官为布政使（俗称藩台），主管行政、民政和财政；（2）提刑按察使司，长官为按察使（俗称臬台），主管司法刑狱。清初康熙时汉人做总督、巡抚者极少，乾隆时巡抚满汉各半，总督则全是满人。清后期湘淮军崛起后，地方总督、巡抚始多为汉人充任。

省下机构是府、州，设知府、知州。全国共有215府。府、州下为县，设知县，主管一县行政。全国共有1358县。清代知府、知县多以汉人充任。

清朝还在边疆设置了省级特别行政区，设将军或驻地大臣管理；同时也因地制宜，任用不同的官员管理不同的地方事务。如蒙古地区实行"大小札萨克"制（盟旗制）；维族地区设"总理回务札萨克郡王"；西藏实行政教合一，由达赖、班禅分掌前后藏，委任噶厦和大小喇嘛执行政令；云南、贵州、广西、四川等少数民族聚居地区先实行土司制度，由土官管理地方事务，后来推行改土归流；东北最初在盛京设内大臣，后在盛京、吉林、黑龙江等地设将军管理当地军政和民政。

清朝在基层推行保甲制。州县城乡每10户为1牌，10牌为1甲，10甲为1保，各设"长"以管理。佃户、雇工附于主户之下，每户门上挂一印牌，书写主人姓名、丁口数。僧道在寺观中也有登记牌。官府据此登记造册存档，以达到加强管理和维护治安、征课赋税的目的。

三、军事、法律、铨选制度的建立

1. 军事制度

清代的军事制度，有八旗兵、绿营兵和土兵之设。八旗兵原是一种军事、行政和生产三种职能合一的特殊社会组织，入关后脱去行政和生产功能，成为纯粹的军事组织。八旗最初为满八旗，后逐渐增加了蒙古八旗和汉军八旗，都直属中央八旗都统衙门，地方总督和巡抚无权征调。八旗兵包括守卫京师的禁卫兵（京营兵）和驻防各地的驻防兵，总数在清初有20～30万人,一半以上驻京城及其附近地区,其他八旗兵驻防地方各要害处所。

八旗兵的待遇较绿营兵为高。绿营兵是清朝入关后整编前明军队和新招募汉人所组成的军队,军用绿旗,故名绿营兵。它分马军、步军和水军,按标、协、营、汛编制,是八旗兵人数的2～3倍,清初约有66万人。绿营兵归地方管辖。除八旗和绿营外,清朝还有土兵。土兵是边远地区由少数民族组成的地方正规军,在北方、西北、西南称土兵,东北称索伦兵。

2. 法律制度

清朝还建立了比较完善的法律制度。清朝采用了"参汉酌金"的立法原则,创造性地吸收汉族的法律。顺治四年(1647)清廷制定《大清律》,后经康、雍两朝增删,于雍正五年(1727年)正式公布。《大清律》的主要内容仍规定五刑、八议、十恶等,厉行政治高压和思想高压,其条例之严、刑法之酷均超过历代,对人民聚众、结社、聚会等言行都有严厉约束。但为了发挥劳动者的生产积极性,也在法律规定上减轻了超经济剥削的内容。

清律的主要特点是断案时"用例不用律","例"即可增减删修的条例,暂时无例可循,方准律断。清律中有着比较明显的不公正之处,如重新规定佃主与佃户是"主仆名分",较明律有所倒退。同时法律有民族歧视倾向,满、汉犯罪在审判机构和用刑标准上截然不同,旗人犯罪有"换刑"之权。此外针对蒙古族和维吾尔族,还专门制订有蒙古律和回律等。

3. 铨选与科举制度

清朝还推行官吏铨选制度,包括官吏复职制、捐纳制以及科举制。所谓复职制度,是清军入京和征服各地后,对前明官吏多数照旧录用,主动归顺的予以升擢,并在中央内阁、六部、地方衙门中实行满汉兼用的复职制度。但重要部门不设汉官或汉人只任副职,地方府县则多用汉人。所谓捐纳制度,即准许各族士人(主要是汉族地主)捐钱做官,若现任官员捐钱者则可以升职,降职者可以复位,外官则可优先选用。捐纳制主要在顺治时推行,当时急需大批官吏,同时也可借此笼络各族上层人物。此后,捐纳制仅作为科举制的补充。

科举制是铨选制度的主体,清朝入关伊始便采纳了此制。顺治二年(1645),多尔衮接受浙江总督张存仁的建议,决定开科取士,并宣布明代生员和举人资格仍然有效。当年便在各省举行乡试,次年又在北京举行了会试和殿试。清朝不断扩大录取名额,这一制度也日益完善。凡应考者称童生,童生通过县考、府考或院考等初级考试取得秀才资格,才能参加乡试、会试和殿试。乡、会、殿试三年举行一次,乡试在省城举行,中榜者称举人;会试在京城举行,中榜者称进士;最后参加由皇帝主持的殿试。殿试分三甲,一甲取三人,即状元、榜眼和探花,赐进士及第,可直接授翰林院官职;二甲赐进士出身,三甲赐同进士出身。清朝仍采用明朝考试的八股程式,从《四书》、《五经》中出题,试文的思想及格式都有严格规定。

在正常科举考试以外,清朝还开设特科,有博学鸿词科、经济特科和孝廉方正科等名目。康熙十七年(1678)首开博学鸿儒科,令在京三品以上官员、在外各省督抚等,各就所知,推荐"学行兼优"、"文词卓越"的文人赴京应试,一经录取,即授以翰林院职。次年各地举荐143名,考试后录取了50名,分授翰林院侍读、侍讲、编修、检讨等职。名士朱彝尊、汤斌、潘耒、毛奇龄、尤侗等人都由此入京应选。

4. 考核制度

与铨选制相配套的是官员考核制度。清朝规定每三年对各级官吏考核一次,以定升降。考核由中央吏部考功司主持,考察的内容有4项(四格):(1)"守",即操守,有清、谨、平不同;(2)"政",即政绩,有勤、平不同;(3)"才",即才能,有长、平不同;(4)"年"即年龄,有青、壮、健不同。考察京官称"京察",三品以上由皇帝考察,四品以下由吏部考察;地方官考察称"大计",由府、道、省逐级考核所属官吏,上报吏部。考察成绩,分为称职、勤职、供职三种。称职者升,勤、供留职。京察中最好的称"京察一等",在大计中最好的称"卓异官"。对不称职者施以"八法",即对于贪、酷者,革职问罪;对于无为、不谨者革职;对于年老、有疾者令其休致;对于浮躁、才力不及者降级或调往偏僻任职。武官也实行考核,称"军政",由兵部主持,考察内容也有"四格",即才能、操守、骑射、年岁,升降标准与文官大致相同。

第五节 清朝的经济与社会

一、农业发展与人口迁移

1. 重农措施与农业发展

清朝十分重视农业在社会经济中的根本地位。满族早在入关前,便逐渐实现了农业化。清入关后甚至沿用了前朝重农抑商的政策,以确保农业发展。康熙帝明确指出,"阜民之道,端在重农","国家要务,莫如贵粟重农"。雍正帝曾说："农为天下之本务，而工贾皆其末也。今若欲于器用服玩之物，争尚华巧，必将多用工匠。市肆之中多一工作之人，即田亩之中少一耕稼之人。"①乾隆皇帝也宣称"万民以食为天，八政以农为本"，因此即位后极力推行"重农贵粟，薄赋轻徭"政策②。正是在这样的基础上，使清代农业得到较快地发展。

在重农政策的指导下，清朝采取了一些推动农业发展的措施。清初实行更名田措施，即把明代藩王所占民田还给原主，更名田与民田一同起科征税，使分得更名田的农民成了自耕农。在赋役制度方面，针对旧制无定额的弊病，在顺治三年（1646）编成《赋役全书》，以明万历旧籍为准，总记地、丁税额，并辅以鱼鳞图和黄册。康熙时编成《简明赋役全书》，删去原来田赋尾数，只留整数，在一定程度上解决了赋役混乱和乱摊派的问题。

到康熙五十一年（1712），为了稳定税额，宣布以康熙五十年丁银额为准（当年丁2462万，银335万两），以后"盛世滋生人丁，永不加赋"。到雍正时，又实行"摊丁入亩"（即"地丁合一"），将人丁税并入田亩征收，从此不再征收人头税。此前征税名目繁多，主要有土地税和人头税（人丁税），实行摊丁入亩后，把人头税摊到土地里面征收，使得穷苦无地的人免征人头税，减轻了农民对政府的人身依附关系，但也刺激了人口增长。

清朝政府重视治理黄河，康熙帝亲自选择治河人才并参与方案制订，在"南巡"时六次亲临治河现场，使黄河在很长时间没有发生决堤。此外还疏浚了运河，治理了北京附近的浑河（小黄河），并改名为永定河。

上述措施有力地推动了农业经济的发展，它表现在：

（1）耕地面积不断扩大。顺治十八年（1661）全国耕地面积为526万顷；康熙六十一年（1796）时增至851万顷；到雍正三年（1725）更增至890万顷，土地面积比明代多一倍。清朝亩产量一般为2～3石，高的可达5～7石。

（2）促进人口的快速增长。清康熙三十九年（1700）全国人口为1.5亿，乾隆五十九年（1794）时达到3.1亿，道光时更增至4亿多。人口的激增除了因推行"地丁合一"政策不再单独征收人头税，使人们没有必要再隐瞒丁口外，还直接促进了家庭人口的过快增长。

---

① 《清世宗实录》卷五七"雍正五年五月己未"。
② 《清高宗实录》卷一八九"乾隆八年四月己亥"。

2. "闯关东"的北方移民潮

人口迅速增长既是农业发展的表现，同时又带来了巨大的生存压力。乾隆六年(1741)人均占有土地约6.2亩，到乾隆三十一年(1766)，人口数约为2.1亿人，田地为7414495顷，平均每人为3.56亩；至道光元年，人口已增至约3.5亿人，田地并没有增加多少，人均土地面积大约只有2.23亩。人口压力导致人口流动和迁徙。

清代人口迁移基本上呈纵横两个方向。纵向南北运动主要是山东、河北等地的农民"闯关东"，向广袤的东北流动，同时也有山西、陕西农民"走西口"，越过长城关口进入内蒙古地区开荒种地。横向东西运动主要是长江中下游地区的农民向长江中上游地区移徙，出现了"江西填湖广"和"湖广填四川"的迁徙浪潮。

自清朝统一后，东北作为清廷发祥的圣地，统治者将之视为禁地，曾设柳条边予以圈禁。但"闯关东"的山东、河北流民潮汹涌而至，很快冲破了这种禁令。汉族流民进入关东，既有京畿及河北一带的灾民，更有山东一带搭乘海船赴关东谋生的农民。康熙五十五年，顺天、永平二府(今北京和河北东北部)，因为被水歉收，艰于口食，而山海关外米谷颇多，但"向因奉禁，不敢入关"，有官员请暂开两月之禁，使关内饥民可以前往购买米粟，"得赖资生"。康熙帝准奏①。乾隆时也常发生直隶省京南被旱各州县无业贫民多有出口觅食的现象，皇帝下令各地方官遇有贫民，便告诉他们关东盛京一带均获丰收，让他们出山海关赴丰稔之地佣工觅食，俟本处麦收有望，即可速回乡里②。这当然是权宜之计，但却引爆了移民关东的浪潮。虽然清政府不断下禁谕，但"闯关东"的浪潮却已经不可停息。

道光时，山东登莱贫民多利用出海口岸较多的便利情况，搭船前往盛京(沈阳)边外"占种官荒"。大臣琦善上《禁阻出海流民一折》，道光帝下令遵照所议，将"私出口外，及夹带流民，私渡奉天"该当何罪在登莱等地"遍行晓谕"。清廷规定，如果发现有人不在山东而"现赴关东者"，即查问该家属其人于何年月日、由何处口岸、搭何人船只前往，是否领有"印票"。"如系私渡，即传该口岸船户，及原籍牌甲分别讯究"。但无论怎样禁止，都无法阻挡。清政府不得不改变政策，承认已在关东安家流民的居住权。对于"愿入

---

① 《清圣祖实录》卷二六八"康熙五十五年闰三月戊申"。
② 《清高宗实录》卷一四〇八"乾隆五十七年七月辛丑"。

籍者,准取保结,给照编入";对于寄居在奉天的商贾工匠,由地方官发给执照①。乾隆曾表白过他的一番考虑:"朕以关内关外,皆系赤子。伊等寄寓日久,一旦骤令搬移,未免失业。"

3. 南方的"湖广填四川"

与此同时,长江中下游的农民开始向中上游迁徙。宋、元以来,中国农业重心在长江下游地区,民间流行"上有天堂,下有苏杭"和"苏湖(州)熟,天下足"的谣谚。但到明、清时期,长江下游地区人口饱和,粮食出产不足以养活当地人口,于是当地农民不得不寻找出路,向长江中游移民,出现了"江西填湖广"的人口迁移运动。大量的方志及家谱材料证明,湖广地区的人口不少都是来自江西、安徽和江浙等地。在下游人口向中游迁移的同时,湖广地区的土著居民有不少又迁移到长江上游,出现了"湖广填四川"的人口流动。原因是由于外来农民增多,湖广土著居民沦为落居客民剥削的对象,以至于失去产业,不少人便转而迁往四川等地,"江左右黠商贾往往朋呼党聚,杂编甿与处而夺之业"。四川巡抚张德地的奏折称:"查川省孑遗,祖籍多系湖广人氏。访问乡老,俱言川中自昔每遭劫难,亦必至有土无人,无奈迁外省人民填实地方。所以见存之民,祖籍湖广麻城者更多。"四川《旌阳竹枝词》称,"分别乡音不一般,五方杂处应声难。楚歌那得多如许,半是湖南宝老官"。绵竹县令陆箕永《绵州竹枝词十二首》其一谓:"村墟零落旧遗民,课雨占晴半楚人。几处青林茅作屋,相离一坝即比邻。"这些均证明四川多有湖广移民。明清以湖北为纽带的人口大迁徙,不仅促进了湖广地区的经济增长,也促进了整个长江流域的社会发展。

4. 人口迁移的意义

清代的移民潮,使全国各经济区域之间的联系更加紧密,使劳力、资金和技术从高密度地区不断向低密度地区倾斜和扩散,带动了整体社会经济的快速发展。

(1) 移民一般都是从比较发达的农业区迁来,带来了劳动力和先进生产经验及技术,如在平原湖区的围湖造田、与水争田和在山区的开荒垦殖过程中,都有一个突出现象,即外来流民、移民是垦殖活动的主体。正是各地流民、移民的到来,才使大面积的山地、湖沼低地变成了可耕地。就水利灌溉而言,外来移民使陂塘堰坝类小型灌溉设施在当地获得长足发展,促进了

---

① 《清高宗实录》卷一三七"乾隆六年二月"。

两湖、四川地区粮食生产的空前增长。

（2）外来移民还带来了资本和商品经济观念。以清代湖北为例，原来当地土著居民"不习经商"，而商贾甚或工匠，多为四方客民。黄梅等地县志材料记载，"民俗力农，不事商贾游侠……其工匠无土著，率四方来者，取相通而食；凡开张百货、通盐利者，又皆三吴、徽、歙之人"。这些外来商人资本雄厚，在许多行业中居主导地位，刺激了湖北本地商人急起直追，到清代中期便形成了咸宁帮、黄州帮、荆襄帮、武昌帮、东湖帮等有影响的商人集团。

正是清代的人口大迁移运动，使得东北、湖北、四川等地区面貌发生了根本性的转变。东北地区的人口构成比例发生了很大变化，汉族农民占了绝大多数，他们把北大荒的许多沃土开发成了粮田。湖广地区的农业也出现了高速发展的局面。明中叶，江浙民间有"吴以楚食为天"之说，到了清康雍乾时期，几乎是谈米粮者言必及湖广，湖广成了人们心目中的粮仓。康熙皇帝甚至说道："'湖广熟，天下足'，江浙百姓，全赖湖广米粟。"农业发展促进人口增长，人口增长和新的迁徙又推动新一轮的农业发展。

二、商品经济与工商市镇

1. 商品经济发展的背景

清朝前中期以工商业为基础的商品经济比较发达。清初推行了一些恢复和促进手工业发展的措施。顺治二年（1645），清朝曾一度宣布取消匠籍和免征代役银，但不久后又恢复。康熙以后把工匠代役银一概并入田赋内征收，工匠代役银和匠籍制度才逐渐废除。这一措施，减轻了手工业者的人身依附性，极大刺激和提高了他们的生产积极性。清初除少数手工业的行业实行官办外，其他都改为民间经营或官督商办。清廷还取消私人织机不得超过100张的禁令，为促进手工工场规模的扩大提供了政策保障。

除政策促进外，清代手工业和商业的发展更主要的原因，还是由于经济内部运行的结果。清代农业发展促进了人口激增，人均占有土地面积锐减，使江南、珠三角等地区出现了严重的人口饱和现象。如前所述，剩余人口为寻找出路，一是向其他人口相对稀疏地区流动和迁移，二是就地向手工业和商业领域转移。因此，清代以江南、珠三角等为代表的广大地区，便出现了手工业和商业相当发达和繁盛的局面。

2. 手工业的发展

在清代的手工业中，最具有国际知名度的便是丝织业。中国生产的生丝和丝绸远销日本、欧洲和美洲等地。丝织业生产主要在江南的江宁(南京)、苏州、杭州和湖州等地,此外佛山和广州等地的丝织业也很发达。江宁的织机在乾嘉时期达到3万余张,苏州大体相同。清代广州由于推行桑基鱼塘①等生态农业,使丝产量大为增加,同时也促进了本地丝织业的发展,使其丝织业规模首次超过苏州,而成为全国丝织业新的中心。此外,西南的贵州遵义所产丝绸也相当精美。清朝官府有织造衙门,有官办作坊,但发展较快的仍是立足于市场的民间私营作坊和手工工场。棉纺织业也是清代手工业中的重要部门。江南的上海、苏州、无锡等是棉织业中心,无锡甚至有"布码头"之称。纺织业发展带动纺织机械的改进。如上海的纺纱脚车,可"一手三纺",大大提高了生产效率。

在制瓷业中,以江西景德镇为全国制造中心。此外,直隶、陕西、山西、河南、山东、四川、广东等地制瓷业也都十分发达。制糖业在广东、福建、四川和台湾等地也很发达。矿冶业也成为清代手工业的重要行业,云南的铜矿,贵州的铅矿,以及广东、山西、河南、山东的铁矿等,开采技术和规模也都很可观,尤其以佛山的铁器制造业最为发达。

3. 商业的发展与工商市镇的繁荣

清代的商业是适应手工业和农业商品化生产的需要而产生和发展起来的。由于江南等地人口饱和,当地人向手工业领域转移,所需粮食便从长江中上游的湖广和四川等地以商品的形式购来;而湖广和四川等地又从长江下游的江南地区购进棉布、丝织品和其他手工业产品。此外,江西和广东的瓷器,广东佛山的铁器,河南、湖北的棉花等商品均通过市场销往外地。以湖北为例,当时形成了一批大小不等的棉布生产中心,创出一些较为知名的棉布品牌,宜城、江陵、云梦、安陆、监利、随州、汉阳、孝感、应城、蕲水等地所产棉布,进入市场的比例相当大,产品行销范围相当广,远达滇、黔、秦、蜀、晋、豫、皖、苏、粤等十数省。在这种背景下,地区与地区间的商品交流和交换日益频繁,逐渐形成了繁荣的国内市场。

在手工业生产和商品交换中,渐渐形成了一些比较有名的工商业市镇或地区经济集散中心。清代较大的商业城市有北京、江宁、苏州、杭州、扬州、济南、天津、开封、太原、广州等。汉口、佛山、景德镇和朱仙镇这样的"四

---

① 即鱼塘四周种桑,塘水滋润桑树,桑蚕屎又落入塘中养鱼,既收获了鱼,又收获了蚕丝。

大名镇"也是在清代发展起来的。清代在江南地区,还出现了松江、湖州、嘉兴这样的中等城市,以及像魏塘镇、震泽镇这样的专业市镇。除江南外,清代湖北由于商品流通的优势逐渐显现,长江、汉水沿岸形成了一批引人注目的大小规模不等的市镇。这些市镇按规模大小,可以分为四个层次:(1)特大型市镇汉口。到清中叶,汉口已发展成为拥有14万人口的全国性大市镇,号称"天下四聚"之一。(2)大型市镇沙市、宜昌。它们在长江流域及华中地区的商业贸易中占有重要地位。(3)大批在湖北不同地域有较大影响的集镇,如仙桃、老河口、樊城、阳逻、岳家口等。它们是联结城乡的纽带,是大市镇繁荣的基础。(4)为数众多的名为"场"的小集市,它们是农村消费者交易产品的主要场所。以汉口为龙头的遍布全湖北的手工商业市镇,形成了四通八达的商品流通网络。

4. 金融业革命

商品经济的发展和商品流通的活跃,促成了金融业的革命。在经营金融业的商人中,尤以山西帮规模最大,资本最雄厚。山西帮的金融经营资本是从商业资本中分离并发展起来的,其金融企业主要形式有当铺、钱庄、印局、账庄、票号等,遍布全国各地乃至亚欧一些国家。山西钱庄常常靠亲属关系在全国设立分号,把款子从一个地方转给其他地方的分号,收取一些服务费"汇水"。小钱庄主要服务于所在地的社区,大钱庄则常和分布在通都大邑的地方银号相互往来。康熙四十年(1701)前后,山西商人开办了大盛魁印票庄,乾隆元年(1736)在张家口设祥发永账局。乾隆三十年(1765),仅苏州一地就有山西商人经营的钱庄81家。① 为了行业协调和管理,山西各钱庄自发地创立了同业行会,成为能够管理、监督、约束以及仲裁同行纠纷的组织,如包头的裕丰社、归化城的宝丰社、大同的恒丰社等。

三、社会生活与风俗

清朝人谋生的职业不同,所属民族或政治地位不同,因而形成了不同的社会阶层,并且各有不同特色的社会风尚和习俗。

1. 家庭构成与婚俗

清人普通的平民家庭由父子两代或祖孙三代构成,同一家庭的两个以

---

① 苏州历史博物馆等合编:《明清苏州工商业碑刻集》,江苏人民出版社1981年版,第395页。

上的成年儿子是分家生活的。而官宦和富裕人家的家庭往往是四世同堂或五世同堂。平民家庭多是一夫一妻,富贵之家则纳有众妾。家长一般是成年男性,家庭中的矛盾以家长与家庭成员之间为多,具体表现为父子、夫妻、婆媳、妯娌的摩擦和冲突。北方女子一般从事家务劳动,南方的妇女多参加农业或纺织生产,甚至可以养活自己。豪门妇女则不事生产,但限于闺庭,足不出户。

清人婚姻既重门第又重财产,女方要求男方提供彩礼,而男方则要求女方准备嫁妆。婚姻仪式按礼俗举行,繁琐而铺张。以扬州婚俗为例,先是订婚,当地习俗称为"下茶",有大定、小定之分。"小定"又称"稳亲",是在男女尚幼时的定婚;"大定"就是正式定婚。然后是结婚,首先选择"吉日"。迎亲前一天,新郎的兄弟等人到女家去发铺盖(嫁妆)。铺盖中的马桶内放五子:子孙蛋(红鸡蛋)、红枣、染成红绿色的白果、莲子、花生,象征"五子登科"。迎亲之日,花桥抬起后在门前转三转,女家向轿子泼水,示意"嫁出去的女儿泼出去的水";撒筷子,预祝新娘快生贵子。发轿时,新娘的哥哥或弟弟跟着送亲。晚上办喜酒,以席间上头菜为高潮。晚饭后,新人在闹房的热烈气氛中进洞房。

结婚后,一个新的家庭便组成了。在南方,有数十人、数百人以至几千同族人聚居的宗族,是由未出五服的血缘近亲和出五服的同宗亲属建立的宗法组织。他们建有祠堂,推举族长,以凝聚人心并处理纠纷,其作用常常相当于基层政权。

2. 社会阶层的区分

清朝人处在不同的社会阶层中,各阶层成员在政治、法律上的地位并不平等。大体可区分为以下六种:

(1) 皇帝拥有至高无上的政治权力,占有丰富的社会资源。

(2) 贵族阶层,又有宗室贵族和异姓贵族的不同。清代宗室封爵十二等,前九等没有官员品级可与之相比,第十等与一品官大学士等同。异姓公爵最高只相当于宗室封爵的第七等。因此,皇亲宗室地位远远高于异姓贵族,这为历代所不及。异姓贵族爵分王、公、侯几级,享有犯罪后"八议"宽免及做官、袭爵方面恩荫的特权,但"三藩之乱"后取消了异姓的王爵。

(3) 官僚阶层,由文武官员组成,三品以上为大臣,四五品为中级官员,六品以下为低级官员。他们分别享有不同的恩荫权、优免权、赠封权等。

(4) 绅衿阶层,由退职的官员和有功名的进士、举贡生监组成,享有部分免役权、司法诉讼上的特权和社会习惯上的特权。

（5）平民阶层，包括没有政治身份的地主、商人、自耕农、佃农、手工业者、僧道等，在法律上处于"良人"地位。其中的佃农地位原来低于地主，雍正年间制定禁止地主"擅责"佃农的法令，其地位才有所上升。雇工包括被绅士、地主、商人、手工业者以及佃农雇用的农业、手工业工人，原来的地位介于良人和贱民之间，经过乾隆年间改制，也升为良人。

（6）贱民阶层，是清代最下层的社会成员。其中的奴婢，有卖身的，有家生的，有投靠的，主要从事家内劳动，是主人的财产，受主人人身控制。主人虽不能任意杀害他们，但一旦杀害了也可以根据政治权力减罪。其中的教坊司乐户是官奴婢。另外山西、陕西的乐户，绍兴府、宁波府的堕民，苏州府的丐户，广东的蜑（疍）户，宁国的世仆，徽州的伴当等，因从事贱业，也是贱民阶层，有的还附属于主家。这些贱民在雍正年间的法令中被开豁为良，但由于很难改变其职业，故仍处于贱民地位。贱民不能同良人通婚，也不得通过科举入仕。

3. 衣食住行

清朝人在衣食住行方面，也有相关的规定和风尚。

（1）服饰

在清代，从天子、贵族、官僚、士人、平民到贱民都规定了与其身份相应的服装及装饰品规格，以不同的用料、颜色、刺绣、饰物来区别其政治身份。满族当局强行改变明朝汉人服式，推行满装和旗服。其官服的特点可用"孔雀翎、马蹄袖"来描述。清朝强制推行满人发型，即"小顶辫发"，剃去头颅前半部头发，而在脑后梳辫子。自顺治四年以后，汉族除了妇女、儿童、释道、优伶一类人仍袭用明制宽衣大袖、浅面鞋外，一般男人改服箭衣小袖（紧身窄袖）。清代汉族女子从童年开始缠足，满族女子"修头不修脚"，崇尚天足。清初禁止缠足，但汉人积习难改，裹足如故。当时人以莲足为美，并以为女德。大家闺秀、仕宦夫人一定要三寸金莲，否则"母以为耻，夫以为辱，甚至亲串里党传为笑谈，女子低颜，自觉形秽"。而一些地方又不许婢女、下人缠足，以此区分贵贱。

（2）饮食

清人主食除了传统的米、麦之外，玉米、白薯也成为主要粮食。官方大力提倡种植白薯，以弥补粮食紧缺。清代官绅商贾，口味千变万化，要求越来越高。如京中宴席，康熙时以滦鲫、黄羊为佳品；乾隆中则盛行填鸭，满汉全席也随之出现。茶馆在一些地方兴盛起来,出现"遍地清茶室"的现象,进茶馆成为一种风尚。

(3) 居住

清廷对不同社会阶层的住宅方位、房舍式样均有限制。皇宫在北京城市正中间,"巍峨华焕"的内城居住贵胄、官僚和满人,南面的外城是商人活动场所,符合"北朝南市"的传统规制。有的城市还分满城和汉城,一些地方有贱民聚居区,在宁波称为"贫巷",房舍矮小。清人为了改变狭窄的居室条件,讲究建筑质量,注重雕饰,富贵人家往往修建各种花园庭院,皇家则拨巨款修建圆明园、颐和园、避暑山庄等园林。官绅富商修建的私家花园散布全国各地,尤以苏州和扬州为最。私家花园各具特色,虽由人做,宛自天开。商人客居外地,则建有会馆。如四川自贡的西秦会馆,为清代陕西籍盐商集资修建的同乡会馆,始建于乾隆元年(1736),总建筑面积约3000平方米。建筑群对称布置在长86米的中轴线上,构成层次分明、变化多致的前低后高的五个院落群体,殿宇厅堂疏密相间,楼台庭院虚实得体,建筑整体以廊楼相接。其独特的造型与雄伟的气派,在国内现存清代建筑中很罕见。

(4) 出行

清朝规定各级官员依据自己的政治地位享用不同形制、颜色和饰物的轿子和车辆。为了维持等级秩序,清朝设立了严格的制度,如在运河道上船过河闸,先进官船,其次才及商民货船。有的地方以提倡义渡为风尚,由私人出资修桥,或置船雇夫役,免费摆渡行人;有的地方以发展茶亭为美事,施茶给过往行人。

4. 节庆娱乐与文化生活

清代百姓平时的文化和娱乐活动相当贫乏,但在婚嫁、丧葬、节日、庙会中则尽量铺张,以填充平日的消费缺失。庙会是流行于全国各地的民间贸易和娱乐形式,依托于寺院,每年定期举行,往往连续多天。届时司事者多定戏班,作连台的演出,还有踩高跷、耍猴戏、练武术、唱鼓书等曲艺杂技表演。人们修饰打扮,男女老少拥向寺宇,"举国若狂",满足一种精神的需要。有的官员曾以庙会上男女混杂、有伤风化为理由,要加以禁止,但终不能禁。

清人还在传统节日享受文化生活,展现民风民俗,如元宵节看赏烟火、龙灯,五月五日观龙舟竞渡,七月盂兰盆会鬼节看僧道做法场。此外民间的春祈秋赛,也多有社戏演出。春节是中国最盛大的节日,是社会生活和民俗风情的集中体现。京城北京人家都要置办年货,年货按大类可分为饮食、衣着、日用、迷信、玩耍、点缀六类。饮食中大路货如猪、羊肉,鸡鸭则是最普通的,鹿肉、野鸡、冻鱼等则来自山海关外,是关东货;而水磨年糕、糖年糕、冷笋、玉兰片之类,则又是江南的东西。衣着除去"旗装"而外,也讲究南式。《春明采风志》载:"琉璃、铁丝、油彩、转沙、碰丝、走马、风筝、毽毛、口琴、纸牌、拈圆棋、升官图、江米人、太平鼓、响葫芦、琉璃喇叭,率皆童玩之物也,买办一切,谓之忙年。"一般人家还要买些爆竹如百响、麻雷子、二踢脚、起花、太平花等。

清人观赏的戏曲形式很多,有昆腔、弋阳腔、梆子腔、鼓吹、吹打、十番、弦索、皮黄和京剧等。前期昆腔为人所喜爱,清末则被京剧取而代之。皇帝有内府戏班,演技和道具皆精绝,乾隆时爱看《西游记》、《封神榜》等小说改编的神仙鬼怪戏。京城有几家戏班子,供士大夫欣赏。地方官多私设戏班子,除供自家观赏外,还借请属民富人观戏之机勒索钱财。有的地方有在官乐户,官员宴会则命其歌舞侑酒。一些工商业和交通发达的城镇,如苏州,有民间梨园,乾嘉时期遍布城乡内外。戏班有固定的演出场所,也流动到集市上卖艺,所到"听观如堵",受到社会上三教九流观众的欢迎。

5. 社会风俗的变异

社会风俗既有较强的传承性,又有一定的变异性。清代各民族之间、上下社会阶层之间和东西方文化之间的密切交流,都曾对清代民俗和社会风尚的变迁产生过较大影响。

清朝各民族都有自己的生活习尚,但各族之间又互相影响。满人强迫汉人接受他们的一些生活习惯,但作为统治民族的满族,自入关后逐渐染慕汉风,生活习惯日益与汉人混同,最后连自身的语言文字也基本消亡。满族人不论贵族还是一般旗人,因其身份带来的社会特权,可不劳而食,大都养成骄惰淫佚之风。"八旗子弟"游手好闲,赌博、看戏、斗鸡,或在街头提笼架鸟,成为安逸堕落的代名词。北京是民族融合的城市典型,它在整个清代都是汉人、满人、北方人、南方人杂处的都市,各族风俗交流混合。如满人、北人有意学苏杭人的饮食起居,汉人故意学满人的礼数派头,这就混合成特殊的"北京味",并相沿成习。

清代社会风尚往往从上层向下层流行。京官和富商追求时髦和奢华,如穿皮衣,从一般羊皮一变为狐铅天马猞猁狲,再变为骨重羊草上霜;乾隆时北京流行吃填鸭,外省巡抚也专门雇工喂养填鸭,以便食用。上层的时尚很快影响到下层,如江南民间宴客,原来是十几道菜,后来二三十味才算丰盛,暴发户请客,往往争着比达官贵人还要奢华。人们衣着上也相互攀比,结果"贾竖贱役亦曳缟履丝,以夸耀于闾里"。

清代社会风尚也从西方向中国流行,引起社会生活的某些变化。自鸣钟表是欧洲精致的工艺品,自利玛窦来华时传入中国,到乾隆时从皇帝到大臣,再到一般的士绅,家中都以使用钟表为荣,如乾隆皇帝坐的轿子、骑的马上都置有钟表。清人昭梿称,"泰西氏所造自鸣钟表","士大夫争购,家置一座以为玩具"①。据文康以雍正时为背景撰写的小说《儿女英雄传》,其第二回将"洋表"与朝珠、缂绣呢羽、绸缎皮张、玉玩金器等相提并论,当作时兴的高贵礼品②。西洋人发明的眼镜也在清代风行。总之,随着近代欧美殖民者和商人挟坚船利炮而来,使清代原有的风俗受到挑战,社会在迅速地发生着改变。③

第六节 清朝的民族关系

一、满蒙联姻:清朝早期民族关系的基础

清朝在其不同的历史阶段,采取不同的民族政策,形成不同的民族关系。它最先实施的是"满蒙联姻",以满蒙联盟为基础,共同对付汉族和其他民族。入关和统治中原后,清廷感到单靠满蒙联盟已不能满足稳固统治的需要,因此采取了"满汉一家"的政策,在中央政权机构实行满汉复官制。同时,它也把对其他各族的统治政策,及时进行调整。

1. 满蒙联姻制度

满蒙联姻是清朝最初实行的民族政策,这一政策一直延续到清末,长达3个世纪。清代的满蒙联姻具有制度性,这是它与汉唐"和亲"的不同之处。清朝皇帝以指婚的形式决定皇室及宗室王公子女的婚配。皇室男性,如皇子皇孙及宗室王公子弟,他们的配偶除从八旗中选出的"秀女"中产生外,有时也由皇帝或太后指定蒙古王公的女儿婚配。皇室女性,如皇女、皇孙女及

---

① 昭梿:《啸亭续录》卷三"自鸣钟"条,中华书局1980年版,第468～469页。
② 文康:《儿女英雄传》,第2回"沐皇恩特授河工令,忤大宪冤陷县监牢",中州古籍出版社1998年版,第23页。
③ 以上据冯尔康先生:《清代社会史论纲》(《中华文史论丛》1987年第1期,上海古籍出版社1987年版)等资料编写而成。

宗室王公的女儿,则由皇帝或太后指定八旗及蒙古王公的子弟婚配。

将皇室女子指婚给蒙古王公子弟,是政治联姻制度。每年底,宗人府将皇族适龄格格(公主、郡主)开列上报,由皇帝强制性指嫁给蒙古王公子弟。乾隆二十四年(1759),乾隆针对当时亲王郡王或将女儿隐匿不报,或提前私聘与京城旗人的情况,专门谕令将私嫁格格的亲王郡王罚俸一年。他重申:"嗣后凡亲王郡王之格格,俱遵照旧例,候朕旨指给蒙古台吉等。其间或有因原系姻亲熟识蒙古等,情愿自行许给,尚属可行,伊等可自行定议奏闻。其不行奏闻而私行许聘京师旗人者,著永远禁止!"①这说明,清廷的根本目的是为了与蒙古联姻,即使未经皇帝允许,只要是私聘给了蒙古王公子弟而非其他,也会受到鼓励。

满族皇家通过指婚制,与蒙古各部领主和王公贵族保持长期的联姻和政治联盟。据统计,清朝前后实现满蒙联姻586次,入关前32年间为84次,入关后268年间为502次。在所有的通婚中,满族皇室出嫁给蒙古的格格多达430名,满族皇帝及宗室王公子弟娶蒙古王公之女156名。出嫁格格的人数以乾隆朝为最多,遣嫁也最频繁,乾隆60年间,嫁与蒙古的皇家宗女多达179人,平均每年出嫁3人,最多的年份为乾隆四十四年(1777),出嫁8人。

清室主要与漠南蒙古、漠北蒙古和西套阿拉善蒙古联姻。在漠南蒙古中,主要与科尔沁部联姻,其中科尔沁左翼中旗、左翼后旗与清廷联姻次数较多。据《清太祖实录》卷四载:"壬子(万历四十年,1612)春正月,丙申朔,上闻蒙古国科尔沁贝勒明安之女甚贤,遣使往聘。明安许焉,送女至。上具车服以迎,筵宴如礼。"入关前后,清皇室共有8位公主出嫁这里,其中嘉庆皇帝第三女庄敬公主嫁给科尔沁左翼后旗的扎萨克郡王索特纳木多布斋,二人长住北京。额驸(驸马)死后无子,由族侄僧格林沁承袭王位,僧格林沁也长住京城,并与裕郡王文和的女儿结婚。漠南喀喇沁部(内蒙古赤峰)则是乾隆以后与清室联姻人数最多的蒙古部落,仅乾隆朝的60年间,满族皇家就嫁给该部41名宗女。

清室很早就与漠北蒙古(喀尔喀蒙古)建立了联姻关系。天命五年八月,喀尔喀部落"送其二子一女为质"。太祖"乃以所质女,与大贝勒代善为

---

① 昆冈,李鸿章等:光绪《大清会典事例》卷一《宗人府·天潢宗派·嫁娶》。

妃"①。天命九年正月，"北蒙古国喀尔喀把岳忒部落达尔汉巴图鲁贝勒子台吉恩格德尔，先诸部落来归，朝谒求婚"，太祖嘉许，"以弟贝勒舒尔哈齐女妻之"②。在漠北蒙古中，清室主要与土谢图汗部和赛因诺颜部联姻。土谢图汗部中主要与汗察珲多尔济家族联姻。康熙三十六年（1697），康熙帝将其第六女恪靖公主指嫁察珲多尔济之孙敦多卜多尔济。清室与赛因诺颜部联姻，主要是与策凌家族通婚。策凌由清室养育，成年后，娶康熙帝女纯悫公主。其孙拉旺多尔济袭扎萨克亲王爵，与乾隆帝第七女和静公主联姻。自此，这一家族世居京城，与满族皇室及贵族互相嫁娶，成为清后期的显赫家族。

2. 满蒙联姻的政治目的

（1）清廷通过与蒙古建立长期的联姻关系，巩固清朝对广阔的蒙古草原的控制和统治。通过世代联姻，清帝笼络了蒙古王公贵族。如土谢图部察珲多尔济是该部之汗，他的弟弟是统掌漠北蒙古喇嘛教的大活佛哲布尊丹巴一世，鉴于这种显赫的背景，康熙帝便将女儿指嫁给察珲多尔济之孙敦多卜多尔济。哲布尊丹巴一世圆寂后，雍正帝又确认敦多卜多尔济之子为转世灵童，是为哲布尊丹巴二世大活佛，清朝继续利用该家族巩固对这一地区的统治。皇家格格与她们的蒙古额驸（驸马），生育的子孙成为蒙古王公台吉，都与清帝有甥舅或外孙外祖父的关系，其中不少人又被清帝招为额驸。他们轮流到北京或承德觐见皇帝，接受宴赏，不断增进与皇室的情感。通过这些皇家姻亲的领主贵族，使得蒙古稳定地隶属于清王朝。

（2）清廷通过联姻，使蒙古王公贵族成为其征讨不庭和巩固边疆的重要力量。乾隆中期以前，漠西额鲁特准噶尔部蒙古，成为清朝边疆不安定的因素，清朝利用通婚的漠南、漠北及西套蒙古领主王公的军队，配合大军征讨准部的叛乱。这时，漠北科尔沁、喀喇沁两部、漠北土谢图汗和赛因诺颜两部，以及西套阿拉善蒙古中的皇家额驸均出兵助战，屡立功勋。赛因诺颜部的额驸策凌父子3人长期担任乌里雅苏台定边左副将军，统掌漠北蒙古之兵。他们西防准噶尔部蒙古，镇守北部边陲，对清朝边疆的安定起到了重要作用。乾隆中期以后，在库伦（乌兰巴托）设蒙古办事大臣，长期由土谢图汗部的两家皇族姻亲来担任。

---

① 《清太祖实录》卷八"天命五年八月戊寅"，中华书局1986年版。
② 《清太祖实录》卷九"天命九年正月丙辰"。

（3）清廷推行满蒙联姻的目的，还在于以满蒙联盟为基石，更稳固地统治汉族和其他少数民族。世代联姻使满蒙血统混合，成为一家。顺治帝生母是科尔沁蒙古人，因此他是个满蒙混血儿。他的诸皇子包括康熙皇帝在内，也都含有蒙古族血统。庆亲王奕劻生母为西套阿拉善蒙古亲王玛哈巴拉之女，平郡王纳尔福生母是科尔沁蒙古巴敦台吉之女，因此他们也都有蒙古血统。同样，蒙古诸王公也多有满族血统，如科尔沁右翼中旗的阿拉善，其母便是清太宗第八女固伦公主；科尔沁左翼中旗的鄂尔齐，其生母是清太宗第四女固伦公主；喀喇沁部的敏珠尔拉布担，其生母是康熙之女端静公主，他们都具有满族血统①。联姻促进了满蒙的民族融合，在"满蒙一家"的背景下，清廷便可全力对付人数众多的汉人及其他少数民族，蒙古成为清朝统治中原和其他地区的依托力量。如蒙古八旗在对付汉人和其他少数民族的反抗中，多有汗马功劳，以致清前期"累朝用兵，拓地数万里，膺阃外之寄，多用满蒙"②。

3. 维护满蒙旧俗

为了巩固满蒙联盟，清朝坚持满蒙旧俗，特别是尽力保持满蒙文字和语言，以免被汉族汉文字所同化。道光间，因"蒙古人名率多汉义"，理藩院奏请"通饬蒙古人等，不准以汉义命名"；"嗣后著各扎萨克通饬蒙古人等止准以满洲蒙古字义命名，不得取用汉人字义，以符定制"。皇帝准奏③。清朝还竭力维护满蒙文字和语言的地位。《啁啾漫记·宣宗重视清语》载："清制，满蒙人员，凡遇谢恩请安，皆用清语。道光八年，盛京副都统常文回京，在隆宗门外谢恩，以汉语陈奏。宣宗大怒曰：'清语为满洲根本，若偶尔奏对，尚且不能，非忘本乎？'即命革职。"道光间还要求重视蒙古和满洲的骑射传统，考试蒙古字话笔帖式时，"一体较试马步射艺"，"永远遵行"④。保持满蒙传统，在清朝统治者看来，便形成了一种有别于汉族的核心文化，从而建立自己民族统治的精神基础。

---

① 以上根据杜家骥先生《清朝的满蒙联姻》（《历史教学》2001 年第 6 期）等编写而成。
② 汤蛰仙：《变法》，载《时务分类文编》卷三二。
③ 《清宣宗实录》卷二九二"道光十六年十二月戊辰"。
④ 《清宣宗实录》卷三二七"道光十九年十月甲戌"。

二、"满汉一家":对汉族镇压与怀柔并用

清朝在其统一中国的过程中,对汉人采取了镇压与怀柔并用的策略。一开始它无情地镇压了大顺和南明政权的抵抗,又将之施诸"三藩之乱"和收回台湾。全国统一后,清朝开始调整民族政策,统治策略以对汉族上层人士的拉拢为主,甚至打出"满汉一家"的旗号。

1. 剿抚并用与恩威兼施

入关后,清朝采取了怀柔与镇压并用的手段,很快降服了中原的汉人。萧一山指出:"清朝所以能成功,不是武力的关系,而是政治的关系。政治成功的最大因素,就是它把握着中国社会的基层,认识了中国人民的特性,一松一弛,一张一弛,深得两重政策的运用,使汉人'啼笑皆非',不知不觉地上了圈套。"①清廷在占领中原的过程中,采纳了明兵部右侍郎金之俊建议的"十从十不从"之纲:"男从女不从,生从死不从,阳从阴不从,官从隶不从,老从少不从,儒从而释道不从,娼从而优伶不从,仕宦从而婚姻不从,国号从而官号不从,役税从而言语文字不从。"十从与十不从,便是清朝怀柔与镇压并用政策的集中体现。

政治上,清朝初入中原,对前明臣民实行怀柔政策,推行满汉复职制,大量启用前明官员,在京官员照旧录用,归顺者官升一级,以笼络汉族官吏。在范文程起草的入关檄文中称,"义师为尔复君父仇,非杀尔百姓,今所诛者惟闯贼,吏来归,复其位;民来归,复其业。师行以律,必不汝害。"②他们为崇祯帝大举发丧,官员服丧三天,厚待原明朝宗室。另一方面又歧视汉官,重要职位都由满人掌握,即使实行满汉复职制,汉官也多被架空,还规定满官品级高于汉官。其对于南明政权也是怀柔与镇压并重,先承认其地位,在檄文中宣布清朝"非富有天下为心,实以拯救中国为计"。承认南明大臣"不忘明室,辅立贤藩,戮力同心,共保江左,理亦宜然,予不汝禁",要求"通和讲好","敦睦邻之谊"。但等到山西、陕西已定,李自成仓皇南撤时,清朝马上就"简西行之锐,转旆东征",灭掉了南明诸政权。

在军事上,清朝一方面严明军纪,争取汉族民心向附。入山海关后,多尔衮与诸将誓约:"今入关西征,勿杀无辜,勿掠财物,勿焚庐舍";入京以后,

---

① 萧一山:《清代史》,辽宁教育出版社,1997年版,第19页。
② 《清史稿·范文程传》。

下令"凡强取民间一切细物者,鞭八十、贯耳"①。另一方面他们又对英勇抵抗的汉族人残酷镇压。清军攻下江南城乡后,曾多次进行血腥屠杀,其中以"扬州十日"和"嘉定三屠"最为残酷。

在经济上,清人入关之初,将额赋(正税)之外的一切加派,包括"三饷"尽数删除,依照旧会计录为准,还到处蠲免逋负钱粮。对工商业者的税收也予以减轻,并规定"如有官吏蒙混倍增者,杀无赦"。但一当政权坐稳,便于顺治十八年制造了江南报销案,对于要求恩免欠负钱粮的苏松常镇四府官绅士子13500余人尽数革黜,鞭扑枷责。他们一方面强行推行圈地令,允许满洲贵族和将士抢占汉人土地;另一方面又屡行怀柔,废止圈占田地,规定在明末战争中被赶跑"失业"的地主回来,必须将田地如数退还,不肯退赔者以"党寇"论。又实行招抚流亡、奖励垦荒、整治黄河、解放贱民等措施,以安定民生,以获取汉人好感。

在风俗上,初清军强迫汉人遵行满人发型和服饰制度,在激起汉人强烈反抗后,不到一个月便取消剃发令,允许"照旧束发,悉从其便"。并下谕:前因分别顺降之民,故以薙发分顺逆,"今闻甚拂民愿,是反非予以文教定民之本心矣"。② 等到江南平定,他们就重新宣布剃发令,强硬执行"留头不留发,留发不留头"的政策。此时又下谕,"今中外一家,天下一体,若不划一,终属异心,不岂为异国之人乎? 今限旬日,尽使薙发,遵依者为我国之民,迟疑者同逆命之寇,必行重典",甚至"杀无赦"。

在文化上,清朝一方面提倡宋明理学,修复孔庙,大力推行科举制,礼聘学者编纂巨书,崇尚盛世修典,标榜稽古佑文;另一方面又严禁士人集会结社,大兴文字狱,凡文字上有反清排满嫌疑者,都要遭受残酷的刑罚。为了防止反清思想的传播,乾隆时还利用编纂图书的机会,进行了一次全面性的图书审查,删节、涂改甚至销毁了大量的珍贵典籍。

清朝镇压与怀柔并用的策略具体表现在对江阴的政策上。清军攻打江阴时,围城81天,城破之日,因兵民无一投降,乃大肆屠城,血流成河。此后,清朝统治者为了笼络江阴百姓,采取了怀柔政策,增加江阴的生员(秀才)录取名额,以安抚民心。正是清初高压与怀柔政策的交替运用,使得人口众多的汉族应对无方,只得束手就范。

---

① 《清世祖实录》卷四"顺治元年四月己卯";卷五"顺治元年五月癸巳"。
② 《清世祖实录》卷五"顺治元年五月辛亥"。

2. 推行满汉一家政策

清朝基本上统一后,面对如此众多的汉人,不得不调整民族政策,突出对汉族的怀柔方略,甚至提出了"满汉一家"的口号。顺治四年,福临诏谕户、兵二部:"朕出斯民于水火之中,统一天下,满汉一家,同享昇平,岂有歧视之理!"并决定对残害汉人的满族人"严行定罪,不得丝毫偏袒"。着令"满汉官员,悉体朕意。各将该管人等,严行晓谕。户兵二部,速书满汉谕旨,诞告天下各府州县乡村,务令满汉人等一体遵行"①。顺治帝"满汉一家"的主张,对汉族官僚有很大的激励和笼络作用。顺治六年,礼科右给事中姚文然奏言:"臣读制策,首以满汉同心合力为念。窃思满汉一家,咸思报主。"②

满汉一家的方针,后被一直贯彻下去。雍正年间,镶黄旗蒙古副都统宗室满珠锡礼,请求京营武弁等员,参将以下、千总以上者,应参用满洲,不宜专用汉人。雍正下旨驳斥道:"从来为治之道,在开诚布公,遐迩一体。若因满汉存分别之见,则是有意猜疑,互相漠视,岂可以为治乎?"他特别指出,"用人惟当辨其可否,不当论其为满为汉"。他并以平定三藩之乱中不少汉人对清朝奋勇效力和捐躯殉节为例,证明自己的观点,要求"在满洲当礼重汉人,勿有意以相远";"无分别满汉之见,唯知天下为公"③。咸丰间,满洲军机大臣赛尚阿出差,特旨将汉族内阁侍读穆荫以五品京堂候补身份,在军机大臣上学习行走。但有人上奏穆荫超擢太骤,并建议俟赛尚阿回京后,仍令穆荫回原衙当差。咸丰帝旗帜鲜明地指出:"夫军机大臣,本为要任,满汉兼用,断不应稍有区别。朕用人行政,一秉大公,从无分于满汉。"④"满汉一家"成为清朝处理满汉关系的重要准则,并在共同抵御西方侵略中更加获得体认。光绪三十年,张之洞任湖广总督时,寄函学务处发布《学堂歌》称:"黄种古,白种强,黑蠢棕微红种亡。我黄种,遍东方,满蒙汉人都一样。"⑤

清朝作为一个起初经济、文化都比较落后的少数民族政权,能够统治如此幅员广大、人口众多,经济、文化高度发达的中国,且长达268年之久,靠的正是镇压与怀柔并重的政治策略和民族政策。

---

① 《清世祖实录》卷三一"顺治四年三月丁酉"。
② 《清世祖实录》卷四三"顺治六年三月丁未"。
③ 《清世宗实录》卷七四"雍正六年十月癸未"。
④ 《清文宗实录》卷三〇"咸丰元年三月癸卯",中华书局1986年版。
⑤ 刘锦藻:《皇朝续文献通考》卷一九九《乐考十二·乐歌声谱》,商务印书馆1935年版。

三、王朝多民族格局的重建

清朝执行一系列合理的民族政策,使得它在统治多民族的中华大家庭时,能够有效地解决各种矛盾,既重建了统一帝国下和睦相处的多民族格局,又促进了其自身统治的稳固和持久。清朝重建统一的多民族格局,是以一种全新的立场和视角来衡量全局的。清朝是一个少数民族政权,它不再以传统的"华夷之辨"、"用夏变夷"和"夷夏大防"等观念来看待周边少数民族,而是由"尊王攘夷"转为"尊王黜霸"(如对噶尔丹),由"内诸夏而外夷狄"转为"中外一家",把民族和边疆政策的制定和完善作为基本国策来推行。

1. 建立多重民族关系体系

清朝重建统一的多民族格局,最根本的方略是以满族为圆心,同时建立辐射性的不同体系的民族关系。它让每个体系另一端的那个民族与其他民族之间相互牵制,同时都不能不对各个体系共同的这一端的满族服膺其统治,最终使各个民族力量间达到一种动态的平衡。

(1) 最重要的民族关系体系是满蒙之间的世代联姻和政治同盟,这是其民族格局的核心和基础。清朝有所谓"南不封王,北不断亲"的国策,不仅给予蒙古王公贵族以优厚待遇,而且对广大蒙古族牧民实施蠲免、赈济、土地配置、农业技术扶持等多方面的照顾。康熙中叶以后150多年的历史证明,这种政策使长城以北的内、外蒙古广大地区相安无事,使满、蒙两族的命运都与清王朝紧密系连,蒙古成了清代北方的无形长城。康熙曾得意地说:"本朝不设边防,以蒙古部落为之屏藩。"

(2) 另一个重要的民族关系体系是满汉文化的融合及官僚之间的同盟。其倡导"满汉一家",修缮孔庙,提倡理学,尊重汉文化;康熙、乾隆均六下江南,还祭拜明孝陵。为了保证汉族士人加入清朝官僚队伍,规定旗人不得参加科举考试,扩大汉人录取名额;中央六部的堂官(尚书和侍郎)一律按满汉相等的名额设置,上书房大臣和后来的军机大臣也基本保持满汉平衡,如汉族大臣张廷玉历仕三朝,居首辅四十余年。

然而,在以上两大民族关系体系之间,清朝又让蒙古与汉族之间相互制约。它既不允许汉族人进入蒙古地区垦种,也不派遣汉族官僚任职于蒙古地区,同时也禁止蒙古人学习汉字汉语,以阻止蒙汉之间可能的联合。

(3) 第三大民族关系体系是满族与藏族的特殊关系。顺治九年(1652),达赖五世受清政府邀请,率领藏官侍从3000人亲赴北京。顺治帝在太和殿设宴,为达赖洗尘,并赏赐金银、绸缎及珠宝玉器甚厚。达赖返藏时,顺治帝又正式封他为"西天大善自在佛所领天下释教普通瓦赤喇怛达赖喇嘛",简称"达赖喇嘛"。康熙五十二年(1713),康熙帝又遣使册封五世班禅为"班禅额尔德尼"。这就正式确定了他们在宗教、政治上的法定地位,加强了满、藏之间的关系。同时,清朝又让蒙古来制衡藏族,让他们相互牵制。康熙曾委派漠西蒙古和硕特部首领拉藏汗管理西藏事务,但另一方面,清朝又在蒙古大力提倡藏传佛教,让蒙古在宗教精神上受制于藏。清廷在蒙古优崇喇嘛教,使蒙古族沉浸在藏传佛教中不能自拔。

(4)第四大民族关系体系是满族与维族的关系。清朝在平定张格尔叛乱后,在天山南路设11个办事大臣,同时笼络当地贵族,仍然起用维族伯克(头人)处理本族事务。但是,清廷又利用维族与蒙古族相互牵制。如乾隆间平定准噶尔部后,清军大开杀戒,使这一地区蒙古人口迅速减少,维吾尔族随后成为这一地区的主人。同时,在回部(维吾尔)对中央政府发动叛乱时,清廷又利用蒙古军队予以镇压。

此外,清朝还与南方各民族分别建立了以满族为核心的民族关系体系,但无论如何,均使该体系另一端的各族之间相互制约,以保持平衡,总使处于圆心的满族渔翁得利。这样客观上也有助于保持各民族之间的和平关系和国家的稳定,如当大金川首领蚕食邻封,攻击周边部落,打破川西北地区各土司间的均势时,乾隆便一度联合小金川,不惜用武力将其平定。

2. 清朝处理民族关系的策略

(1)除了让各个不同民族间相互牵制以外,清朝还让同一民族内部相互制约,分而治之。

清朝实行以汉制汉策略,如利用汉族上层如范文程、张廷玉等人统辖汉族百姓,利用汉八旗、三藩的力量平定大顺和南明政权。

它实行以蒙制蒙的分而治之的策略。如对内属蒙古和外藩蒙古采取不同的管理体制,实行限制和利用相结合的政策。如使内属蒙古的札萨克盟拥有兵权,而外藩蒙古的札萨克盟则无兵权。它对在蒙古地区流行的藏传佛教也分而治之,在内、外蒙古分设两大活佛,外蒙古库伦(乌兰巴托)是哲布尊丹巴呼图克图,内蒙古是章嘉呼图克图,使其相互牵制。

在西藏,他们让拉萨布达拉宫的达赖喇嘛和日喀则的班禅额尔德尼分治前、后藏,使两大活佛相互牵制。雍正二年(1724)在平定西藏噶厦官员噶伦叛乱后,清政府在喀木地区的理塘、巴塘设立土司,划归四川管理;在中甸、维西设立两个厅,归云南管理,使互相制约。

对于维吾尔地区,清朝打败试图统一维族的大、小和卓木及张格尔后,在南疆分设11个办事大臣,并让各伯克处理各自属下的民族事务,起到了分而治之的作用。

(2) 清朝在建立多民族格局时,还实行"因俗而治",即针对不同民族采用不同制度。

在西藏,鉴于明末以来黄教影响迅速扩大,采用了政教合一的政策,让黄教领袖达赖喇嘛与班禅额尔德尼管理西藏,但又下设噶厦机构,由噶伦(政务委员)具体处理行政事务。

在蒙古则推行政教分离,宗教由哲布尊丹巴等活佛负责,政务则由札克萨(旗主)负责。

在西南苗、彝、壮、藏等部落,推行土司制度。俟时机成熟,于雍正年间委任鄂尔泰推行改土归流政策,使这里与内地行政制度渐趋统一,加强了西南各族与中原的经济、文化交流,促进了边疆少数民族地区的发展。

(3) 清朝采用了恩威并施、镇压与怀柔并用的民族政策。对于汉族如此,对于北疆的准噶尔部、青海的和硕特部、南疆的回部、西藏、四川大小金川等均是如此。如对西藏反叛,三次出兵镇压的同时,又对达赖和班禅等上层人物百般拉拢。他们对于回族人起义进行过残酷镇压,但唯一未用镇压而取怀柔手段的,是远在俄罗斯伏尔加河游牧的土尔扈特部。

土尔扈特部本属漠西蒙古,后西迁到伏尔加河下游游牧,受到了沙皇俄国的威逼和压迫,表示愿向清朝称臣纳贡。康熙五十一年(1712),清廷派出使团不远千里探望土尔扈特部,阿玉奇汗表示他们"属籍中华","衣帽服色略与中国同,其与俄罗斯乃衣服语言不同,难以相比"[①]。乾隆年间,沙皇政府不断向伏尔加河流域移民,派遣常驻官员,推行东正教,计划将土尔扈特变成俄国的一部分,又强令其16岁以上的男子尽数出征。渥巴锡汗决心回归祖国。乾隆三十六年(1771)一月五日,土尔扈特部发动武装起义,歼灭了监视他们的沙俄军队,焚烧了自己的宫殿、村落,17万部众分三路向东方前进,摆脱了沙俄几万军队的追袭,全歼了前来堵截的哥萨克部队,历时半年,行程1万多里,付出了人员减半的巨大牺牲,终于在六月回到祖国。乾隆把他们妥善安置在准噶尔盆地和科布多一带游牧,提供了大批救济物资,还在

---

① 图理琛:《异域录》卷二,台北商务印书馆1985年版。

承德接见并盛宴招待渥巴锡等人,封渥巴锡为卓哩克图汗(英勇之王)。

3. 清代民族政策的经验与局限

清朝制定和推行的民族政策取得了巨大成功,建立起了一个多民族和睦共处的新格局。在清朝内地18个行省,以及内蒙古、青海蒙古、喀尔喀蒙古、唐努乌梁海、新疆、西藏等6个边境特区内,生活着汉、满、蒙古、回、藏、维吾尔、壮、苗、彝、布依、侗、瑶、白、土家、哈尼、傈僳、佤、畲、拉祜、水、东乡、土、仫佬、布朗、撒拉、毛难、仡佬、怒、独龙、门巴、珞巴、纳西、景颇、基诺、傣、黎、京、高山、羌、阿昌、普米、锡伯、塔吉克、乌孜别克、哈萨克、塔塔尔、俄罗斯、崩龙、保安、裕固、柯尔克孜、朝鲜、达翰尔、鄂温克、鄂伦春、赫哲等56个民族,奠定了今天中国境内各民族同居共处的坚实基础。

清朝建立各民族和平共处的大格局,经验有三。

一是观念和制度创新。除了变传统"华夷大防"为"天下一家"的观念外,在民族机构设置上大胆创新,如设理藩院、众多驻边疆大臣、盟旗制、军府制等。同时在民族政策上创新,如满汉复职、改土归流、木兰秋狝(xiǎn)等。在民族事务条例上也有创新,如《理藩院(部)则例》、《钦定西藏章程》等的颁布,使各级官员在行政中有章可循。

二是智慧与实力、决心与毅力相结合。它平时用各民族互相牵制的手段达到力量平衡,可一旦出现叛乱和分裂行为,则坚决予以抗击和镇压,无条件地全力维护国家统一。

三是用综合配套的政策解决民族问题,恩威并施,军事与政治、经济、文化手段相结合。

然而,清代民族政策也有一定的缺陷。一是重视边疆少数民族地区的稳定,而忽视该地区的社会发展。二是对某些民族实行不人道和不公正的手段,如强迫汉族男子剃发留辫;对蒙古族大力推行喇嘛教,"以佛制蒙",使蒙古人自愿为僧,出生率降低,人口减少;对准噶尔部还实行屠杀政策。

清代民族政策,集中国古代社会之大成,其管理和处理民族问题的能力与水平,都远迈前代,取得了很大成功。它实现了多民族国家的空前统一,确立了现代中国的疆域版图,形成了中华民族多元一体的大格局。清朝湖广总督张之洞在所拟《学堂歌》中,表达了当时已经形成的多民族一体的观念:

我大清,初发祥,南抵鸭绿北龙江,奉吉黑,东北方,包在舜代幽州疆。十九省,禹迹广,从古文明最盛强。内蒙古,六盟长,从前曾服汉与唐。外蒙古,四汗王,元朝和林建牙帐。西北数,是新疆,都护属汉北庭唐。指西南,是卫藏,国家设官佛坐床。昆仑山,来脉长,辙迹曾见周穆王。

他又在所撰《军歌》中言:

  天下一家建设东三省,内外蒙古新疆一齐包,满蒙汉人皆是同黄种,同种固结外人难动摇。①

第七节 清代的思想、学术和文化

一、明朝遗民与反君主专制思潮

  清朝占领中原后,一大批明朝遗民如文秉、查继佐、戴笠、莳菊逸民、锁绿山人、顾炎武、黄宗羲、王夫之等人都开始反思明朝灭亡的历史教训。当初明王朝拼命加强皇帝集权制,废宰相,用宦官,设厂卫,行廷杖,但结果却难于逃脱覆亡的命运,并给国家和民族造成了深重灾难。这给士大夫带来极大震动。戴笠在《怀陵流寇始终录自序》中,一口气举出定都北京、朋党、科举失人才等48条明亡原因。黄宗羲在《明夷待访录》中,深刻揭示君主独裁和刚愎自用、废宰相、宦官专权等教训。在反思的基础上,形成了空前深刻的反君主专制思潮。
  这一时期人们所能达到的认识水平,大体包括以下五点:
  (1)猛烈抨击和深刻批判两千年来的君主专制制度
  清初思想家对君主专制制度下的政治、经济、文化、教育、科举、军事等各个方面都进行了全面的清算,着眼于制度,对君主无论好坏都做出了应有的抨击,即使对曾得到人们不同程度赞许的光武帝、朱元璋、朱由检等人也是如此。他们揭露了君主专制制度"私天下"的实质,指出君主权力都是靠武力抢夺来的。唐甄指出雄群并起时,"武力上人者得之",是屠城百十,杀人千万夺得的。直指屠杀者不是大将,"天子实杀之","杀人者众手,实天子

---

① 刘锦藻:《皇朝续文献通考》卷一九九《乐考十二·乐歌声谱》。

为之大手"①。他宣称"自秦以来,凡为帝王者皆贼也",从而撕破其"君权神授"的谎言。唐甄对君主专制下的官僚综合症进行了揭露,"君之无道也多矣,民之不乐其生也久矣!"②说"文牍榜谕,充塞衢宇,民若罔闻,吏委如遗","始非不厉实也,既则怠,久则忘","是以百职不修,庶事不举,奸敝日盛,禁例日繁,细事纠纷,要政委弃"③,国家只能越来越走向混乱。他认为天下动乱的根本原因在于君主自身:"破国亡家,流毒无穷,孰为之而孰主之?非君其谁乎!世之腐儒,拘于君臣之分,溺于忠孝之论,厚责其臣而薄责其君。彼焉知天下之治,非臣能治之也;天下之乱,非臣能乱之也。"④在他们笔下,君主不再是温情脉脉的"君父",而是凶恶残暴的民贼。

(2) 从法理上探讨家与国、王朝与天下的区别

清初思想家们超越了简单的"公私之辨",发展为"王朝与天下之辨"。王夫之旗帜鲜明地宣称:"一姓之兴亡,私也;而生民之生死,公也。"⑤顾炎武对"亡国与亡天下"进行了辨别:"易姓改号,谓之亡国;仁义充塞,而至于率兽食人,人将相食,谓之亡天下。""保其国者,其君其臣,肉食者谋之;保天下者,匹夫之贱,与有责焉耳矣。"⑥黄宗羲在《明夷待访录·原君》中揭露君主以自己"之大私为天下之大公";在《原臣》中指出君和臣是社会分工的产物,对臣来讲,"故我之出而仕也,为天下,非为君也;为万民,非为一姓也"。他提出了有关"王朝与天下之辨"的著名论断:"盖天下之治乱,不在一姓之兴亡,而在万民之忧乐。"从此君主的"王朝"与民众的"天下"脱钩,人们不再把忠君等同于爱国,这是明清之际政治学说具有重大理论意义的可喜新突破,拆毁了君主专制赖以成立的法理基础。

(3) 倡导建立同事般的新型君臣关系

黄宗羲在指出君臣关系存在的基础是"从天下而有之",如果没有"天下之责"这个基础,那么就是"吾在君为路人"。黄宗羲批驳了"大臣为君而设"的错误观念,认为"臣之与君,名异而实同",他们其实都是治理天下的同事,只是分工不同、职事有异罢了:"夫治天下犹曳大木然,前者唱邪,后者唱许。

---

① 唐甄:《潜书·仁师》,中华书局1963年版。
② 《潜书·鲜君》。
③ 《潜书·权实》。
④ 《潜书·远谏》。
⑤ 王夫之:《读通鉴论》卷一七,中华书局1975年版,第515页。
⑥ 顾炎武著,黄汝成集释:《日知录集释》卷一三"正始",岳麓书社1994年版。

君与臣,共曳木之人也。"他们反对那种君臣之间"君要臣死臣不得不死"的依附性主奴关系。

（4）倡导建立新型的君民关系,强调君民之间的平等地位

他们提出"贵不在朝廷也,贱不在草莽","天子之尊,非天帝大神也,皆人也"①。唐甄要求对君主实行"抑尊",使他"处身如农夫,殿陛如田舍,衣食如贫士"②,"贵为天子,亦可以庶人之夫妇处之"③;强调君主应该顺从民意,"众欲不可拂也",提出民众对君主政治应有主导作用。

（5）规划未来的社会政治制度,约束专制君主的权力

黄宗羲提出以相权制约君权,在社会分工理论基础上,在行政上拥有与君主"同议可否"的权力:"凡章奏进呈,六科给事中主之;给事中以白宰相,宰相以白天子,同议可否,天子批红。天子不能尽,则宰相批之,下六部施行。"他还提出"学校议政"主张④,指出,学校不仅是培养人才的地方,而且是对君主进行监督和制约的机构:"天子之所是未必是,天子之所非未必非,天子亦遂不敢自为非是,而公其非是于学校。"在中央和地方的学校都可以分别对朝廷和地方官员的政策进行评议。由于时代的局限,黄宗羲倡导以士大夫主政,尚未能涉及民选问题。清初思想家还提出通过分层治理或郡县制与封建制并行的方法,以达到地方分权和削减中央集权制负面影响的目的。王夫之主张分层治理,认为"以天子统乎天下,则天下乱","上统之则乱,分统之则治"⑤,因此提出"分兵民而专其治,散列藩辅而制其用"⑥的分治主张,将中央权力一级级分解:"天子之令不行于郡,州牧刺史之令不行于县,郡守之令不行于民,此之谓一统。"⑦这一种逐层分解权力的办法,具有反对越级指挥和充分调动各级政府积极性的现代科层制特点。顾炎武则主张"寓封建于郡县之中"⑧。

---

① 《潜书·抑尊》。
② 《潜书·尚治》。
③ 《潜书·去奴》。
④ 黄宗羲:《明夷待访录·学校》,《黄宗羲全集》第一册,浙江古籍出版社1985年版。
⑤ 王夫之:《读通鉴论》卷一六"齐高帝",中华书局1975年版,第456页。
⑥ 王夫之:《黄书·宰制》,中华书局2009年版,第108页。
⑦ 王夫之:《读通鉴论》卷一六"齐高帝",第456页。
⑧ 顾炎武:《亭林文集》卷一《郡县论》,台北商务印书馆1968年版。

以上表明，清初思想家将传统儒家"重民－尊君"的民本政治主张，发展为"重民－限君"为模式的政治理念，要求建立限制君主权力的政治制度。这是先秦以迄唐宋民本传统的创造性继承和发展，是在世界政治从专制趋向民主的大背景下，中国社会内部迎合历史潮流出现的具有近代性因素的思想观念，尽管仅一步之遥，但它仍未踏入民主之门。降至近代，康有为、梁启超、谭嗣同和孙中山等人，出于对引进西方民主思想的迫切要求，把清初反专制君主思想误读为民主思想，使其成为中国传统资源中嫁接西方民主思想的砧木。这是一种新形势下对文献的诠释和升华。

二、乾嘉考据学与"汉""宋"之争

明末清初以倡导"王朝与天下之辨"著称的思想家顾炎武，其实也是一位提倡实学重视考据的学者，他在《日知录》中所开创的考据学风，先是影响到清初的阎若璩和胡渭，然后又影响了乾隆至嘉庆间的整整一代学者，形成了风靡一时的乾嘉考据学风。

1. 乾嘉学派盛行的原因

乾嘉考据学的盛行，有内外两重原因。

(1) 从学术内部而言，是对宋明理学空疏学风的反动。北宋时，周敦颐、张载、程颐、程颢，将道教、佛教禅宗的思想及思辨方法与儒学相结合，开创了儒学的新形式——理学。到南宋，经过朱熹对儒学的集大成式的改造，理学基本定型，并被称为"程朱理学"。程朱理学在元代后期至整个明代，因被作为统治思想而大行其道。明代中后期，理学经过王守仁（阳明）的改造，出现了另一种形式——阳明心学。与程朱理学认为有一个外在的"天理"相比，阳明心学认为"心外无物"，理在心中，因此提出"致良知"的学说。这一学说在明代中后期的士大夫乃至一般民众中十分流行。心学只重心性的体悟和阐发，而不重视考实和证据，因此学风比较空疏。及至明朝灭亡，清初很多学者都认为原因在于"空谈误国"，他们对于理学特别是心学的空疏和流弊持反感的态度，这导致了学术思潮向实学和考据回归。

(2) 乾嘉考据学的盛行，也与清朝前期实行的文化专制主义政策，特别是文字狱有关。顺治、康熙、雍正和乾隆年间，清统治者有意制造了大量的文字狱，有些案件完全是寻章摘句和断章取义，使得汉族士大夫动辄得咎。因此，他们为了避祸，就有意远离现实政治，躲进故纸堆中，对经学、小学和史学等进行了沉潜深入的纯学术考订和实证。

2. 考据学的方法与成就

考据学也叫汉学,它是相对于理学(即宋学)而言的。汉学本是两汉经学的实证之学,重视对经典文本中字音、字义的具体考证和阐释,不随便离开文本自作阐发。而宋代形成的理学则常常离开经典文本无限发挥,或是切割经典字句作为自己思想的论据和注脚。因此汉学的方法是"我注六经",而宋学的方法则是"六经注我"。清朝乾嘉时代的学者便以汉学方法治学,重视文本的考证。

乾嘉考据学分为吴、皖两派。以惠栋为代表的吴派,公开举起汉学的旗帜,标志着汉学的形成。吴派成员有沈彤、余萧客、江声、王鸣盛、钱大昕、江藩等,以钱大昕成就最为突出。以戴震为代表的皖派,把汉学推向了高峰。其前有江永,其后则有程瑶田、段玉裁、王念孙、王引之、洪榜、汪中、焦循、阮元、朱筠、纪昀等。吴派多治《周易》、《尚书》,皖派多治"三礼",尤精于小学、天文、历算。吴派惠栋尊闻好博,推崇述而不作,以搜罗考证详博见长;皖派戴震深刻断制,重视有创见的著作。惠栋笃信汉学,而戴震虽也以汉学为宗,但一以实事求是为指归,不仅详博,更在于识断精审。戴震主张由文字训诂入手,以明经义为指归。自皖派出,汉学之帜大张,局面为之一变。

乾嘉考据学取得了举世瞩目的学术成就,在经学、史学、子学、集学、文字学、音韵学、训诂学、目录学、版本学、校勘学、辑佚学等各方面均有超越以往的独到研究,撰著了大量的学术著作和编写了一大批资料性的典籍。

在经学方面,产生了一批解经工具书方面的成果,如段玉裁的《说文解字注》、王念孙的《广雅疏证》、江永的《古韵标准》和戴震的《声韵考》等。

在史学方面,出现了三大史考著作,即钱大昕(1728—1804)的《廿二史考异》、赵翼(1727—1814)的《廿二史札记》、王鸣盛(1722—1796)的《十七史商榷》。钱著最详于校勘文字,解释训诂名物,纠正史书谬误。王书则详于典章故实,特别是官制、地理。赵著特重论证各代的重大历史事件,被称为"儒者有体有用之学"。以上三种史著,开创了史学考证的新史学体裁。在考据学风的影响下,对旧史补表、补志、补注和辑佚的工作也取得较大的成绩。在辑佚方面有一些学者从《永乐大典》中辑出很多失传的史书,如邵晋涵辑的《旧五代史》,徐松辑的《宋会要辑稿》等。

考据的发展,还引起了对上古历史记载的怀疑。崔述在其《考信录》中对上古文献记载进行了大胆怀疑,通过极其精核的考证来提出自己的观点,直接导致了20世纪"古史辨派"的兴起。此外,王引之在训诂学、毕沅在金石学、朱彝尊在目录学、黄丕烈在版本学、何焯在校勘学等方面都取得了显著成就。

3. "汉学"与"宋学"之争

乾嘉学派标榜考据学是崇尚务实的汉学,而攻击宋学(理学和心学)空疏无根。皖派领袖戴震在《孟子字义疏证》中抨击宋学家"以理杀人",吴派学者江藩更著《国朝汉学师承记》来攻击宋学。清代宋学代表人物、理学家方东树(1772—1851)则著《汉学商兑》与之辩难,斥责背弃宋学的汉学有6大弊病,认为汉学家们"毕世治经无一言几于道,无一念及于用",汉学是"几千年来未有之异端邪说"。其他宋学学者唐鉴、汪绂等也时时欲与汉学为难,但志力两绌,难以与汉学抗衡。此时乾嘉考据学所向披靡,理学则日趋衰落,理学家翁方纲、姚鼐干脆调和汉宋,提出义理、考据、辞章并重的主张,许宗彦则兼通宋汉之学。

然而,乾嘉考据学的缺陷也很明显。他们株守旧籍,学风刻板琐碎,只见树木不见森林,使得作为社会良心和先导的知识群体较少思考社会和人生,对外部世界也不关注。由于坐井观天,故步自封,不能对天下大势有真切的体察,更难以把握历史发展的脉搏,指示社会前进的路径,致使中国在世界转向的关头坐失良机而掉队,引领一代学风的士大夫难辞其咎。

三、嘉道经世致用之学

1. 常州学派的兴起

清朝嘉庆、道光年间是多事之秋,国势日趋衰微,社会矛盾愈益尖锐,民间秘密结社风起云涌,白莲教、天理教、湘西苗民不断起义。同时由于鸦片走私严重,白银大量外流,国家财政几乎崩溃。乾嘉考据学对此却视而不见,依然埋头故纸堆中。

这种背景下,以常州学派为代表的嘉道经世实学开始兴起。常州学派主张用西汉崇尚"微言大义"的今文经学(特别是春秋公羊学)去代替东汉专讲"训诂名物"的古文经学,认为讲求微言大义,才能经世致用,方可救国家之急,这便是常州学派所不同于吴、皖的学术趋向。常州学派的源头为武进人庄存与(1719—1788),服膺其学的既有常州人,也有非常州人;既有庄氏亲戚如外甥刘逢禄(1776—1829)和宋翔凤(1776—1860),也有龚自珍、魏源等人。庄存与治经,不拘汉宋门户之见,不为烦琐笺注之学,重在剖析疑义,讲求经世致用①。在他的影响下，嘉道间出现了一批既深刻洞察国内社会积弊，又"开眼看世界"的新型学者，从而形成一种与理学的空疏和考据学的迂腐都不相同的新的嘉道经世实学。

庄存与的学说能够张大阵营扩大影响，与刘逢禄有直接关系。刘逢禄对嘉道间一批年轻学者影响很大，包括学界名流龚自珍和包世臣、边界问题专家姚莹和萧令裕、在鸦片战争中起重要作用的林则徐和黄爵滋，着重国内弊政改革的陶澍和魏长龄，以及关心中西外交和国内改革问题的魏源和冯桂芬。这批人中，魏源和龚自珍直接就是刘逢禄的学生。他们对当时盛行学界的汉学和宋学全都采取批判态度，所谓"恶夫为汉，空腐为宋"，而以"通于天道人事，志于经世匡时"为宗旨。他们在今文经学的大旗下，开学人议政之风，倡变法之议，从而引导一代学子走向经世实学之路。

2. 经世实学的内容

嘉道经世实学的内容主要围绕内忧与外患两个方面而展开。

（1）抨击现实政治的黑暗，提倡改革

包世臣开风气之先，于嘉庆元年作《说储》一文，提出了废八股、开言路、汰冗员等建策，认为清朝政治"百为废弛，贿赂公行，吏治污而民气郁"②。林昌彝抨击科举制度，认为使"士子以腐烂时文互相弋取科名以去，此人才所以日下也"③。龚自珍谴责清王朝"开捐例、加赋、加盐价"，好比是"割臀以肥脑，自啖自肉"④。他们还攻击官吏"其贪以浚民之脂膏，酷以干天之愤怒"⑤；权贵们兼并土地，造成"无地者半天下"⑥。龚自珍还把矛头直接指向专制帝王"一人为刚，万夫为柔，以大便其有力强武"⑦。经世学者们在批评时政的同时，还鼓吹改革。龚自珍说："一祖之法无不敝，千夫之议无不靡，与其赠来者以劲改革，孰若自改革？"⑧魏源也说："小更革则小效，大更

---

① 张舜徽：《清儒学记·常州学记第九》，齐鲁书社 1991 年版，第 480～485 页。
② 包世臣：《安吴四种》卷三《庚辰杂著三》，台北文海出版社 1968 年版。
③ 林昌彝：《射鹰楼诗话》卷一二，上海古籍出版社 1988 年版。
④ 龚自珍：《定庵文集》卷中《西域置行省议》，辽宁人民出版社 1998 年版。
⑤ 张际亮：《张亨甫全集》卷三《答黄树斋鸿胪书》，清同治刻本。
⑥ 吴铤：《因时论十·田制》，载《皇朝经世文编》卷五五，思补楼光绪三年版。
⑦ 龚自珍：《龚自珍全集》第一辑《古史钩沉论一》，上海古籍出版社 2008 年版。
⑧ 龚自珍：《龚自珍全集》第一辑《乙丙之际箸议第七》。

革则大效"①。黄爵滋具体提出"广贤路"、"整戎政"、"严剿御"②的改革方案。魏源为了有益于经世济民,特编辑了《皇朝经世文编》一书。

(2) 用力于漕运、海运、盐法、河工、农事等"大政"实政

当时漕运(包括海运)、盐法、河工"三大政",直接关系到王朝的物资供应、税收来源和民众稳定等基本问题,但到清中叶都已经弊端百出,财政漏洞日益扩大,民众负担愈益沉重。包世臣指出,人们都以为河工、漕运、盐法是三事,其实都是一事,"凡皆以奠民居、急民事也,唯以三事皆近利,司事久则见利忘义"。他主张采取措施杜绝官吏中饱私囊,以达到"上利国下利民,则中必不利于蚕蠹渔牟者"③。包世臣还著《海运南漕议》,提倡以海运代替漕运。道光四年洪泽湖决口,运河航行困难,协办大学士英和、江苏巡抚陶澍等人再次提出海运之议。正在江苏布政使贺长龄幕府的魏源也于道光五年、七年先后著《筹漕篇上》、《筹漕篇下》,并代贺长龄撰《海运全案序》等文,全面揭露漕运之弊,阐明"海运可行"④。按照他们的建策,道光六年实行海运,漕粮每石运费不到1两,与以往运抵京师的漕粮公私费用每石高达18两相比,节省很多。经世派还重视农业。龚自珍主张实行"农宗"之法,按宗法关系分配土地,解决耕者无其田的问题。但他同时又反对限田法,提倡根据才力、德行分配土地和财富,还主张"用东南北之众开拓西边"。

(3) 重视边疆史地的研究和撰著

嘉道以降,清王朝面临严重的边疆危机。沙俄和英国先后染指中国东北、外蒙、西北、西南,并策动西北边疆的分裂分子不断发动叛乱,中国主权和领土完整受到严重威胁。经世派龚自珍著文揭露沙俄阴谋,力倡在西域设置行省,并著《蒙古图志》,研究北方边塞、部落、山川形势、源流合分。由张穆(1805—1849)撰稿、何秋涛(1824—1862)补成的《蒙古游牧记》,分述蒙古诸部游牧所在、舆地形势、道里四至及历史沿革。何秋涛还著《朔方备乘》,记叙蒙古、新疆、中亚、东欧史事。这时新疆史地著作还有徐松(1781—1848)所撰《西域水道记》、《新疆识略》、《新疆赋》,沈垚所撰《新疆私议》等。西南边疆史地著作有姚莹(1785—1852)的《康輶纪行》,记述他于道光二十

---

① 魏源:《魏源集》上册《御书印心石屋诗文叙录》,中华书局1976年版。
② 黄爵滋:《敬陈六事疏》,齐思和整理:《黄爵滋、许乃济奏议合刊》,中华书局1959年版。
③ 包世臣:《安吴四种总目序》。
④ 魏源:《魏源集》上册《道光丙戌海运记》。

四年至二十六年间数次赴藏的见闻,涉及西藏山川形势、宗教源流、民俗风情,以及英、俄、印诸国情形。

(4) 探讨西方知识和世界形势

道光二十年(1840)谢清高撰著《海录》一书。林则徐为了了解英国情况,曾查阅过该书。林则徐在广州期间主动搜集澳门的新闻纸及其他信息,了解英国及欧洲的情况,并主持翻译了瓦特的《国际法》和慕瑞的《地理大全》的某些章节,冠名为《四洲志》。魏源又据林则徐提供的材料,编撰成影响更深远的《海国图志》。他后来又撰写了《道光洋艘征抚记》。姚莹也根据英人颠林的口供,编写成了《英吉利国志》、《英吉利纪略》二书。梁廷枏(1796—1861)对域外史地研究也卓有成就,编成《海国四说》,初刻于道光二十六年,其中的《合众国说》高度赞扬了美国的政治制度。他后又撰成《夷氛纪闻》一书。关天培在1836年前后也汇编了《筹海初集》。此外,曾任福建巡抚的徐继畬(1795—1873)所撰域外史地著作《瀛环志略》,与《海国图志》并称于时,而在知识的精确性上,它还超过了后者。徐继畬自称撰写的目的是通过介绍外国情形,使国民"知彼虚实"以制之,"冀雪中国之耻"。

经世派对边疆史地和世界形势的探察,冲破了乾嘉考据学狭陋的视界和中国人的封闭状态。魏源提出了"师夷长技以制夷"、"购洋炮洋艘"、"尽收外国之羽翼为中国羽翼,尽转外国之长技为中国之长技"的主张,遂成为后来洋务运动的滥觞。

3. 经世实学的历史影响

嘉、道经世实学后来发展为咸丰、同治、光绪时代的经世实学,除了常州学派今文经学的继续驱动外,宋学(理学)也加入进来。曾国藩、左宗棠、李鸿章和张之洞等理学家丢掉玄谈,致力于国计民生的探讨和践履,大兴洋务,推动清朝走向近代化之路。而曾、左等理学家的经世倾向,都受到过龚自珍和魏源的深刻影响。曾国藩在北京当翰林时便称其"经济之学"得益于魏源的《皇朝经世文编》。左宗棠则酷爱阅读《海国图志》,还对龚自珍关于在新疆置省的建议十分敬佩。近代学者王国维对清朝学术特色的归纳是:"国初之学大,乾嘉之学精,而道咸以来新。"以"新"著称的晚清学术,又"实启于龚、魏"①。

---

① 王国维:《沈乙庵先生七十寿序》,《观堂集林》卷二二,商务印书馆1940年版。

四、"文字狱"与文化专制主义的推行

清朝统治者大力推行以钳制言论为目的、以文字狱和禁毁图书为形式的文化专制主义。

1. 民族忌讳引起的文字狱

清室来自东北建州,本为明朝治下的少数民族部落,属于传统文化所称的"东胡"和"夷狄"。它尽管占领了中原,但内心还是不免有一种深深的自卑。因此,清朝对汉族士大夫的文化优越感和自大情绪十分敏感,对他们或许有的讽刺诽谤和不臣之心有着高度的警惕。只要他们触犯了清室的民族和文化禁忌,都要给予严厉惩罚甚至大开杀戒,毫不犹豫和手软。

顺治五年(1648),毛重倬和胥庭清等人坊刻选文时,序文所署纪年,只用干支,不用清朝顺治年号,被大学士刚林认为是"目无本朝,阳顺阴违,逆罪犯不赦之条",后皆置于重法。由此清廷规定:"自今闱中墨牍必经词臣造订,礼臣校阅,方许刊行,其余房社杂稿概行禁止。"此为言论审查制度之始。

康熙二年(1663)发生了庄廷鑨明史案。浙江湖州人庄廷鑨以盲史自居,从前明故相朱国桢家购得明史稿本,招集宾朋续天启、崇祯两朝史事,名为《明书辑略》。书中直呼努尔哈赤名讳,不书清朝年号,将南明视作正统。事发,朝廷下令将《明史辑略》撰著、作序、校对、刻印、买卖及包庇的地方官员一干"人犯"220余人或凌迟、或杖毙、或绞死。庄廷鑨本人先已死,则剖棺戮尸,其家15岁以上男子均处斩,妻女发沈阳为奴。

康熙五十年(1711),有人告发戴名世《南山集》中称南明三帝年号,记南明诸帝事迹,结果戴名世被处斩,受到牵连的有300多人。

雍正朝发生了吕留良文选案。湖南人曾静读到吕留良所编文选后,深为文中的民族大义所打动,雍正六年(1728)派弟子张熙游说川陕总督岳钟琪反清。结果,雍正下令将吕留良文选焚烧毁板,将已故的吕留良开棺戮尸,其子斩立决,并令曾静和张熙到各地宣讲忏悔过程。

雍正八年(1730),清廷在徐骏诗集中发现"清风不识字,何故乱翻书"、"明月有情还顾我,清风无意不留人"等敏感诗句,依照大不敬罪,将其斩立决。

乾隆朝文字狱达到顶峰,共发生130余起案件,其中47件案件的案犯被处以死刑。乾隆二十年发现胡中藻《坚磨生诗抄》中有"一把心肠论浊清"

语,乾隆亲自批示:"加浊字于国号上,是何肺腑?"将胡中藻凌迟处死。又如徐述夔因其《一柱楼诗集》中有"明朝期振翮,一举去清都"和"大明天子重相见,且把壶儿搁半边",李驎《虬蜂集》中有"杞人忧转切,翘首待重明",方芬《涛浣亭诗集》中有"蒹葭欲白露华清,梦里哀鸿听转明",沈德潜《咏黑牡丹》诗中有"夺朱非正色,异种也称王"等碍语,诗主皆遭处死或戮尸。

2. 政治忌讳引发的文字狱

清朝严禁对皇帝的诽谤或触犯。乾隆十六年(1751)出现"伪孙嘉淦奏稿"案,即有人伪托曾任左都御史、有直言强谏名声的孙嘉淦之名,写了一个奏稿,内容有"五不解,十大过",直斥乾隆本人及朝中大臣。乾隆下令彻查,结果牵连到京师、甘肃、山东、山西、江西、江苏、安徽、浙江、福建、湖南、湖北、贵州、广东、广西以及云南土司等地区的无数官民,最后无法落实,杀了个替罪羊长淮千总卢鲁生作罢。王锡侯曾花费17年编成字典《字贯》,因没有避康熙、雍正的庙讳及乾隆的名讳,于乾隆四十年(1775)被处斩。江苏韦玉振为父作传,有"并赦屡年积欠"语。被认为"赦"乃皇帝专门用语,"乃敢竟用赦字,殊属狂妄",于是将其下狱。

清朝利用文字狱打击朋党势力。雍正帝为了铲除居功自傲的年羹尧,借其贺文中字体潦草,且将成语"朝乾夕惕"(终日勤慎之义)写成了"夕惕朝乾",而斥之为居功藐上,心怀不轨,令其自裁。接着在汪景祺赠年羹尧的《读书堂西征随笔》中,发现有"狡兔死,走狗烹"等文句,似要提醒年羹尧,雍正帝认为"悖谬狂乱"至极,也将汪处斩。隆科多是康熙帝孝懿皇后的弟弟,对雍正秘密知道甚多。雍正五年(1727)十月,帝以私藏玉牒罪将隆科多圈禁,次年使之死于禁所。为了除掉隆科多,此前数月还制造了查嗣庭试题案。礼部左侍郎查嗣庭是隆科多保奏授内阁学士的,雍正借口他在江西乡试出题事涉讥谤,下狱死后,还要戮尸枭首。

清朝文字狱中,还有属于"妄议国政"或"有干政典"的。乾隆四十六年(1781),致仕大理寺卿尹嘉铨上书皇帝为其先父请谥和批准从祀孔庙。乾隆帝认为"与谥乃国家定典,岂可妄求?"要求从祀孔庙也属"大肆狂吠,不可恕矣!"于是罗织罪名将尹嘉铨处死。四十七年(1782)生员吴英拦舆献策,被定为妄议国政,竟然凌迟处死。五十三年(1788),屡试不第的湖南耒阳老生员贺世盛,撰成《笃国策抄》一书,欲上京投献,以求获用。因书中对捐纳制度提出批评,被认为是"妄议朝政",结果被判斩立决。

3. 学术思想忌讳引发的文字狱

清朝的文字狱,有时候则是为了打击思想自由和学术独立。康熙十九年(1680),炮制了朱方旦《中补说》案。湖广名医朱方旦发现了人的思想中枢是"脑"而非传统医学认定的"心","古号为圣贤者,安知中道?中道在我山根之上,两眉之间"。此说引起了医界的震动和朝廷恐慌,结果以"妖言惑众"罪将其处斩,所有著作一律焚毁。五十三年(1714),民间艺人徐转用说唱的方法写历史,本是一种文化形式的创举,但是康熙帝认为他是亵渎历史,将其问斩。

4. 查禁和篡改图书

清朝除大兴文字狱外,还通过建立严格的审查制度及篡改和禁毁图书等手段,加强思想文化专制。乾隆年间编修《四库全书》,对全国进献图书进行检查,收入《四库全书》的书籍中凡有碍满清的文字一律删改。如岳飞《满江红》"壮志饥餐胡虏肉,笑谈渴饮匈奴血",被改为"壮志饥餐飞食肉,笑谈欲洒盈腔血";张孝祥《六州歌头·长淮望断》"洙泗上,弦歌地,亦膻腥","膻腥"被改作"凋零";陈亮《水调歌头·不见南师久》"尧之都,舜之壤,禹之封。于中应有,一个半个耻臣戎","耻臣戎"被改作"挽雕弓"。同时,对于内容有碍的图书给予禁毁,查缴禁书竟达3000多种,仅乾隆三十九至四十年间,就焚烧书籍24次,数量达13800余部。有人估计清朝总共焚毁的图书超过70万部。"初下诏时,切齿于明季野史。其后,四库馆议,维宋人言辽金元,明人言元,其议论偏谬尤甚者,一切拟毁"。结果"隆庆以后,至于晚明,将相献臣所著,靡有孑遗矣"。明末清初黄道周、张煌言、袁继咸、钱肃乐、顾炎武、黄宗羲、孙奇逢、钱谦益、吕留良、屈大均等人的著作,皆遭封禁。

清朝大兴文字狱和查禁篡改图书,一方面鼓励了奸恶之徒告密勒索的社会恶劣风气,一方面造成士大夫人人自危、噤若寒蝉的局面,严重打击和摧毁了自由思索精神,使学者纷纷躲进故纸堆中从事琐屑考订。直到嘉庆年间,文字狱的阴影仍笼罩着知识分子,龚自珍"避席畏闻文字狱,著书都为稻粱谋","万马齐暗究可哀"等诗句便是当时情况的写照。

清朝的文化专制主义,对中国文化的发展起到了十分恶劣的阻碍作用。

第八节 中外交往与中西文化的碰撞

一、与罗马教廷及西方各国的交往

清朝的对外交往有两次大的起伏。第一次是礼仪之争,导致中国与西方国家的了解和往来几乎完全中断;第二次是鸦片战争,导致中国被迫打开国门并遭受接二连三的挫折与屈辱。

1. 与罗马教廷的礼仪之争

礼仪之争发生在清朝与罗马教廷之间。康熙执政时期,天主教在华的耶稣会士、多明我会及方济各会的传教士,由于对中国传统"礼仪"的态度不同而发生争执,导致康熙皇帝与罗马教廷之间的冲突,史称"礼仪之争",在法国则被称为"中国事件"。

清朝建立后,罗马天主教传教士纷纷改投新政权,获得了继续在中国传教的权力。在晚明宫廷中曾受到重用的汤若望,也受到了顺治皇帝格外的敬重,尊称他为"法玛"(祖父),使天主教的传播得到清政权强有力的保护。到了17世纪60年代,中国的天主教信徒已经达到10~20万,主要分布在北京、河北、山西、山东、陕西、江苏、浙江、江西、福建等地。康熙继位后,摄政大臣们在极端保守的大臣杨光先等人挑动下,发动了对天主教传教士的迫害。钦天监正汤若望及其助手南怀仁(Ferduandus Verbiest)都遭到监禁,甚至准备处死他们。由于皇太后的干预,汤若望等获得释放,但钦天监的天文历算工作则交给阿拉伯学者负责。

1668年,康熙亲政后指责杨光先及其阿拉伯同道所修订的历法不够精确,故命南怀仁于次年入主钦天监,天主教传教士重获信任。康熙帝几乎接受了天主教信仰,不过他所理解的天主教信仰是利玛窦所阐释的与中国的儒家礼教相融合的天主教教义,其中最重要的内容就是允许祭祖和祭孔。利玛窦的这种宽容,在华传教的耶稣会士都予以认同。正是他们这种对中国传统礼仪妥协的态度,使之得到康熙皇帝的赞赏和清廷的保护。

然而,继耶稣会之后来华传教的其他宗派中,有很多人并不认同利玛窦确立的传教策略。他们一方面在中国与耶稣会争辩,另一方面上书给罗马教皇,要求就所谓"中国礼仪问题"作出裁决。当时的教皇英诺森十世先是按多明我会(Dominican)和方济格会(Franciscan)修士的申诉否决了耶稣会的做法(1645),后来教皇亚历山大七世又接受耶稣会的申辩,认可了他们的做法(1656)。耶稣会又要求康熙帝对天主教宗派作出裁定,康熙也于1700年11月30日宣布了他对耶稣会的支持,并将敕文寄给罗马教廷。

结果,教廷却认为耶稣会让一位世俗君主裁定教会事务是很严重的错误,因而新教皇克莱门特十一世(Clement XI)于1704年11月20日正式发出谕令,全面否定耶稣会的做法,禁止用中国词汇"上帝"称呼造物主,禁止中国信徒祭祖祭孔。1705年,教皇特使多罗(Charles Millard de Tournon),要求康熙允许中国信徒遵守"禁约"。

这极大地触怒了清政府,康熙帝将多罗驱逐出境。罗马教皇再遣特使嘉乐(Jean Ambrose Charles Mezzabarba)于1720年11月抵达北京游说,但康熙帝在教皇谕令上明确朱批道:"以后不必西洋人在中国行教,禁止可也,免得多事。"还指出:"指孔子道理为异端殊属悖理,且中国称天为上帝,大小之人皆一样称呼,并无别说。尔西洋呼天主为陡斯乃意达理亚国之言,别国称呼又异。"康熙并将嘉乐也驱逐出境。雍正帝继位后,于1724年采取了更加严厉的禁教措施,批准礼部发布禁教令通谕各省:着国人信教者应弃教,否则处极刑;各省西教士限半年内离境,前往澳门。全国教堂300座均被没收,改为谷仓、关帝庙、天后宫或书院。乾隆至嘉庆时先后制定了西洋人传教治罪条例。从雍正以后的一百多年里,清廷严禁西方传教士进入中国,直到鸦片战争西方列强用大炮打开中国国门为止。这期间只有极少的教士潜入中国活动,国内信徒人数也大幅度下降。

2. 与英国的来往

清朝建立后,已从工业革命中获得新生的英国,开始走上经济、科技快速发展的道路,并大踏步地迈向东方寻找市场。18世纪,英国纺织工业发展迅速,在东印度公司的经营下,它对远东和中国的商业贸易很快在各国中居于首席。1715年,英国东印度公司在广州建立了商馆。针对清朝实行的闭关锁国政策,英国多次致信两广总督和广东巡抚,要求改善贸易环境,扩大交易规模。在得不到解决的情况下,英国国王乔治三世派遣马嘎尔尼使团于1793年访华,但并未达到预期效果。嘉庆二十一年(1816),英国复遣阿美士德率团来北京谈判,因是否遵循中国叩拜皇帝礼节之事发生争执,嘉庆根本未予接见。1830年10月4日发生了"番妇"入城事件。英国东印度公司的大班盼师违背中国风俗,带着妻子从澳门来到广州公司商馆居住。两广总督李鸿宾立即限期盼师将夫人送回澳门,盼师无奈,服从了中方决定。

英国在对中国的贸易进展乏力和谈判未果的情况下,开始加大对中国贸易推进的力度。道光十三年,英国取消东印度公司的专卖权,而由英国政府任命第一任驻华商务总督律劳取代以前的东印度公司驻华商馆大班,这表明英国整个资产阶级而非某一个公司决心到东方来从事商业冒险。在政府的默许和支持下,英国商人开始向清朝走私鸦片,以扭转严重的贸易逆差。当清廷派林则徐虎门禁烟后,英国政府决定发动对华战争,于是鸦片战争爆发了。

3. 与荷兰的来往

清朝与荷兰的关系比较特殊。荷兰东印度公司是第一个愿意遵照中国跪叩礼俗,以一个亚洲藩国的地位定期向清朝朝贡的西方集团。因此清人将荷兰列入中国的"藩属国"名单。1655年,荷兰派遣可页和开泽为使臣,前往北京要求通商,并遵循了中国三跪九叩的礼节,以期获得贸易特权。然而,清廷只许其每8年朝贡一次,每次只准随带商船4艘。1661年,荷兰在巴达维亚的殖民当局派12艘军舰协助清军进攻当时还在厦门的郑成功政权。次年,盘踞在台湾的荷兰殖民势力便被郑成功驱逐。1664年,荷兰以为清廷会因自己助其围剿郑成功而允许扩大贸易特权,乃派范胡伦出使北京,但未如愿。1683年,清朝收复台湾,荷兰也曾有军事策应的行动,但其军队未达而台湾已克。1795年,荷兰又派使节钱俊甫与文谱兰来华,乾隆给文谱兰一封致荷兰执政的信,完全是对属国的语气:"着该执政勤理国政,特谕。"但鸦片战争后,荷兰东印度公司便不再向清朝称臣纳贡了。

4. 与法、美等国的来往

清朝与法国的来往与荷兰和英国相比较为稀疏。顺治十七年(1660),法国也曾派商船来到中国广州贸易。1688年,法国国王路易十四派张诚、白晋等6名传教士到北京。1693年,康熙帝复遣白晋携礼物回赠路易十四。1698年,路易十四再次派遣白晋带领海军军官及教会人员10人,乘"安比德里底"号商船来华。康熙帝下令宽免该商船全部应纳税额,使之大获其利。但此后法国商船却较少来华,法国商人组成的中国公司也未获得什么利润,在贸易规模上远不及荷兰和英国。法国在华活动的重点是传教。

清朝与美国的关系,始于乾隆四十六年(1784)美国商船"中国皇后"号从纽约抵达广州黄埔港。1786年,美国商船"希望号"又抵广州。该船商务总管后被任命为美国驻广州第一任领事。19世纪以后,美国商船到中国的数量超过了其他国家船只的总和,从 1805 年起,美国商人便开始向中国走私鸦片。

此外,清朝还与瑞典和德国有一定的往来。雍正十年(1732),瑞典商人到广东贸易,当地人称瑞典为"蓝旗国"。1752 年,"普鲁士国王"号武装商船来到广州贸易。乾隆五十二年(1787),普鲁士王国在广州也开始设立领事。

5. 与俄国的来往

清朝在陆上打交道的西方国家主要是俄罗斯帝国(清初称之为"罗刹")。俄国在明末清初开始向黑龙江流域扩张,先后在中国东北边地强建雅克萨和尼布楚两城,并侵入索伦、喀尔喀等部。1649 年,雅库次克新任统领命令哈巴罗夫带领远征队再侵黑龙江地区,1650 年强占雅克萨,1652 年清军首次予以反击。次年,沙皇俄国派德米特里·季诺维也夫率远征军前往黑龙江与哈巴罗夫汇合,二人派出由契奇金为首的五人使团到北京,要清朝皇帝对俄称臣,但他们在途中被中国村民杀死。此后沙俄先后派遣巴依科夫(1656)、阿勃林(1660)、米洛瓦诺夫(1670)和尼古拉(1675,清史籍作"尼果赖")等使团赴北京。前两个使团因拒不行中国礼节,被拒绝觐见;后两个使团因愿意按照中国三跪九叩礼行礼,康熙帝接见了他们,但拒绝了他们要求中国政府向沙皇称臣纳贡的无理要求。

鉴于俄国殖民者在中国北部边疆不断挑衅和屠杀居民的行为,清廷决定坚决抗击。康熙二十四年(1685),清朝派都统彭春与驻守瑷珲的将军萨布素合水陆军 15000 人击败俄军,毁掉了雅克萨城。但清军一撤,俄军复来筑城。次年,清军再次围困雅克萨城,击毙了武装头子托尔布津,830 余名侵略军只有数十名生还。1689 年,沙俄代表柯罗文·费要多罗被迫与清朝代表索额图谈判,双方签订了尼布楚条约,规定:(1) 以外兴安岭和额尔古纳河划界,岭北属俄,岭南属华,河北属俄,河南属华。(2) 毁雅克萨城,俄人全部迁移出境。(3) 双方得随时交换逃人。(4) 中俄永相和好并进行贸易。

此后,在较长时间内俄国东侵的步伐得到遏止,中俄双方均派使团访问对方。1727 年,清朝在外蒙边界上作了较大让步,与俄国签订《布连斯奇界约》。次年又签订了《恰克图条约》,使俄国得到了通商、传教和边界来往上的很多好处,但两国基本上以协商来解决问题。

二、与亚洲国家的往来

1. 与朝鲜的宗藩关系

崇德元年(1636),清朝攻陷了作为明朝藩属国朝鲜的京城,朝鲜国王李琮被迫投降,朝鲜成为"奉大清正朔"的第一个"属国"。顺治统一全国后,将朝鲜国王的两个质子送还回国,特许其每年一次朝贡,可以用本国土产与中国进行贸易。

此后,两国使节往来频繁,尤以顺治朝较为突出。这一时期,朝鲜向清朝派出使节,有明确记载的 55 次,包括谢恩使、进贺使、冬至使、岁贡使、正朝使、告讣使、陈慰使、陈奏使、进香使、圣节使、问安使等。朝鲜使团通常都有正使、副使、书状官各 1 人,大通官 3 人,押物官 24 人。这些官员又都有多名随从,所以每个使团大约有 200~300 人。他们所行路线,一般由陆路进京,即从汉城出发,沿途经过平壤、义州、鸭绿江、凤凰城、连山关、沈阳、广宁、沙河、山海关、通州等地到达北京。从进入中国后,朝鲜使团的一切费用都由清政府承担。朝鲜使团住在北京的会馆,停留时间从 1 个月到半年不等,其滞留在京的目的便是与当地人商品交易。顺治年间清政府向朝鲜派往使节也十分频繁,有 50 余次。赴朝使节的人数 1~5 人不等,全团通常几十人,他们也沿着同样的路线往东走。由于不进行贸易,在朝鲜的停留时间一般只有 5~12 天。清朝重要使臣一般须由朝鲜国王至西郊亲迎。

由于清廷与朝鲜的宗藩关系是靠武力强制确立的,因此在清初的一段时间里,朝鲜对清廷仍怀有敌意。他们暗中加强对清朝的防御,曾多次借口防倭,"修城池、缮甲兵"。但随着使臣往来的频繁,两国关系日益密切。乾隆曾赞叹道,朝鲜虽然"列在外藩",但"世笃恭顺,虔修职贡,素称恭顺","竟与世臣无异"①。"甲午战争"后中朝关系中断。

2. 与琉球的密切交往

清顺治三年(1646),琉球国王尚贤遣使金应元入大陆请封,因未交回明朝敕印,清拒不予封。四年,尚贤卒,弟尚质立,又两次入贡请封,均未如愿。顺治十一年(1654),琉球再遣使入贡,并交还明朝敕印,清朝才决定册封。1663 年,清使张学礼赴琉球宣布册封尚质为"琉球国中山王"。此后直到同治间,琉球由福建闽安镇入清,二年一朝贡,从未间断过。琉球商人来华贸

---

① 《清高宗实录》卷一三一二"乾隆五十三年九月癸酉"。

易享受免税待遇,清朝禁止出口的生丝,也特许琉球购买。光绪初,琉球被日本吞并,清、琉关系告终。

3. 与安南(越南)的藩属关系

顺治十七年(1660),安南黎氏王朝派使臣携礼品入贡,要求册封,清帝回赠文绮、白金。次年,敕书黎氏"永作屏藩,恪守职贡"。康熙五年(1666),清朝正式予以封印,安南遂为清朝属国。双方官方贸易两年一次,由两广总督及广西巡抚兼管贡赐事务。除重大节日及朝贺庆典等以外,安南使臣四年朝贡一次。二十二年(1683),安南王维禛受封,康熙帝亲书"忠孝守邦"匾额予之。乾隆年间,阮氏起兵推翻黎朝,清曾出师征讨,不胜。乃于乾隆五十五年(1790)接受阮氏的请求,正式册封其为安南国王。此后两国维持宗藩关系。1884年越南沦为法国"保护国",与清朝的关系中断。

4. 与缅甸的关系

清朝与缅甸的关系有些波折。自从缅甸头领将南明桂王献出,此后约90年"不通中国"。乾隆十五年(1750)缅甸入贡,但它同时又灭掉清的属国暹罗并侵入云南普洱府等地。清出师征讨,使暹罗重获独立。缅甸怕腹背受敌,向清朝表示臣服,四十二年(1777),缅王孟陨遣使贺清帝华寿,乞赐封,并请开关市。于是清朝遣使封孟陨为缅甸国王,定十年一贡①。中缅双方以云南永昌府为贸易地,由云贵总督和云南巡抚代管。但协议并未实施,直到五十三年(1788),缅甸国王遣使朝贡,清朝才开关市与缅甸贸易。1885年,英国占领缅甸,中缅关系中断。

5. 与暹罗(泰国)的友好关系

清朝与暹罗的关系始于顺治九年(1653)。是年十二月,暹罗遣使请贡,并交还明朝所赐印敕。清朝,允许暹罗三年一次朝贡,由广东虎门入,由两广总督、广东巡抚代办。康熙二十年(1673),暹罗贡使请封,清政府"遂册封暹罗国王赐诰命及驼纽镀金印"。四十四年,免暹罗贡使货税。雍正七年(1729),免暹罗国部分贡品,手书"天南乐国"匾额以赐。后乾隆帝又书"炎服屏藩"赐之。乾隆三十六年(1771),缅甸灭掉暹罗,四十年,在清军兵临缅境的情况下,暹罗再获独立,并与清朝一直保持着友好关系。

6. 与南掌(老挝)的关系

清朝与南掌的关系始于雍正七年(1729),南掌国王乌逊遣使携国书及

---

① 魏源:《圣武记·乾隆征缅甸记》,台北文海出版社1967年版。

驯象二头求见云贵总督鄂尔泰,要求入贡。雍正帝诏谕嘉奖,命来使由普洱府入,沿途护送,招待规格优厚。八年二月,南掌遣使表贡,请定贡期,清朝定为五年一次朝贡。乾隆元年(1736),以南掌国道远,改为十年一贡。二十六年,南掌国遣使奉表,进驯象二头。六十年,清廷敕封南掌国王印。光绪间南掌国沦为法国"保护国",与清藩属关系中止。①

清朝强盛时所建立的藩国屏障,在晚清衰落时一一为列强所拆毁。

三、海外贸易与白银流入

1. 清代的海外贸易

清朝前期,中国在世界贸易体系中扮演了重要角色,一直到18世纪以前,它都处于世界贸易的中心地位。但随着世界格局的变化,这种地位也随之起伏,总的趋势是由盛而衰,其分水岭是19世纪。

清代对外贸易的地位,得益于其国内商品经济的强劲发展。以丝织品、茶叶和瓷器等为龙头的中国商品,成为世界各国的抢手货,欧洲的葡萄牙、西班牙、荷兰、英国、法国以及新大陆的美国纷纷前往东方,通过广州十三行等机构与中国进行交易。此外,欧洲商人还通过走私、中转等形式,通过澳门、巴达维亚(印尼雅加达)、马尼拉等港口购置中国商品,与中国发生大宗贸易。与此同时,日本和亚洲其他国家也与中国有密切的贸易往来。

当明朝时,由于中国生丝、丝绸、瓷器和茶叶源源不断的出口,使白银大量流入中国。白银是当时全球贸易兴起的一个关键动力,再加上占世界人口2/5的中国及其"东亚纳贡体系"合在一起的庞大经济体量,因此实行银本位的中国便成为世界贸易体系的中心,对全球贸易起着重要影响。但明清之交的政局动荡,直接影响到清初的外贸,也导致世界经济出现所谓"17世纪中期危机"。以陶瓷为例,明朝基本垄断着世界市场,它80%的瓷器出口亚洲(其中两成输往日本),输往欧洲的数量上虽然只占16%,但都是优质产品,其价值高达中国总出口额的50%。然而,明清王朝交替,使得1644年后瓷器的出口减少了2/3以上。与此同时,国际白银市场的变动,也直接影响到清初贸易。1647年,两广总督给顺治帝的奏折中称对外贸易接近停顿,原因是澳门的葡萄牙人无银可购。此前的17世纪30年代,马尼拉至澳门之间的白银贸易量为43吨,但是在1640年葡萄牙推翻了西班牙统治后,

---

① 以上参见何茂春:《中国外交通史》,中国社会科学出版社1996年版。

澳门的葡萄牙商人便不再与西属马尼拉做生意,使得马尼拉的白银输出锐减。

很快,清代社会便从"17世纪中期危机"中恢复过来。随着台湾的收复,对于海外贸易的各种限制也取消了,中国开始进入一个真正繁荣期。从关税收入上看,康熙年间,广州海关征收的关税正额有银4.3万两,实际上关税收入大大超过"正额"。乾隆末,清朝每年"盈余"(即超额部分)关税已达85万两,超过康熙年间所定关税正额的20多倍。

从进出口贸易上看,1682年之后,清朝出口贸易的数量便恢复到明朝原来的水平,其在世界市场上的份额也有所恢复。中国向巴达维亚输出丝绸,从那里与孟加拉丝绸一起转口到日本。与此同时,中国也生产大量的棉织品。据17世纪晚期抵达上海的耶稣会传教士估计,仅此一地就有20万织布工人和60万提供纱线的纺纱工人。这些棉织品除中国自身消费外,也有一部分出口到欧洲。从1680年到1720年,抵达长崎的中国商船增加了两倍。1740年,抵达巴达维亚的中国船舶数量达到历史顶峰。18世纪末,英国东印度公司每年平均从中国购买茶叶价值400万两白银,而英国商人运到中国来销售的毛织品、金属、棉花等商品的总值,尚赶不上他们从中国运出的茶叶一项的价值。

在陆地上,自康熙平定准噶尔部后,经由内、外蒙古和新疆与俄罗斯及欧洲的贸易就活跃起来,满洲里、恰克图、塔尔巴哈台都是重要的市场。在恰克图,通过蒙古草原有一条中国通向俄国和欧洲的商路:南方的商品经过长江、运河的水路到河南的周口、赊旗镇,再通过清化—泽州—潞安—子洪口—晋中—太原—雁门关—黄花塄—杀虎口—归化—库伦(恰克图)—伊尔库茨克—新西伯利亚,最后到达莫斯科和彼得堡。恰克图这个俄国边境的小集市一跃而发展成当时一个相当大的货品集散市场。

2. 白银流入中国

由于中国出口货物的增长,使白银大量流入中国。欧洲从美洲获得的白银,大约一半都转入亚洲,17世纪为1.3万吨,18世纪为2.6万吨,这些白银最终主要还是流入中国。另外,有3000吨到1万吨,甚至可能高达2.5万吨的白银是从美洲直接通过太平洋运到亚洲,而这些白银的绝大多数也最终流入中国。此外,日本至少生产了9000吨白银,也被中国所吸收。这些白银大概占世界有记录的白银产量的一半。

但18世纪20年代,清朝的白银进口突然急剧下降,到1760年以后才重新上升，80年代达到了特别高的水平。1793年，由马戛尔尼转达的乾隆皇帝致英国国王乔治三世的著名敕谕中，称天朝种种贵重之物，梯航毕集，无所不有，"尔之正使等所亲见"。因此天朝无需英国制办物件，"不借外夷货物以通有无"。直到19世纪，世界白银货币都是先从美洲流到欧洲，然后从欧洲流向近东和远东，再从各国流到中国。中国长期实行银铜平行本位，白银货币属于称量货币，银元宝、银锞子每次交易均因成色不一而结算麻烦。后来外国银元大量进入中国，受到民间的欢迎。① 正是因为白银的大量流入，以清朝为首的亚洲经济在18世纪以前一直是世界贸易的中心。

流入中国的白银在清朝被普遍使用。一位总督曾说"交易皆用白银，白银流通全省"，如商人们会向农民预付定金（白银），日后再收取他们的农产品。来自美洲和日本的源源不断的白银供给，刺激了亚洲的生产，支持了这里的人口增长。尽管有人认为从1400年～1800年是"欧洲扩张"和"原始积累"并最终导致资本主义成熟的时期，但通过考察，这一时期的世界经济依然受亚洲的重要影响和支配。中国的明—清帝国、土耳其的奥斯曼帝国、印度的莫卧尔帝国和波斯的萨菲帝国，它们无论在经济上还是在政治上都极其强大，无论是在人口数量和产品的数量上，还是在生产力、竞争力和贸易优势上面，都为欧洲所不及。欧洲在当时除了输出白银外，没有其他更具有影响力的商品，这就导致了它们长期的支付赤字，从而也导致了金银不断地从欧洲流向亚洲。如果没有美洲殖民地，欧洲就无法弥补它与亚洲在商品贸易上的巨大赤字。

西方赶上并超过亚洲的时间大概是19世纪。有西方学者画了一条"西方"的上升曲线和一条"亚洲"的下降曲线，二者在1815年交叉。这种力量的消长，与英国工业革命有密切关系。从18世纪60年代起，英国的棉纺织技术出现革命；19世纪西方在蒸汽机利用、铁路以及钢、化学和电气产业的发展上大步跨越。与此同时，亚洲则进入衰落期，但奥斯曼帝国、印度帝国和清帝国的衰落速度并不一样。18世纪后半期，尤其是最后30年，前两个国家的衰落愈演愈烈，而清朝则相对来得晚些，到19世纪才日益显现其龙钟老态。有西方学者把清代衰败的开端定在1744年的山东起义和1775年的白莲教起义。然而，只是到18世纪末，欧洲人才在中国海域取代清朝商

---

① 以上参见郝延年：《中国近代商业革命》，上海人民出版社1991年版；彭信威：《中国货币史》，上海人民出版社1965年版。

人的地位;即使这样,清朝还是有很大的贸易顺差。于是,无奈的英国商人只能利用其在印度生产的鸦片向清朝走私和倾销,最终在19世纪才扭转了贸易逆差的形势。因此,清朝经济体系只是在19世纪初因鸦片贸易及其引起的大量白银外流时,才急剧失序和动摇,中国也最终失去了世界贸易中心的地位。①

四、西学东渐与中学西传

1. 清代的西学东渐

清代西学东渐主要靠的是来华的传教士。西学东渐始于明代中后期,入清后这股潮流仍奔涌不息。明清之际,欧洲派遣来华的耶稣会士,大约有800人,此外还有属于多明我会、方济各会、奥斯丁会,以及遣使会、巴黎外方传教会、教廷传信部、冉森派和嘉布遣派等天主教组织的教士。这些传教士给中国带来了丰富的西方科技和文化。

清朝入关后,汤若望、南怀仁等欧洲传教士继续受到顺治帝的赏识,后来的康熙帝对南怀仁也很信任,因此清初的西学东渐大体上是比较顺畅的。康熙经常让南怀仁讲解西方数学、科学及人文地理知识。南怀仁于1688年死后,康熙继续重用传教士主持钦天监工作,并请几位法国耶稣会修士为自己和皇子们讲授西方天文、地理、数学、科学、人文及宗教知识。这几位传教士在写回本国的书信中,都乐观地认为康熙皇帝已经接受天主教信仰。

西学东渐引起了中国传统文化的排异反应,部分守旧士大夫如康熙时的杨光先编写《辟邪论》和《不得已》两部书,抨击天主教士的活动,反对近代西方科技。但他自己在汤若望被罢免后任钦天监监正时,推算历法却屡试不验。于是,康熙重新重用南怀仁、白晋等人编历书、制造火炮、绘制地图。康熙希望教化王(罗马教皇)能派更多精通天文、律吕、算法、画工、内科、外科的传教士来华,但清廷对来华教士的监视也极其严厉。

清代前期经由传教士传入中国的西学包括哲学、数学、天文学、地理学、生物学、医学、军事、音乐、美术等各方面的内容。

(1)哲学上,明末清初葡萄牙传教士高因勃耳,介绍了亚里士多德的哲学思想,包括知识论、理则学(逻辑学)和形上学等方面。此外,中世纪宗教

---

① 以上参见[德]贡德·弗兰克著,刘北成译:《白银资本——重视经济全球化中的东方》,中央编译出版社2000年版。

哲学家阿奎那的著作也在清初节译并传至中国。(2)数学上,顺治年间,穆尼格将数学中的对数传入中国。康熙时清廷任命传教士张诚、白晋和梅瑴成等人编译《数理精蕴》,集明末清初传入中国的西方数学之大成。(3)天文学上,汤若望把新历与浑天星球、地平仪、日晷、窥远镜等天文仪器进献给顺治皇帝,不久新历就正式颁行,称为《时宪历》。康熙时,主持钦天监的南怀仁补造了黄道经纬仪、赤道经纬仪、天体仪、地平经仪、地平纬仪、纪限仪等6种仪器,并撰《灵台仪象志》加以说明。(4)地理学上,清初南怀仁作《坤舆全图》。康熙末,清廷任命传教士白晋等主持完成了最大规模的全国测量与最大幅的地图绘制,成《皇舆全览图》。1838年郭实腊编有《万国地理全图集》。(5)医学上,汤若望曾著《主制群征》一书,介绍了人的骨骼、肌肉、心脏、脑、神经等。清初的西方传教士洪若翰等,曾用金鸡纳治好了康熙帝的疟疾。(6)军事上,清太宗时曾从投降的汉人那里获得了火器技术,开始制造火炮。康熙时,命南怀仁造新式大炮,以平三藩之乱。南怀仁还著有《神威图说理论》一书,介绍西方武器技术。(7)史学上,1807年马礼逊著《外国史略》。(8)经济学上,1840年郭实腊著《贸易通志》。(9)美术上,康熙时,不少精于绘画的传教士来到中国,在宫中教习绘画,一些清朝画家也开始向他们学习西画技法。乾隆时来自意大利米兰的郎世宁,则融合中西绘画风格作画,独具一格。

清初的西学东渐,使中国部分上层人士接受了较多的西方科技和文化。中国著名的天文学家王锡阐与数学家梅文鼎,便是在吸收西学的基础上,在各自领域做出了超越前人的突出成就。西学的传入,对中国传统的知识学问及学术分类经、史、子、集是一个很大的冲击,它不仅是在原有基础上简单的知识增加,更是人们视野的开阔和思路的启迪,其重要的精神影响要经过一个较长历史时期的酝酿和积聚才能显现出来。

然而,欧洲传教士传入的并非西方最先进的科学技术。以天文学为例,利玛窦所传原为落后的均轮本轮体系,稍后传入了第谷体系,也只是原来均轮本轮体系的变种,所以称为小轮体系。清代初年,又传入了玛尔象体系,它与第谷体系唯一的区别在于,它认为地球是在动的,每日自转一周。到了乾隆年间,当时在钦天监任职的德籍传教士戴进贤传入了开普勒发现的行星椭圆轨道与牛顿计算地球与日、月距离的方法,但仍未介绍哥白尼的日心说与牛顿的万有引力定律。多年以后,法籍传教士蒋友仁才在其《坤舆全图》一书中第一次向人们介绍了二百年前哥白尼的日心说。

此外,清朝统治者个人的态度,对西学东渐也有影响。康熙早年对传教士及西学比较开明,其后雍正虽力行禁教,但仍在宫中任用有技能的传教士。然而乾隆皇帝本人对自然科学毫无兴趣,导致西学东渐的势头受挫。由于统治者的疑虑,清前期的中西文化交流是被动且谨小慎微的,传播和应用的地方也主要局限于宫廷,故这一时期的西学东渐对中国社会未能产生重大影响。

2. 清代的东学西传

与此同时,同样由在华传教士进行的"中学西传",却对欧洲社会产生了重大的影响。传教士们将在中国的经历和所见所闻介绍给欧洲,于是在西方人眼前展现了一个奇异的文明形态,引起了一场"中国热"。他们从事中学西传活动主要有以下几种方式。

(1) 写给罗马教廷的公务报告、信件以及日记

据统计,现藏于北美大小1000多个图书馆中有关传教士的报告、书信、日记、档案等材料达上亿件。这些著述或报告是当时欧美人士了解中国的主要文献。

(2) 直接将中国典籍带回欧洲

1682年,柏应理带走中国书籍400余册。1694年,白晋带走300多卷中国典籍赠送给路易十四,其中包括部分《永乐大典》和《古今图书集成》。

(3) 直接翻译汉语典籍

19世纪40年代以前传教士向西方译介的出版物达400余种。

(4) 撰写介绍中国学术和学者的著作

1687年,柏应理的拉丁文著作《中国哲学家孔子》在巴黎出版。1711年,比利时卫方洛在布拉格出版《中国六经》。

(5) 撰写介绍和研究中国历史与文化的著作

如白晋有《康熙帝传》和《中国现状论》,李明有《中国礼仪论》,马若瑟有《汉语劄记》和《赵氏孤儿》译本,钱德明有《中国兵法志》和《中国古今音乐记》等。其中冯秉正的《中国通史》1777年至1778年在法国出版,全书12卷,从先秦史一直写到清代乾隆皇帝。此书代表着入华耶稣会士在史学上的最高成就。其他还有介绍中国文化的综合性著作,其中最有影响的是18世纪法国出版的三大名著,即杜赫德主编的《中华帝国全志》(4册)、《耶稣会士书简集》(3册)和《北京耶稣会士中国纪要》(14卷)。三部巨著汇集了17、18世纪200年间欧洲研究中国的重要成果,内容涉及天文、地理、语文、

历史、宗教、哲学、动物、植物、农业、农具、中医、中药、军事、化工、印刷、建筑、船筏、制瓷、园林、音乐等。当时,每一卷《耶稣会士书简集》的出版,"都满足了读者们急不可待的渴望心情,成了巴黎人所共读的文章"。

(6)编辑词典

在编著中英文对照字典方面有马礼逊编的《英华字典》和《汉语语汇》等。1833年来华的美国传教士卫三畏,在1842年也出版了《建议汉语教程》。

西传到欧洲的中学,主要包含有以下各方面的内容。

(1)儒家经典

1661~1662年间,郭纳爵、殷铎泽、柏应理等人,陆续将《大学》、《中庸》、《论语》译成拉丁文,在法国出版。1688年6月,巴黎的《学术报》上有一个名字叫柏尼埃的人写道:"中国人在德行、智慧、谨慎、信义、诚笃、忠实、虔敬、慈爱、亲善、正直、礼貌、庄重、谦逊以及顺从天道诸方面,为其他民族所不及,你看了总会感到兴奋。"

(2)历史著作

1694年,白晋将郑樵的《通志》和马端临的《文献通考》等中国史籍带回国内赠送给路易十四。

(3)文学作品

最早被译成欧洲文字的杂剧是《赵氏孤儿》,戏中主角程婴的忠君与爱子的心理冲突,吸引了欧洲读者。还有一些欧洲作家对它进行改编,如英国的哈切特等人。其中以伏尔泰的《中国孤儿》最为著名。1755年,该剧在巴黎上演,获得成功,剧本也接着出版,而且得到广泛流传。此外,《好逑传》也被欧洲翻译成多种文字。

在中学西传的热潮中,许多欧洲思想家都将目光投向远方的中国。他们或推崇中华文明,如莱布尼兹、伏尔泰、魁奈等;或批评中国文化,如孟德斯鸠、黑格尔等。莱布尼兹通过与了解中国的耶稣会士闵明我、利国安、白晋、洪若翰、杜德美等人频繁通信,了解和掌握了有关中国的各种知识。他发现中国文化的某些思想与他的观念比较接近,如《周易》的卦象与他发明的二进制相贯通。他还认为"中国人将真理与善归因于理,犹如我们将形而上学归因于'存在',显然中国人认为理是至高无上的存在,它亦具有优越的真理与善。"他的单子论学说也与中国哲学中"道"的概念有某种对应关系。1697年,莱布尼兹编辑出版了《中国近事》,书中表露了他对中国文化的浓厚兴趣和敬意。他在序言中对中西方文化作了比较,指出西方长于思辨哲学、理论科学以及军事技术;中国长于伦理哲学、政治哲学、礼仪道德;认为中国和欧洲是人类文明发展的两个高峰,只要两者结合起来,便可达到最完美的和谐。

西方传教士们将在中国的经历和对中国文化的研究,转化为汉学。英国第一个汉学讲座就是由英国传教士理雅各于1876年在牛津大学建立并由他担任第一任教授的。美国第一个汉学讲座是由美国传教士卫三畏于1877年在耶鲁大学建立并由他担任第一任教授的。

在英美传教士传入西方的文献中,有相当一部分是他们在华期间撰写的个人著作,其内容侧重于向西方介绍中国。一般说来,鸦片战争前西方人在介绍中国时,对中国还相当尊重。但是在鸦片战争后,传教士向西方介绍中国时往往以征服者自居,总的倾向是贬斥多于褒奖,有的著述还带有很深的偏见。[①]

中学西传在欧洲引起了强烈的反响,狄德罗等法国思想家利用他了解的中国文化和制度,抨击欧洲的君主专制主义,掀起影响深远的启蒙思潮。

清王朝世系表(1616年～1911年)

(1)太祖努尔哈赤(1616～1626)——(2)太宗皇太极(1626～1643)——(3)世祖福临(1643～1661)——(4)圣祖玄烨(1661～1722)——(5)世宗胤禛(1722～1735)——(6)高宗弘历(1735～1795)——(7)仁宗颙琰(1796～1820)——(8)宣宗旻宁(1820～1850)——(9)文宗奕詝(1850～1861)——(10)穆宗载淳(1861～1875)——(11)德宗载湉(1875～1908)——(12)溥仪(1908～1912)

---

① 以上参见许正林:《明清之际西方传教士与中学西传》,《文化中国》(加拿大)2004年第3期。